Hoppe · Oldekop
Geschäftsgeheimnisse

Hoppe · Oldekop

Geschäftsgeheimnisse

Schutz von Know-how und
Geschäftsinformationen
Praktikerhandbuch mit Mustern

Herausgegeben von

Daniel Hoppe
Fachanwalt für Gewerblichen Rechtsschutz
Preu Bohlig & Partner, Hamburg

Dr. Axel Oldekop
Fachanwalt für Gewerblichen Rechtsschutz
Preu Bohlig & Partner, München

Carl Heymanns Verlag 2021

Zitiervorschlag: *Bearbeiter* in Hoppe/Oldekop, Geschäftsgeheimnisse, Kap. Rdn.

Bibliografische Information der Deutschen Nationalbibliothek

Die Deutsche Nationalbibliothek verzeichnet diese Publikation in der Deutschen Nationalbibliografie; detaillierte bibliografische Daten sind im Internet über http://dnb.d-nb.de abrufbar.

ISBN 978-3-452-29284-1

www.wolterskluwer.de

Alle Rechte vorbehalten
© 2020 Wolters Kluwer Deutschland GmbH, Wolters-Kluwer-Straße 1, 50354 Hürth.
Das Werk einschließlich aller seiner Teile ist urheberrechtlich geschützt. Jede Verwertung außerhalb der engen Grenzen des Urheberrechtsgesetzes ist ohne Zustimmung des Verlages unzulässig und strafbar. Dies gilt insb. für Vervielfältigungen, Übersetzungen, Mikroverfilmungen und die Einspeicherung und Verarbeitung in elektronischen Systemen.

Verlag und Autoren übernehmen keine Haftung für inhaltliche oder drucktechnische Fehler.

Umschlagkonzeption: Martina Busch, Grafikdesign Homburg Kirrberg
Satz: mediaTEXT Jena GmbH, Jena
Druck und Weiterverarbeitung: Williams Lea & Tag GmbH, München

Gedruckt auf säurefreiem, alterungsbeständigem und chlorfreiem Papier

Vorwort

Der Schutz von Geschäftsgeheimnissen ist eine Rechtsgebiete übergreifende Spezialmaterie; auch noch nach Erlass der Geschäftsgeheimnis-Richtlinie (EU) 2016/943 und ihrer Umsetzung im Gesetz zum Schutz von Geschäftsgeheimnissen (GeschGehG). Bei der Durchsetzung des Geheimnisschutzes sind nicht nur zivil- und arbeitsrechtliche Aspekte zu berücksichtigen, sondern auch die enge Verknüpfung mit dem Strafrecht. Diese prägt den Geschäftsgeheimnisschutz weit mehr als in anderen Bereichen des Schutzes geistigen Eigentums. Die erfolgreiche Fallbearbeitung verlangt Verständnis für das Zusammenspiel der behördlichen, gerichtlichen und außergerichtlichen Verfahren und Maßnahmen, ebenso wie für die Nutzung der durch das Prozessrecht zur Verfügung gestellten Werkzeuge.

Dieser Herausforderung widmet sich das vorliegende Praktikerhandbuch. Aufbauend auf einer kurzen Erläuterung von Grundbegriffen und -prinzipien des Geschäftsgeheimnisschutzes betrachtet es in der Praxis immer wieder auftretende Problemfelder, um den praktischen Umgang mit dem Geschäftsgeheimnisschutz zu erleichtern – angefangen von der Sachverhaltsermittlung bis hin zu strafprozessualen Einziehungsmaßnahmen. Dabei legt das Praktikerhandbuch Wert auf eine fundierte juristische Analyse. Der Schwerpunkt des Werks liegt aber jenseits juristischer Dogmatik auf praxisrelevanten Tipps und praxistauglichen Anregungen.

Die Autoren aus Richter-, Staats- und Rechtsanwaltschaft möchten mit dem Praktikerhandbuch ohne jeden Anspruch auf Vollständigkeit einen Überblick über nach ihrer Erfahrung wichtige Themen des Geschäftsgeheimnisschutzes vermitteln und dabei an geeigneten Stellen Probleme auch detailliert betrachten, die in der wissenschaftlichen Diskussion nicht immer im Mittelpunkt stehen. Der Fokus auf den Praktiker spiegelt sich dabei ua in den bewusst ausführlichen Mustern, den häufigen Praxistipps und dem umfangreichen Entscheidungsregister wider.

Da zum Zeitpunkt des Abschlusses des Manuskripts im Mai 2020 noch kaum Rechtsprechung zum GeschGehG vorlag, kann das Werk lediglich Anregungen für die Auslegung und Anwendung des neuen Rechts geben. Die vertretenen Auffassungen und vorgeschlagenen Formulierungen verstehen sich als Diskussionsgrundlage und nehmen für sich nicht in Anspruch vorherrschend oder gar allein richtig zu sein. Umso mehr freuen wir uns über Fragen, Wünsche, Anregungen oder Kritik aus dem Kreis der Leserschaft.

Wir danken sehr herzlich allen Autoren, unserer Lektorin beim Verlag Wolters Kluwer, Frau Margaretha Pirzer, sowie Frau Rechtsanwältin Alice Pasch, ohne die dieses Werk nicht zustande gekommen wäre.

Die Herausgeber

Daniel Hoppe
(dho@preubohlig.de)

Axel Oldekop
(axo@preubohlig.de)

Inhaltsübersicht

Vorwort V

Hinweise für die Onlinenutzung XV

Bearbeiterverzeichnis XVII

Im Einzelnen haben bearbeitet: XIX

Abkürzungsverzeichnis XXI

Gesamtliteraturverzeichnis XXVII

Kapitel 1   Materielles Recht 1
A.   Einleitung 6
B.   Begriffsbestimmungen 18
C.   Erlaubte Handlungen, Handlungsverbote, Ausnahmen 88
D.   Ansprüche bei Rechtsverletzungen 155
E.   Strafvorschriften 210

Kapitel 2   Ermittlung des Sachverhalts 229
A.   Interne Ermittlungen 231
B.   Staatsanwaltliche Ermittlungen 247
C.   Zivilrechtliche Beweissicherung 285

Kapitel 3   Das zivilrechtliche Geheimnisschutzverfahren 328
A.   Einleitung 329
B.   Anwendung der Verfahrensregeln des GeschGehG 330
C.   Rechtsweg und Zuständigkeit 340
D.   Spezifische Probleme in Geschäftsgeheimnisstreitsachen 349

Kapitel 4   Das Strafverfahren 382
A.   Strafprozessuale Maßnahmen 382
B.   Zwischenverfahren 398
C.   Spezifische Aspekte des Hauptverfahrens 400

Kapitel 5   Muster 406
A.   Zivilrechtliche Muster 407
B.   Strafrechtliche Muster 462
C.   Muster Vertragsklauseln 498

Entscheidungsregister 501

Stichwortverzeichnis 525

Inhaltsverzeichnis

Vorwort V

Hinweise für die Onlinenutzung XV

Bearbeiterverzeichnis XVII

Im Einzelnen haben bearbeitet: XIX

Abkürzungsverzeichnis XXI

Gesamtliteraturverzeichnis XXVII

Kapitel 1 Materielles Recht 1
A. Einleitung 6
   I. Geschäftsgeheimnisrichtlinie (EU) 2016/943 7
      1. Harmonisierungsgrad der Richtlinie 7
      2. Regelungsgehalt der Richtlinie 8
   II. Geschäftsgeheimnisgesetz 8
      1. Regelungsgehalt des GeschGehG 9
      2. Sachlicher Anwendungsbereich und Verhältnis zu anderen Vorschriften 9
   III. Übergangsrecht 10
      1. Zivilrechtliche Übergangsfälle 10
      2. Strafrechtliche Übergangsfälle 13
   IV. Richtlinienkonforme Auslegung und unmittelbare Anwendung der GeschGehRL . 14
   V. Weitere Quellen des Geheimnisschutzes 16
   VI. Verhältnis zur Richtlinie 2004/48/EG 17
B. Begriffsbestimmungen 18
   I. Geschäftsgeheimnis 20
      1. Einführung 21
      2. Nicht offenkundige Information 22
      3. Daher von wirtschaftlichem Wert 34
      4. Gegenstand angemessener Geheimhaltungsmaßnahmen 37
      5. Berechtigtes Interesse an der Geheimhaltung 70
   II. Inhaber eines Geschäftsgeheimnisses 73
      1. Natürliche oder juristische Person 73
      2. Kontrolle über das Geschäftsgeheimnis 73
      3. Rechtmäßigkeit der Kontrolle 78
      4. Mehrheit von Inhabern 79
   III. Rechtsverletzer 80
      1. Natürliche oder juristische Person 81
      2. Rechtswidrige Erlangung, Nutzung oder Offenlegung 81
      3. Subjektive Voraussetzungen der Verletzereigenschaft 82
      4. Täter und Teilnehmer 82
      5. Intermediäre 83
      6. Ausnahme des § 2 Nr 3 Hs 2 GeschGehG 84
   IV. Rechtsverletzendes Produkt 84
      1. Konzeption, Merkmale, Funktionsweise, Herstellungsprozess oder Marketing . 85

Inhaltsverzeichnis

		2.	Beruhen auf rechtswidrig erlangtem, genutztem oder offengelegtem Geschäftsgeheimnis	85
		3.	Erheblicher Umfang	86
		4.	Beispiele	87
C.	Erlaubte Handlungen, Handlungsverbote, Ausnahmen		88
	I.	Systematik der §§ 3 bis 5 GeschGehG		89
		1.	Allgemeines	89
		2.	Verhältnis der §§ 3, 4 GeschGehG zueinander	90
	II.	Erlaubte Handlungen		92
		1.	Die Erlaubnistatbestände des § 3 Abs 1 GeschGehG	92
		2.	Erlaubnistatbestand des § 3 Abs 2 GeschGehG	122
	III.	Handlungsverbote		124
		1.	Allgemeines	124
		2.	Verhältnis zu § 3 GeschGehG	125
		3.	Unbefugte Erlangung, § 4 Abs 1 GeschGehG	125
		4.	Unbefugte Nutzung und Offenlegung, § 4 Abs 2 GeschGehG	129
		5.	Mittelbare Verletzung, § 4 Abs 3 GeschGehG	136
	IV.	Ausnahmen		138
		1.	Einleitung	139
		2.	Schutz der Meinungs- und Pressefreiheit	141
		3.	Whistleblowing	141
		4.	Offenlegung durch Arbeitnehmer gegenüber der Arbeitnehmervertretung	154
D.	Ansprüche bei Rechtsverletzungen		155
	I.	Einleitung		155
	II.	Intertemporale Anwendbarkeit		156
	III.	Territoriale Reichweite der Ansprüche		157
	IV.	Aktivlegitimation		158
		1.	Geheimnisinhaber	159
		2.	Mehrheit von Inhabern	159
		3.	Prozessstandschaft	161
	V.	Passivlegitimation		162
	VI.	Anspruch auf Beseitigung und Unterlassung		163
		1.	Allgemeines	163
		2.	Voraussetzungen und Umfang des Unterlassungsanspruchs	164
		3.	Voraussetzungen und Umfang des Beseitigungsanspruchs	177
	VII.	Vernichtung, Herausgabe, Rückruf, Entfernung und Rücknahme vom Markt		178
		1.	Einleitung	178
		2.	Herausgabe und Vernichtung von Trägermedien	179
		3.	Anspruch auf Rückruf rechtsverletzender Produkte	185
		4.	Anspruch auf Entfernung rechtsverletzender Produkte aus den Vertriebswegen	188
		5.	Anspruch auf Vernichtung rechtsverletzender Produkte	188
		6.	Anspruch auf Marktrücknahme	189
	VIII.	Auskunftsanspruch		190
		1.	Voraussetzungen des Auskunftsanspruchs	190
		2.	Inhalt der Auskunft	190
		3.	Nachforschungspflicht und Belegvorlage	193
	IX.	Unselbstständiger Rechnungslegungsanspruch		193
		1.	Voraussetzungen des unselbstständigen Rechnungslegungsanspruchs	194
		2.	Umfang des unselbstständigen Auskunftsanspruchs	194
		3.	Belegvorlage	195
	X.	Verhältnismäßigkeit		195
		1.	Allgemeines	195
		2.	Kriterien der Verhältnismäßigkeitsbeurteilung	196
		3.	Rechtsfolge	198
	XI.	Schadensersatz		199
		1.	Allgemeines	199
		2.	Spezifische Problemlagen	200

		3. Voraussetzungen des Schadensersatzanspruchs.	201
		4. Rechtsfolge.	205
	XII.	Bereicherungsausgleich.	206
	XIII.	Haftung des Unternehmensinhabers.	206
		1. Beschäftigter oder Beauftragter.	206
		2. Zusammenhang zum Unternehmen.	207
		3. Tätigkeit für mehrere Unternehmen.	208
		4. Haftung auch für Beseitigungsansprüche?	209
	XIV.	Abmahnung.	209
E.	Strafvorschriften.		210
	I.	Allgemeines.	210
		1. Historie, Zweck des § 23 GeschGehG und Systematik.	210
		2. Anwendungsbereich des § 23 GeschGehG.	212
	II.	Tatbestandsvarianten des § 23 GeschGehG.	212
		1. Objektiver Tatbestand.	213
		2. Qualifikationstatbestände des § 23 Abs 4 GeschGehG.	222
		3. Tatbestandsausschluss durch § 5 GeschGehG.	223
		4. Subjektiver Tatbestand.	224
	III.	Rechtswidrigkeit.	226
	IV.	Versuch.	227
	V.	Täterschaft und Teilnahme.	228
	VI.	Strafantrag.	228

Kapitel 2   Ermittlung des Sachverhalts. 229

A.	Interne Ermittlungen.		231
	I.	Lockspitzel.	231
	II.	Whistleblowing.	233
	III.	Private Vernehmungen.	235
		1. Aussagepflicht und Aussageverweigerungsrechte.	236
		2. Formale Vorgehensweise.	238
		3. Interne Sonderuntersuchungen.	246
B.	Staatsanwaltliche Ermittlungen.		247
	I.	Strafanzeige und Strafantrag.	248
		1. Örtlich zuständige StA.	248
		2. Begründung des Anfangsverdachts, insbesondere durch Strafanzeige.	252
		3. Strafantrag.	256
		4. Besonderes öffentliches Interesse an der Strafverfolgung.	260
	II.	Entscheidung über Einleitung und Einstellung der Ermittlungen.	262
		1. Keine Aufnahme von Ermittlungen.	262
		2. Verweisung auf den Privatklageweg.	262
		3. Einstellungen nach §§ 153, 153a StPO.	263
		4. Einstellung nach § 170 Abs 2 StPO.	263
		5. Einstellung und Beschränkung nach §§ 154, 154a StPO.	264
	III.	Einsatz externer Ermittlungskapazitäten zur Aufbereitung der Akten.	265
	IV.	Akteneinsicht im Strafverfahren.	267
		1. Ausgangslage.	268
		2. Gegenstand der Akteneinsicht.	272
		3. Allgemeine Grundsätze der Akteneinsicht.	274
		4. Möglichkeiten der Akteneinsicht.	275
C.	Zivilrechtliche Beweissicherung.		285
	I.	Einleitung.	286
	II.	Prozessrechtliche Besichtigung und Beweismittelvorlage.	287
		1. Vorlage- und Besichtigungsanordnungen nach §§ 142, 144 ZPO.	288
		2. Vorlage und Besichtigung aufgrund Beweisantritt.	289
		3. Selbstständiges Beweisverfahren (Beweissicherungsverfahren).	290
		4. Beweisaufnahme im EU-Ausland.	291

Inhaltsverzeichnis

III.	Materiell-rechtlicher Besichtigungs- und Vorlageanspruch.	292
	1. §§ 809, 810 BGB	292
	2. Anwendbarkeit in Geschäftsgeheimnisstreitsachen	292
	3. Voraussetzungen des § 809 BGB	293
	4. Voraussetzungen des § 810 BGB	296
	5. Inhalt des Besichtigungs- und Vorlageanspruchs	298
IV.	Prozessuale Durchsetzung	301
	1. Hauptsacheverfahren	301
	2. Einstweilige Besichtigungs-/Vorlageverfügung	302
	3. Selbstständiges Beweisverfahren	305
	4. Selbstständiges Beweisverfahren und Duldungsverfügung – »Düsseldorfer Praxis«	306
V.	Geheimnisschutz	307
	1. Schutz des Antragstellers (Geheimnisinhaber)	308
	2. Schutz des Antragsgegners (Besichtigungs-/Vorlageschuldner)	309
VI.	Vollziehung der Maßnahme	312
	1. Ablauf der Besichtigung	312
	2. Zwangsvollstreckung	314
VII.	Entscheidung über die Aushändigung des Gutachtens	316
	1. Keine entgegenstehenden Geheimhaltungsinteressen	317
	2. Entgegenstehende Geheimhaltungsinteressen	317
	3. Auswirkungen der Rechtswidrigkeit der Maßnahme auf die Freigabe	318
VIII.	Rechtsschutz	322
	1. Anfechtung der einstweiligen Besichtigungs-/Vorlageverfügung	322
	2. Rechtsmittel gegen Besichtigungs-/Vorlagemaßnahmen im Hauptsacheverfahren	322
	3. Anfechtung der Anordnung des selbstständigen Beweisverfahrens	322
	4. Anfechtung der Duldungsverfügung	322
	5. Sofortige Beschwerde gegen Herausgabe des Sachverständigengutachtens	324
	6. Ablehnung des Gerichtssachverständigen	324
IX.	Schadensersatz	324
X.	Kosten	325
	1. Einstweilige Besichtigungs- bzw Vorlageverfügung	325
	2. Hauptsacheverfahren (Stufenklage)	325
	3. Selbstständiges Beweisverfahren	326
	4. »Düsseldorfer Praxis«	326

Kapitel 3 Das zivilrechtliche Geheimnisschutzverfahren ... 328

A.	Einleitung	329
B.	Anwendung der Verfahrensregeln des GeschGehG	330
I.	Sachlicher Anwendungsbereich	331
	1. Geschäftsgeheimnisstreitsachen	331
	2. Richtlinienkonforme Auslegung des Begriffs »Geschäftsgeheimnisstreitsache«	332
	3. Analoge Anwendung der Verfahrensregeln des GeschGehG in anderen Streitsachen?	333
	4. Anwendungsbeschränkungen hinsichtlich der Verfahrensart?	334
	5. Anwendungsbeschränkungen hinsichtlich der Klageart?	335
	6. Gemischte Streitsachen	339
II.	Zeitlicher Anwendungsbereich	340
	1. Ab Inkrafttreten des Gesetzes anhängig gemachte Rechtsstreitigkeiten	340
	2. Alt- bzw Übergangsfälle	340
C.	Rechtsweg und Zuständigkeit	340
I.	Internationale Zuständigkeit deutscher Gerichte	341
	1. Allgemeines	341
	2. Internationale Zuständigkeit nach der EuGVVO	341
	3. Behandlung der internationalen Zuständigkeit im Prozess	342

	II.	Rechtswegzuständigkeit der Arbeitsgerichte	342
		1. Allgemeines	342
		2. Rechtsweg zu den Arbeitsgerichten	343
	III.	Zuständigkeit der ordentlichen Gerichte.	344
	IV.	Zuständigkeit der Landgerichte	345
		1. Sachliche Zuständigkeit	345
		2. Örtliche Zuständigkeit	345
		3. Gerichtsintern zuständiger Spruchkörper	347
		4. Zuständigkeitskonzentration, § 15 Abs 3 GeschGehG	347
		5. Zuständigkeit im Arrest- und Verfügungsverfahren	348
	V.	Rechtswegstreitigkeiten	348
		1. Unzulässiger Rechtsweg	348
		2. Kompetenzstreit	348
	VI.	Übergangsfälle	349
D.	Spezifische Probleme in Geschäftsgeheimnisstreitsachen	349
	I.	Antragstellung	349
		1. Allgemeines	349
		2. Die Bestimmung des Streitgegenstandes	350
		3. Unterlassung	351
		4. Auskunft	359
		5. Schadensersatz	359
		6. Vernichtung/Herausgabe/Rückruf/Entfernung aus den Vertriebswegen/Rücknahme vom Markt	359
		7. Urteilsbekanntmachung	360
	II.	Geheimhaltung	361
		1. Einstufung von Informationen als geheimhaltungsbedürftig	362
		2. Weitere gerichtliche Beschränkungen, § 19 GeschGehG	370
	III.	Nachweis der Nutzung eines Geschäftsgeheimnisses	378
		1. Schlüssiger und substantiierter Vortrag	378
		2. Sekundäre Darlegungs- und Beweislast	379
		3. Anscheinsbeweis	379
	IV.	Einwand des Erfahrungswissens	380
	V.	Mitwirkungsbefugnis von Patentanwälten in Geschäftsgeheimnisstreitsachen	381

Kapitel 4   Das Strafverfahren   382

A.	Strafprozessuale Maßnahmen		382
	I.	Allgemeines	382
	II.	Durchsuchungsmaßnahmen und Beschlagnahme	383
		1. Durchsuchungen in Unternehmen	384
		2. Durchsuchungen beim Beschuldigten zu Hause	385
	III.	Die Beschlagnahme	385
	IV.	Mitnahme zur Durchsicht, § 110 StPO	386
	V.	Besonderheiten beim Zugriff auf Daten	387
	VI.	Sachverständige Untersuchungen	388
	VII.	Einziehung	388
		1. Rechtliche Grundlagen der Einziehung	388
		2. Die Einziehung im Rahmen des § 23 GeschGehG	390
		3. Praktische Bedeutung der Einziehung bei § 23 GeschGehG	390
		4. Einziehung bei bloßer Kenntnisnahme von Geschäftsgeheimnissen	391
		5. Einziehung bei Erlangung von verkörperten Geschäftsgeheimnissen	391
		6. Einziehung bei wirtschaftlicher Nutzung von Geschäftsgeheimnissen	391
		7. Die Ermittlung des (Wertes des) Einzuziehenden	392
		8. Die Bedeutung der Einziehung im Ermittlungsverfahren	395
		9. Verfahren zur Entschädigung der Geschädigten	396
B.	Zwischenverfahren		398
C.	Spezifische Aspekte des Hauptverfahrens		400

Inhaltsverzeichnis

	I.	Ausschluss der Öffentlichkeit	400
	II.	Der Schutz des Geschäftsgeheimnisses in der Hauptverhandlung	400
	III.	Adhäsionsverfahren	402
		1. Antrag	402
		2. Entscheidung über den Antrag	403
		3. Eignung des Adhäsionsverfahrens	404

Kapitel 5   Muster 406

- A. Zivilrechtliche Muster 407
  1. Klage 407
  2. Antrag auf prozessuale Geheimhaltungsmaßnahmen 426
  3. Ablaufplan für das Verfahren 430
  4. Besichtigungsantrag 433
  5. Klageerwiderung 444
  6. Information an Dritte 452
  7. Vertraulichkeitsvereinbarung 456
- B. Strafrechtliche Muster 462
  1. Strafanzeige und Strafantrag 462
  2. Beschwerde gegen Durchsuchung und Beschlagnahme 470
  3. Antrag auf Akteneinsicht 479
  4. Widerspruch gegen Akteneinsicht 482
  5. Antrag auf gerichtliche Entscheidung 486
  6. Privatklage 490
- C. Muster Vertragsklauseln 498
  1. Geheimhaltungsklausel Arbeitsvertrag 498
  2. Nachvertragliches Wettbewerbsverbot 499

Entscheidungsregister 501

Stichwortverzeichnis 525

Hinweise für die Onlinenutzung

Die Mustertexte und Formulierungsvorschläge stehen Ihnen im word-Format in der elektronischen Ausgabe unter https://www.wolterskluwer-online.de/ zum Download zur Verfügung.

Verlinkt sind die betreffenden Textstellen sowie die Online-Übersicht aller Mustertexte.

Zusätzlich stehen Ihnen die Mustertexte im word-Format im Internet zum Download bereit:

http://download.wolterskluwer.de

Passwort: WK5ASDPCM

Bearbeiterverzeichnis

Dr. Johannes Altenburg
Fachanwalt für Strafrecht
Roxin Rechtsanwälte LLP, Hamburg

Daniel Hoppe
Fachanwalt für Gewerblichen Rechtsschutz
Preu Bohlig & Partner, Hamburg

Christian Holtz
Rechtsanwalt
Preu Bohlig & Partner, Hamburg

Dr. Matthias Lodemann, LL.M. (Wellington)
Fachanwalt für Arbeitsrecht
Schramm Meyer Kuhnke, Hamburg

Martin Momtschilow
Rechtsanwalt
Preu Bohlig & Partner, Düsseldorf

Dr. Axel Oldekop
Fachanwalt für Gewerblichen Rechtsschutz
Preu Bohlig & Partner, München

Tobias Pichlmaier
Vorsitzender Richter
Landgericht München I

Dr. Peter Schneiderhan
Oberstaatsanwalt
Staatsanwaltschaft Stuttgart

Dr. Nina Tholuck
Fachanwältin für Arbeitsrecht
Schramm Meyer Kuhnke, Hamburg

Im Einzelnen haben bearbeitet:

Kapitel 1 Materielles Recht
Teil A.	Hoppe
Teil B.	Hoppe, Momtschilow, Lodemann/Tholuck
Teil C.	Holtz, Hoppe, Lodemann/Tholuck
Teil D.	Hoppe
Teil E.	Altenburg

Kapitel 2 Ermittlung des Sachverhalts
Teil A.	Lodemann/Tholuck
Teil B.	Schneiderhan
Teil C.	Oldekop

Kapitel 3 Das zivilrechtliche Geheimnisschutzverfahren
Teil A.–D.	Pichlmaier

Kapitel 4 Strafverfahren
Teil A.	Altenburg
Teil B.–C.	Schneiderhan

Kapitel 5 Muster
Teil A.–B.	Oldekop
Teil C.	Lodemann/Tholuck

Abkürzungsverzeichnis

aA	anderer Ansicht
aaO	am angegebenen Ort
ABl	Amtsblatt der Europäischen Gemeinschaft
Abs	Absatz
aF	alte Fassung
AfP	Archiv für Presserecht
AG	Amtsgericht; Aktiengesellschaft
AGB	Allgemeine Geschäftsbedingungen
AGG	Allgemeines Gleichbehandlungsgesetz
AktG	Aktiengesetz
Alt	Alternative
Amtl	Amtliche
Anm.	Anmerkung
AP	Arbeitsrechtliche Praxis
ArbG	Arbeitsgericht
ArbGG	Arbeitsgerichtsgesetz
ArbnErfG	Gesetz über Arbeitnehmererfindungen
ArbR	Arbeitsrecht
ArbRAktuell	Arbeitsrecht Aktuell
ArbRB	Der Arbeits-Rechts-Berater
ArbSchG	Arbeitsschutzgesetz
Art	Artikel
ASt	Antragsteller
AÜG	Arbeitnehmerüberlassungsgesetz
Aufl	Auflage
Az	Aktenzeichen
BAG	Bundesarbeitsgericht
BayObLG	Bayerisches Oberstes Landesgericht
b.b.	bereits benannt
BB	Betriebs-Berater
BBiG	Berufsbildungsgesetz
BDSG	Bundesdatenschutzgesetz
BeckOK	Beck'sche Online-Kommentare
BeckRS	Beck-Rechtsprechung
Begr.	Begründung
Bekl.	Beklagte(r)
Beschl	Beschluss
BetrAVG	Gesetz zur Verbesserung der betrieblichen Altersvorsorge
BetrVG	Betriebsverfassungsgesetz
BGB	Bürgerliches Gesetzbuch
BGBl	Bundesgesetzblatt
BGH	Bundesgerichtshof
BGHst	Entscheidungen des Bundesgerichtshofs in Strafsachen
BGHZ	Entscheidungen des Bundesgerichtshofs in Zivilsachen
BKR	Zeitschrift für Bank- und Kapitalmarktrecht
BRAK-Mitt.	Bundesrechtsanwaltskammer-Mitteilungen (Zeitschrift)
Bsp	Beispiel
bspw	beispielsweise
BT	Bundestag
BT-Drs	Bundestags-Drucksache
BT-Prot-Nr	Bundestags-Drucksache-Protokoll-Nummer
BVerfG	Bundesverfassungsgericht
BVerfGE	Amtliche Entscheidungssammlung des Bundesverfassungsgerichts
BVerwG	Bundesverwaltungsgericht

Abkürzungsverzeichnis

bzgl	bezüglich
bzw	beziehungsweise
ca	circa
CB	Compliance-Berater
CCZ	Corporate Compliance Zeitschrift
CD	Compact Disc
CR	Computer und Recht
CRi	Computer Law Review International
DB	Der Betrieb
ders	derselbe
DesignG	Designgesetz
DGB	Deutscher Gewerkschaftsbund
DGVZ	Deutsche Gerichtsvollzieher Zeitung
dh	das heißt
dies.	dieselbe/n
DIN	Deutsches Institut für Normung
DJT	Deutscher Juristentag
DSGVO	Datenschutz-Grundverordnung
DVD	Digital Versatile Disc
DWDS	Digitales Wörterbuch der deutschen Sprache
EG	Europäische Gemeinschaft
EGBGB	Einführungsgesetz zum Bürgerlichen Gesetzbuch
EGGVG	Einführungsgesetz zum Gerichtsverfassungsgesetz
EGMR	Europäischer Gerichtshof für Menschenrechte
Erg.Lfg.	Ergänzungslieferung
EntgTranspG	Entgelttransparenzgesetz
EPÜ	Europäisches Patentübereinkommen
ErfK	Erfurter Kommentar
ErwG	Erwägungsgrund
etc	et cetera
EU	Europäische Union
EuG	Europäisches Gericht erster Instanz
EuGH	Gerichtshof der Europäischen Gemeinschaft
EuGVVO	Verordnung des Rates über die gerichtliche Zuständigkeit und die Anerkennung und Vollstreckung von Entscheidungen in Zivil- und Handelssachen
EuZW	Europäische Zeitschrift für Wirtschaftsrecht
f, ff	folgender, folgende
Fn	Fußnote
FS	Festschrift
F&E	Forschung und Entwicklung
GebrMG	Gebrauchsmustergesetz
GefStoffV	Gefahrstoffverordnung
gem	gemäß
GenG	Gesetz betreffend die Erwerbs- und Wirtschaftsgenossenschaften
GeschGehG	Geschäftsgeheimnisgesetz
GeschGehGE	Geschäftsgeheimnisgesetz-Entwurf
GeschGehRL	Geschäftsgeheimnisrichtlinie
GewO	Gewerbeordnung
GG	Grundgesetz
ggf, ggfs	gegebenenfalls
GGV	Gemeinschaftsgeschmacksmusterverordnung

GmbH	Gesellschaft mit beschränkter Haftung
GmbHG	Gesetz betreffend die Gesellschaften mit beschränkter Haftung
GmbHR	GmbH-Rundschau
grds	grundsätzlich
GRUR	Gewerblicher Rechtsschutz und Urheberrecht
GRUR Int.	Gewerblicher Rechtsschutz und Urheberrecht Internationaler Teil
GRUR-Prax	Gewerblicher Rechtsschutz und Urheberrecht, Praxis im Immaterialgüter- und Wettbewerbsrecht
GRUR-RR	Gewerblicher Rechtsschutz und Urheberrecht – Rechtssprechungs-Report
GRUR-RS	Gewerblicher Rechtsschutz und Urheberrecht – Rechtsprechungssammlung
GVG	Gerichtsverfassungsgesetz
GVP	Geschäftsverteilungsplan
GWB	Gesetz gegen Wettbewerbsbeschränkungen (Kartellgesetz)
GWR	Gesellschafts- und Wirtschaftsrecht
HalblSchG	Halbleiterschutzgesetz
Hdb	Handbuch
HGB	Handelsgesetzbuch
hM	herrschende Meinung
Hs	Halbsatz
iE	im Ergebnis
insb	insbesondere
InsO	Insolvenzordnung
InstGE	Entscheidungen der Instanzgerichte zum Recht des geistigen Eigentums
IntWirtschR	Internationales Wirtschaftsrecht
IPRB	IP-Rechts-Berater
iSd	im Sinne der/des
iSv	im Sinne von
IT	Informationstechnik
iVm	in Verbindung mit
JA	Juristische Arbeitsblätter
JAV	Jugendauszubildendenvertretung
juris-PK	juris PraxisKommentar
jurisPR-StrafR	juris PraxisReport Strafrecht
JuS	Juristische Schulung
JW	Juristische Woche
JZ	Juristenzeitung
K&R	Kommunikation & Recht
Kap	Kapitel
KG	Kammergericht; Kommanditgesellschaft
KK-StPO	Karlsruher Kommentar zur Strafprozessordnung
Kl.	Kläger; Klägerin
KSchG	Kündigungsschutzgesetz
KWG	Kreditwesengesetz
LAG	Landesarbeitsgericht
LG	Landgericht
li. Sp.	linke Spalte
lit	littera
LuftSiG	Luftsicherungsgesetz
LugÜ	Luganer Übereinkommen

Abkürzungsverzeichnis

MAH	Münchener Anwaltshandbuch
mAnm	mit Anmerkung
MarkenG	Markengesetz
MDR	Monatsschrift für Deutsches Recht
Mitt.	Mitteilungen der deutschen Patentanwälte
MMR	Multimedia und Recht
MPI	Max-Planck-Institut
MüKo	Münchener Kommentar
MüKo-BGB	Münchner Kommentar zum Bürgerlichen Gesetzbuch
MüKo-StGB	Münchner Kommentar zum Strafgesetzbuch
MüKo-StPO	Münchner Kommentar zur Strafprozessordnung
MüKo-ZPO	Münchner Kommentar zur Zivilprozessordnung
mwN	mit weiteren Nachweisen
nF	neue Fassung
NJOZ	Neue Juristische Online-Zeitschrift
NJW	Neue Juristische Wochenschrift
NJWE-WettbR	NJW-Entscheidungsdienst Wettbewerbsrecht
NJW-RR	Neue Juristische Wochenschrift Rechtsprechungsreport
Nr	Nummer
NStZ	Neue Zeitschrift für Strafrecht
NStZ-RR	Neue Zeitschrift für Strafrecht Rechtsprechungsreport
nv	nicht veröffentlicht
NVwZ	Neue Zeitschrift für Verwaltungsrecht
NZA	Neue Zeitschrift für Arbeitsrecht
NZA-RR	Neue Zeitschrift für Arbeitsrecht Rechtsprechungsreport
NZG	Neue Zeitschrift für Gesellschaftsrecht
NZKart	Neue Zeitschrift für Kartellrecht
NZWiSt	Neue Zeitschrift für Wirtschafts-, Steuer- und Unternehmensstrafrecht
oä	oder ähnlich
öAT	Öffentliches Arbeits- und Tarifrecht
og	oben genannter
OLG	Oberlandesgericht
OLGR	Rechtsprechungssammlung der Oberlandesgerichte
OLGZ	Entscheidungen der Oberlandesgerichte in Zivilsachen
PatAnwO	Patentanwaltsordnung
PatG	Patentgesetz
PatR	Patentrecht
ProdHaftG	Produkthaftungsgesetz
PublG	Publizitätsgesetz
RA	Rechtsanwalt
RAin	Rechtsanwältin
RdA	Recht der Arbeit
Rdn	Randnummer innerhalb des Werkes
RefE	Referentenentwurf
RegE	Regierungsentwurf
RG	Reichsgericht
RGSt	Entscheidungen des Reichsgerichts in Strafsachen
RGZ	Entscheidungen des Reichsgerichts in Zivilsachen
RiStBV	Richtlinien für das Strafverfahren und das Bußgeldverfahren
RL	Richtlinie (EG bzw EU)
Rn	Randnummer in anderen Veröffentlichungen

RöV	Röntgenverordnung
Rspr	Rechtsprechung
S	Satz
S.	Seite
sh	siehe
SEC	Securities and Exchange Commission
SGB	Sozialgesetzbuch
sog.	sogenannte (r/s)
Sp.	Spalte
SPA	Schnellbrief für Personalwirtschaft und Arbeitsrecht
SprAuG	Gesetz über Sprecherausschüsse der leitenden Angestellten
SprengG	Sprengstoffgesetz
StA	Staatsanwaltschaft
StGB	Strafgesetzbuch
StPO	Strafprozessordnung
stRspr	ständige Rechtsprechung
TRIPS	Trade Related Aspects of Intellectual Property Rights
Tz	Textziffer
ua	unter anderem; und andere
UAbs	Unterabsatz
uE	unseres Erachtens
uU	unter Umständen
umstr.	umstritten
UmwG	Umwandlungsgesetz
UrhG	Urheberrechtsgesetz
Urt	Urteil
USA	United States of America
USB	Universal Serial Bus
usw	und so weiter
uU	unter Umständen
UWG	Gesetz gegen den unlauteren Wettbewerb
v	vom; von; vor; versus
VersR	Versicherungsrecht
vgl	vergleiche
VO	Verordnung
Vor	Vorbemerkung
VPP	Vereinigung von Fachleuten des Gewerblichen Rechtsschutzes
VwGO	Verwaltungsgerichtsordnung
WaffenG	Waffengesetz
wg	wegen
WiJ	Journal der Wirtschaftsstrafrechtlichen Vereinigung
wistra	Zeitschrift für Wirtschafts- und Steuerstrafrecht
WRP	Wettbewerb in Recht und Praxis
WTO	World Trade Organisation
WWU	Westfälische Wilhelms-Universität in Münster
zB	zum Beispiel
zT	zum Teil
ZESAR	Zeitschrift für europäisches Sozial- und Arbeitsrecht
ZEW	Zentrum für Europäische Wirtschaftsforschung
Ziff.	Ziffer
ZIP	Zeitschrift für Wirtschaftsrecht

Abkürzungsverzeichnis

ZPO	Zivilprozessordnung
ZRP	Zeitschrift für Rechtspolitik
ZUM	Zeitschrift für Urheber- und Medienrecht
ZUM-RD	Zeitschrift für Urheber- und Medienrecht – Rechtsprechungsdienst

Gesamtliteraturverzeichnis

Achenbach/Ransiek/Rönnau	Handbuch Wirtschaftsstrafrecht, 4. Aufl 2015
Ann/Loschelder/Grosch	Praxishandbuch Know-how-Schutz, 2010
Ascheid/Preis/Schmidt	Kündigungsrecht, 5. Aufl 2017
Bauer/Diller	Wettbewerbsverbote, 8. Aufl 2019
Baumbach	Baumbach/Lauterbach/Hartmann/Anders/Gehle, Zivilprozessordnung mit GVG und anderen Nebengesetzen, Kommentar, 78. Aufl 2020
BeckOK Arbeitsrecht	Beck'scher Online-Kommentar Arbeitsrecht, Hrsg. Rolfs/Giesen/Kreikebohm/Udsching, 55. Edition, Stand 01.03.2020
BeckOK BORA	Beck'scher Online-Kommentar, Hrsg. Römermann, 27. Edition, Stand 01.03.2020
BeckOK GeschGehG	Beck'scher Online-Kommentar Geschäftsgeheimnisgesetz, Hrsg. Fuhlrott/Hiéramente, 3. Edition, Stand 15.03.2020
BeckOK Markenrecht	Beck'scher Online-Kommentar Markenrecht, Hrsg. Kur/v. Bomhard/Albrecht, 20. Edition, Stand 01.01.2020
BeckOK StGB	Beck'scher Online-Kommentar, Hrsg. von Heintschel-Heinegg, 45. Edition, Stand 01.02.2020
BeckOK StPO	Beck'scher Online-Kommentar Strafprozessordnung mit RiStBV und MiStra, Hrsg. Graf, 36. Edition, Stand 01.01.2020
BeckOK ZPO	Beck'scher Online-Kommentar Zivilprozessordnung, Hrsg. Vorwerk/Wolf, 36. Edition, Stand 01.03.2020
Benkard	Patentgesetz, Gebrauchsmustergesetz, Patentkostengesetz, Kommentar, 11. Aufl 2015
Büscher	Gesetz gegen den unlauteren Wettbewerb, Kommentar, 2019
Büscher/Dittmer/Schiwy	Gewerblicher Rechtsschutz, Urheberrecht, Medienrecht, 3. Aufl 2015
Busche/Stoll/Wiebe	TRIPs, Internationales und europäisches Recht des geistigen Eigentums, Kommentar, 2. Aufl 2013
Däubler/Kittner/Klebe/Wedde	BetrVG, Kommentar, 16. Aufl 2018
Dauner-Liebe/Langen	BGB, Kommentar, 2019
Dreier/Schulze	Urheberrechtsgesetz, Verwertungsgesellschaftengesetz, Kunsturhebergesetz, Kommentar, 6. Aufl 2018
Eichmann/Jestaedt/Fink/Meiser	Designgesetz, GGV: Kommentar, 6. Aufl 2019
Erbs/Kohlhaas	Strafrechtliche Nebengesetze, 224. Erg.Lfg. 2019
Fischer	Strafgesetzbuch und Nebengesetze, Kommentar, 67. Aufl 2020
Fitting	Fitting/Engels/Schmidt/Trebinger/Linsenmaier, Betriebsverfassungsgesetz, Kommentar, 30. Aufl, München 2020
Fromm/Nordemann	Urheberrecht, Kommentar zum Urheberrechtsgesetz, Verlagsgesetz, Einigungsvertrag (Urheberrecht), 12. Aufl 2018
Germelmann/Matthes/Prütting	Arbeitsgerichtgesetz, Kommentar, 9. Aufl 2017
Graf/Jäger/Wittig	Wirtschafts- und Steuerstrafrecht, 2. Aufl 2017;
Graf v. Westphalen/Thüsing	Vertragsrecht und AGB-Klauselwerke, 44. Aufl 2020
Haedicke/Timmann	Handbuch des Patentrechts, 2. Aufl 2020
Harte-Bavendamm/Henning-Bodewig	Gesetz gegen unlauteren Wettbewerb, Kommentar, 4. Aufl 2016

Gesamtliteraturverzeichnis

Hasselblatt	Münchener Anwaltshandbuch Gewerblicher Rechtsschutz, 5. Aufl 2017
Henssler/Willemsen/Kalb	Arbeitsrecht, Kommentar, 8. Aufl 2018
Ingerl/Rohnke	Markengesetz, Kommentar, 3. Aufl 2010
jurisPK-BGB	Herberger/Martinek/Rüßmann/Weth/Würdinger, jurisPK-BGB, 9. Aufl 2020, Bd. 2 (Junker/Beckmann/Rüßmann)
Kindhäuser/Neumann/Paeffgen	Strafgesetzbuch, 5. Aufl 2017
Kissel/Mayer	Gerichtsverfassungsgesetz: GVG, 9. Aufl 2018
KK-StPO	Karlsruher Kommentar zur Strafprozessordnung, 8. Aufl 2019
Köhler/Bornkamm/Feddersen	Gesetz gegen den unlauteren Wettbewerb, Kommentar, 38. Aufl 2020 37. Aufl 2019
Kollmer/Klindt/Schucht	Arbeitsschutzgesetz, 3. Aufl 2016
Kramer	IT-Arbeitsrecht, 2. Aufl 2019
Kühnen	Handbuch der Patentverletzung, 12. Aufl 2019
Küttner/Kreitner	Personalbuch 2019, 26. Aufl 2019
Lackner/Kühl	Strafgesetzbuch, Kommentar, 29. Aufl 2018
Langen/Bunte	Kartellrecht, Kommentar, 13. Aufl 2018
Liebers	Formularhandbuch des Fachanwalts Arbeitsrecht, 5. Aufl 2019
Lunk	AnwaltFormulare Arbeitsrecht, 3. Aufl 2017
Maschmann/Sieg/Göpfert	Vertragsgestaltung im Arbeitsrecht, 2. Aufl 2016
Matt/Renzikowski	Strafgesetzbuch, Kommentar, 2. Aufl 2020
Meißner/Schütrumpf	Vermögensabschöpfung, 2018
Mes	Patentgesetz, Gebrauchsmustergesetz, Kommentar, 5. Aufl 2020
Meyer-Goßner/Schmitt	StPO, Gerichtsverfassungsgesetz, Nebengesetze und ergänzende Bestimmungen, Kommentar, 62. Aufl 2019
Moll	Münchener Anwaltshandbuch Arbeitsrecht, 4. Aufl 2017
MüKo-BGB	Münchener Kommentar zum Strafgesetzbuch: Band 1: §§ 1 bis 240 BGB, AllgPersönlR, ProstG, AGG, 8. Aufl 2018 Band 2: §§ 241 bis 310 BGB, 8. Aufl 2019 Band 6: §§ 705 bis 853 BGB, PartGG, ProdHaftG, 7. Aufl 2017 Band 12: IPR, Internationales Wirtschaftsrecht, 7. Aufl 2018 Band 2: §§ 38 bis 79, 3. Aufl 2016 Band 7: Nebenstrafrecht II, 3. Aufl 2019
MüKo-Lauterkeitsrecht	Münchener Kommentar zum Lauterkeitsrecht: Band 2: §§ 5 bis 20 UWG, 2. Aufl 2014
MüKo-StGB	Münchener Kommentar zum Strafgesetzbuch: Band 1: §§ 1 bis 37, 3. Aufl 2017 Band 2: §§ 38 bis 79, 3. Aufl 2016 Band 7: Nebenstrafrecht II, 3. Aufl 2019
MüKo-StPO	Münchner Kommentar zur Strafprozessordnung, 2014
MüKo-ZPO	Münchner Kommentar zur Zivilprozessordnung: Band 1: §§ 1 bis 354, 5. Aufl, München 2016 Band 2: §§ 355 bis 945b, 5. Aufl, München 2016 Band 3: §§ 946 bis 1117, EGZPO, GVG, EGGVG, UKlaG, Internationales und Europäisches Zivilprozessrecht, 3. Aufl 2017

Müller-Glöge/Preis/Schmidt	ErfK zum Arbeitsrecht, 20. Aufl 2020
Münchener HdB ArbR	Band I: Individualarbeitsrecht I, 4. Aufl 2018
Musielak/Voit	Zivilprozessordnung, Kommentar, 17. Aufl 2020
Nebel/Diedrich	Geschäftsgeheimnisgesetz, 2019
Ohly/Sosnitza	Gesetz gegen den unlauteren Wettbewerb, Kommentar, 7. Aufl 2016
Plath	DSGVO/BDSG, Kommentar, 3. Aufl 2018
Palandt	Bürgerliches Gesetzbuch, Kommentar, 79. Aufl 2020
Preis	Der Arbeitsvertrag, Handbuch der Vertragsgestaltung, 5. Aufl 2015
Prütting/Gehrlein	Zivilprozessordnung, Kommentar, 7. Aufl 2015
Reinfeld	Das neue Gesetz zum Schutz von Geschäftsgeheimnissen, 2019
Richardi	BetrVG, Kommentar, 16. Aufl 2018
Schaub	Arbeitsrechts-Handbuch, 18. Aufl 2019
Schoch/Schneider/Bier	Verwaltungsgerichtsordnung, Kommentar, 37. Erg.Lfg. Juli 2019
Schönke/Schröder	Strafgesetzbuch, Kommentar, 30. Aufl 2019
Schramm	Der Patentverletzungsprozess, 7. Aufl 2013
Schueren/Hamann	Arbeitnehmerüberlassungsgesetz, 5. Aufl 2018
Schulte	Patentgesetz mit EPÜ, Kommentar, 10. Aufl 2017
Stahlhacke/Preis/Vossen	Kündigung und Kündigungsschutz im Arbeitsverhältnis, 11. Aufl 2015
Stein/Jonas	Zivilprozessordnung, Kommentar, Band 5 §§ 328 bis 510b, 22. Aufl 2013
Streinz	EUV/AEUV, Kommentar, 3. Aufl 2018
Ströbele/Hacker/Thiering	Markengesetz, Kommentar, 12. Aufl 2018
Teplitzky/Peifer/Leistner	Gesetz gegen den unlauteren Wettbewerb, Großkommentar, 2. Aufl 2013
Thomas/Putzo	Zivilprozessordnung, Kommentar, 41. Aufl 2020
Wandtke/Bullinger	Praxiskommentar Urheberrecht, 5. Aufl 2019
Wittig	Wirtschaftsstrafrecht, 5. Aufl 2020
Zöller	Zivilprozessordnung, Kommentar, 33. Aufl 2020

Kapitel 1 Materielles Recht

Übersicht

	Rdn.
A. Einleitung	1
I. Geschäftsgeheimnisrichtlinie (EU) 2016/943	4
1. Harmonisierungsgrad der Richtlinie	5
2. Regelungsgehalt der Richtlinie	8
II. Geschäftsgeheimnisgesetz	11
1. Regelungsgehalt des GeschGehG	14
2. Sachlicher Anwendungsbereich und Verhältnis zu anderen Vorschriften	15
III. Übergangsrecht	18
1. Zivilrechtliche Übergangsfälle	20
a) Ehemals rechtswidrige Handlungen	20
b) Ehemals rechtmäßige Handlungen	23
2. Strafrechtliche Übergangsfälle	27
IV. Richtlinienkonforme Auslegung und unmittelbare Anwendung der GeschGehRL	31
V. Weitere Quellen des Geheimnisschutzes	37
VI. Verhältnis zur Richtlinie 2004/48/EG	40
B. Begriffsbestimmungen	44
I. Geschäftsgeheimnis	45
1. Einführung	49
2. Nicht offenkundige Information	50
a) Information	52
aa) Art der Information	54
(1) Informationen mit Inhaltsebene	54
(2) Rohdaten	55
(3) Algorithmen	56
(4) Belanglose Information	57
(5) Erfahrungswissen von Arbeitnehmern	59
bb) Kenntnis des Geheimnisinhabers	61
cc) Unternehmensbezug	63
dd) Verkörperung der Information	67
b) Weder insgesamt noch in der genauen Anordnung und Zusammensetzung ihrer Bestandteile allgemein bekannt oder ohne Weiteres zugänglich	68
aa) Personen in den Kreisen, die üblicherweise mit dieser Art von Informationen umgehen	70
bb) Allgemein bekannt oder ohne Weiteres zugänglich	77
(1) Allgemeine Bekanntheit	79
(2) Ohne Weiteres zugänglich	87
3. Daher von wirtschaftlichem Wert	92
a) Wirtschaftlicher Wert	93
b) Informationen über Rechtsverstöße	100
c) Kausalität	102
4. Gegenstand angemessener Geheimhaltungsmaßnahmen	103
a) Allgemeines	104
b) Bedeutung und Funktion von Geheimhaltungsmaßnahmen	109
c) Angemessenheit von Geheimhaltungsmaßnahmen	116
aa) Genereller Maßstab – Geeignetheit zur Geheimhaltung	119
bb) Konkreter Maßstab – nach den Umständen erforderliche Maßnahmen	121
(1) Festlegung von Informationsbereichen	125
(2) Festlegung von Informationskategorien	127
(3) Identifizierung, Bewertung und Umgang mit schutzwürdigen Informationen losgelöst vom Einzelfall	130
cc) Bedeutung einzelner Kriterien für die Beurteilung der Angemessenheit	139
(1) Art der Information	141
(2) Wert von Informationen und Bedeutung für das Unternehmen	144
(3) Art und Umfang der Nutzung von Informationen	146
(4) Größe des Unternehmens	148
(5) Übliche Geheimhaltungsmaßnahmen im Unternehmen	149
(6) Art der Kennzeichnung von Informationen	150
(7) Vertragliche Regelungen mit Arbeitnehmern und Geschäftspartnern	151

	Rdn.
d) Maßnahmen der Geheimhaltung im Einzelnen	153
aa) Bewertung, Planung und Organisation – Geheimhaltungskonzept	154
(1) Analyse des Schutzbedarfs	157
(2) Bestimmung der angemessenen Geheimhaltungsmaßnahmen	159
(3) Umsetzung und Kontrolle	161
bb) Einteilung nach Art der Maßnahmen	168
(1) Organisatorische Maßnahmen	169
(2) Technische Maßnahmen	182
(3) Rechtliche Maßnahmen	184
cc) Auswahl der Maßnahmen zur Geheimhaltung	189
(1) Offene Tatsachen	191
(2) Verdeckte Tatsachen	193
(3) Innere Tatsachen	195
e) Exkurs: Innerbetriebliche Geheimhaltungsvereinbarungen	196
aa) Bausteine von Geheimhaltungsvereinbarungen	203
(1) Konkretisierung der geheim zu haltenden Informationen	205
(2) Maßnahmen zur Absicherung und Erweiterung von Geheimhaltungspflichten	217
(3) Verhaltensregeln zum Umgang mit Daten	239
(4) Sonstige Hinweise für die Vertragsgestaltung	242
bb) Rechtsgrundlagen von Geheimhaltungsvereinbarungen	252
f) Geheimhaltungsmaßnahmen durch den rechtmäßigen Inhaber	254
g) Beweislast	256
5. Berechtigtes Interesse an der Geheimhaltung	258
II. Inhaber eines Geschäftsgeheimnisses	265
1. Natürliche oder juristische Person	266
2. Kontrolle über das Geschäftsgeheimnis	269
a) Erwerb der Kontrolle	273
aa) Originäre Kontrolle	274
(1) Zuordnung im Arbeitsverhältnis	275

	Rdn.
(2) Außerhalb des Arbeitsverhältnisses	279
bb) Derivativer Erwerb der Kontrolle	280
(1) Anwendbares Recht	281
(2) Übertragung der Kontrolle nach deutschem Recht	285
b) Verlust der Kontrolle	288
3. Rechtmäßigkeit der Kontrolle	289
4. Mehrheit von Inhabern	295
III. Rechtsverletzer	299
1. Natürliche oder juristische Person	301
2. Rechtswidrige Erlangung, Nutzung oder Offenlegung	304
3. Subjektive Voraussetzungen der Verletzereigenschaft	305
4. Täter und Teilnehmer	308
5. Intermediäre	313
6. Ausnahme des § 2 Nr 3 Hs 2 GeschGehG	317
IV. Rechtsverletzendes Produkt	318
1. Konzeption, Merkmale, Funktionsweise, Herstellungsprozess oder Marketing	320
2. Beruhen auf rechtswidrig erlangtem, genutztem oder offengelegtem Geschäftsgeheimnis	322
3. Erheblicher Umfang	323
4. Beispiele	328
C. Erlaubte Handlungen, Handlungsverbote, Ausnahmen	**330**
I. Systematik der §§ 3 bis 5 GeschGehG	330
1. Allgemeines	330
2. Verhältnis der §§ 3, 4 GeschGehG zueinander	336
II. Erlaubte Handlungen	343
1. Die Erlaubnistatbestände des § 3 Abs 1 GeschGehG	346
a) Reichweite des § 3 Abs 1 GeschGehG	347
b) Doppelschöpfung (§ 3 Abs 1 Nr 1 GeschGehG)	348
c) Reverse Engineering (§ 3 Abs 1 Nr 2 GeschGehG)	351
aa) Vorbemerkung	351
bb) Historie	353
cc) Beurteilung von Altfällen	356
dd) Verhältnis zur GeschGehRL	360
ee) Tatbestand	362
(1) Erlangungshandlung	366
(2) Einschränkung des grundsätzlich zulässigen Reverse Engineerings	371

			Rdn.				Rdn.
	ff)	Rechtsfolge	385		bb)	Eigene Vortat nach § 4 Abs 1 GeschGehG	500
	gg)	Ausschluss des Reverse Engineering bzw zweckdienliche Maßnahmen	386	b)	Beschränkung des Rechts zur Nutzung und Offenlegung	502
	hh)	Neuausrichtung der Unternehmens- bzw Vertriebsstrategie	389		aa)	Im Verfahren offenbarte Informationen	506
	ii)	Technische Schutzmaßnahmen	394		(1)	Ausgangslage	507
	jj)	Vertragliche Schutzmaßnahmen	399		(2)	Wettbewerbsrechtliche Aspekte	510
	(1)	Anwendungsbereich	400		(3)	Sonderbeziehung der Prozessparteien	511
	(2)	Vertragliche Ausschlussmöglichkeiten	403		(4)	Parallele zum Datenschutzrecht	512
	(3)	Einzelfragen	407		(5)	Schutz der Eigentumsposition	513
	(4)	Konkrete Formulierung von Ausschlussklauseln	418		bb)	Zu Auskunftszwecken offenbarte Informationen	520
	(5)	Reverse Engineering im Verfahren	419	5.	Mittelbare Verletzung, § 4 Abs 3 GeschGehG	526
d)	Informations- und Anhörungsrechte der Arbeitnehmer und ihrer Vertretungen	423	a)	Tatbestandsvoraussetzungen	528
	aa)	Rechte der Arbeitnehmer	424		aa)	Herkunft der Information von einem Dritten	528
	(1)	Spezialgesetzliche Anspruchsgrundlagen	425		bb)	Kenntnis oder Kennenmüssen der unlauteren Herkunft	530
	(2)	Sonstige Rechte der Arbeitnehmer	426	b)	Rechtsfolge	534
	bb)	Rechte der Arbeitnehmervertretungen	429	IV.	Ausnahmen	536
	(1)	Betriebsrat	430	1.	Einleitung	538
	(2)	Wirtschaftsausschuss	446	2.	Schutz der Meinungs- und Pressefreiheit	544
	(3)	Sonstige	449	3.	Whistleblowing	546
	cc)	Verschwiegenheitsverpflichtung der Arbeitnehmervertretungen	451	a)	Aufzudeckendes Verhalten	547
2.	Erlaubnistatbestand des § 3 Abs 2 GeschGehG	461		aa)	Rechtswidrige Handlung	548
III.	Handlungsverbote	465		bb)	Berufliches Fehlverhalten	551
1.	Allgemeines	466		cc)	Sonstiges Fehlverhalten	554
2.	Verhältnis zu § 3 GeschGehG	469		(1)	Kritik durch die Literatur	555
3.	Unbefugte Erlangung, § 4 Abs 1 GeschGehG	470		(2)	Erforderlichkeit einer Fallgruppenbildung	561
a)	Tathandlungsalternativen	471		(3)	Fallgruppen des »sonstigen Fehlverhaltens«	564
b)	Objekt der Erlangung	478		dd)	Existenz einer Bagatellgrenze?	566
c)	Unbefugtheit der Erlangung	480	b)	Zur Aufdeckung	568
	aa)	Unbefugtheit als mangelnde Gestattung	481	c)	Geeignet, das allgemeine öffentliche Interesse zu schützen	576
	bb)	Sonstige die Unbefugtheit ausschließende Gründe	485	d)	Keine weitergehende Verhältnismäßigkeitsprüfung	583
4.	Unbefugte Nutzung und Offenlegung, § 4 Abs 2 GeschGehG	493	e)	Besonderheiten des Arbeitsrechts	585
a)	Nutzung und Offenlegung nach rechtswidriger Erlangung	495		aa)	Zulässigkeit des Whistleblowings nach bisherigem arbeitsrechtlichen Verständnis, insbesondere Drei-Stufen-Modell	
	aa)	Nutzen und Offenlegen des Geschäftsgeheimnisses	496				

	Rdn.
(innerbetrieblicher Abhilfeversuch)	586
bb) Abweichungen zu § 5 Nr 2 GeschGehG	593
cc) Fortgeltung und Übertragbarkeit der bisherigen Rechtslage	596
dd) Gegenausnahme: Whistleblowing im Anwendungsbereich der DSGVO	600
f) Ausblick: Veränderungen durch die WhistleblowerRL	603
4. Offenlegung durch Arbeitnehmer gegenüber der Arbeitnehmervertretung	608
D. Ansprüche bei Rechtsverletzungen	611
I. Einleitung	611
II. Intertemporale Anwendbarkeit	617
III. Territoriale Reichweite der Ansprüche	624
IV. Aktivlegitimation	628
1. Geheimnisinhaber	629
2. Mehrheit von Inhabern	632
3. Prozessstandschaft	642
V. Passivlegitimation	643
VI. Anspruch auf Beseitigung und Unterlassung	649
1. Allgemeines	650
2. Voraussetzungen und Umfang des Unterlassungsanspruchs	652
a) Verletzungsunterlassungsanspruch	654
aa) Kernbereich des Unterlassungsanspruchs	661
(1) Differenzierung innerhalb derselben Verletzungshandlung	662
(2) Differenzierung hinsichtlich des rechtsverletzenden Produkts	674
(3) Auswirkungen auf die Tenorierung des Unterlassungsanspruchs	677
bb) Erstreckung der Wiederholungsgefahr auf weitere Verletzungshandlungen	678
cc) Erstreckung der Wiederholungsgefahr auf weitere Geschäftsgeheimnisse	683
b) Vorbeugender Unterlassungsanspruch	693
c) Wirkungen des Unterlassungsanspruchs	698
d) Erlöschen des Unterlassungsanspruchs	703

	Rdn.
3. Voraussetzungen und Umfang des Beseitigungsanspruchs	707
VII. Vernichtung, Herausgabe, Rückruf, Entfernung und Rücknahme vom Markt	711
1. Einleitung	712
2. Herausgabe und Vernichtung von Trägermedien	716
a) Voraussetzung des Herausgabe- und Vernichtungsanspruchs	716
b) Rechtsfolge	719
aa) Wahlrecht zwischen Herausgabe und Vernichtung	720
bb) Dokumente, Gegenstände, Materialien, Stoffe oder elektronische Dateien	724
cc) Besitz oder Eigentum des Rechtsverletzers	725
dd) Dingliche Rechte Dritter	734
ee) Herausgabe	736
ff) Vernichtung	740
gg) Durchsetzung des Anspruchs in der Praxis	742
3. Anspruch auf Rückruf rechtsverletzender Produkte	745
a) Voraussetzung des Rückrufanspruchs	746
b) Rechtsfolge	747
4. Anspruch auf Entfernung rechtsverletzender Produkte aus den Vertriebswegen	756
a) Voraussetzung des Entfernungsanspruchs	757
b) Rechtsfolge	758
5. Anspruch auf Vernichtung rechtsverletzender Produkte	760
a) Voraussetzung des Vernichtungsanspruchs	761
b) Rechtsfolge	762
6. Anspruch auf Marktrücknahme	764
VIII. Auskunftsanspruch	767
1. Voraussetzungen des Auskunftsanspruchs	771
2. Inhalt der Auskunft	772
a) Vorbesitzer und gewerbliche Abnehmer	772
b) Mengen und Kaufpreise	776
c) Im Eigentum oder Besitz des Verletzers stehende Trägermedien	779
d) Herkunft und Empfänger des Geheimnisses	783

		Rdn.

	3. Nachforschungspflicht und Belegvorlage	786
IX.	Unselbstständiger Rechnungslegungsanspruch	788
	1. Voraussetzungen des unselbstständigen Rechnungslegungsanspruchs	789
	2. Umfang des unselbstständigen Auskunftsanspruchs	790
	3. Belegvorlage	793
X.	Verhältnismäßigkeit	794
	1. Allgemeines	795
	2. Kriterien der Verhältnismäßigkeitsbeurteilung	800
	a) Relevante Interessensphären	801
	b) Geheimnis- und tatbezogene Kriterien	804
	3. Rechtsfolge	810
XI.	Schadensersatz	814
	1. Allgemeines	815
	2. Spezifische Problemlagen	817
	a) Verlust des Geschäftsgeheimnisses	818
	b) Beteiligung mehrerer Verletzer	820
	c) Offene Definition rechtsverletzender Produkte	822
	d) Unbeschränkte »Laufzeit« des Geschäftsgeheimnisses	823
	e) Mangelnde Ersetzbarkeit	825
	3. Voraussetzungen des Schadensersatzanspruchs	826
	a) Verschulden	827
	b) Schaden	829
	aa) Materielle Schäden	830
	(1) Konkreter Schaden	833
	(2) Lizenzanalogie	834
	(3) Verletzergewinn	837
	bb) Immaterielle Schäden	840
	4. Rechtsfolge	842
XII.	Bereicherungsausgleich	846
XIII.	Haftung des Unternehmensinhabers	847
	1. Beschäftigter oder Beauftragter	848
	2. Zusammenhang zum Unternehmen	851
	3. Tätigkeit für mehrere Unternehmen	854
	4. Haftung auch für Beseitigungsansprüche?	858
XIV.	Abmahnung	859
E.	**Strafvorschriften**	863
I.	Allgemeines	863
	1. Historie, Zweck des § 23 GeschGehG und Systematik	863
	2. Anwendungsbereich des § 23 GeschGehG	868

		Rdn.

	II. Tatbestandsvarianten des § 23 GeschGehG	871
	1. Objektiver Tatbestand	872
	a) Betriebsspionage, § 23 Abs 1 Nr 1 iVm § 4 Abs 1 Nr 1 GeschGehG	872
	aa) Allgemeines	873
	bb) Täter	874
	cc) Tatobjekt	875
	dd) Tathandlung	876
	b) Verwendung eines Geschäftsgeheimnisses nach eigener Vortat, § 23 Abs 1 Nr 2 iVm § 4 Abs 2 Nr 1 lit a), § 4 Abs 1 Nr 1 GeschGehG	880
	aa) Allgemeines	881
	bb) Täter	882
	cc) Tatobjekt	883
	dd) Tathandlung	884
	c) Geheimnisverrat, § 23 Abs 1 Nr 3 iVm § 4 Abs 2 Nr 3	890
	aa) Allgemeines	891
	bb) Täter	892
	cc) Tatobjekt	896
	dd) Tathandlung	902
	d) Verwendung eines Geschäftsgeheimnisses nach fremder Vortat, § 23 Abs 2 GeschGehG	904
	aa) Allgemeines	905
	bb) Täter	907
	cc) Tatobjekt	908
	dd) Tathandlung	909
	e) Vorlagenfreibeuterei, § 23 Abs 3 iVm § 4 Abs 2 Nr 2; § 23 Abs 3 iVm § 4 Abs 2 Nr 3 GeschGehG	911
	aa) Allgemeines	912
	bb) Täter	914
	cc) Tatobjekt	916
	dd) Tathandlung	921
	2. Qualifikationstatbestände des § 23 Abs 4 GeschGehG	922
	3. Tatbestandsausschluss durch § 5 GeschGehG	926
	4. Subjektiver Tatbestand	934
	a) Förderung des eigenen oder fremden Wettbewerbs	937
	b) Handeln aus Eigennutz	940
	c) Handeln zugunsten eines Dritten	941
	d) Handeln in Schädigungsabsicht	942
III.	Rechtswidrigkeit	943
IV.	Versuch	948
V.	Täterschaft und Teilnahme	950

	Rdn.
VI. Strafantrag	951

A. Einleitung

Literatur: *Ackermann/Rindell,* Should Trade Secrets be Protected by Private and/or Criminal Law: A Comparison Between Finnish and German Law, GRUR Int. 2017, 486; *Alexander,* Gegenstand, Inhalt und Umfang des Schutzes von Geschäftsgeheimnissen nach der Richtlinie (EU) 2016/943, WRP 2017, 1034; *Amschewitz,* Die Durchsetzungsrichtlinie und ihre Umsetzung im deutschen Recht, 2008; *Ann/Hauck/Maute,* Auskunftsanspruch und Geheimnisschutz im Verletzungsprozess, 2011; *Dann/Markgraf,* Das neue Gesetz zum Schutz von Geschäftsgeheimnissen, NJW 2019, 1774; *Goldhammer,* Geschäftsgeheimnis-Richtlinie und Informationsfreiheit: Zur Neudefinition des Geschäftsgeheimnisses als Chance für das öffentliche Recht, NVwZ 2017, 1809; *Harte-Bavendamm,* Reform des Geheimnisschutzes: naht Rettung aus Brüssel? Zum Richtlinienvorschlag zum Schutz von Geschäftsgeheimnissen, in Festschrift für Helmut Köhler zum 70. Geburtstag, 2014, S. 235; *Hauck,* Grenzen des Geheimnisschutzes, WRP 2018, 1032; *Heinzke,* Richtlinie zum Schutz von Geschäftsgeheimnissen, CCZ 2016, 179; *Heitto,* The Trade Secret Directive Proposal and the Narrow Path to Improving Trade Secret Protection in Europe: A comparison between intellectual property protection and trade secret protection, CRi 2015, 140; *Hiéramente/Golzio,* Die Reform des Geheimnisschutzes aus Sicht der Compliance-Abteilung – Ein Überblick, CCZ 2018, 262; *Hoppe,* Erstbegehungsgefahr einer Schutzrechtsverletzung trotz rechtmäßigen Handelns: Wege zur Risikominimierung in der Praxis, GRUR-Prax 2013, 27; *Hoppe/Oldekop,* Behandlung von Unterlassungsansprüchen für Altfälle nach dem Gesetz zum Schutz von Geschäftsgeheimnissen (GeschGehG), GRUR-Prax 2019, 324; *Kalbfus,* Die EU-Geschäftsgeheimnis-Richtlinie: Welcher Umsetzungsbedarf besteht in Deutschland?, GRUR 2016, 1009; *McGuire/Joachim/Künzel/Weber,* Der Schutz von Geschäftsgeheimnissen durch Rechte des Geistigen Eigentums und durch das Recht des unlauteren Wettbewerbs (Q215), GRUR Int 2010, 829; *Naber/Peukert/Seeger,* Arbeitsrechtliche Aspekte des Geschäftsgeheimnisgesetzes, NZA 2019, 583; *Oetker,* Neujustierung des arbeitsrechtlichen Schutzes von Geschäftsgeheimnissen vor Offenbarung durch das Unionsrecht, ZESAR 2017, 257; *Steinmann,* Die Geschäftsgeheimnis-Richtlinie: Vorwirkung und unmittelbare Anwendbarkeit, WRP 2019, 703.

1 Der Schutz von Geschäftsgeheimnissen ist in der Praxis von erheblicher Bedeutung. Eine Vielzahl innovativer Unternehmen versucht, Innovationen nicht nur durch klassische gewerbliche Schutzrechte wie Patente und Gebrauchsmuster zu schützen, sondern auch durch Geheimhaltung. Patent- und Gebrauchsmusterschutz verlangen eine Offenbarung der technischen Lösung, die oftmals nicht erwünscht ist. Unternehmen versuchen deshalb, **Entwicklungen mit langfristiger Anwendungsperspektive** geheim zu halten. Gelingt das, kann ein Schutz vor Nachahmung deutlich länger währen als der durch ein Patent oder gar Gebrauchsmuster vermittelte.

2 Geschäftsgeheimnisse spielen auch dort eine Rolle, wo **Sonderrechtsschutz nicht zu erlangen** ist. Dies kann der Fall sein bei innerbetrieblich entwickelten Verbesserungen ohne technischen Charakter. Gegebenenfalls ist die technische Lösung als solche auch schon bekannt oder naheliegend und daher nicht patentierbar. Schließlich besteht in vielen Unternehmen ein **innerbetrieblicher Erfahrungsschatz**, der in einer Vielzahl von Dokumenten verkörpert sein kann. Dazu gehören bspw Konstruktionszeichnungen oder Verfahrensanweisungen, die in ihrer Vielzahl und Vielgestaltigkeit nicht sinnvoll zum Gegenstand einzelner Schutzrechte gemacht werden können.

3 Die wirtschaftliche Bedeutung des Geheimnisschutzes hat sich lange Zeit nicht in der Rechtspraxis niedergeschlagen. Zum einen haben Mitarbeiter und Wettbewerber Geschäftsgeheimnisse in vielen Fällen **nicht als schützenswerte Vermögensbestandteile ernstgenommen**. Zum anderen ist die Materie sowohl für Betroffene und ihre Anwälte als auch für die damit befassten Justizbehörden in vielen Fällen schwer fassbar gewesen.

A. Einleitung

Verfahren haben sich aufgrund der Unbestimmtheit des Schutzgegenstandes und der Unsicherheit im Umgang mit der Materie über lange Zeit hingezogen. Im Vergleich bspw zur etablierten Praxis der Patentverletzungskammern und -senate in Deutschland ist die Praxis der Instanzgerichte im Bereich des Geheimnisschutzes noch nicht ausgeformt gewesen.

I. Geschäftsgeheimnisrichtlinie (EU) 2016/943

Mit der Geschäftsgeheimnisrichtlinie[1] (GeschGehRL) ist erstmals auf europäischer Ebene der Versuch unternommen worden, Geschäftsgeheimnisse **umfassender und ihrer Bedeutung angemessen zu schützen**. Damit wird gleichzeitig dem Schutz vertraulicher Informationen Rechnung getragen, der in **Art 39 TRIPS-Übereinkommen** von den Mitgliedsstaaten verlangt wird. Ziel der Richtlinie ist nicht, das Vermögen an sich zu schützen, sondern die Geheimnissphäre des (kleineren und mittleren) Unternehmens.[2]

1. Harmonisierungsgrad der Richtlinie

Die GeschGehRL gibt nach ihrem Art 1 (1) UAbs 2 lediglich eine **Mindestharmonisierung** vor,[3] sofern gewährleistet ist, dass die Bestimmungen der Art 3, 5, 6, 7 (1), 8, 9 (1) UAbs 2, 9 (3) und (4), 10 (2), 11, 13 und 15 (3) eingehalten werden. Im Ergebnis verfolgt die GeschGehRL damit einen **differenzierenden Harmonisierungsansatz**.[4] Für jede einzelne der in Art 1 (1) UAbs 2 GeschGehRL genannten Vorschriften ist danach zu differenzieren, ob sie nach ihrem Regelungsinhalt einen weitergehenden Schutz durch das nationale Recht zulässt. Das ist jedenfalls für die Art 3 und 5 zu verneinen,[5] da diese Regelungen Schranken des Geheimnisschutzes beinhalten.

Die Einzelheiten des Harmonisierungsgrads der Richtlinie sind bedingt durch die wenig transparente Gemengelage voll- und teilharmonisierender Regelungen[6] umstritten. Dies betrifft insbesondere die Begriffsbestimmungen des Art 2, die in § 2 GeschGehG Eingang gefunden haben, vor allem die Definition des Geschäftsgeheimnisses.[7] Der Grad der Harmonisierung kann sich auf die Auslegung dieser Begriffsbestimmungen auswirken.[8]

Die GeschGehRL verbietet den Mitgliedsstaaten nicht, **außerhalb des Anwendungsbereichs der GeschGehRL Schutz für andere unternehmensbezogene Informationen** vorzusehen.[9] Der Anwendungsbereich der GeschGehRL beschränkt sich nach Art 1 (1) UAbs 1 GeschGehRL auf Geschäftsgeheimnisse, wobei der Begriff des Geschäftsgeheimnisses in Art 2 Nr 1 GeschGehRL definiert wird. Die Definition des Geschäftsgeheimnisses dient damit zugleich der Bestimmung des Anwendungsbereichs der Richtlinie. Informatio-

---

1 Richtlinie (EU) 2016/943 des Europäischen Parlaments und des Rates vom 08.06.2016 über den Schutz vertraulichen Know-hows und vertraulicher Geschäftsinformationen (Geschäftsgeheimnisse) vor rechtswidrigem Erwerb sowie rechtswidriger Nutzung und Offenlegung (Text von Bedeutung für den EWR), ABl L 157/2016 vom 15.06.2016, S. 1.
2 McGuire, GRUR 2016, 1000, 1005 unter Verweis auf die ErwG 2 und 16.
3 McGuire, GRUR 2016, 1000, 1005.
4 Alexander, WRP 2017, 1034, 1036; Harte-Bavendamm, in FS Köhler, 2014, S. 235, 241.
5 Alexander, WRP 2017, 1034, 1036.
6 Harte-Bavendamm, in FS Köhler, 2014, S. 235, 241.
7 Vgl Ackermann/Rindell, GRUR Int 2017, 486, 487; Goldhammer, NVwZ 2017, 1809, 1810; Kalbfus, GRUR 2016, 1009, 1011.
8 Goldhammer, NVwZ 2017, 1809, 1810; Kalbfus, GRUR 2016, 1009, 1011.
9 Oetker, ZESAR 2017, 257, 259; vorsichtiger: Kalbfus, GRUR 2016, 1009, 1011.

nen, die nicht unter die Definition des Art 2 Nr 1 GeschGehRL fallen, sind damit weder von der Richtlinie erfasst noch ist das Harmonisierungsgebot des Art 1 (1) UAbs 2 GeschGehRL auf sie anwendbar. Die GeschGehRL steht deshalb einem **weitergehenden**, insbesondere vertragsrechtlich begründeten **Schutz von Informationen nach nationalem Recht nicht entgegen**. Daher ist nach wie vor bspw ein arbeitsrechtlicher Schutz für Informationen möglich, die keinen angemessenen Geheimhaltungsmaßnahmen unterliegen.[10]

2. Regelungsgehalt der Richtlinie

8   Der GeschGehRL sind 40 für die Auslegung der Richtlinie sowie des nationalen Rechts wichtige Erwägungsgründe vorangestellt. In den 21 Artikeln der Richtlinie sind Regelungen zur Bestimmung des **Gegenstands und des Anwendungsbereichs** (Kapitel I, Art 1 und 2), Regelungen zum **Erwerb, zur Nutzung und zur Offenlegung** von Geschäftsgeheimnissen (Kapitel II, Art 3 bis 5), Regelungen zu **Maßnahmen, Verfahren und Rechtsbehelfen** (Kapitel III, Art 6 bis 15) sowie Regelungen zu **Sanktionen und sonstige abschließende Regelungen** (Kapitel IV, Art 16 bis 21) enthalten. Die GeschGehRL stellt von Haus aus kein Recht dar, das im Verhältnis Privater zueinander unmittelbar anwendbar ist, sondern richtet sich an die Mitgliedsstaaten (zur Möglichkeit einer unmittelbaren Anwendung im Bereich des Verfahrensrechts sh Rdn 35 f).

9   Der Detaillierungsgrad der GeschGehRL ist hoch. Insbesondere die Regelungen zu Erwerb, Nutzung und Offenlegung von Geschäftsgeheimnissen in Art 3 und Art 4 lassen kaum Spielraum für den nationalen Gesetzgeber. Im Hinblick auf die Sanktionen bzw Rechtsfolgen eines Verstoßes geben die Art 12 und 13 GeschGehRL dem nationalen Gesetzgeber einen gewissen Spielraum. Dies betrifft auch die Bemessung des Schadensersatzes nach Art 14 GeschGehRL, wonach keine konkrete Berechnungsmethode, sondern lediglich eine Berücksichtigung bestimmter Gesichtspunkte vorgeschrieben wird.

10 Art 18 GeschGehRL sieht vor, dass das Amt der Europäischen Union für geistiges Eigentum bis zum 09.06.2021 einen ersten Bericht über die Entwicklungen im Zuge der Anwendung der Richtlinie erstellen wird. Bis zum 09.06.2022 wird die Kommission dem Europäischen Parlament und dem Rat einen Zwischenbericht vorlegen. Gegenstand des Zwischenberichts sollen insbesondere die etwaigen Auswirkungen der Richtlinie auf die Forschung und die Entwicklung, auf die Mobilität der Arbeitnehmer und auf die Ausübung des Rechts auf freie Meinungsäußerung und auf Informationsfreiheit sein. Bis zum 09.06.2026 wird die Kommission die Auswirkungen der Richtlinie bewerten und dem Europäischen Parlament und dem Rat einen (abschließenden) Bericht vorlegen.

II. Geschäftsgeheimnisgesetz

11 Mit dem Geschäftsgeheimnisgesetz[11] (GeschGehG) hat der deutsche Gesetzgeber den Geheimnisschutz in ein **eigenes Stammgesetz** überführt.

12 Die Diskussionen im Bundestag sowie im Rechtsausschuss im Gesetzgebungsverfahren zum GeschGehG haben sich in weiten Teilen weniger am Schutz von Innovationen orientiert, als an den Ausnahmen zugunsten von Journalisten, Arbeitnehmern und Whistleblo-

---

10 Oetker, ZESAR 2017, 257, 259; aA wohl McGuire, GRUR 2016, 1000, 1006.
11 Gesetz zum Schutz von Geschäftsgeheimnissen vom 18.04.2019, BGBl I S. 466.

wern. Zwar ist anzuerkennen, dass Geschäftsgeheimnisschutz Grenzen in dem Recht auf Arbeitnehmerfreizügigkeit sowie in überwiegenden Interessen Dritter bzw der Öffentlichkeit finden kann. Allerdings hat die Fokussierung auf diese Themen im Gesetzgebungsprozess zu einer in weiten Teilen unausgegorenen und technisch misslungenen Fassung des Gesetzes geführt, welche die **Praxis vor Herausforderungen** stellen wird.

Von den vielen Kritikpunkten, die in diesem Zusammenhang genannt werden könnten, sind die wichtigsten das **Fehlen eines Vorlage- und Besichtigungsanspruchs** trotz der gerade im Bereich des Geschäftsgeheimnisschutzes in aller Regel bestehenden Beweisprobleme des Verletzten, der **Verzicht auf Übergangsvorschriften**, der gerade bei laufenden strafrechtlichen Ermittlungsverfahren bzw Strafprozessen zu Nachermittlungen und Neubewertungen bereits abgeschlossener Sachverhalte führen muss, die nicht richtlinienkonforme **Ausgestaltung des Geheimnisschutzes im Verfahren** sowie die unangemessene Regelung zur **ausschließlichen örtlichen Zuständigkeit** der Landgerichte am Sitz des Verletzers. Die Praxis wird mit diesen Schwächen des Gesetzes zurechtzukommen lernen. Dennoch ist es bedauerlich, dass der deutsche Gesetzgeber trotz einer erheblichen Überschreitung der Umsetzungsfrist mit der Umsetzung der GeschGehRL den Bedürfnissen der Praxis in einigen zentralen Punkten nicht gerecht werden konnte. Wenig verständlich ist dabei, dass fundierte Stellungnahmen, wie bspw die der Deutschen Vereinigung für gewerblichen Rechtsschutz und Urheberrecht e.V., kaum Gehör gefunden haben.[12]

1. Regelungsgehalt des GeschGehG

Das GeschGehG ist in vier Abschnitte gegliedert. Der erste Abschnitt (§§ 1 bis 5 GeschGehG) enthält unter der Überschrift »Allgemeines« Regelungen zu **Anwendungsbereich**, **Begriffsbestimmungen**, **erlaubten Handlungen**, **Handlungsverboten** und **Ausnahmen**. Der zweite Abschnitt (§§ 6 bis 14 GeschGehG) regelt unter der Überschrift »Ansprüche bei Rechtsverletzungen«, ähnlich den Gesetzen zum Schutz des geistigen Eigentums, einen **Katalog von Ansprüchen**. Im dritten Abschnitt (§§ 15 bis 22 GeschGehG) unter der Überschrift »Verfahren in Geschäftsgeheimnisstreitsachen« befinden sich Regelungen zur **Geheimhaltung von Geschäftsgeheimnissen in gerichtlichen Verfahren** sowie zur **Zuständigkeit** und zum **Streitwert**. Im vierten Abschnitt (§ 23 GeschGehG) befasst sich das Gesetz unter der Überschrift »Strafvorschriften« mit der **strafbaren Verletzung** von Geschäftsgeheimnissen.

2. Sachlicher Anwendungsbereich und Verhältnis zu anderen Vorschriften

Das GeschGehG schützt nach seinem § 1 Abs 1 Geschäftsgeheimnisse vor **unerlaubter Erlangung, Nutzung und Offenlegung**. Keinen Schutz bietet das GeschGehG gegen andere Beeinträchtigungen, wie bspw eine Störung der Verwertung von Geschäftsgeheimnissen. Insoweit gelten die allgemeinen Vorschriften des Zivilrechts. Ebenfalls keine Regelungen enthält das Gesetz zum Umgang mit Geschäftsgeheimnissen im Rechtsverkehr.

Den Vorschriften des GeschGehG gehen nach § 1 Abs 2 GeschGehG **öffentlich-rechtliche Vorschriften** zur Geheimhaltung, Erlangung, Nutzung oder Offenlegung von

---

12 Vgl Stellungnahme des GRUR e.V. zum Referentenentwurf des Bundesministeriums der Justiz und für Verbraucherschutz – Entwurf eines Gesetzes zur Umsetzung der Richtlinie (EU) 2016/943 zum Schutz von Geschäftsgeheimnissen vor rechtswidrigem Erwerb sowie rechtswidriger Nutzung und Offenlegung, GRUR 2018, 708.

Geschäftsgeheimnissen **vor**. Die Regelung begründet einen **Anwendungsvorrang** einschlägiger spezialgesetzlicher Vorschriften in Bezug auf Geschäftsgeheimnisse im Verhältnis Privater zu öffentlichen Stellen.[13] Unberührt bleiben auch öffentlich-rechtliche Vorschriften zur Geheimhaltung von Geschäftsgeheimnissen oder zu Verschwiegenheitspflichten für Angehörige des öffentlichen Dienstes.[14]

17 Weiter nennt § 1 Abs 3 GeschGehG Regelungen, die durch das Gesetz unberührt bleiben, nämlich den **berufs- und strafrechtlichen Schutz von Geschäftsgeheimnissen**, deren unbefugte Offenbarung von § 203 StGB erfasst wird, die **Ausübung des Rechts der freien Meinungsäußerung und der Informationsfreiheit** nach der Charta der Grundrechte der Europäischen Union,[15] einschließlich der Achtung der Freiheit und der Pluralität der Medien, die **Autonomie der Sozialpartner** und ihr Recht, Kollektivverträge nach den bestehenden europäischen und nationalen Vorschriften abzuschließen und die **Rechte und Pflichten aus dem Arbeitsverhältnis** sowie die **Rechte der Arbeitnehmervertretungen**. Mehr als Selbstverständlichkeiten zeigt diese Regelung nicht auf.[16]

III. Übergangsrecht

18 Die GeschGehRL ist erst erheblich nach Ablauf der bis zum 09.06.2018 eingeräumten **Umsetzungsfrist** in nationales Recht transferiert worden, und das GeschGehG ist erst am 26.04.2019 in Kraft getreten. Die **Auswirkungen der Richtlinie auf Übergangsfälle** sowie die Folgen der verspäteten Umsetzung der Richtlinie in deutsches Recht sind noch nicht abschließend geklärt. Praktische Konsequenzen des Wechsels vom Schutzsystem unter den §§ 17 ff UWG aF zur GeschGehRL und zum GeschGehG sind vor allem in Fallgestaltungen zu beobachten, in denen eine **ehemals als Geschäftsgeheimnis** geschützte Information jetzt aufgrund neuer Voraussetzungen (beispielsweise nun erforderlicher angemessener Geheimhaltungsmaßnahmen) **nicht mehr als Geschäftsgeheimnis anzusehen** ist, sowie in Fällen, in denen ein ehemals als unzulässig angesehenes **Reverse Engineering** (sh Rdn 351 ff) nunmehr nach § 3 Abs 1 GeschGehG[17] zulässig geworden ist. Im Übrigen dürften sich aus der Schwebezeit zwischen Inkrafttreten der GeschGehRL und Inkrafttreten des GeschGehG kaum nennenswerte praxisrelevante juristische Problempunkte ergeben.

19 Das **Fehlen von Übergangsvorschriften** im GeschGehG verursacht nicht zu unterschätzende Rechtsanwendungsprobleme. Welchen Einfluss die Rechtsänderung auf die Beurteilung von Verletzungsfällen in der Vergangenheit hat, ist zum einen im Hinblick auf die durchzusetzenden zivilrechtlichen Ansprüche zu beurteilen, zum anderen in Hinblick auf die strafrechtliche Verfolgung.

1. Zivilrechtliche Übergangsfälle

a) Ehemals rechtswidrige Handlungen

20 Verletzungen, die vor dem Inkrafttreten des GeschGehG stattgefunden haben und abgeschlossen sind, sind nach den §§ 17 bis 19 UWG aF zu beurteilen.[18] Soweit über den

---

13 Hauck, WRP 2018, 1032, 1036.
14 Hauck, WRP 2018, 1032, 1036.
15 ABl C 202 vom 07.06.2016, S. 389.
16 Hauck, WRP 2018, 1032, 1036.
17 Wenn nicht schon aufgrund richtlinienkonformer Auslegung des nationalen Rechts, sh Rdn 32.
18 Alexander, in Köhler/Bornkamm/Feddersen, UWG, Vorb GeschGehG Rn 98.

A. Einleitung

Zeitpunkt des Inkrafttretens hinaus **ausschließlich zukunftsgerichtete Ansprüche** geltend gemacht werden, nämlich Unterlassungsansprüche, richtet sich die Rechtslage nach dem GeschGehG.[19] Ändert sich die Rechtslage im Hinblick auf einen ausschließlich zukunftsbezogenen Anspruch, ist das im Entscheidungszeitpunkt geltende (neue) Recht heranzuziehen.[20] Dabei müssen allerdings auch **zwischenzeitliche Änderungen der Sachlage berücksichtigt** werden. Wäre bspw die vor Inkrafttreten des GeschGehG begangene Verletzungshandlung mangels damals bestehender Geheimhaltungsmaßnahmen nach aktueller Rechtslage nicht (mehr) als Rechtsverletzung einzuordnen, kann die Wiederholungsgefahr nur dann entfallen, wenn zwischenzeitlich keine solchen Geheimhaltungsmaßnahmen implementiert wurden. Mit dem GeschGehG war keine grundsätzliche Neuregelung des Rechts des Geschäftsgeheimnisschutzes beabsichtigt, sondern eine Anpassung an die Erfordernisse der Richtlinie.[21] Darüber hinaus löst der Geheimnisinhaber mit der **Implementierung erforderlicher Schutzmaßnahmen keine Zäsur** aus, die eine Neubeurteilung der Wiederholungs- oder Erstbegehungsgefahr rechtfertigen würde. Daher besteht in Fällen, die nach altem und nach neuem Recht als Verletzung anzusehen sind, wenn auch aufgrund der zwischenzeitlichen Implementierung von Schutzmaßnahmen, kein Anlass, die einmal begründete Wiederholungsgefahr in Frage zu stellen. Ansonsten würden berechtigte Interessen des Geheimnisinhabers im Falle einer schon vor Inkrafttreten des GeschGehG begangenen Verletzung nicht angemessen berücksichtigt.[22]

Differenziert sind auch Fälle zu beurteilen, in denen ein Verhalten nach altem Recht unzulässig war, bspw die Erlangung des Geschäftsgeheimnisses durch Reverse Engineering, nach neuem Recht aber erlaubt ist. Ohne Frage kann die Erlangung des Geheimnisses unter diesen Umständen nicht mehr untersagt werden, der hierauf bezogene Unterlassungsanspruch ist also weggefallen.[23] Es ist hingegen nicht anzunehmen, dass der vor Inkrafttreten des GeschGehG entstandene Unterlassungsanspruch in Hinblick auf die Begehungsformen des Nutzens und des Offenlegens schon deshalb entfällt, weil die **Erlangung des Geheimnisses durch Reverse Engineering heute rechtmäßig wäre** (sh zum Reverse Engineering Rdn 351 ff).[24] Dies ergibt sich schon daraus, dass nach § 4 Abs 2 Nr 1 GeschGehG die rechtswidrige Erlangung Tatbestandsvoraussetzung einer rechtswidrigen Nutzung oder Offenlegung ist (sh Rdn 493 ff), womit die Vorschrift auf einen **abgeschlossenen geschichtlichen Vorgang** Bezug nimmt. Dass dieser geschichtliche Vorgang nach dem aktuell geltenden Recht beurteilt werden müsste, ergibt sich aus der Vorschrift nicht.[25]

21

---

19 OLG Düsseldorf 21.11.2019, I-2 U 34/19 = GRUR-RS 2019, 33225; Alexander, in Köhler/Bornkamm/Feddersen, UWG, Vorb GeschGehG Rn 99; Hoppe/Oldekop, GRUR-Prax 2019, 324, 325.
20 Vgl statt vieler BGH 22.03.2018, I ZR 25/17, Rn 9 (juris) = GRUR 2018, 1063 Rn 9 – Zahlungsaufforderung; vgl generell zum Lauterkeitsrecht und der intertemporalen Anwendung der Rom-II-VO BGH 09.07.2009, Xa ZR 19/08, Rn 17 (juris) = NJW 2009, 3371 Rn 17; OGH 20.09.2011, 4 Ob 12/11k = GRUR Int 2012, 468, 471 – HOBAS-Rohre – Rohrprodukte; Drexl in MüKoBGB, Bd 12 Teil 9 Int. Lauterkeitsrecht, 5. a) Rn 100.
21 Begr zum RegE, BT-Drucks. 19/4724 S. 19.
22 Hoppe/Oldekop, GRUR-Prax 2019, 324, 326; unklar Alexander, in Köhler/Bornkamm/Feddersen, UWG, Vorb GeschGehG Rn 99, der »ab dem Zeitpunkt des Inkrafttretens« das Vorliegen aller Tatbestandsvoraussetzungen verlangt.
23 Alexander, in Köhler/Bornkamm/Feddersen, UWG, Vorb GeschGehG Rn 99; Hoppe/Oldekop, GRUR-Prax 2019, 324, 326.
24 AA Alexander, in Köhler/Bornkamm/Feddersen, UWG, Vorb GeschGehG Rn 99.
25 Hoppe/Oldekop, GRUR-Prax 2019, 324, 326.

Vielmehr spricht vieles dafür, dem (ehemaligen) Rechtsverletzer die in Form der Nutzungs- und Offenlegungsmöglichkeit erlangten Vorteile seiner rechtswidrigen Tat idR auch dann zu nehmen, wenn die Erlangung mittlerweile nicht mehr rechtswidrig wäre.[26] Dasselbe dürfte für Beseitigungsansprüche gelten, wenn ein Verzicht auf die Beseitigung dem Verletzer einen nicht gerechtfertigten Vorteil, insbesondere einen Zeitvorteil, einbringen würde. Erst **mit dem Inkrafttreten des GeschGehG entstand für Geheimnisinhaber ein besonderer Anlass zum Schutz ihrer Geschäftsgeheimnisse** durch Vereinbarungen zur Beschränkung des Reverse Engineering iSv § 3 Abs 1 Nr 1 lit b) GeschGehG. Eine Legalisierung der Ergebnisse ehemals rechtswidriger Geheimniserlangung würde deshalb den berechtigten Interessen der Geheimnisinhaber nicht hinreichend Rechnung tragen.

22 Ein vor Inkrafttreten des Gesetzes **entstandener Schadensersatzanspruch wird durch die Rechtsänderung in seinem Bestand nicht berührt**. Erstreckt sich die Schadensentstehung auf Zeiträume vor und nach dem Inkrafttreten des GeschGehG, bspw in Fällen einer Verletzungshandlung vor dem Inkrafttreten des GeschGehG, bei der sich der (weitere) Schaden in Form des Verletzergewinns erst nach dem Inkrafttreten des GeschGehG realisiert, dürfte für die Schadensberechnung das alte Recht maßgeblich sein. Erhebliche Unterschiede zur aktuellen Rechtslage ergeben sich allerdings ohnehin nicht. Die nach § 10 Abs 3 GeschGehG mögliche Geltendmachung eines **immateriellen Schadens** ist indes nur möglich, soweit der immaterielle Schaden auf einer nach Inkrafttreten des GeschGehG stattgefundenen Verletzungshandlung beruht.[27]

b) Ehemals rechtmäßige Handlungen

23 Aus Gründen des Vertrauensschutzes kann eine nach den §§ 17 ff UWG aF zulässige Handlung keine Wiederholungsgefahr iSd § 6 GeschGehG begründen. Dies betrifft bspw die nicht von § 17 UWG aF erfasste Konstellation des § 4 Abs 2 Nr 2 GeschGehG, also die **Verletzung einer vertraglichen Nutzungsbeschränkung**.

24 Komplizierter ist die Beurteilung im Falle ehemals gutgläubiger Dritter iSd § 4 Abs 3 GeschGehG. Ein Geschäftsgeheimnis darf danach derjenige nicht erlangen, nutzen oder offenlegen, der das Geschäftsgeheimnis über eine andere Person erlangt hat und zum Zeitpunkt der Erlangung, Nutzung oder Offenlegung weiß oder wissen musste, dass diese das Geschäftsgeheimnis entgegen § 4 Abs 2 GeschGehG genutzt oder offengelegt hat (sh Rdn 526 ff). Die Regelung des § 4 Abs 3 GeschGehG setzt einen **abgeschlossenen Erlangungsakt** sowie eine **illegale Nutzung bzw Offenbarung** durch den Mittelsmann voraus. Außerdem fordert die Vorschrift, dass diese Nutzung bzw Offenbarung gegen § 4 Abs 2 GeschGehG verstießen. Nun kann die Vorschrift des § 4 Abs 2 GeschGehG auf den **geschichtlichen Altfall** aber schon deshalb nicht angewendet werden, weil sie damals noch nicht in Kraft war. Es spricht allerdings viel dafür, die Verweisung auf § 4 Abs 2 GeschGehG als generelle Verweisung auf eine rechtswidrige Nutzung oder Offenlegung zu verstehen. Dann würde auch eine rechtswidrige Verwertung oder Mitteilung des Mittelsmanns iSv § 17 UWG aF genügen, so dass der ehemals erlaubt handelnde gutgläubige Dritte aufgrund der Neuregelung des § 4 Abs 3 GeschGehG nunmehr zum Verletzer werden und dem Anspruchsarsenal des GeschGehG ausgesetzt sein kann.

---

[26] So zur vergleichbaren Frage des Fortbestands des Vernichtungsanspruchs nach Wegfall des Schutzrechts: Kühnen, Hdb PatV, D.IV. Rn 679 ff.

[27] Unklar: Alexander, in Köhler/Bornkamm/Feddersen, UWG, Vorb GeschGehG Rn 101.

A. Einleitung

Ähnliche Probleme werfen Fälle auf, in denen die Verwertung des Geheimnisses unter § 17 UWG aF zulässig war, während sie **aus heutiger Perspektive nach § 4 Abs 2 Nr 2 GeschGehG gegen eine Nutzungsbeschränkung verstößt**. Ob in einem solchen Fall dem Dritten iSd § 4 Abs 3 GeschGehG vom Zeitpunkt der Bösgläubigkeit an die Nutzung und Offenlegung des Geheimnisses verboten sind,[28] dürfte von einer Interessenabwägung im Einzelfall abhängen.

25

Jedenfalls theoretisch denkbar ist, dass ein ehemals rechtmäßiges Verhalten **unter dem Gesichtspunkt der Erstbegehungsgefahr** Unterlassungsansprüche auslöst.[29]

26

2. Strafrechtliche Übergangsfälle

Kernregelung ist in diesem Zusammenhang § 2 Abs 3 StGB, wonach das **mildeste Gesetz** anzuwenden ist, wenn das Gesetz, dass bei Beendigung der Tat gilt, vor der Entscheidung geändert wird. Die Ermittlung des anwendbaren Rechts wie auch die darauf basierende Ermittlung des Sachverhalts stellt Staatsanwaltschaften vor erhebliche Probleme. Auf das Verhältnis zwischen den §§ 17 ff UWG aF zu § 23 GeschGehG ist § 2 Abs 3 StGB anzuwenden.[30] Mit der Überführung der Geheimnisschutzregeln in das GeschGehG ist **kein ersatzloser Wegfall der bisherigen Strafvorschriften** verbunden. Vielmehr ist § 23 GeschGehG als Nachfolgevorschrift der bisherigen Strafvorschriften anzusehen.

27

Der deliktische **Unrechtskern** ist in § 23 GeschGehG **erhalten geblieben**; es liegt eine Kontinuität des Unrechtstypus vor. Die Gesetzesänderung stellt sich also als eine Fortsetzung der ursprünglichen Strafbarkeit dar, nicht als deren ersatzlose Streichung und Einführung eines neuen Tatbestands.[31] Maßgebliche inhaltliche Änderungen waren mit der Einführung des § 23 GeschGehG gegenüber den §§ 17 ff UWG aF nicht beabsichtigt.[32]

28

Praktische Probleme wirft die Ermittlung des milderen Gesetzes auf. Maßgeblich ist die dem **Täter konkret günstigste Gesetzesfassung**,[33] wobei es auf den gesamten Rechtszustand ankommt, von dem die Strafe abhängt.[34] Entscheidend ist, welche Regelung in dem zu entscheidenden Einzelfall nach seinen besonderen Umständen die den Täter schonendere Beurteilung gestattet.[35] Am mildesten ist unter anderem ein **Gesetz, nach dem die Tat straflos** ist. Im Übrigen entscheidet die Gesamtheit der Strafnachteile.[36] Danach ist § 23 GeschGehG jedenfalls immer dann das mildeste und damit anzuwendende Gesetz, wenn die zu beurteilende Tat **mangels angemessener Geheimhaltungsmaßnahmen kein Geschäftsgeheimnis** betreffen und daher den Tatbestand nicht erfüllen würde.[37] Dasselbe

29

---

28 So Heinzke, CCZ 2016, 179, 181.
29 BGH 21.08.2012, X ZR 33/10, Rn 37 (juris) = GRUR 2012, 1230 Rn 37 – MPEG-2-Videosignalcodierung; Hoppe, GRUR-Prax 2013, 27 ff.
30 Vgl bspw OLG Oldenburg 21.05.2019, 1 Ss 72/19 (juris), wo allerdings unzutreffend § 2 Abs 2 StGB zitiert wird, wohl aber nicht gemeint ist.
31 Vgl zu diesem Kriterium BGH 10.07.1975, GSSt 1/75, Rn 15 (juris) = NJW 1975, 2214; Fischer, StGB, § 2 Rn 5, mwN; Schmitz, in MüKo-StGB, § 2 Rn 30.
32 Begr zum RegE, BT-Drucks. 19/4724 S. 41 f; Hiéramente/Golzio, CCZ 2018, 262, 266; Naber/Peukert/Seeger, NZA 2019, 583, 587.
33 Fischer, StGB, § 2 Rn 4.
34 BGH 08.01.1965, 2 StR 49/64 = NJW 1965, 98.
35 BGH 19.06.2003, 5 StR 160/03, Rn 11 (juris) = NJW 2003, 3068, 3069, mwN.
36 Fischer, StGB, § 2 Rn 10.
37 Dann/Markgraf, NJW 2019, 1774, 1778.

gilt für Handlungen, die nunmehr als erlaubte Handlungen unter § 3 GeschGehG oder unter einen Ausnahmetatbestand nach § 5 GeschGehG zu subsumieren wären wie bspw Fälle des Reverse Engineering und des Whistleblowing.

30 ▶ Die Behandlung von Altfällen ist derzeit noch nahezu völlig unerforschtes Gebiet. Die Befassung mit den Einzelheiten der Anwendung des neuen bzw alten Rechts auf die einzelnen Ansprüche bzw auf das strafrechtliche Verfahren ist geeignet, erhebliche Komplexität in ein Verfahren zu bringen. Geschickt eingesetzt, kann dies die Verteidigungsaussichten in Altfällen steigern. Auf der anderen Seite bieten sich auch dem Verletzten insbesondere in Hinblick auf Abnehmer rechtsverletzender Produkte erhebliche neue Ansätze zur Verfolgung von Rechtsverletzungen, selbst wenn die primäre Verletzung noch unter dem alten Recht stattgefunden haben sollte. Eine Befassung mit diesem Themenkreis und die Geltendmachung im Prozess kann deshalb entscheidend sein.

IV. Richtlinienkonforme Auslegung und unmittelbare Anwendung der GeschGehRL

31 Jedenfalls seit Ablauf der Umsetzungsfrist im Juni 2018 besteht die **Verpflichtung zur richtlinienkonformen Auslegung** des nationalen Rechts.[38] Diese Verpflichtung kommt in zwei Fallkonstellationen zum Tragen.

32 Die richtlinienkonforme Auslegung spielt zunächst bei der Anwendung der §§ 17 ff UWG aF auf Verletzungshandlungen eine Rolle, die sich im Zeitraum zwischen Ablauf der Umsetzungsfrist am 09.06.2018 und Inkrafttreten des GeschGehG am 26.04.2019 ereignet haben. Im Hinblick auf diese Verletzungshandlungen bleibt es trotz der verstrichenen Umsetzungsfrist bei der Anwendbarkeit der §§ 17 ff UWG aF.[39] Die Regelung ist dabei allerdings **im Lichte des Wortlauts und des Zwecks der GeschGehRL** auszulegen.[40] Neben dem Wortlaut der GeschGehRL sind vor allem ihre Regelungskonzeption und Regelungsstruktur, aber auch die verschiedenen Sprachfassungen gleichrangig zu berücksichtigen.[41]

33 Die versäumte fristgerechte Umsetzung kann sich für Geheimnisinhaber spürbar positiv auswirken, soweit Verletzungshandlungen betroffen sind, die sich im Übergangszeitraum ereignet haben. Deutlich wird dies bspw, wenn man die von der GeschGehRL definierte Schutzvoraussetzung der angemessenen Geheimhaltungsmaßnahmen betrachtet. Nach §§ 17 ff UWG aF hing der Geheimnisschutz nicht davon ab, dass der Geheimnisinhaber angemessene Geheimhaltungsmaßnahmen getroffen hatte. Zu einem anderen Verständnis gibt auch für die Übergangszeit vor Inkrafttreten des GeschGehG eine richtlinienkonforme Auslegung der §§ 17 ff UWG aF keinen Anlass, da die Definition des Geschäftsgeheimnis-

---

[38] Steinmann, WRP 2019, 703, 705, mit Hinweis darauf, dass keine Anhaltspunkte für eine Vorwirkung der GeschGehRL im Sinne des Frustrationsverbotes bestanden; Trebeck, NZA 2018, 1175, 1177 mit dem zutreffenden Hinweis, dass die richtlinienkonforme Auslegung nicht nur das Umsetzungsgesetz betrifft, sondern das gesamte nationale Recht; vgl aber auch BGH 05.02.1998, I ZR 211/95 = GRUR 1998, 824 – Testpreis-Angebot, wonach auch schon vor Ablauf der Umsetzungsfrist und unabhängig von den Voraussetzungen des Frustrationsverbots eine richtlinienkonforme Auslegung angezeigt sein kann.

[39] Eine unmittelbare Anwendung der GeschGehRL ist in solchen Fallkonstellationen ausgeschlossen, da Richtlinien horizontal nicht direkt anwendbar sind, vgl EuGH 14.07.1994, C-91/92 = NJW 1994, 2473 – Faccini Dori/Recreb.

[40] EuGH 14.01.2010, C-304/08 = NJW 2010, 1867 – Plus Warenhandelsgesellschaft.

[41] Alexander, AfP 2019, 1, 3.

A. Einleitung

ses in Art 2 Nr 1 GeschGehRL einem weitergehenden Schutz von Informationen nach nationalem Recht nicht entgegensteht (sh Rdn 7).

Darüber hinaus kommt die richtlinienkonforme Auslegung bei der Anwendung des Gesch- 34
GehG zum Tragen, nämlich in den Fällen, in denen der deutsche Gesetzgeber hinter der GeschGehRL zurückgeblieben ist. Konkret sind davon insbesondere folgende Vorschriften im GeschGehG betroffen:
– Definition des § 2 Nr 1 lit c), da das **berechtigte Interesse** nicht Gegenstand der Definition des Geschäftsgeheimnisses nach der GeschGehRL ist;
– Regelung zum Ausschluss des Reverse Engineering nach § 3 Abs 1 Nr 2 lit a) Gesch-GehG, da nach der GeschGehRL auch im Hinblick auf öffentlich verfügbar gemachte Gegenstände eine **Pflicht zur Beschränkung der Erlangung des Geschäftsgeheimnisses** bestehen kann;
– Regelung des § 9 GeschGehG, wonach ein **Anspruchsausschluss bei Unverhältnismäßigkeit** auch für den Auskunftsanspruch des § 8 GeschGehG eintreten kann, wobei dies aber nicht die Durchsetzung des Schadensersatzanspruchs nach Art 14 Gesch-GehRL gefährden darf;
– Regelungen der §§ 16 ff GeschGeh zur **Geheimhaltung im Verfahren**, die in vielfältiger Weise hinter Art 9 GeschGehRL zurückbleiben.

Im Hinblick auf die verfahrensrechtlichen Regelungen der §§ 16 ff GeschGehG bzw Art 9 35
GeschGehRL kommt darüber hinaus eine unmittelbare Anwendung der GeschGehRL in Betracht. Die Voraussetzungen einer **unmittelbaren Anwendung**, nämlich mangelnde Umsetzung der Richtlinie, hinreichende Genauigkeit der Richtlinie und individuelle Betroffenheit bzw individuelle Gewährleistung eines Rechts,[42] dürften im Hinblick auf die verfahrensrechtlichen Vorgaben der GeschGehRL erfüllt sein.

Dem Erfordernis hinreichender Genauigkeit steht die Verwendung unbestimmter Rechts- 36
begriffe oder relativ weit gefasster Vorschriften nicht entgegen, wenn der nationale Richter der Richtlinie jedenfalls einen zwingenden Mindeststandard oder aber Ermessensgrenzen für die Ausübung des den Mitgliedsstaaten eingeräumten Wahlrechts entnehmen kann.[43] Art 9 GeschGehRL sieht **keine Einschränkung der prozessualen Schutzmaßnahmen auf zivilrechtliche Verfahren** vor, in denen Ansprüche nach dem GeschGehG geltend gemacht werden. Art 9 Abs 1 GeschGehRL ist dabei hinreichend konkret gefasst, um eine gegenüber den Verfahrensbeteiligten ergehende Vertraulichkeitsanordnung zu stützen. Darüber hinaus sieht Art 9 Abs 1 GeschGehRL ein **Antragsrecht jeder »interessierten Partei«** vor, was nicht nur die Hauptparteien eines Verfahrens umfasst. Jedenfalls im Hinblick auf diese beiden Aspekte ist eine unmittelbare Wirkung der GeschGehRL denkbar. Die unmittelbare Wirkung würde auch keine unzulässige Horizontalwirkung der Gesch-GehRL darstellen, denn die verfahrensrechtlichen Regelungen der GeschGehRL richten sich an den Mitgliedsstaat und erfordern eine Umsetzung bei den (Justiz-) Behörden des Mitgliedsstaates, was im Ergebnis in zulässiger Weise allenfalls ein mehrpoliges Rechtsverhältnis begründet,[44] aus dem mittelbar Verpflichtungen des Prozessgegners folgen, bspw die Pflicht zur Geheimhaltung im Prozess erhaltener Informationen.

---

42 Vgl im Detail W. Schroeder, in Streinz, EUV/AEUV, Art 288 AEUV Rn 91 ff, mwN.
43 W. Schroeder, in Streinz, EUV/AEUV, Art 288 AEUV Rn 93.
44 Vgl zu mehrpoligen Rechtsverhältnissen im Zusammenhang mit der unmittelbaren Wirkung einer RL: W. Schroeder, in Streinz, EUV/AEUV, Art 288 AEUV Rn 103.

V. Weitere Quellen des Geheimnisschutzes

37 Neben den Regelungen des GeschGehG enthält das deutsche Recht eine Vielzahl von Vorschriften, die dem Schutz von vertraulichen Informationen dienen. Hierzu gehören die Vorschriften des 15. Abschnitts des besonderen Teils des Strafgesetzbuchs (§§ 201 ff StGB), insbesondere die Vorschriften der §§ 202a ff StGB zum **Ausspähen von Daten**, zum **Abfangen von Daten**, zum **Vorbereiten des Ausspähens und Abfangens von Daten** sowie zur **Datenhehlerei**. Ferner zu nennen ist die Regelung des § 355 StGB, die Verletzungen des Steuergeheimnisses betrifft. Außerdem stellen § 333 HGB und § 19 PublG die Verletzung von Geheimhaltungspflichten durch den Abschlussprüfer und seine Gehilfen sowie durch Prüfer iSd PublG unter Strafe. **Geheimhaltungspflichten der Organe von Kapitalgesellschaften** ergeben sich aus § 404 AktG, § 85 GmbHG und § 151 GenG. Außerdem sieht § 315 UmwG eine Geheimhaltungspflicht von Beteiligten an einer Umwandlung von Rechtsträgern vor.

38 Daneben sind Geschäftsgeheimnisse in einer Vielzahl von Fachgesetzen berücksichtigt, so bspw in den **Landesinformationsfreiheitsgesetzen**, in der **Abgabenordnung** und im **SGB V**, um nur einige zu nennen. Das Zusammenwirken des mit der GeschGehRL und dem GeschGehG implementierten Schutzes von Geschäftsgeheimnissen mit diesen speziellen Regelungen ist insgesamt ungeklärt. Nach Art 1 (2) lit b) GeschGehRL berührt die Richtlinie nicht die Anwendung von Vorschriften der Union oder der Mitgliedsstaaten, nach denen die Inhaber von Geschäftsgeheimnissen verpflichtet sind, aus Gründen des öffentlichen Interesses Informationen, auch Geschäftsgeheimnisse, gegenüber der Öffentlichkeit oder den Verwaltungsbehörden oder den Gerichten offenzulegen, damit diese ihre Aufgaben wahrnehmen können. Gleichwohl ist nicht ausgeschlossen, dass die Entwicklung des Rechts, insbesondere vorangetrieben durch den EuGH, im Bereich des Geschäftsgeheimnisschutzes auch **Ausstrahlungswirkung auf die Anwendung des Geheimnisschutzes im Bereich des Informationsfreiheitsrechts** haben wird.[45]

39 Darüber hinaus ist der Geheimnisschutz in mehreren **prozessualen Regelungen** verankert, wenn auch nur unvollkommen. Zu nennen sind das **Zeugnisverweigerungsrecht** nach § 384 Nr 3 ZPO und die **Einschränkungen der Öffentlichkeit** nach den §§ 172 ff GVG. Außerdem sieht § 99 VwGO für Fälle, in denen Vorgänge nach einem Gesetz oder ihrem Wesen nach geheim gehalten werden müssen, ein Recht der zuständigen obersten Aufsichtsbehörde vor, die Vorlage von Urkunden oder Akten, die Übermittlung von elektronischen Dokumenten und die Erteilung von Auskünften zu verweigern. Zwar sollen die Vorschriften zum Schutz privater Geheimnisse wegen fehlender Behördenadressierung insgesamt nicht unter die Kategorie der Informationen fallen, die kraft Gesetzes geheimhaltungsbedürftig sind.[46] Jedoch sind **Geschäftsgeheimnisse ihrem Wesen nach geheim iSd § 99 Abs 1 VwGO**.[47]

---

45 Ähnlich Alexander, in Köhler/Bornkamm/Feddersen, UWG, § 1 GeschGehG Rn 31; Goldhammer, NVwZ 2017, 1809, 1814.
46 Rudisile, in Schoch/Schneider/Bier, VwGO, § 99 Rn 17.
47 BVerwG 05.03.2020, 20 F 3/19, Rn 11 (juris) = BeckRS 2020, 4160; OVG Lüneburg 24.01.2003, 14 PS 1/02, Rn 4 (juris) = NVwZ 2003, 629, 630; OVG Münster 25.11.1999, 13 B 1812/99, Rn 8 (juris) = NVwZ 2000, 449, wonach ein subjektives Verfahrensrecht bestehen kann, dass die oberste Aufsichtsbehörde der zur Aktenvorlage bereiten Behörde eine Entscheidung über die Aktenvorlage oder Geheimhaltung nach § 99 Abs 1 Satz 2 VwGO trifft, wenn die Befürchtung besteht, dass durch Vorlage von Akten an das Verwaltungsgericht nach § 99 Abs 1 Satz 1 VwGO durch Art 12 Abs 1 und Art 14 Abs 1 GG geschützte Geschäftsgeheimnisse offenbart werden.

VI. Verhältnis zur Richtlinie 2004/48/EG

ErwG 39 GeschGehRL befördert Diskussionen über das Verhältnis des Geschäftsgeheimnisschutzes zur **Richtlinie 2004/48/EG**[48] (»**Enforcement-RL**«). Danach soll die GeschGehRL die Anwendung sonstiger relevanter Rechtsvorschriften in anderen Bereichen, einschließlich der Rechte des geistigen Eigentums und des Vertragsrechts, unberührt lassen. Der ErwG hebt weiter hervor, dass im Falle einer Überschneidung des Anwendungsbereichs der Enforcement-RL mit dem Anwendungsbereich der **GeschGehRL** Letztere als **lex specialis** vorgehen solle. Offenbar sieht der europäische Gesetzgeber es als möglich an, dass sich die Anwendungsbereiche beider Richtlinien überschneiden. Der in Art 1 GeschGehRL festgelegte Anwendungsbereich ist indes begrenzt auf den Schutz von Geschäftsgeheimnissen. Eine Überschneidung der Anwendungsbereiche ist danach, will man ErwG 39 GeschGehRL nicht nur als reine Vorsichtsmaßnahme ohne Anwendungsbereich verstehen, nur dann denkbar, wenn auch die Enforcement-RL Anwendung im Bereich der Geschäftsgeheimnisse findet.

40

Da die GeschGehRL konkrete Vorgaben für den Schutz von Geschäftsgeheimnissen und für die bei einer Verletzung von Geschäftsgeheimnissen anzuordnenden Maßnahmen trifft, ist eine **Anwendung der Enforcement-RL zwar in weiten Teilen nicht mehr erforderlich**. Dies gilt allerdings nicht, soweit die Enforcement-RL Vorgaben zu **Beweisen** und **Maßnahmen der Beweissicherung** macht. Solche Vorgaben sind in der GeschGehRL nicht ausdrücklich enthalten. Für eine effektive Durchsetzung des Geheimnisschutzes wären sie aber von großer Bedeutung. Das Verständnis hierfür fehlte dem deutschen Gesetzgeber, wie sich schon daran zeigt, dass er ohne jeden nachvollziehbaren Grund davon absah, ein ganz maßgebliches Werkzeug für die Durchsetzung des Geheimnisschutzes zu regeln, nämlich den in der Enforcement-RL angelegten **Vorlage- und Besichtigungsanspruch** (sh Rdn 13, Rdn 616).

41

Die Streitfrage, ob die Enforcement-RL auch auf Geschäftsgeheimnisse Anwendung findet, kann deshalb nach wie vor Relevanz haben. Mit einer rein begrifflichen Argumentation lässt sich diese Frage nicht beantworten. Die Praxis der Mitgliedsstaaten ist uneinheitlich.[49]

42

Unabhängig davon, ob man Geschäftsgeheimnisse dem Anwendungsbereich der Enforcement-RL unterwerfen will,[50] steht aber fest, dass der nationale Gesetzgeber für einen **effektiven Schutz** von Geschäftsgeheimnissen zu sorgen hat. Dies ergibt sich aus Art 6 (1) GeschGehRL, der eine allgemeine Verpflichtung der Mitgliedsstaaten vorsieht, Maßnahmen, Verfahren und Rechtsbehelfe vorzusehen, die erforderlich sind, um einen zivilrechtlichen Schutz vor rechtswidrigem Erwerb sowie rechtswidriger Nutzung und Offenlegung

43

---

48 Richtlinie 2004/48/EG des Europäischen Parlaments und des Rates vom 29.04.2004 zur Durchsetzung der Rechte des geistigen Eigentums, ABl L 157 vom 30.04.2004, S. 45.
49 Vgl Erklärung der Kommission zu Art 2 der Richtlinie 2004/48/EG des europäischen Parlaments und des Rates zur Durchsetzung der Rechte des geistigen Eigentums, ABl L 94, S. 34 vom 13.04.2005; diese Aufzählung ist nicht abschließend, vgl Amschewitz, S. 99; Heitto, CRi 2015, 140, 141 mit Hinweis auf die Rechtslage in Italien, Frankreich, Litauen, Rumänien, der Slowakei und Spanien; für eine Einschränkung der Enforcement-RL auf absolute Schutzrechte: McGuire/Joachim/Künzel/Weber, GRUR Int. 2010, 829, 835.
50 **Dafür:** Ann/Hauck/Maute, Auskunftsanspruch und Geheimnisschutz im Verletzungsprozess, Rn 270 f; **dagegen:** McGuire/Joachim/Künzel/Weber, GRUR Int 2010, 829, 835; **offen:** Amschewitz, S. 99.

von Geschäftsgeheimnissen zu gewährleisten. Die Maßnahmen, Verfahren und Rechtsbehelfe dürfen gem. Art 6 (2) GeschGehRL nicht unnötig kompliziert sein und keine ungerechtfertigten Verzögerungen mit sich bringen. Sie müssen **wirksam und abschreckend** sein. Ein wirksames Verfahren setzt voraus, dass dem Verletzten die prozessualen Mittel an die Hand gegeben werden, um eine Verletzung seiner Rechte nachweisen und verfolgen zu können. Im Zusammenhang mit der Regelung des Art 10 GeschGehRL, nach der die Mitgliedsstaaten den Zugang zu vorläufigen und vorbeugenden Maßnahmen sicherstellen müssen, ist eine **effektive Möglichkeit der Beweisgewinnung und Sicherung unbedingt erforderlich**. Dies ist bei der Beurteilung der verfahrensrechtlichen Anforderungen an den Nachweis einer Geheimnisverletzung und an die Erlangung einstweiligen Rechtsschutzes zu berücksichtigen.

B. Begriffsbestimmungen

Literatur: *Alexander*, Gegenstand, Inhalt und Umfang des Schutzes von Geschäftsgeheimnissen nach der Richtlinie (EU) 2016/943, WRP 2017, 1034; *Alexander*, Geheimnisschutz nach dem GeschGehGE und investigativer Journalismus, AfP 2019, 1; *Alexander*, Grundstrukturen des Schutzes von Geschäftsgeheimnissen durch das neue GeschGehG, WRP 2019, 673; *Ann*, Geheimnisschutz – Kernaufgabe des Informationsmanagements im Unternehmen, GRUR 2014, 12; *Ann*, Know-how – Stiefkind des Geistigen Eigentums, GRUR 2007, 39; *Apel/Walling*, Das neue Geschäftsgeheimnisgesetz: Überblick und erste Praxishinweise, DB 2019, 891; *Aplin*, A Critical Evaluation of the Proposed EU Trade Secrets Directive, King's College London Dickson Poon School of Law, Legal Studies Research Paper Series, paper no. 2014–25, 2014; *Baranowski/Glaßl*, Anforderungen an den Geheimnisschutz nach der neuen EU-Richtlinie, BB 2016, 2563; *Berberich/Kanschik*, Daten in der Insolvenz, NZI 2017, 1; *Beyerbach*, Die geheime Unternehmensinformation, 2012; *Bissels/Schroeders/Ziegelmayer*, Arbeitsrechtliche Auswirkungen der Geheimnisschutzrichtlinie – Richtlinie über den Schutz vertraulichen Knowhows und vertraulicher Geschäftsinformationen, DB 2016, 2295; *Böning*, BT-Prot-Nr 19/30, Ausschuss für Recht und Verbraucherschutz, 12.12.2018, S. 13; *Börger/Rein*, Step-by-Step: In zehn Schritten zu wirksamen Geheimnisschutz, CB 2017, 118; *Brammsen*, »Durchlöcherter« Bestandsschutz – Wirtschaftsgeheimnisse im 21. Jahrhundert, ZIP 2016, 2193; *Dann/Markgraf*, Das neue Gesetz zum Schutz von Geschäftsgeheimnissen, NJW 2019, 1774; *Drexl et al*, Ausschließlichkeits- und Zugangsrechte an Daten – Positionspapier des Max-Planck-Instituts für Innovation und Wettbewerb vom 16.08.2016 zur aktuellen europäischen Debatte, GRUR Int. 2016, 914; *Engländer/Zimmermann*, Whistleblowing als strafbarer Verrat von Geschäfts- und Betriebsgeheimnissen? – Zur Bedeutung des juristisch-ökonomischen Vermögensbegriffs für den Schutz illegaler Geheimnisse bei § 17 UWG aF, NZWiStR 2012, 328; *Finger*, Die Offenkundigkeit des mitgeteilten Fachwissens bei Know-how-Verträgen, GRUR 1970, 3; *Freckmann/Schmoll*, Geheimnisschutzrichtlinie: Neuer Standard für Vertraulichkeitsvereinbarungen und arbeitsvertragliche Verschwiegenheitsklauseln, BB 2017, 1780; *Fuhlrott/Hiéramente*, Arbeitsrechtlicher Handlungsbedarf durch das Geschäftsgeheimnisgesetz – Überblick zu den Eckpunkten des Gesetzes und mögliche arbeitsrechtliche Implikationen –, DB 2019, 967; *Gaugenrieder*, Einheitliche Grundlage für den Schutz von Geschäftsgeheimnissen in Europa – Zukunftstraum oder Alptraum, BB 2014, 1987; *Goldhammer*, Geschäftsgeheimnis-Richtlinie und Informationsfreiheit Zur Neudefinition des Geschäftsgeheimnisses als Chance für das öffentliche Recht, NVwZ 2017, 1809; *Greßlin/Römermann*, Arbeitsrechtliche Gestaltungsmöglichkeiten zum Schutz von betrieblichem Know-how, BB 2016, 1461; *Harte-Bavendamm*, Der Begriff des Geschäftsgeheimnisses nach harmonisiertem Recht, in Festschrift für Wolfgang Büscher, 2018, S. 311; *Harte-Bavendamm*, Reform des Geheimnisschutzes: naht Rettung aus Brüssel? Zum Richtlinienvorschlag zum Schutz von Geschäftsgeheimnissen, in Festschrift für Helmut Köhler zum 70. Geburtstag, 2014, S. 235; *Hauck*, Geheimnisschutz im Zivilprozess – was bringt die neue EU-Richtlinie für das deutsche Recht?, NJW 2016, 2218; *Hauck*, Schutz von Unternehmensgeheimnissen bei der Bestimmung FRAND-konformer Lizenzbedingungen, GRUR-Prax 2017, 118; *Hauck*, Was lange währt … – Das Gesetz zum Schutz von Geschäftsgeheimnissen (GeschGehG) ist in Kraft, GRUR-Prax 2019, 223; *Heinzke*, Richtlinie zum Schutz von Geschäftsgeheimnissen, CCZ 2016, 179; *Heitto*, The Trade Secret Directive Proposal and the Narrow Path to Improving Trade Secret Protection in Europe, CRi 2015, 140; *Hoeren/Münker*, Die EU-Richtlinie für den Schutz von Geschäftsgeheimnissen und ihre Umsetzung – unter besonderer Berücksichtigung der Produzentenhaftung, WRP 2018, 150; *Hoeren/Münker*, Die neue EU-Richtlinie zum Schutz von Betriebsgeheimnissen und die Haftung Dritter, CCZ 2018, 85; *Hoeren/Pinelli*, Die Überprüfung von Software auf sicherheitsrelevante Fehler, CR 2019, 410; *Höfer*, Regierungsentwurf zum Geschäftsgeheimnisgesetz (GeschGehG) aus Geschäftsführersicht: Pflicht zum »Geschäftsgeheimnis-Management«, GmbHR 2018, 1195; *Holthausen*, Die arbeitsvertragliche Verschwiegenheit – Vertragsgestaltung nach Inkrafttreten des GeschGehG, NZA 2019, 1377, 1380; *Jaworski/J. B. Nordemann*, Gehilfenhaftung von Intermediären bei Rechtsverletzungen im Internet, GRUR 2017, 567; *Kalbfus*, Angemessene Geheimhaltungsmaßnahmen nach der Geschäftsgeheimnis-Richtlinie, GRUR Prax 2017, 391; *Kalbfus*, Die EU-Geschäftsgeheimnis-Richtlinie, GRUR 2016, 1009; *Kalbfus/Harte-Bavendamm*, Protokoll der Sitzung des Fachausschusses für Wettbewerbs- und Markenrecht zum Richtlinienvorschlag über den Schutz von Geschäftsgeheimnissen, GRUR 2014, 453; *Kiefer*, Das Geschäftsgeheimnis nach dem Referentenentwurf zum Geschäftsgeheimnisgesetz: Ein Immaterialgüterrecht, WRP 2018, 910; *Kiethe*, Die Abgrenzung von zulässigem Sachvortrag und strafbewehrtem Geheimnisschutz im Zivilprozess, JZ 2005, 1034; *Klein/Wegener*, Wem gehören Geschäftsgeheimnisse?, ArbR aktuell 2017, 531; *Klöpfer/Greve*, Das Informationsfreiheitsgesetz und der Schutz von Betriebs- und Geschäftsgeheimnissen, NVwZ 2011, 577; *Laoutourmai/Baumfalk*, Probleme im vorprozessualen Verfahren bei der Rechtsverfolgung von Ansprüchen aus dem neuen GeschGehG, WRP 2018, 1300; *Lauck*, Angemessene Geheimhaltungsmaßnahmen nach dem GeschGehG, GRUR 2019, 1132; *Lejeune*, Die neue EU Richtlinie zum Schutz von Know-How und Geschäftsgeheimnissen, CR 2016, 330; *Maaßen*, »Angemessene Geheimhaltungsmaßnahmen« für Geschäftsgeheimnisse, GRUR 2019, 352; *Mayer*, Geschäfts- und Betriebsgeheimnis oder Geheimniskrämerei?, GRUR 2011, 884; *McGuire*, Der Schutz von Know-how im System des Immaterialgüterrechts, GRUR 2016, 1000; *McGuire*, Geheimnisschutz: In vier Schritten zur angemessenen Maßnahme, IPRB 2018, 202; *McGuire*, Neue Anforderungen an den Know-how-Schutz: Drei Gründe, sich schon heute mit der neuen Geschäftsgeheimnis-RL zu befassen, Mitt 2017, 377; *McGuire*, Neue Anforderungen an Geheimhaltungsvereinbarungen?, WRP 2019, 679; *Mes*, Si tacuisses. – Zur Darlegungs- und Beweislast im Prozeß des gewerblichen Rechtsschutzes, GRUR 2000, 934; *MPI*, Stellungnahme, GRUR-Int. 2014, 554; *Müllmann*, Auswirkungen der Industrie 4.0 auf den Schutz von Betriebs- und Geschäftsgeheimnissen, WRP 2018, 1177; *Naber/Peukert/Seeger*, Arbeitsrechtliche Aspekte des Geschäftsgeheimnisgesetzes, NZA 2019, 583; *Nastelski*, Der Schutz des Betriebsgeheimnisses, GRUR 1957, 1; *Oetker*, Neujustierung des arbeitsrechtlichen Schutzes von Geschäftsgeheimnissen vor Offenbarung durch das Unionsrecht, ZESAR 2017, 257; *Ohly*, Das neue Geschäftsgeheimnisgesetz im Überblick, GRUR 2019, 441; *Ohly*, Der Geheimnisschutz im deutschen Recht: heutiger Stand und Perspektiven, GRUR 2014, 1; *Passarge*, Der Entwurf eines Gesetzes zum Schutz von Geschäftsgeheimnissen (GeschGehG) – Das Gegenteil von gut gemacht ist gut gemeint, CB 2018, 144; *Prinz*, Der Schutz von Betriebs- und Geschäftsgeheimnissen im Informationsfreiheitsrecht, 2015; *Rauer/Eckert*, Richtlinie zur Harmonisierung des Know-how-Schutzes in der EU, DB 2016, 1239; *Redeker/Pres/Gittinger*, Einheitlicher Geheimnisschutz in Europa (Teil 1), WRP 2015, 681; *Rehaag/Straszewski*, Das neue Gesetz zum Schutz von Geschäftsgeheimnissen in der Praxis, Mitt. 2019, 249; *Rody*, Der Begriff und die Rechtsnatur von Geschäfts- und Betriebsgeheimnissen unter Berücksichtigung der Geheimnisschutz-Richtlinie, 2019; *Sagstetter*, Vortrag im Rahmen der vierten Tagung GRUR Junge Wissenschaft am 30.06.2018 an der Technischen Universität München: Big Data und der europäische Rechtsrahmen: Status quo und Reformbedarf im Lichte der Trade-Secrets-Richtlinie 2016/943/EU, Open-Access-Vorabveröffentlichung des NOMOS Verlags; *Scheja*, Schutz von Algorithmen in Big Data Anwendungen Wie Unternehmen aufgrund der Umsetzung der Geschäftsgeheimnis-Richtlinie ihre Algorithmen wie auch Datenbestände besser schützen können, CR 2018, 485; *Scherp/Rauhe*, Datenklau!? – Entwurf eines Gesetzes zum Schutz von Geschäftsgeheimnissen – Teil 1, CB 2019, 20; *Scherp/Rauhe*, Datenklau!? – Entwurf eines Gesetzes zum Schutz von Geschäftsgeheimnissen – Teil 2, CB 2019, 50; *Schilling*, Der Schutz von Geschäfts- und Betriebsgeheimnissen – Prozessuale Schwierigkeiten und Reformbedarf, in Festschrift für Wolfgang Büscher, 2018. S. 383; *Schmitt*, Whistleblowing revisited – Anpassungs- und Regelungsbedarf im deutschen Recht, RdA 2017, 365; *Schnabel*, Rechtswidrige Praktiken als Betriebs- und Geschäftsgeheimnisse?, CR 2016, 342; *Schulte*, Mehr Schutz für Geschäftsgeheimnisse Ein Überblick über die Regelungen des neuen Geschäftsgeheimnisgesetzes (GeschGehG), ArbRB 2019, 143; *Schwintowski*, Verschwiegenheitspflicht für politisch legitimierte Mitglieder des Aufsichtsrats, NJW 1990, 1009; *Semrau-Brandt*, Patentstreit zwischen Qualcomm und Apple: Schwächen des Geschäftsgeheimnisschutzes im Zivilprozess, GRUR-Prax 2019, 127; *Siems*, Die Logik des Schutzes von Betriebsgeheimnissen, WRP 2007, 1146; *Staffler*, Industrie 4.0 und wirtschaftlicher Geheimnisschutz, NZWiSt 2018, 269; *Steinmann*, Die Geschäftsgeheimnis-Richtlinie:

Vorwirkung und unmittelbare Anwendbarkeit, WRP 2019, 703; *Thiel,* Das neue Geschäftsgeheimnisgesetz (GeschGehG) – Risiken und Chancen für Geschäftsgeheimnisinhaber, WRP 2019, 700; *Trebeck,* Die Geheimnisschutzrichtlinie und deren Anwendbarkeit Auswirkungen auf Compliance und Whistleblowing im deutschen Arbeitsrecht, NZA 2018, 1175; *Triebe,* Reverse Engineering im Lichte des Urheber- und Geschäftsgeheimnisschutzes am Beispiel der Analyse der Firmware von Computerchips mittels Black Box-Techniken, WRP 2018, 795; *Ullrich,* Der Schutz von Whistleblowern aus strafrechtlicher Perspektive – Rechtslage de lege lata und de lege ferenda, NZWiSt 2019, 65; *v. Busekist/Racky,* Hinweisgeber- und Geschäftsgeheimnisschutz – ein gelungener Referentenentwurf?, ZRP 2018, 135; *v. Diringshofen,* Know-how-Schutz in der Praxis, GRUR-Prax 2013, 397; *Voigt/Hermann/Grabenschröer,* Das neue Geschäftsgeheimnisgesetz – praktische Hinweise zu Umsetzungsmaßnahmen für Unternehmen, BB 2019, 142; *Wiese,* Die EU-Richtlinie über den Schutz vertraulichen Know-hows und vertraulicher Geschäftsinformationen: Inhalt und Auswirkungen der Richtlinie (EU) 2016/943, 2018; *Witz,* Grenzen des Geheimnisschutzes, in FS für Bornkamm, S. 523; *Wunner,* Die zivilrechtliche Haftung für Geheimnisverwertungen durch Beschäftigte im Lichte der Geschäftsgeheimnis-RL, WRP 2019, 710; *Zech,* »Industrie 4.0« – Rechtsrahmen für eine Datenwirtschaft im digitalen Binnenmarkt, GRUR 2015, 1151; *Ziegelmayer,* Geheimnisschutz ist eine große Nische: Zu den unterschätzten Auswirkungen des GeschGehG, CR 2018, 693.

44 Der Umgang mit Geschäftsgeheimnissen in der Beratungspraxis und im gerichtlichen Verfahren setzt das **Verständnis grundlegender Begrifflichkeiten** voraus. Der Gesetzgeber hat einige Begrifflichkeiten in § 2 GeschGehG definiert, nämlich **das Geschäftsgeheimnis, den Inhaber, den Rechtsverletzer** und **die rechtsverletzenden Produkte**. Über diese Begrifflichkeiten hinaus gibt es eine Vielzahl weiterer Begriffe, die der Erläuterung bedürfen, bei denen der Gesetzgeber aber von einer Definition abgesehen hat. Diese Begriffe werden im jeweils passenden Kontext erläutert. Die Definitionen des § 2 GeschGehG entsprechen denen der GeschGehRL nicht im vollen Umfang.[51] Sie sind im Einklang mit der GeschGehRL auszulegen.[52]

I. Geschäftsgeheimnis

45 Zentraler Begriff des Geschäftsgeheimnisschutzes ist der des Geschäftsgeheimnisses.[53] Das Geschäftsgeheimnis ist **Schutzgegenstand** des Gesetzes. Fragen des Geheimnisschutzes sind im Ausgangspunkt immer Fragen des Schutzgegenstands.[54] Die theoretische Definition und darauf aufbauend die praktische Bestimmung des Geschäftsgeheimnisses sind deshalb für die Rechtsanwendung entscheidend.

46 ▶ Bei einer rechtlichen Auseinandersetzung über Geschäftsgeheimnisse sollte die exakte Definition des Geschäftsgeheimnisses den Ausgangspunkt der Beratung und der Verfahrensführung bilden. Die Anforderungen an die Annahme eines Geschäftsgeheimnisses sind mit der Einführung des GeschGehG gestiegen.[55] Die Umsetzung der angemessenen Geheimhaltungsmaßnahmen dürfte die Identifizierung konkret betroffener Geschäftsgeheimnisse erleichtern.

47 Nach § 2 Nr 1 GeschGehG ist Geschäftsgeheimnis eine Information, die **weder insgesamt noch in der genauen Anordnung und Zusammensetzung ihrer Bestandteile** den Perso-

---

51 Alexander, in Köhler/Bornkamm/Feddersen, UWG, § 2 GeschGehG Rn 1.
52 Alexander, in Köhler/Bornkamm/Feddersen, UWG, § 2 GeschGehG Rn 5.
53 Alexander, in Köhler/Bornkamm/Feddersen, UWG, § 2 GeschGehG Rn 9; Reinfeld, GeschGehG, § 1 Rn 99.
54 Vgl McGuire, in Büscher, UWG, § 2 RegE GeschGehG Rn 13; Alexander, in Köhler/Bornkamm/Feddersen, UWG, § 2 GeschGehG Rn 9; Goldhammer, NVwZ 2017, 1809; Hauck, WRP 2018, 1032, 1033.
55 Höfer, GmbHR 2018, 1195, 1196.

nen in den Kreisen, die üblicherweise mit dieser Art von Informationen umgehen, **allgemein bekannt oder ohne Weiteres zugänglich** ist und daher von **wirtschaftlichem Wert** ist, Gegenstand von den Umständen nach **angemessenen Geheimhaltungsmaßnahmen** durch ihren rechtmäßigen Inhaber ist und bei der ein **berechtigtes Interesse an der Geheimhaltung** besteht.

Die Definition des Geschäftsgeheimnisses beruht auf Art 2 GeschGehRL. Sie war in den Details bis zuletzt Gegenstand von Diskussionen im Gesetzgebungsverfahren. Dies betrifft insbesondere die in **letzter Sekunde hinzugekommene Beschränkung** auf Informationen, bei denen ein berechtigtes Interesse an der Geheimhaltung besteht.[56] Mit Ausnahme dieses Zusatzes entspricht die Definition des Geschäftsgeheimnisses der Regelung des Art 39 Abs 2 TRIPS-Agreement, die wiederum durch US-Recht beeinflusst ist, insbesondere durch den Uniform Trade Secrets Act.[57] Auch **Betriebsgeheimnisse** sind von der Definition erfasst.[58] Unter diesem Aspekt wird der Schutzbereich im Vergleich zur alten Rechtslage also nicht verringert.[59] Die Definition des Geschäftsgeheimnisses nach dem GeschGehG weicht von der bislang im deutschen Recht etablierten Definition in wesentlichen Punkten ab.[60]

48

1. Einführung

Die Tatbestandsmerkmale des § 2 Nr 1 GeschGehG müssen **kumulativ** vorliegen.[61] Die Anknüpfung an objektive Merkmale bewirkt eine objektive Bestimmung des Geschäftsgeheimnisses.[62] Während nach § 17 UWG aF für den Schutz von Geschäfts- und Betriebsgeheimnissen noch das subjektive Geheimhaltungsinteresse des Geheimnisinhabers im Vordergrund stand, führt das GeschGehG mit dem Merkmal der angemessenen Geheimhaltungsmaßnahmen zu einer **Objektivierung des Schutzgegenstandes**. Dies ist zu begrüßen. Aufgrund tatsächlich durchgeführter Geheimhaltungsmaßnahmen können Dritte weitaus besser beurteilen, welche Informationen unter gesetzlichem und strafrechtlichem Schutz stehen, als dies noch unter der Geltung des § 17 UWG aF der Fall war.[63] Das bislang in der Praxis oftmals fehlende Unrechtsbewusstsein wird durch die Geheimhaltungsmaßnahmen begründet oder gestärkt. Teilweise wird vertreten, dass der Unternehmensträger jedwede Information zum Geschäftsgeheimnis machen kann, indem er nur die Anforderungen an die Geheimheit erfüllt.[64] Dagegen ist indes nichts einzuwenden. Nicht zielführend ist hingegen die abstrakte Forderung, den Begriff des Geschäftsgeheimnisses generell weit auszulegen.[65] Für die konkrete Bestimmung des Begriffs des Geschäftsgeheimnisses ist mit einer solchen Forderung nichts gewonnen.

49

---

56 Plenarprotokoll 19/89, 10650; Begr zum RegE, BT-Drucks. 19/4724; BT-Drucks. 19/8300.
57 Aplin, S. 9.
58 Alexander, AfP 2019, 1, 4; Müllmann, WRP 2018, 1177, 1181.
59 Müllmann, WRP 2018, 1177, 1181.
60 Vgl Redeker/Pres/Gittinger, WRP 2015, 681, 682; Rehaag/Straszewski, Mitt 2019, 249, 250.
61 Alexander, in Köhler/Bornkamm/Feddersen, UWG, § 2 GeschGehG Rn 22; Reinfeld, GeschGehG, § 1 Rn 119.
62 Vgl Begr zum RegE, BT-Drucks. 19/4724 S. 22; v. Busekist/Racky, ZRP 2018, 135, 137.
63 Hierauf weisen zu Recht hin v. Busekist/Racky, ZRP 2018, 135, 137.
64 Hauck, WRP 2018, 1032, 1033.
65 So aber Alexander, in Köhler/Bornkamm/Feddersen, UWG, § 2 GeschGehG Rn 24.

2. Nicht offenkundige Information

50   Der Schutz des GeschGehG setzt beim Vorliegen einer **nicht offenkundigen Information** an. Erfasst ist auch jede Information, die **Rückschlüsse auf weitere nicht offenkundige Informationen** zulässt.[66] Dies ist bspw angenommen worden für äußere Merkmale von Dateien (wie Dateiname, Dateiendung, Dateityp und Dateigröße oder ähnliche Metadaten), Anzahl, Name und Größe benutzter Quellcode-Dateien, die Rückschlüsse auf die verwendete Programmiersprache und Programmierumgebung zulassen.[67]

51   Die Abweichungen von den bisherigen Anforderungen an eine als Geschäftsgeheimnis taugende Information sind evident. So bedarf es bspw **keiner gesonderten Prüfung einer Information im Hinblick auf ihre Wettbewerbsrelevanz**, da die Neuregelung auf den aus dem Geheimnischarakter folgenden kommerziellen Wert abstellt.[68]

a) Information

52   Nach der bisherigen Praxis unter den §§ 17 ff UWG aF war Gegenstand eines Betriebs- oder Geschäftsgeheimnisses eine **Tatsache**.[69] Die Verwendung des breiter erscheinenden Begriffs Information dürfte in der Sache keine Neuerung sein,[70] denn schon nach altem Recht fielen **subjektive Ansichten, Meinungen oder Wertungen** unter den Tatsachenbegriff, wenn sie nach außen hin existent geworden sind, etwa durch schriftliche Niederlegung oder Mitteilung an andere Personen.[71]

53   Der Begriff der Information ist umfassend zu verstehen. **Informationen aller Art** können geschützt sein. Dazu gehören bspw Bilder, einzelne Daten oder Datensätze, Formeln, Pläne, Texte und Zeichnungen.[72] Unter den Begriff fallen auch tatsächliche, dem Beweis zugängliche Geschehensabläufe, so zum Beispiel Umsätze, Ertragslagen, Geschäftsbücher, Kundenlisten, Lieferanten, Marktstrategien, Forschungsvorhaben, Kalkulationen, die Kreditwürdigkeit oder technische Betriebsabläufe und Produktinformationen.[73]

---

66 BVerwG 05.03.2020, 20 F 3/19; ähnlich BVerwG 24.09.2009, 7 C 2/09 = NVwZ 2010, 189, 193, wonach die Offenlegung eines Geschäftsgeheimnisses auch in der Mitteilung einer Information liegen kann, die den Zugang zu dem Geschäftsgeheimnis eröffnet; Müllmann, WRP 2018, 1177, 1178.
67 BVerwG 05.03.2020, 20 F 3/19.
68 Oetker, ZESAR 2017, 257, 259.
69 BGH 22.03.2018, I ZR 118/16 = GRUR 2018, 1161, 1163 – Hohlfasermembranspinnanlage II; BGH 15.03.1955, I ZR 111/53 = GRUR 1955, 424, 425 – Möbelpaste; RG 22.11.1935, II 128/35 = RGZ 149, 329, 334 – Stiefeleisenpresse; vgl Brammsen, in MüKo-Lauterkeitsrecht, § 17 UWG Rn 11; Nastelski, GRUR 1957, 1, 2; Staffler, NZWiSt 2018, 269, 271; zum alten Recht schon den Begriff der Information bevorzugend: Ann, GRUR 2007, 39; Staffler, NZWiSt 2018, 269, 272; ohne Differenzierung: Ohly, GRUR 2019, 441, 442.
70 Unklar: Reinfeld, GeschGehG, § 1 Rn 122; Rody, S. 52.
71 Vgl BVerwG 24.09.2009, 7 C 2/09 = NVwZ 2010, 189, 192; Brammsen, in MüKo-Lauterkeitsrecht, § 17 UWG Rn 11; Rody, S. 51; Schwintowski, NJW 1990, 1009, 1011; Staffler, NZWiSt 2018, 269, 271.
72 Alexander, AfP 2019, 1, 4; Alexander, in Köhler/Bornkamm/Feddersen, UWG, § 2 GeschGehG Rn 25.
73 Müllmann, WRP 2018, 1177, 1179, unter Verweis auf BVerfG 14.03.2006, 1 BvR 2087/03 = NVwZ 2006, 1041, 1042; Beyerbach, S. 91; OLG Jena 08.12.2015, 5 U 1042/12 = NJOZ 2016, 175, 183; Mayer, GRUR 2011, 884, 885 f.

aa) Art der Information

(1) Informationen mit Inhaltsebene

Unzweifelhaft fallen unter den Begriff der Information solche Inhalte, die eine **Bedeutungsebene** aufweisen.[74] Geschützt sind allerdings nicht nur unmittelbar vom Menschen hervorgebrachte Informationen, sondern auch **maschinengenerierte oder durch Maschinen erhobene** Informationen.[75]   54

(2) Rohdaten

Informationen iSd GeschGehG sind nicht nur solche Informationen, die eine Bedeutungsebene besitzen, sondern auch (bloße) **Daten unabhängig von einem Einsatz im konkreten Kontext**.[76] Rohdaten sind für viele Unternehmen ebenso wichtig wie daraus entwickelte (weitere) Geschäftsgeheimnisse. Auch für solche Daten stellt sich die Frage der rechtlichen Zuordnung zu einzelnen Personen und insbesondere zu Unternehmensträgern, gerade auch in Fällen, in denen Projektpartner zusammenarbeiten (sh zur Zuordnung zu einem Rechtssubjekt Rdn 265 ff).[77] Auch Daten, die automatisiert erfasst werden, fallen unter den Begriff der Information.[78]   55

(3) Algorithmen

Ebenfalls als Informationen geschützt sein können Algorithmen, bspw die Funktionsweise und Eigenschaften eines Verschlüsselungsalgorithmus eines Chips einschließlich seiner Schwachstellen und Sicherungslücken.[79]   56

(4) Belanglose Information

Nach der GeschGehRL sollen belanglose Informationen nicht vom Schutz umfasst sein.[80] Ob eine Information von Belang ist oder nicht, ist für die Frage des Vorliegens einer Information an sich aber nicht entscheidend. Belanglose Informationen können daher nur im Hinblick auf die Tatbestandsmerkmale des kommerziellen Werts, der angemessenen Geheimhaltungsmaßnahmen und des berechtigten Interesses an der Geheimhaltung aus dem Schutzbereich ausgeschlossen werden.[81] Die Information muss **keine qualitativen Anforderungen** im Sinne einer besonderen Eigenart, Neuheit, Schöpfungshöhe oder dergleichen erfüllen,[82] kann also nicht schon aufgrund des Fehlens einer derartigen Qualität belanglos sein.   57

---

74 Hauck, NJW 2016, 2218, 2221.
75 Alexander, in Köhler/Bornkamm/Feddersen, UWG, § 2 GeschGehG Rn 26.
76 Berberich/Kanschik, NZI 2017, 1, 3; Hauck, NJW 2016, 2218, 2221; Sagstetter, S. 8; Staffler, NZWiSt 2018, 269, 273.
77 Hauck, NJW 2016, 2218, 2221; Staffler, NZWiSt 2018, 269, 272.
78 Zech, GRUR 2015, 1151, 1155.
79 Sagstetter, S. 9; Triebe, WRP 2018, 795, 801.
80 Vgl ErwG 14 GeschGehRL; Börger/Rein, CB 2017, 118; Hauck, NJW 2016, 2218, 2219.
81 Alexander, in Köhler/Bornkamm/Feddersen, UWG, § 2 GeschGehG Rn 29; so wohl auch Ohly, GRUR 2019, 441, 443.
82 Alexander, in Köhler/Bornkamm/Feddersen, UWG, § 2 GeschGehG Rn 27; Alexander, AfP 2019, 1, 4; Kiefer, WRP 2018, 910, 912; Laoutourmai/Baumfalk, WRP 2018, 1300, 1301.

58 ▶ Das Fehlen qualitativer Anforderungen an den Geheimnisbegriff kann gegenüber den klassischen Rechten des geistigen Eigentums einen deutlich breiteren Schutz vermitteln. So kann ein auf die Verletzung von Geschäftsgeheimnissen gestützter Angriff bspw auch in Fallgestaltungen erfolgreich sein, in denen Sonderrechtsschutz nicht (mehr) besteht oder in denen aufgrund mangelnder wettbewerblicher Eigenart ein lauterkeitsrechtlicher Nachahmungsschutz nicht zu erzielen ist. Für die Prozessführung können auf Geheimnisschutz beruhende Ansprüche so erhebliche strategische Bedeutung erlangen.

(5) Erfahrungswissen von Arbeitnehmern

59 Nach ErwG 14 der GeschGehRL sollen die **Erfahrungen und Qualifikationen, die Beschäftigte im Zuge der Ausübung ihrer üblichen Tätigkeiten erwerben**, vom Geschäftsgeheimnisschutz ausgeschlossen sein.[83] Nach Art 1 (3) lit b) GeschGehRL soll die Nutzung solcher Erfahrungen und Fähigkeiten der Arbeitnehmer nicht beschränkt werden, woraus zu entnehmen sein soll, dass Geschäftsgeheimnisse von derartigen Erfahrungen und Fähigkeiten abzugrenzen seien.[84] Diese enge Auslegung des Geheimnisbegriffs ist allerdings systematisch verfehlt.[85] Sie spiegelt sich auch nicht in § 2 Nr 1 GeschGehG wieder. Ob eine solche Information auf lange Sicht geheim gehalten werden kann, ist eine andere Frage. Ist dies nicht möglich, steht dies der Einordnung als Geschäftsgeheimnis nicht generell entgegen.[86] Auch das **Wissen eines Mitarbeiters**, das dieser durch Erfahrung und Qualifikation im Rahmen der Ausübung seiner üblichen Tätigkeit im Unternehmen erworben hat, **kann ein geschütztes Geschäftsgeheimnis** darstellen.[87] Ob der Mitarbeiter eine solche Information nutzen oder offenlegen darf, hängt vom Umfang seiner vertraglichen Beschränkungen gegenüber dem Unternehmen ab. Nach ErwG 14 der GeschGehRL sollen lediglich die Erfahrungen und Qualifikationen der Mitarbeiter[88] von der Definition des Geschäftsgeheimnisses ausgeschlossen sein, nicht aber darauf beruhende konkrete Geschäftsinformationen.[89] Jedenfalls aber scheidet Erfahrungswissen, wie schon nach dem alten Recht,[90] dann nicht als Gegenstand eines Geschäftsgeheimnisses aus, wenn es der Arbeitnehmer auf einem den Zwecken des Arbeitgebers nicht dienlichen und nicht üblichen Wege festhält, zum Beispiel durch Aufzeichnungen, durch Auswendiglernen von Rezepten oder Formeln oder durch genaues Einprägen des Bildes oder der Bauart von Modellen.

60 ▶ Der Einwand der zulässigen Verwendung von Erfahrungswissen ist ein häufiges Verteidigungsmittel. Mit ihm ist von Beginn an zu rechnen. Die GeschGehRL und die bislang vorliegenden Äußerungen in der Literatur zu diesem Punkt werden dieses Verteidigungsmittel auch in der Zukunft in der

---

83 Vgl Hauck, GRUR-Prax 2019, 223.
84 Harte-Bavendamm, in Harte-Bavendamm/Henning-Bodewig, § 17 UWG Rn 1; Alexander, WRP 2017, 1034, 1038; Börger/Rein, CB 2017, 118.
85 Aplin, S. 28.
86 So zu § 17 UWG: BGH 22.03.2018, I ZR 118/16 = GRUR 2018, 1161 Rn 40 – Hohlfasermembranspinnanlage II.
87 AA McGuire, in Büscher, UWG, § 2 RegE GeschGehG Rn 42; Börger/Rein, CB 2017, 118, 120; Trebeck, NZA 2018, 1175, 1177.
88 Alexander, WRP 2017, 1034, 1038: Allgemeine Berufserfahrung und Zuwachs an (allgemeinem) Fachwissen.
89 Ungenau insoweit Alexander, in Köhler/Bornkamm/Feddersen, UWG, § 2 GeschGehG Rn 30.
90 BGH 22.03.2018, I ZR 118/16 = GRUR 2018, 1161 – Hohlfasermembranspinnanlage II; Nastelski, GRUR 1957, 1, 5.

Praxis stützen. Im Unternehmen sollte deshalb besonders darauf Wert gelegt werden, die von den allgemeinen Erfahrungen und Qualifikationen der Mitarbeiter abzugrenzenden konkreten Geschäftsgeheimnisse zu dokumentieren und möglichst sogar eigenständigen Geheimhaltungsvereinbarungen zu unterstellen.

bb) Kenntnis des Geheimnisinhabers

Informationen iSd § 2 Nr 1 GeschGehG können auch solche Tatsachen sein, die der **Unternehmer selbst nicht kennt.** Dies ist bspw der Fall bei Erfindungen, die von Beschäftigten im Rahmen des Dienstverhältnisses erlangt wurden. Der Schutz kann dann schon einsetzen, sobald die Information in einer Abteilung oder gar bei nur einem einzigen Arbeitnehmer vorliegt.[91] Ausreichend ist ein genereller Wille des Unternehmers, solche Tatsachen als Geschäftsgeheimnisse zu schützen, ohne dass es auf die Kenntnis der konkreten Entwicklung ankommt.[92] Im Hinblick auf die **generell nicht mehr erforderliche Feststellung eines Geheimhaltungswillens** dürfte es nicht auf den Nachweis ankommen, dass der Unternehmer die Information bei erlangter Kenntnis als Geheimnis behandelt haben würde.[93] Dies dürfte jedenfalls dann gelten, wenn der Wissensträger im Rahmen seiner Aufgaben im Unternehmen mit der Information in Kontakt kommt und verpflichtet ist, die Information im Interesse des Unternehmens zu behandeln.

61

▶ Um eine nahtlose Zuordnung des Geschäftsgeheimnisses zum Unternehmensinhaber sicherzustellen, empfiehlt sich die Implementierung eines Meldesystems, vergleichbar der Meldung von Erfindungen und Verbesserungsvorschlägen. Damit wird gleichzeitig sichergestellt, dass rechtzeitig die erforderlichen Geheimnisschutzmaßnahmen implementiert werden können.

62

cc) Unternehmensbezug

Einen besonderen Unternehmensbezug des Geheimnisses setzt § 2 Nr 1 GeschGehG nach seinem Wortlaut nicht voraus.[94] Als Information kann daher zunächst einmal **auch geschützt** sein, **was einen privaten Bezug hat**.[95] Zwar könnte man aus dem Terminus Geschäftsgeheimnis oder aus dem Zweck der GeschGehRL ableiten, dass nur solche Informationen geschützt sein sollen, die mit einer geschäftlichen Tätigkeit in einem Zusammenhang stehen.[96] Teils wird auch versucht, aus der Definition des Geheimnisinhabers das Erfordernis eines Unternehmensbezugs zu entnehmen.[97] Eine solche Einschränkung ist

63

---

91 So zum alten Recht: Freckman/Schmoll, BB 2017, 1780, 1781.
92 Vgl BGH 18.02.1977, I ZR 112/75 = GRUR 1977, 539, 540 – Prozessrechner; Klein/Wegener, ArbR aktuell 2017, 531, 532.
93 AA Triebe, WRP 2018, 795, 801.
94 Ohly, GRUR 2019, 441, 442; Rody, S. 57; zur RL: Hauck, NJW 2016, 2218, 2221; Scherp/Rauhe, CB 2019, 20, 23; ebenso zum RL-Entwurf: Gaugenrieder, BB 2014, 1987, 1988; aA Alexander, AfP 2019, 1, 5; zur GeschGehRL: McGuire, Mitt 2017, 377, 381; Trebeck, NZA 2018, 1175, 1177.
95 Brammsen, ZIP 2016, 2193, 2200; Rody, S. 57; aA McGuire, in Büscher, UWG, § 2 RegE GeschGehG Rn 36, allerdings im Hinblick auf einen angeblich generell fehlenden wirtschaftlichen Wert privater Informationen; Redeker/Pres/Gittinger, WRP 2015, 681, 683.
96 Rody, S. 57; Wiese, S. 49; so zur GeschGehRL: Alexander, WRP 2017, 1034, 1038; Rauer/Eckert, DB 2016, 1239, 1240; Scherp/Rauhe, CB 2019, 20, 23; zum RL-Entwurf: Redeker/Pres/Gittinger, WRP 2015, 681, 683.
97 Schmitt, RdA 2017, 365, 369.

aber auf der Ebene des Tatbestandsmerkmals der *Information* nicht zu rechtfertigen. Vielmehr wird der geschäftliche Bezug idR beim Merkmal des kommerziellen Werts aufgrund Nichtoffenkundigkeit zu verorten sein.[98]

64 Eine als Geschäftsgeheimnis schützbare Information liegt jedenfalls dann vor, wenn sich die an sich private Information mit geschäftlichen Interessen überschneidet, wie dies auch in § 1 Abs 3 Nr 1 GeschGehG angedeutet ist.[99] Ein Beispiel bildet der Fall Douglas vs Hello. Hollywood-Star Michael Douglas und Catherine Zeta-Jones hatten die Daten ihrer Hochzeitsfeier geheim gehalten und exklusive Bildrechte an das Magazin »OK!« übertragen. Dem Fotografen Rupert Thorpe gelang es, die Daten ausfindig zu machen und Fotos der Feierlichkeiten anzufertigen, die er dem Magazin »Hello« für einen nicht unerheblichen Geldbetrag verkaufte. Die im Wesentlichen privaten Informationen über Ort und Zeitpunkt der Feierlichkeiten hatten also einen durchaus nennenswerten Vermögenswert.[100] Dasselbe gilt in anderen Fällen, in denen eine **Information aus dem Privatbereich zugleich einen geschäftlichen Bezug** haben kann, bspw wenn das Privatleben einer Person zugleich deren kommerziell-unternehmerische Betätigung betrifft, etwa bei Künstlern, Sportlern und anderen Prominenten.[101] Weiterhin sind **Schnittmengen denkbar**, wenn die Information private Umstände (zum Beispiel den Gesundheitszustand) von Führungspersönlichkeiten eines Unternehmens betrifft.[102]

65 ▶ Ist der Unternehmensbezug einer Information ausnahmsweise einmal fraglich, sollte vorsorglich frühzeitig dokumentiert werden, auf welche Weise die betroffene Information (bspw die private Information) hätte kommerzialisiert werden können. Die hierfür erforderlichen Ermittlungen können aufwändig sein und sind am Ende eines langjährigen gerichtlichen Verfahrens unter Umständen gar nicht mehr durchführbar. Deshalb ist auch in diesem Punkt eine Dokumentation möglichst zeitnah zur Verletzung ratsam.

66 Hält man dennoch einen Unternehmensbezug für erforderlich, würde dieser durch die bloße Veräußerung einer Ware, in der das Geheimnis verkörpert ist, nicht entfallen.[103] Die Art der geschäftlichen Tätigkeit wäre nicht von Bedeutung. Unerheblich wäre auch, ob die Information über die geschäftliche Tätigkeit hinaus auch andere Bereiche berührt.[104] Als Beispiel hierfür können »intelligente« Mess-Systeme (Smart Meter) genannt werden, mit denen bei privaten Stromkunden Daten erhoben werden. Diese betreffen zwar auch die Privatsphäre der Kunden. Sie können aber **zugleich Geschäftsgeheimnisse** des Versorgungsunternehmens sein.[105]

---

98 Ähnlich Köhler, in Köhler/Bornkamm/Feddersen, UWG, 37. Aufl 2019, vor §§ 17 bis 19 Rn 16; Ohly, GRUR 2019, 441, 442.
99 Alexander, AfP 2019, 1, 5; Ohly, GRUR 2019, 441, 442 mit dem Beispiel des Prominenten, der eigene Persönlichkeitsrechte vermarktet, oder des Managers, bei dem die Information über den Gesundheitszustand Auswirkung auf den Unternehmenswert haben kann; aA Wiese, S. 50.
100 Aplin, S. 12.
101 Alexander, AfP 2019, 1, 5.
102 Alexander, AfP 2019, 1, 5.
103 BayObLG 28.08.1990, RReg 4 St 250/89 GRUR = 1991, 694 – Geldspielautomat; Triebe, WRP 2018, 795, 801.
104 Alexander, WRP 2017, 1034, 1038.
105 Alexander, WRP 2017, 1034, 1038.

dd) Verkörperung der Information

Auf die Verkörperung der Information kommt es nicht an; einer Verkörperung bedarf es nicht. Geschützt sind alle körperlichen und unkörperlichen Manifestationen des Geschäftsgeheimnisses.[106] Auch in Gegenständen, die Ergebnis geistiger Arbeit sind, verkörperte Informationen sind geschützt.[107] Um Gegenstand angemessener Geheimhaltungsmaßnahmen werden zu können, muss die Information allerdings **in irgendeiner Weise Ausdruck gefunden** haben.[108]

b) Weder insgesamt noch in der genauen Anordnung und Zusammensetzung ihrer Bestandteile allgemein bekannt oder ohne Weiteres zugänglich

Die als Geschäftsgeheimnis zu schützende Information darf weder insgesamt noch in der genauen Anordnung und Zusammensetzung ihrer Bestandteile allgemein bekannt oder ohne Weiteres zugänglich sein. Das Gesetz übernimmt damit in Bezug auf die Bekanntheit einer Information fast wortgleich die Formulierung der Richtlinie. Maßgeblich sind dabei die Personen in den Kreisen, die üblicherweise mit dieser Art von Informationen umgehen. In der Sache ist mit der Neuformulierung **keine Abkehr vom bisherigen Offenkundigkeitsbegriff** beabsichtigt.[109] Allerdings deutet die Aufnahme des Reverse Engineering als Erwerbsgrund in § 3 Nr 2 GeschGehG auf eine weitere Öffnung des Geschäftsgeheimnisbegriffs hin. Der Begriff der »Zugänglichkeit ohne Weiteres« dürfte deshalb geringere Einschränkungen mit sich bringen als der bisherige Begriff der »leichten Zugänglichkeit«.[110]

Die Formulierung »weder insgesamt noch in der genauen Anordnung ...« ist missverständlich. Gemeint ist ein **alternatives »entweder (...) oder«**.[111] Ohnehin ist mit der Unterscheidung zwischen der Information »insgesamt« und der Information »in der genauen Anordnung und Zusammensetzung ihrer Bestandteile« in der Rechtsanwendung kein Mehrwert verbunden. Es steht außer Frage, dass die geschützte Information sowohl in der Gesamtheit (bspw einer umfangreichen Kundenliste) als auch – davon unabhängig – in den Einzelinformationen (bspw den Informationen zu einem konkreten Kunden) liegen können, soweit die übrigen Voraussetzungen für den Schutz eines Geschäftsgeheimnisses erfüllt sind,[112] zumal auch solche Informationen geschützt sind, aus denen sich Geschäftsgeheimnisse erst ableiten lassen.[113]

aa) Personen in den Kreisen, die üblicherweise mit dieser Art von Informationen umgehen

Die Frage der allgemeinen Bekanntheit oder Zugänglichkeit definiert das GeschGehG, der GeschGehRL folgend, mit Blick auf den speziellen Kreis der Personen, die üblicherweise mit dieser Art von Informationen umgehen. Damit **weicht** das GeschGehG von dem bspw

---

106 Alexander, AfP 2019, 1, 4; Baranowski/Glaßl, BB 2016, 2563, 2565.
107 Staffler, NZWiSt 2018, 269, 271 f.
108 Alexander, in Köhler/Bornkamm/Feddersen, UWG, § 2 GeschGehG Rn 26.
109 Köhler, in Köhler/Bornkamm/Feddersen, UWG, 37. Aufl 2019, vor §§ 17 bis 19 Rn 15.
110 Enger: Alexander, in Köhler/Bornkamm/Feddersen, UWG, § 2 GeschGehG Rn 37.
111 Hauck, WRP 2018, 1032, 1033.
112 Vgl Ohly, GRUR 2019, 441, 443.
113 BVerwG 05.03.2020, 20 F 3/19 (juris).

im Patentrecht herangezogenen **absoluten Offenkundigkeitsbegriff ab**.[114] Ein ähnlich relatives Verständnis findet sich in § 5 DesignG, nach dem ein Design dann nicht offenbart ist, wenn die Offenbarungshandlung den in der Gemeinschaft tätigen Fachkreisen des betreffenden Sektors im normalen Geschäftsverlauf vor dem Anmeldetag des Designs nicht bekannt sein konnte.[115]

71 Das Gesetz weicht in diesem Punkt jedenfalls theoretisch von der zu § 17 UWG aF ergangenen Rspr ab, die eine Einschränkung auf bestimmte (Fach-) Kreise (noch) nicht immer ausdrücklich vorgenommen hatte.[116] Der Kreis der Personen, die von der Information keine Kenntnis haben dürfen, scheint damit enger geworden zu sein.[117] Eine Geheimhaltung vor der breiten Öffentlichkeit ist in der Theorie nicht erforderlich.[118] Allerdings wird eine umfassende Geheimhaltung idR erforderlich sein, um auch dem maßgeblichen Personenkreis gegenüber eine Geheimhaltung sicherstellen zu können.[119]

72 Die Beschränkung auf die Kreise von Personen, die üblicherweise mit dieser Art von Informationen umgehen, dürfte in der Praxis vor allem als Klarstellung verstanden werden, dass eine **allgemeine Bekanntheit** in breiten Kreisen für das Offenkundigwerden einer Information **nicht erforderlich** ist. Klar ist danach, dass Geheimnisschutz jedenfalls dann bestehen kann, wenn die Information generell unbekannt ist.[120] Darüber hinaus bedarf es gerade der Nichtoffenkundigkeit in den angesprochenen Verkehrskreisen. Unklar ist jedoch, welche Kreise als angesprochene Verkehrskreise betrachtet werden.[121]

73 Zunächst einmal dürfte davon auszugehen sein, dass die Beschränkung sich nur auf solche Personenkreise bezieht, die **üblicherweise im Rahmen ihrer Tätigkeit am Markt gerade mit derartigen Informationen umgehen**. Dies schließt Wirtschaftsspione ebenso aus wie Journalisten, Behörden und Beliehene wie bspw den TÜV. Dem Erfordernis des »Umgehens« mit dieser Art von Informationen lässt sich darüber hinaus entnehmen, dass **nicht jede praktische Berührung mit den Informationen genügt**. Vielmehr muss eine **spezifische Verbindung** zu den Informationen bestehen, die es dem Personenkreis üblicherweise erlaubt, über die Verwendung der Information im eigenen Unternehmen oder auch außerhalb des Unternehmens zu entscheiden.[122] Erfasst sind danach insbesondere Wettbewerber.[123]

---

114 Vgl Ohly, GRUR 2019, 441, 443.
115 Einen nicht vollständig tauglichen Vergleich zum Durchschnittsfachmann des Patentrechts zieht Ohly, GRUR 2019, 441, 443. Der Durchschnittsfachmann ist insofern nicht der bestmögliche Anknüpfungspunkt, als es bei diesem lediglich um die Bestimmung der Fachkenntnisse geht, während es bei dem i.R.d. § 2 Nr 1 GeschGehG zu bestimmenden Personenkreis um den Kreis der Personen geht, die – unabhängig von ihren Kenntnissen – mit der Information üblicherweise in Kontakt kommen. Es geht also weniger um die Bestimmung eines technischen Kenntnisstands als vielmehr um die praktische Verbreitung der betroffenen Art von Informationen.
116 Wiese, S. 41.
117 Zum RL-Entwurf: Gaugenrieder, BB 2014, 1987, 1988.
118 Zum RL-Entwurf: Gaugenrieder, BB 2014, 1987.
119 Wiese, S. 42.
120 Hoeren/Münker, WRP 2018, 150, 151.
121 Hoeren/Münker, WRP 2018, 150, 151.
122 Für eine informationsspezifische Bestimmung des Personenkreises auch: Alexander, in Köhler/Bornkamm/Feddersen, UWG, § 2 GeschGehG Rn 33.
123 Rody, S. 80; Wiese, S. 41.

Deshalb droht der Verlust des Geheimnischarakters von Informationen nicht, wenn die Informationen – wie heutzutage häufig – auf fremden Servern (Outsourcing oder Cloud) gespeichert werden.[124] Dabei ist es unter dem Gesichtspunkt der allgemeinen Bekanntheit unerheblich, ob dem Outsourcing-Unternehmen oder dem Cloud-Anbieter direkter Zugriff auf die gespeicherten Daten eingeräumt wird.[125]

Es geht bei der Bestimmung des Personenkreises also darum, diejenigen Stellen zu identifizieren, bei denen die betroffene **Information zumindest in vergleichbarer Weise genutzt werden kann und würde wie beim Inhaber** des Geheimnisses. Maßgeblich ist weder die Allgemeinheit als solche noch nur der Fachmann.[126] Die Beschränkung kann danach praktische Relevanz erlangen, sobald bestimmten Dritten planmäßig Zugang zu den Informationen eröffnet wird.

▶ Die Kreise von Personen, die üblicherweise mit der im Raume stehenden Art von Informationen umgehen, sollten bei der Prüfung der Offenkundigkeit der Information möglichst genau analysiert werden.

So dürfte bspw die Auslieferung eines Maschinentyps an verschiedene Abnehmer die in der Maschine enthaltenen konstruktiven Details nicht offenkundig werden lassen, wenn diese Abnehmer lediglich Nutzer der Produkte sind und deshalb mit den konstruktiven Details der Maschine – anders als bspw ein Wettbewerbsunternehmen des Herstellers – nicht in Berührung kommen.

Ebenso wenig dürfte Offenkundigkeit schon durch die Übermittlung selbst entwickelter Konstruktionszeichnungen an mehrere Lohnfertiger bewirkt werden, da die bloße Abarbeitung von Konstruktionsaufträgen auf der Basis von Dritten angefertigter Konstruktionszeichnungen die Lohnfertiger noch nicht zu dem maßgeblichen Personenkreis gehören lässt.

Dasselbe gilt für eine Druckerei, die einen Auftrag zum Druck umfangreicher interner Geschäftsberichte erhält. Auch diese würde nicht zu dem fraglichen Personenkreis gehören.

bb) Allgemein bekannt oder ohne Weiteres zugänglich

Geschäftsgeheimnisschutz setzt weiter voraus, dass die betroffene Information in den oben dargestellten Kreisen weder allgemein bekannt ist noch ohne Weiteres zugänglich. Die Darlegung der fehlenden allgemeinen Bekanntheit **obliegt dem Geheimnisinhaber.** Er muss insbesondere den Mitwisserkreis aufzeigen. Dem Anspruchsgegner steht dann im Wege der **sekundären Darlegungslast** offen, die allgemeine Bekanntheit oder Zugänglichkeit ohne Weiteres aufzuzeigen.[127] Von dieser Verteilung der Darlegungs- und Beweislast kann vertraglich abgewichen werden.[128] Das Gesetz lässt den Geheimnisschutz nicht schon entfallen, wenn die Information einzelnen Personen bekannt oder zugänglich ist. Vielmehr ist Bekanntheit bzw Zugänglichkeit in den genannten Personenkreisen erforderlich.[129]

▶ Sowohl die allgemeine Bekanntheit als auch die Zugänglichkeit ohne Weiteres wird in der Praxis eines der Hauptverteidigungsargumente darstellen. In kaum einem Geheimnisschutzprozess bleibt dieses Argument aus. Oft genug erlebt auch der Anspruchsteller im Verfahren unliebsame Überraschungen, wenn sich erweist, dass seine für geheim gehaltenen Informationen bei Wettbewerbern

---

124 Sagstetter, S. 8.
125 Sagstetter, S. 8.
126 Wiese, S. 41.
127 Schilling, in FS für Büscher, S. 383, 385.
128 Schilling, in FS für Büscher, S. 383, 386; Witz, in FS für Bornkamm, S. 523.
129 Wiese, S. 41.

kursieren. Das Verteidigungsargument wird ein erfahrener Verteidiger genau dann präsentieren, wenn die Aufklärung der Sache für den Anspruchsteller besondere Schwierigkeiten bereitet. Jedenfalls wird er das Argument einzusetzen wissen, um eine Verzögerung des Verfahrens zu bewirken.

Für eine erfolgreiche Verfahrensführung ist es deshalb notwendig, die mögliche Verbreitung der betroffenen Informationen von vornherein zu untersuchen und ihr, wenn möglich, vor Einleitung von Maßnahmen zur Verfolgung der Verletzung entgegenzuwirken. Dies kann bspw die Entfernung kritischer Informationen aus Internetplattformen oder von eigenen Webseiten umfassen, einschließlich Informationen, die auf historischen Webseiten gespeichert sind (bspw abrufbar unter archive.org).

(1) Allgemeine Bekanntheit

79   Die Formulierung »allgemeine Bekanntheit« weist darauf hin, dass die Bekanntheit einer Information nur **bei einzelnen Personen außerhalb des Unternehmens unschädlich** ist.

80   Schon nach bisherigem Recht ist zwar jede Weitergabe potentiell geheimnisschädlich, der Schutz erlischt aber erst ab einem **gewissen Verbreitungsgrad**. Hieran dürfte sich durch das GeschGehG nichts geändert haben.[130] Allerdings ist in einer solchen Konstellation genau zu prüfen, ob die Information aufgrund ihrer Bekanntheit bei einzelnen Personen den Fachkreisen allgemein ohne Weiteres zugänglich ist.

81   An der allgemeinen Bekanntheit fehlt es, sofern sich die Information im Bereich des Unternehmens befindet und für Dritte schwer zugänglich ist, der Geheimnisinhaber den **Kreis der Informierten also begrenzen kann**.[131] Eingriffe von Außenseitern oder Hackern können rein faktisch zwar dazu führen, dass eine Information allgemein bekannt wird. Die bloße Möglichkeit solcher Eingriffe von außen führt aber selbstverständlich weder zu einer allgemeinen Bekanntheit der Information noch zu ihrer Zugänglichkeit »ohne Weiteres«.[132]

82   Allgemeine Bekanntheit ist hingegen anzunehmen, wenn die maßgebliche Information, zB durch Werbeinformationen, Messepräsentationen usw, publik gemacht wurde oder wenn sie den maßgeblichen Fachkreisen zur Einsichtnahme in einem Register zur Verfügung steht.[133] Sie liegt vor, wenn **vom Standpunkt praktischer Erfahrung** aus nicht mehr damit gerechnet werden kann, dass das Wissen um die Information noch auf einen beschränkten Kreis gleichmäßig am Geheimbleiben Interessierter beschränkt ist.[134] Dies dürfte der zur Frage der Offenkundigkeit unter dem alten Recht vertretenen Formel entsprechen, dass der **Gegenstand des Geheimnisses nicht dem beliebigen Zugriff preisgegeben** sein darf.[135] Auf die konkrete Kenntnisnahme Außenstehender kommt es unter diesen Umständen nicht mehr an.[136] Ist die Information nur zur Vertraulichkeit verpflich-

---

130 Alexander, in Köhler/Bornkamm/Feddersen, UWG, § 2 GeschGehG Rn 34; Heinzke, CCZ 2016, 179, 181.
131 Klöpfer/Greve, NVwZ 2011, 577, 581; Mayer, GRUR 2011, 884, 886; Müllmann, WRP 2018, 1177, 1179.
132 Vgl BGH 23.02.2012, I ZR 136/10 = GRUR 2012, 1048 Rn 21 – MOVICOL-Zulassungsantrag; Hoeren/Münker, WRP 2018, 150, 151.
133 Alexander, WRP 2017, 1034, 1038.
134 Nastelski, GRUR 1957, 1, 2.
135 Vgl BGH 03.05.2001, I ZR 153/99 = GRUR 2002, 91, 93 – Spritzgießwerkzeuge; Harte-Bavendamm, in Harte-Bavendamm/Henning-Bodewig, § 17 UWG, Rn 3.
136 Nastelski, GRUR 1957, 1, 2.

teten Dritten bekannt, ist sie nicht allgemein bekannt, selbst wenn der Kreis der Mitwisser größer ist.[137]

Kein Verlust des Geheimnischarakters tritt ein, wenn eine Information rechtswidrig offenbart wird.[138] Dies gilt selbst, wenn sie hierdurch den Fachkreisen allgemein bekannt wird, wie sich auch aus der in § 4 Abs 3 GeschGehG vorgesehenen Möglichkeit ergibt, Dritte an der Weiterverbreitung des Geheimnisses zu hindern (sh hierzu Rdn 526 ff). Ist eine geheim gehaltene Information hingegen einmal den maßgeblichen Fachkreisen auf rechtmäßige Weise bekannt geworden, scheidet **eine nachträgliche »Rück-Umwandlung«** in eine geheime und damit geschützte Information regelmäßig aus.[139] 83

Allgemeine Bekanntheit einer Information tritt auch nicht schon deshalb ein, weil Mitarbeiter **aus dem Unternehmen ausscheiden und zu Wettbewerbern wechseln**, die aufgrund ihrer bisherigen Tätigkeit geheimhaltungsbedürftige Informationen kennen oder von einer geheimen speziellen Handhabung einer Technik wissen. Auch hier wird es idR an dem für die Annahme der allgemeinen Bekanntheit erforderlichen Verbreitungsgrad fehlen.[140] Gleiches gilt für den Austausch von Informationen im Rahmen kooperativer Netzwerke, solange der Kreis der zugriffsberechtigten Personen überschaubar und kontrollierbar bleibt.[141] Ebenfalls nicht zur allgemeinen Bekanntheit führt die **Unwirksamkeit einer Vertraulichkeitsvereinbarung**, solange sich der Vertragspartner dennoch an die Vereinbarung hält und das Geheimnis wahrt, so dass die Information in den maßgeblichen Kreisen nicht bekannt wird.[142] 84

Die Bekanntheit setzt voraus, dass das Geheimnis insgesamt bekannt ist. Die **Bekanntheit einzelner Aspekte genügt nicht**.[143] Daher steht auch die Patentierung einer technischen Lösung dem Geheimnisschutz nicht entgegen, wenn das Geheimnis über die offenbare patentierte Lösung hinausgehende Aspekte aufweist.[144] Die Patentanmeldung als solche führt nicht zur allgemeinen Bekanntheit, solange der Inhaber des Geheimnisses die Veröffentlichung der Anmeldung noch verhindern kann.[145] Auch ein **an sich bekanntes Verfahren kann** für ein bestimmtes Unternehmen **Gegenstand eines Geschäftsgeheimnisses** sein, sofern geheim ist, dass sich das Unternehmen gerade dieses Verfahrens bedient.[146] Überhaupt ist die Zuordnung einer Information zum Stand der Technik für die Annahme allgemeiner Bekanntheit nicht entscheidend,[147] jedenfalls solange das Auffinden und Zusammenstellen der Informationen aufwändig ist.[148] 85

---

137 Ohly, GRUR 2019, 441. 443.
138 Alexander, in Köhler/Bornkamm/Feddersen, UWG, § 2 GeschGehG Rn 35; Alexander, WRP 2017, 1034, 1038; aA McGuire, WRP 2019, 679, 681.
139 Alexander, WRP 2017, 1034, 1038.
140 AA zum Richtlinienentwurf: Gaugenrieder, BB 2014, 1987, 1989.
141 Sagstetter, S. 8.
142 Vgl McGuire, WRP 2019, 679, 681.
143 BGH 20.05.1966, KZR 10/64 = GRUR 1966, 576, 581 – Zimcofot; Scherp/Rauhe, CB 2019, 50, 52.
144 RG 29.11.1907, V 709/07 = RGSt 40, 406, 407; Nastelski, GRUR 1957, 1, 2.
145 AA Finger, GRUR 1970, 3; Siems, WRP 2007, 1146, 1149.
146 BGH 01.07.1960, I ZR 72/59 = GRUR 1961, 40, 43 – Wurftaubenpresse; BGH 15.03.1955, I ZR 111/53 = GRUR 1955, 424 – Möbelpaste; Nastelski, GRUR 1957, 1, 2.
147 BGH 22.03.2018, I ZR 118/16 = GRUR 2018, 1161, Rn 39 – Hohlfasermembranspinnanlage II; Schilling, in FS für Büscher, S. 383, 386.
148 Wiese, S. 42.

86 Keine allgemeine Bekanntheit liegt vor, wenn eine **Information aus mehreren Bestandteilen** besteht, die nur für sich genommen, aber nicht in ihrer Gesamtheit und Zusammengehörigkeit bekannt sind, bspw bei einer Kundenliste, deren Kundendaten einzeln online recherchierbar sind.[149] Dasselbe gilt bei bekannten Inhaltsstoffen von Medizin- oder Kosmetikprodukten, wenn die Mengenanteile der Inhaltsstoffe unbekannt sind.[150]

(2) Ohne Weiteres zugänglich

87 Die Alternative »ohne Weiteres zugänglich« stellt nur eine **sehr geringe Einschränkung** dar. Angesichts der ohnehin geforderten angemessenen Geheimhaltungsmaßnahmen auf der einen Seite und der Regelung über das Reverse Engineering in § 3 Abs 1 Nr 2 GeschGehG als Variante des legalen Erwerbs des Geschäftsgeheimnisses auf der anderen Seite ist diese niedrige Schutzschranke nachvollziehbar und dogmatisch sinnvoll. Die Regelung entspricht dem in Art 39 TRIPS Agreement vorgesehenen »readily accessible« und stellt deshalb diesem gegenüber keine Neuerung dar.[151]

88 Eine Zugänglichkeit »ohne Weiteres« ist nicht schon dann anzunehmen, wenn der Interessierte sich **ohne größere Schwierigkeiten und Opfer** mit lauteren Mitteln »auf normalem Weg« von der Information Kenntnis verschaffen kann,[152] bspw wenn die in einer Kundenliste zusammengestellten Kundendaten jederzeit ohne großen Aufwand aus allgemein zugänglichen Quellen erstellt werden können.[153] Vielmehr dürfte die mit der Voraussetzung »ohne Weiteres« aufgestellte Schwelle noch darunter liegen und nur dann erfüllt sein, wenn der Interessierte **überhaupt keinen nennenswerten Aufwand** auf sich nehmen muss, um in den Besitz der Information zu gelangen.[154] Systematisch nicht überzeugend ist allerdings der Ansatz, eine Information dann nicht für leicht zugänglich zu halten, wenn sie nur unter Anwendung unlauterer Mittel erschlossen werden kann.[155]

89 Es dürfte danach auch nicht möglich sein, Offenkundigkeit einer Information schon dann anzunehmen, wenn die Information in einem in Verkehr gebrachten Produkt verkörpert ist und durch Reverse Engineering ohne größeren Zeit-, Arbeits- und Kostenaufwand

---

149 Ohly, GRUR 2019, 441, 443.
150 Wiese, S. 42.
151 Wiese, S. 42 f.
152 So noch zu § 17 UWG aF: BGH 23.02.2012, I ZR 136/10 = GRUR 2012, 1048 – MOVICOL-Zulassungsantrag; BayObLG 28.08.1990, RReg 4 St 250/89 = GRUR 1991, 694 – Geldspielautomat; vgl auch OLG Karlsruhe 29.01.2016, 2 (6) Ss 318/15 = NStZ-RR 2016, 258.
153 Vgl zu § 17 UWG aF: BGH 26.02.2009, I ZR 28/06 = GRUR 2009, 603 – Versicherungsunter-vertreter; BGH 27.04.2006, I ZR 126/03 = GRUR 2006, 1044 – Kundendatenprogramm; OLG Frankfurt 21.01.2016, 6 U 21/15 = MMR 2016, 758 – Brötchen für Tankstellenpächter.
154 AA wohl Wiese, S. 42; unklar Hoeren/Pinelli, CR 2019, 410, 415, wonach von einem Durchschnittsfachmann ermittelbare Sachverhalte nicht unter das GeschGehG fallen sollen, gleichzeitig aber anerkannt wird, dass die Möglichkeit eines Reverse Engineering den Schutz gerade nicht ausschließt.
155 AA Rody, S. 81.

erschlossen werden kann.[156] Tatsachen konnten unter Geltung des § 17 UWG aF auch dann offenkundig sein, wenn sie so leicht zugänglich waren, dass jeder Interessierte ohne größeren Aufwand Kenntnis von der Information erhalten konnte.[157] Aus der Regelungssystematik der Richtlinie folgt aber, dass das **Reverse Engineering als eine rechtmäßige Maßnahme** anzusehen ist, die den Geheimnisschutz als solchen nicht entfallen lässt.[158] Für die Einschränkung des Schutzbereichs auf solche Geheimnisse, die nicht nur mit einigem Aufwand erschlossen werden können, besteht deshalb kein Bedürfnis. Kann die Information mittels Reverse Engineering erschlossen werden, setzt die Anerkennung als Geschäftsgeheimnis also nicht voraus, dass dieses Reverse Engineering besonderen Aufwand verursacht.[159] Maßgeblich für die Frage der Zugänglichkeit sind in jedem Fall die Kenntnisse und Fähigkeiten der angesprochenen Personenkreise.[160] Die **bloße Möglichkeit des Reverse Engineering lässt den Schutz des Geheimnisses nicht entfallen**. Allerdings entfällt der Schutz, wenn der rechtmäßig Rückbauende die ermittelte Information offenkundig macht.[161]

Vor diesem Hintergrund ist die überwiegend geheimnisschutzfreundliche Rspr zu § 17 UWG aF nach wie vor beachtlich.[162]

▶ **Beispiele:** Der Charakter eines sich wiederholenden Computerprogramms zur Steuerung eines Geldspielautomaten als Betriebsgeheimnis des Automatenherstellers ist nicht dadurch in Frage gestellt, dass das Programm durch Beobachtung des Spielablaufs mit einem Zeitaufwand von 70 Arbeitsstunden und unter Einsatz von ca 2.500 € Spielgeld entschlüsselt werden kann.[163] Die Rezeptur eines Reagenzes ist nicht ohne Weiteres zugänglich, wenn die quantitative Analyse für ausgebildete Chemiker einen mittleren Schwierigkeitsgrad bietet und die sinnvolle Verwendung der Bestandteile nicht ohne Detailkenntnisse und erst nach entsprechenden Überlegungen und Untersuchungen möglich ist.[164] Unlock-Codes für Mobiltelefone sind selbst dann nicht offenkundig, wenn es möglich gewesen sein sollte, im Jahr 2008 im Internet an eine Möglichkeit der Entsperrung des individuellen SIM-Lock-Codes des einzelnen Mobiltelefons zu gelangen.[165] Dasselbe gilt für Verschlüsselungsalgorithmen und deren Sicherheitslücken.[166]

---

156 Alexander, WRP 2017, 1034, 1038; Baranowski/Glaßl, BB 2016, 2563, 2566; Aplin, S. 11; Ohly, GRUR 2019, 441, 443; Schilling, in FS für Büscher, S. 383, 387; aA Harte-Bavendamm, in Harte-Bavendamm/Henning-Bodewig, § 17 UWG Rn 3; so noch zu § 17 UWG: Köhler, in Köhler/Bornkamm/Feddersen, UWG, 37. Aufl 2019, § 17 Rn 8a unter Verweis auf ua RG 22.11.1935, II 128/35 = RGZ 149, 329, 334 – Stiefeleisenpresse; OLG Hamburg 19.10.2000, 3 U 191/98 = GRUR-RR 2001, 137 – PM-Regler; Schnabel, CR 2016, 342, 344; Müllmann, WRP 2018, 1177, 1179, unter Verweis auf BGH 17.12.1981, X ZR 71/80 = GRUR 1982, 225 – Straßendecke II; BGH 12.02.1980, KZR 7/79 = GRUR 1980, 750 – Pankreaplex II; Klöpfer/Greve, NVwZ 2011, 577, 581 f; Mayer, GRUR 2011, 884, 886.
157 BGH 26.02.2009, I ZR 28/06 = GRUR 2009, 603, 604 – Versicherungsuntervertreter; BayObLG 28.08.1990, RReg 4 St 250/89 = GRUR 1991, 694 – Geldspielautomat; Schnabel, CR 2016, 342, 344.
158 Alexander, WRP 2017, 1034, 1038; Harte-Bavendamm, in FS für Köhler, S. 235, 246; Ohly, GRUR 2019, 441, 443; Wiese, S. 43.
159 AA Wiese, S. 43.
160 Harte-Bavendamm, in Harte-Bavendamm/Henning-Bodewig, § 17 UWG Rn 3; Ohly, in Ohly/Sosnitza, § 17 UWG Rn 10.
161 Harte-Bavendamm, in Harte-Bavendamm/Henning-Bodewig, § 17 UWG Rn 3a; Wiese, S. 43.
162 Vgl Alexander, in Köhler/Bornkamm/Feddersen, UWG, § 2 GeschGehG Rn 20.
163 BayObLG 28.08.1990, RReg 4 St 250/89 = GRUR 1991, 694 – Geldspielautomat.
164 BAG 16.03.1982, 3 AZR 83/79 = NJW 1983, 134.
165 OLG Karlsruhe 29.01.2016, 2 (6) Ss 318/15 = NStZ-RR 2016, 258.
166 Vgl Triebe, WRP 2018, 795, 802.

3. Daher von wirtschaftlichem Wert

92 Unter den §§ 17 ff UWG aF ging das Kriterium des wirtschaftlichen Werts im Merkmal des Geheimhaltungsinteresses auf.[167] Dieses wurde angenommen, wenn die Offenlegung der Tatsache einem Konkurrenten exklusives technisches oder kaufmännisches Wissen zugänglich machen und die **Wettbewerbsposition des Geheimnisinhabers hierdurch aus objektiver Sicht negativ beeinflusst** würde,[168] ferner, wenn das Bekanntwerden der Tatsache geeignet war, dem **Geheimnisinhaber einen Schaden zuzufügen**.[169]

a) Wirtschaftlicher Wert

93 An dem oben beschriebenen Verständnis hat sich unter dem GeschGehG nichts Wesentliches geändert.[170] Umstritten ist auch nach wie vor, ob hierbei nur **wirtschaftliche oder auch ideelle Interessen** geschützt werden.[171]

94 Das Kriterium des wirtschaftlichen Werts ist **weit zu verstehen**.[172] Auf die Vermittlung eines konkreten Wettbewerbsvorsprungs kommt es nicht an.[173] Keinen wirtschaftlichen Wert weisen **belanglose Informationen** auf,[174] wobei mit der Annahme der Belanglosigkeit Zurückhaltung geboten ist. Eine **Wertschwelle** gibt es nicht.[175] Es genügt, dass die unbefugte Nutzung oder Offenlegung einer geheimen Information die Interessen der Person, die rechtmäßig die Kontrolle über sie ausübt, aller Voraussicht nach dadurch schädigt, dass das wissenschaftliche oder technische Potenzial, die geschäftlichen oder finanziellen Interessen, die strategische Position oder die Wettbewerbsfähigkeit dieser Person untergraben werden.[176] Ausreichend ist daher, wenn die geheime Information für das Unternehmen von einem **allgemeinen wirtschaftlichen oder einem unternehmensstrategischen Interesse** ist.[177] Ebenfalls ausreichend ist, wenn der Verbindung an sich wertloser Einzelin-

---

167 Weitergehend noch: Wiese, S. 47; ebenso Baranowski/Glaßl, BB 2016, 2563, 2565, nach denen auch das Kriterium des Unternehmensbezugs aufgenommen wird.
168 Müllmann, WRP 2018, 1177, 1179, unter Verweis auf BVerfG 14.03.2006, 1 BvR 2087/03 = NVwZ 2006, 1041, 1042; BVerwG 28.05.2009, 7 C 18/08 = NVwZ 2009, 1113, 1114.
169 Müllmann, WRP 2018, 1177, 1178; Mayer, GRUR 2011, 884, 884; Beyerbach, S. 91; Kiethe, JZ 2005, 1034, 1037; vgl auch Loschelder, in Ann/Loschelder/Grosch, PraxisHdb Know-how-Schutz, Kap. 1 B. Rn 75; bereits einen wirtschaftlichen Wert »an sich« fordernd Ann, in Ann/Loschelder/Grosch, PraxisHdb Know-how-Schutz, Kap. 1 A. Rn 9; eine gewisse Verschärfung der Anforderung sehen Kalbfus/Harte-Bavendamm, GRUR 2014, 453.
170 Vgl Ohly, GRUR 2019, 441, 443; Reinfeld, GeschGehG, § 1 Rn 145.
171 Müllmann, WRP 2018, 1177, 1178; Mayer, GRUR 2011, 884, 884; Beyerbach, S. 91; Kiethe, JZ 2005, 1034, 1037.
172 Alexander, WRP 2017, 1034, 1038; Baranowski/Glaßl, BB 2016, 2563, 2565; Ohly, GRUR 2019, 441, 443; Rauer/Eckert, DB 2016, 1239, 1240; Sagstetter, S. 4.
173 AA wohl McGuire, IPRB 2018, 202, 204.
174 Köhler, in Köhler/Bornkamm/Feddersen, UWG, 37. Aufl 2019, vor §§ 17 bis 19 Rn 16; Ohly, GRUR 2019, 441, 443; Reinfeld, GeschGehG, § 1 Rn 145.
175 Alexander, WRP 2017, 1034, 1038; Baranowski/Glaßl, BB 2016, 2563, 2565; Rody, S. 106; Sagstetter, S. 4.
176 Dann/Markgraf, NJW 2019, 1774, 1775; Kalbfus, GRUR 2016, 1009; Rauer/Eckert, DB 2016, 1239, 1240; Redeker/Pres/Gittinger, WRP 2015, 681, 683; Triebe, WRP 2018, 795, 801.
177 Alexander, WRP 2017, 1034, 1039; Rody, S. 106.

formationen in ihrer Kombination ein Wert zukommt.[178] Darüber hinaus soll auch ein geringer Wert, der unausgewerteten Rohdaten anhaftet, genügen können.[179]

Keinen wirtschaftlichen Wert haben demnach kommerziell nicht verwertbare Informationen, die **lediglich die Privatsphäre** eines Unternehmers oder eines Mitarbeiters betreffen.[180]

Die Definition des Geschäftsgeheimnisses lässt offen, **für wen** die Information von wirtschaftlichem Wert sein muss. Sie setzt insbesondere nicht voraus, dass der Wert sich gerade beim Inhaber des Geschäftsgeheimnisses realisieren lassen muss. Allerdings **genügt es, wenn die Information gerade für den Inhaber von Wert ist**.[181] Davon abgesehen reicht es aus, dass die Information einen **potenziellen Handelswert** hat.[182] Aus diesem Grund haben auch reine Forschungsergebnisse bspw von Universitäten unabhängig von einer konkreten Verwertungsabsicht einen kommerziellen Wert.[183] Ebenfalls geschützt ist die kooperative Forschung, bspw die Entwicklung einer Technologie an einer Universität, welche die Grundlage für die Ausgründung eines Unternehmens oder der Zusammenarbeit mit einem bereits bestehenden Unternehmen bilden soll.[184] Der Vorfeldschutz ist auch erforderlich, weil Geschäftsgeheimnisse häufig eine **Vorstufe von absoluten Schutzrechten** darstellen, so dass eine Gefährdung des Geheimnisses auch die spätere Schutzerlangung verhindern oder erschweren kann.[185]

Geschützt sind auch Informationen, die erst in Zukunft einen kommerziellen Wert erlangen können. Der Geheimnisschutz greift damit bereits **im Vorfeld marktreifer Leistungen** ein.[186] Er setzt nicht voraus, dass die Umsetzung der Information in vermarktbare Produkte später gelingt.[187] Einen wirtschaftlichen Wert haben auch »**negative**« **Informationen**, bspw die Information, dass ein gewisses Verfahren nicht zu empfehlen ist.[188] Auch allgemein bekannte Informationen können in einem konkreten Kontext einen Wert darstellen. Da bereits ein potentieller kommerzieller Wert genügt, kommt es nicht darauf an, ob das Unternehmen aufgrund der Information aktuell besondere Erfolge im Markt erzielt.[189]

Zur Bemessung und zum **Nachweis des kommerziellen Werts** sind zumindest zwei Ansätze denkbar. Zum einen könnte man auf die Investitionen abstellen, die zur

---

178 Drexl et al., GRUR Int 2016, 914, 917.
179 Zech, GRUR 2015, 1151, 1156.
180 Köhler, in Köhler/Bornkamm/Feddersen, UWG, 37. Aufl 2019, vor §§ 17 bis 19 Rn 16.
181 ErwG 1 der GeschGehRL; Wiese, S. 45.
182 Im Ergebnis ebenso Alexander, AfP 2019, 1, 4; Ohly, GRUR 2019, 441, 443; Reinfeld, GeschGehG, § 1 Rn 145.
183 Ohly, GRUR 2019, 441, 443.
184 Alexander, WRP 2017, 1034, 1038.
185 McGuire, GRUR 2016, 1000, 1006; Ohly, GRUR 2014, 1, 3; Wunner, WRP 2019, 710, 711.
186 Alexander, in Köhler/Bornkamm/Feddersen, UWG, § 2 GeschGehG Rn 28; Alexander, WRP 2017, 1034, 1038 unter Hinweis auf ErwG 14 GeschGehRL und mit dem Beispiel von Rohdaten, deren kommerzieller Nutzen für ein Unternehmen erst entsteht, wenn diese Daten nach bestimmten Kriterien ausgewertet oder mit anderen Daten kombiniert werden; Stellungnahme des Europäischen Wirtschafts- und Sozialausschusses zum RL-Entwurf vom 25.03.2014, 2014/C 226/09, Ziffer 1.2.
187 Ohly, GRUR 2019, 441, 443.
188 Alexander, in Köhler/Bornkamm/Feddersen, UWG, § 2 GeschGehG Rn 27; Wiese, S. 45.
189 AA Wiese, S. 45.

Beschaffung bzw Generierung der Informationen erforderlich waren (investitionszentrierter Ansatz); zum anderen könnte auf eine fiktive Marktnachfrage nach den jeweiligen Informationen zurückgegriffen werden (marktzentrierter Ansatz).[190] Verlangt die Generierung der Informationen einen nicht unerheblichen Aufwand und Kosteneinsatz, kann das ein Indiz für den kommerziellen Wert der Information sein.[191] Da es des Nachweises eines konkreten Werts nicht bedarf,[192] ist nicht zu befürchten, dass Fragen der Wertbestimmung ein Schlachtfeld für Gutachter bieten werden.[193] Allerdings dürfte es zu weit gehen, aus der bloßen Aneignung der Information durch einen Dritten die Werthaltigkeit der Information zu schließen.[194]

99 ▶ Im gerichtlichen Verfahren dürfte zur schlüssigen Darlegung des wirtschaftlichen Werts genügen, die mit der Entwicklung der Information verbundenen Investitionskosten aufzuzeigen. Die Inkaufnahme solcher Investitionskosten streitet hinreichend für einen kommerziellen Mindestwert der Information. In Anbetracht der Geheimheit der Information wird die Ermittlung einer fiktiven Marktnachfrage hingegen in vielen Fällen auf praktische Probleme stoßen. Dem Verletzer steht der Nachweis offen, dass eine Information trotz erheblicher Investitionen keinen Marktwert generieren kann.

b) Informationen über Rechtsverstöße

100 Äußerst umstritten ist die Frage, ob **Informationen über Rechtsverstöße oder ethische Verfehlungen** einen Wert haben und damit dem Geschäftsgeheimnisbegriff unterfallen können. So wird angenommen, dass die Geheimhaltung derartiger Informationen dem Unternehmen keinen Wettbewerbsvorteil bringe, da ein solcher nicht auf die Geheimhaltung der betreffenden Informationen zurückzuführen wäre, sondern auf den Rechtsverstoß selbst.[195] Solche Informationen fielen auch nicht in den Schutzbereich der GeschGehRL, weil »rechtswidrige« Informationen keinen realen oder potentiellen Handelswert verkörperten.[196] Zwar könne bspw das Bekanntwerden des Umstandes, dass ein Unternehmen in einem Preiskartell aktiv ist, erhebliche wirtschaftliche Nachteile mit sich bringen, weil das Unternehmen mit Bußgeldern und Schadensersatzforderungen der Kartellgeschädigten rechnen muss. Jedoch sei es offensichtlich wertungswidersprüchlich, wenn die Rechtsordnung derartige Informationen über ein missbilligtes Verhalten schützen und es bspw zulassen würde, dass die sich bei dem Bekanntwerden realisierenden Nachteile nunmehr als Schaden ersetzt verlangt werden könnten.[197]

101 Diese Auffassung ist abzulehnen. Zwar mag es sein, dass der Rechtsverstoß dem Unternehmen einen wirtschaftlichen Vorteil eingebracht hat. Daraus lässt sich aber nicht ableiten,

---

190 Sagstetter, S. 4; zur Erforderlichkeit einer »gerichtsfesten Dokumentation« des Werts der Information: Hoeren/Münker, WRP 2018, 150, 151.
191 Weitergehend noch: Drexl et al, GRUR Int 2016, 914, 916.
192 Wiese, S. 46; Dann/Markgraf, NJW 2019, 1774, 1775.
193 AA Scherp/Rauhe, CB 2019, 20, 23.
194 AA Aplin, S. 10.
195 Hauck, WRP 2018, 1032, 1033.
196 Alexander, WRP 2017, 1034, 1039; Hauck, WRP 2018, 1032, 1033; McGuire, WRP 2019, 679, 685; Steinmann, WRP 2019, 703, 709; ähnlich Kalbfus, GRUR 2016, 1009, 1011; Schmitt, RdA 2017, 365, 369; auf die Möglichkeit einer Differenzierung nach der Art des Verstoßes hinweisend, dies aber ablehnend: Ullrich, NZWiSt 2019, 65, 67; zweifelnd: Passarge, CB 2018, 144, 145; so zu § 17 UWG aF auch schon Engländer/Zimmermann, NZWiStR 2012, 328, 331 f.
197 Alexander, WRP 2017, 1034, 1039.

dass die Geheimhaltung eines Verstoßes keinen solchen Vorteil bedeuten kann. Vielmehr wird idR gerade die **Geheimhaltung des Verstoßes notwendig sein, um Nachteile vom Unternehmen abzuwenden**, was für die Annahme eines wirtschaftlichen Werts genügt.[198] Im Übrigen stieße die Herausnahme solcher Informationen aus dem Anwendungsbereich des Gesetzes auf systematische Bedenken. Der in § 5 GeschGehG vorgesehene Schutz des Whistleblowers hätte dann allenfalls noch eine sehr überschaubare Bedeutung.[199] Darüber hinaus ist die Beurteilung eines Verhaltens als rechtswidrig oder unethisch und damit (vermeintlich) nicht von wirtschaftlichem Wert vor dem Hintergrund der GeschGehRL und dem damit verfolgten Ziel einer einheitlichen Definition des Geschäftsgeheimnisses kaum umsetzbar, da die **Einordnung einer Handlung als rechtswidrig oder unethisch in den unterschiedlichen Mitgliedsstaaten durchaus unterschiedlich ausfallen** kann.[200] Auch eine generelle Ausgrenzung von Informationen über Steuerhinterziehungen, Arbeitsrechts- oder Kartellverstöße ist abzulehnen[201], da derartige Verstöße angesichts der Komplexität der genannten Rechtsgebiete nicht notwendigerweise eine Vorwerfbarkeit indizieren, die eine vollständige Schutzversagung rechtfertigen kann. Davon abgesehen würde eine solche Einengung der Definition des Geschäftsgeheimnisses in der praktischen Rechtsanwendung zu kaum lösbaren Problemen führen, da die Rechtmäßigkeit eines unternehmerischen Vorgehens oftmals **nur aufgrund langwieriger Ermittlungen** oder gar infolge einer rechtskräftigen gerichtlichen Entscheidung **festzustellen** ist.

c) Kausalität

Die Information muss aufgrund ihrer Geheimheit von wirtschaftlichem Wert sein.[202] Aus der Formulierung »daher« in § 2 Nr 1 lit b) GeschGehRL folgt, dass zwischen dem kommerziellen Wert der Information und der Geheimhaltung ein kausaler Zusammenhang bestehen muss. Dabei genügt es, wenn der **kommerzielle Wert zumindest auch aus der Geheimhaltung** resultiert, also aus dem Umstand folgt, dass die Information gerade nicht der Allgemeinheit oder den Fachkreisen bekannt ist.[203]

102

4. Gegenstand angemessener Geheimhaltungsmaßnahmen

Als weitere Voraussetzung des Geschäftsgeheimnisses verlangt § 2 Nr 1 lit b) GeschGehG, dass die relevante Information Gegenstand angemessener Geheimhaltungsmaßnahmen ist. Die Vornahme angemessener Geheimhaltungsmaßnahmen stellt gegenüber dem bisherigen Recht eine zusätzliche Anforderung dar und ist **für die Praxis von wesentlicher Bedeutung**. Die angemessenen Geheimhaltungsmaßnahmen stellen eine der wichtigsten Änderungen dar, die das GeschGehG gegenüber den §§ 17 ff UWG aF mit sich bringt.[204]

103

---

198 Ullrich, NZWiSt 2019, 65, 67.
199 Schnabel, CR 2016, 342, 348; Ullrich, NZWiSt 2019, 65, 67; Wiese, S. 46.
200 Ullrich, NZWiSt 2019, 65, 67 mit dem Hinweis auf den Vermögenswert von Informationen zu Rezepturen für in Deutschland nicht zugelassene Arzneimittel.
201 AA Köhler, in Köhler/Bornkamm/Feddersen, UWG, 37. Aufl 2019, vor §§ 17 bis 19 Rn 16; Kalbfus, GRUR 2016, 1009, 1011.
202 Hauck, WRP 2018, 1032, 1033; Hoeren/Münker, WRP 2018, 150, 151; Ohly, GRUR 2019, 441, 443.
203 Alexander, in Köhler/Bornkamm/Feddersen, UWG, § 2 GeschGehG Rn 47; Alexander, WRP 2017, 1034, 1039; Rody, S. 107; Sagstetter, S. 4; so auch zu Art 39 TRIPS Peter/Wiebe, in Busche/Stoll/Wiebe, TRIPS, Art 39 Rn 22.
204 McGuire, IPRB 2018, 202, 203; Trebeck, NZA 2018, 1175, 1177.

Hierin dürfte für die Praxis der größte Umstellungsaufwand und damit eine erhebliche Herausforderung liegen.[205]

a) Allgemeines

104 Die Voraussetzung ist ein konstitutives Merkmal des Geschäftsgeheimnisbegriffs.[206] Rechtsdogmatisch handelt es sich um eine **Obliegenheit des Inhabers.**[207] Ihre Erfüllung wirkt rechtsbegründend. Ihre Nichterfüllung kann das Entstehen des Rechts hindern oder zum Verlust des begründeten Rechts führen.[208]

105 Die verlangten Geheimhaltungsmaßnahmen erfüllen unterschiedliche Funktionen. Sie dienen der **Kundgabe des Geheimhaltungswillens**, der Schaffung eines **geschützten Bereichs**,[209] der **Zuweisung zur geschützten Sphäre einer Person** und dadurch auch der originären **Rechtsbegründung** als Mittel der Aneignung.[210] Ferner haben Sie die Funktion eines **Hinweises bzw einer Warnung** darauf, dass ein geschützter, dem Zugriff Unberechtigter entzogener Bereich vorliegt.[211] Schließlich kommt Ihnen eine **Beweisfunktion** für den Geheimnischarakter der Information zu.[212]

106 Die Geheimhaltungsmaßnahmen müssen den Umständen nach angemessen sein. Hierfür ist es grundsätzlich ausreichend, dass ein **Mindestschutz** gewährleistet wird, der geeignet ist, die Information geheim zu halten.[213]

107 Wesentliche Bestandteile des Geheimnisschutzes im Unternehmen sind die Erarbeitung, Implementierung, Kontrolle und laufende Anpassung eines **Geheimhaltungskonzepts.** Das Geheimhaltungskonzept sollte die Identifizierung der schutzwürdigen Informationen aus dem allgemeinen Informationsanfall im laufenden Betrieb und die Zuordnung der jeweils geeigneten Schutzmaßnahmen regeln. Als Schutzmaßnahmen kommen generell **organisatorische, technische und rechtliche Maßnahmen** in Betracht. Die Auswahl der für den Schutz einer Information angemessenen Geheimhaltungsmaßnahmen richtet sich primär nach der Art der Information und dem Kontext, in dem sich die Information üblicherweise offenbart.

108 Die angemessenen Geheimhaltungsmaßnahmen können im Rahmen der Verhältnismäßigkeitsprüfung gem. § 9 Nr 2 GeschGehG relevant werden (sh Rdn 804 ff).

b) Bedeutung und Funktion von Geheimhaltungsmaßnahmen

109 Für das Betriebs- und Geschäftsgeheimnis nach § 17 UWG aF war es erforderlich, dass die relevanten Informationen nach dem bekundeten Willen des Betriebsinhabers geheim gehalten werden sollen.[214] Der nach außen erkennbare subjektive Geheimhaltungswille

---

205 Scherp/Rauhe, CB 2019, 20, 23; Scherp/Rauhe, CB 2019, 50.
206 Fuhlrott/Hiéramente, DB 2019, 967, 968.
207 Ohly, GRUR 2019, 441, 443.
208 Ohly, GRUR 2019, 441, 443.
209 Vgl McGuire, GRUR 2016, 1000, 1005 f.
210 Vgl ErwG 1 GeschGehRL.
211 Vgl McGuire, GRUR 2016, 1000, 1006; Ohly, GRUR 2019, 441, 443.
212 McGuire, GRUR 2016, 1000, 1006.
213 Sagstetter, S. 10 f; vgl auch Harte-Bavendamm, in FS Büscher, S. 311, 316 ff, 321.
214 BGH 22.03.2018, I ZR 118/16 = GRUR 2018, 1161 – Hohlfasermembranspinnanlage II; BGH 26.11.1968, X ZR 15/67 = GRUR 1969, 341, 343 – Räumzange.

diente der Abgrenzung von lediglich unbekannten Tatsachen.²¹⁵ Dieses Merkmal enthielt bereits eine subjektive und eine objektive Komponente. An die objektive Komponente der Erkennbarkeit wurden keine allzu hohen Anforderungen gestellt.²¹⁶ So konnte der Wille aus einer ausdrücklichen oder konkludenten Bekundung folgen, aber auch aus der Natur der geheim zu haltenden Tatsache.²¹⁷

Die Definition des § 2 Nr 1 GeschGehG verlangt **konkrete Geheimhaltungsmaßnahmen**. Damit rückt ein objektives Merkmal in den Vordergrund. Dieses ersetzt das subjektive Merkmal des Geheimhaltungswillens nicht, sondern lässt es lediglich in seiner Bedeutung zurücktreten. Der Geheimhaltungswille ist dem Merkmal der Geheimhaltungsmaßnahmen immanent. Geheimhaltungsmaßnahmen erfüllen damit weiterhin die Funktion der **Kundgabe und Manifestation des Willens zur Geheimhaltung**.²¹⁸   110

Primär dienen Geheimhaltungsmaßnahmen dem Schutz von geheim zu haltenden Informationen, indem sie eine geschützte Geheimsphäre schaffen.²¹⁹ Dieser Schutz grenzt den Kreis der als Geschäftsgeheimnis zu schützenden Informationen ein²²⁰ und gewährleistet ihre Identifizierbarkeit,²²¹ was auch im Hinblick auf die strafrechtliche Bestimmbarkeit erforderlich sein kann.   111

Mit der Eingrenzung und Identifizierung von Informationen kommt der Geheimhaltung auch eine **Zuweisungsfunktion** zu. Eine nicht offenbarte Information ist als Geschäftsgeheimnis ihrem Inhaber unter der auflösenden Bedingung der Offenbarung zugewiesen.²²² Diese Zuweisung hat jedoch keine Publizitätswirkung. Erst die Geheimhaltungsmaßnahmen schaffen eine erkennbare Beziehung zwischen der geschützten Information und einer Person.²²³ Durch Geheimhaltungsmaßnahmen geschützte Informationen können auf den für die geschützte Geheimsphäre Verantwortlichen zurückgeführt werden. Die Geheimhaltungsmaßnahmen dienen so als Ersatz für die naturgemäß fehlende Offenkundigkeit der Inhaberschaft an geheimen Informationen. Aufgrund ihrer Zuweisungs- und Schutzfunktion stellt sich die Geheimhaltung auch als Mittel der Aneignung dar (sh auch Rdn 269 ff).²²⁴   112

Mit ihrer Außenwirkung haben Geheimhaltungsmaßnahmen weiterhin die **Funktion eines Hinweises auf eine bestehende Inhaberschaft** an den von der geschützten Geheimsphäre umfassten Informationen. Die Schutzfunktion der Geheimhaltungsmaßnahmen begründet die legitime Erwartung, dass die Vertraulichkeit gewahrt wird.²²⁵ Damit dienen Geheimhaltungsmaßnahmen als Warnung auf einen geschützten Bereich und begründen   113

---

215 BGH 10.07.1963, Ib ZR 21/62 = GRUR 1964, 31 – Petromax II; Prinz, S. 34, mwN.
216 Prinz, S. 34, mwN.
217 BGH 10.05.1995, 1 StR 764/94 = NJW 1995, 2301 – Angebotsunterlagen.
218 Vgl Börger/Rein, CB 2017, 118, 119.
219 Vgl McGuire, GRUR 2016, 1000, 1005 f.
220 Vgl McGuire, GRUR 2016, 1000, 1006.
221 Kalbfus/Harte-Bavendamm, GRUR 2014, 453, 454.
222 Ohly, GRUR 2014, 1, 4.
223 Vgl Ohly, GRUR 2014, 1, 3.
224 Vgl ErwG 1 GeschGehRL.
225 Vgl ErwG 14 GeschGehRL.

ein Haftungsrisiko potentieller Verletzer.[226] Die **Angemessenheit** implementierter Maßnahmen muss sich **an den Schutzfunktionen orientieren**.

114 Die Schutzfunktion von Geheimhaltungsmaßnahmen und ihre Hinweis- und Warnwirkung lassen umgekehrt Rückschlüsse auf das Vorliegen eines Geheimnisses zu. Bereits unter dem bisherigen Recht dienten Geheimhaltungsmaßnahmen als Indiz für ein Geheimnis sowie für den subjektiven Willen, das Geheimnis zu schützen.[227] Damit kommt Geheimhaltungsmaßnahmen auch eine Beweisfunktion zu.

115 ▶ In der Anfangszeit der Anwendung des GeschGehG werden sich in der Praxis Diskussionen am Merkmal der angemessenen Geheimhaltungsmaßnahmen entzünden. Im Mittelpunkt der Diskussion und Argumentation sollte dabei die Frage stehen, ob mit den in Rede stehenden Geheimhaltungsmaßnahmen insbesondere der Hinweis- und Warnfunktion gedient ist. Hier sollte deshalb ein Schwerpunkt der innerbetrieblichen Implementierung von Geheimhaltungsmaßnahmen liegen.

c) Angemessenheit von Geheimhaltungsmaßnahmen

116 Die getroffenen Geheimhaltungsmaßnahmen müssen **den Umständen nach angemessen** sein.

117 Aus ihrer Hinweis- und Warnfunktion ergibt sich, dass Geheimhaltungsmaßnahmen konkret sein müssen.[228] Das ist bspw der Fall, wenn ein Dokument als vertraulich gekennzeichnet wird, der Zugang zu Informationen passwortgeschützt ist, der Empfang eines Dokuments gegengezeichnet werden muss oder die Unterlagen in einem Safe bzw verschlossenen Raum verwahrt werden und der Mitarbeiter, der sich Zugang verschaffen möchte, hierfür eine bestimmte Zugangsberechtigung benötigt. Entscheidend ist, ob der **potentielle Täter in Anbetracht der Maßnahme wusste oder wissen musste**, dass gerade diese Information oder jedenfalls eine Information dieser Art geheim gehalten werden soll.[229]

118 Das Merkmal der Angemessenheit erlaubt es weder Maximalforderungen an den Schutz zu stellen, noch reichen Maßnahmen aus, die ersichtlich keinen Schutz bieten.[230]

aa) Genereller Maßstab – Geeignetheit zur Geheimhaltung

119 Ein genereller Maßstab für Anforderungen an den Schutz kann der Zielsetzung der Richtlinie entnommen werden. Ausdrückliches Ziel der Richtlinie ist die **Förderung von Innovation durch die Schaffung eines ausreichenden rechtlichen Schutzes** von Geschäftsgeheimnissen.[231] Die Anhebung des rechtlichen Schutzniveaus soll zugleich die hohen Ausgaben für Maßnahmen senken, die als Kompensation eines unzureichenden rechtlichen Schutzes einen hohen faktischen Schutz gewährleisten sollten.[232] Nicht mehr angemessen

---

226 Vgl Ohly, GRUR 2019, 441, 443; McGuire, GRUR 2016, 1000, 1006.
227 McGuire, GRUR 2016, 1000, 1006.
228 McGuire, WRP 2019, 679, 682.
229 Vgl McGuire, WRP 2019, 679, 682.
230 Vgl Kalbfus, GRUR-Prax 2017, 391, 392.
231 ErwG 8 GeschGehRL.
232 ErwG 9 GeschGehRL.

sind danach Maßnahmen, die einen absolut wirksamen Schutz anstreben.[233] Vielmehr ist die Voraussetzung angemessener Geheimhaltungsmaßnahmen als Verweis auf **kaufmännisch sinnvolle Maßnahmen** zu verstehen.[234] Bei der Beurteilung der Angemessenheit sollten daher keine übertriebenen Hürden aufgestellt werden.[235] Dafür spricht, dass die Voraussetzung neu ist.[236] Im Übrigen gibt der Wortlaut der Norm nichts dafür her, dass optimale Schutzmaßnahmen erforderlich sind.[237] Im Gegenteil lässt sich aus der **Beachtlichkeit der Geheimhaltungsmaßnahmen für die Verhältnismäßigkeitsprüfung** nach § 9 Nr 2 GeschGehG ableiten, dass auch weniger aufwändige Maßnahmen genügen können, um den Schutz des GeschGehG zu erlangen – dann aber eben möglicherweise mit weniger einschneidenden Rechtsfolgen.

Ausreichend ist danach das Minimum an Schutzvorkehrungen, das erforderlich ist, um die schutzwürdige Information innerhalb des betreffenden Personenkreises geheim zu halten.[238] Dabei **darf der Geheimnisinhaber davon ausgehen, dass Dritte die so geschaffene Geheimsphäre respektieren.**

bb) Konkreter Maßstab – nach den Umständen erforderliche Maßnahmen

Die Angemessenheit einer Maßnahme ist nach den Umständen zu beurteilen. Es gilt ein variabler Maßstab.[239] Relevante Kriterien hierfür sind bspw die **Art und der Wert der zu schützenden Information** sowie die **Art und der Umfang ihrer Nutzung** und ihre **Bedeutung für das Unternehmen**, die **Größe des Unternehmens** und die **üblichen Geheimhaltungsmaßnahmen** in dem Unternehmen sowie die **Art der Kennzeichnung der Informationen** und **vertragliche Regelungen** mit Arbeitnehmern und Geschäftspartnern.[240]

Für die Begründung des Schutzes einer Information als Geschäftsgeheimnis müssen die einschlägigen Geheimhaltungsmaßnahmen **gerade im Hinblick auf diese Information angemessen** sein. Gegenstand der Maßnahme ist die konkret zu schützende Information.[241] Für die Bestimmung und Anwendung der angemessenen Schutzmaßnahmen muss daher die zu schützende Information zuvor **jedenfalls ihrer Art nach identifiziert** worden sein. Ausreichend dafür ist, dass die für die Bestimmung der zu schützenden Information

---

233 Vgl Freckmann/Scholl, BB 2017, 1780, 1781; Höfer, GmbHR 2018, 1195, 1196; Kalbfus, GRUR Prax 2017, 391, 392; Maaßen, GRUR 2019, 352, 353, 355; McGuire, IPRB 2018, 202, 203; Müllmann, WRP 2018, 1177, 1182; Ohly, GRUR 2019, 441, 443.
234 Alexander, in Köhler/Bornkamm/Feddersen, UWG, § 2 GeschGehG Rn 51; Kalbfus, GRUR-Prax 2017, 391, 392.
235 Alexander, in Köhler/Bornkamm/Feddersen, UWG, § 2 GeschGehG Rn 52; Dann/Markgraf, NJW 2019, 1774, 1775; Höfer, GmbHR 2018, 1195, 1196; McGuire, IPRB 2018, 202, 203; Ohly, GRUR 2019, 441, 444.
236 McGuire, IPRB 2018, 202, 203, allerdings mit dem zutreffenden Hinweis, dass die Auslegung durch den EuGH und die Praxis in anderen Mitgliedsstaaten im Blick behalten werden müssen.
237 Dann/Markgraf, NJW 2019, 1774, 1775; Höfer, GmbHR 2018, 1195, 1196; Kalbfus, GRUR-Prax 2017, 391, 392; Maaßen, GRUR 2019, 352, 353.
238 Sagstetter, S. 10 f; vgl auch Harte-Bavendamm, FS Büscher, S. 311, 316 ff, 321.
239 Alexander, AfP 2019, 1, 4; Maaßen, GRUR 2019, 352, 354.
240 Vgl Begr zum RegE, BT-Drucks. 19/4724 S. 24 f.
241 Freckmann/Scholl, BB 2017, 1780, 1781.

und für die Anwendung der entsprechend angemessenen Schutzmaßnahmen erforderlichen Kriterien festgelegt werden.[242]

123 Im Streitfall muss die Angemessenheit der für die Information angewandten Geheimhaltungsmaßnahmen dargelegt und bewiesen werden. Ausreichend ist, dass die Information von Maßnahmen geschützt wird, die eine Geheimsphäre des Inhabers bilden. Dabei ist es auch ausreichend, dass zunächst **unabhängig von einer Einzelfallprüfung Maßnahmen getroffen werden, die einen definierten Informationsbereich oder definierte Informationskategorien abdecken**, denen die Information zugeordnet werden kann.[243] Die – für die Praxis in den meisten Fällen unbefriedigende und kaum umsetzbare – Alternative wäre die Identifizierung schutzwürdiger Informationen aus dem Informationsanfall im laufenden Betrieb und die anschließende Bewertung und Bestimmung der für jeden Einzelfall angemessenen Schutzmaßnahmen.

124 ▶ Wie so oft gilt auch im Hinblick auf die Geheimhaltungsmaßnahmen, dass Aktionismus weder erforderlich noch hilfreich ist. Ein sauber nach Informationskategorien und/oder Informationsbereichen abgestimmter Geheimnisschutz kann eine aufwändige Detailprüfung zu schützender Informationen entbehrlich machen und zur Gewährleistung des Geschäftsgeheimnisschutzes in vielen Fällen völlig ausreichend sein. Dies wird den Funktionen der Geheimhaltungsmaßnahmen gerecht; es ist zu vermuten, dass die Gerichte schon zum Eigenschutz vor aufwändige Beweisaufnahmen zu Detailimplementierungen von Maßnahmen einen solchen systematisch-abstrakten Ansatz akzeptieren werden.

(1) Festlegung von Informationsbereichen

125 Denkbar ist die Festlegung von Informationsbereichen **nach der Art von Informationen und ihrer Offenbarung** oder **nach Bereichen des Unternehmens, in denen Informationen anfallen**. Die Festlegung eines Bereichs, der durch Geheimhaltungsmaßnahmen abgedeckt werden soll, steht dabei in Wechselwirkung mit den zur Gewährleistung des Schutzes erforderlichen Maßnahmen.

126 Wird bspw der Produktionsbereich eines Unternehmens als relevanter Informationsbereich bestimmt, kommen als geeignete Maßnahmen zur Geheimhaltung zunächst Zugangsbeschränkungen und -kontrollen sowie vertragliche Verpflichtungen der Zugangsberechtigten in Betracht. Diese Maßnahmen können ausreichend sein, wenn die geheim zu haltenden Informationen die räumlich abgrenzbaren Produktionsanlagen und Produktionsvorgänge als solche betreffen. Handelt es sich dabei um das essentielle Know-how des Unternehmens, wird man in Abhängigkeit von der Größe des Unternehmens und der wirtschaftlichen Bedeutung der Informationen zusätzliche organisatorische Maßnahmen wie die Einweisung von Mitarbeitern und die Einschränkung des Kreises der Zugangsberechtigten verlangen können. Betreffen die geheim zu haltenden Informationen hingegen bspw Gegenstände, die den Produktionsbereich verlassen, oder Software der Anlagen, sind weitere geeignete Schutzmaßnahmen erforderlich.

---

242 Vgl McGuire, IPRB 2018, 202, 203.
243 Vgl Begr zum RegE, BT-Drucks. 19/4724 S. 24; vgl hierzu auch Maaßen, GRUR 2019, 352, 354; Reinfeld, GeschGehG, § 1 Rn 153.

(2) Festlegung von Informationskategorien

Nach dem **Inhalt oder der Schutzbedürftigkeit** von Informationen können Informationskategorien festgelegt werden. Die darauf folgende Bestimmung der erforderlichen Schutzmaßnahmen richtet sich nach den in der jeweiligen Kategorie anfallenden Arten von Informationen und ihrer Schutzbedürftigkeit. 127

So können bspw als inhaltsbezogene Kategorien **einzelne Themen oder Projekte** festgelegt werden. In der Folge würden alle Informationen, die zu einer festgelegten Inhaltskategorie gehören, durch die für die Inhaltskategorie bestimmten und angewandten Maßnahmen geschützt. 128

Alternativ können Informationskategorien ausschließlich nach der Klassifizierung von Informationen nach deren Schutzbedürftigkeit gebildet werden. Hierzu wird bspw ein **Drei-Stufen-Modell** vorgeschlagen, wonach Geschäftsgeheimnisse in drei Kategorien aufzuteilen sind, nämlich in Klasse 1 die Informationen, deren Bekanntwerden existenzbedrohende Folgen für das Unternehmen hat (die »Kronjuwelen«), in Klasse 2 die Informationen, deren Bekanntwerden einen dauerhaften wirtschaftlichen Nachteil verursachen kann (wichtige Informationen), und in Klasse 3 die Informationen, deren Bekanntwerden einen kurzfristigen wirtschaftlichen Nachteil verursachen kann (sensible Informationen).[244] 129

(3) Identifizierung, Bewertung und Umgang mit schutzwürdigen Informationen losgelöst vom Einzelfall

Der Schutz von Informationen erfordert zunächst, dass **aus dem allgemeinen Informationsanfall im laufenden Betrieb** Informationen **als schutzwürdig identifiziert** werden. Für die Bestimmung und Anwendung der angemessenen Schutzmaßnahmen ist sodann eine **Bewertung der Schutzbedürftigkeit** notwendig. Dies für jeden Einzelfall zu gewährleisten, ist in der Praxis nahezu ausgeschlossen oder zumindest mit einem enormen Aufwand verbunden, was dem Ziel der Richtlinie entgegenläuft, die hohen Ausgaben für Schutzmaßnahmen zu senken.[245] Im Einklang mit der Gesetzesbegründung können daher grundsätzliche Maßnahmen für bestimmte Kategorien von Informationen ergriffen werden.[246] 130

Die Bestimmung der oben beschriebenen Informationsbereiche oder -kategorien ermöglicht die Identifizierung, die Bewertung und den Umgang mit schutzwürdigen Informationen losgelöst vom Einzelfall. Eine solche Zusammenfassung führt zu einer gewissen Verallgemeinerung. Der Grad der Verallgemeinerung ist bei der Bewertung der Angemessenheit der Schutzmaßnahmen für die Informationen, die unter die festgelegten Bereiche und Kategorien fallen, zu berücksichtigen. 131

▶ In der Praxis kann sich der Geheimnisinhaber dem Einwand ausgesetzt sehen, seine auf Informationskategorien und/oder Informationsbereiche gestützten Geheimhaltungsmaßnahmen seien nicht hinreichend konkret auf den Schutz der im Einzelfall betroffenen Information zugeschnitten. Weder die GeschGehRL noch das GeschGehG kennt aber ein Erfordernis, nach dem die Maßnahmen punktuell auf einzelne Informationen abzielen müssen. Sichergestellt werden muss nur, dass die 132

---

244 Ann, GRUR 2014, 12, 14; Kalbfus, GRUR-Prax 2017, 391, 393; Maaßen, GRUR 2019, 352, 356.
245 ErwG 9 GeschGehRL.
246 Vgl Begr zum RegE, BT-Drucks. 19/4724 S. 24.

Zuordnung konkreter Informationen zu Informationskategorien und -bereichen möglichst zweifelsfrei geschehen kann. Die saubere und konsequente Anwendung eines solchen Zuordnungsschemas in der Praxis wird von den Gerichten mit hoher Wahrscheinlichkeit als ein wesentlicher Gesichtspunkt für einen angemessenen Schutz eigener Geschäftsgeheimnisse angesehen werden.

133 Die Festlegung von Informationsbereichen kann in der Praxis eine einfache Handhabung von schutzwürdigen Informationen ermöglichen. Mit der Festlegung eines Bereichs werden die Informationen zugleich identifiziert. Betroffen sind nämlich alle Informationen, die in diesen Bereich fallen. Die **Einteilung nach Bereichen** ist dabei die potenziell gröbste Zusammenfassung. So fallen in Bereichen wie bspw Fachabteilungen oder Produktionshallen naturgemäß unterschiedlichste Informationen an.

134 Die **Einteilung nach inhaltsbezogenen Kategorien** bewirkt idR eine feinere Informationsauswahl, nämlich bspw alle Informationen eines sensiblen Themas oder Projekts. Diese Einteilung kann einen höheren Aufwand erfordern, da innerhalb des allgemeinen Informationsanfalls die zu einem bestimmten Thema oder Projekt gehörenden Informationen identifiziert werden müssen. Diese Zuordnung kann bspw anhand von Stichworten erleichtert werden.

135 Bei der **Kategorisierung ausschließlich nach dem Grad der Schutzbedürftigkeit** fehlt eine Vorabbewertung, ob eine Information schutzwürdig ist. Diese Bewertung muss für jede Information einzeln erfolgen. Erst nach der Feststellung des Bedürfnisses für eine Geheimhaltung wird in einem zweiten Schritt der Grad der Schutzbedürftigkeit der jeweiligen Information bewertet.[247] Eine solche am Einzelfall orientierte Identifizierung und Bewertung ist idR mit hohem Aufwand verbunden.

136 Demnach führt ein höherer Grad an Verallgemeinerung tendenziell zu einer Reduzierung des Aufwands zur Identifizierung und Bewertung von schutzwürdigen Informationen. Zugleich kann ein höherer Grad an Verallgemeinerung den Aufwand für Schutzmaßnahmen erhöhen, da **die für alle Informationen des Bereichs oder der Kategorie einheitlichen Schutzmaßnahmen sich an den Informationen mit der größten Schutzbedürftigkeit orientieren müssen**. Umgekehrt kann eine am Einzelfall orientierte Bewertung zur Reduzierung des Aufwands für Schutzmaßnahmen führen – wobei dies in das Verhältnis zu dem idR deutlich höheren Aufwand der Identifizierung und Bewertung zu setzen ist.

137 Daher kann es wirtschaftlich sinnvoll sein, die **unterschiedlichen Kategorisierungen kumulativ einzusetzen**. So können alle Informationen eines Bereichs zunächst als sensible Informationen (Klasse 3) klassifiziert und entsprechend geschützt werden. In einem zweiten Schritt können wichtige Informationen (Klasse 2) bestimmten Inhalten zugeordnet und gegebenenfalls weitergehenden Schutzmaßnahmen unterzogen werden. Da wiederum Informationen von existentieller Bedeutung (Klasse 1; »Kronjuwelen«) häufig innerhalb bestimmter Themen oder Projekte anfallen, die durch bestimmten Personen verantwortet und beaufsichtigt werden, erscheint für solche Informationen der Aufwand einer am Einzelfall orientierten Identifizierung und Bewertung gerechtfertigt.

138 ▶ Eine in der Praxis taugliche und finanzierbare Identifizierung von Geschäftsgeheimnissen, Kategorisierung der Geheimnisse nach Schutzwürdigkeit und Schutzbedürftigkeit sowie Umsetzung von Geheimnisschutzmaßnahmen erfordert eine detaillierte Planung. Aus wirtschaftlichen und aus ope-

---

247 Vgl Maaßen, GRUR 2019, 352, 356.

cc) Bedeutung einzelner Kriterien für die Beurteilung der Angemessenheit

Bei der Beurteilung der Angemessenheit von Geheimhaltungsmaßnahmen muss immer die **Funktion der Maßnahmen** im Blick behalten werden. Geheimhaltungsmaßnahmen dienen insbesondere dem Verletzer, sich bewusst zu werden, dass er mit dem Zugriff auf bestimmte Informationen in einen rechtlich geschützten Bereich eingreift. Daher ist die Frage der angemessenen Geheimhaltungsmaßnahmen weniger kritisch im Hinblick auf externe Angriffe. Jeder Außenstehende weiß, dass die Umgehung von Schutzmaßnahmen (wie zB IT-Sicherheitsmaßnahmen, Firewalls, Passwörtern usw) den Zugang zu Informationen bedeutet, die dem Schutz als Geschäftsgeheimnis unterliegen können. Schutzmaßnahmen **richten sich daher primär an Mitarbeiter** und haben die Aufgabe, **diese auf die Schutzwürdigkeit von Informationen hinzuweisen und für deren Bedeutung zu sensibilisieren**. Die Schwelle der Angemessenheit wird daher in erster Linie durch die Geheimhaltungsmaßnahmen definiert werden, die in Bezug auf die Mitarbeiter (einschließlich ehemaliger Mitarbeiter) notwendig und angemessen sind. 139

In der Praxis sind Verletzungen von Geschäftsgeheimnissen durch Mitarbeiter sehr häufig. In vielen Fällen sind sich die Mitarbeiter nicht einmal bewusst, dass ihr Handeln rechtswidrig ist. In Anbetracht dessen müssen angemessene Geheimhaltungsmaßnahmen dem Mitarbeiter klarmachen, dass bestimmte Informationen, auf die er täglich in seiner Arbeitsumgebung zugreifen kann, nicht für die Nutzung durch Dritte oder für die Nutzung außerhalb des Unternehmens bestimmt sind. 140

(1) Art der Information

Die Auswahl der geeigneten Schutzmaßnahmen und damit die Beurteilung ihrer Angemessenheit richtet sich in erster Linie nach der Art der Information im Sinne der Art ihres Trägers und ihrer damit einhergehenden Art der Offenbarung. 141

Ausgehend von der potentiellen Art der Offenbarung und der Gefahr der Preisgabe erscheint eine Typisierung von Informationen in **offene und verdeckte Tatsachen** sinnvoll. **Offene Tatsachen** sind solche, die sich unmittelbar offenbaren bzw der unmittelbaren Wahrnehmung zugänglich sind, so wie bspw Form- und Mustergestaltungen, sichtbare Konstruktionen und Arbeits- und Produktionsvorgänge, Niederschriften usw. **Verdeckte Tatsachen** sind im Gegensatz dazu solche, die sich nicht unmittelbar offenbaren und einer weitergehenden Untersuchung bedürfen, so wie bspw der innere Aufbau und die Steuerlogik von Anlagen und Vorrichtungen, das einem Produkt zugrundeliegende Herstellungsverfahren, Software bzw der dazugehörende Quellcode usw Eine besondere Form der verdeckten Tatsachen sind **innere Tatsachen**. Innere Tatsachen betreffen die Kenntnisse und das Wissen von natürlichen Personen und bedürfen zu ihrer Offenbarung der bewussten Mitteilung des Trägers. 142

▶ Die Geheimhaltungsmaßnahmen sollten in jedem Fall in den Blick nehmen, auf welche Weise das betroffene Geheimnis üblicherweise offenbart werden kann. Naturgemäß kommen bei offenen Tatsachen eher tatsächliche (bspw technische) Maßnahmen in Betracht, während bei verdeckten Maßnahmen die Sensibilisierung von Mitarbeitern und flankierende rechtliche Maßnahmen im Vordergrund stehen können. 143

(2) Wert von Informationen und Bedeutung für das Unternehmen

144 Geschützt sind nur Informationen, die nicht allgemein bekannt oder ohne Weiteres zugänglich sind und gerade daher einen wirtschaftlichen Wert haben, § 2 Nr 1 lit a) GeschGehG. Der **Wert von Informationen und ihre Bedeutung für das Unternehmen** einerseits und die **Risiken der Offenbarung** andererseits bestimmen daher im Wesentlichen die Schutzbedürftigkeit von Informationen.[248] Die Bewertung von Informationen und ihrer Bedeutung für das Unternehmen kann im Hinblick auf die zu ergreifenden Schutzmaßnahmen anhand des oben dargestellten Drei-Stufen-Modells[249] erfolgen.

145 Aus der Schutzbedürftigkeit der Informationen **folgt aber nicht ohne Weiteres, dass an eine Schutzmaßnahme umso höhere Anforderungen zu stellen sind**, umso bedeutender die Information für das Unternehmen ist.[250] Vielmehr können auch bei besonders wertvollen Informationen übliche oder sogar weniger aufwändige Geheimhaltungsmaßnahmen ihre Hinweis- und Warnfunktion erfüllen. Das ist insbesondere der Fall bei internen Schutzmaßnahmen, die sich an Mitarbeiter richten, die mit den betreffenden Informationen arbeiten und ihren Wert kennen. Dann **kann bereits die Zuordnung der Information zur Geheimsphäre** als allgemeine Schutzmaßnahme **genügen**, um der Hinweis- und Warnfunktion gerecht zu werden. Erst wenn dies nach den Umständen nicht gegeben ist, da bspw die Zuordnung der Information zur Geheimsphäre nicht ausreichend deutlich wird, oder ein besonderes Offenbarungsrisiko hinzutritt, können weitere Maßnahmen erforderlich sein.

(3) Art und Umfang der Nutzung von Informationen

146 Die **Art und der Umfang der Nutzung von Informationen** lassen zum einen darauf schließen, welchen Risiken einer Offenbarung Informationen ausgesetzt sind. So kann das Offenbarungsrisiko – trotz hoher Bedeutung von Informationen – aufgrund der konkreten Benutzung gering sein und nur geringe Schutzmaßnahmen erfordern, wie etwa im Fall wichtiger Rezepte, deren Kenntnis auf wenige Wissensträger beschränkt ist, welche die Rezepte ausschließlich in geschützter Umgebung anwenden. Umgekehrt kann das Offenbarungsrisiko aufgrund der Art und Intensität der Benutzung sehr hoch sein und umfassendere Schutzmaßnahmen erfordern, wie etwa bei Kunden- oder Lieferanteninformationen, die zwischen den einzelnen Abteilungen (wie Vertrieb, Marketing, Einkauf, Buchhaltung usw) zirkulieren.

147 Zum anderen können die Art und der Umfang der Benutzung eine bestimmte Verfügbarkeit und den Fluss von Informationen notwendig machen. Dies könnte allzu umfangreichen oder restriktiven Schutzmaßnahmen entgegenstehen, **die stark in den Betriebsablauf eingreifen und diesen behindern**.[251] Auch dies ist bei der Beurteilung der Angemessenheit zu beachten.

---

248 McGuire, in Büscher, UWG, § 2 RegE GeschGehG Rn 46.
249 Ann, GRUR 2014, 12, 14; Kalbfus, GRUR-Prax 2017, 391, 393; Maaßen, GRUR 2019, 352, 356.
250 Vgl Lauck, GRUR 2019, 1132; aA Reinfeld, GeschGehG, § 1 Rn 184.
251 Vgl McGuire, IPRB 2018, 202, 203 f; Voigt/Herrmann/Grabenschröer, BB 2019, 142, 144.

(4) Größe des Unternehmens

Die Größe des Unternehmens ist ein weiterer Faktor im Rahmen der Risikobewertung. Bei Großunternehmen mit verzweigten internen Strukturen, einer Vielzahl von Mitarbeitern und einem komplexen Informationsmanagement können andere bzw zusätzliche Maßnahmen zur Sicherung der Geheimhaltung notwendig sein als bei mittelständischen oder kleinen Unternehmen mit einer überschaubaren Struktur und einem bei wenigen Mitarbeitern auf Zuruf funktionierenden Informationsmanagement. Auch hier gilt aber, dass die **bloße Größe eines Unternehmens nicht zu schärferen Maßnahmen** veranlasst. Soweit aufgrund der Größe des Unternehmens die Funktion der Geheimhaltungsmaßnahmen aber nur mit aufwändigeren Maßnahmen erzielbar sein sollte, muss sich die Auswahl der Geheimhaltungsmaßnahmen daran orientieren. Ebenso können die Risiken für Geschäftsgeheimnisse im Einzelfall in großen Unternehmen anders strukturiert sein als in kleineren, worauf bei der Auswahl der Geheimhaltungsmaßnahmen ebenfalls Rücksicht zu nehmen ist.

148

(5) Übliche Geheimhaltungsmaßnahmen im Unternehmen

Für die Beurteilung der im Hinblick auf eine schutzwürdige Information jeweils angemessenen Geheimhaltungsmaßnahmen sind ferner die Fragen von Bedeutung, welche Schutzmaßnahmen bereits vorliegen sowie welche Schutzmaßnahmen üblicherweise für vergleichbare Informationen ergriffen werden. So kann zum einen bereits ein Schutzniveau bestehen, das für den Schutz besonders wertvoller Informationen (Klasse 1) ausreicht und weitere Schutzmaßnahmen entbehrlich macht. Zum anderen **können bereits vorliegende Maßnahmen des Informationsschutzes ein Indikator** dafür sein, **welchen Wert das Unternehmen bestimmten Informationen zumisst**, und entsprechend als Maßstab für angemessene Schutzmaßnahmen für gleichwertige sowie für minder- oder höherwertige Informationen dienen.

149

(6) Art der Kennzeichnung von Informationen

Die Kennzeichnung von Informationen als schutzwürdig bspw mit Vermerken wie »GEHEIM« oder »VERTRAULICH« kann für die Gewährleistung der Geheimhaltung sowie für die Darlegung und den Nachweis der Verantwortlichkeit Dritter notwendig sein. Solche **Kennzeichnungen stellen die Hinweis- und Warnfunktion von Geheimhaltungsmaßnahmen sicher** und sensibilisieren sowohl Mitarbeiter als auch Dritte für die Bedeutung der Information und die Konsequenzen einer unerlaubten Offenbarung. Zugleich können solche Kennzeichnungen die Verteidigung entkräften, die Information sei versehentlich offenbart oder verwendet worden.[252]

150

(7) Vertragliche Regelungen mit Arbeitnehmern und Geschäftspartnern

Einen weiteren Hinweis auf den Umgang eines Unternehmens mit seinen wertvollen Informationen geben vertragliche Regelungen mit Arbeitnehmern und Geschäftspartnern. Mangels faktischer Möglichkeit, die Offenbarung geheim gehaltener Informationen durch die Wissensträger zu verhindern, sind Vertraulichkeitsvereinbarungen ein wesentlicher Baustein des Geheimnisschutzes. Sie können zudem im Streitfall als Nachweis des Umgangs

151

---

[252] Maaßen, GRUR 2019, 352, 358.

des Unternehmens mit den entsprechenden Informationen und der Wahrung der Geheimhaltung dienen.

152 Beschäftigte müssen grundsätzlich **über geheimhaltungsbedürftige Tatsachen Stillschweigen** bewahren – und zwar **gegenüber jedermann**, also auch gegenüber anderen Arbeitnehmern desselben Betriebs.[253] Organe von Kapitalgesellschaften sind im Übrigen zur Geheimhaltung von Geschäftsgeheimnissen und vertraulichen Angaben verpflichtet, zB gem. § 93 Abs 1 Satz 3, § 116 Satz 2 AktG (für Vorstand und Aufsichtsräte der AG), § 85 Abs 1 GmbHG (für Geschäftsführer und Aufsichtsräte der GmbH) oder § 34 Abs 1 Satz 3, § 41 GenG (für Vorstand und Aufsichtsrat der Genossenschaft).

d) Maßnahmen der Geheimhaltung im Einzelnen

153 Der rechtmäßige Inhaber des Geheimnisses sollte idR **sowohl faktische Zugangsbeschränkungen als auch vertragliche Sicherungsmechanismen** installieren.[254] Maßnahmen können und sollten schon vorab angeordnet werden, um dem Unternehmen später zufallende Informationen automatisch zu erfassen.[255]

aa) Bewertung, Planung und Organisation – Geheimhaltungskonzept

154 Für Unternehmen stellen sich im Wesentlichen zwei Herausforderungen. Zum einen sind die für die schutzwürdigen Informationen des Unternehmens jeweils geeigneten und angemessenen Schutzmaßnahmen zu bestimmen. Zum anderen, und das ist in der Praxis die weitaus größere Herausforderung, müssen Unternehmen diese Schutzmaßnahmen gerade auch **für die im laufenden Betrieb anfallenden schutzwürdigen Informationen** gewährleisten. Um dem gerecht zu werden und sicherzustellen, dass wichtige Informationen nicht schutzlos bleiben, ist es sinnvoll, interne Prozesse zu implementieren, welche die Auswahl der relevanten Informationen und die Zuordnung jeweils geeigneter Schutzmaßnahmen regeln. Ein solches Geheimhaltungskonzept dient in erster Linie der Planung und Organisation des Geheimnisschutzes im Unternehmen. Die planvolle Ermittlung des Schutzbedarfs dient zugleich einem ressourcenschonenden Einsatz von Schutzmaßnahmen.[256] Zudem kann das Geheimhaltungskonzept für den im Streitfall notwendigen Nachweis der Schutzmaßnahmen behilflich sein.

155 Zur Erarbeitung eines solchen Geheimhaltungskonzepts bietet sich ein Vorgehen mit folgenden drei Stufen an
– Analyse des Schutzbedarfs,
– Bestimmung der angemessenen Geheimhaltungsmaßnahmen und
– Umsetzung und Kontrolle.[257]

156 ▶ Die Erarbeitung, Implementierung, Kontrolle und laufende Anpassung eines Geheimhaltungskonzepts ist die Grundlage eines umfassenden Geheimnisschutzes und wesentlich für den dem Rechtsinhaber obliegenden Nachweis der angemessenen Schutzmaßnahmen. Die Dokumentation der Maß-

---

253 Schulte, ArbRB 2019, 143; Vgl auch Fuhlrott/Hiéramente, DB 2019, 967, 970 unter Hinweis auf BAG 16.03.1982, 3 AZR 83/79 = NJW 1983, 134; Niemann, in ErfK, § 626 BGB Rn 154, mwN.
254 Schulte, ArbRB 2019, 143, 144.
255 McGuire, in Büscher, UWG, § 2 RegE GeschGehG Rn 44.
256 Vgl Voigt/Herrmann/Grabenschröer, BB 2019, 142, 144.
257 Höfer, GmbHR 2018, 1195, 1197; vgl Voigt/Herrmann/Grabenschröer, BB 2019, 142, 144.

nahmen ist nicht nur im Hinblick auf eventuelle Streitigkeiten erforderlich, sondern kann auch im Due-Diligence- und Verkaufsprozess von erheblicher Bedeutung sein und den Unternehmenswert mitbestimmen.

(1) Analyse des Schutzbedarfs

Die Analyse des Schutzbedarfs sollte zum einen den **Status quo**[258] und zum anderen den (voraussichtlichen) **zukünftigen Bedarf** berücksichtigen.[259] Dazu gehört im Wesentlichen die Klärung folgender Punkte: 157
- Welche schutzwürdigen Informationen liegen bereits vor?
- Um welche Arten von Informationen handelt es sich?
- Welchen Bereichen des Unternehmens, welchen Aufgaben und welchen Personen sind diese Informationen zuzuordnen?
- In welchen Bereichen des Unternehmens, bei welchen Aufgaben und Personen fallen schutzwürdige Informationen an? Lassen sich dabei einzelnen Bereichen, Aufgaben und Personen bestimmte Arten von Informationen zuordnen (dient insgesamt einer etwaigen Bestimmung von Schutzmaßnahmen nach Informationsbereichen oder -kategorien)?
- Welchen Wert haben die vorliegenden schutzwürdigen Informationen für das Unternehmen? Für die Bewertung bietet sich eine grobe Einteilung nach dem Drei-Stufen-Modell (sh Rdn 129) an;
- Können Informationen eines bestimmten Werts bestimmten Bereichen des Unternehmens und bestimmten Aufgaben und Personen zugeordnet werden (dient einer etwaigen Bestimmung von Schutzmaßnahmen nach Informationsbereichen oder -kategorien)?
- Wie werden schutzwürdige Informationen identifiziert?
- Welche Funktion haben diese Informationen und wie werden sie genutzt (dient der Bestimmung von Schutzmaßnahmen unter Berücksichtigung der Art und des Umfangs der Nutzung der Informationen)?
- Welche Schutzmaßnahmen werden angewandt und nach welchen Kriterien werden die Schutzmaßnahmen ausgewählt?
- Gibt es Personen, die für die Sicherstellung der Geheimhaltung verantwortlich sind?
- Wie werden Informationen vorgehalten und weitergegeben?
- Wie ist üblicherweise und in besonderen Fällen der Informationsfluss?

Auf dieser Grundlage können einzelne Informationsbereiche und -kategorien bestimmt werden. 158

(2) Bestimmung der angemessenen Geheimhaltungsmaßnahmen;

Im nächsten Schritt sind die **Schutzmaßnahmen festzulegen**. Die Schutzmaßnahmen richten sich unter anderem nach der Art der Information (offene, verdeckte oder innere Tatsache, sh Rdn 141 ff). Weitergehende Schutzmaßnahmen können aufgrund eines besonderen Schutzbedarfs (insbesondere bei Informationen von existentieller Bedeutung der Klasse 1, also die »Kronjuwelen«) notwendig sein, müssen es aber nicht. 159

---

258 Voigt/Herrmann/Grabenschröer, BB 2019, 142, 144.
259 Vgl Baranowski/Glaßl, BB 2016, 2563, 2568.

160 Abhängig davon, wie die Informationsbereiche und -kategorien bestimmt wurden, können sie unterschiedliche Arten von Informationen zusammenfassen. In solchen Fällen müssen Schutzmaßnahmen entweder innerhalb der Informationsbereiche und -kategorien nach den Arten der Informationen unterschieden oder für die Informationsbereiche und -kategorien übergreifend für alle erfassten Arten von Informationen bestimmt werden.

(3) Umsetzung und Kontrolle

161 Im letzten Schritt ist das Verfahren für die Identifizierung und Zuordnung schutzwürdiger Informationen sowie für die Anwendung der einschlägigen Schutzmaßnahmen festzulegen. Dabei sind verschiedene Abstufungen denkbar.

162 Werden Informationsbereiche oder -kategorien als schutzwürdig bestimmt, ist festzulegen, wie Informationen diesen Bereichen zugeordnet werden. Vorteilhaft sind klare Strukturen, die eine nachträgliche Umbewertung entbehrlich machen. So können bspw **alle E-Mails eines E-Mail-Postfachs** oder **alle Informationen einer Abteilung** wie der Vertriebsabteilung oder alle **Anlagen und Gegenstände in einem Produktionsbereich** oder **alle Daten einer Datenträgerpartition**, auf der nur bestimmte Personen oder Abteilungen arbeiten, als schutzwürdig bestimmt und die vordefinierten Schutzmaßnahmen angewandt werden.

163 Alternativ können Informationen im Rahmen ihres Anfalls, also bei der Erstehung, dem Empfang oder der Benutzung, durch den Verantwortlichen einem **Informationsbereich oder einer Informationskategorie zugeordnet** werden. Die Zuordnung kann bspw durch Ablage oder durch Kennzeichnung der Informationen erfolgen.

164 Denkbar – wenn auch in der Praxis wenig praktikabel – ist ferner eine nachträgliche zentrale Bewertung und Zuordnung bspw durch einen **Geheimnisschutzverantwortlichen**, dem nach einem internen Verfahren Informationen vorgelegt werden.

165 Weiterhin ist der nachfolgende Umgang mit den Geschäftsgeheimnissen, insbesondere die Art und Weise sowie der Umfang der Benutzung, zu bestimmen.

166 Zudem ist es sinnvoll die Zuständigkeiten sowie – unabhängig von der Bewertung und Zuordnung von Informationen – einen oder mehrere (bspw für einzelne oder mehrere Informationsbereiche oder -kategorien) Geheimnisschutzverantwortliche zu bestimmen, welche die Anwendung und Einhaltung des Geheimnisschutzes kontrollieren und bei Bedarf Bewertungen und Zuordnungen vornehmen sowie Maßnahmen anpassen.[260]

167 Schließlich sollte das Konzept bestimmen, wie der **Schutz der einzelnen Informationen und der Umgang mit diesen dokumentiert** wird. Im Hinblick auf die Beweislast ist eine nachvollziehbare Dokumentation[261] ähnlich wichtig wie das Einrichten angemessener Schutzmaßnahmen selbst.[262]

bb) Einteilung nach Art der Maßnahmen

168 Die Geheimhaltungsmaßnahmen können ihrer Art nach allgemein in drei Kategorien eingeteilt werden, nämlich in **organisatorische, technische** und **rechtliche Maßnahmen**.[263] Diese Einteilung ist **nicht trennscharf**.

---

260 Vgl Voigt/Herrmann/Grabenschröer, BB 2019, 142, 144, 146.
261 Vgl Rauer/Eckert, DB 2016, 1239, 1240.
262 Rehaag/Straszewski, Mitt. 2019, 249, 254 f.
263 Reinfeld, GeschGehG, § 1 Rn 176.

(1) Organisatorische Maßnahmen

169 Zu den organisatorischen Maßnahmen können im weitesten Sinne alle **Maßnahmen der Planung und Organisation des Geheimnisschutzes** gezählt werden. Im Einzelnen betreffen die organisatorischen Maßnahmen die nachfolgenden Themen.[264]

Bestimmung von internen Zuständigkeiten (und Schaffung von Verantwortlichkeiten)

170 Für die Organisation des Geheimnisschutzes ist es wesentlich, die **Zuständigkeiten für Informationen festzulegen**, also die Aufgabe klar zu verteilen, welche Personen im Unternehmen für welche Informationen zuständig sind.[265] Diese werden in den meisten Fällen mit den Zuständigkeiten der Fachbereiche oder Abteilungen und der Arbeitsgruppen im Unternehmen zusammenfallen. Dennoch ist es wichtig, die Zuständigkeiten für Informationen explizit zu benennen. Dadurch werden relevante Informationen identifiziert und etwaige Werte ins Bewusstsein gerufen. Zugleich schafft dies Klarheit über die Kompetenzen und schärft das Bewusstsein für Verantwortlichkeiten. Das Ergebnis des Prozesses kann auch die Erkenntnis sein, dass sich bestimmte Informationen nicht klar zuordnen lassen und **übergreifende Zuständigkeiten oder ein Abstimmungsprozess zwischen den Fachbereichen** erforderlich sind.

171 Am Ende des Prozesses sollten idealerweise alle für das Unternehmen relevanten Informationen explizit bestimmten Verantwortlichen zugewiesen sein, die den Umgang und den Schutz der betreffenden Informationen kontrollieren, als Ansprechperson zur Verfügung stehen und bei Bedarf eingreifen. Gegebenenfalls kann es sinnvoll sein, einen übergeordneten Geheimschutzbeauftragten zu benennen, der als Zentralstelle für die Koordinierung aller Fragen im Zusammenhang mit dem Geheimschutz dient.[266]

Zugangs- und Nutzungsbeschränkungen

172 Die wichtigste Maßnahme des Informationsschutzes ist die **Beschränkung des Zugangs zu Informationen und ihrer Nutzung**.[267] Der Begriff des Zugangs umfasst inhaltlich den Zutritt und den Zugriff, die als besondere Ausprägung des Zugangs verstanden werden können. Die Form der Beschränkung hängt davon ab, wo und in welcher Form die schutzwürdigen Informationen vorliegen und in welchem Umfang der Zugang oder die Nutzung beschränkt werden sollen.

173 Sind Informationen physisch einem bestimmten Ort zuzuordnen, kommt eine **Beschränkung des Zutritts zu der Örtlichkeit** in Betracht. Dies können bei Entwicklungs- und Forschungseinrichtungen, bei einem Testgelände, bei Produktionsstätten mit besonderen Produktionsanlagen oder bei der Herstellung von kundenspezifischen bzw nicht öffentlich zugänglichen Produkten das gesamte Betriebsgelände oder einzelne abgegrenzte Bereiche davon oder ein Gebäude sein. Bei einem Server, einem Aktenarchiv oder der Buchhaltung

---

264 Vgl im Einzelnen auch Maaßen, GRUR 2019, 352, 357–360.
265 Vgl Bissels/Schroeders/Ziegelmayer, DB 2016, 2295, 2296; Hoeren/Münker, WRP 2018, 150, 152; Reinfeld, GeschGehG, § 1 Rn 202.
266 Kalbfus, GRUR-Prax 2017, 391, 392; Maaßen, GRUR 2019, 352, 359; Reinfeld, GeschGehG, § 1 Rn 202.
267 Vgl Freckmann/Scholl, BB 2017, 1780, 1782.

eines Unternehmens werden es demgegenüber meistens nur einzelne Räume sein. Die Zutrittsbeschränkung umfasst dabei Maßnahmen wie
- Zutritt nur durch bestimmte Personen (ausgehend von der Örtlichkeit);
- Zutritt nur zu bestimmten Bereichen im Unternehmen (ausgehend von einzelnen Personen oder Personengruppen);
- Zutritts- und Ausgangskontrollen mit entsprechender Dokumentation der Ein- und Ausgangszeiten;
- Regelungen zum Umgang mit externen Personen (Besucher).

174 Die Zutrittsbeschränkung ist die allgemeinste und damit weitestgehende Maßnahme der Zugangsbeschränkung. Sie trägt einem **gesteigerten Risiko der Offenbarung Rechnung** und schützt umfassend einen räumlich bestimmten Informationsbereich. Ausdifferenzierte Berechtigungen können durch die Organisation des Zugangs zu bestimmten Informationskategorien oder auch nur vereinzelte Informationen bzw zu den entsprechenden Quellen geregelt werden. So kann der Zutritt zum Archiv, zur Buchhaltung oder Personalabteilung oder zum Server beschränkt sein und dennoch die grundsätzliche Befugnis zum Zugang zu bestimmten Informationen (bspw alle sensiblen Informationen der Klasse 3) in diesen Bereichen bestehen. Ein Unternehmensmitarbeiter mit der entsprechenden Berechtigung würde zwar keinen Zutritt zu den allgemein geschützten Räumlichkeiten, aber Zugang zu den angeforderten Informationen bekommen, indem er bspw den entsprechenden Prototypen oder Unterlagen dazu in Form von Akten oder Datenträgern ausgehändigt oder aber Zugriff auf diese Daten im Unternehmensnetzwerk bekommt.

175 Die Beschränkung des allgemeinen Zugangs umfasst entsprechend Maßnahmen wie
- Zugang nur zu bestimmten Informationen (ausgehend von der Person);
- Zugang nur für bestimmte Personen (ausgehend von der Information);
- Zugang zu gesicherten Ablagen (zB Aktenschrank oder Tresor);
- Zugang zum Unternehmensnetzwerk oder einzelnen Bereichen davon;
- Zugriff auf bestimmte Daten bzw für bestimmte Personen auf Daten;
- Dokumentation des Zugangs zu Informationen (zB durch Übergabeprotokolle) bzw des Zugriffs auf Daten.

176 Eine weitere Abstufung ist die Gewährung von Zugang zu Informationen unter Beschränkung des Nutzungsumfangs mit Maßnahmen wie
- Beschränkung der Weitergabe von Informationen;
- Beschränkung der Aufzeichnung von Informationen;
- Beschränkung des Datenaustausches (innerhalb des Unternehmens zB über das Netzwerk oder über interne E-Mails oder außerhalb des Unternehmens über das Internet oder mittels Wechseldatenträgern);
- Regelung des Zugangs zu Internetdiensten;
- Zugang nur mit bestimmten Geräten (zB durch Beschränkung oder Verbot der Nutzung privater Geräte);
- Verbot der Mitnahme von Unterlagen oder Daten;
- Verbot der Nutzung von Film-, Foto- oder Tonaufnahmegeräten;
- Verbot der Nutzung von Wechseldatenträgern wie zB mobilen Festplatten oder USB-Sticks;
- Ausgangskontrollen.

B. Begriffsbestimmungen

Kennzeichnung von Daten als Hinweis auf Geheimstatus oder zur Zuordnung

Zur Organisation des Informationsschutzes gehört weiterhin die Sicherstellung, dass **schutzwürdige Informationen als solche wahrnehmbar** sind und entsprechend dem Bedürfnis ihrer Geheimhaltung bzw den vorbestimmten Schutzmaßnahmen behandelt werden. Um diese Hinweis- und Warnfunktion des Geschäftsgeheimnisschutzes zu gewährleisten, kann es im Einzelnen notwendig sein, Informationen bzw die entsprechenden Träger, wie Muster, Aktenordner, einzelne Unterlagen, Datenträger oder Dateien, mit einem **Vermerk zu kennzeichnen**, der die Bedeutung der Information ausreichend zum Ausdruck bringt. Abhängig vom gewählten Ansatz zur Identifikation, Zuordnung und Bewertung von Informationen kann ein Vermerk wie »GEHEIM« oder »VERTRAULICH« ausreichen. Zur Sicherstellung der Zuordnung und Anwendung oder Einhaltung der vorgesehenen Schutzmaßnahmen können aber auch weitergehende Angaben notwendig sein, wie etwa Hinweise auf die Informationsbereiche oder -kategorien, denen die jeweiligen Informationen zugeordnet werden, oder auf die Schutzbedürftigkeit der Informationen (zB durch Angabe der Schutz-Klasse).

177

Allgemeine Maßnahmen betreffend Mitarbeiter

Die eigenen Mitarbeiter sind **regelmäßig der größte Risikofaktor** für schutzwürdige Informationen. Dies folgt bereits aus dem Umstand, dass die Mitarbeiter – selbst wenn es nur wenige sind – Zugang zu den zu schützenden Informationen haben und mit diesen im Arbeitsalltag umgehen. Abgesehen von dem faktischen Risiko, das jeder Zugang begründet, kommen hinzu die Unwissenheit über die Bedeutung von Informationen und den zur Sicherstellung des Schutzes notwendigen Umgang sowie im Laufe der Zeit das Abstumpfen für die Bedeutung der Informationen für das Unternehmen und die Risiken dafür. Daher sind die meisten Schutzmaßnahmen insbesondere auf die **Risiken ausgerichtet, welche die eigenen Mitarbeiter begründen**. Daher richtet sich die Hinweis- und Warnfunktion von Schutzmaßnahmen in erster Linie an die eigenen Mitarbeiter, denen die Bedeutung von Informationen für das Unternehmen klar oder zumindest präsent ist. Die Hinweis- und Warnwirkung von Schutzmaßnahmen kann dabei zusätzlich gesteigert werden durch **Schulungen und im Rahmen von Mitarbeiterbesprechungen und -informationen**, die die Mitarbeiter über die Bedeutung von Information, die Risiken und das Schutzkonzept des Unternehmens informieren und insbesondere sensibilisieren.[268] Schulungen sind insbesondere bei der Verwendung von Kennzeichnungen angezeigt, die auf den Geheimhaltungsstatus hinweisen und Teil der Geheimhaltungsstrategie des Unternehmens sind.[269]

178

▶ Mitarbeiter stellen idR das größte Sicherheitsrisiko dar. Mit Abstand die meisten Verletzungsfälle in der Praxis gehen von Mitarbeitern oder ehemaligen Mitarbeitern aus. Daher sind Schulungen und regelmäßige Hinweise auf die Einhaltung von Schutzmaßnahmen besonders wichtig. Dies gilt umso mehr als Schulungen das naheliegende Instrument zur Erfüllung der Hinweis- und Warnfunktion darstellen, über Schulungen der Geheimhaltungswille des Rechtsinhabers optimal kommuniziert werden kann und Schulungen weder nennenswerte organisatorische Probleme aufwerfen noch erhebliche Investitionen erfordern. Der Verzicht auf Schulungen kann daher ernsthafte Zweifel daran begründen, ob das Unternehmen tatsächlich angemessene Geheimhaltungsmaßnahmen durchführt.

179

---

268 Vgl Rehaag/Straszewski, Mitt 2019, 249, 254.
269 Freckmann/Scholl, BB 2017, 1780, 1782.

180 Eine besondere Auswahl oder **Sicherheitsüberprüfungen** von Mitarbeitern gehört hingegen in der Privatwirtschaft **nicht zum Standardrepertoire der Personalabteilungen**. Solche Überprüfungen können auch im Hinblick auf die dabei idR anfallenden höchstpersönlichen Fragen sowie die mit Augenmerk auf das AGG von Personalabteilungen zu beachtenden Compliance-Vorgaben von Unternehmen nicht gefordert werden.[270]

181 Auch sind Kontrollen von Mitarbeitern, wie bspw Spindkontrollen[271] oder Tor- und Taschenkontrollen[272] über das Mitführen von Unterlagen oder Datenträger beim Verlassen des Geländes, keine für die Begründung der Angemessenheit des Schutzes erforderliche Maßnahmen. Das Unternehmen darf sich auf das rechtmäßige Handeln und der Vertragstreue seiner Mitarbeiter verlassen.

(2) Technische Maßnahmen

182 Technische Schutzmaßnahmen **setzen im Wesentlichen organisatorisch angelegte Maßnahmen um**, wie insbesondere für Zugangs- und Nutzungsbeschränkungen. Aufgrund der allgegenwärtigen Digitalisierung beziehen sich technische Maßnahmen zu einem Großteil auf die Sicherung der Daten und der Kommunikation des Unternehmens. Zu den technischen Maßnahmen gehören unter anderem
 – Verriegelung geschützter Informationsbereiche;
 – auf einzelne Mitarbeiter kodierte Zugangsmittel (wie Karte, Chip, biometrische Daten etc);
 – elektronisches Ausweissystem;
 – automatische Dokumentation über Zugangs- und Nutzungsvorgänge;
 – Passwortschutz von Terminals an Produktionsanlagen, Computern oder Dateien;
 – 2-Faktor-Authentifizierung;
 – Protokollierung der Systemnutzung;
 – Sperrung der Kopierfähigkeit (durch Kodierungen von Unterlagen, die von Kopiergeräten registriert werden und die Kopierfunktion sperren) und Druckfunktion von Dokumenten;
 – Kennzeichnung von Dokumenten mit digitalen Wasserzeichen;
 – Beschränkung des Zugangs zum Unternehmensnetzwerk oder bestimmten Bereichen davon;
 – Schutz des Netzwerks und der datenverarbeitenden Anlagen vor unberechtigten Zugriffen (zB Firewall und Virenschutz);
 – Beschränkung der Administrationsrechte von Anlagen, Computern und mobilen Datengeräten;
 – Videoüberwachung;
 – Alarmanlagen;
 – Abdeckung technischer Bauteile sowie der Aktionsbereiche von Anlagen (geschlossene Bauweise dient als Sichtschutz für technische Lösungen oder Verfahrensabläufe);
 – Verschlüsselung von Datenträgern (zB externe Datenträger oder Festplatten mobiler Geräte);
 – Mehrfaches Überschreiben von Datenträgern zum sicheren Vernichten von Daten;

---

270 Vgl Maaßen, GRUR 2019, 352, 359.
271 BAG 20.06.2013, 2 AZR 546/12 = NZA 2014, 143.
272 BAG 09.07.2013, 1 ABR 2/13 (A) = NZA 2013, 1433.

- Überwachung und Beschränkung des Datenaustausches durch Content Filter;
- Verschlüsselung von Kommunikationswegen (zB E-Mail);
- Sichtschutz an mobilen Geräten (zB Blickschutzfilter);
- Digital Rights Management (DRM);
- Notstromversorgung von Sicherheitstechnik.

Technische Maßnahmen müssen sich **am generell akzeptierten Stand der Technik** ausrichten und den ernsthaften Willen zum Schutz der Informationen des Unternehmens dokumentieren. Einen optimalen Schutz müssen sie hingegen nicht bieten. Insbesondere müssen technische Schutzmaßnahmen **nicht das aktuell technisch Mögliche** ausschöpfen. Vielmehr steht gerade bei diesen Schutzmaßnahmen die Funktion im Vordergrund, die geschützten Informationen der Sphäre des Unternehmens zuzuordnen und auf diese hinzuweisen sowie potentielle Verletzer vor einer Übertretung zu warnen. 183

(3) Rechtliche Maßnahmen

Rechtliche Maßnahmen des Geheimnisschutzes sind für die Fälle von besonderer Bedeutung, in denen ein faktischer Schutz ausscheidet. Das ist immer dann der Fall, wenn Personen Zugang zu geheimen Informationen gewährt wird. Der Geheimnisinhaber muss sich nach Gewährung des Zugangs auf das Stillschweigen des neuen Wissensträgers verlassen. Die einzige Möglichkeit des Geheimnisinhabers, auf den Dritten Einfluss zu nehmen und ihn zum Stillschweigen anzuhalten, ist eine **vertragliche Verpflichtung zur Wahrung der Vertraulichkeit**. Die Verpflichtung dient zugleich der Dokumentation des Willens des Rechtsinhabers, die dem Dritten offenbarte Information weiterhin geheim zu halten. Denn die Offenkundigkeit einer an sich geheim zu haltenden Information kann bereits eintreten, wenn der Rechtsinhaber die Information außerhalb des Unternehmens stehenden Dritten offenbart, ohne erkennbar auf einen vertraulichen Umgang Wert zu legen.[273] 184

Solche Vertraulichkeitsverpflichtungen sind regelmäßig in Bezug auf die Mitarbeiter des Unternehmens erforderlich, auch wenn eine Verschwiegenheitspflicht des Arbeitnehmers bezüglich Geschäftsgeheimnissen auch ohne ausdrückliche Vereinbarung besteht. Die ausdrückliche Regelung trägt dazu bei, bei den Mitarbeitern ein tatsächliches Bewusstsein über das Bestehen und die Reichweite ihrer Verpflichtungen zu schaffen.[274] Dabei sollten auch nachvertragliche Verschwiegenheitspflichten, also über die Dauer des Arbeitsverhältnisses hinaus, vorgesehen werden.[275] Allerdings ist zu beachten, dass die nachvertragliche Verschwiegenheitspflicht des Mitarbeiters zunächst nur die Weitergabe von Geschäftsgeheimnissen verbietet und der Mitarbeiter weiterhin berechtigt ist, die ihm im Gedächtnis gebliebenen Informationen und die gewonnenen Erfahrungen für den eigenen Nutzen zu verwenden.[276] Etwas anderes gilt nur, wenn eine weitergehende Vereinbarung ausdrücklich regelt, dass der Mitarbeiter einzelne konkret bezeichnete Geschäftsgeheimnisse auch nicht selbst nutzen darf.[277] Eine weitere Absicherung kann die Vereinbarung einer Ver- 185

---

273 Vgl BGH 17.12.1981, X ZR 71/80 = GRUR 1982, 225 – Straßendecke II; Wolters, in Groß-Komm UWG, § 17 Rn 18.
274 Grässlin/Römermann, BB 2016, 1461, 1464.
275 Freckmann/Scholl, BB 2017, 1780, 1782.
276 BAG 15.06.1993, 9 AZR 558/91 = NZA 1994, 502; Grässlin/Römermann, BB 2016, 1461, 1464.
277 BAG 16.03.1982, 3 AZR 83/79 = NJW 1983, 134; Grässlin/Römermann, BB 2016, 1461, 1464.

tragsstrafe[278], der zusätzlich eine Warn- und Abschreckungsfunktion zukommt, sowie einer Verpflichtung zur Herausgabe aller überlassener Unterlagen und Gegenstände geben.[279]

186 Eine Vertraulichkeitsverpflichtung ist insbesondere mit Dritten, denen Zugang zu geheimen Informationen des Unternehmens gewährt wird, wie **Geschäftspartnern oder potentiellen Geschäftspartnern** im Rahmen von Vorverhandlungen, zu vereinbaren.

187 Bei vertraglichen Vereinbarungen ist darauf zu achten, dass diese insbesondere die **geschützten Informationen hinreichend definieren und AGB-Anforderungen Stand halten**.[280] Auch ist darauf zu achten, dass Klauseln, wonach sämtliche während der Tätigkeit bei einem Unternehmen bekannt gewordene Geschäftsvorgänge geheim zu halten sind (sogenannte Catch-all-Klauseln), unwirksam sind.[281]

188 Eine wesentliche rechtliche Maßnahme besteht schließlich in der **konsequenten Verfolgung von Verletzungen**. Setzt ein Unternehmen den Schutz seiner Geheimnisse auch im Falle von Verletzungen nicht mit dem ihm zur Verfügung stehenden rechtlichen Mitteln durch, beraubt es sich der Wirksamkeit seiner Geheimhaltungsmaßnahmen. Angemessene Geheimhaltungsmaßnahmen werden dann idR nicht mehr vorliegen, wenn für den Verzicht auf die Rechtsverfolgung keine triftigen Gründe vorliegen.

cc) Auswahl der Maßnahmen zur Geheimhaltung

189 Die Bestimmung der für den Schutz einer Information angemessenen Geheimhaltungsmaßnahmen richtet sich in einem ersten Schritt danach, **auf welche Art und in welchem Kontext sich eine Information üblicherweise offenbart**. In einem zweiten Schritt ist zu prüfen, ob die gewählte Maßnahme den **Funktionen einer Geheimhaltungsmaßnahme** gerecht wird. Im Vordergrund steht dabei die Hinweis- und Warnfunktion. Vereinfacht gesagt: wenn etwas sichtbar ist, muss es zugedeckt werden, und es muss dabei erkennbar werden, dass eine geschützte fremde Rechtssphäre vorliegt, in die ein Aufdecken eingreifen würde; nicht erforderlich ist, dass ein Aufdecken faktisch ausgeschlossen wird. Die Hinweis- und Warnwirkung und damit der erforderliche Umfang der Schutzmaßnahmen ist unter **Berücksichtigung des Offenbarungsrisikos und der Schutzbedürftigkeit** der jeweiligen Information zu bestimmen.

190 Ausgehend von dem Offenbarungsgehalt und dem Offenbarungsrisiko einer Information lassen sich Informationen grob in offene, verdeckte und innere Tatsachen typisieren (sh Rdn 141 ff). Die Analyse kann ergeben, dass dieselbe **Information auf verschiedenen Trägern** vorliegt und sich daher in vielfacher Weise offenbaren kann. So kann sich bspw der Aufbau einer Produktionsstraße, der das wesentliche Know-how eines Unternehmens darstellt, erst mittels einer Untersuchung der Anlage offenbaren oder aber direkt den ebenfalls vorliegenden Konstruktionsplänen zu entnehmen sein. Diese Feststellung führt gerade zur Erkenntnis, dass unterschiedliche Offenbarungsrisiken vorliegen und daher **unterschiedliche Schutzmaßnahmen erforderlich** sein können.

---

278 Freckmann/Scholl, BB 2017, 1780, 1782.
279 Reinfeld, GeschGehG, § 1 Rn 189 f.
280 Vgl Freckmann/Scholl, BB 2017, 1780; Grässlin/Römermann, BB 2016, 1461, 1464.
281 Freckmann/Scholl, BB 2017, 1784.

(1) Offene Tatsachen

Zu offenen Tatsachen, also solche, die der unmittelbaren Wahrnehmung zugänglich bzw ihrem Träger leicht zu entnehmen sind, gehören **191**
- schriftlich oder bildlich festgehaltene Informationen, also physische oder digitale Unterlagen wie bspw technische Beschreibungen, Strategiekonzepte, Kundenlisten, Konstruktionszeichnungen, Pläne, Besprechungsprotokolle, Verträge, Audio- und Videoaufnahmen usw;
- verkörperte Informationen, die der Form der Umsetzung leicht zu entnehmen sind, wie bspw der Aufbau einer Versuchsanordnung oder einer offen gestalteten Anlage, das Design einer Produktentwicklung;
- Informationen, die sich in einem nachvollziehbaren Vorgang offenbaren, wie bspw Produktionszyklen, Herstellungsverfahren, Rezepte, Untersuchungsmethoden usw.

Zur Geheimhaltung solcher offenkundigen Tatsachen bedarf es regelmäßig zwingend **Maßnahmen zur umfassenden Beschränkung des Zugangs zu den betreffenden Trägermedien**, also entsprechend der Verkörperung und ihrer Lokalisierung entweder Beschränkungen des Zutritts (zB zu Produktionsanlagen), des Zugangs (zB zu Unterlagen) oder des Zugriffs (zB zu E-Mails, Dateien und anderen digitalen Daten). **192**

(2) Verdeckte Tatsachen

Verdeckte Informationen bedürfen für ihren Schutz keiner rigiden Zugangsbeschränkungen. Hier kommen in erster Linie **Beschränkungen der Nutzung** sowie **technische Schutzmaßnahmen** in Betracht. So ist beispielsweise der Zugang zu Anlagen, deren Steuerlogik geheim gehalten wird, für diese Geheimnisse unschädlich. Problematisch wird es, wenn die Möglichkeit eröffnet wird, die Anlage zu nutzen und auf die Steuerprogrammierung zuzugreifen. Auch dieser Zugriff könnte unschädlich sein, wenn zB die maßgeblichen Informationen durch technische Maßnahmen wie Passwortschutz oder einer Verschlüsselung der relevanten Daten vor Zugriff geschützt sind. **193**

Bei verdeckten Tatsachen ist der Erlaubnistatbestand des § 3 Abs 1 Nr 2 GeschGehG zu beachten. Danach gilt idR, dass zur Wahrung des Geheimhaltungsstatus solcher Informationen das Trägermedium nicht öffentlich verfügbar gemacht sein darf. Auch darf der rechtmäßige Besitzer nicht von einer Geheimhaltungsverpflichtung oder einer Verpflichtung, die ihm gerade das Erlangen des Geschäftsgeheimnisses untersagt (zB einer vertraglichen Nutzungsbeschränkung, nämlich im Hinblick auf bestimmte Untersuchungshandlungen), befreit sein (sh zum Reverse Engineering und zu den Möglichkeiten vertraglicher Regelungen Rdn 371 ff). **194**

(3) Innere Tatsachen

Bei inneren Tatsachen ist ein faktischer Schutz – nach rechtsstaatlichen Maßstäben – ausgeschlossen. Als geeignete Schutzmaßnahmen kommen daher ausschließlich vertragliche Verschwiegenheitsverpflichtungen in Betracht. Mitarbeiter können zudem begleitend durch Schulungen und Informationsveranstaltungen über die Bedeutung der Informationen und ihre Verantwortung als Wissensträger sensibilisiert werden. **195**

e) Exkurs: Innerbetriebliche Geheimhaltungsvereinbarungen

Auch zukünftig werden innerbetriebliche Geheimhaltungsvereinbarungen in der Praxis eine wichtige Rolle im Geschäftsgeheimnisschutz spielen. **196**

197 Gegenstand von Geheimhaltungsmaßnahmen ist jeweils das konkret zu schützende Geheimnis. Dieses muss deshalb vor Implementierung einer entsprechenden Geheimhaltungsmaßnahme zumindest seiner Art nach bestimmt sein (sh Rdn 122). Es ist dabei nicht erforderlich, jede einzelne geheim zu haltende Information besonders zu kennzeichnen, sodass grundsätzlich Maßnahmen für bestimmte Kategorien ergriffen werden oder durch allgemeine interne Richtlinien und Weisungen oder auch in Arbeitsverträgen vorgegeben werden können.[282] Diese vom Gesetz verlangte Konkretisierung oder Kennzeichnung von Geschäftsgeheimnissen erfolgt im **Arbeitsverhältnis idR mittels einer Geheimhaltungsvereinbarung.**

198 Auf der anderen Seite geht der Zweck von Geheimhaltungsvereinbarungen über die reine Kennzeichnung von Geschäftsgeheimnissen hinaus. Nach der Begründung zum Gesetzesentwurf sollen bei der Wertung der Angemessenheit der Schutzmaßnahmen auch vereinbarte vertragliche Regelungen mit Arbeitnehmern berücksichtigt werden können.[283] Innerbetriebliche Geheimhaltungsvereinbarungen haben demzufolge – neben der Kennzeichnung – die weitere Funktion, ihrerseits Schutz für Geschäftsgeheimnisse zu bieten.

199 Ausgangspunkt für die Beantwortung der Frage, wann eine innerbetriebliche Geheimhaltungsvereinbarung eine angemessene Geheimhaltungsmaßnahme sein kann, sind die ermittelten Zwecke von Geheimhaltungsmaßnahmen. Zu beachten ist neben der Warnfunktion die Funktion des Nachweises der Ernsthaftigkeit des Schutzinteresses (sh Rdn 110).

200 Die Beweisfunktion wirft allerdings Fragen zu den **Anforderungen an eine Geheimhaltungsvereinbarung** auf. Auf den ersten Blick könnte dieser Zweck bereits dann erfüllt sein, wenn die betreffende Information Gegenstand irgendeiner Geheimhaltungsmaßnahme, unabhängig von ihrer Effektivität ist. Tatsächlich wird man aber nur dann Rückschlüsse auf die Ernsthaftigkeit des Schutzinteresses ziehen können, wenn Maßnahmen getroffen wurden, die wirksam sind[284] und damit wenigstens **faktisch einen Mehrwert für den Schutz des Geschäftsgeheimnisses bieten.**

201 Jeder Arbeitnehmer ist bereits aufgrund einer **aus dem Arbeitsvertrag resultierenden Nebenpflicht** dazu verpflichtet, die Geschäftsgeheimnisse des Arbeitgebers zu wahren.[285] Eine gesonderte vertragliche Vereinbarung ist hierfür nicht erforderlich. Dies hat sich durch das GeschGehG nicht geändert.[286] Eine vertragliche Regelung, wie sie derzeit in vielen Arbeitsverträgen zu finden ist, die ausschließlich die bereits aus der Treuepflicht resultierende Pflicht zur Geheimhaltung von Geschäftsgeheimnissen wiederholt, kann dementsprechend keine ausreichende angemessene Geheimhaltungsmaßnahme nach § 2 Nr 1 lit b) GeschGehG sein.[287]

---

282 Begr zum RegE, BT-Drucks. 19/4724 S. 24.
283 Begr zum RegE, BT-Drucks. 19/4724 S. 24 f.
284 Freckmann/Schmoll, BB 2017, 1780, 1782; Bissels/Schroeder/Ziegelmayer, DB 2016, 2295, 2296.
285 BAG 08.05.2014, 2 AZR 249/13 = NZA 2014, 1258, 1260; Preis, in Müller-Glöge/Preis/Schmidt, ErfK ArbR, § 611a BGB Rn 710; Holthausen, NZA 2019, 1377.
286 Preis, in Müller-Glöge/Preis/Schmidt, ErfK ArbR, § 611a BGB Rn 710; Maaßen, GRUR 2019, 352; Lejeune, CR 2016, 330, 331.
287 So im Ergebnis auch McGuire, WRP 2019, 679, 682; Ohly, GRUR 2019, 441, 444.

Innerbetriebliche Geheimhaltungsvereinbarungen können vielmehr nur dann als Geheimhaltungsmaßnahme relevant werden, wenn sie über die gesetzlichen Regelungen hinausgehen bzw diese ergänzen. Diese Ergänzungen können bspw in der Absicherung von Geheimhaltungspflichten durch **zusätzliche vertragliche Sicherungsmaßnahmen** oder in der **Implementierung von Verhaltensregelungen** zum Umgang mit Geschäftsgeheimnissen bestehen.

aa) Bausteine von Geheimhaltungsvereinbarungen

Geheimhaltungsvereinbarungen werden idR folgende Bausteine enthalten: (i) **Konkretisierung** der geheim zu haltenden Informationen, (ii) **Sicherungsmaßnahmen** zur Absicherung von vertraglichen und gesetzlichen Geheimhaltungspflichten und (iii) **Verhaltensregeln** zum Umgang mit Geschäftsgeheimnissen,[288] wobei streng genommen auch Letztere zu den Sicherungsmaßnahmen zählen.

Grundsätzlich gilt dabei, dass nicht für alle Mitarbeiter dieselben vertraglichen Regelungen gelten müssen. Der Arbeitgeber muss vielmehr abwägen, für welche Mitarbeiter welche Maßnahmen sinnvoll sind und diese entsprechend umsetzen.[289] Maßgeblich wird in diesem Zusammenhang jeweils sein, welche anderen Schutzmechanismen für diese Gruppe bereits getroffen wurden, wie die Stellung im Unternehmen ausgestaltet ist und welcher Zugang zu Geschäftsgeheimnissen überhaupt möglich ist.

(1) Konkretisierung der geheim zu haltenden Informationen

Zwingender Baustein von Geheimhaltungsvereinbarungen im Arbeitsverhältnis ist zunächst eine Regelung, durch welche die von der Vereinbarung erfassten Informationen als Geschäftsgeheimnisse identifiziert werden. Dies entspricht der Hinweis- und Warnfunktion der Geheimhaltungsmaßnahmen.[290]

Dabei kommt dieser Konkretisierung eine **Doppelfunktion** zu: Einerseits geht es um die Definition des Bezugsobjekts weiterer Sicherungsmaßnahmen. Andererseits hat aber auch die Bezeichnung von Geschäftsgeheimnissen einen selbstständigen Sicherungszweck. Wird zum Beispiel einem Mitarbeiter mitgeteilt, dass Konstruktionspläne vertraulich zu behandeln sind, wird die Wahrscheinlichkeit, dass der Mitarbeiter gerade hinsichtlich dieser Informationen seiner Verschwiegenheitsverpflichtung nachkommen wird, erhöht.

Umfang der Konkretisierung

Hinsichtlich des Umfangs der Konkretisierung von Geschäftsgeheimnissen in arbeitsvertraglichen Regelungen besteht Uneinigkeit.

Teilweise wird die Auffassung vertreten, dass nur noch solche Geschäftsgeheimnisse vom Geschäftsgeheimnisschutz umfasst sind, die zB im Arbeitsvertrag konkret als solche bezeichnet werden.[291] Auf der anderen Seite wird die Auffassung vertreten, dass nur dann

---

288 Ähnlich McGuire, WRP 2019, 679, 687.
289 So auch Fuhlrott, in Fuhlrott/Hiéramente, BeckOK GeschGehG, § 2 Rn 52.
290 Maaßen, GRUR 2019, 352, 359, vgl hierzu Rdn 113.
291 So wohl Fuhlrott, in Fuhlrott/Hiéramente, BeckOK GeschGehG, § 2 Rn 51.

Informationen als vertraulich gekennzeichnet werden müssen, wenn sich der Geheimnischarakter nicht schon aus den Umständen ergibt.[292]

209 Die letztgenannte Auffassung überzeugt. Grundsätzlich kann von einem Arbeitnehmer nicht erwartet werden, dass er für jede Information, die er im Rahmen seiner Tätigkeit erhält, selbst feststellt, ob diese geheimhaltungsbedürftig ist. Es ist in diesen Fällen **Aufgabe des Arbeitgebers, den Arbeitnehmer hierüber in Kenntnis zu setzen**. Der Arbeitnehmer könnte mit der Feststellung des Geheimnischarakters ansonsten überfordert sein. Dieser Überforderung soll das Erfordernis der Geheimhaltungsmaßnahmen gerade entgegenwirken.

210 Darüber hinaus gibt es aber auch Informationen, von denen jeder Arbeitnehmer weiß, dass diese für den Arbeitgeber von besonderem wirtschaftlichem Wert sind, sodass hieran ein entsprechendes Geheimhaltungsinteresse besteht. Handelt es sich um eine solche Information, dürfte die Belehrung der Arbeitnehmer über das Geheimhaltungsinteresse des Arbeitgebers keinen Mehrwert beim Schutz des Geschäftsgeheimnisses bringen. Zudem wird dann auch klar sein, dass sich andere Sicherungsmaßnahmen gerade auch auf diese Informationen beziehen, sodass eine Benennung auch nicht zur Definierung des Gegenstandes sonstiger Maßnahmen erforderlich ist. In diesem Fällen stehen die anderen Schutzmechanismen wie technische Zugangsbeschränkungen, Vereinbarung von Vertragsstrafen o.ä. im Vordergrund.

211 Dennoch kann Arbeitgebern nur empfohlen werden, auch solche Informationen, bei denen die Vertraulichkeit auf der Hand liegt, konkret als vertraulich zu behandelnde Information zu benennen: Zum einen ist noch nicht gesichert, dass die Rspr der hier vertretenen Auffassung folgen wird und bei solchen Informationen eine Kennzeichnung nicht für erforderlich ansieht. Zum anderen ist die Beurteilung, bei welchen Informationen die Vertraulichkeit auf der Hand liegt, sehr fehleranfällig. Schließlich birgt eine Kennzeichnung nur derjenigen Informationen, bei denen die Vertraulichkeit weniger offensichtlich ist, das Risiko, dass dem Arbeitnehmer suggeriert wird, dass eben nur die gekennzeichneten Informationen vertraulich zu behandeln sind.

212 ▶ Jedenfalls diejenigen Informationen, bei denen sich die Vertraulichkeit nicht schon aus der Natur der Sache ergibt, müssen als vertrauliche Informationen gekennzeichnet werden, wobei sich auch bei den offensichtlich vertraulichen Informationen eine Kennzeichnung empfiehlt.

Art und Weise der Konkretisierung

213 Dies führt zur nächsten Frage, wie diese Kennzeichnung zu erfolgen hat. Teilweise wird empfohlen, bereits im Arbeitsvertrag alle Geschäftsgeheimnisse konkret zu bezeichnen. Diese Vorgehensweise wird aber idR die intendierte Warnfunktion nur teilweise erfüllen. Bei Abschluss des Arbeitsvertrages wird **nicht abschließend vorherzusehen sein, welche Informationen** auch in der Zukunft für den Arbeitgeber von erheblichem Wert sein werden und damit vertraulich zu behandeln sind.[293]

214 Dieses Problem kann durch eine **dynamische Regelung** gelöst werden, durch die sich der Arbeitnehmer verpflichtet, alle diejenigen Informationen vertraulich zu behandeln, die der

---

292 Ohly, GRUR 2019, 441, 444.
293 McGuire, WRP 2019, 679, 682.

Arbeitgeber **im Laufe des Arbeitsverhältnisses auf die im Vertrag festgelegte Art und Weise als vertraulich kennzeichnet**.[294] Als Arten der Kennzeichnung kommen dabei verschiedene Methoden in Betracht. Zum Beispiel kann vereinbart werden, dass den Arbeitnehmern in regelmäßigen Abständen eine Liste der aktuell vertraulichen Informationen zur Verfügung gestellt wird.[295] Ebenfalls möglich ist die Vereinbarung, dass all diejenigen Informationen vertraulich sind, die auf eine bestimmte Art und Weise (zB durch bestimmte Passwörter) gesichert werden oder mit einem bestimmten Vertraulichkeitssiegel[296] versehen sind. Dabei kann auch das oben angesprochene Drei-Stufen-Modell nutzbar gemacht werden (sh Rdn 129).

Bei der Kennzeichnung von vertraulichen Dokumenten und Informationen, sei es durch Aushändigung von Listen oder sonstige Auszeichnung, ist allerdings auch in Zukunft **mit Augenmaß vorzugehen**. Werden aus Vorsichtsgründen übermäßig viele Unterlagen und Informationen als Geschäftsgeheimnisse gekennzeichnet, kann die der Kennzeichnung zukommende Warnfunktion nicht mehr immer erfüllt werden.[297] Dies kann zur Folge haben, dass die gesamte Klausel unwirksam wird und, soweit keine sonstigen ausreichenden Geheimhaltungsmaßnahmen getroffen wurden, selbst diejenigen Informationen nicht mehr geschützt sind, an denen der Arbeitgeber ein berechtigtes Geheimhaltungsinteresse hat.[298] 215

▶ Unternehmen müssen sicherstellen, dass ihre Arbeitnehmer zu jedem Zeitpunkt wissen, welche Informationen den vertraglichen Verschwiegenheitspflichten unterliegen. Die Geschäftsgeheimnisse sind daher möglichst konkret als solche zu kennzeichnen.[299] Eine erste Nennung der aktuell bestehenden Geschäftsgeheimnisse sollte dabei schon im Arbeitsvertrag erfolgen. Wichtiger ist aber die Vereinbarung eines Mechanismus, durch den der Arbeitnehmer im laufenden Arbeitsverhältnis stets in der Lage ist, festzustellen, welche Informationen der Verschwiegenheit unterliegen. 216

(2) Maßnahmen zur Absicherung und Erweiterung von Geheimhaltungspflichten

Das Interesse des Arbeitgebers am Schutz des Geschäftsgeheimnisses zeigt sich insbesondere dann, wenn er Maßnahmen ergreift, um sicherzustellen, dass der Arbeitnehmer die Geheimhaltungspflichten auch tatsächlich einhält. In Betracht kommen dabei insbesondere die Vereinbarung von **Vertragsstrafen** für den Verstoß gegen eine vertragliche Verschwiegenheitspflicht, die Vereinbarung **nachvertraglicher Verschwiegenheitspflichten** oder die Vereinbarung eines **nachvertraglichen Wettbewerbsverbots**. 217

Vertragsstrafenregelungen
Bereits vor Inkrafttreten des GeschGehG sahen viele Arbeitsverträge Regelungen vor, nach denen sich der Arbeitnehmer verpflichtete, für den Fall des Verstoßes gegen eine vertragliche oder nachvertragliche Verschwiegenheitspflicht eine Vertragsstrafe zu zahlen. Mit 218

---

294 Fuhlrott, in Fuhlrott/Hiéramente, BeckOK GeschGehG, § 2 Rn 53; McGuire, WRP 2019, 679, 682.
295 McGuire, WRP 2019, 679, 688.
296 Ähnlich Holthausen, NZA 2019, 1377, 1380.
297 Maaßen, GRUR 2019, 352, 356.
298 Maaßen, GRUR 2019, 352, 356; wohl auch Holthausen, NZA 2019, 1377, 1380.
299 Kritisch McGuire, WRP 2019, 679, 681.

Inkrafttreten des GeschGehG und des Erfordernisses angemessener Geheimhaltungsmaßnahmen wird dieses **Sicherungsmittel** in Zukunft noch **größere Bedeutung** erlangen.[300]

219 Damit eine solche Regelung als angemessene Geheimhaltungsmaßnahme angesehen werden kann, muss sie die Vorgaben der §§ 307 ff BGB einhalten.[301]

220 Als milderes Mittel zur Vereinbarung einer Vertragsstrafe kommt in Betracht der einfache **Hinweis auf eine etwaige Schadensersatzpflicht** des Arbeitnehmers bei Verstoß gegen die bestehenden Verschwiegenheitspflichten und/oder **auf eine etwaige Strafbarkeit** nach § 23 GeschGehG.[302] Ebenso wie durch die Vereinbarung einer Vertragsstrafe werden durch einen solchen Hinweis dem Arbeitnehmer die Konsequenzen eines Verstoßes gegen die Verschwiegenheitspflicht aufgezeigt und damit solche Verstöße im Optimalfall verhindert. Ein **höheres Schutzniveau** dürfte dennoch weiterhin durch Vertragsstrafenregelungen erzielt werden, da durch die Vereinbarung einer Vertragsstrafe dem Arbeitgeber der Nachweis eines Schadens erspart und damit die Chancen einer erfolgreichen Inanspruchnahme des Arbeitnehmers erheblich erhöht werden.[303]

Nachvertragliche Wettbewerbsverbote

221 Ein **besonders hohes Schutzniveau** für Geschäftsgeheimnisse kann durch die Vereinbarung eines nachvertraglichen Wettbewerbsverbots erreicht werden, mit dem einem Arbeitnehmer für einen Zeitraum von maximal zwei Jahren nach Beendigung des Anstellungsverhältnisses untersagt wird, für einen Wettbewerber tätig zu werden. Zwar bezieht sich das Tätigkeitsverbot und damit der Schutz von Geschäftsgeheimnissen nur auf die Beziehung des Arbeitnehmers zum neuen Arbeitgeber, allerdings dürfte hierin grundsätzlich auch das größte Risikopotenzial liegen. Gleichwohl zögern viele Arbeitgeber, nachvertragliche Wettbewerbsverbote zu vereinbaren. Hintergrund ist insbesondere die mit einem solchen Verbot einhergehende **gesetzlich vorgeschriebene Entschädigung des Arbeitnehmers** in Höhe von mindestens der Hälfte der zuletzt bezogenen vertragsmäßigen Leistungen, die zu einer erheblichen finanziellen Belastung des Arbeitgebers führen kann.

222 Entscheidet sich ein Arbeitgeber für ein nachvertragliches Wettbewerbsverbot, ist bei der Formulierung besondere Vorsicht geboten. Damit ein nachvertragliches Wettbewerbsverbot wirksam ist, müssen die Vorgaben der §§ 74 ff HGB eingehalten werden.

Nachvertragliche Verschwiegenheitsklauseln

223 Bislang wird vielfach von der Vereinbarung von nachvertraglichen Wettbewerbsverboten abgesehen, da sich Arbeitgeber durch vereinbarte nachvertragliche Verschwiegenheitsklauseln für ausreichend abgesichert betrachten. Es ist allerdings zu beachten, dass die **Wirksamkeit und Reichweite von nachvertraglichen Verschwiegenheitsverpflichtungen**

---

300 Zur Vertragsstrafe als angemessene Geheimhaltungsmaßnahme: Freckmann/Schmoll, BB 2017, 1780, 1782; Fuhlrott, in Fuhlrott/Hiéramente, BeckOK GeschGehG, § 2 Rn 55; kritisch McGuire, WRP 2019, 679, 685.
301 Hierzu BAG 24.08.2017, 8 AZR 378/16 = NJW 2018, 418; BAG 21.04.2005, 8 AZR 425/04 = NZA 2005, 1053.
302 Hierzu Julis, in Liebers, Formularbuch des Fachanwalts, C I 1 Rn 17.
303 Voigt/Hermann/Grabenschröer, BB 2019, 142, 145.

nicht abschließend geklärt ist,[304] sodass eine abschließende Beurteilung einer rechtssicheren Vertragsgestaltung schwerfällt.

Es besteht bereits Uneinigkeit, ob eine Verschwiegenheit nach Beendigung des Arbeitsverhältnisses – jedenfalls in Ausnahmefällen – schon aus der nachvertraglichen Treuepflicht resultiert [305] oder ob es hierzu stets einer nachvertraglichen Verschwiegenheitsklausel bedarf.[306] Schon deshalb empfiehlt es sich, **nachvertragliche Verschwiegenheitspflichten stets ausdrücklich** zu regeln.[307] Die Formulierung solcher Verschwiegenheitsklauseln birgt allerdings Schwierigkeiten, da die Rspr zu nachvertraglichen Verschwiegenheitspflichten unübersichtlich und uneinheitlich ist. [308] Der Rspr des Bundesarbeitsgerichts lässt sich immerhin der Grundsatz entnehmen, dass eine nachvertragliche Verschwiegenheitsverpflichtung den Arbeitnehmer **nicht unbillig in seinem beruflichen Fortkommen einschränken** darf. [309] Will der Arbeitgeber den Arbeitnehmer nach Beendigung des Arbeitsverhältnisses daran hindern, seine rechtmäßig erlangten beruflichen Kenntnisse und Erfahrungen zu verwerten und zu seinem Arbeitgeber in Wettbewerb zu treten, muss der Arbeitgeber ein **entschädigungspflichtiges Wettbewerbsverbot** vorsehen. [310] Es geht also um eine Einzelabwägung zwischen zwei durch Art 12 GG geschützte Positionen: Den Interessen des Arbeitgebers an der Geheimhaltung einerseits und den Interessen des Arbeitnehmers an beruflichem Fortkommen andererseits.[311]

224

Diese von der Rspr entwickelten Grundsätze werden durch das GeschGehG nicht angetastet.[312] Dies ergibt sich auch aus Art 1 (3) lit b) GeschGehRL, wonach die Richtlinie nicht die Nutzung von Erfahrungen und Fähigkeiten beschränken darf, die Arbeitnehmer im normalen Verlauf ihrer Tätigkeit ehrlich erworben haben.

225

Wo genau die Grenze zwischen einem nachvertraglichen Wettbewerbsverbot und einer nachvertraglichen Verschwiegenheitsverpflichtung läuft, wird allerdings von der Rspr nicht einheitlich beantwortet und ist zudem in der Literatur sehr umstritten.[313] Im Wesentlichen lassen sich **zwei Strömungen** identifizieren:

226

---

304 Bauer/Diller, Wettbewerbsverbote, Rn 121 ff; Holthausen, NZA 2019, 1377, 1381; Lejeune, CR 2016, 330, 331; Wunner, WRP 2019, 710, 712.
305 So BAG 15.12.1987, 3 AZR 474/86 = NJW 1988, 1686; BAG 15.06.1993, 9 AZR 558/91 = NZA 1994, 502; Freckmann/Schmoll, BB 2017, 1780, 1783 »im Einzelfall«; Holthausen, NZA 2019, 1377, 1381; Panzer-Heemeier/Zange, in Lunk, AnwaltFormulare Arbeitsrecht, § 1a Rn 1493.
306 Thüsing, in Graf v. Westphalen/Thüsing, Vertragsrecht und AGB-Klauselwerke, Arbeitsverträge Rn 456; Fuhlrott, in Fuhlrott/Hiéramente, BeckOK GeschGehG, § 2 Rn 55.
307 So auch Thüsing, in Graf v. Westphalen/Thüsing, Vertragsrecht und AGB-Klauselwerke, Arbeitsverträge Rn 456; Fuhlrott, in Fuhlrott/Hiéramente, BeckOK GeschGehG, § 2 Rn 55.
308 S. insb BAG 15.12.1987, 3 AZR 474/86 = NJW 1988, 1686; BAG 15.06.1993, 9 AZR 558/91 = NZA 1994, 502; BAG 19.05.1998, 9 AZR 394/97 = NZA 1999, 200; Vgl zur Übersicht Freckmann/Schmoll, BB 2017, 1780,1783.
309 BAG 15.06.1993, 9 AZR 558/91 = NZA 1994, 502, mwN.
310 BAG 15.06.1993, 9 AZR 558/91 = NZA 1994, 502.
311 Rolfs, in Preis, Der Arbeitsvertrag, II V 20, Rn 55.
312 Vgl Begr zum RegE, BT-Drucks. 19/4724 S. 27.
313 Vgl zum Meinungsstand Bauer/Diller, Wettbewerbsverbote, Rn 121 ff.

227 Einerseits wird vertreten, dass sich **nachvertragliche Verschwiegenheitsverpflichtungen nur auf Einzelsachverhalte** beziehen könnten.[314] Andererseits besteht die Auffassung, dass auch eine breiter gefasste Klausel wirksam sein kann, sofern klargestellt wird, dass die Verschwiegenheitspflicht nur gilt, solange der Arbeitnehmer hierdurch nicht in seinem beruflichen Fortkommen eingeschränkt wird.[315]

228 Die letztgenannte Auffassung überzeugt: Ausgehend von dem durch das BAG aufgestellten und durch das GeschGehG übernommenen Grundsatz, dass der Arbeitnehmer durch die nachvertragliche Verschwiegenheitspflicht nicht in seinem beruflichen Fortkommen eingeschränkt werden darf, muss eine **nachvertragliche Bindung des Arbeitnehmers jedenfalls in diesen Grenzen möglich** sein. Dies bedeutet einerseits, dass dem Arbeitnehmer ohne Weiteres untersagt werden kann, Geschäftsgeheimnisse des Arbeitgebers nach Beendigung des Arbeitsverhältnisses **außerhalb seiner eigenen Berufstätigkeit** zu verwerten, zum Beispiel wenn er diese an Dritte weitergeben möchte.[316].

229 Darüber hinaus muss dem Arbeitnehmer die Verwertung von Geschäftsgeheimnissen seines ehemaligen Arbeitgebers auch im Rahmen seiner Berufstätigkeit untersagt werden, solange er hierdurch nicht in seinem beruflichen Fortkommen unbillig gehindert wird. Dabei muss **bereits im Rahmen des Vertragsabschlusses sichergestellt werden**, dass diese Voraussetzung erfüllt wird. Dies kann entweder dadurch erreicht werden, dass klargestellt wird, dass die Verpflichtung nur soweit reicht, wie der Arbeitnehmer nicht in seinem beruflichen Fortkommen unbillig gehindert wird,[317] oder indem ein dahingehender **Freistellungsanspruch** vereinbart wird.[318] Eine erneute konkrete Auflistung der geheim zu haltenden Informationen in der Klausel zur nachvertraglichen Verschwiegenheit wird idR nicht notwendig sein, da diese bereits im Rahmen der vertraglichen Verschwiegenheitsklausel erfolgt ist. Handelt es sich bei der entsprechenden Klausel im Arbeitsvertrag um eine dynamische Verweisklausel (zB auf auszuhändigende Listen, bestimmte Kennzeichnungen oä) kann eine Anpassung der Systematik für die Zeit nach Beendigung des Arbeitsverhältnisses erforderlich sein.

230 ▶ Zur Gewährleistung einer Geheimhaltung von Geschäftsgeheimnissen auch über die Beendigung des Arbeitsverhältnisses hinaus müssen entsprechende Pflichten vertraglich vereinbart werden. Ist das Geheimhaltungsinteresse des Arbeitgebers auf einige wenige Informationen beschränkt, empfiehlt es sich, die entsprechende Klausel auch auf diese Informationen zu beschränken, um die Chancen der Wirksamkeit der Klausel zu erhöhen. Ist eine Beschränkung nicht möglich, muss die Verschwiegenheitspflicht allerdings insofern eingeschränkt werden, als der Arbeitnehmer durch diese nicht in seinem beruflichen Fortkommen eingeschränkt werden darf.

Wahl des konkreten Sicherungsmittels

231 Besondere Bedeutung kommt der Frage zu, ob ein Arbeitgeber bestimmte Sicherungsmittel ergreifen muss, damit überhaupt von einer angemessenen Geheimhaltungsmaßnahme ausgegangen werden kann. Mit anderen Worten: Unter welchen Voraussetzungen kann das

---

314 Nebendahl, in Münchener Hdb ArbR, Bd 2, § 140 Rn 4; Panzer-Heemeier/Zange, in Lunk, AnwaltFormulare ArbR § 1a Rn 1493.
315 So wohl Bauer/Diller, Wettbewerbsverbote, Rn 126; Lejeune, CR 2016, 330, 332.
316 Rolfs, in Preis, Der Arbeitsvertrag, II V 20, Rn 54; Bauer/Diller, Wettbewerbsverbote, Rn 126; ähnlich BAG 15.12.1987, 3 AZR 474/86 = NJW 1988, 1686.
317 So Bauer/Diller, Wettbewerbsverbote, Rn 126.
318 Hierzu Julis, in Liebers, Formularbuch des Fachanwalts, C I 1 Rn 13.

Fehlen einer bestimmten Sicherungsmaßnahme zum Verlust des Geheimnisschutzes führen.

Derzeit ist nicht auszuschließen, dass die Gerichte einer Information die Geheimnisqualität aberkennen, wenn der Arbeitgeber von der Nutzung bestimmter vertraglicher Sicherungsmittel absieht. Eine solche strenge Anwendung des § 2 Nr 1 GeschGehG erscheint allerdings unwahrscheinlich. Ausgangspunkt sollte vielmehr sein, dass es in jedem Fall einer Einzelfallabwägung unter Berücksichtigung der Stellung des Arbeitnehmers im Unternehmen, der Möglichkeiten des Zugriffs auf Geschäftsgeheimnissen und der sonstigen Sicherungsmaßnahmen bedarf. Nur bei Berücksichtigung all dieser Faktoren kann beurteilt werden, ob der Arbeitgeber angemessene Maßnahmen ergriffen hat. 232

Darüber hinaus muss je nach Sicherungsmittel unterschieden werden: 233

Das **Fehlen eines nachvertraglichen Wettbewerbsverbotes** kann grundsätzlich nicht zum Verlust des Geheimnisschutzes führen. Aufgrund der – aus der Entschädigungspflicht (§ 74 Abs 2 HGB) resultierenden – finanziellen Belastung für den Arbeitgeber auf der einen Seite und der weit verbreiteten fehlenden Bereitschaft von Arbeitnehmern auf der anderen Seite, nachvertraglichen Wettbewerbsverboten zuzustimmen, kann das Fehlen eines nachvertraglichen Wettbewerbsverbot nicht dazu führen, dass eine Information ihren Charakter als Geschäftsgeheimnis verliert. Hinzu kommt, dass ein nachvertragliches Wettbewerbsverbot nur vor einer bestimmten Form des Geheimnisverrates schützt – nämlich vor der Verwendung von Geschäftsgeheimnissen zu Wettbewerbszwecken. Durch das GeschGehG wird an der derzeitigen Sachlage nichts geändert: Arbeitgeber sollten mit ihren Arbeitnehmern nachvertragliche Wettbewerbsverbote vereinbaren, wenn sie ein Interesse daran haben, die Tätigkeit für einen Wettbewerber zu verhindern. Allein um die Geschäftsgeheimnisqualität bestimmter Informationen zu sichern, muss ein nachvertragliches Wettbewerbsverbot aber nicht vereinbart werden. 234

Das **Fehlen einer Vertragsstrafenregelung** oder jedenfalls eines entsprechenden Hinweises im Arbeitsvertrag auf die Rechtsfolgen eines Verstoßes gegen die Verschwiegenheitsverpflichtung kann allerdings in bestimmten Fällen dazu führen, dass der Arbeitgeber sich nicht auf den Geheimnisschutz berufen kann.[319] Dies kann zum Beispiel dann der Fall sein, wenn der **Arbeitnehmer mit besonders sensiblen Daten in Kontakt** kommt, der Arbeitgeber aber **keine sonstigen Geheimhaltungsmaßnahmen** ergriffen hat. Es wird also darauf ankommen, auf welcher Position der Arbeitnehmer beschäftigt ist, welche Geheimhaltungsmaßnahmen der Arbeitgeber im Übrigen getroffen hat und inwiefern diese einen effektiven Schutz bewirken können. 235

Fehlen Regelungen zu nachvertraglichen Verschwiegenheitspflichten wird man am ehesten zu dem Schluss kommen können, dass der Arbeitgeber keine angemessenen Geheimhaltungsmaßnahmen getroffen hat, insbesondere wenn keine sonstigen nennenswerten Maßnahmen getroffen wurden. Bei der Implementierung von Geheimhaltungsmaßnahmen geht es unter anderem darum, dass der Arbeitgeber die Ernsthaftigkeit des Schutzinteresses nachweist. Trifft der Arbeitgeber aber keine Vorkehrungen, dass der Arbeitnehmer auch nach Beendigung des Anstellungsverhältnisses über die Geschäftsgeheimnisse Stillschweigen bewahrt, kann das Geheimhaltungsinteresse des Arbeitgebers – 236

---

319 So Apel/Walling, DB 2019, 891, 895.

auch schon während des Bestandes des Arbeitsverhältnisses – bezweifelt werden. Vor diesem Hintergrund kann Unternehmen nur geraten werden, standardmäßig Regelungen zu nachvertraglichen Verschwiegenheitspflichten in die Arbeitsverträge aufzunehmen.

237 Schließlich müssen Arbeitgeber in ihrer **Vertragsgestaltung konsistent** sein. Vereinbart ein Arbeitgeber zum Beispiel mit einem Mitarbeiter eine nachvertragliche Verschwiegenheitspflicht, fehlt im Arbeitsvertrag eines anderen, vergleichbaren Mitarbeiters aber eine solche Regelung, besteht das Risiko, dass die Information insgesamt die Qualität als Geschäftsgeheimnis verliert.

238 ▶ Da nicht abzusehen ist, wie sich die Rspr zu dem Fehlen von arbeitsvertraglichen Sicherungsmitteln positionieren wird, ist derzeit der sicherste Weg, in alle Arbeitsverträge Regelungen zu nachvertraglichen Verschwiegenheitsverpflichtungen sowie Vertragsstrafenregelungen und/oder Hinweise zu Rechtsfolgen eines Verstoßes aufzunehmen sowie bei Geheimnisträgern oder sonstigen Personen in gehobenen Stellungen zusätzlich nachvertragliche Wettbewerbsverbote aufzunehmen.

Nach der hier vertretenen Auffassung dürfte es auch genügen, wenn in Arbeitsverträgen standardmäßig nachvertragliche Verschwiegenheitsverpflichtungen aufgenommen werden, während Vertragsstrafenregelungen und/oder Hinweise zu Rechtsfolgen eines Verstoßes erst bei einer exponierten Stellung im Unternehmen aufgenommen werden, wobei die Vertragsstrafenregelung gegenüber dem einfachen Hinweis vorzugswürdig ist.

(3) Verhaltensregeln zum Umgang mit Daten

239 Ein wesentlicher Bestandteil von innerbetrieblichen Geheimhaltungsvereinbarungen wird in Zukunft ein **Verhaltenskodex zum Umgang mit vertraulichen Daten** sein.[320] Solche Regelungen müssen nicht zwingend Gegenstand des Arbeitsvertrages sein, sondern können auch durch einseitige Richtlinien des Arbeitgebers oder über kollektivrechtliche Vereinbarungen (sh Rdn 252) Wirkung entfalten.

240 Besonders bedeutsam dürfte die Frage sein, inwieweit es dem Mitarbeiter gestattet ist, **eigene Datenträger zu benutzen und Unternehmensdaten auf privaten Speichermedien** zu speichern. Da dies zu einem erhöhten Risiko für Geschäftsgeheimnisse führt,[321] sollte der Einsatz von privaten Geräten – wenn überhaupt – nur in geringem Umfang erlaubt werden.[322] Entscheidet sich der Arbeitgeber für die Zulassung solcher Speichermedien (zB im Rahmen einer sog. **»Bring your own device« Policy**) ist es wichtig, dass der Arbeitgeber klare Regelungen für die Nutzung der Geräte aufstellt und vor allem eindeutig regelt, wofür diese Geräte genutzt werden können und wie hierdurch eine Gefährdung von Geschäftsgeheimnissen ausgeschlossen werden kann.

241 Darüber hinaus ist es die Aufgabe von Arbeitgebern, ihren Arbeitnehmern klare Vorgaben zum Umgang mit vertraulichen Informationen zu geben.[323] Arbeitgeber sollten insbesondere Regeln aufstellen, wo und wie lange bestimmte Unterlagen und Dateien aufbewahrt werden und wie diese geschützt werden. Bei digitalen Informationen kommen insbesondere Passwortsperren und elektronische Sicherungen wie Kopierschutz etc in Betracht[324],

---

[320] Hierzu Fuhlrott, in Fuhlrott/Hiéramente, BeckOK GeschGehG, § 2 Rn 45, 61.
[321] Vgl auch Maaßen, GRUR 2019, 352, 358; Ohly, GRUR 2019, 441, 444.
[322] Maaßen, GRUR 2019, 352, 358.
[323] Apel/Walling, DB 2019, 891, 895; Maaßen, GRUR 2019, 352, 359; Ziegelmayer, CR 2018, 693, 699.
[324] Naber/Peukert/Seeger, NZA 2019, 583, 584.

bei sonstigen Informationen physische Barrieren wie abschließbare Schränke etc. Die Mitarbeiter sollten insofern eine klare Anweisung erhalten, welche Maßnahmen bei welchen Informationen getroffen werden müssen.[325]

(4) Sonstige Hinweise für die Vertragsgestaltung

Bei der Gestaltung von innerbetrieblichen Geheimhaltungsvereinbarungen sind in Zukunft weitere Aspekte zu beachten, die bislang keine oder nur eine untergeordnete Rolle gespielt haben. 242

So regelt zum Beispiel § 5 GeschGehG eine Ausnahme von den Geheimhaltungspflichten in Fällen des sog. Whistleblowings. Aus Transparenzgründen wird daher empfohlen, diese Ausnahme in vertraglichen Vereinbarungen ausdrücklich zu benennen. Problematisch ist in diesem Zusammenhang allerdings Folgendes: Verhaltensweisen, die nach § 5 GeschGehG erlaubt sind (sh Rdn 536 ff), sind nicht zwingend auch arbeitsrechtlich erlaubt. Wird im Vertrag klargestellt, dass Verhaltensweisen nach § 5 GeschGehG in jedem Falle eine Ausnahme zu den vertraglichen Verschwiegenheitspflichten darstellen, wird die Geheimhaltungspflicht des Arbeitnehmers weiter eingeschränkt, als es die arbeitsrechtlichen Regelungen verlangen. 243

Dieses Problem kann dadurch gelöst werden, dass im Vertrag lediglich festgehalten wird, dass in nicht abschließender Weise die in § 5 GeschGehG geschilderten Verhaltensweisen einen Verstoß gegen die arbeitsvertraglichen Verschwiegenheitspflichten rechtfertigen können. 244

Eine solche Vereinbarung wäre wirksam. Nach der Rspr des Bundesarbeitsgerichts besteht die Pflicht des § 307 Abs 1 Satz 2 BGB, den Klauselinhalt möglichst klar und verständlich zu formulieren, nur im Rahmen des Möglichen und Zumutbaren. Welche Anforderungen an die Wahrung des **Transparenzgebots** konkret zu stellen sind, soll dabei vom jeweiligen Einzelfall abhängig sein, wobei insbesondere auch die Komplexität des Sachverhalts unter Berücksichtigung der spezifischen Gegebenheiten des konkreten Regelungsgegenstands maßgeblich sein kann.[326] Hinsichtlich der Anforderungen an die Formulierung von Ausnahmetatbeständen – konkret ging es um die Ausnahme des Mindestlohns von Ausschlussfristen – hat das Bundesarbeitsgericht ausgeführt, dass es vom Klauselverwender nicht verlangt werden könne, die Folgen einer Vertragsbestimmung für alle denkbaren Fallgestaltungen zu erläutern. Durch einen entsprechenden Hinweis solle dem verständigen Arbeitnehmer nur verdeutlich werden, dass der Anwendungsbereich der vertraglichen Pflicht gesetzlichen Beschränkungen unterliegen kann.[327] 245

Nach diesen Grundsätzen wird das Transparenzgebot nicht verletzt, wenn klargestellt wird, dass die **Verhaltensweisen nach § 5 GeschGehG eine Rechtfertigung für einen Verstoß gegen die Verschwiegenheitspflichten** sein können. Durch eine solche Regelung wird ausreichend verhindert, dass der Arbeitnehmer die Verschwiegenheitspflicht als unbeschränkt versteht und daher bestimmte – zulässige – Verhaltensweisen unterlässt. 246

Im Ergebnis dürfte eine Geheimhaltungsverpflichtung schließlich sogar dann wirksam sein, wenn eine Regelung zu § 5 GeschGehG gänzlich fehlt. Nach der Rspr des Bundesarbeitsge- 247

---

325 Vgl auch Fuhlrott, in Fuhlrott/Hiéramente, BeckOK GeschGehG, § 2 Rn 45.
326 BAG 18.09.2018, 9 AZR 162/18 = NJW 2019, 456.
327 BAG 18.09.2018, 9 AZR 162/18 = NJW 2019, 456.

richts müssen **Ausnahmetatbestände** nur dann in einer Klausel erwähnt werden, wenn es sich um den oder einen Hauptanwendungsfall handelt, nicht aber bei selten auftretenden, von den Vertragsparteien nicht für regelungsbedürftig gehaltenen Sonderfällen.[328] Da die in § 5 GeschGehG geregelten Verhaltensweisen nicht den Regelfall des Verrats von Geschäftsgeheimnissen betreffen, müssen diese auch nicht ausdrücklich mit in die Klausel aufgenommen werden. Bis diese Frage durch die Rspr verbindlich geklärt ist, empfiehlt es sich aber, die dargestellte Klarstellung in eine Vereinbarung aufzunehmen.

248 Mit Blick auf § 3 Abs 1 Nr 2 lit b) GeschGehG sollte zudem – wenn angezeigt – bereits in den Arbeitsvertrag das Verbot des Reverse Engineering (sh Rdn 412 f) aufgenommen werden.[329] Die Zulässigkeit des durch § 3 Abs 1 Nr 2 lit b) GeschGehG nunmehr ausdrücklich gestatteten **Reverse Engineering** wird nämlich dann eingeschränkt, wenn eine Pflicht zur Beschränkung der Erlangung des Geschäftsgeheimnisses bestand. Ob hierdurch eine umfassende Einschränkung des Reverse Engineering möglich ist, ist allerdings noch nicht geklärt.[330]

249 Nach § 4 Abs 2 Nr 3 GeschGehG darf darüber hinaus derjenige ein Geschäftsgeheimnis nicht nutzen oder offenlegen, der gegen eine Verpflichtung zur Beschränkung der Nutzung des Geschäftsgeheimnisses verstößt. Daraus ergibt sich, dass mit dem Arbeitnehmer nicht nur vereinbart werden sollte, **welche Informationen vertraulich zu behandeln** sind, sondern auch, **welche Nutzungsformen erlaubt und welche verboten** sind.[331]

250 Geheimhaltungsvereinbarungen erstrecken sich ferner üblicherweise auch auf Geschäftsgeheimnisse von Konzernunternehmen und verpflichten die Arbeitnehmer, auch hierüber Stillschweigen zu wahren. Insofern ist allerdings zu berücksichtigen, dass nach § 2 Nr 1 lit b) GeschGehG Geheimhaltungsmaßnahmen durch ihren rechtmäßigen Inhaber getroffen werden müssen (sh Rdn 254 f). Vor diesem Hintergrund muss bei solchen **konzernweiten Geheimhaltungsvereinbarungen** sichergestellt werden, dass es sich um Maßnahmen jedes einzelnen Konzernunternehmens handelt. Das vertragsschließende Unternehmen sollte deshalb eine vertragliche Vereinbarung mit den Konzernunternehmen über die Wahrnehmung der Geheimhaltungsmaßnahmen abgeschlossen haben.

251 Auch nach dem Inkrafttreten des GeschGehG ist es schließlich nach wie vor möglich, die vertragliche Verschwiegenheitsverpflichtung eines Arbeitnehmers so zu gestalten, dass dieser nicht nur zur Verschwiegenheit über Geschäftsgeheimnisse sondern **auch über sonstige vertrauliche Informationen** verpflichtet wird.[332] Das Transparenzgebot verlangt aber auch hier, dass die sonstigen Informationen konkret bezeichnet werden. Catch-all-Klauseln bleiben unwirksam.[333] Soll die Verschwiegenheitspflicht über den Schutz von Geschäftsge-

---

328 BAG 18.09.2018, 9 AZR 162/18 = NJW 2019, 456.
329 McGuire, WRP 2019, 679, 684; Voigt/Hermann/Grabenschröer, BB 2019, 142, 145; sh zur Umsetzung Muster Geheimhaltungsklausel Arbeitsvertrag, Kap 5 Rdn 244.
330 Bejahend McGuire, WRP 2019, 679, 684; ablehnend Apel/Walling, DB 2019, 891, 898; sh Rdn 399 ff.
331 Vgl hierzu ausführlich McGuire, WRP 2019, 679, 684.
332 McGuire, WRP 2019, 679, 681; Nabert/Peukert/Seeger, NZA 2019, 583, 584; kritisch Holthausen, NZA 2019, 1377, 1380; vgl zur Frage der Vereinbarkeit mit der GeschGehRL Rdn 7.
333 Apel/Walling, DB 2019, 891, 897; Freckmann/Schmoll, BB 2017, 1780, 1784; McGuire, WRP 2019, 679, 681.

bb) Rechtsgrundlagen von Geheimhaltungsvereinbarungen

IdR werden Geheimhaltungsvereinbarungen als **individualvertragliche Vereinbarungen** zwischen Arbeitgeber und Arbeitnehmer ausgestaltet. Wie erläutert, können Regelungen zum Geheimnisschutz aber **teilweise auch qua Direktionsrecht** nach § 106 GewO, dh durch einseitige Weisungen des Arbeitgebers implementiert werden. Neben diesen individualrechtlichen Mitteln können auch in **Kollektivvereinbarungen** – also in Betriebsvereinbarungen und Tarifverträgen – Regelungen zum Geheimnisschutz getroffen werden,[334] wobei Tarifverträge in der Praxis nur im Ausnahmefall als Rechtsgrundlage dienen dürften.[335]

252

Es ist zudem zu beachten, dass viele Bereiche des innerbetrieblichen Geheimnisschutzes (zB die Implementierung von Richtlinien zur Sicherstellung des Geheimnisschutzes oder die Einführung von elektronischen Überwachungssystemen) **Belange der zwingenden Mitbestimmung** nach § 87 Abs 1 Nr 1 und Nr 6 BetrVG betreffen und daher ohnehin der Zusammenarbeit mit dem Betriebsrat bedürfen.[336]

253

f) Geheimhaltungsmaßnahmen durch den rechtmäßigen Inhaber

Die Geheimhaltungsmaßnahmen müssen durch den rechtmäßigen Inhaber des Geschäftsgeheimnisses getroffen werden. Dabei ist es nicht erforderlich, dass der rechtmäßige Inhaber die Maßnahmen selbst durchführt. Es genügt, wenn der Inhaber die Maßnahmen veranlasst und verantwortet. Die Maßnahmen müssen im Ergebnis dem Inhaber des Geschäftsgeheimnisses als eigene Maßnahmen zuzurechnen sein.

254

Da dieselbe Information zugunsten verschiedener Inhaber ein Geschäftsgeheimnis darstellen kann, kommt es darauf an, dass die Geheimhaltungsmaßnahmen durch denjenigen Inhaber der Information getroffen werden, der sich auf den Geheimnisschutz berufen will. Eine durch einen Parallelinhaber getroffene Geheimhaltungsmaßnahme kann sich ein weiterer Inhaber des Geheimnisses bzw der Information in aller Regel nicht als eigene Geheimhaltungsmaßnahme zurechnen lassen. Aus diesem Grunde kann dieselbe Information im Hinblick auf den einen Inhaber der Information bei Vorliegen ausreichender Geheimhaltungsmaßnahmen ein Geschäftsgeheimnis darstellen, während sie gegenüber einem anderen Inhaber der Information mangels ausreichender Geheimhaltungsmaßnahmen keinen Geschäftsgeheimnischarakter trägt. Selbst bei Anwendung identischer Geheimhaltungsmaßnahmen können unterschiedliche Ergebnisse daraus folgen, dass die Anforderungen an die angemessenen Geheimhaltungsmaßnahmen unternehmensspezifisch unterschiedlich sein können.

255

---

334 Fuhlrott, in Fuhlrott/Hiéramente, BeckOK GeschGehG, § 2 Rn 58 ff.
335 Fuhlrott, in Fuhlrott/Hiéramente, BeckOK GeschGehG, § 2 Rn 59.
336 Fuhlrott, in Fuhlrott/Hiéramente, BeckOK GeschGehG, § 2 Rn 60.

g) Beweislast

256 Im Prozess muss ein angemessenes Informationsschutzsystem nachgewiesen werden.[337] Die Darlegungs- und Beweislast dafür, dass angemessene Geheimhaltungsmaßnahmen tatsächlich ergriffen wurden, trifft den Geheimnisinhaber.[338]

257 Der im Verletzungsprozess darlegungs- und beweisbelastete Rechtsinhaber muss dezidiert beweisen, welche Maßnahmen er zum Schutz der Informationen vor Offenbarung getroffen hat.[339]

5. Berechtigtes Interesse an der Geheimhaltung

258 Das Erfordernis des berechtigten Interesses beruht auf dem Drängen von Arbeitnehmer- und Medienvertretern, welche die Verletzung von Arbeitnehmerinteressen[340] und Einschränkungen des investigativen Journalismus befürchteten.[341] Es findet weder in Art 2 Nr 1 GeschGehRL noch in Art 39 (2) TRIPS-Abkommen eine Entsprechung.[342] Seine **Vereinbarkeit mit der GeschGehRL** ist nicht geklärt.[343] Mit dem Erfordernis des berechtigten Interesses greift der deutsche Gesetzgeber auf die zu § 17 UWG aF ergangene ständige Rspr zurück, wonach der Betriebsinhaber ein Geheimhaltungsinteresse nachweisen musste.[344]

259 Teils wird der Voraussetzung lediglich klarstellende Bedeutung beigemessen, da sie ansonsten nicht richtlinienkonform sei.[345] Teils wird argumentiert, bei dem berechtigten Interesse müsse es sich um etwas anderes als den wirtschaftlichen Wert handeln, da ansonsten das Merkmal des wirtschaftlichen Werts überflüssig wäre.[346] Andere nehmen an, dass insbesondere **Informationen über Rechtsverstöße** nicht in den Schutzbereich des GeschGehG fallen, da an deren Geheimhaltung im Interesse der Einheit und Widerspruchsfreiheit der Rechtsordnung kein berechtigtes Interesse anzuerkennen sei.[347] Dies gelte vor allem

---

337 Schmitt, RdA 2017, 365, 369.
338 Alexander, WRP 2017, 1034, 1039; von Busekist/Racky, ZRP 2018, 136; Dann/Markgraf, 2019, 1774, 1775; Fuhlrott/Hiéramente, DB 2019, 967, 968; Hoeren/Pinelli, CR 2019, 410, 415; Steinmann, WRP 2019, 703, 708; Thiel, WRP 2019, 700; Begr zum RegE, BT-Drucks. 19/4724 S. 24.
339 Redeker/Pres/Gittinger, WRP 2015, 681, 683.
340 Dann/Markgraf, NJW 2019, 1774, 1776; Stellungnahme des DGB zur BT-Drucks. 19/4724, S. 5 ff; Böning, BT-Prot-Nr 19/30, Ausschuss für Recht und Verbraucherschutz, 12.12.2018 S. 13 f.
341 Dann/Markgraf, NJW 2019, 1774, 1776; Partsch, BT-Prot-Nr 19/30, Ausschuss für Recht und Verbraucherschutz, 12.12.2018, S. 17.
342 Alexander, WRP 2019, 673, 674.
343 Alexander, WRP 2019, 673, 674; Hauck, GRUR-Prax 2019, 223, 224; Naber/Peukert/Seeger, NZA 2019, 583; Ohly, GRUR 2019, 441, 444; kritisch auch unter Vergleich zu Umsetzungen in anderen Jurisdiktionen: Rehaag/Straszewski, Mitt 2019, 249, 251.
344 Hauck, GRUR-Prax 2019, 223, 224 unter Verweis auf BGH 26.02.2009, I ZR 28/06 = GRUR 2009, 603 – Versicherungsuntervertreter.
345 McGuire, WRP 2019, 679, 680; vgl auch Ohly, GRUR 2019, 441, 444; ähnlich Hauck, GRUR-Prax 2019, 223, 224.
346 Rehaag/Straszewski, Mitt 2019, 249, 251.
347 Alexander, AfP 2019, 1, 5; Hauck, GRUR-Prax 2019, 223, 224.

angesichts der primären Ziele der Richtlinie: des Investitions- und Innovationsschutzes. Informationen über Rechtsverstöße verdienten jedoch keinen solchen Schutz.[348]

Es ist nach wie vor davon auszugehen, dass ein berechtigtes wirtschaftliches Interesse nicht schon dann ausscheidet, wenn die zu schützende Information **rechtswidriges oder unethisches Verhalten** des Geheimnisinhabers betrifft.[349] Anderenfalls würde die Regelung des § 5 Nr 2 GeschGehG zumindest weitestgehend leerlaufen.[350] Dabei stellt es keinen Wertungswiderspruch dar, dass auf der einen Seite ein berechtigtes Interesse am Schutz der Information bestehen kann, auf der anderen Seite aber ein berechtigtes Interesse an der Offenlegung, da beide Interessen aus unterschiedlichen Perspektiven und ggf zu unterschiedlichen Zeitpunkten und unter unterschiedlichen sonstigen Umständen zu beurteilen sind.[351] Einander gegenüberstehende berechtigte Interessen mehrerer Beteiligter sind in der Praxis der Rechtsanwendung ohnehin keine Seltenheit. Der hiergegen erhobene Einwand, § 5 Nr 2 GeschGehG biete insoweit keine sichere Abhilfe, da die Vorschrift eine Einzelfallabwägung verlange und keinesfalls sicher sei, dass die Voraussetzungen stets erfüllt sind,[352] überzeugt nicht. Liegen die Voraussetzungen des § 5 Nr 2 GeschGehG nicht vor, besteht keine Notwendigkeit, dem Inhaber des Geheimnisses unter dem Aspekt eines angeblich fehlenden berechtigten Interesses den Schutz zu versagen. Das Merkmal des berechtigten Interesses darf in keinem Fall in einer Weise interpretiert werden, welche die Voraussetzungen des Geheimnisschutzes mit der Frage vermengt, ob das Geheimhaltungsinteresse gegenüber einem öffentlichen Interesse an der Offenlegung der Daten zurücktreten muss.[353]

An das berechtigte Interesse sind daher auf der Tatbestandsseite keine hohen Anforderungen zu stellen. Es darf nur verneint werden, wenn auch ohne Abwägung mit einem widerstreitenden Interesse an der Offenlegung bei abstrakt genereller Betrachtung kein Gesichtspunkt erkennbar ist, der ein legitimes Interesse an der Geheimhaltung von Unternehmensinterna begründen könnte. In der Regel wird dies bei Umständen, die üblicherweise als Geschäftsgeheimnis angesehen werden, nur dann der Fall sein, wenn diese aus anderen Gründen ohnehin offengelegt werden müssen oder wenn ein Einfluss auf die Wettbewerbsposition des Unternehmens schlechthin ausgeschlossen werden kann.[354]

Ein berechtigtes Interesse an der Geheimhaltung kann fehlen, wenn eine **Verpflichtung zur Offenlegung** besteht. Dies kann nach Auffassung des OLG Düsseldorf bspw bei Lizenzvertragsbedingungen betreffend standardessentielle Patente der Fall sein, die aufgrund einer marktbeherrschenden Stellung des Schutzrechtsinhabers an Interessenten lizenziert werden müssen.[355] Ein Geheimnisschutz bedürfe in solchen Fällen ganz besonderer Begründung und Rechtfertigung, denn die Zusage, fair und diskriminierungsfrei zu lizen-

---

[348] Hauck, GRUR-Prax 2019, 223, 224.
[349] AA Hauck, GRUR-Prax 2019, 223, 224.
[350] Dann/Markgraf, NJW 2019, 1774, 1776; Reinfeld, GeschGehG, § 1 Rn 165; Vgl auch Hauck, GRUR-Prax 2019, 223, 225, der lediglich noch den Bereich »erheblichen Fehlverhaltens« als für § 5 Nr 2 GeschGehG relevant bezeichnet; Rehaag/Straszewski, Mitt 2019, 249, 251.
[351] AA Dann/Markgraf, NJW 2019, 1774, 1776.
[352] Alexander, AfP 2019, 1, 5.
[353] BGH 08.10.2019, EnVR 12/18 = BeckRS 2019, 36854 Rn 27.
[354] BGH 08.10.2019, EnVR 12/18 = BeckRS 2019, 36854 Rn 27.
[355] OLG Düsseldorf 25.04.2018, I-2 W 8/18 = GRUR-RS 2018, 7036; aA noch vor Erlass des GeschGehG: Hauck, GRUR-Prax 2017, 118, 119.

zieren, erfordere schon vom Grundsatz her eine Transparenz der kraft Lizenzerteilung geltenden Lizenzierungsbedingungen für den Interessentenkreis. Angesichts seiner Pflicht zur Gleichbehandlung aller sei nicht ohne Weiteres ersichtlich, welches rechtlich billigenswerte Interesse der Lizenzgeber daran haben könnte, seine praktizierten Lizenzkonditionen, mit denen er eine gleiche Behandlung schuldet, vor der Öffentlichkeit geheim zu halten.[356] Dem ist in dieser Allgemeinheit nicht zuzustimmen. Für die **Geheimhaltung von FRAND-Lizenzbedingungen** fehlt es nicht schon aufgrund der kartellrechtlichen Bindung des Schutzrechtsinhabers an einem berechtigten Interesse. Zum einen steht es dem Schutzrechtsinhaber frei, dem Vorwurf des Missbrauchs einer marktbeherrschenden Stellung auf andere Weise zu entgehen als durch Lizenzierung an Interessenten, bspw durch eine generelle Freigabe der Technologie. Für die Praxis ist dem OLG Düsseldorf aber insoweit Recht zu geben, als eine aktive Durchsetzung eines eine marktbeherrschende Stellung vermittelnden Schutzrechts mit dem Geheimnisschutz kaum zu vereinbaren sein wird. Allerdings wird dies dann eher am Kriterium der Offenkundigkeit festzumachen sein als an dem des berechtigten Interesses an der Geheimhaltung.

263 Nicht zu folgen ist der Ansicht, wonach ein berechtigtes Interesse voraussetzt, dass das in Rede stehende Interesse den Schutz der Rechtsordnung genießt. Eine solche Herangehensweise scheitert schon daran, dass es in vielen Fällen schlicht unmöglich ist, einen konkreten Schutz bestimmter Interessen durch die Rechtsordnung festzustellen. Das betrifft bspw Verhaltensweisen, die als **unethisch** angesehen werden mögen. Diese sind von der Rechtsordnung weder verboten noch schützt die Rechtsordnung sie in besonderer Weise. Eine Einordnung solcher Informationen unter das Merkmal der berechtigten Interessen ist deshalb kaum möglich. Hinzu kommt, dass in vielen Fällen auch Informationen über **rechtlich missbilligte Vorgänge** den Schutz der Rechtsordnung genießen können. Das wird ersichtlich bspw an den **Auskunfts- und Zeugnisverweigerungsrechten** der Prozessordnungen, die ein berechtigtes Interesse Betroffener voraussetzen, auch solche Informationen über rechtswidrige Vorgänge zurückzuhalten, an denen ein Aufklärungsinteresse besteht. Es ist deshalb eine unbegründete Behauptung, dass Informationen iSd § 2 Nr 1 GeschGehG als solche den Schutz der Rechtsordnung genießen oder eben nicht und deshalb einem berechtigten Interesse zugeordnet werden können oder eben nicht.

264 Schließlich muss eine solche Anwendung des Merkmals des berechtigten Interesses zwingend daran scheitern, dass das **berechtigte Interesse gegenüberzustellen ist einem Interesse Dritter**, sei es einem Interesse der Allgemeinheit oder einem Interesse eines konkreten Dritten. Ein berechtigtes Interesse als solches, das sich nicht an Interessen anderer messen lassen muss, ist kein tauglicher Beurteilungsmaßstab. § 2 Nr 1 lit c) GeschGehG sieht aber eine solche Bezugnahme auf konkrete Interessen Dritter oder der Allgemeinheit nicht vor. Diese werden vielmehr erst im Rahmen des § 5 GeschGehG thematisiert. Eine Information unabhängig von einer konkreten Interessenabwägung, also einer Abwägung einander gegenüberstehender Interessen, vom Schutz als Geschäftsgeheimnis generell auszuschließen, ist weder logisch noch europarechtlich zulässig, da es mit der Richtlinie nicht vereinbar ist.

---

356 OLG Düsseldorf 25.04.2018, I-2 W 8/18 = GRUR-RS 2018, 7036.

II. Inhaber eines Geschäftsgeheimnisses

Inhaber des Geschäftsgeheimnisses ist nach § 2 Nr 2 GeschGehG jede **natürliche oder juristische Person**, welche die **rechtmäßige Kontrolle** über das Geschäftsgeheimnis hat. Zutreffend weist McGuire darauf hin, dass zwischen den Begriffen des Geheimnisinhabers und des Geheimnisträgers zu unterscheiden ist.[357] Die GeschGehRL schweigt zur Inhaberschaft von Geschäftsgeheimnissen, insbesondere im Rahmen von Kooperationsverträgen oder auch in den Rechtsbeziehungen zu Mitarbeitern. Diese Regelungsbereiche bleiben daher dem jeweiligen nationalen Recht oder vertraglichen Vereinbarungen der Beteiligten überlassen.[358] Auch das GeschGehG enthält hierzu jedoch keine Regelungen, sondern nur eine **äußerst vage Definition**,[359] was die Rechtsanwendung nicht erleichtert.[360]

1. Natürliche oder juristische Person

Inhaber des Geschäftsgeheimnisses kann jede natürliche oder juristische Person sein. Das umfasst auch juristische Personen des öffentlichen Rechts.[361] Für die Qualifikation als möglicher Geheimnisinhaber ist es unerheblich, ob sich die juristische Person des öffentlichen Rechts erwerbswirtschaftlich betätigt und wie ein privates Unternehmen am Wettbewerb teilnimmt.[362]

Der Begriff der **juristischen Person** im Sinne der GeschGehRL ist ein **autonomer Rechtsbegriff des Unionsrechts**, der in einem weiten Sinne zu verstehen ist.[363] Unter den Begriff der juristischen Person fallen in unionsrechtskonformer Auslegung deshalb auch Personengesellschaften und rechtsfähige Vereine.[364]

Ob andere Personenvereinigungen, wie bspw ein Betriebsrat, Inhaber eines Geschäftsgeheimnisses sein können, ist zweifelhaft. IdR wird es in solchen Fällen ohnehin entweder mangels angemessener Geheimhaltungsmaßnahmen an einem Geschäftsgeheimnis fehlen oder die Kontrolle über das Geschäftsgeheimnis beim Unternehmen liegen.

2. Kontrolle über das Geschäftsgeheimnis

Der Begriff der Kontrolle über das Geschäftsgeheimnis ist im Gesetz nicht definiert. In Zweifelsfällen scheint er kaum geeignet, eine klare Zuordnung des Geschäftsgeheimnisses zu einem Inhaber zu ermöglichen,[365] insbesondere bei **Beteiligung mehrerer Personen** an der Entstehung einer Information.[366] Klar zu sein scheint nur, dass derjenige, der Inhaber eines Geschäftsgeheimnisses sein will, dafür Sorge tragen muss, dass er die »rechtmäßige Kontrolle« über das Geschäftsgeheimnis hat.[367]

---

357 McGuire, in Büscher, UWG, § 2 RegE GeschGehG Rn 54.
358 Lejeune, CR 2016, 330, 332; Stellungnahme des MPI, GRUR-Int. 2014, 554, 555.
359 Sagstetter, S. 13.
360 Klein/Wegener, ArbR aktuell 2017, 531, 533.
361 McGuire, in Büscher, UWG, § 2 RegE GeschGehG Rn 53.
362 Köhler, in Köhler/Bornkamm/Feddersen, UWG, 37. Aufl 2019, vor §§ 17 bis 19 Rn 18; unklar: Alexander, WRP 2017, 1034, 1040.
363 Alexander, WRP 2017, 1034, 1040.
364 McGuire, in Büscher, UWG, § 2 RegE GeschGehG Rn 53; Alexander, WRP 2017, 1034, 1040.
365 Vgl Staffler, NZWiSt 2018, 269, 273; Wunner, WRP 2019, 710, 716.
366 Sagstetter, S. 13.
367 Scheja, CR 2018, 485, 489; Thiel, WRP 2019, 700, 701.

270 ▶ Die Feststellung der Kontrolle kann im Einzelfall erhebliche Probleme aufwerfen. Es ist deshalb dringend zu empfehlen, die Fragen der Kontrolle, soweit es geht, vertraglich zu regeln. Dazu gehört auch die Vereinbarung von (Weisungs-) Befugnissen, wodurch demjenigen, der die Kontrolle innehaben möchte, ein jederzeit durchsetzbarer Zugang zu den Informationen gesichert wird.

Wichtig ist dabei, die betroffenen Geschäftsgeheimnisse eindeutig zu bezeichnen, da Kontrolle immer nur über ein eindeutig zu identifizierendes Objekt stattfinden kann.

271 Die Kontrolle über das Geheimnis kann **originär** bei demjenigen bestehen, der die **Information selbst generiert** hat.[368] Davon erfasst sind Fälle eigener Entdeckungen, Innovationen und Schöpfungen.[369] Sie kann darüber hinaus abgeleitet werden,[370] wobei dies nicht unbedingt einen Fall der Rechtsnachfolge darstellen muss, sondern auch den rein tatsächlichen, rechtlich legitimierten Übergang der Herrschaftsmacht über die Information bezeichnen kann.[371]

272 Nach dem Wortlaut des Gesetzes muss die **Kontrolle über das Geschäftsgeheimnis** bestehen. Die rein tatsächliche Kontrolle über die Information ist hierfür kein hinreichendes Kriterium. Dies scheint in der Literatur übersehen zu werden, soweit unkritisch auch dem Lizenznehmer die Position eines Geheimnisinhabers zugeschrieben wird.[372] Der Lizenznehmer mag zwar die tatsächliche Kontrolle über die Information haben, über das Geheimnis hat er sie aber idR nicht, da er **in seinem Umgang mit dem Geheimnis aufgrund des Lizenzvertrags beschränkt** ist und seine Befugnis lediglich vom Inhaber ableitet.[373]

a) Erwerb der Kontrolle

273 Nach der bislang in der Literatur vertretenen Ansicht hat die Kontrolle derjenige inne, der **Zugriff auf die Information** hat.[374] Besondere Probleme können sich im **Arbeitsverhältnis** stellen. Stellte man auf die tatsächliche Zugriffsmöglichkeit ab, hätte bspw der Arbeitnehmer die Kontrolle über das Geschäftsgeheimnis und könnte originärer Inhaber sein, solange der Arbeitgeber die Informationen nicht bekommen hat.[375] Demgegenüber wird auch vertreten, der Begriff der Kontrolle könne in Zusammenschau mit einem angeblich erforderlichen Unternehmensbezug sowie den fraglos notwendigen Geheimhaltungsmaßnahmen verstanden werden, so dass bspw im Verhältnis von Arbeitnehmer zu Arbeitgeber eine **Zuordnung der Kontrolle auf den Arbeitgeber** stattfinde.[376] Auch wird diskutiert, im Arbeitsverhältnis einen originären Geheimniserwerb beim Arbeitgeber dadurch zu begründen, dass nur dort ein Geheimhaltungswille sowie ein berechtigtes wirtschaftliches Interesse an der Geheimhaltung vorliegen werden.[377]

---

368 Köhler, in Köhler/Bornkamm/Feddersen, UWG, 37. Aufl 2019, vor §§ 17 bis 19 UWG Rn 18; Ohly, GRUR 2019, 441, 445.
369 Alexander, WRP 2017, 1034, 1040.
370 Köhler, in Köhler/Bornkamm/Feddersen, UWG, 37. Aufl 2019, vor §§ 17 bis 19 UWG Rn 18.
371 Ungenau insoweit Ohly, GRUR 2019, 441, 445.
372 Ohly, GRUR 2019, 441, 445; Semrau-Brandt, GRUR-Prax 2019, 127, 129.
373 Vgl McGuire, WRP 2019, 679, 683; zirkelschlüssig: Thiel, WRP 2019, 700, 703, nach der Lizenznehmer Geheimnisinhaber sind, wenn sie die rechtmäßige Kontrolle über ein Geschäftsgeheimnis haben.
374 Vgl Klein/Wegener, ArbRAktuell 2017, 531, 533.
375 Hoeren/Münker, WRP 2018, 150, 152; Wunner, WRP 2019, 710, 716.
376 Klein/Wegener, ArbR aktuell 2017, 531, 533.
377 Klein/Wegener, ArbR aktuell 2017, 531, 532.

aa) Originäre Kontrolle

Das Gesetz trifft keine Aussage darüber, wer die originäre Kontrolle über ein Geschäftsgeheimnis innehat. Es setzt die ursprüngliche Inhaberschaft vielmehr voraus.[378] 274

(1) Zuordnung im Arbeitsverhältnis

Eine originäre Inhaberschaft des Unternehmens im Verhältnis zu den im Unternehmen beschäftigten Arbeitnehmern ist im GeschGehG nicht geregelt[379] und auch sonst nicht ohne Weiteres zu begründen.[380] Soweit Arbeitsergebnisse von Arbeitnehmern geschaffen werden, ließe sich argumentieren, dass die **originäre Kontrolle** beim Arbeitnehmer als **Schöpfer der Information** liegen muss.[381] Damit ist allerdings nicht die Frage beantwortet, wem die Schöpfung einer potentiell ein Geschäftsgeheimnis darstellenden Information zuzurechnen ist. 275

Die Zuordnung von Rechten an Arbeitsergebnissen ist in verschiedenen Rechtsbereichen unterschiedlich geregelt. So ist im Patentrecht eine Inanspruchnahme durch den Arbeitgeber erforderlich, im Designrecht stehen die Rechte nach § 7 Abs 2 DesignG idR dem Arbeitgeber zu, im Urheberrecht bedarf es der Einräumung von Nutzungsrechten. Für **nicht Schutzrechten zugängliche Arbeitsergebnisse**, wie zum Beispiel Kundenlisten, wird eine Zurechnung zum Unternehmen und damit eine originäre Inhaberschaft des Unternehmensträgers eher zu begründen sein, wenn das Unternehmen die erforderlichen technischen oder organisatorischen Voraussetzungen schafft.[382] Bei anderen schöpferischen Leistungen, in denen der Anteil des Unternehmens zurücktritt, muss auf vertraglicher oder gesetzlicher Basis die Überleitung auf das Unternehmen sichergestellt werden.[383] 276

▶ Die Zuordnung von Arbeitsergebnissen auf den Arbeitgeber sollte angesichts der mit der gesetzlichen Definition verbundenen Unsicherheiten in jedem Falle vertraglich geregelt werden. Dabei ist zu beachten, dass die betroffenen Geschäftsgeheimnisse möglichst konkret bezeichnet sind. Andernfalls sind Streitigkeiten über Umfang und Wirksamkeit der Klausel programmiert. 277

Teilweise wird vertreten, dass durch das Merkmal der angemessenen Schutzmaßnahmen die Kontrolle originär beim Unternehmen auch gegenüber seinen Arbeitnehmern begründet werde.[384] Dieser Ansatz ist indes zirkelschlüssig. Die angemessenen Geheimhaltungsmaßnahmen obliegen dem Inhaber des Geschäftsgeheimnisses und können den Inhaber schon deshalb nicht definieren. Es ergibt sich für die Unternehmen deshalb auch keine Pflicht, 278

---

378 Hauck, GRUR-Prax 2019, 223; Klein/Wegener, ArbRAktuell 2017, 531, 532; Müllmann, WRP 2018, 1177, 1182.
379 Thiel, WRP 2019, 700, 701.
380 Hauck, GRUR-Prax 2019, 223; Klein/Wegener, ArbR aktuell 2017, 531, 533; aA Schulte, ArbRB 2019, 143, 144.
381 Klein/Wegener, ArbR aktuell 2017, 531, 533.
382 Hauck, GRUR-Prax 2019, 223; McGuire, IPRB 2018, 202, 204; weitergehend Wunner, WRP 2019, 710, 716, die im Hinblick auf die Ziele der GeschGehRL generell für Entstehen des Geheimnisses beim Unternehmen votiert.
383 Kalbfus, GRUR-Prax 2017, 391, 392; Klein/Wegener, ArbR aktuell 2017, 531, 533; McGuire, WRP 2019, 679, 683; McGuire, IPRB 2018, 202, 203; Thiel, WRP 2019, 700, 701.
384 Hoeren/Münker, WRP 2018, 150, 152; Klein/Wegener, ArbR aktuell 2017, 531, 533.

durch arbeitsvertragliche und betriebliche Anweisungen Geheimhaltungsstrukturen zu schaffen und damit originäre Erwerbstatbestände zu begründen.[385]

(2) Außerhalb des Arbeitsverhältnisses

279 Besondere Herausforderungen stellen sich im Kontext von Industrie 4.0, insbesondere bei der Zuordnung maschinengenerierter Daten zwischen dem Unternehmen, das Industrieroboter herstellt und jenem, das den Roboter einsetzt und aus der Datengenerierung entsprechenden Nutzen ziehen wird.[386] Die Komplexität geht so weit, dass bisweilen geraten wird, Unternehmen sollten bei der Auswahl ihrer verschiedenen Produktionsstandorte strategisch darauf achten, wie es in den jeweiligen Rechtsordnungen um das Ausmaß und die Durchsetzung des Geheimnisschutzes steht.[387] Aufgrund der Weiterentwicklungsmöglichkeiten im Nutzerunternehmen soll dort ein »evolutives« Geschäftsgeheimnis entstehen.[388]

bb) Derivativer Erwerb der Kontrolle

280 Die **Übertragbarkeit des Geschäftsgeheimnisses** ist im Gesetz nicht ausdrücklich geregelt, wird aber nach herrschender Meinung vorausgesetzt, wobei sie sich e contrario aus § 4 Abs 1 GeschGehG ergeben soll.[389] Diese Begründung ist indes wenig überzeugend, denn § 4 Abs 1 GeschGehG regelt nicht die zivilrechtliche Wirksamkeit oder Unwirksamkeit eines Rechtserwerbs, sondern enthält Fallkonstellationen, in denen die **faktische Erlangung** des Geschäftsgeheimnisses verboten ist. Gleichwohl ist an der Übertragbarkeit des Geschäftsgeheimnisses nicht zu rütteln. Insbesondere setzt die Übertragbarkeit nicht voraus, das Geschäftsgeheimnis als Immaterialgüterrecht anzuerkennen.[390] Dies ergibt sich nach deutschem Recht schon aus der Übertragbarkeit von Forderungen nach den §§ 398 ff BGB.

(1) Anwendbares Recht

281 Weder der GeschGehRL noch dem GeschGehG ist ein Anhaltspunkt dazu zu entnehmen, nach welchem Recht sich die Übertragung der rechtmäßigen Kontrolle und damit der Inhaberschaft richtet. Zwar wird vertreten, die **Wirksamkeit der Übertragung** beurteile sich nach dem **jeweiligen nationalen Recht**.[391] An einer dogmatisch nachvollziehbaren Begründung hierfür fehlt es jedoch noch.

282 Verstünde man das Geschäftsgeheimnis als **Immaterialgüterrecht**, müsste es als **territorial gebundenes Recht** verstanden werden und damit in den Mitgliedsstaaten ähnlich den nationalen Teilen eines Europäischen Patents als ein Bündel von Geschäftsgeheimnisrechten behandelt werden. Die Übertragbarkeit des »nationalen Teils« des Geschäftsgeheimnisses würde sich nach dem jeweiligen nationalen **Recht des Schutzlandes** bestimmen.[392]

---

385 AA Hoeren/Münker, WRP 2018, 150, 152 unter Hinweis auf Klein/Wegener, GRUR-Prax 2017, 394, 396.
386 Staffler, NZWiSt 2018, 269, 271.
387 Staffler, NZWiSt 2018, 269, 271.
388 Staffler, NZWiSt 2018, 269, 272.
389 Köhler, in Köhler/Bornkamm/Feddersen, UWG, 37. Aufl 2019, vor §§ 17 bis 19 Rn 20; Alexander, WRP 2017, 1034, 1036; Kiefer, WRP 2018, 910, 913.
390 AA Kiefer, WRP 2018, 910, 915.
391 Köhler, in Köhler/Bornkamm/Feddersen, UWG, 37. Aufl 2019, vor §§ 17 bis 19 Rn 20.
392 Drexl, in MüKo-BGB, Internationales Immaterialgüterrecht Rn 221.

Auch die Wirksamkeit der Übertragung würde sich nach dem jeweiligen nationalen Recht bestimmen.[393]

Das der Übertragung zugrundeliegende Verpflichtungsgeschäft kann in jedem Fall nach einer anderen Rechtsordnung zu beurteilen sein als das Erfüllungsgeschäft.[394] Dies richtet sich nach den Bestimmungen der Rom-I-Verordnung. Dabei ist insbesondere die Möglichkeit der Rechtswahl nach Art 3 Rom-I-VO zu beachten, die sich eindeutig aus den Bestimmungen des Vertrags oder aus den Umständen des Falles ergeben muss. Fehlt es an einer Rechtswahl, bestimmt sich das anwendbare Recht nach Art 4 Rom-I-VO, wobei gem. Art 4 (2) Rom-I-VO das Recht desjenigen Staates anzuwenden ist, in dem die Partei, welche die für den Vertrag charakteristische Leistung zu erbringen hat, ihren gewöhnlichen Aufenthalt hat. Die **charakteristische Leistung** liegt in den Fällen der Übertragung eines Immaterialgüterrechts in der Übertragung des Schutzrechts, so dass der gewöhnliche Aufenthaltsort des Übertragenden maßgeblich wäre.[395]

283

Versteht man das Geschäftsgeheimnis hingegen nicht als Immaterialgüterrecht, ist die Heranziehung des Rechts des Schutzlandes für die Beurteilung der Wirksamkeit des Übertragungsakts fragwürdig. Es läge dann näher, das auf die Übertragung anwendbare Recht nach Art 3 bzw Art 4 Rom-I-VO zu bestimmen. Im Falle der Durchsetzung des Geschäftsgeheimnisses wäre die Frage der Kontrolle dann an § 2 Nr 2 GeschGehG zu messen, während die Rechtmäßigkeit des Erwerbs der Kontrolle nach dem so identifizierten nationalen Recht bestimmt werden müsste.

284

(2) Übertragung der Kontrolle nach deutschem Recht

Die Übertragung erfolgt auf Grundlage der §§ 413, 398 ff BGB.[396] Sie kann entweder in der **vollständigen Übertragung** der Kontrolle bestehen oder in der **Einräumung einer Mitberechtigung in Form einer gleichgeordneten rechtmäßigen Kontrolle** über das Geschäftsgeheimnis. Eine Übertragung kann insbesondere gesehen werden in Vereinbarungen mit Mitarbeitern oder auch Externen, nach denen die Nutzungs- und Verwertungsrechte an Arbeitsergebnissen auf das Unternehmen übertragen werden.[397]

285

Die **rechtmäßige Erlangung eines Geschäftsgeheimnisses** iSv § 3 Abs 1 GeschGehG ist nicht gleichbedeutend mit einem Erwerb der rechtmäßigen Kontrolle und begründet als solche nicht die Inhaberschaft iSv § 2 Nr 2 GeschGehG.[398] So wird bspw der Inhaber einer Lizenz das Geschäftsgeheimnis aufgrund der Lizenz zwar rechtmäßig erlangen und auch nutzen dürfen; er wird gleichwohl nicht zum Inhaber des Geschäftsgeheimnisses iSv § 2 Nr 2 GeschGehG.[399] Aus dem Umstand der rechtmäßigen Erlangung lässt sich daher noch nichts im Hinblick auf die Inhaberschaft ableiten.[400] Es bedarf vielmehr über die Erlangung der faktischen Kontrolle hinaus der **rechtmäßigen Erlangung der rechtlichen**

286

---

393 BGH 21.01.2010, I ZR 206/07 = GRUR 2010, 828, 829 – DiSC; BGH 02.05.2002, I ZR 300/99 = GRUR 2002, 972, 973 – Frommia;
394 BGH 21.10.1964, Ib ZR 22/63 = GRUR Ausl 1965, 504 – Carla;
395 Ullmann/Deichfuß, in Benkard, PatG, § 15 Rn 53.
396 Kiefer, WRP 2018, 910, 915.
397 V. Diringshofen, GRUR-Prax 2013, 397, 398.
398 McGuire, WRP 2019, 679, 683; aA Alexander, WRP 2017, 1034, 1040; sh Rdn 346.
399 McGuire, WRP 2019, 679, 683; zweifelnd Aplin, S. 15; aA Alexander, WRP 2017, 1034, 1040.
400 McGuire, WRP 2019, 679, 683; aA Alexander, WRP 2017, 1034, 1040.

Inhaberposition. Deshalb wird auch der Mitarbeiter, dem das Geheimnis zum Einsatz im Unternehmen überlassen wird, nicht Inhaber des Geheimnisses, und zwar unabhängig davon, ob er eigene Geheimhaltungsmaßnahmen implementiert.[401] Dasselbe gilt für eine Information, die durch Reverse Engineering erlangt wird. § 3 Abs 1 Nr 2 GeschGehG gestattet zwar die Ermittlung der Information im Wege des Reverse Engineering. Weitergehende Rechte regelt das GeschGehG aber nicht, insbesondere weist es dem Rückbauenden keine Inhaberstellung im Hinblick auf ein Geheimnis an der durch Reverse Engineering gewonnen Information zu.

287 ▶ Ob ein Lizenznehmer und der Reverse Engineering Betreibende als Inhaber eines Geschäftsgeheimnisses anzusehen ist, wird gerichtlicher Klärung bedürfen. Für die Lizenzierungspraxis ist deshalb unbedingt eine vertragliche Klarstellung anzuraten, nach welcher die Kontrollmöglichkeiten des Lizenznehmers in einer Weise beschränkt werden, dass dieser im Rechtssinne keine Kontrolle über das Geschäftsgeheimnis ausübt. Sollte sich die Gerichtspraxis der hier abgelehnten Ansicht anschließen, nach der auch der Lizenznehmer Geheimnisinhaber sein kann, droht anderenfalls ein Verlust des Geschäftsgeheimnisses. Es ist jedenfalls nicht ersichtlich, wie dem Inhaber des Geschäftsgeheimnisses die Offenlegung oder auch die Übertragung des Geheimnisses auf einen Dritten effektiv verboten werden können soll.

b) Verlust der Kontrolle

288 Der Verlust der Kontrolle und damit der Verlust der Inhaberposition kann durch Rechtsgeschäft oder Realakt geschehen. In den meisten Fällen dürfte entweder die Übertragung der Inhaberschaft[402] eine Rolle spielen oder der **Eintritt der Offenkundigkeit des Geschäftsgeheimnisses**, womit gleichzeitig die Kontrolle beim (vormaligen) Rechtsinhaber wegfällt.

3. Rechtmäßigkeit der Kontrolle

289 Die Rechtmäßigkeit der Kontrolle soll voraussetzen, dass der Geheimnisinhaber über die Information berechtigt verfügen kann.[403] Maßgebliches Kriterium sei, ob der betroffenen Person das Geheimnis zugeordnet ist, sie also **zur Ausübung** befugt ist.[404]

290 Das Kriterium der Rechtmäßigkeit ist überwiegend inhaltsleer. Das Gesetz gibt keine Auskunft darüber, in Hinblick worauf die Rechtmäßigkeit zu prüfen sein soll. Klar dürfte sein, dass derjenige rechtmäßige Kontrolle ausübt, der **ohne Verstoß gegen Rechtsvorschriften die originäre Kontrolle** über ein Geschäftsgeheimnis ausübt, ebenso derjenige, der seine Kontrolle von einer solchen Person aufgrund eines rechtsgültigen Übertragungsakts ableitet. Klar ist außerdem, dass derjenige, der das Geheimnis unter Verletzung der Inhaberposition eines anderen erlangt, Rechtsverletzer ist und keine rechtmäßige Kontrolle ausübt.[405]

291 Unklar ist, ob **Rechtsverstöße beim originären Erwerb des Geschäftsgeheimnisses** der Inhaberschaft entgegenstehen, bspw wenn wissenschaftlich und kommerziell wertvolle Forschungsergebnisse unter Verstoß gegen das Embryonenschutzgesetz erlangt werden. Die besseren Gründe sprechen dafür, auch in solchen Fällen eine rechtmäßige Kontrolle über

---

401 Zweifelnd Aplin, S. 15.
402 Köhler, in Köhler/Bornkamm/Feddersen, UWG, 37. Aufl 2019, vor §§ 17 bis 19 Rn 20.
403 McGuire, in Büscher, UWG § 2 RegE GeschGehG Rn 55.
404 McGuire, in Büscher, UWG, § 2 RegE GeschGehG Rn 54.
405 Köhler, in Köhler/Bornkamm/Feddersen, UWG, 37. Aufl 2019, vor §§ 17 bis 19 Rn 18.

das Geheimnis anzunehmen, denn die zugrunde liegende geschützte Information an sich ist von den zu ihrer Schöpfung eingesetzten Mitteln unabhängig.

Ebenso unklar ist dies im Falle des derivativen Erwerbs, wenn zwar der Erwerb im Verhältnis zum vormaligen Inhaber legitim ist, aber davon unabhängig auf **anderweitigen Rechtsverstößen** basiert, bspw der Erwerb des Geheimnisses mit einem Schutzrechtsverstoß einhergeht. Auch hier sprechen die besseren Gründe dafür, eine rechtmäßige Kontrolle anzunehmen. Die Zuweisung des Geschäftsgeheimnisses zu einem Inhaber verleiht diesem Inhaber kein Ausschließlichkeitsrecht, sondern weist ihm nur im Verhältnis zu einem früheren Inhaber oder Dritten, also mit relativer Wirkung, einen Zugangsschutz zu, der Rechte Dritter unberührt lässt. Es besteht deshalb kein Anlass, auf der Ebene der Bestimmung des Inhabers derartige Kollisionsfragen zu klären. 292

Schließlich sind Fallgestaltungen ungeklärt, in denen das **Übertragungsgeschäft unerkannt rechtsunwirksam** ist und deshalb die faktische Kontrolle über das Geschäftsgeheimnis und die rechtliche Zuordnung auseinanderfallen. Streng genommen ist in einer solchen Konstellation der Veräußerer des Geheimnisses nicht mehr Inhaber, weil er tatsächlich keine Kontrolle mehr über das Geheimnis ausübt, während der Erwerber zwar die Kontrolle ausübt, hierzu aber nicht berechtigt ist. Ähnliche Schwierigkeiten können anfechtbare Geschäfte hervorrufen. Dies kann erhebliche praktische Auswirkungen haben. Je nachdem, wie man diese Problematik auflöst, kann der Erwerber oder der Veräußerer eines Geschäftsgeheimnisses eine strafbare Geheimnisverletzung begehen, wenn er das Geheimnis nutzt oder offenlegt. Der Begriff der rechtmäßigen Kontrolle ist, vergleichbar dem Besitz im Sachenrecht, stark faktisch geprägt. Daher sollte sich, vergleichbar dem sachenrechtlichen Besitzschutz, in solchen Konstellationen die Position desjenigen durchsetzen, der die tatsächliche Kontrolle ausübt. IdR wird dies der, wenn auch ggf rechtsmangelhaft, Erwerbende sein. Dass der Erwerber zur Rückübertragung des Rechts oder, zum Zwecke der Rückübertragung, zur Aufgabe der Kontrolle zugunsten des vormaligen Inhabers verpflichtet sein kann, ist eine andere Frage, die an seiner gegenwärtigen Inhaberposition nichts ändert. 293

▶ Die Unwägbarkeiten bei der Beurteilung der Rechtmäßigkeit der Kontrolle sollten in der Vertragspraxis unbedingt beachtet werden. Es empfiehlt sich, die Ausübung der Kontrolle auch für den Fall von Leistungsstörungen oder für den Fall der (sonstigen) Unwirksamkeit des Vertrags zu regeln. 294

4. Mehrheit von Inhabern

Problematisch ist weiter, wem ein Geschäftsgeheimnis zuzuordnen ist, wenn mehrere Personen an seiner Entstehung beteiligt sind.[406] Diese Unklarheit ist im Kontext der Datenwirtschaft besonders problematisch, denn hier sind vernetzte Wertschöpfungsketten besonders häufig und im Interesse der Innovation besonders förderungswürdig.[407] Insbesondere im Falle von automatisch generierten Rohdaten kann es Anlass für die Annahme einer Mitinhaberschaft geben. Dies kann bspw Daten betreffen, die beim Betrieb eines Fahrzeugs generiert werden. Dann kommt Mitinhaberschaft des Automobilherstellers, des Werkstattbetreibers und möglicherweise sogar des Fahrzeughalters in Betracht.[408] Eine Mehrheit 295

---

406 Sagstetter, S. 13.
407 Sagstetter, S. 13.
408 Ohly, GRUR 2019, 441, 445; Sagstetter, S. 14.

von Inhabern kommt auch bei gemeinsamen Entwicklungen, bspw im Rahmen von Joint Ventures, in Betracht,[409] ebenso zwischen dem Joint Venture und Unternehmen, die dorthin Mitarbeiter entsenden.[410] Werden Datensets, Algorithmen oder neuronale Netze in einer vernetzten Umgebung gespeichert bzw ausgetauscht – wie es typischerweise im Rahmen von Big Data-Anwendungen geschieht – erschwert dies die Zuordnung zusätzlich. In vielen Fällen dürften dabei mehrere Beteiligte gemeinsame Inhaber eines Geschäftsgeheimnisses werden.[411]

296 Im Detail ist die Zuordnung der Rechte in solchen Fällen eine Frage der Vertragsauslegung. Es empfiehlt sich, hierzu konkrete vertragliche Regelungen vorzusehen.[412]

297 Darüber hinaus ist auch eine unabhängige Berechtigung mehrerer denkbar, insbesondere im Falle einer unabhängigen Entdeckung oder Schöpfung gem. § 3 Abs 1 Nr 1 GeschGehG.

298 Da Geschäftsgeheimnisse keine Exklusivrechte begründen, ist jeder Berechtigte gegen Rechtsverletzungen geschützt. Dies soll allerdings nur hinsichtlich des jeweils eigenen Rechts gelten, weil die Richtlinie nur auf einen Individualschutz des jeweiligen Inhabers ausgerichtet sei.[413] Dies ist indes aus dem Gesetz nicht ohne Weiteres zu entnehmen. Ob bspw der unzulässige Erwerb eines Geschäftsgeheimnisses Abwehrrechte eines Geheimnisinhabers oder mehrerer Geheimnisinhaber auslöst, ist eine Frage der Anspruchsinhaberschaft und bemisst sich nach den Regelungen der §§ 6 ff GeschGehG.

III. Rechtsverletzer

299 Rechtsverletzer ist jede natürliche oder juristische Person, die eine nach § 4 GeschGehG unzulässige Handlung vornimmt, die also ein **Geschäftsgeheimnis rechtswidrig erlangt, nutzt oder offenlegt**. Das Gesetz definiert den Rechtsverletzer unter Zuhilfenahme der zentralen Regelung zur Rechtsverletzung. Die Definition hat damit kaum einen über § 4 GeschGehG hinausgehenden Erkenntniswert. Sie dient allerdings zur Definition des Anspruchsgegners für die Ansprüche nach den §§ 6 ff GeschGehG.[414]

300 Der Begriff des Rechtsverletzers stellt **keinen Komplementärbegriff** zum Begriff des Inhabers des Geschäftsgeheimnisses gem. § 2 Nr 2 GeschGehG dar.[415] Soweit damit zum Ausdruck gebracht werden soll, dass der Verletzer nicht Inhaber sein kann und umgekehrt, überzeugt dies indes nicht ohne Weiteres. Es ist durchaus denkbar, dass der Inhaber eines Geschäftsgeheimnisses in seinem Umgang mit dem Geschäftsgeheimnis zugunsten eines weiteren Geheimnisinhabers beschränkt ist, bspw im Falle von Mitinhabern des Geschäftsgeheimnisses oder bei vertraglichen Absprachen zwischen unabhängigen Inhabern identischer Geschäftsgeheimnisse, und bei einem Verstoß gegen solche Beschränkungen nach § 4 Abs 2 Nrn 2, 3 GeschGehG selbst zum Verletzer wird.

---

409 Klein/Wegener, ArbR aktuell 2017, 531.
410 Klein/Wegener, ArbR aktuell 2017, 531.
411 Sagstetter, S. 13.
412 Sagstetter, S. 14.
413 Alexander, WRP 2017, 1034, 1040.
414 McGuire, in Büscher, UWG, § 2 RegE GeschGehG Rn 61.
415 AA Alexander, in Köhler/Bornkamm/Feddersen, UWG, § 2 GeschGehG Rn 111.

1. Natürliche oder juristische Person

301 Nach dem Wortlaut des Gesetzes können Rechtsverletzer sowohl natürliche als auch juristische Personen sein. In der Literatur wird zwar teilweise angenommen, dass nur eine natürliche Person einen Verstoß nach § 4 GeschGehG begehen könne.[416] Daher enthalte die Definition gleichzeitig eine Zurechnungsnorm, die durch § 12 GeschGehG näher ausgestaltet werde.[417] Dem ist nicht zuzustimmen. Die Definition des § 2 Nr 3 GeschGehG stellt schon deshalb **keine Zurechnungsnorm** dar, weil sie keine Zurechnungsvoraussetzungen regelt. Die bloße Erwähnung juristischer Personen als mögliche Rechtsverletzer lässt keinen Schluss darauf zu, ob und unter welchen Voraussetzungen die Handlungen einer natürlichen Person einer juristischen Person als ihre eigenen Handlungen zuzurechnen sind. Die Bezugnahme auf § 12 GeschGehG ist darüber hinaus unergiebig, weil § 12 GeschGehG eine Haftung nur für die Ansprüche nach den §§ 6 bis 8 GeschGehG vorsieht. Eine Schadensersatzhaftung des Rechtsverletzers nach § 10 GeschGehG ist davon gerade nicht erfasst. Es ist deshalb nicht davon auszugehen, dass § 12 GeschGehG die Zuordnung bzw Zurechnung eines Fehlverhaltens auf eine juristische Person im Zusammenspiel mit der Definition des § 2 Nr 3 GeschGehG regelt.

302 Vielmehr gelten die **allgemeinen Regelungen** zur Zurechnung deliktischen Verhaltens auf den Unternehmensträger, insbesondere die §§ 31, 89 BGB. Danach wird dem Unternehmensträger als Zurechnungsadressat die »zum Schadensersatz verpflichtende Handlung« zugerechnet.[418] Dies dient dem Zweck, Rechtsträger, die nicht selbst handlungsfähig sind, haftungsrechtlich den natürlichen Personen gleichzustellen. Die Regelung des § 31 BGB bewirkt eine umfassende Zurechnung von Verhalten, Wissen und Verschulden der Repräsentanten.[419]

303 Die Zurechnung von Handlungen zum Unternehmensträger berührt die Haftung der **handelnden Personen** nicht.[420] Diese sind ebenfalls Rechtsverletzer, soweit sie in eigener Person die Voraussetzungen des § 4 GeschGehG erfüllen.

2. Rechtswidrige Erlangung, Nutzung oder Offenlegung

304 Rechtsverletzer ist, wer ein Geschäftsgeheimnis rechtswidrig erlangt, nutzt oder offenlegt. Hieraus ergibt sich, dass es **auf ein Verschulden nicht ankommt**.[421] Die Rechtswidrigkeit muss sich aus einem Verstoß gegen § 4 GeschGehG ergeben. Dies schließt die mittelbare Verletzung nach § 4 Abs 3 GeschGehG ein.[422] Ein Verstoß gegen andere Vorschriften reicht nicht aus, insbesondere genügt ein Verstoß gegen vertragliche Vereinbarungen nicht. Allerdings ist zu berücksichtigen, dass eine Nutzung oder Offenlegung unter Verstoß gegen eine vertragliche Vereinbarung gleichzeitig eine Geheimnisverletzung nach § 4 Abs 2 GeschGehG darstellen kann.

---

416 McGuire, in Büscher, UWG, § 2 RegE GeschGehG Rn 62.
417 McGuire, in Büscher, UWG, § 2 RegE GeschGehG Rn 62.
418 Alexander, in Köhler/Bornkamm/Feddersen, UWG, § 6 GeschGehG Rn 19; Leuschner, in MüKo-BGB, § 31 Rn 24.
419 Leuschner, in MüKo-BGB, § 31 Rn 24.
420 Alexander, in Köhler/Bornkamm/Feddersen, UWG, § 6 GeschGehG Rn 18.
421 McGuire, Mitt 2017, 377, 379.
422 Alexander, in Köhler/Bornkamm/Feddersen, UWG, § 1 GeschGehG Rn 15.

3. Subjektive Voraussetzungen der Verletzereigenschaft

305 In Anbetracht des Wechsels vom strafrechtlichen Ansatz des UWG zu einem zivilrechtlichen Ansatz unter dem GeschGehG stellt sich die Frage, ob auch derjenige als Verletzer zu qualifizieren ist, der die objektiven Voraussetzungen des § 4 GeschGehG erfüllt, ohne dass er sich dessen bewusst ist bzw bewusst sein muss. Entscheidend kann diese Frage in Fallgestaltungen sein, in denen der Handelnde ein Geheimnis erlangt, nutzt oder offenlegt, ohne die Geheimniseigenschaft zu kennen oder ohne um die Herkunft der Information aus einer nicht legitimierten Quelle zu wissen.

306 Für eine Erstreckung des Verletzerbegriffs auf **unverschuldet Handelnde** spricht eindeutig die Abfindungsregelung des § 11 GeschGehG, wonach der weder vorsätzlich noch fahrlässig handelnde Verletzer zur Abwendung der Ansprüche nach den §§ 6 oder 7 GeschGehG den Inhaber des Geschäftsgeheimnisses in Geld abfinden kann.

307 Allerdings ginge es zu weit, jedermann als Verletzer anzusehen, der nur in irgendeiner Form an einer Verletzung mitwirkt, insbesondere wenn diese Mitwirkung in einer sozialadäquaten Handlung besteht, die nicht spezifisch auf das betroffene Geschäftsgeheimnis ausgerichtet ist. Insoweit kommt es also auf die das Handeln bestimmende Willensrichtung an. Fehlt es an einer auf das Geschäftsgeheimnis bezogenen Handlung, kann allerdings eine Haftung als **Störer** bzw wegen der **Verletzung von Verkehrspflichten** in Betracht kommen.[423]

4. Täter und Teilnehmer

308 Rechtsverletzer ist zunächst einmal derjenige, der die Rechtsverletzung **selbst begeht**, also selbst die Voraussetzungen des § 4 GeschGehG verwirklicht. Auf einen wirtschaftlichen Kontext der Verletzungshandlung, also ein Handeln im geschäftlichen Verkehr, kommt es nicht an.[424]

309 Das GeschGehG enthält keine Regelung zur **Verantwortlichkeit und Haftung von Teilnehmern**, also für Anstifter und Gehilfen. Auszugehen ist mangels spezieller Regelungen von den allgemeinen deliktsrechtlichen Grundsätzen. Danach kommen als Rechtsverletzer auch Teilnehmer iSv § 830 Abs 2 BGB in Betracht, da diese Teilnehmer deliktsrechtlich einem Mittäter gleichgestellt sind. Haftungsrechtlich relevant ist nicht die Abgrenzung zwischen Täterschaft und Teilnahme, sondern diejenige zwischen Teilnahme und gänzlich fehlender Deliktsbeteiligung.[425] Neben dem Haupttäter kann daher der Anstifter oder Gehilfe Rechtsverletzer sein.[426]

310 Zwar ist die Verletzereigenschaft generell unabhängig von Vorsatz und Fahrlässigkeit. Im Hinblick auf die Teilnehmer (Anstifter und Gehilfen) ist allerdings eine subjektive Kompo-

---

[423] Gegen eine Anwendung der Störerhaftung: Alexander, in Köhler/Bornkamm/Feddersen, UWG, § 6 GeschGehG Rn 21.
[424] Alexander, in Köhler/Bornkamm/Feddersen, UWG, § 2 GeschGehG Rn 117 f.
[425] Wagner, in MüKo-BGB, § 830 Rn 15; BGH 17.09.2009, Xa ZR 2/08, Rn 24 (juris) = GRUR 2009, 1142 Rn 24 – MP3-Player-Import.
[426] AA Alexander, in Köhler/Bornkamm/Feddersen, UWG, § 6 GeschGehG Rn 16, der Anstifter und Gehilfen aber über § 830 BGB dem täterschaftlich handelnden Rechtsverletzer gleichzusetzen scheint; im Ergebnis wie hier zum Urheberrecht: Jaworski/J. B. Nordemann, GRUR 2017, 567, 571.

nente unentbehrlich, um einen Tatbezug der Anstiftungs- bzw Beihilfehandlung zu begründen. Verletzer ist danach, wer zumindest **bedingt vorsätzlich** die Verletzungshandlung eines anderen **herbeiführt oder fördert**.[427] Zum Teilnehmervorsatz gehört dabei neben der Kenntnis der objektiven Tatbestandsmerkmale das Bewusstsein der Rechtswidrigkeit der Haupttat.[428] Im Hinblick auf den Gehilfen dürfte es im Einklang mit den strafrechtlichen Grundsätzen[429] genügen, dass dieser die **Haupttat in ihren wesentlichen Merkmalen** kennt.[430] Dafür ist es aber nicht zwingend erforderlich, dass der Teilnehmer den Haupttäter oder den genauen Hergang, Ort, Zeit und Opfer der Tat kennt.[431]

Bei Handlungen im Bereich der professionellen Adäquanz, dh bei einem normalen, sozial akzeptierten und regelgeleiteten beruflichen Handeln, bzw bei neutralen Hilfeleistungen genügt allerdings bedingter Vorsatz nicht. In einem solchen Fall muss der Beteiligte sicher um die Begehung der Haupttat wissen.[432]

▶ Kommt eine Haftung des Teilnehmers mangels Teilnahmevorsatzes nicht in Betracht, sollte der Geheimnisinhaber in Betracht ziehen, den Teilnehmer über die Verletzungssituation zu informieren und aufzufordern, eine weitere Teilnahme an der Verletzungshandlung zu unterlassen (sh das Muster »Information an Dritte«, Kap 5 Rdn 102). Kommt der Teilnehmer dem nicht nach, wird in der Regel der Teilnehmervorsatz – aufgrund der Inkenntnissetzung – anzunehmen sein.[433]

5. Intermediäre

Intermediäre sind keine Rechtsverletzer, es sei denn, sie erfüllen ausnahmsweise die Voraussetzungen einer täterschaftlichen Haftung (sh Rdn 308) oder einer Teilnehmerhaftung (sh Rdn 309).[434]

Eine **Störerhaftung**, aber auch eine **Teilnehmerhaftung** des Intermediärs kommt insbesondere in Fällen in Betracht, in denen der Intermediär technische Unterstützung zur Verletzung eines Geschäftsgeheimnisses leistet. Dies kann bspw der Fall sein bei Anbietern

---

427 Alexander, in Köhler/Bornkamm/Feddersen, UWG, § 6 GeschGehG, Rn 16 f.
428 BGH 03.07.2008, I ZR 145/05, Rn 15 (juris) = GRUR 2008, 810 Rn 15 – Kommunalversicherer.
429 BGH 22.06.2011, I ZR 159/10, Rn 17 (juris) = GRUR 2011, 1018 Rn 17 – Automobil-Onlinebörse.
430 Vgl BGH 29.11.2006, 2 StR 301/06 = wistra 2007, 143; strenger allerdings BGH 05.02.2015, I ZR 240/12, Rn 37 (juris) = GRUR 2015, 485 Rn 37 – Kinderhochstühle im Internet III; für eine Orientierung an der strafrechtlichen Beurteilung: Jaworski/J. B. Nordemann, GRUR 2017, 567, 569.
431 BGH 07.11.2001, 1 StR 455/01, Rn 5 (juris) = NStZ 2002, 145 Rn 4; BayObLG 22.05.2001, 4 St RR 63/2001, 4 St RR 63/01 = BeckRS 2001, 100024; einen konkreten Bezug zum verletzten Werk verlangt in einer urheberrechtlichen Entscheidung das OLG München 02.03.2017, 29 U 1819/16, Rn 67 (juris) = GRUR 2017, 619 Rn 45 – uploaded.
432 BGH 13.07.2010, XI ZR 28/09, Rn 47 (juris) = NJW-RR 2011, 197 Rn 47; Joecks, in MüKoStGB, § 27 Rn 102.
433 BGH 12.03.2015, I ZR 84/14, Rn 17 (juris) = GRUR 2015, 1025 Rn 17 – TV-Wartezimmer; vgl auch zur durch Vernachlässigung von Prüfpflichten entstehenden Gehilfenhaftung BGH 22.07.2010, I ZR 139/08, Rn 33 (juris) = GRUR 2011, 152 Rn 33 – Kinderhochstühle im Internet I.
434 Vgl Alexander, in Köhler/Bornkamm/Feddersen, UWG, § 6 GeschGehG, Rn 20; zur bislang vernachlässigten Gehilfenhaftung des Intermediärs eingehend: Jaworski/J. B. Nordemann, GRUR 2017, 567.

von Cloud-Speicherplatz, der für die Sicherung von rechtswidrig erlangten Informationen genutzt wird.[435] Darüber hinaus ist an den Vertrieb rechtsverletzender Produkte und an daran mitwirkende Plattformbetreiber uä zu denken. Ausreichend sein könnte auch eine finanzielle Unterstützung durch Schaltung von Werbung neben rechtswidrigen Inhalten.[436]

315 Eine Gehilfenhaftung kommt insbesondere bei Verstoß gegen Garantenpflichten in Betracht, die bei gefahrgeneigten Diensteanbietern jedenfalls dann entstehen, wenn der Anbieter **auf eine Rechtsverletzung hingewiesen** wird.[437] Im Einzelnen ist die Abgrenzung zwischen bloßer Störerhaftung und Gehilfenhaftung, die sich tatbestandlich in weiten Teilen überschneiden,[438] noch wenig geklärt. Jedenfalls bei hartnäckiger Nichterfüllung von Prüfpflichten kommt über die Störerhaftung hinaus eine Gehilfenhaftung in Betracht; in diesem Falle wird der Intermediär also zum Rechtsverletzer.[439]

316 Bei der Beurteilung eines Tatbeitrags eines Intermediärs sind bestehende **Haftungsprivilegien** zu berücksichtigen, wie bspw § 10 TMG.[440]

6. Ausnahme des § 2 Nr 3 Hs 2 GeschGehG

317 Rechtsverletzer ist nach § 2 Nr 3 Hs 2 GeschGehG nicht, wer sich auf eine Ausnahme nach § 5 GeschGehG berufen kann. Diese Regelung ist angesichts der Formulierung von § 5 GeschGehG als Ausnahme von den Verboten des § 4 GeschGehG **überflüssig**.

IV. Rechtsverletzendes Produkt

318 Ein rechtsverletzendes Produkt liegt nach § 2 Nr 4 GeschGehG vor, wenn das Produkt, dessen Konzeption, Merkmale, Funktionsweise, Herstellungsprozess oder Marketing in erheblichem Umfang auf einem rechtswidrig erlangten, genutzten oder offengelegten Geschäftsgeheimnis beruht.

319 Mit der Beschreibung des rechtsverletzenden Produkts wird gleichzeitig der Begriff der rechtsverletzenden Nutzung iSv § 4 GeschGehG konkretisiert.[441] Dies ergibt sich aus § 4 Abs 3 GeschGehG, der die Herstellung rechtsverletzender Produkte als eine Variante der rechtsverletzenden Nutzung bezeichnet.[442] Die Definition erfasst **Arbeitsergebnisse, die unter Zuhilfenahme von Geschäftsgeheimnissen entstanden** sind oder **vertrieben** werden.[443] Der Begriff des Produkts ist danach weit auszulegen und ist nicht auf körperliche Gegenstände beschränkt, sondern kann sämtliche Erzeugnisse und Leistungsergebnisse umfassen.[444]

---

435 Jaworski/J. B. Nordemann, GRUR 2017, 567, 568.
436 Jaworski/J. B. Nordemann, GRUR 2017, 567, 568.
437 OLG München 02.03.2017, 29 U 1819/16 = GRUR 2017, 619 – uploaded; LG München I 18.03.2016, 37 O 6200/14 = MMR 2017, 53.
438 Jaworski/J. B. Nordemann, GRUR 2017, 567.
439 OLG Hamburg 13.05.2013, 5 W 41/13 = GRUR-RR 2013, 382 – Hörspiel; für eine weitergehende Haftung: Jaworski/J. B. Nordemann, GRUR 2017, 567, 570.
440 OLG München 02.03.2017, 29 U 1819/16 = GRUR 2017, 619 – uploaded.
441 McGuire, in Büscher, UWG, § 2 GeschGehG Rn 63.
442 Vgl Kalbfus, GRUR 2016, 1009, 1014.
443 Alexander, WRP 2017, 1034, 1043.
444 Alexander, in Köhler/Bornkamm/Feddersen, UWG, § 2 GeschGehG Rn 127.

1. Konzeption, Merkmale, Funktionsweise, Herstellungsprozess oder Marketing

Während sich Konzeption, Merkmale, Funktionsweise und Herstellungsprozess konkret auf das Produkt des Rechtsverletzers und idR produkt- oder produktionsbezogene Geschäftsgeheimnisse des Geheimnisinhabers beziehen, ist der Gesichtspunkt des **Marketings** nicht unbedingt produkt- oder produktionsbezogen. Eine trennscharfe Abgrenzung der verschiedenen Aspekte ist kaum denkbar.[445] Durch die Einbeziehung des Marketings können Produkte auch dann als rechtsverletzend angesehen werden, wenn **allein ihr Vertrieb** auf unbefugt erlangten Informationen beruht. So kann ein an sich nicht zu beanstandendes Produkt allein dadurch zum rechtsverletzenden Produkt werden, dass es Kunden angeboten wird, die aus einer unbefugt erlangten Kundenliste hervorgehen.[446] In solchen Fällen mag es an der Voraussetzung des Beruhens in »**erheblichem Umfang**« fehlen.[447] Generelle Kritik an der Einbeziehung des Marketings ist hingegen nicht angebracht.[448] In vielen Fällen nicht-technischer Betriebsgeheimnisse ist die Marketingstrategie ein ganz wesentlicher Erfolgsfaktor. Verschafft sich ein Wettbewerber Kenntnis von der Marketingstrategie, bspw von der zeitlichen Abfolge bestimmter Rabattaktionen im Online-Handel, kann er seine eigene **Marketingstrategie** darauf anpassen. Dies kann besonders bei austauschbaren Produkten zu dem Ergebnis führen, dass die im Wesentlichen auf der Marketingstrategie beruhenden Produktumsätze auf den Verletzer umgeleitet werden. Dies mag unter Wertungsgesichtspunkten nicht immer rechtfertigen, die vertriebenen Produkte den Rückruf- und Vernichtungsansprüchen zu unterwerfen. Sind aber die Produkte überhaupt erst auf der Grundlage der geheimen Marketinginformationen konzipiert oder hergestellt worden und können damit als Resultat der Geheimnisverletzung angesehen werden, ist kein überzeugender Grund ersichtlich, sie anders zu behandeln als in Fällen, in denen sich die Geheimnisverletzung im Produkt selbst niederschlägt.

320

Es ist danach davon auszugehen, dass der Makel der Geheimnisverletzung **dem Produkt nicht unmittelbar anzusehen** sein muss bzw **dem Produkt nicht selbst anhaften** muss.[449]

321

2. Beruhen auf rechtswidrig erlangtem, genutztem oder offengelegtem Geschäftsgeheimnis

Schon unter Geltung der §§ 17 ff UWG aF konnte der Inhaber des Geheimnisses gegen den Vertrieb von Produkten vorgehen, deren technische Merkmale wesentlich auf dem Geheimnis, bspw auf vertraulichen Konstruktionsplänen, beruhten.[450] Nach der Rspr des BGH durfte eine rechtswidrig erlangte Kenntnis von Geheimnissen vom Verletzer **in keiner Weise verwendet** werden. Ergebnisse, die der Verletzer durch solche Kenntnisse erzielt hat, wurden von Anfang an und idR dauernd als mit dem Makel der Wettbewerbswidrig-

322

---

445 Vgl Alexander, in Köhler/Bornkamm/Feddersen, UWG, GeschGehG § 2 Rn 129.
446 Apel/Walling, DB 2019, 891, 897; Ohly, GRUR 2019, 441, 445; aA Hoeren/Münker, CCZ 2018, 85, 86.
447 Ohly, GRUR 2019, 441, 445; Reinfeld, GeschGehG, § 1 Rn 223.
448 AA Heitto, CRi 2015, 140, 144; Kalbfus/Harte-Bavendamm, GRUR 2014, 453, 454; kritisch auch Apel/Walling, DB 2019, 891, 897.
449 Zweifelnd: Alexander, WRP 2017, 1034, 1043.
450 Vgl BGH 03.05.2001, I ZR 153/99 = GRUR 2002, 91, 94 – Spritzgießwerkzeuge; BGH 19.12.1984, I ZR 133/82 = GRUR 1985, 294 – Füllanlage; Ohly, GRUR 2019, 441, 445.

keit behaftet angesehen.[451] Daran dürfte sich nichts geändert haben. Das notwendige Korrektiv wird nunmehr im Erfordernis des »erheblichen Umfangs« zu finden sein.

3. Erheblicher Umfang

323 Die Voraussetzung des erheblichen Umfangs ist **unausweichlich vage**.[452] Sie ist erforderlich, um die Haftung des Verletzers nicht ausufern zu lassen.[453]

324 Das nach der Rspr des BGH zu § 17 UWG aF bestehende Verwendungsverbot bezog sich nicht auf jegliche, nur mittelbar mit der Verletzung von Geschäfts- oder Betriebsgeheimnissen zusammenhängende wettbewerbliche Vorteile, sondern nur auf den **unter Verletzung des Betriebsgeheimnisses hergestellten Gegenstand** und dessen Verwertung.[454] So hat der BGH entschieden, dass eine technische Anlage, die unter Verwendung von unter Verstoß gegen § 17 UWG aF wettbewerbswidrig erworbenen Kenntnissen erstellt wurde, nicht verwendet werden darf.[455] Gleiches galt für Produkte, die unter Verwendung von unbefugt verwerteten Zeichnungen hergestellt worden sind.[456] Diese Grundsätze werden auch bei der Beurteilung des erheblichen Ausmaßes zu berücksichtigen sein.

325 Eine **zahlenmäßige Bestimmung** der Erheblichkeit ist nicht möglich. Insbesondere lässt sich auf das Gesetz nicht stützen, dass ein erheblicher Umfang nur vorliege, wenn sich der Gesamtanteil des für die Produktentwicklung, Produktherstellung oder den Produktvertrieb erforderlichen Aufwands mindestens zur Hälfte auf das Geschäftsgeheimnis zurückführen lässt.[457] Fernwirkungen einer Geheimnisverletzung, insbesondere **bloße betriebswirtschaftliche Folgen**, werden nicht mehr in erheblichem Umfang auf der Verletzung beruhen.[458] Stellt sich bspw der Erfolg mit einem bestimmten Produkt als Folge der mit Hilfe eines nicht mit dem Produkt zusammenhängenden Verletzungsprodukts erzielten Marktposition dar, wird es am Beruhen in erheblichem Umfang fehlen.

326 Ungeklärt ist, ob auch an sich nicht zu beanstandende Produkte rechtsverletzend sein können, wenn es sich bei diesen um **Ersatzteile, Ergänzungen oder Verbrauchsartikel zu verletzenden Produkten** handelt. Es spricht einiges dafür, diese Produkte dann als rechtsverletzend anzusehen, wenn sie entweder explizit für den Einsatz mit verletzenden Produkten bestimmt sind oder eine anderweitige wirtschaftlich relevante Verwendungsmöglichkeit nicht besteht. Denn dann beruht jedenfalls das Marketing der Produkte iSd § 2 Nr 4 GeschGehG auf dem mit dem Hauptprodukt verletzten Geschäftsgeheimnis.

---

451 BGH 16.11.2017, I ZR 161/16 = GRUR 2018, 535 – Knochenzement I; BGH 16.11.2017, I ZR 160/16 = GRUR 2018, 541 – Knochenzement II; BGH 19.12.1984, I ZR 133/82 = GRUR 1985, 294, 296 – Füllanlage.
452 Aplin, S. 24; vgl auch Apel/Walling, DB 2019, 891, 897.
453 Vgl Kalbfus/Harte-Bavendamm, GRUR 2014, 453, 454.
454 BGH 16.11.2017, I ZR 161/16 = GRUR 2018, 535 – Knochenzement I; BGH 16.11.2017, I ZR 160/16 = GRUR 2018, 541 – Knochenzement II.
455 BGH 19.12.1984, I ZR 133/82 = GRUR 1985, 294, 296 – Füllanlage.
456 BGH 22.03.2018, I ZR 118/16 = GRUR 2018, 1161 – Hohlfasermembranspinnanlage II; BGH 07.01.1958, I ZR 73/57 = GRUR 1958, 297, 299 – Petromax; vgl auch BGH 19.03.2008, I ZR 225/06 = WRP 2008, 938 – Entwendete Datensätze.
457 So aber Alexander, WRP 2017, 1034, 1043.
458 Vgl die Konstellation in BGH 16.11.2017, I ZR 161/16 = GRUR 2018, 535 – Knochenzement I; BGH 16.11.2017, I ZR 160/16 = GRUR 2018, 541 – Knochenzement II.

Für die Bestimmung des erheblichen Umfangs könnte auf die Grundsätze des **Schutzes** 327
unmittelbarer Verfahrenserzeugnisse iSv § 9 Nr 3 PatG zurückgegriffen werden.[459]
Danach wird das Verfahrenserzeugnis vom Schutzbereich auch dann umfasst, wenn es
weiterverarbeitet wird, vorausgesetzt, dass bei wertender Betrachtung die durch das
geschützte Verfahren hervorgerufenen Eigenschaften des Verfahrenserzeugnisses im End-
produkt nach wie vor vorhanden sind, zB sein Wesen oder seine Eigenschaften prägen und
damit die Identität des Erzeugnisses erhalten bleibt.[460] Gegen die Heranziehung dieser
Grundsätze spricht jedoch, dass das GeschGehG **kein Unmittelbarkeitserfordernis** aufweist, sondern ein bloßes Beruhen in erheblichem Umfang genügen lässt. Die patentrechtlichen Maßstäbe scheinen deshalb zu eng zu sein.[461] Sollte sich in der Praxis ein gegenüber
dem Patentrecht deutlich breiteres Verständnis mit der Folge eines umfassenderen Schutzes
durchsetzen, könnte dies allerdings einen Wertungswiderspruch zum Patentrecht hervorrufen und damit patentierungsfeindlich wirken.[462]

4. Beispiele

In den folgenden Grenzfällen ist vom Vorliegen eines rechtsverletzenden Produkts 328
auszugehen:
- Nutzung von Konstruktionsplänen derart, dass der Verletzer den Plänen Details dazu
  entnimmt (bspw Nachteile des Wettbewerbsprodukts), wie das **eigene Produkt** durch
  eine Detailveränderung verbessert werden kann;
- Vorhaltung von Konstruktionsplänen oder anderen Unterlagen als Wissensbasis für die
  Erfüllung möglicher zukünftiger Aufträge und darauf basierend der Auftragsakquise,
  bspw Annahme von **Wartungs- und Serviceverträgen** auf der Basis eines solchen
  Dokumentenbestands, unabhängig davon, ob die später konkret anfallenden Wartungs-
  und Servicearbeiten den Einsatz der Dokumente erfordern (Marketing);
- Nutzung rechtswidrig angeeigneter Kundendatenbanken oder Marketingkonzepte für
  die **kundenspezifische Herstellung von Wettbewerbsprodukten** oder den **kundenspezifischen Vertrieb,** wenn die Kundendatenbank oder die Marketingkonzepte für
  den erfolgreichen Produktabsatz von wesentlicher Bedeutung sind;
- Implementierung einer auf dem Geschäftsgeheimnis beruhenden **Komponente** in eine
  komplexe Gesamtvorrichtung, solange die Komponente für die Gesamtvorrichtung
  nicht unerheblich ist, wobei auf die Unerheblichkeit nicht schon auf der Grundlage
  des Verhältnisses von Komponentenpreis zum Preis der Gesamtvorrichtung geschlossen
  werden kann, sondern eine wertende Betrachtung anzustellen ist, die bspw die Aus-
  tauschbarkeit der Komponente durch im Stand der Technik verfügbare Alternativen
  berücksichtigt; in diesem Fall stellen sowohl die Komponente als auch die Gesamtvorrichtung ein Verletzungsprodukt dar.

In den folgenden Fallkonstellationen liegt kein rechtsverletzendes Produkt vor: 329
- Nutzung einer als Geheimnis geschützten Kundenliste für das Marketing von Wettbe-
  werbsprodukten, wenn die **Kundenliste nur unterstützend** wirkt, nicht aber für den
  Vertriebserfolg von wesentlicher Bedeutung ist;

---

459 Aplin, S. 25.
460 Mes, PatG/GebrMG, § 9 PatG Rn 71, mwN; Aplin, S. 25.
461 Aplin, S. 25.
462 Aplin, S. 26 f.

- Nutzung von Informationen über **bevorzugte Zulieferer**, wenn die Identifizierung vergleichbarer Zulieferer am Markt keine besonderen Probleme aufwirft;
- Nutzung von Informationen über die **Wirtschaftlichkeit des Wettbewerbers** für die Entscheidung, sich auf einem anderen Markt zu betätigen.

C. Erlaubte Handlungen, Handlungsverbote, Ausnahmen

Literatur: *Adam*, Alles geheim! – Der Entwurf des Geschäftsgeheimnisgesetzes, SPA 2019, 9; *Alexander*, Gegenstand, Inhalt und Umfang des Schutzes von Geschäftsgeheimnissen nach der Richtlinie (EU) 2016/943, WRP 2017, 1034; *Alexander*, Geheimnisschutz nach dem GeschGehGE und investigativer Journalismus, AfP 2019, 1; *Apel/Walling*, Das neue Geschäftsgeheimnisgesetz: Überblick und erste Praxishinweise, DB 2019, 891; *Baranowski/Glaßl*, Anforderungen an den Geheimnisschutz nach der neuen EU-Richtlinie, BB 2016, 2563; *Bauschke*, Geschäftsgeheimnisse und Bezug zum Whistleblowing – Gesetzliche Neuregelung, öAT 2019, 133; *Dann/Markgraf*, Das neue Gesetz zum Schutz von Geschäftsgeheimnissen, NJW 2019, 1774; *Dumont*, Happy End für ein Stiefkind? – Regierungsentwurf zur Umsetzung der Know-how-Richtlinie, BB 2018, 2441; *Dzida*, Der neue Beschäftigtendatenschutz – Erste Erfahrungen aus der Praxis, BB 2018, 2677; *Frisse/Glaßl/Baranowski*, Unternehmenssicherheit bei Banken – IT-Sicherheit, Know-how Schutz, Datensicherheit und Datenschutz, BKR 2018, 177; *Fuhlrott/Hiéramente*, Arbeitsrechtlicher Handlungsbedarf durch das Geschäftsgeheimnisgesetz – Überblick zu den Eckpunkten des Gesetzes und mögliche arbeitsrechtliche Implikationen –, DB 2019, 967; *Garden/Hiéramente*, Die neue Whistleblowing-Richtlinie der EU – Handlungsbedarf für Unternehmen und Gesetzgeber, BB 2019, 963, 967; GRUR-Stellungnahme, GRUR 2018, 708, 710; *Hauck*, Geheimnisschutz im Zivilprozess – was bringt die neue EU-Richtlinie für das deutsche Recht?, NJW 2016, 2218; *Hauck*, Was lange währt ... – Das Gesetz zum Schutz von Geschäftsgeheimnissen (GeschGehG) ist in Kraft, GRUR-Prax 2019, 223; *Heinzke*, Richtlinie zum Schutz von Geschäftsgeheimnissen, CCZ 2016, 179; *Hitzelberger-Kijima*, Die Betroffenenrechte von Arbeitnehmern nach der Datenschutzgrundverordnung, öAT 2019, 140; *Hoeren/Münker*, Die EU-Richtlinie für den Schutz von Geschäftsgeheimnissen und ihre Umsetzung – unter besonderer Berücksichtigung der Produzentenhaftung, WRP 2018, 150; *Hofmann*, »Equity« im deutschen Lauterkeitsrecht? Der »Unterlassungsanspruch« nach der Geschäftsgeheimnis-RL, WRP 2018, 1; *Hoppe/Oldekop*, Behandlung von Unterlassungsansprüchen für Altfälle nach dem Gesetz zum Schutz von Geschäftsgeheimnissen (GeschGehG), GRUR-Prax 2019, 324; *Kalbfus*, Die EU-Geschäftsgeheimnis-Richtlinie, GRUR 2016, 1009; *Kalbfus/Harte-Bavendamm*, Protokoll der Sitzung des Fachausschusses für Wettbewerbs- und Markenrecht zum Richtlinienvorschlag über den Schutz von Geschäftsgeheimnissen, GRUR 2014, 453; *Karthaus*, Omertá in der Betriebsverfassung, NZA 2018, 1180; *Kiefer*, Das Geschäftsgeheimnis nach dem Referentenentwurf zum Geschäftsgeheimnisgesetz: Ein Immaterialgüterrecht, WRP 2018, 910; *Leister*, Liberalisierung von Reverse Engineering durch Geschäftsgeheimnisgesetz: Wie können sich Unternehmen noch schützen?, GRUR-Prax 2019, 175; *Lejeune*, Die neue EU Richtlinie zum Schutz von Know-how und Geschäftsgeheimnissen Wesentliche Inhalte und Anpassungsbedarf im deutschen Recht sowie ein Vergleich zur Rechtslage in den USA, CR 2016, 330; *Mayer*, Geschäfts- und Betriebsgeheimnis oder Geheimniskrämerei?, GRUR 2011, 884; *McGuire*, Der Schutz von Know-how im System des Immaterialgüterrechts, GRUR 2016, 1000; *McGuire*, Neue Anforderungen an den Know-how-Schutz: 3 Gründe, sich schon heute mit der neuen Geschäftsgeheimnis-RL zu befassen, Mitt 2017, 377; *McGuire*, Neue Anforderungen an Geheimhaltungsvereinbarungen?, WRP 2019, 679; *Naber/Peukert/Seeger*, Arbeitsrechtliche Aspekte des Geschäftsgeheimnisgesetzes, NZA 2019, 583; *Ohly*, Das neue Geschäftsgeheimnisgesetz im Überblick, GRUR 2019, 441; *Ohly*, Der Geheimnisschutz im deutschen Recht: heutiger Stand und Perspektiven, GRUR 2014, 1; *Oltmanns/Fuhlrott*, Geheimhaltungspflichten des Betriebsrats im arbeitsgerichtlichen Verfahren, NZA 2019, 1384; *Redeker/Pres/Gittinger*, Einheitlicher Geheimnisschutz in Europa (Teil 1), WRP 2015, 681; *Rehaag/Straszewski*, Das neue Gesetz zum Schutz von Geschäftsgeheimnissen in der Praxis, Mitt 2019, 249; *Scherp/Rauhe*, Datenklau!? – Entwurf eines Gesetzes zum Schutz von Geschäftsgeheimnissen – Teil 1, CB 2019, 20; *Schiemann*, Anforderungen an die digitale Beweissicherung im Strafprozessrecht und in internen Untersuchungen, FS Wessing, 569; *Schmitt*, Whistleblowing revisited – Anpassungs- und Regelungsbedarf im deutschen Recht, RdA 2017, 365; *Schreiber*, Das neue Gesetz zum Schutz von Geschäftsgeheimnissen – ein »Freifahrtschein« für Whistleblower, NZWiSt 2019, 332; *Schulte*, Mehr Schutz für Geschäftsgeheimnisse Ein Überblick über die Regelungen des neuen Geschäftsgeheimnisgesetzes (GeschGehG), ArbRB 2019, 143; *Schulte/*

Welge, Der datenschutzrechtliche Kopieanspruch im Arbeitsrecht, NZA 2019, 1110; *Schuster/Tobuschat*, Geschäftsgeheimnisse in der Insolvenz, GRUR-Prax 2019, 248; *Siebert*, Geheimnisschutz und Auskunftsansprüche im Recht des geistigen Eigentums, 2011; *Thiel*, Das neue Geschäftsgeheimnisgesetz (GeschGehG) – Risiken und Chancen für Geschäftsgeheimnisinhaber, WRP 2019, 700; *Tribess*, Datenschutz im M&A Prozess, GWR 2019, 155; *Triebe*, Reverse Engineering im Lichte des Urheber- und Geschäftsgeheimnisschutzes Am Beispiel der Analyse der Firmware von Computerchips mittels Black Box-Techniken, WRP 2018, 795; *Ullrich*, Der Schutz von Whistleblowern aus strafrechtlicher Perspektive – Rechtslage de lege lata und de lege ferenda, NZWiSt 2019, 65; *Ullrich*, Die EU-WhistleblowerRL oder Richtlinien-Potpourri zum Schutz von Whistleblowern, WiJ 2019, 52; *Vogel/Poth*, Steine statt Brot für den Whistleblower, CB 2019, 45; *Wiebauer*, Whistleblowing im Arbeitsschutz, NZA 2015, 22, 23; *Wybitul/Brams*, Welche Reichweite hat das Recht auf Auskunft und auf eine Kopie nach Art 15 I DS-GVO?, NZA 2019, 672; *Ziegelmayer*, Geheimnisschutz ist eine große Nische Zu den unterschätzten Auswirkungen des GeschGehG, CR 2018, 693.

I. Systematik der §§ 3 bis 5 GeschGehG

1. Allgemeines

Die Regelungen der §§ 3 bis 5 GeschGehG, insbesondere die Bestimmungen über erlaubte Handlungen und Handlungsverbote in den §§ 3 und 4 GeschGehG, stellen neben den Begriffsbestimmungen des § 2 GeschGehG das Kernstück des Gesetzes dar. § 5 GeschGehG regelt Ausnahmen vom Geheimnisschutz. 330

Die Aufzählung der erlaubten Erlangungshandlungen in § 3 Abs 1 GeschGehG ist **nicht abschließend**.[463] Eine inhaltliche Abweichung zu der formal abschließenden Regelung des Art 3 (1) GeschGehRL ist darin nicht zu sehen, denn diese enthält mit Art 3 (1) lit d) GeschGehRL einen offenen Auffangtatbestand und erfasst so weitere Vorgehensweisen, die mit einer seriösen Geschäftspraxis vereinbar sind. 331

§ 3 GeschGehG ist als **Schutzschranke** ausgestaltet. Eine erlaubte Erlangung lässt deshalb den Bestand des Geschäftsgeheimnisses generell unberührt. Der Fortbestand hängt davon ab, ob das Geschäftsgeheimnis rechtmäßig in einer Weise offengelegt wird, dass die Information allgemein bekannt iSd § 2 Nr 1 GeschGehG wird (sh Rdn 83). 332

Der Zusammenhang der Nutzungshandlungen Erlangung, Nutzung und Offenlegung ist wie auch das Verhältnis von § 3 GeschGehG zu § 4 GeschGehG bislang ungeklärt. Ob ein nach § 3 Abs 1 GeschGehG rechtmäßig erlangtes Geschäftsgeheimnis genutzt oder offengelegt werden darf, lässt § 3 GeschGehG offen. Für die Beurteilung dürften deshalb insbesondere die Regelungen des § 4 Abs 1 Nr 2 GeschGehG und des § 4 Abs 2 GeschGehG maßgeblich sein (sh Rdn 470 ff). 333

Eine an sich unter § 3 GeschGehG fallende Maßnahme kann im Einzelfall gleichwohl nach § 4 GeschGehG unzulässig sein. Dies ist bspw anzunehmen, wenn das einem **Reverse Engineering** unterzogene Produkt zwar rechtmäßig erlangt wurde, das Reverse Engineering jedoch aus anderen Gründen rechtswidrig war, bspw wegen einer Verletzung eines dem Geheimnisinhaber zustehenden Verfahrenspatents. In einem solchen Fall liegen zwar die Voraussetzungen einer zulässigen Erlangung nach § 3 Abs 1 Nr 2 GeschGehG vor. Gleichwohl dürfte die Erlangung nach § 4 Abs 1 Nr 2 GeschGehG rechtswidrig sein. 334

---

463 Hauck, GRUR-Prax 2019, 223, 224; aA Alexander, in Köhler/Bornkamm/Feddersen, UWG, § 3 GeschGehG Rn 6.

335 Die Regelung des § 5 GeschGehG **entzieht bestimmte Handlungen dem Anwendungsbereich des § 4 GeschGehG**, jedoch nicht insgesamt dem Anwendungsbereich des GeschGehG. So bleibt bspw die Vertraulichkeitspflicht des § 16 GeschGehG auch auf Sachverhalte nach § 5 GeschGehG anwendbar.

2. Verhältnis der §§ 3, 4 GeschGehG zueinander

336 Zum Verhältnis von § 3 zu § 4 GeschGehG wird vertreten, dass die Vorschriften sich gegenseitig ausschlössen.[464] Das Gesetz begründe **keinen umfassenden Geheimnisschutz**. Ein nach § 3 GeschGehG zulässiges Verhalten könne keine tatbestandliche Rechtsverletzung iSd § 4 GeschGehG sein. Gleichzeitig könne nicht der Umkehrschluss gezogen werden, dass Verhaltensweisen, die nicht unter die in § 3 GeschGehG aufgeführten Erlaubnisstatbestände zu subsumieren sind, einem Verbot unterliegen. Erlaubt seien deshalb nicht nur diejenigen Verhaltensweisen, die in § 3 GeschGehG ausdrücklich aufgeführt sind, sondern auch diejenigen, die keinen Verletzungstatbestand des § 4 GeschGehG verwirklichen.[465] Dies überzeugt nicht. Das Verhältnis von § 3 zu § 4 GeschGehG ist nicht durch ein festes Regel-Ausnahme-Verhältnis gekennzeichnet, sondern durch eine **Interessenabwägung im Einzelfall** zu bestimmen. Dies ergibt sich schon aus der generalklauselartigen Regelung des § 4 Abs 1 Nr 2 GeschGehG.[466]

337 Theoretische Überlegungen zum Verhältnis der § 3 und § 4 GeschGehG zueinander helfen in der Praxis nicht weiter. Die Frage dürfte weniger sein, ob die Vorschriften einander in einem Exklusivitätsverhältnis gegenüberstehen, sondern in welchem Umfang § 3 GeschGehG auf der einen Seite den Umgang mit Geschäftsgeheimnissen erlaubt und § 4 GeschGehG ihn auf der anderen Seite verbietet. Dabei hilft die Behauptung nicht weiter, das GeschGehG begründe keinen umfassenden Schutz von Geschäftsgeheimnissen. Richtig ist, dass das GeschGehG einen solchen **umfassenden Schutz nicht regelt,** sondern in § 3 Abs 2 GeschGehG und in § 4 Abs 1 Nr 2 sowie Abs 2 Nrn 2 und 3 GeschGehG einen solchen Schutz lediglich anerkennt und zur Wirkung verhilft, der außerhalb des GeschGehG entsteht.

338 Aus § 4 Abs 2 Nrn 2 und 3 GeschGehG lässt sich allerdings entnehmen, dass **Verpflichtungen zur Beschränkung der Nutzung** von Geschäftsgeheimnissen sowie **Verpflichtungen zur Nichtoffenlegung** von Geschäftsgeheimnissen bestehen können, ohne dass dies im GeschGehG selbst geregelt wäre. In ähnlich offener Weise bestimmt § 4 Abs 1 Nr 2 GeschGehG, dass eine Erlangung immer dann verboten ist, wenn sie unter den jeweiligen Umständen nicht dem Grundsatz von Treu und Glauben unter Berücksichtigung der anständigen Marktgepflogenheit entspricht. Auch die Marktgepflogenheiten sind nicht dem GeschGehG selbst zu entnehmen.

339 Daraus lässt sich ableiten: Zum einen zeigt § 4 Abs 2 Nrn 2 und 3 GeschGehG, dass die **rechtmäßige Erlangung** eines Geschäftsgeheimnisses **nicht zwingend ein Recht zur Nutzung des Geschäftsgeheimnisses bzw zur Offenlegung des Geschäftsgeheimnisses**

---

464 Vgl Alexander, in Köhler/Bornkamm/Feddersen, UWG, § 3 GeschGehG Rn 9.
465 Alexander, in Köhler/Bornkamm/Feddersen, UWG, § 3 GeschGehG Rn 9.
466 McGuire, in Büscher, UWG, § 3 RegE GeschGehG Rn 5.

begründet. Vielmehr sind Erlangung, Nutzung und Offenlegung unabhängig voneinander zu beurteilen.⁴⁶⁷

Für die praktische Anwendung von § 3 und § 4 GeschGehG ist also nur etwas gewonnen, wenn der Umfang von Erlangungs-, Nutzungs- und Offenlegungsverboten insbesondere nach § 4 Abs 1 Nr 2 und Abs 2 Nrn 2 und 3 GeschGehG klargestellt ist. Soweit eine Handlung einer dieser Vorschriften unterfällt, kann sie nicht nach § 3 GeschGehG zulässig sein; § 3 GeschGehG kommt insoweit nur die Funktion zu, dass die in § 3 Abs 1 GeschGehG genannten Verhaltensweisen als solche nicht den Vorwurf einer verbotenen Handlung iSv § 4 Abs 1 Nr 1 oder 2 GeschGehG begründen können. Während sich dies für die eigenständige Entdeckung oder Schöpfung iSv § 3 Abs 1 Nr 1 GeschGehG ohnehin aus der Natur der Sache und für das Ausüben von Informations- und Anhörungsrechten der Arbeitnehmer oder von Mitwirkungs- und Mitbestimmungsrechten der Arbeitnehmervertretung iSv § 3 Abs 1 Nr 3 GeschGehG aus der gesetzlichen Einräumung derartiger Rechte ergibt, ist die **Wirkung des § 3 GeschGehG** in der Sache darauf beschränkt, dass er das **Reverse Engineering** unter den dort genannten Voraussetzungen ausdrücklich zulässt und damit klarstellt, dass Reverse Engineering kein Verhalten ist, dass nicht mit anständigen Marktgepflogenheiten unvereinbar ist.⁴⁶⁸ 340

Die Herausforderung bei der Anwendung der §§ 3 und 4 GeschGehG in der Praxis wird daher in der Feststellung liegen, welche Nutzungs- und Offenlegungshandlungen gem. § 3 Abs 2 GeschGehG durch Gesetz, aufgrund Gesetzes oder durch Rechtsgeschäft erlaubt sind und welche Beschränkungen von Nutzung und Offenlegung iSv § 4 Abs 2 Nrn 2 und 3 GeschGehG bestehen. Die Antwort auf diese Fragen findet sich nicht im GeschGehG, sondern in den Rechtsnormen iSd § 3 Abs 2 GeschGehG sowie in vertraglichen oder quasi-vertraglichen Verpflichtungen der Beteiligten zueinander, die jeweils einer eingehenden Untersuchung bedürfen. 341

Die Praxisrelevanz dieser Fragestellungen kann nicht unterschätzt werden. Dies beginnt schon bei der alltäglichen **Situation im Geschäftsgeheimnisprozess**, in der ein Beteiligter aufgrund des Prozessgeschehens Kenntnis von einem Geschäftsgeheimnis erlangt. Hieran schließt sich die Frage an, welche Nutzungs- und Offenlegungsrechte mit dieser Kenntniserlangung verbunden sein sollen. Ist unabhängig von Schutzanordnungen iSd § 16 GeschGehG (bspw weil das Gericht eine solche Schutzanordnungen unterlassen hat oder weil in Übergangsfällen die Möglichkeit des § 16 GeschGehG noch nicht zur Verfügung stand) eine Verwertung des im Prozess erlangten Wissens zulässig oder bestehen zwischen den Beteiligten Verpflichtungen, die eine solche Nutzung und Offenlegung des Geschäftsgeheimnisses untersagen? Ist in Fallgestaltungen, in denen der Inhaber des Geheimnisses, bspw aufgrund eines Auskunftsanspruchs, zur Mitteilung von Geschäftsgeheimnissen ver- 342

---

467 So wohl auch im Ausgangspunkt Wiese, S. 120, die darauf hinweist, dass der Empfänger nicht von seiner Verschwiegenheits- und Geheimhaltungspflicht entbunden ist, auch wenn der Erwerb einer Information rechtmäßig erfolgt; unklar dann allerdings Wiese, S. 126, wonach der Schutz gegen Nutzung und Offenlegung von durch Reverse Engineering gewonnenen Informationen nicht durch den Geheimnisschutz geleistet werden könne, weil nach der Richtlinie kein Schutz vor einer Verwertung der Information bestehe, die rechtmäßig erworben wurde und der Schutz von Unternehmensgeheimnissen als Zugangsschutz ausgestaltet sei; zutreffend insoweit Alexander, in Köhler/Bornkamm/Feddersen, UWG, § 3 GeschGehG Rn 67, wonach sich § 3 Abs 1 GeschGehG nur auf das Erlangen eines Geschäftsgeheimnisses bezieht.
468 Vgl Wiese, S. 119.

pflichtet ist und dieser Verpflichtung nachkommt, der Empfänger der Information in der Verwendung des Geschäftsgeheimnisses frei? (sh hierzu unter Rdn 506 ff, 520 ff).

II. Erlaubte Handlungen

343 Gem. § 3 Abs 1 GeschGehG ist die Erlangung eines Geschäftsgeheimnisses **insbesondere dann erlaubt**, wenn sie durch eine eigenständige Entdeckung oder Schöpfung (§ 3 Abs 1 Nr 1 GeschGehG), ein Beobachten, Untersuchen, Rückbauen oder Testen eines Produkts oder Gegenstands (§ 3 Abs 1 Nr 2 GeschGehG) oder ein Ausüben von Informations- und Anhörungsrechten der Arbeitnehmer oder Mitwirkungs- und Mitbestimmungsrechte der Arbeitnehmervertretung (§ 3 Abs 1 Nr 3 GeschGehG) erfolgt.

344 Anders als die GeschGehRL, die vom Erwerb eines Geschäftsgeheimnisses spricht, bezieht sich § 3 Abs 1 GeschGehG auf die Erlangung. Damit soll über den rechtsgeschäftlichen Erwerb hinaus **jegliche Kenntnisnahme** eines Geschäftsgeheimnisses in dem Sinne erfasst werden, dass faktisch darüber verfügt werden kann.[469]

345 Nach § 3 Abs 2 GeschGehG ist die Erlangung, Nutzung oder Offenlegung von Geschäftsgeheimnissen erlaubt, wenn dies durch Gesetz, aufgrund eines Gesetzes oder durch Rechtsgeschäft gestattet ist.

1. Die Erlaubnistatbestände des § 3 Abs 1 GeschGehG

346 Die Vorschrift ist insofern ungenau, als sie von der Erlangung *des Geschäftsgeheimnisses* spricht.[470] Tatsächlich wird das Bestehen oder Erlangen des Geschäftsgeheimnisses jedoch über die Definition des § 2 Nr 2 GeschGehG iVm § 2 Nr 1 GeschGehG geregelt. Wer über eine unter § 2 Nr 1 fallende Information (das Geschäftsgeheimnis) die rechtmäßige Kontrolle hat, hat das Geschäftsgeheimnis erlangt und ist Rechtsinhaber. Es geht also nach § 3 GeschGehG um die **Erlangung der Information**, nicht um die Erlangung der Position als Rechtsinhaber. Deshalb folgt aus der zulässigen Erlangung der Information noch nicht der Erwerb der Inhaberschaft. Dies wird bei den verschiedenen Tatbeständen des § 3 Abs 1 GeschGehG in unterschiedlicher Schärfe deutlich. Während bei der Doppelschöpfung nach § 3 Abs 1 Nr 1 GeschGehG der Erwerb des Geheimnisses mit der Erlangung der Information zusammenfallen mag, ist beim Ausüben von Arbeitnehmerrechten nach § 3 Abs 1 Nr 2 GeschGehG nicht plausibel, weshalb eine im Gesetz nicht näher bestimmte Person durch Ausübung solcher Rechte Inhaber des Geheimnisses (idR wohl neben dem Arbeitgeber) werden sollte. Ungeregelt ist dies auch für das Reverse Engineering.

a) Reichweite des § 3 Abs 1 GeschGehG

347 Nach § 3 Abs 1 GeschGehG ist zunächst einmal nur die Erlangung der geschützten Information unter bestimmten Umständen zulässig. Das Gesetz trifft weder in § 3 Abs 1 GeschGehG noch an anderer Stelle die generelle Aussage, dass eine in zulässiger Weise erlangte Information genutzt und offengelegt werden dürfe. Dieses Ergebnis lässt sich auch sonst nicht aus dem Gesetz ableiten. Insbesondere lässt sich aus der Rechtmäßigkeit der Erlangung nicht schlussfolgern, dass auch die Nutzung und die Offenlegung der Information

---

[469] Begr zum RegE, BT-Drucks. 19/4724 S. 25.
[470] Alexander, in Köhler/Bornkamm/Feddersen, UWG, § 3 GeschGehG Rn 18; McGuire, in Büscher, UWG, § 3 RegE GeschGehG Rn 13.

zulässig sein müssen.⁴⁷¹ Das GeschGehG enthält **keine Regelung, nach der ein bspw durch Reverse Engineering erlangtes Geschäftsgeheimnis genutzt und offenbart werden darf**. Dies ist umso bemerkenswerter als § 3 Abs 2 GeschGehG Nutzung und Offenlegung nur erlaubt, wenn dies durch Gesetz, aufgrund eines Gesetzes oder durch Rechtsgeschäft gestattet ist. Gegen einen automatischen Schluss von rechtmäßiger Erlangung der Information auf die Freiheit zur Nutzung und Offenlegung spricht auch § 4 Abs 2 Nr 2, 3 GeschGehG, wonach Nutzung und Offenlegung gerade auch bei rechtmäßiger Erlangung der Information rechtswidrig sein können.

b) Doppelschöpfung (§ 3 Abs 1 Nr 1 GeschGehG)

Nach § 3 Abs 1 Nr 1 GeschGehG darf eine Information durch eigenständige Entdeckung oder Schöpfung erlangt werden. Das GeschGehG erlaubt damit die sog. **Doppelschöpfung**.⁴⁷² Auf die ohnehin fließende Abgrenzung zwischen Entdeckung und Schöpfung wird es in der Praxis nicht ankommen. Eine Doppelschöpfung liegt vor in einer Situation, in welcher der Handelnde unter Aufwendung eigener Mühen das Geheimnis selbst entdeckt. Zu denken ist hier an die Erstellung eigener (Konstruktions-) Pläne, Computerprogramme oder Rezepturen. Eine **schöpferische oder erfinderische Tätigkeit** iSd Urheberrechts oder des Patentrechts ist **nicht erforderlich**.⁴⁷³ 348

Unklar ist, warum der deutsche Gesetzgeber bei der Formulierung des § 3 Abs 1 Nr 1 GeschGehG vom Wortlaut des Art 3 (1) GeschGehRL abgewichen ist und statt von der »unabhängigen« von einer »eigenständigen« Entdeckung und Schöpfung spricht. Nur der Begriff »unabhängig« verdeutlicht, dass der Doppelschöpfer sein Wissen nicht vom Inhaber des bereits bestehenden Geschäftsgeheimnisses ableitet.⁴⁷⁴ Ob der Doppelschöpfer eigenständig gehandelt hat (zB nicht der Fall bei Dritten erteilten Entwicklungsaufträgen), ist demgegenüber nicht von Bedeutung.⁴⁷⁵ Im Wege richtlinienkonformer Auslegung muss das Tatbestandsmerkmal »eigenständig« als »unabhängig« gelesen werden.⁴⁷⁶ 349

Infolge der Doppelschöpfung erlangt der Handelnde bei Implementierung der nach § 2 Nr 1 GeschGehG nötigen Geheimhaltungsmaßnahmen ein **unabhängiges, neues Geschäftsgeheimnis** mit identischem Inhalt, das neben das bereits bestehende Geschäftsgeheimnis tritt. Das Fehlen angemessener Geheimhaltungsmaßnahmen wirkt sich nur auf das jeweils betroffene Geschäftsgeheimnis aus. 350

c) Reverse Engineering (§ 3 Abs 1 Nr 2 GeschGehG)

aa) Vorbemerkung

Die unvermeidbare⁴⁷⁷ Umsetzung des Art 3 (1) lit b) GeschGehRL durch den deutschen Gesetzgeber rief bereits vor Inkrafttreten des GeschGehG gemischte Reaktionen hervor. 351

---

471 Vgl Hoppe/Oldekop, GRUR-Prax 2019, 324, 326; aA Spieker, in BeckOK GeschGehG, § 3 Rn 4.
472 Begr zum RegE, BT-Drucks. 19/4724 S. 25.
473 Alexander, in Köhler/Bornkamm/Feddersen, UWG, § 3 GeschGehG Rn 17.
474 Vgl GRUR-Stellungnahme, GRUR 2018, 708, 710.
475 Vgl GRUR-Stellungnahme, GRUR 2018, 708, 710.
476 Alexander, in Köhler/Bornkamm/Feddersen, UWG, § 3 GeschGehG Rn 18; Ohly, GRUR 2019, 441, 447.
477 Als in Art 1 (2) GeschGehRL genannte Bestimmung war Art 3 GeschGehRL vom nationalen Gesetzgeber zwingend umzusetzen.

Während das Reverse Engineering vereinzelt positiv als Chance gesehen wurde, ohne wettbewerbsrechtliche Risiken Produkte der Konkurrenz auszuwerten und das Know-how, sofern es keinem Sonderrechtsschutz unterliegt, für das eigene Unternehmen fruchtbar zu machen[478], war das Stimmungsbild im Übrigen eher getrübt.

352 In den seltensten Fällen dürfte Wettbewerbern tatsächlich daran gelegen sein, die Zusammensetzung oder das Herstellungsverfahren eines im Markt erfolgreichen Produkts nur aus dem Grund zu ermitteln, um anschließend die Produkteigenschaften zu verbessern bzw neue Produkte zu entwickeln, die mit dem analysierten Originalprodukt kompatibel sind.[479] Vielmehr wird es dem Wettbewerber idR darum gehen, die in dem Produkt verkörperten vertraulichen Informationen zu erlangen, um auf deren Grundlage seine eigene Marktposition gegenüber dem Konkurrenten zu verbessern, indem er ihm Marktanteile streitig macht. Denkbar ist, dass betroffene Unternehmen sich jetzt häufiger gegen die Geheimhaltung unternehmensinternen Know-hows und stattdessen **verstärkt für die Inanspruchnahme von Patentschutz** mit den damit einhergehenden Risiken entscheiden werden.[480] Ob sich bei einer solchen Entwicklung das in der Richtlinie formulierte Ziel der Förderung des Innovationswettbewerbs verwirklichen lässt, darf bezweifelt werden.

bb) Historie

353 Vor Inkrafttreten des GeschGehG war die rechtliche Zulässigkeit des Reverse Engineering primär auf Grundlage der §§ 17 ff UWG aF zu beurteilen.[481]

354 Nach hM war das **Reverse Engineering grundsätzlich unzulässig.**[482] Zwar erwähnten die §§ 17 ff UWG aF das Reverse Engineering nicht. Erfolgte das Reverse Engineering mittels technischer Mittel, unterfiel es aber regelmäßig der Tatbestandsvariante § 17 Abs 2 Nr 1 UWG aF.[483] Reverse Engineering blieb allerdings dann **unter dem Gesichtspunkt der Offenkundigkeit** der Information folgenlos, wenn der für die erfolgreiche Durchführung der Reverse-Engineering-Maßnahme erforderliche Aufwand gering war.[484] Nicht-

---

478 Ziegelmayer, CR 2018, 693, 697.
479 AA McGuire, Mitt 2017, 377, 380, die dies für einen der Hauptbeweggründe für die Durchführung des Reverse Engineering zu halten scheint.
480 Rehaag/Straszewski, Mitt 2019, 249, 255.
481 Für urheberrechtlich geschützte Software enthalten §§ 69d Abs 3, 69e UrhG Sonderregelungen. Weitere Sonderregelungen sehen die § 11 Nr 1 und 2 PatG sowie § 6 Abs 2 Nr 2 und 3 HalblSchG vor.
482 RG 22.11.1935, II 128/35 = RGZ 149, 329, 334; vgl aus der jüngeren Rechtsprechung ua BAG 16.03.1982, 3 AZR 83/79 = NJW 1983, 134; OLG Hamburg 19.10.2000, 3 U 191/98 = GRUR-RR 2001, 137 – PM-Regler, das für die Annahme der Offenkundigkeit für erforderlich gehalten hat, dass konstruktive Merkmale und Wirkungsweise nur unter größeren Schwierigkeiten und Opfern in Erfahrung gebracht werden können; vereinzelt wurde die Entscheidung des OLG Hamburg als Auflockerung der vormals sehr restriktiven Rechtsprechung gedeutet, so ua von Redeker/Pres/Gittinger, WRP 2015, 681, 687 und Leister, GRUR-Prax 2019, 175; OLG Karlsruhe 29.01.2016, 2 (6) Ss 318/15 = NStZ-RR 2016, 258; Apel/Walling, DB 2019, 891, 896; Baranowski/Glaßl, BB 2016, 2563, 2565; Dumont, BB 2018, 2441, 2444; Hoeren/Münker, WRP 2018, 150, 153 f; McGuire, Mitt 2017, 377, 380; Thiel, WRP 2019, 700, 701; Triebe, WRP 2018, 795, 801.
483 Vgl Baranowski/Glaßl, BB 2016, 2563, 2566; Kalbfus, GRUR 2016, 1009, 1012; Lejeune, CR 2016, 330, 333; Ohly, GRUR 2014, 1, 7; Ziegelmayer, CR 2018, 693, 697.
484 Vgl Wolters, in Teplitzky/Peifer/Leistner, UWG, § 17 Rn 25; Kalbfus, GRUR 2016, 1009, 1012; Triebe, WRP 2018, 795, 803.

offenkundigkeit lag nur dann vor, wenn ein verständiger Betrachter, also ein Angehöriger des relevanten Fachkreises,[485] nach den gegebenen technischen Möglichkeiten mit Sicherheit davon ausgehen durfte, dass die geheime Information von einem Fachmann nur unter Aufwendung eines größeren Zeit-, Arbeits- oder Kostenaufwandes herausgefunden werden konnte.[486] War dies der Fall, sollte der Geheimnischarakter einer Information selbst mit dem freien Erwerb des sie verkörpernden Produkts bzw Systems nicht verlorengehen.[487] **Eine präzise Leitlinie war der Rechtsprechung indes nicht zu entnehmen.** Die Gerichte machten idR keine konkreten Angaben dazu, welcher Aufwand höchstens erbracht werden dürfe, um noch von Offenkundigkeit auszugehen.[488]

Die von der Rechtsprechung für das zulässige Reverse Engineering formulierten Voraussetzungen waren also streng. Informationen waren damit jedoch nicht dauerhaft geschützt. Nicht auszuschließen war nämlich das Risiko der **Weiterentwicklung und Vereinfachung von Untersuchungs- und Analysemethoden**. Eine solche Weiterentwicklung und Vereinfachung hätte zu einer Reduzierung des für das Reverse Engineering erforderlichen Aufwands führen können. Dies wäre zu Lasten des Geheimnisinhabers gegangen,[489] da sich die Nichtoffenkundigkeit der betroffenen Informationen in der Folge kaum noch hätte begründen lassen.[490] Dem OLG Düsseldorf zufolge waren jedoch nicht nur Fortschritte im Bereich der Untersuchungs- und Analysemethoden relevant, sondern sogar die **Änderung bloßer Verkehrsgewohnheiten** mit der Folge, dass die vormals noch als ungewöhnlich betrachtete Zerlegung einer ganzen Maschine plötzlich als verkehrsüblich erscheinen konnte.[491]

355

cc) Beurteilung von Altfällen

Besondere Schwierigkeiten ergeben sich in Fällen, in denen ein unter den §§ 17 ff UWG aF noch unzulässiges Verhalten aufgrund der Regelung in § 3 Abs 1 Nr 2 GeschGehG nun als zulässig anzusehen ist. Dies ist bspw dann der Fall, wenn der Verletzer ein Geschäftsgeheimnis mit Hilfe aufwändigen Reverse Engineerings erlangt hat. In solchen Konstellationen wird der Geheimnisinhaber wegen der nun grundsätzlichen Zulässigkeit des Reverse Engineering keinen Unterlassungsanspruch mehr geltend machen können, auch wenn das **Reverse Engineering vor Inkrafttreten des GeschGehG** erfolgte und zu diesem Zeitpunkt noch unzulässig war (vgl aber zur Frage des Unterlassungsanspruchs im Hinblick auf das Nutzen und Offenlegen Rdn 21).[492]

356

---

485 Triebe, WRP 2018, 795, 801.
486 Vgl Wolters, in Teplitzky/Peifer/Leistner, UWG, § 17 Rn 25; Apel/Walling, DB 2019, 891, 896; Leister, GRUR-Prax 2019, 175; Rehaag/Straszewski, Mitt 2019, 249, 255.
487 Vgl Baranowski/Glaßl, BB 2016, 2563, 2566; Ohly, GRUR 2014, 1, 7.
488 Bemerkenswert daher BayObLG 28.08.1990, RReg 4 St 250/89 = GRUR 1991, 694 – Geldspielautomat, wo das Gericht darüber zu entscheiden hatte, ob ein Programm zum Betrieb von Spielautomaten offenkundig sein könnte. Dies verneinte das Gericht mit Hinweis darauf, dass die Entschlüsselung des Programms den Einsatz von ca 5.000 DM und einen Aufwand von 70 Arbeitsstunden erfordert hätte. Ein Maximalaufwand lässt sich aber auch dem nicht entnehmen.
489 Vgl Köhler, in Köhler/Bornkamm/Feddersen, UWG, 37. Aufl 2019, § 17 Rn 8a.
490 Vgl Triebe, WRP 2018, 795, 801.
491 Vgl OLG Düsseldorf 30.07.1998, 2 U 162/97, Rn 327 (juris) = OLGR 1999, 55, 58 – Rollenwechsler.
492 Vgl hierzu ausführlich Hoppe/Oldekop, GRUR-Prax 2019, 324.

357 Ungeklärt ist bislang, welches der **relevante Zeitpunkt für die Beurteilung** der Zulässigkeit des Reverse Engineering ist. Neben dem Zeitpunkt des Inkrafttretens des GeschGehG kommen der Ablauf der Frist zur Umsetzung der GeschGehRL am 09.06.2018 und das Inkrafttreten der GeschGehRL am 05.07.2016 in Betracht. Die Beantwortung dieser Frage wird davon abhängen, ob die Gerichte sich insoweit auf die vom BGH in der Entscheidung *Testpreis-Angebot*[493] formulierten Grundsätze stützen werden (vgl zur richtlinienkonformen Auslegung Rdn 31). Im für den Geheimnisinhaber schlimmsten Fall kann dies bedeuten, dass bereits solche Reverse-Engineering-Maßnahmen etwaigen Ansprüchen entgegengehalten werden können, die knapp drei Jahre vor Inkrafttreten des GeschGehG stattgefunden haben.

358 Etwas anderes gilt hingegen für die übrigen Ansprüche des Geheimnisinhabers, insbesondere auf **Schadensersatz und Auskunftserteilung**, soweit sie sich auf das vor Ablauf der Umsetzungsfrist erfolgte Reverse Engineering und die anschließenden, ebenfalls bis zu diesem Zeitpunkt vorgenommenen Verwertungshandlungen beziehen. Diese Ansprüche gehen nicht unter, sondern können auch weiterhin geltend gemacht werden.

359 Ob der Geheimnisinhaber dem Verletzer **über die Erlangung hinausgehende Begehungsformen** untersagen kann, wenn das Geschäftsgeheimnis ehemals unter Geltung der §§ 17 UWG aF durch damals rechtswidrig und nunmehr rechtmäßiges Reverse Engineering erlangt wurde, ist jedenfalls diskussionswürdig. Interessengerecht erscheint die Annahme, dass eine **einmal begründete Begehungsgefahr nicht dadurch entfällt**, dass die Information später hätte rechtmäßig durch Reverse Engineering erlangt werden können.[494] Nach § 4 Abs 2 Nr 1 GeschGehG ist die rechtswidrige Erlangung Tatbestandsvoraussetzung einer rechtswidrigen Nutzung oder Offenlegung; die Vorschrift nimmt hiermit Bezug auf einen abgeschlossenen geschichtlichen Vorgang, wobei keine Anhaltspunkte dafür bestehen, dass dieser geschichtliche Vorgang nach dem aktuell geltenden Recht beurteilt werden müsste.[495]

dd) Verhältnis zur GeschGehRL

360 Die zwischen Art 3 (1) lit b) GeschGehRL und § 3 Abs 1 Nr 2 GeschGehG bestehenden **Unterschiede in der Formulierung** sind nur redaktioneller Natur. Vergleicht man hingegen den **Aufbau und die Systematik** der jeweiligen Regelung, ergibt sich ein signifikanter Unterschied. Zwar sehen beide Regelungen übereinstimmend die Möglichkeit zum Ausschluss des Reverse Engineerings vor. Im GeschGehG wird die Ausschlussmöglichkeit nur für § 3 Abs 1 Nr 2 lit b) GeschGehG (sich im rechtmäßigen Besitz befindliche Produkte) erwähnt, nicht jedoch für § 3 Abs 1 Nr 2 lit a) GeschGehG (öffentlich verfügbar gemachte Produkte). Die GeschGehRL bezieht die Ausschlussmöglichkeit stattdessen offenbar auf beide Varianten, dh sowohl auf sich im rechtmäßigen Besitz befindliche Produkte als auch auf solche, die öffentlich verfügbar gemacht wurden. In ErwG 16 GeschGehRL heißt es hierzu, dass das Reverse Engineering bei einem rechtmäßig erworbenen Produkt als ein

---

[493] Vgl BGH 05.02.1998, I ZR 211/95 = GRUR 1998, 824 – Testpreis-Angebot, wonach Gerichte an einer richtlinienkonformen Auslegung auch vor Ablauf der Umsetzungsfrist nicht gehindert seien, wenn sich die Richtlinienkonformität mittels einfacher Auslegung im nationalen Recht herstellen lässt.
[494] Vgl Hoppe/Oldekop, GRUR-Prax 2019, 324, 326.
[495] Vgl Hoppe/Oldekop, GRUR-Prax 2019, 324, 326.

rechtlich zulässiges Mittel zum Erwerb von Informationen angesehen werden sollte, soweit vertraglich nichts anderes vereinbart wurde. Es findet also keine Unterscheidung statt, ob das erworbene Produkt öffentlich verfügbar gemacht wurde oder sich im rechtmäßigen Besitz der Person befand, die das Reverse Engineering durchgeführt hat. Diese Auslegung wird durch den Wortlaut des Art 3 GeschGehRL gestützt, wonach der Erwerber der Information bestimmten Beschränkungen unterliegen kann, nicht hingegen dem die Information beinhaltenden Produkt eine solche Beschränkung anhaftet. Rechtmäßiger Erwerber der Information ist aber nicht nur die Person, in deren rechtmäßigem Besitz sich das Produkt befindet, sondern auch die Person, welche die Information mit dem öffentlich verfügbar gemachten Produkt erworben hat. Hiervon weicht § 3 Abs 1 Nr 2 GeschGehG ab, da die Ausschlussmöglichkeit sich dort nicht auch auf öffentlich verfügbar gemachte Produkte bezieht. Im Zuge einer **richtlinienkonformen Auslegung** wird § 3 Abs 1 Nr 2 GeschGehG dahingehend korrigiert werden müssen, dass auch bei öffentlich verfügbar gemachten Produkten das Reverse Engineering ausgeschlossen werden kann. Die **praktische Umsetzung** einer solchen Beschränkung stellt allerdings ebenfalls eine Herausforderung dar (sh Rdn 404).

▶ Geheimnisinhaber sollten sich also nicht vom Wortlaut der Regelung in § 3 Abs 1 Nr 2 GeschGehG abschrecken lassen. Stattdessen sollten sie auch bei Produkten, die öffentlich verfügbar gemacht werden sollen, prüfen, ob und inwieweit ein vertraglicher Ausschluss des Reverse Engineerings in Betracht kommt. 361

ee) Tatbestand

Nach § 3 Abs 1 Nr 2 GeschGehG darf ein Geschäftsgeheimnis insbesondere erlangt werden durch ein Beobachten, Untersuchen, Rückbauen oder Testen eines Produkts oder Gegenstands, das oder der öffentlich verfügbar gemacht wurde, oder sich im rechtmäßigen Besitz des Beobachtenden, Untersuchenden, Rückbauenden oder Testenden befindet, wobei dieser keiner Pflicht zur Beschränkung der Erlangung des Geschäftsgeheimnisses unterliegt. 362

Damit ist nun auch in Deutschland das Erlangen von Informationen, die Gegenstand von Geschäftsgeheimnissen sind, im Wege des **Reverse Engineerings grundsätzlich zulässig**. Es handelt sich hierbei nicht um einen Rechtfertigungsgrund, sondern um ein **per se zulässiges Verhalten**.[496] Für etwaige als Geschäftsgeheimnisse geschützte Informationen sollen keine Exklusivrechte begründet werden; dem Geheimnisinhaber sollen aber die allgemein in Betracht kommenden immaterialgüterrechtlichen oder lauterkeitsrechtlichen Ansprüche zur Verfügung stehen.[497] 363

Der Begriff Reverse Engineering wird weder in der GeschGehRL noch im GeschGehG abschließend definiert. Auch wurde der Begriff in den § 17 ff UWG aF nicht erwähnt. Reverse Engineering bildet einen (in der Praxis) gebräuchlichen Sammelbegriff, der verschiedene Handlungsvarianten zur Erlangung von Informationen beschreibt. Dementsprechend uneinheitlich, aber auch vielfältig sind die Bemühungen in der Literatur, dem Begriff Reverse Engineering schärfere Konturen zu verleihen. Während einzelne Stimmen 364

---

[496] Alexander, AfP 2019, 1, 8.
[497] Begr zum RegE, BT-Drucks. 19/4724 S. 25.

dabei ausschließlich auf die **Dekonstruktion eines Produkts** abstellen,[498] soll das Reverse Engineering anderen Stimmen zufolge auch die **Gewinnung von Informationen durch bloße Untersuchung und Analyse** von Produkten betreffen.[499] Wird in der Folge der Begriff Reverse Engineering verwendet, ist darunter nicht bloß die Dekonstruktion von Produkten, bspw mittels chemischer und mechanischer Verfahren, zu verstehen. Vielmehr umfasst der Begriff auch weitere Methoden zur Untersuchung und Auswertung der für die (technische) Funktionsweise eines Produkts bzw Systems relevanten Eigenschaften, die Gegenstand eines Geschäftsgeheimnisses sind oder sein können.

365 Entsprechend breit ist auch das GeschGehG angelegt, indem es die Erlangung des Geschäftsgeheimnisses durch eine der ausdrücklich genannten Handlungsalternativen gestattet, nämlich das **Beobachten, Untersuchen, Rückbauen** oder **Testen** eines Produkts oder Gegenstands. Erforderlich ist dabei, dass das Produkt bzw der Gegenstand entweder **öffentlich verfügbar** gemacht wurde (§ 3 Abs 1 Nr 2 lit a) GeschGehG) oder sich **im rechtmäßigen Besitz** desjenigen befindet, der das Reverse Engineering durchführt (§ 3 Abs 1 Nr 2 lit b) GeschGehG). Der Untersuchende darf **keiner Pflicht zur Beschränkung der Erlangung** des Geschäftsgeheimnisses unterliegen.

(1) Erlangungshandlung

366 Die Vorschrift des § 3 Abs 1 Nr 2 GeschGehG erlaubt die Erlangung eines Geschäftsgeheimnisses, wenn dies durch eine der vier im Gesetzestext ausdrücklich genannten Handlungsvarianten erfolgt, nämlich durch das **Beobachten, Untersuchen, Rückbauen** oder **Testen** eines Produkts oder Gegenstands.

367 Diese Handlungsvarianten werden im GeschGehG nicht legaldefiniert. Auch die GeschGehRL enthält keine Vorgaben oder Anhaltspunkte. Bevor hierzu die ersten Gerichtsentscheidungen vorliegen, die sich auch zum Inhalt und den Grenzen der einzelnen Handlungsvarianten äußern und diese richterrechtlich ausprägen, wird man für die Begriffsauslegung zunächst den Sprachgebrauch in anderen Rechtsgebieten bzw den **allgemeinen Sprachgebrauch** zugrunde legen müssen.

368 Zu denken ist hierbei unter anderem an die zu § 69d Abs 3 UrhG angestellten Überlegungen. Auch dort wird das Reverse Engineering (von urheberrechtlich geschützten Computerprogrammen) durch Beobachten, Untersuchen und Testen erlaubt. Das Beobachten iSd § 69d Abs 3 UrhG wird als passiver Vorgang der Wahrnehmung eines Programms bei der Benutzung verstanden.[500] Das Testen erlaubt seiner Bedeutung nach lediglich, dass Testdaten zur genauen Ergründung des Funktionierens des Programms benutzt werden dürfen,[501] setzt aber daher voraus, dass zunächst überhaupt Testdaten erhoben werden. Diese Begriffsdefinitionen bzw Definitionsansätze lassen sich jedoch nicht spiegelbildlich auf § 3

---

498 Vgl ua Peter/Wiebe, in Busche/Stoll/Wiebe, Art 39 TRIPS Rn 21, die insoweit für den Softwarebereich auf die Dekompilierung hinweisen; Baranowski/Glaßl, BB 2016, 2563, 2566; Dumont, BB 2018, 2441, 2444, der das Reverse Engineering als den Rückbau eines Produkts bzw Systems in dessen Konstruktionsbestandteile versteht; Kalbfus/Harte-Bavendamm, GRUR 2014, 453, 455.
499 Vgl ua Mayer, GRUR 2011, 884, 886; Ziegelmayer, CR 2018, 693, 697, der die »Rückentwicklung oder sonstige genaue Untersuchung« genügen lässt.
500 Grützmacher, in Wandtke/Bullinger, UrhG, § 69d Rn 76.
501 Grützmacher, in Wandtke/Bullinger, UrhG, § 69d Rn 76.

Abs 1 Nr 2 GeschGehG übertragen, da das Reverse Engineering gem. § 69d Abs 3 UrhG von zusätzlichen Voraussetzungen abhängt, die § 3 Abs 1 Nr 2 GeschGehG nicht vorsieht und die sich auf das Begriffsverständnis auswirken.[502] Auch die zu § 69d Abs 3 UrhG entwickelten Definitionen können daher allenfalls als grobe Anhaltspunkte herangezogen werden.

369 Der Duden bzw das digitale Wörterbuch der deutschen Sprache[503] enthalten folgende Begriffsdefinitionen, die den Umfang der Begehungsformen hinreichend klar umreißen und damit jedenfalls vorerst herangezogen werden können:
- **Beobachten** bedeutet, jemanden bzw etwas in seinem Tun zu einem bestimmten Zweck (heimlich) zu betrachten.[504] Laut Duden zeichnet sich das Beobachten zudem dadurch aus, dass es über eine gewisse Zeit erfolgt.[505]
- **Untersuchen** bedeutet, etwas genau zu beobachten, zu betrachten und so in seiner Beschaffenheit, Zusammensetzung, Gesetzmäßigkeit, Auswirkung o. Ä. genau zu erkennen zu suchen, oder (durch Proben, Analysen) die chemischen Bestandteile von etwas zu bestimmen, oder etwas bzw jemanden sorgfältig zu prüfen, um etwas mit Hilfe bestimmter Methoden festzustellen oder zu erkennen, oder etwas auf seine Bestandteile hin zu analysieren.[506]
- **Rückbauen** bedeutet, einen Gegenstand durch Baumaßnahmen in einen früheren Zustand zu bringen.[507] Charakteristisch für das Rückbauen dürfte daher die Zerlegung bzw Dekonstruktion eines Gegenstands in seine Bestandteile sein.
- **Testen** bedeutet, etwas bzw jemanden nach einer festgelegten Methode oder Fragestellung experimentell zu untersuchen oder zu prüfen, **oder** im Hinblick auf seine Beschaffenheit, auf seine (vorgeschriebenen oder erwarteten) Eigenschaften zu untersuchen oder zu überprüfen.[508]

370 Der Unterscheidung zwischen den einzelnen Handlungsvarianten und deren Definition dürfte in der Praxis nur geringe Bedeutung zukommen.[509] Grundsätzlich dürfte sich **jede für die Durchführung des Reverse Engineering erforderliche Auswertung, Analyse**

---

502 Erforderlich ist nämlich, dass das Reverse Engineering erfolgt, um die einem Element des Computerprogramms zugrundeliegenden Ideen und Grundsätze zu ermitteln. Darüber hinaus darf das Reverse Engineering nur durch Handlungen zum Laden, Anzeigen, Ablaufen, Übertragen oder Speichern des Programms geschehen, zu denen derjenige berechtigt ist, der das Reverse Engineering durchführt. Dies bedeutet, dass das in § 69b Abs 3 UrhG genannte Beobachten, Untersuchen und Testen keine Handlungen umfassen darf, die über das Laden, Anzeigen, Ablaufen, Übertragen oder Speichern des Programms hinausgehen.
503 Das digitale Wörterbuch der deutschen Sprache (DWDS) ist ein Projekt der Berlin-Brandenburgischen Akademie der Wissenschaften. Es baut auf dem Wörterbuch der deutschen Gegenwartssprache (WDG) auf und verknüpft dieses mit eigenen Text- und Wörterbuchressourcen.
504 Digitales Wörterbuch der deutschen Sprache, https://www.dwds.de/wb/beobachten, zuletzt aufgerufen: 22.10.2019.
505 Vgl https://www.duden.de/rechtschreibung/beobachten, zuletzt aufgerufen: 22.10.2019.
506 Digitales Wörterbuch der deutschen Sprache, https://www.dwds.de/wb/untersuchen, zuletzt aufgerufen: 22.10.2019.
507 Digitales Wörterbuch der deutschen Sprache, https://www.dwds.de/wb/rückbauen, zuletzt aufgerufen: 22.10.2019.
508 Digitales Wörterbuch der deutschen Sprache, https://www.dwds.de/wb/testen, zuletzt aufgerufen: 22.10.2019.
509 Vgl Alexander, in Köhler/Bornkamm/Feddersen, UWG, § 3 GeschGehG Rn 30, der eine Abgrenzung der Handlungsvarianten zur Rechtsanwendung für entbehrlich hält.

oder Dekonstruktion unter eine oder mehrere der Handlungsvarianten subsumieren lassen. Für den vermeintlichen Verletzer wird es daher einzig darauf ankommen darzulegen, dass er sich tatsächlich mit dem das Geschäftsgeheimnis enthaltenden oder verkörpernden Produkt näher auseinandergesetzt hat und diese Auseinandersetzung für die Erlangung des Geschäftsgeheimnisses ursächlich gewesen ist (sh Rdn 420). Dies bedeutet aber auch, dass der Verletzer sich nicht damit verteidigen kann, dass die Erlangung eines Geschäftsgeheimnisses durch Reverse Engineering jedenfalls möglich sei, wenn er seine Erkenntnisse tatsächlich aus anderer, unzulässiger Quelle bezogen hat.

(2) Einschränkung des grundsätzlich zulässigen Reverse Engineerings

371 In § 3 Abs 1 Nr 2 a) und b) GeschGehG wird das grundsätzlich zulässige Reverse Engineering eingeschränkt. Zulässig ist es danach nur dann, wenn das Produkt oder der Gegenstand **entweder öffentlich verfügbar gemacht** wurde **oder sich im rechtmäßigen Besitz** desjenigen befindet, der das Reverse Engineering durchgeführt hat und dabei **keinem Verbot der Untersuchung** des Produkts oder Gegenstands zur Erlangung des Geschäftsgeheimnisses unterliegt. Nicht privilegiert sind danach Fälle, in denen der vermeintliche Verletzer den die vertraulichen Informationen verkörpernden Gegenstand unrechtmäßig an sich gebracht hat. Ohne die Einschränkung des § 3 Abs 1 Nr 2 lit a) und b) GeschGehG wäre das Reverse Engineering auch insoweit zulässig und würde damit unzulässiges Verhalten honorieren.[510]

Produkt bzw Gegenstand wurde öffentlich verfügbar gemacht, § 3 Abs 1 Nr 2 lit a) GeschGehG

372 Nach § 3 Abs 1 Nr 2 lit a) GeschGehG ist Reverse Engineering bei Produkten bzw Gegenständen[511] möglich, die öffentlich verfügbar gemacht wurden. Zwar sieht das GeschGehG bei dieser Regelung anders als bei § 3 Abs 1 Nr 2 lit b) GeschGehG – **keine ausdrückliche Möglichkeit zur Beschränkung** vor.[512] In der Gesetzesbegründung wird dementsprechend auf die unbeschränkte Zulässigkeit des Reverse Engineerings bei öffentlich verfügbar gemachten Produkten hingewiesen.[513] Für den Geheimnisinhaber hätte dies bei öffentlich verfügbar gemachten Produkten zur Folge, dass er die Erlangung der darin verkörperten Geschäftsgeheimnisse durch Reverse Engineering nicht verhindern könnte.[514]

373 Insoweit beruht § 3 Abs 1 Nr 2 lit a) GeschGehG indes auf einer **fehlerhaften Umsetzung des Art 3 (1) lit b) GeschGehRL** (sh Rdn 360). Die Gerichte werden dies zukünftig im Wege einer richtlinienkonformen Auslegung des § 3 Abs 1 Nr 2 GeschGehG korrigieren und die Möglichkeit zum Ausschluss des Reverse Engineering auch im Zusammenhang mit öffentlich verfügbar gemachten Produkten erlauben müssen.

---

510 Vgl hierzu die von Leister, GRUR-Prax 2019, 175, 176, geschilderte Konstellation, in der sich ein Wettbewerber unrechtmäßig einen geheimen Prototyp von einem Konkurrenten verschafft und diesem das Know-how sogar noch während der Entwicklungsphase entreißt und ihm damit jeden durch die Entwicklungsbemühungen erkauften Marktvorsprung zunichtemacht.
511 Aus Gründen der Übersichtlichkeit wird in der Folge nur von Produkt gesprochen. Gemeint sind aber auch weiterhin Produkt und Gegenstand.
512 Vgl Leister, GRUR-Prax 2019, 175, 176.
513 Vgl Begr zum RegE, BT-Drucks. 19/4724 S. 26.
514 So auch Leister, GRUR-Prax 2019, 175, 176.

Auch darüber hinaus wirft die Umsetzung durch den deutschen Gesetzgeber Schwierigkeiten auf. Dabei ist die Auslegung des Tatbestandsmerkmals »öffentlich verfügbar machen« noch unproblematisch. Dies umfasst Produkte, die frei auf dem Markt erhältlich sind[515] bzw öffentlich angeboten und vertrieben werden.[516] Vereinzelt wird sogar nur darauf abgestellt, dass Produkte sich bereits auf dem Markt befinden.[517] Es lässt sich daher festhalten, dass jedenfalls **in der Öffentlichkeit uneingeschränkt angebotene und verkaufte Produkte** von dem Tatbestandsmerkmal erfasst sind.[518] Dies bedeutet im Umkehrschluss, dass solche Produkte nicht öffentlich verfügbar gemacht worden sind, die lediglich einem einzigen Abnehmer angeboten bzw an diesen verkauft werden. Mangels entsprechender Ausführungen im Gesetz selbst sowie in der Gesetzesbegründung bleibt indes unklar, wo die **Grenze** zu ziehen ist **zwischen dem individuellen Anbieten eines Produkts und dessen tatbestandsmäßiger öffentlicher Verfügbarmachung**. Denkbar sind Anleihen beim Begriff der öffentlichen Zugänglichmachung iSd § 19a UrhG. Es wird Aufgabe der Rechtsprechung sein, insbesondere den Begriff der Öffentlichkeit auszufüllen.[519] Hierbei dürfte einzig sachgerecht sein, auf die **Marktverhältnisse im jeweiligen Einzelfall** abzustellen. Entsprechend wären bei **Spezialprodukten**, für die es einen nur sehr begrenzten Abnehmerkreis gibt, andere Maßstäbe anzulegen als bei Massenprodukten. Werden Spezialprodukte ohnehin nur durch den Geheimnisinhaber selbst angeboten, dürften sie nur dann als öffentlich verfügbar gemacht anzusehen sein, wenn der Geheimnisinhaber sie jedem bzw annähernd jedem potentiellen Annehmer angeboten hat.[520] **Massenprodukte** wären dagegen dann öffentlich verfügbar gemacht, wenn sie tatsächlich jedermann frei auf dem Markt zum Erwerb zur Verfügung stehen, sich entsprechende Angebote also an einen unbestimmbaren Abnehmerkreis richten. Ein ähnlicher Ansatz wäre es, ein öffentliches Verfügbarmachen nur dann anzunehmen, wenn der Rechtsinhaber die **Kontrolle darüber aus der Hand gibt**, wer seine Produkte erwirbt. Wenn es um Spezialprodukte geht, die vom Geheimnisinhaber selbst nur an wenige, dem Geheimnisinhaber bekannte Abnehmer geliefert werden, dürfte dann noch kein öffentliches Verfügbarmachen vorliegen. Wenn das Produkt allgemein im Markt über einen Zwischenhändler vertrieben wird, über den der Rechtsinhaber keine Kontrolle hat, wird ein öffentliches Verfügbarmachen anzunehmen sein. 374

▶ Für den Schutz von Produkten gegen Reverse Engineering ist es wichtig, dass der Geheimnisinhaber weitgehend Kontrolle über die Vertriebswege behält. Kann er den Kreis der (End-) Abnehmer nicht mehr kontrollieren, dürften die Produkte als öffentlich verfügbar gemacht anzusehen sein. Angesichts der zweifelhaften Richtlinienumsetzung dürfte sich der Geheimnisinhaber in einem solchen Fall deutlich schwerer damit tun, sich gerichtlich erfolgreich gegen ein aus seiner Sicht unzulässiges Reverse Engineering zu wehren. In der Praxis sollten diese Gesichtspunkte bei der Vertragsgestaltung berücksichtigt werden. 375

Zu weitreichenden Problemen für Geheimnisinhaber dürfte schließlich die Verwendung der Passivkonstruktion »*wurde* [...] *verfügbar gemacht*« führen. Dem Wortlaut nach fordert 376

---

515 Vgl Begr zum RegE, BT-Drucks. 19/4724 S. 26.
516 Vgl Alexander, AfP 2019, 1, 9.
517 Vgl Hauck, GRUR-Prax 2019, 223, 224.
518 Nicht erfasst sind daher Produkte, die auf einer Messe bloß ausgestellt werden und noch keine Vertriebs- und Marktreife aufweisen, vgl Alexander, in Köhler/Bornkamm/Feddersen, UWG, § 3 GeschGehG Rn 32.
519 Vgl Leister, GRUR-Prax 2019, 175, 176.
520 Vgl Leister, GRUR-Prax 2019, 175, 176.

§ 3 Abs 1 Nr 2 lit a) GeschGehG danach nicht, dass die betroffenen Produkte durch den Geheimnisinhaber oder durch hierzu vom Geheimnisinhaber berechtigte Dritte angeboten und vertrieben werden.[521] Vielmehr scheint die Regelung **auch solche Produkte** zu erfassen, **die ein unberechtigter Dritte öffentlich verfügbar gemacht hat**.

377 Besonders kritisch ist dies ua in folgender Konstellation: Ein Dritter erlangt unberechtigt eine geschützte Information. Anschließend stellt er Produkte her, die das Geschäftsgeheimnis verkörpern, und vertreibt diese Produkte. Es steht dabei außer Frage, dass die Herstellung und der Vertrieb dieser Produkte durch den Dritten eigenständige Verletzungen gem. § 4 Abs 2 GeschGehG begründen. Macht der Dritte diese Produkte nun öffentlich verfügbar, könnten Käufer die in den Produkten verkörperten oder enthaltenen Geschäftsgeheimnisse durch Reverse Engineering erlangen. Gegen diese Erlangung scheint sich der Geheimnisinhaber nicht wehren zu können, da auch der Verletzer in der Lage ist, die Produkte iSd § 3 Abs 1 Nr 2 lit a) GeschGehG öffentlich verfügbar zu machen. Ob der Geheimnisinhaber in dieser Situation ohne Schutz bleibt, hängt vom bislang völlig ungeklärten **Verhältnis des § 3 Abs 1 Nr 2 GeschGehG** zu **§ 4 Abs 1, 3 GeschGehG** ab. Zum einen kann in einer solchen Konstellation § 4 Abs 1 GeschGehG unmittelbar heranzuziehen sein, da auch § 4 Abs 1 GeschGehG nur passivisch auf ein Erlangen der Information »durch« unzulässige Mittel abstellt, ohne dass es darauf ankommt, dass gerade der Erlangende diese Mittel anwendet. Zum anderen kann in einer solchen Konstellation § 4 Abs 3 GeschGehG dem Geheimnisinhaber erlauben, sich unter bestimmten Voraussetzungen gegen das Reverse Engineering sowie die sich möglicherweise anschließenden Benutzungshandlungen zur Wehr zu setzen. Die Schutzmöglichkeiten des Geheimnisinhabers hängen in diesem Fall entscheidend von der **Bösgläubigkeit des Abnehmers des Verletzers** ab. Jedenfalls wenn bereits bei Durchführung des Reverse Engineering Bösgläubigkeit vorliegt, ist das Reverse Engineering entgegen § 3 Abs 1 Nr 2 lit a) GeschGehG als unzulässig einzustufen. Die besseren Gründe sprechen sogar dafür, auch gutgläubig durch Reverse Engineering ermittelte Geheimnisse nach § 4 Abs 3 GeschGehG zu behandeln.

378 ▶ Um in der vorgenannten und auch in vergleichbaren Situationen weitreichende Schäden möglichst früh einzudämmen, sollte der Geheimnisinhaber unmittelbar nach Kenntniserlangung etwaiger Verletzungshandlungen versuchen, an Informationen über mögliche Abnehmer des Verletzers zu gelangen. In einem nächsten Schritt sollte er diese dann über die unrechtmäßige Erlangung, Benutzung und Offenlegung der Geschäftsgeheimnisse durch den Verletzer informieren und damit bösgläubig machen.

379 Die breite Formulierung des § 3 Abs 1 Nr 2 lit a) GeschGehG führt zu **bedenklichen Schutzlücken**. Fehlt es an der bewussten Entscheidung des Geheimnisinhabers, die Produkte dem Markt frei zur Verfügung zu stellen und dadurch den Verlust der Geschäftsgeheimnisse zu riskieren, darf er nicht schutzlos gestellt werden. Dem Inhaber des Geheimnisses bleibt in solchen Konstellationen rein faktisch noch nicht einmal die Möglichkeit, einen vertraglichen Ausschluss des Reverse Engineering herbeizuführen. Das Korrektiv des § 4 Abs 1, 3 GeschGehG kann hierbei zwar **in Einzelfällen Abhilfe** schaffen. Bei Bösgläubigkeit der Abnehmer des Verletzers entwickelt sich so auch ein Schadensersatzanspruch des Geheimnisinhabers. Um diesen begründen und durchsetzen zu können, muss der Geheimnisinhaber aber zunächst einmal Kenntnis von den Benutzungshandlungen der

---

[521] AA Alexander, in Köhler/Bornkamm/Feddersen, UWG, § 3 GeschGehG Rn 33, der den Wortlaut der Norm indes nicht thematisiert.

Abnehmer besitzen. Dies dürfte idR nicht der Fall sein, wenn der Geheimnisinhaber selbst die betroffenen Produkte gar nicht auf dem Markt anbietet und auch Dritte hierzu nicht autorisiert hat. Der Geheimnisinhaber wird die unberechtigte Nutzung seiner Geschäftsgeheimnisse im Ergebnis daher allenfalls dann verhindern können, wenn er permanent den Markt beobachtet.

Produkt bzw Gegenstand befindet sich im rechtmäßigen Besitz des Handelnden, § 3 Abs 1 Nr 2 lit b) GeschGehG

Die Vorschrift des § 3 Abs 1 Nr 2 lit b) GeschGehG erlaubt das Reverse Engineering, soweit sich das Produkt im rechtmäßigen Besitz des Handelnden befindet und dieser **keiner Pflicht zur Beschränkung der Erlangung des Geschäftsgeheimnisses** unterliegt. 380

Ausweislich der Gesetzesbegründung stehen § 3 Abs 1 Nr 2 b) GeschGehG und § 3 Abs 1 Nr 2a) GeschGehG zueinander in einem **Ausschließlichkeitsverhältnis**.[522] § 3 Abs 1 Nr 2b) GeschGehG erfasst danach nur Fälle, in denen die Produkte, die einem Reverse Engineering unterzogen wurden, nicht öffentlich verfügbar gemacht wurden.[523] 381

Rechtmäßiger Besitz iSd § 3 Abs 1 Nr 2b) GeschGehG ist jedenfalls dann anzunehmen, wenn zwischen dem Geheimnisinhaber und dem Handelnden eine **vertragliche Beziehung** besteht, in deren Rahmen der Geheimnisinhaber dem Handelnden das Produkt, bspw zur Nutzung, zur Verfügung stellt. Es liegt daher nahe, den rechtmäßigen Besitz des § 3 Abs 1 Nr 2b) GeschGehG unter den gleichen Voraussetzungen anzunehmen, die für ein Besitzrecht iSd § 986 Abs 1 BGB vorliegen müssen. Zu denken ist hierbei ua an Konstellationen, in denen der Geheimnisinhaber dem Vertragspartner eine Maschine übergibt,[524] mit der sich bei bestimmungsgemäßer Nutzung Produkte herstellen lassen, die der Vertragspartner anschließend vertreibt. Auch in solchen Konstellationen erlaubt der Gesetzgeber also grundsätzlich das Reverse Engineering. 382

Anders als bei öffentlich verfügbar gemachten Produkten, sieht das Gesetz bei rechtmäßig im Besitz des Handelnden befindlichen Produkten ausdrücklich die Möglichkeit vor, das **Reverse Engineering einzuschränken** bzw sogar **auszuschließen**.[525] Der Gesetzeswortlaut »Pflicht zur Beschränkung der Erlangung des Geschäftsgeheimnisses« ist misslungen. Dem Wortlaut nach erfasst diese Regelung auch etwaige **gesetzliche Pflichten** zur Beschränkung der Erlangung von Geschäftsgeheimnissen. Allerdings dürften in der Praxis **vorrangig vertraglich begründete Beschränkungen** eine Rolle spielen, nämlich vor allem der vertraglich vereinbarte Ausschluss. 383

Der Gesetzgeber überlässt es damit grundsätzlich dem Geheimnisinhaber zu entscheiden, ob und in welchem Umfang er in vertraglichen Beziehungen das Reverse Engineering zulässt oder ausschließt. Das Reverse Engineering kann danach jedenfalls nur dann zulässig sein, wenn der Geheimnisinhaber seinem Vertragspartner dies nicht vertraglich untersagt hat. Ob der vertragliche Ausschluss des Reverse Engineerings jedoch in der Praxis ein probates und effektives Mittel zum Schutz von Geschäftsgeheimnissen sein kann, wird sich 384

---

522 Begr zum RegE, BT-Drucks. 19/4724 S. 26.
523 Vgl Dumont, BB 2018, 2441, 2444; Leister, GRUR-Prax 2019, 175, 176.
524 Hierbei kommen unterschiedliche Vertragstypen in Betracht; zu denken ist natürlich insb an Kauf- oder Leasingverträge.
525 Vgl Leister, GRUR-Prax 2019, 175, 176.

noch zeigen müssen (sh Rdn 399). Zum einen ist davon auszugehen, dass nicht jeder Vertragspartner des Geheimnisinhabers mit der Einbindung einer entsprechenden Klausel in bereits bestehende oder noch abzuschließende Vereinbarungen einverstanden sein wird. Zum anderen werden die Klauseln Gegenstand gerichtlicher Überprüfung werden und dabei möglicherweise nicht in jedem Fall die **Wirksamkeitsvoraussetzungen** erfüllen (vgl zur rechtlichen Wirksamkeit Rdn 415).

ff) Rechtsfolge

385 Liegen die Voraussetzungen des § 3 Abs 1 Nr 2 GeschGehG vor, hat der Handelnde das Geschäftsgeheimnis rechtmäßig durch Reverse Engineering erlangt. Die betroffene vertrauliche Information **verliert dadurch jedoch nicht automatisch ihren Geheimnischarakter.**[526] Der Geheimnischarakter kann aber durch sich anschließende Benutzungshandlungen entfallen, insbesondere die Offenlegung des Geschäftsgeheimnisses. Zur anschließenden Nutzung oder Offenlegung des durch das Reverse Engineering erlangten Geheimnisses ist der Handelnde jedoch nur berechtigt, soweit die Nutzung oder Offenlegung nicht von § 4 GeschGehG erfasst ist (sh hierzu Rdn 339). Eine Offenlegung ist jedenfalls einem Arbeitnehmer untersagt, der das Geheimnis im Unternehmen seines Arbeitgebers per Reverse Engineering ermittelt hat, da ihm das Geheimnis dann im Rahmen des Beschäftigungsverhältnisses zugänglich geworden ist, § 23 Abs 1 Nr 3 GeschGehG.

gg) Ausschluss des Reverse Engineering bzw zweckdienliche Maßnahmen

386 Geheimnisinhaber werden durch die Zulässigkeit des Reverse Engineering ab sofort vor große Herausforderungen gestellt. Dabei sollte jedoch nicht aus dem Blick verloren werden, dass Geheimnisinhaber ungeachtet der Abkehr von der bisherigen Rechtslage die Möglichkeit haben, Reverse Engineering in gewissem Maße einzuschränken.[527] Die Beschränkung von Möglichkeiten des Reverse Engineering stellt keine erforderliche Geheimhaltungsmaßnahme iSd § 2 Nr 1 GeschGehG dar. Dies ergibt sich aus der Systematik des Gesetzes, wonach die Möglichkeit des Reverse Engineering den Bestand des Geschäftsgeheimnisses grundsätzlich nicht beeinträchtigt.

387 Geheimnisinhaber werden auf die Änderung der Rechtslage in jedem Fall kurzfristig reagieren und oftmals in Abhängigkeit ihres Produkt- bzw Dienstleistungsportfolios erwägen müssen, **gesonderte Schutzmaßnahmen** zu ergreifen oder sogar die bisher verfolgte **Unternehmensstrategie neu auszurichten**.

388 In allen anderen Fällen verbleibt beim Reverse Engineering zukünftig nur noch Schutz aus gewerblichen Schutzrechten[528] oder lauterkeitsrechtlicher Schutz, der allerdings zusätzlichen Voraussetzungen unterliegt. Einen Verlust des Geschäftsgeheimnisses wird der Inhaber damit idR aber nicht verhindern können.

---

526 Vgl Ohly, GRUR 2019, 441, 443.
527 Vgl Frisse/Glaßl/Baranowski, BKR 2018, 177, 181.
528 Vgl Baranowski/Glaßl, BB 2016, 2563, 2565.

hh) Neuausrichtung der Unternehmens- bzw Vertriebsstrategie

Eine erste mögliche Maßnahme des Geheimnisinhabers mag zunächst überraschen. Sie betrifft nämlich weniger den Schutz des Geschäftsgeheimnisses selbst, sondern zielt vielmehr darauf ab, die möglicherweise bestehenden Schwächen des Geheimnisschutzes frühzeitig zu erkennen und darauf situationsadäquat zu reagieren. Dem Geheimnisinhaber ist nicht damit geholfen, um jeden Preis an der Geheimhaltung seines Know-hows festzuhalten. Vielmehr muss er erkennen, dass es **im Einzelfall betriebswirtschaftlich sinnvoll** sein kann, **auf Schutzmaßnahmen und damit auf den (bisher bestehenden) Geschäftsgeheimnisschutz zu verzichten**. Zwar werden die betroffenen vertraulichen Informationen damit im Ergebnis der Öffentlichkeit preisgegeben. Diese Entscheidung kann den Geheimnisinhaber indes davor schützen, umfangreiche Investitionen in den letztlich aussichtslosen und kostenintensiven Schutz seiner Geschäftsgeheimnisse zu tätigen. 389

▶ Für die Aufrechterhaltung oder Inanspruchnahme des Geschäftsgeheimnisschutzes ist es erforderlich, die unternehmenseigenen vertraulichen Informationen zu identifizieren. Dieser Schritt ist nicht nur notwendig, um konkrete Maßnahmen zum Schutz vor Reverse Engineering umzusetzen, sondern auch, um Geheimhaltungsmaßnahmen zu implementieren. Insoweit dürfte daher zunächst kein zusätzlicher Aufwand entstehen. 390

In diesem Zusammenhang kann der Geheimnisinhaber feststellen, ob die Umsetzung von Maßnahmen zum Schutz vor Reverse Engineering aus betriebswirtschaftlicher Sicht vertretbar sind. IdR ist das nicht der Fall, wenn die Kosten für die Umsetzung der Schutzmaßnahmen die während des Produktlebenszyklusses zu erwartenden Einnahmen annähernd erreichen oder sogar übersteigen.

Der grundsätzliche Verzicht auf die Inanspruchnahme von Geschäftsgeheimnisschutz und damit die Umsetzung der insoweit erforderlichen Schutzmaßnahmen kommt insbesondere **bei Produkten mit kurzem Lebenszyklus** in Betracht. Zum einen könnten Wettbewerber den für das Reverse Engineering erforderlichen Aufwand schon auf Grund des kurzen Produktlebenszyklusses scheuen. Zum anderen könnten die eingesparten Investitionen, die sonst für die Umsetzung der Schutzmaßnahmen hätten aufgebracht werden müssen, stattdessen in die Entwicklung neuer Produkte und Innovationen fließen und den möglicherweise bestehenden Marktvorsprung noch weiter ausbauen. 391

▶ Auch der durch das frühzeitige Inverkehrbringen von (ungeschützten) Produkten entstehende zeitliche Vorsprung kann gegen die oftmals zeitaufwändige Umsetzung von Schutzmaßnahmen sprechen. Wettbewerber können diesen zeitlichen Vorsprung regelmäßig kaum oder gar nicht mehr aufholen. Diesem sog. »**First Mover Advantage**«, bei dem einem betroffenen Produkt kein technisch vergleichbares Konkurrenzprodukt gegenübersteht, kam bereits vor Inkrafttreten des GeschGehG große Bedeutung zu.[529] 392

Um sich auf den zeitlichen Vorsprung zu verlassen, muss das Unternehmen sicherstellen, dass der für die Markteinführung und die entsprechenden Vorbereitungsmaßnahmen erforderliche Zeitraum zur Verfügung steht. Hierfür ist notwendig, dass Kooperationspartner und Zulieferer, welche die

---

[529] Ausweislich der Dokumentation zur Innovationserhebung des ZEW (Zentrum für Europäische Wirtschaftsforschung, abrufbar unter http://ftp.zew.de/pub/zew-docs/jb/jb17.pdf) aus dem Jahr 2017 setzten 21 % der Unternehmen in Deutschland auf den zeitlichen Vorsprung, um sich gegenüber Wettbewerbern zu behaupten (vgl ZEW-Dokumentation, S. 64). Besonders häufig vertrauten Unternehmen aus den Bereichen Maschinenbau und Elektroindustrie auf diese strategische Maßnahme (vgl ZEW-Dokumentation, S. 64). Bei alledem darf natürlich nicht verkannt werden, dass die Geheimhaltung zum Schutz des unternehmenseigenen geistigen Eigentums bisher das am häufigsten eingesetzte nicht-rechtliche Instrument gewesen ist (vgl ZEW-Dokumentation, S. 64).

Produktdetails kennen, nicht schon vor Markteinführung zum Reverse Engineering ansetzen.[530] Dies lässt sich idR durch entsprechende vertragliche Vereinbarungen gewährleisten (vgl hierzu Rdn 399).

393 Die Abkehr vom Geschäftsgeheimnisschutz kann für Unternehmen insbesondere auch dann in Betracht kommen, wenn die betroffenen vertraulichen Informationen als schutzfähige Erfindung iSd PatG eingestuft werden können, sie also insbesondere die Schwelle der Neuheit und der erfinderischen Tätigkeit gem. §§ 3, 4 PatG überschreiten. Eine weitere Schutzrechtsstrategie könnte es sein, sich auf den **Schutz von Fertigungs-Know-how** zu fokussieren, das nicht oder nur sehr schwer durch Reverse Engineering zu erschließen ist.

ii) Technische Schutzmaßnahmen

394 Zum Schutz vor Reverse Engineering ist natürlich an erster Stelle an die Umsetzung technischer Schutzmaßnahmen zu denken. Dies gilt insbesondere für die Produkte, die von § 3 Abs 1 Nr 2a) GeschGehG betroffen sind, also öffentlich verfügbar gemacht werden.

395 Ein besonderer Vorteil dieser Maßnahmen besteht ua darin, dass sie – anders als zB vertragliche Vereinbarungen über den Ausschluss des Reverse Engineerings (vgl hierzu und zu den dort lauernden Problemen Rdn 399) – keine Mitwirkung Dritter erfordern. Sie erlauben es dem Geheimnisinhaber also, die betroffenen Produkte noch in seiner Sphäre mit bestimmten **Sicherheitsmechanismen** zu versehen, ohne dass Dritte von deren Existenz oder Gestaltung Kenntnis erlangen. Etwas anderes gilt allenfalls dann, wenn der Geheimnisinhaber sich dafür entscheidet oder darauf angewiesen ist, für die Umsetzung der technischen Schutzmaßnahmen Leistungen Dritter in Anspruch zu nehmen. Hier sollten dann unbedingt **umfassende Vertraulichkeits- bzw Geheimhaltungsvereinbarungen** geschlossen werden, die sich sowohl auf die Details der technischen Schutzmaßnahmen als auch der betroffenen Geschäftsgeheimnisse beziehen, jedenfalls soweit deren Details für die Umsetzung der technischen Schutzmaßnahmen erforderlich sind.

396 Der durch technische Maßnahmen vermittelte Schutz darf indes nicht überbewertet werden. Grundsätzlich dürfte nämlich jede technische Schutzmaßnahme überwindbar sein, solange der dafür erforderliche Aufwand erbracht wird.

397 Der Geheimnisinhaber sollte sich im Vorfeld fragen, welcher finanzielle und zeitliche Aufwand für die Entwicklung und Umsetzung möglichst effektiver technischer Maßnahmen erforderlich wäre. Sollte er bei der **durchzuführenden Wirtschaftlichkeitsprüfung** zu dem Ergebnis kommen, dass sich die ggf erforderlichen Investitionen nicht mit Sicherheit amortisieren, kann es im Einzelfall ratsam sein, auf die Umsetzung technischer Schutzmaßnahmen zu verzichten und stattdessen die Markteintritts- und Vertriebsstrategie anzupassen (sh Rdn 389).

398 ▶ Entscheidet sich der Geheimnisinhaber dafür, technische Schutzmaßnahmen umzusetzen, sollte er in jedem Fall sowohl die Entwicklung als auch die konkrete Umsetzung dieser Schutzmaßnahmen bezogen auf jedes einzelne Produkt detailliert schriftlich dokumentieren und anschließend jederzeit abrufbar bereithalten.[531] Soweit der potentielle Verletzer sich in der Prozesssituation damit zu vertei-

---

530 McGuire, Mitt 2017, 377, 382.
531 IdR dürfte auch diese Dokumentation vertrauliche Informationen beinhalten. Daher sollten auch insoweit entsprechende Sicherheitsvorkehrungen getroffen werden. Insbesondere sollte sichergestellt sein, dass nur ein ausgewählter Personenkreis auf diese Dokumentation zugreifen kann.

digen versucht, er habe die vertraulichen Informationen rechtmäßig durch Reverse Engineering erlangt, wird er auch darlegen müssen, dass und wie er vom Geheimnisinhaber behauptete technische Schutzmaßnahmen überwunden hat. Mit Hilfe der Dokumentation dürfte es dem Geheimnisinhaber leicht fallen, unzutreffende Ausführungen des potentiellen Verletzers zu widerlegen.

jj) Vertragliche Schutzmaßnahmen

Schließlich kommt der Ausschluss des Reverse Engineerings mit Hilfe vertraglicher Vereinbarungen in Betracht. 399

(1) Anwendungsbereich

Nach § 3 Abs 1 Nr 2 lit b) GeschGehG soll der Beobachtende, Untersuchende, Rückbauende oder Testende, der sich rechtmäßig im Besitz des Produkts befindet, einer **Pflicht zur Beschränkung der Erlangung des Geschäftsgeheimnisses** unterliegen können. Das GeschGehG definiert dabei weder, worum es sich bei dieser Pflicht konkret handelt, noch macht es Vorgaben dazu, wie sie begründet werden kann. Es ist daher davon auszugehen, dass die Pflicht vor allem durch Vertrag begründet werden kann,[532] aber auch durch Gesetz. 400

Die in § 3 Abs 1 Nr 2 GeschGehG genannte Möglichkeit zum Ausschluss des Reverse Engineerings bezieht sich auf **Produkte, die sich im rechtmäßigen Besitz der Person befinden**, die das Reverse Engineering durchführen. Ein Ausschluss des Reverse Engineerings auch für Produkte, die öffentlich verfügbar gemacht wurden, kommt danach nicht in Betracht. Damit steht § 3 Abs 1 Nr 2 GeschGehG im Widerspruch zum Regelungsgehalt des Art 3 GeschGehRL und muss daher richtlinienkonform dahingehend ausgelegt werden müssen, dass das Reverse Engineering auch bei öffentlich verfügbar gemachten Produkten grundsätzlich ausgeschlossen werden kann (sh Rdn 360). 401

In der Literatur ist die Diskrepanz zwischen § 3 Abs 1 Nr 2 GeschGehG und Art 3 (1) lit b) GeschGehRL bisher nicht problematisiert worden. Stattdessen bleibt die Diskussion bei der Feststellung stehen, dass nach der **gesetzgeberischen Intention** die Ausschlussmöglichkeit nicht für öffentlich verfügbar gemachte Produkte gelte.[533] Dies ist vor dem Hintergrund von Art 3 (1) lit b) GeschGehRL nicht haltbar. Es ist auch im Grundsatz nicht einsehbar, weshalb eine Person sich keiner Regelung unterwerfen dürfen soll, nach der ihr das Reverse Engineering öffentlich verfügbar gemachter Produkte untersagt ist. Der deutsche Gesetzgeber scheint der Fehlvorstellung zu unterliegen, dass die Ausschließbarkeit des Reverse Engineering mit der Art und Weise verknüpft ist, in der ein Produkt dem Markt oder konkreten Einzelpersonen zur Verfügung gestellt wird. Tatsächlich **haftet die** 402

---

532 Vgl Begr zum RegE, BT-Drucks. 19/4724 S. 26, wonach der Gesetzgeber offenbar davon ausgeht, dass die Pflicht zur Beschränkung der Erlangung des Geschäftsgeheimnisses vorrangig (oder sogar ausschließlich?) durch vertragliche Vereinbarung begründet werden.
533 Alexander, in Köhler/Bornkamm/Feddersen, UWG, § 3 GeschGehG Rn 28; Apel/Walling, DB 2019, 891, 896, mwN; Leister, GRUR-Prax 2019, 175, 176, Rehaag/Straszewski, Mitt 2019, 249, 255, Thiel, WRP 2019, 700, 701 f; Ziegelmayer, CR 2018, 693, 697, wohl offenlassend Ohly, GRUR 2019, 441, 447, der zwar darauf hinweist, dass die Ausschlussmöglichkeit nur in § 3 Abs 1 Nr 2 lit b) GeschGehG genannt wird, aber sodann die Frage aufwirft, ob ein vertraglicher Ausschluss auch bei »marktgängigen« (dh öffentlich verfügbar gemachten) Produkten per AGB möglich ist oder doch an § 307 Abs 2 Nr 1 BGB scheitern würde.

Beschränkung des Reverse Engineering aber nicht an dem Produkt, sondern unabhängig davon an der Person des Verpflichteten und muss schon deshalb von der Art und Weise des Inverkehrbringens des Produkts unabhängig sein.

(2) Vertragliche Ausschlussmöglichkeiten

403 Der Ausschluss des Reverse Engineering kann durch **Individualvereinbarungen** sowie durch **allgemeine Geschäftsbedingungen** bewirkt werden.

404 Bei öffentlich verfügbar gemachten Produkten (sh Rdn 372) dürfte der Abschluss einer entsprechenden **Individualvereinbarung** in der Praxis **regelmäßig nicht umsetzbar** sein. Zu denken ist hier bspw an die Konstellation, in der ein Hersteller und Online-Händler eigene Produkte, die Geschäftsgeheimnisse verkörpern, auf seiner Webseite öffentlich verfügbar macht. Gerade bei **Massenprodukten** wird es nicht möglich sein, den Ausschluss des Reverse Engineering mit jedem einzelnen Abnehmer individuell auszuhandeln. In solchen Konstellationen ist der Geheimnisinhaber daher auf die Einbeziehung wirksamer AGB angewiesen.[534] Noch komplizierter ist die Situation, wenn der Inhaber des Geschäftsgeheimnisses mit dem Endabnehmer gar nicht in Kontakt kommt, bspw wenn **Groß- und Einzelhändler zwischengeschaltet** sind.

405 In der Literatur wird die Möglichkeit, das Reverse Engineering bei öffentlich verfügbar gemachten Produkten auszuschließen, verneint, und zwar unter Hinweis auf § 307 Abs 2 Nr 1 BGB. Begründet wird dies damit, dass es sich bei dem Ausschluss um eine **unangemessene Benachteiligung des Abnehmers** handele, weil es dem Grundgedanken des § 3 Abs 1 Nr 2 GeschGehG widerspreche, wonach das Reverse Engineering bei öffentlich verfügbar gemachten Produkten unbeschränkt zugelassen sein solle.[535]

406 Diese Auffassung ist jedoch abzulehnen. Sie beruht auf der Fehlvorstellung, dass der deutsche Gesetzgeber die Regelung des Art 3 Abs 1 lit b) GeschGehRL zutreffend in § 3 Abs 1 Nr 2 GeschGehG umgesetzt habe. Da sich die Möglichkeit zum Ausschluss des Reverse Engineerings bei richtlinienkonformer Auslegung auch auf die Tatbestandsvariante des § 3 Abs 1 Nr 2 lit a) GeschGehG bezieht, kann der Ausschluss des Reverse Engineerings bei öffentlich verfügbar gemachten Produkten **nicht im Widerspruch zur gesetzgeberischen Grundentscheidung** stehen.[536] Der pauschal geäußerten Befürchtung, dass es für Unternehmen deshalb zukünftig praktisch unmöglich sei, das Reverse Engineering bezogen auf öffentlich verfügbar gemachte Produkte wirksam auszuschließen,[537] ist daher zu widersprechen.

---

534 So auch Leister, GRUR-Prax 2019, 175, 176, der die Möglichkeit des Ausschlusses des Reverse Engineerings bei öffentlich verfügbar gemachten Produkten durch AGB im Ergebnis indes klar ablehnt.
535 Vgl ua Leister, GRUR-Prax 2019, 175, 176.
536 Sie würde weder von der hier betroffenen gesetzlichen Regelung abweichen, die der Gesetzgeber bei richtiger Umsetzung des Art 3 Abs 1 lit b) GeschGehRL erschaffen hätte, noch wäre sie mit wesentlichen Grundgedanken dieser Regelung nicht zu vereinbaren.
537 Vgl Leister, GRUR-Prax 2019, 175, 176.

(3) Einzelfragen

Im Zusammenhang mit dem vertraglichen Ausschluss des Reverse Engineering gibt es eine **Vielzahl von Einzelfragen**, von denen in der Folge wenigstens einige im Ansatz diskutiert werden sollen. 407

Anpassung von (Alt-) Verträgen

▶ Geheimnisinhaber werden aufgrund der Entscheidung des Gesetzgebers, das Reverse Engineering grundsätzlich für zulässig zu erklären, bisher verwendete (Muster-) Verträge, insbesondere für Geschäftsbeziehungen mit Zulieferern und Abnehmern, überprüfen und aktualisieren müssen. Dabei werden gerade deutsche Unternehmen ihre Altverträge vor dem Hintergrund der geänderten Bedingungen aktualisieren müssen, da es in Deutschland vor Inkrafttreten des GeschGehG keinen Anlass zum vertraglichen Ausschluss des Reverse Engineerings gab und nur die wenigsten Verträge entsprechende Ausschlussklauseln vorsahen. 408

Sollten die bestehenden Verträge entsprechende Ausschlussklauseln noch nicht beinhalten, wäre der Geheimnisinhaber gleichwohl nicht gänzlich schutzlos gestellt. 409

Oftmals enthalten Altverträge, vor allem bei F&E-Verträgen, **standardmäßig beidseitig verpflichtende Geheimhaltungsvereinbarungen**. Da dies nach altem Recht nicht erforderlich war, beinhalten diese Geheimhaltungsvereinbarungen keinen ausdrücklichen Ausschluss des Reverse Engineerings. Übergibt nun die eine Vertragspartei der anderen Vertragspartei Produkte, die Geschäftsgeheimnisse beinhalten, könnte die empfangende Vertragspartei die Produkte rechtmäßig beobachten, untersuchen, rückbauen oder testen. 410

Eine solche Geheimhaltungsvereinbarung wird oftmals dazu führen, dass die empfangende Vertragspartei die durch das Reverse Engineering erlangte Information **nicht nutzen oder offenlegen** kann, ohne gegen die Geheimhaltungsverpflichtung zu verstoßen. Schutz gegen die an das Reverse Engineering anschließende Offenlegung und Nutzung bestünde also bereits mit dem Abschluss üblicher Geheimhaltungsregelungen.[538] 411

Bei der Aktualisierung der Verträge sollte sich der Geheimnisinhaber jedoch nicht auf Zulieferer, Abnehmer und Kooperationspartner beschränken. 412

▶ Die Praxis zeigt, dass aus Arbeitnehmern nach Beendigung des Arbeitsverhältnisses sehr schnell Wettbewerber werden können. Daher sollten auch Arbeitnehmer – unabhängig davon, ob sie bei Ausübung ihrer Tätigkeit bestimmungsgemäß mit Geschäftsgeheimnissen in Berührung kommen – jedenfalls während des Laufs des Arbeitsverhältnisses einem Reverse-Engineering-Verbot unterworfen werden. Ein über das Ende des Arbeitsverhältnisses andauerndes Verbot des Reverse Engineerings dürfte jedenfalls dann zulässig sein und sollte daher vereinbart werden, wenn hierin keine erhebliche Benachteiligung des Arbeitnehmers gegenüber sonstigen Wettbewerbern liegt, die einem solchen Verbot nicht unterworfen werden. 413

Ausschluss des Reverse Engineerings in der Vertriebskette

Der Geheimnisinhaber sollte versuchen, **alle denkbaren Stufen in der Vertriebskette** zu erfassen. Gegenüber dem unmittelbaren Abnehmer, in klassischen Vertriebsketten bspw einem Zwischenhändler, dürfte dies regelmäßig durch Individualvereinbarung oder Einbeziehung von AGB möglich sein. Dieser Abnehmer sollte zudem verpflichtet werden, die 414

---

538 Vgl Leister, GRUR-Prax 2019, 175, 176 f.

Produkte ebenfalls nur unter Einbeziehung einer entsprechenden Ausschlussklausel weiterzuveräußern. Der Geheimnisinhaber sollte zudem eine Vertragsstrafe für den Fall vorsehen, dass der Abnehmer die betroffenen Produkte ohne Einbeziehung einer wirksamen Ausschlussklausel weiterveräußert.

Rechtliche und tatsächliche Wirksamkeit der Vereinbarung

415 Reverse Engineering kann nur dann mittels vertraglicher Vereinbarung ausgeschlossen werden, wenn die betroffene vertragliche Vereinbarung wirksam ist.[539] Dies heißt, dass die Ausschlussklausel den **allgemeinen Kontrollmechanismen des Vertragsrechts** standhalten muss, also bei AGB den §§ 305 ff BGB. Individualvereinbarungen dürfen nicht die Grenzen der §§ 134, 138, 242 BGB überschreiten.[540]

416 So kann zB dem Erwerber einer **Software** nicht untersagt werden, das Funktionieren der Software zu beobachten, zu untersuchen oder zu testen, um die einem Programmelement zugrundeliegenden Ideen und Grundsätze zu ermitteln, wenn dies durch Handlungen zum Laden, Anzeigen, Ablaufen, Übertragen oder Speichern des Programms geschieht, zu denen er berechtigt ist, § 69d Abs 3 UrhG. Solch eine Klausel wäre gem. § 69g Abs 2 UrhG iVm § 134 BGB nichtig.

417 ▶ In Fällen, in denen der Geheimnisinhaber ein Hardwareprodukt mit zugehöriger Software veräußert und sowohl die Hardware als auch die Software Geschäftsgeheimnisse verkörpert, sollte die regelmäßig formularmäßig verwendete Ausschlussklausel insbesondere auf die Vorgaben der §§ 69g Abs 2, 69d Abs 3 UrhG Rücksicht nehmen und entsprechend angepasst werden.

(4) Konkrete Formulierung von Ausschlussklauseln

418 Bei der Formulierung von Ausschlussklauseln sollte der Geheimnisinhaber im Blick haben, dass es eine Rechtsprechungspraxis in Deutschland noch nicht gibt. Ausschlussklauseln sollten deshalb möglichst flexibel formuliert sein. Zu empfehlen ist eine **Aufspaltung der Ausschlussklausel in Erlangungs-, Nutzungs- und Offenlegungsverbote.** Abhängig von der Interessenlage im Einzelfall ist es nämlich denkbar, dass Gerichte zwar einen Ausschluss der Erlangung für unwirksam halten, den Ausschluss einer den Geheimnisinhaber massiv schädigenden Offenlegung der erlangten Geheimnisse aber als zulässig erachten. Die Klauselgestaltung sollte deshalb auf die Möglichkeit eines **Blue-pencil-Tests** Rücksicht nehmen (für ein konkretes Formulierungsbeispiel vgl Kap 5, Vertraulichkeitsvereinbarung).

(5) Reverse Engineering im Verfahren

419 Der Anspruchsteller trägt die Beweislast für die rechtsbegründenden Tatbestandsmerkmale. Für die rechtshindernden, rechtsvernichtenden und rechtshemmenden Merkmale ist hingegen der Anspruchsgegner beweisbelastet.[541] Dies gilt auch im Hinblick auf das Reverse Engineering.

420 Folglich obliegt es demjenigen, **der sich darauf beruft**, das betroffene Geschäftsgeheimnis durch Reverse Engineering erlangt zu haben, hinreichend substantiiert darzulegen, dass

---

539 Vgl Begr zum RegE, BT-Drucks. 19/4724 S. 26; Apel/Walling, DB 2019, 891, 896.
540 Alexander, in Köhler/Bornkamm/Feddersen, UWG, § 3 GeschGehG Rn 38; Alexander, AfP 2019, 1, 9.
541 Vgl Prütting, in MüKo-ZPO, § 286 Rn 111.

und vor allem wie er das Reverse Engineering durchgeführt hat. Es ist ein **strenger Maßstab** anzulegen, vergleichbar den Anforderungen an die Darlegung eines **patentrechtlichen Vorbenutzungsrechts**.

In der gerichtlichen Auseinandersetzung dürfte das vom Anspruchsgegner behauptete Reverse Engineering mit hoher Wahrscheinlichkeit zu großen Problemen führen. Mit ausreichend krimineller Energie, die gerade bei systematischer Verletzung von Geschäftsgeheimnissen vorhanden sein dürfte, lassen sich wohl beinahe alle illegal erlangten Kenntnisse zunächst als das Ergebnis vermeintlich legalen Reverse Engineerings umdeuten.[542] Dies dürfte vor allem dann der Fall sein, wenn der Anspruchsgegner (angeblich authentische) Dokumente über den gesamten Prozess des Reverse Engineerings vorlegt. 421

▶ Daher ist es zwingend, dass der Geheimnisinhaber die gesamte Entwicklungsphase detailliert und schriftlich dokumentiert sowie anschließend abrufbar bereithält. Nur so wird es möglich sein, die vom Anspruchsgegner vorgebrachten Tatsachen zur Überzeugung des Gerichts zu widerlegen. Die Gerichte sind aufgerufen, den Verteidigungsvortrag des Reverse Engineerings besonders kritisch zu hinterfragen und strenge Anforderungen an die Substantiierung dieses Vortrags zu stellen. 422

d) Informations- und Anhörungsrechte der Arbeitnehmer und ihrer Vertretungen

§ 3 Abs 1 Nr 3 GeschGehG gestattet das Erlangen von Geschäftsgeheimnissen durch Ausüben von Informations- und Anhörungsrechten der Arbeitnehmer oder Mitwirkungs- und Mitbestimmungsrechte der Arbeitnehmervertretung. Flankiert wird diese Bestimmung durch § 1 Abs 3 Nr 4 GeschGehG, wonach die Rechte und Pflichten aus dem Arbeitsverhältnis sowie die Rechte der Arbeitnehmervertretungen unberührt bleiben.[543] Dies gibt die Richtung vor: Im Ergebnis lassen die **Regelungen des GeschGehG die bestehende Rechtslage weitestgehend unberührt**.[544] Unabhängig vom Verhältnis von § 1 Abs 3 Nr 4 zu § 3 Abs 1 Nr 3 GeschGehG hat das GeschGehG auf die gesetzlich geregelten Individualansprüche der Arbeitnehmer keinen unmittelbaren Einfluss. Diese sind vielmehr (weiterhin) allein nach den jeweiligen spezialgesetzlichen Anspruchsgrundlagen zu behandeln. Hier kann freilich der Geheimnisschutz – etwa mittelbar im Rahmen einer Güterabwägung – eine Rolle spielen. 423

aa) Rechte der Arbeitnehmer

Zunächst gilt, dass es im Arbeitsverhältnis **keine umfassende Auskunfts- und Informationsverpflichtung** des Arbeitgebers gibt.[545] Aufgrund der Privatautonomie ist grundsätzlich jede Partei selbst verpflichtet, für die Wahrung ihrer Interessen zu sorgen.[546] Eine solche Verpflichtung ist vielmehr nur gegeben bei Vorliegen einer **spezialgesetzlichen Anspruchsgrundlage**, die recht punktuell existieren, oder wenn sich aus einer **Interessen-** 424

---

542 Zutreffend Rehaag/Straszewski, Mitt 2019, 249, 255, mwN.
543 Allerdings ist die systematische Beziehung dieser beiden Normen zueinander unklar, vgl Nebel, in Nebel/Diedrich, GeschGehG, § 1 Rn 18.
544 Preis, in Müller-Glöge/Preis/Schmidt, ErfK ArbR, § 611a BGB Rn 710; Fuhlrott, in Fuhlrott/Hiéramente, BeckOK GeschGehG, § 1 Rn 48; Adam, SPA 2019, 9, 10; Naber/Peukert/Seeger, NZA 2019, 583, 587; Begr zum RegE, BT-Drucks. 19/4724 S. 26.
545 BAG 22.01.2009, 8 AZR 161/08, Rn 33 (juris) = NJW 2009, 2616 Rn 33.
546 BAG 15.12.2016, 6 AZR 578/15, Rn 16 (juris) = NZA 2017, 528 Rn 16.

abwägung im Einzelfall ergibt, dass dem Arbeitnehmer ein überwiegendes Informationsbedürfnis zur Seite steht.

(1) Spezialgesetzliche Anspruchsgrundlagen

425 Als Anspruchsgrundlagen kommen unter anderem in Frage:

– **§ 10 EntgTranspG:** Individueller Auskunftsanspruch zu Vergleichsentgelten

Arbeitnehmern in Betrieben und Dienststellen mit mehr als 200 Arbeitnehmern steht unter bestimmten Voraussetzungen ein individueller Auskunftsanspruch zu. Hiernach kann Auskunft über die **durchschnittliche Höhe von bis zu drei Entgeltbestandteilen** der vergleichbaren Beschäftigten verlangt werden, wobei der Anspruch vorrangig an den Betriebsrat zu richten ist, der die entsprechenden Informationen vom Arbeitgeber erhält (§§ 14 Abs 1 Satz 2, 15 Abs 2 EntgTranspG). Bei Lohn- und Gehaltsdaten kann es sich grundsätzlich um Geschäftsgeheimnisse handeln.[547] Gleichwohl kann der Schutz von Geschäftsgeheimnissen diesem Anspruch nicht entgegengehalten werden.

– **§ 13 AÜG:** Auskunftsanspruch des Leiharbeitnehmers in Bezug auf Equal Pay

Ein Leiharbeitnehmer, auf den der Equal-Pay-Grundsatz anzuwenden ist,[548] hat einen Anspruch gegenüber seinem Entleiher auf Mitteilung der im Entleihbetrieb geltenden Arbeitsbedingungen einschließlich der Vergütung. Auch hier kann der Schutz von Geschäftsgeheimnissen allerdings keine Rolle spielen.

– **§ 87c HGB:** Auskunftsanspruch im Rahmen eines Provisionsanspruchs

Gem. § 65 HGB findet § 87c HGB auf solche Arbeitnehmer Anwendung, denen die Zahlung einer Provision zugesagt worden ist. Der Arbeitnehmer hat Anspruch auf Rechnungslegung (Abs 1) und kann auch einen entsprechenden Buchauszug verlangen (Abs 2). Gegenstand des Auskunftsanspruchs ist ferner die Mitteilung aller Umstände, die für den Provisionsanspruch, seine Fälligkeit und seine Berechnung wesentlich sind (Abs 3). Diesem Anspruch kann der Schutz von Geschäftsgeheimnissen nicht entgegengehalten werden, da dieser durch die spezialgesetzliche Schutzvorschrift des § 90 HGB abgesichert ist.[549]

– **§ 81 BetrVG:** Information über die Art der Tätigkeit

Gem. § 81 BetrVG ist der Arbeitnehmer vom Arbeitgeber über seine Aufgaben und Verantwortlichkeiten und auch seine Bedeutung im (gesamten) Arbeitsablauf des Betriebes, bestehende Unfall- und Gesundheitsgefahren und über spätere Veränderungen in seinem Arbeitsbereich zu unterrichten. Dieser Anspruch gilt unabhängig davon, ob ein Betriebsrat besteht oder überhaupt gebildet werden darf.[550] Die Unterrichtung hat rechtzeitig, dh im Regelfall vor Aufnahme der Tätigkeit oder der entsprechenden Änderung zu geschehen.[551] Der Anspruch ist einklagbar, begründet bei Nicht-Erfüllung aber zugleich ein Zurückbehaltungsrecht an der Arbeitsleistung bei gleichzeitiger

---

547 BAG 26.02.1987, 6 ABR 46/84, Rn 18 (juris) = NZA 1988, 63, 64.
548 Dh es findet kein abweichender Tarifvertrag Anwendung, § 8 Abs 2, 4 S 2 AÜG.
549 OLG München 31.07.2019, 7 U 4012/17 = BeckRS 2019, 18611.
550 Fitting, BetrVG, § 81 BetrVG Rn 2.
551 Fitting, BetrVG, § 81 BetrVG Rn 7.

Lohnfortzahlungspflicht.⁵⁵² Selbst wenn hier im Einzelfall Geschäftsgeheimnisse betroffen sein sollten, schließt dies den Anspruch nicht aus.

– **§ 82 BetrVG:** Erörterung der Leistungen und der beruflichen Entwicklung

§ 82 Abs 2 BetrVG sieht vor, dass der Arbeitnehmer verlangen kann, dass ihm nicht nur die Berechnung und Zusammensetzung seines Arbeitsentgeltes zu erläutern ist (was keine Berührungspunkte mit dem Geheimnisschutz begründen kann), sondern darüber hinaus seine Leistungen sowie die Möglichkeiten der beruflichen Entwicklung im Betrieb zu erörtern ist. Berührungspunkte zu Geschäftsgeheimnissen sind hier eher unwahrscheinlich.

– **§ 83 BetrVG:** Einsichtsrecht in die Personalakte

Das Einsichtsrecht in die Personalakte gem. § 83 BetrVG besteht auch in betriebsratslosen Betrieben, nach überzeugender Auffassung als höchstpersönliches Recht, dh der Arbeitnehmer kann dies nur selbst wahrnehmen.⁵⁵³ Auch hier dürften Geschäftsgeheimnisse idR nicht berührt sein.

– **§§ 7, 12, 14 ArbSchG:** Arbeitsrechtliche Unterweisungen

Bei den Ansprüchen der Arbeitnehmer nach dem ArbSchG kann die Berührung von Geschäftsgeheimnissen (zB bestimmte Fertigungsmethoden) nicht von vornherein ausgeschlossen werden. Der Arbeitnehmer ist bei der Einstellung und bei späteren Veränderungen in arbeitsschutzrechtlicher Sicht über seinen Arbeitsplatz zu informieren. Die Regelung des § 12 ArbSchG bildet einen **tragenden Grundsatz des Arbeitsschutzrechts** ab.⁵⁵⁴ Sie verlangt eine angemessene und ausreichende Unterrichtung der Arbeitnehmer. Aspekte des Geschäftsgeheimnisschutz können hiergegen nicht eingewandt werden, da dieser eine in sicherheitstechnischer Hinsicht nicht ausreichende Information nicht rechtfertigen kann (was auch gar nicht im Interesse des Arbeitgebers wäre). Diese Grundsätze gelten auch für entsprechende spezialgesetzliche Unterrichtungspflichten (zB GefStoffV, SprengG, RöV).

– **Art 15 DSGVO:** Auskunftsrecht der betroffenen Person

Das Auskunftsrecht nach Art 15 DSGVO, das in der Instanzrechtsprechung zunächst zurückhaltend betrachtet worden war und sich insbesondere nicht auf interne Vorgänge, Vermerke etc beziehen sollte,⁵⁵⁵ ist jedenfalls vom LAG Baden-Württemberg in der soweit ersichtlich bislang einzigen obergerichtlichen arbeitsrechtlichen Entscheidung weit verstanden worden.⁵⁵⁶ Hiernach sollen Arbeitnehmer insbesondere auch ein **Zugriffsrecht auf interne Daten** (dort: Inhalte eines Hinweisgebersystems) haben.

---

552 Fitting, BetrVG, § 81 BetrVG Rn 28.
553 LAG Schleswig-Holstein 17.04.2014, 5 Sa 385/13 = NZA-RR 2014, 465; vgl auch BAG 12.07.2016, 9 AZR 791/14, Rn 14 (juris) = NZA 2016, 1344 Rn 14: Kein Recht auf Hinzuziehung Dritter, wenn Kopien erlaubt werden; aA Fitting, BetrVG, § 83 BetrVG Rn 12, mwN.
554 Steffek, in Kollmer/Klindt/Schucht, ArbSchG, § 12 Rn 1.
555 LG Köln 18.03.2019, 26 O 25/18 = ZD 2019, 313; LG Köln 19.06.2019, 26 S 13/18 = BeckRS 2019, 12820; AG München 04.09.2019, 155 C 1510/18 = BeckRS 2019, 23247; anders aber nunmehr OLG Köln 26.07.2019, 20 U 75/18 = ZD 2019, 462.
556 LAG Baden-Württemberg 20.12.2018, 17 Sa 11/18 Rn 198 ff (juris) = NZA-RR 2019, 242 Rn 172 ff; Revision zugelassen unter 5 AZR 66/19.

Diese könnten sehr wohl Geschäftsgeheimnisse darstellen.[557] Die Entscheidung des LAG Baden-Württemberg ist in der Literatur durchaus kritisiert,[558] teils aber auch recht unkritisch übernommen worden.[559] Zu Recht wird allerdings darauf hingewiesen, dass die Entscheidung nicht überbewertet werden sollte, da auf die allgemeine **Abwägungsnotwendigkeit** verwiesen wird, zu der dort schlicht nicht ausreichend vorgetragen war.[560] Der Schutz von Geschäftsgeheimnissen wurde dort ebenfalls nicht thematisiert.

Das OLG Köln führte zu dieser Frage in einer anderen – nicht arbeitsrechtlichen – Fallgestaltung nach Art 15 DSGVO aus, dass sich die Frage nach dem Geheimnisschutz nicht stelle, da die Angaben nach Art 15 DSGVO nicht schutzwürdig sind, weil sie üblicherweise vom Anspruchssteller selbst stammen.[561] Wie bereits dargelegt, kann diese Aussage aber nicht verallgemeinert werden. Vielmehr kommt es hier auf die **Güterabwägung** im Rahmen von Art 15 Abs 4 DSGVO an.[562] Zu den hiernach zu schützenden Gütern zählen auch Geschäftsgeheimnisse des Arbeitgebers.[563] Eine pauschale Antwort verbietet sich hier also.

– **§ 110 BetrVG:** Unterrichtung über die wirtschaftliche Lage

Bei der Regelung des § 110 BetrVG, wonach der Arbeitgeber ab einer bestimmten Unternehmensgröße die Arbeitnehmer schriftlich über die wirtschaftliche Lage und Entwicklung des Unternehmens zu unterrichten hat, handelt es sich nach überzeugender Ansicht nicht um einen individualrechtlichen Anspruch.[564] Inhaltlich ist dieser in Bezug auf den Schutz von Geschäftsgeheimnissen wie der Anspruch des Wirtschaftsausschusses nach § 106 BetrVG zu behandeln (sh Rdn 446 ff).[565]

(2) Sonstige Rechte der Arbeitnehmer

426 Auch über die spezialgesetzlichen Ansprüche hinaus erkennt die Rspr jedoch in bestimmten Fallkonstellationen Ansprüche an, die sich dogmatisch als **vertragliche Nebenpflichten** darstellen. Nach der Rspr des BAG steht jeder Vertragspartei insoweit ein grundsätzlicher »Eigennutz« zu, der seine Grenze erst bei schutzwürdigen Belangen des Vertragspartners findet.[566] **Hinweis- und Aufklärungspflichten** ergeben sich nur im Einzelfall und nach sorgfältiger Interessenabwägung.[567] Die Grenzen sind allerdings nicht immer leicht zu ziehen: Während zB keine Aufklärungspflicht angenommen wird bezüglich geplanter

---

557 Fuhlrott, in Fuhlrott/Hiéramente, BeckOK GeschGehG, § 1 Rn 44.
558 Hitzelberger-Kijima, öAT 2019, 140, 141; Wybitul/Brams, NZA 2019, 672, 675.
559 Müller-Glöge, in Müller-Glöge/Preis/Schmidt, ErfK ArbR, § 109 GewO Rn 62.
560 Fuhlrott, Anm. zu LAG Baden-Württemberg 20.12.2018, 17 Sa 11/18 Rn 198 ff (juris) = NZA-RR 2019, 242 Rn 172 ff; Tribess, GWR 2019, 155.
561 OLG Köln 26.07.2019, 20 U 75/18 = ZD 2019, 462 Rn 64.
562 Vgl Kamlah, in Plath, BDSG/DSGVO, Art 15 DSGVO Rn 20.
563 So ausdrücklich ErwG 63 zur DSGVO; Hitzelberger-Kijima, öAT 2019, 140, 141; Schulte/Welge, NZA 2019, 1110, 1112.
564 Besgen, in Rolfs/Giesen/Kreikebohm/Udsching, BeckOK Arbeitsrecht, § 110 BetrVG Rn 7 mN auch zur Gegenansicht.
565 Kania, in Müller-Glöge/Preis/Schmidt, ErfK ArbR, § 110 BetrVG Rn 4.
566 BAG 14.01.2009, 3 AZR 71/07 = AP Nr 7 zu § 1 BetrAVG Auskunft.
567 BAG 14.01.2009, 3 AZR 71/07 =AP Nr 7 zu § 1 BetrAVG Auskunft.

Betriebseinschränkungen,[568] hat die Rspr bereits eine Auskunftspflicht über wirtschaftliche Schwierigkeiten bejaht, sofern diese Auswirkungen auf die Fähigkeit des Arbeitgebers haben kann, Löhne und Gehälter rechtzeitig zu zahlen.[569]

Eher zu bejahen sein kann ein solcher Anspruch, wenn es nicht um eine proaktive Auskunftspflicht des Arbeitgebers, sondern einen konkreten Auskunftsanspruch auf Nachfrage des Arbeitnehmers geht. Auch hier gilt aber das **Prinzip der Interessenabwägung im Einzelfall**.[570] So soll etwa ein Arbeitnehmer einen Auskunftsanspruch geltend machen können, wenn er auf die Auskunft zur Durchsetzung eines möglichen Zahlungsanspruchs angewiesen ist, der Arbeitgeber die Auskunft unschwer erteilen kann und sie ihn nicht übermäßig belastet.[571] Diskutiert werden solche Ansprüche zumeist im Kontext von Aufklärungspflichten über sozialversicherungsrechtliche Folgen bestimmter Handlungen, wie etwa des Abschlusses eines Aufhebungsvertrags oder einer Auslandsentsendung, werden aber regelmäßig abgelehnt, wenn der Arbeitgeber keinen besonderen Vertrauenstatbestand geschaffen hat, dass er den Arbeitnehmer informieren werde.[572] 427

Diese Ansprüche dürften allerdings ohnehin nur in den seltensten Fällen inhaltliche Berührungspunkte zu Geschäftsgeheimnissen aufweisen. Sollte dies indes doch einmal der Fall sein, kommt es zur beschriebenen Güterabwägung, wobei dem Geschäftsgeheimnisschutz aufgrund der oben beschriebenen grundsätzlichen Risikoverteilung ein besonderes Gewicht zukommen dürfte. Hier spricht also im Regelfall viel dafür, dass eine Auskunft den Arbeitgeber iSd vorgenannten Rspr übermäßig belasten würde. 428

bb) Rechte der Arbeitnehmervertretungen

Den Arbeitnehmervertretungen wie **Betriebsrat, Wirtschaftsausschuss** oder **Schwerbehindertenvertretung** kommen verschiedenste Unterrichtungsrechte zu, die teilweise für sich genommen bestehen, teilweise nur Gegenstand von umfassenden Mitwirkungs- oder Mitbestimmungsrechten sind. Praktisch am relevantesten dürften die **Informationsrechte**[573] **des Betriebsrats** sein. 429

(1) Betriebsrat

Die Informationsrechte des Betriebsrats erstrecken sich von den personellen Angelegenheiten über die sozialen Angelegenheiten bis hin zu den wirtschaftlichen Angelegenheiten. Ferner besteht eine **allgemeine Generalklausel**. 430

Dabei besteht weitgehende Einigkeit, dass diesen Ansprüchen der Schutz von Geschäftsgeheimnissen nicht entgegengehalten werden kann. Begründet wird dies mit der eigenen 431

---

568 BAG 13.11.1996, 10 AZR 340/96 = NJW 1997, 3043.
569 BAG 24.09.1974, 3 AZR 589/73 = NJW 1975, 708, wobei die Aufklärungspflicht nicht bestehen soll, wenn die Probleme offen erkennbar sind.
570 BAG 19.04.2005, 9 AZR 188/04 = NZA 2005, 983.
571 BAG 19.04.2005, 9 AZR 188/04 = NZA 2005, 983, 984.
572 BAG 24.02.2011, 6 AZR 626/09 = NZA-RR 2012, 148; BAG 11.12.2001, 3 AZR 339/00 = NZA 2002, 1150 – Hinweispflichten; LAG Hamm 07.06.2005, 19 (2) Sa 30/05 = NZA-RR 2005, 606, 608; eine Auskunftspflicht wurde ausnahmsweise angenommen von LAG Düsseldorf 10.07.2001, 8 Sa 515/012148 = NJOZ 2001, 2147.
573 Zur Vereinfachung wird im Folgenden nicht zwischen reinen Informationsrechten sowie Anhörungs-, Mitwirkungs- und Mitbestimmungsrechten differenziert, da dies für die hier vorliegende Frage des Geheimnisschutzes irrelevant ist.

Verschwiegenheitsverpflichtung des Betriebsrats aus § 79 BetrVG (Rdn 451 ff).[574] Diese Grundsätze gelten je nach Zuständigkeit auch für den Gesamt- sowie den Konzernbetriebsrat.

Gestaltung von Arbeitsplatz, Arbeitsablauf und Arbeitsumgebung gem. § 90 BetrVG

432 Gem. § 90 BetrVG hat der Arbeitgeber den Betriebsrat über die Planung von Neu-, Um- und Erweiterungsbauten von Fabrikations-, Verwaltungs- und sonstigen betrieblichen Räumen, von technischen Anlagen, von Arbeitsverfahren und Arbeitsabläufen oder der Arbeitsplätze rechtzeitig unter Vorlage der erforderlichen Unterlagen zu unterrichten. Es ergibt sich schon aus dem Inhalt des Anspruchs, dass dieser regelmäßig auch Geschäftsgeheimnisse zum Inhalt haben kann. Das Gesetz enthält indes keine Einschränkung des Anspruchs zum Schutz von Geschäftsgeheimnissen.[575]

Unterrichtung über Personalplanung gem. § 92 BetrVG

433 § 92 BetrVG schreibt vor, dass der Arbeitgeber den Betriebsrat über die Personalplanung, dh Personalbedarfs- und Personaldeckungsplanung, beabsichtigte Maßnahmen und auch den Einsatz externer Dienstleister zu unterrichten hat.[576] Der Anspruch umfasst allerdings nur vorhandene Daten, dh es gibt keine Verpflichtung des Arbeitgebers, gewünschte Daten, zB Statistiken, extra für den Betriebsrat zu erstellen. Umstritten ist, ob lediglich ein Einsichtsrecht in die Unterlagen besteht oder diese an den Betriebsrat auszuhändigen sind.[577]

434 Auch hier kann ein Berührungspunkt zu Geschäftsgeheimnissen nicht von vornherein ausgeschlossen werden (zB im Zusammenhang mit Outsourcing oder Lean Management), wobei das Gesetz auch insoweit keine Einschränkung des Informationsanspruchs vorsieht.

Betriebsänderungen gem. § 111 ff BetrVG

435 Umfassende Unterrichtungspflichten sieht das Gesetz ferner für den Fall vor, dass der Arbeitgeber Betriebsänderungen gem. § 111 ff BetrVG umsetzen will, wozu die Einschränkung und Stilllegung eines Betriebs oder von wesentlichen Betriebsteilen, die Verlegung eines Betriebs oder von wesentlichen Betriebsteilen, der Zusammenschluss mit anderen Betrieben oder die Spaltung von Betrieben sowie grundlegende Änderungen der Betriebsorganisation, des Betriebszwecks oder der Betriebsanlagen und schließlich die Einführung grundlegend neuer Arbeitsmethoden und Fertigungsverfahren zählen. In diesem Fall ist der Arbeitgeber verpflichtet, den Betriebsrat »rechtzeitig« und »umfassend« über die geplante Betriebsänderung zu informieren, um im Anschluss hieran Verhandlungen über den Abschluss eines Interessenausgleichs und ggf eines Sozialplans aufzunehmen.

---

574 Kania, in Müller-Glöge/Preis/Schmidt, ErfK ArbR, § 111 BetrVG Rn 23; Fitting, BetrVG, § 111 BetrVG Rn 111.
575 Annuß, in Richardi, BetrVG, § 90 BetrVG Rn 20.
576 Vgl zum Umfang des Anspruchs zB LAG Niedersachsen 04.06.2007, 12 TaBV 56/06 = BeckRS 2009, 59309 sowie BAG 19.06.1984, 1 ABR 6/83 = NZA 1984, 329.
577 Vgl LAG Sachsen 09.12.2011, 3 TaBV 25/10, ZBVR online 2012, Nr 7/8, 8–11; Langtext bei juris, Rn 99 (juris) einerseits sowie Kania, in Müller-Glöge/Preis/Schmidt, ErfK ArbR, § 92 BetrVG Rn 7 (keine Aushändigung) andererseits; vermittelnd LAG München 06.08.1986, 8 TaBV 34/86 = BeckRS 1986, 30464336.

C. Erlaubte Handlungen, Handlungsverbote, Ausnahmen　　　　　　　　　　　　Kapitel 1

Maßgeblicher Anknüpfungspunkt für die »Rechtzeitigkeit« iSd § 111 BetrVG ist die Planungsentscheidung des Arbeitgebers.[578] Nach der ständigen Rspr darf die Information des Betriebsrats nicht zu einem Zeitpunkt erfolgen, an dem dieser keinen Einfluss mehr auf die Entscheidung nehmen kann.[579] Das bedeutet jedoch nicht, dass der Betriebsrat bereits im Stadium von Vorüberlegungen zu beteiligen ist. Erst wenn sich mögliche Handlungsalternativen zu einer konkreten Planung verdichtet haben, wird der Anspruch nach §§ 111 ff BetrVG ausgelöst.[580]　　　　　　　　　　　　　　　　　　　　　　　　　　436

Umfassend bedeutet, dass der Betriebsrat in der Lage sein muss, sich anhand der erteilten Informationen ein eigenes, vollständiges Bild von der geplanten Maßnahme und ihren Auswirkungen zu machen. Dies umfasst auch die Gründe der Maßnahme sowie die Darlegung von Alternativen und Gründen für die getroffene Entscheidung.[581] Der Umfang der Unterrichtung steigt mit Umfang und Bedeutung der Maßnahme. Flankierend sind dem Betriebsrat auch – gem. § 80 Abs 2 BetrVG (hierzu noch sogleich unter Rdn 441 ff) – die notwendigen Unterlagen wie etwa Gutachten von Unternehmensberatungen, Wirtschaftsprüferberichte und Bilanzen zu übergeben, soweit sie dem Arbeitgeber selbst vorliegen. Wie schon eingangs erwähnt, kann auch diesem Anspruch der Schutz von Geschäftsgeheimnissen nicht entgegengehalten werden.[582]　　　　　　　　　　　　　　　　　　　　　　437

Unterrichtungspflichten im Zusammenhang mit einer Massenentlassungsanzeige, § 17 KSchG

§ 17 Abs 2 KSchG verpflichtet den Arbeitgeber, dem Betriebsrat im Fall einer beabsichtigten Massenentlassung die zweckdienlichen Auskünfte zu erteilen und ihn schriftlich insbesondere zu unterrichten über die Gründe für die geplanten Entlassungen, die Zahl und die Berufsgruppen der zu entlassenden Arbeitnehmer, die Zahl und die Berufsgruppen der idR beschäftigten Arbeitnehmer, den Zeitraum, in dem die Entlassungen vorgenommen werden sollen, die vorgesehenen Kriterien für die Auswahl der zu entlassenden Arbeitnehmer, und die für die Berechnung etwaiger Abfindungen vorgesehenen Kriterien. Diese Informationspflicht kann gleichzeitig mit den Informationspflichten aus §§ 111, 102 BetrVG erfüllt werden.[583] Dies muss jedoch ausdrücklich gekennzeichnet werden, dh eine stillschweigende Erfüllung der einen Unterrichtungspflicht durch die Erteilung der Information zur anderen Unterrichtungspflicht ohne gleichzeitigen Hinweis, dass diese ebenfalls umfasst sein soll, scheidet aus. Auch der Inhalt der Ansprüche ist nicht deckungsgleich.　　　　　　　　　　　　　　　　　　　　　　　　　　　　　　438

Personelle Einzelmaßnahmen gem. §§ 99, 102 BetrVG

Zu unterrichten ist der Betriebsrat auch in Bezug auf personelle Einzelmaßnahmen wie etwa Einstellung, Versetzung, Eingruppierung und Umgruppierung von Arbeitnehmern gem. § 99 BetrVG (hier ist auch die Zustimmung des Betriebsrats einzuholen) und natür-　　439

---

578 BAG 28.03.2006, 1 ABR 5/05 = NZA 2006, 93.
579 Grundlegend BAG 14.09.1976, 1 AZR 784/75 = AP Nr 2 zu § 113 BetrVG 1972.
580 LAG Baden-Württemberg 27.09.2004, 4 TaBV 3/04 = NZA-RR 2005, 195.
581 Fitting, BetrVG, § 111 BetrVG Rn 111.
582 Kania, in Müller-Glöge/Preis/Schmidt, ErfK ArbR, § 111 BetrVG Rn 23; Fitting, § 111 BetrVG Rn 111.
583 BAG 18.01.2012, 6 AZR 407/10 = NZA 2012, 817.

lich insbesondere auch in Bezug auf eine Anhörung vor der beabsichtigten Kündigung eines Arbeitnehmers gem. § 102 BetrVG. Gem. § 99 Abs 1 Satz 3 BetrVG und § 102 Abs 2 Satz 5 BetrVG gelten hier besondere Verschwiegenheitspflichten für den Betriebsrat. Allerdings ist aufgrund des Anspruchsinhalts ein Berührungspunkt zu Geschäftsgeheimnissen unwahrscheinlich.[584]

440 Sollte dies aber – etwa im Rahmen einer beabsichtigten Kündigung, bei der sowohl verhaltens- als auch betriebsbedingte Gründe durchaus Bezug zum Schutz von Geschäftsgeheimnissen aufweisen können – einmal auftreten, ist der Betriebsrat umfassend zu unterrichten. Ansonsten droht wegen unzureichender Unterrichtung des Betriebsrats die automatische Unwirksamkeit der Kündigung.[585] Allerdings mag es im Einzelfall ausreichen, dem Betriebsrat betroffene Geschäftsgeheimnisse lediglich zu umschreiben, da der Umfang einer Betriebsratsanhörung nicht den Anforderungen an den Umfang einer Darlegung im Kündigungsschutzprozess genügen muss.[586] Hierbei muss auch bedacht werden, dass die Betriebsratsanhörung – die zwar nicht schriftlich durchgeführt werden muss, aber aus Beweisgründen regelmäßig mindestens in Textform durchgeführt wird – üblicherweise im Kündigungsschutzprozess vorgelegt werden muss, was die Gefahr weiterer Öffentlichkeit mit sich bringt. Gleichwohl ist aus arbeitsrechtlicher Sicht im Zweifel zur umfassenden Darstellung zu raten.

Allgemeiner Auskunftsanspruch gem. § 80 BetrVG

441 Schließlich sieht das BetrVG in § 80 Abs 2 Satz 1 BetrVG eine Generalklausel vor, die einen umfassenden Informationsanspruch des Betriebsrats zur Erfüllung seiner Aufgaben regelt. Diese Aufgaben umfassen einerseits den Katalog in § 80 Abs 1 BetrVG, andererseits aber auch alle speziellen Rechte und Pflichten des Betriebsrats und somit insbesondere auch den Bereich der **sozialen Mitbestimmung** gem. § 87 BetrVG (zB Arbeitszeit, Vergütungssystem) als einen der Kernbereiche der Mitbestimmung. Allerdings ist ein **konkreter Aufgabenbezug** unerlässlich. Es muss also zunächst überhaupt eine konkrete Aufgabe des Betriebsrats bestehen. Ferner muss gerade die begehrte Information für die Erfüllung eben jener Aufgabe erforderlich sein.[587]

442 Der Betriebsrat ist rechtzeitig, umfassend und ohne vorherige Anforderung zu informieren. Daten bzw Unterlagen, die dem Arbeitgeber selbst nicht vorliegen, müssen jedoch nicht erstellt werden.[588]

443 Flankiert wird der Informationsanspruch durch den Anspruch des Betriebsrats auf Vorlage von Unterlagen, soweit dies zur Aufgabenerfüllung erforderlich ist. Hiervon umfasst sind auch Lohn- und Gehaltslisten. Anders als die sonstigen Unterlagen sind diese aber nicht auszuhändigen, sondern es besteht **lediglich ein Einsichtsrecht**. Dies bedeutet, dass der Betriebsrat sich Notizen machen, jedoch keine Kopien, Fotografien etc erstellen darf.[589] Umstritten ist, ob der Arbeitgeber eine Aufsichtsperson entsenden darf. Diese darf den

---

584 Fuhlrott, in Fuhlrott/Hiéramente, BeckOK GeschGehG, § 3 Rn 21.1.
585 BAG 19.07.2012, 2 AZR 352/11 = NZA 2013, 86.
586 BAG 19.07.2012, 2 AZR 352/11 = NZA 2013, 86, 90.
587 BAG 12.03.2019, 1 ABR 48/17 = NZA 2019, 850.
588 Kania, in Müller-Glöge/Preis/Schmidt, ErfK ArbR, § 80 BetrVG Rn 19.
589 Fitting, BetrVG, § 80 Rn 76.

Betriebsrat aber jedenfalls nicht konkret (inhaltsbezogen) überwachen.[590] Inhaltlich besteht das Recht umfassend: Die Gehaltslisten sind nicht anonymisiert,[591] aufgeschlüsselt nach Entgeltbestandteilen[592] sowie nunmehr auch nach Geschlecht[593] vorzulegen. Nicht umfasst sind allerdings leitende Angestellte, für die der Betriebsrat gem. § 5 Abs 3 BetrVG nicht zuständig ist. Der Schutz von Geschäftsgeheimnissen kann dem Informationsanspruch nach § 80 BetrVG nicht entgegengehalten werden.[594]

Sonstige Ansprüche
Weitere Unterrichtungsrechte des Betriebsrats ergeben sich etwa aus § 14 Abs 3 AÜG, wonach vor Einsatz eines Leiharbeitnehmers der Betriebsrat im Entleiherbetrieb gem. § 99 BetrVG zu beteiligen ist, was eher klarstellende Funktion haben dürfte,[595] oder § 13 EntgTranspG, der die Erfüllung des individualrechtlichen Anspruchs sichert.

444

Besonderheiten in Konzernstrukturen
Umstritten ist schließlich, ob und inwieweit Informationsansprüche bestehen, wenn die Informationen nicht beim Arbeitgeber, sondern bei einem anderen Konzernunternehmen, insbesondere der Konzernmutter, vorliegen. Die Instanzrechtsprechung hat in diesen Fällen einen Informationsanspruch bislang bejaht.[596] Die Literatur ist geteilt, wobei die Ansichten von der Bejahung eines mittelbaren[597] oder sogar unmittelbaren[598] Informationsanspruchs bis zur kompletten Ablehnung[599] reichen, wobei die letztgenannte Auffassung aus systematischen Gründen überzeugt. Allenfalls wäre noch vertretbar, den Arbeitgeber für verpflichtet zu halten, sich mit zumutbaren Anstrengungen um die Unterlagen zu bemühen.[600]

445

(2) Wirtschaftsausschuss

Das Informationsrecht des Wirtschaftsausschusses folgt aus § 106 BetrVG. Hiernach ist der Betriebsrat rechtzeitig und umfassend sowie unter Vorlage der erforderlichen Unterlagen über die **wirtschaftlichen Angelegenheiten des Unternehmens** zu informieren, wobei der Begriff der wirtschaftlichen Angelegenheiten in einem umfassenden Katalog in § 106 Abs 2 BetrVG definiert ist. Bezüglich der einzelnen Voraussetzungen sowie zur Vorlagepflicht von Unterlagen kann auf das oben Gesagte verwiesen werden (sh Rdn 430 ff).

446

---

590 BAG 16.08.1995, 7 ABR 63/94 = NZA 1996, 330.
591 LAG Niedersachsen 22.10.2018, 12 TaBV 23/18 = NZA-RR 2019, 92.
592 BAG 14.01.2014, 1 ABR 54/12 = NZA 2014, 738.
593 Kania, in Müller-Glöge/Preis/Schmidt, ErfK ArbR, § 80 BetrVG Rn 26.
594 BAG 05.02.1991, 1 ABR 32/90 = AP Nr 89 zu § 613a BGB zu B II 2 der Gründe.
595 Hamann, in Schüren/Hamann, AÜG, § 14 AÜG Rn 192.
596 LAG Niedersachsen 03.11.2009, 1 TaBV 63/09 = NZA-RR 2010, 142 (hier ging es allerdings um die Einsetzung einer Einigungsstelle, sodass ein weniger intensiver Prüfungsmaßstab galt); LAG Nürnberg 22.01.2002, 6 TaBV 19/01 = NZA-RR 2002, 247.
597 Dh das Konzernunternehmen erlangt die Informationen von der Konzernmutter und gibt sie an den Betriebsrat weiter, Fitting, BetrVG, § 106 Rn 100.
598 Vgl Däubler, in Däubler/Kittner/Klebe/Wedde, BetrVG, § 106 Rn 91a.
599 Willemsen/Lembke, in Henssler/Willemsen/Kalb, Arbeitsrecht Kommentar, § 106 BetrVG Rn 47c.
600 Annuß, in Richardi, BetrVG, § 106 Rn 26c.

447 Hier gilt allerdings die Besonderheit, dass das Gesetz ausdrücklich vorsieht, dass ein Informationsrecht nicht besteht, soweit hierdurch Betriebs- und Geschäftsgeheimnisse des Arbeitgebers gefährdet würden (§ 106 Abs 2 Satz 1 BetrVG). Die Begrifflichkeiten sind im Zuge der Einführung des GeschGehG nicht angepasst worden. Vor diesem Hintergrund wird zu Recht vertreten, dass sich die Rechtslage durch die Einführung des GeschGehG nicht geändert hat.[601]

448 Das Vorliegen von Geschäftsgeheimnissen steht dem Informationsanspruch aber nicht per se entgegen. Vielmehr greift die Ausnahme nur, wenn diese Geschäftsgeheimnisse auch unter Berücksichtigung der besonderen Verschwiegenheitspflicht für Mitglieder des Wirtschaftsausschusses gem. §§ 107 Abs 3 Satz 4, 79 BetrVG (hierzu sogleich Rdn 451 ff) als gefährdet erscheinen.[602] Dies ist nur im Ausnahmefall zu bejahen, etwa wegen der besonderen Bedeutung einer Information für den Bestand oder die Entwicklung des Unternehmens oder im Hinblick auf persönliche Umstände eines Mitglieds des Wirtschaftsausschusses.[603] Im Regelfall werden diese Voraussetzungen daher nicht erfüllt sein. Vertraglich geheim zu haltende Geschäftsgeheimnisse Dritter sollen aber zB eine solche Ausnahme – nach entsprechender Abwägung im Einzelfall – rechtfertigen können.[604]

(3) Sonstige

449 Ein weiteres in Frage kommendes Gremium ist die Jugendauszubildendenvertretung (JAV) gem. §§ 60 ff BetrVG, wobei diese durch den Betriebsrat zu unterrichten ist (§ 70 Abs 2 BetrVG). Hier wird überzeugend vertreten, dass der JAV keine Geschäftsgeheimnisse mitzuteilen sind.[605] Sofern Mitglieder der JAV gleichwohl Kenntnis von Geschäftsgeheimnissen erlangen, sind sie gem. § 79 BetrVG zur Verschwiegenheit verpflichtet.[606]

450 Schließlich in Frage kommen Informationsrechte der Schwerbehindertenvertretung (§ 178 Abs 2 SGB IX). Die zu personellen Einzelmaßnahmen des Betriebsrats dargelegten Grundsätze gelten hierfür entsprechend.[607]

cc) Verschwiegenheitsverpflichtung der Arbeitnehmervertretungen

451 Weniger eindeutig zu beantworten ist die Frage, ob sich in Bezug auf die Verschwiegenheitsverpflichtung der Mitglieder der jeweiligen Gremien gem. § 79 BetrVG[608] Neuerungen durch das GeschGehG ergeben.

---

601 Koch, in Schaub, Arbeitsrechts-Handbuch, § 243 Rn 14; Fuhlrott, in Fuhlrott/Hiéramente, BeckOK GeschGehG, § 1 Rn 48.
602 BAG 11.07.2000, 1 ABR 43/99 = NZA 2001, 402, 405.
603 BAG 11.07.2000, 1 ABR 43/99 = NZA 2001, 402, 405.
604 Koch, in Schaub, Arbeitsrechts-Handbuch, § 243 Rn 14.
605 Fitting, BetrVG, § 70 Rn 22; zweifelnd Annuß, in Richardi, BetrVG, § 70 Rn 29.
606 Fitting, BetrVG, § 70 Rn 22.
607 Für einen Überblick weiterer in Frage kommender Ansprüche bzw Rechtsgrundlagen sh Fuhlrott, in Fuhlrott/Hiéramente, BeckOK GeschGehG, § 1 Rn 46.1.
608 Gem. § 79 Abs 2 BetrVG gilt diese Vorschrift für alle vorgenannten Gremien. § 79 BetrVG findet ferner auch Anwendung auf Sachverständige oder herangezogene Arbeitnehmer. Zur Verschwiegenheitsverpflichtung der Arbeitnehmer im Aufsichtsrat vgl BAG 23.10.2008, 2 ABR 59/07 = NZA 2009, 855. Entsprechende Normen im Bereich des Sprecherausschusses (§ 29 SprAuG) und der Personalvertretung (§ 10 BPersVG bzw entsprechende Landesgesetze) existieren. Vgl schließlich auch § 35 EBRG zum Europäischen Betriebsrat und § 41 SEBG zum SE-Betriebsrat.

C. Erlaubte Handlungen, Handlungsverbote, Ausnahmen

Gem. § 79 Abs 1 BetrVG sind die jeweiligen Mitglieder verpflichtet, Betriebs- oder Geschäftsgeheimnisse, die ihnen wegen ihrer Zugehörigkeit zum Betriebsrat bekannt geworden und vom Arbeitgeber **ausdrücklich als geheimhaltungsbedürftig bezeichnet** worden sind, nicht zu offenbaren und nicht zu verwerten. Ob der dortige Begriff der Betriebs- und Geschäftsgeheimnisse mit dem Geschäftsgeheimnis iSd § 2 Nr 1 GeschGehG kongruent sein soll, ist nicht geregelt, obwohl eine solche Klarstellung wünschenswert gewesen wäre.[609]

452

In der Literatur hat sich noch keine klare Meinung herausgebildet. Teilweise wurde (allerdings noch vor dem Einfügen von § 1 Abs 3 Nr 4 GeschGehG) befürchtet, dass der Geschäftsgeheimnisbegriff nach dem GeschGehG die Verschwiegenheitsverpflichtung des Betriebsrats erhöht.[610] Der Geheimnisbegriff nach dem GeschGehG gehe weiter als nach § 79 BetrVG.[611] Man darf aber davon ausgehen, dass das GeschGehG keine Verschärfung der Verschwiegenheitspflicht des Betriebsrats begründen sollte.[612]

453

Umgekehrt wird darauf hingewiesen, dass der § 79 BetrVG über § 2 GeschGehG hinausgeht, da er vom Erfordernis von Schutzmaßnahmen absieht,[613] was auch zutreffend sein dürfte. Daraus wird teils abgeleitet, dass § 79 BetrVG im Lichte des Art 3 GG verfassungskonform auszulegen sei – und zwar im Sinne einer Kongruenz der Begriffe.[614] Es sei kein Grund ersichtlich, warum Arbeitnehmervertreter strengeren Verschwiegenheitsverpflichtungen unterfallen sollten als sonstige Arbeitnehmer.[615]

454

Die besseren Argumente sprechen aber dafür, dass § 79 BetrVG unberührt bleibt und der Begriff des Geschäftsgeheimnisses im Kontext dieser Vorschrift unabhängig vom GeschGehG zu bestimmen ist. Zwar wäre insoweit sicherlich eine Einheit der Rechtsordnung erstrebenswert. Diese ist jedoch im Gesetzgebungsverfahren trotz entsprechender Hinweise gerade nicht umgesetzt worden, während andere Gesetze durchaus angepasst worden sind.[616] Ferner handelt es sich bei § 79 BetrVG um die speziellere Regelung. Schließlich wird in § 1 Abs 3 Nr 4 GeschGehG ausdrücklich geregelt, dass die **bestehende Rechtslage insoweit unverändert** bleiben soll. Dem lässt sich auch nicht entgegenhalten, dass gem. § 1 Abs 3 Nr 4 GeschGehG die Rechte und Pflichten aus dem Arbeitsverhältnis, aber nur die Rechte (und nicht auch die Pflichten) der Arbeitnehmervertretungen unberührt bleiben sollen.[617] Denn das Recht ist insoweit das Spiegelbild der Pflicht (dh soweit keine Pflicht besteht, Informationen geheim zu halten, besteht ein Recht, sie zu verbreiten).

455

Für die hier vertretene Ansicht sprechen auch systematische Gründe. Insbesondere wäre unklar, wie sich die ausdrückliche Kennzeichnung durch den Arbeitgeber im Verhältnis zu den angemessenen Schutzmaßnahmen aus § 2 Nr 1 lit b) GeschGehG verhalten sollte. Auch die Tatsache, dass der Begriff des Geschäftsgeheimnisses iSd § 79 BetrVG aus dem

456

---

609 Naber/Peukert/Seeger, NZA 2019, 583, 587.
610 Karthaus, NZA 2018, 1180.
611 Karthaus, NZA 2018, 1180, 1183.
612 Naber/Peukert/Seeger, NZA 2019, 583, 587.
613 Oltmanns/Fuhlrott, NZA 2019, 1384, 1387.
614 Kania, in Müller-Glöge/Preis/Schmidt, ErfK ArbR, § 79 BetrVG Rn 2.
615 Preis, in Müller-Glöge/Preis/Schmidt, ErfK ArbR, § 611a BGB Rn 711.
616 Vgl BT-Drucks. 19/4724 S. 17.
617 Vgl Oltmanns/Fuhlrott, NZA 2019, 1384, 1387.

UWG aF entlehnt wurde,[618] führt zu keinem anderen Ergebnis. Die Rspr hat stets betont, dass der Begriff des Geschäftsgeheimnisses auch im UWG nicht definiert ist [619] oder auch gar nicht Bezug auf das UWG aF genommen. [620]

457 Schließlich überzeugt auch das Argument einer verfassungskonformen Auslegung nicht, da Gründe für unterschiedliche Verschwiegenheitsverpflichtungen von Arbeitnehmervertretern und regulären Arbeitnehmern bestehen. Arbeitnehmervertreter gelangen regelmäßig im Rahmen der og Informationsansprüche an vertrauliche Informationen und nehmen im Rahmen der Mitbestimmung auch Teil an wegweisenden Entscheidungen des Arbeitgebers.[621] Gem. § 2 BetrVG sind sie zu vertrauensvoller Zusammenarbeit mit dem Arbeitgeber verpflichtet. Es ist daher nur sachgerecht, eine weitergehende Verschwiegenheitsverpflichtung anzunehmen, die sich nicht auf Geschäftsgeheimnisse iSd GeschGehG beschränkt.

458 Faktisch dürfte allerdings in den meisten Fällen ein Gleichlauf zwischen § 79 BetrVG und § 2 GeschGehG bestehen. Eine Kennzeichnung als geheimhaltungsbedürftig iSv § 79 BetrVG kann **zugleich angemessene Geheimhaltungsmaßnahme** nach § 2 Nr 1 lit b) GeschGehG sein.[622]

459 Auch diese Kennzeichnung darf schließlich nicht willkürlich erfolgen, sondern ist vielmehr objektiv überprüfbar.[623] In der Praxis hat sich hierzu ein Katalog üblicher Geschäftsgeheimnisse herausgebildet.[624] Die Rechtsprechung ist dabei durchaus zurückhaltend. So kann etwa ein bevorstehender Personalabbau nicht per se als Geschäftsgeheimnis deklariert werden. [625]

460 Die Verletzung der Verpflichtungen aus § 79 BetrVG ist schließlich gem. § 120 BetrVG strafbewehrt.

2. Erlaubnistatbestand des § 3 Abs 2 GeschGehG

461 Nach § 3 Abs 2 GeschGehG darf ein Geschäftsgeheimnis erlangt, genutzt oder offengelegt werden, wenn dies durch Gesetz, aufgrund eines Gesetzes oder durch Rechtsgeschäft gestattet ist. Die Vorschrift ist **nicht in einem einschränkenden Sinne zu verstehen**, dass eine Erlangung, eine Nutzung bzw eine Offenlegung von Geschäftsgeheimnissen nur dann zulässig ist, wenn eine gesetzliche oder rechtsgeschäftliche Grundlage hierfür besteht. Vielmehr lässt sich aus § 3 Abs 2 GeschGehG lediglich ableiten, dass jedenfalls in diesen Fällen eine Erlangung, Nutzung oder Offenlegung eines Geschäftsgeheimnisses erlaubt ist.

---

618 Thüsing, in Richardi, BetrVG, § 79 Rn 5.
619 BAG 26.02.1987, 6 ABR 46/84 = NZA 1988, 63; LAG Schleswig-Holstein 20.05.2015, 3 TaBV 35/14 = NZA-RR 2016, 77, 78.
620 BAG 13.02.2007, 1 ABR 14/06 = NZA 2007, 1121, 1123; LAG Hamm 22.07.2011, 10 Sa 381/11 = BeckRS 2011, 77605.
621 Fitting, BetrVG, § 79 Rn 1.
622 Oltmanns/Fuhlrott, NZA 2019, 1384, 1387.
623 Fitting, BetrVG § 79 Rn 3.
624 Vgl die Aufzählungen bei Fitting, BetrVG, § 79 Rn 4; Fuhlrott, BeckOK GeschGehG, § 3 Rn 22.1; Kreitner, in Küttner, Personalbuch, Betriebsgeheimnis Rn 13.
625 LAG Schleswig-Holstein 20.05.2015, 3 TaBV 35/14 = NZA-RR 2016, 77; LAG Hessen 20.03.2017, 16 TaBV 12/17 = BeckRS 2017, 109499; aA LAG Hessen 12.03.2015, 9 TaBV 188/14 = BeckRS 2016, 66338.

Gesetzliche Gestattungen haben danach Vorrang vor dem Geheimnisschutz.[626] Die Regelung des § 3 Abs 2 GeschGehG wirkt insoweit als Öffnungsklausel zugunsten spezieller nationaler Regelungen.[627] Als praktisch bedeutsamste gesetzliche Gestattungen sind Auskunfts- und Besichtigungsrechte zu nennen, die es dem Anspruchsinhaber ermöglichen, einen Einblick in vertrauliche Bereiche zu gewinnen, wie bspw die Vorschriften der §§ 809, 810 und die Vorlage- und Besichtigungsregelungen in den Gesetzen zum Schutz des geistigen Eigentums[628] sowie die dort geregelten Auskunftsansprüche nach den §§ 19 MarkenG, 140b PatG, 24b GebrMG, 101 UrhG, 46 DesignG, 37b SortSchG.

462

Eine **Gestattung aufgrund eines Gesetzes** liegt vor, wenn die Gestattung sich als solche nicht bereits unmittelbar aus dem Gesetz ergibt, sondern eine gerichtliche oder behördliche Entscheidung dazwischentritt. Beispielhaft ist hierfür eine durch Verwaltungsakt festgesetzte Verpflichtung zur Offenlegung bestimmter Informationen zu nennen,[629] wobei die Regelung neben § 1 Abs 2 GeschGehG in einer solchen Fallkonstellation keine eigenständige Bedeutung hat. Einen in der Praxis relevanten Anwendungsfall könnte hingegen die Gestattung aufgrund der Entscheidung eines ordentlichen Gerichts darstellen.

463

Die **Gestattung aufgrund Rechtsgeschäfts** wird in § 3 Abs 2 GeschGehG der Vollständigkeit halber genannt. Dass eine auf einer wirksamen rechtsgeschäftlichen Gestattung basierende Erlangung, Nutzung oder Offenlegung rechtmäßig ist, bedarf an sich keiner gesetzlichen Bestätigung. Ungeregelt ist die Frage, von wem die rechtsgeschäftliche Gestattung abgeleitet sein muss, insbesondere in Fällen, in denen eine **Mehrzahl von Geheimnisinhabern** beteiligt ist. In Fällen einer Inhabergemeinschaft bedarf es entsprechend § 747 Satz 2 BGB einer Gestattung durch sämtliche Mitglieder der Gemeinschaft.[630] Komplexer ist die Situation im Falle der Parallelschöpfung. Zwar ist McGuire insoweit zuzustimmen, als ein durch Parallelschöpfung iSd § 3 Abs 1 Nr 1 GeschGehG entstandenes Geschäftsgeheimnis ein vom ursprünglichen Geschäftsgeheimnis unabhängiges weiteres Geschäftsgeheimnis darstellt.[631] Daraus lässt sich aber nichts dafür ableiten, ob die Erlangung, Nutzung oder Offenlegung des einen Geheimnisses gleichzeitig eine Erlangung, Nutzung oder Offenlegung des identischen weiteren Geheimnisses darstellen kann.[632] In der Praxis wird diese Frage vorrangig im Zusammenhang mit den Handlungsverboten des § 4 GeschGehG aufkommen. Gegenüber dem Inhaber des identischen Geheimnisses besteht keine rechtsgeschäftliche Befugnis zur Erlangung, Nutzung und Offenlegung. An einer rechtswidrigen Erlangung iSd § 4 Abs 1 GeschGehG fehlt es aber, wenn ein hierzu berechtigter Inhaber

464

---

626 Begr zum RegE, BT-Drucks. 19/4724 S. 26.
627 McGuire, in Büscher, UWG, § 3 RegE GeschGehG Rn 28; Alexander, in Köhler/Bornkamm/Feddersen, UWG, § 3 GeschGehG Rn 64 mit der Einschränkung, dass der Vorschrift des Art 3 (2) GeschGehRL nur solche Gesetze der Mitgliedstaaten unterfielen, die Sachverhalte regeln, die i.Ü. gerade nicht vom Anwendungsbereich der GeschGehRL erfasst sind; gegen die einzig bestehende Gefahr einer Aushöhlung des Geschäftsgeheimnisschutzes durch bereichsspezifische Ausnahmeregelungen hilft diese Einschränkung indes nicht weiter.
628 McGuire, in Büscher, UWG, § 3 RegE GeschGehG Rn 27.
629 Alexander, in Köhler/Bornkamm/Feddersen, UWG, § 3 GeschGehG Rn 63.
630 Unabhängig von der dogmatischen Einordnung des Geschäftsgeheimnisses liegt eine Anwendung der zum Recht des geistigen Eigentums entwickelten Grundsätze nahe, vgl hierzu Schmidt, in MüKo-BGB, § 747 Rn 3.
631 McGuire, in FS Harte-Bavendamm, S. 367, 376.
632 Hiergegen mag aber der auf einen Zugangsschutz ausgerichtete Ansatz des GeschGehG sowie der GeschGehRL sprechen.

den Zugriff auf das Geheimnis gestattet. Eine Nutzung bzw Offenlegung des Geheimnisses kann dann lediglich noch aufgrund eines gegenüber dem Inhaber des identischen Geheimnisses bestehenden Nutzungs- bzw Offenlegungsverbot einem Handlungsverbot unterliegen (sh hierzu Rdn 493 ff), was nur im Ausnahmefall anzunehmen ist.

III. Handlungsverbote

465 Die Regelung des § 4 GeschGehG steht in unmittelbarem Zusammenhang mit der Regelung des § 3 GeschGehG. Sie stellt den **zentralen Verbotstatbestand** des Geschäftsgeheimnisgesetzes dar. Handlungen, die nicht nach § 4 GeschGehG verboten sind, sind auch ansonsten nicht nach den Vorschriften des Geschäftsgeheimnisgesetzes untersagt. § 4 GeschGehG ist demnach für den Regelungsbereich des GeschGehG abschließend.[633] Allerdings zeichnet sich insbesondere die Regelung des § 4 Abs 1 Nr 2 GeschGehG durch einen **sehr breiten Anwendungsbereich** aus. Obwohl das Gesetz formal eine abschließende Regelung enthält, ergibt sich so eine unüberschaubare Vielfalt möglicher Verletzungshandlungen. Dabei ist aber zu berücksichtigen, dass die Generalklausel des § 4 Abs 1 Nr 2 GeschGehG lediglich die Erlangung des Geschäftsgeheimnisses betrifft, nicht aber die in § 4 Abs 2 GeschGehG geregelte Nutzung oder Offenlegung.

1. Allgemeines

466 Nach § 4 Abs 1 Nr 1 GeschGehG darf ein Geschäftsgeheimnis nicht erlangt werden durch unbefugten Zugang zu, unbefugte Aneignung oder unbefugtes Kopieren von Dokumenten, Gegenständen, Materialien, Stoffen oder elektronischen Dateien, die der rechtmäßigen Kontrolle des Inhabers des Geschäftsgeheimnisses unterliegen und die das Geschäftsgeheimnis enthalten oder aus denen sich das Geschäftsgeheimnis ableiten lässt. Nach § 4 Abs 1 Nr 2 GeschGehG darf ein Geschäftsgeheimnis nicht erlangt werden durch jedes sonstige Verhalten, das unter den jeweiligen Umständen nicht dem Grundsatz von Treu und Glauben unter Berücksichtigung der anständigen Marktgepflogenheit entspricht.

467 Während § 4 Abs 1 Nr 1 GeschGehG also den **konkreten Zugriff auf Informationen** beim Inhaber des Geschäftsgeheimnisses betrifft, stellt § 4 Abs 1 Nr 2 GeschGehG eine sehr viel umfassendere **Auffangregelung** dar, die auch alle sonstigen Verhaltensweisen umfasst, die zur Erlangung eines Geschäftsgeheimnisses führen können.

468 Neben den Erlangungs- und Nutzungs- sowie Offenbarungshandlungen des primären Täters erfasst § 4 GeschGehG in seinem Abs 3 auch **Handlungen Dritter**. Dies betrifft insbesondere Handlungen solcher Personen, die durch eine rechtswidrige Nutzung oder Offenlegung des Geschäftsgeheimnisses seitens eines primären Täters in den Besitz des Geschäftsgeheimnisses gelangt sind. Auch diese Personen können bei Vorliegen bestimmter subjektiver Voraussetzungen zum Rechtsverletzer werden. Es handelt sich hierbei um einen Tatbestand, für den sich mittlerweile der Begriff der mittelbaren Verletzung durchgesetzt hat.[634] Diese Bezeichnung ist unglücklich, da sie Verwechslungsgefahr zu der in ihren Voraussetzungen und Wirkungen nicht vergleichbaren mittelbaren Patentverletzung nach § 10 PatG begründet.

---

633 Alexander, in Köhler/Bornkamm/Feddersen, UWG, § 4 GeschGehG Rn 1; McGuire, in Büscher, UWG, § 4 RegE GeschGehG Rn 6.
634 Vgl McGuire, in Büscher, UWG, § 4 RegE GeschGehG Rn 41; Alexander, in Köhler/Bornkamm/Feddersen, UWG, § 4 Rn 60 ff; Alexander, AfP 2019, 1, 6; McGuire, WRP 2019, 679, 684.

2. Verhältnis zu § 3 GeschGehG

Handlungen, die nach § 3 GeschGehG zulässig sind, werden in aller Regel auch mit § 4 **469** GeschGehG vereinbar sein. Ausnahmen sind jedoch denkbar. So ist nach § 3 Abs 1 Nr 2 GeschGehG ein Beobachten, Untersuchen, Rückbauen oder Testen eines Produkts oder Gegenstands zulässig, das oder der öffentlich verfügbar gemacht wurde. In § 3 Abs 1 Nr 2 lit a) GeschGehG kommt es nicht darauf an, auf welche Weise der Rückbauende in den Besitz des Gegenstands gekommen ist. Ebenso wenig macht die Vorschrift irgendwelche Vorgaben im Hinblick auf die Untersuchungsmethoden. So mag zwar grundsätzlich eine Beobachtung etc eines Gegenstands nach § 3 Abs 1 Nr 2 GeschGehG zulässig sein, im Einzelfall kann aber aufgrund der hierfür eingesetzten Informationen oder Methoden ein Verstoß nach § 4 Abs 1 Nr 2 GeschGehG vorliegen. Insofern verhalten sich die Vorschriften der §§ 3 und 4 GeschGehG **nicht spiegelbildlich** zueinander.[635]

3. Unbefugte Erlangung, § 4 Abs 1 GeschGehG

In § 4 Abs 1 Nr 1 GeschGehG sind drei Varianten der Erlangung eines Geschäftsgeheim- **470** nisses geregelt, die in jedem Falle verboten sind. Die Regelung ist abschließend. Neben dem Zugang, der Aneignung und dem Kopieren sind keine weiteren Tathandlungsalternativen vorgesehen. Andere Tathandlungen fallen deshalb allenfalls unter § 4 Abs 1 Nr 2 GeschGehG. Die praktische Bedeutung dieser Unterscheidung liegt insbesondere darin, dass ein Verstoß nach § 4 Abs 1 Nr 2 GeschGehG keine Straftat darstellt.

a) Tathandlungsalternativen

Die Tatvariante des **unbefugten Zugangs** ist erfüllt, wenn sich der Täter unrechtmäßig in **471** die Lage versetzt, auf das Geschäftsgeheimnis oder auf eine Verkörperung des Geheimnisses zuzugreifen.[636] Einer Überwindung von Schutzvorkehrungen bedarf es dazu nicht.[637]

Der Begriff der **Aneignung** ist nicht als sachenrechtliche Aneignung im Sinne bspw des **472** § 958 BGB zu verstehen.[638] Dies ergibt sich daraus, dass das Objekt der Aneignung keine körperliche Sache iSd § 90 BGB sein muss, wie am Beispiel der elektronischen Dateien klar wird. Die Aneignung bezieht sich auf die das Geschäftsgeheimnis verkörpernden Gegenstände und die Gegenstände, aus denen das Geschäftsgeheimnis abgeleitet werden kann. Eine Aneignung liegt schon dann vor, wenn der Täter die tatsächliche Sachherrschaft an diesem Gegenstand begründet.[639] Nimmt ein Unternehmensmitarbeiter entgegen unternehmensinternen Regelungen Datenträger oder Akten mit Betriebsinterna aus den Räumlichkeiten des Unternehmens kann hierin eine Aneignung liegen. Allerdings setzt Aneignung als zweckgerichteter Akt voraus, dass der Mitarbeiter nicht nur tatsächlich die Sachherrschaft erlangt, sondern auch, dass er dies für sich selbst oder zugunsten eines nichtberechtigten Dritten tut. Eine Aneignung liegt deshalb bspw nicht vor, wenn der Mitarbeiter die Datenträger oder Akten weisungswidrig mit nach Hause nimmt, um sie dort vor dem Zugriff unberechtigter Dritter zu schützen. Zu einer Aneignung kommt es

---

635 Vgl zur Spiegelbildlichkeit Ohly, GRUR 2019, 441, 447.
636 Alexander, in Köhler/Bornkamm/Feddersen, UWG, § 4 GeschGehG Rn 16.
637 Hiéramente, in BeckOK GeschGehG, § 4 Rn 15; aA Alexander, in Köhler/Bornkamm/Feddersen, UWG, § 4 GeschGehG Rn 16; Heinzke, CCZ 2016, 179, 180.
638 Alexander, in Köhler/Bornkamm/Feddersen, UWG, § 4 GeschGehG Rn 17.
639 Hiéramente, in BeckOK GeschGehG, § 4 Rn 16.

in solchen Fallgestaltungen aber dann, wenn der Mitarbeiter zu einem späteren Zeitpunkt den Entschluss manifestiert, die Datenträger nicht zurückzuführen.[640]

473 Neben dem Begriff der Aneignung dürfte der Begriff des **Kopierens** eine wesentliche Rolle spielen. Hierunter fällt jede denkbare Art der Vervielfältigung, sowohl auf elektronische Weise (Kopieren von Dateien oder Dokumenten, Scannen, Ablegen als elektronisches Dokument auf Datenträgern) als auch auf andere Weise (Fotografieren, Abfilmen, Anfertigen von Tonaufnahmen, Abzeichnen, Auswendiglernen und späteres Notieren).[641]

474 ▶ Die Handlungsalternative des Kopierens kann auch in Fallgestaltungen Bedeutung gewinnen, in denen eine enge Auslegung des Begriffs Aneignung Probleme in der Rechtsverfolgung nach sich zieht. Dies gilt insbesondere im Hinblick auf die für eine **Aneignung zu verlangende Willensrichtung** des Täters. Setzt man für ein Aneignen voraus, dass der Täter die Sache in eigennütziger Absicht in Besitz nimmt, wird dies praktische Nachweisprobleme mit sich bringen. In der Praxis wird ein häufiger Verteidigungseinwand sein, dass das Geheimnis aus anderen Gründen (bspw zu reinen Dokumentationszwecken oder aus altruistischen Motiven) gesichert worden sei. In diesen Fällen könnte die Rechtsverfolgung über die Tatvariante des Kopierens vorzuziehen sein, die für solche Verteidigungsargumente weniger anfällig ist.

475 Ein Kopieren dürfte auch in dem praktisch häufig vorkommenden Fall der Weiterleitung von kritischen Informationen per E-Mail vorliegen.[642] In Hinblick darauf, dass es auf einen technischen Kopiervorgang nicht ankommt, sondern auf eine die weitere Nutzung ermöglichende Vervielfältigung, genügt das Laden eines Dokuments in den Arbeitsspeicher eines Computers als solches nicht.[643]

476 Als verbotene Erlangungshandlung kommt ferner jedes **sonstige Verhalten** in Betracht, das unter den jeweiligen Umständen nicht dem Grundsatz von Treu und Glauben unter Berücksichtigung der anständigen Marktgepflogenheit entspricht. Zur Beurteilung ist eine Gesamtbetrachtung aufgrund einer Abwägung der berechtigten Interessen unter Berücksichtigung der jeweiligen Umstände des Einzelfalls erforderlich.[644] Der Grundsatz von Treu und Glauben betrifft anerkannte Erwartungen an die Redlichkeit und Fairness des Verhaltens von Unternehmern,[645] Marktgepflogenheiten bezeichnen tatsächlich praktizierte Verhaltensstandards.[646]

477 Beispiele für Rechtsverletzungen iSv § 4 Abs 1 Nr 2 GeschGehG sind das Erschleichen der Zugangsbefugnis zu einem Geschäftsgeheimnis durch Täuschung,[647] durch Missbrauch verfahrensmäßiger Rechte wie bspw im Falle einer durch unvollständigen Prozessvortrag

---

640 Hiéramente, in BeckOK GeschGehG, § 4 Rn 17; tendenziell enger zum alten Recht: BGH 23.02.2012, I ZR 136/10 = GRUR 2012, 1048 Rn 21 – MOVICOL-Zulassungsantrag, wobei damals eine Aneignung ohnehin nicht ausreichte, sondern ein Sichverschaffen im Sinne einer Wegnahme erforderlich war.
641 Hiéramente, in BeckOK GeschGehG, § 4 Rn 17.
642 LAG Berlin-Brandenburg 16.05.2017, 7 Sa 38/17 = NZA-RR 2017, 532, 533; Hiéramente, in BeckOK GeschGehG, § 5 Rn 19.
643 AA Alexander, in Köhler/Bornkamm/Feddersen, UWG, § 4 GeschGehG Rn 18.
644 Begr zum RegE, BT-Drucks. 19/4724 S. 27; Alexander, in Köhler/Bornkamm/Feddersen, UWG, § 4 GeschGehG Rn 32.
645 Vgl Alexander, in Köhler/Bornkamm/Feddersen, UWG, § 4 GeschGehG Rn 32.
646 Vgl Alexander, in Köhler/Bornkamm/Feddersen, UWG, § 4 GeschGehG Rn 32.
647 Ohly, GRUR 2019, 441, 446.

erwirkten Beschlussverfügung auf Besichtigung[648] oder die Erlangung eines Geheimnisses durch Benutzung unzulässiger Methoden wie bspw des Reverse Engineering unter rechtswidrigem Einsatz eines patentgeschützten Analyseverfahrens.

b) Objekt der Erlangung

478 Gegen derartige Handlungen sind **alle körperlichen und unkörperlichen Manifestationen** des Geschäftsgeheimnisses geschützt.[649] Im Falle des § 4 Abs 1 Nr 1 muss der **Gegenstand**, zu dem der Verletzer Zugang erlangt, den er sich aneignet oder den er kopiert, **der rechtmäßigen Kontrolle des Inhabers des Geschäftsgeheimnisses** unterliegen. Der Inhaber des Geschäftsgeheimnisses muss aufgrund seiner legitimen Herrschaftsmacht über den Gegenstand in der Lage sein, andere an dem Zugang zu dem Gegenstand sowie an der Aneignung und am Kopieren des Gegenstands zu hindern. Dies ist idR der Fall, wenn sich der Gegenstand im Zeitpunkt der Handlung in den Räumlichkeiten des Geheimnisinhabers befindet.[650] Darüber hinaus besteht eine rechtmäßige Kontrolle an allen Gegenständen, die Mitarbeiter eines Unternehmens für das Unternehmen außerhalb der Geschäftsräume aufbewahren.[651] Die Kontrolle wird erst mit der Aneignung der Sache durch den weisungswidrig handelnden Mitarbeiter aufgehoben.

▶ 479 In der Praxis der Lizenzvertragsgestaltung sollten Geheimnisinhaber darauf achten, sich gegenüber ihren Lizenznehmern den Zugriff auf Verkörperungen des Geschäftsgeheimnisses einräumen zu lassen, um gleichzeitig die rechtmäßige Kontrolle hierüber auszuüben. Im Hinblick auf Dritte, die auf diese Verkörperungen des Geheimnisses zugreifen, vermeidet der Geheimnisinhaber dadurch die rechtliche Diskussion, ob der Lizenznehmer ihm die rechtmäßige Kontrolle über die Gegenstände mittelt. Auch im Verhältnis zum Lizenznehmer stärkt dies die Position des Geheimnisinhabers. Ein unzulässiger Umgang mit den Verkörperungen des Geheimnisses kann danach einen Verstoß nach § 4 Abs 1 GeschGehG begründen.

c) Unbefugtheit der Erlangung

480 Eine Handlung nach § 4 Abs 1 Nr 1 GeschGehG ist nur dann verboten, wenn sie unbefugt stattfindet. Das Merkmal der Unbefugtheit ermöglicht eine **zentrale Weichenstellung**.[652] Die Vorschrift scheint aufgrund des Merkmals der Unbefugtheit zunächst zirkelschlüssig. Für die Praxis von Bedeutung ist insbesondere die Behandlung von Willensmängeln des Geheimnisinhabers.

aa) Unbefugtheit als mangelnde Gestattung

481 Tatsächlich bezieht sich das Merkmal nicht allgemein auf die Rechtswidrigkeit des Zugangs, der Aneignung oder des Kopierens, sondern als Tatbestandsmerkmal[653] auf eine mangelnde Gestattung. Eine solche Gestattung kann durch den Geheimnisinhaber oder einen sonstigen Berechtigten erteilt werden oder sich aus dem Gesetz ergeben (sh

---

648 Hier kommt allerdings auch die Annahme eines Verstoßes nach § 4 Abs 1 Nr 1 GeschGehG im Wege mittelbarer Täterschaft in Betracht.
649 Baranowski/Glaß, BB 2016, 2563, 2565.
650 Hiéramente, in BeckOK GeschGehG, § 4 Rn 30.
651 Hiéramente, in BeckOK GeschGehG, § 4 Rn 30.
652 Hiéramente, in BeckOK GeschGehG, § 4 Rn 20.
653 Vgl Alexander, in Köhler/Bornkamm/Feddersen, UWG, § 4 GeschGehG Rn 22; McGuire, in Büscher, UWG, § 4 RegE GeschGehG Rn 18; anders wohl noch McGuire, Mitt 2017, 377, 379.

Rdn 462 ff). Zu eng ist daher die Definition des Art 4 Abs 3 GeschGehRL, wonach ein Handeln unbefugt ist, wenn es ohne Zustimmung des Inhabers des Geschäftsgeheimnisses erfolgt.

482 Die Unbefugtheit muss **im Hinblick auf die zu beurteilende Tathandlung** geprüft werden. Ein Fall des § 4 Abs 1 Nr 1 GeschGehG liegt deshalb bspw dann vor, wenn zwar der Zugang zu einem Geschäftsgeheimnis mit Gestattung des Geheimnisinhabers erfolgt ist, aber weitere Handlungen wie bspw die Aneignung oder das Kopieren nicht mehr von dieser Gestattung gedeckt sind. Die Unbefugtheit kann sich also in jeder Phase des Zugriffs auf ein Geschäftsgeheimnis einstellen.

483 Obwohl § 4 Abs 1 GeschGehG kein Vorsatzerfordernis enthält, ist er nicht gänzlich frei von subjektiven Elementen (sh Rdn 474). Ob sich allerdings gerade in das Merkmal der Unbefugtheit eine bestimmte Handlungsabsicht des Täters hineinlesen lässt, ist zu bezweifeln.[654]

484 Die Gestattung des Inhabers zum Zugang, zur Aneignung oder zum Kopieren bedarf keiner bestimmten Form. Es handelt sich um einen Realakt. Die Gestattung unterliegt deshalb nicht den Regelungen über Willensmängel.

bb) Sonstige die Unbefugtheit ausschließende Gründe

485 Darüber hinaus ist die Funktion des Merkmals der Unbefugtheit noch ungeklärt. Einigkeit besteht noch dahingehend, dass neben einer tatsächlichen Gestattung durch den Geheimnisinhaber auch eine **gesetzliche Erlaubnis** die Unbefugtheit ausschließt.[655]

486 Eine gesetzlich gestattete Erlangung stellt der **Insolvenzbeschlag** nach den §§ 80, 148 InsO dar,[656] nicht hingegen die Zeugenpflicht bspw nach § 48 Abs 1 Satz 2 StPO.[657] Zwar ist der Zeuge auch zur Vorbereitung der Befragung und zur Erkundigung über das Beweisthema verpflichtet. Diese Verpflichtung hat aber eine Grenze im (ansonsten) unerlaubten Zugang zu Geschäftsgeheimnissen Dritter.

487 Nicht beantwortet ist bislang jedoch die Frage, ob neben den Regelungen des § 3 Abs 1 GeschGehG und gegebenenfalls bestehenden sonstigen Vorschriften über die Erlangung von Geschäftsgeheimnissen iSv § 3 Abs 2 GeschGehG auch allgemeine **Rechtfertigungsgründe** die Unbefugtheit ausschließen können, und falls ja, unter welchen Voraussetzungen. Zu denken ist in diesem Zusammenhang bspw an Konstellationen, in denen die Erlangung bestimmter Informationen, die Geschäftsgeheimnisse darstellen können, zur Abwehr von Ansprüchen oder zur Durchsetzung berechtigter Ansprüche dienen und erforderlich sind.

488 Das Merkmal der Unbefugtheit steht insofern in einem Spannungsverhältnis zur Vorschrift des § 5 GeschGehG, wonach die Erlangung eines Geschäftsgeheimnisses ebenso wie die Nutzung und Offenlegung eines Geschäftsgeheimnisses nicht von § 4 GeschGehG erfasst wird, wenn die Erlangung zum Schutz eines berechtigten Interesses erfolgt. Man könnte

---

654 So aber Kalbfus, GRUR-RR 2016, 1009, 1013.
655 Alexander, in Köhler/Bornkamm/Feddersen, UWG, § 4 GeschGehG Rn 25.
656 Hiéramente, in Fuhlrott/Hiéramente, BeckOK GeschGehG, § 4 Rn 25; Schuster/Tobuschat, GRUR-Prax 2019, 248, 249.
657 AA Hiéramente, in Fuhlrott/Hiéramente, BeckOK GeschGehG, § 4 Rn 25.

daher vertreten, dass solche Fallgestaltungen vorrangig nach § 5 GeschGehG zu behandeln sind.

Tatsächlich lassen sich diese Fallgestaltungen aber auf der Grundlage der allgemeinen Zivilrechtsdogmatik befriedigend im Zusammenhang mit dem Merkmal der Unbefugtheit und ohne Rückgriff auf die Vorschrift des § 5 GeschGehG lösen. Eine Handlung iSd § 4 Abs 1 Nr 1 GeschGehG ist dann nicht unbefugt, wenn dem vermeintlichen Verletzer eine **rechtliche Grundlage für sein Handeln** zur Verfügung steht. 489

Eine solche rechtliche Grundlage kann sich aus einem **fälligen und einredefreien Anspruch** gegen den Geheimnisinhaber ergeben, der die konkrete Art des Zugriffs auf das Geschäftsgeheimnis abdeckt. So wird man nicht von einer unbefugten Aneignung eines Gegenstands sprechen können, wenn dem vermeintlichen Verletzer ein Herausgabeanspruch auf den Gegenstand zusteht. Ebenso liegt kein unbefugtes Kopieren vor, wenn ein Anspruch auf die Kopie besteht. Allerdings werden derart konkrete Ansprüche in der Praxis selten vorkommen. Besteht kein klar definierbarer Anspruch auf Herausgabe eines bestimmten Gegenstandes oder auf eine exakte Kopie eines Gegenstandes, ist es dem Verletzer zuzumuten, seine **Ansprüche im Wege eines gerichtlichen Verfahrens durchzusetzen**, bspw mittels eines durch eine Beschlussverfügung eingeleiteten Besichtigungsverfahrens. Zur Annahme einer Gestattung genügt es nicht, dass der Täter einen zivilrechtlichen Anspruch auf Mitteilung des Geheimnisses hat.[658] Die Gegenansicht übersieht, dass § 4 GeschGehG nicht nur das konkrete Geheimnis schützt, sondern auch dazu dient, die Integrität der Geheimsphäre zu bewahren und Eingriffe abzuwehren. 490

Eine rechtliche Grundlage kann sich außerdem aus den **Rechtfertigungsgründen des StGB und des BGB** ergeben, insbesondere aus dem Notwehrrecht des § 32 StGB und des § 227 BGB sowie aus den Vorschriften zum rechtfertigenden Notstand nach § 34 StGB und den §§ 228, 904 BGB. Darüber hinaus kommt in Ausnahmefällen das Selbsthilferecht des § 229 BGB in Betracht, das allerdings voraussetzt, dass obrigkeitliche Hilfe nicht rechtzeitig zu erlangen ist und ohne sofortiges Eingreifen die Gefahr besteht, dass die Verwirklichung des Anspruchs vereitelt oder wesentlich erschwert werde. 491

Neben diesen Rechtsgrundlagen für einen Zugriff auf Geschäftsgeheimnisse und neben den Ausnahmen des § 5 GeschGehG bleibt für ein eigenmächtiges Vorgehen weder eine praktische Notwendigkeit, noch besteht hierfür eine Rechtfertigung. 492

4. Unbefugte Nutzung und Offenlegung, § 4 Abs 2 GeschGehG

Nach § 4 Abs 2 GeschGehG darf ein Geschäftsgeheimnis nicht nutzen oder offenlegen, wer das Geschäftsgeheimnis durch eine eigene Handlung nach Abs 1 erlangt hat, wer gegen eine Verpflichtung zur Beschränkung der Nutzung des Geschäftsgeheimnisses verstößt oder wer gegen eine Verpflichtung verstößt, das Geschäftsgeheimnis nicht offenzulegen. 493

Die Regelung **knüpft zum einen an das Handlungsverbot des § 4 Abs 1 GeschGehG an** und bestimmt, dass die Nutzung und Offenlegung von Geschäftsgeheimnissen, die bereits rechtswidrig erlangt wurden, nicht zulässig ist. Zum anderen sieht sie ein **Verbot von Nutzungs- und Offenlegungshandlungen** in Fällen vor, in denen ein Geschäftsge- 494

---

658 AA Hiéramente, in Fuhlrott/Hiéramente, BeckOK GeschGehG, § 4 Rn 24.

heimnis zwar rechtmäßig erlangt worden ist, in denen aber eine Einschränkung der Nutzungs- bzw Offenlegungsbefugnis besteht.

a) Nutzung und Offenlegung nach rechtswidriger Erlangung

495 Die Regelung des § 4 Abs 2 Nr 1 GeschGehG bezieht sich auf eigene Handlungen des Betroffenen nach § 4 Abs 1 GeschGehG, also auf Erlangungshandlungen, die durch unbefugten Zugang, unbefugte Aneignung oder unbefugtes Kopieren bzw durch ein sonstiges Verhalten stattgefunden haben, das unter den jeweiligen Umständen nicht dem Grundsatz von Treu und Glauben unter Berücksichtigung der anständigen Marktgepflogenheit entspricht. Das Nutzungs- und Offenlegungsverbot des § 4 Abs 2 Nr 1 GeschGehG ist eine **logische Folge des Erlangungsverbots**.

aa) Nutzen und Offenlegen des Geschäftsgeheimnisses

496 Die Vorschrift des § 4 Abs 2 GeschGehG erfasst die Tathandlungen des Nutzens und des Offenlegens. Eine gesetzliche Definition dieser Begrifflichkeiten fehlt.

497 Der Begriff des Nutzens ist in einem sehr weiten Sinne zu verstehen und umfasst **jede Verwendung des Geschäftsgeheimnisses**, solange es sich nicht um eine Offenlegung handelt.[659] Unter Nutzung ist dabei sowohl eine Nutzung in der dem Geheimnis eigentümlichen Nutzbarkeit zu verstehen[660] als auch jede sonstige wirtschaftliche Verwertung. In diesen Fällen ist aber genau zu prüfen, ob nicht tatsächlich eine Offenlegung vorliegt. Die Tatbestände können ineinander übergehen, ebenso wie in der Beschränkung der Nutzungsmöglichkeit iSv § 4 Abs 1 Nr 2 GeschGehG auch eine Beschränkung der Offenlegungsbefugnis iSv § 4 Abs 2 Nr 3 GeschGehG liegen kann. Generell ist der Begriff des Nutzens gegenüber dem der Offenlegung als der umfassendere zu verstehen. Keine Nutzung liegt in der Vernichtung von Trägermedien, die das geschützte Geschäftsgeheimnis beinhalten.[661]

498 Offenlegung iSd Geschäftsgeheimnisgesetzes ist eine **Eröffnung des Geschäftsgeheimnisses gegenüber Dritten**, nicht notwendigerweise der Öffentlichkeit.[662] Der Begriff der Offenlegung ist jedenfalls weitestgehend deckungsgleich mit demjenigen der Mitteilung iSd § 17 UWG aF.[663] Offenlegen kann dabei nicht nur gegenüber einem größeren Personenkreis bzw der Öffentlichkeit stattfinden, sondern auch gegenüber Einzelnen, wobei es nicht darauf ankommt, ob die Person, gegenüber der das Geschäftsgeheimnis offengelegt wird, zum Empfang dieser Informationen berechtigt ist.

499 Eine Nutzung oder Offenlegung des erlangten Geschäftsgeheimnisses liegt nicht erst dann vor, wenn das Geschäftsgeheimnis in unveränderter Form verwendet oder mitgeteilt wird, sondern auch bei einer Verwendung oder Mitteilung in **abgewandelter oder weiterentwickelter Form**. Modifikationen und Weiterentwicklungen ändern nichts an einer Verwertung des Geschäftsgeheimnisses, solange für das Geschäftsgeheimnis entscheidende Grund-

---

659 Begr zum RegE, BT-Drucks. 19/4724 S. 27; Alexander, in Köhler/Bornkamm/Feddersen, UWG, § 4 GeschGehG Rn 38; McGuire, in Büscher, UWG, § 4 RegE GeschGehG Rn 23; Hiéramente, in BeckOK GeschGehG, § 4 Rn 50.
660 Hiéramente, in BeckOK GeschGehG, § 4 Rn 51.
661 Zweifelnd Hiéramente, in BeckOK GeschGehG, § 4 Rn 53.
662 Begr zum RegE, BT-Drucks. 19/4724 S. 27.
663 Vgl Hiéramente, in BeckOK GeschGehG, § 4 Rn 45.

bb) Eigene Vortat nach § 4 Abs 1 GeschGehG

Der Schwerpunkt bei der Anwendung des § 4 Abs 2 Nr 1 GeschGehG liegt in der Fragestellung, ob das Geschäftsgeheimnis **durch eine eigene Handlung** nach Abs 1 erlangt wurde. Liegt keine eigene Handlung vor, kann sich ein Handlungsverbot des Betroffenen nur noch aus anderweitigen Beschränkungen der Nutzungs- bzw Offenlegungsbefugnis und damit aus § 4 Abs 2 Nrn 2, 3 GeschGehG oder aus § 4 Abs 3 GeschGehG ergeben. Die Regelung des § 4 Abs 3 GeschGehG setzt allerdings im Vergleich zu § 4 Abs 2 GeschGehG eine qualifizierte Kenntnis voraus, nämlich diejenige, dass die Person, von der das Geschäftsgeheimnis abgeleitet ist, das Geschäftsgeheimnis entgegen § 4 Abs 2 GeschGehG genutzt oder offengelegt hat. Für die praktische Rechtsverfolgung bietet die Anwendung des § 4 Abs 2 GeschGehG gegenüber der Anwendung des § 4 Abs 3 GeschGehG also erhebliche Vorteile. 500

Entgegen einer in der Literatur vertretenen Meinung liegt eine eigene Handlung des Rechtsverletzers iSv § 4 Abs 2 Nr 1 GeschGehG nicht nur dann vor, wenn der Rechtsverletzer die Handlung iSd § 4 Abs 1 Nr 1 oder 2 GeschGehG vollständig selbst verwirklicht hat.[665] Ebenso wenig kommt es darauf an, ob die Handlung iSd § 4 Abs 1 Nr 1 oder 2 GeschGehG **im strafrechtlichen Sinne täterschaftlich** begangen wurde oder lediglich eine Beteiligung vorgelegen hat. Zum einen lässt sich eine solche Unterscheidung ohnehin nicht konsequent durchhalten, da eine Teilnahme im strafrechtlichen Sinne an einer Handlung nach § 4 Abs 1 Nr 1 GeschGehG eine täterschaftliche Verwirklichung des Handlungsverbots nach § 4 Abs 1 Nr 2 GeschGehG darstellen kann. Zum anderen stellt § 830 Abs 2 BGB Anstifter und Gehilfen zivilrechtlich in Hinblick auf ihre Haftung mit Tätern gleich. Der Rechtsgedanke dieser Vorschrift ist zu berücksichtigen. Schließlich ist auch eine **Anstiftungs- oder Beihilfehandlung** iSv §§ 26, 27 StGB eine eigene Handlung des Anstifters oder Beihelfenden, und zwar nicht nur eine eigene Handlung iSd §§ 26, 27 StGB, sondern auch nach der jeweils betroffenen Sachnorm. Es spricht deshalb nichts dagegen, auch in solchen Beteiligungen am Unrecht des § 4 Abs 1 GeschGehG eine eigene Handlung des Anstifters oder Gehilfen nach § 4 Abs 1 GeschGehG zu sehen. Ohnehin dient § 4 Abs 1 Nr 1 mit dem Erfordernis der eigenen rechtswidrigen Vortat nach § 4 Abs 1 GeschGehG lediglich der Abgrenzung des bereits an der Erlangung mitwirkenden oder diese verursachenden Täters von an der Vortat Unbeteiligten, welche iSv § 4 Abs 3 GeschGehG die Information von einem Dritten erhalten. 501

b) Beschränkung des Rechts zur Nutzung und Offenlegung

Die Regelung des § 4 Abs 2 Nr 2 GeschGehG greift ein, wenn eine Person zwar rechtmäßig auf ein Geschäftsgeheimnis zugreifen darf, in der Verwendung der Information aber beschränkt ist. Solch eine Beschränkung kann sich zum einen aus **vertraglichen Regelungen** ergeben, zum anderen aus **gesetzlichen Beschränkungen**. 502

---

664 Vgl BGH 03.05.2001, I ZR 153/99, Rn 54 (juris) = GRUR 2002, 91, 93 – Spritzgießwerkzeuge.
665 AA Alexander, in Köhler/Bornkamm/Feddersen, UWG, § 4 GeschGehG Rn 43.

503 Hauptanwendungsfall des § 4 Abs 2 Nr 1 GeschGehG ist der **Verstoß gegen eine Vertraulichkeitsvereinbarung**. Diese Vertraulichkeitsvereinbarungen sind im Zuge der Neudefinition des Geschäftsgeheimnisses als angemessene Geheimhaltungsmaßnahme von besonderer Bedeutung (wegen der Einzelheiten bspw im Arbeitsverhältnis sh Rdn 184 ff, 218 ff). Der Umfang der Nutzungsbefugnis eines Geschäftsgeheimnisses ergibt sich dann aus den Regelungen der Vertraulichkeitsvereinbarung. Der Vertragsfreiheit sind in diesem Zusammenhang nur durch die Vorschriften des AGB-Rechts sowie durch sonstige Unwirksamkeitsgründe (wie bspw §§ 134, 138 BGB) Grenzen gesetzt. Auf diese kann hier im Einzelnen nicht näher eingegangen werden. Soweit die Mitteilung eines Geschäftsgeheimnisses auf der freien Entscheidung der Parteien beruht und nicht etwa einer gesetzlichen Verpflichtung geschuldet ist, spricht nichts gegen eine weitestgehende Autonomie der Vertragsparteien im Hinblick auf die Beschränkung der Nutzung des Geschäftsgeheimnisses.

504 In der Praxis des Geheimnisschutzes werden sich Zweifelsfälle an anderen Stellen ergeben. So ist eine Vielzahl an Konstellationen denkbar, in denen als Geschäftsgeheimnis schützbare oder geschützte Informationen ausgetauscht oder mitgeteilt werden, **ohne** dass dies auf einer **privatautonomen Entscheidung aller Beteiligten** beruht. In diesen Fällen stellt sich die Frage, ob die Nutzung der übermittelten Informationen in irgendeiner Weise beschränkt ist.

505 Die Schwierigkeiten bei der Bestimmung von Nutzungsbeschränkungen iSv § 4 Abs 2 Nr 2, 3 GeschGehG können auf die Anwendung des § 23 GeschGehG durchschlagen. Zwar ist, wie sich aus der umfangreichen Judikatur zum Untreuetatbestand ablesen lässt, eine gewisse Unschärfe des Tatbestands und des einer strafrechtlichen Verletzung zugrunde liegenden Pflichtenkatalogs hinnehmbar. Ob dies auch für den Bereich des § 23 Abs 1 Nr 2 GeschGehG so zu sehen ist, muss die Praxis erst noch zeigen.

aa) Im Verfahren offenbarte Informationen

506 Teilt in einem behördlichen oder gerichtlichen Verfahren ein Verfahrensbeteiligter **zum Zwecke der Verfolgung** oder auch der **Abwehr von Rechtsansprüchen** vertrauliche Informationen mit, gelangen idR die anderen Verfahrensbeteiligten in den Besitz dieser Informationen. Der Einführung vertraulicher Tatsachen in ein Verfahren liegt in den meisten Fällen weder eine Vertraulichkeitsvereinbarung zugrunde, noch ist zu erwarten, dass Behörden und Gerichte in all diesen Fällen Schutzanordnungen nach § 16 GeschGehG treffen können und werden. Darüber hinaus sind gerade in Altfällen Konstellationen denkbar, in denen Geschäftsgeheimnisse bereits unter Geltung des UWG zum Prozessgegenstand geworden sind, als das Gesetz die Geheimhaltungsmaßnahmen iSv § 16 GeschGehG schlicht noch nicht vorsah.

(1) Ausgangslage

507 Zunächst einmal steht außer Zweifel, dass Informationen, die im Verlaufe eines gerichtlichen Verfahrens erlangt wurden, **rechtmäßig erlangt** wurden. Über eine Berechtigung zur Nutzung und Offenlegung lässt sich daraus jedoch nichts ableiten.

508 Durch die Information im Prozess wird der Informationsempfänger **nicht zum Inhaber** des Geheimnisses. Eine rechtliche Grundlage für die Nutzung des Geheimnisses ist deshalb nicht schon daraus abzuleiten, dass er kraft Erlangung des Geschäftsgeheimnisses im Umgang mit dem Geschäftsgeheimnis frei sei (sh Rdn 506 ff). Auch das mitgeteilte Geschäftsgeheimnis bleibt das Geschäftsgeheimnis des Mitteilenden.

Allerdings enthält das Geschäftsgeheimnisgesetz **keine generelle Verbotsnorm**, nach der 509
die Nutzung oder Offenlegung eines fremden Geschäftsgeheimnisses ohne vertragliche
oder gesetzliche Gestattung verboten ist. Vielmehr setzt § 4 Abs 2 Nr 2, 3 GeschGehG ein
solches Verbot nur voraus, ohne es zu begründen. Ebenso wenig ergibt sich ein solches
Verbot aus dem noch weitestgehend unerforschten Wesen des Geschäftsgeheimnisses selbst.
Vielmehr sind **Nutzungs- und Offenlegungsbeschränkungen außerhalb des Gesch-
GehG** zu suchen.

(2) Wettbewerbsrechtliche Aspekte

Einschränkungen von Nutzungs- und Offenlegungsrechten können sich bspw aus kartell- 510
rechtlichen Vorschriften ergeben. So sind der Austausch von Informationen bzw Absprachen und/oder abgestimmte Verhaltensweisen mit Wettbewerbern in Bezug auf Preise,
Konditionen oder andere Informationen, die als Betriebs- oder Geschäftsgeheimnis einzustufen sind, kartellrechtlich unzulässig. Schon die Entgegennahme solcher Informationen
durch einen Wettbewerber kann dem Verbot abgestimmter Verhaltensweisen nach Art 101
AEUV unterfallen.[666] Soweit die Offenlegung solcher Informationen zur Erfüllung oder
Verfolgung von Rechtsansprüchen erforderlich ist, liegt in der Offenlegung zwar kein kartellrechtlich unzulässiges Verhalten. Allerdings ist das **öffentliche Interesse an einem
funktionierenden Wettbewerb** bei der Beurteilung zu berücksichtigen, ob die Nutzung
der so offenbarten Informationen durch die Empfänger der Informationen außerhalb des
Prozesses oder im Nachgang des Prozesses zulässig ist. Tatsächlich spricht vieles dafür, dass
eine solche Nutzung von Informationen unredlich und damit wettbewerbsrechtlich zu
beanstanden ist,[667] woraus wiederum eine Beschränkung der Nutzung iSd § 4 Abs 2 Nr 1
GeschGehG abzuleiten ist.

(3) Sonderbeziehung der Prozessparteien

Ob eine Beschränkung der Nutzungsrechte aus dem **Rechtsverhältnis der Prozessparteien** 511
untereinander folgen kann, ist ungeklärt. Denkbar ist, dass die Prozessparteien kraft ihrer
Stellung im gerichtlichen Verfahren verbunden durch ein prozessuales Band von Rechten
und Pflichten dazu verpflichtet sind, die ihnen zur Kenntnis gebrachten Informationen
nicht außerhalb des Verfahrens zu verwenden.

(4) Parallele zum Datenschutzrecht

Dass eine solche Beschränkung der Verwendungsmöglichkeit von Informationen generell 512
denkbar ist, zeigt für personenbezogene Daten das Datenschutzrecht, das die Verwendung
von Informationen (aber eben nur von personenbezogenen) unter einen Rechtfertigungs-
vorbehalt stellt, vgl insbesondere Art 6, 9 DS-GVO. Es ist der Rechtsordnung also nicht
fremd, Informationen als solche bzw bestimmte Arten von Informationen einem Rechtssubjekt zuzuordnen und ihre Nutzung durch Dritte, unabhängig davon, wie die Informationen erlangt wurden, zu reglementieren. Keine Voraussetzung hierfür ist, dass die Informationen oder das daran bestehende Geheimnis gleichzeitig als Recht des geistigen Eigentums
qualifiziert werden. Für den Bereich des Geheimnisschutzes kann, jedenfalls soweit keine
personenbezogenen Informationen betroffen sind, das Datenschutzrecht nicht herangezo-

---

666 Vgl Hengst, in Langen/Bunte, Kartellrecht, Art 101 AEUV Rn 111 f.
667 So schon Mes, GRUR 2000, 934, 940.

gen werden. Es zeigt sich aber, dass es über den Zugangsschutz zu bestimmten Informationen hinaus auch einen Schutz vor konkreten Verwendungen geben kann, der unmittelbar aus dem Wesen der geschützten Information folgen kann. Dies widerspricht jedem Dogma, wonach generell die Freiheit bestehen muss, rechtmäßig erlangte Informationen in beliebiger Weise zu verwenden.

(5) Schutz der Eigentumsposition

513 Dies gilt erst recht mit Blick darauf, dass Geschäftsgeheimnisse, unabhängig von ihrer Qualifizierung als geistiges Eigentum, als **Vermögenswert und Eigentum iSd Art 14 GG** anerkannt sind. Jeder Umgang eines Dritten mit solchen Geschäftsgeheimnissen bedeutet deshalb gleichzeitig eine Einschränkung der verfassungsrechtlich garantierten Eigentumsposition des Inhabers des Geschäftsgeheimnisses und kann schon deshalb hieraus Restriktionen unterliegen.

514 So ist bspw im Bereich des geistigen Eigentumsrechts anerkannt, dass die Verwertung zulässig erlangter Informationen rechtswidrig sein kann. Beispielhaft sei die Konstellation der Anmeldung einer Erfindung zum Patent durch den Nichtberechtigten iSv § 8 PatG genannt.

515 Der BGH hat in seiner Entscheidung »Steuervorrichtung« ausgeführt, dass die Verwertung des Erfindungsbesitzes durch einen Dritten einen Fall der **bereicherungsrechtlichen Eingriffskondiktion** darstellt.[668] Es handele sich um einen Fall, in dem die Handlung eine schützenswerte und vermögensrechtlich nutzbare **Rechtsposition** beeinträchtigt, die **einem anderen zugewiesen** ist. Eingriffsobjekt im bereicherungsrechtlichen Sinne könne nicht nur ein dem Berechtigten zustehendes absolutes Recht sein, sondern auch eine über eine bloße Chance hinausgehende vermögensrechtlich nutzbare Position, deren Schutz gegenüber Dritten die Rechtsordnung zugunsten des Gläubigers vorsieht, deren Schutz sie nach Inhalt und/oder Umfang aber in weniger vollkommener Weise bemisst.[669]

516 Der BGH hat in dieser Entscheidung keine Stellung zu der Frage bezogen, ob die Nutzung einer solchen vermögenswerten Position in Fällen der Eingriffskondiktion als rechtswidrig anzusehen ist. Vielmehr hat er ausgeführt, dass **ein dem vermögensrechtlichen Zuweisungsgehalt widersprechender Vorgang** auch bei einem rechtmäßigen Eingriff gegeben sein könne. Dem sei so, wenn mit einer gegebenen Eingriffserlaubnis keine sachliche Zuweisung verbunden sei.[670]

517 Weitergehend hat der BGH in der Entscheidung »Forschungskosten« einen Anspruch aus Eingriffskondiktion in einer vergleichbaren Fallgestaltung zuerkannt, da rechtlicher Anknüpfungspunkt der Bereicherungshaftung in sonstiger Weise die Verletzung einer Rechtsposition sei, die **nach dem Willen der Rechtsordnung** dem Berechtigten zu dessen **ausschließlicher Verfügung und Verwertung zugewiesen** ist.[671] Eine Bereicherungshaftung in sonstiger Weise setze nur ein, wenn der erlangte Vermögensvorteil dem Zuweisungsgehalt des verletzten Rechtsguts entspricht.[672] Dem Zuweisungsgehalt der geschütz-

---

668 BGH 18.05.2010, X ZR 79/07 = GRUR 2010, 817 – Steuervorrichtung.
669 BGH 18.05.2010, X ZR 79/07 = GRUR 2010, 817 Rn 27 – Steuervorrichtung.
670 BGH 18.05.2010, X ZR 79/07 = GRUR 2010, 817 Rn 36 – Steuervorrichtung.
671 BGH 09.03.1989, I ZR 189/86 = GRUR 1990, 221 – Forschungskosten.
672 BGH 09.03.1989, I ZR 189/86 = GRUR 1990, 221 Rn 11 – Forschungskosten.

ten Rechtsposition entspreche ein **Verbotsanspruch des Rechtsinhabers**, in dessen Macht es stehe, die Nutzung des Rechtsguts einem sonst ausgeschlossenen Dritten zur wirtschaftlichen Verwertung zu überlassen.[673] Voraussetzung sei aber, dass die geschützte Rechtsposition es dem Gläubiger gewährleistet, dass ohne seine Zustimmung ihre Nutzung durch Dritte zu unterbleiben hat.[674]

Die zitierten BGH-Entscheidungen zeigen auf, dass Nutzungs- bzw Verwertungsbeschränkungen auf der Grundlage einer vermögensrechtlichen und von der Rechtsordnung geschützten Position bestehen können, die hinter einem absoluten Recht zurückbleibt. Mit Blick auf Geschäftsgeheimnisse ist festzuhalten, dass die Aufwertung des Geheimnisschutzes und die **Zuweisung zu einem Inhaber**[675] mittlerweile dafür spricht, den Bereicherungsausgleich ebenso zuzulassen wie ein auf dem Zuweisungsgehalt basierendes Recht, andere von der Nutzung des Geheimnisses auszuschließen. 518

Festzuhalten bleibt aber, dass die Frage nicht abschließend geklärt ist, ob das Geschäftsgeheimnis als eine von der Rechtsordnung geschützte Rechtsposition einen bereicherungsrechtlichen Zuweisungsgehalt aufweist und darauf basierend oder in diesem Zusammenhang ein Anspruch des Geheimnisinhabers gegen Dritte bestehen kann, die Nutzung des Vermögenswerts zu unterlassen. Eine Grundlage für einen solchen Unterlassungsanspruch könnte außerdem in § 1004 BGB zu verorten sein. 519

bb) Zu Auskunftszwecken offenbarte Informationen

Eine Einschränkung der Nutzungs- und Offenlegungsberechtigung kommt auch in Fällen in Betracht, in denen eine als Geschäftsgeheimnis geschützte Information entweder vom Geheimnisinhaber selbst oder auch von einem Dritten mitgeteilt werden muss, bspw im Zusammenhang mit der **Erfüllung von Auskunftsansprüchen**. In der Praxis tritt diese Konstellation insbesondere bei Auskunftsansprüchen wegen angeblicher Verletzung gewerblicher Schutzrechte auf. Nach der Vorschrift des § 140b PatG und vergleichbaren Vorschriften anderer Gesetze zum Schutz des geistigen Eigentums steht dem verletzten Inhaber eines Rechts des geistigen Eigentums ein weitgehender Auskunftsanspruch zu, der neben Informationen zu Abnehmern und Zulieferern auch Informationen zur Berechnung des vom Verletzer erzielten Gewinns beinhaltet. Es steht außer Frage, dass derartige Informationen Geschäftsgeheimnisse sind. 520

Wie schon im Zusammenhang mit § 3 Abs 2 GeschGehG ausgeführt, bilden die Auskunftsvorschriften der Gesetze zum Schutz des geistigen Eigentums eine gesetzliche Grundlage für die Erlangung der Information iSv § 3 Abs 2 GeschGehG (sh Rdn 462). Die mit der Auskunft gelieferten Informationen sollen dem verletzten Schutzrechtsinhaber bei der Berechnung möglicher Schadensersatzansprüche helfen, außerdem bei der Identifizierung weiterer Verletzer, um eine Durchsetzung der Rechte des geistigen Eigentums auch gegenüber diesen Dritten in Angriff nehmen zu können. Insoweit ist also **mit der Auskunftserteilung ein spezifischer Zweck verbunden**. 521

---

673 BGH 09.03.1989, I ZR 189/86 = GRUR 1990, 221 Rn 12 – Forschungskosten.
674 BGH 09.03.1989, I ZR 189/86 = GRUR 1990, 221 Rn 12 – Forschungskosten.
675 Vgl Alexander, WRP 2017, 1034, 1036; Hofmann, WRP 2018, 1, 3; so schon zu § 17 UWG aF: Ohly, in Ohly/Sosnitza, UWG, § 17 Rn 50.

522 Dieser spezifische Zweck scheint sich aber nicht in einer gesetzlich niedergelegten Nutzungsbeschränkung widerzuspiegeln. Lediglich im Hinblick auf Bank-, Finanz- oder Handelsunterlagen findet sich in § 140d PatG sowie den vergleichbaren Vorschriften anderer Gesetze zum Schutz des geistigen Eigentums eine Befugnis des Gerichts, die erforderlichen Maßnahmen zu treffen, um den im Einzelfall gebotenen Schutz zu gewährleisten, soweit der Verletzer geltend macht, dass es sich um vertrauliche Informationen handelt. Diese auf den Vorlageanspruch des § 140d PatG beschränkte Möglichkeit des Schutzes von Geschäftsgeheimnissen ist allerdings für einen umfassenden Schutz von Geschäftsgeheimnissen nicht ausreichend.

523 Es besteht ein Bedürfnis dafür, den Inhaber des Geheimnisses davor zu schützen, dass der (vermeintlich) Auskunftsberechtigte das Geschäftsgeheimnis im Nachhinein zweckfremd für sein eigenes Unternehmen weiter verwertet oder das Geschäftsgeheimnis einem Konkurrenten bzw der Öffentlichkeit mitteilt und so den Eingriff in die Geheimsphäre des Geheimnisinhabers vertieft.[676] Die hierfür vorgeschlagene **Auferlegung einer Verschwiegenheitspflicht** nach § 174 Abs 3 Satz 1 GVG ist in der Praxis im Ergebnis kaum praktikabel, da sie nur zum Einsatz kommen kann, wenn eine Auskunftserteilung im Rahmen eines gerichtlichen Verfahrens in mündlicher Verhandlung bzw in der Form eines amtlichen Schriftstücks erfüllt wird.[677]

524 Die Lösung des Problems kann wiederum in der Anerkennung von Nutzungsbeschränkungen auf wettbewerbsrechtlicher oder bereicherungsrechtlicher Basis zu suchen sein (sh zur vergleichbaren Situation der Offenbarung von Informationen im Prozess Rdn 506 ff).

525 ▶ Ein weiterer Ansatz verdient eine praktische Erprobung. Im Anschluss an die Rspr des OLG Düsseldorf zum Patentverletzungsrecht[678] könnte sowohl die Erfüllung von Auskunftsansprüchen als auch die Einführung kritischer Informationen in ein gerichtliches Verfahren davon abhängig gemacht werden, dass die weiteren Beteiligten eine angemessene Geheimhaltungsvereinbarung abschließen. Ein (Gegen-) Recht auf Abschluss einer solchen Vereinbarung kann auf die oben diskutierten Gesichtspunkte gestützt werden.

Allerdings ist diese Vorgehensweise nicht praktikabel, wenn die Mitteilung der Information erforderlich ist zur gerichtlichen Verfolgung von Ansprüchen. Sie steht damit einem Kläger idR nicht zur Verfügung. Dieser ist auf eine großzügige Anwendung der Verfahrensvorschriften der §§ 16 ff GeschGehG angewiesen.

5. Mittelbare Verletzung, § 4 Abs 3 GeschGehG

526 Ebenso erhebliche Rechtsanwendungsprobleme wird die Vorschrift des § 4 Abs 3 GeschGehG aufwerfen. Danach darf ein Geschäftsgeheimnis nicht erlangen, nutzen oder offenlegen, wer das Geschäftsgeheimnis über eine andere Person erlangt hat und zum Zeitpunkt der Erlangung, Nutzung oder Offenlegung weiß oder wissen müsste, dass diese andere Person das Geschäftsgeheimnis entgegen § 4 Abs 2 GeschGehG genutzt oder offengelegt hat. Dies soll nach § 4 Abs 3 Satz 2 GeschGehG insbesondere gelten, wenn die Nutzung in der Herstellung, dem Anbieten, dem Inverkehrbringen oder der Einfuhr, der Ausfuhr oder der Lagerung für diese Zwecke von rechtsverletzenden Produkten besteht.

---

676 Siebert, Geheimnisschutz und Auskunftsansprüche im Recht des geistigen Eigentums, S. 341.
677 Siebert, Geheimnisschutz und Auskunftsansprüche im Recht des geistigen Eigentums, S. 341.
678 OLG Düsseldorf 25.04.2018, I-2 W 8/18 = GRUR-RS 2018, 7036.

Die Vorschrift des § 4 Abs 3 GeschGehG ist **sprachlich und inhaltlich in mehrfacher Hinsicht misslungen**. Zum einen ist schon der Zusammenhang unklar zwischen der Rechtsfolge »darf nicht erlangen« und der Tatbestandsvoraussetzung »wer erlangt hat«. Darüber hinaus ist § 4 Abs 3 GeschGehG insofern ungenau, als er Erlangung, Nutzung und Offenlegung in Fällen verbietet, in denen der Empfänger der Information Kenntnis von einer rechtswidrigen Nutzung oder Offenlegung des Geschäftsgeheimnisses durch den Vordermann hat. Tatsächlich geht es aber nicht um die Kenntnis irgendeiner Verletzung, sondern um die **Kenntnis des Mitteilungsempfängers**, dass in Bezug auf die **Mitteilung an ihn selbst eine unerlaubte Nutzung oder Offenlegung** iSv § 4 Abs 2 GeschGehG vorgelegen hat. Es reicht also nicht aus, dass der Vordermann bspw das Geschäftsgeheimnis einem Dritten unter Verstoß gegen eine Nutzungsbeschränkung herausgegeben hat, während er gegenüber dem betroffenen Mitteilungsempfänger zur Überlassung der Information befugt gewesen ist. Der Gesetzestext bringt das nicht zum Ausdruck. § 4 Abs 3 Satz 1 GeschGehG setzt also voraus, dass die rechtswidrige Nutzung oder Offenlegung ursächlich für die Erlangung der Information des Dritten iSv § 4 Abs 3 GeschGehG ist. 527

a) Tatbestandsvoraussetzungen

aa) Herkunft der Information von einem Dritten

Voraussetzung für die Anwendung des § 4 Abs 3 GeschGehG ist eine Vortat eines Dritten nach § 4 Abs 2 GeschGehG. Damit scheiden erlaubte Handlungen und nach § 5 GeschGehG ausgenommene Handlungen aus.[679] Die Vorschrift erfasst auch **Übertragungsketten**.[680] 528

Damit scheidet als Vortäter bspw der Whistleblower iSd § 5 Nr 2 GeschGehG aus. Gleichwohl kann der Empfänger der Information einem Handlungsverbot unterliegen, nämlich insbesondere einem Verbot aus § 4 Abs 2 Nr 2, 3 GeschGehG, wenn er zugunsten des Inhabers des Geschäftsgeheimnisses in der Nutzung und Offenlegung des Geheimnisses beschränkt ist. 529

bb) Kenntnis oder Kennenmüssen der unlauteren Herkunft

Darüber hinaus muss der Täter wissen oder fahrlässig in Unkenntnis darüber sein, dass zumindest eine Person in der Mitteilungskette unter Verstoß gegen § 4 Abs 2 GeschGehG gehandelt hat und das Geheimnis auf diese Weise im Ergebnis an den Täter gelangt ist. 530

Für die Kenntnis genügt Eventualvorsatz. Für die Bestimmung der fahrlässigen Unkenntnis ist auf § 276 BGB abzustellen.[681] In der Praxis wird dieser Punkt Gegenstand der Diskussionen im Prozess sein. Da auch einfache Fahrlässigkeit genügt, wird der Täter des § 4 Abs 3 GeschGehG nicht mehr mit der noch immer regelmäßig anzutreffenden Argumentation durchdringen können, er habe sich über die Herkunft der Informationen keine Gedanken gemacht. Der Empfänger erkennbar sensibler Betriebsinterna wird vielmehr hinterfragen 531

---

679 Alexander, in Köhler/Bornkamm/Feddersen, UWG, § 4 GeschGehG Rn 65.
680 Hiéramente, in BeckOK GeschGehG, § 4 Rn 74 ff; Alexander, in Köhler/Bornkamm/Feddersen, UWG, § 4 GeschGehG Rn 63.
681 Hiéramente, in BeckOK GeschGehG, § 4 Rn 73 ff; Alexander, in Köhler/Bornkamm/Feddersen, UWG, § 4 GeschGehG Rn 70; Ohly, GRUR 2019, 441, 447.

müssen, ob die Person, welche die Kenntnis vermittelt, hierzu realistischerweise berechtigt sein kann.[682] Es besteht **keine allgemeine Nachforschungspflicht**.[683]

532 Zu den Anhaltspunkten und Verdachtsmomenten, die Anlass zu weiteren Ermittlungen geben, gehören Wettbewerbern zuzuordnende Merkmale wie Zeichnungsköpfe, auffällige Erstellungsdaten von Unterlagen (bspw Erstellungsdaten, die deutlich vor der Aufnahme des Geschäftsbetriebs des Vortäters liegen), eine erkennbare Übernahme von Nummernsystemen eines Wettbewerbers, ein Bezug von Unterlagen auf Wettbewerbsprodukte, Angaben zu Dateierstellern, die nicht dem Unternehmen des Vortäters angehören, die Verwendung ungewöhnlicher Dateiformate, konspiratives Vorgehen und mangelnde Bereitschaft zur Mitwirkung an einer Aufklärung.

533 ▶ Die Regelung des § 4 Abs 3 GeschGehG bietet Geheimnisinhabern einen außerordentlich wertvollen Ansatz zum Schutz ihrer Geschäftsgeheimnisse. Im Unterschied zur bisherigen Praxis, nach der die Inanspruchnahme von Abnehmern rechtsverletzender Produkte nur im absoluten Ausnahmefall zum Erfolg führen konnte, haftet der (auch gutgläubige) Empfänger der Information als Verletzer, sobald er das rechtsverletzende Vorgehen seiner Vortäter kennen muss.

Um diese Kenntnis herbeizuführen, sollte der Geheimnisinhaber frühzeitig über die Verletzung seines Geheimnisses informieren. Um sich nicht dem Vorwurf eines wettbewerbswidrigen Boykottaufrufs oder eines Behinderungswettbewerbs auszusetzen,[684] muss die Formulierung eines solchen Informationsschreibens den Erkenntnisstand vollständig wiedergeben.

b) Rechtsfolge

534 Liegen die Voraussetzungen des § 4 Abs 3 Satz 1 GeschGehG vor, ist jede (weitere) Erlangung, Nutzung und Offenlegung verboten. Dies gilt nach § 4 Abs 3 Satz 2 GeschGehG insbesondere für die Herstellung, das Anbieten, das Inverkehrbringen oder die Einfuhr, die Ausfuhr oder die Lagerung für diese Zwecke von rechtsverletzenden Produkten. Der Rechtsverletzer iSd § 4 Abs 3 GeschGehG steht dem primären Rechtsverletzer ab dem Zeitpunkt der Kenntniserlangung bzw der grob fahrlässig nicht erlangten Kenntnis gleich.

535 Da auslösendes Moment die Kenntniserlangung ist, ist § 4 Abs 3 GeschGehG auch auf Fallgestaltungen anzuwenden, bei denen die Mitteilung des Geheimnisses an den Täter des § 4 Abs 3 GeschGehG vor dem Inkrafttreten des GeschGehG stattgefunden hat. Im Einzelfall mag in diesen Konstellationen eine Einschränkung des negatorischen Rechtsschutzes nach § 9 GeschGehG angebracht sein.

IV. Ausnahmen

536 Mit der Regelung des § 5 GeschGehG nimmt das Gesetz bestimmte Verhaltensweisen von den Verboten des § 4 GeschGehG aus. Nach § 5 GeschGehG fallen Erlangung, Nutzung oder Offenlegung eines Geschäftsgeheimnisses nicht unter die Verbote des § 4 GeschGehG, wenn dies **zum Schutz eines berechtigten Interesses** erfolgt.

---

682 Hiéramente, in BeckOK GeschGehG, § 4 Rn 73.1; Alexander, in Köhler/Bornkamm/Feddersen, UWG, § 4 GeschGehG Rn 70; Ohly GRUR 2019, 441, 447.
683 Hiéramente, in BeckOK GeschGehG, § 4 Rn 73.1; Alexander, in Köhler/Bornkamm/Feddersen, UWG, § 4 GeschGehG Rn 71.
684 Vgl LG Frankfurt am Main 11.05.2016, 3–10 O 159/15.

Das Gesetz nennt dafür drei Beispielsfälle, nämlich die Ausübung des **Rechts der freien** 537
Meinungsäußerung und der Informationsfreiheit, einschließlich der Achtung der Freiheiten der Pluralität der Medien (§ 5 Nr 1 GeschGehG), das Handeln zur **Aufdeckung einer rechtswidrigen Handlung** oder eines beruflichen oder sonstigen **Fehlverhaltens** (Whistleblowing, § 5 Nr 2 GeschGehG) sowie die **Offenlegung durch Arbeitnehmer** gegenüber der Arbeitnehmervertretung, wenn dies erforderlich ist, damit die Arbeitnehmervertretung ihre Aufgaben erfüllen kann (§ 5 Nr 3 GeschGehG).

1. Einleitung

Die Ausnahmetatbestände des § 5 GeschGehG begrenzen den Schutz des Geschäftsgeheimnisses in sachlicher Hinsicht. Ob es sich bei diesen Ausnahmetatbeständen der Sache nach um Rechtfertigungsgründe handelt,[685] spielt für die Rechtsanwendung im Ergebnis keine entscheidende Rolle. Die Tatbestände des § 5 Nrn 1–3 GeschGehG bilden **keine abschließende Regelung**. Ausweislich der Formulierung »insbesondere« kommt eine Ausnahme auch zum Schutz eines sonstigen berechtigten Interesses in Betracht.[686] 538

Nicht vollständig geklärt ist das Verhältnis der in § 5 GeschGehG genannten Fälle der 539
Nrn 1–3 zu der allgemeinen Voraussetzung des berechtigten Interesses im einleitenden Satz des § 5 GeschGehG. Während § 5 Nr 3 GeschGehG die **Erforderlichkeit der Offenlegung** verlangt und damit in gewisser Weise eine Interessenabwägung am Maßstab des berechtigten Interesses des § 5 GeschGehG zu fordern scheint, finden sich solche Einschränkungen in § 5 Nr 1 und 2 GeschGehG nicht. So stellt § 5 Nr 1 GeschGehG lediglich auf den Zweck der Erlangung, Nutzung oder Offenlegung ab und nimmt die Handlung vom Verbot des § 4 GeschGehG schon dann aus, wenn sie – unabhängig von einer Abwägung der Interessen – zur Ausübung des Rechts der freien Meinungsäußerung erfolgt. Ob das damit geschützte Interesse iSd § 5 GeschGehG ein berechtigtes ist und das Interesse des Geheimnisinhabers am Schutz seines Geschäftsgeheimnisses überwiegt, wird in § 5 Nr 1 GeschGehG nicht angesprochen. Allerdings ist die Meinungs- und Pressefreiheit ohnehin an den Grundrechten anderer zu messen (sh Rdn 545), so dass es einer zusätzlichen Interessenabwägung nicht bedarf.

Bei **richtlinienkonformer Auslegung** des § 5 GeschGehG ist davon auszugehen, dass die 540
in Nrn 1–3 genannten Fälle ohne Weiteres die Voraussetzung eines berechtigten Interesses erfüllen, denn Art 5 GeschGehRL sieht den Schutz eines berechtigten Interesses nicht als übergeordnetes Kriterium vor, sondern benennt in Art 5 lit a) bis c) die auch in § 5 Nrn 1–3 GeschGehG niedergelegten Fallgestaltungen und verlangt daneben eine Ausnahme für Fälle, in denen zum Schutz eines durch das Unionsrecht oder das nationale Recht anerkannten legitimen Interesses gehandelt wurde.[687]

Das Gesetz weicht von Art 5 GeschGehRL insofern ab, als das berechtigte Interesse nicht 541
ausdrücklich durch das Unionsrecht oder das nationale Recht anerkannt sein muss. Einer

---

685 Ohly, GRUR 2019, 441, 447.
686 Alexander, in Köhler/Bornkamm/Feddersen, UWG, § 5 GeschGehG Rn 3.
687 Alexander, in Köhler/Bornkamm/Feddersen, UWG, § 5 GeschGehG Rn 5; aA wohl Tochtermann, in Büscher, UWG, § 5 RegE GeschGehG Rn 3, wonach eine im Gesetzestext allerdings nicht erwähnte Interessenabwägung und Bewertung im konkreten Einzelfall erforderlich sei; ähnlich wohl McGuire, WRP 2019, 679, 685, welche die Prüfung eines berechtigten Interesses offenbar auch bei Einschlägigkeit einer der Nrn 1–3 des § 5 GeschGehG als erforderlich ansieht.

gesetzgeberischen Bestimmung bedarf es deshalb nicht.[688] Zu Recht weist Hiéramente darauf hin, dass eine breite Auslegung der berechtigten Interessen in § 5 GeschGehG mit dem Ziel der GeschGehRL kollidieren kann, ein hohes Schutzniveau für Geschäftsgeheimnisse bereitzustellen. Unzutreffend ist allerdings, ein berechtigtes Interesse iSd § 5 GeschGehG nur dann anzunehmen, wenn die Nrn 1–3 des § 5 GeschGehG erfüllt sind oder eine Erlangung, Offenlegung oder Nutzung vom deutschen oder europäischen Gesetzgeber anderweitig als legitim anerkannt wurde.[689] Die Gegenansicht übersieht, dass die von der GeschGehRL geforderte Anerkennung im Unionsrecht oder im nationalen Recht nicht voraussetzt, dass diese Anerkennung durch den Gesetzgeber vorgenommen wird. Auch eine in der Rechtsanwendung der Gerichte anerkannte Praxis ist deshalb eingeschlossen. Insoweit ist allerdings Art 5 lit d) GeschGehRL in gewisser Weise zirkelschlüssig.

542 Ein berechtigtes Interesse iSd § 5 GeschGehG umfasst sowohl **wirtschaftliche** als auch **ideelle Interessen** Einzelner oder von Gruppen, einschließlich der Durchsetzung von Ansprüchen und der Abwehr von Beeinträchtigungen.[690] Bereits auf Tatbestandsebene ist zu fragen, ob ein berechtigtes Interesse der erlangenden, offenlegenden oder nutzenden Person vorliegt, wobei das berechtigte Interesse am berechtigten Interesse des Inhabers nach § 2 Nr 1 lit c) GeschGehG zu messen ist.[691]

543 Die Berufung auf unbenannte berechtigte Interessen kommt in der Praxis in Fällen in Betracht, in denen das Interesse des Handelnden das Interesse des Geheimnisinhabers am Schutz des Geschäftsgeheimnisses übersteigt. Allerdings ist in der Praxis mit der Entwicklung von Fallgruppen Zurückhaltung angebracht. Die deutsche Zivil- und Strafrechtsdogmatik stellt eine Vielzahl von gut funktionierenden Werkzeugen zur Verfügung, die eine Auflösung von Interessenkollisionen unterstützen, angefangen bei dem Notwehrrecht des § 32 StGB sowie den Notstandsvorschriften der §§ 34, 35 StGB, über die Notwehr- und Notstands- sowie Selbsthilferechte der §§ 227 bis 229 BGB, das Notstandsrecht nach § 904 BGB bis hin zu den in der Rechtsprechung entwickelten Grundsätzen der Pflichtenkollision. Es besteht deshalb kein Anlass, bereits auf Tatbestandsebene den Schutz des Geschäftsgeheimnisses für Fallgestaltungen auszuhöhlen, die ohne Weiteres unter dem Gesichtspunkt der Rechtswidrigkeit oder mangelnder Schuld behandelt werden können. Es ist nämlich zu berücksichtigen, dass mit der Anwendung des § 5 GeschGehG der Schutz des Geschäftsgeheimnisses für die infrage stehende Handlung vollständig entfällt, während eine Rechtfertigungs- bzw Entschuldigungslösung wenigstens den legitimierten oder entschuldigten Eingriff in das Recht des Geheimnisinhabers als Grundlage für eine Entschädigung belässt und damit sehr viel besser für einen Interessenausgleich geeignet erscheint. Der offenbar bei der Schaffung des Art 5 GeschGehRL und des § 5 GeschGehG dem Gesetzgeber vorschwebende Konflikt zwischen einem schutzwürdigen Nutzer des Geschäftsgeheimnisses und einem weniger schutzwürdigen Inhaber des Geschäftsgeheimnisses dürfte in der Praxis sehr selten sein.

---

688 Vgl Hiéramente, in BeckOK GeschGehG, § 5 Rn 10.1.
689 So aber Hiéramente, in BeckOK GeschGehG, § 5 Rn 10.2.
690 Vgl Alexander, in Köhler/Bornkamm/Feddersen, UWG, § 5 GeschGehG Rn 4; Begr zum RegE, BT-Drucks. 19/4724 S. 28.
691 Vgl Dann/Markgraf, NJW 2019, 1778.

2. Schutz der Meinungs- und Pressefreiheit

Nach der dem Schutz des investigativen Journalismus dienenden[692] Ausnahme des § 5 Nr 1 GeschGehG fallen Handlungen nicht unter das Verbot des § 4 GeschGehG, die zur Ausübung des Rechts der freien Meinungsäußerung und der Informationsfreiheit, einschließlich der Achtung der Freiheit und der Pluralität der Medien, erfolgen.

544

Die Meinungs- und Pressefreiheit wird dabei allerdings nicht schrankenlos gewährleistet, sondern hat nur soweit Vorrang, wie dies nach einer **Abwägung mit den berechtigten Interessen** des Geheimnisinhabers im Einzelfall gerechtfertigt ist.[693] Die wirtschaftlichen und auch ideellen Interessen des Geheimnisinhabers müssen dabei als ebenfalls grundrechtlich geschützte Rechtspositionen nicht von Haus hinter der Meinungs- und Pressefreiheit zurückstehen, insbesondere wenn zur Entwicklung der betroffenen Geheimnisse erhebliche Investitionen nötig waren oder die Geheimnisse einen erheblichen Wert für das Unternehmen verkörpern.

545

3. Whistleblowing

Durch § 5 Nr 2 GeschGehG wird das sog. Whistleblowing geschützt. Hierbei geht es nach dem allgemeinen Verständnis um die gezielte Verwendung von vertraulichen Informationen zur **Aufdeckung von Missständen**. Die Erlangung, Nutzung oder Offenlegung eines Geschäftsgeheimnisses ist daher dann keine verbotene Handlung nach § 4 GeschGehG, wenn dies zur Aufdeckung einer rechtswidrigen Handlung oder eines beruflichen oder sonstigen Fehlverhaltens erfolgt und die Erlangung, Nutzung oder Offenlegung geeignet ist, das allgemeine öffentliche Interesse zu schützen.

546

a) Aufzudeckendes Verhalten

Das Gesetz sieht drei verschiedene Handlungsformen vor, bei deren Vorliegen ein Whistleblowing gerechtfertigt sein kann: Rechtswidrige Handlungen, berufliches Fehlverhalten und sonstiges Fehlverhalten.

547

aa) Rechtswidrige Handlung

Der Hauptanwendungsfall des Ausnahmetatbestandes dürften die rechtswidrigen Handlungen sein.

548

Nach der herrschenden Auffassung sind rechtswidrige Handlungen **Rechts- und Gesetzesverstöße jeder Art**.[694] Die rechtswidrige Handlung muss dabei weder die Qualität einer Straftat noch einer Ordnungswidrigkeit haben.[695] Auch nicht sanktionsbewehrte Rechtsverstöße können daher unter den Anwendungsbereich der Ausnahmeregelung fallen.[696]

549

---

692 Begr zum RegE, BT-Drucks. 19/4724 S. 28; Alexander, AfP 2019, 1, 6; Ohly, GRUR 2019, 441, 448.
693 Begr zum RegE, BT-Drucks. 19/4724 28 f; Alexander, in Köhler/Bornkamm/Feddersen, UWG, § 5 Rn 20; Ohly GRUR 2019, 441, 448.
694 Hieramente, in BeckOK GeschGehG, § 5 Rn 19; Reinfeld, GeschGehG, § 3 Rn 42.
695 Hieramente, in BeckOK GeschGehG, § 5 Rn 19.
696 Hieramente, in BeckOK GeschGehG, § 5 Rn 20.

550 Teilweise wird die Auffassung vertreten, dass Informationen über rechtswidrige Handlungen schon keine Geschäftsgeheimnisse sind (sh Rdn 100 f). Folgte man dieser Auffassung, liefe der Tatbestand des § 5 Nr 2 GeschGehG leer.[697]

bb) Berufliches Fehlverhalten

551 Vom Begriff des beruflichen Fehlverhaltens ist laut Gesetzesbegründung ein **Verstoß gegen berufsständische Normen** erfasst.[698] Beispiele für solche berufsständischen Normen sind in erster Linie das Berufsrecht der Ärzte und Rechtsanwälte. Bereiche, in denen Berufsrecht existiert, sind allerdings vielfältig. Hierzu gehören Steuerberater, Apotheker, Psychotherapeuten etc.

552 Noch nicht geklärt ist, ob auch Verstöße gegen **privatautonome Regelwerke** (zum Beispiel durch Verbände aufgestellte Regelungen), zu deren Einhaltung sich ein Unternehmen, ein Verband etc freiwillig verpflichtet hat, unter dieses Tatbestandsmerkmal fallen. Teilweise wird dies unter Hinweis auf die besondere Bedeutung dieser Regelwerke bejaht.[699] Für ein solches erweitertes Verständnis spreche, dass die Rechtsordnung Konformitätsaussagen in Bezug auf solche Regelwerke der Selbstkontrolle besondere Bedeutung beimesse und Irreführungen über diese Umstände als unlautere Handlungen qualifiziere.[700]

553 Es überzeugt jedoch eher, solche Verstöße unter die Tatbestandsvariante »sonstiges Fehlverhalten« zu fassen. Zum einen legen sowohl der Wortlaut der Norm als auch die Erläuterung in der Gesetzesbegründung nahe, dass mit »beruflichem Fehlverhalten« ausschließlich Verstöße gegen Standesrecht gemeint sind. Zum anderen dient gerade die Tatbestandsvariante »sonstiges Fehlverhalten« als Auffangtatbestand, sodass eine Erweiterung des Verständnisses der zweiten Tatbestandsalternative nicht erforderlich ist.

cc) Sonstiges Fehlverhalten

554 Während über die Definition der ersten beiden Handlungsformen weitgehend Einigkeit herrscht, wird das Merkmal »sonstiges Fehlverhalten«, welches vom deutschen Gesetzgeber aus der Richtlinie übernommen wurde, kontrovers diskutiert.

(1) Kritik durch die Literatur

555 In der Literatur wird dieses Merkmal zu Recht stark kritisiert.[701] Der Begriff »sonstiges Fehlverhalten« ist so weit gefasst, dass er **nicht geeignet** ist, irgendeine Art von **Rechtssicherheit zu schaffen**, weder für den Hinweisgeber noch für den Inhaber des Geschäftsgeheimnisses.[702]

556 In der Begründung zum Regierungsentwurf wurde versucht, den Begriff des »sonstigen Fehlverhaltens« weiter zu konkretisieren.[703] Hiervon sollen Aktivitäten erfasst sein, die ein

---

697 So Hauck, GRUR-Prax. 2019, 223, 225; sh Rdn 101.
698 Begr zum RegE, BT-Drucks. 19/4724 S. 29.
699 Alexander, in Köhler/Bornkamm/Feddersen, UWG, § 5 Rn 46; Alexander, AfP 2019, 1, 7.
700 Alexander, in Köhler/Bornkamm/Feddersen, UWG, § 5 Rn 37; Alexander, AfP 2019, 1, 7.
701 Scherp/Rauhe, CB 2019, 20, 23; Ullrich, NZWiSt 2019, 65, 69; Dann/Markgraf, NJW 2019, 1774.
702 Ullrich, NZWiSt 2019, 65, 69; Dann/Markgraf, NJW 2019, 1774.
703 Begr zum RegE, BT-Drucks. 19/4724 S. 29.

unethisches Verhalten darstellen, aber nicht notwendigerweise gegen Rechtsvorschriften verstoßen.[704] Als Beispiele werden Auslandsaktivitäten eines Unternehmens genannt, die in den betreffenden Ländern nicht rechtswidrig sind, aber dennoch von der (deutschen) Allgemeinheit als Fehlverhalten angesehen werden, wie zum Beispiel Kinderarbeit oder gesundheits- oder umweltschädliche Produktionsbedingungen.[705] Auch die systematische und unredliche Umgehung von Steuertatbeständen könne als unethisches Verhalten angesehen werden.[706]

Auch die Fokussierung der Gesetzesbegründung auf »unethisches Verhalten« hilft allerdings nicht weiter. Denn auch dieser Begriff unterliegt sich ständig wandelnden gesellschaftlichen Vorstellungen und Veränderungen und ist schlicht **nicht justiziabel**.[707] 557

In der Beschlussempfehlung des Ausschusses für Recht und Verbraucherschutz wurde die Gesetzesbegründung daher auch noch weiter konkretisiert.[708] Die Bestimmung des »sonstigen Fehlverhaltens« solle sich nach dem **allgemeinen objektivierbaren Rechtsverständnis** richten.[709] 558

Auch wenn dieser Formulierung der Wunsch entnommen werden kann, mehr Rechtssicherheit für den Rechtsanwender herzustellen, muss dennoch festgestellt werden, dass auch der Begriff des »allgemeinen objektivierbaren Rechtsverständnisses« keine Klarheit bringt. 559

Auch ein Rückgriff auf die im Rahmen von § 138 BGB von der Rspr entwickelten Fallgruppen führt nicht weiter, da Rechtsgeschäfte, die gegen § 138 BGB verstoßen, nichtig sind. Der Abschluss eines Rechtsgeschäftes unter Verstoß gegen die guten Sitten fällt daher schon unter den Tatbestand der rechtswidrigen Handlungen. Für die Definition des sonstigen Fehlverhaltens ist damit nichts gewonnen. Jedenfalls ist das sonstige Fehlverhalten damit aber weiter zu verstehen als ein Verstoß gegen die guten Sitten. 560

(2) Erforderlichkeit einer Fallgruppenbildung

Aufgrund dieser Definitionsschwierigkeit sind **Zweifel an der Verfassungsmäßigkeit der Norm** nicht unberechtigt. Ein Verstoß gegen den Bestimmtheitsgrundsatz nach Art 103 Abs 2 GG kann nur dann verhindert werden, wenn es der Rspr gelingt, den Rechtsbegriff weiter zu konkretisieren. Die erforderliche Präzisierung kann dabei dadurch erfolgen, dass durch die Rspr klare Fallgruppen des sonstigen Fehlverhaltens herausgearbeitet werden. 561

Das BVerfG akzeptiert die Bildung von Fallgruppen grundsätzlich als adäquates Mittel, um dem Bestimmtheitsgebot Genüge zu tun.[710] Eine solche Fallgruppenbildung hat das BVerfG für die **Einschränkung von Tatbestandsmerkmalen** als zulässig anerkannt, deren Erfüllung für eine Strafbarkeit des Täters erforderlich sind. Bei der Definition des Begriffs »sonstiges Fehlverhalten« soll allerdings nicht das vom Täter zu verwirklichende Tatbestandsmerkmal durch Fallgruppen eingegrenzt werden, sondern es geht um die **Eingren-** 562

---

704 Begr zum RegE, BT-Drucks. 19/4724 S. 29.
705 Begr zum RegE, BT-Drucks. 19/4724 S. 29.
706 Begr zum RegE, BT-Drucks. 19/4724 S. 29.
707 Scherp/Rauhe, CB 2019, 20, 23; Ullrich, NZWiSt 2019, 65, 69, Dann/Markgraf, NJW 2019, 1774.
708 BT-Drucks. 19/8300 S. 14.
709 BT-Drucks. 19/8300 S. 14.
710 BVerfG 23.06.2010, 2 BvR 2559/08 = NJW 2010, 3209 Rn 83.

zung der Ausnahme vom Tatbestand, die zulasten eines Täters wirkt. Dies ist verfassungsrechtlich allerdings unbedenklich. Es ist allgemein anerkannt, dass auch den Täter begünstigende Umstände von der Rspr eingegrenzt und präzisiert werden können.[711]

563 Gerade im vorliegenden Fall muss eine Einschränkung der Tatbestandsausnahme durch Fallgruppenbildung möglich sein. Ein weites Verständnis des § 5 GeschGehG würde nicht nur die Strafbarkeit eines Hinweisgebers einschränken, sondern auch die Ansprüche des Geheimnisinhabers auf Unterlassung, Auskunft und Schadensersatz. Eine extensive Auslegung würde den mit der Richtlinie intendierten Schutz von Geschäftsgeheimnissen also erheblich gefährden.[712] Diese widerstreitenden Interessen können nur dadurch in Einklang gebracht werden, dass dem Begriff des sonstigen Fehlverhaltens durch die Bildung von Fallgruppen Konturen gegeben werden.

(3) Fallgruppen des »sonstigen Fehlverhaltens«

564 Ausgangspunkt bei der Bildung von Fallgruppen muss die Feststellung sein, dass das Normensystem in der Bundesrepublik Deutschland so ausdifferenziert und umfassend ist, dass von der Rechtsordnung nicht gebilligte Verhaltensweisen grundsätzlich bereits durch Gesetz oder Verordnung verboten oder reglementiert sind. Nach der Rechtsordnung zulässige Verhaltensweisen können daher im Regelfall auch kein sonstiges Fehlverhalten darstellen. Vor diesem Hintergrund ist ein sonstiges Fehlverhalten im Sinne der Norm insbesondere bei folgenden drei Fallgruppen denkbar: (i) Verhaltensweisen, die gegen **selbst gesetzte Regelungswerke verstoßen**, (ii) Verhaltensweisen, die **im Ausland erlaubt, aber in Deutschland verboten** und (iii) Verhaltensweisen, die nur aufgrund einer **offensichtlichen Gesetzeslücke** nicht verboten sind.

565 Die erste Fallgruppe der Verstöße gegen selbst gesetzte Regelungswerke greift die Auffassung auf, nach der Verstöße gegen von Unternehmen, Verbände oder Institutionen autonom gesetzte Regelwerke der Kategorie »berufliches Fehlverhalten« unterfallen. Nach der überzeugenderen Auffassung handelt es sich aber hier um eine Fallgruppe des sonstigen Fehlverhaltens (sh Rdn 554 ff). Die zweite Fallgruppe wird von der Gesetzesbegründung vorgegeben und stuft diejenigen Auslandsaktivitäten als sonstiges Fehlverhalten ein, die am Begehungsort erlaubt sind, in Deutschland aber verboten.[713] Ausgehend von dem Grundsatz, dass diejenigen Verhaltensweisen, die von der Rechtsordnung nicht gebilligt werden, auch bereits verboten sind, erfasst die dritte Fallgruppe diejenigen Verhaltensweisen, die nur deshalb nicht verboten sind, weil eine offensichtliche Gesetzeslücke vorliegt. Zu denken ist hierbei zum Beispiel an Verhaltensweisen im digitalen Bereich, in dem die technische Entwicklung die Gesetzgebung überholt hat.

---

711 Vgl zB BGH 09.07.2004, 2 StR 176/04 = BeckRS 2004, 7428.
712 Hiéramente, in BeckOK GeschGehG, § 5 Rn 26; Ullrich, NZWiSt 2019, 65, 69.
713 Vgl bspw OLG Oldenburg 21.05.2019, 1 Ss 72/19 (juris), wonach der Protest gegen den Export von Giftstoffen in die USA, die dort auch zur Vollstreckung der Todesstrafe Verwendung finden, von § 5 GeschGehG erfasst ist, weil dies ein ethisch zu missbilligendes Verhalten darstelle, welches nach dem Willen des Gesetzgebers dem Begriff des beruflichen oder sonstigen Fehlverhaltens unterfallen soll.

dd) Existenz einer Bagatellgrenze?

566 Fraglich ist, ob auch **Bagatellverstöße** unter eine der im Gesetz genannten Handlungsformen fallen. In der Gesetzesbegründung nach der Beschlussempfehlung des Ausschusses für Recht und Verbraucherschutz findet sich der Hinweis, es müsse sich um ein regelwidriges Verhalten, ein Fehlverhalten oder eine illegale Tätigkeit »**von einigem Ausmaß und Gewicht**« handeln.[714]

567 Diese Formulierung legt nahe, dass Bagatellverstöße schon kein Fehlverhalten bzw keine rechtswidrige Handlung im Sinne der Norm darstellen. Tatsächlich ist die Frage aber von geringer praktischer Bedeutung, da die Aufdeckung solcher Handlungen jedenfalls nicht geeignet sein dürfte, das allgemeine öffentliche Interesse zu schützen, sodass dem Merkmal der **Eignung, das allgemeine öffentliche Interesse zu schützen**, eine ausreichende Korrekturfunktion zukommt.[715] Zudem wäre fraglich, ob die Einführung einer Bagatellgrenze, die nicht im Wortlaut angelegt ist, mit dem Bestimmtheitsgrundsatz vereinbar wäre.

b) Zur Aufdeckung

568 Die Erlangung, Nutzung oder Offenlegung eines Geschäftsgeheimnisses muss zur Aufdeckung des Fehlverhaltens bzw der rechtswidrigen Handlung erfolgen.

569 In der ursprünglichen Fassung des Gesetzesentwurfes der Bundesregierung war erforderlich, dass der Hinweisgeber in der Absicht handelte, das allgemeine öffentliche Interesse zu schützen.[716] Nach der Gesetzesbegründung sollte die offenlegende Person mit dem Motiv handeln müssen, auf einen Missstand hinzuweisen, um zu einer **gesellschaftlichen Veränderung beizutragen**.[717] Ausgeschlossen werden sollten damit zum Beispiel die Nutzung des Geschäftsgeheimnisses als Druckmittel oder eine Offenbarung des Geschäftsgeheimnisses aus Rache.[718] Die Absicht, das allgemeine öffentliche Interesse zu schützen, musste dabei das **dominierende, nicht jedoch das ausschließliche Motiv** sein.[719] Dieses sollte im Rahmen eines gerichtlichen Verfahrens einer Plausibilitätskontrolle unterzogen werden können.[720]

570 In der vom Bundestag verabschiedeten Version fehlt das Merkmal der »Absicht«. Dies wurde in der Begründung nach der Beschlussempfehlung des Ausschusses für Recht und Verbraucherschutz damit begründet, dass der **Gefahr einer »Gesinnungsprüfung«** begegnet werden soll.[721] Die Erlangung, Nutzung oder Offenlegung eines Geschäftsgeheimnisses solle auch beim Vorliegen sog. Mischmotivationen möglich sein.[722] Handelt der Hinweisgeber also auch aus Rache oder finanziellem Interesse, schließt dies die Anwendung des § 5 GeschGehG nicht aus.[723]

---

714 BT-Drucks. 19/8300.
715 Hiéramente, in BeckOK GeschGehG, § 5 Rn 20.
716 Begr zum RegE, BT-Drucks. 19/4724 S. 10.
717 Begr zum RegE, BT-Drucks. 19/4724 S. 29.
718 Begr zum RegE, BT-Drucks. 19/4724 S. 29.
719 Begr zum RegE, BT-Drucks. 19/4724 S. 29.
720 Begr zum RegE, BT-Drucks. 19/4724 S. 29.
721 BT-Drucks. 19/8300 S. 14.
722 BT-Drucks. 19/8300 S. 14; zustimmend Apel/Walling, DB 2019, 891, 897.
723 Hiéramente, in BeckOK GeschGehG, § 5 Rn 26.

571 Nach wie vor ist aber ein subjektives Element erforderlich, da der Hinweisgeber »zur Aufdeckung« eines Fehlverhaltens handeln muss. Es ist aber weder den Gesetzesmaterialen noch dem Gesetzestext eindeutig zu entnehmen, wie weitreichend dieses subjektive Element ist.[724] In der Begründung nach der Beschlussempfehlung des Ausschusses für Recht und Verbraucherschutz heißt es hierzu, die Handlung müsse erfolgen, um das allgemeine öffentliche Interesse zu schützen. So werde noch deutlicher, dass das Geschäftsgeheimnis nur zur Abwehr von tatsächlichen oder gutgläubig angenommenen Verletzungen öffentlicher Verletzungen offengelegt werden darf.[725] Das könnte so verstanden werden, als sollte auch derjenige geschützt werden, der nur **gutgläubig von einem Fehlverhalten und/oder einer rechtswidrigen Handlung ausgeht**, die aber tatsächlich gar nicht vorliegen.[726] In der Begründung heißt es aber weiter, die jeweilige Handlung müsse zudem geeignet sein, das allgemeine öffentliche Interesse zu schützen. Mit dieser Objektivierung werde ErwG 20 der Richtlinie Rechnung getragen, nach dem einerseits Whistleblowing-Aktivitäten nicht eingeschränkt werden sollen und andererseits die rechtswidrige Handlung oder das Fehlverhalten entweder tatsächlich vorliegen muss oder der Hinweisgeber gutgläubig vom Vorliegen dieser Voraussetzungen ausgehen musste und zugleich ein regelwidriges Verhalten, ein Fehlverhalten oder eine illegale Tätigkeit von unmittelbarer Relevanz aufgedeckt wird.[727]

572 Dieser Hinweis ist gleich in mehrfacher Hinsicht widersprüchlich. Zum einen stellt sich die Frage wie bei einem gutgläubigen Whistleblowing »zugleich ein regelwidriges Verhalten, ein Fehlverhalten oder eine illegale Tätigkeit von unmittelbarer Relevanz aufgedeckt« werden können, wenn der Hinweisgeber diese Verhaltensformen ja gerade nur irrigerweise angenommen hat.

573 Zum anderen lässt sich der Begründung entnehmen, dass die Nutzung, Offenlegung oder Erlangung des Geschäftsgeheimnisses stets – also auch bei nur gutgläubiger Annahme eines Fehlverhaltens – **objektiv geeignet** sein muss, das allgemeine öffentliche Interesse zu schützen. Es bleibt ungeklärt, wie eine solche objektive Eignung bestehen kann, wenn tatsächlich weder ein Fehlverhalten noch eine rechtswidrige Handlung vorliegt, sondern der Hinweisgeber diese nur fälschlicherweise angenommen hat.[728] Schließlich überzeugt auch der Hinweis auf ErwG 20 GeschGehRL nicht. Danach sind die zuständigen Gerichte nicht daran gehindert, Ausnahmen von der Anwendung der Maßnahmen, Verfahren und Rechtsbehelfe in den Fällen zuzulassen, in denen der Hinweisgeber allen Grund hatte, in gutem Glauben davon auszugehen, dass sein Verhalten den in der GeschGehRL festgelegten angemessenen Kriterien entspricht. Der Ausnahmetatbestand ist daher nicht schon grundsätzlich bei gutgläubigem Handeln des Hinweisgebers erfüllt. Es soll lediglich den Gerichten die Möglichkeit eingeräumt werden, dies **im Einzelfall zu berücksichtigen**.[729]

574 Gegen eine jedes gutgläubige Verhalten erfassende Auslegung spricht auch die Berücksichtigung der Belange des Geheimnisinhabers. Das **Spannungsverhältnis** zwischen Geheimnisinhaber und Whistleblower wird bei der Frage der irrigen Annahme eines Fehlverhaltens

---

724 Reinfeld, GeschGehG, § 3 Rn 44.
725 BT-Drucks. 19/8300 S. 14.
726 Reinfeld, GeschGehG, § 3 Rn 44.
727 BT-Drucks. 19/8300 S. 14.
728 Hiéramente, in BeckOK GeschGehG, § 5 Rn 34.
729 Hiéramente, in BeckOK GeschGehG, § 5 Rn 34; Alexander, in Köhler/Bornkamm/Feddersen, UWG, § 5 Rn 46.

besonders deutlich. Würde man die gutgläubige Annahme von Fehlverhalten ausreichen lassen, könnte der Geheimnisinhaber vom Hinweisgeber noch nicht einmal die Beseitigung der Beeinträchtigung verlangen, obwohl er sich keines Fehlverhaltens schuldig gemacht hat.

Es ist daher davon auszugehen, dass allein die gutgläubige Annahme eines Fehlverhaltens oder einer rechtswidrigen Handlung den Ausnahmetatbestand des § 5 GeschGehG nicht erfüllt.[730] Allerdings können die Gerichte diesen Umstand im Einzelfall insbesondere über § 9 GeschGehG berücksichtigen.[731] Im strafrechtlichen Kontext ist der (vermeintliche) Hinweisgeber zudem ausreichend über die Irrtumsregeln geschützt. 575

c) Geeignet, das allgemeine öffentliche Interesse zu schützen

Die Nutzung, Erlangung oder Offenlegung des Geschäftsgeheimnisses muss geeignet sein, das allgemeine öffentliche Interesse zu schützen. 576

Dieses Kriterium wurde nachträglich in den Gesetzesentwurf eingefügt[732] und dient insbesondere dazu, **Bagatellfälle** vom Anwendungsbereich auszunehmen.[733] Die Einfügung ist zu begrüßen. 577

Handelt es sich ausschließlich um geringstes Fehlverhalten, muss das Interesse des Geheimnisinhabers an der Geheimhaltung seiner Geschäftsgeheimnisse überwiegen. Dies gilt umso mehr, als der Begriff des sonstigen Fehlverhaltens ohnehin schon sehr weitgehend ist (sh hierzu schon Rdn 554 ff). Zudem gilt es, die Behörden davor zu schützen, dass jede Art von Fehlverhalten angezeigt wird.[734] 578

Sowohl das Gesetz als auch die Begründung des Regierungsentwurfs lassen offen, wann eine Nutzung, Erlangung oder Offenlegung eines Geschäftsgeheimnisses geeignet ist, allgemeine öffentliche Interessen zu schützen. 579

Nach der herrschenden Auffassung in der Literatur ist das Merkmal dann erfüllt, wenn **gewichtige Belange der Allgemeinheit**, wie der Schutz der öffentlichen Sicherheit, der Verbraucherschutz, der Schutz der öffentlichen Gesundheit oder der Umweltschutz[735] oder Individualrechtsgüter mit großer Intensität der Beeinträchtigung (wie bei Arzneimittel- oder Lebensmittelskandalen[736]) berührt sind. Für dieses Verständnis spricht insbesondere die Zielrichtung von Gesetz und Richtlinie, den Geheimnisschutz zu stärken. 580

Allerdings ist nach überzeugender Auffassung ein etwas weiteres Verständnis der Norm richtig. Da es um die Bewertung eines Fehlverhaltens und seiner Bedeutung für die Allgemeinheit geht, liegt ein Vergleich zu den Regelungen zum öffentlichen Interesse in der StPO nahe. So entscheidet das öffentliche Interesse darüber, ob die Staatsanwaltschaft im Falle eines Privatklagedelikts auch ohne Strafantrag Anklage erhebt (§ 376 StPO). Ein öffentliches Interesse ist dort idR dann gegeben, wenn zum einen der Rechtsfrieden über 581

---

730 Wie hier Alexander, AfP 2019, 1, 8; Dann/Markgraf, NJW 2019, 1774, 1777; aA Reinfeld, GeschGehG, § 3 Rn 44.
731 Alexander, AfP 2019, 1, 8.
732 BT-Drucks. 19/8300 S. 14.
733 Hiéramente, in BeckOK GeschGehG, § 5 Rn 34; sh hierzu schon Rdn 566 f.
734 Hiéramente, in BeckOK GeschGehG, § 5 Rn 32.
735 Alexander, in Köhler/Bornkamm/Feddersen, UWG, § 5 Rn 40; Alexander, AfP 2019, 1,7.
736 Schiemann, FS Wessing, 569, 573 schon zur bisherigen Rechtslage.

den **Lebenskreis des Verletzten** hinaus gestört und zum anderen die Strafverfolgung ein **gegenwärtiges Anliegen der Allgemeinheit** ist.[737]

582 Diese Grundsätze lassen sich auf die Definition des Begriffs »allgemeines öffentliches Interesse« in § 5 GeschGehG übertragen. Zwar geht dieser Begriff nach dem Wortlaut durch die Hinzufügung des Wortes »allgemein« über das »öffentliche Interesse« iSd § 376 StPO hinaus. Allerdings muss es sich auch im Rahmen von § 376 StPO um ein »gegenwärtiges Anliegen der Allgemeinheit« handeln, was das Merkmal »allgemein« einschließt. Im Ergebnis bedeutet dies, dass ein allgemeines öffentliches Interesse nach § 5 GeschGehG immer dann besteht, wenn die Erlangung, Nutzung oder Offenlegung eines Geschäftsgeheimnisses nicht nur dem Interesse einer bestimmten Person dient, sondern einem gegenwärtigen Anliegen der Allgemeinheit. Ebenso wie im Rahmen von § 376 StPO können dabei das **Ausmaß der Rechtsverletzung**, **Beweggründe des Geheimnisinhabers** für das Fehlverhalten sowie die **Stellung des Geheimnisinhabers im öffentlichen Leben** eine Rolle spielen.[738] Da der Begriff der Allgemeinheit in § 5 GeschGehG sogar im Wortlaut enthalten ist, spricht zudem viel dafür, dass gerade diesem Merkmal bei der Abwägung eine besondere Bedeutung zukommt. Dieses Verständnis steht im Einklang mit der Gesetzesbegründung, nach der das Fehlverhalten ein »gewisses Gewicht und Ausmaß« haben, nicht aber Belange des Gemeinwohls betreffen muss.

d) Keine weitergehende Verhältnismäßigkeitsprüfung

583 Sind die Tatbestandsvoraussetzungen erfüllt, ist eine Ausnahme von den Handlungsverboten des § 4 GeschGehG gegeben. Eine **weitere Verhältnismäßigkeitsprüfung** sieht das Gesetz nicht vor. Es ist insbesondere kein mehrstufiges System vorgesehen, nach dem sich der Hinweisgeber zunächst an den Geheimnisinhaber selbst wenden muss, bevor er das Geschäftsgeheimnis in die Öffentlichkeit (dh an eine Behörde und/oder an die Presse) gibt.[739]

584 Etwas anderes kann allerdings gelten, wenn es sich bei dem Hinweisgeber um einen Arbeitnehmer des Geschäftsgeheimnisinhabers handelt (sh hierzu ausführlich unter Rdn 586 ff).

e) Besonderheiten des Arbeitsrechts

585 Besonderheiten können sich ergeben, wenn es sich bei dem Hinweisgeber um einen **Arbeitnehmer** handelt. Der Umfang und die Auswirkungen dieser Besonderheiten sind allerding unklar. Unsicherheit besteht insbesondere über die Frage, ob nach der Konzeption des Gesetzes die Ausnahme des § 5 Nr 2 GeschGehG auch Neuerungen bezüglich der bisherigen arbeitsrechtlichen Bewertung des Whistleblowings mit sich bringt.

---

737 Valerius, in BeckOK-StPO, § 376 Rn 2.
738 Vgl hierzu im Rahmen von § 376 StPO: Valerius, in BeckOK-StPO, § 376 Rn 2.
739 Hiéramente, in BeckOK GeschGehG, § 5 Rn 37; Ohly, GRUR 1029, 441; Ullrich, NZWiSt 2019, 65, 69 f.

aa) Zulässigkeit des Whistleblowings nach bisherigem arbeitsrechtlichen Verständnis, insbesondere Drei-Stufen-Modell (innerbetrieblicher Abhilfeversuch)

586 Nach bisheriger Rechtslage, die ua auch auf eine Entscheidung des EGMR zurückgeht,[740] ist Whistleblowing nur unter bestimmten Voraussetzungen zulässig.[741] Die Entscheidung über die Zulässigkeit ist anhand einer **Abwägung zwischen vertraglicher Rücksichtnahmepflicht (Art 12 GG) und staatlich gebilligtem Anzeigerecht** nach Art 2 Abs 1 iVm Art 20 Abs 3 GG zu treffen.[742] Ergibt sich aus dieser Abwägung, dass das Whistleblowing zulässig war, ist der Arbeitnehmer über § 612a BGB vor einer Kündigung geschützt. War das Whistleblowing hingegen unzulässig, sind – je nach Schwere des Verstoßes – arbeitsrechtliche Maßnahmen denkbar. Dies galt sogar dann, wenn das Whistleblowing nur angedroht wird.[743]

587 Im Grundsatz geht die nationale Rspr davon aus, dass eine Anzeige oder Aussage im Ermittlungsverfahren schon aus staatspolitischen Erwägungen heraus zulässig sein muss.[744] Das BAG hat in jüngerer Rspr sogar geurteilt, dass eine Anzeige bei der Staatsanwaltschaft als **Wahrnehmung bürgerlicher Rechte** »im Regelfall« keine eine Kündigung rechtfertigende Pflichtverletzung darstellt, wenn nicht wissentlich unwahre oder leichtfertig falsche Angaben getätigt werden.[745]

588 Gleichwohl gelten gewisse Einschränkungen, die aus der bereits erwähnten **Rücksichtnahme- bzw Treuepflicht** resultieren. Das Whistleblowing darf sich nicht als unverhältnismäßig darstellen.[746] Für diese Bewertung maßgeblich sind die **Berechtigung** der Anzeige, die **Motivation** des Anzeigenden sowie insbesondere die Frage, ob ein **innerbetrieblicher Abhilfeversuch** unternommen wurde.

589 Grundsätzlich gilt dabei ein sog. **Drei-Stufen-Modell**, wonach erst nach dem bereits angesprochenen Abhilfeversuch (1. Stufe) zunächst die zuständigen Behörden einzuschalten sind (2. Stufe). Eine Einschaltung der Öffentlichkeit, namentlich der Presse (3. Stufe), kommt allenfalls dann in Frage, wenn auch die Anzeige bei der Behörde keinen Erfolg bringt (was zunächst abzuwarten ist).[747] Eine solche Vorrangregelung hat teilweise auch gesetzlichen Niederschlag gefunden, so etwa im Arbeitsschutzrecht in § 17 Abs 2 S 2 ArbSchG.[748]

590 Dennoch muss das **Drei-Stufen-Modell nicht ausnahmslos** eingehalten werde. Insbesondere dem innerbetrieblichen Abhilfeversuch kommt kein genereller Vorrang zu.[749] Würde sich der Arbeitnehmer selbst einer Strafverfolgung aussetzen (sh § 138 StGB) oder hat der Arbeitgeber (schwerwiegende) Straftaten begangen, so ist ein innerbetrieblicher Abhilfever-

---

740 EGMR 21.07.2011, 28274/08 = NJW 2011, 3501 – Heinisch.
741 Vgl ausführlich Schmitt, RdA 2017, 365.
742 Reichold, in Münchener Hdb ArbR, Band 1: Individualarbeitsrecht I, § 54 Rn 41.
743 LAG Rheinland-Pfalz 15.05.2014, 5 Sa 60/14 = BeckRS 2014, 70644.
744 BVerfG 02.07.2001, 1 BvR 2049/00 = NJW 2001, 3474.
745 BAG 15.12.2016, 2 AZR 42/16 = NJW 2017, 1833.
746 BAG 03.07.2003, 2 AZR 235/02 = NJW 2004, 1547, 1549.
747 Preis, in Stahlhacke/Preis/Vossen, Kündigungsschutz im Arbeitsverhältnis, § 22 Rn 636.
748 Wiebauer, NZA 2015, 22, 23; zu weiteren Beispielen Vgl Dendorfer-Ditges, in Moll, Münchener Anwaltshandbuch ArbR, § 35 Rn 129.
749 BAG 03.07.2003, 2 AZR 235/02 = NJW 2004, 1547, 1549.

such regelmäßig nicht zumutbar.⁷⁵⁰ Dasselbe gilt, wenn von vornherein offensichtlich ist, dass der innerbetriebliche Abhilfeversuch scheitern würde oder Abhilfe objektiv unmöglich ist.⁷⁵¹ Der EGMR stellt sogar alleine auf das Unmöglichkeitskriterium ab.⁷⁵²

591 Nach der Instanzrechtsprechung muss der eine Strafanzeige erstattende Arbeitnehmer die Wahrheit der Vorwürfe entweder aus eigener Anschauung sicher kennen, oder aber doch zumindest über so gewichtige, objektiv nachprüfbare Anhaltspunkte für die Wahrheit der Vorwürfe verfügen, dass für ihn kein Anlass zu irgendeinem vernünftigen Zweifel an deren Richtigkeit bestehen kann.⁷⁵³ Dieser **strenge Maßstab** belegt, dass es keinen Schutz für gutgläubige Verbreitung von Falschinformationen gibt. Der gute Glaube kann jedoch im Rahmen der Interessenabwägung berücksichtigt werden, wenn es um die Folgen einer nicht gerechtfertigten Strafanzeige geht. Wissentlich oder leichtfertig falsche Angaben sind schließlich immer unzulässig.⁷⁵⁴

592 Weiter zu berücksichtigen ist zum einen, ob dem Whistleblower auch **andere wirksame Mittel** zur Verfügung gestanden hätten. Zum anderen ist das öffentliche Interesse an der Information von Bedeutung.⁷⁵⁵ Zu berücksichtigen ist schließlich das Ausmaß des drohenden Schadens für den Arbeitgeber und ob das dadurch begründete Interesse des Arbeitgebers von dem Interesse an der Weitergabe der Information übertroffen wird.⁷⁵⁶ Irrelevant für die Beurteilung der Zulässigkeit bzw des Vorliegens eines Pflichtverstoßes ist die Stellung des Arbeitnehmers in der Unternehmenshierarchie.⁷⁵⁷ Es kann also nicht argumentiert werden, dass bestimmte Vorgänge den Arbeitnehmer schon aufgrund seiner (untergeordneten) Stellung im Betrieb »gar nichts angingen«.

bb) Abweichungen zu § 5 Nr 2 GeschGehG

593 Die vorstehenden Grundsätze scheinen in zwei Aspekten nicht mit der Regelung des § 5 Nr 2 GeschGehG zu vereinbaren zu sein:

594 Zum einen ist der Tatbestand des § 5 Nr 2 GeschGehG gegenüber den allgemeinen arbeitsrechtlichen Maßstäben geringfügig enger, da er die Eignung zum Schutz eines allgemeinen öffentlichen Interesses fordert.⁷⁵⁸ Eine solche Voraussetzung entspricht nicht der bisherigen Rechtslage, denn danach ist das Ausmaß des Interesses zwar in der Abwägung zu berücksichtigen, aber eben keine generelle Tatbestandsvoraussetzung ist. Auch trifft § 5 Nr 2 GeschGehG keine Aussage darüber, ob die Nutzung, Erlangung oder Offenlegung des Geschäftsgeheimnisses zulässig sein kann, wenn sie **anderen berechtigten Interessen**

---

750 BAG 03.07.2003, 2 AZR 235/02 = NJW 2004, 1547, 1549.
751 Dendorfer-Ditges, in Moll, Münchener Anwaltshandbuch ArbR, § 35 Rn 137.
752 EGMR 21.07.2011, 28274/08 = NJW 2011, 3501, 3503 – Heinisch.
753 LAG Köln 20.02.2014, 7 Sa 1155/09 = BeckRS 2015, 66403; so auch iE EGMR 21.07.2011, 28274/08 = NJW 2011, 3501, 3503 – Heinisch.
754 BAG 15.12.2016, 2 AZR 42/16 = NJW 2017, 1833; BAG 03.07.2003, 2 AZR 235/02 = NJW 2004, 1547, 1549.
755 EGMR 21.07.2011, 28274/08 = NJW 2011, 3501, 3503 – Heinisch.
756 EGMR 21.07.2011, 28274/08 = NJW 2011, 3501, 3503 – Heinisch.
757 BAG 07.12.2006, 2 AZR 400/05 = NJW 2007, 2204.
758 Bauschke, öAT 2019, 133, 135; zum Begriff des allgemeinen öffentlichen Interesses sh Rdn 576 ff.

dient, also zwar schwerwiegenden Interessen, die aber nicht allgemein und öffentlich sind.[759]

Zum anderen ist in § 5 Nr 2 GeschGehG nicht das von der Rspr entwickelte Drei-Stufen-Modell (sh hierzu Rdn 586 ff) angelegt. Es stellt sich daher die Frage, ob dieses weiter Bestand haben soll. 595

cc) Fortgeltung und Übertragbarkeit der bisherigen Rechtslage

Die Antwort wird grundsätzlich durch § 1 Abs 3 Nr 4 GeschGehG vorgegeben, wonach das Gesetz die **Rechte und Pflichten aus dem Arbeitsverhältnis unberührt** lässt. Rein dogmatisch überzeugt dies auch hier, da die Zulässigkeit von Gesetzes wegen und die vertragliche Gestattung nicht identisch sein müssen und § 5 Nr 2 GeschGehG sich nur auf den Tatbestand des § 4 GeschGehG bezieht bzw diesen ausschließt.[760] 596

Allerdings leidet die Vorgabe des § 1 Abs 3 Nr 4 GeschGehG an handwerklichen Unsauberkeiten des Gesetzgebers. Bei strikter Trennung von arbeitsrechtlicher Zulässigkeit einerseits und Bewertung nach dem GeschGehG andererseits können sich **nicht hinnehmbare Wertungswidersprüche** ergeben. Konkret wäre ein Fall denkbar, bei dem ein Interesse vorliegt, das zwar die Anforderungen an die arbeitsrechtliche Zulässigkeit erfüllt, aber kein allgemeines öffentliches Interesse iSd GeschGehG darstellt. Dies würde dazu führen, dass die Handlung zwar arbeitsrechtlich zulässig, jedoch strafbar nach § 23 GeschGehG wäre, und dies obwohl die Straftat zulasten des Arbeitgebers begangen worden wäre. Dies wiederum würde regelmäßig einen Kündigungsgrund begründen, obwohl es hierfür nicht alleine auf die strafrechtliche Bewertung ankommt.[761] Dieser Zirkelschluss kann nicht hingenommen werden, sodass im Ergebnis auch die arbeitsrechtliche Zulässigkeit des Whistleblowings insoweit anhand von § 5 Nr 2 GeschGehG zu beurteilen sein muss. Freilich sind rein praktisch aber nur sehr wenige Fälle denkbar, in denen dies eine Rolle spielen wird. 597

Anders stellt sich dies hingegen für die Anwendbarkeit des **Drei-Stufen-Modells** dar. Dieses findet in Bezug auf die arbeitsrechtliche Bewertung weiterhin Anwendung.[762] Nach überzeugender Auffassung gilt dies jedenfalls für Arbeitnehmer allerdings auch im Rahmen von § 5 Nr 2 GeschGehG selbst, sodass insoweit keine Diskrepanz zwischen GeschGehG und arbeitsrechtlicher Bewertung entsteht.[763] Dies kann entweder damit begründet werden, dass sich stets zwei berechtigte Interessen, nämlich das Geheimhaltungsinteresse des Geheimnisinhabers und das des Whistleblowers gegenüberstehen und somit in Ausgleich gebracht werden müssen,[764] was auch mit europäischen Grundrechtspositionen gestützt 598

---

759 Laut Gesetzesbegründung handelt es sich beim allgemeinen öffentlichen Interesse um die Abwehr von tatsächlichen oder gutgläubig angenommenen Verletzungen oder Gefährdungen öffentlicher Interessen (BT-Drucks. 19/8300 S. 14 bzw die Behebung von Missständen, die zu einer gesellschaftlichen Veränderung beitragen kann, BT-Drucks. 19/4724 S. 29.
760 Naber/Peukert/Seeger, NZA 2019, 583, 583; Pauschke, öAT 2019, 133, 135.
761 BAG 20.08.1997, 2 AZR 620/96 = NJW 1998, 1171.
762 Fuhlrott/Hiéramente DB 2019, 967, 969; Hiéramente, in Fuhlrott/Hiéramente, BeckOK GeschGehG, § 5 Rn 42; Dann/Markgraf, NJW 2019, 1774, 1777.
763 Hiéramente, in Fuhlrott/Hiéramente, BeckOK GeschGehG, § 5 Rn 44 ff; Alexander, in Köhler/Bornkamm/Feddersen, UWG, § 5 Rn 45; Dann/Markgraf, NJW 2019, 1774, 1777; Ohly, GRUR 2019, 441, 448.
764 Dann/Markgraf, NJW 2019, 1774, 1777; Ohly, GRUR 2019, 441, 448.

werden kann,⁷⁶⁵ oder aber mit dem Wortlaut, der ein berechtigtes Interesse vorschreibt, was eine Verhältnismäßigkeitsprüfung beinhalten soll,⁷⁶⁶ da die Berechtigung eines Interesses immer nur an im Raume stehenden Interessen anderer gemessen werden kann. Das Interesse am Whistleblowing ist daher nur dann berechtigt, wenn vorher – soweit zumutbar – das Drei-Stufen-Modell des innerbetrieblichen Abhilfeversuchs durchgeführt worden ist. Vor dem Hintergrund des strafrechtlichen Bestimmtheitsgebots, das über §§ 23, 4 GeschGehG mittelbar betroffen ist, sind insoweit allerdings dogmatische Zweifel naheliegend.⁷⁶⁷ Auch der europäische Gesetzgeber geht aber weiter vom Drei-Stufen-Modell aus, wie sich aus der Whistleblower-RL ergibt.

599 Für Dritte (dh **Nicht-Arbeitnehmer**) wird vertreten, dass das Drei-Stufen-Modell nur im Ausnahmefall anwendbar sei, nämlich wenn sich dies – ebenso wie bei den Arbeitnehmern – aus grundrechtlich geschützten Positionen ergibt.⁷⁶⁸ So unterliegen bspw auch Berater gem. § 241 Abs 2 BGB – wenn auch geringeren – vertraglichen Nebenpflichten, sodass im Einzelfall eine mit Arbeitnehmern vergleichbare Situation angenommen werden kann. Die ansonsten vorzunehmende Unterscheidung zwischen Arbeitnehmern und Nicht-Arbeitnehmern kann schließlich ebenfalls anhand des »berechtigten Interesses« begründet werden.

dd) Gegenausnahme: Whistleblowing im Anwendungsbereich der DSGVO

600 Bislang noch nicht geklärt ist, ob sich die vorstehende Auffassung insbesondere zum Drei-Stufen-Modell sowie zum grundsätzlichen Vorrang des innerbetrieblichen Abhilfeversuchs auch auf Whistleblowing in Bezug auf **datenschutzrechtliche Verstöße** im Anwendungsbereich der DSGVO erstrecken kann. Die DSGVO sieht unmittelbare Beschwerderechte vor (sh Art 77 (1) DSGVO). In diesen ist **keine Subsidiaritätsklausel** enthalten, wie sie im nationalen Recht bspw § 17 Abs 2 Satz 1 ArbSchG kennt,⁷⁶⁹ und von der Rspr ganz allgemein zum Whistleblowing entwickelt wurde. Das Beschwerderecht wird vielmehr ohne besondere Voraussetzungen, dh auch ohne Drei-Stufen-Modell bzw Vorrang innerbetrieblicher Abhilfe gewährt. Im Gegenteil ist es gerade Sinn und Zweck, dass die **Einlegung einer Beschwerde so einfach wie möglich** gehalten werden soll.⁷⁷⁰ Allerdings wird durchaus vertreten, dass der Beschwerdeführer zunächst selbst eine Klärung über das Auskunftsverlangen des Art 15 DSGVO versuchen muss, wenn er keine genauen Angaben zur Beschwerde machen kann.⁷⁷¹

601 Aus dem Fehlen der entsprechenden gesetzlichen Vorgabe könnte der Schluss gezogen werden, dass ein Arbeitnehmer bei (vermuteten) Datenschutzverstößen nicht mehr den innerbetrieblichen Weg gehen bzw überhaupt in Erwägung ziehen muss. Überzeugend erscheint dies allerdings nicht, weil sich die Sachlage nicht anders darstellt als bei sonstigem

---

765 Hiéramente, in Fuhlrott/Hiéramente, BeckOK GeschGehG, § 5 Rn 46.
766 Hiéramente, in Fuhlrott/Hiéramente, BeckOK GeschGehG, § 5 Rn 46.1; laut der Gesetzesbegründung soll über das »berechtigte« Interesse eine an sich nicht vorgesehene Verhältnismäßigkeitsprüfung im Einzelfall ermöglicht werden, BT-Drucks. 19/4724 S. 28.
767 Kritisch zum Wortlaut auch Schreiber, NZWiSt 2019, 332, 336, der allerdings die direkte Offenlegung von Geschäftsgeheimnissen befürchtet.
768 Hiéramente, in Fuhlrott/Hiéramente, BeckOK GeschGehG, § 5 Rn 47.
769 Vgl hierzu Schucht, in Kollmer/Klindt/Schucht, Arbeitsschutzgesetz, § 17 Rn 44 ff.
770 Becker, in Plath, DSGVO/BDSG, Art 77 DSGVO Rn 2 f.
771 Becker, in Plath, DSGVO/BDSG, Art 77 DSGVO Rn 5.

Whistleblowing auch: Rechtsstaatlich motivierte Anzeigen sind grundsätzlich erlaubt, jedoch mit den vertraglichen Treuepflichten abzuwägen. Dieser Grundsatz gilt auch hier.[772] Auch wenn man insoweit eine andere Ansicht vertreten würde, würde dies aber jedenfalls – schon aufgrund des Wortlauts des Art 77 DSGVO (»…wenn die betroffene Person der Ansicht ist, dass die Verarbeitung der sie betreffenden personenbezogenen Daten gegen diese Verordnung verstößt,…«) nur für Verstöße bezüglich eigener Daten gelten, nicht aber für Whistleblowing in Bezug auf Missstände, die (nur) andere Personen betreffen. Dies bedeutet, dass etwa auch der Betriebsrat nicht gleichsam in Vertretung der Betroffenen als Whistleblower handeln darf.[773] Ferner bedeutet dies auch, dass diese Frage eine geringere praktische Relevanz aufweisen wird, da bei Betroffenheit eines einzelnen ein »allgemeines öffentliches Interesse« nur bei besonderen Umständen (besondere Schwere, Vorliegen von Parallelfällen) gegeben ist.

Eine Änderung bringt Art 77 DSGVO allerdings in Bezug auf die Frage mit sich, ob auch der gute Glaube des Whistleblowers ausreicht, oder ob der Verstoß tatsächlich vorliegen muss. Denn gem. Art 77 DSGVO genügt es, wenn der Anzeigende »der Ansicht ist«, es liege ein Missstand vor. Insoweit kommt es also auf eine subjektive Betrachtung an, wobei dieser sicherlich objektive Anhaltspunkte zugrunde liegen müssen. 602

f) Ausblick: Veränderungen durch die WhistleblowerRL

Am 07.10.2019 hat der Europäische Rat der Richtlinie zum Schutz von Personen, die Verstöße gegen das Unionsrecht melden,[774] zugestimmt. Die sog. »Whistleblowerrichtlinie« (WhistleblowerRL) ist von den Mitgliedsstaaten innerhalb von zwei Jahren in nationales Recht umzusetzen. Sie verpflichtet vor allem Arbeitgeber, für Verstöße gegen bestimmte europarechtliche Bestimmungen ein **Hinweisgebersystem einzurichten**, sofern das Unternehmen mehr als 50 Beschäftigte oder einen Umsatz von mehr als EUR 10 Millionen im Jahr macht. Darüber hinaus implementiert sie gewisse Schutzmaßnahmen für Hinweisgeber, die Informationen, die unter den Anwendungsbereich der Richtlinie fallen, offenlegen, sofern diese die Vorgaben der Richtlinie einhalten. 603

In der Literatur wird das Zusammenspiel zwischen WhistleblowerRL und GeschGehRL bzw GeschGehG aufgrund von möglichen Friktionen kritisch betrachtet.[775] Tatsächlich ist allerdings nicht zu erwarten, dass die Umsetzung der Richtlinie große Auswirkungen auf das Verständnis des GeschGehG haben wird. Richtig ist aber, dass die Begriffe des **Whistleblowings der beiden Richtlinien** und damit ihre Voraussetzungen **nicht deckungsgleich** sind. 604

In ErwG 98 der WhistleblowerRL ist allerdings auch schon vorgegeben, wie dieser Widerspruch aufzulösen ist. Handlungen eines Hinweisgebers, die nach der Whistleblowing Richtlinie zulässig sind, müssen zwar nicht auch unter Art 5 lit b) der Richtlinie (EU) 2016/943 fallen. Allerdings regelt die Richtlinie (EU) 2016/943 in **Art 3 Abs 2** auch, dass der Erwerb, die Nutzung oder die Offenlegung eines Geschäftsgeheimnisses insofern als 605

---

772 Wie hier wohl auch Dzida, BB 2018, 2677.
773 Dzida, BB 2018, 2677, 2678.
774 Richtlinie (EU) 2019/1937 des Europäischen Parlaments und des Rates vom 23.10.2019 zum Schutz von Personen, die Verstöße gegen das Unionsrecht melden, Abl L 305/17 vom 26.11.2019.
775 Ullrich, WiJ 2019, 52, 55;

rechtmäßig gilt, als diese Handlungen durch Unionsrecht – also auch durch die WhistleblowerRL – oder nationales Recht vorgeschrieben oder erlaubt ist.

606 Die gleiche Systematik wird auf nationaler Ebene gelten. Die Erlangung, Nutzung oder Offenlegung einer Information, die durch das Umsetzungsgesetz zur WhistleblowerRL geschützt wird, wird über § 3 Abs 2 GeschGehG immer auch eine nach dem GeschGehG **erlaubte Handlung** sein.[776]

607 Umgekehrt sind Handlungen, die nach dem GeschGehG erlaubt sind, nicht auch gleich nach der WhistleblowerRL (bzw dem entsprechenden Umsetzungsgesetz) geschützt. Da der Anwendungsbereich der WhistleblowerRL aber zum einen auch nur ganz bestimmte Handlungen schützen will und zudem diese Richtlinie ausschließlich Schutzmaßnahmen und keine Sanktionen für (vermeintliche) Hinweisgeber regelt, ist diese Diskrepanz jedenfalls für den Rechtsanwender unproblematisch.

4. Offenlegung durch Arbeitnehmer gegenüber der Arbeitnehmervertretung

608 Die Erlangung, Nutzung oder Offenlegung eines Geschäftsgeheimnisses ist zudem nicht nach § 4 GeschGehG verboten, wenn diese im Rahmen der Offenlegung des Arbeitnehmers gegenüber der Arbeitnehmervertretung zu deren Aufgabenwahrnehmung erforderlich ist.

609 Die Bedeutung der Vorschrift dürfte gering sein, denn sie greift nur ein, wenn das Erlangen, Nutzen oder Offenbaren eines Geschäftsgeheimnisses nicht bereits durch arbeitsrechtliche Bestimmungen oder kollektivrechtliche Vereinbarungen gestattet ist, § 3 Abs 2 GeschGehG.[777]

610 Die Vorschrift schützt sowohl den Arbeitnehmer als auch die Arbeitnehmervertretung, setzt allerdings voraus, dass das Verhalten erforderlich ist, damit die Arbeitnehmervertretung ihre Aufgaben erfüllen kann. Diese Voraussetzung ist nicht erfüllt, wenn die Arbeitnehmervertretung im konkreten Fall ihre Aufgaben uneingeschränkt erfüllen kann, ohne dass auf das Geschäftsgeheimnis überhaupt oder in dem in Rede stehenden Umfang zugegriffen werden muss.[778] Hierzu wird vertreten, dass im Interesse eines wirksamen Schutzes der Arbeitnehmerinnen und Arbeitnehmer sowie ihrer Interessenvertreter an die Erforderlichkeit keine zu strengen Anforderungen gestellt werden dürften.[779] Dem ist zu widersprechen. Das Gesetz verlangt, dass die Handlung **erforderlich** ist, nicht nur dienlich oder wünschenswert. Für eine großzügige Auslegung des § 5 Nr 3 GeschGehG besteht vor dem Hintergrund dieses Wortlauts kein Grund. Dies gilt umso mehr im Hinblick auf § 3 Abs 1 Nr 3 GeschGehG, wonach die ohnehin erschöpfenden Informations- und Anhörungsrechte der Arbeitnehmer und die Mitwirkungs- und Mitbestimmungsrechte der Arbeitnehmervertretung bereits als Erlaubnistatbestand ausgestaltet sind (sh hierzu ausführlich Rdn 423 ff). Daneben besteht kein praktisches Bedürfnis für ein extensives Verständnis des § 5 Nr 3 GeschGehG.[780]

---

776 Hiéramente, in Fuhlrott/Hiéramente, BeckOK GeschGehG, § 5 Rn 49; Garden/Hierámente, BB 2019, 963, 967; kritisch Vogel/Poth, CB 2019, 45, 47.
777 McGuire, in Büscher, UWG, § 5 RegE GeschGehG Rn 27; Alexander, in Köhler/Bornkamm/Feddersen, UWG, § 5 GeschGehG Rn 49.
778 Alexander, in Köhler/Bornkamm/Feddersen, UWG, § 5 GeschGehG Rn 54.
779 Alexander, in Köhler/Bornkamm/Feddersen, UWG, § 5 GeschGehG Rn 55;.
780 McGuire, in Büscher, UWG, § 5 RegE GeschGehG Rn 27.

D. Ansprüche bei Rechtsverletzungen

Literatur: *Alexander*, Geheimnisschutz nach dem GeschGehGE und investigativer Journalismus, AfP 2019; *Bodewig*, Praktische Probleme bei der Abwicklung der Rechtsfolgen einer Patentverletzung – Unterlassung, Beseitigung, Auskunft; GRUR 2005, 632; *Böhm/Nestler*, EU-Richtlinie zum Know-how-Schutz: Quantifizierung des Schadensersatzes, GRUR-Prax 2018, 181; *Hiéramente/Golzio*, Die Reform des Geheimnisschutzes aus Sicht der Compliance-Abteilung – Ein Überblick, CCZ 2018, 262; *Jestaedt*, Die Ansprüche auf Rückruf und Entfernen schutzrechtsverletzender Gegenstände aus den Vertriebswegen, GRUR 2009, 102; *Jüngst*, Beseitigungsanspruch nach Ablauf des Patents, in FS 80 Jahre Patentgerichtsbarkeit, S. 221; *Kalbfus*, Rechtsdurchsetzung bei Geheimnisverletzungen – Welchen prozessualen Schutz gewährt das Geschäftsgeheimnisgesetz dem Kläger?, WRP 2019, 692, 693; *Kalbfus*, Zur Rechtsnatur von Geschäftsgeheimnissen: Bringt das Geschäftsgeheimnisgesetz mehr Klarheit?, in FS für Harte-Bavendamm, S. 341; *Kiefer*, Das Geschäftsgeheimnis nach dem Referentenentwurf zum Geschäftsgeheimnisgesetz: Ein Immaterialgüterrecht – Dogmatische Verortung, praktische Konsequenzen und die Frage nach einem zu revidierenden Verständnis des Begriffes »Immaterialgüterrecht«, WRP 2018, 910; *Krasser*, Grundlagen des zivilrechtlichen Schutzes von Geschäfts- und Betriebsgeheimnissen sowie von Know-how, GRUR 1977, 177; *Laoutoumai/Baumfalk*, Probleme im vorprozessualen Verfahren bei der Rechtsverfolgung von Ansprüchen nach dem neuen GeschGehG, WRP 2018, 1300, 1302; *McGuire*, Begriff und Rechtsnatur des Geschäftsgeheimnisses – Über ungeschriebene Unterschiede zwischen altem und neuem Recht, in FS für Harte-Bavendamm, S. 367; *McGuire*, Der Schutz von Know-how im System des Immaterialgüterrechts, GRUR 2016, 1000; *Miosga*, Die Ansprüche auf Rückruf und Entfernen im Recht des geistigen Eigentums, 2010; *Ohly*, Das auf die Verletzung von Geschäftsgeheimnissen anwendbare Recht, in FS für Harte-Bavendamm, S. 385; *Plaß*, Die Rechtsstellung des Markenlizenznehmers nach § 30 III und IV MarkenG, GRUR 2002, 1029; *Raue*, Die dreifache Schadensberechnung, 2017.

I. Einleitung

Das GeschGehG enthält in den §§ 6 ff Regelungen zu den aus einer Verletzung folgenden Ansprüchen. **611**

Vorgesehen sind zum einen Ansprüche, die gegen die Verletzung selbst und auf Beseitigung des verletzenden Zustands gerichtet sind, wie der **Unterlassungs- und Beseitigungsanspruch** nach § 6 GeschGehG, die Ansprüche auf **Vernichtung** nach § 7 Nr 1 und Nr 4 GeschGehG, der Anspruch auf **Rückruf** nach § 7 Nr 2 GeschGehG, der Anspruch auf **Entfernung aus den Vertriebswegen** nach § 7 Nr 3 GeschGehG und der Anspruch auf **Rücknahme rechtsverletzender Produkte vom Markt** nach § 7 Nr 5 GeschGehG. **612**

Zum anderen regelt das Gesetz kompensatorische Ansprüche, nämlich in § 10 GeschGehG einen **Schadensersatzanspruch**, in § 11 GeschGehG einen **Abfindungsanspruch** und in § 13 GeschGehG einen **Restschadensersatzanspruch**. **613**

Der **Auskunftsanspruch** des § 8 GeschGehG dient sowohl der Durchsetzung von Unterlassungs- und Beseitigungsansprüchen als auch der Durchsetzung von Schadensersatzansprüchen. **614**

Außerdem enthält das Gesetz in § 9 GeschGehG einen Anspruchsausschluss bei **Unverhältnismäßigkeit** und in § 14 GeschGehG eine in der Praxis mit hoher Wahrscheinlichkeit wenig relevante Regelung des **Missbrauchsverbots**. **615**

Die Ansprüche der §§ 6 ff GeschGehG entsprechen in ihrer dogmatischen Grundstruktur der Delikthaftung bei unerlaubten Handlungen gem. § 823 ff BGB.[781] Neben den in den **616**

---

[781] Alexander, in Köhler/Bornkamm/Feddersen, UWG, § 6 GeschGehG Rn 2.

§§ 6 ff GeschGehG normierten Ansprüchen kommen Ansprüche nach den allgemeinen Regelungen, insbesondere nach den Vorschriften des Bereicherungsrechts (§§ 812 ff BGB) und des Deliktsrechts (§§ 823 ff BGB) sowie nach § 1004 BGB in Betracht. Unberührt bleiben Ansprüche aus Vertrag bzw quasi-vertragliche Ansprüche, wie bspw Ansprüche aus Geschäftsführung ohne Auftrag.[782] Außerdem können Ansprüche auf Vorlage und Besichtigung nach den §§ 809, 810 BGB begründet sein (sh Kap 2 Rdn 261 ff). Das Geschäftsgeheimnisgesetz verzichtet im Unterschied zu den Gesetzen zum Schutz des geistigen Eigentums auf eine Regelung des Vorlage- und Besichtigungsanspruchs, so dass ein Rückgriff auf die allgemeinen zivilrechtlichen Regelungen erforderlich ist.[783]

II. Intertemporale Anwendbarkeit

617 Zur intertemporalen Anwendbarkeit der §§ 6 ff GeschGehG kann zunächst auf Rdn 18 ff verwiesen werden.

618 Grundsätzlich dürfte sich der **Unterlassungsanspruch** als zukunftsgerichteter Anspruch auch bei Verletzungen unter der Geltung der §§ 17 ff UWG aF nach neuem Recht richten, wobei von einer Kontinuität von Wiederholungs- und Erstbegehungsgefahr auszugehen ist. Komplizierte Abgrenzungsfragen entstehen in Fallgestaltungen, in denen ein Verhalten ehemals unzulässig war, aufgrund einer abweichenden Bewertung des Verhaltens nach neuem Recht aber nun als zulässig angesehen werden kann (bspw in den Reverse-Engineering-Fällen, hierzu sh Rdn 356).

619 Der **Beseitigungsanspruch** richtet sich nach dem zum Verletzungszeitpunkt geltenden Recht. Ist die beanstandete Handlung unter dem neuen Recht nunmehr zulässig, dürfte der Beseitigungsanspruch idR gem. § 9 GeschGehG eingeschränkt oder ausgeschlossen sein.

620 Die **Vernichtungsansprüche** des § 7 Nr 1 und des § 7 Nr 4 GeschGehG sollen einer Vertiefung bereits eingetretener Verletzungen und zukünftigen Verletzungen entgegenwirken. Zu diesem Zwecke knüpfen sie allerdings an einen in der Vergangenheit liegenden geschichtlichen Vorgang an, nämlich an die bereits vorliegende Verletzung. Soweit noch unter Geltung der §§ 17 ff UWG aF ein vergleichbarer Anspruch auf der Basis eines Schadensersatzanspruchs entstanden ist, dürfte dieser durch die Gesetzesänderung nicht ohne Weiteres entfallen. Allerdings lässt sich vertreten, dass die **Durchsetzung der Ansprüche einzuschränken** ist, soweit ein Unterlassungsanspruch nicht mehr mit Erfolg geltend gemacht werden kann und der Verletzer nicht dadurch in ungerechtfertigter Weise bessergestellt wird, dass ihm die Trägermedien oder Verletzungsprodukte belassen werden. Von einer relevanten Besserstellung ist bspw auszugehen, wenn ein Geschäftsgeheimnis noch unter Geltung der §§ 17 ff UWG aF durch (nur) damals unzulässiges Reverse Engineering ermittelt wurde und das Belassen der Trägermedien oder Verletzungsprodukte dem Verletzer einen erheblichen Zeitvorteil überlassen würde oder das Reverse Engineering heutzutage aufgrund zusätzlicher Schutzmaßnahmen des Geheimnisinhabers (wie zB einer Rücknahme der Produkte vom Markt) nicht mehr durchführbar wäre. Soweit unter Geltung der §§ 17 ff UWG aF kein Anspruch auf Herausgabe oder Vernichtung entstanden ist,

---

782 Reinfeld, GeschGehG, § 4 Rn 3; ähnlich wohl im Ergebnis Kalbfus, in FS Harte-Bavendamm, S. 341, 353, der diesen Anspruchsgrundlagen eine praktische Bedeutung abspricht.
783 Vgl Gregor, in BeckOK GeschGehG, § 16 Rn 16; Reinfeld, GeschGehG, § 4 Rn 20; Kalbfus, WRP 2019, 692, 693.

kommt es für das Entstehen der Ansprüche der § 7 Nrn 1, 4 GeschGehG in Altfällen auf eine **fortbestehende Verletzungssituation** an. Da § 7 Nrn 1, 4 GeschGehG keine Vorgaben zur Modalität der Verletzung machen,[784] genügt für das Entstehen der Ansprüche jede Verletzungshandlung (bspw eine bloße Nutzung) ab dem Inkrafttreten des GeschGehG, jedenfalls wenn dem eine unerlaubte Erlangung zugrunde lag.

Dieselben Grundsätze gelten für den **Rückrufanspruch** des § 7 Nr 2 GeschGehG, der idR an eine Nutzungshandlung iSd § 4 Abs 2 oder Abs 3 GeschGehG anknüpft, und den **Anspruch auf dauerhafte Entfernung aus den Vertriebswegen** des § 7 Nr 3 GeschGehG. Die Anwendbarkeit des § 7 Nr 2 GeschGehG und des § 7 Nr 3 GeschGehG bestimmt sich deshalb danach, ob die Nutzungshandlung vor Inkrafttreten des Gesetzes abgeschlossen war oder nicht. Die Gesetzesänderung lässt entstandene Rückruf- und Entfernungsansprüche nicht entfallen. Dies dürfte selbst dann gelten, wenn nach dem GeschGehG kein Rückruf- bzw Entfernungsanspruch zuzuerkennen wäre, bspw weil die den Anspruch auslösende Handlung nicht mehr verboten ist. Die **Durchsetzung des Anspruchs kann aber eingeschränkt sein**, soweit eine Vernichtung der rechtsverletzenden Produkte nicht mehr in Betracht kommt und der Vertrieb der Produkte sofort wieder möglich wäre und der Verletzer durch den Verzicht auf den Rückruf und das Entfernen aus den Vertriebswegen nicht in ungerechtfertigter Weise bessergestellt wird. 621

Für **Auskunftsansprüche** ist zu unterscheiden. Soweit der Auskunftsanspruch der Durchsetzung des Schadensersatzanspruchs dient, richtet sich die Anwendbarkeit des neuen Rechts nach dem auf den Schadensersatzanspruch anwendbaren Recht. Das neue Recht ist danach auf Auskunftszeiträume ab dem Inkrafttreten des GeschGehG anzuwenden. Auf den Zeitpunkt der Rechtsverletzung kommt es insoweit nicht an. Soweit noch unter Geltung der §§ 17 ff UWG aF Auskunftsansprüche entstanden sind, bestehen diese grundsätzlich fort. Wird der Auskunftsanspruch allerdings durch eine Verletzungshandlung ausgelöst, die nach Inkrafttreten des GeschGehG stattgefunden hat, bestimmt sich die Auskunft auch rückwirkend für Zeiten der Geltung des §§ 17 ff UWG aF nach § 8 GeschGehG. Soweit der Auskunftsanspruch der Verhinderung zukünftiger Verletzungen dient, wie bspw die Auskünfte nach § 8 Abs 1 Nrn 3, 4 GeschGehG, dürfte das neue Recht generell auch in Fällen anwendbar sein, in denen die den Auskunftsanspruch begründende Verletzung noch vor dem Inkrafttreten des GeschGehG stattgefunden hat. 622

Im Hinblick auf **Schadensersatzansprüche** sind die Regelungen der §§ 17 ff UWG aF etc heranzuziehen, soweit der haftungsbegründende Sachverhalt vor dem Inkrafttreten des GeschGehG stattgefunden hat. Für Fragen des haftungsausfüllenden Sachverhalts ist grundsätzlich das Recht anwendbar, das zum Zeitpunkt der Haftungsausfüllung in Kraft ist. 623

III. Territoriale Reichweite der Ansprüche

Im Hinblick auf den **Unterlassungsanspruch** ergibt sich die territoriale Reichweite aus dem räumlichen Umfang von Erstbegehungs- und Wiederholungsgefahr auf der einen Seite und der Anwendbarkeit des GeschGehG selbst auf der anderen Seite. Die Anwendbarkeit des GeschGehG richtet sich nach Art 4 Rom II-VO.[785] Soweit eine Handlung 624

---

[784] Alexander, in Köhler/Bornkamm/Feddersen, UWG, § 7 GeschGehG Rn 7; Spieker, in BeckOK GeschGehG, § 7 Rn 13.
[785] Instruktiv hierzu Ohly, in FS für Harte-Bavendamm, S 385 ff.

nach dem zugrunde zu legenden GeschGehG verboten ist, kommt es auf den Begehungsort nicht an. Die Erstbegehungs- bzw Wiederholungsgefahr nach dem GeschGehG kann allerdings nur so weit reichen wie die Verbote des GeschGehG. Ob durch eine Zuwiderhandlung gegen das GeschGehG nach dem Recht anderer Staaten die Voraussetzungen eines dortigen Unterlassungsanspruchs erfüllt werden, richtet sich nicht nach dem GeschGehG. Für **Auskunfts- und Schadensersatzansprüche** gilt Entsprechendes. Soweit eine Handlung den Regelungen des GeschGehG unterfällt, kann sie Auskunfts- und Schadensersatzansprüche auslösen.

625 Entgegen einer in der Literatur vertretenen Auffassung[786] findet der **Herausgabe- und Vernichtungsanspruch** des § 7 Nr 1 GeschGehG nicht lediglich Anwendung auf Medien, die sich im Inland befinden. Für eine solche Einschränkung finden sich keine überzeugenden Argumente. Liegt eine Verletzung iSv § 4 GeschGehG nach dem anzuwendenden deutschen Recht vor, hindert das für den Bereich des Geschäftsgeheimnisschutzes ohnehin ungeregelte **Territorialitätsprinzip** nicht, dass sich Rechtsfolgen auch auf Gegenstände erstrecken, die sich nicht (mehr) im Geltungsbereich des GeschGehG befinden. Dies ist im Ergebnis nicht anders als bei jedem anderen zivilrechtlichen Herausgabeanspruch, der ebenfalls nicht danach unterscheidet, wo sich die herauszugebenden Gegenstände befinden.[787] Durch die Verbringung von das Geschäftsgeheimnis enthaltenden **Trägermedien in das Ausland** kann der Verletzer daher dem Herausgabe- und Vernichtungsanspruch des § 7 Nr 1 GeschGehG nicht entgehen. Dasselbe dürfte für den **Vernichtungsanspruch für rechtsverletzende Produkte** des § 7 Nr 4 GeschGehG gelten.

626 Auch der **Rückrufanspruch** ist nicht auf in Deutschland stattfindende Absatzgeschäfte beschränkt, sondern erfasst alle Geschäfte, **einschließlich Lieferungen im Ausland oder ins Ausland**, die dem GeschGehG unterliegen. Dem Rückrufanspruch steht nach zutreffender Auffassung auch nicht entgegen, dass die Befolgung des Rückrufs keinen inländischen Besitz an den rechtsverletzenden Produkten begründen würde.[788] Das ergibt sich jedenfalls daraus, dass auch der Vernichtungsanspruch nicht voraussetzt, dass sich die zu vernichtenden Gegenstände im Inland befinden.

627 Der **Anspruch auf Entfernung aus den Vertriebswegen** dient der Beseitigung der Verletzungsfolgen und der Verhinderung zukünftiger Verletzungen. Die Vertriebswege enden weder an den deutschen Grenzen noch an den EU-Außengrenzen. Der Anspruch auf Entfernung aus den Vertriebswegen ist deshalb auch bei Herstellung und Vertrieb rechtsverletzender Produkte außerhalb Europas begründet, wenn die zur Herstellung genutzten Geschäftsgeheimnisse unter Verstoß gegen § 4 GeschGehG erlangt, genutzt oder offengelegt wurden.

IV. Aktivlegitimation

628 Die »Verdinglichung« des Geschäftsgeheimnisses wird im Hinblick auf die Aktivlegitimation im Vergleich zum Rechtszustand unter den §§ 17 ff UWG Änderungen mit sich bringen. Nach altem Recht war aktivlegitimiert immer der Rechtsträger des Unternehmens,

---

786 Spieker, in BeckOK GeschGehG, § 7 Rn 3.
787 Unklar hierzu Alexander, in Köhler/Bornkamm/Feddersen, UWG, § 7 GeschGehG Rn 7, mit dem Hinweis darauf, die Vorschrift erstrecke sich auf sämtliche Rechtsverletzungen im sachlichen und persönlichen Anwendungsbereich des GeschGehG.
788 BGH 16.05.2017, X ZR 120/15 = GRUR 2017, 785 – Abdichtsystem.

welches das Geschäftsgeheimnis nutzte und in dessen Sphäre die beschäftigte Person iSd § 17 Abs 1 UWG aF oder ein Dritter durch Handlungen gem. § 17 Abs 2 UWG aF eingriff.[789] Die Position als Inhaber, einfacher oder ausschließlicher Lizenznehmer war hierfür nicht von Bedeutung.

1. Geheimnisinhaber

Nach dem Wortlaut des Gesetzes stehen die aus einer Verletzung folgenden Ansprüche (nur) dem **Inhaber des Geschäftsgeheimnisses** zu. Im Wortlaut unterscheidet sich die Vorschrift damit bspw vom Ansatz des § 139 PatG, der den Unterlassungsanspruch dem Verletzten zuerkennt. Ein Gleichlauf besteht jedoch mit § 14 Abs 5 MarkenG, nach dem auch (nur) der Inhaber der Marke Unterlassungsansprüche geltend machen kann. Eine weitere gesetzgeberische Gestaltungsvariante zeigt § 42 Abs 1 DesignG auf, wonach der Verletzer von dem Rechtsinhaber oder einem anderen Berechtigten (Verletzten) in Anspruch genommen werden kann.

Angesichts des Wortlauts der §§ 6 ff GeschGehG dürften neben dem Inhaber der **ausschließliche** und (erst recht) der **nicht ausschließliche Lizenznehmer keine eigenen Ansprüche** haben. Dies ist zum strukturell vergleichbaren markenrechtlichen Anspruch nach § 14 Abs 5 MarkenG anerkannt.[790] Gegen eine Übertragung dieser Grundsätze auf das Recht des Geschäftsgeheimnisschutzes sprechen keine durchgreifenden Argumente. Hierin besteht ein wesentlicher Unterschied zum früheren Recht, nach dem bspw für die Begründung des Schadensersatzanspruches lediglich erforderlich war, dass das Geschäftsgeheimnis dem Rechtsträger des geschädigten Unternehmens zur berechtigten Nutzung zugeordnet ist. Das umfasste auch einen einfachen Lizenznehmer,[791] der heute nicht mehr aktivlegitimiert ist.

Macht ein Geheimnisinhaber einen Anspruch auf Herausgabe von Trägermedien nach § 7 Nr 1 GeschGehG geltend, deren Eigentümer ein anderer Geheimnisinhaber ist, besteht zwar auch hierfür die Aktivlegitimation. Der Anspruch richtet sich dann aber auf **Herausgabe an den Eigentümer**.

2. Mehrheit von Inhabern

Besondere Probleme werfen Fallgestaltungen auf, in denen Geschäftsgeheimnisse mehreren Inhabern zustehen.

Im Recht des geistigen Eigentums ist anerkannt, dass bei einer Mehrheit von Rechtsinhabern jeder **Mitinhaber** in entsprechender Anwendung von § 744 Abs 2 BGB bzw § 1011 BGB den Unterlassungsanspruch geltend machen kann.[792] Die Anwendbarkeit der §§ 741 ff BGB auf Geschäftsgeheimnisse kann davon abhängen, welche Rechtsnatur man

---

789 Grosch, in Ann/Loschelder/Grosch, PraxisHdb Know-how-Schutz, S. 386.
790 Thiering, in Ströbele/Hacker/Thiering, MarkenG, § 14 Rn 432.
791 Vgl Grosch, in Ann/Loschelder/Grosch, PraxisHdb Know-how-Schutz, Kap 6 A Rn 138.
792 So zum Markenrecht: BGH 24.02.2000, I ZR 168/97, Rn 31 (juris) = GRUR 2000, 1028, 1029 – Ballermann; zum Patentrecht: Kühnen, Hdb PatV, Kap D Rn 135, allerdings unter Verweis auf die Regelung des § 1011 BGB; ebenso zum Designrecht: Eichmann/Jestaedt, in Eichmann/Jestaedt/Fink/Meiser, Designgesetz, GGV, § 7 DesignG Rn 16; aufgrund der Sonderregelung des § 8 UrhG bedarf es eines Rückgriffs auf das Recht der Bruchteilsgemeinschaft nach den §§ 741 ff BGB im Urheberrecht nicht.

dem Geschäftsgeheimnis zuerkennt.[793] Die Bruchteilsgemeinschaft iSd § 741 BGB setzt immer ein Recht voraus, an dem Bruchteile bestehen können.[794] Der Grundfall einer Bruchteilsgemeinschaft ist das Miteigentum iSd §§ 1008 ff. Darüber hinaus können aber auch Forderungen Gegenstand einer Bruchteilsgemeinschaft sein.

634 Selbst wenn man nicht vom Bestehen einer Bruchteilsgemeinschaft ausgeht, ergibt sich die Aktivlegitimation des einzelnen Mitinhabers hinsichtlich des Unterlassungsanspruchs sowie der Beseitigungsansprüche der §§ 6, 7 GeschGehG im Ergebnis jedenfalls aus § 432 BGB, denn die Verpflichtung zur Unterlassung und zur Beseitigung sind auf eine gegenüber sämtlichen Mitinhabern zu erbringende unteilbare Leistung gerichtet.[795] Da die Beseitigungs- und Unterlassungsansprüche ihrer Natur nach nicht gegenüber einer bestimmten Person erfüllt werden und eine Erfüllung des Anspruchs daher immer eine Leistung an alle Gläubiger darstellt, bedarf es keines explizit auf Leistung an sämtliche Geheimnisinhaber gerichteten Antrags. Die Aktivlegitimation für die Geltendmachung von Schadensersatzansprüchen und die Geltendmachung von Schadensersatzansprüchen dienenden Auskunftsansprüchen dürfte in zumindest entsprechender Anwendung von § 744 Abs 1 BGB nur sämtlichen Mitinhabern gemeinsam zustehen.

635 Von der Problematik der Mitinhaberschaft abzugrenzen ist die **parallele Inhaberschaft** von Geschäftsgeheimnissen, bspw aufgrund einer Doppelschöpfung iSv § 3 Abs 1 Nr 1 GeschGehG oder aufgrund einer nicht auf lizenzvertraglicher Grundlage erfolgenden »Vervielfältigung« des Geheimnisses im Konzern. Zutreffend weist McGuire darauf hin, dass in solchen Fallkonstellationen zwar dieselbe Information betroffen sein mag, nicht aber dasselbe Geschäftsgeheimnis.[796] Die Ansprüche der §§ 6 ff GeschGehG bestehen zugunsten des Inhabers gegenüber dem Rechtsverletzer. Aus dieser Verknüpfung von Inhaber und Rechtsverletzer ist zu entnehmen, dass nur derjenige Inhaber aktivlegitimiert ist, dessen Rechte verletzt sind oder verletzt zu werden drohen.

636 Der verletzte Inhaber ist im Falle einer unerlaubten Erlangung von Geschäftsgeheimnissen jedenfalls der Inhaber, in dessen Geheimsphäre der Rechtsverletzer durch eine Handlung nach § 4 Abs 1 GeschGehG eingedrungen ist. Das wird idR derjenige sein, bei dem der Rechtsverletzer sich unbefugten Zugang zu den Informationen verschafft hat, insbesondere dessen Trägermedien er sich unbefugt angeeignet bzw kopiert hat, oder derjenige, auf den sich das sonstige Verhalten iSd § 4 Abs 1 Nr 2 GeschGehG konkret bezog. Ob daneben auch der parallele Inhaber eines identischen Geheimnisses verletzt ist, ist zweifelhaft.

637 Aufgrund der widerrechtlichen Erlangung wird im Normalfall eine Nutzung oder Offenlegung des Geheimnisses drohen. Diese Nutzung oder Offenlegung kann den weiteren Inhaber eines Geheimnisses in derselben Weise betreffen wie denjenigen, bei dem das Geheimnis widerrechtlich erlangt wurde. Zu denken ist an den Einsatz eines geheimen Fertigungsverfahrens, das sowohl beim Unternehmen A als auch, unabhängig davon, beim Unternehmen B entwickelt wurde und das gegenüber dem übrigen Wettbewerb einen

---

793 Dieser Frage kann im Rahmen eines Praktikerhandbuchs nicht im befriedigenden Umfang nachgegangen werden. Im Detail gehen hierauf ua ein Kalbfus, in FS für Harte-Bavendamm, S. 341 ff; Kiefer, WRP 2018, 910 ff; McGuire, in FS für Harte-Bavendamm, S. 367 ff.
794 Schmidt, in MüKo-BGB, § 741 Rn 10.
795 Vgl zum Markenrecht OLG Hamburg 28.01.2019, 8 W 2/19 = BeckRS 2019, 901; vgl Heinemeyer, in MüKo-BGB, § 432 Rn 3 f.
796 McGuire, in FS Harte-Bavendamm, S. 367, 376.

Vorsprung verschafft. Würde nun der Verletzer beim Inhaber A Detailkenntnisse zum Fertigungsverfahren in widerrechtlicher Weise erlangen und diese nutzen bzw sogar offenlegen, wäre nicht nur die Wettbewerbsposition des Geheimnisinhabers A gefährdet, sondern ohne Weiteres auch diejenige des Geheimnisinhabers B. Allerdings ist durch die Rechtsverletzung nicht unmittelbar in die Geheimnissphäre des Geheimnisinhabers B eingegriffen worden.

Aus der Betroffenheit auch des Inhabers B könnte abzuleiten sein, dass auch dieser Unterlassungs- und Beseitigungsansprüche geltend machen können soll. Der Tatbestand des § 4 Abs 2 GeschGehG ist insofern offen, als er die Nutzung und Offenlegung eines Geschäftsgeheimnisses ganz allgemein und nicht nur zugunsten des unmittelbar durch die Erlangung betroffenen Inhabers verbietet, wenn es rechtswidrig erlangt wurde, § 4 Abs 2 Nr 1 GeschGehG, oder wenn ein Nutzungs- bzw Offenlegungsverbot besteht, § 4 Abs 2 Nrn 2, 3 GeschGehG. 638

Geht man mit McGuire davon aus, dass der parallele Inhaber eines Geschäftsgeheimnisses ein eigenes, identisches Geschäftsgeheimnis innehat, dürfte der Schlüssel zur Aktivlegitimation in der Frage liegen, ob mit der drohenden Nutzung und Offenlegung des rechtswidrig erlangten Geschäftsgeheimnisses bzw mit dem Verstoß gegen Nutzungs- und Offenlegungsbeschränkungen, die zugunsten eines Geheimnisinhabers bestehen, auch eine Verletzung des identischen Geschäftsgeheimnisses eines weiteren Geheimnisinhabers drohen kann. Dies dürfte trotz der **Relativität der Schuldverhältnisse** und damit der Nutzungs- und Offenlegungsbeschränkungen idR anzunehmen sein, es sei denn, dass der Verletzer gegenüber dem weiteren Geheimnisinhaber zur Nutzung und Offenlegung des Geheimnisses berechtigt ist, bspw aufgrund einer vertraglichen Vereinbarung. Die Situation ist gekennzeichnet durch die für das Recht des geistigen Eigentums ungewöhnliche, wenn auch nicht völlig unbekannte, eigentümliche Parallelität bzw Vervielfachung der »Schutzrechtspositionen«. Da die §§ 6 und 7 GeschGehG nicht auf den durch eine Handlung nach § 4 GeschGehG unmittelbar verletzten Inhaber des Geschäftsgeheimnisses abstellen, lässt sich vertreten, dass **jeder Inhaber eines betroffenen Geschäftsgeheimnisses** zur Geltendmachung des Anspruchs berechtigt ist. 639

Dasselbe dürfte mit Blick auf § 4 Abs 1 Nr 1 GeschGehG in Fallkonstellationen gelten, in denen keine identischen Geschäftsgeheimnisse betroffen sind, sondern das weitere Geschäftsgeheimnis vom unmittelbar betroffenen nur ableitbar ist. 640

Soweit kompensatorische Ansprüche betroffen sind, ist eine Aktivlegitimation des Inhabers eines Parallelgeheimnisses zwar theoretisch denkbar. Allerdings ist eine Einzelfallprüfung des Verschuldens erforderlich, das sich auch auf die Verletzung des parallelen Geheimnisses beziehen muss. Musste der Verletzer keine Kenntnis von der Beeinträchtigung des parallelen Geheimnisses haben, was der geheimen Natur des Geschäftsgeheimnisses geschuldet regelmäßig der Fall sein wird, fehlt es an einem Verschulden. 641

3. Prozessstandschaft

Zwar sieht das GeschGehG keine dem § 30 Abs 3 MarkenG entsprechende Regelung vor. Daraus ist aber nicht zu schließen, dass die Geltendmachung von Ansprüchen durch Dritte nicht möglich ist.[797] Sowohl für die gerichtliche als auch für die außergerichtliche Geltend- 642

---

[797] Tochtermann, in Büscher, UWG, § 6 RegE GeschGehG Rn 10; Alexander, in Köhler/Bornkamm/Feddersen, UWG, § 6 GeschGehG Rn 13.

machung von Ansprüchen im Wege der Prozessstandschaft bedarf es der **Zustimmung des Rechtsinhabers**.[798] Daneben ist ein eigenes **schutzwürdiges Interesse des Klägers** an der Rechtsverfolgung erforderlich.[799] Ein solches Interesse ist jedenfalls anzunehmen, wenn die Durchsetzung der Ansprüche der Wettbewerbsposition des Klägers zumindest mittelbar zugutekommt.

V. Passivlegitimation

643 Die aus einer Verletzung folgenden Ansprüche richten sich gegen den oder die Rechtsverletzer. Der Rechtsverletzer ist in § 2 Nr 3 GeschGehG definiert. Rechtsverletzer ist jede natürliche oder juristische Person, die einen Verstoß nach § 4 GeschGehG begeht (sh Rdn 299 ff).

644 ▶ In Hinblick auf die Wichtigkeit des Unterlassungsanspruchs für den Bestand des Geschäftsgeheimnisses sollte jeder denkbare Anspruchsgegner des Unterlassungsanspruchs ermittelt werden, auch wenn die durch den betroffenen Anspruchsgegner gegebenenfalls vorgenommenen Verwertungshandlungen unbedeutend erscheinen mögen. Es bedarf deshalb in jedem Einzelfall einer genauen Beurteilung, wer als Haupttäter, Nebentäter oder Teilnehmer als Rechtsverletzer in Betracht kommt.

Eine konsequente Verfolgung von Verletzungen gegenüber sämtlichen Verletzern kann auch als Maßnahme des Geheimnisschutzes im Sinne der Definition des Geschäftsgeheimnisses Bedeutung erlangen.

645 Für die praktische Rechtsanwendung wird in vielen Fällen der Haupttäter, also derjenige, der selbst einen Verstoß gegen § 4 GeschGehG begangen hat, oftmals unkompliziert zu ermitteln sein. Die weitaus kompliziertere Frage ist, welche weiteren Personen oder Unternehmen, die mehr oder weniger am Rande beteiligt waren, als Mittäter, Anstifter oder Gehilfe ebenfalls den Ansprüchen der §§ 6 ff GeschGehG ausgesetzt sind (sh Rdn 308 ff).

646 In einem Fall, in dem der Haupttäter widerrechtlich geheime Konstruktionszeichnungen des Geheimnisinhabers an sich gebracht hat, steht bspw außer Frage, dass gegen diesen Haupttäter Ansprüche begründet sind. Weniger klar ist aber, ob ein Dritter, dem der Haupttäter die auf diese Weise entwendeten Konstruktionszeichnungen zur Fertigung von Einzelteilen überlassen hat, eine eigene Verantwortung treffen und er selbst Anspruchsgegner sein kann. Die Bestimmung der Gehilfen- oder Mittäterposition setzt in diesen Fällen voraus, dass der Beitrag des möglichen Gehilfen oder Mittäters von einem rechtlich indifferenten oder sozialadäquaten Beitrag abgegrenzt werden kann (sh Rdn 311).[800]

647 Beseitigungsansprüche können sich nicht nur auf die §§ 6, 7 GeschGehG stützen, sondern auch auf **andere Rechtsgrundlagen**. Insoweit sind sie nicht zwingend auf den Rechtsverletzer beschränkt. In Betracht kommen insbesondere vertragliche Grundlagen, aber auch bereicherungsrechtliche Ansprüche bzw Ansprüche aus § 1004 BGB (sh Rdn 515 ff, Rdn 846).

648 Für die Ansprüche aus den §§ 6 bis 8 GeschGehG besteht außerdem unter den Voraussetzungen des § 12 GeschGehG eine Haftung und damit eine Passivlegitimation des Unternehmensinhabers (sh Rdn 847 ff). Auf Schadensersatzansprüche erstreckt sich diese Haf-

---

[798] Vgl zum Markenrecht: OLG München 08.08.1996, 6 U 1938/96 = NJW-RR 1997, 1266, 1268 – 1860 München; Plaß, GRUR 2002, 1029, 1035.
[799] BGH 13.10.1994, I ZR 99/92 = GRUR 1995, 54, 57 – Nicoline.
[800] Vgl Kühnen, Hdb PatV, Kap D Rn 186.

tung nicht.[801] Dies gilt jedoch nicht für Fallgestaltungen, in denen neben der Haftung des Beschäftigten oder Beauftragten eine eigene Haftung des Auftraggebers begründet ist, insbesondere wenn dieser die Verletzung selbst veranlasst hat. Eine Zurechnung kommt auch über § 831 Abs 1 Satz 1 BGB für Verrichtungsgehilfen in Betracht.[802] Die Zurechnung des Organverhaltens findet nach den §§ 31, 89 BGB statt (sh Rdn 302).

VI. Anspruch auf Beseitigung und Unterlassung

649 Nach § 6 GeschGehG kann der Inhaber des Geschäftsgeheimnisses den Rechtsverletzer auf Beseitigung der Beeinträchtigung und auf Unterlassung in Anspruch nehmen. Dabei besteht der Anspruch auf Unterlassung sowohl bei Wiederholungsgefahr als auch dann, wenn eine Rechtsverletzung erstmalig droht.

1. Allgemeines

650 Der Anspruch dient der Umsetzung von Art 12 Abs 1 GeschGehRL. Die Regelung des § 6 GeschGehG enthält neben dem Unterlassungsanspruch, vergleichbar mit § 42 Abs 1 DesignG oder § 97 Abs 1 UrhG, einen Beseitigungsanspruch. Allerdings ist auch im Bereich des Patentrechts und des Markenrechts anerkannt, dass neben dem Unterlassungsanspruch bei Verletzung des Schutzrechts ein Beseitigungsanspruch besteht, wobei dieser idR auf § 1004 BGB gestützt wird.[803]

651 Die Durchsetzung von Unterlassungs- und Beseitigungsansprüchen ist im Bereich des Geheimnisschutzes von ganz überragender Bedeutung. Während der Unterlassungs- und der Beseitigungsanspruch bei den klassischen Rechten des geistigen Eigentums den **Verwertungsinteressen** des Inhabers dienen, schützen sie im Bereich des Geschäftsgeheimnisschutzes darüber hinaus die **Integrität des Geheimnisses**. Dieses kann durch die Zuwiderhandlung in seinem Bestand bedroht werden. Es geht deshalb bei der Durchsetzung des Beseitigungs- und Unterlassungsanspruchs nicht nur darum, die wirtschaftliche Verwertung des Geschäftsgeheimnisses dem rechtmäßigen Inhaber des Geschäftsgeheimnisses vorzubehalten, sondern dem Inhaber des Geschäftsgeheimnisses überhaupt den Fortbestand des Geheimnisses zu sichern. Dies wird besonders deutlich in Fällen, in denen die Verletzung in einer unbefugten Offenlegung des Geschäftsgeheimnisses besteht.[804] Der Unterlassungsanspruch soll unter anderem die Marktposition des Geheimnisinhabers wiederherstellen.[805]

---

801 Alexander, in Köhler/Bornkamm/Feddersen, UWG, § 10 GeschGehG Rn 14.
802 Alexander, in Köhler/Bornkamm/Feddersen, UWG, § 10 GeschGehG Rn 15.
803 Zum Patentrecht: Bodewig, GRUR 2005, 635; Grabinski/Zülch, in Benkard, PatG, § 139 Rn 38; Jüngst, in FS 80 Jahre Patentgerichtsbarkeit Düsseldorf, Seite 221; zum Markenrecht: Thiering, in Ströbele/Hacker/Thiering, MarkenG, § 14 Rn 649; vgl aber auch BGH 03.04.2008, I ZR 49/05, Rn 42 (juris) = GRUR 2008, 1002 Rn 42 – Schuhpark, wonach der Beseitigungsanspruch direkt auf § 14 Abs 2 MarkenG zu stützen ist.
804 Vgl zur besonderen Bedeutung des Unterlassungsanspruchs: Spieker, in BeckOK GeschGehG, § 6 Rn 3 f.
805 Tochtermann, in Büscher, UWG, § 6 RegE GeschGehG Rn 1; McGuire, GRUR 2016, 1000, 1007.

2. Voraussetzungen und Umfang des Unterlassungsanspruchs

652 Der Unterlassungsanspruch nach § 6 GeschGehG setzt **Wiederholungs- bzw Erstbegehungsgefahr** voraus. Soweit der Unterlassungsanspruch auf Wiederholungsgefahr gestützt wird, spricht man auch vom Verletzungsunterlassungsanspruch. Soweit er auf eine Erstbegehungsgefahr gestützt ist, handelt es sich um einen vorbeugenden Unterlassungsanspruch.

653 Der vorbeugende Unterlassungsanspruch dürfte von größerer Bedeutung sein als bei Rechten des geistigen Eigentums, da das Geschäftsgeheimnis bereits durch die erstmalige Verletzung in seinem Bestand bedroht sein kann und deshalb ein erhöhtes Interesse des Geheimnisinhabers daran besteht, schon die erstmalige Verletzung zu unterbinden.

a) Verletzungsunterlassungsanspruch

654 Der Verletzungsunterlassungsanspruch ist gerichtet auf Unterlassung der rechtswidrigen Erlangung, Nutzung und/oder Offenlegung des Geschäftsgeheimnisses. **Zentrale Tatbestandsvoraussetzung** des Verletzungsunterlassungsanspruchs ist die **Wiederholungsgefahr**.

655 Als allgemeiner Grundsatz ist anerkannt, dass eine Wiederholungsgefahr dann besteht, wenn bereits eine Rechtsverletzung stattgefunden hat. Die Rechtsverletzung muss nicht schuldhaft vorgefallen sein.[806] Die bereits begangene Verletzung indiziert die Wiederholungsgefahr.[807] Im Falle einer Verletzung wird das Vorliegen der Wiederholungsgefahr widerleglich vermutet.[808] Keinen Aufschluss gibt dieser Grundsatz aber über den **Umfang der** so begründeten **Wiederholungsgefahr**. Darüber hinaus ist ihm nicht zu entnehmen, in welchen Konstellationen eine Wiederholungsgefahr wegfällt.

656 Klar ist, dass für die Begründung der Wiederholungsgefahr zumindest ein Verletzungsfall nachgewiesen werden muss. Gelingt dieser Nachweis, besteht jedenfalls im Hinblick auf eine identische Verletzung (identisches Geschäftsgeheimnis und identische Verletzungsform durch denselben Verletzer) eine Wiederholungsgefahr, die idR nur durch Abgabe einer strafbewehrten Unterlassungserklärung widerlegt werden kann.[809] Von der Erörterung seltener Ausnahmefälle, wie bspw der endgültigen Einstellung des Betriebs des Rechtsverletzers, sei an dieser Stelle einmal abgesehen. Die Wiederholungsgefahr beschränkt sich jedoch nicht auf den nachgewiesenen Verletzungsfall, sondern erfasst auch alle im Kern gleichartigen Verletzungshandlungen.[810]

657 In der Praxis stellen sich hier außerordentlich komplizierte Fragen der Rechtsdurchsetzung, die für die Durchsetzung von Ansprüchen aus Geschäftsgeheimnisverletzungen typisch sind. Auf diese soll im Folgenden eingegangen werden:

---

[806] Vgl Alexander, in Köhler/Bornkamm/Feddersen, UWG, § 6 GeschGehG Rn 15.
[807] Spieker, in BeckOK GeschGehG, § 6 Rn 10; Tochtermann, in Büscher, UWG, § 6 RegE GeschGehG Rn 16, mwN.
[808] Spieker, in BeckOK GeschGehG, § 6 Rn 10.
[809] Tochtermann, in Büscher, UWG, § 6 RegE GeschGehG Rn 16, mwN; Alexander, in Köhler/Bornkamm/Feddersen, UWG, § 6 GeschGehG Rn 34.
[810] BGH 29.04.2010, I ZR 202/07 = GRUR 2010, 749 Rn 42 – Erinnerungswerbung im Internet; BGH 15.12.1999, I ZR 159/97 = GRUR 2000, 337, 338 – Preisknaller; BGH 30.04.2008, I ZR 73/05 = BGH 30.04.2008, I ZR 73/05 = GRUR 2008, 702 Rn 55 – Internet-Versteigerung III.

Zum einen ist zu klären, ob bei einer unzulässigen Erlangung von Geschäftsgeheimnissen **658**
auch im Hinblick auf eine dadurch drohende Nutzung und Offenlegung der Geschäftsgeheimnisse Wiederholungsgefahr anzunehmen ist oder lediglich Erstbegehungsgefahr in Betracht kommen kann. Dieselbe Frage stellt sich im Verhältnis von Offenlegung zu Nutzung und umgekehrt. Es bedarf also einer grundsätzlichen Beurteilung der **Gleichwertigkeit der Verletzungshandlungen** und daraus resultierend der Reichweite der Wiederholungsgefahr.

Zum anderen kann es Fallgestaltungen geben, bei denen **mehrere Geschäftsgeheimnisse** **659**
betroffen sind und die Verletzung eines Geschäftsgeheimnisses auch Ansprüche in Hinblick auf weitere Geschäftsgeheimnisse begründen könnte. Beispielhaft sei eine Fallgestaltung genannt, bei der eine Entwendung einer technischen Zeichnung durch einen Arbeitnehmer nachgewiesen werden kann. Die Frage drängt sich auf, ob und unter welchen Voraussetzungen für die Entwendung weiterer technischer Zeichnungen bei dem Arbeitgeber eine Erstbegehungs- oder Wiederholungsgefahr zu begründen ist. In der Sache stellt sich hier ebenfalls die Frage nach den Charakteristika der Verletzungshandlung und damit erneut die Frage nach der Reichweite der Wiederholungsgefahr.

Für die praktische Rechtsanwendung mag man einwenden, dass es auf die Unterscheidung **660**
zwischen Erstbegehungs- und Wiederholungsgefahr in derartigen Konstellationen nicht entscheidend ankomme, da jede den Unterlassungsanspruch begründet. Jedoch ist die Rechtsdurchsetzung in der Praxis unter dem Gesichtspunkt der Wiederholungsgefahr vorteilhaft, da bei Vorliegen einer Wiederholungsgefahr kaum Raum für die Verteidigung besteht, eine Wiederholung des Vorgehens sei tatsächlich nicht beabsichtigt. Die Begründung der Erstbegehungsgefahr bedarf hingegen höheren Aufwands.

aa) Kernbereich des Unterlassungsanspruchs

Unter dem Stichwort des »Kernbereichs« des Unterlassungsanspruchs lassen sich Fallgestaltungen untersuchen, bei denen eine die Wiederholungsgefahr auslösende Verletzungshandlung in mehr oder weniger identischer Art und Weise erneut stattfindet und untersagt werden soll. Bereits diese Konstellation der identischen oder quasi-identischen weiteren Verletzung wirft ganz erhebliche Schwierigkeiten auf. Es geht dabei um Fallgestaltungen, in denen dasselbe Geheimnis und ihrer Art nach dieselbe Verletzungshandlung betroffen sind, also bspw ein Erlangen, wenn als die Wiederholungsgefahr begründende rechtsverletzende Handlung ebenfalls ein Erlangen nachgewiesen ist, oder eine Nutzung, wenn eine vorangegangene rechtswidrige Nutzung im Raume steht. **661**

(1) Differenzierung innerhalb derselben Verletzungshandlung

Die **verletzenden Handlungsalternativen** der Erlangung und auch der Nutzung sind **662**
denkbar weit. Sie erfassen eine Vielzahl ganz unterschiedlicher Fallgestaltungen. Die Erstreckung der Wiederholungsgefahr auf weitere Angriffsszenarien innerhalb derselben Verletzungshandlung bedarf einer differenzierten Betrachtung.

Erlangung

Für die Erlangung lässt sich die Notwendigkeit einer Differenzierung schon am Tatbestand **663**
des § 4 Abs 1 Nr 1 GeschGehG erahnen, wonach die Erlangung durch unbefugten Zugang zu und unbefugte Aneignung oder unbefugtes Kopieren von Dokumenten, Gegenständen, Materialien, Stoffen oder elektronischen Dateien erfolgen kann. Noch weiter geht § 4

Abs 1 Nr 2 GeschGehG, der auf jedes sonstige Verhalten abstellt, das unter den jeweiligen Umständen nicht dem Grundsatz von Treu und Glauben unter Berücksichtigung der anständigen Marktgepflogenheit entspricht.

664 Die in § 4 Abs 1 Nr 1 GeschGehG genannten, ganz unterschiedlichen Varianten des Erlangens werfen die Frage auf, ob bspw ein Erlangen auf die eine Weise auch Wiederholungsgefahr für ein Erlangen auf eine andere Weise schafft. Begründet also bspw das Erlangen durch unbefugten Zugang zu Dokumenten eine Wiederholungsgefahr auch für ein Erlangen durch eine unbefugte Aneignung von Gegenständen? Die Tathandlungen können sich aufgrund der Breite des Tatbestands erheblich unterscheiden, sodass **Angriffsrichtung und Angriffsintensität** möglicherweise kaum noch vergleichbar sind.

665 Dennoch dürfte sich der Verletzungsunterlassungsanspruch unterschiedslos auf **sämtliche Erlangungsvarianten** beziehen. Wenn also die Verletzung durch unbefugten Zugang zum Betriebsgelände herbeigeführt wurde, sollte sich der Anspruch auf Unterlassung generell auf die Erlangung des Geschäftsgeheimnisses beziehen, sei es durch unbefugten Zugang zum Betriebsgelände oder durch unbefugte Aneignung oder unbefugtes Kopieren von Datenträgern. Zwar mag im Einzelfall eine Erlangungsvariante nicht mehr kerngleich zu der die Wiederholungsgefahr auslösenden Verletzung sein. Dabei dürfte es sich jedoch um ganz seltene Ausnahmefälle handeln, da das **Charakteristische der Verletzungshandlung des Erlangens** in dem unerlaubten Zugriff auf ein fremdes Geschäftsgeheimnis liegt, wobei der Modus des Erlangens in den Hintergrund tritt. Zwischen den verschiedenen Varianten des § 4 Abs 1 GeschGehG besteht dabei auch kein Stufenverhältnis im Sinne verschiedener Schweregrade der Verletzung. Vielmehr dürften alle Varianten des Erlangens **sozialethisch vergleichbar** sein.

Nutzung

666 Komplizierter ist die Situation bei der Nutzung. Während § 4 Abs 1 GeschGehG ausgehend von einem klar definierten Geschäftsgeheimnis lediglich im Hinblick auf verschiedene Arten der Erlangung Fragen aufwirft, kann die Nutzung des Geschäftsgeheimnisses in vielfacher Weise variieren. Sie kann im Hinblick auf betroffene Verletzungsprodukte wechseln. So kann der Verletzer zunächst ein Verletzungsprodukt A in den Verkehr bringen und damit eine Wiederholungsgefahr begründen. Zu beurteilen ist dann, ob diese Wiederholungsgefahr auch ein Verletzungsprodukt B erfasst, das gegenüber dem Verletzungsprodukt A gewisse Abweichungen aufweist, aber dennoch vom Geschäftsgeheimnis des Verletzten Gebrauch macht. Hier geht es also um den möglichen **Wechsel der verletzenden Ausführungsform** (vgl Rdn 674 ff).

667 Darüber hinaus kommt aber auch ein **Wechsel der Nutzungshandlung** in Betracht. Hat bspw der Verletzer zunächst nur rechtsverletzende Produkte für den Eigenverbrauch hergestellt, stellt sich die Frage, ob sich die Wiederholungsgefahr auch auf einen Vertrieb der Produkte erstreckt. Ebenso fragt sich, ob ein zunächst nur als Händler operierender Rechtsverletzer einem gegen das Herstellen der rechtsverletzenden Produkte gerichteten Unterlassungsanspruch ausgesetzt ist. Entsprechendes gilt für andere Benutzungshandlungen. Weitere Differenzierungen sind denkbar im Hinblick auf angesprochene Abnehmergruppen, Vertriebsgebiete oder die Gewerbsmäßigkeit der Nutzung, bspw beim Übergang von der rechtswidrigen Nutzung des Geschäftsgeheimnisses zu reinen Forschungszwecken zur rechtswidrigen kommerziellen Verwertung.

D. Ansprüche bei Rechtsverletzungen

All diese Variationen halten sich innerhalb des Begriffs der rechtsverletzenden Nutzung und damit dem Anschein nach innerhalb der durch eine rechtsverletzende Benutzung begründeten Wiederholungsgefahr. Soweit in den Gesetzen zum Schutz des geistigen Eigentums zwischen verschiedenen Benutzungsformen differenziert wird, bspw im Patentrecht nach § 9 PatG zwischen Herstellen, Anbieten, Inverkehrbringen und Gebrauchen, schließt sich bei der Beurteilung der Begehungsgefahr in Form der Wiederholungsgefahr idR eine differenzierende Betrachtung an.[811] Hat der Verletzer einen verletzenden Gegenstand bisher nur gebraucht (zB zur Fertigung/Bearbeitung von Erzeugnissen in seinem Geschäftsbetrieb), soll bspw ein über das Gebrauchen und den Besitz sowie ggf die Einfuhr zum Zwecke des Gebrauchs hinausgehendes Verbot nicht gerechtfertigt sein.[812] Umgekehrt soll das **Herstellen** einer verletzenden Ausführungsform grundsätzlich auch im Hinblick auf Vertriebshandlungen eine Wiederholungsgefahr begründen.[813] Eine **Vertriebshandlung**, bspw ein Anbieten, wird idR Wiederholungsgefahr für andere Vertriebshandlungen, bspw ein Inverkehrbringen, begründen.[814] Kein qualitativer Sprung dürfte in einer Änderung der Vertriebsgebiete oder der Abnehmerstruktur liegen. Insofern dürfte also die Wiederholungsgefahr nicht infrage stehen. 668

Eine **nicht kommerzielle** Nutzung dürfte hingegen idR keine Wiederholungsgefahr hinsichtlich einer kommerziellen Nutzung begründen, wenn der Betrieb des Verletzers nicht auf eine kommerzielle Nutzung ausgerichtet ist.[815] 669

Diese für gewerbliche Schutzrechte geltenden Grundsätze sind auch auf das GeschGehG zu übertragen. Zwar bestimmt § 6 GeschGehG nur, dass der Inhaber des Geschäftsgeheimnisses den Rechtsverletzer auf Unterlassung in Anspruch nehmen kann; die Vorschrift scheint damit keine Einschränkung auf bestimmte Formen der Verletzung zu verlangen. Allerdings ist der Begriff der Unterlassung nur vor dem Hintergrund der im Raume stehenden Verletzung zu verstehen. Der Regelung des § 6 GeschGehG ist nicht zu entnehmen, dass der in irgendeiner Hinsicht Verletzende in allen Belangen zum Unterlassungsschuldner wird. Einen Anspruch darauf, ganz allgemein Verletzungen des Geschäftsgeheimnisses iSd § 4 GeschGehG zu unterlassen, gibt es deshalb nicht.[816] Ist der Unterlassungsanspruch aber in Bezug auf eine Rechtsverletzung zu verstehen, heißt das nichts anderes, als dass 670

---

811 Kühnen, Hdb PatV, Kap D Rn 330 ff; zum Markenrecht: Thiering, in Ströbele/Hacker/Thiering, MarkenG, § 14 Rn 516; für eine generelle Erstreckung der Wiederholungsgefahr auf sämtliche Benutzungshandlungen BGH 09.11.2017, I ZR 134/16 = GRUR 2018, 417 Rn 56 – Resistograph; BGH 21.10.2015, I ZR 23/14 = GRUR 2016, 197 Rn 47 – Bounty; BGH 23.02.2006, I ZR 272/02 = GRUR 2006, 421 Rn 42 – Markenparfümverkäufe.
812 OLG Düsseldorf, 25.10.2018, I-2 U 30/16 = BeckRS 2018, 34555 Rn 98 f; Kühnen, Hdb PatV, Kap D Rn 330.
813 OLG Düsseldorf 06.04.2017, I-2 U 51/16 = BeckRS 2017, 109833 Rn 105 – Trocknungsanlage.
814 OLG Düsseldorf 06.04.2017, I-2 U 51/16 = BeckRS 2017, 109833 Rn 105 – Trocknungsanlage; aA LG München 21.04.2016, 7 O 16945/15 = BeckRS 2016, 7657, LS 3 – Kommunikationssystem.
815 Zur Maßgeblichkeit der Ausrichtung des Geschäftsbetriebs: OLG Düsseldorf, 25.10.2018, I-2 U 30/16 = BeckRS 2018, 34555 Rn 98 f; Kühnen, Hdb PatV, Kap D Rn 330.
816 Vgl aus prozessualer Sicht: BGH 24.11.1999, I ZR 189/97 = GRUR 2000, 438, 440 – Gesetzeswiederholende Unterlassungsanträge.

sich sein Umfang von der die Wiederholungsgefahr begründenden Rechtsverletzung ableiten lassen muss; dies entspricht den im Wettbewerbsrecht anerkannten Grundsätzen. [817]

671 Der Umfang des Verletzungsunterlassungsanspruchs ist daher **vor dem Hintergrund der konkreten Nutzungshandlung** im Einzelfall zu bestimmen. IdR wird eine Vertriebshandlung Wiederholungsgefahr für jede Art von Vertriebshandlungen begründen, nicht aber für Herstellungshandlungen. Umgekehrt wird sich die durch eine rechtsverletzende Herstellung begründete Wiederholungsgefahr in aller Regel auf anschließende Vertriebshandlungen erstrecken. Ob sich der Verletzungsunterlassungsanspruch auf sonstige Variationen der Nutzungshandlungen erstreckt, bedarf einer Einzelfallbeurteilung.

Offenlegung
672 Ähnliches wie für die Erlangung gilt für die Offenlegung. Die genauen Modalitäten der Offenlegung sind für die Frage der Kerngleichheit des Verstoßes idR nicht entscheidend, da mit verschiedenen Varianten der Offenlegung zumeist keine **Unterschiede in der sozialethischen Tatbewertung** verbunden sind.

673 ▶ Im Verletzungsprozess bedarf es sowohl aus Klägerperspektive als auch aus Beklagtenperspektive einer gründlichen Analyse der Reichweite der Wiederholungsgefahr. Die Verletzlichkeit von Geschäftsgeheimnissen und die mit dem Verletzungsnachweis idR verbundenen Schwierigkeiten veranlassen die Klägerseite häufig zu einer weiten Fassung von Unterlassungsgeboten, die allerdings mit Kostenrisiken verbunden ist.

Auch schon vor Einleitung eines Verletzungsprozesses ist eine genaue Bestimmung der Reichweite der Wiederholungsgefahr erforderlich, wenn mittels Abmahnung eine strafbewehrte Unterlassungserklärung gefordert wird. Soweit dieser Forderung tatsächlich keine Wiederholungsgefahr zugrunde liegt, dürfte ein Anspruch auf Erstattung von Rechtsverfolgungskosten ausscheiden.

(2) Differenzierung hinsichtlich des rechtsverletzenden Produkts

674 Ungeklärt ist auch die Erstreckung der Wiederholungsgefahr von einem Verletzungsprodukt auf ein **neues Verletzungsprodukt**.

675 Eine Übernahme der Grundsätze zu den gewerblichen Schutzrechten ist dabei nicht ohne Weiteres möglich. So ist es nach § 9 PatG einem Dritten verboten, ohne Zustimmung des Patentinhabers ein Erzeugnis, das Gegenstand des Patents ist, herzustellen, anzubieten, in Verkehr zu bringen etc. Das patentrechtliche Verbot setzt also nach dem Wortlaut des Gesetzes am Erzeugnis an. Ähnlich ist die Situation nach § 14 Abs 2 MarkenG, wonach es Dritten untersagt ist, ohne Zustimmung des Inhabers der Marke im geschäftlichen Verkehr in Bezug auf Waren oder Dienstleistungen ein mit der Marke identisches oder ähnliches Zeichen zu benutzen. Auch die markenrechtliche Beurteilung geht von einer Benutzung für einen bestimmten Gegenstand, nämlich für eine Ware oder Dienstleistung aus. Nicht wesentlich anders stellt sich die Lage im Gebrauchsmusterrecht und im Designrecht dar. Bei den gewerblichen Schutzrechten wird in der Regel das **Charakteristische**

---

[817] BGH 29.04.2010, I ZR 202/07 = GRUR 2010, 749 Rn 42 – Erinnerungswerbung im Internet; BGH 15.12.1999, I ZR 159/97 = GRUR 2000, 337, 338 – Preisknaller; BGH 30.04.2008, I ZR 73/05 = BGH 30.04.2008, I ZR 73/05 = GRUR 2008, 702 Rn 55 – Internet-Versteigerung III.

D. Ansprüche bei Rechtsverletzungen

der Verletzungshandlung am hergestellten oder benutzten **Erzeugnis** festzumachen sein (oder an einem geschützten Verfahren).[818]

Dahingegen setzt der Schutz des Geschäftsgeheimnisses am Geheimnis selbst an, nicht am rechtsverletzenden Produkt, ähnlich wie das Urheberrecht an der Nutzung des Werkes unabhängig von einer konkreten Verkörperung ansetzt. Das spricht für eine **Erstreckung der Wiederholungsgefahr auf alternative Verletzungsprodukte**, da auch bei der Nutzung des Geschäftsgeheimnisses für neue Verletzungsprodukte das Charakteristische der Verletzungshandlung erhalten bleibt, nämlich die rechtswidrige Nutzung des Geschäftsgeheimnisses. Natürlich mag es auch hier Fallgestaltungen geben, bei denen aufgrund der Umstände des Einzelfalls eine differenzierende Betrachtungsweise erforderlich ist und die durch eine rechtswidrige Nutzung begründete Wiederholungsgefahr nicht auf die Benutzung für andere Verletzungsprodukte erstreckt werden kann. Dies kann bspw der Fall sein, wenn die neuen Verletzungsprodukte nur noch in geringerem Ausmaß oder in abgewandelter Weise Gebrauch von dem ursprünglich rechtswidrig genutzten Geschäftsgeheimnis machen (sh zur Definition des rechtsverletzenden Produkts und insbesondere dem Kriterium des »Beruhens« Rdn 318 ff). 676

(3) Auswirkungen auf die Tenorierung des Unterlassungsanspruchs

Bei der Tenorierung eines Unterlassungsgebots wirken sich diese Überlegungen zur Reichweite der Wiederholungsgefahr idR nicht aus. Vielmehr ist es zulässig und einzig praktikabel, ohne Rücksicht auf eventuelle Grenzen der Wiederholungsgefahr eine **allgemeine Untersagung der Erlangung, Nutzung und/oder Offenlegung** auszusprechen. Die Reichweite der Wiederholungsgefahr spielt dann aber für die Auslegung des Tenors und das Verständnis des Streitgegenstands eine wesentliche Rolle. Auf dieser Grundlage lässt sich feststellen, ob eine von der die Unterlassung begründende Handlung abweichende Verletzungshandlung unter den Entscheidungstenor fällt. Diese Klärung kann dem Vollstreckungsverfahren vorbehalten bleiben. 677

bb) Erstreckung der Wiederholungsgefahr auf weitere Verletzungshandlungen

Neben einem Unterlassungsgebot für identische oder quasi-identische Verletzungshandlungen kommt gerade im Geschäftsgeheimnisschutz eine Erstreckung der Wiederholungsgefahr auf andere Nutzungshandlungen in Betracht. 678

Generell ist die Rspr hierzu allerdings im Bereich des Rechts des geistigen Eigentums nicht ganz einheitlich. So wird zum Markenrecht vertreten, dass die Verletzung einer Marke einen umfassenden Unterlassungsanspruch auslöse. Hierfür wird insbesondere angeführt, dass sich der Unterlassungsanspruch nach § 14 MarkenG ohnehin regelmäßig auf alle Handlungsmodalitäten erstrecke, denn das Charakteristische der Verletzungshandlung liege markenrechtlich betrachtet in der Benutzung des verletzenden Zeichens.[819] Hiergegen wird zwar vorgebracht, im Hinblick auf andere Handlungsmodalitäten sei in der Sache keine Wiederholungsgefahr begründet, sondern Erstbegehungsgefahr. Die Wiederholungsgefahr 679

---

818 Vgl zum Markenrecht: BGH 05.02.2009, I ZR 167/06 = GRUR 2009, 484 Rn 56 – Metrobus.
819 BGH 21.10.2015, I ZR 23/14 = GRUR 2016, 197 Rn 47 – Bounty; BGH 23.02.2006, I ZR 272/02 = GRUR 2006, 421 Rn 42 – Markenparfümverkäufe; Thiering, in Hacker/Thiering, MarkenG, § 14 Rn 516.

beziehe sich deshalb auch nur auf die konkret betroffenen Handlungsmodalitäten.[820] Ähnliche Unterscheidungen werden im Patentrecht angestellt. Dort wird es nach gängiger Rspr insbesondere des OLG Düsseldorf darauf ankommen, ob ein Verletzer, der patentverletzende Produkte anbietet, nach der Art seines Geschäftsbetriebs auch darauf ausgerichtet ist, zum Herstellen überzugehen.[821]

680 Die Situation im Bereich des Geschäftsgeheimnisschutzes ist eher mit der patentrechtlichen Situation zu vergleichen. Eine Parallele zum Markenrecht drängt sich nicht auf. Tatsächlich liegt im Markenrecht der Schwerpunkt des vorwerfbaren Verhaltens in der Benutzung einer Marke (auf welche Weise auch immer), die im Ergebnis immer eine Kennzeichnung des Produkts oder zumindest eine entsprechende Bewerbung eines Produkts mit der Marke voraussetzt. Dahingegen ist der dem Patent zugrundeliegende Schutz, auch wenn sich § 9 PatG insbesondere auf konkrete Erzeugnisse bezieht, vor dem Hintergrund einer durch das Patent vermittelten technischen Lehre begründet. Der Schutz schlägt sich im Produkt nur nieder. Von dieser technischen Lehre macht der Hersteller eines rechtsverletzenden Produkts in einer ganz anderen Weise Gebrauch als der Händler, was eine Beschränkung der den Händler treffenden Wiederholungsgefahr auf Vertriebsaktivitäten rechtfertigt.

681 Im Recht des Geschäftsgeheimnisschutzes unterscheiden sich die Handlungsalternativen des Erlangens, Nutzens und Offenlegens ganz erheblich voneinander. Dies ergibt sich zwar noch nicht zwingend aus der Regelungsstruktur des § 4 GeschGehG, der die Verletzungshandlungen getrennt voneinander aufführt. Allerdings unterscheiden sich die Angriffsrichtungen der Verletzungshandlungen in der Sache erheblich. Während es beim Erlangen des Geschäftsgeheimnisses um einen verbotenen **Eingriff in die Geheimsphäre** des Inhabers des Geschäftsgeheimnisses geht, richtet sich das Nutzen des Geschäftsgeheimnisses idR auf eine **eigennützige Verwertung** der Informationen. Schließlich ist die **Offenlegung** eines Geschäftsgeheimnisses oftmals mit einer Zerstörung des Geschäftsgeheimnisses verbunden.

682 Wegen dieser unterschiedlichen Angriffsrichtungen ist es nicht ohne Weiteres gerechtfertigt, aus der Verwirklichung einer der genannten Handlungsalternativen auf eine Wiederholungsgefahr im Hinblick auf andere Handlungsalternativen zu schließen. In Ausnahmefällen mag man dies noch für ein rechtswidriges Erlangen im Verhältnis zu einer rechtswidrigen Nutzung oder Offenlegung annehmen, wenn die Erlangung nach dem festgestellten Sachverhalt erster Ausführungsakt eines Gesamttatplans ist, der auf die Nutzung oder Offenlegung abzielt. Dahingegen liegen in aller Regel keine Anhaltspunkte dafür vor, dass ein zu Unrecht genutztes Geschäftsgeheimnis auch offengelegt werden soll.

cc) Erstreckung der Wiederholungsgefahr auf weitere Geschäftsgeheimnisse

683 Es ist nachvollziehbar, dass der Inhaber des Geschäftsgeheimnisses bei Verletzung eines Geheimnisses oftmals vermutet, dass es bei der Verletzung dieses einen Geschäftsgeheimnisses nicht bleiben werde oder geblieben ist, sondern andere im Zusammenhang stehende weitere Geschäftsgeheimnisse ebenfalls betroffen sind oder sein werden. Dies entspricht in der Praxis in einer Vielzahl der Fälle der Realität. Im typischen Verletzungsfall eines (ehe-

---

820 So wohl BGH 22.04.2010, I ZR 17/05 = GRUR 2010, 1103 Rn 22 – Pralinenform II; differenzierend für das Herstellen gegenüber sonstigen Verletzungshandlungen: BGH 28.09.2011, I ZR 23/10 = GRUR 2012, 512 Rn 52 – Kinderwagen.
821 Vgl zusammenfassend Kühnen, Hdb PatV, Kap D Rn 330 ff.

maligen) Mitarbeiters, der beim Verlassen des Unternehmens wertvolle Informationen mitnimmt, um diese im neuen Unternehmen weiterzuverwenden, ist **regelmäßig eine Mehrzahl von Geschäftsgeheimnissen betroffen**.

Die Gerichte tun sich mit der Erstreckung der Wiederholungsgefahr auf weitere Schutzrechte traditionell schwer, auch bei Geschäftsgeheimnissen. Dabei besteht aufgrund der **besonderen Verletzlichkeit des Geschäftsgeheimnisses** ein Bedürfnis für eine solche Erstreckung. 684

Lösungsansätze hat die Rechtsprechung bereits in marken- und wettbewerbsrechtlichen Fallgestaltungen entwickelt. So hat sich der BGH ausgehend von der Entscheidung »Markenparfümverkäufe«[822] für einen umfassenden Schutz ausgesprochen, auch wenn die Verletzung nur im Hinblick auf eine oder wenige Marken oder zwei von vielen Produkten dargelegt war.[823] In der Entscheidung »Markenparfümverkäufe« hat der BGH zunächst ausgeführt, dass der markenrechtliche Unterlassungsanspruch, wenn Wiederholungsgefahr gegeben ist, im Hinblick auf Handlungen verallgemeinert werden kann, die der Verletzungshandlung im Kern gleichartig sind. Konkret entschied der BGH, dass die Verletzung der Marke »Chopard« nicht nur einen sich auf diese Marke beziehenden Unterlassungsanspruch auslöse, sondern auch einen Unterlassungsanspruch in Hinblick auf andere Marken begründen könne, da bei der Fassung eines Unterlassungsantrags im Interesse eines hinreichenden Rechtsschutzes **gewisse Verallgemeinerungen zulässig** seien, sofern auch in dieser verallgemeinerten Form das Charakteristische der konkreten Verletzungsform zum Ausdruck kommt.[824] Zur weiteren Begründung hat sich der BGH dabei insbesondere auf die Lebenserfahrung berufen. Bei der Verletzung von Schutzrechten begründe zwar die Verletzung eines Schutzrechts nicht ohne Weiteres die Vermutung, dass auch andere dem Kläger zustehende oder von ihm berechtigt wahrgenommene Schutzrechte verletzt werden.[825] Im entschiedenen Fall bestand die Praxis des Beklagten aber darin, als Außenseiterhändler verschiedene Luxusduftwässer der Klägerin, die diese über ihr selektives Vertriebssystem absetzte, auf dem Graumarkt zu beschaffen. In einem solchen Fall lag also nach der Auffassung des BGH das Charakteristische der Verletzungshandlung nicht in der Verletzung der konkret betroffenen Marke »Chopard«, sondern genereller in der Verletzung von Luxusmarken der Klägerin in der beschriebenen Weise. 685

Der BGH nimmt damit zu Recht Rücksicht auf das Interesse des Rechtsinhabers an einem **effektiven Rechtsschutz**. Gerade im Bereich des Geschäftsgeheimnisschutzes ist dieses Interesse besonders hoch zu bewerten, da jede Verletzung eines Geschäftsgeheimnisses einen Angriff auf das Geschäftsgeheimnis selbst darstellen kann. Es sollte deshalb in der Praxis besonders genau geprüft werden, ob aus der Verletzungshandlung und der Angriffsrichtung des Täters eine Gefährdung weiterer Geschäftsgeheimnisse abgeleitet werden kann. Dies dürfte in jedem Fall anzunehmen sein, in dem das konkrete, nachweisbar 686

---

822 BGH 23.02.2006, I ZR 272/02 = GRUR 2006, 421 Rn 42 – Markenparfümverkäufe.
823 BGH 30.04.2008, I ZR 73/05 = GRUR 2008, 702 Rn 55 – Internet-Versteigerung III; BGH 23.02.2006, I ZR 272/02 = GRUR 2006, 421 Rn 42 – Markenparfümverkäufe; ähnlich zum Wettbewerbsrecht: BGH 29.04.2010, I ZR 202/07 = GRUR 2010, 749 Rn 42 – Erinnerungswerbung im Internet.
824 BGH 23.02.2006, I ZR 272/02 = GRUR 2006, 421 Rn 39, 42 – Markenparfümverkäufe.
825 BGH 30.04.2008, I ZR 73/05 = GRUR 2008, 702 Rn 55 – Internet-Versteigerung III; BGH 23.02.2006, I ZR 272/02 = GRUR 2006, 421 Rn 40 – Markenparfümverkäufe; ebenso BGH 25.02.1992, X ZR 41/90 = GRUR 1992, 612, 615 – Nicola.

verletzte Geschäftsgeheimnis **nur eine von mehreren Informationen** betrifft, die üblicherweise insgesamt benötigt werden, um erfolgreich Wettbewerb zum Betrieb des Geheimnisinhabers aufzubauen. So wird bspw die Entwendung von Datensätzen oder eines Teils einer Datenbank mit Kundendaten Wiederholungsgefahr auch für die Daten anderer Kunden mit sich bringen, es sei denn, diese Daten stehen in keinem Zusammenhang zueinander. Ebenso dürfte es zu beurteilen sein, wenn sich ein ehemaliger Arbeitnehmer nachweisbar bestimmte Konstruktionsunterlagen verschafft, um auf rechtswidrige Weise ein Reparatur- oder Ersatzteilgeschäft des Geheimnisinhabers übernehmen zu können. In einem solchen Fall wird sich die Wiederholungsgefahr nicht in den konkret betroffenen Konstruktionszeichnungen erschöpfen, sondern sich auf sämtliche Konstruktionszeichnungen erstrecken, die üblicherweise zur umfassenden Erbringung von Wartungs- und Reparaturdienstleistungen erforderlich erscheinen und die üblicherweise zu diesem Zwecke im Unternehmen des Betriebsinhabers im Bestand gehalten werden.

687 In ähnlicher Weise hat der BGH in einer urheberrechtlichen Entscheidung festgehalten, dass die Verletzung eines bestimmten Schutzrechts die Vermutung der Wiederholungsgefahr nicht nur für Verletzungen desselben Schutzrechts, sondern auch für Verletzung anderer Schutzrechte begründen kann, soweit die Verletzungshandlungen trotz Verschiedenheit der Schutzrechte im Kern gleichartig sind.[826] In diesem Fall hatte der BGH die Verwendung von fünf Lichtbildern aus einem Gutachten in einer Restwertbörse im Internet genügen lassen, um auch im Hinblick auf weitere 29 Lichtbilder des Gutachtens von einer Wiederholungsgefahr auszugehen. Der BGH ging in der Entscheidung sogar noch insoweit über die Entscheidung »Markenparfümverkäufe« hinaus, als er neben einem Unterlassungsanspruch auch Ansprüche auf Auskunft und Schadensersatz auf diese möglichen Verletzungshandlungen erstreckte.[827]

688 Genau genommen liegt keine Frage der Erstreckung der Wiederholungsgefahr vor, wenn die Verletzung eines Geschäftsgeheimnisses **gleichzeitig als Verletzung eines umfassenderen Geschäftsgeheimnisses** anzusehen ist. In dem zuvor erwähnten Fall der Entwendung einzelner Kundendaten aus einer Kundendatenbank kann nicht nur eine Verletzung des sich auf die Einzeldaten beziehenden Geschäftsgeheimnisses gesehen werden, sondern auch eine Verletzung des sich auf die gesamte Datenbank beziehenden Geschäftsgeheimnisses. Dies ergibt sich bereits aus der Definition des § 2 Nr 1 GeschGehG, nach der ein Geschäftsgeheimnis eine Information ist, die entweder insgesamt oder in der genauen Anordnung und Zusammensetzung ihrer Bestandteile nicht allgemein bekannt oder ohne Weiteres zugänglich ist. In dem zitierten Fall kann es also sinnvoll sein, den Unterlassungsanspruch auf die Verletzung des die gesamte Kundendatenbank betreffenden Geschäftsgeheimnisses zu stützen und damit auch eine die Kundendatenbank insgesamt erfassende Unterlassungsentscheidung des Gerichts zu erwirken.

689 ▶ Mit einer solchen umfassenderen Definition des Geschäftsgeheimnisses geht nicht zwingend eine Verengung des Unterlassungstenors einher. Anders als bspw im Patentrecht, in dem eine Anhäufung von Merkmalen insgesamt zu einem engeren Schutzbereich führt, und damit auch zu einem engeren Unterlassungstenor, ist der Verletzungstatbestand im Geschäftsgeheimnisrecht vager. Insbesondere die Tathandlung des Nutzens setzt nicht voraus, dass das gesamte Geschäftsgeheimnis genutzt wird.

---

826 BGH 20.06.2013, I ZR 55/12 = GRUR 2013, 1235 Rn 18 – Restwertbörse II.
827 BGH 20.06.2013, I ZR 55/12 = GRUR 2013, 1235 Rn 21 – Restwertbörse II unter Verweis auf BGH 29.04.2010, I ZR 68/08 = GRUR 2010, 623 Rn 51 f – Restwertbörse I.

D. Ansprüche bei Rechtsverletzungen   Kapitel 1

Vielmehr genügt es für ein rechtswidriges und damit auch unter einen Unterlassungstenor fallendes Nutzen eines Geschäftsgeheimnisses, wenn dieses Geschäftsgeheimnis in Teilen verwertet wird. Dies ergibt sich auch aus der Definition des § 2 Nr 4 GeschGehG, wonach ein rechtsverletzendes Produkt schon dann vorliegt, wenn bspw Merkmale, Funktionsweise oder Herstellungsprozess eines Produkts nur in erheblichem Umfang auf einem rechtswidrig erlangten, genutzten oder offengelegten Geschäftsgeheimnis beruhen. Es kommt also für die Definition des rechtsverletzenden Produkts nicht darauf an, dass das Produkt vollständig auf dem Geschäftsgeheimnis oder auf dem vollständigen Geschäftsgeheimnis beruht.

Bei der Antragsformulierung muss allerdings darauf geachtet werden, dass mit dem Antrag **690** keine Verhaltensweisen erfasst werden, die nach dem Geschäftsgeheimnisgesetz bzw auch nach weiteren Regelungen zulässig sind. Allerdings obliegt es dem Beklagten, einem abstrakten Antrag konkret entgegenzutreten, wenn er der Auffassung ist, dass mit dem abstrakt gefassten Antrag einzelne Handlungen unterbunden werden sollen, die er von Rechts wegen vornehmen darf.

Sollen mit der Antragstellung neben dem konkret verletzten Geschäftsgeheimnis weitere **691** Geschäftsgeheimnisse erfasst werden, ist für die Bestimmung des Streitgegenstands und die Bestimmtheit des Antrags iSv § 253 Abs 2 Satz 2 ZPO unbedingt erforderlich, diese weiteren Geschäftsgeheimnisse abgrenzbar zu beschreiben. Eine Antragstellung, die sich lediglich auf »weitere Geschäftsgeheimnisse« des Klägers bezieht, genügt hierfür nicht. Im Beispielsfall der Entwendung von Konstruktionszeichnungen wird es aber genügen können, den Antrag über das Geheimnis in der konkret nachweisbar entwendeten Zeichnung hinaus auf weitere Konstruktionszeichnungen zu erstrecken, welche dieselbe Maschine betreffen, wenn klargestellt wird, welche Konstruktionszeichnungen für eine solche Maschine genutzt werden und dass diese Konstruktionszeichnungen jeweils Geschäftsgeheimnischarakter tragen.

Zur möglichst genauen Abfassung des Unterlassungstenors kann es auch sinnvoll sein, **692** die Benutzung von »**Teilgeschäftsgeheimnissen**« über Insbesondere-Anträge aufzunehmen und so klarzustellen, dass sich der Unterlassungsanspruch und damit auch der Unterlassungstenor auf jedenfalls diese konkret benannten Verletzungsformen beziehen (sh zu Möglichkeiten der Antragsfassung Kap 3 Rdn 117 ff).

b) Vorbeugender Unterlassungsanspruch

Der auf § 6 Satz 2 GeschGehG gestützte vorbeugende Unterlassungsanspruch setzt lediglich **693** voraus, dass die Gefahr einer (erstmaligen) Verletzung besteht (»**Erstbegehungsgefahr**«).

Erstbegehungsgefahr setzt voraus, dass **ernsthafte und greifbare tatsächliche Anhalts- 694 punkte** vorliegen, der Anspruchsgegner werde sich in Zukunft in der näher bezeichneten Weise rechtswidrig verhalten.[828] Die nur abstrakte Möglichkeit von Rechtsverstößen genügt nicht. Rechtsverstöße müssen vielmehr unmittelbar oder in naher Zukunft bevorstehen.[829]

Konkret kann sich die Erstbegehungsgefahr daraus ergeben, dass sich der Anspruchsgegner **695** bereits eine Verletzung des Geschäftsgeheimnisses durch eine andere Handlungsalternative

---

828 Reinfeld, GeschGehG, § 4 Rn 71.
829 Reinfeld, GeschGehG, § 4 Rn 71.

hat zuschulden kommen lassen. So mag im Einzelfall eine Erstbegehungsgefahr für eine Offenlegung begründet sein, wenn der Anspruchsgegner ein Geschäftsgeheimnis rechtswidrig genutzt hat. Ebenso ist es vorstellbar, dass Erstbegehungsgefahr für die Verletzung eines Geschäftsgeheimnisses vorliegt, wenn eine Verletzung eines anderen, damit im Zusammenhang stehenden Geschäftsgeheimnisses stattgefunden hat und nicht ausnahmsweise die Wiederholungsgefahr ohnehin auch die Verletzung weiterer Geschäftsgeheimnisse erfasst (sh hierzu Rdn 683 ff).

696 Darüber hinaus lässt sich die Erstbegehungsgefahr sowohl aus einer **Berührung** des Anspruchsgegners ableiten als auch aus **Vorbereitungsmaßnahmen** für eine tatsächlich geplante Verletzungshandlung. Die Berührung kann dabei zum einen die Inhaberschaft des Geschäftsgeheimnisses betreffen, also Fallgestaltungen, in denen der Anspruchsgegner behauptet, selbst Inhaber des Geschäftsgeheimnisses zu sein und daher mit dem Geschäftsgeheimnis umgehen zu können, wie er es für richtig hält. Zum anderen sind Berührungsfälle denkbar, in denen der Anspruchsgegner das Bestehen des Geschäftsgeheimnisses insgesamt in Abrede stellt, bspw wegen angeblicher Offenkundigkeit der betroffenen Information oder angeblich nicht veranlasster angemessener Geheimhaltungsmaßnahmen, und sich deshalb als zur Nutzung des Geschäftsgeheimnisses berechtigt ansieht. Schließlich sind Fallgestaltungen denkbar, in denen der Anspruchsgegner meint, ihm stehe eine Lizenz oder eine andere Berechtigung zur Nutzung des Geschäftsgeheimnisses zu, zB nach einem der Ausschlusstatbestände des § 5 GeschGehG.

697 Zu beachten ist, dass der Begriff der Nutzung des Geschäftsgeheimnisses sehr breit ist und auch das Vorhalten von Informationen zu Zwecken des Wettbewerbs umfassen kann, wie bspw die Speicherung von Konstruktions- oder Wartungsinformationen zum jederzeitigen Abruf, unabhängig davon, ob es tatsächlich zum Einsatz der Geschäftsgeheimnisse für konkrete Fertigungs- oder Wartungsaufträge kommt. Das Vorhalten der Informationen ermöglicht in solchen Fällen überhaupt erst die Marktteilnahme und die Erstellung entsprechender Angebote und kann durch den so erzeugten Preisdruck bereits bewirken, dass der rechtmäßige Inhaber des Geschäftsgeheimnisses seine Entwicklungsaufwendungen nicht hinreichend amortisieren kann. Dies gilt jedenfalls in Nischenmärkten mit wenigen Marktteilnehmern. Aufgrund des weit zu verstehenden Nutzungsbegriffs sollte im Einzelfall genau geprüft werden, ob eine nach dem Recht des geistigen Eigentums noch als Vorbereitungsmaßnahme empfundene Handlung im Bereich des Geschäftsgeheimnisschutzes bereits als eine Wiederholungsgefahr auslösende Nutzungshandlung einzustufen sein kann (sh hierzu Rdn 496 ff).

c) Wirkungen des Unterlassungsanspruchs

698 In der jüngeren Vergangenheit hat sich eine intensive Diskussion zu der Frage entsponnen, ob der Unterlassungsanspruch eine Verpflichtung umfassen kann, **auf Dritte einzuwirken**, um diese zu einem Tun oder einem Unterlassen anzuhalten. So hat bspw der BGH in seinem Urteil »Luftentfeuchter«[830] ausgeführt, dass ein Unterlassungsschuldner grundsätzlich auch verpflichtet sei, im Rahmen des Möglichen und Zumutbaren auf Dritte einzuwirken, soweit dies zur Beseitigung eines fortdauernden Störungszustands erforderlich ist. Danach müsse ein Schuldner, dem gerichtlich untersagt worden ist, ein Produkt mit einer

---

[830] BGH 04.05.2017, I ZR 208/15 = GRUR 2017, 823 – Luftentfeuchter; vgl auch BGH 18.09.2014, I ZR 76/13 = GRUR 2015, 258 – CT-Paradies.

bestimmten Aufmachung zu vertreiben oder für ein Produkt mit bestimmten Angaben zu werben, grundsätzlich durch einen Rückruf des Produkts dafür sorgen, dass bereits ausgelieferte Produkte von seinen Abnehmern nicht weiter vertrieben werden.[831]

Auch im Bereich des Markenrechts hält der BGH offenbar eine solche **Rückrufverpflichtung als Teil des Unterlassungsanspruchs** für angemessen.[832] Der BGH betont allerdings, dass es gerade im Zusammenhang mit einstweiligen Verfügungsverfahren eine Frage der Vorwegnahme der Hauptsache sei, ob eine solche Rückrufverpflichtung als Teil der Unterlassungsverpflichtung tenoriert und zu verstehen sei. Eine Vorwegnahme der Hauptsache liege aber regelmäßig dann nicht vor, wenn der Schuldner die von ihm vertriebenen Waren aufgrund der ergangenen einstweiligen Verfügung nicht zurückruft, sondern seine Abnehmer lediglich auffordert, die erhaltenen Waren im Hinblick auf die einstweilige Verfügung vorläufig nicht weiter zu vertreiben.[833] Daraus ist auch zu entnehmen, dass im bloßen Anhalten der Ware bei den Abnehmern noch keine vollständige Erfüllung des Unterlassungsanspruchs liegen soll. 699

Der BGH begründet diese Linie unter anderem damit, dass die Rückrufverpflichtung auf der Grundlage des Unterlassungsanspruchs vom spezialgesetzlich geregelten Rückruf inhaltlich zu unterscheiden sei. Der Unterlassungsschuldner sei lediglich verpflichtet, die möglichen, erforderlichen und zumutbaren Maßnahmen zu ergreifen, die der Verhinderung weiterer konkret drohender Verletzungshandlungen dienen. Dagegen könne der Gläubiger eines Rückrufanspruchs den Rückruf schlechthin aller schutzrechtsverletzenden Erzeugnisse verlangen, selbst wenn dieser Rückruf nicht unmittelbar der Verhinderung konkret drohender weiterer Verletzungshandlungen dient.[834] Diese Auffassung überzeugt nicht.[835] 700

Im Bereich des Patentrechts ist die Rechtslage nach wie vor ungeklärt. Der 15. Zivilsenat des OLG Düsseldorf hat der Linie des I. Zivilsenats des BGH in einer jüngeren Entscheidung klar widersprochen.[836] 701

Die verständliche Kritik an der Praxis des I. Zivilsenats des BGH beruht insbesondere darauf, dass die Gewährung eines Rückrufanspruchs als Teil des Unterlassungsanspruchs systematisch nicht mit den eigenständig geregelten Rückrufansprüchen zu vereinbaren sei. Dieselbe Problematik besteht im Ausgangspunkt im Bereich des Geschäftsgeheimnisschutzes mit der Regelung des § 7 GeschGehG, der einen selbstständigen Rückrufanspruch vorsieht (sh Rdn 745 ff). Allerdings dürfte sich die Problematik im Bereich des Geschäftsgeheimnisschutzes dadurch entspannen, dass der **Unterlassungsanspruch** und der **Beseitigungsanspruch** nach § 6 GeschGehG sowie der **Rückrufanspruch** nach § 7 Nr 2 GeschGehG **denselben materiell-rechtlichen Voraussetzungen** unterliegen. Darüber hinaus stehen alle drei Ansprüche unter dem Vorbehalt des § 9 GeschGehG, der Ansprüche bei Unverhältnismäßigkeit ausschließt. Dadurch wird eine Deckungsgleichheit der Rückrufansprüche herbeigeführt, mögen diese nun auf den Beseitigungs-, den Unterlassungs- oder 702

---

831 Vgl auch BGH 29.09.2016, I ZB 34/15 = GRUR 2017, 208 – Rückruf von RESCUE-Produkten.
832 BGH 11.10.2017, I ZB 96/16 = GRUR 2018, 292 – Produkte zur Wundversorgung.
833 BGH 11.10.2017, I ZB 96/16 = GRUR 2018, 292 – Produkte zur Wundversorgung.
834 BGH 11.10.2017, I ZB 96/16 = GRUR 2018, 292 – Produkte zur Wundversorgung.
835 Vgl für eine Zusammenfassung der Kritik statt aller: Bornkamm, in Köhler/Bornkamm/Feddersen, UWG, § 8 Rn 1.82c.
836 OLG Düsseldorf 30.04.2018, I-15 W 9/18 = GRUR 2018, 855 – Rasierklingeneinheiten.

den originären Rückrufanspruch gestützt sein. Die Frage, ob der Unterlassungsanspruch den Rückrufanspruch umfasst, wird sich deshalb in der Praxis für den Bereich des Geschäftsgeheimnisschutzes nicht mehr stellen. Allerdings wird nach wie vor die Frage zu beantworten sein, ob im Zusammenhang mit einer einstweiligen Verfügung durch die Gewährung eines Rückrufanspruchs eine unzulässige Vorwegnahme der Hauptsache eintritt.

d) Erlöschen des Unterlassungsanspruchs

703 Der Unterlassungsanspruch ist zukunftsgerichtet und erlischt durch Zeitablauf für bereits absolvierte Zeitabschnitte ohne Weiteres. Darüber hinaus geht der Anspruch unter, wenn die Voraussetzungen des Geschäftsgeheimnisschutzes entfallen, bspw weil der Rechtsinhaber davon absieht, angemessene Geheimhaltungsmaßnahmen zu implementieren oder weil die zu schützende Information offenkundig geworden ist.

704 Allerdings fragt sich, ob der Unterlassungsanspruch tatsächlich vollständig entfallen kann, wenn die Offenkundigkeit der zu schützenden Information auf ein **rechtsverletzendes Verhalten** des Anspruchsgegners zurückzuführen ist. Zweifel hieran kommen auf, weil auf diese Weise ein Rechtsverletzer durch eine rechtswidrige Offenlegung des Geschäftsgeheimnisses dafür sorgen könnte, das Geschäftsgeheimnis in der Zukunft rechtmäßig zu benutzen. Für den mit der Offenlegung verbundenen Schaden in Form des Verlustes des Geheimnisses müsste er zwar aufkommen (sh hierzu Rdn 818). Das ändert aber nichts daran, dass der Verletzer durch sein rechtswidriges Verhalten den Zugang zum Geschäftsgeheimnis und die Nutzung des Geschäftsgeheimnisses erzwingen und damit dauerhaft in die dem Rechtsinhaber zugewiesene Verwertungsposition eindringen könnte. Ob dieser Eingriff durch die Bemessung des Schadensersatzanspruchs wirksam kompensiert werden kann, ist im Einzelfall kaum abzusehen.

705 Zwar ist es denkbar, dass ein an die zur Offenkundigkeit führende Verletzung anknüpfender **Schadensersatzanspruch** im Wege der **Naturalrestitution** dazu führt, dass eine Nutzung des rechtswidrig offenkundig gemachten Geschäftsgeheimnisses jedenfalls durch den Rechtsverletzer verboten ist. Das Fortbestehen des Unterlassungsanspruchs des § 6 GeschGehG lässt sich damit aber nach dem Wegfall seiner gesetzlichen Voraussetzungen nicht begründen. Der Unterlassungsanspruch des § 6 GeschGehG ist unabhängig von einem Verschulden und muss schon deshalb kompensatorische Gesichtspunkte außer Betracht lassen. Der Unterlassungsanspruch nach § 6 GeschGehG fällt deshalb in jedem Falle weg, sobald die Voraussetzungen des Anspruchs nicht mehr gegeben sind, ganz unabhängig davon, worauf der Wegfall der Voraussetzungen beruht. Über eine **Unterlassungsverpflichtung auf der Basis eines Schadensersatzanspruchs** ist damit indes nichts gesagt.

706 Der Unterlassungsanspruch erlischt auch, wenn die den Unterlassungsanspruch begründende **Wiederholungs- oder Erstbegehungsgefahr wegfällt**, bspw durch Abgabe einer strafbewehrten Unterlassungserklärung. In diesem Falle entsteht allerdings bei Annahme der Unterlassungserklärung eine vertragliche Unterlassungsverpflichtung.[837]

---

837 Vgl zur strafbewehrten Unterlassungserklärung im Detail: Spieker, in BeckOK GeschGehG, § 6 Rn 11 ff.

3. Voraussetzungen und Umfang des Beseitigungsanspruchs

Mit dem Beseitigungsanspruch des § 6 Satz 1 GeschGehG regelt das Gesetz einen teilweise auch im Bereich des klassischen geistigen Eigentums ausdrücklich vorgesehenen Anspruch.[838] Er kann Bedeutung erlangen, wenn die Rechtsverletzung zu einer fortdauernden Störung oder Gefährdung führt, die durch ein bloßes Unterlassen nicht beseitigt wird.[839] Neben dem Unterlassungsanspruch und den konkreteren Ansprüchen des § 7 GeschGehG wird er absehbar eine **geringe praktische Rolle** spielen.[840] Die Voraussetzungen des Beseitigungsanspruchs unterscheiden sich von denen des Unterlassungsanspruchs. Der Beseitigungsanspruch setzt weder Wiederholungs- noch Erstbegehungsgefahr voraus, sondern lediglich eine eingetretene Verletzung.

707

Im Unterschied zum Unterlassungsanspruch setzt der Beseitigungsanspruch voraus, dass eine **zu beseitigende Störung** vorhanden ist.[841] Grundsätzliches Ziel des Beseitigungsanspruchs ist die Herbeiführung des *status quo ante* in der Weise, als sei es nicht zur Beeinträchtigung des Geschäftsgeheimnisses gekommen.[842] In Abgrenzung zu einem auf Naturalrestitution gerichteten Schadensersatzanspruch ist der Beseitigungsanspruch allerdings nicht verschuldensabhängig und kann dementsprechend keinen Sanktionscharakter aufweisen.[843] Darüber hinaus dient der Beseitigungsanspruch nicht der Verhinderung weiterer Verletzungen, sondern er kann lediglich der **Vertiefung bereits entstandener Verletzungen** entgegenwirken, insbesondere der **Vergrößerung des bereits entstandenen Schadens** und dem Eintritt neuer Schäden aufgrund derselben Verletzung, die sich bei ungestörtem Fortgang der Dinge entwickeln würden.[844] Schon deshalb kann auf den Beseitigungsanspruch des § 6 GeschGehG kein Verbot im Sinne einer Naturalrestitution gestützt werden, wonach der Verletzer eines durch die Verletzung offenkundig gewordenen Geschäftsgeheimnisses auch in Zukunft das Geschäftsgeheimnis nicht nutzen darf (sh hierzu auch Rdn 703 ff). Ein solches Verbot würde sich nicht gegen die Vertiefung des bereits durch die Verletzung angerichteten Schadens richten, sondern gegen die neuerliche (nunmehr nur noch vermeintliche) Verletzungshandlung, was nach dem Untergang des Geschäftsgeheimnisses aber allenfalls noch aus Schadensersatzgesichtspunkten gerechtfertigt sein kann (sh hierzu Rdn 818 f).

708

Der Beseitigungsanspruch ist auf geeignete Maßnahmen gerichtet, um den eingetretenen und noch fortdauernden Störungszustand dauerhaft zu beseitigen. Es handelt sich dabei aber nicht um einen allgemeinen und umfassenden Folgenbeseitigungsanspruch.[845] Der Anspruch ist auf Maßnahmen gerichtet, deren Vornahme dem Schuldner tatsächlich und rechtlich möglich ist. In der Wahl der Mittel ist der Schuldner frei, er schuldet lediglich

709

---

838 Vgl § 42 Abs 1 S 1 DesignG und § 97 Abs 1 S 1 UrhG.
839 So zum Urheberrecht: v. Wolff, in Wandtke/Bullinger, UrhG, § 97 Rn 42.
840 Dies entspricht der Beobachtung insb zum designrechtlichen Beseitigungsanspruch von Eichmann/Jestaedt, in Fink/Meiser/Eichmann/Jestaedt, DesignG § 42 Rn 16.
841 Reinfeld, GeschGehG, § 4 Rn 40.
842 Spieker, in BeckOK GeschGehG, § 6 Rn 27.
843 Spieker, in BeckOK GeschGehG, § 6 Rn 27; zum Urheberrecht: v. Wolff, in Wandtke/Bullinger, UrhG, § 97 Rn 43.
844 V. Wolff, in Wandtke/Bullinger, UrhG, § 97 Rn 43.
845 Alexander, in Köhler/Bornkamm/Feddersen, UWG, § 6 GeschGehG Rn 27.

den **Beseitigungserfolg**. Eine bestimmte Beseitigungsmaßnahme kann nur verlangt werden, wenn keine andere in Frage kommt.[846]

710 Als Beispiel für die Anwendung des Beseitigungsanspruchs sei eine rechtswidrige Offenlegung genannt, die dadurch beseitigt werden kann, dass eine Publikation von einer Internetseite gelöscht wird.[847] Bereits in dieser Gestaltung ist aber die trennscharfe Abgrenzung zum Unterlassungs- sowie zum Herausgabe- und Vernichtungsanspruch des § 7 Nr 1 GeschGehG kaum möglich.

VII. Vernichtung, Herausgabe, Rückruf, Entfernung und Rücknahme vom Markt

711 Ansprüche des Verletzten auf Vernichtung, Herausgabe, Rückruf, Entfernung und Rücknahme vom Markt sind in § 7 GeschGehG geregelt.

1. Einleitung

712 Die Ansprüche des § 7 GeschGehG sollen einen **Annex zu den allgemeinen Ansprüchen auf Beseitigung und Unterlassung nach § 6 GeschGehG** darstellen.[848]

713 Während die Ansprüche nach § 7 Nrn 2 bis 5 GeschGehG im Allgemeinen den Regelungen in §§ 98 UrhG, § 43 DesignG, § 140a PatG und § 18 MarkenG ähneln, existiert für den Anspruch auf Vernichtung bzw Herausgabe der Trägermedien nach § 7 Nr 1 GeschGehG in den Sondergesetzen kein unmittelbar vergleichbarer Anspruch.[849] Am ehesten mit § 7 Nr 1 GeschGehG vergleichbar sind noch die Regelungen der §§ 98 Abs 1 Satz 2 UrhG, 43 Abs 1 Satz 2 DesignG, 140a Abs 2 PatG und 18 Abs 1 Satz 2 MarkenG, nach denen der Vernichtungsanspruch auch auf die im Eigentum des Verletzers stehenden Materialien und Geräte erstreckt werden kann, die vorwiegend zur Herstellung von Verletzungsprodukten gedient haben. Diesen Normen ist im Unterschied zu § 7 Nr 1 GeschGehG aber gemein, dass sie an die Herstellung von Verletzungsprodukten anknüpfen, während § 7 Nr 1 GeschGehG eine solche Voraussetzung nicht aufstellt. Vielmehr dient die Vorschrift der **Beseitigung des Störungszustandes**, der bereits mit der unerlaubten Erlangung des Geschäftsgeheimnisses entstanden ist und mit der Vervielfältigung des Geschäftsgeheimnisses auf eigene Trägermedien vertieft worden sein kann. Die Rechtsverletzung muss nicht schuldhaft vorgefallen sein.[850]

714 Die Voraussetzungen des § 7 GeschGehG richten sich im Ausgangspunkt nach den Voraussetzungen des Unterlassungs- und Beseitigungsanspruchs iSd § 6 GeschGehG.[851] Allerdings setzt der Anspruch nicht voraus, dass ein Unterlassungsanspruch tatsächlich besteht. So kommen Ansprüche nach § 7 GeschGehG auch dann in Betracht, wenn der Unterlassungsanspruch des § 6 GeschGehG nach § 9 GeschGehG ausgeschlossen ist.

715 Nach dem Wortlaut der Vorschrift kann der **Inhaber des Geschäftsgeheimnisses** den **Rechtsverletzer** in Anspruch nehmen. Die Regelung des § 7 GeschGehG knüpft damit

---

846 V. Wolff, in Wandtke/Bullinger, UrhG, § 97 Rn 43.
847 Begr zum RegE, BT-Drucks. 19/4274 S. 30; Alexander, in Köhler/Bornkamm/Feddersen, UWG, § 6 Rn 29.
848 Tochtermann, in Büscher, UWG, § 7 RegE GeschGehG Rn 1.
849 Tochtermann, in Büscher, UWG, § 7 RegE GeschGehG Rn 1.
850 Vgl Alexander, in Köhler/Bornkamm/Feddersen, UWG, § 7 GeschGehG Rn 15.
851 Tochtermann, in Büscher, UWG, § 7 RegE GeschGehG Rn 6.

D. Ansprüche bei Rechtsverletzungen

an die Definitionen des § 2 GeschGehG an, ohne eine konkrete Verletzungshandlung zu verlangen. Die Regelungstechnik unterscheidet sich insofern nicht wesentlich von der in den §§ 98 UrhG, 43 DesignG, 140a PatG und 18 MarkenG, die ebenfalls lediglich eine Rechtsfolgenanordnung treffen, ohne noch einmal konkrete Tatbestandsvoraussetzungen aufzustellen.

2. Herausgabe und Vernichtung von Trägermedien

a) Voraussetzung des Herausgabe- und Vernichtungsanspruchs

Voraussetzung für den Herausgabe- und Vernichtungsanspruch ist das Vorliegen einer Rechtsverletzung, wobei **jegliche Rechtsverletzung** iSd § 4 GeschGehG genügen soll.[852] Das ist jedoch in dieser Allgemeinheit zu hinterfragen. Versteht man § 7 Nr 1 GeschGehG zutreffend als Anspruch, der auf die Beseitigung eines Störungszustands gerichtet ist, darf er keine Anwendung finden, wenn der Verletzer zum Besitz der in Rede stehenden Trägermedien mit dem konkreten Inhalt berechtigt ist. Der Anspruch nach § 7 Nr 1 GeschGehG bedarf deshalb für Fallgestaltungen besonderer Begründung, in denen die Verletzungshandlung eine Nutzung oder Offenlegung nach § 4 Abs 2 GeschGehG gewesen ist, ohne dass eine rechtswidrige Erlangung vorlag. 716

Die Erstreckung des Tatbestands auch auf der Erlangung nachgelagerte Verletzungshandlungen würde im Ergebnis dazu führen, dass vorrangig vertragsrechtlich zu begründende Ansprüche (wie bspw ein vertraglicher Anspruch auf Herausgabe der Trägermedien nach außerordentlicher Kündigung eines zum Besitz des Geschäftsgeheimnisses berechtigenden Vertrags) durch den gesetzlichen Herausgabe- und Vernichtungsanspruch des § 7 Nr 1 GeschGehG überlagert würden. Diese Folge erscheint im Interesse eines umfassenden Anspruchsarsenals des Geheimnisinhabers als angemessen. 717

▸ Die Voraussetzungen des Anspruchs nach § 7 Nr 1 GeschGehG und seine Konkurrenz zu vertraglichen oder sonstigen Gestattungen können noch nicht als abschließend geklärt angesehen werden. In allen Fällen, in denen eine vertragliche Beziehung zum Verletzer besteht oder zumindest in Betracht kommt, sollte der Geheimnisinhaber prüfen, ob eine Kündigung der vertraglichen Beziehung erforderlich ist, um den Zugriff auf die Trägermedien zu erhalten. Durch eine rechtzeitige Kündigung vermeidet der Geheimnisinhaber das Verteidigungsargument, dass der Anspruch aus § 7 Nr 1 GeschGehG an der vorrangig zu beachtenden vertraglichen Lage scheitern müsse. 718

b) Rechtsfolge

Der Rechtsinhaber hat ein **Wahlrecht** zwischen Herausgabe und Vernichtung. Sein Anspruch bezieht sich auf die **Herausgabe** und **Vernichtung** von Dokumenten, Gegenständen, Materialien, Stoffen oder elektronischen Dateien, die im Besitz oder Eigentum des Verletzers stehen. 719

aa) Wahlrecht zwischen Herausgabe und Vernichtung

Nach § 7 Nr 1 GeschGehG kann der Inhaber des Geschäftsgeheimnisses den Rechtsverletzer auf Vernichtung oder Herausgabe der dort näher bezeichneten Gegenstände in Anspruch nehmen. Die Vorschrift enthält keine Aussage darüber, wem dabei das Wahlrecht 720

---

852 Alexander, in Köhler/Bornkamm/Feddersen, UWG, § 7 GeschGehG Rn 7; Spieker, in BeckOK GeschGehG, § 7 Rn 13.

zustehen soll. Nach § 262 BGB steht das **Wahlrecht im Zweifel dem Schuldner** zu, wenn mehrere Leistungen in der Weise geschuldet werden, dass nur die eine oder die andere zu bewirken ist. In der Literatur wird bislang, soweit ersichtlich, einhellig vertreten, dass das Wahlrecht dem Inhaber des Geschäftsgeheimnisses zustehen soll.[853] Eine Begründung hierfür ist bislang aber nicht gegeben worden. Im Hinblick auf das Wahlrecht des § 140a Abs 3 PatG hat der BGH ohne nähere Begründung angenommen, dass dieses dem Gläubiger zustehe.[854] Hieraus ist für das Wahlrecht des § 7 Nr 1 GeschGehG schon deshalb kaum etwas abzuleiten, weil der BGH im Hinblick auf § 140a Abs 3 PatG im Ergebnis eine kumulative Geltendmachung beider Ansprüche zugelassen hat.[855] Dies dürfte für § 7 Nr 1 GeschGehG ausgeschlossen sein.

721 Keinen Aufschluss gibt Art 12 (1) lit d) GeschGehRL. Danach haben die Mitgliedsstaaten sicherzustellen, dass in Fällen einer Rechtsverletzung die Vernichtung der Gesamtheit oder eines Teils der das Geschäftsgeheimnis enthaltenden Medien oder »gegebenenfalls« die Herausgabe dieser Medien angeordnet wird. In welchem Verhältnis Vernichtung und Herausgabe zueinander stehen, ergibt sich daraus nicht. Auch die Begründung des Regierungsentwurfs schweigt zu dieser Fragestellung.[856]

722 Dabei ist es nicht selbstverständlich, dem Gläubiger in jedem Falle nach seiner Wahl statt des Vernichtungsanspruchs einen Herausgabeanspruch zuzuerkennen. Insbesondere in Fällen, in denen das Geschäftsgeheimnis auf den Trägermedien des Verletzers in abgewandelter Form oder iVm eigenen Entwicklungen des Verletzers vorliegt, oder in Fällen, in denen die Trägermedien selbst über einen erheblichen Sachwert verfügen, kann die Herausgabe der Medien zu einer Bereicherung des Geheimnisinhabers führen. Dies gilt insbesondere, weil der Geheimnisinhaber nicht zur Vernichtung verpflichtet ist, sondern die Medien in beliebiger Weise weiterverwenden darf. Dass diese Problematik über § 9 Nr 5 GeschGehG hinreichend berücksichtigt wird, darf bezweifelt werden.

723 Vor diesem Hintergrund und insbesondere in Anbetracht des schutzwürdigen Interesses des Geheimnisinhabers an einer vollständigen und nachvollziehbaren Beseitigung der Geschäftsgeheimnisse beim Verletzer liegt es zwar nahe, das Wahlrecht dem Inhaber des Geschäftsgeheimnisses zuzuerkennen. Im Hinblick auf die Regelung des § 262 BGB sowie die zu berücksichtigenden Rechtspositionen des Verletzers ist dies aber jedenfalls keine Selbstverständlichkeit und bedarf daher einer gerichtlichen Klärung.

bb) Dokumente, Gegenstände, Materialien, Stoffe oder elektronische Dateien

724 Mit der Beschränkung auf Dokumente, Gegenstände, Materialien, Stoffe oder elektronische Dateien ist **keine Beschränkung auf körperliche Gegenstände** verbunden. Der Gesetzestext ist mit der Bezugnahme auf »Gegenstände« denkbar weit und umfasst schon nach seinem Wortlaut alles, was herausgegeben oder vernichtet werden kann.[857] Einer

---

853 Alexander, in Köhler/Bornkamm/Feddersen, UWG, § 7 GeschGehG Rn 15; Spieker, in BeckOK GeschGehG, § 7 Rn 13.
854 BGH 16.05.2017, X ZR 120/15 = GRUR 2017, 785 – Abdichtsystem.
855 BGH 16.05.2017, X ZR 120/15 = GRUR 2017, 785 – Abdichtsystem.
856 Begr zum RegE, BT-Drucks. 19/4274.
857 Dennoch eine teleologische Erweiterung für nötig haltend aber: Spieker, in BeckOK GeschGehG, § 7 Rn 5.

erweiternden Auslegung des § 7 Nr 1 GeschGehG bedarf es daher nicht.[858] Auch das Erfordernis des Eigentums oder Besitzes an den betroffenen Gegenständen bringt keine Beschränkung auf Sachen iSd § 90 BGB mit sich.[859] Dies ergibt sich bereits daraus, dass sachenrechtliches Eigentum an den im Gesetz genannten elektronischen Dateien nicht besteht, womit eine auf Sachen iSd § 90 BGB verkürzte Auslegung ausscheidet. Soweit das Geschäftsgeheimnis auf beim Verletzer nicht körperlich vorliegenden Trägermedien, wie zB Cloudspeichern, verkörpert ist, scheitert eine Herausgabe oder Vernichtung deshalb nicht schon an der Art des Mediums, sondern in aller Regel erst an der Fremdheit.

cc) Besitz oder Eigentum des Rechtsverletzers

Der Herausgabe- und Vernichtungsanspruch bezieht sich auf Dokumente, Gegenstände etc, die sich im Besitz oder im Eigentum des Verletzers befinden. Dies ist für die Trägermedien in § 7 Nr 1 GeschGehG im Unterschied zu dem auf rechtsverletzende Produkte bezogenen Vernichtungsanspruch nach § 7 Nr 4 GeschGehG ausdrücklich geregelt. **725**

Die Tatbestandsvoraussetzung des Besitzes oder Eigentums wird teilweise für richtlinienwidrig gehalten, da Art 12 (1) lit d GeschGehRL eine solche Einschränkung nicht vorsehe.[860] Dem ist allerdings nicht zu folgen. Mit der Voraussetzung von Besitz oder Eigentum bleibt das GeschGehG nicht hinter der GeschGehRL zurück, sondern konkretisiert im Hinblick auf das **rechtliche Können des Verletzers** den Anspruch.[861] Der Anspruch des § 7 Nr 1 kann danach eben nur gegen denjenigen Verletzer durchgesetzt werden, der eine rechtlich begründete Herrschaftsposition über die betroffenen Dokumente, Gegenstände etc innehat. Nur dieser ist zur Erfüllung des Anspruchs in der Lage. Eine gegen den Rechtsverletzer gerichtete Anordnung, die dieser mangels Besitzes oder Eigentums an den betroffenen Dokumenten, Gegenständen etc nicht erfüllen kann, würde dem Geheimnisinhaber im Ergebnis nicht weiterhelfen. **726**

Eine andere Frage ist, wie diese Herrschaftsposition ausgestaltet sein muss. Mit der Terminologie »Besitz oder Eigentum« setzt der Gesetzgeber an sachenrechtlichen Kategorien an, die aber – wie an den in der Vorschrift angesprochenen elektronischen Dateien ersichtlich wird – nicht für alle Fallgestaltungen passen. Es hilft auch nicht weiter, nur auf den körperlichen Datenträger abzustellen, denn dies würde im Hinblick auf die ausdrückliche Nennung der elektronischen Dateien keinen Erkenntnisgewinn bringen. Es erscheint deshalb als einzig plausible Auslegung des § 7 Nr 1 GeschGehG, im Hinblick auf elektronische Dateien oder sonstiges nicht sachenrechtlich Zuzuordnendes kein Eigentum bzw Besitz im sachenrechtlichen Sinne zu verlangen, sondern eine tatsächliche Herrschaftsmacht genügen zu lassen.[862] **727**

Allerdings bemerkt Alexander zu Recht, dass § 7 Nr 1 GeschGehG die Problematik nicht löst, dass ein Rechtsverletzer dem Herausgabe- und Vernichtungsanspruch dadurch zu **728**

---

858 AA Alexander, in Köhler/Bornkamm/Feddersen, UWG, § 7 GeschGehG Rn 12; Spieker, in BeckOK GeschGehG, § 7 Rn 5.
859 AA Alexander, in Köhler/Bornkamm/Feddersen, UWG, § 7 GeschGehG Rn 12.
860 Alexander, in Köhler/Bornkamm/Feddersen, UWG, § 7 GeschGehG Rn 13.
861 So auch zu § 18 Abs 1 MarkenG: Thiering, in Ströbele/Hacker/Thiering, MarkenG, § 18 Rn 29.
862 Zu weitgehend allerdings Alexander, in Köhler/Bornkamm/Feddersen, UWG, § 7 GeschGehG Rn 13, der es genügen lässt, dass sich der Gegenstand im Einflussbereich des Rechtsverletzers befindet.

entgehen versucht, dass er die das Geheimnis verkörpernden Trägermedien einem **Dritten überlässt**, ohne dabei selbst eine Besitz- oder Eigentumsposition zu behalten.[863] In dieser Problematik manifestiert sich indes keine Richtlinienwidrigkeit der Umsetzung des Art 12 (1) lit d) GeschGehRL, sondern ein generelles Problem der Anspruchsdurchsetzung.

729 In Fällen kollusiven Zusammenwirkens zwischen dem Verletzer und dem Erwerber des Trägermediums ist zu prüfen, ob der **Übertragungsakt auf den Dritten rechtswirksam** ist oder ihm wegen Verstoßes gegen ein gesetzliches Verbot oder wegen Sittenwidrigkeit nach den §§ 134, 138 BGB die Wirksamkeit abzusprechen ist. In diesem Falle wäre der Zugriff auf die betroffenen Trägermedien über § 7 Nr 1 GeschGehG nach wie vor möglich.

730 Im Fall eines wirksamen Erwerbs des Trägermediums würde ein Anspruch auf Herausgabe und Vernichtung gegen den Verletzer mangels fortbestehenden Besitzes und Eigentums ausscheiden, während der Anspruch gegen den Erwerber nicht entstehen dürfte, solange der Erwerber keine Rechtsverletzung iSd § 4 Abs 3 GeschGehG begeht. Es ist dabei nachvollziehbar, dass sich der Geheimnisinhaber im Interesse des Schutzes seines Geschäftsgeheimnisses nicht auf einen Verbleib der Trägermedien bei dem Erwerber einlassen möchte. Für eine solche Situation trifft § 4 Abs 3 GeschGehG eine entscheidende Wertung. Danach ist der gute Glaube in die rechtmäßige Erlangung des Geheimnisses nicht mehr geschützt, sobald der Erwerber **Kenntnis von der Rechtswidrigkeit der Erlangung** erhält. Diese Wertung des Richtlinien- und Gesetzgebers spricht dafür, einer unter Verstoß gegen § 4 Abs 2 GeschGehG vorgenommenen Übertragung einer Verkörperung des Geheimnisses die zivilrechtliche Wirksamkeit zu versagen. So kann auch im Fall einer (vermeintlich wirksamen) Übertragung von Besitz oder Eigentum an einem herauszugebenden oder zu vernichtenden Trägermedium eine **fortbestehende Herrschaftsmacht des Verletzers** angenommen werden.

731 Für den vollstreckungsrechtlichen Zugriff auf die Trägermedien bedarf es eines Titels gegen den tatsächlichen Gewahrsamsinhaber. Dieser wäre mangels Verletzereigenschaft des vermeintlichen Erwerbers zwar nicht auf eine direkte Anwendung des § 7 Nr 1 GeschGehG zu stützen. Allerdings dürfte der vermeintliche Erwerber aufgrund der Rechtsgrundlosigkeit seines Erwerbs zur Duldung der Wegnahme seitens des Verletzers bzw zur Duldung der Vernichtung verpflichtet sein.[864]

732 ▶ Befinden sich die zu vernichtenden Gegenstände bei einem zur Duldung der Wegnahme bzw Vernichtung nicht bereiten Dritten, sollte gleichzeitig mit dem gegen den Verletzer gerichteten Anspruch auf Herausgabe oder Vernichtung ein Anspruch auf Duldung gegen den Gewahrsamsinhaber anhängig gemacht werden. Im Unterschied zum gegen den Verletzer gerichteten Verfahren sollte aber aus Gründen der Kostenvermeidung die Notwendigkeit eines solchen Vorgehens zunächst

---

863 Alexander, in Köhler/Bornkamm/Feddersen, UWG, § 7 GeschGehG Rn 13.
864 Die dogmatische Grundlage ist allerdings unklar; vgl zum Markenrecht: OLG München 22.02.2001, 29 U 4303/00 = InstGE 1, 201; OLG Köln 18.08.2005, 6 U 48/05 = GRUR-RR 2005, 342, 343 – Lagerkosten nach Grenzbeschlagnahme; Spieker, in BeckOK GeschGehG, § 7 Rn 9, sowie zum Vernichtungsanspruch nach § 18 MarkenG: Miosga, BeckOK MarkenR, § 18 MarkenG Rn 10, beide allerdings unter nicht ganz zutreffendem Verweis auf OLG Düsseldorf 29.11.2007, 2 U 51/06 = BeckRS 2008, 88, das für einen Anspruch auf Einwilligung in die Vernichtung gegenüber dem Spediteur einer patentverletzenden Ware von einer Position des Störers als Verletzer im Sinne des § 140a Abs 1 PatG ausging, vgl Rn 23; Büscher, in Büscher/Dittmer/Schiwy, Gewerblicher Rechtsschutz, Urheberrecht, Medienrecht, § 18 MarkenG Rn 5; Ingerl/Rohnke, MarkenG, § 18 Rn 8.

einmal außerprozessual geklärt werden. Denkbar und pragmatisch ist der Abschluss einer Vereinbarung mit dem Gewahrsamsinhaber, wonach dieser für den Fall einer auf Herausgabe oder Vernichtung lautenden Entscheidung gegen den Verletzer den Duldungsanspruch anerkennt.

Die **Art der Eigentümerposition** ist für die Erfüllung des Tatbestandsmerkmals ebenso unerheblich wie die Art der Besitzerstellung. Erfasst sind Allein-, Mit-, Gesamthands-, Sicherungs-, Vorbehalts- und Treuhandeigentum.[865] Ebenso sind alle denkbaren Besitzformen erfasst, insbesondere der unmittelbare Besitz und der mittelbare Besitz.[866] Kein Besitzer ist jedoch der Besitzdiener.[867] Er kann aber zur Duldung der Wegnahme bzw der Vernichtung verpflichtet sein. Organe und Mitarbeiter juristischer Personen sind nicht kraft ihrer Funktion Besitzer.[868] 733

dd) Dingliche Rechte Dritter

Ebenso wenig wie das Volleigentum eines Dritten den Anspruch auf Herausgabe hindert, wenn der Verletzer Besitzer ist, stehen sonstige dingliche Rechte Dritter dem Anspruch entgegen.[869] Erst recht unbeachtlich sind schuldrechtliche Herausgabeverpflichtungen gegenüber Dritten. 734

Allerdings können dingliche Rechte Dritter im Vollstreckungsverfahren durch den Dritten gem. § 771 ZPO geltend gemacht werden, weshalb vorsorglich ein Duldungsanspruch tituliert werden sollte. Außerdem sind sie bei der Prüfung der Verhältnismäßigkeit gem. § 9 Nr 6 GeschGehG zu berücksichtigen. 735

ee) Herausgabe

Die Herausgabe besteht in der tatsächlichen Überlassung des Trägermediums.[870] Der Herausgabeanspruch beschränkt sich also nicht auf die Überlassung der vom Verletzer innegehabten Besitzposition. Vielmehr bedarf es aller notwendigen tatsächlichen und rechtlichen Handlungen, um dem Inhaber des Geschäftsgeheimnisses das Trägermedium zu verschaffen.[871] Dies umfasst bei Gegenständen insbesondere das Einräumen einer zuvor bestehenden Herrschaftsposition,[872] setzt aber eine solche zuvor bestehende Herrschaftsposition des Geheimnisinhabers nicht voraus. Dies zeigt sich schon daran, dass § 7 Nr 1 GeschGehG auch Kopien von Verkörperungen des Geschäftsgeheimnisses umfasst, die als solche nie im Gewahrsam des Inhabers gewesen sein müssen. 736

---

865 Thiering, in Ströbele/Hacker/Thiering, MarkenG, § 18 Rn 30.
866 Thiering, in Ströbele/Hacker/Thiering, MarkenG, § 18 Rn 30.
867 AA Büscher, in Büscher/Dittmer/Schiwy, Gewerblicher Rechtsschutz, Urheberrecht, Medienrecht, § 18 MarkenG Rn 5; Thiering, in Ströbele/Hacker/Thiering, MarkenG, § 18 Rn 30.
868 Vgl OLG Düsseldorf, 08.10.2008, VI U (Kart) 42/06 = InstGE 10, 129 – Tintenpatrone; OLG Köln 21.03.2014, 6 U 181/13 = WRP 2014, 973 – Aztekenofen; Ingerl/Rohnke, MarkenG, § 18 Rn 17; Thiering, in Ströbele/Hacker/Thiering, MarkenG, § 18 Rn 30.
869 So zum Markenrecht: Miosga, BeckOK MarkenR, § 18 MarkenG Rn 17.
870 Alexander, in Köhler/Bornkamm/Feddersen, UWG, § 7 GeschGehG Rn 17; ähnlich Spieker, BeckOK GeschGehG, § 7 Rn 13.
871 Alexander, in Köhler/Bornkamm/Feddersen, UWG, § 7 GeschGehG Rn 17 f.
872 Alexander, in Köhler/Bornkamm/Feddersen, UWG, § 7 GeschGehG Rn 17 f.

737 In jedem Falle bedarf es der **Einräumung der tatsächlichen Zugriffsmöglichkeit unter Ausschluss einer Zugriffsmöglichkeit des Verletzers**. Daher reicht zB das Anfertigen und Überlassen von Dateikopien nicht aus.[873]

738 Der Anspruch auf Herausgabe ist gem. § 275 Abs 1 BGB ausgeschlossen, wenn die Herausgabe generell oder für den Verletzer unmöglich ist. An die Annahme einer Unmöglichkeit der Herausgabe sind strenge Anforderungen zu stellen. Unmöglichkeit ist erst dann anzunehmen, wenn feststeht, dass der Schuldner die Verfügungsmacht über die Sache nicht mehr erlangen und zur Erfüllung des geltend gemachten Anspruchs auch nicht mehr auf die Sache einwirken kann.[874]

739 Ist der Verletzer bspw mangels eigenen Zugriffs auf die Sache zur Verschaffung des Gewahrsams endgültig nicht in der Lage, ist er gleichwohl zur Übertragung seiner Besitzposition verpflichtet, also bspw im Falle des mittelbaren Besitzes durch Abtretung des Herausgabeanspruchs nach § 870 BGB.

ff) Vernichtung

740 Vernichtung meint das **endgültige Unbrauchbarmachen** des jeweiligen Trägermediums in einer Weise und einem Maß, dass das Trägermedium nicht mehr der Wahrnehmung der geschützten Informationen dient.[875] Dies schließt selbstverständlich sämtliche eventuell vorhandene Kopien ein.[876] Eine körperliche Vernichtung der Trägermedien wird dabei nur im Ausnahmefall notwendig sein, wenn sich auf andere Weise der Zweck des Vernichtungsanspruchs nicht erreichen lässt.[877] Bei elektronischen Dateien reicht die **endgültige und nicht wiederherstellbare Löschung**.[878]

741 Es besteht kein Anspruch auf eine spezifische Art und Weise der Vernichtung, es sei denn, die Vernichtung kann nur nach einer einzigen Methode durchgeführt werden.[879]

gg) Durchsetzung des Anspruchs in der Praxis

742 Bei der Geltendmachung des Anspruchs aus § 7 Nr 1 GeschGehG stellt sich in der Praxis regelmäßig die Frage, wie die vollständige Herausgabe bzw Vernichtung der die Geschäftsgeheimnisse enthaltenden Medien sichergestellt werden kann. Insbesondere fragt sich, wie eine praktikable Vorgehensweise aussehen kann, mit der sichergestellt wird, dass der Verletzer tatsächlich keine Kopien der betroffenen Dokumente zurückbehält.

743 ▶ In der Praxis wird sich in jedem Falle empfehlen, den Anspruch gemeinsam mit dem Anspruch auf Auskunft nach § 8 GeschGehG durchzusetzen. Nach § 8 Abs 1 Nr 3 GeschGehG ist Auskunft zu erteilen über diejenigen im Besitz oder Eigentum des Rechtsverletzers stehenden Dokumente, Gegenstände, Materialien, Stoffe oder elektronischen Dateien, die das Geschäftsgeheimnis enthalten

---

873 Alexander, in Köhler/Bornkamm/Feddersen, UWG, § 7 GeschGehG Rn 17 f.
874 Vgl statt aller: Ernst, in MüKo-BGB, § 275 Rn 57.
875 Vgl Spieker, BeckOK GeschGehG, § 7 Rn 10 f; ähnlich für das Patentrecht auf die Funktion der Vernichtung hinweisend: Mes, PatG, § 140a Rn 9.
876 Begr zum RegE, BT-Drucks. 19/4724 S. 30; Alexander, in Köhler/Bornkamm/Feddersen, UWG, § 7 GeschGehG Rn 16.
877 Vgl Spieker, BeckOK GeschGehG, § 7 Rn 10 f.
878 Reinfeld, GeschGehG, § 4 Rn 87.
879 Alexander, in Köhler/Bornkamm/Feddersen, UWG, § 7 GeschGehG Rn 16.

oder verkörpern. Mit Hilfe des Auskunftsanspruchs lässt sich deshalb wenigstens im Ansatz sicherstellen, dass der Verletzer den Herausgabe- und Vernichtungsanspruch vollständig erfüllt.

Ein Recht zur Nachschau besteht allerdings nicht.[880] Größere Sicherheit liefern deshalb Feststellungen, die im Rahmen eines Ermittlungsverfahrens getroffen werden können.

744

3. Anspruch auf Rückruf rechtsverletzender Produkte

Nach § 7 Nr 2 GeschGehG kann der Inhaber des Geschäftsgeheimnisses den Rechtsverletzer auch auf Rückruf rechtsverletzender Produkte in Anspruch nehmen.

745

a) Voraussetzung des Rückrufanspruchs

Voraussetzung für den Rückrufanspruch ist das Vorliegen einer Rechtsverletzung. Es genügt jedoch nicht jegliche **Rechtsverletzung**, sondern nur eine solche, **die in die Lieferung eines rechtsverletzenden Produkts mündet**. Dies ergibt sich daraus, dass der Rückruf gerade das rechtsverletzende Produkt betrifft, das sich nicht mehr beim Verletzer befindet, sondern bei einem Abnehmer des Verletzers.

746

b) Rechtsfolge

Der Rückrufanspruch verlangt, dass der Verletzer an seine Abnehmer herantritt und sie zur **Rückgabe der verletzenden Erzeugnisse** auffordert.[881] Rückruf bedeutet dabei die **ernsthafte Aufforderung** an den Besitzer des Verletzungsprodukts, die Sache zurückzugeben, wobei der Verletzer die **Erstattung des gegebenenfalls gezahlten Kaufpreises** und eine **Übernahme der Transport- bzw Versendungskosten** anbieten muss.[882] Ein Herantreten an Abnehmer von Abnehmern ist zur Erfüllung des Rückrufanspruchs nicht geschuldet.[883] Sind die Abnehmer nicht mehr feststellbar, kommt ein öffentlicher Rückruf in Betracht.[884] Nicht geschuldet ist ein mehrstufiger Rückruf, bei dem der Verletzer seine Abnehmer auffordert, das Rückrufverlangen weiterzureichen oder ihrerseits einen Rückruf auszusprechen,[885] denn hierin würde der Sache nach kein Rückruf mehr liegen, sondern eine Entfernung aus den Vertriebswegen, die allerdings nach § 7 Nr 3 GeschGehG geschuldet sein kann.

747

Der Rückruf des rechtsverletzenden Produkts soll nach überwiegender Auffassung lediglich als **Rückruf vom Markt** zu verstehen sein und deshalb voraussetzen, dass die zurückzurufenden rechtsverletzenden Produkte noch nicht beim Endabnehmer angekommen sind.[886]

748

---

880 BGH 13.11.2003, I ZR 187/01 = GRUR 2004, 420 – Kontrollbesuch.
881 Tochtermann, in Büscher, UWG § 7 RegE GeschGehG Rn 20; Alexander, in Köhler/Bornkamm/ Feddersen, UWG, § 7 GeschGehG Rn 29; Reinfeld, GeschGehG, § 4 Rn 91.
882 Kühnen, Hdb PatV, Kap D Rn 718, 726.
883 J. B. Nordemann, in Fromm/Nordemann, UrhG, § 98 Rn 25b.
884 Miosga, Die Ansprüche auf Rückruf und Entfernen im Recht des geistigen Eigentums, S. 154 f.
885 AA aber zum Urheberrecht: J. B. Nordemann, in Fromm/Nordemann, UrhG, § 98 Rn 25b; offener zum Markenrecht: Thiering, in Ströbele/Hacker/Thiering, MarkenG, § 18 Rn 71; Miosga, Die Ansprüche auf Rückruf und Entfernen im Recht des geistigen Eigentums, S. 170 ff.
886 Vgl Tochtermann, in Büscher, UWG, § 7 RegE GeschGehG Rn 17; Alexander, in Köhler/Bornkamm/Feddersen, UWG, § 7 GeschGehG Rn 28; Reinfeld, GeschGehG, § 4 Rn 92.

Diese aus dem Patentrecht übertragene Auffassung[887] überzeugt für das Recht des Geschäftsgeheimnisschutzes aus mehreren Gründen nicht und ist deshalb abzulehnen.

749 Soweit für das Recht des geistigen Eigentums überwiegend angenommen wird, der Rückrufanspruch sei nicht gegen **gewerbliche Endabnehmer** gerichtet, ist dem zu widersprechen. Der Rückrufanspruch ist im Hinblick auf gewerbliche Endabnehmer schon deshalb nicht beschränkt, weil der Verletzungsgegenstand sich bei einem Gewerbetreibenden, der kein Händler ist, nicht endgültig außerhalb der Vertriebswege befindet. Es besteht vielmehr die Gefahr, dass der Gewerbetreibende den Gegenstand zu einem späteren Zeitpunkt verkauft und damit erneut in den Vertriebsweg bringt.[888]

750 Tochtermann weist im Ausgangspunkt zutreffend darauf hin, dass § 7 Nr 2 GeschGehG im Gegensatz zu Art 12 (1) lit c) iVm Art 12 (2) lit b) GeschGehRL lediglich den Rückruf der rechtsverletzenden Produkte regelt, ohne auf den Markt Bezug zu nehmen. Ihrer Auffassung nach könnten deshalb grundsätzlich auch gewerbliche und private Endabnehmer erfasst sein.[889] Allerdings hält sie eine **einschränkende Auslegung** des § 7 Nr 2 GeschGehG im Hinblick auf die Vorgaben der EnforcementRL für geboten.[890]

751 Unbestreitbar kann ein Rückrufanspruch, der den Rückruf gegenüber privaten Endabnehmern umfasst, sehr einschneidende Wirkungen haben.[891] Dies rechtfertigt es jedoch nicht, den Rückrufanspruch ohne klare Grundlage im Wortlaut des Gesetzes generell auszuschließen, soweit sich die Gegenstände bereits bei (privaten) Endabnehmern befinden. Bereits die Ausführungen Jestaedts zur richtlinienkonformen Auslegung der Rückrufvorschriften in den Gesetzen zum Schutz des geistigen Eigentums sind nicht zwingend. Die EnforcementRL nimmt in Art 10 (3) Rücksicht auf die berechtigten Interessen Dritter, die im Einzelfall einem solchen Rückruf entgegenstehen können. Dies bedeutet aber keinen generellen Ausschluss des Rückrufs von Produkten, die sich schon beim Endabnehmer befinden. Soweit bspw sehr spezielle und selten gehandelte Produkte betroffen sind, deren Verbleib bei konkreten Endabnehmern ohne Weiteres festzustellen ist, erschließt sich die Beschränkung des Rückrufanspruchs nicht. Dies gilt umso mehr, als Art 10 (1) lit c) EnforcementRL ausdrücklich auch die Vernichtung von Verletzungsprodukten vorsieht, und zwar unabhängig davon, wo sich die Verletzungsprodukte befinden. Gegen eine Beschränkung des Rückrufs spricht auch ErwG 24 der EnforcementRL, wonach bei der Anordnung des Rückrufs auch den Interessen Dritter, insbesondere der in gutem Glauben handelnden Verbraucher und privaten Parteien Rechnung zu tragen ist. Dies ist aber nur dann überhaupt möglich, wenn der Rückruf beim Verbraucher nicht ohnehin ausgeschlossen ist.[892]

---

887 LG Mannheim 23.04.2010, 7 O 145/09 = GRUR-RR 2011, 49, 53 – Covenant not to sue; ebenso Mes, PatG, § 140a Rn 19.
888 AA LG Mannheim 23.04.2010, 7 O 145/09 = GRUR-RR 2011, 49, 53 – Covenant not to sue; ebenso Mes, PatG, § 140a Rn 19; wie hier: Kühnen, Hdb PatV, Kap D Rn 695.
889 Tochtermann, in Büscher, UWG, § 7 RegE GeschGehG Rn 17.
890 Tochtermann, in Büscher, UWG, § 7 RegE GeschGehG Rn 17 unter Hinweis auf Grabinski/Zülch, in Benkard, PatG, § 140a Rn 2; zu § 140a PatG vgl Jestaedt, GRUR 2009, 102, 103.
891 Vgl Jestaedt, GRUR 2009, 102, 103.
892 J. B. Nordemann, in Fromm/Nordemann, UrhG, § 98 Rn 25b, der für das Urheberrecht zu demselben Ergebnis gelangt.

D. Ansprüche bei Rechtsverletzungen

Diese schon für das Recht des geistigen Eigentums nicht überzeugende Einschränkung des Rückrufanspruchs ist im Bereich des Geschäftsgeheimnisschutzes noch kritischer zu beurteilen. Die Vorschrift des § 7 Nr 2 GeschGehG dient nicht nur dem Schutz der unmittelbar mit dem Vertrieb der Produkte verbundenen wirtschaftlichen Interessen, insbesondere der Erhaltung hierdurch zu erzielender Umsätze. Vielmehr dient § 7 Nr 2 GeschGehG auch der Verhinderung weiterer Verletzungen und **wirkt** vor allem der **Offenlegung des Geschäftsgeheimnisses entgegen**, die im Ergebnis zum Verlust des Geschäftsgeheimnisses führen kann. 752

Hier liegt ein gravierender Unterschied zwischen dem Recht des geistigen Eigentums und dem Geschäftsgeheimnisschutzrecht. Während Rechte des geistigen Eigentums durch eine Offenbarung gegenüber der Allgemeinheit ihren Schutz nicht verlieren, sieht dies im Hinblick auf die Definition des Geschäftsgeheimnisses in § 2 Nr 1 GeschGehG bei Geschäftsgeheimnissen anders aus. Sobald das Geschäftsgeheimnis allgemein bekannt wird, verliert es seinen Schutz. Dabei kann aufgrund der Regelung des § 3 Abs 1 Nr 2 GeschGehG ein beim Endabnehmer verbliebenes Produkt im Regelfall für Zwecke des Reverse Engineering genutzt werden. Die Offenbarung des Geheimnisses gegenüber der Allgemeinheit ist dann kaum noch zu verhindern. Insofern dient der Rückrufanspruch im Vergleich mit den im Recht des geistigen Eigentums geregelten Rückrufansprüchen nicht nur dem Erhalt von konkreten Verwertungsinteressen des Rechtsinhabers, sondern dem **Schutz des Rechts in seinem Bestand** selbst. Dies spricht gegen eine im Gesetzeswortlaut nicht vorgesehene Einschränkung des Rückrufanspruchs. 753

Eine solche Einschränkung ist auch durch die GeschGehRL nicht veranlasst. Zwar ist es richtig, dass Art 12 GeschGehRL unter dem Titel »Gerichtliche Anordnungen und Abhilfemaßnahmen« den Rückruf der rechtsverletzenden Produkte **vom Markt** vorsieht. Allerdings ist Art 12 (2) GeschGehRL nicht abschließend, sondern zählt nur (einige) geeignete Abhilfemaßnahmen hinsichtlich rechtsverletzender Produkte nach Art 12 (1) lit c) GeschGehRL auf. Dies schließt nicht aus, dass der nationale Gesetzgeber weitergehende Abhilfemaßnahmen regelt. Nach Art 1 (1) UAbs 2 GeschGehRL ist die Regelung des Art 12 GeschGehRL nicht vollharmonisierend, erlaubt also weitere Maßnahmen. Dem Interesse des Geheimnisinhabers, des Verletzers und eventuell betroffener Dritter ist ohnehin durch die Anwendung des § 9 GeschGehG Rechnung zu tragen, der von der generellen Entscheidung für einen Rückruf beim (privaten) Endabnehmer unberührt bleibt. Soweit eine Offenbarung des Geschäftsgeheimnisses durch den Verbleib der Verletzungsprodukte beim (privaten) Endabnehmer nicht droht oder der Rückruf auch gegenüber (privaten) Endabnehmern zu nicht zu tolerierenden Härten führt, ist eine **Einschränkung des Anspruchs nach § 9 GeschGehG** angezeigt. 754

Die patent- und markenrechtlichen Wertungen zum Rückrufanspruch sind aus einem weiteren Grund nicht auf den Schutz von Geschäftsgeheimnissen übertragbar. Während der (private) Endabnehmer einer marken- oder patentverletzenden Ware mangels Handelns im geschäftlichen Verkehr iSv § 14 Abs 2 MarkenG oder aufgrund Handelns im privaten Bereich zu nichtgewerblichen Zwecken iSv § 11 Nr 1 PatG keine eigene Marken- oder Patentverletzung begehen wird, ist eine Verletzung des Geschäftsgeheimnisses durch den privaten Dritten nicht ausgeschlossen, ähnlich wie eine Urheberrechtsverletzung durch Private möglich ist. Daher besteht anders als im Marken- und Patentrecht auch dann eine Gefährdungslage, wenn sich der rechtsverletzende Gegenstand schon beim privaten Endverbraucher befindet. 755

4. Anspruch auf Entfernung rechtsverletzender Produkte aus den Vertriebswegen

756 Nach § 7 Nr 3 GeschGehG besteht gegen den Rechtsverletzer ein Anspruch auf dauerhafte Entfernung aus den Vertriebswegen. Ziel der Entfernung ist es, dass das jeweilige Erzeugnis der Vertriebskette wieder entzogen wird. Dies muss endgültig geschehen.[893]

a) Voraussetzung des Entfernungsanspruchs

757 Voraussetzung für den Entfernungsanspruch ist neben dem Vorliegen einer Rechtsverletzung, dass hierauf beruhend rechtsverletzende Produkte in den Vertriebswegen sind.

b) Rechtsfolge

758 Im Unterschied zum Rückrufanspruch begründet der Anspruch auf dauerhafte Entfernung aus den Vertriebswegen keine konkrete Handlungspflicht, sondern verlangt **vom Verletzer einen Erfolg**.[894] Dabei muss der Verletzer alle tatsächlichen Handlungen vornehmen, die notwendig sind, um die Produkte zurückzuführen.[895]

759 Konkret geht die Entfernung aus den Vertriebswegen auch insoweit über den Rückruf hinaus, als sich der Verletzer nicht nur beim Empfänger seiner Produkte mittels Rückrufs um die Rückerlangung der rechtsverletzenden Produkte bemühen muss, sondern auch bei Dritten, die noch den Vertriebswegen angehören. Welche Handlungen im Einzelnen für die Entfernung aus den Vertriebswegen geschuldet sind, lässt sich also nicht festlegen. Klar ist, dass der vom Rechtsverletzer herbeizuführende Erfolg mit Mitteln bewerkstelligt werden muss, die dem Rechtsverletzer zuzumuten sind. Dies ergibt sich bereits aus § 9 GeschGehG, der auf den Anspruch aus § 7 Nr 3 GeschGehG ebenfalls anwendbar ist. Zuzumuten ist dem Verletzer sicherlich, den **Rückkauf der rechtsverletzenden Produkte** anzubieten, auch wenn der Rückkaufpreis über dem Marktwert liegt. Ebenso zuzumuten ist es dem Rechtsverletzer, den Verbleib der Produkte in der Vertriebskette erschöpfend zu ermitteln, insbesondere durch Nachfrage bei den Abnehmern.

5. Anspruch auf Vernichtung rechtsverletzender Produkte

760 Nach § 7 Nr 4 GeschGehG besteht gegen den Rechtsverletzer ein Anspruch auf Vernichtung rechtsverletzender Produkte.

a) Voraussetzung des Vernichtungsanspruchs

761 Voraussetzung für den Vernichtungsanspruch ist ebenfalls das Vorliegen einer Rechtsverletzung und die Qualifikation der dem Vernichtungsanspruch zu unterwerfenden Produkte als rechtsverletzende Produkte iSd § 2 Nr 4 GeschGehG. Im Unterschied zur Regelung des § 7 Nr 1 GeschGehG verlangt § 7 Nr 4 GeschGehG weder Eigentum noch Besitz des

---

[893] Spieker, in BeckOK GeschGehG, § 7 Rn 24; Tochtermann, in Büscher, UWG, § 7 RegE GeschGehG Rn 25; Alexander, in Köhler/Bornkamm/Feddersen, UWG, § 7 GeschGehG Rn 32.
[894] Jestaedt, GRUR 2009, 102, 105.
[895] Jestaedt, GRUR 2009, 102, 105.

Rechtsverletzers.⁸⁹⁶ Die notwendige Einschränkung des Vernichtungsanspruchs ergibt sich daraus, dass er nur gegen den Rechtsverletzer gerichtet werden kann.⁸⁹⁷

b) Rechtsfolge

Wegen der Einzelheiten des Vernichtungsanspruchs kann auf die Ausführungen zum Anspruch auf Vernichtung von Trägermedien verwiesen werden (sh Rdn 740 ff). Einen Anspruch auf Herausgabe der rechtsverletzenden Produkte an eine **vom Geheimnisinhaber mit der Vernichtung betraute Person** oder Stelle, wie er bspw im Patentrecht praktiziert wird, ist im Gesetz nicht geregelt. Er ist jedenfalls dann anzuerkennen, wenn das rechtsverletzende Produkt das Geschäftsgeheimnis iSv § 7 Nr 1 GeschGehG verkörpert, so dass ohnehin die Voraussetzungen des Herausgabeanspruchs erfüllt sind. 762

Mangels Einschränkung des Vernichtungsanspruchs auf solche rechtsverletzenden Produkte, die sich im Besitz oder Eigentum des Verletzers befinden, bezieht sich der Anspruch auf **sämtliche rechtsverletzende Produkte**, für deren Herstellung oder Vertrieb das Handeln des Verletzers ursächlich ist. Dem steht nicht entgegen, dass der Verletzer auf diese Produkte keinen Zugriff mehr hat, soweit er sich diesen Zugriff bspw durch einen umfassenden Rückruf wieder verschaffen kann. Soweit die Ansprüche auf Rückruf und Entfernung aus den Vertriebswegen wegen Unverhältnismäßigkeit ausscheiden, ist dies auch für die Reichweite des Vernichtungsanspruchs zu berücksichtigen. 763

6. Anspruch auf Marktrücknahme

Der Anspruch auf Marktrücknahme nach § 7 Nr 5 GeschGehG steht zur Verfügung, wenn der Verletzer noch die Verfügungsgewalt über das rechtsverletzende Produkt innehat, weshalb weder Ansprüche auf Rückruf noch auf Entfernung aus den Vertriebswegen in Betracht kommen.⁸⁹⁸ 764

Einen – allerdings sehr beschränkten – Anwendungsbereich kann der Anspruch auf Marktrücknahme in Fallgestaltungen entwickeln, in denen ein Vernichtungsanspruch aus Gründen der Verhältnismäßigkeit ausscheidet und in denen der Verletzer (bspw aufgrund eines Lizenzvertrags) zum Eigenbesitz oder zur Eigennutzung der rechtsverletzenden Produkte berechtigt ist. 765

Die Voraussetzung des § 7 Nr 5 GeschGehG, wonach der **Schutz des Geschäftsgeheimnisses nicht beeinträchtigt** werden darf, ergibt als eine zugunsten des Anspruchstellers wirkende Voraussetzung keinen Sinn.⁸⁹⁹ Sie scheint auf einem gesetzgeberischen Fehlverständnis des Art 12 (2) lit c) GeschGehRL zu beruhen, wonach der nationale Gesetzgeber von der Regelung eines Vernichtungsanspruchs absehen kann, soweit der Schutz des 766

---

896 Tochtermann, in Büscher, UWG, § 7 RegE GeschGehG Rn 27; ohne Differenzierung insoweit: Spieker, in BeckOK GeschGehG, § 7 Rn 6.
897 Tochtermann, in Büscher, UWG, § 7 RegE GeschGehG Rn 27.
898 Tochtermann, in Büscher, UWG, § 7 RegE GeschGehG Rn 31.
899 AA Tochtermann, in Büscher, UWG, § 7 RegE GeschGehG Rn 32.

Geschäftsgeheimnisses durch eine Versagung des Vernichtungsanspruchs (!) nicht beeinträchtigt wird.[900]

VIII. Auskunftsanspruch

767 Der Auskunftsanspruch gem. § 8 Abs 1 GeschGehG beruht auf der Überlegung, dass der verletzte Inhaber oft Schwierigkeiten haben wird, die zur Rechtsdurchsetzung notwendigen Informationen zu erlangen.[901] Der Anspruch auf Auskunft nach § 8 GeschGehG ist für den Inhaber des Geschäftsgeheimnisses in zweierlei Hinsicht von besonderer Bedeutung.

768 Zum einen ermöglicht der Anspruch die **Feststellung des Umfangs der Verletzungshandlungen**. Hieran anknüpfend kann der Geheimnisinhaber Schadensersatzansprüche geltend machen. Der Auskunftsanspruch orientiert sich insoweit an den Parallelregelungen des Immaterialgüterrechts.[902]

769 Zum anderen dient der Auskunftsanspruch der **Erhaltung des Geheimnisses**. Deshalb sieht § 8 Abs 1 Nr 4 GeschGehG vor, dass der Inhaber des Geschäftsgeheimnisses vom Rechtsverletzer Auskunft über die Person(en) verlangen kann, von der dieser das Geschäftsgeheimnis erlangt hat und der gegenüber dieser es offenbart hat. Dem Geheimnisinhaber soll damit ein wirksames Mittel zur Aufspürung des Lecks an die Hand gegeben werden.[903] In diesem Zweck des Auskunftsanspruchs liegt eine erhebliche Abweichung zum Recht des geistigen Eigentums.

770 Vom selbstständigen Auskunftsanspruch des § 8 GeschGehG ist der unselbstständige Rechnungslegungsanspruch aus § 242 BGB zu unterscheiden (hierzu sh Rdn 788 ff).

1. Voraussetzungen des Auskunftsanspruchs

771 Der Auskunftsanspruch setzt eine Rechtsverletzung voraus. Die Rechtsverletzung muss nicht schuldhaft geschehen sein.[904] Der Anspruch steht unter dem Vorbehalt des § 9 GeschGehG, wonach er bei Unverhältnismäßigkeit ausgeschlossen oder beschränkt sein kann.

2. Inhalt der Auskunft

a) Vorbesitzer und gewerbliche Abnehmer

772 Der Inhaber des Geschäftsgeheimnisses kann nach § 8 Abs 1 Nr 1 GeschGehG Auskunft über die Namen und die Anschriften der Hersteller, Lieferanten und anderer Vorbesitzer der rechtsverletzenden Produkte sowie der gewerblichen Abnehmer und Verkaufsstellen, für die sie bestimmt waren, verlangen.

---

900 AA Spieker, in BeckOK GeschGehG, § 7 Rn 27, dessen Deutungsversuch dem Tatbestandsmerkmal allerdings auch keinen Sinn verleiht, da er nicht erklärt, weshalb der Anspruchsgegner den durch die Durchsetzung des Anspruchs drohenden Schaden für das Geschäftsgeheimnis einwenden (können) sollte. In Extremfällen ist der Anspruchsgegner hinreichend durch das Schikaneverbot des § 226 BGB geschützt.
901 Alexander, WRP 2019, 673, 677.
902 Alexander, AfP 2019, 1, 10.
903 Hiéramente/Golzio, CCZ 2018, 262.
904 Vgl Alexander, in Köhler/Bornkamm/Feddersen, UWG, § 8 GeschGehG Rn 15.

In der Sache ist dies wenig erläuterungsbedürftig. Allerdings drängt sich die Frage auf, ob 773
die Auskunft durch den Umfang der Rechtsverletzung beschränkt ist. Wie sich aus § 2
Nr 4 GeschGehG ergibt, kann ein Produkt auch dadurch zum rechtsverletzenden Produkt
werden, dass sein Marketing in erheblichem Umfang auf einem rechtswidrig erlangten,
genutzten oder offengelegten Geschäftsgeheimnis beruht. Es ist also nicht zwingend erforderlich, dass das betroffene Produkt als solches die Rechtsverletzung in sich trägt. Daher
ist es auch nicht zwingend, dass die Rechtsverletzung bereits beim Hersteller, Lieferanten
oder anderen Vorbesitzer des rechtsverletzenden Produkts vorliegt. Eine hierauf abzielende
Auskunft könnte daher über den eigentlichen Umfang der Verletzung hinausgehen.

Dies ist nach dem klaren Wortlaut der Vorschrift aber hinzunehmen. Die Auskunftspflicht 774
bezieht sich auf die **typischen Glieder der Produktions- und Vertriebskette** und soll
gerade die Prüfung ermöglichen, ob und gegebenenfalls gegen wen (weitere) Ansprüche
wegen einer Rechtsverletzung geltend gemacht werden können.[905]

Nicht unter den Begriff der **Anschrift** fallen Angaben zu einer **E-Mail-Adresse** sowie zu 775
IP-Adressen, wie der EuGH im Zusammenhang mit urheberrechtlichen Verletzungshandlungen entschieden hat.[906]

b) Mengen und Kaufpreise

Nach § 8 Abs 1 Nr 2 GeschGehG hat der Rechtsverletzer ferner Angaben zu der Menge 776
der hergestellten, bestellten, ausgelieferten oder erhaltenen rechtsverletzenden Produkte
sowie über die Kaufpreise zu machen. Diese Auskunft ist für die **Berechnung etwaiger
Schadensersatzansprüche** iSd § 10 GeschGehG von essenzieller Bedeutung. Darüber hinaus soll sie dem Inhaber des Geschäftsgeheimnisses eine Orientierung darüber geben, in
welchem Umfang andere in der Verletzerkette beteiligte Personen verletzt haben und ob
und inwieweit deshalb ein Vorgehen gegen diese Verletzer sinnvoll ist.[907]

Die Kaufpreise sind für die Berechnung des Schadensersatzes sowohl auf der Basis des 777
Verletzergewinns als auch auf der Basis der Lizenzanalogie erforderlich. Bei den in der
Norm angesprochenen Kaufpreisen handelt es sich sowohl um die **Einkaufspreise des
Verletzers** als auch um seine **Verkaufspreise**.[908]

Ob darüber hinaus die Kaufpreise in der gesamten Lieferkette auskunftspflichtig sind, ist 778
sehr zweifelhaft.[909] Auch dürfte § 8 Abs 1 Nr 2 GeschGehG keine Grundlage für eine
Auskunft über die Preisbestandteile (Steuern, Transport- und Handlingkosten) darstellen.[910] Zwar dient die Auskunft auch der Ermittlung des Schadensersatzbetrags, wofür
auch die Berücksichtigung von der Verletzung zuordenbaren Kosten erforderlich sein kann.
Das ändert aber nichts am klaren Wortlaut der Vorschrift, der sich auf Kaufpreise

---

905 Vgl Alexander, in Köhler/Bornkamm/Feddersen, UWG, § 8 GeschGehG Rn 19.
906 EuGH 09.07.2020, C-264/19 = GRUR 2020, 840 – Constantin/YouTube und Google; aA noch
   OLG Frankfurt 22.08.2017, 11 U 71/16 = GRUR 2017, 1116 – Anspruch auf Drittauskunft;
   vgl auch BGH 21.02.2019, I ZR 153/17 = GRUR 2019, 504 – YouTube-Drittauskunft.
907 Vgl Alexander, in Köhler/Bornkamm/Feddersen, UWG, § 8 GeschGehG Rn 23; Tochtermann,
   in Büscher, UWG, § 8 RegE GeschGehG Rn 17.
908 Vgl Alexander, in Köhler/Bornkamm/Feddersen, UWG, § 8 GeschGehG Rn 24.
909 So Spieker, in BeckOK GeschGehG, § 8 Rn 8.
910 So aber Spieker, in BeckOK GeschGehG, § 8 Rn 8.

c) Im Eigentum oder Besitz des Verletzers stehende Trägermedien

779 Nach § 8 Abs 1 Nr 3 GeschGehG ist der Rechtsverletzer weiterhin zur Auskunft verpflichtet über diejenigen in seinem Besitz oder Eigentum stehenden Dokumente, Gegenstände, Materialien, Stoffe oder elektronischen Dateien, die das Geschäftsgeheimnis enthalten oder verkörpern. Dieser auf **Trägermedien** bezogene Auskunftsanspruch dient der Identifizierung der Trägermedien und der Durchsetzung des Anspruchs auf Herausgabe bzw Vernichtung nach § 7 Nr 1 GeschGehG.

780 Im Recht des geistigen Eigentums ist ein **derartiger Auskunftsanspruch bislang nicht bekannt**. Er wirft ganz besondere Schwierigkeiten bei der Rechtsanwendung auf. Offenkundig dient der Anspruch der Abstellung einer Störungsquelle und soll damit der Weiterverbreitung des Geschäftsgeheimnisses entgegenwirken.

781 Die **praktische Wirksamkeit des Anspruchs** darf bezweifelt werden. Üblicherweise teilt der Verletzer nicht mit, welche Verkörperungen des Geheimnisses er noch im Besitz hat. Daran ändert ein gesetzlich niedergelegter Auskunftsanspruch nichts.

782 Im Hinblick darauf, dass Geschäftsgeheimnisse im Vergleich mit Rechten des geistigen Eigentums nach wie vor besonders verletzlich sind, ist es deshalb erforderlich, die Auskunftspflicht des § 8 Abs 1 Nr 3 GeschGehG zu stärken. Dies kann zum einen über eine großzügige Anwendung der Vorschrift des § 260 Abs 2 BGB und des Tatbestandsmerkmals »Grund zu der Annahme, dass das Verzeichnis nicht mit der erforderlichen Sorgfalt aufgestellt worden ist« erreicht werden. Zum anderen könnte im Streit über die Vollständigkeit der Auskunft und die Anwendung der erforderlichen Sorgfalt iSd § 260 Abs 2 BGB die Bürde einer detaillierten Darlegung nach den **Grundsätzen der gestuften Darlegungslast** dem Rechtsverletzer auferlegt werden.

d) Herkunft und Empfänger des Geheimnisses

783 Schließlich ist der Rechtsverletzer zur Auskunft über Personen verpflichtet, von denen er das Geschäftsgeheimnis erlangt hat und denen gegenüber der Rechtsverletzer es offenbart hat. Auch diese Regelung dient der Vermeidung weiterer Verletzungen und dem **Schutz des Geschäftsgeheimnisses in seinem Bestand**. Der Rechtsinhaber soll auf diese Weise in die Lage versetzt werden, gegen die benannten Personen vorzugehen und eine weitere Ausbreitung des Geschäftsgeheimnisses zu verhindern. Die nach § 8 Abs 1 Nr 4 GeschGehG zu machenden Angaben müssen so konkret sein, dass der Rechtsinhaber in die Lage versetzt wird, seine Ansprüche gegenüber dem genannten Dritten geltend zu machen.[911]

784 Der Wortlaut des § 8 Abs 1 Nr 4 GeschGehG ist ganz besonders misslungen. Konkret ist danach Auskunft zu erteilen über die Person (Einzahl), von der »sie« das Geschäftsgeheimnis erlangt haben« und der gegenüber »sie« es offenbart haben. Das Gesetz löst jedoch nicht auf, wer mit »sie« gemeint sein soll. Hieraus wird teilweise geschlussfolgert, der Auskunftsanspruch umfasse auch Offenlegungsvorgänge, die durch Vorbesitzer vorgenom-

---

911 Vgl Alexander, in Köhler/Bornkamm/Feddersen, UWG, § 8 GeschGehG Rn 28.

men werden.⁹¹² Diese Auslegung überzeugt jedoch nicht, weil sie das erste »sie« nicht erklärt. Man kann wohl lediglich feststellen, dass sich der Gesetzgeber hier einen redaktionellen Schnitzer erlaubt hat.⁹¹³

Gemeint sein dürfte eine Auskunft über die **Quelle des Geschäftsgeheimnisses** und die **Empfänger des Geschäftsgeheimnisses**, die auf den Rechtsverletzer zurückzuführen sind. 785

3. Nachforschungspflicht und Belegvorlage

Die Auskunftspflicht beschränkt sich nicht auf das präsente Wissen des Verpflichteten. 786 Vielmehr ist dieser gehalten, seine **Geschäftsunterlagen durchzusehen** und alle ihm zugänglichen Informationen aus seinem Unternehmensbereich zur Erteilung einer vollständigen Auskunft heranzuziehen.⁹¹⁴ Der Auskunftsanspruch kann im Einzelfall auch eine Pflicht begründen, Zweifel durch **Nachfrage bei den in Betracht kommenden Lieferanten** aufzuklären.⁹¹⁵ Dagegen umfasst der Auskunftsanspruch grundsätzlich nicht die Verpflichtung, Nachforschungen bei Dritten vorzunehmen, um **unbekannte Vorlieferanten** und den **Hersteller erst zu ermitteln**.⁹¹⁶

Der BGH hat in diesem Zusammenhang bei der Drittauskunft einen Anspruch auf Vorlage 787 von Belegen zuerkannt.⁹¹⁷ Nur dadurch erhält der Gläubiger die Möglichkeit, die Verlässlichkeit der Auskunft zu überprüfen und sich Klarheit darüber zu verschaffen, ob ein Anspruch auf Abgabe der eidesstattlichen Versicherung besteht. Für die Auskunft nach § 8 Abs 1 Nr 3 und 4 GeschGehG stellt sich die Frage, wie diese Belegvorlage im Einzelnen aussehen kann, insbesondere also, welche Belege konkret umfasst sind und überhaupt geeignet sind, die Verlässlichkeit und Vollständigkeit der Auskunft nachzuweisen.

IX. Unselbstständiger Rechnungslegungsanspruch

Soweit der Verletzte die **zur Berechnung des Schadensersatzbetrags erforderlichen** 788 **Informationen** nicht über den selbstständigen Auskunftsanspruch erhält, kann ihm ein unselbstständiger Rechnungslegungsanspruch zustehen.⁹¹⁸ Dieser Anspruch ist bei der Verletzung von Rechten des geistigen Eigentums gewohnheitsrechtlich anerkannt.⁹¹⁹ Denkbar ist der Anspruch auch für die **Vorbereitung sonstiger Ansprüche**, bspw für die Vorbereitung von **Beseitigungsansprüchen** oder **bereicherungsrechtlichen Ansprüchen**.⁹²⁰ Zwar sieht § 8 Abs 1 Nrn 3, 4 GeschGehG auch für den selbstständigen Auskunftsanspruch die Mitteilung von für die Beseitigung der Störung essentiellen Informationen vor. Allerdings sind die nach § 8 Abs 1 Nr 4 GeschGehG geschuldeten Informationen ersichtlich nicht ausreichend, um gegen Verbreiter oder Empfänger des Geschäftsgeheimnisses erfolgreich

---

912 Spieker, in BeckOK GeschGehG, § 8 GeschGehG Rn 9.
913 Vgl Tochtermann, in Büscher, UWG, § 8 RegE GeschGehG Rn 19.
914 BGH 23.01.2003, I ZR 18/01 = GRUR 2003, 433 – Cartier-Ring.
915 BGH 23.01.2003, I ZR 18/01 = GRUR 2003, 433 – Cartier-Ring.
916 BGH 23.01.2003, I ZR 18/01 = GRUR 2003, 433 – Cartier-Ring; BGH 24.03.1994, I ZR 42/93 = GRUR 1994, 630 – Cartier-Armreif.
917 BGH 21.02.2002, I ZR 140/99 = GRUR 2002, 709, 712 – Entfernung der Herstellungsnummer III.
918 Alexander, in Köhler/Bornkamm/Feddersen, UWG, § 8 Rn 38.
919 Vgl BGH 31.03.2010, I ZR 174/07 = GRUR 2010, 738 Rn 41 – Peek & Cloppenburg; OLG Karlsruhe 30.10.2019, 6 U 183/16 = GRUR 2020, 166 Rn 131 – Datenpaketverarbeitung.
920 Vgl Thiering, in Ströbele/Hacker/Thiering, MarkenG, § 14 Rn 737.

vorzugehen. Soweit man § 8 Abs 1 Nr 4 GeschGehG nicht sehr breit auslegen möchte, scheint deshalb ein Rückgriff auf den unselbstständigen Rechnungslegungsanspruch unausweichlich. Zur Vorbereitung einer Abfindung nach § 11 GeschGehG ist die Auskunft nicht erforderlich, da es Sache des Verletzers ist, die Angemessenheit der Abfindung darzulegen.

1. Voraussetzungen des unselbstständigen Rechnungslegungsanspruchs

789 Der unselbstständige Rechnungslegungsanspruch setzt voraus, dass der **Hauptanspruch**, dem die Auskunft dienen soll, **dem Grunde nach feststeht**.[921] Das setzt bei Schadensersatzansprüchen nach § 10 GeschGehG ein Verschulden des Verletzers voraus, bei Beseitigungsansprüchen nach den §§ 6, 7 GeschGehG hingegen nicht, ebenso wenig bei bereicherungsrechtlichen Ansprüchen.

2. Umfang des unselbstständigen Auskunftsanspruchs

790 Der Anspruch erstreckt sich wie beim Unterlassungsanspruch auf alle zur festgestellten Verletzung im Kern gleichartigen Verletzungen (sh Rdn 654 ff). Aufgrund der außergewöhnlichen Verletzlichkeit des Geschäftsgeheimnisses und der regelmäßig erheblichen Nachweisschwierigkeiten erscheint es angemessen, den Kern gleichartiger Verletzungen nicht zu engherzig zu definieren und den **Rechnungslegungsanspruch in geeigneten Fällen auch für weitere Geschäftsgeheimnisse** zu gewähren, die in ähnlicher Weise verletzt sein können wie das den Anspruch auslösende Geschäftsgeheimnis, wenn der Umfang der Rechnungslegungsverpflichtung nachvollziehbar so definiert werden kann, dass es nicht zu einer Ausforschung kommt. Es gelten hier keine anderen Maßstäbe als bei der Bestimmung der Reichweite des Unterlassungsanspruchs (sh Rdn 654 ff).[922] Geheimhaltungsbelangen kann durch Schutzanordnungen oder dadurch Rechnung getragen werden, dass dem Anspruchsgläubiger die Obliegenheit zugemutet wird, eine angemessene Geheimhaltungsvereinbarung abzuschließen (sh auch Kap 5 Rdn 115).

791 Vom sachlichen Umfang her bestimmt sich der Rechnungslegungsanspruch nach dem Kenntnisdefizit des Verletzten, das dieser zur Durchsetzung des Hauptanspruchs überwinden muss.[923] Eine Festlegung auf eine bestimmte Schadensberechnungsmethode und damit eine Einschränkung des Umfangs der Rechnungslegungspflicht ist nicht angezeigt, da die Rechnungslegung gerade auch der Ermittlung der für den Verletzten vorteilhaften Berechnungsmethode dient.

792 Eine zeitliche Grenze findet der Anspruch nur in der **Verjährung** oder **Verwirkung** des Hauptanspruchs.[924] Soweit der Anspruch der Berechnung des Verletzergewinns dienen soll, umfasst er die Herstellungsmengen und -zeiten, die einzelnen Lieferungen, aufgeschlüsselt nach Liefermengen, -zeiten und -preisen (und gegebenenfalls Typenbezeichnungen) sowie die Namen und Anschriften der Abnehmer, die einzelnen Angebote, aufgeschlüsselt nach Angebotsmengen, -zeiten und -preisen (und gegebenenfalls Typenbezeichnungen) sowie die Namen und Anschriften der Angebotsempfänger, die betriebene Werbung, aufgeschlüs-

---

921 BGH 06.03.2001, KZR 32/98 = GRUR 2001, 849, 851 – Remailing-Angebot.
922 Vgl die Ansätze in BGH 29.04.2010, I ZR 68/08 = GRUR 2010, 623 – Restwertbörse I.
923 BGH 06.10.2005, I ZR 322/02 = GRUR 2006, 419 Rn 14 – Noblesse.
924 Vgl BGH 30.04.2009, I ZR 191/05 = GRUR 2009, 852 Rn 59 – Elektronischer Zolltarif; BGH 19.07.2007, I ZR 93/04 = GRUR 2007, 877 Rn 25 – Windsor Estate; BGH 25.02.1992, X ZR 41/90 = GRUR 1992, 612, 616 – Nicola;

selt nach Werbeträgern, deren Auflagenhöhe, Verbreitungszeitraum und Verbreitungsgebiet, die nach den einzelnen Kostenfaktoren aufgeschlüsselten Gestehungskosten und den erzielten Gewinn (sh Muster »Klage«, Kap 5 Rdn 1).[925]

3. Belegvorlage

Dem Geheimnisinhaber steht außerdem ein Anspruch auf Belegvorlage zu.[926] Zwar hat der BGH entschieden, dass beim Anspruch auf Rechnungslegung aus § 242 BGB ein Anspruch auf Vorlage von Belegen grundsätzlich nur dann bestehe, wenn in vergleichbaren vertraglichen Beziehungen üblicherweise Belege vorgelegt werden.[927] Die Entscheidung ist aber schon deshalb abzulehnen, weil die vom BGH bemühten »vergleichbaren vertraglichen Beziehungen« eine Fiktion sind und mit dem Verletzungsgeschehen, über das Rechnung gelegt werden soll, nichts zu tun haben.[928]

X. Verhältnismäßigkeit

Nach § 9 GeschGehG sind die Ansprüche der §§ 6 bis 8 Abs 1 GeschGehG ausgeschlossen, wenn die Erfüllung des Anspruchs **im Einzelfall unverhältnismäßig** wäre.

1. Allgemeines

Das Gesetz nennt in diesem Zusammenhang eine Vielzahl von Kriterien, die für die Beurteilung der Verhältnismäßigkeit entscheidend sein können. Hierzu zählen der Wert und andere spezifische Merkmale des Geschäftsgeheimnisses, die getroffenen Geheimhaltungsmaßnahmen, das Verhalten des Rechtsverletzers bei Erlangung, Nutzung oder Offenlegung des Geschäftsgeheimnisses, die Folgen der rechtswidrigen Nutzung oder Offenlegung des Geschäftsgeheimnisses, die berechtigten Interessen des Inhabers des Geschäftsgeheimnisses und des Rechtsverletzers sowie die Auswirkungen, welche die Erfüllung der Ansprüche für beide haben könnte, die berechtigten Interessen Dritter sowie das öffentliche Interesse. Diese Aufzählung des § 9 GeschGehG ist **nicht abschließend**.

Nicht unter dem Vorbehalt der Verhältnismäßigkeit steht der Anspruch auf Schadensersatz nach § 10 GeschGehG. Dies dürfte idR einer **Einschränkung des Auskunftsanspruchs** entgegenstehen, soweit dieser nach § 8 Abs 1 Nr 2 GeschGehG Angaben zu den Mengen der hergestellten, bestellten, ausgelieferten oder erhaltenen rechtsverletzenden Produkte sowie über die Kaufpreise umfasst. Die Auskunftspflicht dient insoweit der Berechnung eines Schadensersatzanspruchs des Verletzten. Da dieser nicht unter dem Vorbehalt der Verhältnismäßigkeit steht, muss dem Verletzten auch unbeschränkt der Auskunftsanspruch des § 8 Abs 1 Nr 2 GeschGehG zugestanden werden. Eine Einschränkung ist allenfalls denkbar, wenn Schadensersatzansprüche mangels Verschulden ausscheiden. Dann bewirkt § 9 GeschGehG einen Gleichlauf des selbstständigen Auskunftsanspruchs mit dem unselbstständigen Rechnungslegungsanspruch.

---

925 Kühnen, Hdb PatV, Kap D Rn 634 ff; großzügig mittlerweile auch BGH 02.10.2012, I ZR 82/11 = GRUR 2013, 638 Rn 53 – Völkl.
926 OLG Karlsruhe 30.10.2019, 6 U 183/16 = GRUR 2020, 166 Rn 131 – Datenpaketverarbeitung; OLG Karlsruhe 31.01.2019, 6 U 135/14 = BeckRS 2019, 2116 Rn 143 – Gießpfanne.
927 BGH 16.05.2017, X ZR 85/14 = GRUR 2017, 89 – Sektionaltor II.
928 Vgl OLG Karlsruhe 31.01.2019, 6 U 135/14 = BeckRS 2019, 2116 Rn 143 – Gießpfanne.

797 Keine Anwendung findet § 9 GeschGehG auch auf **sonstige Ansprüche** neben den Ansprüchen aus den §§ 6 bis 8 GeschGehG, also insbesondere auf vertragliche Unterlassungs- und Beseitigungsansprüche.[929]

798 Die in § 9 GeschGehG beispielhaft genannten Aspekte sind **von Amts wegen** zu berücksichtigen.[930] Allerdings sind die Gerichte nicht dazu berufen, ungefragt auf Fehlersuche zu gehen, sondern bedürfen für die Beurteilung einer Anspruchsdurchsetzung als gegebenenfalls unverhältnismäßig des Vortrags des Anspruchsgegners. Dies gilt auch im Verfahren des einstweiligen Rechtsschutzes.

799 Da Auskunftsansprüche in aller Regel weniger einschneidenden Charakter haben, wird die Beurteilung der Verhältnismäßigkeit vorrangig im Hinblick auf die Unterlassungs- und Beseitigungsansprüche der §§ 6 und 7 GeschGehG kritisch werden.

2. Kriterien der Verhältnismäßigkeitsbeurteilung

800 Der Kriterienkatalog des § 9 GeschGehG setzt an unterschiedlichen Kategorien zu beachtender Aspekte an.

a) Relevante Interessensphären

801 In den Nrn 5–7 benennt er im Wesentlichen lediglich die **Personenkreise**, deren Interessen zu beachten sind, nämlich den **Inhaber**, den **Rechtsverletzer**, den **Dritten** sowie die **Öffentlichkeit**. Die Berücksichtigung der Interessen von Inhaber und Rechtsverletzer bedurfte an sich keiner Erwähnung. Von größerer Bedeutung ist die Nennung der Interessen Dritter und der Öffentlichkeit.

802 Interessen Dritter können bspw bei der Geltendmachung von Auskunftsansprüchen die Geheimhaltungsinteressen Dritter sein. Darüber hinaus ist bei Beseitigungsansprüchen als Interesse eines Dritten die sachenrechtliche Berechtigung an einem nach § 7 GeschGehG der Vernichtung unterliegenden Gegenstand zu nennen. Das öffentliche Interesse kann betroffen sein, wenn die Durchsetzung von Beseitigungsmaßnahmen die Wahrnehmung öffentlicher Aufgaben gefährden würde. Dies kann beim Rückruf oder bei der Entfernung aus den Vertriebswegen von rechtsverletzenden Produkten der Fall sein, bspw wenn hierdurch ein Engpass in der medizinischen Versorgung einzutreten droht. Einen Anspruch auf eine **Zwangslizenz** iSd § 24 PatG kennt das GeschGehG ebenso wenig wie eine **öffentliche Benutzungsanordnung** iSd § 13 PatG. Die Berücksichtigung von Drittinteressen sowie öffentlichen Interessen ist daher systematisch über § 9 GeschGehG unbedenklich.

803 Darüber hinaus kann ein öffentliches Interesse dann bestehen, wenn die Durchsetzung von Ansprüchen nach den §§ 6 bis 8 GeschGehG wettbewerbsschädliche Wirkung hätte.[931]

b) Geheimnis- und tatbezogene Kriterien

804 Neben diesen auf bestimmte Personenkreise bezogenen Kriterien nennt das Gesetz in § 9 Nr 1 und 2 GeschGehG Kriterien, die das Geschäftsgeheimnis selbst bzw die zu seinem

---

[929] Vgl Alexander, in Köhler/Bornkamm/Feddersen, UWG, § 9 GeschGehG Rn 11.
[930] Alexander, in Köhler/Bornkamm/Feddersen, UWG, § 9 GeschGehG Rn 13; Tochtermann, WRP 2019, 688, 689.
[931] Vgl ErwG 21, der das Ziel eines reibungslos funktionierenden Binnenmarkts formuliert.

Schutz ergriffenen Maßnahmen betreffen. Darüber hinaus bezieht § 9 Nr 3 und 4 GeschGehG das Tatverhalten und die Folgen der Tat in die Betrachtung ein.

Soweit das Gesetz auf den **Wert** oder **andere spezifische Merkmale** des Geschäftsgeheimnisses sowie auf die getroffenen Geheimhaltungsmaßnahmen abstellt, lässt es offen, in welcher Weise sich diese Gesichtspunkte auf die Verhältnismäßigkeitsprüfung auswirken können. Es bleibt unklar, ob nach § 9 Nr 1 und 2 GeschGehG ein geringer Wert eines Geschäftsgeheimnisses durch stärkere Geheimhaltungsmaßnahmen kompensiert werden kann oder ob geringe Geheimhaltungsmaßnahmen bei bedeutendem Wert eines Geschäftsgeheimnisses tendenziell zum Anspruchsausschluss wegen Unverhältnismäßigkeit führen können. 805

Eine Unverhältnismäßigkeit kann im Hinblick auf den Wert des Geschäftsgeheimnisses in Betracht kommen, wenn zum Schutz eines geringwertigen Geschäftsgeheimnisses sehr umfangreiche Beseitigungsmaßnahmen erforderlich wären.[932] Durch die Anwendung des § 9 GeschGehG und insbesondere die Einstellung des Werts des Geschäftsgeheimnisses in die Beurteilung darf die **generelle Wertung** des Gesetzes **nicht infrage gestellt** werden, wonach auch Geschäftsgeheimnisse von geringem Wert geschützt sind, und zwar insbesondere über die in den §§ 6 bis 8 GeschGehG gewährten Ansprüche. Auch im Falle eines geringen Werts des Geschäftsgeheimnisses kann § 9 GeschGehG daher nur im Einzelfall und unter besonderen Umständen zum Ausschluss des Anspruchs führen.[933] 806

Ähnliches gilt für die Geheimhaltungsmaßnahmen. Auch hier ist zu berücksichtigen, dass die generelle Wertung des Gesetzes nicht unterlaufen werden darf, wonach Geschäftsgeheimnisse bei Durchführung gewisser/angemessener Geheimhaltungsmaßnahmen Schutz genießen. Ein Anspruchsausschluss kommt daher insoweit nur in Betracht, wenn sehr geringe Geheimhaltungsmaßnahmen in Hinblick auf andere zu berücksichtigende Belange die Ansprüche nach den §§ 6 bis 8 Abs 1 GeschGehG nicht mehr rechtfertigen können. Dies kann bspw der Fall sein, wenn zwar für das Eintreten des Geschäftsgeheimnisschutzes ausreichende Schutzmaßnahmen ergriffen worden sind, diese Schutzmaßnahmen aber dem Verletzer nicht vor Augen geführt haben, dass er in ein Geschäftsgeheimnis des Inhabers eingreift (bspw weil die Geschäftsgeheimnisse durch von außen nicht sichtbare Geheimhaltungsmaßnahmen geschützt werden). In solchen Fällen ist das Verschulden des Verletzers in der Regel geringer als in Fällen, in denen der Verletzer sehenden Auges Geschäftsgeheimnisse erlangt, nutzt oder offenlegt, ohne hierzu berechtigt zu sein. In **Fällen leichten oder sogar völlig fehlenden Verschuldens** können die Ansprüche nach den §§ 6 bis 8, insbesondere die Beseitigungsansprüche, eine zu einschneidende Wirkung haben. 807

Anzunehmen ist das auch in der Fallkonstellation des § 4 Abs 3 GeschGehG, die den **ehemals gutgläubigen Dritten** zum Rechtsverletzer macht. Erlangt dieser Kenntnis von der Rechtsverletzung eines Geschäftspartners, von dem er Informationen bezogen hat, kann dies bereits getroffene Investitionen bei Durchsetzung eines Unterlassungsanspruchs völlig entwerten. Zu denken ist bspw an Fallgestaltungen, in denen ein Empfänger des Geheimnisses basierend auf der erhaltenen Information im guten Glauben ein Produkt entwickelt und produziert, in dem die als Geschäftsgeheimnis geschützte Informationen 808

---

932 Begr zum RegE, BT-Drucks. 19/4724 S. 31; Alexander, in Köhler/Bornkamm/Feddersen, UWG, § 9 GeschGehG Rn 20.
933 Vgl Alexander, in Köhler/Bornkamm/Feddersen, UWG, § 9 GeschGehG Rn 21.

nur eine untergeordnete Rolle spielt. In einer solchen Konstellation kann die unbeschränkte Durchsetzung von Unterlassungs- und Beseitigungsansprüchen nach § 9 GeschGehG als unverhältnismäßig anzusehen sein.

809 Soweit das Verhalten des Rechtsverletzers bei Erlangung, Nutzung oder Offenlegung des Geschäftsgeheimnisses sowie die Folgen der rechtswidrigen Nutzung oder Offenlegung des Geschäftsgeheimnisses in die Beurteilung einzubeziehen sind, ergeben sich keine Besonderheiten. Zu beachten ist, dass § 9 Nr 4 GeschGehG mit Blick auf die rechtswidrige Nutzung oder Offenlegung des Geschäftsgeheimnisses offenkundig eine **Prognoseentscheidung** verlangt, welche Folgen für das Geschäftsgeheimnis durch die (fortgesetzte) rechtswidrige Nutzung oder Offenlegung drohen. Es ist also davon auszugehen, dass nicht nur die wirtschaftlichen Folgen, die mit der Nutzung oder Offenlegung des Geheimnisses unmittelbar verbunden sind (wie bspw Umsatzausfälle auf Seiten des Verletzten) zu berücksichtigen sind, sondern auch die Gefahr eines Verlusts des Geschäftsgeheimnisses selbst.[934]

3. Rechtsfolge

810 Als Rechtsfolge sieht § 9 GeschGehG vor, dass die Ansprüche nach den §§ 6 bis 8 Abs 1 GeschGehG ausgeschlossen sind. Diese Formulierung ist ungenau und missverständlich. So erschließt sich schon nicht, dass sämtliche Ansprüche nach den §§ 6 bis 8 Abs 1 GeschGehG ausgeschlossen sein sollen, wenn nur die Erfüllung eines Anspruchs im Einzelfall unverhältnismäßig wäre. Gemeint ist vermutlich, dass die Ansprüche ausgeschlossen sind, **soweit** es an der Verhältnismäßigkeit fehlt.[935] Eine weitergehende Einschränkung der Ansprüche ist auch von den Richtlinienvorgaben nicht getragen.[936] Die Gesetzesformulierung ist weiterhin insoweit ungenau, als sie auf die **Erfüllung der Ansprüche im Einzelfall** abstellt und den Anspruchsausschluss für Fälle anordnet, in denen diese Erfüllung unverhältnismäßig wäre. Tatsächlich kann es nicht darauf ankommen, ob die Erfüllung unverhältnismäßig wäre. Gemeint ist vermutlich, dass die Ansprüche ausgeschlossen sind, soweit **die Anordnung bestimmter Rechtsfolgen** im Einzelfall unverhältnismäßig wäre. Nur die Anordnung kann unverhältnismäßig sein, weil sie dem Einzelnen mehr abverlangt, als unter Berücksichtigung der in § 9 Nr 1–7 GeschGehG genannten Kriterien angemessen wäre. Die Erfüllung ist demgegenüber indifferent.

811 Vor diesem Hintergrund ist § 9 GeschGehG in der Praxis mit Augenmaß anzuwenden. Insbesondere sollte er dazu genutzt werden, flexible Rechtsfolgenlösungen zu entwickeln, anstatt Pauschalausschlüsse von Ansprüchen zu rechtfertigen. So kann § 9 GeschGehG eine taugliche Grundlage für die Anordnung von **Aufbrauchs- oder Umstellungsfristen** sein.[937] Die Vorschrift kann also insbesondere zu einer zeitlichen und sachlichen Einschränkung von Rechtsfolgenanordnungen führen.

---

934 Alexander, in Köhler/Bornkamm/Feddersen, UWG, § 9 GeschGehG Rn 26.
935 Unentschieden Tochtermann, in Büscher, UWG, § 9 RegE GeschGehG Rn 27, die zudem (lediglich) ein Ermessen des Gerichts in Betracht zieht; für einen Ermessensspielraum besteht indes tatsächlich kein Raum.
936 Vgl Alexander, in Köhler/Bornkamm/Feddersen, UWG, § 9 GeschGehG Rn 34; Tochtermann, WRP 2019, 688.
937 Vgl Alexander, in Köhler/Bornkamm/Feddersen, UWG, § 9 GeschGehG Rn 34.

▶ Soweit der Geheimnisinhaber befürchtet, dass § 9 GeschGehG der Durchsetzung der Ansprüche 812
nach den §§ 6 bis 8 Abs 1 GeschGehG erfolgreich entgegengesetzt werden kann, sollte er dem
durch eine flexible Antragsformulierung Rechnung tragen. So ist es bspw denkbar, dass Geheimhaltungsinteressen Dritter bei der Auskunftserteilung dadurch Rechnung getragen wird, dass schon
mit der Antragstellung geeignete Schutzmaßnahmen eingeführt werden. Wenn § 9 GeschGehG
zutreffend dahingehend verstanden wird, dass ein Anspruchsausschluss nur eintritt, soweit die Erfüllung der Ansprüche im Einzelfall unverhältnismäßig wäre, kann durch eine auch antragsmäßig
klargestellte Beschränkung des Klagebegehrens dem Anspruchsausschluss entgegengewirkt werden.
Im Hinblick auf § 308 ZPO ist nicht davon auszugehen, dass Gerichte derartig eingeschränkte
Anspruchsfassungen von Amts wegen als Minus zum unbeschränkt geltend gemachten Anspruch
ausurteilen dürften.[938]

Die Regelung des § 9 GeschGehG stellt keinen Erlöschenstatbestand dar.[939] Vielmehr 813
handelt es sich um eine (ggf nur vorübergehende) Einwendung, die dem aktuellen Bestand
des Anspruchs selbst entgegengehalten werden kann.

XI. Schadensersatz

Nach § 10 Abs 1 GeschGehG ist ein Rechtsverletzer, der vorsätzlich oder fahrlässig han- 814
delt, dem Inhaber des Geschäftsgeheimnisses zum Ersatz des daraus entstehenden Schadens
verpflichtet. Der Schadensersatzanspruch nach § 10 GeschGehG wirft gegenüber dem
Recht des geistigen Eigentums besondere Fragestellungen auf. Diese können hier nur in
Ansätzen angesprochen werden.[940]

1. Allgemeines

Nach § 10 Abs 2 S 1 GeschGehG kann bei der Bemessung des Schadensersatzes auch der 815
Gewinn des Rechtsverletzers berücksichtigt werden, der durch die Verletzung des Rechts
erzielt wird. Darüber hinaus ist nach § 10 Abs 2 S 2 GeschGehG vorgesehen, dass der
Schadensersatzanspruch auf der Grundlage des Betrags bestimmt werden kann, den der
Rechtsverletzer als angemessene Vergütung hätte entrichten müssen, wenn er die Zustimmung zur Erlangung, Nutzung oder Offenlegung des Geschäftsgeheimnisses eingeholt
hätte (»**Lizenzanalogie**«). Schließlich sieht § 10 Abs 3 GeschGehG einen Schadensersatzanspruch wegen des **Nichtvermögensschadens** vor. Dieser wird voraussichtlich in der Praxis eine geringe Rolle spielen.

Die Regelung des Schadensersatzanspruchs entspricht Art 14 GeschGehRL,[941] der aus- 816
drücklich auch den immateriellen Schaden als ersatzfähig bezeichnet. In der Praxis ist zu
erwarten, dass sich die Schadensberechnung an den zum Recht des geistigen Eigentums
etablierten Grundsätzen orientieren wird. Insbesondere ist in § 10 GeschGehG die dreifache Schadensberechnung angelegt.[942] Dort sind als mögliche Berechnungsgrundlage der
Verletzergewinn und die Lizenzanalogie genannt. Da § 10 GeschGehG nicht abschließend
ist, spricht daneben nichts gegen die Berechnung des Schadens auf Grundlage eines kon-

---

938 AA Tochtermann, in Büscher, UWG, § 9 RegE GeschGehG Rn 27 unter Hinweis auf Grabinski/
Zülch, in Benkard, PatG, § 140a Rn 8d.
939 AA Alexander, in Köhler/Bornkamm/Feddersen, UWG, § 9 GeschGehG Rn 35.
940 Vgl insb Raue, Die dreifache Schadensberechnung.
941 Alexander, in Köhler/Bornkamm/Feddersen, UWG, § 10 GeschGehG Rn 6.
942 Alexander, in Köhler/Bornkamm/Feddersen, UWG, § 10 GeschGehG Rn 2.

kreten Vermögensvergleichs. Die Grundsätze der dreifachen Schadensberechnung waren bereits nach altem Recht anerkannt.[943]

2. Spezifische Problemlagen

817   Das Recht des Geschäftsgeheimnisschutzes wirft einige sehr spezifische Problemlagen auf, für die noch keine praktikablen Lösungen entwickelt wurden. In der Praxis wird die Schwierigkeit insbesondere bei den Verletzungshandlungen der Erlangung und der Offenlegung darin liegen, die zum Ersatz des Schadens genügenden Beträge zu ermitteln.

a) Verlust des Geschäftsgeheimnisses

818   Eine Geheimnisverletzung kann bspw darin liegen, dass eine nur im Unternehmen des Verletzten zur Durchführung eines Produktionsverfahrens verwendete Spezialmaschine auf der Grundlage entwendeter Unterlagen durch den Verletzer nachgebaut und an Wettbewerber des Geheimnisinhabers verkauft wird. Die auf der Spezialmaschine hergestellten Produkte dürften iSd § 2 Nr 4 GeschGehG rechtsverletzende Produkte sein. Das Recht zur Verwertung des Geschäftsgeheimnisses in Form des Vertriebs derartiger Produkte steht dem Inhaber des Geschäftsgeheimnisses zu.

819   Wird durch die Entwendung und spätere Offenlegung der Konstruktionszeichnungen das Geschäftsgeheimnis entwertet, entfällt auch die Möglichkeit, Ansprüche gegen die Erwerber der Maschinen und Hersteller der rechtsverletzenden Produkte geltend zu machen, wenn die Offenlegungshandlungen zur allgemeinen Bekanntheit des Geschäftsgeheimnisses bzw der geschützten Information geführt haben. Der hierdurch eintretende wirtschaftliche Nachteil in Form der Beeinträchtigung der Wettbewerbsposition des Geheimnisinhabers ist nur mit erheblichem Aufwand ermittelbar. Insbesondere wird es detaillierter **betriebswirtschaftlicher Gutachten** bedürfen.

b) Beteiligung mehrerer Verletzer

820   Kausalitäts- und Zurechnungsfragen entstehen, wenn **mehrere Verletzer** einen Beitrag dazu leisten, dass das Geheimnis offenkundig wird. Nachvollziehbar dürfte noch sein, dass der ursprüngliche Verletzer, der das Geschäftsgeheimnis gegenüber einem Dritten offenbart, einen Verursachungsbeitrag gesetzt hat, der im Ergebnis zur Offenkundigkeit des Geschäftsgeheimnisses geführt hat. Dieser Verletzer dürfte auch für den dadurch entstehenden Gesamtschaden haften.

821   Komplizierter wird die Situation, wenn Empfänger des Geschäftsgeheimnisses auf einer **nachgeordneten Stufe** das Geheimnis ebenfalls weitergeben. IdR ist nicht abschließend zu beurteilen, ob diese Offenlegungshandlungen zur Offenkundigkeit des Geheimnisses beigetragen haben. Ist dies der Fall, werden auch diese Verletzer für jedenfalls einen Teil des Gesamtschadens haftbar zu machen sein. Möglicherweise keine Haftung besteht aber für Schäden, die aufgrund eines eigenverantwortlichen Verhaltens des Vortäters und anderer Dritter ohnehin entstanden wären. Der Empfänger des Geschäftsgeheimnisses dürfte deshalb nicht für die Herstellung rechtsverletzender Produkte durch einen anderen Emp-

---

[943] Vgl BGH 17.05.1960, I ZR 34/59 = GRUR 1960, 554, 557 – Handstrickverfahren; BGH 18.02.1977, I ZR 112/75 = GRUR 1977, 539, 541 – Prozessrechner; Alexander, in Köhler/Bornkamm/Feddersen, UWG, § 10 GeschGehG Rn 3.

c) Offene Definition rechtsverletzender Produkte

Eine weitere Unschärfe kommt durch die Definition der rechtsverletzenden Produkte ins Spiel, wonach der Schutz des Geschäftsgeheimnisses alle Produkte erfasst, die **in erheblichem Umfang auf dem rechtswidrig erlangten, genutzten oder offengelegten Geschäftsgeheimnis beruhen**. Über den Kern des Geschäftsgeheimnisses hinaus sind also solche Verwertungshandlungen erfasst, die von dem Geschäftsgeheimnis ausgehen und in ihm ihre wesentliche Grundlage haben. Die Berechnung des Werts des Geschäftsgeheimnisses und damit des Schadens muss also auch in den Blick nehmen, welche Entwicklungsmöglichkeiten das Geschäftsgeheimnis zur Verfügung stellt. Geschützt ist also nicht nur der konkrete Besitzstand des Geschäftsgeheimnisinhabers, sondern in gewissem Umfang auch das durch ein Geschäftsgeheimnis vermittelte Potenzial. 822

d) Unbeschränkte »Laufzeit« des Geschäftsgeheimnisses

Im Gegensatz bspw zu den meisten Schutzrechten hat ein Geschäftsgeheimnis eine unbeschränkte »Laufzeit«. Der Wert eines Geschäftsgeheimnisses lässt sich deshalb nicht vor dem Hintergrund einer Laufzeit beschränken. 823

Gleichwohl wird man bei der Bestimmung des Werts mit einer **durchschnittlichen Laufzeit** auf der Basis von empirisch begründeten Erfahrungswerten operieren müssen. Diese Laufzeit kann branchenabhängig sehr unterschiedlich ausfallen. 824

e) Mangelnde Ersetzbarkeit

Geschäftsgeheimnisse sind oft nicht ersetzbar. Die Nutzung eines Geschäftsgeheimnisses kann einen erheblichen und vor allem **dauerhaften Vorsprung** vor dem Wettbewerb vermitteln. Insofern unterscheidet sich das Geschäftsgeheimnis bspw von der Marke, die lediglich einen temporären Wettbewerbsvorsprung vermitteln kann, der durch Aufwendungen der Wettbewerber zur Stärkung eigener Marken überwunden werden kann. Zwar ist es auch möglich, dass den durch ein Geschäftsgeheimnis vermittelten Vorsprung durch eigene technische Entwicklungen zu überwinden. In aller Regel wird der Wettbewerber gar nicht wissen, welche Geschäftsgeheimnisse der Geheimnisinhaber nutzt und inwiefern diese Geheimnisse ihm einen Wettbewerbsvorteil vermitteln. Teilweise wird dies daraus abzuleiten sein, dass der Wettbewerber seine Produkte zu einem geringeren Preis anbietet oder in höherer Qualität anbieten kann. In vielen Fällen wird der Einsatz eines Geschäftsgeheimnisses aber im Dunkeln bleiben. Deshalb besteht in der Praxis oft kein konkreter Anlass für den lauter handelnden Wettbewerber, an einer Verbesserung seiner Prozesse zu arbeiten, weil der konkret bestehende Wettbewerbsnachteil nicht transparent ist. Dies erschwert die Wertbeurteilung erheblich. 825

3. Voraussetzungen des Schadensersatzanspruchs

Der Schadensersatzanspruch setzt eine **Rechtsverletzung** iSd § 4 GeschGehG voraus, was unmittelbare Verletzungen nach § 4 Abs 1, 2 und mittelbare Verletzung nach § 4 Abs 3 826

GeschGehG einschließt, nicht aber Vertragsverletzungen.⁹⁴⁴ Darüber hinaus setzt der Anspruch **Verschulden** voraus. Schließlich bedarf es eines **Schadens**. Zwar liegt die Aktivlegitimation allein beim Inhaber des Geschäftsgeheimnisses (sh Rdn 628 ff). Der zu ersetzende Schaden beschränkt sich aber nicht auf den Schaden, der dem Inhaber des Geschäftsgeheimnisses entsteht.⁹⁴⁵

a) Verschulden

827 Vorsatz setzt neben der Kenntnis der objektiven Tatbestandsmerkmale das Bewusstsein der Rechtswidrigkeit voraus.⁹⁴⁶ Fahrlässigkeit liegt vor, wenn der Verletzer die im Verkehr erforderliche Sorgfalt außer Acht lässt, § 276 Abs 2 BGB. Der Irrtum bei der rechtlichen Bewertung des Sachverhalts begründet den Vorwurf der Fahrlässigkeit, wenn sich der Verletzer erkennbar in einem Grenzbereich des rechtlich Zulässigen bewegt und eine von der eigenen Einschätzung abweichende Beurteilung in Betracht ziehen muss.⁹⁴⁷

828 An die Sorgfaltspflicht sind im Bereich des gewerblichen Rechtsschutzes zwar hohe Anforderungen zu stellen. Anders als bei registrierten Schutzrechten kann aber im Geheimnisschutz gerade keine Kenntnis der Schutzrechtslage beim Verletzer erwartet werden. Eine Person, die eine Information erlangt, kann anhand der Information selbst idR keinen Rückschluss auf die mögliche Rechtsverletzung ziehen.⁹⁴⁸ Die Annahme eines Verschuldens kann deshalb etwas konkreterer Begründung bedürfen als im Patent- oder Markenrecht.

b) Schaden

829 Ein Schaden kann sich aus materiellen und immateriellen Schadenspositionen ergeben.

aa) Materielle Schäden

830 Ein Schaden liegt in der Beeinträchtigung des Schutzgutes selbst, so wie bei einer Sachbeschädigung der Schaden die Beeinträchtigung der körperlichen Integrität der Sache ist.⁹⁴⁹

831 Die Berechnungsmethoden nach dem konkreten Schaden, dem Verletzergewinn und der Lizenzanalogie stehen nach der hergebrachten Ansicht alternativ nebeneinander.⁹⁵⁰ Der Inhaber des Geheimnisses kann zwischen den Berechnungsmethoden auch noch während eines laufenden Zahlungsklageverfahrens wählen und damit auf Änderungen der Sach- und Beweislage reagieren, die sich oft überhaupt erst im Laufe eines Verfahrens, dort besonders aus dem Prozessvorbringen des Schuldners, ergeben.⁹⁵¹ Die **Auswahlmöglich-**

---

944 BGH 03.07.2008, I ZR 145/05 = GRUR 2008, 810 Rn 15 – Kommunalversicherer; Alexander, in Köhler/Bornkamm/Feddersen, UWG, § 10 GeschGehG Rn 10.
945 Vgl zum Markenrecht: BGH 19.07.2007, I ZR 93/04 = GRUR 2007, 877 Rn 32 – Windsor Estate.
946 Alexander, in Köhler/Bornkamm/Feddersen, UWG, § 10 GeschGehG Rn 20.
947 BGH 18.12.1997, I ZR 79/95 = GRUR 1998, 568, 569 – Beatles-Doppel-CD; Alexander, in Köhler/Bornkamm/Feddersen, UWG, § 10 GeschGehG Rn 22.
948 Tochtermann, in Büscher, UWG, § 10 RegE GeschGehG Rn 10.
949 Tochtermann, in Büscher, UWG, § 10 RegE GeschGehG Rn 15.
950 BGH 25.09.2007, X ZR 60/06 = GRUR 2008, 93 – Zerkleinerungsvorrichtung.
951 BGH 25.09.2007, X ZR 60/06 = GRUR 2008, 93 – Zerkleinerungsvorrichtung; BGH 17.06.1992, I ZR 107/90 = GRUR 1993, 55 – Tchibo/Rolex II.

keit des Verletzten erlischt, wenn der nach einer bestimmten Berechnungsweise geltend gemachte Anspruch rechtskräftig zuerkannt worden ist.[952] Eine Kombination der Berechnungsmethoden oder eine Kumulierung der so berechneten Schadensbeträge soll ausgeschlossen sein.[953] Tatsächlich ist eine Einzelfallbetrachtung erforderlich. Das **Verquickungsverbot** gilt jedoch nur insoweit, als eine doppelte Kompensation derselben Schadensposition vermieden werden muss.[954] Der Verletzte kann für jeden einzelnen Verletzungsfall zwischen den Berechnungsmethoden wählen, was in der Praxis kaum je beachtet und ausgenutzt wird.[955]

▶ Die genaue Bestimmung ersatzfähiger Schadenspositionen ist in der Praxis sehr aufwändig. Während des oft zeitaufwändigen Verletzungsverfahrens sollte der Geheimnisinhaber die Schadensentwicklung möglichst zeitnah nachvollziehen und dokumentieren. Auf diese Weise wird die Nachweisführung in einem Schadensersatzhöheprozess erheblich vereinfacht. In der Praxis kann sich zwar aus Gründen der Praktikabilität der Rückgriff auf die Lizenzanalogie empfehlen. Der nicht unerhebliche Aufwand einer genauen Schadensanalyse und der Differenzierung konkreter Schadenspositionen kann sich jedoch bezahlt machen. 832

(1) Konkreter Schaden

Im Bereich des Geschäftsgeheimnisschutzes kann die konkrete Schadensberechnung einen wichtigen Anwendungsbereich entwickeln, nämlich vor allem immer dann, wenn durch die Verletzung das **Geschäftsgeheimnis offenkundig geworden** ist.[956] Die Quantifizierung von Schäden in Folge von veränderten Marktbedingungen ist insbesondere aus dem Kartellrecht bekannt und dort übliche Praxis.[957] Die ökonomischen Methoden sind bei den Zivilgerichten anerkannt.[958] Heranzuziehen ist ein Vergleichsmarktkonzept,[959] auf dessen Details an dieser Stelle nicht weiter eingegangen werden kann.[960] 833

(2) Lizenzanalogie

Bei der Bemessung des Schadensersatzes nach der Lizenzanalogie sind bereits abgeschlossene Lizenzverträge des Geheimnisinhabers von vorrangigem Interesse.[961] Nun ist es zwar richtig, dass auch Geschäftsgeheimnisse Gegenstand einer Lizenz sein können. Anders als bspw patentgeschützte Erfindungen leben sie aber aufgrund ihrer Geheimhaltung und werden deshalb in vielen Fällen tatsächlich nicht lizenziert, sondern nur im Unternehmen des Geheimnisinhabers genutzt. Eine **etablierte Lizenzierungspraxis** wird deshalb nur 834

---

952 BGH 25.09.2007, X ZR 60/06 = GRUR 2008, 93 – Zerkleinerungsvorrichtung; BGH 17.06.1992, I ZR 107/90 = GRUR 1993, 55 – Tchibo/Rolex II.
953 BGH 09.07.2009, I ZR 87/07 = GRUR 2010, 237 – Zoladex; Alexander, in Köhler/Bornkamm/Feddersen, UWG, § 10 GeschGehG Rn 35; kritisch zu diesem Dogma: Raue, Die dreifache Schadensberechnung, S. 545.
954 Raue, Die dreifache Schadensberechnung, S. 545.
955 Grosch, in Ann/Loschelder/Grosch, PraxisHdb Know-how-Schutz, Kap 6 A Rn 101.
956 Grosch, in Ann/Loschelder/Grosch, PraxisHdb Know-how-Schutz, Kap 6 A Rn 134.
957 Böhm/Nestler, GRUR-Prax 2018, 181, 182.
958 Böhm/Nestler, GRUR-Prax 2018, 181, 182.
959 Böhm/Nestler, GRUR-Prax 2018, 181, 182.
960 Vgl hierzu die Standards ökonomischer Gutachten vom 20.10.2010, abrufbar unter https://www.bundeskartellamt.de/SharedDocs/Publikation/DE/Bekanntmachungen/Bekanntmachung%20-%20Gutachtenstandards.html?nn=3590338 (letzter Abruf am 14.05.2020).
961 Grosch, in Ann/Loschelder/Grosch, PraxisHdb Know-how-Schutz, Kap 6 A Rn 112.

selten zu beobachten sein.⁹⁶² Die auf am Markt erzielbare Lizenzgebühren abstellende Lizenzanalogie stößt deshalb in der Praxis schnell an Grenzen. Lizenzsätze werden in vielen Fällen bloße Fiktion bleiben, die einen angemessenen Gegenwert für die gezogenen Nutzungen darstellen wollen. Die Lizenzanalogie ist darüber hinaus in Fällen wenig geeignet, in denen das Geschäftsgeheimnis sich nicht an einem konkreten Produkt oder Verfahren festmachen lässt. Zu denken sei bspw an den BGH-Fall »Ausschreibungsunterlagen«, in dem die Nutzung von Geschäftsgeheimnissen offenkundig keinen über eine Lizenz verifizierbaren oder messbaren Wert hatte.⁹⁶³

835 Darüber hinaus stellt sich im Falle der Lizenzanalogie in besonderem Maße die Frage, welche **Bezugsgröße** für die Bemessung des der Lizenz zugrundeliegenden Umsatzes anzusetzen ist. Im Hinblick auf die Regelung des § 2 Nr 4 GeschGehG dürfte es angebracht sein, auch bei Verletzungen, die nur Bestandteile von komplexen Erzeugnissen betreffen, den mit dem Gesamterzeugnis erzielten Umsatz anzusetzen. Allerdings wird in derartigen Fällen die Komplexität des Gesamterzeugnisses dadurch berücksichtigt werden, dass der Lizenzsatz abgesenkt wird.⁹⁶⁴

836 Bei der Bemessung der Lizenzgebühr kommt eine angemessene Erhöhung um einen Pauschalbetrag in Betracht. Die bloße Zahlung der hypothetischen Vergütung ist nicht geeignet, eine Entschädigung für den gesamten tatsächlich erlittenen Schaden zu garantieren, weil mit der Zahlung einer solchen Vergütung weder die Erstattung möglicher, mit der Feststellung allfälliger Verletzungshandlungen und ihrer Verursacher verbundener Kosten, auf die im 26. ErwG der EnforcementRL verwiesen wird, noch der Ersatz eines möglichen immateriellen Schadens und auch nicht die Zahlung von Zinsen auf die geschuldeten Beträge sichergestellt würde.⁹⁶⁵

(3) Verletzergewinn

837 Im Zusammenhang mit der Herausgabe des Verletzergewinns im Falle der Verletzung von Geschäfts- bzw Betriebsgeheimnissen ist die Rspr des BGH traditionell strenger als die Rspr im Bereich der gewerblichen Schutzrechte. Bei rechtswidriger Verwertung eines Betriebsgeheimnisses soll grundsätzlich der gesamte Verletzergewinn herauszugeben sein.⁹⁶⁶ Abzusetzen vom Umsatz sind aber die Gemeinkosten.⁹⁶⁷

838 Für eine strengere Sichtweise im Bereich von Geschäftsgeheimnisverletzungen kann sprechen, dass Verletzungen von Geschäftsgeheimnissen deutlich schwieriger feststellbar sind als solche gewerblicher Schutzrechte und dass der Verletzte sich deutlich **größeren Risiken bei der Rechtsdurchsetzung** aussetzt, weil das Geschäftsgeheimnis in jedem Prozess jedenfalls im gewissen Maße dem Risiko der Offenkundigkeit ausgesetzt wird.⁹⁶⁸ Auch mag man bei vorsätzlichen Verletzungen davon ausgehen können, dass es wesentliche Gründe

---

962 Böhm/Nestler, GRUR-Prax 2018, 181, 182.
963 BGH 04.07.1975, I ZR 115/73 = GRUR 1976, 367 – Ausschreibungsunterlagen.
964 Grosch, in Ann/Loschelder/Grosch, PraxisHdb Know-how-Schutz, Kap 6 A Rn 112.
965 EuGH 25.01.2017, C-367/15 = GRUR Int. 2017, 265 – Oławska Telewizja Kablowa/Stowarzyszenie Filmowców Polskich; Böhm/Nestler, GRUR-Prax 2018, 181.
966 BGH 19.03.2008, I ZR 225/06 = WRP 2008, 938 – Entwendete Datensätze.
967 BGH 02.11.2000, I ZR 246/98 = GRUR 2001, 329 – Gemeinkostenanteil; Alexander, in Köhler/Bornkamm/Feddersen, UWG, § 10 GeschGehG Rn 36.
968 Grosch, in Ann/Loschelder/Grosch, PraxisHdb Know-how-Schutz, Kap 6 A Rn 115.

dafür gibt, gerade diese geheime technische Lehre oder sonstige als Geschäftsgeheimnis zu betrachtende Information zu verwerten.[969]

Zeigt der Verletzer aber auf, dass der Einfluss des verwerteten Geschäftsgeheimnisses auf die Erzielung der Erlöse gering ist, sollte ihm auf Grundlage einer wertenden Betrachtungsweise der Verletzergewinn nicht vollständig genommen werden. Die im Einzelfall nicht einfach zu bestimmende Grenze muss dort liegen, wo durch die Zuweisung von Verletzergewinnen zum Geheimnisinhaber der Geheimnisinhaber wiederum in eine nicht zu rechtfertigende wirtschaftliche Vorzugsposition gesetzt werden würde. 839

bb) Immaterielle Schäden

Immaterielle Schäden werden absehbar keine erhebliche Rolle spielen. Denkbar sind solche Schäden, wenn Persönlichkeitsrechte des Geheimnisinhabers betroffen sind,[970] wobei dann oftmals weitere Anspruchsgrundlagen im Datenschutzrecht bestehen dürften. Darüber hinaus ist ein Ersatz immaterieller Schäden in Betracht zu ziehen, wenn durch eine Offenlegung das Ansehen des Geheimnisinhabers beschädigt wurde. 840

Kein Fall eines immateriellen Schadens ist der Verlust eines Marktvorsprungs (First-Mover-Advantage). Dieser ist vielmehr messbar und als materieller Schaden zu ersetzen.[971] Dasselbe gilt für den Verlust zukünftiger Kundenbeziehungen.[972] 841

4. Rechtsfolge

Der Schadensersatzanspruch umfasst den gesamten durch die Rechtsverletzung eingetretenen Schaden.[973] 842

In Betracht kommt gerade im Bereich des Geheimnisschutzes Schadensersatz in Form der Naturalrestitution. Diese kann darin bestehen, dass dem Verletzer **permanent oder vorübergehend untersagt** wird, Vorteile aus einem vorangegangenen unlauteren Verhalten zu ziehen. Eine solche Lösung kommt bspw zur (jedenfalls teilweisen) Kompensation eines Schadens in Betracht, der durch eine Offenlegungshandlung des Verletzers und die dadurch bewirkte Offenkundigkeit der geschützten Information entstanden ist.[974] 843

Der Möglichkeit einer Naturalrestitution steht die Entscheidung des BGH »Knochenzement I« nicht entgegen.[975] Der BGH hat in dieser Entscheidung in anderem Zusammenhang zwar einen Anspruch auf Naturalrestitution abgelehnt. Der Klageantrag richtete sich in diesem Verfahren aber auf ein Verbot von Knochenzementen, die nicht auf den zu Unrecht erlangten Geschäftsgeheimnissen beruhten. Dies wäre auch nach der aktuellen Rechtslage und unter Zugrundelegung der Definition des § 2 Nr 4 GeschGehG nicht 844

---

969 Grosch, in Ann/Loschelder/Grosch, PraxisHdb Know-how-Schutz, Kap 6 A Rn 115.
970 Alexander, in Köhler/Bornkamm/Feddersen, UWG, § 10 GeschGehG Rn 40.
971 AA Alexander, in Köhler/Bornkamm/Feddersen, UWG, § 10 GeschGehG Rn 40; Böhm/Nestler, GRUR-Prax 2018, 181, 182.
972 AA Böhm/Nestler, GRUR-Prax 2018, 181, 182.
973 Alexander, in Köhler/Bornkamm/Feddersen, UWG, § 10 GeschGehG Rn 8.
974 Vgl Alexander, in Köhler/Bornkamm/Feddersen, UWG, § 10 GeschGehG Rn 28, mwN; Grosch, in Ann/Loschelder/Grosch, PraxisHdb Know-how-Schutz, Kap 6 A Rn 137; Kraßer, GRUR 1977, 177, 183.
975 BGH 16.11.2017, I ZR 161/16 = GRUR 2018, 535 – Knochenzement I.

anders zu beurteilen, denn auch jetzt sind nur solche Produkte als rechtsverletzende Produkte von einem weiteren Vertrieb ausgeschlossen, die in erheblichem Ausmaß auf der Verwertung der Geschäftsgeheimnisse beruhen (sh Rdn 323 ff).

845 Kommt eine Naturalrestitution nicht in Frage, ist der Schadensersatz in Geld zu leisten.

XII. Bereicherungsausgleich

846 Neben dem Anspruch auf Schadensersatz kommen verschuldensunabhängig bereicherungsrechtliche Ansprüche in Betracht. Geschäftsgeheimnisse verfügen über einen Ausschluss- sowie einen wirtschaftlichen Zuweisungsgehalt (sh Rdn 517 ff).[976] In der Verletzung eines Geschäftsgeheimnisses, die nicht auf die Verletzungshandlungen des § 4 GeschGehG beschränkt sein muss, liegt ein **Eingriff in den Zuweisungsgehalt** des Rechts an diesem Geschäftsgeheimnis auf Kosten des Inhabers (sh Rdn 517 ff).[977] Dem steht nicht entgegen, dass § 13 GeschGehG für den Herausgabeanspruch nach Eintritt der Verjährung (»Restschadensersatzanspruch«) voraussetzt, dass der Rechtsverletzer vorsätzlich oder fahrlässig gehandelt hat. Ein Verschulden ist trotz abweichender Gesetzesformulierung auch bei den **Restschadensersatzansprüchen** der §§ 141 Satz 2 PatG, 20 Satz 2 MarkenG, 49 Satz 2 DesignG, 102 Satz 2 UrhG, 24f Satz 2 GebrMG und 37f Satz 2 SortSchG erforderlich,[978] ohne dass dies dem verschuldensunabhängigen Bereicherungsanspruch entgegensteht.

XIII. Haftung des Unternehmensinhabers

847 Nach § 12 GeschGehG haftet der Inhaber eines Unternehmens für die Ansprüche nach den §§ 6 bis 8 GeschGehG, wenn der Rechtsverletzer Beschäftigter oder Beauftragter des Unternehmens ist. Die Vorschrift orientiert sich an den Parallelregelungen in § 8 Abs 2 UWG, § 14 Abs 7 MarkenG und § 44 DesignG sowie § 99 UrhG.[979]

1. Beschäftigter oder Beauftragter

848 Die Vorschrift setzt eine Zuwiderhandlung eines Beschäftigten bzw Beauftragten voraus. Beschäftigter ist, wer innerhalb eines bestehenden Rechtsverhältnisses **weisungsabhängig Dienste erbringt**.[980] Demgegenüber ist der Begriff des Beauftragten weiter. Das Verständnis des Beauftragtenbegriffs kann sich an der zu § 8 Abs 2 UWG, § 14 Abs 7 MarkenG, § 44 DesignG und § 99 UrhG ergangenen Rspr orientieren. Es bedarf einer Person, die **in die betriebliche Organisation des Inhabers in gewisser Weise eingegliedert** ist, so dass der Erfolg ihrer Geschäftstätigkeit dem Inhaber zugutekommt und dieser auf die beauftragte Person einen bestimmenden und durchsetzbaren Einfluss hat.[981] Auf die rechtliche Ausgestaltung der Beziehungen zwischen Unternehmensinhaber und Beauftragtem kommt es dabei nicht an.[982] Beauftragte können auch rechtlich selbstständige Unterneh-

---

[976] Alexander, in Köhler/Bornkamm/Feddersen, UWG, § 10 GeschGehG Rn 51.
[977] Alexander, in Köhler/Bornkamm/Feddersen, UWG, § 10 GeschGehG Rn 52.
[978] Einhellige Ansicht, vgl statt aller Grabinski/Zülch, in Benkard, PatG, § 141 Rn 9 sowie Thiering, in Ströbele/Hacker/Thiering, MarkenG, § 20 Rn 54.
[979] Alexander, in Köhler/Bornkamm/Feddersen, UWG, § 12 GeschGehG Rn 1.
[980] Alexander, in Köhler/Bornkamm/Feddersen, UWG, § 10 GeschGehG Rn 16.
[981] BGH 07.04.2005, I ZR 221/02 = GRUR 2005, 864, 865 – Meißner Dekor II; BGH 07.10.2009, I ZR 109/06 = GRUR 2009, 1167 – Partnerprogramm.
[982] BGH 04.04.2012, I ZR 103/11 = NJOZ 2013, 863; BGH 07.10.2009, I ZR 109/06 = GRUR 2009, 1167 – Partnerprogramm.

men sein, bspw Tochtergesellschaften, Handelsvertreter, Vertragshändler oder Franchisenehmer.[983]

849 Auf die Durchsetzung des bestimmenden Einflusses in der Praxis kommt es nicht an.[984] Ebenso wenig bedarf es eines bestimmenden Einflusses auf den Beauftragten insgesamt. Es genügt, wenn dieser bestimmende Einfluss in den Tätigkeitsbereichen besteht, in denen der Beauftragte für den Unternehmensinhaber tätig wird.

850 Beauftragter kann auch sein, wer mittelbar am Ende einer mehrstufigen Kette von beauftragtem Unternehmer, Subunternehmer, Sub-Subunternehmer etc steht.[985] Darüber hinaus besteht eine Haftung für das Handeln von Mitarbeitern oder Beauftragten des Beauftragten, zumindest dann, wenn der Unternehmensinhaber ausdrücklich oder stillschweigend mit ihrer Heranziehung einverstanden war.[986]

2. Zusammenhang zum Unternehmen

851 Es kann dahingestellt bleiben, ob § 12 GeschGehG eine Spezialregelung zu § 831 BGB darstellt[987] oder unabhängig von einem deliktischen Verhalten des Unternehmensinhabers ein eigenständiges Regelungskonzept verfolgt.[988] Jedenfalls ist festzuhalten, dass die Haftung des § 12 GeschGehG neben einer eventuellen Haftung aus anderen Rechtsgrundlagen besteht, insbesondere **neben einer Haftung für eigenes verletzendes Verhalten**.[989] Ebenso bleibt die Haftung des Beschäftigten oder Beauftragten oder Angestellten selbst bestehen.[990]

852 Im Gegensatz zur Parallelvorschrift des § 14 Abs 7 MarkenG setzt die Haftung nach § 12 GeschGehG nicht voraus, dass die Verletzungshandlung **in dem Betrieb** des haftenden Unternehmens vorgenommen wurde. Dies scheint zu einer erheblichen Verschärfung des Haftungstatbestands zu führen. In der Literatur wird deshalb angenommen, dass Voraussetzung für die Haftung ein **unmittelbarer innerer Zusammenhang** mit den durch den Rechtsverletzer wahrgenommenen Aufgaben im Unternehmen ist.[991]

---

983 Thiering, in Ströbele/Hacker/Thiering, MarkenG, § 14 Rn 461, mwN.
984 BGH 28.10.2010, I ZR 174/08 = GRUR 2011, 543 – Änderung der Voreinstellung III; Alexander, in Köhler/Bornkamm/Feddersen, UWG, § 10 GeschGehG Rn 17.
985 BGH 06.06.1958, I ZR 33/57 = GRUR 1959, 38 – Buchgemeinschaft II; BGH 17.08.2011, I ZR 134/10 = GRUR 2012, 82, 84 – Auftragsbestätigung; BGH 04.04.2012, I ZR 103/11 = NJOZ 2013, 863; Goldmann, in Harte-Bavendamm/Henning-Bodewig, UWG aF, § 8 Rn 599; Köhler/Feddersen, in Köhler/Bornkamm/Feddersen, UWG, § 8 Rn 2.43.
986 BGH 30.03.1988, I ZR 40/86 = GRUR 1988, 561, 563 – Verlagsverschulden; Köhler/Feddersen, in Köhler/Bornkamm/Feddersen, UWG, § 8 Rn 2.43.
987 So Tochtermann, in Büscher, UWG, § 12 RegE GeschGehG Rn 1.
988 So Alexander, in Köhler/Bornkamm/Feddersen, UWG, § 10 GeschGehG Rn 8.
989 Alexander, in Köhler/Bornkamm/Feddersen, UWG, § 10 GeschGehG Rn 8; Reinfeld, GeschGehG, S. 103, wonach auch die allgemeinen zivilrechtlichen Vorschriften der §§ 278, 831 BGB einen Anspruch begründen können.
990 Tochtermann, in Büscher, UWG, § 10 RegE GeschGehG Rn 3.
991 Tochtermann, in Büscher, UWG, § 10 RegE GeschGehG Rn 8; Alexander, in Köhler/Bornkamm/Feddersen, UWG, § 10 GeschGehG Rn 19; Reinfeld, GeschGehG, § 4 Rn 38; Dann/Markgraf, NJW 2019, 1774, 1778.

853 Überwiegend wird darauf verwiesen, dass ein Handeln für einen Dritten oder im eigenen Interesse nicht ausreichend sei.[992] Verlangt wird, dass für den Inhaber des Unternehmens sich gerade das mit dem Einsatz von Dritten im Unternehmen verbundene spezifische Risiko von Rechtsverletzungen verwirklicht.[993] Dies ist im Ergebnis zwar angemessen, da ansonsten eine uferlose Haftung des Unternehmensinhabers begründet würde. Auf den Wortlaut lässt sich das Erfordernis eines inneren Zusammenhangs aber nicht stützen. Die hierzu teilweise zitierte BGH-Entscheidung »Telefonaktion« verlangt einen solchen inneren Zusammenhang nur im Hinblick auf § 8 Abs 2 UWG, der aber gerade im Gegensatz zu § 12 GeschGehG eine Zuwiderhandlung **in einem Unternehmen** verlangt.[994]

3. Tätigkeit für mehrere Unternehmen

854 Ungeklärt ist auch die Frage, der Inhaber welches Unternehmens haften soll, wenn der Rechtsverletzer Beschäftigter oder Beauftragter **mehrerer Unternehmen** ist. Angesichts des breiten Beauftragtenbegriffs des § 12 GeschGehG handelt es sich dabei nicht nur um eine theoretische Möglichkeit.

855 Ebenso praxisrelevant im Bereich des Geschäftsgeheimnisschutzes wie unklar ist die Konstellation der Beauftragtenhaftung, in welcher der Verletzer im Rahmen bzw während der Dauer seines Angestelltenverhältnisses bei dem Geheimnisinhaber Geschäftsgeheimnisse erlangt hat, die er dann bei seinem neuen Arbeitgeber einbringen möchte. In diesen Fällen ist die Rechtsverletzung in Form der ersten Erlangungshandlung zu einem Zeitpunkt vorgefallen, in dem der Verletzer noch nicht Beschäftigter oder Beauftragter des potentiell haftenden (neuen) Unternehmensinhabers war. Der **vorbeugende Unterlassungsanspruch** lässt sich aber gegebenenfalls schon aufgrund der Erlangungshandlung im fremden Unternehmen für das neue Unternehmen des Rechtsverletzers bzw für seine Tätigkeit in diesem neuen Unternehmen begründen. Mit anderen Worten stellt sich hier die Frage, ob eine Haftung des Unternehmensinhabers auf Unterlassung und Beseitigung nur für Rechtsverletzungen bestehen kann, die nach Aufnahme des Beschäftigungs- oder Auftragsverhältnisses stattgefunden haben.

856 Soweit ersichtlich ist zu dieser Fragestellung in der Literatur bislang keine Stellung genommen worden. Die Vorschrift des § 12 GeschGehG spricht ohne weitere Spezifizierung vom **Rechtsverletzer** und begründet eine Haftung des Unternehmensinhabers für die Ansprüche nach den §§ 6 bis 8 GeschGehG, also einschließlich des vorbeugenden Unterlassungsanspruchs nach § 6 Satz 2 GeschGehG. Dies könnte dafür sprechen, dass jedenfalls die Haftung für den Unterlassungsanspruch auch in solchen Konstellationen bestehen kann, in denen der Rechtsverletzer bei Auslösung des Anspruchs noch nicht Beschäftigter oder Beauftragter des Unternehmens war. Für eine effektive Durchsetzung von Geschäftsgeheimnissen insbesondere in dem häufigen **Szenario eines Unternehmenswechsels** des Mitarbeiters wäre die Anwendung des § 12 GeschGehG außerordentlich hilfreich.

857 ▶ In dem häufigen Szenario eines Wechsels eines Angestellten vom Geheimnisinhaber zu einem Wettbewerbsunternehmen sollte bei konkretem Verdacht einer unerlaubten Erlangung von Geschäftsgeheimnissen der neue Arbeitgeber informiert werden. Zum einen würde der neue Arbeitgeber auf diese Weise iSv § 4 Abs 2 GeschGehG über die eventuelle rechtswidrige Herkunft von Informatio-

---

[992] Begr zum RegE, BT-Drucks. 19/4724 S. 33.
[993] Alexander, in Köhler/Bornkamm/Feddersen, UWG, § 10 GeschGehG Rn 19.
[994] BGH 28.06.2007, I ZR 153/04 = GRUR 2008, 186 – Telefonaktion.

nen informiert und damit eine eigene Haftung nach § 4 Abs 3 GeschGehG begründet. Zum anderen sollte in diesem Zusammenhang bei Bestehen eines Unterlassungsanspruchs gegen den Arbeitnehmer auch über § 12 GeschGehG der Unterlassungsanspruch frühzeitig gegen den neuen Unternehmensinhaber geltend gemacht werden.

4. Haftung auch für Beseitigungsansprüche?

Obwohl § 12 GeschGehG die Ansprüche nach § 7 GeschGehG auf Herausgabe und Vernichtung sowie Entfernung aus den Vertriebswegen und Rückruf umfasst, stellt sich die Frage, wie diese Ansprüche gegen den Inhaber des Unternehmens praktisch durchgesetzt werden können. Selbstverständlich besteht ein solcher Anspruch originär gegen den Unternehmensinhaber, wenn dieser sich selbst (bspw durch den Vertrieb rechtsverletzender Produkte) zum Rechtsverletzer macht. Ist der Anspruch aber ausschließlich aufgrund der Haftung nach § 12 GeschGehG begründet, fällt die Haftungserweiterung auf den Unternehmensinhaber schwer. Auch diese Problematik ist, soweit ersichtlich, vom Gesetzgeber nicht gesehen und in der Literatur bislang nicht angesprochen worden. Konkret stellt sich die Frage, ob bspw der nach § 7 Nr 1 als Tatbestandsvoraussetzung verlangte Besitz oder das Eigentum des Rechtsverletzers im Fall des § 12 GeschGehG dem Inhaber des Unternehmens zugerechnet wird. Eine andere Lösung wäre, eigenen Besitz bzw eigenes Eigentum des haftenden Unternehmens zu verlangen.

858

XIV. Abmahnung

Vor der gerichtlichen Geltendmachung von Ansprüchen kann im Einzelfall eine Abmahnung sinnvoll sein. In aller Regel wird eine solche Abmahnung aber in Anbetracht der **Verletzlichkeit des Geschäftsgeheimnisses** nicht angezeigt sein, denn es ist grundsätzlich damit zu rechnen, dass infolge einer Abmahnung eine mglw zur Offenkundigkeit des Geheimnisses führende Offenlegung stattfindet. Anders als im Bereich der Gesetze des geistigen Eigentums, wo ein Erlöschen des Schutzrechts als Reaktion auf eine Abmahnung nicht drohen kann, kommt eine Abmahnung daher **nur im Ausnahmefall** in Betracht, insbesondere wenn eine geheimnisschädliche Offenlegung nicht zu erwarten ist.

859

Zu der Verletzlichkeit des Geheimnisses tritt hinzu, dass der Geheimnisinhaber oftmals in **Beweisnot** ist. Eine frühzeitige Abmahnung kann dem Anspruchsgegner die Möglichkeit zur **Beseitigung von Beweisen** geben; von ihr ist deshalb unbedingt abzuraten. Droht eine Beweismanipulation oder -beseitigung, wird die vorherige Abmahnung auch entbehrlich sein.[995] Für die erfolgreiche Durchsetzung von Geschäftsgeheimnissen bedarf es in vielen Fällen entweder der Durchführung eines Besichtigungsverfahrens (sh hierzu Kap 2 Rdn 261 ff) oder der Auswertung der Erkenntnisse aus strafrechtlichen Ermittlungen (sh hierzu Kapitel 2 Teil B). In beiden Konstellationen verliert eine Abmahnung ganz wesentlich an Bedeutung, auch wenn es nicht ausgeschlossen ist, nach erfolgreicher Durchführung eines Ermittlungsverfahrens oder eines Besichtigungsverfahrens vor Einleitung eines Hauptsacheverfahrens eine Abmahnung zu verfassen.

860

Entscheidet sich der Geheimnisinhaber aus Gründen der prozessualen Vorsicht und zur Vermeidung der Kostenfolge des § 93 ZPO ausnahmsweise für eine Abmahnung, gelten hierfür die allgemeinen wettbewerbsrechtlichen Grundsätze, die hier nicht im Einzelnen

861

---

995 Vgl Kühnen, Hdb d PatV, Kap C Rn 178, mwN.

dargestellt werden sollen.[996] Es ist jedoch darauf hinzuweisen, dass die genaue Wiedergabe des Geschäftsgeheimnisses in der Abmahnung nicht erforderlich ist.[997]

862 ▶ Soll ausnahmsweise doch einmal vor gerichtlicher Geltendmachung von Ansprüchen abgemahnt werden, kann sich eine **zweistufige Vorgehensweise** empfehlen. In einer ersten Stufe kann die Abmahnung auf ansonsten übliche Art und Weise formuliert werden, ohne das Geschäftsgeheimnis im Detail zu beschreiben. Diese Abmahnung muss lediglich generell erkennen lassen, um welches Geschäftsgeheimnis es sich handelt. Verbunden werden kann die Abmahnung mit einem Angebot auf Abschluss einer Geheimhaltungsvereinbarung, auf deren Grundlage dann weitere Informationen zum Geschäftsgeheimnis mitgeteilt werden könnten, ebenso wie weitere Informationen, die zur Formulierung einer zweckmäßigen Unterlassungserklärung erforderlich sind (sh Muster »Geheimhaltungsvereinbarung«). Auf diese Weise könnten sämtliche Informationen, die im Zusammenhang mit der vorprozessualen Kommunikation ausgetauscht werden, unter Geheimhaltungsverpflichtungen gestellt werden. Lässt sich der vermeintliche Verletzer hierauf nicht ein, wird er später nicht mit Erfolg argumentieren können, er habe zur Erhebung einer dadurch notwendig werdenden Klage keinen Anlass gegeben.

E. Strafvorschriften

Literatur: *Bott*, »Grenzenloser« Geheimnisverrat: Der Auslandsbezug bei § 17 UWG aF, wistra 2015, 342; *Brammsen*, Die EU-Know-how-Richtlinie 943/2016, §§ 17 ff UWG aF und das geplante Geschäftsgeheimnisstrafrecht (§ 23 GeschGehG-RegE), wistra 2018, 449; *Brammsen*, Rechtsgut und Täter der Vorlagenfreibeuterei (§ 18 UWG aF), wistra 2006, 201; *Engländer/Zimmermann*, Whistleblowing als strafbarer Verrat von Geschäft- und Betriebsgeheimnissen?, NZWiSt 2012, 333; *Kalbfus*, Die EU-Geschäftsgeheimnis-Richtlinie, GRUR 2016, 1009; *Kiethe/Hohmann*, Der strafrechtliche Schutz von Geschäfts- und Betriebsgeheimnissen, NStZ 2006, 185; *Samson/Langrock*, »Pecunia non olet«? – Staatlicher Ankauf von entwendeten Daten deutscher Steuerhinterzieher, wistra 2010, 201; *Stage*, Die Modifizierung der Straftatbestände gegen Wirtschaftsspionage im Gesetz zum Schutz von Geschäftsgeheimnissen (GeschGehG), jurisPR-StrafR 12/2019, Anm. 1.

I. Allgemeines

1. Historie, Zweck des § 23 GeschGehG und Systematik

863 Mit dem Inkrafttreten des GeschGehG ist auch der neue § 23 GeschGehG – als einziger Straftatbestand des GeschGehG – in Kraft getreten.

864 Bislang erfolgte der Schutz von Geschäftsgeheimnissen über die Strafvorschriften der §§ 17 bis 19 UWG aF sowie aus zivilrechtlicher Sicht insbesondere über den zur Strafvorschrift akzessorischen § 823 Abs 2 BGB (sowie auch § 826 BGB, ggf iVm § 1004 BGB analog). Der zivilrechtliche Schutz war somit maßgeblich von einer nach den §§ 17 bis 19 UWG aF tatbestandsmäßigen Handlung abhängig, welche stets unter das Erfordernis einer bestimmten Absicht gestellt war. Insofern stellten die strafrechtlichen Regelungen die Zentralvorschriften des Schutzregimes dar. Die Neuordnung bringt nun **eigenständige zivilrechtliche Grundlagen des Geheimnisschutzes** mit sich.[998] Im Zuge dessen wurde auch die

---

996 Zu den Grundsätzen der wettbewerbsrechtlichen Abmahnung und Unterwerfung sh zB Ottofülling, in MüKo-UWG, § 12 Rn 1–314.
997 AA Laoutoumai/Baumfalk, WRP 2018, 1300, 1302, die dem Irrtum unterliegen, durch die Mitteilung des Geschäftsgeheimnisses im Rahmen einer Abmahnung gehe der Geheimnischarakter *per se* verloren.
998 Begr zum RegE, BT-Drucks. 19/4724 S. 1, 19; Tochtermann, in Büscher, UWG, § 23 RegE GeschGehG, Rn 2.

E. Strafvorschriften

neue Strafvorschrift des § 23 GeschGehG geschaffen, welche an die Stelle der §§ 17 bis 19 UWG aF tritt. Dabei handelt es sich nunmehr im Kern um eine – für das Nebenstrafrecht typische – Blankettvorschrift im Anschluss an die fachrechtlichen Regelungen, die bestimmte Verstöße gegen die in diesem Fachgesetz geregelten Rechtsnormen unter Strafe stellt.

Durch den Verweis des § 23 Abs 1 GeschGehG auf verschiedene zivilrechtliche Handlungsverbote des § 4 GeschGehG ist die konkrete Tathandlung nicht immer im ersten Zugriff zu entnehmen.[999] Die Art der Verweise sowie die Verbotstatbestände des § 4 GeschGehG lassen jedoch keine ernsthaften Bedenken hinsichtlich der Bestimmtheit aufkommen, zumal § 23 GeschGehG gerade nicht auf den äußerst unbestimmten § 4 Abs 1 Nr 2 GeschGehG verweist. Im Ergebnis bestehen deshalb **unter Bestimmtheitsgesichtspunkten keine durchgreifenden Bedenken** gegen die Regelung.[1000] 865

Zweck des Gesetzes ist es gem. § 1 Abs 1 GeschGehG, Geschäftsgeheimnisse vor unerlaubter Erlangung, Nutzung und Offenlegung zu bewahren. Geschützt werden soll dabei das Interesse des Unternehmensinhabers an den eigenen Geschäftsgeheimnissen und dem betrieblichen Know-how sowie der unverzerrte und funktionsfähige Wettbewerb. Diesem Zweck folgend, schützt § 23 GeschGehG sowohl **Individualrechtsgüter**, namentlich das Vermögen, als auch den **Wettbewerb**.[1001] Insofern weist die strafrechtliche Norm des § 23 GeschGehG eine wettbewerbsrechtliche Komponente auf, wobei diese Zielrichtung nicht mehr die einzige Schutzrichtung ist.[1002] Die Verlagerung aus dem UWG in das neue Sondergesetz erlaubt somit die Annahme eines gegenüber der Altregelung **weiteren Schutzgutverständnisses** des neuen § 23 GeschGehG. 866

Die etablierte Rspr und Literatur zu den §§ 17 bis 19 UWG aF ist daher nicht in allen Fällen ohne Weiteres übertragbar. Zwar bewegt man sich in der Behandlung der in § 23 GeschGehG enthaltenen Tatbestände überwiegend auf bekanntem Terrain. Dennoch sollte beachtet werden, dass die Umsetzung der Richtlinie in nationales Recht ein gänzlich neues zivilrechtliches Regelungs- und Schutzgeflecht mit sich bringt.[1003] Gerade bei der für Strafnormen zwingend notwendigen exakten Subsumtion unter den (neuen) zentralen Verbotstatbestand des § 4 Abs 1 Nr 1 GeschGehG wird die neue Systematik deutlich. Auch zeigt die jüngere praktische Erfahrung in anderen strafrechtlichen Bereichen, dass Änderungen im Wortlaut von Strafnormen, den Behauptungen in der Gesetzesbegründung zum Trotz, auch zu veränderter Rechtsprechungspraxis führen können. Diese Änderungen führen, vor allem soweit sie europarechtlich motiviert sind, fast ausnahmslos zur Ausweitung der Strafbarkeit. Je nach Interessenlage des Betroffenen wird es deshalb darauf ankommen, Argumente für oder gegen die Anwendung der alten Gesetzeslage bzw der dazu ergangenen Rspr zu finden. 867

---

999 Vgl Stage, jurisPR-StrafR 12/2019, Anm. 1 S. 4.
1000 So auch Reinfeld, GeschGehG, § 7 Rn 22.
1001 Vgl Engländer/Zimmermann, NZWiSt 2012, 333 zu der Einordnung des § 17 UWG aF als Vermögensdelikt.
1002 ErwG 1 GeschGehRL.
1003 Vgl Kalbfus, GRUR 2016, 1009 zur voraussichtlichen Inkongruenz von altem und neuem Recht.

2. Anwendungsbereich des § 23 GeschGehG

868 Das GeschGehG ist auf Straftaten **ab dem Zeitpunkt des Inkrafttretens des Gesetzes** anwendbar.[1004] Daneben stellt sich die Frage, ob die neue Regelung bspw aufgrund der nunmehr eingeführten Legaldefinition des Geschäftsgeheimnisses einen engeren Anwendungsbereich aufweist und daher ein »milderes Gesetz« iSd § 2 Abs 3 StGB darstellt.[1005] In diesem Falle wäre in sog. Altfällen (dh bei Tatbegehung vor Inkrafttreten des Gesetzes) auch die neue Regelung (samt neuer Definition des Geschäftsgeheimnisses aus § 2 Nr 1 GeschGehG) anwendbar. Dies wird im konkreten Einzelfall zu prüfen sein und könnte sich etwa bei der Frage nach »angemessenen Geheimhaltungsmaßnahmen« auswirken (sh Rdn 116 ff).

869 ▶ In laufenden Strafverfahren mit einem Tatzeitpunkt vor dem 26.04.2019 muss aufgrund der Gesetzesänderung überprüft werden, ob eine Straftat nach neuem Recht vorliegt. Anderenfalls könnte die Neuregelung zur Straffreiheit führen. Aus Verteidigersicht bietet die fehlende Übergangsregelung im GeschGehG erhebliches Potential.

870 Anwendung findet der § 23 GeschGehG aufgrund des gem. § 23 Abs 7 GeschGehG entsprechend anzuwendenden § 5 Nr 7 StGB auch auf **im Ausland begangene Taten**, die gerichtet sind gegen einen im räumlichen Geltungsbereich dieses Gesetzes liegenden Betrieb, ein Unternehmen, das dort seinen Sitz hat, oder ein Unternehmen mit Sitz im Ausland, das von einem Unternehmen mit Sitz im räumlichen Geltungsbereich dieses Gesetzes abhängig ist und mit diesem einen Konzern bildet. Es handelt sich, mit Ausnahme der eigentümlichen Regelung des § 23 Abs 7 Satz 2 GeschGehG, um eine bloße Entsprechung zu den §§ 17 Abs 6, 18 Abs 4 und 19 Abs 5 UWG aF.[1006]

II. Tatbestandsvarianten des § 23 GeschGehG

871 Nach der Zusammenführung der §§ 17 bis 19 UWG aF im neuen § 23 GeschGehG lassen sich in diesem fünf Tatbestandsvarianten finden:
- **Betriebsspionage**, § 23 Abs 1 Nr 1 iVm § 4 Abs 1 Nr 1 GeschGehG
- **Verwendung eines Geschäftsgeheimnisses nach eigener Vortat**[1007], § 23 Abs 1 Nr 2 iVm § 4 Abs 2 Nr 1 lit a), § 4 Abs 1 Nr 1 GeschGehG
- **Geheimnisverrat**, § 23 Abs 1 Nr 3 iVm § 4 Abs 2 Nr 3 GeschGehG
- **Verwendung eines Geschäftsgeheimnisses nach fremder Vortat**, § 23 Abs 2, Abs 1 Nr 2 iVm § 4 Abs 2 Nr 1 lit a), § 4 Abs 1 Nr 1; § 23 Abs 2, Abs 1 Nr 3 iVm § 4 Abs 2 Nr 3 GeschGehG
- **Vorlagenfreibeuterei,** § 23 Abs 3 iVm § 4 Abs 2 Nr 2; § 23 Abs 3 iVm § 4 Abs 2 Nr 3 GeschGehG

1004 BGBl I 2019, S. 446.
1005 Jüngst bejaht durch OLG Oldenburg 21.05.2019, 1 Ss 72/19 = BeckRS 2019, 29965.
1006 Begr zum RegE, BT-Drucks. 19/4724 S. 41.
1007 Der bisher und auch noch aktuell verwendete Begriff der »Geheimnishehlerei« für die Tatbestände des § 23 Abs 1 Nr 2 sowie § 23 Abs 2 GeschGehG erscheint unter Betrachtung der Voraussetzungen als unzutreffend; so auch Reinfeld, GeschGehG, § 7 Rn 88.

E. Strafvorschriften Kapitel 1

1. Objektiver Tatbestand

a) Betriebsspionage, § 23 Abs 1 Nr 1 iVm § 4 Abs 1 Nr 1 GeschGehG

Typische Praxisbeispiele der Betriebsspionage sind die Entwendung vertraulicher Dokumente, der unbefugte Zugriff auf Dateien durch das Eindringen in ein IT-System, das unbefugte Kopieren von Geschäftsgeheimnisse enthaltenden Dokumenten oder Dateien, das Auswendiglernen von geheimen Informationen durch einen Mitarbeiter, ohne dass dies durch das Arbeitsverhältnis erforderlich wäre (sh zu den Verletzungshandlungen Rdn 470 ff),[1008] **nicht** jedoch die **Mitnahme befugt erlangter Geschäftsgeheimnisse** des ausscheidenden Mitarbeiters.[1009] 872

aa) Allgemeines

Der Fall der sog. Betriebsspionage – vormals geregelt in § 17 Abs 2 Nr 1 UWG aF – findet sich nun in § 23 Abs 1 Nr 1 GeschGehG wieder. Mit dieser Tatbestandsvariante wird bereits das **unredliche Erlangen fremder Geschäftsgeheimnisse** entgegen § 4 Abs 1 Nr 1 GeschGehG sanktioniert, wenn diese Erlangung der Förderung des eigenen oder fremden Wettbewerbs dient. Das Erlangen selbst liegt stets vor der eigentlichen Verwertung eines Geschäftsgeheimnisses. Hier wird folglich eine Vorverlagerung des strafrechtlichen Rechtsgüterschutzes in das Vorfeld der Verletzung in Form der wirtschaftlichen Verwertung oder Offenlegung vorgenommen.[1010] 873

bb) Täter

Da es sich um ein **Allgemeindelikt** handelt, kann die Tat von jedermann begangen werden. Umfasst sind daher betriebsfremde Personen ebenso wie im Unternehmen beschäftigte Mitarbeiter.[1011] 874

cc) Tatobjekt

Objekt der Tat nach § 23 Abs 1 Nr 1 GeschGehG ist das Geschäftsgeheimnis iSv § 2 Nr 1 GeschGehG. Aufgrund der Einheitlichkeit der neuen Regelungen gelten die zivilrechtlichen Ausführungen über die Definition des Geschäftsgeheimnisses in gleicher Weise auch für die Strafnorm. Für eine abweichende strafrechtsautonome Definition des Begriffs ist aufgrund der insoweit eindeutigen Systematik kein Raum (zum Begriff des Geschäftsgeheimnisses sh Rdn 45 ff). 875

dd) Tathandlung

Der Tatbestand der Betriebsspionage pönalisiert das Erlangen eines Geschäftsgeheimnisses durch eine in § 4 Abs 1 Nr 1 GeschGehG genannte Handlung. Nicht erlangt werden darf ein Geschäftsgeheimnis gem. § 4 Abs 1 Nr 1 durch unbefugten Zugang zu, unbefugte Aneignung oder unbefugtes Kopieren von Dokumenten, Gegenständen, Materialien, Stoffen oder elektronischen Dateien, die der rechtmäßigen Kontrolle des Inhabers des 876

1008 BGH 19.11.1982, I ZR 99/80, Rn 24 ff (juris) = GRUR 1983, 179, 180 f – Stapelautomat.
1009 Dazu BGH 23.02.2012, I ZR 136/10 = GRUR 2012, 1048 – MOVICOL-Zulassungsantrag.
1010 Joecks/Miebach, in MüKo-StGB, § 23 GeschGehG Rn 17; Reinfeld, GeschGehG, § 7 Rn 39.
1011 Kiethe/Hohmann, NStZ 2006, 189.

Geschäftsgeheimnisses unterliegen und die das Geschäftsgeheimnis enthalten oder aus denen sich das Geschäftsgeheimnis ableiten lässt.

877 Die Tathandlung des § 23 Abs 1 Nr 1 GeschGehG weicht von der in § 17 Abs 2 Nr 1 UWG aF normierten Tathandlung ab. War bisher das unbefugte Verschaffen oder Sichern Tathandlung der Betriebsspionage, erfüllt nun das Erlangen in der in § 4 Abs 1 Nr 1 beschriebenen Weise den Tatbestand. Die Gesetzesbegründung führt hierzu aus, dass es lediglich zu einer Ersetzung der bisherigen Begriffe »Sichverschaffen« und »Sich-Sichern« gekommen sei und der Begriff der »Erlangung« an deren Stelle trete. Mit inhaltlichen Änderungen sei die **neue Terminologie** nicht verbunden.[1012] Diese Einschätzung erscheint etwas vorschnell, ist doch eine deutliche sprachliche Veränderung in der Beschreibung der Tathandlung – weg von einer prägnanten Handlungsbeschreibung und hin zu einer bloß erfolgsbezogenen Tatbeschreibung – zu konstatieren.[1013]

878 Bereits bisher war anerkannt, dass zur Bestimmung, ob ein Täter ein Geschäftsgeheimnis erlangt hat, zwischen verkörperten und nicht verkörperten Geheimnissen differenziert werden muss. Der Täter erlangt danach ein verkörpertes Geschäftsgeheimnis, sobald er den Gegenstand, welcher das Geheimnis verkörpert, an sich bringt, sodass er die tatsächliche Herrschaftsgewalt über diesen ausübt.[1014]

879 Während die Begriffe »Verschaffen« und »Sichern« als Reflexivverben eine aktive eigene Handlung des Subjekts (des Täters) beschreiben, erstreckt sich der neue Tatbestand, aufgrund der Verwendung des wesentlich offeneren Verbs »erlangen«, nunmehr auch auf den **passiven sowie zufälligen Kenntniserwerb von Dritten**.[1015] Inwieweit sich dieser Umstand in der Praxis auswirkt und Fälle von sog. aufgedrängter Kenntniserlangung produziert, bleibt abzuwarten.

b) Verwendung eines Geschäftsgeheimnisses nach eigener Vortat, § 23 Abs 1 Nr 2 iVm § 4 Abs 2 Nr 1 lit a), § 4 Abs 1 Nr 1 GeschGehG

880 Typische Beispiele dieses Tatbestands sind das Nachbauen eines Produkts oder einer Maschine aufgrund unbefugt erlangter Konstruktionszeichnungen, das Einspeisen unbefugt erlangter Kundenlisten in die eigene Datenbank[1016] oder das Verkaufen unbefugt erlangter Geheimnisse an den Konkurrenten.

aa) Allgemeines

881 Die Vorschrift des § 23 Abs 1 Nr 2 GeschGehG normiert, unter Verweis auf § 4 Abs 2 Nr 1 lit a) GeschGehG, die Strafbarkeit der Nutzung oder Offenlegung nach einer eigenen Vortat iSd § 4 Abs 1 Nr 1 GeschGehG. Vormals einheitlich in § 17 Abs 2 Nr 2 UWG aF geregelt, erfährt die – unpassend als solche bezeichnete – **Geheimnishehlerei** nunmehr eine tatbestandliche Zweiteilung: Die Verwendung eines Geschäftsgeheimnisses nach eigener Vortat ist nun getrennt (selbstständig) von der Verwendung eines Geschäftsgeheimnisses nach fremder Vortat normiert.

1012 Begr zum RegE, BT-Drucks. 19/4724 S. 40.
1013 Brammsen, wistra 2018, 455.
1014 Vgl Kiethe/Hohmann, NStZ 2006, 189.
1015 Brammsen, wistra 2018, 455.
1016 BGH 27.04.2006, I ZR 126/03 = GRUR 2006, 1044 – Kundendatenprogramm.

bb) Täter

Die Verwendung eines Geschäftsgeheimnisses nach eigener Vortat iSd § 23 Abs 1 Nr 2 GeschGehG ist ein **Allgemeindelikt** und kann somit von jedermann begangen werden. Dabei muss es sich jedoch um eine Person handeln, die das Geschäftsgeheimnis durch eine **eigene Tat** iSd § 4 Abs 1 Nr 1 GeschGehG – eine Betriebsspionage – erlangt hat (sh Rdn 500). **882**

cc) Tatobjekt

Gleiches gilt für die Tauglichkeit des Tatobjekts. Das Geschäftsgeheimnis ist dann taugliches Tatobjekt, wenn es durch eine eigene Handlung nach § 4 Abs 1 Nr 1 GeschGehG erlangt wurde. **883**

dd) Tathandlung

Der Tatbestand des § 23 Abs 1 Nr 2 GeschGehG greift zur Beschreibung der Tathandlung auf einen **doppelten Verweis** zurück. So wird zunächst noch innerhalb der Strafnorm des § 23 Abs 1 Nr 2 GeschGehG klargestellt, dass das Nutzen und Offenlegen eines Geschäftsgeheimnisses entgegen § 4 Abs 2 Nr 1 lit a) strafbar sei. Folgt man dem Verweis, so untersagt der § 4 Abs 2 Nr 1 lit a) GeschGehG das Nutzen und Offenlegen von Geschäftsgeheimnissen, welche durch eine eigene Handlung nach Abs 1 Nr 1 erlangt wurden. Es wird mithin erneut verwiesen, hier auf den bereits bekannten § 4 Abs 1 Nr 1 GeschGehG und die dort enthaltenen untersagten Handlungsmodalitäten zur Erlangung eines Geschäftsgeheimnisses (sh Rdn 470 ff). **884**

Die Tathandlung stellt sich konkret somit wie folgt dar: **885**

Zunächst muss der Täter ein Geschäftsgeheimnis durch eigene unbefugte Handlung erlangt haben. Weiterhin muss das Geheimnis auch durch ihn genutzt oder offengelegt worden sein. Ausweislich der Gesetzesbegründung[1017] ist die **Nutzung jede Verwendung** des Geschäftsgeheimnisses, solange es sich nicht um eine Offenlegung handelt (sh Rdn 497). Offenlegung bedeutet die Eröffnung des Geschäftsgeheimnisses gegenüber einem Dritten, wobei dieser nicht notwendigerweise Teil der Öffentlichkeit sein muss. Insbesondere muss die Übermittlung an Dritte nicht öffentlich sein, dh sich an eine unbestimmte Personenzahl richten (sh Rdn 498). **886**

Insofern unterscheidet sich der Tatbestand vom vorherigen § 17 Abs 2 Nr 2 UWG aF. Die Begriffe »Nutzen« und »Offenlegen« ersetzen die in der alten Fassung vorzufindenden Modalitäten des »Verwertens« und »Mitteilens«. Nach Ansicht des Gesetzgebers soll es hier ebenfalls zu einer folgenlosen Ersetzung gekommen sein.[1018] Erste Stimmen in der Literatur sehen jedoch mit dieser **sprachlichen Neufassung** des Tatbestandes **inhaltliche Änderungen** verbunden.[1019] So werde das Verwerten gemeinhin als gewinnorientiertes, von gewerblichen Zwecken geleitetes Handeln verstanden, welches ideelle, politische oder sonstige Zwecke nicht umfasse. Mit der Verwendung des diesbezüglich eher neutral gefassten **887**

1017 Begr zum RegE, BT-Drucks. 19/4724 S. 27.
1018 Begr zum RegE, BT-Drucks. 19/4724 S. 40.
1019 Brammsen, wistra 2018, 455; Joecks/Miebach, in MüKo-StGB, § 23 GeschGehG Rn 63 ff.

Begriffes »Nutzen« gehe daher eine **Erweiterung des Tatbestandes** einher.[1020] Dem ist insoweit zuzustimmen, dass bereits der allgemeine Sprachgebrauch dem Verb »verwerten« die Bedeutung einer zielorientierten und konkreten Nutzung zukommen lässt.[1021] Tatsächlich zeigt sich, dass der Begriff »Verwerten« auch in Literatur und Rspr eine spezielle Form der Nutzung, namentlich die gewinnorientierte und von wirtschaftlichen Zwecken geleitete Nutzbarmachung, beschreibt.[1022] Entgegen der Gesetzesbegründung ist es mithin auch hier – zumindest bei einer reinen Wortlautauslegung – zu einer Ausweitung des Tatbestandes durch die Gesetzesänderung gekommen. Inwieweit die Norm auch die **rein ideelle Verwendung** des Geschäftsgeheimnisses sanktioniert[1023] oder entsprechend der Vorgängerregelung nur das wirtschaftlich motivierte Verwerten erfasst, ist offen. Die Regelung einer Ausnahme für die Nutzung im Zusammenhang mit den berechtigten Interessen nach § 5 GeschGehG legt nahe, dass es einer solchen Motivation nicht bedarf (sh Rdn 926 ff).

888 Unter den Begriff der Nutzung fallen nach § 4 Abs 3 S 2 GeschGehG auch die Herstellung, das Anbieten, das Inverkehrbringen, die Einfuhr, die Ausfuhr oder die Lagerung von rechtsverletzenden Produkten (sh Rdn 526). Allerdings können diese Handlungsalternativen **in Hinblick auf die Frage des Vorsatzes besondere Probleme** aufwerfen.

889 Die Handlungsmodalität des »Mitteilens« wurde ersetzt durch den neuen Begriff des »Offenlegens«. Aufgrund der marginalen unterschiedlichen Bedeutung der beiden Begriffe dürfte sich diese Änderung tatsächlich – wie vom Gesetzgeber gewollt – als folgenlos herausstellen.[1024] Bislang wurde durch »Mitteilen« jedes Verhalten beschrieben, welches zur Kenntniserlangung durch einen Dritten führt.[1025] Diese Definition ist entsprechend auf das »Offenlegen« zu übertragen; eine relevante Veränderung ist damit nicht verbunden.[1026]

c) Geheimnisverrat, § 23 Abs 1 Nr 3 iVm § 4 Abs 2 Nr 3

890 Typische Praxisbeispiele des Geheimnisverrats sind die Übergabe von geheimen Produktionsdetails durch einen Mitarbeiter an die Presse, die Weitergabe von Geschäftsgeheimnissen an Mitarbeiter entgegen einer Geheimhaltungspflicht und die unbefugte Veröffentlichung von Geschäftsgeheimnissen im Internet.

aa) Allgemeines

891 Vormals in § 17 Abs 1 UWG aF, befindet sich der Tatbestand des sog. Geheimnisverrats nun – größtenteils identisch – in § 23 Abs 1 Nr 3 GeschGehG wieder. Nach dieser Vorschrift wird bestraft, wer als eine bei einem Unternehmen beschäftigte Person ein

---

1020 So etwa Brammsen, wistra 2018, 455; Joecks/Miebach, in MüKo-StGB, § 23 GeschGehG Rn 65; aA Reinfeld, GeschGehG, § 7 Rn 64.
1021 Duden online, abrufbar unter https://www.duden.de/node/197745/revision/197781, Stand: 02.12.2019.
1022 BGH 24.01.2006, XI ZR 384/03, Rn 80 (juris) = NJW 2006, 830, 838 Rn 80; Fischer, StGB, § 204 Rn 4; Eisele, in Schönke/Schröder, StGB, § 204 Rn 5.
1023 Joecks/Miebach, in MüKo-StGB, § 23 GeschGehG Rn 65.
1024 Begr zum RegE, BT-Drucks. 19/4724 S. 40.
1025 Köhler, in Köhler/Bornkamm/Feddersen, UWG, 37. Aufl 2019, § 17 Rn 19, 42.
1026 AA Brammsen, wistra 2018, 455, nach dessen Auffassung »Offenlegen« eher eine geheimnisaufhebende Publikmachung umfasst als das »Mitteilen«, welches auch situative Bekundungen abdeckt, sodass sich die Änderung ggf strafbegrenzend auswirken könnte.

Geschäftsgeheimnis, das ihr im Rahmen des Beschäftigungsverhältnisses anvertraut worden oder zugänglich geworden ist, während der Geltungsdauer des Beschäftigungsverhältnisses offenlegt.

bb) Täter

Bei dieser Tatbestandsvariante handelt es sich um ein **echtes Sonderdelikt**, das nur eine in einem Unternehmen beschäftigte Person begehen kann. 892

Unklar erscheint zunächst, welche Auswirkungen die Ersetzung des Begriffes »Dienstverhältnis« in § 17 Abs 1 UWG aF mit dem nun in § 23 Abs 1 Nr 3 GeschGehG genutzten Begriff »Beschäftigungsverhältnis« hat. Zwar soll es laut Gesetzesbegründung auch hier zu keiner inhaltlichen Änderung gekommen sein,[1027] dennoch wird nun nicht mehr auf das arbeitsrechtliche Dienstverhältnis, sondern auf den **sozialrechtlich geprägten Begriff des Beschäftigungsverhältnisses** verwiesen. Aus dieser Ersetzung wird teilweise eine relevante Änderung abgeleitet, da das Verständnis der beiden Begriffe (arbeits- und sozialrechtlicher Beschäftigungsbegriff) nicht deckungsgleich sei.[1028] 893

Es scheint sich hier jedoch um ein rein begriffliches Problem zu handeln. Der Gesetzgeber gibt selbst zu erkennen, wie die Begrifflichkeiten auszulegen sind. Aus der Gesetzesbegründung ergibt sich, dass es durch den Wechsel der Begrifflichkeiten zu keiner Änderung kommen sollte; schließlich sei auch bereits im Rahmen des § 17 UWG aF ein »Dienstverhältnis« iSd BGB keine Voraussetzung einer Strafbarkeit gewesen.[1029] Hier wird deutlich, dass es nicht auf eine strenge dogmatische Einordnung in die arbeits- bzw sozialrechtlichen Kategorien ankommt, sondern vielmehr eine **weite Auslegung der Begrifflichkeiten** erfolgen soll. Im Rahmen des § 17 Abs 1 UWG aF waren taugliche Täter alle Beschäftigten eines Unternehmens, unabhängig von Art, Umfang, Dauer und Bezahlung ihrer Tätigkeit.[1030] Dabei war Beschäftigter, wer seine Arbeitskraft ganz oder teilweise dem Geschäft eines anderen widmet.[1031] Ebenso erfolgt im Ergebnis die Auslegung nach der Neufassung des § 23 GeschGehG. In der Literatur finden sich Formulierungen, die zwar im Ansatz auf ein sozialrechtliches Verständnis abstellen wollen, mithin eine Weisungsbefugnis fordern, sodann aber unter dem Hinweis auf die gebotene weite Auslegung dieses Merkmal nicht als maßgeblich ansehen.[1032] In der Praxis ergibt sich durch die Änderung des Wortlauts mithin keine Änderung. 894

Beschäftigte des Unternehmens im Sinne dieser Vorschrift sind im Übrigen auch die **Mitarbeiter von Tochterunternehmen**.[1033] Betrachtet wird somit der Gesamtkonzern im 895

1027 Begr zum RegE, BT-Drucks. 19/4724 S. 40; ein Neuaufkommen unnötiger Streitfälle durch die Änderung voraussehend: Brammsen, wistra 2018, 455.
1028 Brammsen, wistra 2018, 455, mwN.
1029 Begr zum RegE, BT-Drucks. 19/4724 S. 40.
1030 Köhler, in Köhler/Bornkamm/Feddersen, UWG, 37. Aufl 2019, § 17 Rn 14; Krell, in Graf/Jäger/Wittig, Wirtschafts- und Steuerstrafrecht, § 17 UWG Rn 24.
1031 Krell, in Graf/Jäger/Wittig, Wirtschafts- und Steuerstrafrecht, § 17 UWG Rn 24.
1032 Vgl etwa Reinfeld, GeschGehG, § 7 Rn 72, der die Weisungsgebundenheit nicht als ein zwingendes oder gar maßgebliches Merkmal ansieht; scheinbar aA sind Joecks/Miebach, in MüKo-StGB, § 23 GeschGehG Rn 73 f, obwohl auch hier zunächst im Rahmen einer weiten Auslegung ein zivilrechtliches Arbeitsverhältnis als ausreichend angesehen wird.
1033 Köhler, in Köhler/Bornkamm/Feddersen, UWG, 37. Aufl 2019, § 17 Rn 14; Reinfeld, GeschGehG, § 7 Rn 72.

Sinne eines einheitlichen Interesses an Geheimnisschutz. **Externe Berater** können mangels Einbindung in die Unternehmensorganisation nicht Täter sein; insoweit unterscheidet sich der mögliche Täterkreis insbesondere von dem des § 299 Abs 1 StGB (dort: Angestellter oder Beauftragter).[1034] Derweil ist die **Entgeltlichkeit** der Tätigkeit kein Kriterium, sodass durchaus auch etwa Praktikanten als Täter in Frage kommen.[1035] Ebenfalls Beschäftigte idS sind GmbH-Geschäftsführer sowie Vorstands- bzw Aufsichtsratsmitglieder einer Aktiengesellschaft.[1036]

cc) Tatobjekt

896 Objekt der Tat ist hier ebenfalls ein Geschäftsgeheimnis. Geschützt sind vorliegend jedoch lediglich die im Rahmen des Beschäftigungsverhältnisses dem Beschäftigten anvertrauten oder zugänglich gewordenen Geschäftsgeheimnisse. Insofern bringt die neue Regelung keine Änderungen zur bisherigen Vorschrift des § 17 Abs 1 UWG aF mit sich.

897 Ein Geheimnis wird dem Beschäftigten dann anvertraut, wenn es ihm unter einem **konkludenten oder ausdrücklichen Vorbehalt der Geheimhaltung** mitgeteilt wird.[1037] Ein solcher Geheimhaltungsvorbehalt wird idR in der Implementierung von Geheimhaltungsmaßnahmen liegen.

898 Ein Geheimnis wird dem Beschäftigten **zugänglich**, wenn er in irgendeiner Weise von der geheimen Information Kenntnis genommen hat.[1038] Dabei ist jedoch unerheblich, ob er sich die Information selbst verschafft hat, oder ob ihm diese Informationen durch Dritte mitgeteilt wurde.[1039]

899 Erforderlich ist jeweils, dass dem Täter das Geschäftsgeheimnis im Rahmen seines Beschäftigungsverhältnisses anvertraut worden ist bzw zugänglich geworden ist. Insoweit ist also eine **kausale Verknüpfung** zwischen dem Beschäftigungsverhältnis und der Kenntnis des Geschäftsgeheimnisses erforderlich. Ausgenommen sind somit die Fälle, in denen der Beschäftigte das Geheimnis unabhängig von seinem Beschäftigungsverhältnis erfährt.[1040]

900 Hier stellt sich in vielen praktisch relevanten Fällen die Frage, ob es sich um ein Geschäftsgeheimnis des Anstellungsunternehmens handeln muss, oder ob auch fremde Geschäftsgeheimnisse taugliche Tatobjekte sein können. Diese Frage stellt sich bspw, wenn im Rahmen eines Anstellungsverhältnisses der Mitarbeiter Geschäftsgeheimnisse von Kunden offenbart.

▶ Beispiel:

901 Unternehmer X stellt individuell auf den Kunden zugeschnittene Farbmischungen her. Um stets alle aktuellen Trends frühzeitig zu erkennen, fordert er seine Vertriebsmitarbeiter auf, bei (potentiellen) Kunden neben dem Verkauf der eigenen Produkte auch nach den neusten Farbmischungen der Konkurrenz zu fragen. Dabei weiß X, dass diese die Farbmischungen geheim halten.

Soweit es sich bei den Farbmischungen um Geschäftsgeheimnisse der Wettbewerber handelt (etwa, weil diese die Kunden vertraglich zur Geheimhaltung verpflichten), stellt sich also die Frage, ob der

---

1034 Krell, in Graf/Jäger/Wittig, Wirtschafts- und Steuerstrafrecht, § 17 UWG Rn 25.
1035 Joecks/Miebach, in MüKo-StGB, GeschGehG, § 23 Rn 73.
1036 Reinfeld, GeschGehG, § 7 Rn 73.
1037 Köhler, in Köhler/Bornkamm/Feddersen, UWG, 37. Aufl 2019, § 17 Rn 16.
1038 Köhler, in Köhler/Bornkamm/Feddersen, UWG, 37. Aufl 2019, § 17 Rn 17.
1039 Reinfeld, GeschGehG, § 7 Rn 72.
1040 Köhler, in Köhler/Bornkamm/Feddersen, UWG, 37. Aufl 2019, § 17 Rn 15.

Kunde durch die Mitteilung der Farbmischung des Konkurrenten an X bzw dessen Vertriebsmitarbeiter ein Geschäftsgeheimnis offenbart. Dies war nach alter Rechtslage umstritten.[1041] Nach der Neuregelung dürfte davon auszugehen sein, dass der Tatbestand des § 23 Abs 1 Nr 3 GeschGehG die Offenbarung eines Geheimnisses des Anstellungsunternehmens des Täters voraussetzt. Nur in diesem Fall liegt die in dieser Tatbestandsvariante als strafbarkeitsbegründend angesehene Verletzung des vom Arbeitgeber gegenüber Angestellten entgegengebrachten Vertrauens vor. Insofern wäre eine Klarstellung dahingehend wünschenswert gewesen, dass es der Offenlegung eines »unternehmenseigenen Geschäftsgeheimnisses« bedarf.

dd) Tathandlung

Tatbestandsmäßig handelt, wer entgegen § 4 Abs 2 Nr 3 GeschGehG ein Geschäftsgeheimnis offenlegt. Die Vorschrift des § 4 Abs 2 Nr 3 GeschGehG untersagt die Offenlegung, sofern dabei gegen die Verpflichtung, das Geschäftsgeheimnis nicht offenzulegen, verstoßen wird. Insoweit knüpft der Tatbestand an den bereits in § 23 Abs 1 Nr 2 GeschGehG gebrauchten Begriff an. Näheres zu den Offenlegungsverboten unter Rdn 493 ff. **902**

Im Übrigen verlangt der Tatbestand, dass die Offenlegung **während der Geltungsdauer des Beschäftigungsverhältnisses** erfolgt. Für die Bestimmung der Geltungsdauer kommt es dabei nicht auf die tatsächliche, sondern die rechtliche Geltungsdauer des Beschäftigungsverhältnisses an.[1042] Folglich entscheidet stets die rechtliche Wirksamkeit einer Kündigung oder eines Aufhebungsvertrags über den Zeitpunkt der Beendigung des Rechtsverhältnisses und über die Strafbarkeit einer Offenlegung.[1043] **903**

d) Verwendung eines Geschäftsgeheimnisses nach fremder Vortat, § 23 Abs 2 GeschGehG

Typische Praxisbeispiele für die Verwendung eines Geschäftsgeheimnisses nach fremder Vortat sind der Nachbau von Maschinen oder Produkten anderer Unternehmen anhand von Konstruktionsplänen oder anderer geheimer Aufzeichnungen bzw Daten, welche unbefugt durch einen Mitarbeiter des Unternehmens erlangt wurden oder die Nutzung einer durch einen anderen unbefugt erlangten fremden Kundendatenbank zur Werbung neuer eigener Kunden. **904**

aa) Allgemeines

Die Verwendung eines Geschäftsgeheimnisses nach fremder Vortat – vormals in § 17 Abs 2 Nr 2 UWG aF zu finden – wird durch § 23 GeschGehG nun getrennt von der Tatvariante der Verwendung nach eigener Vortat (§ 23 Abs 1 Nr 2 GeschGehG) geregelt. **905**

Gem. § 23 Abs 2 GeschGehG wird derjenige, der zur Förderung des eigenen oder fremden Wettbewerbs, aus Eigennutz, zugunsten eines Dritten oder in der Absicht, dem Inhaber eines Unternehmens Schaden zuzufügen, ein Geschäftsgeheimnis, welches er durch eine fremde Handlung nach Absatz 1 Nummer 2 oder Nummer 3 erlangt hat, nutzt oder offenlegt, ebenso wie der Täter des § 23 Abs 1 GeschGehG bestraft. **906**

1041 Vgl Ohly, in Ohly/Sosnitza, UWG, § 17 Rn 6.
1042 BGH 16.11.1954, I ZR 180/53 = GRUR 1955, 402, 404 – Anreißgeräte.
1043 Reinfeld, GeschGehG, § 7 Rn 82.

bb) Täter

907   § 23 Abs 2 GeschGehG stellt **keine besonderen Anforderungen an die Person des Täters** und kann somit von jedermann begangen werden.

cc) Tatobjekt

908   Tatobjekt sind **aus einer rechtswidrigen Vortat eines Dritten stammende Geschäftsgeheimnisse**. Taugliche Vortaten sind einerseits die Nutzung und Offenlegung eines Geschäftsgeheimnisses entgegen § 4 Abs 2 Nr 1 lit a) GeschGehG (§ 23 Abs 1 Nr 2 GeschGehG) sowie die Offenlegung eines dem Vortäter im Rahmen der Geltungsdauer eines Beschäftigungsverhältnisses anvertrauten bzw zugänglich gewordenen Geschäftsgeheimnisses (§ 23 Abs 1 Nr 3 GeschGehG).

dd) Tathandlung

909   Ausgangspunkt des Tatbestandes ist zunächst die **fremde Vortat**.

910   Auf die Vortat des ersten Täters folgt die Tathandlung des zweiten Täters nach § 23 Abs 2 GeschGehG. Diese besteht in der Nutzung oder Offenlegung des durch die fremde Vortat erlangten Geschäftsgeheimnisses (sh Rdn 497 f).

e) Vorlagenfreibeuterei, § 23 Abs 3 iVm § 4 Abs 2 Nr 2; § 23 Abs 3 iVm § 4 Abs 2 Nr 3 GeschGehG

911   Typische Praxisbeispiele der Vorlagenfreibeuterei sind zB die unbefugte Weitergabe von durch einen Designer hergestellten Modellkostümen an einen Dritten zur günstigeren Herstellung der Kostüme,[1044] die unbefugte Veröffentlichung und schriftliche Beschreibung eines Strickverfahrens mit Zeichnungen,[1045] die unberechtigte Nutzung der Vorlage einer Werbeagentur für ein Firmen-Schlagwort.[1046]

aa) Allgemeines

912   Gem. § 23 Abs 3 GeschGehG wird derjenige, der entgegen § 4 Abs 2 Nr 2 oder Nr 3 GeschGehG ein Geschäftsgeheimnis, das eine ihm im geschäftlichen Verkehr anvertraute geheime Vorlage oder Vorschrift technischer Art ist, nutzt oder offenlegt, mit Freiheitsstrafe bis zu lediglich zwei Jahren oder Geldstrafe bestraft, wenn dies zur Förderung des eigenen oder fremden Wettbewerbs oder aus Eigennutz geschieht. Dieser Tatbestand ist somit eine **Privilegierungsnorm** innerhalb des § 23 GeschGehG.[1047]

913   Mit dieser Regelung tritt § 23 Abs 3 GeschGehG an die Stelle des § 18 Abs 1 UWG aF.[1048] Der Schutzbereich dieses Tatbestandes verläuft insoweit parallel zu dem des § 23 Abs 1 Nr 3 GeschGehG, als dass beide Varianten die veruntreuende Verwendung von Geschäftsgeheimnissen **nach befugter Kenntniserlangung** umfassen. Durch die sog. Vorlagenfreibeuterei wird die veruntreuende Verwendung bestimmter, **im Geschäftsver-**

1044   OLG Hamm 27.03.1990, 4 U 232/89 = NJW-RR 1990, 1380 – Modellkostüme.
1045   BGH 17.05.1960, I ZR 34/59 = GRUR 1960, 554 – Handstrickverfahren.
1046   KG 09.06.1987, 5 U 6153/85 = GRUR 1988, 702 – Corporate Identity.
1047   Zur Frage der Angemessenheit der Privilegierung: Brammsen, wistra 2018, 456.
1048   Begr zum RegE, BT-Drucks. 19/4724 S. 41.

kehr auf befugte Weise erlangter, Geschäftsgeheimnisse umfassend sanktioniert. Damit unterscheidet sie sich von der Strafnorm des § 23 Abs 1 Nr 3 GeschGehG, der die veruntreuende Verwendung von Geschäftsgeheimnissen, welche auf redliche Weise im Rahmen eines Beschäftigungsverhältnisses erlangt wurden, unter Strafe stellt. Der Unterschied besteht vereinfacht gesagt darin, dass die Vorlagenfreibeuterei die Verwendung durch einen Unternehmensexternen erfasst, während der Geheimnisverrat den Umgang von Unternehmensinternen mit dem Geschäftsgeheimnis regelt. Die neue Regelung setzt den durch § 18 UWG aF etablierten Schutzbereich fort und ergänzt somit den Geheimnisschutz des § 23 Abs 1 und Abs 2 namentlich im praktisch wichtigen Verhältnis zu Geschäftspartnern.[1049]

bb) Täter

Täter dieser Tatbestandsvariante kann grundsätzlich jeder sein. Einschränkend wirkt jedoch der Umstand, dass die geheime Vorlage oder Vorschrift technischer Art dem Täter im geschäftlichen Verkehr anvertraut worden sein muss. Insoweit ist der tatsächliche Täterkreis auf die Personen begrenzt, die mit dem Unternehmen im geschäftlichen Verkehr stehen und denen die Vorlagen bzw Vorschriften technischer Art anvertraut sind.[1050] **914**

Das Anvertrautsein wird nach überwiegender Auffassung als ein **besonderes persönliches Merkmal** iSd § 28 Abs 2 StGB eingeordnet.[1051] Das Delikt der Vorlagenfreibeuterei ist mithin ein **echtes Sonderdelikt**.[1052] Unter dem – bereits aus dem Tatbestand des § 299 StGB bekannten – Merkmal »geschäftlicher Verkehr« ist jede selbstständige, wirtschaftliche Zwecke verfolgende Tätigkeit zu verstehen, in der eine Teilnahme am Erwerbsleben zum Ausdruck kommt.[1053] Nicht vorausgesetzt ist hierbei eine gewerbliche Tätigkeit, sodass auch Freiberufler als Täter in Betracht kommen.[1054] Mangels selbstständiger Teilnahme am geschäftlichen Verkehr scheiden jedoch die Beschäftigten des Unternehmens selbst in dieser Eigenschaft als Täter aus.[1055] **915**

cc) Tatobjekt

Tatobjekte des § 23 Abs 3 GeschGehG sind nach dem Wortlaut der Vorschrift **geheime Vorlagen** und **geheime Vorschriften technischer Art**. Insoweit schützt der § 23 Abs 3 GeschGehG lediglich eine bestimmte Kategorie von Geschäftsgeheimnissen.[1056] Der Wortlaut des § 23 Abs 3 GeschGehG umfasst nun nicht mehr die noch in § 18 UWG aF vorhandene Aufzählung von Beispielen umfasster Tatobjekte. **916**

Eine **Vorlage** ist alles, was bei der Herstellung neuer Sachen als Vorbild dienen kann bzw soll.[1057] Von dieser sehr weiten Formulierung sind insbesondere Hilfsmittel umfasst, wel- **917**

1049 Krell, in Graf/Jäger/Wittig, Wirtschafts- und Steuerstrafrecht, UWG § 18 Rn 1.
1050 Krell, in Graf/Jäger/Wittig, Wirtschafts- und Steuerstrafrecht, UWG § 18 Rn 4.
1051 Brammsen, wistra 2006, 204, mwN; Joecks/Miebach, in MüKo-StGB, § 23 GeschGehG Rn 99, 138.
1052 So zumindest mit der hM Brammsen, wistra 2006, 204, mwN; Joecks/Miebach, in MüKo-StGB, § 23 GeschGehG Rn 99, 138; aA Reinfeld, GeschGehG, § 7 Rn 96.
1053 BGH 22.10.1997, 5 StR 223/97, Rn 15 (juris) = NJW 1998, 390, 391 – progressive Kundenwerbung.
1054 Reinfeld, GeschGehG, § 7 Rn 96.
1055 Köhler, in Köhler/Bornkamm/Feddersen, UWG, 37. Aufl 2019, § 18 Rn 12.
1056 Begr zum RegE, BT-Drucks. 19/4724 S. 41.
1057 So maßgeblich KG 09.06.1987, 5 U 6153/85 = GRUR 1988, 702 – Corporate Identity.

che konkret in Dokumenten oder anderen Gegenständen verkörpert, abstrakt in Beschreibungen oder Zeichnungen dargestellt oder elektronisch gespeichert sind.[1058] Maßgeblich für eine sog. Vorlage ist der in ihr **körperlich fixierte Herstellungsgedanke**; eine mündliche Beschreibung kann mithin gerade nicht – zumindest nicht ohne Verstoß gegen das strafrechtliche **Analogieverbot** – genügen.[1059]

918 **Vorschriften technischer Art** sind hingegen mündliche wie schriftliche Anweisungen bezüglich technischer Vorgänge oder bestimmter Arbeitsschritte oder Verfahrensabläufe.[1060] Maßgeblicher Unterschied zur soeben beschriebenen Vorlage ist, dass die Vorschrift gerade nicht körperlich fixiert sein muss. Eine trennscharfe Abgrenzung zwischen Vorlagen und Vorschriften dürfte daher lediglich im Falle einer mündlichen Vorschrift technischer Art möglich sein. Eine solche wird mangels körperlicher Fixierung keine Vorlage darstellen können.[1061]

919 Neu in der Formulierung der Vorlagenfreibeuterei innerhalb des § 23 Abs 3 GeschGehG ist, dass die **Vorlagen und Vorschriften geheim** sein müssen. Nun geht auch ausdrücklich aus dem Wortlaut hervor, was bereits durch Auslegung der Norm durch die Rspr entwickelt wurde.[1062] Vorlagen und Vorschriften muss Geheimnisqualität iSd GeschGehG – also nach § 2 Nr 1 GeschGehG – zukommen.[1063] Bereits in der Rspr zu § 18 UWG aF wurde klargestellt, dass eine Vorlage oder Vorschrift nur anvertraut werden kann, wenn sie nicht bereits offenkundig ist.[1064]

920 Die Vorlagen bzw Vorschriften technischer Art müssen auch im geschäftlichen Verkehr anvertraut werden. Sh zu der Begrifflichkeit des »Anvertrauens« Rdn 897.

dd) Tathandlung

921 Tatbestandliche Handlung des § 23 Abs 3 GeschGehG ist eine Nutzung oder Offenlegung entgegen § 4 Abs 2 Nr 2 oder Nr 3 GeschGehG. Sh dazu die Erläuterungen in Rdn 493 ff.

2. Qualifikationstatbestände des § 23 Abs 4 GeschGehG

922 An die Stelle der Regelbeispiele des § 17 Abs 4 UWG aF treten mit § 23 Abs 4 GeschGehG nun **drei Qualifikationstatbestände**, welche im Übrigen jedoch der alten Fassung entsprechen sollen.[1065]

923 Mit Freiheitsstrafe bis zu fünf Jahren oder mit Geldstrafe wird gem. § 23 Abs 4 Nr 1 GeschGehG bestraft, wer in den Fällen des § 23 Abs 1 oder Abs 2 GeschGehG **gewerbsmäßig** handelt. Der Täter handelt gewerbsmäßig im Sinne dieser Vorschrift, wenn er sich aus wiederholter Tatbegehung eine nicht nur vorübergehende Einnahmequelle von einigem

---

1058 Joecks/Miebach, in MüKo-StGB, § 23 GeschGehG Rn 104.
1059 Krell, in Graf/Jäger/Wittig Wirtschafts- und Steuerstrafrecht, UWG § 18 Rn 7; Köhler, in Köhler/Bornkamm/Feddersen, UWG, 37. Aufl 2019, § 18 Rn 9.
1060 Krell, in Graf/Jäger/Wittig, Wirtschafts- und Steuerstrafrecht, UWG § 18 Rn 9.
1061 Krell, in Graf/Jäger/Wittig, Wirtschafts- und Steuerstrafrecht, UWG § 18 Rn 11.
1062 Begr zum RegE, BT-Drucks. 19/4724 S. 41.
1063 Reinfeld, GeschGehG, § 7 Rn 109.
1064 So bereits BGH 18.03.1955, I ZR 144/53, Rn 30 (juris) = GRUR 1955, 468, 473 – Schwermetall-Kokillenguß; BGH 17.12.1981, X ZR 71/80, Rn 8 (juris) = GRUR 1982, 225, 226 – Straßendecke II.
1065 Begr zum RegE, BT-Drucks. 19/4724 S. 41.

Umfang verschaffen möchte.[1066] Ausreichend ist hier zwar – entsprechend der allgemeinen strafrechtlichen Definition der Gewerbsmäßigkeit – bereits ein erster Tatakt mit Absicht zur Wiederholung.[1067] Gerade aufgrund der Tatsache, dass für einige der oben dargestellten Tatbestände die wirtschaftliche Nutzung tatbestandsbegründend ist, reicht diese alleine für die Gewerbsmäßigkeit nicht aus. Anderenfalls würde dieses Merkmal seine eigenständige Bedeutung verlieren.[1068]

Mit Freiheitsstrafe bis zu fünf Jahren oder mit Geldstrafe wird ebenfalls bestraft, wer in den Fällen des § 23 Abs 1 Nr 2 oder Nr 3 oder § 23 Abs 2 GeschGehG bei der Offenlegung weiß, dass das Geschäftsgeheimnis **im Ausland genutzt werden soll**. Wie der Wortlaut bereits nahelegt, ist es nicht erforderlich, dass das Geheimnis tatsächlich im Ausland genutzt wird.[1069] Es kommt hier auf die positive Kenntnis des Täters bzgl der beabsichtigten Auslandsnutzung an.[1070] Der Auslandsbegriff umfasst auch das EU-Ausland.[1071]

924

Schließlich wird mit Freiheitsstrafe bis zu fünf Jahren oder mit Geldstrafe bestraft, wer in den Fällen des § 23 Abs 1 Nr 2 oder § 23 Abs 2 GeschGehG das Geschäftsgeheimnis **selbst im Ausland nutzt**. Im Gegensatz zur Qualifikation des § 23 Abs 4 Nr 2 GeschGehG muss das Geschäftsgeheimnis in diesem Fall tatsächlich im Ausland genutzt worden sein.[1072]

925

3. Tatbestandsausschluss durch § 5 GeschGehG

Für besondere Sachverhaltskonstellationen normiert § 5 GeschGehG – in Umsetzung des Art 5 der Richtlinie (EU) 2016/943 – Tatbestandsausnahmen von den Handlungsverboten des § 4 GeschGehG und wirkt sich somit auch auf die Strafnormen aus, die auf diese Regelungen verweisen.

926

Noch im Regierungsentwurf war die Vorschrift als (strafrechtlicher) Rechtfertigungsgrund ausgestaltet.[1073] Gegen diese Ausgestaltung wurden jedoch Bedenken geäußert, da bereits die Erfüllung des Tatbestands einen abschreckenden Effekt für die Arbeit von Journalisten haben könne.[1074] Daraufhin fand eine Umgestaltung der Vorschrift zu einer Tatbestandsausnahme statt.

927

Nach § 5 GeschGehG fallen die Erlangung, Nutzung oder die Offenlegung eines Geschäftsgeheimnisses dann nicht unter die Verbote des § 4 GeschGehG, wenn dies zum Schutz eines berechtigten Interesses erfolgt. Die Vorschrift benennt hierzu Fallgruppen. Ein berechtigtes Interesse liegt jedoch nicht nur im Rahmen der normierten Fallgruppen

928

1066 Krell, in Graf/Jäger/Wittig, Wirtschafts- und Steuerstrafrecht, § 17 UWG Rn 81.
1067 Ebert-Weidenfeller, in Achenbach/Ransiek/Rönnau, Handbuch Wirtschaftsstrafrecht, S. 401.
1068 Vgl zur Notwendigkeit der Eigenständigkeit jedes einzelnen Tatbestandsmerkmals einer Strafnorm (sog. Verschleifungsverbot) am Beispiel des Tatbestands der Untreue BVerfG 23.06.2010, 2 BvR 2559/08 ua, Rn 79 (juris) = NJW 2010, 3209, 3211, 3215.
1069 Joecks/Miebach, in MüKo-StGB, § 23 GeschGehG Rn 132.
1070 Reinfeld, GeschGehG, § 7 Rn 35.
1071 Bott, wistra 2015, 343 f.
1072 Joecks/Miebach, in MüKo-StGB, § 23 GeschGehG Rn 133.
1073 Begr zum RegE, BT-Drucks. 19/4724 S. 28; BT-Drucks. 19/8300 S. 14.
1074 BT-Drucks. 19/8300 S. 14.

vor, sondern kann im Grunde **jedes von der Rechtsordnung gebilligte Interesse** sein (sh Rdn 542 f).[1075]

929 Die Terminologie »berechtigtes Interesse« ist dem Strafrecht nicht fremd. So ist ein solches Interesse bspw notwendige Voraussetzung für die Gewährung von Akteneinsicht an Verletzte (§ 406e Abs 1 S 1 StPO) und Dritte (§ 475 Abs 1 S 1 StPO). Im materiellen Strafrecht findet sich diese Terminologie bspw in der Überschrift zum Rechtfertigungsgrund des § 193 StGB, wird jedoch in der Norm selbst weiter konkretisiert. Die Einführung eines derart unbestimmten Rechtsbegriffs im materiellen Strafrecht ist vor dem Hintergrund des **Bestimmtheitsgebots** grundsätzlich problematisch. Zwar wirkt dieses Merkmal in der jetzt gewählten rechtlichen Ausgestaltung des § 5 GeschGehG **strafbarkeitsbeschränkend**. Dennoch leidet die im Strafrecht aufgrund von Art 103 Abs 2 GG besonders wichtige Normklarheit unter einem derart unbestimmten und mit Wertungen aufgeladenen Begriff. Auch die beispielhaft aufgezählten typisierten berechtigten Interessen helfen nur bedingt weiter. Letztlich führt diese Regelung dazu, dass in vielen Strafverfahren über die Berechtigung des Interesses des Beschuldigten verhandelt werden wird,[1076] was zu einer kaum hinnehmbaren Normativierung des Strafrechts führt.

930 ▶ Mit § 5 GeschGehG gibt das Gesetz den Anwendern einen großen Spielraum für die Auslegung der Strafnorm. Im Verteidigungsfall liegt hier ein nicht zu vernachlässigendes Verteidigungspotential, das nicht nur in Hinblick auf die Tatbestandsmäßigkeit des Verhaltens genutzt werden kann, sondern auch auf Vorsatzebene und im Hinblick auf mögliche den Vorsatz berührende Irrtumskonstellationen.

931 § 5 GeschGehG liegt die Grundüberzeugung zugrunde, dass der Schutz von Geschäftsgeheimnissen nicht absolut ist und im Einzelfall hinter **gewichtigen Belangen der Allgemeinheit** zurücktreten muss.[1077] Die Ausnahmen des § 5 GeschGehG sollen in erster Linie investigative Journalisten und Whistleblower schützen.[1078]

932 Dieser besondere Schutz wird im Übrigen auch dann gewährleistet, wenn für den das Geschäftsgeheimnis offenlegenden Täter selbst der Ausschlusstatbestand nicht eingreift.[1079] In diesem Fall ist der für Rechtfertigungsgründe allgemein anerkannte Grundsatz bzgl der Anwendbarkeit des Ausschlusstatbestandes auf Teilnahmehandlungen, wenn dieser in der Person des Täters nicht erfüllt ist, entsprechend anzuwenden.[1080]

933 Ausführlich zu den Voraussetzungen des § 5 GeschGehG unter Rdn 536 ff.

4. Subjektiver Tatbestand

934 Die Tatbestände des § 23 Abs 1 und Abs 2 GeschGehG werden mit einer Aufzählung der subjektiven Tatbestandsmerkmale eingeleitet. Erforderlich ist, neben der (zumindest

---

1075 Begr zum RegE, BT-Drucks. 19/4724 S. 28.
1076 So jüngst OLG Oldenburg 21.05.2019 – 1 Ss 72/19 = BeckRS 2019, 29965, wonach eine Verbreitung von Geschäftsgeheimnissen in einem Flugblatt mit dem Ziel, auf eine von dem Handelnden als rechtswidrig beurteilte Exportpraxis des Unternehmens von Giftstoffen in die USA aufmerksam zu machen, nach § 5 Nr 2 GeschGehG nicht unter das Verbot des § 4 GeschGehG fällt.
1077 Begr zum RegE, BT-Drucks. 19/4724 S. 28.
1078 Reinfeld, GeschGehG, § 3 Rn 1.
1079 BT-Drucks. 19/8300 S. 14; Joecks/Miebach, in MüKo-StGB, § 23 GeschGehG Rn 122.
1080 BT-Drucks. 19/8300 S. 14; Joecks/Miebach, in MüKo-StGB, § 23 GeschGehG Rn 122.

bedingt) vorsätzlichen Verwirklichung der (oben dargestellten) objektiven Tatbestandsmerkmale, dass der Täter eines der besonderen subjektiven Merkmale erfüllt, also entweder
- zur Förderung des eigenen oder fremden Wettbewerbs,
- aus Eigennutz,
- zugunsten eines Dritten oder
- mit Schädigungsabsicht handelt. Schädigungsabsicht setzt ein zielgerichtetes Handeln des Täters, mithin dolus directus 1. Grades voraus.

§ 23 Abs 3 GeschGehG weist insoweit eine Besonderheit auf. Der Tatbestand der Vorlagenfreibeuterei knüpft nur an die besonderen subjektiven Merkmale der Wettbewerbsförderungsabsicht sowie des Eigennutzes an. Ein Handeln in Schädigungsabsicht oder zugunsten eines Dritten ist nicht tatbestandsmäßig. 935

Besondere Probleme können im Rahmen des § 23 Abs 2 GeschGehG im Hinblick auf den **Vorsatz** entstehen. In der Praxis werden Beschuldigte idR abstreiten, von der Herkunft des Geschäftsgeheimnisses aus einer Straftat iSd § 23 Abs 1 GeschGehG gewusst zu haben. Dieser Einwand wird umso kritischer als der Dritte oftmals anders als der nach § 23 Abs 1 GeschGehG strafbare Vordermann nicht in Kontakt mit den Geheimhaltungsmaßnahmen nach § 2 Nr 1 lit b) GeschGehG gekommen sein muss und daher dem Dritten gegenüber die Warn- und Hinweisfunktion der Geheimhaltungsmaßnahmen kaum eingreift. Allerdings ist im Hinblick auf die Vortat **bedingter Vorsatz** ausreichend. Zur Annahme dieses bedingten Vorsatzes sollte es genügen, wenn der Vortäter Informationen liefert, deren Herkunft vom Geheimnisinhaber der Täter des § 23 Abs 2 GeschGehG erkennt und die ihrer Art nach geheimhaltungsbedürftig sind, wenn der Täter dies nicht zum Anlass nimmt, Nachforschungen anzustellen, sondern die Verletzung des Geheimnisses billigend in Kauf nimmt. 936

a) Förderung des eigenen oder fremden Wettbewerbs

Das bereits in den §§ 17, 18 UWG aF enthaltene besondere subjektive Merkmal »zu Zwecken des Wettbewerbs« findet sich auch in § 23 GeschGehG wieder. Neu ist hingegen die **Differenzierung zwischen der Förderung des eigenen und des fremden Wettbewerbs**. 937

Von einer Absicht zur Förderung des Wettbewerbs kann dann ausgegangen werden, wenn die Handlung des Täters objektiv geeignet ist, den Absatz von Waren oder Dienstleistungen bzw die Einträglichkeit des Unternehmens zu fördern und sie daneben auch subjektiv auf dieses Ziel gerichtet ist.[1081] Dabei ist es unerheblich, ob ein bereits **aktuell bestehender** oder aber ein **künftiger Wettbewerb** gefördert werden soll.[1082] Umfasst sind daher auch Fälle, in denen Mitarbeiter eines Unternehmens in der Absicht handeln, ein erst in der Zukunft bestehendes eigenes oder fremdes konkurrierendes Unternehmen hinsichtlich des Absatzes von Waren bzw Dienstleistungen zu fördern.[1083] Abzugrenzen ist ein Handeln zu Zwecken des Wettbewerbs insbesondere von Handlungen zu rein privaten Zwecken. 938

Denkbar ist in der Praxis eine Vielzahl von durch den Täter verfolgten Zielen. Neben der Absicht zur Förderung des Wettbewerbs können weitere Ziele gänzlich anderer Art (politi- 939

1081 BGH 26.10.1951, I ZR 8/51, Rn 12 (juris) = GRUR 1952, 410, 413 – Constanze; Krell, in Graf/Jäger/Wittig, Wirtschafts- und Steuerstrafrecht, § 17 UWG Rn 59.
1082 Reinfeld, GeschGehG, § 7 Rn 26 f.
1083 Reinfeld, GeschGehG, § 7 Rn 26 f.

sche Ziele, gesellschaftliche Ziele, Rache am Arbeitgeber etc) stehen. Für die Annahme der Wettbewerbsförderungsabsicht ist lediglich erforderlich, dass diese neben anderen Zielen eine eigenständige und vergleichsweise substanzielle Bedeutung erhält und nicht als völlig nebensächlich zurücktritt.[1084]

b) Handeln aus Eigennutz

940 Ein eigennütziges Handeln manifestiert sich in dem Streben nach einem **persönlichen Vorteil materieller oder immaterieller Art**. Vorteile immaterieller Art sind jedoch nur dann erfasst, soweit sie vergleichbar erheblich wie materielle Vorteile sind.[1085] Ausgeschlossen ist somit eine Tatbegehung aus Interesse oder Neugier an dem Geheimnis.[1086] Eigennutz kann auch dann vorliegen, wenn die Handlung der Verbesserung von Prozessaussichten dient, selbst wenn damit der Täter davon ausgeht, dass ihm die geltend gemachten Ansprüche zustehen.[1087]

c) Handeln zugunsten eines Dritten

941 Es handelt derjenige zugunsten eines Dritten, welcher irgendeinen Dritten besser stellen will.[1088] Als taugliche Dritte kommen hier ua Medien, künftige Arbeit- und Auftraggeber sowie fremde Staaten in Betracht.[1089] Ebenso wie das Handeln aus Eigennutz erlangt auch das Handeln zugunsten eines Dritten vor allem in den Fällen selbstständige Bedeutung gegenüber der Wettbewerbsförderung, in denen **andere als wettbewerbliche Ziele** verfolgt werden.

d) Handeln in Schädigungsabsicht

942 Dem Wortlaut des § 23 Abs 1 GeschGehG folgend ist für das Handeln in Schädigungsabsicht erforderlich, dass der Täter mit der Absicht und nicht in bloßem Bewusstsein der Schadenszufügung handelt. Der tatsächliche Eintritt eines Schadens ist nicht erforderlich.[1090] Hier kann sich in der Praxis die Frage stellen, ob es sich bei der Schädigung um eine wirtschaftliche Schädigung handeln muss (im Vergleich zu der Förderung des eigenen oder fremden Wettbewerbs). Davon hängt ab, ob eine **Schädigung im rein privaten Bereich** ausreicht (zB das Bekanntwerden von dem Geschäftsinhaber unangenehmen Geheimnisse im privaten Umfeld). Der Schutzzweck des Gesetzes spricht jedoch dagegen, eine derart weite Auslegung dieses strafbarkeitsbegründenden Merkmals zuzulassen.

III. Rechtswidrigkeit

943 Eine Rechtfertigung kommt nach den allgemeinen Grundsätzen in Betracht.

944 § 5 GeschGehG enthält nach umfassenden Änderungen im Gesetzgebungsverfahren nun keinen Rechtfertigungsgrund mehr, sondern Tatbestandsausnahmen, sh Rdn 538.

1084 Vgl Krell, in Graf/Jäger/Wittig Wirtschafts- und Steuerstrafrecht, § 17 UWG Rn 59.
1085 Reinfeld, GeschGehG, § 7 Rn 28.
1086 Köhler, in Köhler/Bornkamm/Feddersen, UWG, 37. Aufl 2019, § 17 Rn 25.
1087 OLG Stuttgart 15.11.2018, 2 U 30/18, Rn 86 (juris) = GRUR 2019, 422 Rn 70 – Verbandspreise.
1088 Köhler, in Köhler/Bornkamm/Feddersen, UWG, 37. Aufl 2019, § 17 Rn 26.
1089 Joecks/Miebach, in MüKo-StGB, § 23 GeschGehG Rn 57.
1090 Reinfeld, GeschGehG, § 7 Rn 31.

E. Strafvorschriften

Darüber hinaus sieht § 23 Abs 6 GeschGehG einen speziellen **Rechtfertigungsgrund für** 945
Medienangehörige – in der Gestalt des bereits aus § 353b Abs 3a StGB bekannten Presseprivilegs – vor. So sind Beihilfehandlungen einer in § 53 Abs 1 S 1 Nr 5 StPO genannten Person dann nicht rechtswidrig, wenn sich die Handlung auf die Entgegennahme, Auswertung, oder Veröffentlichung des Geschäftsgeheimnisses beschränkt. § 53 Abs 1 S 1 Nr 5 StPO umfasst Personen, die bei der Vorbereitung, Herstellung oder Verbreitung von Druckwerken, Rundfunksendungen, Filmberichten oder der Unterrichtung oder Meinungsbildung dienenden Informations- und Kommunikationsdiensten berufsmäßig mitwirken oder mitgewirkt haben.

Hintergrund der Regelung ist insbesondere die **Stärkung der Pressefreiheit** und die **Ver-** 946
hinderung eingriffsintensiver strafprozessualer Maßnahmen, sofern diese lediglich auf den Verdacht einer Beihilfe an einer Haupttat nach § 23 GeschGehG gestützt werden.[1091] Ebenso wie die Umgestaltung des § 5 GeschGehG zu einer Tatbestandsausnahme war auch die nachträgliche Schaffung des Absatzes 6 den geäußerten Bedenken in der Sachverständigenanhörung hinsichtlich möglicher Abschreckungseffekte auf Journalisten geschuldet.[1092] Der Rechtfertigungsgrund findet unabhängig von den in § 5 GeschGehG statuierten Grundsätzen Anwendung und rundet somit den Schutz der Journalisten ab.[1093]

Ausgenommen von einer Strafbarkeit sind ausschließlich die genannten **typischen Beihil-** 947
fehandlungen von Medienangehörigen. Der Rechtfertigungsgrund greift ausdrücklich nicht bei der Verwertung angekaufter Informationen durch Journalisten. Aber auch darüber hinaus birgt diese Regelung für Journalisten Gefahren und darf keinesfalls als Freibrief missverstanden werden. Bereits im Rahmen des Ankaufs von Steuer-CDs durch staatliche Stellen zu Zwecken der Aufklärung von Steuerhinterziehungstaten wurde darüber diskutiert, ob der regelmäßige Ankauf unter Umständen eine Anstiftung zu strafbaren Datenbeschaffungsvorgängen in der Zukunft darstellen könnte.[1094] Überträgt man diesen Gedanken auf die regelmäßige, ggf sogar systemisch unterstützte Entgegennahme und anschließende Veröffentlichung von Geschäftsgeheimnissen unter Zusicherung der Anonymität des Täters, ist es zumindest nicht auszuschließen, dass so agierende investigative Journalisten, soweit sie regelmäßig in strafbarer Weise erlangte Geschäftsgeheimnisse veröffentlichen, nicht nur wegen Beihilfe, sondern auch wegen **Anstiftung** verfolgt werden könnten. Die täterschaftliche Strafbarkeit und die Strafbarkeit als Teilnehmer durch Anstiftung bleiben durch § 23 Abs 6 GeschGehG unberührt.

IV. Versuch

Der Versuch einer Tathandlung des § 23 GeschGehG ist gem. § 23 Abs 5 GeschGehG 948
strafbar. Die Vorschrift entspricht soweit § 17 Abs 3 UWG aF und § 18 Abs 2 UWG aF.[1095] Es gelten die allgemeinen Regeln der §§ 22 ff StGB.

Nach § 27 Abs 7 S 2 GeschGehG ist der Versuch der Beteiligung ebenfalls strafbar. Die 949
§§ 30, 32 StGB finden hier entsprechende Anwendung, sofern der Täter zur Förderung des eigenen oder fremden Wettbewerbs oder aus Eigennutz handelt. Im Ergebnis ist somit

---

1091 BT-Drucks. 19/8300 S. 15; Fischer, StGB, § 353b Rn 29.
1092 BT-Drucks. 19/8300 S. 15.
1093 BT-Drucks. 19/8300 S. 15.
1094 Samson/Langrock, wistra 2010, 201.
1095 Begr zum RegE, BT-Drucks. 19/4724 S. 41.

auch der Versuch der Anstiftung strafbar. Hier sah der Gesetzgeber aufgrund des den entsprechenden Vorbereitungshandlungen inhärenten Gefährdungspotenzials die Notwendigkeit, den Geschäftsgeheimnisschutz auszuweiten.[1096] Auch dies stellt eine erhebliche Vorverlagerung der Strafbarkeit in den Bereich vor die Rechtsgutsverletzung (zum Teil sogar vor dessen Gefährdung) dar. Insofern reicht es für die Strafbarkeit bspw schon aus, wenn ein Täter versucht, einen Mitarbeiter seines Konkurrenten zu einem Geheimnisverrat anzustiften. Einer dahingehenden Handlung des Mitarbeiters bedarf es nicht.

V. Täterschaft und Teilnahme

950 Mit dem Geheimnisverrat (§ 23 Abs 1 Nr 3) und der Vorlagenfreibeuterei (§ 23 Abs 3) finden sich in § 23 GeschGehG zwei Sonderdelikte. Die weiteren drei Tatbestandsvarianten, Betriebsspionage (§ 23 Abs 1 Nr 1) und die Verwendung eines Geschäftsgeheimnisses nach eigener Vortat (§ 23 Abs 1 Nr 2) bzw nach fremder Vortat (§ 23 Abs 2), sind Allgemeindelikte; Täter kann somit jedermann sein. Soweit die personenbezogenen Voraussetzungen eines Sonderdelikts nicht erfüllt sind, kommt noch immer eine strafbare Teilnahme in Betracht.

VI. Strafantrag

951 Nach § 23 Abs 8 GeschGehG muss zur Verfolgung des Delikts ein Strafantrag (sh Kap 2 Rdn 70 ff) gestellt werden. Alternativ kann die Staatsanwaltschaft von Amts wegen einschreiten, wenn sie wegen des besonderen öffentlichen Interesses an der Strafverfolgung ein Einschreiten für geboten hält. § 23 GeschGehG ist mithin ein relatives Antragsdelikt. Das Antragserfordernis des § 23 Abs 8 GeschGehG entspricht den §§ 17 Abs 5, 18 Abs 3 und 19 Abs 4 UWG aF.[1097]

1096 Reinfeld, GeschGehG, § 7 Rn 14.
1097 Begr zum RegE, BT-Drucks. 19/4724 S. 41.

Kapitel 2 Ermittlung des Sachverhalts

Übersicht

	Rdn.
A. Interne Ermittlungen	1
I. Lockspitzel	2
II. Whistleblowing	9
III. Private Vernehmungen	17
1. Aussagepflicht und Aussageverweigerungsrechte	18
a) Grundsatz: Umfassende Auskunftspflicht des Arbeitnehmers im Arbeitsverhältnis	19
b) Keine Pflicht zur Selbstbezichtigung?	20
c) HM: Auskunftspflicht auch bei Selbstbezichtigung	21
d) Unklare Rechtsprechung des BAG	23
e) Ergebnis: Umfassende Auskunftspflicht	25
2. Formale Vorgehensweise	28
a) Allgemeines	33
b) Personalgespräch	36
c) Anhörung zur Verdachtskündigung	39
aa) Form der Anhörung	40
bb) Frist der Anhörung	44
cc) Inhalt der Anhörung	53
d) Rechtsfolgen bei Verstößen	57
3. Interne Sonderuntersuchungen	64
a) Fristbeginn	65
b) Neuerungen durch das Unternehmensstrafrecht	67
B. Staatsanwaltliche Ermittlungen	70
I. Strafanzeige und Strafantrag	70
1. Örtlich zuständige StA	72
a) Erfolgsort	80
b) Handlungsort	84
c) Ort des Zusammenhangs	88
d) Wirtschaftsstrafverfahren	89
2. Begründung des Anfangsverdachts, insbesondere durch Strafanzeige	90
a) Einführung	90
b) Prüfung des Geheimnischarakters der Information	92
c) Prüfung der Geheimhaltungsmaßnahmen	94
d) Prüfung einer möglichen Tathandlung	101
e) Prüfung des subjektiven Tatbestands	105
f) Tatverdacht gegen Geschäftsführungsmitglieder und Vorstände	108
3. Strafantrag	111
a) Einführung	112
b) Frist	114
c) Strafantragsberechtigter und Vertretung	118
d) Form des Strafantrags	122
e) Rücknahme des Strafantrags	123
4. Besonderes öffentliches Interesse an der Strafverfolgung	126
II. Entscheidung über Einleitung und Einstellung der Ermittlungen	133
1. Keine Aufnahme von Ermittlungen	134
2. Verweisung auf den Privatklageweg	135
3. Einstellungen nach §§ 153, 153a StPO	138
4. Einstellung nach § 170 Abs 2 StPO	139
5. Einstellung und Beschränkung nach §§ 154, 154a StPO	144
III. Einsatz externer Ermittlungskapazitäten zur Aufbereitung der Akten	148
IV. Akteneinsicht im Strafverfahren	161
1. Ausgangslage	163
a) Vorlage von Geschäftsgeheimnissen durch den Anzeigeerstatter	163
b) Geschäftsgeheimnisse des Beschuldigten	168
c) Interessenlage	169
aa) Interesse des Anzeigeerstatters	169
bb) Interesse des Beschuldigten	171
cc) Interesse der StA	174
d) Kein Schutz der Akten über § 353d Nr 2 StGB	175
e) Keine ausreichenden Regelungen zur Akteneinsicht	176
aa) Regelungen des GeschGehG	177
bb) Vorschriften der StPO	180
cc) Nr 260b RiStBV als ungeeignete Vorgabe	181
2. Gegenstand der Akteneinsicht	185
3. Allgemeine Grundsätze der Akteneinsicht	191
4. Möglichkeiten der Akteneinsicht	196
a) Akteneinsicht durch den Beschuldigten	196
aa) Reichweite des Akteneinsichtsrechts	197
bb) Beschränkung der Akteneinsicht gem. § 147 Abs 2 StPO	203

			Rdn.
	cc)	Absprache mit dem Verteidiger	207
	dd)	Hinweise an den Beschuldigten	211
	ee)	Rechtsmittel	214
b)	Akteneinsicht durch den Anzeigeerstatter		216
	aa)	Entscheidung über die Akteneinsicht	217
	bb)	Vorlage (zivil-)gerichtlicher Titel	221
	cc)	Rechtsmittel des Beschuldigten	225
c)	Akteneinsicht nach Abschluss des Ermittlungsverfahrens		229
d)	Akteneinsicht nach Ermittlungshilfe		232
e)	Beiziehung von Akten im Zivilverfahren und aus dem Zivilverfahren		236
f)	Recht zur Verwendung der Akte im Zivilverfahren		239

C. Zivilrechtliche Beweissicherung 243
I. Einleitung 243
II. Prozessrechtliche Besichtigung und Beweismittelvorlage 247
   1. Vorlage- und Besichtigungsanordnungen nach §§ 142, 144 ZPO . . 248
   2. Vorlage und Besichtigung aufgrund Beweisantritt 251
   3. Selbständiges Beweisverfahren (Beweissicherungsverfahren) 256
   4. Beweisaufnahme im EU-Ausland . . 260
III. Materiell-rechtlicher Besichtigungs- und Vorlageanspruch 261
   1. §§ 809, 810 BGB 261
   2. Anwendbarkeit in Geschäftsgeheimnisstreitsachen 263
   3. Voraussetzungen des § 809 BGB . . 267
      a) Sache im Besitz des Verletzers . 267
      b) Anspruch in Ansehung einer Sache 271
      c) Interesse und Erforderlichkeit . 274
   4. Voraussetzungen des § 810 BGB . . 275
      a) Urkunde 275
      b) Zweck und Inhalt der Urkunde 276
      c) Rechtliches Interesse 279
   5. Inhalt des Besichtigungs- und Vorlageanspruchs 282
      a) Art der Maßnahme 282
        aa) Besichtigung 282
        ab) Urkundeneinsichtnahme . 286
      b) Vorlage- bzw Besichtigungsort 287

			Rdn.
	c)	Benennung des Standorts des Beweisgegenstands	290
	d)	Sachgefahr und Kosten	291

IV. Prozessuale Durchsetzung 292
   1. Hauptsacheverfahren 292
   2. Einstweilige Besichtigungs-/Vorlageverfügung 295
   3. Selbständiges Beweisverfahren . . . 305
      a) Allgemeines 305
      b) Voraussetzungen 307
      c) Auswahl des Sachverständigen . 310
   4. Selbständiges Beweisverfahren und Duldungsverfügung – »Düsseldorfer Praxis« 312
V. Geheimnisschutz 318
   1. Schutz des Antragstellers (Geheimnisinhaber) 319
   2. Schutz des Antragsgegners (Besichtigungs-/Vorlageschuldner) 323
      a) Schutzgegenstand 323
      b) Schutzmaßnahmen 327
        aa) Schutz durch mehrstufigen Verfahrensablauf . . . 327
        bb) Gerichtliche Geheimhaltungsmaßnahmen 331
VI. Vollziehung der Maßnahme 334
   1. Ablauf der Besichtigung 334
   2. Zwangsvollstreckung 344
VII. Entscheidung über die Aushändigung des Gutachtens 349
   1. Keine entgegenstehenden Geheimhaltungsinteressen 353
   2. Entgegenstehende Geheimhaltungsinteressen 354
   3. Auswirkungen der Rechtswidrigkeit der Maßnahme auf die Freigabe 359
      a) Meinungsstand in der Rechtsprechung 359
      b) Stellungnahme 361
      c) Beispiele 364
VIII. Rechtsschutz 368
   1. Anfechtung der einstweiligen Besichtigungs-/Vorlageverfügung . . 368
   2. Rechtsmittel gegen Besichtigungs-/Vorlagemaßnahmen im Hauptsacheverfahren 369
   3. Anfechtung der Anordnung des selbständigen Beweisverfahrens . . . 370
   4. Anfechtung der Duldungsverfügung 372
      a) Widerspruch vor Beendigung der Besichtigung 373
      b) Widerspruch nach Beendigung der Besichtigung 375

	Rdn.		Rdn.
5. Sofortige Beschwerde gegen Herausgabe des Sachverständigengutachtens 377		X. Kosten. 383	
		1. Einstweilige Besichtigungs- bzw Vorlageverfügung. 384	
6. Ablehnung des Gerichtssachverständigen. 378		2. Hauptsacheverfahren (Stufenklage) 385	
IX. Schadensersatz. 379		3. Selbständiges Beweisverfahren. . . . 386	
		4. »Düsseldorfer Praxis« 388	

A. Interne Ermittlungen

Literatur: *Diller*, Der Arbeitnehmer als Informant, Handlanger und Zeuge im Prozess des Arbeitgebers gegen Dritte, DB 2004, 313; *Dzida*, Die Einladung zur Anhörung vor Ausspruch einer Verdachtskündigung, NZA 2013, 412; *Dzida*, Tat- und Verdachtskündigung bei komplexen Sachverhalten, NZA 2014, 809; *Eylert*, Die Verdachtskündigung, NZA-RR 2014, 393; *Gerdemann*, Revolution des Whistleblowing-Rechts oder Pfeifen im Walde?, RdA 2019, 16; *Göpfert/Drägert*, Außerordentliche Kündigung bei Compliance-Verstößen ohne Ausschlussfrist?, CCZ 2011, 25; *Göpfert/Merten/Siegrist*, Mitarbeiter als »Wissensträger« – Ein Beitrag zur aktuellen Compliance-Diskussion, NJW 2008, 1703; *Groß/Platzer*, Richtlinie der EU zur Stärkung des Schutzes von Hinweisgebern ante portas; NZA 2018, 913; *Groß/Platzer*, Whistleblowing: Keine Klarheit beim Umgang mit Informationen und Daten, NZA 2017, 1097; *Herrmann/Zeidler*, Arbeitnehmer und interne Untersuchungen – ein Balanceakt, NZA 2017, 1499; *Krug/Skoupil*, Befragungen im Rahmen von internen Untersuchungen, NJW 2017, 2374; *Lembke*, Die Verdachtskündigung in Rspr und Praxis, RdA 2013, 82; *Lützeler/Müller-Sartori*, Die Befragung des Arbeitnehmers – Auskunftspflicht oder Zeugnisverweigerungsrecht?, CCZ 2011, 19; *Mengel*, Internal Investigations – Arbeitsrechtliche Lessons Learned und Forderungen an den Gesetzgeber, NZA 2017, 1494; *Mennemeyer/Dreymüller*, Verzögerungen der Arbeitnehmeranhörung bei der Verdachtskündigung, NZA 2005, 382; *Müller/Deeg*, Die Teilnahme des Anwalts am Personalgespräch, ArbRAktuell 2010, 620; *Rudkowski*, Die Aufklärung von Compliance-Verstößen durch »Interviews«, NZA 2011, 612; *Schrader/Thoms/Mahler*, Auskunft durch den Arbeitnehmer: Was darf er? Was muss er?, NZA 2018, 965; *Sinn/Maly*, Zu den strafprozessualen Folgen einer rechtsstaatswidrigen Tatprovokation – zugleich Besprechung von EGMR, Urt. v. 23.10.2014 – 54648/09 (Furcht v. Germany), NStZ 2015, 379; *Spehl/Momsen/Grützner*, Whistleblowing Unlimited – Der U.S. Dodd-Frank Act und die neuen Regeln der SEC zum Whistleblowing, CCZ 2014, 170; *Stück*, Die Stellenausschreibung in Recht und Praxis, ArbRAktuell 2015, 337, 339; *Stück*, Rechtliche Aspekte kritischer Personalgespräche, DB 2007, 1137; *Thüsing/Rombey*, Nachdenken über den Richtlinienvorschlag der EU-Kommission zum Schutz von Whistleblowern, NZG 2018, 1001; *Urban*, Rechtliche Aspekte von Personalgesprächen, ArbRAktuell 2011, 87; *Vogt*, Compliance und Investigations – Zehn Fragen aus Sicht der arbeitsrechtlichen Praxis, NJOZ 2009, 4206; *Wastl/Litzka/Pusch*, SEC-Ermittlungen in Deutschland – eine Umgehung rechtsstaatlicher Mindeststandards!, NStZ 2009, 68; *Weiler*, Beschlagnahmefreiheit bei Unternehmensanwälten und Ombudspersonal, NJOZ 2017, 266; *Wisskirchen/Glaser*, Unternehmensinterne Untersuchungen (Teil I), DB 2011, 1392; *Wisskirchen/Glaser*, Unternehmensinterne Untersuchungen (Teil II), DB 2011, 1447.

Unternehmensinterne Ermittlungen sind ein wichtiges Instrument bei der Ermittlung von Geschäftsgeheimnisverletzungen. Der Einsatz spezifischer Ermittlungsmethoden, wie bspw von Lockspitzeln oder Whistleblowing, ist allerdings nicht hinreichend gesetzlich geregelt. Dies gilt sowohl für die Zulässigkeit dieser Maßnahmen als für auch die Rechtsfolgen bei Rechtswidrigkeit. 1

I. Lockspitzel

Lockspitzel bzw *agent provocateur* ist derjenige, der eine Tat eines anderen provoziert bzw ihn hierzu anstiftet, ohne den Taterfolg zu bezwecken oder innerlich zu billigen. Die Anstiftung geschieht vielmehr zu dem Zweck, den Täter zu überführen. Im Strafrecht wurde den sich hieraus ergebenden rechtsstaatlichen Bedenken in der Vergangenheit über die sog. **Strafzumessungslösung** begegnet, wonach zwar weder ein Verfahrenshindernis 2 noch ein Beweisverwertungsverbot angenommen wurde, jedoch ein (ggf erheblicher) Strafmilderungsgrund, sofern die zulässigen Grenzen eines solchen Vorgehens überschritten wurden. [1] **Wesentliche Kriterien für die Zulässigkeit** sind die Grundlage und das Ausmaß des bestehenden Verdachts, die Art, die Intensität und der Zweck der Einflussnahme, die Tatbereitschaft und eigene, nicht fremdgesteuerte Aktivitäten des (potentiellen) Täters. [2] Dies wurde im Grundsatz vom BVerfG gebilligt. [3] Demgegenüber hat der **EGMR** geurteilt, dass die **Strafzumessungslösung nicht ausreichend** sei. Vielmehr müssten alle durch Anstiftung gewonnenen Beweismittel ausgeschlossen werden oder auf andere Weise vergleichbare Ergebnisse herbeigeführt werden.[4] Zulässig sind demnach nur (noch) solche Tatermittlungen, die eine **bestehende Tatgeneigtheit** voraussetzen, aber nicht die Beeinflussung der betroffenen Person dahingehend, dass sie eine Tat begeht, die sie ansonsten nicht begangen hätte, und zwar mit dem Zweck, eben diese Tat nachzuweisen, also Beweise für sie zu erlangen.[5] Liegen diese Voraussetzungen vor, dann ist die Ermittlung »im Wesentlichen passiv«, was zulässig ist.[6]

3 Aufbauend auf die vorgenannte Rspr des EGMR nimmt der BGH nun **bei unzulässigem Lockspitzel-Einsatz ein Verfahrenshindernis** an. [7]

4 Im **Zivilrecht** wird die Zulässigkeit des Einsatzes von Lockspitzeln bisweilen ohne größere Diskussion bejaht.[8] Lediglich **bei besonderen Umständen** soll er **unzulässig** sein, nämlich dann, wenn der andere bewusst »hereingelegt« werden soll oder wenn verwerfliche Mittel (zB verbotene Mittel, aber auch eine besondere »Verführungskunst«) angewandt werden.[9] Bei näherer Betrachtung sind diese Grundsätze allerdings nicht unähnlich zu den oben dargestellten strafrechtlichen Maßstäben, da es sich in den entschiedenen Fällen um rein bestätigende (»passive«) Ermittlungshandlungen handelte (nämlich in Form von Testkäufen, die bestehende rechtswidrige Verhaltensweisen nur nachgewiesen haben, ohne sie im Kern selbst zu verursachen).

5 Im **Arbeitsrecht** ist die Rspr zu Lockspitzeln überschaubar. Auch hier ist bislang nur **sehr vereinzelt ein Verfahrenshindernis bzw Beweisverwertungsverbot** angenommen worden. So hat das ArbG Gelsenkirchen im Fall des unzulässigen Einsatzes eines Lockspitzels

---

1 BGH 23.05.1984, 1 StR 148/84, Rn 31 (juris) = NJW 1984, 2300, 2302.
2 BGH 23.05.1984, 1 StR 148/84, Rn 7 (juris) = NJW 1984, 2300.
3 BVerfG 18.12.2014, 2 BvR 209/14, Rn 31 ff (juris) = NJW 2015, 1083, wonach ein Verfahrenshindernis nur in extremen Ausnahmefällen in Betracht kommt.
4 EGMR 23.10.2014, 54648/09, Rn 68 (juris) = NJW 2015, 3631 Rn 68 – Furcht/Deutschland; hierzu Sinn/Maly, NStZ 2015, 379, die als alternatives gleichwertiges Ergebnis eine Strafreduzierung auf null ins Spiel bringen.
5 EGMR 23.10.2014, 54648/09, Rn 50 ff (juris) = NJW 2015, 3631 Rn 50 ff – Furcht/Deutschland; auch hier sind die og Kriterien wie objektiv nachweisbare Tatgeneigtheit, die Initiative des Lockspitzels oder die Schaffung zusätzlicher Motive bzw Drucks zu berücksichtigen.
6 EGMR 23.10.2014, 54648/09, Rn 48 (juris) = NJW 2015, 3631 Rn 48 – Furcht/Deutschland.
7 BGH 10.06.2015, 2 StR 97/14, Rn 36 ff (juris) = NJW 2016, 91 Rn 36 ff.
8 Zur Überprüfung wettbewerbswidrigen Verhaltens durch Testkäufe vgl BGH 02.04.1965, Ib ZR 71/63, Rn 46 (juris) = GRUR 1965, 607, 609 – Funkmietwagen; zum Sortenschutzrecht BGH 25.02.1992, X ZR 41/90, Rn 34 (juris) = GRUR 1992, 612, 614 – Nicola; zum Patentrecht: OLG Düsseldorf 28.01.2010, I-2 U 131/08, Rn 90 ff (juris) = NJOZ 2010, 1781, 1787, mwN – interframe dropping.
9 OLG Düsseldorf 28.01.2010, I-2 U 131/08, Rn 90 ff (juris) = NJOZ 2010, 1781, 1787, mwN – interframe dropping.

ein Beweiserhebungs- und Verwertungsverbot angenommen.[10] Grund hierfür war neben allgemeinen Erwägungen zum Persönlichkeitsschutz dort insbesondere die Tatsache, dass keine konkrete Verdachtssituation vorlag. Eine **verdachtsunabhängige Kontrolle sei aber unangemessen**. Hingegen hat das LAG Rheinland-Pfalz eine Lockspitzel-Situation lediglich im Rahmen der Interessenabwägung beim Ausspruch einer Kündigung zugunsten des dortigen Arbeitnehmers berücksichtigt.[11] Das ArbG Dortmund hat den Einsatz eines Lockspitzels für rechtswidrig erklärt und im Ergebnis offen gelassen, ob dies zu einem Beweisverwertungsverbot führt oder im Rahmen der Interessenabwägung zu berücksichtigen ist.[12] In einem jüngeren Urteil – dem allerdings auch ein besonders extremer Sachverhalt zugrunde lag, in dem Betriebsratsmitgliedern Kündigungsgründe untergeschoben werden sollten, um diese aus dem Betrieb zu entfernen – hat das ArbG Gießen schließlich einen Entschädigungsanspruch aus Persönlichkeitsrechtsverletzung iHv EUR 20.000 bejaht.[13]

Auch wenn bezüglich der Zulässigkeit die schon oben dargestellten Grundsätze gelten sollten, sind die arbeitsrechtlichen **Folgen eines unzulässigen Lockspitzeleinsatzes** noch ungeklärt. Aufgrund der Entwicklungen im Bereich des Strafrechts ist zu erwarten, dass die Rspr auch hier zukünftig eher strenger agiert. 6

Ein Beweisverwertungsverbot im Verhältnis zu Dritten, zB bei der Geltendmachung von Unterlassungsansprüchen, ist im Regelfall nicht zu befürchten, da solche Verbote sich aus einer Abwägung der jeweiligen Parteiinteressen ergeben,[14] der Dritte aber nicht selbst durch den Lockspitzeleinsatz betroffen ist. 7

▶ Der Einsatz von Lockspitzeln ist nur in engen Grenzen bei Vorliegen eines hinreichenden Verdachts zulässig. Der Lockspitzel darf nur bereits bestehende Handlungen und Absichten des Täters aufgreifen, diesen jedoch nicht von sich aus motivieren (»passive Ermittlung«). Bei Verstößen drohen mindestens Nachteile bei der Beweiswürdigung, ggf auch Beweisverwertungsverbote. Im Arbeitsrecht ist der Einsatz von Lockspitzeln ferner im Rahmen der Interessenabwägung zu berücksichtigen. 8

II. Whistleblowing

Grundsätzlich ist es nicht nur zulässig, dass der Arbeitgeber Informationen aus dem Einsatz von Whistleblowing-Systemen (Hotlines etc) erhält, sondern die Implementierung wird sogar als **wesentlicher Teil eines funktionierenden Compliance-Systems** verstanden,[15] was jedenfalls ab einer gewissen Unternehmensgröße auch zutreffend sein dürfte, auch wenn (noch) keine entsprechende gesetzliche Pflicht besteht. Zukünftig wird sich dies noch verstärken: Das EU-Parlament hat in 2019 die sog. Whistleblowing-Richtlinie[16] (WhistleblowingRL) verabschiedet, wonach Arbeitgeber verpflichtet sind, für Verstöße 9

---

10 ArbG Gelsenkirchen 09.04.2009, 5 Ca 2327/08 = BeckRS 2010, 74340.
11 LAG Rheinland-Pfalz 26.02.2016, 1 Sa 358/15, Rn 80 ff (juris) = CCZ 2018, 183, 186 – Kündigung wegen Verstoßes gegen Compliance Regeln.
12 ArbG Dortmund 30.10.2008, 2 Ca 2822/08 = BeckRS 2008, 57991.
13 ArbG Gießen 10.05.2019, 3 Ca 433/17 = RDG 2019, 240.
14 BGH 01.03.2006, XII ZR 210/04, Rn 19 ff (juris) = NJW 2006, 1657 Rn 19 ff.
15 Mengel, NZA 2017, 1494, 1497.
16 Richtlinie (EU) 2019/1937 des Europäischen Parlaments und des Rates v. 23.10.2019 zum Schutz von Personen, die Verstöße gegen das Unionsrecht melden, ABl L 305/17 v. 26.11.2019, S. 17.

gegen bestimmte europarechtliche Bestimmungen ein Hinweisgebersystem einzurichten, sofern das Unternehmen mehr als 50 Beschäftigte oder einen Umsatz von mehr als EUR 10 Millionen im Jahr aufweist, Art 4 (3) WhistleblowingRL.[17] Die Richtlinie ist innerhalb von zwei Jahren in nationales Recht umzusetzen.

10   Der **sachliche Anwendungsbereich** der WhistleblowingRL beinhaltet nach Art 2 (1) lit a) WhistleblowingRL diverse Bereiche, die mit dem Geschäftsgeheimnisschutz in Berührung kommen können (zB Produktsicherheit, Umweltschutz, Lebensmittelsicherheit). Enthalten sind ferner Vorgaben zur konkreten Ausgestaltung des Hinweisgebersystems, insbesondere zu möglichen Kommunikationswegen (ermöglicht werden müssen schriftliche, telefonische oder persönliche Hinweise), zur Folgeinformation des Whistleblowers (innerhalb von drei Monaten) und ein – allerdings nicht striktes – dreistufiges Meldesystem (intern, Behörde, Öffentlichkeit).

11   Die WhistleblowingRL sieht ferner die Einführung **interner Meldekanäle** vor. Gem. Art 8 (5) WhistleblowingRL können diese aber auch extern von einem Dritten bereitgestellt werden. Bei der Entscheidung für die Einschaltung eines Dritten dürfte auch eine Rolle spielen, dass bspw die Beauftragung eines externen Ombudsmanns in Form eines schon berufs- und strafrechtlich zur Verschwiegenheit verpflichteten Rechtsanwalts mehr Akzeptanz und damit Nutzung finden kann. Das früher vertretene weitere Argument, dass die so erlangten Informationen nicht von den Strafverfolgungsbehörden herausverlangt werden können,[18] erschien hingegen bereits seit Längerem zweifelhaft[19] und kann unter dem Eindruck aktueller Rspr des BVerfG nicht mehr aufrechterhalten werden. [20]

12   Einen besonderen Anteil nimmt sodann der **Schutz des Whistleblowers** ein, bspw das Verbot von Repressalien nach Art 19. Hier sieht die Richtlinie zusätzlich eine **prozessuale Beweislastumkehr** vor. Arbeitgeber müssen zukünftig zB im Rahmen eines Kündigungsschutzprozesses beweisen, dass die Kündigung eines Whistleblowers keine Sanktion für das Whistleblowing selbst darstellt bzw mit diesem gar nicht zusammenhängt, Art 21 (5). Dies stellt eine Umkehr der bisherigen Systematik dar.[21] Faktisch dürfte dies die größte Neuerung zur bisherigen Rechtslage sein, da das – nun freilich sehr umfangreich geregelte – Repressalienverbot weitgehend bereits über § 612a BGB gegolten haben dürfte.[22] Der Whistleblower ist damit materiell-rechtlich bereits jetzt in etwa gleichwertig geschützt; die nun hinzukommende Beweislastumkehr stellt einen zusätzlichen prozessualen Schutz dar.[23] Bereits jetzt kann indes die Zusage von Vertraulichkeit ratsam sein, um die Akzeptanz und Wahrscheinlichkeit der Nutzung des Hinweisgebersystems zu erhöhen.[24]

---

17 Zur WhistleblowingRL vgl Gerdemann, RdA 2019, 16; Groß/Platzer, NZA 2018, 913; Thüsing/Rombey, NZG 2018, 1001.
18 Tödtmann/Kaluza, in Maschmann/Sieg/Göpfert, Vertragsgestaltung im Arbeitsrecht, C 250 Rn 31.
19 Vgl Weiler, NJOZ 2017, 266 mN aus der Rspr.
20 BVerfG 27.06.2018, 2 BvR 1780/17 = NJW 2018, 2385; BVerfG 27.06.2018, 2 BvR 1287/17, 2 BvR 1583/17 = NJW 2018, 2392.
21 Gerdemann, RdA 2019, 16, 26.
22 Mengel, NZA 2017, 1494, 1498.
23 Diese Regelung wird deshalb auch zu Recht kritisch gesehen, weil sie dazu führen kann, dass der Arbeitnehmer sich allein aufgrund der Beweisschwierigkeiten des Arbeitgebers einen faktischen Kündigungsschutz schaffen kann, vgl Thüsing/Rombey, NZG 2018, 1001.
24 Mengel, NZA 2017, 1494, 1498.

Es erscheint naheliegend, dass der deutsche Gesetzgeber bei der Umsetzung bezüglich des sachlichen Anwendungsbereichs über die Richtlinie hinausgehen wird, da ansonsten eine Regelungslücke für Verstöße gegen rein nationales Recht bestünde (zB für Korruptionsdelikte).[25] Der Whistleblower sähe sich so dem Risiko ausgesetzt, nicht genau feststellen zu können, ob er durch das Gesetz geschützt ist oder nicht. Ferner ist es denkbar, dass der Anwendungsbereich auch in Bezug auf die angesprochenen Unternehmen und deren (Mindest-) Größe erweitert wird.

Bei der Einführung eines Whistleblowing-Systems ist schließlich zu beachten, dass dieses in verschiedener Hinsicht der **Mitbestimmung des Betriebsrats** unterliegt.[26] Auch sind die datenschutzrechtlichen Vorgaben einzuhalten, gerade beim – bei konzernweiten Hinweisgebersystemen oftmals gewünschten – Datentransfer ins Ausland.[27]

▶ Die Einführung von Hinweisgebersystemen ist schon jetzt empfehlenswert und wird zukünftig ab einer bestimmten Unternehmensgröße verpflichtend sein. Bei der Einführung sollten schon jetzt die Vorgaben der Whistleblowing-Richtlinie beachtet werden.

Umgekehrt ist schließlich noch darauf hinzuweisen, dass nach hM **keine allgemeine Pflicht im Arbeitsverhältnis besteht, auf bestehende Missstände hinzuweisen**.[28] Eine solche Pflicht nimmt das BAG aber jedenfalls bei Kenntnis von Mängeln im eigenen Aufgaben- und Verantwortungsbereich an, die eine gewisse Relevanz aufweisen, sofern eine Wiederholungsgefahr besteht.[29] Je höher das Schadenspotential, desto eher ist von einer Anzeigepflicht auszugehen.[30] Arbeitnehmer mit **Leitungsfunktion unterliegen ebenfalls erhöhten Anzeigepflichten**.[31] Ob diese Pflicht vertraglich erweitert werden kann, ist schließlich fraglich.[32]

III. Private Vernehmungen

Bei der Durchführung privater Vernehmungen durch den Arbeitgeber zur Aufklärung möglicher Verletzungshandlungen eines Arbeitnehmers sind verschiedene Gesichtspunkte im Auge zu behalten. Dies betrifft nicht nur die **generelle Zulässigkeit**. Aufgrund der **drohenden Implikationen**, zB einem – ggf zu diesem Zeitpunkt noch unerwünschten – Ingangsetzen der Frist des § 626 Abs 2 BGB zur Erklärung der Kündigung, oder zur Erfüllung der materiellen Voraussetzungen einer späteren Kündigung wie dem Erfordernis einer ordnungsgemäßen Anhörung im Falle einer Verdachtskündigung, ist es vielmehr auch in strategischer Hinsicht geboten, von Anfang an einen stringenten Ansatz zu verfolgen.

---

25 Groß/Platzer, NZA 2018, 913, 916.
26 Mengel, NZA 2017, 1494, 1498.
27 Hierzu Groß/Platzer, NZA 2017, 1097, 1100 ff.
28 Preis, in Müller-Glöge/Preis/Schmidt, ErfK ArbR, § 611a BGB Rn 742.
29 StRspr, vgl BAG 03.07.2003, 2 AZR 235/02 = NJW 2004, 1547; BAG 18.06.1970, 1 AZR 520/69 = NJW 1970, 1861; BAG 12.05.1958, 2 AZR 539/56 = NJW 1958, 1747; LAG Mecklenburg-Vorpommern 08.07.2016, 2 Sa 190/15 = BeckRS 2016, 73741; LAG Berlin-Brandenburg 16.09.2010, 25 Sa 1080/10 = BeckRS 2011, 65750; LAG Hessen 21.11.2007, 18 Sa 367/07 = BeckRS 2011, 71688; LAG Hamm 29.07.1994, 18 (2) Sa 2016/93 = BeckRS 1994, 30461299.
30 Preis, in Müller-Glöge/Preis/Schmidt, ErfK ArbR, § 611a BGB Rn 742.
31 Linck, in Schaub, Arbeitsrechts-Hdb, § 53 Rn 38.
32 Tödtmann/Kaluza, in Maschmann/Sieg/Göpfert, Vertragsgestaltung im Arbeitsrecht, C 250 Rn 33.

1. Aussagepflicht und Aussageverweigerungsrechte

18 Hochgradig umstritten und höchstrichterlich noch nicht endgültig geklärt ist schon die vorrangige Frage, inwieweit ein Arbeitnehmer überhaupt verpflichtet ist, seinem Arbeitgeber Rede und Antwort zu stehen, wenn dieser versucht, ein (mögliches) Fehlverhalten aufzuklären, und ob bzw in welchem Ausmaß dem Arbeitnehmer **Aussageverweigerungsrechte** zustehen, wenn er Gefahr läuft, sich selbst einer Straftat zu bezichtigen.

a) Grundsatz: Umfassende Auskunftspflicht des Arbeitnehmers im Arbeitsverhältnis

19 Einigkeit besteht allerdings zunächst darüber, dass im Arbeitsverhältnis gem. §§ 666, 242 BGB, 106 GewO **grundsätzlich ein Auskunftsanspruch des Arbeitgebers** gegenüber dem Arbeitnehmer besteht, sofern die verlangten Auskünfte mit dem Arbeitsverhältnis bzw dem Tätigkeitsbereich des Arbeitnehmers im Zusammenhang stehen und der Arbeitgeber somit ein schutzwürdiges Interesse am Erhalt der Information hat.[33] Dies gilt jedenfalls insoweit, als die Auskunftserteilung den Mitarbeiter nicht übermäßig belastet, was zB der Fall sein kann, wenn der Arbeitgeber die begehrte Information deutlich leichter auf andere Weise erhalten könnte. Ferner ist davon auszugehen, dass der **Kernbereich privater Lebensführung** nicht angetastet werden darf, was bei den hier denkbaren Fallkonstellationen allerdings ohnehin eher unwahrscheinlich ist.

b) Keine Pflicht zur Selbstbezichtigung?

20 Zur Aufklärung von Verletzungshandlungen, die für den Arbeitnehmer möglicherweise auch (straf-)rechtliche Konsequenzen haben könnten, wird allerdings die Ansicht vertreten, dass der Arbeitnehmer insoweit berechtigt sei, die Auskunft in **Analogie zum strafprozessualen Verbot einer Pflicht zur Selbstbezichtigung** zu verweigern.[34]

c) HM: Auskunftspflicht auch bei Selbstbezichtigung

21 Demgegenüber gehen die höchstrichterliche Rspr und hM zum Auftragsrecht[35] sowie die bisherige – allerdings nicht sehr zahlreiche – Instanzrechtsprechung zum Arbeitsrecht[36] unter Verweis auf eine ältere Entscheidung des BVerfG[37] davon aus, dass ein Arbeitnehmer **auch dann umfassend zur Auskunft** gegenüber seinem Arbeitgeber **verpflichtet** sei, wenn er sich **durch die Erteilung der Auskünfte selbst belasten** würde. Begründet wird dies

---

33 BAG 18.01.1996, 6 AZR 314/95, Rn 18 (juris) = NZA 1997, 41, 42; Preis, in Müller-Glöge/Preis/Schmidt, ErfK ArbR, § 611a BGB Rn 736.
34 Rudkowski, NZA 2011, 612, 613; Wastl/Litzka/Pusch, NStZ 2009, 68, 73; differenzierend Göpfert/Merten/Siegrist, NJW 2008, 1703, 1705.
35 BGH 30.11.1989, III ZR 112/88, Rn 22 ff (juris) = NJW 1990, 510, 511; Sprau, in Palandt, § 666 BGB Rn 1.
36 LAG Hamm 03.03.2009, 14 Sa 1689/08, Rn 27 (juris) = CCZ 2010, 237; ArbG Saarlouis 19.10.1983, 1 Ca 493/83 = BeckRS 2011, 69046; so auch LG Hamburg 15.10.2010, 608 Qs 18/10, Rn 83 (juris) = NJW 2011, 942, 944; vgl auch KG 07.07.1994, (3) 1 Ss 175/93 (60/93) = NStZ 1995, 146; so schließlich auch die hM in der Literatur: Schrader/Thoms/Mahler, NZA 2018, 965, 970; Wisskirchen/Glaser, DB 2011, 1392; Wisskirchen/Glaser, DB 2011, 1447; Diller, DB 2004, 313; Vogt, NJOZ 2009, 4206, 4212; Herrmann/Zeidler, NZA 2017, 1499, 1501; Krup/Skoupil, NJW 2017, 2374, 2375; Stück, ArbRAktuell 2015, 337, 339 f.
37 BVerfG 13.01.1981, 1 BvR 116/77 = NJW 1981, 1431.

mit zwei Argumenten: Zunächst sei der strafprozessuale Grundsatz des dem Staat unterworfenen Bürgers auf vertragliche Verpflichtungen, die ein Arbeitnehmer selbst eingegangen ist, nicht übertragbar. Ferner führe die Annahme eines Aussageverweigerungsrechts zu Wertungswidersprüchen, da dann bei leichten Pflichtverstößen eine Aussagepflicht bestünde, bei besonders schweren Verstößen aber nicht.

Den Interessen des Arbeitnehmers wird sodann damit Rechnung getragen, dass die auf 22 diese Art und Weise erlangten Erkenntnisse in einem Strafprozess gegen ihn nicht verwertet werden dürften.[38]

d) Unklare Rechtsprechung des BAG

Die Rspr des **BAG scheint in eine andere Richtung zu deuten**. Mehrfach wurde zunächst 23 entschieden, dass der Arbeitgeber nicht verpflichtet sei, den Arbeitnehmer im Rahmen einer Anhörung zur Verdachtskündigung (weiter) zu befragen, wenn dieser die Aussage verweigert.[39] Hieraus kann jedoch noch nicht der Umkehrschluss gezogen werden, dass der Arbeitnehmer zu einer solchen Verweigerung auch berechtigt ist.[40] In einer weiteren Entscheidung hat das BAG aber festgehalten, dass der Arbeitnehmer ebenfalls **bezogen auf die Anhörung zu einer Verdachtskündigung nicht verpflichtet** sei, dem Arbeitgeber die – ihn belastende – **staatsanwaltschaftliche Ermittlungsakte auszuhändigen**.[41] In den Entscheidungsgründen drückt sich das BAG hierzu sehr allgemein aus. So könne der Arbeitnehmer »aktiv an der Aufklärung mitwirken oder schweigen«, und zwar sowohl im Rahmen einer Anhörung zur Verdachtskündigung als auch im Vorfeld.[42] Durch die fehlende Mitwirkung verletze der Arbeitnehmer daher auch keine arbeitsvertragliche Nebenpflicht.[43] Diese Grundsätze stellte das BAG jedoch ohne jegliche Auseinandersetzung mit dem – heftig umkämpften – Streitstand in den Raum. Es spricht daher einiges dafür, dass sich das BAG bei einem weniger eindeutigen Sachverhalt als der Aushändigung einer staatsanwaltschaftlichen Ermittlungsakte jedenfalls differenzierter mit dieser Problematik auseinandersetzen wird. Ferner spezifiziert das BAG nicht, ob diese Grundsätze nur für Anhörungen zu Verdachtskündigungen (hierzu Rdn 28 ff) oder für jegliche Mitarbeiterbefragung gelten sollen.

In der Literatur wird **teilweise differenziert**: Im Rahmen der Aufklärung sei der Arbeit- 24 nehmer auskunftspflichtig, im Rahmen einer Anhörung zur Verdachtskündigung nicht.[44] Das erscheint jedoch aus systematischen Gründen nicht überzeugend, da dies bedeuten würde, dass der Arbeitnehmer erst (im Rahmen einer Mitarbeiterbefragung) daran mitwirken müsste, einen Verdacht zu schaffen, zu dessen (Auf-) Klärung er dann aber (im Rahmen einer Anhörung zur Verdachtskündigung) nicht verpflichtet wäre. Auch praktisch überzeugt diese Ansicht nicht, da sich nicht trennscharf zwischen Befragung und Anhö-

---

38 BVerfG 13.01.1981, 1 BvR 116/77, Rn 27 (juris) = NJW 1981, 1431, 1433.
39 BAG 13.03.2008, 2 AZR 961/06, Rn 16 (juris) = NZA 2008, 809, Rn 16; BAG 26.09.2002, 2 AZR 424/01, Rn 35 (juris) = NJOZ 2003, 2259, 2263.
40 So jedoch Rudkowski, NZA 2011, 612, 613.
41 BAG 23.10.2008, 2 AZR 483/07, Rn 28 (juris) = NJW 2009, 1897 Rn 28.
42 BAG 23.10.2008, 2 AZR 483/07, Rn 32 (juris) = NJW 2009, 1897 Rn 32.
43 BAG 23.10.2008, 2 AZR 483/07, Rn 32 (juris) = NJW 2009, 1897 Rn 32.
44 Schrader/Thomas/Mahler, NZA 2018, 965, 971.

rung unterscheiden lässt und diese auch ineinander übergehen können.[45] In der Praxis muss man aber zunächst mit den Unsicherheiten leben.

e) Ergebnis: Umfassende Auskunftspflicht

25 Für die Annahme einer Aussagepflicht spricht im Übrigen auch der jüngst vorgelegte **Referentenentwurf eines Verbandssanktionengesetzes**[46] (Ref-E VerSanG), wonach zukünftig Sanktionen gegenüber Unternehmen im Fall von Kriminalität aus dem Unternehmen heraus möglich sein sollen. Der Entwurf sieht in § 17 Abs 1 Milderungen von Sanktionen vor, wenn das betroffene Unternehmen durch Durchführung einer internen Untersuchung an der Sachverhaltsaufklärung mitgewirkt hat; dies soll jedoch nur dann gelten, wenn die Grundsätze eines fairen Verfahrens eingehalten worden sind. Arbeitnehmern müsste im Zuge einer solchen Untersuchung insbesondere auch ein Zeugnisverweigerungsrecht eingeräumt werden, § 17 Abs 1 Nr 5 lit c) Ref-E VerSanG. Die Tatsache, dass dies hier als zusätzlicher Anreiz für Unternehmen zur Strafmilderung geregelt werden soll, erlaubt den Umkehrschluss, dass nach den allgemeinen Regeln **kein Aussageverweigerungsrecht** besteht.[47] Im Ergebnis ist daher von einer umfassenden Auskunftspflicht auszugehen. Unzumutbare Ergebnisse können im Einzelfall korrigiert werden).

26 Das im Arbeitsrecht im anderen Zusammenhang geltende »**Recht zur Lüge**«, das bei unzulässigen Fragen im Bewerbungsprozess angenommen wird,[48] findet schließlich nach einhelliger Auffassung auch bei unzulässigen Fragen **keine Anwendung**.[49] Das BAG hat vielmehr bereits entschieden, dass Vertuschungshandlungen in Bezug auf vorherige Pflichtverletzungen – sogar unabhängig von der Schwere des zu vertuschenden Vorwurfs – einen eigenständigen Kündigungsgrund begründen können.[50]

27 ▶ Arbeitnehmer sind gegenüber ihrem Arbeitgeber grundsätzlich zur Auskunft verpflichtet. Dies gilt nach überzeugender Auffassung, auch soweit sie sich hiermit selbst einer Pflichtverletzung oder einer Straftat bezichtigen würden. Allerdings können im Einzelfall Fragen, zB aufgrund des Persönlichkeitsrechts des Arbeitnehmers, unverhältnismäßig sein. Ferner sollte geprüft werden, ob Informationen auch auf weniger einschneidende Weise erlangt werden können.

2. Formale Vorgehensweise

28 Die formalen Anforderungen hängen von der Zielrichtung des Arbeitgebers ab. Will dieser den Sachverhalt zunächst nur erforschen und steht möglicherweise noch ganz am Anfang der Ermittlungen, so kann er den Mitarbeiter in einem **Personalgespräch** befragen. Dies erhöht die Chance auf eine Auskunftsverpflichtung des Mitarbeiters, sofern man insoweit zwischen informeller Befragung (Personalgespräch) und Anhörung differenziert (sh Rdn 24). Dann sollte der Arbeitgeber dem Mitarbeiter ggf auch zusagen, die Inhalte des

---

45 BAG 25.04.2018, 2 AZR 611/17, Rn 32 (juris) = NZA 2018, 1405 Rn 32.
46 Art 1 des Referentenentwurfs des Bundesministeriums der Justiz und für Verbraucherschutz – Entwurf eines Gesetzes zur Stärkung der Integrität in der Wirtschaft v. 20.04.2020.
47 Anders allerdings Begr zum RefE v. 20.04.2020, S. 101, die von einer Klarstellung spricht.
48 Linck, in Schaub, Arbeitsrechts-Hdb, § 26 Rn 21.
49 Lützeler/Müller-Sartori, CCZ 2011, 19, 20; Spehl/Momsen/Grützner, CCZ 2014, 170, 172.
50 BAG 23.01.2014, 2 AZR 638/13 = NZA 2014, 965; dies kann sogar strafrechtliche Relevanz als (versuchter) Betrug gem. §§ 263, 22 StGB aufweisen.

Gesprächs nicht gegen ihn zu verwenden, da so **trennscharf zu einer Anhörung zur Verdachtskündigung abgegrenzt** werden kann.

Soll die Befragung jedoch zugleich als Anhörung einer Verdachtskündigung dienen, sind **weitere formale Voraussetzungen** zu wahren. Eine Verdachtskündigung ist einschlägig, wenn zwar ein dringender Verdacht einer schwerwiegenden Pflichtverletzung besteht, dieser jedoch nicht abschließend zu beweisen ist. Sie erfordert die **bestmögliche Aufklärung des Sachverhalts** durch den Arbeitgeber, wozu **ausnahmslos eine Anhörung** des betroffenen Arbeitnehmers zählt. [51] 29

Gegen eine frühe Befragung des Mitarbeiters (nur) im Rahmen eines Personalgesprächs spricht dabei zunächst, dass eine **erneute Anhörung** durchzuführen ist, wenn sich der Verdacht verstärkt. Gerade im Bereich des Schutzes von Geschäftsgeheimnissen dürfte nämlich eine Verdachtskündigung im Gegensatz zur **Tatkündigung** der Regelfall sein. Objektiv nachweisen lassen wird sich im Regelfall nur die Tatsache eines unbefugten Datenabflusses. Gerade die Motivlage des Schädigers ist aber entscheidend für die arbeitsrechtliche Bewertung, da sich Arbeitnehmer oft mit Argumenten wie Datensicherung zur eigenen Rechtsverfolgung (die freilich ebenfalls unzulässig wäre) verteidigen.[52] Da sich die Motivation als innere Tatsache kaum jemals zweifelsfrei beweisen lassen wird, ist insoweit meist die Verdachtskündigung einschlägig. 30

Ferner steht zu befürchten, dass eine zu frühe Befragung des Mitarbeiters dahingehend gedeutet werden könnte, dass die Ermittlungen im Übrigen abgeschlossen sind mit der Folge, dass die **Kündigungserklärungsfrist** des § 626 Abs 2 BGB von zwei Wochen nach Abschluss der Anhörung zu laufen beginnt. Auch dies spricht also dafür, die Befragung bzw Anhörung des Arbeitnehmers an das Ende der Ermittlungen zu stellen (zum zeitlichen Ablauf sh noch ausführlich unter Rdn 44 ff). 31

▶ Bei der Befragung eines Arbeitnehmers sollten von vornherein die formalen Voraussetzungen einer Anhörung für die Verdachtskündigung gewahrt werden, wenn dieser als Täter einer Pflichtverletzung in Frage kommt und eine Sanktion angestrebt ist. Geht es hingegen ausschließlich oder primär um Informationsgewinnung, kann es sich anbieten, dem Arbeitnehmer im Gegenteil zuzusagen, seine Aussagen nicht gegen ihn zu verwenden. Dies verbessert die Chance auf eine Aussagepflicht nach allen hierzu vertretenen Meinungen. 32

a) Allgemeines

Gemein ist **Personalgespräch** und **Anhörung zur Verdachtskündigung**, dass sie weder eine besondere Belehrung [53] noch eine vorherige Mitteilung des Themenkreises erfordern. [54] Unzulässig wäre es vielmehr nur, den Arbeitnehmer unter Vorspiegelung falscher Tatsachen – zB Einladung zu einem Gehaltsgespräch oÄ – einzubestellen, um ihn sodann mit 33

---

51 BAG 20.03.2014, 2 AZR 1037/12 = NJW 2014, 3389 Rn 23.
52 BAG 08.05.2014, 2 AZR 249/13 = NJW 2015, 109.
53 Dendorfer-Ditges, in Moll, Münchener AnwaltsHdb ArbR, § 35 Rn 121; Krup/Skoupil, NJW 2017, 2374, 2376 f; vgl für Auszubildende BAG 12.02.2015, 6 AZR 845/13, Rn 62 (juris) = NZA 2015, 741 Rn 62; anders jedoch für den Fall, dass aus taktischen Gründen klargestellt werden soll, dass nur ein Personalgespräch vorliegt).
54 Vgl BAG 12.02.2015, 6 AZR 845/13, Rn 63 (juris) = NZA 2015, 741 Rn 63; aA LAG Berlin-Brandenburg 30.03.2012, 10 Sa 2272/11, Rn 74 (juris) = NZA-RR 2012, 353, 355.

dem Verdacht einer Pflichtverletzung zu konfrontieren.[55] Weitergehende Anforderungen bestehen aber nicht.

34 Das heißt indes nicht, dass von Belehrung oder Mitteilung der Themen im Vorfeld ausnahmslos abzuraten ist. Eine **Mitteilung des Themenkreises** ist allerdings nur in den seltensten Fällen sinnvoll: Diese dürfte im Regelfall nur eine **erhöhte Verdunklungsgefahr** mit sich bringen.[56] Nur im Ausnahmefall kann es anzuraten oder sogar geboten sein, den Themenkreis des Gesprächs vorab mitzuteilen. Dies könnte zB dann der Fall sein, wenn bereits im Vorfeld ersichtlich ist, dass eine Anhörung ohne entsprechende Vorbereitung des Arbeitnehmers wegen der Komplexität der Angelegenheit ins Leere gehen müsste.

35 Ähnlich verhält es sich bei der **Belehrung**. Da diese nicht gefordert ist, ist sie **im Normalfall auch nicht angezeigt**. Nur bei Bedenken in Bezug auf das rechtsstaatliche Gebot der Fairness, zB bei einem besonders hohen Haftungsrisiko oder wenn ein Arbeitnehmer ersichtlich von falschen Voraussetzungen ausgeht (zB Verwechselung von privater und staatlicher Vernehmung), ist eine vorherige Belehrung zu empfehlen.[57]

b) Personalgespräch

36 Entscheidet man sich für eine (erste) Befragung im Rahmen eines Personalgesprächs, müssen nur **wenige Formalien** gewahrt werden. Grundsätzlich gilt, dass der Arbeitgeber den Arbeitnehmer zur Teilnahme an Personalgesprächen anweisen kann, und zwar nach billigem Ermessen ohne besondere Ankündigungsfrist.[58] Selbstverständlich ist dabei aber die **geltende Arbeitszeit** einzuhalten.[59]

37 Weitere formale Voraussetzungen bestehen nicht. Insbesondere ist der Arbeitnehmer **nicht berechtigt, einen Rechtsanwalt zu einem reinen Personalgespräch hinzuzuziehen**.[60] Anders wäre dies lediglich dann, wenn der Arbeitgeber seinerseits einen Anwalt zum Personalgespräch hinzuzieht. Dann gebietet es der **Grundsatz der Waffengleichheit**, dies dem Arbeitnehmer ebenfalls zu gestatten.[61] Gleiches würde dann gelten, wenn das Personalgespräch von vornherein nicht vom Direktionsrecht des Arbeitgebers gedeckt ist.[62] Dann wäre aber auch das Personalgespräch als solches schon gar nicht zulässig, sodass der Arbeitnehmer alternativ auch gar nicht teilnehmen müsste.

38 Ähnliches gilt für die **Hinzuziehung eines Betriebsratsmitglieds**. Üblicherweise wird dem Arbeitnehmer im Rahmen eines Personalgesprächs kein entsprechender Anspruch zustehen.[63] Vielmehr sieht das Gesetz (§§ 81 ff BetrVG) nur in bestimmten Sonderfällen, die nach Ansicht des BAG abschließend sind, ein solches Recht vor.[64] Diese dürften hier in

---

55 LAG Berlin-Brandenburg 16.12.2010, 2 Sa 2022/10 = BeckRS 2011, 68001; LAG Düsseldorf 25.06.2009, 5 TaBV 87/09 Rn 36 (juris) = NZA-RR 2010, 184, 186.
56 Dzida, NZA 2013, 412, 415.
57 Vgl Krup/Skoupil, NJW 2017, 2374, 2377 zu möglichen Inhalten einer solchen Belehrung.
58 Vgl BAG 23.06.2009, 2 AZR 606/08, Rn 17 (juris) = NZA 2009, 1011 Rn 17; aA in Bezug auf die Ankündigungsfrist Stück, DB 2007, 1137.
59 Urban, ArbRAktuell 2011, 87.
60 LAG Hamm 23.05.2001, 14 Sa 497/01, Rn 28 (juris) = BeckRS 2001, 41047.
61 LAG Hamm 23.05.2001, 14 Sa 497/01, Rn 28 (juris) = BeckRS 2001, 41047.
62 Müller/Deeg, ArbRAktuell 2010, 620; Urban, ArbRAktuell 2011, 87, 88.
63 BAG 20.04.2010, 1 ABR 85/08, Rn 14 (juris) = NZA 2010, 1307 Rn 14.
64 LAG Rheinland-Pfalz 06.06.2016, 1 Sa 189/15, Rn 206 (juris) = BeckRS 2016, 69964 Rn 104; vgl die Übersicht bei Urban, ArbRAktuell 2011, 87, 88.

aller Regel nicht vorliegen. Lediglich wenn das Personalgespräch auch (mittelbar) mit der zukünftigen beruflichen Entwicklung des Arbeitnehmers zu tun hat (so zB wenn im Rahmen der Aufklärung zugleich auch eine Trennung angeregt und/oder ein Aufhebungsvertrag vorgelegt werden soll), könnte ein **Anspruch auf Hinzuziehung** eines Mitglieds des Betriebsrats bestehen. [65]

c) Anhörung zur Verdachtskündigung

Strengeren formalen Anhörungen unterliegt die Anhörung zur Verdachtskündigung. Dies betrifft allerdings zunächst noch nicht die Form als solche, da kein besonderes Formerfordernis besteht. Die Anhörung kann daher mündlich oder auch schriftlich (inklusive Textform wie E-Mail etc) erfolgen.[66] Hier liegt allerdings schon eine entscheidende Weichenstellung. 39

aa) Form der Anhörung

Eine **mündliche Anhörung** bietet sich an, wenn der **Sachverhalt einfach und eng umgrenzt** ist, sich in einer Befragung erst entwickeln soll oder die Befürchtung besteht, dass der Arbeitnehmer sich im Falle einer schriftlichen Anhörung in die Arbeitsunfähigkeit flüchten würde, sodass die direkte Befragung zielführender ist. **Im Regelfall** dürfte aber aus Gründen der Beweissicherung eine **schriftliche Anhörung vorzugswürdig** sein, zumal diese weitere Vorteile mit sich bringt: Sie erübrigt insbesondere die oben dargestellte Abgrenzung zwischen Personalgespräch und echter Anhörung, da der Arbeitnehmer bei letzterer einen Rechtsanwalt oder ein Betriebsratsmitglied hinzuziehen darf, was hier – anders als bei einem reinen Personalgespräch – als Recht des Mitarbeiters angesehen wird. [67] Ferner können bei einer **mündlichen Anhörung Fristprobleme** drohen (sh Rdn 44 ff), sofern der Arbeitnehmer mitteilt, zunächst nicht aussagen zu können, weil er sich überfordert fühlt, aber grundsätzlich aussagebereit zu sein. Dies kann etwa dann der Fall sein, wenn der Arbeitnehmer mitteilt, er müsste Unterlagen durchsehen oder ähnliche Schritte unternehmen, um seine Kenntnis (wieder) herzustellen und sei hierzu auch bereit. [68] In diesem Fall geht das BAG nämlich davon aus, dass die **Anhörung unterbrochen** und nach einer angemessenen Pause neu terminiert werden muss. [69] Dieses Risiko besteht bei einer schriftlichen Anhörung nicht. Durchaus empfehlenswert – auch zur Aufdeckung von Widersprüchen – kann aber die Durchführung **sowohl einer mündlichen als auch** – etwa im Nachgang – **einer schriftlichen** Anhörung sein. 40

▶ Im Regelfall empfiehlt sich die Durchführung einer schriftlichen Anhörung. Eine mündliche Anhörung ist nur bei geeigneten Sachverhalten oder als zusätzliche Maßnahme empfehlenswert. 41

Nicht erforderlich ist, dass ausdrücklich darauf hingewiesen wird, dass der Arbeitgeber bereits einen konkreten Verdacht gegen den Arbeitnehmer hat oder gar, dass das Arbeitsver- 42

---

65 BAG 16.11.2004, 1 ABR 53/03 Rn 21 ff (juris) = NZA 2005, 416, 418.
66 Niemann, in Müller-Glöge/Preis/Schmidt, ErfK ArbR, § 626 BGB Rn 178b.
67 Für die Hinzuziehung eines Anwalts: BAG 13.03.2008, 2 AZR 961/06, Rn 18 (juris) = NZA 2008, 809 Rn 18; LAG Berlin-Brandenburg 06.11.2009, 6 Sa 1121/09, Rn 17 (juris)= BeckRS 2009, 74071 Rn 18; für ein Mitglied des Betriebsrats: Niemann, in Müller-Glöge/Preis/Schmidt, ErfK ArbR, § 626 BGB Rn 178b; Lembke, RdA 2013, 82, 89.
68 Dzida, NZA 2013, 412, 414 unter Verweis auf BAG 13.09.1995, 2 AZR 587/94, Rn 29 (juris) = NJW 1996, 540, 542.
69 BAG 12.02.2015, 6 AZR 845/13, Rn 62 (juris) = NZA 2015, 741 Rn 62.

hältnis auf dem Spiel steht. Es genügt vielmehr, wenn sich das **Vorliegen eines Verdachts aus den Umständen ergibt** und für den Mitarbeiter objektiv erkennbar ist.[70]

43 Zu vermeiden sind schließlich unzumutbare Zustände wie etwa die Anwesenheit Dritter (zB Kunden) während einer Anhörung.[71]

bb) Frist der Anhörung

44 Für die Anhörung besteht keine gesetzliche Frist. Zu berücksichtigen ist allerdings das **Zusammenspiel mit der Kündigungserklärungsfrist** des § 626 Abs 2 BGB. Hiernach darf eine außerordentliche Kündigung nur **innerhalb von zwei Wochen nach Kenntnis** bei der kündigungsberechtigten Person erklärt werden.

45 Bei einer Verdachtskündigung wird diese Frist nach stRspr des BAG **für die Dauer einer angemessenen Anhörung** gehemmt. Diese Dauer beträgt im Regelfall eine Woche, kann jedoch bei besonderen Umständen – etwa bei besonders komplexen oder umfangreichen Sachverhalten – auch länger ausfallen.[72] Noch nicht entschieden ist die Frage, wie es sich verhält, wenn die Anhörung zwar noch innerhalb der Regelfrist von einer Woche eingeleitet, aber nicht vollendet wird (bspw Einleitung per Aufforderung zur schriftlichen Stellungnahme nach Anhörung nach vier Tagen und Abschluss nach neun Tagen). Es kann daher nur dazu geraten werden, die **Anhörung unmittelbar einzuleiten** und innerhalb einer Woche abzuschließen, auch wenn die besseren Gründe dafür sprechen, dass die Hemmung für die Dauer von einer Woche auch dann gilt, wenn man diese Frist überschreitet, sodass die Anhörung innerhalb der sich sodann anschließenden zweiwöchigen Kündigungserklärungsfrist vollendet werden kann.

46 Umgekehrt darf allerdings auch **keine zu kurze Frist** gesetzt werden. So hat die Instanzrechtsprechung bereits angenommen, dass eine Aufforderung zur Stellungnahme binnen zwei Arbeitstagen sowie über das Wochenende (konkret Freitag bis Montag) unangemessen kurz ist, wobei dort hinzukam, dass der Arbeitnehmer – wie dem Arbeitgeber bekannt war – anwaltlich vertreten und zudem arbeitsunfähig erkrankt war.[73]

47 ▶ Für die Anhörung zur Verdachtskündigung gilt eine regelhafte Maximalfrist von einer Woche, jedoch im Fall einer schriftlichen Anhörung auch eine Mindestfrist, die zumindest einige Tage beträgt. Die exakte Mindestdauer hängt von den Umständen, insbesondere vom Umfang und der Komplexität, des Einzelfalls ab. Droht eine Fristversäumnis, dann kann es sich entgegen der eigentlich vorzugswürdigen Vorgehensweise empfehlen, eine mündliche Anhörung durchzuführen.

48 Praktische Probleme wirft der Umgang mit einer **Abwesenheit des Arbeitnehmers** auf, die eine Anhörung erschweren oder sogar unmöglich machen kann, etwa wegen Arbeitsunfähigkeit, Urlaub oder Untersuchungshaft.[74]

49 Grundsätzlich gilt, dass die **reine Abwesenheit** des Arbeitnehmers **keine Hemmung** der Anhörungsfrist und somit auch keine Hemmung der Kündigungserklärungsfrist bewirkt.

---

70 BAG 25.04.2018, 2 AZR 611/17, Rn 33 (juris) = NZA 2018, 1405 Rn 33.
71 Vossen, in Ascheid/Preis/Schmidt, Kündigungsrecht, § 626 BGB Rn 352a.
72 BAG 20.03.2014, 2 AZR 1037/12, Rn 14 (juris) = NJW 2014, 3389 Rn 14.
73 LAG Schleswig-Holstein 21.03.2018, 3 Sa 398/17, Rn 57 (juris) = BeckRS 2018, 5369 Rn 43.
74 Zur Untersuchungshaft vgl LAG München 19.03.2009, 3 Sa 25/09, Rn 21 ff (juris) = BeckRS 2009, 67431; überholt: LAG Düsseldorf 13.08.1998, 13 Sa 345/98, Rn 21 (juris) = NZA-RR 1999, 640, wonach bei Anordnung der Untersuchungshaft eine Anhörung nicht erforderlich sei.

Vielmehr ist davon auszugehen, dass der Arbeitgeber auch in diesem Fall den Versuch unternimmt, den Arbeitnehmer während der Abwesenheit – schriftlich – zu befragen. [75]Dies gilt nach der jüngeren Rspr des BAG bei Arbeitsunfähigkeit, dürfte aber auf sonstige Abwesenheitsgründe übertragbar sein.

Bleibt auch dies erfolglos, dann darf der Arbeitgeber bei Arbeitsunfähigkeit im Regelfall, bis sich der Arbeitnehmer wieder äußern kann. [76] Dies gilt insbesondere dann, wenn der Arbeitnehmer selbst um eine Fristverlängerung bittet oder eine Aussage in Aussicht stellt. Der Umkehrschluss gilt aber nicht zwingend, dh der Arbeitgeber muss die Gesundung bzw Aussagefähigkeit nicht zwingend abwarten. Abhängig von den Umständen des Einzelfalls **darf der Arbeitgeber vielmehr von einem weiteren Abwarten** absehen, wenn sich der Arbeitnehmer in absehbarer Zeit nicht äußern (können) wird. [77]Einige Tage wird der Arbeitgeber dabei eher abzuwarten haben als mehrere Wochen. Auch bereits lange andauernde Ermittlungshandlungen oder das Fehlen von dem Arbeitgeber drohenden Folgen (zB kein drohender Annahmeverzugslohn) können ein längeres Zuwarten rechtfertigen. [78] Nach mehrfachen erfolglosen Fristverlängerungen ist im Regelfall kein Zuwarten mehr erforderlich. [79] 50

▶ Ist der Arbeitnehmer für eine Anhörung nicht vor Ort, muss diese zwingend schriftlich erfolgen. Ist der Arbeitnehmer auch hierzu nicht in der Lage, sollte eine Bestätigung angefordert werden, ob und – wenn ja – wann mit einer Stellungnahme zu rechnen ist. Hiernach kann abgewogen werden, ob weiter abzuwarten ist. Im Einzelfall kann es auch zu empfehlen sein, zunächst eine Kündigung auszusprechen, das Anhörungsverfahren jedoch weiter fortzusetzen und nach dessen Abschluss (ggf nach Stellungnahme des Arbeitnehmers) eine weitere Kündigung auszusprechen. 51

Dieselben Grundsätze dürften für die **Abwesenheit aufgrund von Urlaub** gelten. Die ältere Rspr hat allerdings geurteilt, dass im Regelfall der Urlaub bis zu einer Dauer von zwei Wochen ohne Versuch einer schriftlichen Kontaktaufnahme abgewartet werden darf, ohne dass die Frist zu laufen beginnt. [80] Dies wird jedoch in der Literatur zu Recht kritisiert.[81]Es ist zu vermuten, dass das BAG den Fall bei erneuter Befassung analog zur vorstehend beschriebenen Arbeitsunfähigkeit behandeln würde.[82]Im Fall von Urlaub ist also regelmäßig ebenfalls zu versuchen, den Mitarbeiter zu kontaktieren. Nur wenn dies erfolglos bleibt, ist es zulässig und aufgrund der absehbaren Dauer des Urlaubs regelmäßig auch erforderlich, die Rückkehr bzw Aussagefähigkeit des Arbeitnehmers abzuwarten. 52

cc) Inhalt der Anhörung

Inhaltlich muss der Arbeitgeber den Arbeitnehmer in der Anhörung mit den Vorwürfen konfrontieren und ihm die **Gelegenheit geben, sich substantiiert darauf einzulassen**. 53

---

75 BAG 20.03.2014, 2 AZR 1037/12, Rn 26 (juris) = NJW 2014, 3389 Rn 26; LAG Köln 25.01.2001, 6 Sa 1310/00, Rn 7 (juris) = NJOZ 2001, 1271, 1272.
76 BAG 20.03.2014, 2 AZR 1037/12, Rn 26 (juris) = NJW 2014, 3389 Rn 26; LAG Köln 25.01.2001, 6 Sa 1310/00, Rn 7 (juris) = NJOZ 2001, 1271, 1272.
77 BAG 20.03.2014, 2 AZR 1037/12, Rn 28 (juris) = NJW 2014, 3389 Rn 28.
78 BAG 20.03.2014, 2 AZR 1037/12, Rn 28 (juris) = NJW 2014, 3389 Rn 28.
79 BAG 20.03.2014, 2 AZR 1037/12, Rn 28 (juris) = NJW 2014, 3389 Rn 28.
80 LAG Niedersachsen 06.03.2001, 12 Sa 1766/00 = BeckRS 2001, 30790038; bestätigt ohne nähere Auseinandersetzung durch BAG 05.12.2002, 2 AZR 478/01 = NJOZ 2003, 2491.
81 Eylert, NZA-RR 2014, 393, 402; Mennemeyer/Dreymüller, NZA 2005, 382, 385.
82 Eylert, NZA-RR 2014, 393, 402.

Das bedeutet, dass die Vorwürfe nicht nur schlag- oder stichwortartig benannt werden dürfen. Vielmehr sind **zeitliche, örtliche und inhaltliche möglichst präzise Angaben** zu machen.[83] Der Arbeitgeber muss den Arbeitnehmer also letztlich mit seinem gesamten Kenntnisstand konfrontieren. Taktische Maßnahmen wie das Zurückhalten von Informationen in der Hoffnung, dass der Arbeitnehmer sich widerspricht oder unglaubhaft einlässt, sind demzufolge nicht zulässig. Es sind vielmehr alle konkreten Umstände anzugeben, aus denen der Arbeitgeber seinen Verdacht ableitet.[84]

54 Umgekehrt muss die Anhörung aber in Umfang und Detailtiefe nicht den Anforderungen genügen, die an eine **Anhörung eines Betriebsrats zur beabsichtigten Kündigung** nach § 102 BetrVG gestellt werden. Hinreichend, aber auch erforderlich, ist es, dass der Arbeitnehmer die Möglichkeit hat, bestimmte zeitlich und räumlich eingegrenzte Tatsachen gegebenenfalls zu bestreiten oder den Verdacht entkräftende Tatsachen aufzuzeigen und so zur Aufklärung beizutragen.[85] Nur wenn der Arbeitnehmer von vornherein erklärt, sich zu etwaigen Vorwürfen nicht äußern zu wollen, ist ein näheres Informieren über die Verdachtsmomente nicht mehr erforderlich.[86]

55 Nicht erforderlich sind hingegen die Vorlage konkreter Unterlagen, die Konfrontation mit Belastungszeugen oder die Teilnahme an Zeugenbefragungen.[87] Lediglich wenn die Vorlage konkreter Dokumente im Einzelfall erforderlich ist, um den Vorwurf im Einzelnen zu verstehen, ist dies anders zu beurteilen.

56 Im Rahmen von Anhörungen betreffend die Entwendung von Geschäftsgeheimnissen bedeutet dies, dass der Arbeitgeber **nicht lediglich allgemein nach einem etwaigen Abfluss von Geschäftsgeheimnissen fragen** darf. Er muss diese vielmehr so genau wie möglich bezeichnen und zudem auch – wenn möglich – den Übertragungsweg, wie etwa eine unbefugte Versendung an die private E-Mail-Adresse, nebst dem entsprechenden Datum benennen.[88]

d) Rechtsfolgen bei Verstößen

57 Aus einer unzureichenden Anhörung zur Verdachtskündigung folgt die automatische Unwirksamkeit der Kündigung, da die Anhörung eine **formale Wirksamkeitsvoraussetzung** einer solchen Kündigung darstellt.[89] Wichtiger ist aber regelmäßig die Frage, ob sich daraus Folgen in Bezug auf die Verwertbarkeit der gewonnenen Informationen ergeben, und zwar sowohl gegenüber dem Befragten selbst als auch gegenüber dritten Personen.

58 **Verwertungsverbote**[90] kommen nach überzeugender Auffassung nur in Frage, wenn dies wegen einer grundrechtlich geschützten Position einer Partei zwingend geboten ist.[91] Ein

---

83 BAG 13.03.2008, 2 AZR 961/06, Rn 15 (juris) = NZA 2008, 809, 810.
84 BAG 27.11.2008, 2 AZR 98/07 Rn 23 (juris) = NZA 2009, 604 Rn 23.
85 BAG 20.03.2014, 2 AZR 1037/12, Rn 28 (juris) = NJW 2014, 3389 Rn 28.
86 BAG 28.11.2007, 5 AZR 952/06, Rn 19 (juris) = NZA-RR 2008, 344 Rn 19.
87 BAG 27.11.2008, 2 AZR 98/07 Rn 23 (juris) = NZA 2009, 604 Rn 23.
88 Vgl LAG Schleswig-Holstein 30.04.2019, 1 Sa 385 öD/18, Rn 52 (juris) = BeckRS 2019, 18301 Rn 48; LAG Köln 08.11.2012, 6 Sa 578/12, Rn 37 (juris) = NZA-RR 2013, 239, 241.
89 BAG 20.03.2014, 2 AZR 1037/12, Rn 23 (juris) = NJW 2014, 3389, 3391.
90 Zur Abgrenzung von Sachvortrags- und Beweisverwertungsverbot vgl BAG 23.08.2018, 2 AZR 133/18 Rn 16 (juris) = NZA 2018, 1329 Rn 16.
91 BAG 28.03.2019, 8 AZR 421/17, Rn 28 (juris) = NZA 2019, 1212 Rn 28; BAG 22.09.2016, 2 AZR 848/15, Rn 23 (juris) = NJW 2017, 843 Rn 23.

Verwertungsverbot gegenüber einer dritten Person dürfte daher nur im absoluten Ausnahmefall, zB bei einem persönlichen Näheverhältnis von befragter und dritter Person, in Frage kommen.[92] Etwaige unzulässige Ermittlungsmethoden können im Rahmen der freien Beweiswürdigung gem. § 286 ZPO gewürdigt werden.

Weniger eindeutig ist dies allerdings bezüglich der **Verwertung gewonnener Informationen gegenüber der befragten Person selbst.** Aus einer unzulässigen Ermittlung folgt aber auch hier kein automatisches Verwertungsverbot, wenn nicht der Kernbereich privater Lebensführung betroffen ist.[93] Es ist vielmehr regelmäßig eine Abwägung mit dem allgemeinen Persönlichkeitsrecht sowie den Rechten aus Art 8 EMRK des Betroffenen durchzuführen.[94] Auf Seiten des Arbeitgebers genügt dabei das reine Beweisinteresse nicht. Vielmehr muss gerade an der Art der (unzulässigen) Informationsgewinnung ein besonderes Interesse bestanden haben.[95] Ein Verwertungsverbot ist schließlich insbesondere dann anzunehmen, wenn der Zweck des verletzten Schutzgutes der Informationsverwertung gerade entgegensteht.[96] 59

Das Beweisverwertungsverbot erstreckt sich auf das **Beweismittel selbst** sowie dessen **mittelbare Verwertung**.[97] Unverwertbar sind damit sowohl Protokolle oder (Video-)Aufzeichnungen einer Befragung als auch die Vernehmung der befragenden Personen als Zeugen. Nicht betroffen ist allerdings die Verwertung solcher Informationen und Beweismittel, die zugleich auf andere, zulässige Weise in Erfahrung gebracht worden sind.[98] Eine **Fernwirkung** entsprechend der angloamerikanischen Theorie der »Frucht des verbotenen Baums«[99] ist abzulehnen.[100] 60

Die praktische Relevanz von Verwertungsverboten im Rahmen von Mitarbeiterbefragungen ist aufgrund der weitgehenden Befugnisse des Arbeitgebers eher überschaubar.[101] Dies folgt daraus, dass nach der hier vertretenen Auffassung Fragen nur dann inhaltlich unzulässig sind, wenn sie mangels Bezug zum aufzuklärenden Sachverhalt keinen Erkenntnisgewinn mit sich bringen. Dann stellt sich auch die Frage ihrer Verwertung nicht. Im Umkehrschluss sind Fragen mit Beweiswert im Regelfall zulässig. 61

Ein Beweisverwertungsverbot wird sich also im Regelfall nur bei **unzulässigen Vernehmungsmethoden** ergeben. Die reine Androhung arbeitsrechtlicher Sanktionen dürfte hierzu noch nicht ausreichen. Hier ist auf die Rechtsprechung des BAG zur Anfechtung von Aufhebungsverträgen zu verweisen: Die Androhung arbeitsrechtlicher Sanktionen ist nur dann unzulässig, wenn der Arbeitgeber die angedrohte Maßnahme vernünftigerweise 62

---

92 Vgl BAG 20.10.2016, 2 AZR 395/15, Rn 33 (juris) = NZA 2017, 443.
93 BVerfG 09.11.2010, 2 BvR 2101/09, Rn 45 (juris) = NJW 2011, 2417, 2419.
94 BAG 22.09.2016, 2 AZR 848/15, Rn 23 (juris) = NJW 2017, 843 Rn 23.
95 BAG 22.09.2016, 2 AZR 848/15, Rn 24 (juris) = NJW 2017, 843 Rn 24>.
96 BAG 20.06.2013, 2 AZR 546/12 = NZA 2014, 14.
97 BAG 28.03.2019, 8 AZR 421/17, Rn 32 (juris) = NZA 2019, 1212 Rn 32; BAG 22.09.2016, 2 AZR 848/15, Rn 24 (juris) = NJW 2017, 843 Rn 24.
98 BVerfG 31.07.2001, 1 BvR 304/01, Rn 11 (juris) = NZA 2002, 284, 285.
99 Vgl LAG Schleswig-Holstein 16.11.2011, 3 Sa 284/11, Rn 37 (juris) = BeckRS 2012, 65854.
100 Niemann, in Müller-Glöge/Preis/Schmidt, ErfK ArbR, § 626 BGB Rn 232c; Stamer/Kuhnke, in Plath, DSGVO/BDSG, § 26 Rn 142; Tiedemann, in Kramer, IT-Arbeitsrecht, B. Individualarbeitsrecht Rn 498; aA LAG Baden-Württemberg 06.05.1998, 12 Sa 115/97, Rn 48 (juris) = BeckRS 1998, 41352 Rn 40.
101 So auch Lützeler/Müller-Sartori, CCZ 2011, 19, 24.

nicht ernsthaft in Erwägung ziehen durfte.[102] Es kommt also nicht darauf an, ob eine solche Maßnahme wirksam verhängt werden dürfte, sondern nur darauf, ob sie in Betracht kommt. [103] Dies ist dann abzulehnen, wenn die angedrohte Maßnahme ersichtlich über das Ziel hinausschießt[104] oder etwa im Fall einer außerordentlichen Kündigung die Zwei-Wochen-Frist des § 626 Abs 2 BGB erkennbar abgelaufen wäre.[105]

63 ▶ Bei der Durchführung einer Mitarbeiterbefragung sollten – sofern überhaupt – nur solche arbeitsrechtlichen Maßnahmen angedroht werden, die auch inhaltlich vertretbar erscheinen. Ansonsten kann ein späteres Beweisverwertungsverbot nicht ausgeschlossen werden.

3. Interne Sonderuntersuchungen

64 Besonderheiten gelten bei der Durchführung von internen Sonderuntersuchungen.

a) Fristbeginn

65 Zunächst bestehen Unklarheiten in Bezug auf den Beginn der Anhörungs- und somit mittelbar auch der Kündigungserklärungsfrist des § 626 Abs 2 BGB. Noch unentschieden ist sowohl in der ordentlichen als auch in der Arbeitsgerichtsbarkeit nämlich die Frage, ob der Arbeitgeber bei Durchführung einer internen Sonderuntersuchung deren **Ergebnis abwarten darf**. Während das OLG Jena [106] und wohl auch das LAG Berlin-Brandenburg [107] davon ausgehen, dass für den Beginn der Frist das (vollständige) Ergebnis der Sonderuntersuchung abgewartet werden darf, stellen das OLG Düsseldorf[108] sowie das LAG Hamm [109] darauf ab, ob in diesen Fällen der kündigungsberechtigten Person **Zwischenberichte** zur Verfügung gestellt worden sind, nach deren Vorliegen sich keine wesentlichen Neuerungen mehr ergeben haben. In diesem Fall sollen nach Vorliegen des Endberichtes ausgesprochene Kündigungen verfristet sein. Die letztgenannte Meinung erscheint zwar wenig überzeugend, da vor Abschluss der Ermittlungen und Vorliegen des Berichtes nicht sicher ist, dass sich keine neuen Erkenntnisse ergeben, solange Ermittlungen noch Erfolg versprechen. Ebenso könnte sich schließlich auch Entlastendes auftun. Nur dies passt auch zur Rspr des BAG, wonach der **Sachverhalt bis zur Grenze, die ein verständig handelnder Arbeitgeber beachten würde**, durch erforderlich erscheinende Aufklärungsmaßnahmen vollständig aufgeklärt werden darf.[110] Ein verständiger Arbeitgeber wird im Regelfall den Abschlussbericht einer Sonderuntersuchung abwarten.[111] Gleichwohl wird man diese Unsicherheiten für die Praxis einkalkulieren müssen.

---

102 BAG 23.11.2006, 6 AZR 394/06, Rn 40 (juris) = NJW 2007, 1831 Rn 40.
103 BAG 06.12.2001, 2 AZR 396/00, NJW 2002, 2196.
104 Wobei bei hinreichender Schwere der wahrscheinlichen Pflichtverletzung auch eine außerordentliche Kündigung ohne vorherige Abmahnung angedroht werden darf, vgl LAG Rheinland-Pfalz 28.01.2016, 5 Sa 398/15, Rn 29 (juris) = BeckRS 2016, 67784 Rn 27.
105 BAG 05.12.2002, 2 AZR 478/01, Rn 38 (juris) = NJOZ 2003, 2491, 2495.
106 OLG Jena 12.08.2009, 7 U 244/07, Rn 38 (juris) = NZG 2010, 226, 227.
107 LAG Berlin-Brandenburg 23.10.2014, 21 Sa 800/14, Rn 73 f (juris) = NZA-RR 2015, 241, 246.
108 OLG Düsseldorf 29.01.2015, I-10 U 5/14, Rn 46 (juris) = BeckRS 2015, 03264 Rn 43.
109 LAG Hamm 15.07.2014, 7 Sa 94/14, Rn 127 ff (juris) = BeckRS 2014, 71879.
110 BAG 05.12.2002, 2 AZR 478/01, Rn 36 f (juris) = NJOZ 2003, 2491, 2494.
111 Dzida, NZA 2014, 809; Göpfert/Drägert, CCZ 2011, 25, 30.

▶ Bei Durchführung einer internen Sonderuntersuchung sollte bei etwaigen Zwischenberichten stets geprüft werden, ob arbeitsrechtliche Maßnahmen notwendig sind. Unstreitig nicht der Fall ist dies, wenn der Zwischenbericht lediglich beinhaltet, dass noch weitere Ermittlungen nötig sind. Nötig sein können Reaktionen aber bei Erhalt konkreter und abgeschlossener Zwischenergebnisse. 66

b) Neuerungen durch das Unternehmensstrafrecht

Schließlich ist zu erwarten, dass sich Neuerungen durch das neu einzuführende Verbandssanktionengesetz ergeben, das derzeit nur als Referentenentwurf vorliegt (sh Rdn 25). Sollten nach dem VerSanG auch dem Arbeitgeber Sanktionen drohen, sollte seitens des Arbeitgebers zumindest geprüft werden, ob eine Milderung gem. § 17 Ref-E VerSanG erreicht werden kann. Voraussetzung für eine solche Milderung wäre ua, dass die **interne Untersuchung nicht durch denselben Rechtsbeistand** durchgeführt wird wie die spätere Unternehmensverteidigung. Die Ergebnisse der internen Untersuchung müssten ferner den Behörden zur Verfügung gestellt werden. Und schließlich müssten die oben bereits erwähnten Vorgaben für die Durchführung der internen Untersuchung beachtet werden, insbesondere Belehrung der Mitarbeiter, dass ihre Auskünfte im Strafverfahren verwendet werden können, Zeugnisverweigerungsrecht der Mitarbeiter, Recht der Mitarbeiter, einen Anwalt oder ein Betriebsratsmitglied hinzuzuziehen inkl. entsprechender Belehrung sowie Übereinstimmung mit den Gesetzen im Übrigen. 67

Da die Milderung der Unternehmensbuße zur Folge haben soll, dass das **Höchstmaß der Strafe sich auf die Hälfte reduziert und das Mindestmaß komplett entfällt** (§ 18 Ref-E VerSanG), kann dies abhängig von den Umständen des Einzelfalls trotz der damit verbundenen potentiellen Erschwernisse bei Aufklärung und Sanktionierung einzelner Fehlverhalten durchaus empfehlenswert sein. 68

▶ Droht eine Unternehmenssanktion, sollte geprüft werden, ob eine Milderung in Frage kommt und anzustreben ist. In diesem Fall muss die interne Untersuchung der Vorfälle den Vorgaben des VerSanG genügen. 69

B. Staatsanwaltliche Ermittlungen

Literatur: *Dölling*, Gutachten C zum 61. DJT, C 91/92; *Donath/Mehle*, Akteneinsichtsrecht und Unterrichtung des Mandanten durch den Verteidiger, NJW 2009, 1399; *Druschel/Jauch*, Der Schutz von Know-how im deutschen Zivilprozess: Der Status quo und die zu erwartenden Änderungen Teil I: Der derzeitige und zukünftige prozessuale Geheimnisschutz im Know-how-Verletzungsverfahren, BB 2018, 1218; *Gaugenrieder*, Einheitliche Grundlage für den Schutz von Geschäftsgeheimnissen in Europa – Zukunftstraum oder Alptraum, BB 2014, 1987; *Hoppe/Holtz*, Ausgewählte Aspekte des Gesetzes zum Schutz von Geschäftsgeheimnissen – Teil II: Die Haftung von Geschäftsführern und Vorständen für angemessene Geheimhaltungsmaßnahmen, Lexology-Beitrag v 12.06.2019; *McGuire*, Know-how: Stiefkind, Störenfried oder Sorgenkind? Lücken und Regelungsalternativen vor dem Hintergrund des RL-Vorschlags, GRUR 2015, 424, 431; *Nestler*, Strafverfahren zwischen Wirtschaftlichkeit und Legalitätsprinzip, JA 2012, 88, 91 f; *Ohly*, Das neue Geschäftsgeheimnisgesetz im Überblick, GRUR 2019, 441; *Rauwald*, Verwendung der Strafakte zur Anspruchsverfolgung durch den Beschuldigten, NJW 2018, 3679, 3681; *Semrau-Brandt*, Parteistreit zwischen Qualcomm und Apple: Schwächen des Geschäftsgeheimnisschutzes im Zivilprozess, GRUR-Prax 2019, 127; *Trüg*, Steuerhinterziehung, Verneinung der örtlichen Zuständigkeit, Auswahlermessen der StA; *Wessing/Hiéramente*, Akteneinsichtsrecht und Aktenweitergabe durch die Verteidigung im Kartellverfahren, NZKart 2015, 168.

I. Strafanzeige und Strafantrag

70 Ein Ermittlungsverfahren wird meist durch eine Strafanzeige bei der **örtlich zuständigen StA** ausgelöst, verbunden mit einem Strafantrag. Möglich ist auch eine Strafanzeige bei einer **örtlich zuständigen Polizeidienststelle**. Diese hat zwar die Kompetenz, durch strafprozessuale Maßnahmen wie Zeugen- oder Beschuldigtenvernehmungen faktisch ein Ermittlungsverfahren einzuleiten.[112] Die maßgeblichen Entscheidungen muss aber die StA treffen, insbesondere Entscheidungen über die Einleitung eines Ermittlungsverfahrens und über eine mögliche Verweisung auf den Privatklageweg. Daher muss die angegangene Polizeidienststelle ohnehin zeitnah Kontakt mit der StA aufnehmen. Umfangreiche eigene Ermittlungen durch die Polizei bei einem Verdacht auf einen Verstoß nach § 23 GeschGehG verbieten sich, solange die StA nicht eingeschaltet wurde.[113] Eine **Anzeige direkt bei der StA** ist daher zumeist der zügigere Weg, ein Verfahren in Gang zu bringen.

71 Ein Inhaber eines Geschäftsgeheimnisses, der seine Rechte verletzt sieht, sollte sich zügig entscheiden, ob er strafrechtliche Ermittlungen erreichen will, und in diesem Falle in seiner Strafanzeige **umfassend dokumentieren und vortragen**, warum ein öffentliches Interesse an der Strafverfolgung vorliegt. Er sollte rechtzeitig Strafantrag stellen und Nachfragen der StA nicht als lästig empfinden, sondern als Wahrnehmung ihrer Aufgabe, den Sachverhalt auch vor förmlicher Aufnahme von Ermittlungen gegen den Angezeigten weitgehend aufzuklären.

1. Örtlich zuständige StA

72 Die örtliche Zuständigkeit der Staatanwaltschaft kann einen **strategisch wichtigen Gesichtspunkt** darstellen. Nicht alle StAen sind gleichermaßen vertraut mit Verfahren des Geschäftsgeheimnisschutzes. Der Anzeigenerstatter wird deshalb versuchen wollen, die Anzeige bei einer StA anzubringen, deren Sachkunde ihm bereits bekannt ist.

73 StAen sind jeweils am Sitz eines Landgerichts eingerichtet und für die Ermittlung von Straftaten zuständig, welche örtlich vor einem Gericht des Bezirkes zur Anklage gebracht werden können, § 143 Abs 1 GVG. Sie können im Regelfall nur vor diesem Landgericht und den diesem zugeordneten Amtsgerichten Anklage erheben (zu den Besonderheiten bei Wirtschaftsstrafsachen Rdn 89). Die gerichtliche Zuständigkeit richtet sich nach dem Tatort, § 7 StPO, dem Wohnsitz des Angeschuldigten zum Zeitpunkt der Anklageerhebung, § 8 StPO, oder seinem Ergreifungsort, § 9 StPO.

74 Liegen **mehrere Gerichtsstände** vor, weil zum Beispiel Tatort und Wohnort des Angeschuldigten auseinanderfallen (§ 12 StPO), kann die StA (oder der Privatkläger), bis zur Grenze der Willkür, frei wählen, bei welchem der jeweils örtlich zuständigen Gerichte Anklage erhoben werden soll.[114] Dabei ist die StA an ihren Landgerichtsbezirk gebunden. Will oder muss sie Anklage vor einem Gericht eines anderen Landgerichtsbezirks erheben, muss sie das **Verfahren** an die für diesen Ort zuständige StA **abgeben**. Die Einleitung eines Ermittlungsverfahrens durch eine StA ist daher eine Vorentscheidung für das örtlich

---

112 Vgl Griesbaum, in KK-StPO, § 163 Rn 2.
113 Vgl Griesbaum, in KK-StPO, § 163 Rn 2, 3.
114 OLG Frankfurt aM 23.01.2014, 3 Ws 2–3/14, Rn 8 (juris) = NZWiSt 2014, 109, mit kritischer Anmerkung von Trüg; Scheuten, in KK-StPO, Vor §§ 7 bis 21 Rn 3; Schmitt, in Meyer-Goßner/Schmitt, StPO, § 7 Rn 10.

zuständige Gericht, da Übernahmen in einem laufenden oder ausermittelten Verfahren im Alltag unbeliebt sind und scheitern, wenn eine örtliche Zuständigkeit auch bei der abgebenden StA vorliegt. Dies kann dazu führen, dass, wie Trüg zutreffend anmerkt,[115] eine örtliche Zuständigkeit strapaziert wird, um eine solche Abgabe zu vermeiden.

▶ In Kenntnis dieser Praxis ist die Bereitschaft der StA begrenzt, ein Verfahren einzuleiten, für das die örtliche Zuständigkeit nicht offensichtlich ist. Daher sollte ein Anzeigeerstatter seine Anzeige bei einer StA einreichen, die unzweifelhaft örtlich zuständig ist oder zumindest seine Ortswahl erläutern, um Abgabeversuche und damit verbundene erhebliche Verzögerungen zu vermeiden. 75

Wird die Strafanzeige bei einer örtlich unzuständigen StA eingereicht, gibt diese das Verfahren an eine der örtlich zuständigen StAen ab und ist **bis zur Übernahme nur für Eilmaßnahmen** zuständig, § 143 Abs 2 GVG. Die um Übernahme ersuchte StA prüft ihre Zuständigkeit. Sie kann die Übernahme ablehnen, wenn sie keine eigene, vorrangige Zuständigkeit annimmt. Die Lösung eines Zuständigkeitskonflikts zwischen mehreren zuständigen StAen kann erhebliche Zeit in Anspruch nehmen und bei länderübergreifenden Konflikten bis zu einer Entscheidung durch den Generalbundesanwalt führen, § 143 Abs 3 GVG. 76

Die örtliche Zuständigkeit begrenzt die Möglichkeit der Anklageerhebung, nicht aber die Zulässigkeit von Ermittlungsmaßnahmen. Jede örtlich zuständige **StA kann Ermittlungen bundesweit durchführen** und dabei auch für einzelne Maßnahmen, zum Beispiel eine Durchsuchung oder eine Zeugenvernehmung, auf Polizeikräfte anderer Bundesländer zurückgreifen.[116] 77

Wesentlich für die Bestimmung der zuständigen StA ist der Tatort. Tatort im Sinne des § 9 Abs 1 StGB ist der Ort, an dem der **Täter bei persönlicher Anwesenheit gehandelt hat**.[117] 78

Dies ist bei Verletzungen nach § 23 GeschGehG der Ort, an dem der Täter auf das Geschäftsgeheimnis **zugegriffen und/oder dieses genutzt oder offengelegt** hat. Bei Zugriffen auf Datenspeicher des Geschäftsherrn, zum Beispiel durch einen Außendienstmitarbeiter, ist Tatort der **Ort, von dem aus der Mitarbeiter Zugriff auf die Geschäftsgeheimnisse genommen oder an den er sie weitergeleitet hat**. Insbesondere bei Nutzungshandlungen ist eine Reihe von Tatorten denkbar; am Ort jeder Handlung liegt zunächst einmal für die betroffene prozessuale Tat ein Gerichtsstand vor. 79

a) Erfolgsort

Bei einem Verdacht auf Verletzung von Geschäftsgeheimnissen ist oft unklar, von welchem Ort aus auf kritische Daten zugegriffen wurde und wo diese verwertet wurden. In solchen Fällen werden Strafanzeigen oft bei der StA am **Sitz der Hauptverwaltung** des Anzeigeerstatters eingereicht. Wurde in der Hauptverwaltung keine Tathandlung begangen, fehlt es dort jedoch am Tatort und damit an der Zuständigkeit der angerufenen StA. Ein Tatort am Ort der Hauptverwaltung wäre in einem solchen Fall nur dann anzunehmen, wenn als Tatort eines Verstoßes nach § 23 GeschGehG auch der **Erfolgsort**[118] herangezogen 80

---

115 Trüg, NZWiSt 2014, 109, 111.
116 Mayer, in KK-StPO, § 143 GVG Rn 3.
117 Fischer, StGB, § 9 Rn 3; Ambos, in MüKo-StGB, § 9 Rn 8.
118 Ort, an dem der Handlungserfolg eintritt, vgl Fischer, StGB, § 9 Rn 4.

werden könnte. Ein solcher Erfolgsort als Tatort im Sinne des § 9 Abs 1 StGB kann allerdings nur bei Erfolgsdelikten angenommen werden, also bei Delikten, bei denen der Taterfolg zum Tatbestand gehört und deshalb für die Tatbestandsverwirklichung relevant ist.[119]

81 Der Verlust des Geschäftsgeheimnisses oder die Schädigung des Inhabers ist in keiner der Varianten des § 23 GeschGehG als tatbestandlicher Erfolg vorgesehen. Zwar setzt § 23 GeschGehG jedenfalls in den Varianten des Erlangens und des Offenlegens einen Erfolg voraus,[120] dieser liegt aber eben **nicht zwingend am Ort der Hauptverwaltung des Geschädigten**. Tatortbegründend ist nach dem Wortlaut des § 9 StGB nur der zum Tatbestand gehörende Erfolg,[121] weshalb es auf den Verlust des Geheimnisses oder die Schädigung des Inhabers nicht ankommen kann. Aus demselben Grund ist die nach § 23 GeschGehG vorgesehene **Absicht** (überschießende Innentendenz), **dem Inhaber des Unternehmens Schaden zuzufügen**, für die Bestimmung des Tatorts ebenfalls unerheblich.[122] Der mit der Verletzung des Geschäftsgeheimnisses verbundene Schaden des Unternehmers ist demnach »nur« eine Auswirkung der Tat, die als solche unter dem Aspekt des Erfolgsorts keinen Tatort begründen kann.[123]

82 Dies ergibt sich auch aus dem Verweis in § 23 Abs 6 GeschGehG auf § 5 Nr 7 StGB, wonach bei der Verletzung von Geschäftsgeheimnissen eines Betriebes oder eines Unternehmens mit Sitz in Deutschland oder eines Unternehmens mit Sitz im Ausland, welches von einem Unternehmen in Deutschland abhängig ist und mit diesem einen Konzern bildet, deutsches Strafrecht Anwendung findet. Diese Regelung wäre für Betriebe und Unternehmen mit Sitz in Deutschland nicht erforderlich, wenn bereits die Verletzung eines Geschäftsgeheimnisses eines Unternehmens mit Sitz in Deutschland oder der Eintritt eines dadurch hervorgerufenen Schadens zu einem inländischen Tatort und damit über § 3 StGB unmittelbar zur Anwendung deutschen Rechts führen würde. Bei solchen **Auslandstaten** muss, sofern keiner der Täter einen Wohnsitz im Inland besitzt und damit eine Zuständigkeit nach § 8 StPO vorliegt, keine Zuständigkeitsbestimmung über den BGH herbeigeführt werden, § 14 StPO.[124]

83 Eine **Zuständigkeit am Erfolgsort** dürfte danach nur in den Varianten des **Erlangens** des Geheimnisses sowie der **Offenlegung** des Geheimnisses in Betracht kommen. In diesen Fällen kann die Zuständigkeit auch an einem Ort begründet sein, an dem der Täter nicht gehandelt hat. So kann eine vom Ausland her initiierte Offenlegung eines Geheimnisses dann im Inland zu einer Zuständigkeit führen, wenn sich der Empfänger des Geheimnisses im Inland befindet. Dasselbe gilt im Falle der Erlangung, wenn der vom Ausland aus

---

119 Fischer, StGB, § 9 Rn 4a; Eser/Weißer, in Schönke/Schröder, StGB, § 9 Rn 6.
120 So auch zur Offenbarung von Privatgeheimnissen nach § 203 StGB: Saliger, in Kindhäuser/Neumann/Paeffgen, StGB, § 78a Rn 11, unter Berufung auf BGH 07.07.1993, 5 StR 303/93 = NStZ 1993, 538.
121 BayObLG 22.01.1992, RReg 3 St 179/91 = NJW 1992, 1248; OLG Koblenz 30.04.2010, 2 Ws 166/10, Rn 13 (juris) = NStZ 2011, 95, 96; Ambos, in MüKo-StGB, § 9 Rn 20.
122 Vgl BayObLG 22.01.1992, RReg 3 St 179/91 = NJW 1992, 1248; OLG Koblenz 30.04.2010, 2 Ws 166/10, Rn 13 (juris) = NStZ 2011, 95, 96; Ambos, in MüKo-StGB, § 9 Rn 20.
123 Zur Situation bei der Untreue: BGH 27.06.2006, 3 StR 403/05, Rn 20 (juris) = NStZ-RR 2007, 48, 50.
124 Vgl auch Mayer, in KK-StPO, § 143 GVG Rn 5 zur Zuständigkeitsbestimmung durch den GBA bei einem Kompetenzkonflikt zwischen den StAen verschiedener Länder.

agierende Täter eine Herrschaft über das Geschäftsgeheimnis erlangt, die sich **im Inland manifestiert**.

b) Handlungsort

Die Zuständigkeit unter dem Aspekt des Handlungsortes besteht an jedem Ort, an dem der **Täter anwesend war und zur Verwirklichung des Tatbestands** gehandelt hat.[125] Bloße Vorbereitungshandlungen sind irrelevant, weil sie nicht Verwirklichung des Tatbestands sind.[126] Dasselbe gilt für Handlungen, die der Beendigung der Tat dienen, auch wenn sie eine Fortsetzung oder Intensivierung des Angriffs darstellen,[127] es sei denn, sie sind tatbestandlich verselbstständigt.[128]

Geheimnisverletzungen gehen in vielen Fällen von mehreren Tätern aus, die koordiniert zusammenwirken und als Mittäter anzusehen sind. Die Tatortzuständigkeit entsteht in Fällen der Mittäterschaft **an jedem Ort, an dem zumindest einer der Mittäter zur Verwirklichung des Tatbestands tätig** geworden ist. Deshalb ist auch bei dem Anschein nach (nur) vorbereitenden Handlungen genau zu prüfen, ob sie nach Mittäterschaftsregeln als Tatanteil zugerechnet werden und auf diese Weise eine Zuständigkeit begründen können.[129]

▶ Die Begründung der Zuständigkeit der gewünschten Strafverfolgungsbehörde kann in der Praxis erleichtert werden, wenn zumindest ein in Betracht kommender Tatverdächtiger/Mittäter einen Tatbeitrag im Zuständigkeitsbereich der angegangenen StA geleistet hat. Darüber hinaus sollte der Anzeigeerstatter beachten, dass eine Nutzung oder Offenlegung des Geheimnisses auch im Bereich der angerufenen StA in Betracht kommt, auch wenn die Erlangung an einem anderen Ort stattgefunden haben sollte oder der Erlangungsort nicht mehr zu ermitteln ist. Auch hieran kann eine Zuständigkeit der StA anknüpfen.

Für die Zuständigkeit von Tatbeteiligten ist neben dem Ort der Beteiligung auch der Ort der Haupttat maßgeblich, wie sich aus § 9 Abs 2 StGB ergibt.

c) Ort des Zusammenhangs

Liegen mehrere **zusammenhängende Straftaten** vor, die einzeln nach den Vorschriften der §§ 7 bis 11 StPO zur Zuständigkeit verschiedener Gerichte gehören würden, ist ein Gerichtsstand bei jedem Gericht begründet, das für eine der Strafsachen zuständig ist. Der Begriff des Zusammenhangs ergibt sich aus § 3 StPO, wonach ein Zusammenhang besteht, wenn eine Person mehrerer Straftaten beschuldigt wird oder wenn bei einer Tat mehrere Personen als Täter, Teilnehmer oder der Datenhehlerei, Begünstigung, Strafvereitelung oder Hehlerei beschuldigt werden. Die **Verknüpfung muss allerdings durch konkrete Tatsachen begründet** werden, die bloße Möglichkeit eines Zusammenhanges genügt nicht.[130]

---

125 Fischer, StGB, § 9 Rn 3; Ambos, in MüKo-StGB, § 9 Rn 8.
126 Eser/Weißer, in Schönke/Schröder, StGB, § 9 Rn 4.
127 Eser/Weißer, in Schönke/Schröder, StGB, § 9 Rn 4; teilw aA Ambos, in MüKo-StGB, § 9 Rn 9.
128 Eser/Weißer, in Schönke/Schröder, StGB, § 9 Rn 4.
129 Vgl BGH 05.02.1997, 2 StR 551/96, Rn 5 (juris) = NStZ 1997, 286; BGH 29.05.1991, 3 StE 4/91 = NJW 1991, 2498; BGH 04.12.1992, 2 StR 442/92, Rn 12 (juris) = NJW 1993, 1405; Ambos, in MüKo-StGB, § 9 Rn 10.
130 Ellbogen, in MüKo-StPO, § 3 Rn 2.

d) Wirtschaftsstrafverfahren

89 Verfahren wegen Verstößen nach § 23 GeschGehG sind nach § 74c Abs 1 Nr 1 GVG Wirtschaftsstrafsachen, für die bei Anklagen vor dem Landgericht eine Wirtschaftsstrafkammer zuständig ist. Die Ermittlungen in Verfahren, welche eine solche Anklage erwarten lassen, werden im Regelfall von den **Schwerpunktstaatsanwaltschaften** geführt, welche am Sitz des Landgerichts mit Wirtschaftsstrafkammern eingerichtet werden. Bei diesen Kammern sollen die Berufsrichter Spezialkenntnisse des Wirtschaftslebens besitzen. Leider ist die Umsetzung dieser Vorgabe in den Bundesländern sehr unterschiedlich. In einigen Bundesländern ist die Zahl der Landgerichte mit Wirtschaftsstrafkammern so hoch, dass die Möglichkeit der dort tätigen Richter, Erfahrung mit Strafverfahren wegen Verletzung von § 17 UWG aF, jetzt § 23 GeschGehG, zu sammeln, gering ist. Gleiches gilt für Schwerpunktstaatsanwaltschaften mit einem zu geringen Fallaufkommen.

2. Begründung des Anfangsverdachts, insbesondere durch Strafanzeige

a) Einführung

90 Mit dem Inkrafttreten des GeschGehG hat sich der **Prüfungsumfang der StA zur Feststellung eines Anfangsverdachts erheblich erweitert.**

91 Ein Anfangsverdacht liegt vor, wenn auf Grund konkreter Tatsachen nach kriminalistischer Erfahrung das Vorliegen einer Straftat möglich ist.[131] Anhand dieses Maßstabs prüft die StA, ob die – zumeist vom Anzeigeerstatter vorgetragenen – Umstände sich soweit verifizieren lassen, dass strafbares Verhalten möglich ist.[132] Dabei braucht der **Verdacht weder dringend noch hinreichend** zu sein, die einfache Möglichkeit genügt. Den Ermittlungsbehörden steht bei der Annahme des Anfangsverdachts ein – rechtlich gebundener – **Beurteilungsspielraum** zu.[133] Ob sich der Verdacht erhärtet, müssen die weiteren Ermittlungen zeigen.

b) Prüfung des Geheimnischarakters der Information

92 Bei einer angezeigten Verletzung nach § 23 GeschGehG muss die StA zunächst prüfen, ob die Information oder das Know-how, das betroffen sein soll, überhaupt ein Geschäftsgeheimnis darstellen kann. Die StAen müssen vermeiden, von Anzeigeerstattern für Zwecke der Druckausübung auf unliebsame Wettbewerber eingesetzt zu werden. Sie werden deshalb besonders kritisch prüfen, ob die betroffene Information einen **wirtschaftlichen Wert** hat und nicht etwa belanglos ist (sh Kap 1 Rdn 93 ff). Kritisch betrachten wird die StA weiter, ob ein **berechtigtes wirtschaftliches Interesse** vorliegt, die Information zu schützen (sh Kap 1 Rdn 258 ff) und ob der Eingriff in die Information **spürbare Auswirkungen auf die Wettbewerbsfähigkeit** des Unternehmens herbeiführt (sh Rdn 127 f).

93 ▶ Eine erfolgreiche Strafanzeige sollte unbedingt detaillierte Ausführungen zur Frage der Werthaltigkeit des Geschäftsgeheimnisses enthalten und die wirtschaftliche Bedeutung einer Nutzung und eines drohenden Verlustes des Geheimnisses klarmachen. Der Anzeigeerstatter darf gar nicht erst Zweifel der StA aufkommen lassen, ob ihre Ermittlungsmöglichkeiten zur Förderung von Wettbewerbsinteressen und ohne hinreichenden Anlass in Anspruch genommen werden sollen. Zu diesem

---

131 Schmitt, in Meyer-Goßner/Schmitt, StPO, § 152 Rn 4.
132 Vgl zu den Grenzen des Anfangsverdachts Hoven, NStZ 2014, 361.
133 BVerfG 08.11.1983, 2 BvR 1138/83, Rn 6 (juris) = NJW 1984, 1451, 1452.

c) Prüfung der Geheimhaltungsmaßnahmen

Gelangt die StA zu der Erkenntnis, dass die betroffene Information als Geheimnis geschützt sein kann, muss sie feststellen, ob die Information durch angemessene Geheimhaltungsmaßnahmen des Inhabers zum Geschäftsgeheimnis gemacht wurde. Die Feststellung, dass eine solche Geheimhaltungsmaßnahme getroffen wurde und ein Geschäftsgeheimnis vorliegt, muss einer **Einleitungsverfügung** zugrunde gelegt werden. Die StA kann dazu notwendige **Vorermittlungen** ohne Eingriffs- und Zwangscharakter durchführen, bspw die Vorlage von Arbeitsverträgen mit Geheimhaltungsklauseln anfordern oder Zeugenvernehmungen über Zugangssperren in Datenverarbeitungsprogrammen vornehmen.[134] Das **Ermessen der StA** zur Vornahme solcher Vorermittlungen ist allerdings außerordentlich weit. Der Anzeigeerstatter sollte deshalb von vornherein bestrebt sein, hinreichende Informationen zu liefern, damit solche Vorermittlungen nicht notwendig werden.

94

In § 2 Abs 1 GeschGehG nimmt der Gesetzgeber erstmals eine Legaldefinition des Geschäftsgeheimnisses vor. Nach dieser sind Geschäftsgeheimnisse nur solche Informationen, die Gegenstand von den Umständen nach angemessenen Geheimhaltungsmaßnahmen des Inhabers sind, § 2 Nr 1 lit b) GeschGehG (sh Kap 1 Rdn 103 ff). Diese Einschränkung des Begriffs des Geschäftsgeheimnisses hat wesentlichen Einfluss auf den Umfang der Prüfung, ob ein Anfangsverdacht vorliegt.

95

Während für ein Geschäftsgeheimnis nach § 17 UWG aF der erkennbare subjektive Wille zur Geheimhaltung ausreichend war, um eine Information zum Geschäftsgeheimnis werden zu lassen, muss nun die angemessene Geheimhaltungsmaßnahme hinzukommen. Dabei nimmt der Gesetzgeber keine Stellung zu der Frage, welche Anstrengungen der Betriebsinhaber konkret unternehmen muss, um sein Betriebsgeheimnis strafrechtlich zu schützen.[135] Nach der Entwurfsbegründung sollen sowohl **physische Zugangsbeschränkungen** möglich sein als auch **vertragliche Sicherungsmechanismen**.[136]

96

Es kann nicht genug betont werden, dass eine Information erst durch die Geheimhaltungsmaßnahe zum Geschäftsgeheimnis wird. **Ohne angemessene Geheimhaltungsmaßnahme fehlt es bereits am Tatobjekt** des Geschäftsgeheimnisses. Ist die Geheimhaltungsmaßnahme zu unkonkret und erfasst sie nicht die zu schützende Information, liegt kein Geschäftsgeheimnis vor. Die Information unterliegt dann nicht dem Schutz des GeschGehG. Die Geheimhaltungsmaßnahmen dienen nicht zum Schutz des Geschäftsgeheimnisses, sondern der **Definition des Schutzobjekts**, auch wenn im Regelfall ein Verstoß nach § 23 GeschGehG mit der Umgehung einer Schutzmaßnahme verbunden sein wird, sei es durch Überwindung eines technischen Schutzes, sei es durch Verletzung vertraglicher

97

---

134 Schmitt, in Meyer-Goßner/Schmitt, StPO, § 152 Rn 4b; Peters, in MüKO-StPO, § 152 Rn 62 ff.
135 Vgl Begr zum RegE, BT-Drucks. 19/4724 S. 24 f.
136 Begr zum RegE, BT-Drucks. 19/4724 S. 24; vgl im Einzelnen zu den Sicherungsmaßnahmen Kap 1 Rdn 153 ff.

Verpflichtungen. Die Tatbestände des § 23 Abs 1 iVm § 4 Abs 1 GeschGehG erfordern, anders als bspw der Tatbestand des Ausspähens von Daten nach § 202a Abs 1 StGB, kein Überwinden einer Zugangssicherung. Schon **in der Strafanzeige sollten deshalb die Geheimhaltungsmaßnahmen eine zentrale Rolle** spielen, wobei diese dazu dienen, der StA das betroffene Geschäftsgeheimnis überhaupt erst plausibel zu machen.

98 Ob ein Geschäftsgeheimnis vorliegt, kann sich also nicht mehr allein aus der Information als solcher ergeben Vielmehr muss der Geheimnisinhaber die zu schützende Information **mit Hilfe der Geheimhaltungsmaßnahmen** hinreichend **klar definieren**. Wie er den Schutz ausgestaltet, ist ihm überlassen. Es ist zu vermuten, dass die StAen und Strafgerichte eine **allgemeine arbeitsrechtliche Pflicht** zur Verschwiegenheit über Geschäftsgeheimnisse **nicht genügen** lassen werden, da eine solche allgemeine Pflicht die geschützte Information nicht hinreichend konkret bezeichnet. Ob dabei eine abstrakte Kategorisierung von Informationen und auf diese Kategorien bezogene Schutzmaßnahmen genügen können, muss im Einzelfall geprüft werden (sh Kap 1 Rdn 125 ff, 127 ff).[137] Maßgeblich wird sein, ob dem Täter bei Kenntnis der Kategorisierung und der Schutzmaßnahme die **Erkenntnismöglichkeit** verschafft wird, dass die konkret von ihm erlangte, genutzte oder offengelegte Information einer Schutzmaßnahme unterlegen hat. Unterliegt die Information keiner angemessenen Geheimhaltungsmaßnahme, fehlt es an einer Tathandlung nach § 23 GeschGehG, und ein Anfangsverdacht ist nicht zu begründen

99 Die Frage, ob eine angemessene Geheimhaltungsmaßnahme erfolgt ist, kann nicht über die kriminalistische Erfahrung beantwortet werden. Diese half nach dem altem Recht weiter, wenn eine für das Unternehmen wertvolle Information angegriffen wurde. Der danach erforderliche Geheimhaltungswille und das **Geheimhaltungsinteresse**[138] konnten **aus dem Wert des Geheimnisses geschlossen** werden; es gab eine kriminalistische Erfahrung, dass Unternehmen ihre wertvollen Informationen geheim halten und kein Interesse daran haben, dass diese durch Dritte verwertet werden. Einen Schluss auf tatsächlich erfolgte Geheimhaltungsmaßnahmen lässt die Erfahrung allerdings nicht zu. Es gibt jedenfalls derzeit keine kriminalistischen Erfahrungswerte, dass Unternehmer ihre wertvollen Informationen tatsächlich in dem für die Erreichung des Geschäftsgeheimnisschutzes erforderlichen angemessenen Umfang schützen.

100 ▶ Um der StA die Prüfung zu erleichtern, sollte ein Anzeigeerstatter bereits mit der Anzeige ausreichend und nachvollziehbar zu den Geheimhaltungsmaßnahmen vortragen und darlegen, warum diese angemessen waren. Da eine Geheimhaltungsmaßnahme immer im Hinblick auf eine konkret betroffene Information zu beurteilen ist, sollte der Anzeigeerstatter besonderes Augenmerk auf die Darstellung legen, inwieweit die getroffenen Geheimhaltungsmaßnahmen einen konkreten Bezug zu den betroffenen Informationen gehabt haben.

d) Prüfung einer möglichen Tathandlung

101 Darüber hinaus muss die Strafanzeige Angaben dazu enthalten, woraus sich eine mögliche Verletzungshandlung, also eine rechtswidrige Erlangung, Nutzung oder Offenlegung des Geschäftsgeheimnisses, ergibt.

---

137 Tendenziell großzügig Ohly, GRUR 2019, 441, 444.
138 Vgl Ohly, in Ohly/Sosnitza, UWG, § 17 Rn 5 und 11 f.

102 IdR wird der Anzeigeerstatter den angezeigten Vorgang nicht selbst bezeugen können, sondern lediglich aus ihm bekannt gewordenen anderen Umständen auf die Begehung einer Straftat schließen. Eine solche **auf gewissen Unwägbarkeiten beruhende Strafanzeige ist möglich**. Mit der Strafanzeige soll die StA in die Position versetzt werden, Ermittlungen aufzunehmen. Die Strafanzeige stellt dementsprechend keine Behauptung einer Straftat dar, sondern lediglich die **Mitteilung eines Straftatverdachts**. Für die in der Praxis gelegentlich zu beobachtende Zurückhaltung bei der Einleitung eines Ermittlungsverfahrens, weil der Sachverhalt nicht vollständig bekannt sei, gibt es daher keinen Anlass.

103 Werden allerdings wissentlich falsche Tatsachen vom Anzeigeerstatter vorgetragen, um gegen einen Mitkonkurrenten ein Ermittlungsverfahren herbeizuführen, kann sich dieser selbst dem Verdacht einer falschen Verdächtigung aussetzen, die nach § 164 StGB strafbar ist.[139]

104 Die StA kann ihre Ermittlungen nur zielgerichtet führen, wenn ihr die dem Anzeigeerstatter vorliegenden Informationen möglichst vollständig zur Verfügung gestellt werden. Der Anzeigeerstatter sollte deshalb die ihm **bekannten Anknüpfungstatsachen vollständig und strukturiert (!) mitteilen**, die seinen Verdacht stützen können. Ihm ist außerdem dringend anzuraten, von ihm angestellte **Vermutungen als solche zu kennzeichnen**. Kommen für die Erlangung eines Geschäftsgeheimnisses durch den Tatverdächtigen verschiedene Hergänge in Betracht, sollte dies ebenfalls deutlich gemacht werden, um der StA die Ermittlung in alle Richtungen zu ermöglichen. Da ein die Ermittlung rechtfertigender Anfangsverdacht keine besonders hohe Verdachtsschwelle darstellt, ist nicht zu befürchten, dass die StA aufgrund der bloßen Möglichkeit eines nicht strafbaren Tathergangs von Ermittlungen absieht. Wichtig ist allerdings, dass der Anzeigeerstatter der StA **Ermittlungsansätze an die Hand** gibt. Fehlt es an jeglichem Ermittlungsansatz, kann die sich aus der Strafanzeige ergebende Unaufklärbarkeit des Sachverhalts ohne weitere Ermittlungen zur Verfahrenseinstellung führen.

e) Prüfung des subjektiven Tatbestands

105 Auf die Darstellung und Prüfung des subjektiven Tatbestands wird in der Praxis zu Unrecht oft wenig Wert gelegt. Gerade im Hinblick auf die nunmehr erforderlichen Geheimhaltungsmaßnahmen des Geheimnisinhabers wird sich dies ändern müssen. Kennt der Tatverdächtige den Geheimnischarakter der Information nicht, insbesondere, weil er sich über das Vorliegen von Geheimhaltungsmaßnahmen irrt, liegt ein **Tatbestandsirrtum** vor, der nach § 16 StGB zur Straflosigkeit führt, da fahrlässiges Handeln nach § 23 GeschGehG nicht mit Strafe bedroht ist. Ein solcher Tatbestandsirrtum kann insbesondere vorliegen, wenn die **Geheimhaltungsmaßnahme verdeckt** erfolgte und zum Beispiel Zugriffe auf einen Datenspeicher innerhalb eines Unternehmers so dokumentiert werden, dass dies für die Mitarbeiter nicht erkennbar ist.

106 Da ein Tatbestandsirrtum auch dann vorliegt, wenn der Täter diesen verschuldet hat,[140] ist der Täter auch dann straffrei, wenn er die Geheimhaltungsmaßnahme schuldhaft nicht erkannt hat.

---

139 In Betracht kommt auch ein Vortäuschen einer Straftat, § 145d StGB.
140 Sternberg-Lieben/Schuster, in Schönke/Schröder, StGB, § 16 Rn 11.

107 ▶ Es ist abzusehen, dass sich die Behauptung, die Geheimnisschutzmaßnahmen seien dem Tatverdächtigen nicht bekannt gewesen, zu einem häufig gebrauchten Verteidigungsinstrument entwickeln wird. Vermutlich werden die Gerichte darauf mit Zurückhaltung reagieren, insbesondere, da ein Tatbestandsirrtum nicht vorliegt, wenn der Tatverdächtige mit Geheimhaltungsmaßnahmen immerhin rechnete, auch wenn er sie konkret nicht kannte. Gerade bei externen Tätern wird idR bedingter Vorsatz anzunehmen sein.

Um internen Tätern dieses Verteidigungsinstrument von vornherein aus der Hand zu nehmen, sollten die durchgeführten Geheimhaltungsmaßnahmen intern kommuniziert werden. Dabei ist es nicht erforderlich, dass die Maßnahmen im Detail beschrieben werden, solange der Mitarbeiter aufgrund der Information nicht mehr davon ausgehen kann, dass angemessene Geheimhaltungsmaßnahmen nicht implementiert sind.

f) Tatverdacht gegen Geschäftsführungsmitglieder und Vorstände

108 Besondere Schwierigkeiten tauchen in der Praxis bei der Begründung eines Tatverdachts gegen **Geschäftsführungsmitglieder und Vorstände** auf. Diese haben Kraft ihrer Stellung im Unternehmen Zugang zu allen Informationen, ohne dass sie durch technische Zugangssperren davon abgehalten werden könnten. Es ist auch für eine Gesellschafterversammlung oder einen Aufsichtsrat kaum möglich, bspw in einem Geschäftsführeranstellungsvertrag die Geschäftsgeheimnisse des Unternehmens ausreichend im Rahmen eines vertraglichen Geheimnisschutzes genau zu definieren.

109 Es ist allerdings Aufgabe des Geschäftsführers, im Unternehmen Geheimnisschutz herzustellen und für wertvolle Informationen angemessene Geheimhaltungsmaßnahmen zu erstellen oder anzuordnen. Hat er dies unternommen, sind die Informationen als Geschäftsgeheimnisse definiert. **Daran ist auch der Geschäftsführer selbst gebunden.** Die Information ist dann auch ihm gegenüber ein Geschäftsgeheimnis, das er nicht verletzen darf. Eignet er sich die Information unrechtmäßig an, verletzt er § 4 Abs 1 Nr 1, 2 GeschGehG, auch wenn er dazu die von ihm selbst geschaffenen Geheimhaltungsmaßnahmen nicht umgehen muss.

110 Ist die Implementierung von Geheimhaltungsmaßnahmen durch den Geschäftsführer oder Vorstand und damit die Verletzung eines Geschäftsgeheimnisses nicht nachweisbar, kann dies den Verdacht der Untreue nach § 266 StGB begründen.[141]

3. Strafantrag

111 Wesentlicher Schritt für die Einleitung eines Ermittlungsverfahrens ist idR ein form- und fristgerecht gestellter Strafantrag. Die Frist ist für die Prüfung komplexer Fragen bei Verletzungen von Geschäftsgeheimnissen innerhalb des verletzten Unternehmens sehr kurz. Sie wurde im GeschGehG nicht geändert und zwingt Geschäftsinhaber dazu, sich unmittelbar nach Kenntnis der Tat mit der Frage auseinanderzusetzen, ob Strafantrag gestellt werden soll.

a) Einführung

112 Ein Ermittlungsverfahren wegen eines Verstoßes nach § 23 GeschGehG kann von der StA nur eingeleitet werden, wenn ein **Strafantrag** vorliegt oder die StA das **besondere öffent-**

---

141 Vgl Hoppe/Holtz, Lexology-Beitrag, v 12.06.2019, abrufbar unter https://www.lexology.com/r.ashx?l=8WFETPC.

liche Interesse an der Strafverfolgung bejaht, § 23 Abs 8 GeschGehG. Fehlt es an beidem, mangelt es an einer Prozessvoraussetzung. Das Ermittlungsverfahren kann nur dann aufgenommen werden, wenn zu erwarten ist, dass frist- und formgerecht Strafantrag gestellt wird und Eilmaßnahmen durchzuführen sind.[142] Nach Ablauf der Strafantragsfrist ist ein bereits aufgenommenes Verfahren einzustellen, wenn der erwartete Strafantrag ausbleibt.

Hintergrund der Ausgestaltung als relatives Antragsdelikt ist die Überlegung des Gesetzgebers von 1986, dass der Straftatbestand[143] in erster Linie dem Schutz des Unternehmens dient. Nur wenn die Sicherung von Geschäftsgeheimnissen auch im **öffentlichen Interesse** liegt,[144] soll ein Verfahren von Amts wegen durchgeführt werden können, auch wenn der betroffene Unternehmer – nicht selten aus den verschiedenartigsten Gründen – zögert, Strafantrag zu stellen.[145]   113

b) Frist

Die Frist für den Strafantrag beträgt drei Monate und beginnt mit der Kenntnis des Geschädigten von Tat und Täter, § 77b Abs 1, 2 StGB. Die StA muss prüfen, ob die Frist eingehalten wurde. Zweifel gehen zu Lasten des Antragstellers.[146]   114

Von besonderer Bedeutung bei der Beurteilung des Fristablaufs ist die Frage, ab wann **ausreichende Identifizierbarkeit**[147] von Tat und Täter vorliegt, um den Fristablauf in Gang zu setzen. Dies ist im Einzelfall zu entscheiden. Wichtig ist dabei zum einen die **Kenntnis des Taterfolgs**, aus der sich die **Kenntnis von der Opfereigenschaft** ableitet,[148] zum anderen die **Individualisierbarkeit des Täters**. Der Erfolg muss als Folge einer möglicherweise strafbaren Tat erkannt werden, weshalb eine hinsichtlich der Ursache strafrechtsneutrale Erfolgswahrnehmung nicht ausreicht, welche die Möglichkeit einer strafrechtsirrelevanten Ursache (zum Beispiel einer redlichen Erlangung des Geschäftsgeheimnisses) einschließt.[149] Dies wird aber bei einer einigermaßen konkreten Strafanzeige kaum je der Fall sein.   115

Als Prüfungsmaßstab für den Beginn der Antragsfrist kann der Ansatz herangezogen werden, dass der Antragsberechtigte Tatsachen kennen muss, die **Schlüsse auf Richtung und Erfolg der Tat** zulassen. Er muss so weit informiert sein, dass er prüfen kann, ob er Strafantrag stellen und so die weiteren Ermittlungen in die Hand der Strafverfolgungsorgane legen will.[150] Hierfür ist ausreichend, dass er die Person des Täters individualisieren   116

---

142 Vgl Nr 6 RiStBV sowie §§ 127 Abs 3, 130 StPO für Festnahmen und Haftbefehle.
143 Damals der des § 17 UWG.
144 Zum öffentlichen Interesse bei der Korruptionsverfolgung, welches auch für die Verletzung des Geschäftsgeheimnisses herangezogen werden kann: Dölling, Gutachten C zum 61. DJT, C 91/92.
145 BT-Drucks. 10/5058 S. 41; die Übernahme des Antragserfordernisses in das GeschGehG erfolgt ohne weitere Begründung, vgl Begr zum RegE, BT-Drucks. 19/4724 S. 41.
146 Vgl BGH 21.02.1968, 2 StR 719/67, Rn 10 (juris) = NJW 1968, 1148, 1149; Fischer, StGB, vor § 77 Rn 4; vgl auch Knauer/Kudlich, in MüKo-StPO, § 337 Rn 53.
147 Vgl Krell, in Graf/Jäger/Wittig, Wirtschafts- und Steuerstrafrecht, § 17 UWG Rn 84.
148 Mitsch, in MüKo-StGB, § 77b Rn 14.
149 Mitsch, in MüKo-StGB, § 77b Rn 14.
150 Fischer, StGB, § 77b Rn 4; vgl auch Krell, in Graf/Jäger/Wittig, Wirtschafts- und Steuerstrafrecht, § 17 UWG Rn 84.

kann, ohne deren Namen zu kennen.[151] Daher greifen **Strafanträge gegen Unternehmen** auch gegenüber dem Inhaber des Unternehmens[152] oder gegen dort tätige Mitarbeiter, soweit sie für den Antragsteller identifizierbar sind. Insofern läuft die Strafantragsfrist idR bereits dann, wenn der Geschädigte **Kenntnis des Unternehmens** hat, aus dem heraus der Täter handelte.

117 Die Kenntnis muss bei der **zur Vertretung befugten Person** vorliegen,[153] idR also beim Geschäftsführer oder Vorstand. Konkret kommt es dabei auf die Kenntnis der natürlichen Person an, welche die Organ- oder Vertreterposition innehat, mit der die Zuständigkeit für die Antragstellung verknüpft ist.[154] Diese muss sich jedoch die Kenntnis ihrer ständigen Vertreter zurechnen lassen.[155]

c) Strafantragsberechtigter und Vertretung

118 Gestellt werden muss der Antrag vom Verletzten, § 77 Abs 1 StGB, auf dessen Kenntnis von Tat und Täter bei der Prüfung der Fristwahrung abgestellt wird. Bei Verstößen nach § 23 GeschGehG ist dies der **Inhaber des Geschäftsgeheimnisses**. Der Insolvenzverwalter hat ebenfalls ein Antragsrecht, auch für Delikte vor seiner Bestellung.[156] Ob Lizenznehmer antragsberechtigt sind, ist zweifelhaft (sh zur Frage der Antragsberechtigung im Adhäsionsverfahren Kap 4 Rdn 87). Weithin wird angenommen, dass mittelbar Verletzte kein Strafantragsrecht haben.[157]

119 ▶ Zur Vermeidung unnötiger rechtlicher Risiken sollte der Strafantrag immer zumindest auch vom Geheimnisinhaber gestellt werden. Er kann sich hierzu aber des Lizenznehmers als Stellvertreter bedienen. Zweckmäßigerweise wird eine Vollmacht zur Stellung eines Strafantrags bereits mit dem Lizenzvertrag erteilt.

120 Die Ausübung des Antragsrechts erfolgt bei juristischen Personen durch ihre Organe, die innerhalb des ihnen zugewiesenen Kreises den Willen der juristischen Person bilden, zum Beispiel bei der GmbH durch den Geschäftsführer.[158] Allerdings ist eine **Vertretung in der Erklärung** möglich, da der Strafantragsberechtigte hier zur Genüge seinen Antragswillen kundgetan hat.[159] Eine Vertretung auch im Willen, also in der Willensbildung als

---

151 Vgl BayObLG 21.07.1993, 2 St RR 91/93 = NStZ 1994, 86: Fahrer des Fahrzeugs mit amtlichem Kennzeichen; Bosch, in Schönke/Schröder, StGB, § 77b Rn 9.
152 Krell, in Graf/Jäger/Wittig, Wirtschafts- und Steuerstrafrecht, § 17 UWG Rn 84.
153 Bosch, in Schönke/Schröder, StGB, § 77b Rn 3.
154 RG 07.06.1934, 2 D 405/34 = RGSt 68, 263, 265; RG 22.06.1909, I 711/09 = RGSt 43, 44, 46; Mitsch, in MüKo-StGB, § 77b Rn 30.
155 Bosch, in Schönke/Schröder, StGB, § 77b Rn 3.
156 RG 04.03.1902, 314/02 = RGSt 35, 149; RG 29.10.1900, 3643/00 = RGSt 33, 437; OLG Celle 08.10.2007, 2 Ws 296/07, Rn 6 ff (juris) = NJW 2007, 3795, 3796; LG Hildesheim 22.08.2007, 25 KLs 5413 Js 18030/06 FE, Rn 15 (juris) = NStZ-RR 2008, 43; Bosch, in Schönke/Schröder, StGB, § 77 Rn 27.
157 Mitsch, in MüKo-StGB, § 77 Rn 7; Bosch, in Schönke/Schröder, StGB, § 77 Rn 10 mit Hinweis auf die Ausweitung der Antragsberechtigung auf unmittelbar dinglich oder persönlich an einer Sache Berechtigte in BGH 26.07.1957, 4 StR 257/57 = NJW 1957, 1933.
158 KG 16.11.1989, (4) 1 Ss 33/89 (15/89) = NStZ 1990, 144; Bosch, in Schönke/Schröder, StGB, § 77 Rn 14.
159 BGH 19.08.1982, 4 StR 387/82 = NStZ 1982, 508; RG 25.11.1926, II 810/26 = RGSt 61, 45; OLG Bremen 03.05.1961, Ss 37/61 = NJW 1961, 1489; Mitsch, in MüKo-StGB, § 77 Rn 28; Bosch, in Schönke/Schröder, StGB, § 77b Rn 26.

solcher, ist bei der Verletzung vermögenswerter Rechtsgüter ebenfalls zulässig.[160] Die **Vollmacht bedarf keiner bestimmten Form**, kann also auch mündlich oder sogar konkludent erteilt werden.[161] Sie muss zum Zeitpunkt der Antragstellung bestehen, kann aber noch im Nachgang, auch nach Ablauf der Antragsfrist, nachgewiesen werden.[162] Eine Genehmigung des vollmachtlos gestellten Antrags ist bis zum Ablauf der Antragsfrist möglich.[163]

Bei juristischen Personen muss daher **zumindest ein Mitglied des Vorstands oder der Geschäftsführung** selbst oder durch einen Bevollmächtigten Strafantrag stellen. Dies wird oft übersehen und führt zur Versäumung der Frist, wenn der Antrag zunächst vom Leiter der Rechts- oder Compliance-Abteilung gestellt wird und der Vorstand dann nicht mehr rechtzeitig eingebunden werden kann. Die standardmäßig verwendeten Strafprozessvollmachten sehen zwar grundsätzlich auch eine Bevollmächtigung zur Stellung von Strafanträgen vor. In der Praxis ist aber darauf zu achten, dass die Vollmacht ihrerseits von einer auch insoweit zur Vollmachtserteilung berechtigten Person erteilt wird.

121

d) Form des Strafantrags

Der Strafantrag kann bei einer StA oder einem Gericht schriftlich oder mündlich zu Protokoll, bei einer Polizeidienststelle nur schriftlich gestellt werden, § 158 Abs 2 StPO. Eine **E-Mail soll den Formerfordernissen genügen**,[164] jedoch wird hier zu ermitteln sein, ob diese tatsächlich dem angeblichen Absender zugerechnet werden kann. Der Antrag ist an keinen besonderen Wortlaut gebunden, ihm muss nur eindeutig zu entnehmen sein, wegen welcher Straftaten die Strafverfolgung begehrt wird und gegen wen sich diese richten soll.[165] Eine **Strafanzeige**, die offenlässt, ob Strafantrag gestellt werden soll, **genügt jedoch nicht**. Der Antrag kann auf die Verfolgung einzelner Mittäter beschränkt werden.[166]

122

e) Rücknahme des Strafantrags

Der Strafantrag kann **jederzeit zurückgenommen** werden. Dies führt zum Ende des Strafverfahrens, § 77d Abs 1 StGB, sofern kein Offizialdelikt vorliegt. Der Antragsteller hat dann die **Kosten des Verfahrens** sowie die notwendigen Auslagen des Beschuldigten und etwaiger Nebenbeteiligter zu tragen, § 470 StPO. Auch wenn die Vorschrift selten angewandt wird, können auf den Antragsteller hohe Kosten zukommen, wenn Ausgaben für umfangreiche Sachverständigengutachten oder Verteidigerkosten aus einer vor Rücknahme des Strafantrags laufenden Hauptverhandlung angefallen sind. Diese soll die Staatskasse nicht tragen müssen.[167]

123

---

160 RG 07.06.1934, 2 D 405/34 = RGSt 68, 263; Bosch, in Schönke/Schröder, StGB, § 77 StGB Rn 27; aA Mitsch, in MüKo-StGB, § 77 Rn 29: nur bei rechtsgeschäftlicher Übertragung des betroffenen Rechtsgutsobjekts.
161 Bosch, in Schönke/Schröder, StGB, § 77 StGB Rn 30.
162 BGH 19.08.1982, 4 StR 387/82 = NStZ 1982, 508; RG 25.11.1926, II 810/26 = RGSt 61, 45, 47; RG 17.06.1926, II 394/26 = RGSt 60, 282; Bosch, in Schönke/Schröder, StGB, § 77 StGB Rn 30.
163 OLG Brandenburg 25.07.2001, 1 Ss 16/01, Rn 6 (juris) = NJW 2002, 694; Bosch, in Schönke/Schröder, StGB, § 77 Rn 30; aA KG 16.11.1989, (4) 1 Ss 33/89 (15/89) = NStZ 1990, 144.
164 Fischer, StGB, § 77b Rn 23.
165 Bosch, in Schönke/Schröder, StGB, § 77 Rn 38 ff.
166 Fischer, StGB, § 77b Rn 25.
167 Schmitt, in Meyer-Goßner/Schmitt, StPO, § 470 Rn 6.

124 Da Ermittlungen wegen Verstößen nach § 23 GeschGehG auch von Amts wegen geführt werden können, bedeutet die Rücknahme eines Strafantrags, zumeist nach einem zivilrechtlichen Vergleich mit einer entsprechenden Verpflichtung, nicht automatisch das Ende des strafrechtlichen Ermittlungsverfahrens. Die Rücknahme des Antrags führt zur Prüfung, ob ein **besonderes öffentliches Interesse** besteht und das Verfahren nunmehr als Offizialdelikt weiterzuführen ist. Wurde es schon bisher als Offizialdelikt geführt, muss die StA prüfen, ob das besondere öffentliche Interesse an der Strafverfolgung weiter fortbesteht. Wird dies bejaht oder sind im Laufe des Verfahrens Anhaltspunkte für weitere Straftaten aufgetreten, die Offizialdelikte sind, wird das Ermittlungsverfahren fortgeführt.

125 Die Mitarbeiter des Anzeigeerstatters bleiben Zeugen und sind vor Gericht zur Wahrheit verpflichtet, § 57 StPO, der Anzeigeerstatter unterliegt weiterhin der **Vorlagepflicht für Beweismittel** gem. § 95 Abs 1 und 2 StPO, welche zwangsweise durchgesetzt werden kann. Ein Ermittlungsverfahren gegen den ausdrücklichen Willen des Geschädigten zu führen ist mühsam, aber durchaus möglich. Dies sollte im Vorfeld bedacht werden, wenn zur Unterstützung zivilrechtlicher Ansprüche und um Druck auf den zivilrechtlichen Gegner auszuüben, Strafanzeige erstattet wird oder auf Ermittlungen von Amts wegen gedrängt wird.

4. Besonderes öffentliches Interesse an der Strafverfolgung

126 Nach § 23 Abs 8 GeschGehG kann das Ermittlungsverfahren nicht nur bei Vorliegen eines Strafantrags geführt werden, sondern auch **von Amts wegen** – und damit auch gegen den ausdrücklichen Willen des Geschädigten. Damit berücksichtigt der Gesetzgeber, dass es Eingriffe in Geschäftsgeheimnisse gibt, deren Ahndung im öffentlichen Interesse liegt. Das Verfahren kann dann von Amts wegen geführt werden, wenn ein **besonderes öffentliches Interesse an der Strafverfolgung** vorliegt.[168]

127 Leider fehlt es an Vorgaben des Gesetzgebers, wann ein solches Interesse vorliegt.[169] Die Vorschrift des § 23 GeschGehG geht letztlich auf einen UWG-Straftatbestand zurück. Eine mögliche Verzerrung des Wettbewerbs durch Teilnahme von Anbietern am Wettbewerb, die ihr Produkt oder ihre Dienstleistung auf die unrechtmäßige Nutzung fremder Geheimnisse stützen, hat bei der Ausgestaltung des § 17 UWG aF als Offizialdelikt indes keine Rolle gespielt. Dies kommt auch in den Richtlinien für das Strafverfahren und das Bußgeldverfahren (RiStBV) zum Tragen, die allgemeine Vorgaben für Staatsanwälte für das Ermittlungsverfahren enthalten. Nach Nr 260a Abs 1, 2 RiStBV soll der mit der Entscheidung befasste Staatsanwalt ein besonderes öffentliches Interesse an der Strafverfolgung dann annehmen, wenn der **Täter wirtschaftsstrafrechtlich vorbestraft** ist, ein **erheblicher Schaden droht oder eingetreten** ist, die Tat **Teil eines gegen mehrere Unternehmen gerichteten Plans zur Ausspähung** von Geschäfts- oder Betriebsgeheimnissen ist oder den **Verletzten in seiner wirtschaftlichen Existenz bedroht**. Da zumeist bereits zu Beginn der Ermittlungen entschieden werden muss, ob das Ermittlungsverfahren von Amts wegen betrieben wird und in diesem Verfahrensstadium zumeist weder die Person des Täters ermittelt noch dessen Tatplan bekannt ist, helfen die Vorgaben der RiStBV oft nicht weiter.

---

168 Nicht zu verwechseln mit dem »öffentlichen Interesse«, das vorliegen muss, um das Privatklagedelikt des § 23 GeschGehG nicht auf den Privatklageweg zu verweisen.
169 Vgl BT-Drucks. 10/5058 S. 41 zu §§ 17 ff UWG aF und Begr zum RegE, BT-Drucks. 19/4724 S. 41 zu § 23 GeschGehG.

Auch die Frage, ob wegen eines Angriffs vom Ausland, Nr 260a Abs 2 RiStBV, ein besonders schwerer Fall anzunehmen und daher das besondere öffentliche Interesse im Regelfall anzunehmen ist, kann oft erst während der Ermittlungen beantwortet werden. Die Vorgaben lassen daher Raum für **Einzelfallentscheidungen**, die nicht immer vorhersehbar sind. Eine mögliche Störung des Wettbewerbs durch die Tat wird von der RiStBV zwar nicht als entscheidungserheblich angesehen. Sie kann aber reflexartig beim Kriterium der drohenden oder verwirklichten hohen Schäden Beachtung finden.

Die Annahme eines besonderen öffentlichen Interesses an der Strafverfolgung orientiert sich somit in der Praxis weitgehend an der **möglichen Schadenssumme**.[170] Der Schaden entspricht dem nach § 10 Abs 2, 3 GeschGehG zu ersetzenden Betrag. Der Anzeigeerstatter sollte hierzu frühzeitig vortragen, soweit möglich bereits mit der Strafanzeige. Dabei sollte der Anzeigeerstatter auf **realistische Annahmen und Hochrechnungen** zurückgreifen, diese nachvollziehbar darlegen und sie möglichst mit Dokumenten belegen. Angaben wie »Es ist ein Millionenschaden zu erwarten« helfen der StA nicht weiter und lassen, wenn sie auf Nachfrage nicht belegt werden können, den Vortrag des Anzeigeerstatters insgesamt in einem schlechten Licht dastehen. Der Vortrag kann vom Staatsanwalt überprüft werden und wird bei Unklarheiten zu Nachfragen führen. 128

Wann ein hoher Schaden anzunehmen ist, wird vom Einzelfall abhängen[171] und orientiert sich an der **wirtschaftlichen Stärke des Geschäftsinhabers** oder der Bedeutung der angezeigten Tat für den jeweiligen Markt,[172] ohne dass hierfür feststehende Wertgrenzen genannt werden könnten. Von Bedeutung kann auch sein, ob der Schaden bereits eingetreten ist oder nur einzutreten droht und durch geeignete zivilrechtliche Maßnahmen noch verhindert werden kann. Die Wertgrenzen, die zur Feststellung der geringen Folgen einer Tat bei einer Einstellung nach §§ 153, 153a StPO angesetzt werden,[173] spielen dabei keine Rolle und sind weitaus zu gering angesetzt. Die für die Annahme eines großen Schadens bei Betrugsfällen nach § 263 Abs 3 StGB etablierten Vorstellungen dürften wiederum zu hoch sein. 129

Bei Taten, die von **ausgeschiedenen Betriebsmitarbeitern** verübt wurden und bei denen keine weiteren Straftaten im Raum stehen, ist mit der Annahme des besonderen öffentlichen Interesses Zurückhaltung geboten. Der strafrechtliche Schutz von Geschäftsgeheimnissen steht im Spannungsfeld zum Recht der Arbeitnehmer, erworbene Kenntnisse verwerten und in ein anderes Arbeitsverhältnis einbringen zu dürfen.[174] In dieses Spannungsfeld sollte ohne Strafantrag gegenüber einem – mutmaßlichen – Täter, welcher bekannt ist und zivil- und arbeitsrechtlich in Anspruch genommen werden kann, strafrechtlich nur dann eingegriffen werden, wenn die im Raume stehenden Tatvorwürfe besonders schwer wiegen. 130

---

170 Vgl Temming, in BeckOK-StPO, Nr 260a RiStBV Rn 3.
171 Temming, in BeckOK-StPO, Nr 260a RiStBV Rn 3.
172 Dies ergibt sich trotz des fehlenden Bezuges in der RiStBV auf den lauteren Markt aus dem Kriterium der Verwendung des Geschäftsgeheimnisses im Ausland, welches schützenden Charakter für den Inlandsmarkt hat. Dessen Schutz ist daher auch bei reinen Inlandstaten zu berücksichtigen.
173 Vgl Schmitt, in Meyer-Goßner/Schmitt, StPO, § 153 Rn 17.
174 Harte-Bavendamm, in Harte-Bavendamm/Henning-Bodewig, UWG, Vor §§ 17 bis 19 Rn 4 f.

131 Die Annahme des öffentlichen Interesses durch die StA kann formlos und konkludent erfolgen, zum Beispiel durch Erhebung der Anklage,[175] muss aber erklärt werden. [176] Daher ist ein Strafverfahren auch noch in der Hauptverhandlung nach Rücknahme eines Strafantrags einzustellen, wenn die StA das öffentliche Interesse nicht unmittelbar bejaht oder sich nicht erklärt.

132 Die StA kann die Erklärung, es liege ein besonderes öffentliches Interesse an der Strafverfolgung vor, **jederzeit zurücknehmen**. Hat sie das besondere öffentliche Interesse im gerichtlichen Verfahren zunächst verneint, soll sie diese Erklärung zumindest nach Erlass des Urteils nicht ändern können.[177] Hat sie das Ermittlungsverfahren zunächst eingestellt, kann sie es wieder aufnehmen, [178] wobei sie an das Willkürverbot gebunden ist.[179]

II. Entscheidung über Einleitung und Einstellung der Ermittlungen

133 Die StA wird in Folge der Strafanzeige eine Entscheidung über die Einleitung eines Ermittlungsverfahrens treffen. Im weiteren Verfahrensverlauf kann sie, je nach dem Ergebnis der Ermittlungen, das Ermittlungsverfahren auf verschiedene Arten beenden.

1. Keine Aufnahme von Ermittlungen

134 Die Entscheidung, keine Ermittlungen aufzunehmen, ist der StA übertragen. Dies ist verfassungsrechtlich unbedenklich.[180] Die Entscheidung ist **nicht rechtsmittelfähig**. Der Antragsteller kann die Entscheidung insbesondere nicht im Rahmen des Klageerzwingungsverfahrens überprüfen lassen, § 172 Abs 2 Satz 3 StPO. Ihm bleibt nur die – form- und fristlose – Dienstaufsichtsbeschwerde. Der Beschuldigte oder Angeklagte kann die Annahme des besonderen öffentlichen Interesses an der Strafverfolgung ebenfalls gerichtlich nicht überprüfen lassen.[181]

2. Verweisung auf den Privatklageweg

135 Wurde form- und fristgerecht Strafantrag gestellt, kann die StA, sofern sie kein öffentliches Interesse an der Strafverfolgung sieht, den Anzeigeerstatter auf den **Privatklageweg verweisen**, §§ 374 Nr 7, 376 StPO. Der Anzeigeerstatter kann die Rechtsverletzung eigenständig auch strafrechtlich verfolgen, ohne dass die StA Ermittlungen durchführt oder Anklage erhebt.

136 Die StA wird das öffentliche Interesse bejahen, wenn eine **nicht nur geringfügige Verletzung** vorliegt, Nr 260 RiStBV, und der Rechtsfrieden **über den Lebenskreis des Verletzten hinaus gestört** wurde, Nr 86 Abs 2 RiStBV. Dies hängt wesentlich von der Tat, der Person des Täters oder der Opfer-Täter-Beziehung ab[182] und steht im **Ermessen der StA**.[183] Dabei hat sie weder die Interessen des Beschuldigten noch verfahrensökonomische

---

175 Fischer, StGB, § 230 Rn 4.
176 BGH 03.07.1964, 2 StR 208/64 = NJW 1964, 1969.
177 Paeffgen/Böse, in Kindhäuser/Neumann/Paeffgen, StGB, § 230 Rn 36 f.
178 OLG Hamburg 30.10.1985, 1 Ss 123/85 = NStZ 1986, 81.
179 Vgl Eschelbach, in BeckOK-StGB, § 230 Rn 20.
180 BVerfG 17.01.1979, 2 BvL 12/77 = NJW 1979, 1039, 1040.
181 Fischer, StGB, § 230 Rn 3.
182 Daimagüler, in MüKo-StPO, § 376 Rn 2.
183 Walther, in KK-StPO, § 376 Rn 1.

Aspekte zu beachten.[184] Hat die StA das besondere öffentliche Interesse an der Strafverfolgung bejaht, wird die Tat zum Offizialdelikt und es liegt gleichzeitig das öffentliche Interesse vor.[185]

Die StA kann, um den Verletzten bei der Aufklärung zu unterstützen, einzelne Ermittlungen vornehmen und anschließend das Verfahren auf den Privatklageweg verweisen, Nr 87 Abs 2 RiStBV (zur Problematik der Einsicht in diese Ermittlungsergebnisse sh Rdn 216 ff). Voraussetzung hierfür ist ein Strafantrag, welcher es der StA ermöglicht, ein Verfahren einzuleiten. 137

3. Einstellungen nach §§ 153, 153a StPO

Die StA oder nach Anklageerhebung das Gericht kann statt einer Verweisung auf den Privatklageweg den Weg der Verfahrenseinstellung wegen geringer Schuld des Beschuldigten nach den Vorschriften der §§ 153, 153a StPO wählen und das Verfahren ohne Auflagen oder gegen Auflagen einstellen. Dies ist jedoch nur dann möglich, wenn neben der Verletzung nach § 23 GeschGehG **im Rahmen derselben prozessualen Tat noch weitere Delikte** in Betracht kommen, die keine Privatklagedelikte sind.[186] Mit der Einstellung verliert der Verletzte die Möglichkeit der Privatklage.[187] Er muss daher vor einer solchen Einstellung gem. § 33 Abs 3 StPO gehört werden.[188] 138

4. Einstellung nach § 170 Abs 2 StPO

Ein Ermittlungsverfahren ist einzustellen, wenn kein genügender Anlass zur Erhebung der öffentlichen Klage besteht.[189] Die Einstellung erfolgt durch eine begründete Verfügung des Staatsanwalts,[190] die er dem Antragsteller mitzuteilen hat. Der Beschuldigte erhält die Mitteilung der Einstellung nur, wenn er als solcher vernommen wurde und daher Kenntnis vom Verfahren hatte, § 170 Abs 2 Satz 2 StPO.[191] Die Begründung wird ihm nur auf Antrag mitgeteilt, und auch nur, wenn kein schutzwürdiges Interesse entgegensteht. 139

Bei der Einstellungsentscheidung hat die StA die Prognose zu stellen, ob und hinsichtlich welcher Taten eine Verurteilung des Beschuldigten wahrscheinlich ist. 140

Kann die StA den Sachverhalt nicht ausreichend aufklären und bleibt die Täterschaft des Beschuldigten im Unklaren, muss sie das Verfahren aus **tatsächlichen Gründen** einstellen. Ist offen, ob es zu einer Überführung des Beschuldigten vor Gericht kommen wird, weil sich zB Zeugenaussagen widersprechen oder technische Fragen nicht ausreichend geklärt werden konnten, muss die StA die Wahrscheinlichkeit einer Verurteilung einschätzen. Ist sie der Auffassung, dass es mit überwiegender Sicherheit zu einer Verurteilung kommen wird, hat sie Anklage zu erheben. Dabei kann sie die Aufklärung von Widersprüchen der Hauptverhandlung überlassen, wenn zu erwarten ist, dass dies möglich und erfolgreich sein wird. Sie hat das Verfahren einzustellen, wenn sie begründet davon ausgeht, dass es 141

---

184 Temming, in BeckOK-StPO, Nr 260 RiStBV Rn 2.
185 Walther, in KK-StPO, § 376 Rn 1, 5; Schmitt, in Meyer-Goßner/Schmitt, StPO, § 376 Rn 3.
186 Peters, in MüKo-StPO, § 153 Rn 9.
187 Peters, in MüKo-StPO, § 153 Rn 9; vgl auch Diemer, in KK-StPO, § 153 Rn 43.
188 Vgl BVerfG 22.07.1958, 1 BvR 113/57 = NJW 1958, 1436; Maul, in KK-StPO, § 33 Rn 10.
189 Zu den einzelnen Einstellungsgründen Moldenhauer, in KK-StPO, § 170 Rn 13 ff.
190 § 171 Abs 1 StPO, vgl auch Nr 89 Abs 2 RiStBV.
191 Vgl auch Nr 88 RiStBV.

nach Ende der Beweisaufnahme zu keiner Verurteilung kommen wird, weil sich zB der Widerspruch in den Zeugenaussagen erwartungsgemäß nicht weiter aufklären ließ.

142 Liegt ein festgestellter Sachverhalt vor, der keinem Strafgesetz unterfällt, ist das Ermittlungsverfahren **aus Rechtsgründen** einzustellen. Der Staatsanwalt hat dabei eine rechtliche Bewertung des Sachverhalts vorzunehmen und hat dabei die höchstrichterliche Rechtsprechung zu beachten, ist an diese aber nicht gebunden.[192] Er kann insbesondere die bisherige Rechtspraxis durch eine Anklage zur Überprüfung stellen.

143 Einzustellen ist das Verfahren auch dann, wenn ein **nicht behebbares Verfahrenshindernis** vorliegt. Dies kann die Verjährung sein, aber auch das fehlende öffentliche Interesse gem. § 376 StPO an der Anklageerhebung. Die Verweisung des Anzeigeerstatters auf den Privatklageweg ist daher mit einer Einstellung des Ermittlungsverfahrens der Staatsanwaltschaft nach § 170 Abs 2 StPO verbunden.[193]

5. Einstellung und Beschränkung nach §§ 154, 154a StPO

144 Die StA ist verpflichtet, wegen aller verfolgbaren Straftaten einzuschreiten, § 152 Abs 2 StPO, und diese umfassend aufzuklären.[194] Um die Ermittlungsarbeit in umfangreichen Verfahren zu vereinfachen und zu beschleunigen, kann die StA von der Verfolgung, und damit insbesondere von der Ausermittlung, von einzelnen Taten gem. § 154 Abs 1 StPO, oder von Tatteilen gem. § 154a Abs 1 StPO absehen. Dies erfolgt durch eine Verfügung der StA im Ermittlungsverfahren. Eine solche Maßnahme sollte ihrem Zweck entsprechend möglichst frühzeitig getroffen werden, um das Verfahren durch Begrenzung des Ermittlungsprogramms zu beschleunigen.

145 Die Entscheidung ist nur mit der **Dienstaufsichtsbeschwerde** anfechtbar. Sie kann nach Anklageerhebung, auf Antrag der StA oder mit ihrer Zustimmung, auch durch das Gericht erfolgen. Einer Zustimmung des Nebenklägers zur Einstellung durch das Gericht nach § 154 StPO bedarf es nicht,[195] zur Einstellung nach § 154a StPO dann, wenn das Nebenklagedelikt betroffen ist.[196]

146 Eine solche Beschränkung des Verfahrensumfangs ist möglich, sofern dies im Hinblick auf die zu erwartende Strafe nicht beträchtlich ins Gewicht fällt. Dazu stellt der Staatsanwalt einen an den Umständen des Falles ausgerichteten Rechtsfolgenvergleich an, ohne dass er ausschließlich an quantitative Gesichtspunkte[197] gebunden ist oder sich die Entscheidung gar an einem konkreten Prozentsatz der Rechtsfolgenerwartung orientiert.[198] Es kommt bei einer Einstellung nach den §§ 154, 154a StPO stets auf den Einzelfall an.[199]

---

192 Streitig; gegen eine Bindung zB Kölbel in MüKo-StPO, § 170 Rn 16; aA zB Moldenhauer, in KK-StPO, § 170 Rn 6 ff unter Bezugnahme auf BGH 23.09.1960, 3 StR 28/60 = NJW 1960, 2346, wonach bei Annahme der Strafbarkeit durch höchstrichterliche Rechtsprechung eine Pflicht zur Anklageerhebung bestehen soll.
193 Moldenhauer, in KK-StPO, § 170 Rn 16 ff.
194 Kölbel, in MüKo-StPO, § 160 Rn 29.
195 Diemer, in KK-StPO, § 154 Rn 23.
196 Diemer, in KK-StPO, § 154a Rn 12.
197 Diemer, in KK-StPO, § 154 Rn 7.
198 Schmitt, in Meyer-Goßner/Schmitt, StPO, § 154 Rn 7.
199 Diemer, in KK-StPO, § 154 Rn 8.

Nur vorläufig eingestellt wird ein Ermittlungsverfahren bei Abwesenheit des Beschuldigten, § 154f StPO.[200] Es wird, sofern nicht zwischenzeitlich Verjährung eingetreten ist, dann wieder aufgenommen, wenn eine neue Adresse des Beschuldigten bekannt wird.

147

III. Einsatz externer Ermittlungskapazitäten zur Aufbereitung der Akten

Leitet die StA die Ermittlungen ein, wird sie in aller Regel Durchsuchungsmaßnahmen durchführen (sh Kap 4 Rdn 3 ff).

148

Wesentliches Problem nach einer Durchsuchung ist, dass die StA im Regelfall **Daten in erheblichem Umfang** sichergestellt oder beschlagnahmt hat. Bevor diese Daten gesichtet und ausgewertet worden sind, ist nicht festzustellen, ob in dieser Datenmenge Geschäftsgeheimnisse des Anzeigeerstatters enthalten sind.

149

Eine erste Sichtung der – zumeist elektronischen – Daten lässt im Regelfall schnell erkennen, ob diese überhaupt **beweisrelevant** sein können. Sofern dies eindeutig nicht der Fall ist, können die Daten zurückgegeben oder vernichtet werden. Sie stehen dann dem Beschuldigten wieder zur Verfügung und belasten die Ermittlungsakten nicht.

150

Eindeutig als Geschäftsgeheimnisse des Anzeigeerstatters identifizierte Daten, zum Beispiel Konstruktionszeichnungen oder Kundenlisten, die mit dem Firmenlogo des Anzeigeerstatters oder optisch mit dessen Unterlagen identisch sind, werden **als Beweismittel identifiziert** und zu den Ermittlungsakten genommen. Diese stehen beiden Seiten, insbesondere aber dem Anzeigeerstatter, zur Akteneinsicht zur Verfügung, sofern die weiteren Voraussetzungen hierfür vorliegen (sh Rdn 196 ff).

151

Schwierigkeiten ergeben sich dann, wenn sich die Auswertung verzögert. Verfahren wegen Verletzung von Geschäftsgeheimnissen stehen als Straftaten aus dem Nebenstrafrecht nicht im Zentrum polizeilicher Ermittlungstätigkeiten und Erfolgsstatistiken. Daher sind die Ermittlungskapazitäten, auf welche die StA zurückgreifen kann, eingeschränkt. Auch sind weder Polizeibeamte noch Staatsanwälte dazu ausgebildet, Konstruktionszeichnungen für komplexe technische Produkte vergleichen zu können, die wirtschaftliche Bedeutung von Kundenlisten in einem speziellen Markt zu erfassen oder Quellcodes zu interpretieren. Dies verursacht eine **erhebliche Verzögerung bei der Auswertung** von sichergestellten Beweismitteln und damit auch der Akteneinsicht.

152

Problematisch für die Akteneinsicht ist auch, wenn die StA frühzeitig von den Möglichkeiten der § 154 Abs 1, § 154a Abs 1 StPO Gebrauch macht[201] und das Ermittlungsverfahren auf Teilkomplexe konzentriert. Dies bedeutet, dass größere Mengen an Beweismitteln nicht weiter ausgewertet werden und eine Entscheidung, wem die enthaltenen Geschäftsgeheimnisse zuzuordnen sind, nicht getroffen wird.

153

Die Ermittlungsbehörden werden dann zum **schwarzen Loch**, in dem die Beweisgegenstände dem **Zugriff der Parteien auf längere Zeit entzogen** sind. Dieses Problem ist auch aus anderen Feldern der Wirtschaftskriminalität bekannt und nicht neu. Abhilfe schaffen können der »Einkauf« externer Ermittlungskapazitäten[202] und die Nutzung externer

154

---

200 Bei Abwesenheit nach Anklageerhebung erfolgt die Einstellung nach § 205 StPO durch das Gericht.
201 Dazu ist sie angehalten, Nr 101, 101a RiStBV.
202 Nicht zu verwechseln mit *internal investigations* durch ein Unternehmen gegen eigene Mitarbeiter.

Expertise privater Ermittler oder Gutachter. Mit § 497 StPO hat der Gesetzgeber diese Ermittlungsmöglichkeiten grundsätzlich anerkannt und die datenschutzrechtlichen Vorgaben skizziert, ohne sie jedoch konkret auszugestalten.[203] Es sollte daher in Ermittlungen wegen der Verletzung von Geschäftsgeheimnissen, in denen komplexe Datenauswertungen anstehen, nicht nur von der Möglichkeit der Einschaltung eines Gutachters Gebrauch gemacht werden, sondern auch von der Möglichkeit der **externen Auswertung von Beweismitteln**.

155 Eine wesentliche Frage im Zusammenhang mit der Inanspruchnahme externer Ressourcen ist die Kostenfrage. Bei § 23 GeschGehG handelt es sich um ein Antrags- und Privatklagedelikt, dh der Gesetzgeber sieht hier keinen uneingeschränkten Verfolgungsbedarf.[204] Gleichwohl müssten die Strafverfolgungsbehörden, sei es StA oder die Polizei, die Kosten der externen Ermittlungen tragen. Dies scheint dem Gebot des kostenbewussten Ermittelns zu widersprechen, Nr 5a RiStBV. Bei der Entscheidung, ob ein öffentliches Interesse an der Strafverfolgung vorliegt, sind **Wirtschaftlichkeitserwägungen** indes nicht zu berücksichtigen.[205] Anders ist die Situation bei Einstellungen gem. §§ 154, 154a StPO, die Ausdruck des sparsamen Umgangs mit der Ressource Justiz und den damit verbunden Kosten sind.[206]

156 Kommt es zu einer Verurteilung, dürften die Kosten der Auswertung durch einen externen Ermittler dem Angeklagten nicht auferlegt werden können, §§ 465, 464b StPO.[207]

157 Ob die Kosten für externe Ermittlungen bei Rücknahme eines Strafantrags dem Anzeigeerstatter auferlegt werden können, ist bislang nicht entschieden worden. Nach § 470 StPO hat der Anzeigeerstatter die Verfahrenskosten und notwendigen Auslagen eines Verfahrens, in welchem er form- und fristgerecht Strafantrag gestellt hat, nach Antragsrücknahme zu tragen, wenn die StA das öffentliche Interesse an der Strafverfolgung verneint und keine Tateinheit mit einem Offizialdelikt gesehen hat.[208] Zu den notwendigen Auslagen dürften die **Kosten der externen Ermittlungen** nicht gehören. Ob sich ein Antragsteller freiwillig wirksam verpflichten kann, diese Kosten zu tragen, um die Auswertung von sichergestellten Beweismitteln zu beschleunigen, ist unklar. Die StPO sieht eine solche Kostenübernahme nicht vor. Einer freiwilligen Verpflichtung des Antragstellers zur Rücknahme seines Strafantrags bei unbefriedigendem Ermittlungsergebnis bereits bei Strafantragstellung mit der Folge der Kostentragungspflicht nach § 470 StPO dürfte dessen Bedingungsfeindlichkeit entgegenstehen.[209]

---

203 Von Häfen, in BeckOK-StPO, § 497 Rn 3; Graf, in KK-StPO, Rn 2 ff; zur grds Zulässigkeit OLG Schleswig 10.01.2017, 2 Ws 441/16, Rn 8 (juris) = NStZ-RR 2017, 127, 128; zur Tätigkeit als Sachverständiger bei Einsatz von Spezialsoftware und Fachwissen mit der Möglichkeit zur Abrechnung: OLG Saarbrücken 20.09.2018, 1 Ws 104/18, Rn 7 (juris) = BeckRS 2018, 23869 Rn 7.
204 Zu den Grenzen der Strafverfolgung i.R.d. Legalitätsprinzips: Peters, in MüKo-StPO, § 152 Rn 8 ff.
205 Dazu Nestler, JA 2012, 88, 91 f.
206 Vgl Nestler, JA 2012, 88, 92 f.
207 Schmitt, in Meyer-Goßner/Schmitt, StPO, § 465 Rn 2; vgl OLG Saarbrücken 20.09.2018, 1 Ws 104/18, Rn 7 (juris) = BeckRS 2018, 23869 Rn 7;; zu Kosten der Auswertung durch einen Sachverständigen bei einer Tätigkeit, die über die bloße Sichtung hinausgeht und OLG Schleswig 10.01.2017, 2 Ws 441/16, Rn 8 (juris) = NStZ-RR 2017, 127, 128.
208 Klassisches Beispiel ist das Ausspähen von Daten, §§ 202a, 205 StGB.
209 Bosch, in Schönke/Schröder, StGB, § 77 Rn 41.

Denkbar ist die **Vergabe eines Gutachtensauftrages durch einen Verfahrensbeteiligten**, 158
sofern sich Anzeigeerstatter und Beschuldigter auf einen Gutachter einigen können. Dessen
Kosten können in Absprache der Parteien von einer Seite oder gemeinsam getragen werden. Sie gehören nur dann zu den Verfahrenskosten, wenn für den Beschuldigten das
Gutachten zur Verteidigung angemessen war.[210]

Möglich wäre auch der Verzicht des Externen auf Kostenerstattung. Wird ein solcher Verzicht zum Beispiel vom Anzeigeerstatter erklärt, weil dieser sich verpflichtet hat, die Kosten 159
zu tragen, birgt dies die Gefahr der Ablehnung des Sachverständigen wegen Befangenheit
nach § 74 Abs 1 StPO, da eine Nähe zum Privatgutachten nicht auszuschließen ist.[211] Die
Benennung und Bezahlung des Externen sollte daher mit der StA und dem Beschuldigten
abgesprochen werden.

Ebenso denkbar ist die Vergabe eines Gutachtenauftrags aufgrund eines **(zivil)gerichtlichen Beweissicherungsverfahrens** nach den §§ 485 ff ZPO bzw die Nutzbarmachung 160
der in einem solchen Verfahren erlangten Erkenntnisse. Zu diesem Zwecke kann dem
zivilgerichtlich bestellten Sachverständigen Zugang zu den in der Verwahrung der StA
befindlichen Beweismitteln gewährt werden.

IV. Akteneinsicht im Strafverfahren

Geschäftsgeheimnisse sind ein wesentliches Gut eines Unternehmens[212] und dienen der 161
Berufsausübungsfreiheit des Unternehmers.[213] Werden Geschäftsgeheimnisse verletzt, hat
der Inhaber ein berechtigtes **Interesse an einer strafrechtlichen Ahndung** der Tat und an
einer Einsicht in die Ermittlungsakten für eine **zivilrechtliche Rechtsverfolgung**, ohne
dass dabei sein Geschäftsgeheimnis selbst in Gefahr gerät. Dem gegenüber steht das Interesse eines Beschuldigten auf ein **verfassungsrechtlich abgesichertes, faires Verfahren**.
Dieses beinhaltet weitgehende Akteneinsicht auch in Geschäftsgeheimnisse des Anzeigeerstatters, wenn diese Teil der Ermittlungsakten geworden sind. Es ist Aufgabe der StA
als Herrin des Ermittlungsverfahrens und nach Anklageerhebung des Strafgerichts, einen
Ausgleich zwischen diesen Interessen herzustellen und sicherzustellen, dass die jeweiligen
Geschäftsgeheimnisse gewahrt bleiben.[214] Die Akteneinsicht in Ermittlungsverfahren, in
denen Geschäftsgeheimnisse betroffen sind, wirft dabei besondere Probleme auf.

▶ Die Strafverfolgungsbehörden sind für die damit zusammenhängenden zeitraubenden Aufgaben 162
personell und sachlich nicht immer ausreichend ausgestattet. In der Praxis können deshalb viele im
Bereich der Strafverfolgung nötige Entscheidungen im Alltagsbetrieb nur verzögert getroffen werden, weil das dazu notwendige Personal fehlt. Die zuständigen Polizeibeamten haben oft ein breites
Kriminalitätsfeld zu bearbeiten und sind für Verfahren zum Schutz geistigen Eigentums nicht ausreichend geschult. Die für die Datenerfassung und -erhebung bereitgestellten Kapazitäten sind
begrenzt.

Aus diesen Gründen sollte sich jeder Anzeigeerstatter im Klaren darüber sein, dass sowohl im
Zusammenhang mit der Strafanzeige und den Ermittlungen als auch im Zusammenhang mit Akteneinsichtsgesuchen ein vertrauensvolles Miteinander mit den Ermittlungsbehörden essentiell ist.

---

210 LG Oldenburg 17.01.2019, 5 Qs 444/18 = BeckRS 2019, 1.
211 Vgl BGH 09.11.2001, 3 StR 216/01 = BeckRS 2001, 9851.
212 Gaugenrieder, BB 2014, 1987.
213 Vgl BVerfG 06.03.2014, 1 BvR 3541/13, 1 BvR 3543/13 und 1 BvR 3600/13, Rn 21 (juris) = BeckRS 2014, 49398.
214 Vgl auch Gaugenrieder, BB 2014, 1987, 1991.

> Gelingt es dem Anzeigeerstatter, den Ermittlungsbehörden die Arbeit so unkompliziert wie möglich zu gestalten, sind seine Chancen am höchsten, zügig zu fundierten Ergebnissen zu gelangen.

1. Ausgangslage

a) Vorlage von Geschäftsgeheimnissen durch den Anzeigeerstatter

163 Der Anzeigeerstatter muss zunächst der StA und dem Ermittlungsrichter die Prüfung ermöglichen, ob ein Geschäftsgeheimnis vorliegt. Dazu muss er idR umfangreich vortragen und Urkunden und Datenträger, auf denen sich das Betriebsgeheimnis befindet, vorlegen (sh Rdn 164 ff). Die StA kann sich nicht mit einer Beschreibung von Besonderheiten des Geheimnisses begnügen, wie dies die Zivilgerichte teilweise zulassen.[215] Der Staatsanwalt muss bei der Einleitung des Ermittlungsverfahrens selbstständig, eigenverantwortlich und im Detail prüfen können, ob ein Geschäftsgeheimnis vorliegt. Spätestens bei der Prüfung, ob ein Durchsuchungsantrag gestellt werden soll, hat eine eigenständige Prüfung durch StA und Gericht zu erfolgen. Der mit einer Durchsuchung verbundene Eingriff in die Rechte des Beschuldigten kann nicht auf den selektiven Vortrag einer am Ausgang der Ermittlungen wirtschaftlich interessierten Partei gestützt werden, sie sei im Besitz eines Geschäftsgeheimnisses.

164 Soll eine Durchsuchung angeordnet werden, muss sich aus den Akten präzise ergeben, welche Beweismittel beim Beschuldigten erhoben werden sollen. Dazu ist es im Regelfall nötig, eine **repräsentative Auswahl der Dokumente und Datenträger**, welche das Geschäftsgeheimnis enthalten, zu den Akten zu nehmen. Diese sind für die Ermittlungsbeamten **vor Ort als Muster** unerlässlich.

165 ▶ Zur Sicherung des betroffenen Geschäftsgeheimnisses kann es sich anbieten, die Übergabe solcher Muster nicht bereits **vollständig** mit der Strafanzeige zu verbinden. Vielmehr ist die Frage der Identifizierung von Beweismaterial von der Frage zu trennen, ob ein Anfangsverdacht sowie eine begründete Aussicht auf das Auffinden von Beweismaterial bestehen. Mit der Strafanzeige ist eine Vorlage von Mustern deshalb noch nicht zwingend nötig, wenn Anfangsverdacht und Erfolgswahrscheinlichkeit einer Durchsuchung auch auf andere Weise begründet werden können. Allerdings sollte der Anzeigeerstatter in der Strafanzeige klarmachen, dass er zur **Übergabe von Mustern in der Lage und bereit ist**, wenn die StA eine Durchsuchung in Betracht ziehen sollte und die Muster für den Erfolg einer Durchsuchungsmaßnahme für notwendig hält.

> Die vorzulegenden Unterlagen und Datenträger können umfassen: Kopien von Kundenlisten, Konstruktionszeichnungen, Musterbüchern, Rezepturen, Schaltplänen, die mit Unterlagen und Datenträgern des Beschuldigten abgeglichen werden können. Die Vorlage für Zwecke der Identifizierung von Beweismitteln sollte dabei nur soweit gehen, wie dies für die Zwecke der Identifizierung nötig ist. Daher ist eine **(teilweise) Unkenntlichmachung besonders kritischer Informationen** oftmals möglich und anzuraten.

166 Die zu den Ermittlungsakten genommenen Unterlagen und Datenträger müssen beim Antrag auf Erlass eines Durchsuchungsbeschlusses auch dem Gericht vorgelegt werden, um dem Ermittlungsrichter eine eigenverantwortliche Prüfung der Erfolgsaussichten einer Durchsuchung zu ermöglichen.[216]

---

215 Druschel/Jauch, BB 2018, 1218, 1219.
216 Vgl BVerfG 17.03.2009, 2 BvR 1940/05, Rn 22 (juris) = NJW 2009, 2516 Rn 22; ob in Eilfällen auf mündlichen Antrag entschieden werden kann, hängt vom Einzelfall ab.

Der Anzeigeerstatter muss daher im Ergebnis sein **Geschäftsgeheimnis den Ermittlungs-** 167
behörden weitgehend offenlegen. Hält er wesentliche Informationen zurück, nimmt er
eine Nichteinleitung des Ermittlungsverfahrens wegen fehlenden Tatverdachts in Kauf; legt
er unzureichend Muster vor, wird eine Durchsuchung erfolglos bleiben, da die tatrelevanten Dokumente und Datenträger nicht gefunden werden. Er muss diese Vorleistung erbringen, ohne den Ausgang des Ermittlungsverfahrens abschätzen zu können.[217] Dieses Risiko
für sein Geschäftsgeheimnis wird er nur eingehen, wenn er davon ausgehen kann, sein
Geschäftsgeheimnis werde im Strafverfahren weitgehend geschützt.

b) Geschäftsgeheimnisse des Beschuldigten

Beim Beschuldigten werden im Regelfall die Geschäftsgeheimnisse im Rahmen einer 168
Durchsuchung erhoben. Er gibt diese daher üblicherweise nicht freiwillig zu den Akten.
Der **Umfang der bei einer Durchsuchung sichergestellten Gegenstände ist oft erheblich** und kann die Mehrheit der im Betrieb des Beschuldigten vorhandenen Dokumente
und Datenträger umfassen. Betroffen sind dabei **oft auch Geschäftsgeheimnisse des
Beschuldigten**, welche keine Verbindung zum Tatvorwurf aufweisen. Der Beschuldigte ist
insoweit schutzbedürftig und kann erwarten, dass die Ermittlungsbehörden seine
Geschäftsgeheimnisse schützen.[218]

c) Interessenlage

aa) Interesse des Anzeigeerstatters

Der Anzeigeerstatter will möglichst rasch **umfassende Einsicht in alle Beweisgegen-** 169
stände, die er beim Beschuldigten erwartet. Regelmäßig wird bereits mit Anzeigenerstattung und Strafantrag eine Durchsuchung angeregt und Akteneinsicht, dh Einsicht in die
beschlagnahmten Beweise, beantragt. Der Anzeigeerstatter begründet den Antrag mit
bereits laufenden oder beabsichtigten Zivilverfahren, in denen die Beweisgegenstände
benötigt werden. Meistens werden bereits eingetretene oder drohende hohe Schäden und
die weiter andauernde Verwendung der Geschäftsgeheimnisse durch den Beschuldigten
geschildert und oft auch schlüssig dargelegt. Dabei ist dem Anzeigeerstatter idR am Schutz
seiner eigenen Geschäftsgeheimnisse gelegen.

▶ Der Anzeigeerstatter sollte seine Interessenlage beim Ersuchen um Akteneinsicht schlüssig darlegen 170
und die vorgetragenen Tatsachen mit Unterlagen belegen. Dazu gehört auch ein Überblick über
laufende Zivilverfahren, deren aktuellen Stand und eine Vorlage wesentlicher Dokumente aus den
Verfahren. Dies erspart eine zeitaufwändige Aktenanforderung beim Zivilgericht.

bb) Interesse des Beschuldigten

Der Beschuldigte benötigt die Akteneinsicht, regelmäßig über seinen Verteidiger, um sich 171
gegen die strafrechtlichen Vorwürfe verteidigen zu können. Nicht immer ist erkennbar, ob

---

217 Zur parallelen Situation im Zivilverfahren: Druschel/Jauch, BB 2018, 1218.
218 Auch hier zur Situation im Zivilverfahren: Druschel/Jauch, BB 2018, 1218, wobei dort die Situation insofern anders ist, als es dem Beklagten offensteht, sich mit Hilfe der Darlegung eigener
Geschäftsgeheimnisse zu wehren, während im Ermittlungsverfahren diese von Amts wegen i.R.d.
Durchsuchung erhoben werden.

der Beschuldigte die Akten auch benötigt, um sich gegen zivilrechtliche Ansprüche des Anzeigerstatters zu wehren oder selbst gegen diesen zivilrechtlich vorzugehen.

172 ▶ Auch der Beschuldigte sollte in seinem Akteneinsichtsgesuch klar mitteilen, für welche Zwecke er Akteneinsicht begehrt. Geht dies über die reine Verteidigungsabsicht im strafrechtlichen Verfahren hinaus, sollte er dazu schlüssig vortragen und entsprechende Unterlagen vorlegen.

173 Wie auch der Anzeigerstatter hat der Beschuldigte ein vitales Interesse am Schutz der ihm zustehenden Geschäftsgeheimnisse.

cc) Interesse der StA

174 Es liegt auch im Interesse der StA, dass der Beschuldigte sich **qualifiziert verteidigen** kann und Missverständnisse und Fehlinterpretationen zügig ausgeräumt werden. Auch ein frühzeitiges Einräumen von Tatvorwürfen, welches umfangreiche weitere Auswertungen unnötig macht, kann nur nach umfassender Akteneinsicht erwartet werden.[219] Auch eine frühe Einsicht des Anzeigerstatters in erhobene Beweisgegenstände kann die **Aufklärung des Sachverhaltes** wesentlich erleichtern. Es entspricht daher nicht den Interessen des die Ermittlungen führenden Staatsanwalts, Akteneinsicht zu versagen, sofern eine Gefährdung des Ermittlungsverfahrens nicht mehr vorliegt. Die umfassende Prüfung dient der Wahrung von Geschäftsgeheimnissen, nicht der Förderung des Ermittlungsverfahrens.

d) Kein Schutz der Akten über § 353d Nr 2 StGB.

175 Kein wirksamer strafrechtlicher Schutz vor unzulässigen Eingriffen in das Geschäftsgeheimnis der jeweils anderen Partei kann über § 353d Nr 2 StGB erreicht werden. Bei dieser Vorschrift handelt es sich um ein »Presseinhaltsdelikt«,[220] welches die Offenbarung einer Tatsache unter Strafe stellt, die **in nicht-öffentlicher Gerichtsverhandlung zur Kenntnis gelangt ist und durch Gerichtsbeschluss bezeichnet** wurde.[221] Weder die Offenbarung von Kenntnissen aus einer Akteneinsicht im laufenden Ermittlungsverfahren ist daher vom Tatbestand erfasst, noch die Verwertung von Geschäftsgeheimnissen.[222]

e) Keine ausreichenden Regelungen zur Akteneinsicht

176 Weder das GeschGehG noch die Regelungen der StPO oder andere Regelungen enthalten eine abschließende Regelung des Akteneinsichtsrechts.

aa) Regelungen des GeschGehG

177 Das GeschGehG enthält **keine Vorgaben zur Akteneinsicht im Strafverfahren**. Die Regelungen der §§ 16 ff GeschGehG beziehen sich auf das Zivilverfahren.[223] Sie sind im Straf-

---

219 Dazu für das Kartellverfahren mit gleichgelagerten Interessen: Wessing/Hiéramente, NZKart 2015, 168, 171.
220 Fischer, StGB, § 353d Rn 2.
221 Fischer, StGB, § 353d Rn 8.
222 Vgl auch Semrau-Brandt, GRUR-Prax 2019, 127 und Druschel/Jauch, BB 2018, 1218, 1221 zu weiteren Voraussetzungen einer Strafbarkeit wegen § 353d StGB; beide gehen auf den praktisch bedeutenden Geheimnisschutz im Ermittlungsverfahren nicht ein.
223 Dies ergibt sich eindeutig aus dem Wortlaut des § 16 Abs 1 GeschGehG: »Bei Klagen, durch die Ansprüche ... geltend gemacht werden...«.

verfahren nicht anwendbar und auf dieses auch allenfalls eingeschränkt übertragbar.[224] Auch über eine Anwendung der GeschGehRL, dort insbesondere Art 9 (1) und (2), lassen sich die Vorgaben zur Geheimhaltung im Gerichtsverfahren jedenfalls **nicht auf das staatsanwaltschaftliche Ermittlungsverfahren übertragen**. Die Richtlinie spricht von Parteien und ihren Vertretern und stellt maßgeblich auf eine Geheimhaltungsentscheidung des Gerichts ab. Das strafrechtliche Ermittlungsverfahren wird nicht angesprochen und unterliegt auch anderen Abwägungskriterien.

Auch für die Hauptverhandlung im Strafverfahren ergeben sich hieraus keine unmittelbar anwendbaren Vorgaben. Die auch verfassungsrechtlich bedingten Vorgaben zu Akteneinsicht, die dem Angeklagten zuzugestehenden Verteidigungsmöglichkeiten und die Öffentlichkeit der Hauptverhandlung lassen sich mit Art 9 GeschGehRL nicht ohne Weiteres in Einklang bringen. Zu bedauern ist, dass der deutsche Gesetzgeber die zutreffenden Überlegungen des europäischen Gesetzgebers, wie sie auch in den Erwägungsgründen 24 und 25 der Richtlinie niedergelegt sind, nicht genutzt hat, um für das deutsche Strafverfahren passende Vorgaben zu schaffen. 178

Fragen der Akteneinsicht müssen daher auch nach Inkrafttreten des GeschGehG **über die Regelungen der StPO gelöst werden**. Dabei sollte der Gedanke des Geheimnisschutzes aus Art 9 GeschGehRL beachtet werden. Über die allgemeinen Fragen der Akteneinsicht im Strafverfahren hinaus, die hier nicht weiter dargestellt werden können, erfordert der Schutz der Geschäftsgeheimnisse aber besondere Lösungen. Droht eine Offenbarung von Geschäftsgeheimnissen eines Beteiligten, muss auf die vom BVerfG entwickelten Grundsätze zum Schutz von Betriebsgeheimnissen zurückgegriffen werden. 179

bb) Vorschriften der StPO

Die StPO sieht das **Akteneinsichtsrecht des Beschuldigten in § 147 StPO** vor. Der **Verletzte** leitet sein Akteneinsichtsrecht hingegen aus **§ 406e StPO** ab. Darüber hinaus enthält **§ 385 StPO das Recht des Privatklägers** auf Akteneinsicht. Schließlich sind in den **§§ 474 ff StPO** allgemeine Vorschriften zur Akteneinsicht für verschiedene Zwecke enthalten. Keine dieser Vorschriften ist aber in besonderer Weise auf den Schutz der Geschäftsgeheimnisse der Beteiligten ausgelegt. Die dürftige gesetzliche Ausgestaltung des Akteneinsichtsrechts führt dazu, dass StA und Gerichte in jedem Einzelfall auf die allgemeinen Regelungen der StPO und die Rspr des BVerfG zurückgreifen müssen. Dies führt zu Rechtsunsicherheit und zu schwer vorhersagbaren Ergebnissen. 180

cc) Nr 260b RiStBV als ungeeignete Vorgabe

Vorgaben für die StA zur Akteneinsicht im Ermittlungsverfahren wegen Verletzung des Geschäftsgeheimnisses ergeben sich zwar aus Nr 260b RiStBV. Bei der RiStBV handelt es sich um **verwaltungsrechtliche Vorgaben an die StA**, welche unterhalb der Gesetzesebene für eine bundesweite Vereinheitlichung der Vorgehensweise sorgen sollen. 181

Die Regelungen der RiStBV zum Umgang mit Geschäftsgeheimnissen gehen jedoch an den Problemen der Akteneinsicht weitgehend vorbei. So lässt die Vorgabe, Geschäftsgeheimnisse in den Akten nur insoweit schriftlich festzuhalten, »als dies für das Verfahren unerlässlich ist«, offen, wie mit Verfahren umzugehen ist, in welchen, auch um dem Gebot 182

---

224 Vgl zur möglichen Ausdehnung auf Grundlage des Art 9 GeschGehRL Rdn 31 ff.

der Aktenwahrheit[225] zu entsprechen, diese Geschäftsgeheimnisse zu den Akten genommen werden müssen. Da dies der Regelfall ist und keine Durchsuchung mit unvollständigen Akten beantragt werden kann, wird es **kaum je möglich** sein, die maßgeblichen **Geschäftsgeheimnisse aus den Akten herauszuhalten**.[226]

183 Auch der von Nr 260b Abs 2 RiStBV geforderte **Hinweis auf in der Akte enthaltene Geschäftsgeheimnisse** ist wenig hilfreich. Es ist anzunehmen, dass Verteidiger und Verletzter in Verfahren wegen Verstoßes nach § 23 GeschGehG recht genau wissen, was die Akten enthalten, enthaltene Geschäftsgeheimnisse sehr wohl identifizieren können und gerade zu diesem Zwecke Einsicht in die Akten beantragen. Der Hinweis ist daher nur in Verfahren nützlich, welche nicht wegen Verstoßes nach § 23 GeschGehG geführt werden, in denen aber Geschäftsgeheimnisse einer Partei zu den Akten gelangen.

184 Der Hinweis nach Nr 260b Abs 2 RiStBV ist **nicht mit einer rechtlichen Konsequenz verbunden**.[227] Für den Fall der Außerachtlassung des Hinweises lässt sich über die RiStBV keine Rechtsfolge anordnen. Der Verteidiger **darf Aktenkopien weitergeben** und macht sich durch eine Weitergabe von Kopien an seinen Mandanten auch nicht selbst wegen Verstoßes gegen § 23 GeschGehG strafbar.[228] Auch die von der RiStBV geforderte Prüfung, ob dem Verteidiger die Akten ausgefolgt werden können oder er nur Akteneinsicht auf der Geschäftsstelle nehmen kann, trägt nicht wirksam zum Geheimnisschutz bei. Einerseits kann das Geheimnis auch durch einfaches Lesen eines Dokumentes ausgespäht werden, andererseits erfordert eine sachgerechte Verteidigung mehr als das Durchlesen von teilweise hochkomplexen Unterlagen über Geschäftsgeheimnisse auf einer Geschäftsstelle einer StA.[229] Die Weigerung, die Ermittlungsakten dem Verteidiger mitzugeben, kommt daher zumeist einer unzulässigen Ablehnung der Akteneinsicht nahe.

2. Gegenstand der Akteneinsicht

185 Gegenstand der Akteneinsicht ist die **gesamte Akte** zum jeweiligen Zeitpunkt des Begehrens. Sind die Ermittlungen abgeschlossen, umfasst dies die Niederschrift aller seit Beginn der Ermittlungen durchgeführten Ermittlungshandlungen wie bspw Vernehmungsprotokolle von Zeugen und Einlassungen des Beschuldigten, Vermerke über polizeiliche Ermittlungen und Auswertungen, Lichtbilder und Sachverständigengutachten **einschließlich aller zu Beweiszwecken erhobenen Unterlagen und elektronischen Daten**[230], auch wenn diese in gesonderten Aktenteilen geführt werden. Im Regelfall ist die Basis der Akte noch eine Papierakte; die Regelungen der §§ 32 ff StPO zur elektronischen Akte sind wegen weitgehend fehlender Umsetzung bisher nur von eingeschränkter Bedeutung.[231]

---

225 Vgl zB Schmitt, in Meyer-Goßner/Schmitt, StPO, § 147 Rn 14.
226 So auch Temming, in BeckOK-StPO, Nr 260b RiStBV Rn 1.
227 Vgl Temming, in BeckOK-StPO, Nr 260b RiStBV Rn 2.
228 Vgl BGH 03.10.1979, 3 StR 264/79 (S), Rn 17 (juris) = NJW 1980, 64; Schmitt, in Meyer-Goßner/Schmitt, StPO, § 147 Rn 20 zur Frage, ob er zur Weitergabe nicht sogar verpflichtet ist; eine Strafbarkeit wegen Verstoßes gegen § 353d Nr 2 StGB ist gleichfalls nicht gegeben.
229 Vgl Temming, in BeckOK-StPO, Nr 260b RiStBV Rn 3.
230 Thomas/Kämpfer, in MüKo-StPO, § 147 Rn 11.
231 Auf die mit einem direkten Zugriff auf die Akten durch den Beschuldigten oder Verletzten gem. §§ 147 Abs 4, 406e, 32f StPO verbundene besondere Problematik für das Geheimhaltungsinteresse der Beteiligten soll daher derzeit nicht eingegangen werden.

B. Staatsanwaltliche Ermittlungen

Sind die **Ermittlungen noch nicht abgeschlossen**, umfasst die Akte alle Niederschriften und Beweismittel, die bisher zur Akte genommen wurden.

Nicht alle Gegenstände, welche durch die StA sichergestellt oder beschlagnahmt werden, werden auch zum **Aktenbestandteil**. Dies ist für den Umfang der Akteneinsicht von ganz erheblicher praktischer Bedeutung, da nur in Akten Einsicht gewährt werden kann. Herr über den Inhalt der Akten ist bis zum Abschluss der Ermittlungen und Anklageerhebung die StA. Sie entscheidet darüber, welche Beweisstücke – Unterlagen und Datenträger – für die Entscheidung der Schuld- und Rechtsfolgenfrage notwendig sind und **nimmt diese zu den Akten**.[232] Daher muss die Akte nicht sämtliche Gegenstände umfassen, die im Laufe eines Ermittlungsverfahrens als mögliche Beweismittel erhoben wurden. Stellt sich im Laufe der Ermittlungen heraus, dass Unterlagen und Datenträger, deren Vorlage angefordert worden war oder die im Rahmen einer Durchsuchung erhoben wurden, nicht zu Beweiszwecken gebraucht werden, sind sie an den ursprünglichen Gewahrsamsinhaber zurückzugeben; Datenkopien sind zu löschen.

Bei einer Durchsuchung werden Gegenstände sichergestellt oder beschlagnahmt, die **wegen ihrer Beweisgeeignetheit von Bedeutung** sein können. Bei Verdacht auf Verletzung von Geschäftsgeheimnissen werden idR alle Dokumente oder Datenträger des Beschuldigten, auf denen Geschäftsgeheimnisse gespeichert sein könnten, gesichert. Die Auswertung des Materials kann eine erhebliche Zeit in Anspruch nehmen. Um die Eingriffe für den Beschuldigten möglichst gering zu halten, werden **Daten üblicherweise gespiegelt und vor Ort belassen**,[233] bei wichtigen Papierunterlagen können vom Beschuldigten vor Ort Kopien gefertigt werden. Erst im Zuge der Auswertung trifft die StA die Entscheidung, welche Gegenstände sie für das Verfahren benötigt, da sie von Beweisbedeutung sind, welche Gegenstände also zu den Akten genommen werden müssen. Nicht zu den Akten genommene Gegenstände sind kein Bestandteil der Akteneinsicht.

Diese Entscheidung der StA kann nicht durch eine richterliche Entscheidung über die Beschlagnahme der bei einer Durchsuchung sichergestellten Gegenstände nach § 98 Abs 2 StPO[234] ersetzt werden. Die Beschlagnahme bezieht sich nach § 94 Abs 1 Satz 1 StPO auf Gegenstände, die als Beweismittel für die Untersuchung von Bedeutung sein können. Daher genügt die Möglichkeit, dass diese zu Untersuchungszwecken verwendet werden können. Ob diese Annahme zutreffen wird, ist zunächst unerheblich.[235] Bei der Entscheidung über die Beschlagnahme können vom Richter daher nur jene Gegenstände als nicht beschlagnahmefähig eingeordnet werden, denen von vornherein jeder Beweiswert fehlt, wie zum Beispiel Familienfotos. Gegenstände, die potentiell Geschäftsgeheimnisse des Anzeigeerstatters enthalten können, sind daher zu beschlagnahmen.

---

232 Dies ist verfassungsrechtlich unbedenklich, vgl BVerfG 12.01.1983, 2 BvR 864/81 = NStZ 1983, 273, 274; ungenau: BGH 11.02.2014, 1 StR 355/13, Rn 23 (juris) = NStZ-RR 2014, 347, Rn 23, wonach das gesamte von der Polizei seit dem ersten Zugriff gesammelte Beweismaterial zu den Akten gelangen soll.
233 Hauschild, in MüKo-StPO, § 94 Rn 30. Dies ist im Hinblick darauf problematisch, dass es sich möglicherweise um Geschäftsgeheimnisse des Anzeigeerstatters handelt. Die Spiegelung reicht zu Beweiszwecken üblicherweise aus, die Mitnahme der Daten kann nur über eine Maßnahme der Einziehung erfolgen.
234 Schmitt/Köhler, in Meyer-Goßner/Schmitt, StPO, § 98 Rn 19.
235 Schmitt/Köhler, in Meyer-Goßner/Schmitt, StPO, § 98 Rn 6.

189 Davon zu unterscheiden sind sogenannte **Spurenakten**, in denen tatbezogene Untersuchungen gegen Dritte und deren Ergebnisse festgehalten werden. Sie gehören ebenfalls nicht notwendig zu den (Haupt-) Akten, weil sie außerhalb der Ermittlungen gegen den Beschuldigten entstanden sind. Sie werden nur dann Bestandteil der Akten, wenn die StA sie dazu macht, insbesondere, wenn ihr Inhalt für die Feststellung der dem Beschuldigten vorgeworfenen Tat und für etwaige gegen ihn zu verhängende Rechtsfolgen von Bedeutung sein kann.

190 Soweit § 147 Abs 1 Satz 2 StPO das **Akteneinsichtsrecht bei Beweisstücken** auf ein Besichtigungsrecht beschränkt, greift diese Vorschrift nur, soweit Kopien – in Papierform oder als Datendoppel – der Beweisstücke nicht hergestellt werden können. Sinn der Vorschrift ist, die Beweisstücke vor Verlust zu sichern. Können Kopien oder Doppel hergestellt werden, sind sie der Akte beizufügen und zu übersenden.[236]

3. Allgemeine Grundsätze der Akteneinsicht

191 Für den Umgang mit Akteneinsichtsgesuchen bei Betroffenheit von Geschäftsgeheimnissen Dritter sind die Ausführungen des BVerfG in seiner Entscheidung vom 06.03.2014 zu beachten. Überträgt der Gesetzgeber die Bewältigung des **Rechtsgüterkonflikts** wie hier der gerichtlichen Abwägung, ohne Kriterien hierfür vorzugeben, muss die Darstellung der die Abwägung leitenden Gesichtspunkte in der gerichtlichen Entscheidung einen wesentlichen Beitrag zur Konkretisierung des Abwägungsprogramms, zur Rationalisierung des Abwägungsvorgangs und zur Sicherung der Richtigkeit des Abwägungsergebnisses leisten.[237]

192 StA und Gerichte müssen danach in jedem Verfahren auf das Akteneinsichtsersuchen jeder Partei zu einer jeweils **begründbaren und begründeten Einzelentscheidung** kommen, in der die Interessen der Beteiligten ausreichend berücksichtigt und abgewogen werden. Anhaltspunkte, welche Interessen dabei zu berücksichtigen sind, ergeben sich aus dem zitierten Beschluss des BVerfG sowie aus einer weiteren Entscheidung des BVerfG zum Schutz der Berufsausübungsfreiheit.[238] Durch diese wird der Rahmen gesteckt, in welchem sich StA und Gerichte, jeweils bezogen auf den aktuellen Verfahrens- und Ermittlungsstand und den Umfang der begehrten Akteneinsicht, bewegen können.

193 Um eine solche Entscheidung treffen zu können, müssen die jeweiligen Interessen zum Zeitpunkt der Ersuchen festgestellt werden.

194 Die Ausführungen zur Wahrung der Geschäftsgeheimnisse der Parteien beziehen sich auf Ermittlungsverfahren wegen Verstoßes nach § 23 GeschGehG. Sie können in Verfahren wegen des Verdachts **anderer Straftaten**, in denen die ungerechtfertigte Nutzung von Geschäftsgeheimnissen Teil des Tatvorwurfs ist, übernommen werden.[239] Geschäftsgeheimnisse können bspw in Ermittlungen wegen Betrugs, Untreue oder Ausspähens von Daten eine erhebliche Rolle spielen und die entsprechenden Datenträger können zu den

---

[236] Thomas/Kämpfer, in MüKo-StPO, § 147 Rn 37.
[237] BVerfG 06.03.2014, 1 BvR 3541/13, Rn 72 (juris) = NJW 2014, 1581, Rn 27.
[238] BVerfG 14.03.2006, 1 BvR 2087/03, Rn 93 ff (juris) = NVwZ 2006, 1041, 1043 ff.
[239] Für das Kartellverfahren: Wessing/Hiéramente, NZKart 2015, 168, 170; nicht gefolgt werden in Hinsicht auf die Bedeutung des Geheimnisschutzes kann der Ansicht, es brauche ein konkret drohendes Verhalten des Beschuldigten, um Akteneinsicht verweigern zu können.

zentralen Beweismitteln gehören. Dokumente und Datenträger, auf denen Geschäftsgeheimnisse gespeichert sind, kommen daher auch in diesen Ermittlungsverfahren als Beweisgegenstände in Betracht. Sie unterliegen dann der Herausgabepflicht, § 95 StPO, und können im Rahmen einer Durchsuchung erhoben werden. Es besteht kein Beschlagnahmeverbot nach § 97 StPO.

Es ist nicht immer offensichtlich, dass Geschäftsgeheimnisse in den Akten vorhanden sind. Der Inhaber des Geschäftsgeheimnisses sollte daher **Polizei und StA darauf hinweisen**, dass ein solches vorliegt und um angemessenen Schutz bitten. Die nur für Verfahren wegen unlauteren Wettbewerbs geltende Vorgabe der Nr 260b Abs 2 RiStBV, wonach bei Akteneinsicht auf das Vorhandensein von Geschäftsgeheimnissen hinzuweisen ist, sollte für alle Ermittlungsverfahren aufgegriffen werden. 195

4. Möglichkeiten der Akteneinsicht

a) Akteneinsicht durch den Beschuldigten

Grundlage der Akteneinsicht des Beschuldigten ist der in § 147 Abs 1, 2 und 4 StPO verankerte Anspruch des Beschuldigten auf Zugang zu den Akten als Ausgestaltung des in Art 103 Abs 1 GG verankerten **Rechtsstaatsprinzips**. [240] 196

aa) Reichweite des Akteneinsichtsrechts

Solange die **Ermittlungen noch nicht abgeschlossen** sind, kann der Zugang beschränkt werden. Einsicht gewährt werden muss aber in jene Aktenteile, die dem AG vorgelegt wurden, um den Durchsuchungsbeschluss zu bewirken. [241] Eingeschränkt werden kann die Akteneinsicht, um den Ermittlungszweck nicht zu gefährden, § 147 Abs 2 Satz 1 StPO. Eine Einschränkung der Akteneinsicht, um Rechte des Anzeigeerstatters zu sichern, sieht die StPO nicht ausdrücklich vor. 197

Eine Beschränkung der Akteneinsicht im Ermittlungsverfahren zum Schutze der Interessen des Anzeigeerstatters bedarf sorgfältiger Begründung. Der BGH sah eine solche Einschränkung nur dann als zulässig an, wenn durch die Einschränkung das **Recht auf Verteidigung nur in Randbereichen betroffen** wird. Beschneidet die Einschränkung, im vom BGH entschiedenen Fall gestützt auf das Geheimhaltungsinteresse öffentlicher Stellen, wesentliche Verteidigungsmöglichkeiten, könne das Strafverfahren, so der BGH, nicht durchgeführt werden. [242] Grundlage der Entscheidung war aber keine unvollständige Akteneinsicht, sondern eine fehlende Aussagegenehmigung des Angeklagten noch in der Hauptverhandlung. [243] In Ermittlungsverfahren wegen Verletzung von Geschäftsgeheimnissen muss jedoch zur Wahrung des Geschäftsgeheimnisses des Anzeigeerstatters das Ermittlungsverfahren einschließlich möglicher Rechtsmittel gegen Entscheidungen des Ermittlungsrichters betrieben werden können, ohne dass umfassende Einsicht in die Geschäftsgeheimnisse des Anzeigeerstatters zu gewähren ist. Ein anderes Ergebnis wäre mit dem strafrechtlichen Rechtsschutz für ein Geschäftsgeheimnis und den Vorgaben des 198

---

240 Vgl BVerfG 04.12.2006, 2 BvR 1290/05, Rn 12 ff (juris) = NStZ 2007, 274; Thomas/Kämpfer, in MüKo-StPO, § 147 Rn 1.
241 Vgl BVerfG 04.12.2006, 2 BvR 1290/05, Rn 18 ff (juris) = NStZ 2007, 274, 275.
242 BGH 05.06.2007, 5 StR 383/06 = NJW 2007, 3010.
243 Vgl auch BGH 09.12.1988, 2 StR 279/88, Rn 23 ff (juris) = NJW 1989, 1228, 1229.

europäischen Gesetzgebers aus der GeschGehRL nicht vereinbar. Die Entscheidung des BGH zeigt jedoch die Bedeutung der umfassenden Verteidigungsmöglichkeit im Strafverfahren, welche einer **Versagung von Akteneinsicht einem besonderen Rechtfertigungsdruck** aussetzt.

199 Lösungsansätze ergeben sich aus einer zivilrechtlichen Entscheidung des BGH.[244] Danach darf von dem Grundsatz, dass vor einer Partei geheim gehaltene Tatsachen in der Entscheidung nicht verwertet werden dürfen, dann ausnahmsweise abgewichen werden, wenn die darlegungs- und beweisbelastete Partei ein **erhebliches rechtliches Interesse an der Geheimhaltung** bestimmter innerbetrieblicher Informationen hat und dem Prozessgegner aus der Verwertung der geheim gehaltenen Tatsachen keine unzumutbaren Nachteile erwachsen.[245]

200 Das BVerfG betonte die Bedeutung des Rechtsschutzes bei Verletzungen von Geschäftsgeheimnissen und führte aus, dass wenn dieser im Falle der Geheimhaltungsbedürftigkeit von Tatsachen erst durch eine Beschränkung des rechtlichen Gehörs möglich werde, eine **Abwägung getroffen werden müsse**, die auch ein In-Camera-Verfahren rechtfertigen würde.[246] In einer weiteren Entscheidung unterstrich das BVerfG diese Entscheidung.[247] Es gab den Behörden in einem Genehmigungsverfahren im Telekommunikationsbereich auf, bei der Akteneinsicht von Mitbewerbern in Kostenkalkulationen die Betriebs- und Geschäftsgeheimnisse des Beschwerdeführers zu prüfen. Es müsse geprüft werden, ob die Akteneinsicht das Recht des Betroffenen auf freie Berufsausübung aus Art 12 GG verletzt. Werde über Akteneinsicht in einem Verwaltungsverfahren exklusives wettbewerbserhebliches Wissen den Konkurrenten zugänglich gemacht, mindere dies die Möglichkeit des Betroffenen, die Berufsausübung unter Rückgriff auf dieses Wissen erfolgreich zu gestalten. Ein Anreiz zu innovativem unternehmerischen Handeln könne entfallen, wenn Dritte unter Einsparung der Kosten für die Entwicklung entsprechender Strategien in Konkurrenz mit dem Geheimnisträger treten könnten.[248] Die Frage, ob es ein Mittel gäbe, welches gleich geeignet sei, das Rechtsschutzbedürfnis der Mitbewerber zu berücksichtigen und zu geringeren Beeinträchtigungen führe, sei unter der Perspektive der Rechtsschutzgarantie als auch der Berufsfreiheit zu prüfen.[249] Das Interesse an einem **effektiven Rechtsschutz** dürfe nicht zu einer **Beeinträchtigung der Berufsfreiheit** des Beschwerdeführers führen. Sei keine Lösung ersichtlich, wie die Interessen aller Beteiligten gewahrt werden können, muss nach Ansicht des BVerfG eine Güterabwägung erfolgen,[250] die auch zur Versagung der Akteneinsicht führen kann.

201 Auch wenn beide Entscheidungen des BVerfG nicht in Bezug auf ein Strafverfahren ergingen, sondern im Hinblick auf besondere verwaltungsrechtliche Fallkonstellationen, sind die **Vorgaben der Entscheidungen auch im Strafverfahren von Bedeutung**.[251] Der Gesetzgeber hat den Schutz von Geschäftsgeheimnissen über das Strafrecht vorgegeben.

---

244 BGH 18.10.1995, I ZR 126/93, Rn 14 (juris) = GRUR 1996, 217, 218.
245 BGH 18.10.1995, I ZR 126/93, Rn 14 (juris) = GRUR 1996, 217, 218.
246 BVerfG 27.10.1999, 1 BvR 385/90, Rn 90 ff (juris) = NJW 2000, 1175, 1178, wo es um Aktenvorlage an das Verwaltungsgericht trotz Sperrvermerks der Behörde ging.
247 BVerfG 14.03.2006, 1 BvR 2087/03 = NVwZ 2006, 1041.
248 BVerfG 14.03.2006, 1 BvR 2087/03, Rn 85 (juris) = NVwZ 2006, 1041 Rn 85.
249 BVerfG 14.03.2006, 1 BvR 2087/03, Rn 96 (juris) = NVwZ 2006, 1041 Rn 96.
250 BVerfG 14.03.2006, 1 BvR 2087/03, Rn 97 ff (juris) = NVwZ 2006, 1041 Rn 97 ff.
251 Für das Zivilverfahren: McGuire, GRUR 2015, 424, 431.

Gleichzeitig sind Geschäftsgeheimnisse über Art 12 GG geschützt. Es muss daher sichergestellt werden können, dass Ermittlungsverfahren durchgeführt werden können, ohne dass Verletzungen des streitbefangenen Geschäftsgeheimnisses durch Akteneinsicht erfolgen.

Dem entspricht auch die Praxis des OLG Stuttgart, das in derartigen Fällen bei Akteneinsichtsgesuchen der StA aufgibt, das Geheimhaltungsinteresse des Anzeigeerstatters zu berücksichtigen. Das OLG Stuttgart gibt der StA kein Ergebnis der ihr obliegenden Ermessensentscheidung vor, lässt aber erkennen, dass es eine nur beschränkte Akteneinsicht als möglich ansieht.[252] 202

bb) Beschränkung der Akteneinsicht gem. § 147 Abs 2 StPO

In **verfassungskonformer Auslegung** des § 147 Abs 2 StPO muss dem Verteidiger Akteneinsicht im laufenden Ermittlungsverfahren versagt werden, wenn und soweit die Akteneinsicht Geschäftsgeheimnisse der Beteiligten gefährden würde. Der verfassungsrechtliche Anspruch auf rechtliches Gehör tritt mit dem gleichfalls mit Verfassungsrang ausgestatteten Anspruch auf gerichtliche Durchsetzung des Strafanspruchs in Konkurrenz und muss unter Umständen zumindest zeitweise weichen. 203

Eine Versagung kommt insbesondere dann in Betracht, wenn der Anzeigeerstatter einen **Antrag auf Sicherung seines Geschäftsgeheimnisses** nach dem Vorbild des § 16 GeschGehG stellt und diesen begründet. Die StA hat dann zu prüfen, ob die Einsicht in die Unterlagen und Daten, welche das Geschäftsgeheimnis enthalten, vollständig zu versagen ist oder durch eine anderweitige Regelung, insbesondere eine Absprache mit der Verteidigung, dem Mandanten die Einsicht zu verwehren, möglich ist. Die Entscheidung ist an den jeweiligen Ermittlungsstand anzupassen und kann daher auch vor dem Abschluss der Ermittlungen zu ändern sein. Grundlegend für die Versagung der Einsicht in die Geschäftsgeheimnisse sind die jeweilige **Bedeutung des Geschäftsgeheimnisses** für den Anzeigeerstatter und eine **mögliche Verwertbarkeit** durch den Beschuldigten. In Geschäftsgeheimnisse, die der Beschuldigte kannte, kann ihm die Einsicht nicht verwehrt werden; wurden Kopien oder Datendoppel des streitbefangenen Geschäftsgeheimnisses beim Beschuldigten gefunden, kennt er dieses bereits und kann ihm die Einsicht nicht mehr verwehrt werden. 204

Für die Ermittlungsbehörden bedeutet dies eine umfangreiche Prüfung des Antrags auf Akteneinsicht. Sie benötigen eine möglichst vollständige und klare Übersicht der in den Ermittlungsakten vorhandenen Geschäftsgeheimnisse. Bereits in einem frühen Stadium des Verfahrens sollte mit dem Anzeigeerstatter geklärt werden, welche Dokumente und Daten für das Ermittlungsverfahren unbedingt notwendig sind und in welche Dokumente Akteneinsicht gewährt werden kann. Ferner sollte abgestimmt werden, welche Gründe gegen eine Akteneinsicht des Beschuldigten in Unterlagen und Datenträger, die für die Ermittlungen unabdingbar sind, sprechen. Die vom Anzeigeerstatter vorgelegten Beweisgegenstände sollten dabei in einem Sonderband geführt werden. 205

▶ Für den Anzeigeerstatter bedeutet dies, dass er zunächst bei seiner Anzeige zurückhaltend vortragen und Unterlagen vorlegen sollte. Er sollte seine Bereitschaft, weitere Unterlagen nachzureichen und in Absprache mit der StA weiter vorzutragen, deutlich machen und sich auf Nachfragen vorbereiten. Anderenfalls kann wertvolle Zeit verstreichen, bis im Dialog mit der StA ein nicht ausreichend 206

---

252 OLG Stuttgart 10.03.2006, 4 VAs 1/06, Rn 24 f (juris) = NJW 2006, 2565, 2567.

vorbereiteter Anzeigeerstatter die notwendigen Unterlagen und Informationen vorlegen kann, die eine endgültige Prüfung erlauben, ob ein Ermittlungsverfahren eingeleitet wird und welche Maßnahmen zu treffen sind.

cc) Absprache mit dem Verteidiger

207 Eine mögliche Lösung zur Sicherung des Geschäftsgeheimnisses des Anzeigeerstatters ist die Absprache mit dem Verteidiger,[253] die kritischen Beweisstücke seinem Mandanten nicht zur Kenntnis zu bringen.[254] Eine solche Regelung könnte sich auf den **Rechtsgedanken des § 16 GeschGehG** stützen. Diese Regelung ist zwar für das Zivilverfahren geschaffen worden, sie rechtfertigt jedoch den Schluss, dass der Gesetzgeber die Geheimhaltung von Geschäftsgeheimnissen im Gerichtsverfahren als notwendig ansieht.[255]

208 Ob sich ein Verteidiger auf eine solche Absprache einlassen wird und kann, ist vom Einzelfall abhängig. Es bedarf dabei eines besonders starken Vertrauensverhältnis zwischen Anwalt und Mandant, wenn sich der Beschuldigte darauf einlassen muss, sein Anwalt werde das für seine Verteidigung Richtige unternehmen, ohne dass er dies selbst zunächst nachvollziehen kann.[256] Im Regelfall wird der Verteidiger auch die vollständigen Akten als Grundlage für die Besprechung mit seinem Mandanten benötigen, da nur der Mandant die notwendigen Sachkenntnisse besitzt und die Details bewerten kann. Die Vereinbarung kann jedoch ein Weg sein, zumindest dem Verteidiger vollständige Einsicht in die Akten zu gewähren, die dem Durchsuchungsbeschluss zu Grunde lagen.

209 Im Wege der Absprache mit dem Verteidiger ist es darüber hinaus möglich, einen Ausgleich der einander gegenüberstehenden Interessen durch eine geeignete **privatrechtliche Vereinbarung** zu bewirken. So kann die StA dem Beschuldigten und dem Anzeigeerstatter die Möglichkeit geben, eine geeignete **Geheimhaltungsvereinbarung** abzuschließen. Kommt eine Einigung über eine Geheimhaltungsvereinbarung nicht zustande, könnte die StA dem Anzeigeerstatter eine **angemessene Frist zur Einholung einer zivilgerichtlichen Anordnung** einräumen, die den Schutz des Geheimnisses sicherstellt. Dies könnte entweder in einem zivilgerichtlichen Verfahren geschehen, in dem für die betroffenen Informationen Anordnungen nach § 16 GeschGehG getroffen werden, oder in einem einstweiligen Verfügungsverfahren, in dem bestimmte Verbote auferlegt werden, die mit Ordnungsmitteln durchgesetzt werden können. Nach Erlass einer solchen die Rechte des Anzeigeerstatters sichernden Anordnung kann dann Akteneinsicht gewährt werden.

210 Gegen den Willen des Verteidigers ist es hingegen problematisch, dem Verteidiger eine Beschränkung aufzuerlegen, Unterlagen seinem Mandanten nicht zur Kenntnis zu bringen. Auch wenn die Gewährung unter Beschränkungen ein Mehr an Akteneinsicht gegenüber der Versagung ist und Rechtsschutz sichern kann,[257] ist sie abzulehnen und einer späteren Prüfung, ob vollständig Akteneinsicht zu gewähren ist, der Vorzug zu geben.

---

[253] Zur Interaktion mit den Beteiligten als tägliches Brot des Strafverteidigers im Kartellverfahren vgl Wessing/Hiéramente, NZKart 2015, 168.
[254] So allgemein Willnow, in KK-StPO, § 147 Rn 15.
[255] Vgl Begr zum RegE, BT-Drucks. 19/4724 S. 35.
[256] Vgl dazu auch Wessing/Hièramente, NZKart 2015, 168, 172.
[257] BVerfG 27.10.1999, 1 BvR 385/90, Rn 90 ff (juris) = NJW 2000, 1175, 1178.

dd) Hinweise an den Beschuldigten

Die Nutzung und Offenlegung eines Geschäftsgeheimnisses ist nach § 4 Abs 2 Nr 2, 3 GeschGehG untersagt, wenn die Nutzung bzw Offenlegung gegen eine Verpflichtung verstoßen würde, das Geheimnis nicht zu nutzen bzw offenzulegen. Es ist generell anerkannt, dass die Akte ausschließlich zu Verteidigungszwecken verwendet werden darf.[258] Eine konkrete **Beschränkung der Nutzungs- und Offenlegungsbefugnis** ergibt sich für aus den Ermittlungsakten entnommene Informationen nunmehr aus § 32f Abs 5 StPO. Personen, denen Akteneinsicht gewährt wird, dürfen Akten, Dokumente, Ausdrucke oder Abschriften weder ganz noch teilweise öffentlich verbreiten oder sie Dritten zu verfahrensfremden Zwecken übermitteln oder zugänglich machen. Durch Akteneinsicht erlangte personenbezogene Daten dürfen sie nur zu dem Zweck verwenden, für den die Akteneinsicht gewährt wurde. Die Akteneinsicht im Ermittlungsverfahren begründet davon abgesehen ohnehin **kein Recht zur Nutzung oder Offenlegung im Sinne von § 3 Abs 2 GeschGehG**. Hieraus sowie aus dem Zweck der Akteneinsicht und den Beschränkungen des § 32f Abs 5 StPO dürfte sich unter Berücksichtigung des Grundsatzes von Treu und Glauben auch eine **generelle Verpflichtung** im Sinne des § 4 Abs 2 Nr 2, 3 GeschGehG ergeben, **durch Akteneinsicht erlangte Geschäftsgeheimnisse nicht zu nutzen oder offenzulegen**. 211

Auf die sich deshalb im Falle einer Nutzung oder Offenlegung von durch Akteneinsicht erlangten Geschäftsgeheimnissen ergebenden strafrechtlichen Konsequenzen sollte der Beschuldigte bei der Gewährung von Akteneinsicht hingewiesen werden. 212

Darüber hinaus unterfallen die von der Tat betroffenen Geschäftsgeheimnisse des Anzeigerstatters, die mit der Akteneinsicht (erneut) an den Beschuldigten gelangen, dem **Herausgabe- und Vernichtungsanspruch nach § 7 Nr 1 GeschGehG**. Allerdings ist die Durchsetzung des Anspruchs nach § 9 Nr 5 GeschGehG ausgeschlossen, solange die Informationen zur Verteidigung erforderlich sind. Auch auf das mögliche Aufleben des Herausgabe- und Vernichtungsanspruchs nach Abschluss des Strafverfahrens sollte der Beschuldigte hingewiesen werden. 213

ee) Rechtsmittel

Die Versagung der Akteneinsicht durch die StA ist nur in Ausnahmefällen erfolgreich anfechtbar. Der Verteidiger kann nach Anklageerhebung seinen Antrag bei Gericht wiederholen. Ausnahmen greifen ein, wenn die Ermittlungen abgeschlossen sind, der Antrag besondere Dokumente betrifft oder der Beschuldige sich in Haft befindet, § 147 Abs 5 Satz 2 StPO.[259] 214

Dies ist insofern problematisch, als sich der Verletzte gegen die Versagung von Akteneinsicht zur Sicherung von Geschäftsgeheimnissen wehren kann, der Beschuldigte nach § 147 Abs 5 Satz 1 StPO aber nicht.[260] Daher sollte einer Entscheidung des OLG Stuttgart folgend dem Beschuldigten das Recht auf gerichtliche Entscheidung zustehen, wenn ihm wegen drohender Verletzung des Geschäftsgeheimnisses Akteneinsicht (teilweise) verwei- 215

---

258 Thomas/Kämpfer, MüKo-StPO, § 147 Rn 44.
259 Willnow, in KK-StPO, § 147 Rn 25 f.
260 Vgl Willnow, in KK-StPO, § 147 Rn 25.

gert wurde.²⁶¹ Zuständig hierfür ist der Ermittlungsrichter am Sitz der StA, § 147 Abs 5 Satz 2 iVm § 162 StPO.

b) Akteneinsicht durch den Anzeigeerstatter

216 Das Akteneinsichtsgesuch des Anzeigeerstatters ist auf § 406e Abs 1 StPO zu stützen. Dabei ist Gegenstand der Akteneinsicht die Akte, die dem Gericht vorliegt oder im Falle der Anklageerhebung vorzulegen wäre. Es handelt sich damit zunächst um dieselbe Akte, in die auch der Verteidiger Einsicht nehmen kann.²⁶²

aa) Entscheidung über die Akteneinsicht

217 Da der Anzeigeerstatter im Regelfall Inhaber des Geschäftsgeheimnisses im Sinne von § 2 Nr 2 GeschGehG ist und ein **berechtigtes Interesse an der Akteneinsicht** besitzt, kann über diese generellen Voraussetzungen der Akteneinsicht normalerweise zügig entschieden werden.

218 Die Akteneinsicht ist zu versagen, wenn **schutzwürdige Interessen des Beschuldigten** entgegenstehen, § 406e Abs 2 StPO. Problematisch ist zunächst, welcher Grad von Tatverdacht vorliegen muss, um überhaupt Akteneinsicht gewähren zu können. Teils wird vertreten, wegen der fehlenden zeitlichen Begrenzung des Akteneinsichtsrechts des Verletzten in § 406e StPO scheide der Anspruch nur dann aus, wenn von vorneherein ausgeschlossen ist, dass eine Verletzung vorliegt.²⁶³ Bei Verfahren wegen Verletzung des Geschäftsgeheimnisses kann **allein die Behauptung** einer Rechtsverletzung und erheblicher wirtschaftlicher Interessen des Anzeigeerstatters **nicht genügen**, um dem Anzeigeerstatter umfassend Akteneinsicht zu gewähren.

219 Die StA muss sehr sorgfältig abwägen, ob und insbesondere in welchem Umfang Einsicht in Geschäftsgeheimnisse des Beschuldigten gewährt werden kann. Wesentliches Kriterium ist die **Stärke des Tatverdachts** nach dem aktuellen Ermittlungsstand.²⁶⁴ Weiterer Maßstab sind die schutzwürdigen Interessen des Beschuldigten, § 406e Abs 2 StPO, was die vorzeitige Offenlegung von Geschäftsgeheimnissen ausschließt.²⁶⁵ Ist beabsichtigt, dem Antrag auf Akteneinsicht stattzugeben, ist der Beschuldigte vorab zu hören.²⁶⁶

220 Zu prüfen ist auch, welche wirtschaftlichen Gefahren einem Beschuldigten drohen, wenn Ermittlungsmaßnahmen über den Anzeigeerstatter **Dritten vorzeitig bekannt** werden oder instrumentalisiert werden sollen, um dem Beschuldigten zu schaden. Sollten Anhaltspunkte für eine solche Gefahr vorliegen, weil bspw eine erfolgte Durchsuchung Mitkonkurrenten zur Kenntnis gebracht wird, ohne dass dies zum Schutze eigener Rechte erforderlich ist, muss die Akteneinsicht vollständig versagt werden, da ein Verstoß gegen § 42 Abs 2 BDSG droht. Dabei ist aber zu berücksichtigen, dass der Anzeigeerstatter zum

---

261 OLG Stuttgart 10.03.2006, 4 VAs 1/06 = NJW 2006, 2565, 2567; zweifelnd Schmitt, in Meyer-Goßner/Schmitt, StPO, § 147 Rn 39.
262 Zabeck, in KK-StPO, § 406e Rn 3.
263 Grau, in MüKo-StPO, § 406e StPO Rn 5, mwN.
264 Vgl LG Darmstadt 09.10.2008, 9 Qs 490/08, Rn 3 (juris) = GRUR-RR 2009, 13, 14 – Musiktauschbörse zur Akteneinsicht des Verletzten bei Urheberrechtsverletzung in Musiktauschbörsen; Zabeck, in KK-StPO, § 406e Rn 6.
265 Vgl auch Schmitt, in Meyer-Goßner/Schmitt, StPO, § 406e Rn 9.
266 BVerfG 15.04.2005, 2 BvR 465/05, Rn 12 (juris) = NStZ-RR 2005, 242.

Schutze seiner Geschäftsgeheimnisse ein **legitimes Interesse an der Information Dritter** haben kann.

bb) Vorlage (zivil-)gerichtlicher Titel

Legt der Anzeigeerstatter zur Stützung seines Akteneinsichtsantrags einen (zivil-)gerichtlichen Titel auf Herausgabe von Unterlagen gegen den Beschuldigten vor, ändert dies zunächst einmal nichts an der Pflicht der StA zur Prüfung des Ersuchens. Die StA ist an den Herausgabetitel nicht unmittelbar gebunden, da sie nicht Titelschuldnerin des Herausgabeanspruchs ist. Über die von der StA sichergestellten Beweismittel kann ein Zivilgericht auch grundsätzlich nicht verfügen. 221

Die Vorlage einer solchen Entscheidung kann die **Anhörungsfristen**, welche die StA gewähren sollte, **verkürzen**. Soweit aus der Entscheidung und den durch den Anzeigeerstatter damit vorgelegten Unterlagen hervorgeht, dass unter Wahrung des rechtlichen Gehörs der Beteiligten eine umfassende gerichtliche Prüfung der sich gegenüberstehenden Interessen stattgefunden hat, ist eine solche Entscheidung bei der nach § 406e Abs 2 StPO zu treffenden **Bewertung der Beteiligteninteressen** mit in Betracht zu ziehen. Sieht eine solche Entscheidung eine vollziehbare Herausgabepflicht des Beschuldigten vor, bedarf die Annahme überwiegender schutzwürdiger Interessen des Beschuldigten besonderer Begründung. Die Berücksichtigung fundierter (zivil-)gerichtlicher Vorentscheidungen widerspricht nicht der vom BVerfG [267] betonten Pflicht zur Wahrung der Grundrechte auch des Beschuldigten durch die Strafverfolgungsbehörden. Sie ist vielmehr im Sinne der **Einheit der Rechtsordnung und der Wahrung des rechtlichen Gehörs des Anzeigeerstatters** geboten. 222

Praktisches Problem der Berücksichtigung einer (zivil-)gerichtlichen Herausgabeanordnung ist allerdings, dass die sichergestellten Beweismittel oftmals noch nicht ausgewertet sind und daher die Ermittlungsbehörden keine Kenntnis haben, ob die Beweismittel bei ihnen überhaupt vorliegen. Außerdem bedarf es einer sehr konkreten Bezeichnung der betroffenen Unterlagen, die dem Anzeigeerstatter idR schwerfällt. 223

▶ Möchte der Anzeigeerstatter seinen Akteneinsichtsantrag mit Hilfe zivilgerichtlicher Entscheidungen unterstützen, sollte er darauf achten, dass die betroffenen Informationen und Dokumente möglichst genau bezeichnet werden. Alternativ sollte er darauf hinwirken, dass das Gericht die Bestimmbarkeit der betroffenen Informationen und Dokumente beachtet. 224

So ist es bspw denkbar, eine Herausgabeanordnung zu erwirken, die sich auf bestimmte Kategorien von Dokumenten bezieht, wenn aufgrund bestimmter, dem Gericht mitgeteilter Eigenschaften dieser Dokumente (bspw Aufbau der Dokumente, grober Inhalt, charakteristische Kennzeichen) sichergestellt werden kann, dass die Dokumente, die diese Anforderungen erfüllen, dem Anzeigeerstatter zuzuordnen sind und diesem deshalb ein Anspruch auf Herausgabe zusteht.

cc) Rechtsmittel des Beschuldigten

Da die Akteneinsicht zu versagen ist, wenn überwiegende schutzwürdige Interessen des Beschuldigten entgegenstehen, § 406e Abs 2 Satz 1 StPO, kann die Akteneinsicht nicht 225

---

[267] BVerfG 15.04.2005, 2 BvR 465/05, Rn 12 (juris) = NStZ-RR 2005, 242; vgl auch den Hinweis dazu in NJW-Spezial 2005, 376.

gewährt werden, ohne dass dem **Beschuldigten rechtliches Gehör** gewährt wurde.[268] Dazu dürfte eine kurze Frist ausreichen, wobei der Beschuldigte bzw sein Verteidiger darauf hingewiesen werden sollte, dass nach Ablauf der Frist die begehrte Akteneinsicht gewährt wird. Erfolgt eine Stellungnahme, muss die StA **förmlich mit einer begründeten Verfügung** entscheiden. Sie sollte in diesem Fall eine Frist bestimmen, nach deren Ablauf die Akteneinsicht tatsächlich gewährt wird,[269] um dem Beschuldigten vor Gewährung der Akteneinsicht einen Antrag auf gerichtliche Entscheidung [270] zu ermöglichen.

226 Der Verletzte kann gegen eine ihm nachteilige Verfügung, also gegen eine teilweise oder vollständige Versagung der Akteneinsicht, **gerichtliche Entscheidung** beantragen, § 406e Abs 4 Satz 2 StPO.[271] Daher muss die Verfügung der StA das Vorbringen beider Seiten berücksichtigen und beiden Seiten mitgeteilt werden. Eine formlose Mitteilung genügt. Die Entscheidung der StA muss nachvollziehbar erkennen lassen, warum im Falle einer anderslautenden Entscheidung Gefahr für die jeweiligen Geschäftsgeheimnisse bestehen würde.

227 Der Antrag auf gerichtliche Entscheidung ist beim AG am Sitz der StA anzubringen, §§ 406e Abs 4 Satz 2, 162 Abs 1 StPO. Der Antrag auf Entscheidung kann von den Parteien selbst, vom Verteidiger im eigenen Namen, § 297 StPO, oder vom Rechtsanwalt des Anzeigeerstatters eingelegt werden. Im laufenden Ermittlungsverfahren ist die Entscheidung des AG nicht anfechtbar. Eine Ausnahme gilt für Gehörsverletzungen des AG.[272]

228 Dieser Mechanismus von Anhörungen zu den jeweiligen Akteneinsichtsgesuchen, begründeten Ermessensentscheidungen der StA und Anträgen auf gerichtliche Entscheidung bezieht sich nur auf die Einsicht in diejenigen Aktenteile, die Geschäftsgeheimnisse der Parteien betreffen oder bei denen die Akteneinsicht mit anderen Grundrechtseingriffen verbunden sein kann. [273]

c) Akteneinsicht nach Abschluss des Ermittlungsverfahrens

229 Unproblematisch ist die Akteneinsicht dem Grunde nach **bei Rechtskraft einer Verurteilung**. Mit dieser steht fest, dass es einen Verletzten im Sinne von § 406e StPO gibt und in welchem Umfang die Verletzung zumindest eingetreten ist. Insofern ergibt sich der Mindestumfang der Akteneinsicht, über welche die StA zu entscheiden hat, § 406e Abs 4 Satz 1 StPO, aus dem Umfang der Verurteilung. Dies ist auch dann der Fall, wenn die Verurteilung auf Privatklage hin erfolgte.

---

268 Weder § 406e StPO noch § 478 Abs 1 StPO sehen dem Wortlaut nach rechtliches Gehör vor der Entscheidung der StA vor; zuletzt jedoch BVerfG 25.01.2018, 2 BvR 1362/16 = NJW 2018, 1077 für rechtliches Gehör im gerichtlichen Beschwerdeverfahren; die Entscheidungsgründe tragen auch einen Anspruch auf rechtliches Gehör vor der Entscheidung der StA.
269 Für die Entscheidung nach § 406e: Schmitt, in Meyer-Goßner/Schmitt, StPO, § 406e Rn 21; dies muss auch für den Verletzten gelten, der sich gegen die Akteneinsicht wehrt.
270 OLG Stuttgart 10.03.2006, 4 VAs 1/06 = NJW 2006, 2565; Willnow, in KK-StPO, § 147 Rn 25.
271 Vgl auch Schmitt, in Meyer-Goßner/Schmitt, StPO, § 406e Rn 21.
272 BVerfG 25.01.2018, 2 BvR 1362/16 = NJW 2018, 1077.
273 OLG Stuttgart 10.03.2006, 4 VAs 1/06 = NJW 2006, 2565, wonach der Antrag auf gerichtliche Entscheidung nur insoweit gestellt werden kann, als es um die Einschränkung der Akteneinsicht geht, die auf der Grundlage von Nr 260b RiStBV vorgenommen werden kann.

Allerdings erfolgt nach Abschluss des Verfahrens die **Rückgabe der Beweismittel** an den 230
letzten Gewahrsamsinhaber, §§ 111n, 111o StPO. Wurden Originaldokumente oder
Daten nicht eingezogen (sh Kap 4 Rdn 26 ff), sondern nur als Beweismittel sichergestellt
bzw beschlagnahmt, unterliegen auch sie dieser Rückgabeverpflichtung. Sie befinden sich
dann unter Umständen nicht mehr als Originale bei der Akte, wenn das Akteneinsichtsgesuch eingeht. In diesen liegen dann nur noch Kopien und Datendoppel, die Bestandteil
der Ermittlungsakten geworden sind. Diese Akten werden bei der StA bis zum Ablauf der
Frist zur Vernichtung in Papierform gelagert oder elektronisch vorgehalten.[274]

Wurde der Angeklagte **freigesprochen oder das Ermittlungsverfahren eingestellt**, ohne 231
dass hiergegen noch Beschwerden möglich sind, richtet sich das Akteneinsichtsrecht des
Anzeigeerstatters nach § 475 StPO, weshalb die Vorgabe des § 479 Abs 4 StPO zu beachten ist. Der Anzeigeerstatter muss dabei nicht nur nach § 475 Abs 1 StPO ein berechtigtes
Interesse an der Einsicht darlegen, sondern darüber hinaus nach § 479 Abs 4 Nr 1 StPO
ein **rechtliches Interesse** glaubhaft machen. Außerdem ist das schutzwürdige Interesse des
früheren Beschuldigten an der Versagung der begehrten Akteneinsicht zu prüfen. Besteht
ein solches schutzwürdiges Interesse, muss die Akteneinsicht nach wohl hM versagt werden, und eine Abwägung der Interessen findet nicht statt.[275] Erfolgte die Einstellung
nicht aus prozessualen Gründen, wird die Akteneinsicht daher im Regelfall zu versagen
sein. Abhängig von der Reichweite des schutzwürdigen Interesses kann auch eine teilweise
Versagung angezeigt sein.[276]

d) Akteneinsicht nach Ermittlungshilfe

Die Einschränkungen der Akteneinsicht in die Ermittlungsakten greifen auch bei Verfah- 232
ren ein, die auf den Privatklageweg verwiesen und damit von der StA eingestellt wurden.[277]

Dies ist allerdings mit der Vorgabe zur »**Ermittlungshilfe**« der Nr 87 Abs 2 RiStBV nicht 233
in Einklang zu bringen. Danach soll der Staatsanwalt vor Verweisung auf den Privatklageweg für den Verletzten, der die Straftat nicht selbst aufklären kann, die erforderlichen
Ermittlungen durchführen. In der Praxis bedeutet dies insbesondere die Erhebung von
Beweisstücken im Rahmen einer Durchsuchung. Diese ist nur dann sinnvoll, wenn der
Verletzte in diese Beweisstücke auch Einsicht nehmen und sie für eine Privatklage verwenden kann. Ein entsprechendes Akteneinsichtsrecht sähe **bei Erhebung der Privatklage
§ 385 Abs 3 StPO** auch vor. Die Berücksichtigung der schutzwürdigen Interessen der
Beteiligten ist dort ausdrücklich vorgesehen. Vor Erhebung der Privatklage kann einer
Akteneinsicht § 479 Abs 4 Nr 1 StPO entgegenstehen. Soweit schutzwürdige Interessen
des Beschuldigten bestehen und diesen nicht durch die teilweise Versagung der Akteneinsicht genügt werden kann, ist eine Akteneinsicht ausgeschlossen. Erfolgt die Verweisung
auf den Privatklageweg nach der Durchsuchung und vor einer Auswertung der sichergestellten Dokumente und Datenträger durch die Ermittlungsbehörden, wird in vielen Fällen

---

274 Vgl die Bestimmungen über die Aufbewahrungsfristen für das Schriftgut der ordentlichen
Gerichtsbarkeit, der StAen und der Justizvollzugsbehörden, Gericht C, Strafakten Rn 41 ff und
Staatsanwaltschaft C, Strafsachen Rn 621 ff für die jeweiligen Akten.
275 LG Frankfurt aM 15.04.2003, 5–02 AR 2/03 = StV 2003, 495; Schmitt, in Meyer-Goßner/
Schmitt, StPO, § 475 Rn 3 sowie § 477 Rn 13.
276 LG Hildesheim 06.02.2009, 25 Qs 1/09, Rn 40 (juris) = NJW 2009, 3799, 3801.
277 Vgl auch Singelnstein, in MüKo-StPO, § 477 Rn 46.

die Gefahr bestehen, dass durch die Einsicht Geschäftsgeheimnisse des Beschuldigten offenbart werden. Dies begründet ein schutzwürdiges Interesse des Beschuldigten. Die Akteneinsicht müsste dann vollständig versagt werden.

234 Es bleiben zwei Lösungsmöglichkeiten: Die StA kann entweder auf die **Leistung von Ermittlungshilfe verzichten** oder die **Beweisstücke auswerten**. Wird der zweite Weg beschritten und bestätigt die Auswertung den Tatverdacht, kann Akteneinsicht gewährt werden, auch dann allerdings nur soweit, wie dies die Geschäftsgeheimnisse des Anzeigeerstatters und die Tat betrifft, aber nicht in eventuelle Geschäftsgeheimnisse des Beschuldigten.

235 In einem solchen Fall ist allerdings ohnehin zu prüfen, ob eine Verweisung auf den Privatklageweg tatsächlich angezeigt ist. Dies wäre nur dann der Fall, wenn der Anzeigeerstatter seinen Strafantrag zurücknimmt und wegen des mangelnden Interesses des Verletzten kein öffentliches Interesse mehr an einer Strafverfolgung vorliegt. Der Anzeigeerstatter müsste dann gem. § 470 StPO die Verfahrenskosten tragen.

e) Beiziehung von Akten im Zivilverfahren und aus dem Zivilverfahren

236 Fordert ein Zivilgericht die Ermittlungsakten an, hat die StA auf der Grundlage der §§ 474 Abs 1, 477 Abs 4 StPO nur eine Zuständigkeitsprüfung durchzuführen, nicht jedoch festzustellen, ob die Ermittlungsergebnisse im Zivilverfahren tatsächlich eingeführt werden können. [278] Dies ist verfassungsrechtlich unbedenklich. [279] Aber auch im Zivilverfahren können nur diejenigen Beweismittel vorgelegt werden, die bereits zu den Akten genommen wurden. Akteneinsichtsgesuche von Zivilgerichten vor Abschluss der Ermittlungen laufen daher oft ins Leere.

237 ▶ Dies stellt für den Verletzten angesichts der teilweise erheblichen Verfahrensdauer in der Strafjustiz ein erhebliches Problem dar. Auf der einen Seite ist der Schutz der Geschäftsgeheimnisse ohne die Unterstützung der StA in vielen Fällen nicht realisierbar. Auf der anderen Seite ist die zivilrechtliche Durchsetzung dieses Schutzes, soweit sie von den Ermittlungsergebnissen abhängig ist, nur mit sehr viel Zeitverzug möglich. Die Gewährung einstweiligen Rechtsschutzes, die an sich für einen effektiven Schutz der Geschäftsgeheimnisse unerlässlich ist, scheint in weite Ferne zu rücken.

Der Anzeigeerstatter sollte deshalb versuchen, in enger Abstimmung mit der StA zumindest **Teilakteneinsichten** zu erwirken. Der StA ist die missliche Situation des Anzeigeerstatters idR ebenso bewusst wie die Möglichkeit, dass ein erfolgreich geführtes zivilgerichtliches Verfahren auch das Strafverfahren vereinfachen kann.

238 Die StA kann **jederzeit die Zivilakten** beiziehen, §§ 94, 95 StPO. Die Einstufung eines dort enthaltenen Geschäftsgeheimnisses als geheimhaltungsbedürftig gem. § 16 Abs 1 und 2 GeschGehG bindet sie nicht. Eine solche Erklärung des Zivilgerichts ist auch nicht analog § 96 StPO als Sperrerklärung anzusehen. Sofern in diese beigezogenen Zivilakten Akteneinsicht durch den Verteidiger begehrt wird, muss die StA die Entscheidung des Zivilgerichts nach § 16 GeschGehG aber berücksichtigen[280] und die Zustimmung des

---

278 Vgl OLG Hamm 26.11.2013, 1 VAs 116/13, 120/13 und 122/13, Rn 40 (juris) = BeckRS 2014, 949.
279 BVerfG 06.03.2014, 1 BvR 3541/13, Rn 72, 75 (juris) = NJW 2014, 1581, Rn 27, 30.
280 Die StA muss die beigezogenen Zivilakten nur dann, aber dann auch vollständig, zur Einsicht freigeben, wenn sie dem Strafgericht vorgelegt werden, vgl BGH 11.11.2004, 5 StR 299/03, Rn 30 (juris) = NJW 2005, 300, 303.

Zivilgerichts einholen, wenn die Akte an den Verletzten herausgeben werden soll, § 480 Abs 2 StPO. Diese Einschränkung gilt allerdings nur, soweit die Zivilakte noch nicht zum Gegenstand der Ermittlungsakte gemacht worden ist.

f) Recht zur Verwendung der Akte im Zivilverfahren

In § 32f Abs 5 StPO wird gegenüber demjenigen, der Akteneinsicht erhält, die Verwendung der Daten auf den Zweck der Auskunft beschränkt. Dies bedeutet zunächst, dass Akten, in die der Beschuldigte gem. § 147 StPO Einsicht erhält, auch nur für **Verteidigungszwecke im Strafverfahren** verwendet werden dürfen. Beabsichtigt der Beschuldige, die Akten auch im Rahmen einer zivilrechtlichen Auseinandersetzung zu nutzen, muss er ein Akteneinsichtsgesuch nach § 475 Abs 1, 2 StPO stellen.[281] Ein solches Gesuch kann idR nicht inzident im Antrag des Verteidigers auf Akteneinsicht gesehen werden, sondern muss, mit entsprechender Anwaltsvollmacht unterlegt, gesondert gestellt werden. Bei der Prüfung sind die gleichen Maßstäbe anzuwenden wie bei der Prüfung des Akteneinsichtsgesuchs des Anzeigerstatters nach § 406e StPO.

239

Aus dieser Zweckbindung ergibt sich auch das **Verwendungsverbot für Akten**, in die gem. § 406e oder § 475 StPO für Verteidigungszwecke Einsicht gewährt wurde. Es dürfte eher selten vorkommen, dass ein Beschuldigter nur Akteneinsicht für ein Zivilverfahren begehrt, ist aber nicht ausgeschlossen. Von einer gewissen praktischen Bedeutung dürfte sein, dass ein Anzeigerstatter, der Akteneinsicht gem. § 406e StPO erhalten hat, die in der Akte enthaltenen personenbezogenen Daten nicht nutzen darf, um sich gegen strafrechtliche Gegenanzeigen, zum Beispiel wegen Vortäuschen einer Straftat, § 145d StGB, zu verteidigen. Hierfür müsste er gem. § 32f Abs 5 StPO ein erneutes Akteneinsichtsgesuch, gestützt auf § 147 StPO, stellen.[282]

240

Von praktischer Bedeutung dürfte diese Beschränkung dann sein, wenn das Ermittlungsverfahren eingestellt bzw auf den Privatklageweg verwiesen wurde und die Akteneinsicht begehrt wird, um im Rahmen der Dienstaufsicht gegen diese Entscheidung vorzugehen. Ein förmliches Klageerzwingungsverfahren gem. § 172 scheidet aus, da es sich bei einem Verstoß nach § 23 GeschGehG um ein Privatklagedelikt handelt.[283] Selbst wenn man dennoch ein Akteneinsichtsrecht des Verletzten annimmt, um die Dienstaufsichtsbeschwerde begründen zu können, wird die Akteneinsicht nur zu diesem Zweck gewährt. Eine Verwendung der Akten für die Verfolgung zivilrechtlicher Ansprüche ist dann unzulässig.

241

Der StA ist gem. § 32f Abs 5 Satz 4 StPO aufgegeben, diejenigen, die Akteneinsicht erhalten, auf die Zweckbindung hinzuweisen.

242

C. Zivilrechtliche Beweissicherung

Literatur: *Ahrens*, Gesetzgebungsvorschlag zur Beweisermittlung bei Verletzung von Rechten des geistigen Eigentums, GRUR 2005, 837; *Bird*, Mitt. 2002, 404; *Bork*, Effiziente Beweissicherung für den Urheberrechtsverletzungsprozeß – dargestellt am Beispiel raubkopierter Computerprogramme, NJW 1997, 1665; *Bornkamm*, Der Schutz vertraulicher Informationen im Gesetz zur Durchsetzung von Rechten des geistigen Eigentums – In-camera-Verfahren im Zivilprozess?, Festschrift für Eike Ullmann,

---

281 Hierzu insgesamt Rauwald, NJW 2018, 3679, 3681.
282 Hier ist vieles ist noch ungeklärt, ua das Zusammenspiel mit Art 6 DS-GVO.
283 Schmitt, in Meyer-Goßner/Schmitt, StPO, § 172 Rn 2.

S. 893; *Dörre/Maaßen*, Das Gesetz zur Verbesserung der Durchsetzung von Rechten des geistigen Eigentums – Teil I: Änderungen im Patent-, Gebrauchsmuster-, Marken- und Geschmacksmusterrecht, GRUR-RR 2008, 217; *Druschel/Jauch*, Der Schutz von Know-how im deutschen Zivilprozess Teil 2: Der derzeitige und zukünftige Geheimnisschutz im vorgelagerten Besichtigungsverfahren, BB 2018, 1794; *Eck/Dombrowski*, Rechtsschutz gegen Besichtigungsverfügungen im Patentrecht – De lege lata und de lege ferenda, GRUR 2008, 387; *Fritze/Stauder*, Die Beschaffung von Beweisen für die Verletzung von gewerblichen Schutzrechten, GRUR Int 1986, 342; *Gniadek*, Die Beweisermittlung im gewerblichen Rechtsschutz und Urheberrecht, 2011; *Grabinski*, Die Zwangsvollstreckung der Duldungsverfügung im patentrechtlichen Besichtigungsverfahren, in Festschrift für Peter Mes zum 65. Geburtstag, 2009, S. 129; *Greger*, Veränderungen und Entwicklungen des Beweisrechts im deutschen Zivilprozess, BRAK-Mitt 2005, 150; *Haberl*, BGH, 18.12.2012 – X ZR 7/12: Für Anordnung von Urkundenvorlage und Begutachtung gilt derselbe Maßstab wie für Besichtigungsanspruch, GRUR-Prax 2013, 88; *Kalbfus*, Rechtsdurchsetzung bei Geheimnisverletzungen – Welchen prozessualen Schutz gewährt das Geschäftsgeheimnisgesetz dem Kläger? WRP 2019, 692; *Karg*, Interferenz der ZPO durch TRIPS – Auswirkungen auf den einstweiligen Rechtsschutz im Urheberrechtsprozess, ZUM 2000, 934; *Kather/Fitzner*, Der Patentinhaber, der Besichtigte, der Gutachter und sein Gutachten, Mitt. 2010, 325, 328; *Kitz*, Rechtsdurchsetzung im geistigen Eigentum – die neuen Regeln, NJW 2008, 2374; *Köklü/Müller-Stoy*, Urgency requirement in inspection proceedings (Zum Dringlichkeitserfordernis in Besichtigungsverfahren), Mitt 2011, 109; *Kühnen*, Die Besichtigung im Patentrecht – Eine Bestandsaufnahme zwei Jahre nach »Faxkarte«, GRUR 2005, 185; *Kühnen*, Update zum Düsseldorfer Besichtigungsverfahren, Mitt 2009, 211; *Melullis*, Zum Besichtigungsanspruch im Vorfeld der Feststellung einer Verletzung von Schutzrechten, Festschrift für Winfried Tilmann zum 65. Geburtstag, 2003, S. 843; *Mes*, Si tacuisses. – Zur Darlegungs- und Beweislast im Prozeß des gewerblichen Rechtsschutzes, GRUR 2000, 934; *Müller*, Die Ablehnung des Sachverständigen im Beweissicherungsverfahren, NJW 1982, 1961; *Müller-Stoy*, Durchsetzung des Besichtigungsanspruchs – Kritische Überlegungen zu OLG München, GRUR-RR 2009, 191 – Laser-Hybrid-Schweißverfahren, GRUR-RR 2009, 161; *Müller-Stoy*, Nachweis und Besichtigung des Verletzungsgegenstandes im deutschen Patentrecht, 2008; *Peukert/Kur*, Stellungnahme des Max-Planck-Instituts für Geistiges Eigentum, Wettbewerbs- und Steuerrecht zur Umsetzung der Richtlinie 2004/48/EG zur Durchsetzung der Rechte des geistigen Eigentums in deutsches Recht, GRUR Int. 2006, 292; *Schreiber*, Das Recht auf Besichtigung von Sachen, JR 2008, 1; *Spindler/Weber*, Der Geheimnisschutz nach Art 7 der Enforcement-Richtlinie, MMR 2006, 711; *Stauder*, Überlegungen zur Schaffung eines besonderen Beweisverfahrens im europäischen Patentverletzungsrecht – Saisie-contrefaçon oder actio ad exhibendum als Beispiele?, GRUR Int 1978, 230, 234; *Stjerna*, Das Dringlichkeitserfordernis im Besichtigungsverfahren, Mitt. 2011, 271; *Tilmann*, Beweissicherung nach Art 7 der Richtlinie zur Durchsetzung der Rechte des geistigen Eigentums, GRUR 2005, 737; *Tilmann/Schreibauer*, Die neueste BGH-Rechtsprechung zum Besichtigungsanspruch nach § 809 BGB – Anmerkungen zum Urteil des BGH »Faxkarte«, GRUR 2002, 1015; *Tilmann/Schreibauer*, Beweissicherung vor und im Patentverletzungsprozess, Festschrift für Willi Erdmann, 2002, S. 901; *Zekoll/Bolt*, Die Pflicht zur Vorlage von Urkunden im Zivilprozess – Amerikanische Verhältnisse in Deutschland?, NJW 2002, 3129; *Zöllner*, Der Vorlage- und Besichtigungsanspruch im gewerblichen Rechtsschutz – Ausgewählte Probleme, insbesondere im Eilverfahren, GRUR-Prax 2010, 74.

I. Einleitung

243 **Darlegungs- und beweispflichtig** für das Vorliegen einer Geheimnisverletzung ist der **Kläger**. Er muss den Verletzungstatbestand substantiiert vortragen und im Fall eines erheblichen Bestreitens beweisen können.[284] Häufig zählt der Nachweis der Verletzungshandlung zu den größten Schwierigkeiten eines erfolgreichen zivilrechtlichen Vorgehens gegen eine Geheimnisverletzung.

---

284 BGH 30.09.2003, X ZR 114/00, Rn 35 (juris) = GRUR 2004, 268, 269 – Blasenfreie Gummibahn II.

244 Eine Erleichterung in seiner Beweisführung kann der Kläger nach den Grundsätzen der sog. »**sekundären Darlegungslast**«[285] erfahren. Nach Treu und Glauben kann sich eine Verpflichtung der nicht beweisbelasteten (beklagten) Partei ergeben, dem Gegner gewisse Informationen mitzuteilen, wozu namentlich die Spezifizierung von Tatsachen gehören kann, wenn und soweit diese der mit der Beweisführung belasteten Partei nicht oder nur unter unverhältnismäßigen Erschwerungen zugänglich sind, während ihre Offenlegung für den Gegner sowohl ohne weiteres möglich als auch zumutbar erscheint.

245 Eine etwaige sekundäre Darlegungslast des Beklagten entbindet den Kläger aber nicht davon, hinreichende tatsächliche Anhaltspunkte für eine Verletzung des Geschäftsgeheimnisses vorzutragen.[286] Eine **Behauptung »ins Blaue hinein«** stellt keinen schlüssigen Klagevortrag dar.[287]

246 Steht dem Kläger kein rechtsverletzendes Produkt zur Verfügung oder hat er keinen Einblick in die Betriebsinterna des mutmaßlichen Verletzers, wie zB dessen Produktion, Datenverarbeitung, Dokumentation etc, stellt sich die Frage, ob der Beklagte verpflichtet sein kann, den (vermeintlichen) Verletzungsgegenstand oder dessen Herstellungsverfahren besichtigen zu lassen oder Daten, Dokumente usw vorzulegen, die Aufschluss über das Vorliegen einer Verletzung geben können. Eine solche **Verpflichtung zur Duldung einer Besichtigung oder Vorlage von Gegenständen** kann auf verfahrensrechtlicher oder auf materiell-rechtlicher Ebene bestehen. Eine zivilprozessuale Pflicht zur Vorlage von Urkunden der nicht beweisbelasteten Partei folgt nur aus den speziellen Vorschriften der §§ 422, 423 ZPO oder aus einer Anordnung des Gerichts nach § 142 Abs 1 ZPO. Aus den Grundsätzen der sekundären Behauptungslast kann sie nicht abgeleitet werden.[288]

II. Prozessrechtliche Besichtigung und Beweismittelvorlage

247 Während eines anhängigen Rechtsstreits kann die **Anordnung zur Vorlage von Beweismitteln oder zur Duldung einer Besichtigung** von Amts wegen durch das Gericht oder auf Antrag einer Partei im Rahmen eines Beweisantritts erfolgen. Dabei muss im Blick behalten werden, dass eine beklagte Partei grds nicht gehalten ist, dem Kläger »die Waffen« für eine erfolgreiche Durchsetzung seiner Ansprüche »an die Hand zu geben« und die Beweismittelerhebung nicht dazu dienen darf, zu erforschen, ob eventuelle Ansprüche gegen den Prozessgegner bestehen (**Verbot des Ausforschungsbeweises**). Demgegenüber hat das Verfahrensrecht auch zu gewährleisten, dass auf Antrag einer Partei, die alle vernünftigerweise verfügbaren Beweismittel zur hinreichenden Begründung ihrer Ansprüche vorgelegt und die in der Verfügungsgewalt der gegnerischen Partei befindlichen Beweismittel zur Begründung ihrer Ansprüche bezeichnet hat, die Vorlage dieser Beweismittel durch

---

285 Vgl BGH 15.12.2015, X ZR 30/14, Rn 120 (juris) = GRUR 2016, 257 – Glasfaser II (zum Patentrecht) und BGH 12.05.2010, I ZR 121/08, Rn 12 (juris) = GRUR 2010, 633 – Sommer unseres Lebens; BGH 08.01.2014, I ZR 169/12, Rn 16 (juris) = GRUR 2014, 657 – BearShare (beide zum Urheberrecht); ausführlich: Mes, GRUR 2000, 934, 939 f; sh auch Ess, WRP 2020, 988, 994 f, Rn 63, 73.
286 Vgl BGH 18.01.2018, I ZR 150/15, Rn 30 (juris) = NJW 2018, 2412.
287 Zur Abgrenzung einer Behauptung »ins Blaue hinein« von zulässigem Vermuten vgl OLG Stuttgart 15.11.2018, 2 U 30/18, Rn 59 (juris) = GRUR 2019, 422 Rn 44 – Verbandspreise.
288 BGH 26.06.2007, XI ZR 277/05, Rn 16 (juris) = NJW 2007, 2989.

die gegnerische Partei angeordnet werden kann, sofern der Schutz vertraulicher Informationen gewährleistet wird.[289]

1. Vorlage- und Besichtigungsanordnungen nach §§ 142, 144 ZPO

248 Die §§ 142, 144 ZPO wurden im Hinblick auf Art 43 Abs 1 TRIPS neu gefasst[290] und schaffen eine prozessuale Pflicht zur Bereitstellung (Edition) von Beweismitteln.[291] Während des laufenden Prozesses kann das Gericht nach eigenem Ermessen – ggf auf Anregung einer Partei – die **Vorlage von Urkunden**, die **Inaugenscheinnahme/Besichtigung** oder die **Begutachtung eines Gegenstandes** durch einen Sachverständigen anordnen und hierzu den Parteien oder einem Dritten die Vorlage bzw Duldung der Inaugenscheinnahme/Begutachtung aufgeben (§§ 142 Abs 1 Satz 1, 144 Abs 1 Satz 2 ZPO). Zur Vorlage verpflichtet sind dann nicht nur die Parteien des Rechtsstreits, sondern auch **Dritte**, sofern sie sich nicht auf ein **Zeugnisverweigerungsrecht** nach §§ 383 bis 385 ZPO berufen können oder ihnen die Vorlage nicht aus anderen Gründen unzumutbar ist. Einen Anspruch hierauf haben die Parteien allerdings nicht. Auch ist die **Vorlagepflicht** gegenüber den Parteien **nicht erzwingbar**.[292] Die Nichtbefolgung kann aber nach §§ 286, 427 S 2 ZPO im Rahmen der freien Beweiswürdigung zur Beweisfiktion zu Lasten der vorlageverpflichteten Partei führen.

249 Eine gerichtliche Anordnung zur **Beweisedition** darf jedoch nur erfolgen, wenn die Tatsachen, die mit der Urkunde oder durch die Besichtigung belegt werden sollen, substantiiert von der beweisbelasteten Partei dargetan wurden.[293] Hierfür soll es in Fällen des gewerblichen Rechtsschutzes nach der BGH-Entscheidung »Restschadstoffentfernung« genügen, wenn eine Verletzung als (hinreichend) wahrscheinlich vorgetragen wird. Dann kann die Vorlage von Urkunden nach § 142 ZPO (Gleiches gilt dann wohl auch für die Vorlage sonstiger Gegenstände gem. § 144 ZPO[294]) zur Aufklärung des Sachverhalts zugemutet werden, wenn solche Maßnahmen geeignet, verhältnismäßig und angemessen sind.[295] Im Rahmen der hierbei vorzunehmenden **Interessenabwägung** finden auch etwaige **Geheimhaltungsinteressen** der verpflichteten Partei Berücksichtigung.[296] Dritte können sich ua nach § 142 Abs 2 Satz 1 bzw § 144 Abs 2 Satz 1 ZPO ggf auf § 384 Nr 3 ZPO und damit auch auf das Zeugnisverweigerungsrecht im Falle einer drohenden Offenbarung eines »Gewerbegeheimnisses« berufen.

250 Die zu belegenden Tatsachen müssen überdies erheblich und bestritten sein, weshalb eine Anordnung der Vorlegung oder Duldung nach §§ 142 Abs 1 Satz 1, 144 Abs 1 ZPO **im**

---

289 Diese aus Art 43 Abs 1 TRIPS resultierende Anforderung an das Prozessrecht der Mitglieder ist auch Gegenstand des Art 6 Abs 1 der Richtlinie 2004/48/EG vom 29.04.2004 zur Durchsetzung der Rechte des geistigen Eigentums (Durchsetzungsrichtlinie).
290 Gesetz zur Reform des Zivilprozesses vom 27.07.2001, BGBl I S. 1887.
291 Ausführlich Stadler, in Musielak/Voit, ZPO, § 142 Rn 1 ff; Prütting/Gehrlein, § 142 ZPO Rn 1.
292 Greger, in Zöller, ZPO, § 142 Rn 15; Reichold, in Thomas/Putzo, ZPO, § 142 Rn 5; LG München I 20.11.2010, 21 O 7563/10 (juris) = InstGE 13, 181 – Arzneimittelherstellung.
293 BGH 26.06.2007, XI ZR 277/05, Rn 20 (juris) = NJW 2007, 2989.
294 Ebenso Müller-Stoy, Nachweis und Besichtigung des Verletzungsgegenstandes im deutschen Patentrecht, 2008, S 51, Fn 203, unter Hinweis auf LG Mannheim 04.07.2006, 2 O 130/05.
295 BGH 01.08.2006, X ZR 114/03, Ls 2 = GRUR 2006, 962 – Restschadstoffentfernung.
296 BT-Drucks. 14/6036 S. 120; BGH 26.06.2007, XI ZR 277/05, Rn 20 (juris) = NJW 2007, 2989; ausführlich: Zekoll/Bolt NJW 2002, 3129, 3130.

C. Zivilrechtliche Beweissicherung Kapitel 2

selbstständigen Beweisverfahren nach §§ 485 ff ZPO **nicht** in Betracht kommen soll, da dort keine Schlüssigkeits- und Erheblichkeitsprüfung stattfindet (str., sh sogleich Rdn 258).[297] Auf eine vorzulegende Urkunde muss überdies nach § 142 Abs 1 Satz 1 ZPO von einer der Parteien (nicht unbedingt der beweisbelasteten) Bezug genommen worden sein. Liegen diese Voraussetzungen (substantiierter, streitiger und erheblicher Vortrag der Wahrscheinlichkeit einer Geheimnisverletzung sowie Bezugnahme im Fall der Urkundenvorlage) vor, wird das **Anordnungsermessen** des Gerichts regelmäßig **auf null reduziert** sein.[298] Umgekehrt hat der BGB in der zum Patentrecht ergangenen Entscheidung »Rohrmuffe« betont, dass das Gericht nicht zur Anordnung einer Urkundenvorlage nach § 142 ZPO verpflichtet ist, wenn die Voraussetzungen für einen materiell-rechtlichen Vorlageanspruch (im entschiedenen Fall § 140c PatG) nicht gegeben sind.[299] Für die Anordnung einer Inaugenscheinnahme/Begutachtung gem. § 144 ZPO kann nichts anderes gelten.

2. Vorlage und Besichtigung aufgrund Beweisantritt

Die Besichtigung der Merkmale, Eigenschaften oder Funktionen einer Sache erfolgt durch **Inaugenscheinnahme** des Gerichts nach § 371 Abs 1 ZPO, wobei gem. § 372 Abs 1 ZPO auch ein oder mehrere Sachverständige hinzugezogen werden können. Erfolgt die Inaugenscheinnahme allein durch den Sachverständigen, richtet sich die Beweisaufnahme nach §§ 402 ff ZPO. Handelt es sich um eine bewegliche Sache, ist sie vorzulegen. Unbewegliche oder schwer transportierbare Objekte werden besichtigt. **251**

Befindet sich das **Augenscheinsobjekt nicht im Besitz des Beweisführers**, bedarf es einer Verpflichtung des Besitzers zur Vorlegung. Hierfür ist entweder nach §§ 422 bis 432 ZPO oder im Wege der Beweisanordnung nach § 144 ZPO vorzugehen. Es besteht keine Vorlage- oder Duldungspflicht aus Prozessrecht.[300] Erfolgt keine gerichtliche Anordnung nach § 144 Abs 1 Satz 2 ZPO von Amts wegen, ist aufgrund der Verweisung des § 371 Abs 2 Satz 2 ZPO auf §§ 422 bis 432 ZPO eine Pflicht des Besitzers des Beweisgegenstands zu dessen Vorlage einschließlich seiner Besichtigung nur dann gegen den Willen des Besichtigungsschuldners durchsetzbar, wenn ein materiell-rechtlicher Anspruch hierauf besteht.[301] **Verweigert** die Gegenpartei die **Inaugenscheinnahme**, kann das Gericht dies als **Beweisvereitelung** nach § 371 Abs 3 iVm § 286 Abs 1 ZPO werten.[302] Dies gilt auch, wenn ein Dritter sich im Einvernehmen mit der Gegenpartei weigert.[303] **252**

Mit §§ 421 bis 432 ZPO sieht das deutsche Zivilprozessrecht die **Vorlage von Urkunden** vor, die sich im Besitz der Gegenpartei oder eines Dritten befinden. Elektronische Dokumente werden nach § 371 Abs 1 Satz 2 ZPO wie sonstige Gegenstände per Inaugenscheinnahme in den Prozess eingeführt. Verweigert die Gegenseite die **Vorlage**, so ist diese **nicht** **253**

---

297 KG 10.04.2013, 9 W 94/12, Rn 10 ff. (juris) = NJW 2014, 85, mit Darstellung des Streitstands; offen gelassen in BGH 29.11.2016, VI ZB 23/16 (juris) = VersR 2017, 908, mwN.
298 Stadler, in Musielak/Voit, ZPO, § 142 Rn 7; Greger, BRAK-Mitt 2005, 150, 152, jeweils mwN.
299 BGH 18.12.2012, X ZR 7/12 (juris) = GRUR 2013, 316, 318 – Rohrmuffe; hierzu Haberl in GRUR-Prax 2013, 88; sh auch OLG Düsseldorf 13.08.2015, I-15 U 3/14, Rn 210 (juris).
300 RG GRUR 1936, 100, 103; Baumbach/Lauterbach/Albers/Hartmann, Übers § 317 Rn 6; Fritze/Stauder, GRUR Int 1986, 342; Stauder, GRUR Int 1978, 230, 234.
301 Greger, in Zöller, ZPO, § 371 Rn 4a; Huber, in Musielak/Voith, ZPO, § 371 Rn 14.
302 Baumbach/Lauterbach/Albers/Hartmann, Übers § 317 Rn 8.
303 Greger, in Zöller, ZPO, § 371 Rn 5 f; Baumbach/Lauterbach/Albers/Hartmann, Übers § 317 Rn 10.

unmittelbar erzwingbar. Vielmehr wird der Beweisführer ebenfalls auf die Durchsetzung einer **materiell-rechtlichen Vorlegungspflicht** des Gegners, §§ 422 bis 427 ZPO, bzw eines Dritten, §§ 428 bis 432 ZPO, verwiesen.

254 Da der **Sachverständige** grds dem Gericht nur seine fachmännischen Schlussfolgerungen und Wertungen auf Grundlage der von der beweispflichtigen Partei beigebrachten **Anknüpfungstatsachen** vermittelt, findet sich in den §§ 402 ff ZPO kein direkter Verweis auf das Erfordernis einer materiell-rechtlichen Vorlage- oder Duldungspflicht im Fall einer Begutachtung eines Gegenstands durch einen Sachverständigen. Bedarf es für die Feststellung dieser Anknüpfungstatsachen der Vorlage eines Gegenstands (zur Inaugenscheinnahme) oder einer Urkunde, so erfolgt dies vorab von Amts wegen per Anordnung des Gerichts (§§ 142, 144 ZPO) oder auf Antrag der beweispflichtigen Partei nach §§ 371 ff ZPO (Augenschein) bzw §§ 420 ff ZPO (Urkunde).[304] Sofern bereits bei der Aufklärung der Beweisfrage einschließlich der Anknüpfungstatsachen besondere Sachkunde erforderlich ist (zB Ingangsetzung oder Betreiben einer Maschine, Auslesen von Softwarequellcode, wissenschaftlich-technische Analyse von Proben, Bauteilöffnung etc), kann der Sachverständige nach § 404a Abs 4 ZPO auch mit der Tatsachenfeststellung beauftragt werden.[305] **Anordnungen** des Prozessgerichts nach § 404a Abs 4 ZPO sind als Bestandteil oder Ergänzung des Beweisbeschlusses (§§ 358, 358a ZPO) wie dieser **nicht selbstständig** mit Rechtsmitteln **anfechtbar**.[306] Die Pflicht zur Duldung der angeordneten Maßnahmen seitens der Parteien oder Dritter folgt dann aus § 144 Abs 1 Satz 3, Abs 2 ZPO.[307] Auch hier gilt, dass die Verhinderung der Beweisermittlung durch eine Partei eine **Beweisvereitelung** darstellen kann. Diese ist im Rahmen der Beweiswürdigung (§ 286 ZPO) zu ihren Lasten zu würdigen (vgl § 371 Abs 3 ZPO), wenn die **Verweigerung der Beweisaufnahme** unberechtigt sowie vorwerfbar und missbilligenswert, also schuldhaft war.[308] Sofern die Endentscheidung auf eine Beweisvereitelung gestützt wird, kann das Vorliegen dieser Voraussetzungen im Rechtsmittelverfahren überprüft werden.

255 Für eine Geheimhaltung von (Anschluss-)Tatsachen, die ein Geschäftsgeheimnis gem. § 2 Nr 1 GeschGehG der beweispflichtigen Partei oder der Gegenpartei darstellen, stehen zumindest im Geschäftsgeheimnisprozess die **gerichtlichen Schutzmaßnahmen** nach §§ 16 ff GeschGehG zur Verfügung (sh Kap 3 Rdn 153 ff).

3. Selbstständiges Beweisverfahren (Beweissicherungsverfahren)

256 Während oder außerhalb eines (anhängigen) Streitverfahrens kann eine Inaugenscheinnahme, Zeugeneinvernahme oder Sachverständigenbegutachtung nach § 485 Abs 1 ZPO angeordnet werden, wenn der Gegner zustimmt oder zu besorgen ist, dass das Beweismittel verloren geht oder seine Benutzung erschwert wird. Ist noch kein Rechtsstreit anhängig,

---

304 Greger, in Zöller, ZPO, § 404a Rn 3.
305 Huber, in Musielak/Voith, ZPO, § 404a Rn 5.
306 BGH 18.12.2008, I ZB 118/07, Rn 9 (juris) = GRUR 2009, 519 – Hohlfasermembranspinnanlage I, mit Verweis auf Baumbach/Lauterbach/Hartmann/Albers, ZPO, 67. Aufl, § 404a Rn 11, § 355 Rn 9; Leipold, in Stein/Jonas, ZPO, § 404a Rn 17.
307 Greger, in Zöller, ZPO, § 404a Rn 3.
308 BGH 18.12.2008, I ZB 118/07, Rn 14 (juris) = GRUR 2009, 519 – Hohlfasermembranspinnanlage I, mit Verweis auf BGH 10.02.1993, XII ZR 241/91, Rn 25 (juris) = BGHZ 121, 266, 276; BGH 26.09.1996, III ZR 56/96, Rn 8 ff (juris) = NJW-RR 1996, 1534; BGH 17.01.2008, III ZR 239/06, Rn 18 (juris) = NJW 2008, 982 Rn 23.

dient das **Tatsachenermittlungsverfahren** nach § 485 Abs 2 ZPO dazu, ggf einen Rechtsstreit zu vermeiden, indem ein Beweis (allein) durch das Gutachten eines Sachverständigen, zB über den Zustand einer Sache im Hinblick auf eine eventuelle Geheimnisverletzung, eingeholt wird.

Nach § 492 Abs 1 ZPO gelten auch in einem solchen **selbstständigen Beweisverfahren** 257 die allgemeinen Vorschriften über die Beweisaufnahme (§§ 355 bis 371 ZPO) sowie die besonderen Anforderungen für die jeweiligen Beweismittel. Folglich sind auch im Rahmen des selbstständigen Beweisverfahrens nach § 485 Abs 1 ZPO im Falle der Inaugenscheinnahme die §§ 371 bis 372a ZPO anzuwenden. Dies schließt das Erfordernis einer **materiell-rechtlichen Vorlagepflicht** eines Besitzers der Sache, der nicht der Beweisführer ist, gem. §§ 371 Abs 2, 422 ff ZPO ein.

Nach strittiger, aber wohl herrschender Auffassung soll eine **Vorlegungs- oder Duldungs-** 258 **anordnung** nach § 144 Abs 1 ZPO **im selbstständigen Beweisverfahren nicht möglich** sein. [309] Im Rahmen dieser vorsorglichen Beweiserhebung hat das Gericht nämlich nur eine eingeschränkte Prüfungskompetenz dahingehend, ob ein rechtliches Interesse an der begehrten Tatsachenfeststellung gegeben ist. Da das Gericht weder Beweisbedürftigkeit oder Entscheidungserheblichkeit der behaupteten Tatsachen noch die Erfolgsaussicht einer späteren Klage überprüft, [310] können die Voraussetzungen für eine Anordnung gem. §§ 142, 144 ZPO im selbstständigen Beweisverfahren nicht festgestellt werden. [311]

Folglich sollte, wenn damit zu rechnen ist, dass eine Besichtigung von der Gegenseite 259 verweigert wird, der Antrag auf Anordnung des selbstständigen Beweisverfahrens mit einer einstweiligen Duldungsverfügung flankiert werden, die ihre Grundlage in einer materiell-rechtlichen Pflicht zur Vorlegung bzw Duldung einer Besichtigung findet (sh zur sog »**Düsseldorfer Praxis**« Rdn 312 ff).

4. Beweisaufnahme im EU-Ausland

Zu erwähnen ist noch die **Verordnung 1206/2001** des Rates vom 28.05.2001 über die 260 Zusammenarbeit zwischen den Gerichten der Mitgliedstaaten auf dem Gebiet der Beweisaufnahme in Zivil- oder Handelssachen, die seit dem 01.01.2004 in allen EU-Mitgliedstaaten (außer Dänemark) gilt.[312] Wenn in einem Mitgliedstaat ein Prozess geführt wird und die zu besichtigende Sache sich in einem anderen Mitgliedstaat befindet, kann das mit dem Vorgang befasste Gericht den anderen Mitgliedstaat ersuchen, die Sache selbst oder durch einen Sachverständigen unmittelbar vor Ort zu besichtigen. Voraussetzung ist allerdings, dass der Besitzer der Sache mit der Besichtigung einverstanden ist (Art 17 VO 1206/2001). Wenn der Besitzer die Besichtigung der Sache nicht freiwillig gestattet und deshalb voraussichtlich Zwangsmaßnahmen erforderlich sind, kann darum ersucht werden, dass das ausländische Gericht die Beweisaufnahme durchführt (Art 10–13 VO 1206/2001).

---

309 KG 10.04.2013, 9 W 94/12, Rn 21 ff (juris) = NJW 2014, 85, mit Darstellung des Streitstands; OLG Karlsruhe 12.08.2013, 6 W 56/13 (juris) = GRUR-Prax 2014, 184 (Besprechung); BeckRS 2014, 5839 [Kau] – Beschränkte Vorlage im selbstständigen Beweisverfahren.
310 BGH 16.09.2004, III ZB 33/04, Ls 1 (juris) = NJW 2004, 3488; BGH 04.11.1999, VII ZB 19/99, Ls 3 (juris) = NJW 2000, 960.
311 KG 10.04.2013, 9 W 94/12, Rn 21 ff. (juris) = NJW 2014, 85.
312 ABl L vom 27.06.2001.

III. Materiell-rechtlicher Besichtigungs- und Vorlageanspruch

1. §§ 809, 810 BGB

261 Materiell-rechtliche Ansprüche auf Besichtigung einer Sache oder auf Urkundeneinsicht sind insbesondere mit dem **Gesetz zur Umsetzung der Durchsetzungsrichtlinie** für die Immaterialgüterrechte normiert worden. Der Gesetzgeber hat indessen in das GeschGehG keine eigenständige Anspruchsgrundlage aufgenommen. Angesichts der mit §§ 809, 810 BGB bestehenden Ansprüche auf Informations- und Beweismittelverschaffung ist dies auch nicht unbedingt erforderlich, obwohl eine spezialgesetzliche Regelung begrüßenswert wäre.

262 Hat der Anspruchsteller einen Anspruch in Ansehung der Sache oder möchte er sich Gewissheit darüber verschaffen, ob er einen solchen Anspruch hat, kann er mit dem **Hilfsanspruch**[313] nach § 809 BGB von dem Besitzer einer Sache deren **Vorlage zur Besichtigung bzw die Duldung der Besichtigung** verlangen. Nach § 810 BGB kann **Einsicht in Urkunden** begehrt werden, die sich in fremdem Besitz befinden und nach ihrem Zweck oder Inhalt der Rechtsposition des Anspruchstellers dienen sollen.[314]

2. Anwendbarkeit in Geschäftsgeheimnisstreitsachen

263 In der »**Faxkarte**«-**Entscheidung** hatte der BGH bereits festgestellt, dass ein Besichtigungsanspruch aus § 809 BGB als ein die Rechtsdurchsetzung vorbereitender Anspruch auch demjenigen zusteht, dessen Leistung wettbewerbsrechtlich gegen Nachahmer geschützt ist und dass mit § 809 BGB die Vorgaben des Art 43 Abs 1 TRIPS-Abkommen umgesetzt werden.[315] Dieser Entscheidung folgend, wurde in den seltenen Fällen eines Besichtigungsverfahrens bei Know-how-Verletzungen nach § 17 UWG die Anwendbarkeit des § 809 BGB von den Instanzgerichten [316] und der Literatur bejaht.[317]

264 Sowohl die Bundesrepublik Deutschland als auch die Europäische Union[318] sind Mitglieder der mit der Uruguay-Runde der WTO geschlossenen **Vereinbarung über handelsbezogene Aspekte des geistigen Eigentums (TRIPS)**[319]. In diesem völkerrechtlichen Vertrag werden Minimalstandards für Maßnahmen und Verfahren zum Schutz geistigen Eigentums geregelt. Dabei zählt Art 1 Abs 2 TRIPS auch Geschäftsgeheimnisse (»Undisclosed Information«) gem. Art 38 TRIPS zum »geistigen Eigentum« (»Intellectual Property«). Nach Art 43 Abs 1 TRIPS sollen die Rechtsordnungen der Mitgliedsstaaten einen Anspruch des Geheimnisinhabers auf Beweisvorlage gewähren. Art 50 Abs 1 lit b) TRIPS

---

313 BGH 02.05.2002, I ZR 45/01 = GRUR 2002, 1046, 1048 – Faxkarte; Stauder, GRUR Int. 1978, 230, 236; Tilmann/Schreibauer, in FS Erdmann, S 901.
314 Habersack, in MüKo-BGB, § 810 Rn 4.
315 BGH 02.05.2002, I ZR 45/01 = GRUR 2002, 1046, 1048 – Faxkarte, mwN.
316 OLG Hamm 31.01.2013, I-4 U 200/12 Rn 59 (juris) = GRUR-RR 2013, 306; LG Düsseldorf, 14.09.2007, 4a O 31/07 (nv); LG Nürnberg-Fürth, 23.02.2005, 3 O 4156/04 InstGE 5, 153 Rn 39 ff, zur Besichtigung von im Rahmen eines Ermittlungsverfahrens wg. Betriebsspionage beschlagnahmten Unterlagen.
317 Druschel/Jauch, BB 2018, 1794, 1797; Musiol, in Hasselblatt, MAH Gewerblicher Rechtsschutz, Teil D § 26, Rn 59, mwN; Harte-Bavendamm, in Harte-Bavendamm/Henning-Bodewig, UWG, § 17 Rn 65.
318 Beschluss 94/800/EG des Rates, ABl L 336 vom 23.11.1994, S 1.
319 *Agreement on Trade-Related Aspects of Intellectual Property Rights*, einsehbar unter www.wto.org/english/tratop_e/trips_e/trips_e.htm [Stand: 02.05.2020].

schreibt ferner vor, dass Maßnahmen zur Beweissicherung auch im Wege des vorläufigen Rechtsschutzes zugänglich sein müssen. Wiewohl diese verfahrensrechtlichen Regelungen des TRIPS kein unmittelbares subjektives Recht begründen, sind die Gerichte der Mitgliedsstaaten gehalten, bei der Anwendung ihrer nationalen Rechtsvorschriften im Rahmen der Anordnung einstweiliger Maßnahmen zum Schutz von Rechten, die zu diesem Bereich gehören, so weit wie möglich den Wortlaut und den Zweck von Art 50 TRIPS-Abkommen zu berücksichtigen.[320]

Auch Art 6 Abs 1 und Art 7 Abs 1 Satz 1 der **Durchsetzungsrichtlinie** normieren ein Erfordernis für einen Anspruch auf Beweissicherung im Wege eines Besichtigungs- und Vorlageanspruchs, das durch §§ 809, 810 BGB erfüllt wird. Die Richtlinie übernimmt den Begriff des »geistiges Eigentums« des TRIPS-Abkommens und verlangt, dass die Mitgliedstaaten für dessen Durchsetzbarkeit sicherstellen, dass zum einen die Vorlage von in der Verfügungsgewalt der gegnerischen Partei befindlichen Beweismitteln und zum anderen eilige Maßnahmen zur Sicherung der rechtserheblichen Beweismittel auch vor Einleitung eines Klageverfahrens angeordnet werden können. Da der deutsche Gesetzgeber einen Umsetzungsbedarf für die Richtlinie nur im Rahmen der Sonderschutzrechte sah,[321] folgt im Umkehrschluss, dass für den Schutz von Geschäftsgeheimnissen die »allgemeinen« Regelungen in §§ 809, 810 BGB zur Verfügung stehen sollen.[322] 265

▶ Steht bei einer potentiellen Geheimnisverletzung, zu deren Ermittlung eine Besichtigung begehrt wird, auch die Verletzung eines Sonderschutzrechts im Raum (zB eine Urheberrechtsverletzung durch Vervielfältigung geschützter Konstruktionszeichnungen oä), empfiehlt es sich, die Beweissicherung auch auf die jeweiligen Sondervorschriften (zB § 101a UrhG) zu stützen. 266

3. Voraussetzungen des § 809 BGB

a) Sache im Besitz des Verletzers

Gegenstand der begehrten **Besichtigung** kann nur eine **Sache** im Sinne der §§ 90, 90a BGB sein. Hierzu zählen auch konkrete Sachgesamtheiten[323] und Software.[324] Der Anspruchsgegner muss in der Lage sein, das betroffene Beweismittel vorzulegen bzw dessen Besichtigung zu dulden. Daher muss sich der jeweilige Gegenstand in seinem **Allein- oder Mitbesitz** befinden. **Mittelbarer Besitz** genügt, wenn ein Anspruch auf Herausgabe gegen den unmittelbaren Besitzer besteht [325] oder der mittelbare Besitzer selbst einen Anspruch auf Vorlegung oder Besichtigung gegen den unmittelbaren Besitzer hat. [326] Der **Besitzdie-** 267

---

320 EuGH 14.12.2000, C-300/98 und C-392/98 = GRUR 2001, 235, 237 – Dior; EuGH 16.06.1998, C-53/96 = GRUR Int 1998, 697, 699 – Hermès.
321 Amtl Begr, BT-Drucks. 16/048 S. 27, li. Sp.
322 Ebenso Gregor, in BeckOK GeschGehG, § 16 Rn 16 Alexander, in Köhler/Bornkamm/Feddersen, UWG, § 8 GeschGehG Rn 39; Kalbfus, WRP 2019, 692, 693; Ess, WRP 2020, 988, 994, Rn 65, mwN.
323 BGH 13.11.2003, I ZR 187/01 Rn 25 (juris) = GRUR 2004, 420 – Kontrollbesuch.
324 Gniadek, Die Beweisermittlung im gewerblichen Rechtsschutz und Urheberrecht, S 58 f, mwN zum Meinungsstand.
325 LG Nürnberg-Fürth 23.02.2005, 3 O 4156/04 Rn 10 (juris) = InstGE 5, 153; Marburger, in Staudinger, § 809 BGB Rn 10.
326 LG Frankfurt aM 14.08.1990, 2–11 S 112/90 Rn 8 (juris) = NJW-RR 1991, 13; Habersack, in MüKo-BGB, § 809 Rn 8.

ner soll nicht verpflichtet sein.[327] Überzeugender ist es jedoch, das Merkmal »Besitz« in § 809 BGB weit auszulegen und die »wirtschaftliche Verfügungsgewalt« genügen zu lassen[328], sodass auch der Besitzdiener nach § 855 BGB zur Vorlage bzw Duldung der Besichtigung verpflichtet werden kann, wenn dieser als Täter oder Mittäter einer Geheimnisverletzung (insbesondere nach § 4 Abs 3 GeschGehG) in Betracht kommt. Mangels mittelbaren Besitzes an den eingebrachten Sachen besteht der Anspruch nicht gegenüber dem Vermieter der Räumlichkeiten (Betriebsgelände), in denen sich die zu besichtigende Sache befindet.[329]

268 Sind im Rahmen eines **Ermittlungsverfahrens** (zB wegen Verletzung von Geschäftsgeheimnissen) von der Staatsanwaltschaft Unterlagen in den Geschäftsräumen des Beschuldigten beschlagnahmt worden, so begründen sowohl die **Beschlagnahme** als auch die formlose **Sicherstellung** von Gegenständen ein **öffentlich-rechtliches Verwahrungsverhältnis**, auf welches die §§ 688 ff BGB Anwendung finden.[330] Daher bleibt der Beschuldigte mittelbarer Besitzer der Unterlagen, so dass gegen ihn ein Anspruch auf Besichtigung nach § 809 BGB gerichtet werden kann.[331] Der mittelbare Besitz wird durch die vorübergehende Inverwahrungnahme der Beweismittel durch die Staatsanwaltschaft im Hinblick auf § 856 Abs 2 BGB nicht beendet.[332] Eine Herausgabe des Besichtigungsgegenstands an den Anspruchsteller erfolgt gem. § 111n Abs 1, 3 StPO, sobald er nicht mehr für Zwecke der Strafverfolgung benötigt wird, der Anspruchsteller bekannt und das Bestehen des Besichtigungsanspruchs offenkundig ist, und zwar am Ort der Aufbewahrung.[333]

269 ▶ In Abstimmung mit der Staatsanwaltschaft ist eine Besichtigung konkret benannter Beweismittel auch während des andauernden amtlichen Gewahrsams denkbar (sh Rdn 221 ff).

270 Der Anspruch zielt nicht auf **Ermittlungs- und Kontrollmaßnahmen**, mit denen der Anspruchsteller erst ermitteln will, ob der Gegner im Besitz derjenigen Sache ist, in deren Ansehung er einen Anspruch hat oder sich Gewissheit hierüber verschaffen will.[334]

b) Anspruch in Ansehung einer Sache

271 Der Anspruchsteller muss darlegen können, dass ihm mit **gewisser Wahrscheinlichkeit**[335] ein **Anspruch in Ansehung der Sache** gegen den Besitzer zusteht. Es genügt, wenn der

---

327 Habersack, in MüKo-BGB, § 809 Rn 8, der dies als unstreitig erachtet und auf BGH GRUR 2004, 420, 421 – Kontrollbesuch verweist, wo indessen eine Verpflichtung des Besitzdieners nicht thematisiert wird.
328 So mit zutreffender Argumentation Müller-Stoy, Nachweis und Besichtigung des Verletzungsgegenstandes im deutschen Patentrecht, 2008, Rn 105 zum patentrechtlichen Besichtigungsanspruch.
329 Vgl LG Düsseldorf 08.03.2007, 4b O 230/04, Rn 63 (juris) = InstGE 8, 103–112 – Etikettiermaschine.
330 BGH 16.05.2019, III ZR 6/18, Rn 14 (juris) = NJW 2019, 2618; Bassenge, in Palandt, § 868 Rn 9.
331 LG Nürnberg-Fürth 23.02.2005, 3 O 4156/04, Ls 1 (juris) = InstGE 5, 153.
332 LAG Baden-Württemberg 08.04.2013, 9 Sa 92/12, Rn 62 (juris) = GRUR Prax 2013, 368.
333 BGH 03.02.2005, III ZR 271/04, Ls (juris) = NJW 2005, 988.
334 BGH 13.11.2003, I ZR 187/01, Rn 25 (juris) = GRUR 2004, 420 – Kontrollbesuch.
335 BGH 02.05.2002, I ZR 45/01, Rn 26 (juris) = GRUR 2002, 1046, 1048 – Faxkarte; BGH 20.09.2012, I ZR 90/09, Rn 20 (juris) = GRUR 2013, 509 – UniBasic IDOS. Eine nur entfernte Möglichkeit einer Rechtsverletzung genügt jedoch nicht, vgl BGH 20.07.2018, V ZR 130/17, Rn 16 (juris) = GRUR 2018, 1280 – Vietnamkrieg/Massaker von My Lai.

Anspruch von dem Bestand oder der Beschaffenheit der Sache abhängt.[336] Dies ist beispielsweise angenommen worden, wenn anhand der Merkmale oder Funktionen einer Maschine eine Patentverletzung nachgewiesen werden kann,[337] durch Besichtigung eines Computers festgestellt werden soll, ob ein urheberrechtlich geschütztes Programm benutzt wird,[338] anhand des Quellcodes einer Software überprüft werden soll, ob fremde Programmteile übernommen wurden [339], oder sich mittels Einsicht in Konstruktionspläne Gewissheit über eine wettbewerbswidrige Nachahmung verschafft werden soll. [340]

Dementsprechend handelt es sich auch dann um einen tauglichen Hauptanspruch, wenn von der Sache auf die **rechtswidrige Erlangung oder Nutzung eines Geschäftsgeheimnisses** rückgeschlossen werden kann (zB weil es sich um ein rechtsverletzendes Produkt im Sinne von § 2 Nr 4 GeschGehG handelt oder eine Maschine nach geheimen Fertigungsparametern arbeitet usw), oder wenn die Sache das Geschäftsgeheimnis enthält oder verkörpert (vgl § 7 Nr 1 und § 8 Nr 3 GeschGehG). Dass der Besichtigungsgläubiger nicht im Detail darlegen kann, um welche Unterlagen es sich handelt und welchen Inhalt sie haben, schließt den Anspruch nicht aus, da er sich mit der Verfolgung des Anspruchs aus § 809 BGB gerade diese Kenntnisse verschaffen möchte.[341] Solange der jeweilige Tatbestand nicht feststeht, können eine etwaige Rechtfertigung (zB nach § 3 GeschGehG) oder eine Ausnahme nach § 5 GeschGehG die Wahrscheinlichkeit einer Geheimnisverletzung nicht ausschließen. Die Aufklärung potentieller Rechtfertigungs- oder Ausnahmetatbestände ist nicht Gegenstand des Besichtigungsverfahrens, sondern gehört in ein sich eventuell anschließendes Hauptsacheverfahren.[342]

272

Der Besichtigungsschuldner muss nicht nur Besitzer der Sache, sondern auch zugleich **Schuldner des vermeintlichen Hauptanspruchs** sein. Handelt es sich bei dem Hauptanspruch in Ansehung der Sache um einen deliktischen Anspruch – wie bei den Ansprüchen im 2. Abschnitt des GeschGehG – ist jeder mutmaßliche Täter (Alleintäter, Mittäter, Nebentäter und mittelbarer Täter) und Teilnehmer (Anstifter, Gehilfe) einschließlich des Störers **passivlegitimiert**.[343] Ob der Besichtigungsschuldner tatsächlich auf Grundlage des Hauptanspruchs in Anspruch genommen werden soll, ist irrelevant, solange gegen ihn ein solcher Anspruch wahrscheinlich ist.[344]

273

c) Interesse und Erforderlichkeit

Aus der Wahrscheinlichkeit eines Anspruchs in Ansehung der Sache folgt regelmäßig das **Interesse** des Anspruchstellers **an der Besichtigung** (»wenn die Besichtigung der Sache aus diesem Grund für ihn von Interesse ist«). Ein rechtliches Interesse wie in § 810 BGB

274

---

336 Bork, NJW 1997, 1665; Habersack, in MüKo-BGB, § 810 Rn 5, mwN.
337 BGH 08.01.1985, X ZR 18/84 = GRUR 1985, 512 ff – Druckbalken.
338 OLG Hamburg 29.04.2004, 3 U 120/00, Rn 12 (juris) = CR 2005, 558, ZUM 2005, 394.
339 BGH 02.05.2002, I ZR 45/01, Rn 26 (juris) = GRUR 2002, 1046, 1048 – Faxkarte; OLG Hamburg 11.01.2001, 3 U 120/00 PK 1115, Rn 60 (juris) = GRUR-RR 2001, 289 – Nachbau einer Faxkarte.
340 OLG Frankfurt 10.06.2010, 15 U 192/09, Rn 30 ff (juris) = BeckRS 2011, 18385.
341 LG Nürnberg-Fürth 23.02.2005, 3 O 4156/04, Rn 51 (juris) = InstGE 5, 153.
342 Vgl OLG Düsseldorf 29.01.2016, I-2 W 26/15.
343 Vgl Kühnen, Hdb PatV, Kap B Rn 24 zum patentrechtlichen Besichtigungsanspruch aus § 140c PatG.
344 Vgl Kühnen, Hdb PatV, Kap B Rn 44.

wird nicht verlangt.³⁴⁵ An einem schutzwürdigen Interesse kann es fehlen, wenn ein **milderes Mittel** für den Erkenntnisgewinn des Anspruchstellers existiert (zB weil der zu besichtigende Gegenstand für einen zumutbaren Kaufpreis erworben werden kann). Drohen **Geschäftsgeheimnisse des Schuldners** durch die Besichtigung aufgedeckt zu werden, ist diesen bei der Durchführung der Besichtigung Rechnung zu tragen. Hierzu bietet sich insbesondere ein Vorgehen nach der »**Düsseldorfer Praxis**« an (sh Rdn 312 ff). Darüber hinaus fehlt es an der Erforderlichkeit, wenn Ansprüche wegen Geheimnisverletzung in Ansehung der Sache nicht mehr bestehen, zB wegen Wegfall der Geheimnisqualität, oder nicht mehr durchsetzbar sind, zB aufgrund Verjährung oder Verwirkung.³⁴⁶

4. Voraussetzungen des § 810 BGB

a) Urkunde

275 Gegenstand des Anspruchs auf Einsichtnahme sind **Urkunden** im Sinne des Zivilprozesses **nach §§ 415 ZPO**,³⁴⁷ dh durch Niederschrift verkörperte Gedankenerklärungen, die Aussagen über Rechtsgeschäfte oder Rechtsverhältnisse zum Inhalt haben, gleichgültig, in welcher Weise die Niederschrift erfolgt. Hierzu zählen zB Verträge, Korrespondenz, Angebotsunterlagen, Bedienungsanleitungen etc.³⁴⁸ **Technische Aufzeichnungen** im Sinne von § 268 Abs 2 StGB einschließlich Ton- oder Bildaufzeichnungen ³⁴⁹ unterliegen hingegen als **Augenscheinobjekte** genauso dem § 809 BGB wie Konstruktionszeichnungen³⁵⁰ oder Internetseiten.³⁵¹ Originäre **elektronische Dokumente** (zB E-Mails) sind mangels Verkehrsfähigkeit keine Urkunden, sondern ebenfalls Augenscheinobjekte.³⁵² Lediglich **Ausdrucke öffentlicher elektronischer Dokumente**, die mit einem Beglaubigungsvermerk versehen sind, stehen nach **§ 416a ZPO** einer öffentlichen Urkunde in beglaubigter Abschrift gleich.

b) Zweck und Inhalt der Urkunde

276 Dem Einsichtsrecht nach § 810 BGB unterliegen nur Urkunden, die nach ihrem Zweck oder Inhalt der **Rechtsposition des Anspruchstellers dienen** sollen. Hierzu normiert § 810 BGB drei Fälle: (i) Wenn die Urkunde (auch) im Interesse des Anspruchstellers errichtet wurde, (ii) wenn die Urkunde ein zwischen ihm und einem Anderen bestehendes Rechtsverhältnis beurkundet oder (iii) wenn die Urkunde Informationen über die Verhandlung eines Rechtsgeschäfts beinhaltet, die den Anspruchsteller betreffen.

---

345 Sprau, in Palandt, § 809 BGB Rn 6; Schreiber, JR 2008, 1, 2, mwN.
346 Vgl zum Markenrecht Thiering, in Ströbele/Hacker, MarkenG, § 19a Rn 21.
347 BGH 27.05.2014, XI ZR 264/13, Rn 22 (juris) = NJW 2014, 3312, mwN; vgl auch Sprau, in Palandt, § 810 BGB Rn 1.
348 Chakraborty/Haedicke, in Haedicke/Timmann, Hdb PatR, § 15 Rn 805.
349 Feskorn, in Zöller, ZPO, vor § 415 Rn 2a; zu Fotografien: BGH 28.11.1975, V ZR 127/74 = NJW 1976, 294.
350 Kühnen, Hdb PatV, Kap B Rn 74.
351 Huber, in Musielak/Voith, ZPO, § 371 Rn 12; Greger, in Zöller, ZPO, § 371 Rn 1.
352 Förster, in Kern/Diehm, ZPO, § 371a Rn 1; aA Mes, PatG, § 140c Rn 17 und Chakraborty/Haedicke, in Haedicke/Timmann, Hdb PatR, § 15 Rn 7803; die allerdings übersehen, dass unter bestimmten Voraussetzungen auf elektronische Dokumente nach § 371a nur die Vorschriften über die Beweiskraft nach §§ 415 ff. ZPO (bzw die Echtheit nach § 437 ZPO) entsprechende Anwendung finden.

Für die Fälle, in denen eine Urkunde im Besitz des Anspruchsgegners **Aufschluss über** 277
das **Vorliegen einer Geheimnisverletzung** geben soll, wird vorrangig der zweite Fall des
§ 810 BGB in Betracht kommen. Diese Vorschrift wird weit ausgelegt.[353] Danach kann
jeder die Gestattung der Einsicht in eine Urkunde von deren Besitzer verlangen, wenn
zwischen dem Inhalt der Urkunde und dem Rechtsverhältnis eine objektive und unmittelbare rechtliche Beziehung besteht. Es ist nicht erforderlich, dass das Rechtsverhältnis selbst
den Inhalt der Urkunde bildet.[354] Das Rechtsverhältnis muss auch nicht zwischen dem
Einsichtsberechtigten und dem Besitzer der Urkunde bestehen.[355] Entscheidend ist allein
die objektive Verbindung zwischen dem Inhalt der Urkunde und dem in Rede stehenden
Rechtsverhältnis.[356]

Eine **Geheimnisverletzung** nach §§ 4, 6 ff GeschGehG begründet ein **gesetzliches** 278
Schuldverhältnis und somit ein Rechtsverhältnis. Enthält die Urkunde eine Gedankenerklärung, die dieses gesetzliche Schuldverhältnis unmittelbar betrifft, zB dieses **Rechtsverhältnis konkretisiert, aufklärt oder belegt**, kann sie Gegenstand einer Vorlagepflicht
nach § 810 BGB sein. [357] Lässt sich bspw aus einer Bedienungsanleitung oder einem
Angebotsschreiben des Antragsgegners entnehmen, dass der darin beschriebene Gegenstand
Merkmale aufweist, die auf einem Geschäftsgeheimnis des Antragstellers beruhen, betrifft
die Urkunde objektiv und unmittelbar das Rechtsverhältnis zwischen diesen Parteien. Dies
wird auch für **Bank-, Finanz- und Handelsunterlagen** zu gelten haben, die für die
Bezifferung von Schadensersatzansprüchen nach § 10 GeschGehG benötigt werden.[358]

c) Rechtliches Interesse

Ferner verlangt § 810 BGB ein rechtliches Interesse des Anspruchstellers an der Einsichts- 279
gewährung. Auf ein solches kann sich jeder berufen, der die Einsichtnahme in eine
Urkunde zur Förderung, Erhaltung oder Verteidigung seiner rechtlich geschützten
Interessen benötigt.[359] Zur Begründung der Voraussetzungen des § 810 BGB müssen
hinreichend **bestimmte Anhaltspunkte** vorliegen, die auf einen Zusammenhang zwischen
dem Inhalt der zur Einsichtnahme begehrten Urkunde und dem Rechtsverhältnis hinweisen, zu dessen Klarstellung die Einsicht verlangt wird.

Ungeschriebene Anspruchsvoraussetzung des Einsichtsrechts ist die **Schutzwürdigkeit** die- 280
ses **rechtlichen Interesses** des Anspruchstellers.[360] Hieran fehlt es, wenn ein Anspruchsteller lediglich aufgrund vager Vermutungen Urkundeneinsicht verlangt, um erst dadurch
Anhaltspunkte für eine spätere Rechtsverfolgung gegen den Besitzer der Urkunde oder

---

353 BGH 20.01.1971, VIII ZR 251/69, Rn 8 (juris) = BGHZ 55, 201, 203; BGH 16.04.1962, VII
ZR 252/60 = BeckRS 1962, 31189882.
354 Habersack, in MüKo-BGB, § 810 Rn 5, mwN.
355 BGH 27.05.2014, XI ZR 264/13, Rn 21 (juris) = NJW 2014, 3312, mwN.
356 Schreiber, JR 2008, 1, 3.
357 Vgl BGH 11.07.1988, II ZR 346/87 = NJW 1989, 225, zur Einsicht in Geschäftsunterlagen
einer Gesellschaft zur Klärung der Frage, ob zwischen einem ausgeschiedenen Gesellschafter und
der Gesellschaft noch Ansprüche aus dem Gesellschaftsverhältnis bestehen.
358 Vgl BGH 15.12.1965, VIII ZR 306/63 = BB 1966, 99 f, zur Einsicht in Steuererklärungen,
Steuerbescheide und Prüferberichte, wenn sich hieraus die Höhe eines Anspruchs ergibt.
359 BGH 27.05.2014, XI ZR 264/13, Rn 21 (juris) = NJW 2014, 3312.
360 BGH 27.05.2014, XI ZR 264/13, Rn 24 (juris) = NJW 2014, 3312; Habersack, in MüKo-BGB,
§ 810 Rn 11.

gegen Dritte zu gewinnen. [361] In einem solchen Fall zielt das Einsichtsverlangen auf eine unzulässige **Ausforschung**. [362] Da § 810 BGB jedoch auch der Überprüfung dient, ob eine Rechtsverletzung vorliegt und derart auszulegen ist, dass den **Vorgaben des Art 43 Abs 1 TRIPS** entsprochen wird (genauso wie § 809 BGB, sh Rdn 265), genügt es, wenn der Anspruchsteller die Wahrscheinlichkeit des Eingriffs in sein Geschäftsgeheimnis sowie den beweiserheblichen Inhalt der vorzulegenden Urkunde substantiiert vorträgt und die Quellen seines Vortrags darlegt.[363]

281 Bei der Prüfung der Schutzwürdigkeit des rechtlichen Interesses des Antragstellers sind auch Gegeninteressen **des Urkundenbesitzers** zu beachten, wie zB seine etwaigen **Geheimhaltungsinteressen**. Deren Beachtung kann dazu führen, dass die betroffene Urkunde zunächst einem neutralen Sachverständigen vorgelegt wird (sh zum Geheimnisschutz Rdn 318 ff),[364] Passagen aus der Urkunde entfernt bzw geschwärzt werden[365] oder die grds zulässige Erstellung einer Kopie versagt wird. [366]

5. Inhalt des Besichtigungs- und Vorlageanspruchs

a) Art der Maßnahme

aa) Besichtigung

282 § 809 BGB nennt als Maßnahmen die Vorlage zur Besichtigung und die Gestattung der Besichtigung. **Vorlage** ist die **Verschaffung des Gewahrsams** (nicht des Besitzes) an der Sache zwecks ihrer Inaugenscheinnahme. Ist der Besichtigungsschuldner **mittelbarer Besitzer** und kann er die Sache nicht vorlegen, hat er seinen Herausgabeanspruch gegen den unmittelbaren Besitzer abzutreten.[367] **Gestattung der Besichtigung** bedeutet, dass es dem Berechtigten ermöglicht wird, die Sache in Augenschein zu nehmen.[368] Die »Besichtigung« umfasst nicht nur die sinnliche Wahrnehmung, sondern alle Handlungen, die erforderlich sind, um die Existenz, Identität und Beschaffenheit der Sache mit Blick auf den Hauptanspruch festzustellen. Im Rahmen der Verhältnismäßigkeit kann der Geheimnisinhaber grundsätzlich alle Maßnahmen verlangen, die notwendig sind, um die Nutzung des Geschäftsgeheimnisses nachzuweisen. Dies schließt – anders als nach der überholten Rechtsprechung in der »Druckbalken«-Entscheidung[369] – auch **Substanzeingriffe** ein.[370] Die Ergebnisse der Besichtigung dürfen, zB mittels Fotografie oder Tonaufnahme, festgehalten werden. Um die Merkmale des Besichtigungsgegenstands besser wahrnehmbar zu machen, dürfen technische Hilfsmittel eingesetzt werden.

283 In Betracht kommen zB:

---

361 BGH 30.11.1989, III ZR 112/88, Rn 25 (juris) = NJW 1990, 510.
362 BGH 27.05.2014, XI ZR 264/13, Rn 23 (juris) = NJW 2014, 3312; BGH 30.11.1989, III ZR 112/88, Rn 25 (juris) = NJW 1990, 510, mwN.
363 Vgl BGH 02.05.2002, I ZR 45/01, Rn 26 (juris) = GRUR 2002, 1046, 1048 – Faxkarte; BGH 01.08.2006 = X ZR 114/03 = GRUR 2006, 962, 968 – Restschadstoffentfernung.
364 Vgl BGH 02.05.2002, I ZR 45/01, Rn 28 (juris) = GRUR 2002, 1046, 1048 – Faxkarte.
365 BGH 06.06.1963, VII ZR 230/61 = WM 1963, 990, 991.
366 Vgl OLG Hamburg 20.11.1984, 1 W 39/84 = MDR 1985, 232.
367 Habersack, in MüKo-BGB, § 809 Rn 10, mwN.
368 Martinek, in jurisPK-BGB, § 809 Rn 17; Steffen, in BGB-RGRK, § 809 Rn 1.
369 BGH 08.01.1985, X ZR 18/84 = GRUR 1985, 512 ff – Druckbalken.
370 BGH 02.05.2002, I ZR 45/01, Rn 26 (juris) = GRUR 2002, 1046, 1048 – Faxkarte.

- Stilllegen oder Inbetriebsetzen von Maschinen, Computern usw;
- Entfernen von Verkleidungen, Abdeckungen etc;[371]
- Ein- und Ausbau von Teilen;[372]
- Mitnahme von Mustern, Proben etc;
- Einsichtnahme in Dokumente;[373]
- Anfertigung von Kopien;[374]
- Anfertigung von Foto-/Filmaufnahmen;
- Anfertigung von Screenshots;
- Herunterladen von Daten;
- Vermessen, Wiegen, mikroskopische Untersuchungen;[375]
- Analyse (uU auch die substanzzerstörende) von Proben.[376]

Die Grenze der zulässigen Besichtigungsmaßnahme ist erreicht, wenn Eingriffe in die Substanz der zu begutachtenden Sache das Integritätsinteresse des Schuldners unzumutbar beeinträchtigen: Die realistische Gefahr einer Beschädigung seiner Sache wird der Schuldner nicht ohne weiteres hinnehmen müssen.[377] 284

▶ Die jeweils begehrten Maßnahmen müssen detailliert beantragt und vom Gericht tenoriert werden. Der Antragsgegner hat nämlich nur solche Maßnahmen zu dulden, die ausdrücklich gerichtlich angeordnet worden sind. Dies gilt insbesondere, wenn eine aktive Handlung des Antragsgegners begehrt wird (zB Inbetriebsetzung einer Vorrichtung, Eingabe eines Passwortes etc.). Zwar kann uU auch dann eine Pflicht zu einer aktiven Handlung bestehen, wenn der Schuldner der Duldungspflicht nur gerecht werden kann, indem er neben der Unterlassung auch positive Handlungen vornimmt, die notwendig sind, um den rechtmäßigen Zustand zu erreichen. Allerdings wird eine solche implizite Handlungspflicht nur nebengeordnete Tätigkeiten erfassen können. 285

ab) Urkundeneinsichtnahme

Der Anspruch nach § 810 BGB ist auf die Gestattung der Einsicht gerichtet. Der Besitzer muss die Originalurkunde (nicht nur eine Kopie)[378] vorlegen und es dulden, dass sich der Antragsteller Kenntnis vom Inhalt der Originalurkunde verschafft.[379] Im Einzelfall muss auch die Erstellung von Abschriften[380] oder Kopien geduldet,[381] aber nicht vom Antragsgegner selber vorgenommen werden. 286

---

371 Sprau, in Palandt, § 809 BGB Rn 9.
372 BGH 02.05.2002, I ZR 45/01, Rn 31 (juris) = GRUR 2002, 1046, 1048 – Faxkarte; Tilmann/Schreibauer, GRUR 2002, 1015, 1019.
373 LG Nürnberg-Fürth 26.05.2004, 3 O 2524/04 = MMR 2004, 627, (zum Urheberrecht), mit Anm. Süssenberger.
374 OLG München 19.04.2001, 1 U 6107/00, Rn 21 (juris) = NJW 2001, 2806; OLG Köln 11.11.2009, 5 U 77/09, Rn 3 (juris); Dörre/Maaßen, GRUR-RR 2008, 217, 220; zum Markenrecht Thiering, in Ströbele/Hacker/Thiering, MarkenG, § 19a Rn 27.
375 Habersack, in MüKo-BGB, § 809 Rn 9; Sprau, in Palandt, § 809 Rn 9.
376 Habersack, in MüKo-BGB, § 809 Rn 9.
377 BGH 02.05.2002, I ZR 45/01, Rn 32 (juris) = GRUR 2002, 1046, 1048 – Faxkarte.
378 Habersack, in MüKo-BGB, § 810 Rn 13, mwN.
379 Martinek, in jurisPK-BGB, 8. Aufl 2017, § 810 BGB, Rn 26.
380 OLG Brandenburg 11.08.2006, 7 W 50/06, Rn 11 (juris) = BeckRS 2006, 19294.
381 OLG Hamburg 04.03.2004, 11 U 200/03, Rn 21 (juris) = ZIP 2004, 1099.

b) Vorlage- bzw Besichtigungsort

287 Nach § 811 Abs 1 ZPO ist der **Erfüllungsort der Vorlage** der Leistungsort im Sinne des § 269 Abs 1 BGB.[382] Dies ist der Ort der politischen Gemeinde, an dem sich die Sache befindet,[383] es sei denn, eine der Parteien kann aus wichtigem Grund einen anderen **Vorlageort** verlangen (Abs 2). Wird also beispielsweise eine Vorlage abseits einer laufenden Messe oder in den Räumlichkeiten des Sachverständigen begehrt, so muss die Verbringung der Sache ausdrücklich beantragt und vom Gericht angeordnet werden. Soll die Untersuchung einer ausgelagerten Datei stattfinden, muss diese im Beschluss genannt werden.[384] Die Besichtigung einer nicht oder nur schwer beweglichen Sache wird naturgemäß nur an dem Ort erfolgen können, an dem sie belegen ist. Zum Vortrag des Antragstellers gehört die genaue Bezeichnung des zu besichtigenden Gegenstands und die Nennung, wo er zu finden ist. Der Anspruch zielt nicht auf Ermittlungs- und Kontrollmaßnahmen, mit denen der Kläger erst ermitteln will, ob der Beklagte im Besitz derjenigen Sache ist, in Ansehung deren er einen Anspruch hat oder sich Gewissheit hierüber verschaffen will.[385]

288 Richtet sich der Besichtigungsanspruch gegen den mittelbaren Besitzer (sh Rdn 267) und befindet sich der Besichtigungsgegenstand weiterhin im unmittelbaren Fremdbesitz eines Dritten, kommt eine Besichtigung auch bei diesem in Betracht. Da aber auch in dieser Situation eine materiell-rechtliche Vorlagepflicht des Besichtigungsschuldners (und mittelbaren Eigenbesitzers) erforderlich ist, muss im Falle der Verweigerung eine Duldungsanordnung erwirkt werden. Verweigert der unmittelbare Fremdbesitzer die Besichtigung, bedarf es einer gerichtlichen Anordnung nach §§ 371 Abs 2 Satz 1, 144 ZPO[386] oder der klageweisen Durchsetzung eines materiell-rechtlichen Anspruchs gegen den Dritten nach §§ 371 Abs 2 Satz 2, 429 ZPO.[387]

289 Gegenstände, die im Zuge eines Ermittlungsverfahrens beschlagnahmt wurden, befinden sich im mittelbaren Besitz des Besichtigungsschuldners. Sie können nach Abstimmung mit der StA besichtigt werden, wobei die StA die Regelung des § 406e StPO zu berücksichtigen und die Entscheidung über den Zugang zu den Beweismitteln im Übrigen nach pflichtgemäßem Ermessen zu treffen hat (sh Rdn 268).

c) Benennung des Standorts des Beweisgegenstands

290 Ist dem Anspruchsteller nicht bekannt, an welchem Ort sich das Besichtigungsobjekt befindet, stellt sich die Frage, ob er einen Anspruch darauf hat, dass der Antragsgegner den Standort angibt. In der Entscheidung »Raumkühlgerät« hat das OLG Düsseldorf einen auf § 809 BGB gestützten **Anspruch auf Benennung des Standortes** eines angeblich patentverletzenden Gegenstandes unter den dortigen Umständen zu Recht zurückgewiesen.[388] Ein solcher Anspruch dürfte nur in besonders gelagerten Fällen aus § 242 BGB

---

382 Sprau, in Palandt, § 811 Rn 1.
383 Habersack, in MüKo-BGB, § 811 Rn 2, mwN; Sprau, in Palandt, § 811 Rn 1; Gehrlein, NJW 2001, 2773.
384 OLG München 11.03.2011, 6 W 610/10, Rn 35 (juris) = InstGE 13, 298 – ausgelagerter Server.
385 BGH 13.11.2003, I ZR 187/01, Rn 25 (juris) = GRUR 2004, 420 – Kontrollbesuch.
386 Streitig ist, ob angesichts der Verweisung in § 371 Abs 2 Satz 2 ZPO auf §§ 422 ff ZPO auch für eine Anordnung im Sinne des § 144 ZPO ein materieller Vorlegungsanspruch erforderlich ist, sh zum Streitstand Schreiber, JR 2008, 1, 5.
387 Vgl Greger, in Zöller, ZPO, § 371 Rn 5; Huber, in Musielak/Voith, ZPO, § 371 Rn 14.
388 OLG Düsseldorf 30.01.2003, 2 U 71/99, Rn 1 (juris) = GRUR-RR 2003, 327 – Raumkühlgerät.

d) Sachgefahr und Kosten

Die **Gefahr einer Beschädigung oder des Untergangs des Beweisgegenstands** trägt der Geheimnisinhaber.[389] Dasselbe gilt für die Kosten. Der Antragsgegner kann die Vorlage/Besichtigung verweigern, bis der Geheimnisinhaber die Kosten vorschießt und wegen der Gefahr Sicherheit leistet (§ 811 Abs 2 Satz 2 BGB), sofern nach Lage der Sache Kosten oder eine Gefahr zu erwarten sind.[390]

291

IV. Prozessuale Durchsetzung

1. Hauptsacheverfahren

Der materiell-rechtliche Anspruch auf Vorlage oder Besichtigung kann als **Hilfsanspruch** zu den Ansprüchen wegen Geheimnisverletzung nach §§ 6 ff GeschGehG im Hauptsacheverfahren klageweise geltend gemacht werden. Hierzu bietet sich ein zweistufiges Verfahren an.[391]

292

Für die erste Stufe (Durchführung der Beweissicherung) ergeht bei Vorliegen der Voraussetzungen ein **Teilurteil** nach § 301 Abs 1 Satz 1 2. Alt ZPO. Über die zweite Stufe (Herausgabe der Ergebnisse der Beweissicherung an den Kläger) wird sodann per **Schlussurteil** entschieden. Zur Vermeidung einer etwaigen Gefahr widersprechender Entscheidungen zwischen dem Teilurteil und dem anschließenden Schlussurteil ist über das »ob« des Besichtigungsanspruchs in der ersten Stufe gleichzeitig ein **Grundurteil** zu erlassen.[392] Auch eine Geltendmachung der Verletzungsansprüche (Unterlassung, Beseitigung, Auskunft, Schadensersatz etc) im selben Verfahren ist möglich, die Herausgabe wird dann auch hier per Teilurteil angeordnet. Details eines solchen Verfahrens werden nachfolgend im Rahmen der Maßnahmen zum Geheimnisschutz näher dargestellt (sh Rdn 318 ff).

293

▶ Die praktische Relevanz einer Geltendmachung des Besichtigungsanspruchs im Klagewege ist indessen gering, da der Erfolg der Besichtigung oftmals vom **Überraschungsmoment** abhängt. Dient die Besichtigung überdies erst der Beweisbeschaffung, hat der Kläger also einen begründeten Verdacht, aber noch keine Gewissheit über das Vorliegen einer Verletzung, so ist die Geltendmachung des Besichtigungsanspruchs zusammen mit Unterlassungs-, Schadensersatzfeststellungs-, Rechnungslegungsansprüchen usw mit einem erhöhten Kostenrisiko verbunden.[393] Etwas anderes mag für den Anspruch auf Vorlage beweiserheblicher Dokumente im Rahmen der Beweissicherung nach § 810 BGB gelten.

294

---

389 Sprau, in Palandt, § 811 Rn 2; zum Markenrecht Thiering, in Ströbele/Hacker/Thiering, MarkenG, § 19a Rn 28.
390 Sprau, in Palandt, § 811 Rn 2.
391 Sh LG Düsseldorf 08.03.2007, 4b O 230/04, Rn 39 (juris) = InstGE 8, 103 – Etikettiermaschine; Kühnen, Hdb PatV, Kap B Rn 84.
392 LG Düsseldorf 08.03.2007, 4b O 230/04, Rn 40 (juris) = InstGE 8, 103 – Etikettiermaschine.
393 Zu den Nachteilen der Durchsetzung des Besichtigungsanspruchs im Hauptsacheverfahren: Kühnen, Hdb PatV, Kap B Rn 87.

2. Einstweilige Besichtigungs-/Vorlageverfügung

295 Die Durchsetzung eines Besichtigungs- oder Vorlageanspruchs nach § 809 BGB ist im Wege der **einstweiligen Verfügung** möglich.[394] Dies gilt auch für die Einsicht in Urkunden nach § 810 BGB.[395]

296 **Zuständig** ist nach § 937 Abs 1 ZPO das **Gericht der Hauptsache**. Da es sich bei dem Vorlage- und Besichtigungsanspruch um einen Hilfsanspruch zu den Ansprüchen nach §§ 4 ff GeschGehG handelt, ist die »Hauptsache« die Klage wegen Geheimnisverletzung.

297 Nach § 938 Abs 1 ZPO bestimmt das Gericht, welche Maßnahme erforderlich ist, um die Sicherung des Anspruchs zu erreichen. Dabei hat es auch zu beachten, dass die Besichtigung etwaige **Geschäftsgeheimnisse des Antragsgegners** aufdecken kann. Wenn nach §§ 936, 922 Abs 1 Satz 1 ZPO die einstweilige Verfügung im Beschlusswege ohne vorherige Anhörung des Besichtigungsschuldners erlassen wird, hat das Gericht nach eigenem Ermessen die erforderlichen Maßnahmen für einen **angemessenen Schutz vertraulicher Informationen** des Besichtigungsschuldners zu treffen. Damit es überdies nicht zur **Vorwegnahme der Hauptsache** (bzgl. des Besichtigungsanspruchs, nicht des durch ihn vorzubereitenden Hauptanspruchs) kommt, findet in der Regel ebenfalls ein zweistufiges Verfahren statt.[396]

298 Da die Besichtigung allein aufgrund einer einstweiligen Verfügung keine förmliche Beweisaufnahme ermöglicht, wird ein **Sachverständiger** vom Auftraggeber mit der Inaugenscheinnahme der beweiserheblichen Sache und anschließenden Begutachtung beauftragt. Dem Besichtigungsschuldner wird aufgegeben, die **Inaugenscheinnahme bzw Untersuchung** des Besichtigungsobjekts durch den Sachverständigen zu **dulden**. UU wird ein **Sequester** mit der Verwahrungnahme zwecks Untersuchung an einem anderen Ort eingeschaltet. Damit trotz ggf betroffener Geschäftsgeheimnisse des Antragsgegners eine Besichtigung ohne vorherige Anhörung stattfinden kann, wird der Antragsteller von der Inspektion ausgeschlossen. Sodann erstellt der Sachverständige sein Gutachten über die Erkenntnisse aus der Besichtigung.

299 Nachdem die Beweise auf diesem Wege gesichert sind, wird im **Hauptsacheverfahren** das Bestehen des Anspruchs nach § 809 BGB überprüft. Erst wenn die Wahrscheinlichkeit der Geschäftsgeheimnisverletzung bestätigt und eine Abwägung mit den Geheimhaltungsinteressen des Besichtigungsschuldners zugunsten des Antragstellers ausgeht, wird das Gutachten an jenen herausgegeben.[397] Da die Prüfung der Wahrscheinlichkeit eines Anspruchs in Ansehung der Sache vernünftigerweise nur anhand des Sachverständigengutachtens erfolgen kann, muss der Antragsteller auch von der Hauptsacheverhandlung ausgeschlos-

---

394 KG 11.08.2000, 5 U 3069/00, Ls 1 (juris) = GRUR-RR 2001, 118; OLG Karlsruhe 27.04.2001, 14 U 187/00, Rn 11 (juris) = NJW-RR 2002, 951; OLG Frankfurt aM 17.01.2006, 11 W 21/05, Rn 4 (juris) = GRUR-RR 2006, 295, 296 – Quellcode-Besichtigung.
395 Sprau, in Palandt, § 810 Rn 1.
396 OLG Düsseldorf 08.04.1982, 2 U 176/81, Ls 1 (juris) = GRUR 1983 745 – Geheimhaltungsinteresse und Besichtigungsanspruch II; ausführlich zu der Durchsetzung des Besichtigungsanspruchs im mehrstufigen Verfahren auf Grundlage einer einstweiligen Verfügung: Leppin, GRUR 1984, 695; Gniadek, Die Beweisermittlung im Gewerblichen Rechtsschutz und Urheberrecht, S 118 ff.
397 OLG Karlsruhe 27.04.2001, 14 U 187/00, Rn 11 (juris) = NJW-RR 2002, 951; Bork, NJW 1997, 1665, 1671.

sen bleiben. Dies gilt jedenfalls dann, wenn Geschäftsgeheimnisse des Besichtigungsschuldners tangiert sind.

▶ Das Erfordernis, die (rechtskräftige) Hauptsacheentscheidung abwarten zu müssen, bevor die Ergebnisse der Besichtigung verwertet werden können, und die daraus resultierende Dauer des Verfahrens stellt eine Schwäche des Besichtigungsverfahrens (allein) auf Grundlage einer einstweiligen Verfügung dar.   300

Für die Geltendmachung von Ansprüchen aus dem GeschGehG finden die allgemeinen zivilprozessualen Bestimmungen Anwendung.[398] Eine spezialgesetzliche **Dringlichkeitsvermutung** wie in § 12 Abs 2 UWG oder in § 140 Abs 3 MarkenG sieht das GeschGehG nicht vor. Eine analoge Anwendung des § 12 Abs 2 UWG ist zumindest zweifelhaft.[399] Allerdings wird es für die **Dringlichkeit** nach §§ 935, 940 ZPO regelmäßig genügen, wenn der Geheimnisinhaber seine berechtigte Befürchtung darlegen und glaubhaft machen kann, dass der Besichtigungsgegenstand beiseitegeschafft oder verändert werden könnte, um eine Beweisermittlung zu verhindern.[400] Eine darüberhinausgehende **besondere Eilbedürftigkeit** ist **nicht erforderlich**.[401]   301

Ob darüber hinaus trotz Bestehens einer **Vereitelungsgefahr** ein **langes Zuwarten** des Geheimnisinhabers die Dringlichkeit und damit den Verfügungsgrund wieder entfallen lassen kann, ist für die Spezialvorschriften des gewerblichen Rechtsschutzes und Urheberrechts streitig.[402] Diese Frage ist im Rahmen der Interessenabwägung zu beantworten, die bei der Prüfung des Verfügungsgrunds stets geboten ist.[403] Dabei indiziert die bestehende Vereitelungsgefahr ein besonderes Interesse des Geheimnisinhabers an der Durchsetzung   302

---

398 OLG München 08.08.2019, 29 W 940/19, Rn 13 (juris) = GRUR-RR 2019, 443 – Medizinisches Fachpersonal, mit Verweis auf BT-Drucks. 19/4724 S. 34; McGuire, in Büscher, UWG, § 15 RegE GeschGehG Rn 7.
399 OLG München 08.08.2019, 29 W 940/19, Rn 14 (juris) = GRUR-RR 2019, 443 – Medizinisches Fachpersonal.
400 Vgl die Begr. des Regierungsentwurfs zu § 140c PatG, BT-Drucks. 16/5048 S. 28, li. Sp.; OLG Karlsruhe 16.10.2012, 6 W 72/12, Rn 63 f (juris) = BeckRS 2013, 19312.
401 Tilmann/Schreibauer, GRUR 2002, 1015, 1021; Kühnen, GRUR 2005, 185, 193 f; aA Eck/Dombrowski, GRUR 2008, 387, 393; Peukert/Kur, GRUR Int 2006, 292, 300.
402 **Dafür:** OLG Köln 09.01.2009, 6 W 3/09, Rn 2 (juris) = CR 2009, 289 (zu § 101a UrhG, zwei Jahre Zuwarten seit Kenntnis); OLG Hamm 20.08.2009, I-4 W 107/09, Rn 2 (juris) = ZUM-RD 2010, 27 (zu § 101a UrhG, 7 bzw 9 Monate Zuwarten seit Kenntnis); OLG Nürnberg, 17.08.2015, 3 W 1412/15, Rn 7 (juris) = GRUR-RR 2016, 108 – Besichtigungsanspruch, mwN (zu § 101a UrhG, mehr als 7 Wochen Zuwarten seit Kenntnis); Eck/Dombrowski, GRUR 2008, 387, 393; Peukert/Kur, GRUR Int 2006, 292, 300; Zöllner, GRUR-Prax 2010, 74; **Dagegen:** OLG Düsseldorf 30.03.2010, I-20 W 32/10, Rn 2 (juris) = InstGE 12, 105 – Zuwarten mit Besichtigungsantrag; OLG Düsseldorf 17.03.2011, I-2 W 5/11, Rn 2 (juris) = InstGE 13, 126 – Dringlichkeit bei Besichtigung; LG München I 20.10.2010, 21 O 7563/10, Rn 41 (juris) = InstGE 13, 181 – Arzneimittelherstellung; Tilmann/Schreibauer, GRUR 2002, 1015, 1021; Kühnen, GRUR 2005, 185, 193 f; Müller-Stoy, GRUR-RR 2009, 161, 163; Stjerna, Mitt 2011, 271, 277.
403 OLG Düsseldorf 21.10.1982, 2 U 67/82 = GRUR 1983, 79, 80 – Einstweilige Verfügung in Patentsachen; OLG Frankfurt aM 13.08.1981, 6 U 83/81 = GRUR 1981, 905, 907 – Schleifwerkzeug; OLG Hamburg 29.09.1983, 3 U 134/83 = GRUR 1984, 105 – Früchteschneidemaschine; OLG Karlsruhe 27.04.1988, 6 U 13/88 = GRUR 1988, 900 – Dutralene.

der Beweissicherung im einstweiligen Verfügungsverfahren.[404] Nur wenn ausnahmsweise **Gründe** vorliegen, **die** diese (tatsächliche) **Dringlichkeitsvermutung widerlegen**, kann im Einzelfall aus der objektivierten Sicht des Geheimnisinhabers die Befürchtung der Beweisvereitelung nicht mehr berechtigt und der Erlass einer einstweiligen Besichtigungs- oder Vorlageverfügung unverhältnismäßig sein.[405] Dies ist denkbar, wenn der Geheimnisinhaber zu erkennen gibt, dass ihm die Sache nicht eilig ist, keine Veränderung oder Beseitigung der Beweismittel (mehr) drohen[406] oder nach den Umständen des Einzelfalls die Begehung einer potentiellen Verletzungshandlung erst in ferner Zukunft zu erwarten ist.

303 Allerdings ist bei der Annahme eines **dringlichkeitsschädlichen Zuwartens** des Geheimnisinhabers mit der Antragstellung **äußerste Zurückhaltung** geboten. Die Beweissicherung ist oftmals die einzige Möglichkeit des Geheimnisinhabers, seiner Darlegungs- und Beweislast im Verletzungsverfahren nachzukommen. Außerdem erfordert ein sorgfältiges Vorgehen gegen Geheimnisverletzungen in vielen Fällen eine zeitaufwändige Koordination von straf- und zivilrechtlichen sowie evtl privaten Ermittlungsmaßnahmen. Bevor dem Geheimnisinhaber zugemutet wird, im Wege eines gerichtlichen Beweissicherungsverfahrens offen gegen den potentiellen Verletzer vorzugehen, muss ihm ausreichend Zeit gegeben werden, um verdeckt Beweismittel zu sichern. Eine strenge Dringlichkeitsfrist für einstweilige Besichtigungs- und Vorlagemaßnahmen könnte daher zu einer endgültigen Vereitelung der Durchsetzung seiner Ansprüche führen.[407] Aus diesem Grund wird ein langes Zuwarten, das zur Widerlegung der tatsächlichen Dringlichkeitsvermutung führt, eher dem Zeitmoment eines **Verwirkungseinwands** entsprechen müssen,[408] und auch nur dann, wenn der Geheimnisinhaber nicht darlegen kann, dass er zur Sachverhaltsermittlung anderweitig tätig geworden ist. Jedenfalls sind die im Wettbewerbs- und Urheberrecht sowie im gewerblichen Rechtsschutz üblichen strengen Dringlichkeitsfristen der Oberlandesgerichte von einem Monat bis ca acht Wochen bei Weitem zu kurz.[409]

304 ▶ Die Beweissicherung aufgrund einer einstweiligen Verfügung erfolgt nicht im Rahmen eines vorweggenommenen Beweisverfahrens, auf dessen Ergebnis sich die Parteien nach § 493 ZPO in einem anschließenden Klageverfahren beziehen können. Da der Sachverständige vom Antragsteller beauftragt wird, ist sein Gutachten nur Parteivortrag. Zwar kann der Geheimnisinhaber den Gutachter als sachverständigen Zeugen gem. §§ 414, 373 ff ZPO benennen. Sofern der Beklagte jedoch substantiiert gegen die Richtigkeit des Gutachtens vortragen kann (zB im Wege eines Privatgutachtens), wird es eines Gerichtssachverständigen nach §§ 402 ff ZPO bedürfen. Ob eine hierfür erforderliche erneute Besichtigung dann anhand desselben, unveränderten Besichtigungsobjekts durchgeführt

---

404 Vgl LG Düsseldorf 25.07.2006, 4b O 550/05, Rn 14 (juris) = InstGE 6, 294, 295 – Walzen-Formgebungsverfahren II; Kühnen, GRUR 2005, 185, 193 f; Leppin, GRUR 1984, 695, 707; Bork, NJW 1997, 1665, 1671; Müller-Stoy, Nachweis und Besichtigung des Verletzungsgegenstandes im deutschen Patentrecht, 2008, Rn 263, 269; Eck/Dombrowski, GRUR 2008, 387.
405 So im Ergebnis OLG Düsseldorf 30.03.2010, I-20 W 32/10, Rn 2 (juris) = InstGE 12, 105 – Zuwarten mit Besichtigungsantrag.
406 Sh Köklü/Müller-Stoy, Mitt 2011, 109, 111.
407 LG München I 20.10.2010, 21 O 7563/10, Rn 44 (juris) = InstGE 13, 187 – Besichtigungsgutachten mit Auskunftsteil; vgl Müller-Stoy, Nachweis und Besichtigung des Verletzungsgegenstands im deutschen Patentrecht, 2008, Rn 265.
408 Sh hierzu auch Köklü/Müller-Stoy, Mitt 2011, 109, 111, Fn 17.
409 Ebenso LG München I 20.10.2010, 21 O 7563/10, Rn 44 (juris) = InstGE 13, 181 – Arzneimittelherstellung, wonach eine Frist von sechs Monaten zwischen Kenntnis und Verfügungsantrag noch dringlich sei; vgl Stjerna, Mitt 2011, 271, 278.

werden kann, ist fraglich. Deshalb ist der Weg über ein kombiniertes Vorgehen mit einem selbstständigen Beweisverfahren generell vorzuziehen.

3. Selbstständiges Beweisverfahren

a) Allgemeines

Für die prozessuale Durchsetzung des Besichtigungsanspruchs kommt auch ein selbstständiges Beweisverfahren (**Beweissicherungsverfahren**) nach §§ 485 ff ZPO in Betracht (sh Rdn 256 ff). Die Pflicht zur Vorlage einer Urkunde (Urkundsbeweis) kann zwar nicht Gegenstand eines solchen Verfahrens sein, da nach § 485 Abs 1 ZPO im Falle des drohenden Beweisverlustes nur die Inaugenscheinnahme, der Zeugenbeweis und der Sachverständigenbeweis zulässig sind.[410] § 485 Abs 2 ZPO sieht als Mittel zur Beweissicherung sogar nur den Sachverständigenbeweis vor. Allerdings sollte zumindest dann eine mittelbare Beweisaufnahme durch **Vorlage der Urkunde zur Begutachtung** durch einen Sachverständigen möglich sein, wenn eine besondere Expertise für das Verständnis der Urkunde erforderlich ist.[411] Dasselbe sollte im Fall des § 485 Abs 2 ZPO für die sachverständige Inaugenscheinnahme gelten. 305

Eine Schwäche des selbstständigen Beweisverfahrens ist das **Fehlen von Möglichkeiten zur zwangsweisen Durchsetzung der Beweisbeschaffung**. Der Beweisschuldner hat eine solche Maßnahme an Gegenständen, die sich in seinem unmittelbaren Besitz befinden, nur zu dulden, wenn er zugleich Schuldner eines materiell-rechtlichen Vorlageanspruchs ist. Wird die Besichtigung verweigert, muss der Antragsteller seinen Vorlageanspruch gesondert (parallel) geltend machen. Nur wenn die potentielle Verletzung öffentlich stattfindet – zB auf einer Messe – oder der Antragsgegner freiwillig Zugang zur Besichtigungssache gewährt, kann das vorweggenommene Beweisverfahren durchgeführt werden. Dann muss auch nicht auf Geheimhaltungsinteressen des mutmaßlichen Verletzers Rücksicht genommen werden.[412] 306

b) Voraussetzungen

Zulässigkeitsvoraussetzungen für ein Verfahren nach § 485 Abs 2 ZPO sind eine fehlende Anhängigkeit des Rechtsstreits in der Hauptsache sowie die **Glaubhaftmachung** eines **rechtlichen Interesses**. Hierfür genügt es, wenn die begehrte Feststellung einen Rechtsstreit vermeiden kann (§ 485 Abs 2 Satz 2 ZPO). Dies wird im Fall einer potentiellen Geheimnisverletzung erfüllt sein, wenn mit dem selbstständigen Beweisverfahren Gewissheit darüber geschaffen werden soll, ob das betroffene Geschäftsgeheimnis von der Antragsgegnerin genutzt wird oder nicht bzw bei dieser vorhanden ist. 307

▶ Bei der Darlegung des rechtlichen Interesses ist darauf zu achten, dass sich dieses auf eine der Beweisfragen des § 485 Abs 2 ZPO bezieht. So darf nicht abstrakt die Feststellung begehrt werden, ob die Antragsgegnerin das Geschäftsgeheimnis (irgendwie) benutzt, sondern zB ob für die Herstel- 308

---

410 Eine darüber hinausgehende Durchbrechung des Grundsatzes der Unmittelbarkeit der Beweiserhebung (§ 355 ZPO) wollte der Gesetzgeber vermeiden; vgl auch Karg, ZUM 2000, 934, 944.
411 Ebenso Ahrens, GRUR 2005, 837, 838; vgl BGH 08.01.1985, X ZR 18/84 = GRUR 1985, 512 ff – Druckbalken (für die Vorlage einer Sache); BGH 01.08.2006, X ZR 114/03 = GRUR 2006, 962 – Restschadstoffentfernung (iRd Vorlageanordnung nach §§ 142, 144 ZPO).
412 Kühnen, GRUR 2005, 185, 188 f.

lung einer konkreten Sache oder für den Betrieb einer Maschine usw die geschützten Informationen verwendet werden.

309 Antragsberechtigt ist der Inhaber des Hauptanspruchs, für dessen Begründung die Feststellungen dienen sollen (für weitere Antragserfordernisse sh Kap 5 Rdn 75).

c) Auswahl des Sachverständigen

310 Es gibt **kein Benennungsrecht** der Antragstellerin. Den Sachverständigen wählt das Gericht aus. Der Beschluss des Gerichts, mit dem auch der Sachverständige benannt wird, ist nach § 490 Abs 2 Satz 2 ZPO unanfechtbar.

311 ▶ Vorschläge für einen Sachverständigen werden vom Gericht häufig aufgegriffen, wenn keine Zweifel an dessen Unabhängigkeit bestehen. Insbesondere wenn das Beweisthema auf einem »exotischen« technischen Gebiet liegt, empfiehlt es sich, bereits im Antrag einen Sachverständigen anzugeben. Dies gilt umso mehr, wenn der Beschluss ohne vorherige Anhörung der Antragsgegnerseite ergehen soll (sh sogleich zur »Düsseldorfer Praxis«).

4. Selbstständiges Beweisverfahren und Duldungsverfügung – »Düsseldorfer Praxis«

312 Die Kombination eines selbstständigen Beweisverfahrens nach §§ 485 ff ZPO mit einer auf den materiell-rechtlichen Vorlageanspruch gestützten einstweiligen Duldungsverfügung nach §§ 935 ff ZPO ist für Besichtigungsverfahren im gewerblichen Rechtsschutz und Urheberrecht mittlerweile etablierte Praxis.[413]

313 Regelmäßig ist hierzu erforderlich, dass dem Antragsgegner im Wege einer begleitenden Duldungsverfügung aufgegeben wird, dem **Sachverständigen und** etwaigen **teilnahmeberechtigten Rechts- und/oder Patentanwälten** des Geheimnisinhabers **Zutritt** zu der fraglichen Vorrichtung zu **gewähren** und die angeordneten **Untersuchungsmaßnahmen** zu **dulden**.[414] Um etwaige **Geheimhaltungsinteressen des Besichtigungsschuldners** zu **wahren**, wird den teilnahmeberechtigten Anwälten – auf entsprechenden Antrag des Antragstellers – aufgegeben, bis zur Freigabe des vom Sachverständigen erstellten Gutachtens über die Erkenntnisse während der Besichtigung Stillschweigen zu bewahren. Zum Ablauf des Verfahrens und zum Geheimnisschutz im Einzelnen sh Rdn 318 ff.

314 Die Zuständigkeit des Gerichts folgt für das selbstständige Beweisverfahren aus § 486 Abs 1 oder Abs 2 ZPO und für die begleitende Duldungsverfügung aus § 937 Abs 1 ZPO. In beiden Fällen ist der Gerichtsstand der Geheimnisschutzklage in der Hauptsache maßgeblich.[415]

---

413 Ausführlich zum patentrechtlichen Besichtigungsverfahren Kühnen, GRUR 2005, 185; Kühnen, Hdb PatV, Kap B Rn 10 ff, jeweils mit Beispielen für eine Antragsformulierung; zur Praxis im Urheberrecht: Czychowski, in Fromm/Nordemann, UrhG, § 101a UrhG Rn 27 ff; im Markenrecht: Thiering, in Ströbele/Hacker/Thiering, MarkenG, § 19 MarkenG Rn 37; im Designrecht: Eichmann/Jestaedt/Fink/Meiser, DesignG, GGV, § 46a DesignG Rn 7.
414 Kühnen, GRUR 2005, 185, 190; vgl LG Braunschweig 20.08.1968, 9 c Q 6/67 = GRUR 1971, 28 – Abkantpresse, wo es bereits um die Durchsetzung eines Vorlageanspruchs nach § 809 BGB zur Begutachtung iRd § 485 ZPO ging; hierzu auch Hesse, GRUR 1975, 455, 457.
415 Kühnen, Mitt 2009, 211, 215.

Die Vorteile dieser »**Düsseldorfer-Praxis**« liegen auf der Hand: Zum einen ermöglicht 315
das abgestufte Verfahren, die Geheimhaltungsinteressen des Antragsgegners gebührend zu
berücksichtigen. Zum anderen stellt das Sachverständigengutachten mit seiner Aushändigung ein vollwertiges Mittel des Strengbeweises nach § 411 ZPO dar, auf welches sich die
Parteien im anschließenden Hauptsacheverfahren nach § 493 Abs 1 ZPO berufen können.

Es ist kein Grund ersichtlich, warum dieses – trotz (teilweise) berechtigter Kritik[416] – pra- 316
xistaugliche prozessuale Instrument nicht auch für die Durchführung von **Besichtigungsverfahren in Geheimnisstreitfällen** angewendet werden können soll.[417] Insbesondere
steht § 19 Abs 3 Satz 3 GeschGehG nicht entgegen, obwohl es sich auch bei einem Besichtigungsverfahren auf Basis des § 809 BGB um eine **Geheimnisstreitsache** iSd § 16 Abs 1
GeschGehG handelt (sh Rdn 319). Nach § 19 Abs 3 Satz 3 GeschGehG ist zwar mindestens einer natürlichen Person jeder Partei (einschließlich des Antragstellers) Zugang zu
Dokumenten und zur mündlichen Verhandlung zu gewähren, auch wenn darin Geschäftsgeheimnisse preisgegeben werden. Die Durchführung der Besichtigung ist indessen keine
mündliche Verhandlung gem. § 19 Abs 1 Nr 2 GeschGehG. Viel entscheidender ist
jedoch, dass der Antragsteller auf seine Rechte zur Teilnahme an der Besichtigung und zur
sofortigen Einsicht des Sachverständigengutachtens verzichten kann,[418] und dies auch tun
wird, wenn andernfalls eine Besichtigung überhaupt nicht angeordnet werden würde. Es
wäre zwar auch denkbar, mindestens eine natürliche Person des Antragstellers unmittelbar
zu der Besichtigung zuzulassen, da diese Person nach § 16 Abs 2 GeschGehG einer Vertraulichkeitspflicht unterworfen werden kann.[419] Dies ist aber weder praktikabel noch
zumutbar, weil § 16 Abs 1 GeschGehG einen Antrag des Geheimnisinhabers (hier des
Besichtigungsschuldners) verlangt, den dieser im Vorfeld der Besichtigung, die regelmäßig
unangekündigt erfolgt, nicht stellen kann. Etwas anderes gilt für die Herausgabe des Gutachtens (sh Rdn 331 f).

▶ Eine unmittelbare Teilnahme einer Person der Antragstellerseite, dh oft eines Wettbewerbers, an 317
der Besichtigung wird häufig auf heftigen Widerstand seitens des Besichtigungsschuldners treffen.
Da ein reibungsloser Ablauf der Besichtigung im Interesse des Antragstellers ist, sollte eine solche
Provokation der Gegenseite, wenn möglich, vermieden werden.

V. Geheimnisschutz

Die verfahrenstechnische Durchführung der Beweissicherung muss in zweierlei Hinsicht 318
einen effektiven Geheimnisschutz gewährleisten. Zum einen wird der Geheimnisinhaber
im Rahmen seines Antrags nicht umhinkommen, darzulegen und glaubhaft zu machen,
welche zu seinen Gunsten als Geschäftsgeheimnis geschützte Information betroffen ist.
Zum anderen können bei der Besichtigung oder Vorlage von Gegenständen Geschäftsge-

---

416 Kritisch: Ahrens, GRUR 2005, 837, 838; Müller-Stoy, Nachweis und Besichtigung des Verletzungsgegenstandes im deutschen Patentrecht, 2008, Rn 242.
417 Ebenso Gregor, in BeckOK GeschGehG, § 19 Rn 38; Druschel/Jauch, BB 2018, 1794, 1796.
418 Vgl BGH 19.02.2014, I ZR 230/12, Rn 26 (juris) = GRUR 2014, 578 – Umweltengel auf Tragetasche; LG Dortmund 18.05.2011, 20 O 16/08, Rn 37 (juris) = BeckRS 2014, 7974; Müller-Stoy, GRUR-RR 2009, 161, 162 ff; Kühnen GRUR 2020, 576, 577 f.
419 S. Kühnen, Hdb PatV, Kap B Rn 47; sh hierzu § 145a PatG nF gem. RefE des BMJV zum
Zweiten Gesetz zur Vereinfachung Modernisierung des Patentrechts (2. PatModG), wonach die
§§ 16 bis 20 GeschGehG im Patentrecht zwar grds anwendbar sein sollen, nicht aber im selbständigen Beweisverfahren, um das "Düsseldorfer Verfahren" unberührt zu lassen (RefE S. 66).

heimnisse des Antragsgegners tangiert sein. Das zivilprozessuale Verfahren muss einerseits die Aufklärung/Sicherung der Beweise zugunsten des Geheimnisinhabers ermöglichen und andererseits berechtigte **Geheimhaltungsinteressen beider Parteien** berücksichtigen.

1. Schutz des Antragstellers (Geheimnisinhaber)

319 Für den Schutz der Geschäftsgeheimnisse des Antragstellers kann auf die §§ 16 ff GeschGehG zurückgegriffen werden.[420] Auch die Geltendmachung eines Vorlage- oder Besichtigungsanspruchs ist eine **Geheimnisstreitsache** iSd § 16 Abs 1 GeschGehG, wenn der Hauptanspruch, für den § 809 BGB einen vorbereitenden **Hilfsanspruch** darstellt, ein solcher wegen Rechtsverletzungen nach Abschnitt 2 des GeschGehG ist. Zu demselben Ergebnis gelangt man, wenn § 16 Abs 1 GeschGehG mit Blick auf Art 9 Abs 1 GeschGehRL richtlinienkonform auf alle Rechtsstreite angewendet wird, deren Gegenstand eine Verletzung von Geschäftsgeheimnissen ist, ohne dass die Anspruchsgrundlage im GeschGehG genannt sein muss.[421]

320 Für die Voraussetzungen, das Verfahren und die Rechtsfolgen einer Einstufung einer Information als geheimhaltungsbedürftig nach § 16 GeschGehG sowie der Anordnung weiterer Beschränkungen nach § 19 GeschGehG kann auf die Ausführungen zum zivilrechtlichen Geheimnisschutzverfahren verwiesen werden (sh Kap 3 Rdn 153 ff).

321 Da der erforderliche Sachvortrag zur Wahrscheinlichkeit eines Hauptanspruchs in Ansehung der Sache nach § 809 BGB aufgrund einer potentiellen Geheimnisverletzung die Darlegung der Geschäftsgeheimnisqualität nach § 2 Nr 1 GeschGehG enthalten muss, werden regelmäßig auch die (geringen) Anforderungen nach § 16 Abs 1 GeschGehG erfüllt sein (sh Kap 3 Rdn 161).

322 Was eine **Beschränkung des Zugangs** des Besichtigungsschuldners oder Dritter **zu Dokumenten**, die das Geschäftsgeheimnis enthalten (können), nach § 19 Abs 1 Nr 1 GeschGehG betrifft, wird das Gericht bis zu Beendigung der Besichtigungsmaßnahmen noch großzügig sein können, da zum einen der Besichtigungsschuldner für deren angemessene Überwachung und Kontrolle noch keine detaillierte Kenntnis von dem Geschäftsgeheimnis benötigt und zum anderen die Besichtigung erst Beweise für das Vorliegen einer Geheimnisverletzung erbringen soll. Sollte die Besichtigung ergeben, dass das Geschäftsgeheimnis nicht verletzt ist, besteht kein Anlass, einer unbegrenzten Anzahl an Personen auf Seiten Besichtigungsschuldners das Geschäftsgeheimnis zur Kenntnis zu bringen. Spätestens wenn es um die **Entscheidung über die Herausgabe der Besichtigungsergebnisse** an den Antragsteller geht, muss jedoch gewährleistet sein, dass auf Seiten des Besichtigungsschuldners alle jene Personen, die für eine zweckentsprechende Rechtsverteidigung benötigt werden, die als geheim eingestuften Dokumente einsehen können. **Während der Besichtigungsmaßnahme** wird die **Anwesenheit von Personen** des Besichtigungsschuldners nicht nach § 19 Abs 1 GeschGehG beschränkt werden können, da in Nr 2 GeschGehG nur der

---

[420] Sh Rdn 316 ff; hier geht der vorgeschlagene § 145 a PatG nF laut RefE zum 2. PatModG (sh Fn 419) zu weit. Danach soll nicht nur § 19 GeschGehG sondern – ohne Not – auch § 16 GeschGehG im selbständigen Beweisverfahren im Patentrecht keine Anwendung finden.

[421] So Kalbfus, WRP 2019, 692, 693; im Ergebnis ebenso Gregor, in BeckOK GeschGehG, § 16 Rn 16 und Hauck, GRUR 2020, 817, 820 f. mit Blick auf Patent- und Urheberrechtsverletzungen, die eine analoge Anwendung der §§ 16 ff GeschGehG in Besichtigungsverfahren befürworten; aA Druschel/Jauch, BB 2018, 1794, 1798.

Ausschluss von der mündlichen Verhandlung vorgesehen ist. Denkbar wäre eine solche Anordnung nach § 19 Abs 1 Satz 4 GeschGehG. Es wird allerdings schwerfallen, ein überwiegendes Interesse des Antragstellers zu begründen, das es rechtfertigt, Personen auf Seiten des Besichtigungsschuldners von der Besichtigung der eigenen Betriebsstätten, Produktionsmittel, Geschäftsunterlagen etc auszuschließen.

2. Schutz des Antragsgegners (Besichtigungs-/Vorlageschuldner)

a) Schutzgegenstand

In den Schutz der **Geheimhaltungsinteressen des Besichtigungsschuldners** sind alle solche Geheimnisse einzubeziehen, die Gegenstand des Straftatbestands der Verletzung von Privatgeheimnissen (§ 203 StGB) sind.[422] Darunter fallen jedenfalls auch Geschäftsgeheimnisse nach dem GeschGehG. 323

Eine andere Frage ist, ob eine ihrer Art nach als Geschäftsgeheimnis schützbare Information des Besichtigungsschuldners zwingend die Geheimnisqualität nach § 2 Nr 1 GeschGehG erfüllen, insbesondere angemessenen Geheimhaltungsmaßnahmen unterliegen muss, oder ob ein großzügigerer Maßstab angezeigt ist. Gegen Letzteres spricht der Umstand, dass eine unbefugte Erlangung eines Geschäftsgeheimnisses immer ohne Einwilligung des Geheimnisinhabers erfolgt. Andernfalls wäre sie gerechtfertigt. Sind die Voraussetzungen des § 2 Nr 1 GeschGehG nicht erfüllt, darf die betroffene Informationen von Dritten erlangt, genutzt und offenbart werden. Dass die Erlangung der ungeschützten Information aufgrund oder bei Gelegenheit eines gerichtlich angeordneten Besichtigungsverfahrens erfolgt, ändert daran nichts. Dem könnte entgegengehalten werden, dass ein Privatgeheimnis iSd § 203 StGB lediglich erfordert, dass der Betroffene an dessen Geheimhaltung ein – von seinem Standpunkt aus – berechtigtes (schutzwürdiges) Interesse hat und es nach seinem Willen geheim gehalten werden soll.[423] Auf eine nach außen erkennbare Manifestierung des Geheimhaltungswillens soll es nicht ankommen,[424] weshalb objektive Geheimhaltungsmaßnahmen nicht erforderlich seien. Hier ist aber letztlich der gesetzgeberische Wille entscheidend, nunmehr nach § 2 Nr 1 GeschGehG für einen Schutz eines Geschäftsgeheimnisses die Kundgabe des Geheimhaltungswillens durch Vornahme nach außen erkennbarer Geheimhaltungsmaßnahmen zu verlangen (sh Kap 1 Rdn 103 ff). Hat der Besichtigungsschuldner nicht zum Ausdruck gebracht, dass eine bestimmte Information geheim gehalten und somit geschützt werden soll, kann er diesbezüglich auch kein Geheimhaltungsinteresse einwenden. 324

Einem Geschäftsgeheimnisschutz zugunsten des Besichtigungsschuldners kann also nur eine Information unterfallen, die geheim, daher von wirtschaftlichem Wert und Gegenstand angemessener Geheimhaltungsmaßen ist, und an der ein berechtigtes Geheimhaltungsinteresse besteht (sh Kap 1 Rdn 45 ff). Ist ein das Geheimnis enthaltendes Produkt bzw ein Gegenstand gem. § 3 Abs 1 Nr 2 lit a) GeschGehG öffentlich verfügbar gemacht worden und kann es im Wege des Reverse Engineering ermittelt werden, scheidet ein 325

---

422 BGH 16.11.2009, X ZB 37/08, Rn 17 (juris) = GRUR 2010, 318, 322 (sh GRUR-Prax 2010, 118 [Hoppe-Jänisch]) – Lichtbogenschnürung.
423 Vgl Cierniak/Niehaus, in MüKoStGB, § 203 Rn 12.
424 Cierniak/Niehaus, in MüKoStGB, § 203 Rn 18, mwN; aA Dannecker, BB 1987, 1614, 1615; Kargl, in NK-StGB, § 203 Rn 8.

Geheimnisschutz des Besichtigungsschuldners diesbezüglich aus, da es vom Besichtigungsgläubiger *ipso iure* erlangt werden darf.[425]

326 Neben dem Schutz geschäftlicher Informationen ist sonstigen Geheimhaltungsinteressen Rechnung zu tragen, bspw am Schutz rein privater Informationen, an deren Geheimhaltung ein überwiegendes Interesse besteht. Insoweit kommt es auf die Implementierung von Geheimhaltungsmaßnahmen nicht an.

b) Schutzmaßnahmen

aa) Schutz durch mehrstufigen Verfahrensablauf

327 Sofern nicht vollständig ausgeschlossen werden kann, dass ein Geheimhaltungsinteresse des Besichtigungsschuldners tangiert sein wird (etwa weil die Maßnahme an einem öffentlich zugänglichen Ort wie zB auf einem Messestand stattfindet), erfolgt die **Besichtigung** des Beweisgegenstands, den Vorgaben in der *Faxkarte*-Entscheidung des BGH folgend, **durch einen unabhängigen Sachverständigen unter Ausschluss des Geheimnisinhabers**.[426] Das Verfahren ist in zwei Stufen aufgeteilt, wobei es zwischen der Besichtigung allein aufgrund einer einstweiligen Verfügung und der »Düsseldorfer Praxis« prozessuale Unterschiede gibt:

328 Zunächst **besichtigt** ein vom Gericht benannter und zur Verschwiegenheit verpflichteter **Sachverständiger** die mutmaßliche Verletzungsform, wobei dem Beklagten aufgeben wird, die Besichtigung zu dulden (erste Stufe). Gleichzeitig wird dem Beklagten untersagt, für die Dauer der Besichtigung Veränderungen an dem Gegenstand vorzunehmen. Den Rechtsanwälten des Geheimnisinhabers wird im Regelfall die Teilnahme an der Besichtigung gestattet. Zum Schutz der Geheimhaltungsinteressen des Antragsgegners sind diese aber gegenüber dem Antragsteller zur Verschwiegenheit über alle bei der Besichtigung gewonnenen Erkenntnisse verpflichtet.[427] Nach Durchführung des Besichtigungstermins erstellt der Sachverständige sein Gutachten, das zunächst nur dem Gericht, dem Antragsgegner und gegebenenfalls den weiterhin zur Verschwiegenheit verpflichteten Verfahrensbevollmächtigten und Patentanwälten des Geheimnisinhabers zugänglich gemacht wird.

329 Nach Anhörung des Antragsgegners und seiner Vertreter **entscheidet** das **Gericht**, ob es das **Gutachten** zur **Bekanntgabe** auch gegenüber dem Geheimnisinhaber persönlich freigibt (zweite Stufe) und dessen Bevollmächtigte von ihrer Schweigepflicht entbindet (sh Rdn 349 ff).[428] Zur Wahrung der Geheimnisse des Antragsgegners kann diese Anhörung unter Ausschluss der Öffentlichkeit erfolgen, § 172 Nr 2 GVG.[429]

---

425 Vgl OLG Düsseldorf 17.12.2009, I-2 W 68/09, Rn 5 (juris) = InstGE 11, 296 – Kaffeemaschine.
426 BGH 02.05.2002, I ZR 45/01, Rn 30 (juris) = GRUR 2002, 1046, 1049 – Faxkarte; OLG Düsseldorf 08.04.1982, 2 U 176/81, Ls 2 (juris) = GRUR 1983, 745 – Geheimhaltungsinteresse und Besichtigungsanspruch II; LG München I 13.09.1985, 21 O 12260/85, Ls 1 (juris) = CR 1987, 761; Melullis, FS für Tilmann, S 843–856; Bornkamm, FS für Ullmann, S 893, 901 f.
427 Die bloße Bekanntgabe des Besichtigungsergebnisses (Verletzung: Ja oder Nein) stellt noch keine Verletzung dieser Schweigepflicht dar, OLG Düsseldorf 14.01.2009, I-2 W 56/08, Rn 22 (juris) = InstGE 10, 198 – zeitversetztes Fernsehen.
428 LG Düsseldorf 08.03.2007, 4b O 230/04, Rn 39 (juris) = InstGE 8, 103 – Etikettiermaschine.
429 Vgl Begr des RegE zum Umsetzungsgesetz der Durchsetzungsrichtlinie, BT-Drucks. 16/5048 S. 41, li. Sp.

Diskussion bestand im Rahmen eines patentrechtlichen Besichtigungsverfahrens darüber, 330
ob der Ausschluss des Geheimnisinhabers bis zur Entscheidung über die Freigabe des
Gutachtens mit dem geltenden Recht vereinbar sei, insbesondere, ob ein *in-camera*-Verfahren allein aufgrund der Ermessensnorm des § 140c Abs 1 Satz 3 und Abs 3 Satz 2 PatG
durch den zuständigen Richter angeordnet werden könne. Vereinzelt wurde vertreten, dass
dem Geheimnisinhaber persönlich das Gutachten aufgrund seines verfassungsrechtlich verbürgten Anspruchs auf rechtliches Gehör in Art 103 Abs 1 GG zugänglich gemacht werden
müsse.[430] Aus demselben Grund könne sich dieser auch nicht – zugunsten eines praktikablen Geheimnisschutzes – mit einer Unterrichtung nur seiner rechts- und patentanwaltlichen Vertreter einverstanden erklären, zumal die Prozessbevollmächtigten ohne Rücksprache mit der Partei keine vollständige Stellungnahme im Rahmen der Freigabe-
Entscheidung abgeben könnten.[431] Diese Auffassung hat der BGH abgelehnt.[432] Sie überzeugt bereits aufgrund einer praktischen Erwägung nicht: Vor die Wahl gestellt, entweder
mangels effektiven Geheimnisschutzes überhaupt keine Beweissicherung durchführen, oder
(zeitweilig) nur mittelbar über die eigenen Prozessbevollmächtigten den Sachverhalt aufklären und/oder Beweise sichern zu können, wird sich der Geheimnisinhaber regelmäßig
zugunsten der Düsseldorfer Praxis entscheiden.[433] Die ganz überwiegende Auffassung
befürwortet deshalb ein Verfahren unter Ausschluss des Geheimnisinhabers bis zur Entscheidung über die Herausgabe der Ergebnisse der Besichtigung.[434]

bb) Gerichtliche Geheimhaltungsmaßnahmen

Darüber hinaus kommt ein **prozessualer Schutz** etwaiger **Geschäftsgeheimnisse des** 331
Besichtigungsschuldners auch nach §§ 16 bis 19 GeschGehG in Betracht. Wird von
Seiten der Antragstellerin ein Vorlage- oder Besichtigungsanspruch geltend gemacht, um
Ansprüche aus dem GeschGehG nachzuweisen, handelt es sich um eine Geheimnisstreitsache im Sinne des Gesetzes (sh Rdn 319), sodass der Anwendungsbereich der §§ 16 ff
GeschGehG für dieses Verfahren generell eröffnet ist.[435]

---

430 OLG München 11.08.2008, 6 W 1380/08, Rn 92 ff (juris) = GRUR-RR 2009, 191, 192 – Laser-Hybrid-Schweißverfahren.
431 OLG München 11.08.2008, 6 W 1380/08, Rn 96 (juris) = GRUR-RR 2009, 191, 192 – Laser-Hybrid-Schweißverfahren.
432 BGH 16.11.2009, X ZB 37/08, Rn 23 ff (juris) = GRUR 2010, 318, 322 (sh GRUR-Prax 2010, 118 [Hoppe-Jänisch] –) Lichtbogenschnürung.
433 So überzeugend Müller-Stoy, GRUR-RR 2009, 161, 162.
434 Ahrens, GRUR 2005, 837, 839; Bork, NJW 1997, 1665, 1671; Melullis, FS für Tilmann, S 843–856; Tilmann/Schreibauer, GRUR 2002, 1015, 1020; Chakraborty/Haedicke, in Haedicke/Timmann, Hdb PatR, § 15 Rn 812; wobei zT eine ausdrückliche gesetzliche Regelung gefordert wird: vgl Bornkamm, FS für Ullmann, S 893, 901 f; Kitz, NJW 2008, 2374, 2376; Spindler/Weber, MMR 2006, 711, 713.
435 Hierin unterscheidet sich der Fall des Geheimnisschutzes für Informationen des Besichtigungsschuldners von Fallkonstellationen, in denen der Antragsgegner/Beklagte in einem anderen Verfahren, das keine Geheimnisstreitsache ist, einen Schutz für sein geheimhaltungsbedürftiges Verteidigungsvorbringen benötigt (sh hierzu Rdn 327 ff). Innerhalb eines Besichtigungsverfahrens, mit dem sich Gewissheit über das Bestehen von Ansprüchen nach dem GeschGehG verschafft werden soll, sind die §§ 16 bis 19 GeschGehG direkt anwendbar. Es besteht für den prozessualen Geheimnisschutz des Besichtigungsschuldners daher kein Bedürfnis nach einer analogen Anwendung der §§ 16 bis 19 GeschGehG; zur Kritik am zu weit gehenden § 145a PatG nF sh oben Fn 420.

332 Dann folgt aus § 16 Abs 1 GeschGehG, dass auf Antrag einer Partei – dies muss nicht zwingend die Antragstellerin sein – streitgegenständliche Informationen ganz oder teilweise als geheimhaltungsbedürftig eingestuft werden können. Dabei ist der Begriff »**streitgegenständlich**« weit auszulegen und nicht im Sinne des zweigliedrigen Streitgegenstandsbegriffs auf den von der Antragstellerin zur Begründung ihrer Anträge vorgebrachten Lebenssachverhalt beschränkt.[436] Andernfalls wäre die Vorgabe des Art 6 Abs 1 GeschGehRL nicht umgesetzt.[437] Danach haben die Mitgliedstaaten generell einen zivilrechtlichen Schutz vor rechtswidrigem Erwerb sowie rechtswidriger Nutzung und Offenlegung von Geschäftsgeheimnissen zu gewährleisten, ohne dass ein solcher allein der Klägerin zugutekommen soll. Art 9 Abs 1 GeschGehRL spricht davon, dass ein Geheimnis »aufgrund eines ordnungsgemäß begründeten Antrags einer interessierten Partei« als vertraulich eingestuft wird. Auch hieraus lässt sich keine Einschränkung auf die klägerische Partei entnehmen. Schließlich verlangt Art 9 Abs 2 Satz 1 GeschGehRL, dass auf Antrag *einer* Partei (nicht unbedingt der klägerischen) spezifische Maßnahmen zum Schutz eines Geschäftsgeheimnisses getroffen werden sollen, das *im Laufe* eines Gerichtsverfahrens im Zusammenhang mit einer Geschäftsgeheimnisverletzung *genutzt* oder *auf das in diesem Rahmen Bezug genommen* wird. Diese Formulierungen stellen klar, dass die Richtlinie einen Geheimnisschutz für alle am Verfahren beteiligten Parteien (und auch Dritte) erfordert.

333 Zum Streitstoff gehören demzufolge auch Geschäftsgeheimnisse, die der Beklagte, Antragsgegner oder Besichtigungsschuldner zu seiner Verteidigung vorlegt, um zB zu zeigen, dass er die klägerischen Geschäftsgeheimnisse gar nicht nutzt. Solche »**Defensivgeheimnisse**« bedürfen des Schutzes gegen eine Nutzung oder Offenlegung durch die Prozessgegenseite. Dasselbe gilt für proprietäre Geschäftsgeheimnisse des Besichtigungsschuldners, die – quasi als »Beifang« – bei der Besichtigung zu Tage treten, zum Inhalt des Sachverständigengutachtens werden und am Ende des selbstständigen Beweisverfahrens an die Antragstellerin mit dem Gutachten herausgegeben werden. Hier ist der Besichtigungsschuldner nicht mehr durch das mehrstufige Besichtigungsverfahren abgesichert und zumindest hinsichtlich dieses »Beifangs« schutzbedürftig.

VI. Vollziehung der Maßnahme

1. Ablauf der Besichtigung

334 Die im Beschlusswege erlassene **Duldungsverfügung** ist dem Antragsgegner nach §§ 922 Abs 2, 936, 191 ff ZPO **im Parteibetrieb zuzustellen**; zumeist geschieht dies durch einen Gerichtsvollzieher. Der Beschluss, mit welchem einem Antrag auf ein selbstständiges Beweisverfahren durch Einholung eines Sachverständigengutachtens nach § 485 Abs 2 ZPO stattgegeben wird, muss mangels Terminsbestimmung nicht verkündet werden und bedarf daher nur der **formlosen Mitteilung** (§§ 166 Abs 2, 329 Abs 2 ZPO). Dennoch ist die förmliche Zustellung zusammen mit der Duldungsverfügung im Wege der Parteizustellung aus Gründen des Zugangsbeweises dringend anzuraten.[438]

335 ▶ Antragsteller sollten in der Praxis dringend darauf hinwirken, dass die Mitteilung des Beweisbeschlusses zurückgestellt wird, bis die einstweilige Verfügung zugestellt werden kann. Nur so kann vermieden werden, dass der Besichtigungsschuldner von Amts wegen so frühzeitig über die beab-

---

436 Kalbfus, WRP 692, 694, Rn 14;
437 Sh hierzu die Kritik von McGuire, in Büscher, UWG, § 16 RegE GeschGehG Rn 8.
438 Vgl Herget, in Zöller, ZPO, § 491 Rn 1.

sichtigte Beweiserhebung informiert wird, dass er Beweismittel beiseite schaffen kann. Es ist unbedingt anzuraten, das prozessuale Vorgehen und die zeitliche Abfolge mit dem Gericht bereits bei Verfahrenseinleitung zu besprechen.

Dem Antragsgegner ist Gelegenheit zu geben, einen **eigenen anwaltlichen Vertreter** hinzuzuziehen.[439] Vorher dürfen die Besichtigungsmaßnahmen nicht beginnen, was entsprechend in der Duldungsverfügung angeordnet wird. Die Länge der **Wartefrist** bestimmt das Gericht. Diese bemisst sich üblicherweise danach, wie lange ein in der Materie kundiger Anwalt mit Kanzleisitz am oder in der Nähe des Besichtigungsortes benötigt, um während der üblichen Geschäftszeiten an den letztgenannten Ort zu gelangen und Kenntnis vom Inhalt des Beschlusses zu erhalten. 336

▶ Um Verzögerungen beim Erlass des Beschlusses zu vermeiden, sollte der Antragsteller bereits von sich aus im Antrag eine angemessene Wartefrist vorsehen. Für den Antragsgegnervertreter ist die Wartefrist nicht nur für die Anreise zum Besichtigungsort, sondern auch für die (erste) Überprüfung der Rechtmäßigkeit des Besichtigungsbeschlusses wichtig. Zumindest offensichtliche Fehler (zB ein falscher Antragsgegner oder die Unzuständigkeit des Gerichts) können uU noch innerhalb der Wartefrist gerügt werden. 337

Nach Ablauf der Wartefrist hat der (gerichtlich bestellte) Sachverständige mit der Besichtigung zu beginnen, wenn nicht der Beschluss zuvor aufgehoben oder die Vollstreckung der begleitenden Duldungsverfügung einstweilen eingestellt wurde. 338

Während der Besichtigung hat der Antragsgegner alle Maßnahmen des Sachverständigen zu dulden, die der Beschluss aufführt. Sofern und soweit aktive Mitwirkungspflichten auferlegt wurden, sind diese vorzunehmen. Umgekehrt braucht der Antragsgegner keine Handlungen zu ergreifen oder zu dulden, die nicht ausdrücklich im Beschluss genannt sind oder sich nicht zwingend aus dem Inhalt des Beschlusses ableiten lassen. Im letztgenannten Fall sind dies solche Handlungen, die vom Schuldner vorzunehmen sind, um der ihm obliegenden Unterlassungspflicht (Duldung der Besichtigung) gerecht zu werden. Hat der Schuldner etwa die Besichtigung an einem bestimmten Ort zu dulden, muss er den Weg dorthin freimachen, zB die Türen öffnen etc[440]. Bei der Annahme solcher impliziten Handlungspflichten ist indessen Zurückhaltung geboten. 339

Etwas anderes gilt, wenn die Handlung zwar nützlich, für die Besichtigung aber entbehrlich ist (zB Erstellung von Screenshots, obgleich der Sachverständige eine Bildschirmdarstellung auch abfotografieren oder gar abzeichnen könnte). Um lediglich nützliche Maßnahmen durchzusetzen, ist es notwendige, aber auch hinreichende Bedingung, dass ein entsprechender Antrag gefasst und die Mitwirkungshandlung (vollstreckbar) tituliert wird. 340

Ist das Besichtigungsbegehren auf die Einsicht in bestimmte Dokumente gerichtet, so obliegt es dem Gläubiger, seinen Antrag so zu formulieren, dass die Dokumente aus dem Titel bestimmt werden können. Andernfalls ist der Antrag unzulässig,[441] jedenfalls aber nicht vollstreckbar.[442] Der Besichtigungsschuldner ist nicht verpflichtet, dem Gläubiger unbetitelt das für die Substantiierung der Verletzungsansprüche Erforderliche vorzulegen. 341

---

439 Nach der Praxis des Landgerichts Düsseldorf wird regelmäßig eine Wartefrist von zwei Stunden gewährt, sh das Muster eines Antrags in Kühnen, Hdb PatV, Kap B Rn 113; Rinken, in Schulte, § 140c PatG Rn 64.
440 Vgl Rinken, in Schulte, § 140c PatG Rn 63.
441 Vgl Stöber, in Zöller, ZPO, § 883 Rn 5.
442 Zur Bestimmtheit auch Hüßtege, in Thomas/Putzo, ZPO, Vor § 704 Rn 16.

342 Allein aufgrund der Pflicht zur Duldung der Besichtigung einer Sache können keine Kopien, Abbildungen, Screenshots oder dergleichen von der Sache verlangt werden. Will der Gläubiger erreichen, dass Duplikate erstellt und dem Sachverständigen mitgegeben werden, muss er dies in den Titel aufnehmen lassen.

343 ▶ Eine der wichtigsten Aufgaben des anwaltlichen Vertreters des Besichtigungsschuldners während der Besichtigung ist die Überwachung, ob sich der Sachverständige im Rahmen der im Beschluss angeordneten Befugnisse bewegt. Überschreitungen müssen sofort gerügt und unterbunden werden. Dabei ist aber aus zwei Gründen mit Augenmaß vorzugehen: Werden die Befugnisse fälschlich zu eng ausgelegt und entsprechende Besichtigungsmaßnahmen nicht zugelassen, kann dies als Beweisvereitelung nach §§ 371 Abs 3, 444, 286 ZPO gewertet werden. Außerdem kann eine zu vehemente Gegenwehr die Besichtigungssituation erheblich verlängern, was mitunter belastender ist als die Feststellungen des Sachverständigen selbst.

2. Zwangsvollstreckung

344 Duldet der Antragsgegner (Vorlage- oder Besichtigungsschuldner) einzelne Maßnahmen des Sachverständigen nicht oder verweigert er die Vornahme von Handlungen, so muss der Antragsteller (Vorlage- oder Besichtigungsgläubiger) den Weg der Zwangsvollstreckung gehen. Dabei ist nach der Art des verweigerten Beitrags zu unterscheiden:
- Die **Vorlage einer Urkunde** wird nach § 883 ZPO analog (Herausgabe bestimmter beweglicher Sachen) vollstreckt. [443] Die Herausgabe erfolgt an den unabhängigen Dritten (Gerichtsvollzieher). Dies gilt auch für Urkunden, die zum Zeitpunkt der Antragstellung zwar bekannt sind, aber vom Geschäftsgeheimnisinhaber noch nicht so genau bestimmt werden können, dass ein Gerichtsvollzieher sie auffinden kann (zB die aktuelle Fassung eines als vorhanden bekannten Handbuchs).
- **Aktive Mitwirkungshandlungen** werden entweder nach § 887 ZPO (vertretbare Handlung) oder § 888 ZPO (unvertretbare Handlung) vollstreckt, sofern sie neben der Herausgabevollstreckung analog § 883 ZPO eine eigenständige Bedeutung haben.[444]
- Duldet der Antragsgegner die **Besichtigung nicht**, dh verhindert er den Zutritt oder behindert er die Vornahme der Besichtigung, kann der Geheimnisinhaber wahlweise den **Widerstand** im Ordnungsmittelverfahren (§ 890 ZPO) oder durch Zuziehung eines Gerichtsvollziehers **überwinden** (§ 892 ZPO), der nach §§ 758 Abs 3 und 759 ZPO zu verfahren hat.[445] Alternativ ist nach richtiger Ansicht auch die **Herausgabevollstreckung** nach § 883 ZPO analog einschlägig, wenn die Besichtigung einer Sache oder die Vorlage von Dokumenten auch im Wege der Wegnahme durch den Gerichtsvollzieher und anschließenden Begutachtung durch den Sachverständigen an einem

---

443 OLG Köln 07.12.1987, 2 W 175/87, Ls 1 (juris) = NJW-RR 1988, 1210; OLG Hamm 04.10.1973, 14 W 73/73 = OLGZ 1974, 251; OLG Bamberg 10.01.1972, 2 W 62/71 = DGVZ 1972, 112; Sprau, in Palandt, § 809 BGB Rn 13; Hüßtege, in Thomas/Putzo, ZPO, § 883 Rn 3; Schreiber, JR 2008, 1, 4.
444 Vgl Stöber, in Zöller, ZPO, § 883 Rn 9.
445 So Grabinski, FS für Mes, S 129, 135 f; Stöber, in Zöller, ZPO, § 892 Rn 1.

anderen Ort und ohne Mitwirkungshandlung des Besichtigungsschuldners möglich ist [446]. Jedoch muss bei der Herausgabevollstreckung nach § 883 ZPO (analog) die materiell-rechtliche Verpflichtung zur Herausgabe bzw Vorlage im Beschluss niedergelegt sein.[447]

▶ Um eine Verzögerung oder Unterbrechung der Besichtigung zu vermeiden, wird der Gläubiger die Vollstreckung nach § 892 ZPO bevorzugen, da Widerstand unmittelbar durch den Gerichtsvollzieher, erforderlichenfalls durch Gewalt unter Hinzuziehung der Polizei, überwunden werden kann. Es empfiehlt sich daher, dass der Gerichtsvollzieher von vornherein an der Besichtigung teilnimmt und auch in deren Verlauf zumindest in Rufbereitschaft verbleibt. Wird die zu besichtigende Sache nicht vorgefunden und kommt eine Herausgabevollstreckung in Betracht, hat der Schuldner nach § 883 Abs 2 bis 4 ZPO eine eidesstattliche Versicherung abzugeben. Auch hierfür ist die Anwesenheit des nach § 899 Abs 1 ZPO zuständigen Gerichtsvollziehers erforderlich. 345

Befinden sich die vorzulegende Urkunde oder die zu besichtigende Sache in den nach Art 13 Abs 1 GG geschützten **Wohn- oder Geschäftsräumen**[448] des Antragsgegners [449] und verweigert dieser den Zutritt, so ist eine richterliche **Durchsuchungsanordnung** nach **§ 758a ZPO** erforderlich, da die Besichtigung nicht nur auf ein Betreten der Räumlichkeiten, sondern darauf gerichtet ist, Tatsachen beim Antragsgegner zu ermitteln.[450] Ob die Durchsuchungsanordnung vom Prozessgericht der Beweissicherungsmaßnahme, dh vom Landgericht, bereits mit der einstweiligen Verfügung angeordnet werden kann, ist umstritten. Nach der hM steht dem die ausschließliche Zuständigkeitszuweisung an das Amtsgericht entgegen, in dessen Bezirk die geplante Durchsuchung erfolgen soll, §§ 758a Abs 1 Satz 1, 802 ZPO.[451] Nach der – besser handhabbaren – Gegenauffassung steht aufgrund § 938 ZPO auch dem Landgericht die erforderliche Kompetenz zur Anordnung der Durchsuchung zu.[452] Die Begründung, § 758a ZPO fordere lediglich eine richterliche Anordnung, ohne irgendwelche Zuständigkeiten zu begründen, und diesem Erfordernis sei genügt, wenn die Anordnung im Titel erfolgt, ist allerdings im Hinblick auf den Wortlaut der Vorschrift ("Die Wohnung des Schuldners darf ohne dessen Einwilligung nur auf Grund einer Anordnung des Richters bei dem Amtsgericht durchsucht werden, in dessen Bezirk die Durchsuchung erfolgen soll.") nicht haltbar. 346

---

446 OLG Köln 21.09.1995, 18 W 33/95, Rn 4 (juris) = NJW-RR 1996, 382; OLG Köln 07.12.1987, 2 W 175/87, Ls 1 (juris) = NJW-RR 1988, 1210; OLG Hamm 04.10.1973, 14 W 73/73 = OLGZ 1974, 251; OLG Bamberg 10.01.1971, 2 W 62/71 = DGVZ 1972, 112; Marburger, in Staudinger, Vorbem. zu den §§ 809 bis 811 Rn 10; Martinek, in jurisPK-BGB, 8. Aufl 2017, § 809 BGB Rn 22; Sprau, in Palandt, § 809 BGB Rn 13; Bork, NJW 1997, 1665, 1671; Müller-Stoy, Nachweis und Besichtigung des Verletzungsgegenstands im deutschen Patentrecht, 2008, Rn 290, mwN zum Streitstand; aA Habersack, in MüKo-BGB, § 809 Rn 17.
447 OLG Düsseldorf 17.01.2014, I-2 W 43/13.
448 Nach ständiger Rechtsprechung gehören auch Arbeits-, Betriebs- und Geschäftsräume zu den verfassungsrechtlich geschützten Räumlichkeiten, sh BVerfG 17.02.1998, 1 BvF 1/91, Rn 134 (juris) = NJW 1998, 1627, 1631.
449 Auch juristische Personen und Personengesellschaften genießen Grundrechtsschutz nach Art 13 Abs 1 GG, sh BVerfG 26.05.1976, 2 BvR 294/76 = NJW 1976, 1735.
450 Grabinski, FS für Mes, S 129, 138; vgl BVerwG 12.12.1967, I C 112/64 = NJW 1968, 563 – Begriff der »Durchsuchung«; aA Gruber, in MüKo-ZPO, § 892 Rn 3, mwN: Nur, wenn die Duldung nicht bereits titelbestimmt in der Wohnung durchgesetzt werden soll; vgl aber die ausdrücklich geregelten Ausnahmen in § 758a Abs 2 ZPO.
451 Fitzner/Kather, VPP-Rundbrief Nr 2/2009, 58, 62; Kather/Fitzner, Mitt 2010, 325, 328; Kühnen, in Schulte, PatG, § 140c Rn 61; Grabinski, FS für Mes, S 129, 138.
452 OLG Hamburg 11.02.1999, 3 U 184/98 = NJWE-WettbR 2000, 19, 21 – Berodural.

347 Eine Entbehrlichkeit der richterlichen Durchsuchungsanordnung wegen **Gefahr im Verzug** nach § 758a Abs 1 Satz 2 ZPO scheidet regelmäßig aus, wenn die Besichtigungsverfügung unter Androhung von Ordnungsmitteln die Veränderung oder Beseitigung des Besichtigungsgegenstands untersagt.[453] Da eine richterliche Durchsuchungsanordnung erst erforderlich wird, wenn der Antragsgegner den Zutritt verweigert, kann der Geheimnisinhaber den Antrag nach § 758a ZPO nicht im Vorfeld stellen.[454]

348 ▶ Ausgehend von der ausschließlichen Zuständigkeit des Amtsgerichts empfiehlt es sich, rechtzeitig mit dem zuständigen Richter Kontakt aufzunehmen, um alle Vorkehrungen zu treffen, damit die richterliche Anordnung zügig ergehen kann. Insbesondere sollte das Amtsgericht mit allen erforderlichen Informationen versorgt und sichergestellt werden, dass am Tage der Besichtigung der zuständige Richter erreichbar ist.[455] Im Einzelfall kann der Erlass der Durchsuchungsanordnung beschleunigt werden, indem der Antrag bereits vor der Verweigerung des Zutritts gestellt wird. Das Amtsgericht wird einen solchen Antrag zwar durch Beschluss mangels Rechtsschutzbedürfnis abweisen.[456] Wird aber sodann tatsächlich der Zutritt verweigert, kann Beschwerde gegen die Abweisung eingelegt werden. Dieser hat die befasste Amtsrichterin abzuhelfen.[457] Auf diese Weise werden frühzeitig der zuständige Spruchkörper identifiziert sowie Vorgang und Akte beim zuständigen Amtsgericht angelegt. Auch hier empfiehlt es sich, mit dem Gericht im Vorfeld Kontakt aufzunehmen und das genannte Vorgehen anzukündigen. Gewährt der Schuldner Zutritt, bleibt es bei der Abweisung. Die (vergleichsweise geringen) Kosten fallen dem Antragsteller zur Last.

VII. Entscheidung über die Aushändigung des Gutachtens

349 Das selbstständige Beweisverfahren endet mit der **Herausgabe des Sachverständigengutachtens** an die Parteien. Bei der Entscheidung, an wen und in welchem Umfang (vollständig oder geschwärzt) das Gutachten ausgehändigt wird, sind zwei Fragestellungen auseinanderzuhalten. Zum einen kommt es darauf an, ob das Gutachten valide **Geschäftsgeheimnisse des Besichtigungsschuldners** enthält. Zum anderen stellt sich die Frage, ob die Überprüfung der **Rechtmäßigkeit der Duldungsverfügung** bei der Entscheidung über die Herausgabe des Sachverständigengutachtens an den Geheimnisinhaber eine Rolle spielen kann.[458]

350 Zunächst ist die **Herausgabe** des vollständigen, ungeschwärzten Gutachtens **an den Besichtigungsschuldner** und **seinen anwaltlichen Vertreter** unproblematisch, da diese das Besichtigungsobjekt und eigene Geschäftsgeheimnisse kennen bzw kennen dürfen.

351 Auch an die **anwaltlichen Vertreter der Antragstellerin** kann das vollständige, ungeschwärzte Gutachten ohne weitere Abwägung herausgegeben werden, da sie weiterhin zur

---

453 Fitzner/Kather, VPP-Rundbrief Nr 2/2009, 58, 62; Kather/Fitzner, Mitt 2010, 325, 328.
454 Kühnen, Mitt 2009, 211, 215; ders, in Schulte, § 140c Rn 61.
455 Ausführlich: Fitzner/Kather, VPP-Rundbrief Nr 2/2009, 58.
456 Hüßtege, in Thomas/Putzo, ZPO, § 758a Rn 17, 5.
457 Statthafter Rechtsbehelf gegen die Abweisung ist die sofortige Beschwerde (§§ 793, 567 ZPO). In der Beschwerdebegründung können neue Tatsachen (zB der Schuldner verweigert den Zutritt) vorgetragen werden (§ 571 Abs 2 ZPO). Der zuständige Richter beim *iudex a quo* kann auf deren Grundlage der Beschwerde abhelfen (§ 572 Abs 1 ZPO) und die Anordnung erlassen.
458 Nach OLG Frankfurt aM 17.01.2006, 11 W 21/05 = GRUR-RR 2006, 295 – Quellcode-Besichtigung erfolgt eine Herausgabe des Gutachtens erst, wenn ein Hauptsachetitel über den Besichtigungsanspruch vorliegt. Wenn eine sofortige Übergabe des Sachverständigengutachtens beantragt wird, muss ein besonderes Interesse daran dargelegt werden können.

Verschwiegenheit, auch gegenüber ihrer Mandantin, verpflichtet sind bzw bei Aushändigung des Gutachtens nochmals ausdrücklich zur Verschwiegenheit verpflichtet werden.

Ob und in welchem Umfang das **Gutachten an die Antragstellerin persönlich** herausgegeben werden kann, hängt von den beiden oben aufgeworfenen Fragestellungen ab und ist Gegenstand einer gesonderten richterlichen Entscheidung. 352

1. Keine entgegenstehenden Geheimhaltungsinteressen

Stehen keine Geheimhaltungsbedürfnisse des Besichtigungsschuldners im Raum (weil die angeblichen Geschäftsgeheimnisse gar nicht oder nur pauschal vorgetragen werden oder der Vortrag bei näherer Sicht nicht stichhaltig ist), ist das **Gutachten** grds an die Antragstellerin **vorbehaltlos zu übermitteln**.[459] Dies geschieht unabhängig davon, ob die Besichtigung den Verletzungsvorwurf bestätigt oder sogar widerlegt hat.[460] Gleiches gilt in Bezug auf einen Gutachtentext, in dem sämtliche vom Besichtigungsschuldner geltend gemachten Geschäftsgeheimnisse durch Schwärzen oder auf sonstige Weise unkenntlich gemacht sind. 353

2. Entgegenstehende Geheimhaltungsinteressen

Kann der Besichtigungsschuldner geltend machen, dass das **Gutachten** Umstände **offenbart**, die – insbesondere gegenüber Mitbewerbern – **geheimhaltungsbedürftig** sind, so hat das Gericht zu entscheiden: Ergibt die Besichtigung zum Zeitpunkt der gerichtlichen Entscheidung eine (vorläufige) Bestätigung einer Geheimnisverletzung, so überwiegen die Interessen des Antragstellers an der Durchsetzung seiner Abwehrrechte gegenüber den Geheimhaltungsinteressen des Antragsgegners; das Sachverständigengutachten wird an den Geheimnisinhaber ausgehändigt. Umgekehrt fällt die Entscheidung gegen eine Freigabe des Gutachtens aus, wenn dieses den Verdacht einer Geheimnisverletzung nicht bestätigen kann.[461] Dies gilt allerdings nur, wenn der Besichtigungsschuldner konkrete Geheimhaltungsinteressen einwenden kann[462] und vorträgt, welche Nachteile sich für ihn aus einer Offenlegung gegenüber dem Antragsteller ergeben (sh Rdn 323 ff).[463] Bei der gebotenen Interessenabwägung wird auch zu berücksichtigen sein, ob der Antragsgegner seinerseits einen Antrag auf gerichtliche Maßnahmen zum Schutz seiner eingewendeten Geschäftsgeheimnisse nach § 16 Abs 1 GeschGehG gestellt hat. 354

Die Frage der Existenz eines Geschäftsgeheimnisses und damit der Schutzvoraussetzungen nach § 2 Nr 1 GeschGehG wird im Rahmen der Entscheidung über die Herausgabe des Sachverständigengutachtens sowohl bei der Prüfung der Wahrscheinlichkeit einer Geheimnisverletzung als auch bei der Prüfung eventuell entgegenstehender Geheimhaltungsinteressen des Besichtigungsschuldners eine Rolle spielen. Da auch das auf § 809 BGB gestützte **Besichtigungsverfahren** eine **Geheimnisstreitsache** ist (sh Rdn 319 und 331 ff) und der 355

---

459 BGH 16.11.2009, X ZB 37/08, Rn 37 (juris) = GRUR 2010, 318, 322 (sh GRUR-Prax 2010, 118 [Hoppe-Jänisch]) – Lichtbogenschnürung.
460 OLG München 11.03.2011, 6 W 610/10, Rn 29 (juris) = InstGE 13, 298 – ausgelagerter Server.
461 BGH 16.11.2009, X ZB 37/08, Rn 37 f = GRUR 2010, 318, 322 (sh GRUR-Prax 2010, 118 [Hoppe-Jänisch]) – Lichtbogenschnürung.
462 OLG München 11.03.2011, 6 W 610/10, Rn 29 (juris) = InstGE 13, 298 – ausgelagerter Server.
463 BGH 16.11.2009, X ZB 37/08, Rn 38 = GRUR 2010, 318, 322 (sh GRUR-Prax 2010, 118 [Hoppe-Jänisch])– Lichtbogenschnürung.

Antrag gem. § 16 Abs 1 GeschGehG von jeder Partei gestellt werden kann (sh Rdn 332), obliegt es dem Antragsgegner, auf diesem Wege für den Schutz seiner eingewandten Geschäftsgeheimnisse zu sorgen. Unterlässt er einen solchen Antrag, fällt dies bei der Interessenabwägung zu seinen Lasten ins Gewicht.

356 Eine **Aushändigung des Gutachtens** erfolgt, wenn entweder
– das Gutachten objektiv keine Geschäftsgeheimnisse des Antragsgegners enthält;[464]
– der Antragsgegner keine konkreten, beachtlichen und aktuellen[465] Geheimhaltungsinteressen geltend machen kann oder sein Vortrag unsubstantiiert ist;[466]
– der Antragsgegner keine gerichtlichen Geheimhaltungsmaßnahmen nach §§ 16 ff GeschGehG beantragt;
– der Besichtigungsgegenstand öffentlich zugänglich war;[467]
– das Gutachten zwar Tatbestände offenlegt, an deren Geheimhaltung ein beachtliches Interesse besteht, aber die entsprechenden Stellen ohne Sinnentstellung des Sachverhalts unterdrückt werden können (zB durch Schwärzung); oder
– das Gutachten nach vorläufiger Beurteilung den Verdacht einer Geheimnisverletzung bestätigt.

357 ▶ Wann immer möglich, sollte der Besichtigungsschuldner eigene Geheimhaltungsinteressen einwenden. Dies kann aber nicht pauschal erfolgen, sondern muss jeweils Vortrag dazu umfassen,
– welche konkreten Informationen ein Geschäftsgeheimnis darstellen,
– dass diese Informationen Gegenstand angemessener Geheimhaltungsmaßnahmen sind,
– welcher Stellenwert den betroffenen Geschäftsgeheimnissen im Wettbewerb zukommt und
– welche Nachteile dem Besichtigungsschuldner aus deren Offenbarung erwachsen können.

358 Auch bei Überschreitung des Gutachtenauftrags durch Mitteilung von Informationen, die über den Verletzungsnachweis hinausgehen, wie Lieferanten- und Abnehmerdaten und Zahlen zum Verletzungsumfang, kann dann eine Herausgabe auch dieser Angaben in Frage kommen, wenn die Verletzung nicht nur nachgewiesen, sondern inzwischen unstreitig ist und die Angaben daher auch im Wege der einstweiligen Verfügung erlangt werden könnten.[468]

3. Auswirkungen der Rechtswidrigkeit der Maßnahme auf die Freigabe

a) Meinungsstand in der Rechtsprechung

359 Nach der **Rechtsprechung der Düsseldorfer Patentstreitgerichte** soll der Einwand des Besichtigungsschuldners, die Durchführung des selbstständigen Beweisverfahrens und die Duldungsverfügung seien zu Unrecht angeordnet worden, für die Entscheidung über die

---

[464] Chakraborty/Haedicke, in Haedicke/Timmann, Hdb PatR, § 15 Rn 845; Kühnen, Hdb PatV, Kap B Rn 138.
[465] Informationen, deren Geheimnisqualität während des Verfahrens entfallen, sind unbeachtlich: vgl OLG Düsseldorf 17.12.2009, I-2 W 68/09, Rn 5 (juris) = InstGE 11, 296 – Kaffeemaschine.
[466] LG München I 01.12.2010, 21 OH 7432/10, Rn 14 (juris) = InstGE 13, 187 – Besichtigungsgutachten mit Auskunftsteil.
[467] OLG München 11.03.2011, 6 W 610/10, Ls 1 (juris) = InstGE 13, 298 – ausgelagerter Server.
[468] LG München I 01.12.2010, 21 OH 7432/10, Rn 17 (juris) = InstGE 13, 187 – Besichtigungsgutachten mit Auskunftsteil.

Herausgabe des Gutachtens keine Rolle spielen.⁴⁶⁹ Dies wird begründet mit der Unanfechtbarkeit der Anordnung des selbstständigen Beweisverfahrens gem. § 490 Abs 2 Satz 2 ZPO und der faktischen Überholung der mit der einstweiligen Duldungsverfügung angeordneten Maßnahme, die nicht mehr rückgängig gemacht werden kann, nachdem der gerichtliche Sachverständige die Betriebsstätte der Antragsgegnerin besichtigt und das Beweissicherungsgutachten vorgelegt hat. Die nicht anfechtbare Beweisanordnung bleibe als Grundlage der Gutachtenerstellung auch bei Aufhebung des Verfügungsteils bestehen.

Der **Urheberrechtssenat des OLG Düsseldorf** äußerte hingegen Zweifel, ob die strikte Trennung zwischen Beweisanordnung nach §§ 485 ff ZPO und einstweiliger Verfügung im Falle eines Besichtigungsverfahrens, das aus einer Kombination beider Verfahrensarten bestehe, durchzuhalten sei. Eine solche Trennung blende aus, dass die verschiedenen Regelungsinhalte einer entsprechenden Anordnung (selbstständiges Beweisverfahren, Besichtigungsverfügung, Aushändigung des Gutachtens) derart miteinander verknüpft sind, dass der eine ohne den anderen nicht denkbar, insbesondere nicht durchführbar, und deshalb keine Konstellation gegeben sei, die mit der durch § 490 Abs 2 Satz 2 ZPO geregelten vergleichbar ist. Im Übrigen bestünden Bedenken auch und gerade im Hinblick auf das Verfassungsgebot des rechtlichen Gehörs (Art 103 Abs 1 GG), dessen Verletzung unter den Voraussetzungen des § ZPO § 321a ZPO sogar die Fortsetzung eines schon rechtskräftig beendeten Verfahrens gebiete.⁴⁷⁰ 360

b) Stellungnahme

Nach der klaren gesetzlichen Regelung in § 490 Abs 2 Satz 2 ZPO ist der stattgebende **Beschluss im selbstständigen Beweisverfahren nicht anfechtbar**. Dieser entspricht inhaltlich und in seiner prozessualen Wirkung einem Beweisbeschluss,⁴⁷¹ der ebenfalls nicht anfechtbar ist, § 355 Abs 2 ZPO. Richtig ist aber auch, dass die betroffene Gegenpartei grds vor dem Erlass eines Beschlusses nach § 490 Abs 1 ZPO rechtliches Gehör erhält.⁴⁷² Dieses kann zwar ausnahmsweise auch nachgeholt werden, wenn – wie im Falle der Besichtigung zur Feststellung einer Geschäftsgeheimnisverletzung – eine vorhergehende Anhörung den Zweck der Besichtigung vereiteln würde.⁴⁷³ Eine solche nachträgliche Gelegenheit zur Äußerung kann im Rahmen der Entscheidung über die Aushändigung des 361

---

469 OLG Düsseldorf 02.07.2015, I-2 W 13/15, Rn 9–11 (juris) = BeckRS 2016, 1681; OLG Düsseldorf 17.02.2015, I-2 W 1/15 und I-2 W 2/15, Rn 8 (juris) = BeckRS 2016, 3768; OLG München 11.03.2011, 6 W 610/10, Rn 29 (juris) = InstGE 13, 298 – ausgelagerter Server, (alle zum Patentrecht); Kühnen, Hdb PatV, Kap B Rn 135.
470 OLG Düsseldorf 11.02.2016, I-20 W 14/16 = GRUR-RR 2016, 224; zustimmend Czychowski, in Fromm/Nordemann, UrhG, § 101a UrhG Rn 35; sh zur Kritik an der Düsseldorfer Praxis auch Ahrens, GRUR 2005, 100, 103; Eck/Dombrowski, GRUR 2008, 387, 388; Oldekop, in Schramm, Der Patentverletzungsprozess, Kap 9, Rn 169 f; Chakraborty/Haedicke, in Haedicke/Timmann, Hdb PatR, § 15 Rn 856; vgl Tilmann, GRUR 2005, 737, 739 f, mit Verweis auf die französische Praxis zur *saisie contrefaçon*, nach der ein Einspruch gegen die *saisie* oder eine verspätete Einleitung des Hauptverfahrens zum Ausschluss der Verwertung der Beweise im Hauptverfahren führen können, vgl hierzu Bird, Mitt 2002, 404, 406.
471 Huber, in Musielak/Voith, ZPO, § 490 Rn 3b.
472 Herget, in Zöller, ZPO, § 490 Rn 1; OLG Koblenz 16.08.2012, 5 W 445/12, Rn 4 (juris) = MDR 2013, 171.
473 Huber, in Musielak/Voith, ZPO, § 490 Rn 1.

Gutachtens erfolgen. Allerdings muss die dann nachgeholte Anhörung auch Auswirkungen auf die gerichtliche Entscheidung haben können. Andernfalls wäre sie eine reine Förmelei.

362 Wird die Beweisaufnahme aufgrund einer **Duldungsverfügung** gegen den Willen des Besichtigungsschuldners ermöglicht und stellt sich heraus, dass diese Verfügung **zu Unrecht erlassen** wurde, liegt ein **Verfahrensfehler** vor.[474] Eine Prozesspartei kann nämlich grds nicht gegen ihren Willen zur Duldung einer Beweisaufnahme gezwungen werden, wenn keine materiell-rechtliche Duldungspflicht existiert.[475] Ein solcher Verfahrensfehler in der Beweiserhebung führt jedoch **nicht automatisch** zu einer **Unverwertbarkeit des Beweises**.[476] Vielmehr ist im Rahmen einer Abwägung zu klären, ob ggf berechtigte Interessen des Beweisführers, wie zB die Sachaufklärung im Falle einer Beweisnot, oder das Streben der Rechtspflege nach materiell richtigen Entscheidungen überwiegen. Aus dem Gebot der Berücksichtigung des gesamten Inhalts einer durchgeführten Beweisaufnahme (§ 286 Abs 1 Satz 1 ZPO) folgt, dass mangels anderweitiger gesetzlicher Regelungen ein Verbot der Verwertung eines vom Gericht erhobenen Beweises nur in Betracht kommt, wenn die Beweiserhebung in ein verfassungsrechtlich geschütztes Recht einer Partei (zB auf informationelle Selbstbestimmung, die Unverletzlichkeit der Wohn- bzw Geschäftsräume oder die Eigentumsgarantie, wenn Geschäftsgeheimnisse des Besichtigungsschuldners im Raum stehen) eingreift, ohne dass dies zur Gewährleistung eines im Rahmen der Güterabwägung als höherwertig einzuschätzenden Interesses der anderen Partei oder eines anderen Rechtsträgers nach dem Grundsatz der Verhältnismäßigkeit gerechtfertigt erscheint.[477]

363 Richtigerweise ist daher nach Art und Schwere des Verfahrensverstoßes zu unterscheiden. Mit anderen Worten: Es ist danach zu fragen, warum die Duldungsverfügung aufzuheben war.

c) Beispiele

364 Einen **schwerwiegenden Verstoß**, der nicht mehr im Rahmen einer Güterabwägung mit der Bedeutung des gewonnenen Gutachtens für die Rechtsdurchsetzung der Antragstellerin gerechtfertigt werden kann und deshalb zur **Unverwertbarkeit des Gutachtens** führt, wird man zB **bejahen** können:
- bei vorsätzlich falschem oder verkürztem Sachvortrag der Antragstellerin zu der Wahrscheinlichkeit einer Geheimnisverletzung;
- wenn das angerufene Gericht unzuständig war;[478]

---

[474] Die Situation ist mit dem Auffinden eines Beweismittels bei einer fehlerhaften Durchsuchung im Rahmen eines strafrechtlichen Ermittlungsverfahrens vergleichbar. Die fehlerhafte Ermittlungsmaßnahme steht indessen einer Beschlagnahme und Verwertung des Beweismittels grds nur bei einem schwerwiegenden Verfahrensverstoß oder bei bewusstem oder willkürlichem Handeln entgegen (sh Schmitt, in Meyer-Goßner/Schmitt, StPO, § 94 StPO Rn 21).
[475] Baumbach/Lauterbach/Albers/Hartmann, ZPO, Übers § 317 Rn 6; Huber, in Musielak/Voith, ZPO, § 371 Rn 9; Gniadek, Die Beweisermittlung im gewerblichen Rechtsschutz und Urheberrecht, S 175, mwN.
[476] BVerfG 30.06.2005, 2 BvR 1502/04, Rn 8 (juris) = NJW 2005, 3205.
[477] BGH 01.03.2006, XII ZR 210/04, Rn 25 (juris) = NJW 2006, 1657.
[478] OLG Düsseldorf 07.02.2008, I-20 W 152/07, Rn 16 (juris) = InstGE 9, 41 – Schaumstoffherstellung hat wegen fehlender internationaler Zuständigkeit ein anerkennenswertes Interesse der Antragstellerin an der Herausgabe des Gutachtens verneint.

- soweit die Besichtigungsmaßnahme über den Beschluss hinausgeht;[479]
- bei einer unzulässigen Ausforschung;
- wenn ein an der Besichtigung teilnehmender Anwalt entgegen einer fortdauernden Schweigepflicht die geheimhaltungsbedürftigen Besichtigungserkenntnisse an die Antragstellerin verrät.[480]

Dagegen ist zB ein **Beweisverwertungsverbot zu verneinen**, 365
- wenn der Widerspruch lediglich zu einer geänderten Bewertung der Wahrscheinlichkeit einer Geheimnisschutzverletzung führt (ungenügender Grad der Wahrscheinlichkeit einer Verletzung);[481]
- bei einem zu unbestimmten Beweisthema;[482]
- wenn die Besichtigung nicht erforderlich oder nicht verhältnismäßig war;
- wenn (ausnahmsweise) keine Dringlichkeit vorlag; oder
- wenn die Duldungsverfügung allein wegen Versäumung der Vollziehungsfrist des § 929 Satz 3 ZPO aufgehoben wird.

Schwierigkeiten bereitet der Umgang mit Einwendungen im Widerspruchsverfahren, die 366 darauf gestützt sind, dass die **Voraussetzungen** für einen **Geschäftsgeheimnisschutz** zugunsten der Antragstellerin, zB mangels Geheimnisqualität, **nicht erfüllt** sind. Ist ein solcher Einwand begründet, entzieht er nicht nur dem Verfügungsanspruch aus § 809 BGB den Boden, sondern schlägt auch auf den Hauptanspruch aus §§ 6 bis 10 Gesch-GehG durch. Dann müsste die Entscheidung des Gerichts über die Herausgabe des Sachverständigengutachtens nach den oben dargestellten Kriterien (sh Rdn 354 ff) eigentlich zuungunsten der Antragstellerin ausfallen.[483] Allerdings kann die Frage, ob der Hauptanspruch besteht, nicht abschließend im Widerspruchsverfahren mit den dortigen Besonderheiten bei der Tatsachenfeststellung (§ 294 ZPO) beantwortet werden. Hierzu bedarf es einer Hauptsacheklage, für deren Begründung die dortige Klägerin wiederum auf das Sachverständigengutachten angewiesen ist. Sofern keine überwiegenden Geheimhaltungsinteressen des Besichtigungsschuldners entgegenstehen, dürfte das Gutachten trotz der Bedenken gegen den Bestand des Geschäftsgeheimnisses an die Antragstellerin herauszugeben sein.[484] Dahingegen muss die Herausgabe des Gutachtens unterbleiben, wenn die Geheimhaltungsinteressen des Besichtigungsschuldners überwiegen, was umso eher der Fall sein wird, je klarer das Fehlen eines Geschäftsgeheimnisses der Antragstellerin zu Tage tritt.

Vorzugswürdig ist allerdings eine andere Vorgehensweise, die durch die Regelungen der 367 §§ 16 ff GeschGehG ermöglicht wird: Unabhängig von der tatsächlich bestehenden Anspruchsberechtigung der Antragstellerin kann dieser das Sachverständigengutachten ausgehändigt werden, wenn gleichzeitig auf Antrag des Besichtigungsschuldners eine Geheimhaltungsverpflichtung und andere Schutzmaßnahmen nach den §§ 16 bis 19 GeschGehG

---

479 OLG München 11.03.2011, 6 W 610/10, Rn 31 (juris) = InstGE 13, 298 – ausgelagerter Server.
480 Kühnen, Hdb PatV, Kap B Rn 159.
481 Wird aufgrund des Ergebnisses des Sachverständigengutachtens eine Geheimnisverletzung verneint, kommt es darauf an, ob der Aushändigung des Gutachtens beachtliche Geheimnisinteressen des Besichtigungsschuldners entgegenstehen. Ist dies nicht der Fall, wird das Gutachten herausgegeben (sh Rdn 353).
482 OLG Brandenburg 15.03.2001, 11 W 12/01, Rn 5 (juris) = NJW-RR 2001, 1727.
483 Vgl OLG München 03.01.2011, 6 W 2007/10, Rn 69 (juris) = InstGE 13, 286 – Lesevorrichtung für Reliefmarkierungen II.
484 Vgl Kühnen, Hdb PatV, Kap B Rn 142.

angeordnet werden. Nach § 16 Abs 2 GeschGehG wird die Antragstellerin die auf diese Weise in dem gerichtlichen Verfahren erlangten geheimhaltungsbedürftigen Informationen nur innerhalb eines Gerichtsverfahrens, nämlich dem Hauptsacheverfahren nutzen dürfen. Macht der Besichtigungsschuldner von der naheliegenden Möglichkeit eines Antrags nach den §§ 16 ff GeschGehG keinen Gebrauch, bringt er zum Ausdruck, dass er den Schutz seiner Geheimhaltungsinteressen nicht konsequent verfolgt, was sich bei der Entscheidung über die Gutachtenherausgabe zu seinem Nachteil auswirken muss.

VIII. Rechtsschutz

1. Anfechtung der einstweiligen Besichtigungs-/Vorlageverfügung

368 Wird die Beweissicherung im Wege der einstweiligen Besichtigungs- bzw Vorlageverfügung (sh Rdn 295 ff) durchgesetzt, ist der Rechtsbehelf des **Widerspruchs** nach §§ 936, 924 ZPO gegeben.

2. Rechtsmittel gegen Besichtigungs-/Vorlagemaßnahmen im Hauptsacheverfahren

369 Wird der Besichtigungs-/Vorlageanspruch im Wege der Stufenklage geltend gemacht (sh Rdn 292 ff) und über die erste Stufe (Beweissicherung) per **Teil- und Grundurteil** entschieden, so sind diese als **Endurteil** mit der Berufung anfechtbar, §§ 301 Abs 1 Satz 1, 304 Abs 2 ZPO.

3. Anfechtung der Anordnung des selbstständigen Beweisverfahrens

370 Nach § 490 Abs 2 Satz 2 ZPO ist der stattgebende Beschluss, mit dem das selbstständige Beweisverfahren (sh Rdn 305 ff) angeordnet wird, nicht anfechtbar. Deshalb sind auch die Bestellung des Sachverständigen und die Bestimmung des Besichtigungsgegenstands (Beweisthema) unanfechtbar.[485] Auch die **Gehörsrüge** nach § 321a Abs 1 Satz 2 ZPO scheidet aus. Möglich ist allein die **Gegenvorstellung**.[486]

371 Gegen eine vollständige oder teilweise Ablehnung des Gesuchs ist die **sofortige Beschwerde** des Antragstellers statthaft.[487]

4. Anfechtung der Duldungsverfügung

372 Gegen die begleitende einstweilige Beschlussverfügung auf Duldung der Besichtigung und Unterlassung der Veränderung/Beseitigung des Besichtigungsgegenstands (sh Rdn 313 ff) ist der **Widerspruch** nach §§ 924, 936 ZPO zulässig.[488] Der Widerspruch erfasst auch die Kostenentscheidung.[489]

---

485 OLG München 16.09.1991, 28 W 2316/91 = MDR 1992, 520.
486 LG Düsseldorf 03.05.2005, 4a O 162/05, Ls 1 (juris) = InstGE 5, 236-238 – Anhörungsrüge.
487 Herget, in Zöller, ZPO, § 490 Rn 4; Reichold, in Thomas/Putzo, ZPO, § 490 Rn 3.
488 OLG Düsseldorf 19.09.2007, I-2 W 21/07, Rn 85 (juris) = InstGE 8, 186-192 – Klinkerriemchen II.
489 OLG Düsseldorf 19.09.2007, I-2 W 21/07, Rn 131 (juris) = InstGE 8, 186-192 – Klinkerriemchen II.

a) Widerspruch vor Beendigung der Besichtigung

Da dem Widerspruch **keine aufschiebende Wirkung** zukommt (§ 924 Abs 3 Satz 1 ZPO), wird allein mit dessen Erhebung die Besichtigung nicht gestoppt. Nur wenn vor Beendigung der Besichtigung die Duldungsverfügung aufgehoben oder zumindest ihre **Vollziehung** nach §§ 924 Abs 3, 707 ZPO **einstweilen eingestellt** wird, kommt es zur Suspendierung der tenorierten Duldungspflicht, was faktisch dem Abbruch einer weiteren Besichtigung gleichkommt. Dabei ist jedoch zu beachten, dass während der Vollziehungseinstellung das mit der Duldungsverfügung angeordnete **Veränderungsverbot** idR weiterhin gilt. Solange die Duldungsverfügung nicht rechtskräftig aufgehoben wurde, darf der Besichtigungsschuldner die Besichtigungsobjekte nicht verändern oder gar vernichten. 373

Selbst ein **begründeter Widerspruch** gegen die Duldungsverfügung kann die Fortsetzung der Gutachtenerstellung durch den Sachverständigen (auf Basis der bis dahin gewonnenen Erkenntnisse) und das anschließende Verfahren über die Freigabe des Gutachtens nur dann beenden, wenn die Rechtswidrigkeit der Beweiserhebung mangels rechtmäßiger Duldungspflicht **ausnahmsweise** zu einem **Beweisverwertungsverbot** führt (sh Rdn 364). Andernfalls wird die Beweiserhebung fortgesetzt und mit der rechtskräftigen Entscheidung über die Aushändigung des Gutachtens abgeschlossen. 374

b) Widerspruch nach Beendigung der Besichtigung

Ist zum Zeitpunkt der Widerspruchseinlegung – wie in den meisten Fällen – die Besichtigung bereits beendet, stellt dies faktisch ein **erledigendes Ereignis** dar.[490] Dies führt aber nur dann zur Erledigung im Rechtssinne, wenn der Antrag auf Erlass der Duldungsverfügung zulässig und begründet war.[491] Liegt ein erledigendes Ereignis vor, betrifft die Entscheidung über die Rechtmäßigkeit der Duldungsverfügung zunächst nur die Kostentragungspflicht. Das KG Berlin verneint zwar zutreffend ein Erledigungsereignis, weil die Duldung der Besichtigung Gegenstand der Zwangsvollstreckung sei. Die Zwangsvollstreckung aus einem vorläufig vollstreckbaren Titel stelle aber keine Erledigung dar.[492] Diese Auffassung führt jedoch regelmäßig zu keinem anderen Ergebnis, da es für die Kostenentscheidung nur darauf ankommt, ob der Verfügungsantrag zulässig und begründet war und es zu einer Auswirkung auf die Beweiserhebung nur in dem exzeptionellen Fall eines Beweisverwertungsverbots kommt (sh Rdn 364). 375

▶ Ist die Besichtigung nach Einschätzung des Antragstellers abgeschlossen und wird kein weiterer Ortstermin benötigt, empfiehlt es sich, dies schnellstmöglich nach Beendigung der Besichtigung dem Gericht mitzuteilen, um möglichst frühzeitig Klarheit über das Vorliegen eines erledigenden Ereignisses zu schaffen. 376

---

490 OLG Düsseldorf 02.07.2015, I-2 W 13/15, Rn 11 (juris) = BeckRS 2016, 1681; LG Braunschweig 20.08.1968, 9 c Q 6/67 = GRUR 1971, 28, 29 – Abkantpresse; Kühnen, Mitt 2009, 211, 217; Kühnen, Hdb PatV, Kap B Rn 167; kritisch OLG Düsseldorf 11.02.2016, I-20 W 14/16, Rn 3 (juris) = GRUR-RR 2016, 224.
491 LG Düsseldorf 04.12.2008, 4b O 348/08 = InstGE 11, 35, 39 – Abmahnung bei Besichtigungsanspruch.
492 KG Berlin 11.08.2000, 5 U 3069/00, Rn 31 (juris) = GRUR-RR 2001, 118; vgl auch OLG Nürnberg 25.04.2005, 3 W 482/05, Rn 11 (juris) = ZUM-RD 2005, 515, das den Verfügungsanspruch aus § 809 BGB erst nach Durchführung der Besichtigung und Erstellung des Gutachtens als erfüllt angesehen hat.

5. Sofortige Beschwerde gegen Herausgabe des Sachverständigengutachtens

377 Gegen die Entscheidung des Gerichts, das Sachverständigengutachten an den Geheimnisinhaber (und nicht nur an seine Prozessbevollmächtigten) herauszugeben, ist die **sofortige Beschwerde** nach § 567 Abs 1 Nr 2 ZPO eröffnet, da die Kombination aus selbstständigem Beweisverfahren und Duldungsverfügung zur Ermittlung von Beweisen im nichtöffentlichen Besitz des Antragsgegners weit über die bloße, als solche nach § 490 Abs 2 Satz 2 ZPO nicht anfechtbare, Beweisanordnung hinausgeht.[493] Derselbe Rechtsbehelf besteht gegen die Modalitäten der Herausgabe (zB geschwärzt oder ungeschwärzt).[494] In der Praxis ist die Herausgabe daher erst nach Ablauf der Beschwerdefrist anzuordnen, um dem Schuldner Gelegenheit zur Anfechtung zu geben, bevor die Herausgabe erfolgt.

6. Ablehnung des Gerichtssachverständigen

378 Die **Ablehnung des** vom Gericht bestellten **Sachverständigen** ist bereits im selbstständigen Beweisverfahren bzw – im Falle der einstweiligen Besichtigungsverfügung – im Termin zur Anhörung des Gutachters zulässig. § 406 ZPO ist während des Beweisverfahrens nicht ausgeschlossen.[495] Dasselbe gilt für die Beweissicherung im Wege des einstweiligen Verfügungsverfahrens. Da der Antragsteller regelmäßig erst mit der Durchführung der Besichtigung von der Anordnung des selbstständigen Beweisverfahrens bzw der Beschlussverfügung erfährt, kann der Ablehnungsantrag auch noch nach der Zwei-Wochen-Frist gem. § 406 Abs 2 Satz 1 ZPO gestellt werden. Andernfalls wird es dem Antragsteller kaum möglich sein, Informationen über die Person des Sachverständigen und zB dessen Verhältnis zum Geheimnisinhaber einzuholen. Wichtigster Ablehnungsgrund wird die Besorgnis der Befangenheit nach § 42 ZPO sein.

IX. Schadensersatz

379 Erweist sich eine einstweilige Besichtigungs- bzw Vorlageverfügung, oder im Falle eines Besichtigungsverfahrens nach der Düsseldorfer Praxis die Duldungsverfügung, als von Anfang an ungerechtfertigt, besteht der **verschuldensunabhängige Schadensersatzanspruch** des Antragsgegners nach **§ 945 ZPO**. Dieser Anspruch wird aber oft nicht greifen, da für den Erlass einer solchen einstweiligen Verfügung auf Basis der §§ 809, 810 BGB bereits eine hinreichende Wahrscheinlichkeit einer Geheimnisverletzung genügt, welche zum Zeitpunkt der Antragstellung durchaus vorgelegen haben mag.[496] Eine besondere Vorschrift zum Schadensersatz wie zB in § 140c Abs 5 PatG, wonach Ersatz des Schadens verlangt werden kann, der dem Schuldner durch das Besichtigungs-/Vorlagebegehren ent-

---

493 OLG Düsseldorf 19.09.2007, I-2 W 21/07, Rn 82 ff (juris) = InstGE 8, 186 – Klinkerriemchen II.
494 OLG Düsseldorf 19.09.2007, I-2 W 21/07, Rn 87 (juris) = InstGE 8, 186 – Klinkerriemchen II; OLG Düsseldorf 07.02.2008, I-20 W 152/07, Rn 14 (juris) = InstGE 9, 41 – Schaumstoffherstellung; OLG München 15.04.2010, 6 W 1566/09, Rn 82 (juris) = InstGE 12, 192 – Lesevorrichtung für Reliefmarkierungen I.
495 Ausführlich: Müller, NJW 1982, 1961; aA OLG München 26.11.1976, 25 W 2464/76, Ls (juris) = VersR 1977, 939; OLG Oldenburg 21.09.1976, 2 W 164/76, Rn 1 (juris) = MDR 1977, 499, wonach der Sachverständige erst im anschließenden Hauptsacheverfahren abgelehnt werden darf.
496 Begr des RegE zum Gesetz zur Verbesserung der Durchsetzung von Rechten des geistigen Eigentums, BT-Drucks. 16/5048 S. 41 re. Sp.

standen ist, wenn sich herausstellt, dass eine Schutzrechtsverletzung weder vorlag noch drohte, kennt das GeschGehG nicht.

Die Schadensersatzpflicht kann sich zB daraus ergeben, dass 380
– das Geschäftsgeheimnis zum Zeitpunkt des Erlasses der Verfügung nicht bestanden hat; ein späterer Wegfall der Geheimnisqualität (zB durch Offenlegung) lässt die ursprüngliche Wahrscheinlichkeit einer Geheimnisverletzung (alleine) noch nicht entfallen;
– keine Wahrscheinlichkeit einer Verletzungshandlung gegeben war;
– die Benutzungshandlungen des Antragsgegners erlaubt oder gerechtfertigt waren (§ 3 GeschGehG, Einverständnis etc);
– eine Ausnahme nach § 5 GeschGehG vorgelegen hat.

Von der Schadensersatzpflicht umfasst sind regelmäßig die **Prozesskosten** des Antragsgeg- 381 ners sowie Schäden, die zB aufgrund eines **Produktionsstopps** während der Besichtigung entstanden sind. Hierzu zählen aber **nicht** Verluste, die entstehen, weil der Antragsgegner im Hinblick auf einen möglichen Hauptsacheprozess vorauseilend die **Produktion** von vermeintlich rechtsverletzenden Produkte **freiwillig einstellt**, denn diese sind keine Schäden, die aufgrund des Besichtigungsbegehrens entstanden sind.

Ein Anspruch auf Erstattung der **Kosten der Rechtsverteidigung** des Gegners nach **§ 14** 382 **Satz 2 GeschGehG** kommt in Betracht, wenn der Vorlage- oder Besichtigungsanspruchs zur Vorbereitung der Geltendmachung eines Hauptanspruchs nach Abschnitt 2 des GeschGehG geltend gemacht wurde. Dann liegt ebenfalls eine »Geheimnisstreitsache« iSd § 16 Abs 1 GeschGehG vor (sh Rdn 319). **Missbräuchlich** handelt, wer sich bei der Geltendmachung von Abwehransprüchen von sachfremden Absichten leiten lässt, die als beherrschendes Motiv der Verfahrenseinleitung erscheinen.[497]

X. Kosten

Ob und in welcher Form eine gesonderte Kostenentscheidung über das Beweissicherungs- 383 verfahren ergeht, hängt von dem gewählten prozessualen Weg ab:

1. Einstweilige Besichtigungs- bzw Vorlageverfügung

Die Kosten des Verfügungsverfahrens trägt die unterlegene Partei – ggf nach Widerspruch 384 und Berufung – nach den allgemeinen Regeln, §§ 91 ff ZPO.

2. Hauptsacheverfahren (Stufenklage)

Auch hier ergeben sich keine Besonderheiten. Regelmäßig wird im Teilurteil nicht über 385 die Kosten entschieden, sondern diese Entscheidung bleibt dem **Schlussurteil** vorbehalten.[498] Wenn bei Erlass des Teilurteils bereits unzweifelhaft feststeht, dass eine Partei die Kosten der ersten Stufe (Beweissicherung) zu ersetzen hat, kann das Gericht bereits im **Teilurteil** über solche Kosten entscheiden.[499] Dies kann bei Teilurteilen gegen einen Streitgenossen sinnvoll sein.[500] Ansonsten wird eine solche Vorabentscheidung über die

---

497 McGuire, in Büscher, UWG, § 14 RegE GeschGehG Rn 9, mwN.
498 Musielak, in MüKo-ZPO, § 301 ZPO Rn 25, mwN.
499 OLG Düsseldorf 18.11.1969, 20 U 90/69, Ls 1 (juris) = NJW 1970, 568.
500 BGH 25.11.1959, V ZR 82/58, Ls 1 (juris) = NJW 1960, 484.

Kosten der Beweissicherung regelmäßig nicht in Betracht kommen, da erst das Schlussurteil über das Vorliegen einer Geheimnisverletzung und damit über die Kostenlast auch bzgl der Beweissicherung abschließend befindet. Eine **Kostenschuld** des Beklagten **nur für die Beweissicherung** kommt jedenfalls nicht in Frage, da er für das Setzen eines Verdachts einer Geheimnisverletzung, der sich am Ende als unbegründet erweist, nicht haftet.[501]

3. Selbstständiges Beweisverfahren

386 Im selbstständigen Beweisverfahren ergeht **keine gesonderte Kostenentscheidung**. Auch die Gerichtskosten des selbstständigen Beweisverfahrens sind solche des Hauptsacheverfahrens.[502] Über die Kostentragung wird in dem sich anschließenden Hauptsacheverfahren mitentschieden, wenn die Parteien und der Gegenstand des Prozesses mit dem Beweisverfahren hinreichend identisch sind. Identität liegt auch dann vor, wenn nur Teile des Streitgegenstands des selbstständigen Beweisverfahrens zum Gegenstand der Hauptsacheklage gemacht werden.[503] Stimmen Gegenstand des selbstständigen Beweisverfahrens und des nachfolgenden Hauptsacheverfahrens nicht überein, gilt § 96 ZPO. Allerdings sind die Gerichtskosten des selbstständigen Beweisverfahrens auch dann insgesamt notwendige Kosten des Hauptsacheverfahrens, wenn der Kläger das selbstständige Beweisverfahren ursprünglich gegen zwei Antragsgegner eingeleitet, anschließend aber nur einen dieser Gegner verklagt hat.[504] Macht der Geheimnisinhaber nach Durchführung des selbstständigen Beweisverfahrens trotz Aufforderung des Gerichts kein Hauptsacheverfahren anhängig, hat er die Kosten des Beweisverfahrens zu tragen, § 494a Abs 2 ZPO. Im Fall einer Klagerücknahme gilt § 269 Abs 3 ZPO auch für die Kosten des selbstständigen Beweisverfahrens.[505]

387 ▶ Der Beklagte sollte bereits in der Klageerwiderung auf eine fehlende Identität des Streitgegenstands und § 96 ZPO hinweisen. Bspw wenn das Sachverständigengutachten eine Geheimnisschutzverletzung nur für eines von mehreren im Antrag nach § 485 ZPO genannten Produkte bestätigt und dementsprechend die Hauptsacheklage nur dieses rechtsverletzende Produkt angreift.

4. »Düsseldorfer Praxis«

388 Nach der Rechtsprechungspraxis der Düsseldorfer Gerichte finden die soeben dargelegten Kostenregelungen des selbstständigen Beweisverfahrens ebenfalls Anwendung.[506] Die **Kosten der Besichtigungsanordnung** sind Kosten des Hauptklageverfahrens.[507] Kommt die Antragstellerin des Besichtigungsverfahrens einer nach § 494a Abs 2 Satz 1 ZPO gesetzten Frist zur Klageerhebung nicht nach, werden ihr die Kosten per Beschluss auferlegt.[508]

389 Die **Kosten der** begleitenden **Duldungsverfügung** gehen zunächst zu Lasten des Antragsgegners, wenn die Verfügung erlassen wird. Dagegen kann im Wege des Widerspruchs –

---

501 AA Müller-Stoy, Nachweis und Besichtigung des Verletzungsgegenstandes im deutschen Patentrecht, 2008, Rn 280.
502 BGH 09.02.2006, VII ZB 59/05, Rn 11 (juris) = NJW 2006, 2557; BGH 10.10.2017, VI ZR 520/16, Rn 13 (juris) = NJW 2018, 402.
503 BGH 09.02.2006, VII ZB 59/05, Rn 12 (juris) = NJW 2006, 2557.
504 BGH 22.07.2004, VII ZB 9/03, Ls 1 (juris) = NJW-RR 2004, 1651.
505 BGH 13.12.2006, XII ZB 176/03, Rn 19 (juris) = NJW 2007, 1279.
506 Kühnen, Hdb PatV, Kap B Rn 168 ff.
507 BGH 09.02.2006, VII ZB 59/05, Rn 11 (juris) = NJW 2006, 2557; BGH 10.10.2017, VI ZR 520/16, Rn 13 (juris) = NJW 2018, 402.
508 Mes, PatG, § 140c Rn 53.

auch in Form des Kostenwiderspruchs – vorgegangen werden. Den Antragsteller trifft dann die Kostenlast für die Duldungsverfügung, wenn entweder
- die Besichtigung den Verletzungsverdacht widerlegt,
- keine Klarheit über die Verletzungsfrage erzielt wird, [509] oder
- die Besichtigung die Verletzung bestätigt, aber der Antragsgegner sich auf § 93 ZPO berufen kann.

Andernfalls bleibt es bei der Kostentragungspflicht des Antragsgegners.[510] Entscheidend für die Kostenlast ist daher zumeist das Ergebnis des Sachverständigengutachtens.[511]

390

---

509 OLG München 12.01.2011, 6 W 2399/10, Rn 17 (juris) = InstGE 13, 293 – erfolglose Besichtigung.
510 Ausführlich: Kühnen, Mitt 2009, 211, 217 f; Kühnen, Hdb PatV, Kap C Rn 175 ff.
511 OLG München 19.03.2010, 6 W 832/10, Rn 39 (juris) = InstGE 12, 186 Rn 26 – Presseur; Kühnen, Mitt 2009, 211, 217; Oldekop, in Schramm, Der Patentverletzungsprozess, Kap 9 Rn 191.

Kapitel 3 Das zivilrechtliche Geheimnisschutzverfahren

Übersicht

	Rdn.
A. Einleitung	1
B. **Anwendung der Verfahrensregeln des GeschGehG**	6
I. Sachlicher Anwendungsbereich	7
1. Geschäftsgeheimnisstreitsachen	8
2. Richtlinienkonforme Auslegung des Begriffs »Geschäftsgeheimnisstreitsache«	14
3. Analoge Anwendung der Verfahrensregeln des GeschGehG in anderen Streitsachen?	17
4. Anwendungsbeschränkungen hinsichtlich der Verfahrensart?	22
5. Anwendungsbeschränkungen hinsichtlich der Klageart?	24
a) Leistungsklage des Geschäftsgeheimnisinhabers	25
b) Leistungsklage des vermeintlichen Verletzers	26
c) Feststellungsklagen des Geschäftsgeheimnisinhabers	29
d) Feststellungsklagen des vermeintlichen Verletzers	32
6. Gemischte Streitsachen	37
II. Zeitlicher Anwendungsbereich	41
1. Ab Inkrafttreten des Gesetzes anhängig gemachte Rechtsstreitigkeiten	41
2. Alt- bzw Übergangsfälle	42
C. **Rechtsweg und Zuständigkeit**	45
I. Internationale Zuständigkeit deutscher Gerichte	47
1. Allgemeines	50
2. Internationale Zuständigkeit nach der EuGVVO	52
3. Behandlung der internationalen Zuständigkeit im Prozess	55
II. Rechtswegzuständigkeit der Arbeitsgerichte	56
1. Allgemeines	56
2. Rechtsweg zu den Arbeitsgerichten	60
a) Rechtsstreitigkeiten aus dem Arbeitsverhältnis	61
b) Rechtstreitigkeiten aus unerlaubten Handlungen im Zusammenhang mit dem Arbeitsverhältnis	63
III. Zuständigkeit der ordentlichen Gerichte	67
IV. Zuständigkeit der Landgerichte	68
1. Sachliche Zuständigkeit	69
a) Allgemeines	69
b) Ausschließliche Zuständigkeit	72
2. Örtliche Zuständigkeit	73
a) Allgemeines	74
b) Ausschließliche Zuständigkeit	75
c) Allgemeiner Gerichtsstand	76
d) Tatortgerichtsstand	77
3. Gerichtsintern zuständiger Spruchkörper	81
4. Zuständigkeitskonzentration, § 15 Abs 3 GeschGehG	84
5. Zuständigkeit im Arrest- und Verfügungsverfahren	85
V. Rechtswegstreitigkeiten	86
1. Unzulässiger Rechtsweg	88
2. Kompetenzstreit	91
VI. Übergangsfälle	92
D. **Spezifische Probleme in Geschäftsgeheimnisstreitsachen**	93
I. Antragstellung	96
1. Allgemeines	96
2. Die Bestimmung des Streitgegenstandes	97
3. Unterlassung	104
a) Verbale Beschreibung, bildliche Darstellung oder Bezugnahme auf Dokumente	109
b) Verwendung auslegungsbedürftiger Begriffe	110
c) Konkretisierung durch »Insbesondere«-Zusatz	114
d) Folge eines unbestimmten Klageantrags	130
e) Einzelfälle	133
aa) Verwendung bestimmter Dokumente	135
bb) Produkte, Gegenstände, Materialien, Stoffe	136
cc) Herstellungsverfahren/ Ablaufbeschreibungen/ Rezepturen/Formeln	138
dd) Computerprogramme	140
ee) Technisches Know-how	141
4. Auskunft	142
5. Schadensersatz	144
6. Vernichtung/Herausgabe/Rückruf/ Entfernung aus den Vertriebswegen/Rücknahme vom Markt	145
7. Urteilsbekanntmachung	148
II. Geheimhaltung	153
1. Einstufung von Informationen als geheimhaltungsbedürftig	155
a) Entscheidungsvoraussetzungen	159

	Rdn.		Rdn.
b) Verfahren	162	b) Beschränkung des Zugangs zu Dokumenten	209
aa) Zurückweisung des Antrags; sofortige Beschwerde des Antragstellers	163	c) Beschränkung des Zugangs zur mündlichen Verhandlung	211
bb) Erfolgreicher Antrag; Rechtsmittel des Antragsgegners	165	d) Vollständige oder partielle Zugangsbeschränkung	216
c) Änderungs- oder Aufhebungsbeschluss; sofortige Beschwerde des Antragstellers	167	e) Entscheidungsvoraussetzungen	217
c) Hinweispflichten des Gerichts	170	f) Verfahren	224
d) Rechtsfolge der Einstufung einer Information als geheimhaltungsbedürftig	171	aa) Zurückweisung des Antrags; sofortige Beschwerde des Antragstellers	225
aa) Kennzeichnungspflicht des Antragstellers	172	bb) Erfolgreicher Antrag; Rechtsmittel des Antragsgegners	227
bb) Vertraulichkeitspflicht der Prozessbeteiligten	177	cc) Änderungs- oder Aufhebungsbeschluss; sofortige Beschwerde des Antragstellers	229
cc) Eingeschränktes Akteneinsichtsrecht Dritter	184	g) Rechtsfolge der Personenbeschränkung	232
e) Zeitliche Geltung der Vertraulichkeitspflicht	185	h) Zeitliche Geltung der Personenbeschränkung	240
aa) Fortgeltung der Geheimhaltungspflicht nach Verfahrensbeendigung	187	III. Nachweis der Nutzung eines Geschäftsgeheimnisses	244
bb) Entfallen der Geheimhaltungspflicht nach Verfahrensbeendigung	188	1. Schlüssiger und substantiierter Vortrag	246
cc) Weitere, gesetzlich nicht geregelte Ausnahmefälle?	191	2. Sekundäre Darlegungs- und Beweislast	247
f) Zuwiderhandlungen gegen die Vertraulichkeitspflicht	195	3. Anscheinsbeweis	251
2. Weitere gerichtliche Beschränkungen, § 19 GeschGehG	201	IV. Einwand des Erfahrungswissens	253
a) Beschränkung des Personenkreises	203	V. Mitwirkungsbefugnis von Patentanwälten in Geschäftsgeheimnisstreitsachen	257

Literatur: *Deichfuß*, Die Entwendung von technischen Betriebsgeheimnissen, GRUR-Prax 2012, 449; *Hauck*, Geheimnisschutz im Zivilprozess – was bringt die neue EU-Richtlinie für das deutsche Recht?, NJW 2016, 2218; *Hoppe/Oldekop*, Behandlung von Unterlassungsansprüchen für Altfälle nach dem Gesetz zum Schutz von Geschäftsgeheimnissen (GeschGehG), GRUR-Prax 2019, 324; *Kalbfus*, Rechtsdurchsetzung bei Geheimnisverletzungen – Welchen prozessualen Schutz gewährt das Geschäftsgeheimnisgesetz dem Kläger?, WRP 2019, 692; *Koós*, Die europäische Geschäftsgeheimnis-Richtlinie – ein gelungener Wurf?, MMR 2016, 224; *Ohly*, Das neue Geschäftsgeheimnisgesetz im Überblick, GRUR 2019, 441; *Schlingloff*, Geheimnisschutz im Zivilprozess aufgrund der »Know-how-Schutz«-Richtlinie – Was muss sich im deutschen Prozessrecht ändern?, WRP 2018, 666; *Semrau-Brandt*, Patentstreit zwischen Qualcomm und Apple: Schwächen des Geschäftsgeheimnisschutzes im Zivilprozess, GRUR-Prax 2019, 127.

A. Einleitung

Gegenstand des GeschGehG sind in einem eigenen dritten Abschnitt verfahrensrechtliche Regelungen. Kernstück ist dabei der rechtliche Schutz von Geschäftsgeheimnissen während und nach Beendigung eines Verfahrens. Das damit in den Blick genommene Problem ist lange bekannt: Wird ein Geschäftsgeheimnis im Rahmen eines Rechtsstreits offengelegt, ist sein Geheimnischarakter in Gefahr. Regelungen hierzu sind zwar schon bisher im GVG enthalten; danach können die Öffentlichkeit von der Verhandlung ausgeschlossen (§ 172 Nr 3 GVG) und die Vertraulichkeit von Dokumenten angeordnet werden (§ 174 Abs 3 GVG). Diese Regelungen werden von der Praxis aber insbesondere deshalb als unzureichend betrachtet, weil der Informationszugang des Prozessgegners unbeschränkt bleibt.[1] Die Rechtsprechung hat deshalb in bestimmten Rechtsbereichen spezielle Schutzstandards geschaffen,[2] der Gesetzgeber hat partiell über das GVG hinausgehende Schutzmaßnahmen ermöglicht.[3]

2 Mit dem **verfahrensrechtlichen Schutz von Geschäftsgeheimnissen** im GeschGehG ist erstmals in einem Spezialgesetz ein spezifisches prozessuales Schutzinstrumentarium geschaffen und damit die Unzulänglichkeit der bestehenden Regelungen anerkannt worden.

3 Der deutsche Gesetzgeber[4] scheint bei der Umsetzung der Geschäftsgeheimnisrichtlinie allerdings **keinen generell geltenden verfahrensrechtlichen Schutzstandard für Geschäftsgeheimnisse** geschaffen zu haben. Zwar sieht das GeschGehG für Geschäftsgeheimnisstreitsachen und damit zumindest für die Fälle einen verfahrensrechtlichen Schutz vor, in denen das Geschäftsgeheimnis selbst im Mittelpunkt des Rechtsstreits steht. Fraglich ist aber, ob es sich bei jedem Rechtsstreit, in dem Geschäftsgeheimnisse – und sei es nur am Rande – eine Rolle spielen,[5] um eine Geschäftsgeheimnisstreitsache iSd GeschGehG handelt und damit dessen Verfahrensregeln zur Anwendung kommen.

4 Zieht man den Anwendungsbereich der Verfahrensregeln des GeschGehG eng, erfahren Geschäftsgeheimnisse einen verfahrensrechtlichen Schutz nur dann, wenn sie selbst den Streitgegenstand[6] iSd prozessual geltend gemachten Anspruchs darstellen. Bei einem weiten Verständnis des Anwendungsbereiches der Verfahrensregeln des GeschGehG könnte der prozessuale Schutz von Geschäftsgeheimnissen auch Fallgestaltungen miteinschließen, in denen **Geschäftsgeheimnisse** etwa **als Verteidigungsmittel** ins Feld geführt werden, ohne dass sie selbst im prozessrechtlichen Sinne streitgegenständlich sind.

5 Ausgehend von dieser Problemstellung widmet sich die nachfolgende Darstellung den für die Praxis relevanten verfahrensrechtlichen Fragestellungen in Geschäftsgeheimnisstreitsachen.

B. Anwendung der Verfahrensregeln des GeschGehG

6 Die Verfahrensregeln des GeschGehG gelten für **Geschäftsgeheimnisstreitsachen**.[7] Vorschriften für die vorgerichtliche Rechtsdurchsetzung enthält das GeschGehG – anders als

---

1 Sh etwa Semrau-Brandt, GRUR-Prax 2019, 127.
2 ZB das sog. *Düsseldorfer Verfahren* im patentrechtlichen Besichtigungsverfahren, vgl hierzu Kühnen, Hdb PatV, Kap B Rn 10 ff.
3 Sh etwa § 89b GWB.
4 Vgl Ohly, GRUR 2019, 441, 450 zur Umsetzung im französischen Recht.
5 So beispielsweise in der Patentstreitsache LG München I 20.12.2018, 7 O 10496/17 = BeckRS 2018, 33572.
6 Zum Streitgegenstandsbegriff sh etwa Seiler, in Thomas/Putzo, ZPO, 40. Aufl 2019, Einl II.
7 Vgl die amtliche Abschnittsbezeichnung: »Abschnitt 3 – Verfahren in Geschäftsgeheimnisstreitsachen«.

etwa das UWG oder das UrhG mit Regelungen zu Abmahnungen – hingegen nicht; eine analoge Anwendbarkeit entsprechender Normen aus anderen Gesetzen wird man mangels einer planwidrigen Regelungslücke nicht in Betracht ziehen können.[8]

I. Sachlicher Anwendungsbereich

In sachlicher Hinsicht kommen die Verfahrensregeln des GeschGehG in Geschäftsgeheimnisstreitsachen zur Anwendung. 7

1. Geschäftsgeheimnisstreitsachen

Nach der Legaldefinition in § 16 Abs 1 GeschGehG sind Geschäftsgeheimnisstreitsachen **Klagen**, durch die **Ansprüche nach dem GeschGehG** geltend gemacht werden. 8

Vergleichbare Regelungen finden sich in anderen Gesetzen, etwa in § 143 Abs 1 PatG (»Patentstreitsachen« = Klagen, durch die ein Anspruch aus einem der im Patentgesetz geregelten Rechtsverhältnisse geltend gemacht wird), § 140 Abs 1 MarkenG (»Kennzeichenstreitsachen« = Klagen, durch die ein Anspruch aus einem der in diesem Gesetz geregelten Rechtsverhältnisse geltend gemacht wird) oder § 104 S 1 UrhG (»Urheberrechtsstreitsachen« = Rechtsstreitigkeiten, durch die ein Anspruch aus einem der im Urheberrechtsgesetz geregelten Rechtsverhältnisse geltend gemacht wird). Eine ähnliche Regelung findet sich ferner in § 13 UWG; danach sind für alle bürgerlichen Rechtsstreitigkeiten, mit denen ein Anspruch auf Grund des UWG geltend gemacht wird, die Landgerichte ausschließlich zuständig. 9

Zwischen der **Legaldefinition** einer **Geschäftsgeheimnisstreitsache** einerseits und den andernorts geregelten Patent-, Kennzeichen- oder Urheberrechtsstreitsachen andererseits besteht allerdings ein bedeutsamer Unterschied: Während sich nämlich die Definition der Geschäftsgeheimnisstreitsache auf die **im GeschGehG geregelten gesetzlichen Ansprüche** (§§ 6 ff GeschGehG) beschränkt, sind nach den Definitionen im PatG, MarkenG und UrhG nicht nur gesetzliche Ansprüche erfasst, sondern auch solche Ansprüche, die sich aus den dort jeweils gesetzlich geregelten Rechtsverhältnissen (§ 15 PatG, §§ 27 ff MarkenG, §§ 31 ff UrhG) ergeben können. In den genannten Gesetzen hat dies zu einer weiten Auslegung des jeweiligen Streitsachenbegriffs geführt.[9] Anders verhält es sich mit dem Lauterkeitsrecht: Hier ist die Frage des sachlichen Anwendungsbereiches im Falle vertraglicher Ansprüche[10] umstritten; während Teile der Literatur den Anwendungsbereich eng verstehen[11], stellt der Bundesgerichtshof einen inhaltlichen Gleichklang von § 13 UWG mit § 140 MarkenG und § 143 PatG her.[12] 10

Im GeschGehG ist eine **weite Auslegung**, wie sie im PatG, MarkenG und UrhG der Rechtspraxis entspricht, angesichts des Gesetzeswortlauts **problematisch**. Dieser beschränkt den Anwendungsbereich auf die im GeschGehG geregelten Ansprüche, was 11

---

8 Wie hier Alexander, in Köhler/Bornkamm/Feddersen, UWG, § 15 GeschGehG Rn 16.
9 S. für das Urheberrecht Dreier/Schulze, UrhG, § 104 Rn 2 ff; für das Markenrecht Ingerl/Rohnke, MarkenG, § 140 Rn 5; für das Patentrecht Grabinski/Zülch, in Benkard, PatG, § 143 Rn 1 ff.
10 Insbesondere Ansprüche wegen der Verwirkung einer Vertragsstrafe.
11 Ausführlich zum Streitstand Köhler/Feddersen, in Köhler/Bornkamm/Feddersen, UWG, § 13 Rn 2.
12 BGH 19.10.2016, I ZR 93/15, Rn 22 ff (juris) = MMR 2017, 169.

Fallgestaltungen auszuschließen scheint, in denen Ansprüche geltend gemacht werden, die auf anderen Gesetzen[13] bzw auf Vertrag beruhen.[14] Dafür spricht auch der mit dem Diskussionsentwurf für ein Zweites Gesetz zur Vereinfachung und Modernisierung des Patentrechts vom Bundesministerium der Justiz vorgeschlagene § 145a PatG, nach dem die §§ 16 bis 20 GeschGehG auch in Patentstreitsachen entsprechend anzuwenden sein sollen; einer solchen Regelung im Patentgesetz bedürfte es nicht, wenn sich die §§ 16 bis 20 GeschGehG ohnehin auf Patentstreitsachen erstrecken würden.

12 Trotz des deutlich erscheinenden Wortlauts könnte allerdings mit Blick auf die BGH-Rechtsprechung zu § 13 UWG und die europarechtlichen Vorgaben[15] auch im Falle des GeschGehG eine **weite Auslegung** veranlasst sein.[16]

13 Im Übrigen ist für die Anwendung der Zuständigkeits- und Verfahrensregeln **nicht maßgeblich, ob** die geltend gemachten **Ansprüche tatsächlich bestehen**. Nach dem Gesetzeswortlaut kommt es allein darauf an, dass Ansprüche nach dem GeschGehG geltend gemacht werden.[17] Die verbindliche Feststellung eines Geschäftsgeheimnisses ist für die Anordnung von Geheimhaltungsmaßnahmen daher nicht erforderlich.[18] Gleichwohl ist das Vorliegen eines Geschäftsgeheimnisses nach § 20 Abs 3 GeschGehG glaubhaft zu machen, sodass Schutzmaßnahmen nicht ohne jede inhaltliche Prüfung allein wegen der Behauptung eines angeblichen Geschäftsgeheimnisses angeordnet werden müssen.[19]

2. Richtlinienkonforme Auslegung des Begriffs »Geschäftsgeheimnisstreitsache«

14 Nach dem Wortlaut von Art 9 Abs 1 GeschGehRL soll der verfahrensrechtliche Schutz von Geschäftsgeheimnissen für Gerichtsverfahren gelten, die den rechtswidrigen Erwerb, die rechtswidrige Nutzung oder die Offenlegung eines **Geschäftsgeheimnisses zum Gegenstand haben**. Die Richtlinie formuliert den sachlichen Anwendungsbereich damit offener als der deutsche Umsetzungsgesetzgeber, der eine Einschränkung auf solche Gerichtsverfahren vorgenommen zu haben scheint, in denen ein Geschäftsgeheimnis nicht nur gegenständlich, sondern im engeren (dogmatischen) Sinne streitgegenständlich ist.[20]

---

13 AA Alexander, in Köhler/Bornkamm/Feddersen, UWG, § 16 GeschGehG Rn 13 im Falle der Geltendmachung etwa von Ansprüchen aus § 687 Abs 2 BGB bzw § 812 BGB, die eine Geschäftsgeheimnisstreitsache darstellen sollen, wenn sie aus der Verletzung eines Geschäftsgeheimnisses resultieren; dazu auch Kalbfus, WRP 2019, 692, 693.
14 So ausdrücklich auch Begr zum RegE, BT-Drucks. 19/4724 S. 34 (zu Abschnitt 3); nach dem Gesetzeswortlaut geht auch Alexander, in Köhler/Bornkamm/Feddersen, UWG, § 16 GeschGehG Rn 15 davon aus, dass die Verfahrensregeln des GeschGehG in *anderen Zivilverfahren* wie etwa Patentverletzungsverfahren oder Streitigkeiten über die Verletzung vertraglicher Geheimhaltungsverpflichtungen nicht unmittelbar anwendbar sind, wobei eine analoge Anwendung in Betracht gezogen wird.
15 Art 9 GeschGehRL.
16 Dahingehend Alexander, in Köhler/Bornkamm/Feddersen, UWG, § 15 GeschGehG Rn 11 für Vertragsstrafeklagen; sh auch Kalbfus, WRP 2019, 692, 693.
17 Das bewertet Alexander, in Köhler/Bornkamm/Feddersen, UWG, § 16 GeschGehG Rn 10 zutreffend dahin, dass § 16 GeschGehG ganz auf den Schutz des Klägers ausgerichtet ist.
18 So auch Schlingloff, WRP 2018, 666, 669.
19 AA Schlingloff, WRP 2018, 666, 670.
20 § 16 Abs 1 GeschGehG spricht sogar ausdrücklich von als geheimhaltungsbedürftig eingestuften »streitgegenständlichen Informationen«.

Die Frage, ob die GeschGehRL einen verfahrensrechtlichen Schutz von Geschäftsgeheimnissen auch für Verfahren regelt, in denen das Geschäftsgeheimnis nicht den Streitgegenstand im prozessrechtlichen Sinne darstellt,[21] der klageweise geltend gemacht wird, sondern etwa zum Zwecke der Verteidigung vorgebracht werden soll und damit notwendigerweise offengelegt werden muss, wird verbindlich nur der EuGH klären können. Dabei wird als Auslegungshilfe insbesondere Erwägungsgrund 24 der GeschGehRL zu berücksichtigen sein. Dort heißt es zum Schutzzweck der GeschGehRL:

»Angesichts der Möglichkeit, dass die Vertraulichkeit eines Geschäftsgeheimnisses im Verlauf von Gerichtsverfahren nicht gewahrt bleibt, schrecken die rechtmäßigen Inhaber von Geschäftsgeheimnissen häufig davor zurück, zum Schutz ihrer Geschäftsgeheimnisse ein Gerichtsverfahren einzuleiten; dies stellt die Wirksamkeit der vorgesehenen Maßnahmen, Verfahren und Rechtsbehelfe infrage. Daher bedarf es – vorbehaltlich geeigneter Schutzmaßnahmen, die das Recht auf einen wirksamen Rechtsbehelf und ein faires Verfahren garantieren – spezifischer Anforderungen, die darauf abstellen, die Vertraulichkeit eines Geschäftsgeheimnisses, das Gegenstand eines Gerichtsverfahrens ist, im Verlauf des Verfahrens zu wahren.«

3. Analoge Anwendung der Verfahrensregeln des GeschGehG in anderen Streitsachen?

Im Falle eines engen, auf klageweise geltend gemachte Ansprüche nach dem GeschGehG beschränkten Verständnisses des sachlichen Anwendungsbereiches der Verfahrensregeln des GeschGehG kommt grds auch eine **analoge Anwendung der Verfahrensregeln** des GeschGehG in anderen Streitsachen in Betracht.

Das grds bestehende Bedürfnis für einen über die Regelungen des GVG hinausgehenden verfahrensrechtlichen Schutz von Geschäftsgeheimnissen lässt sich eigentlich kaum bestreiten.[22] Eine entsprechende Interessenlage besteht etwa – um nur ein Beispiel aus der Praxis zu nennen – dort, wo der Beklagte in einem Prozess wegen der Verletzung eines technischen Schutzrechts oder geheimen Know-hows in Anspruch genommen wird und zur **Verteidigung** gegen die behauptete Rechtsverletzung **Einblicke in** seine **Geschäftstätigkeit** gewähren müsste, die ihrerseits geheimhaltungsbedürftig sein kann; dies gilt nicht nur im Zusammenhang mit den speziellen Informationsansprüchen (§§ 809 BGB, 140c PatG) oder prozessualen Anordnungen (§ 142 ZPO), sondern schon dann, wenn der Beklagte durch eine ihm obliegende sekundäre Darlegungslast substantiiert vortragen muss, die ihn – will er sich erfolgreich verteidigen – zur Offenlegung eines Geschäftsgeheimnisses zwingt.[23]

Entsprochen hat der Gesetzgeber diesem Bedürfnis neben dem GeschGehG etwa im **Kartellrecht**; nach § 89b Abs 7 GWB trifft das Gericht die erforderlichen Maßnahmen, um den im Einzelfall gebotenen Schutz von Betriebs- und Geschäftsgeheimnissen und anderen vertraulichen Informationen zu gewährleisten. Durch diese offen formulierte Verfahrensregelung sind grds sogar Anordnungen möglich, die über das GeschGehG hinausgehen.

---

21 So Schlingloff, WRP 2018, 666, 669 f.; aA Hauck, NJW 2016, 2218, 2222.
22 So für Patentstreitsachen ausdrücklich die Begründung des Diskussionsentwurfes des Bundesministeriums der Justiz und für Verbraucherschutz vom 14.01.2020 für ein Zweites Gesetz zur Vereinfachung und Modernisierung des Patentrechts, mit dem ein neuer § 145a PatG vorgeschlagen wird, um die §§ 16 bis 20 GeschGehG auch in Patentstreitsachen entsprechend anwenden zu können.
23 Deichfuß, GRUR-Prax 2012, 449, 453.

20 Angesichts des dargestellten Bedürfnisses nach Geheimnisschutz auch außerhalb von Geschäftsgeheimnisstreitsachen im engeren Sinne stellt sich die Frage nach einer analogen Anwendung der Verfahrensregeln des GeschGehG. In der Literatur ist vertreten worden, die GeschGehRL regele den prozessualen Geheimnisschutz für alle Konstellationen eines Geheimnisschutzverfahrens:[24] Der Wortlaut des Art 9 GeschGehRL sehe keine Einschränkungen in Bezug darauf vor, wer auf Aktiv- oder Passivseite steht oder ob es sich gar um das Geheimnis eines Dritten handelt. Das GeschGehG stellt in § 16 allerdings keine inhaltsgleiche Übernahme von Art 9 GeschGehRL dar, sondern bleibt dahinter zurück.[25]

21 Eine **analoge Anwendbarkeit** der Verfahrensregeln für Geschäftsgeheimnisstreitsachen in anderen Streitsachen **ist fraglich**. Voraussetzung dafür wäre eine unbeabsichtigte Gesetzeslücke. Der Gesetzgeber war sich aber ausweislich der Gesetzesbegründung des GeschGehG bewusst, dass »nach bisheriger Rechtslage [...] die Anordnung einer Geheimhaltung von Geschäftsgeheimnissen lediglich über § 174 Abs 3 des Gerichtsverfassungsgesetzes (GVG) möglich« ist. Obwohl damit anerkannt wird, dass ein Schutz von Geschäftsgeheimnissen nach der bisherigen Rechtslage unzureichend ist, hat sich der Gesetzgeber mit dem GeschGehG scheinbar nicht für einen umfassenden Schutz von Geschäftsgeheimnissen – in welcher Gestalt auch immer diese in einem Rechtsstreit auftreten – entschieden, sodass die Annahme einer **unbeabsichtigten Gesetzeslücke** zumindest **schwierig zu begründen** ist.

4. Anwendungsbeschränkungen hinsichtlich der Verfahrensart?

22 Das GeschGehG gilt nach § 16 Abs 1 GeschGehG für Klagen, durch die Ansprüche nach dem GeschGehG geltend gemacht werden. Von einer »Klage« spricht man bei der Geltendmachung von Ansprüchen in einem **Hauptsacheverfahren** (sh beispielhaft § 926 Abs 1 ZPO), während im einstweiligen Rechtsschutz von »Gesuch« (§§ 920, 921 ZPO) bzw »Antrag« (§ 937 Abs 2 ZPO) die Rede ist. Auch mit einem Antrag auf Erlass einer einstweiligen Verfügung können indes Ansprüche nach dem GeschGehG geltend gemacht werden, um diese vorläufig zu sichern. Angesichts der Verwendung der Termini »Klage« (§ 15 Abs 1 bis 3, § 16 Abs 1 GeschGehG) und »Gericht der Hauptsache« (§ 16 Abs 1, § 17, § 18, § 19 Abs 1 und 3, § 20 Abs 1, 5 und 6 GeschGehG) in den §§ 15 ff GeschGehG stellt sich die Frage, ob die genannten Verfahrensregeln nach dem Willen des Gesetzgebers nur in Hauptsacheverfahren oder auch in **Verfügungsverfahren** Anwendung finden sollen. Anhaltspunkte für eine Anwendbarkeit allein in Hauptsacheverfahren sind nicht erkennbar[26]: Der Begriff »Klage« wird auch in anderen Gesetzen im Zusammenhang mit der Definition einer Streitsache verwendet, ohne dass damit eine Einschränkung des Anwendungsbereiches auf Hauptsacheverfahren einhergeht.[27] Der Terminus »Gericht der Hauptsache« dient hier – wie etwa auch in § 943 Abs 1 ZPO – allein der Bezeichnung des im Instanzenzug mit der Sache befassten Gerichts; dies wird in § 20 Abs 6 GeschGehG klargestellt.

---

24 Schlingloff, WRP 2018, 666, 669; aA Hauck, NJW 2016, 2218, 2222.
25 AA Schlingloff, WRP 2018, 666, 670.
26 So auch McGuire, in Büscher, UWG, § 15 RegE GeschGehG Rn 2; Alexander, in Köhler/Bornkamm/Feddersen, UWG, § 16 GeschGehG Rn 12.
27 Vgl etwa die Kommentierung zu § 140 MarkenG in Ströbele/Hacker/Thiering, MarkenG, § 140 Rn 48 und 52; ausdrücklich auch Ingerl/Rohnke, MarkenG, § 140 Rn 9.

Auch andere Verfahrensarten wie etwa das **Prozesskostenhilfe-, Beweissicherungs- oder** 23
Besichtigungsverfahren dienen der klageweisen Geltendmachung von Ansprüchen nach
dem GeschGehG, soweit die Durchführung dieser Verfahren zur klageweisen Durchsetzung und Begründung der im GeschGehG geregelten Ansprüche erforderlich ist. Auch
diese Verfahren sind daher im Hinblick auf die in §§ 15 ff GeschGehG geregelten Verfahrensvorschriften als Geschäftsgeheimnisstreitsachen zu behandeln. Für das **Vollstreckungsverfahren** hat § 19 Abs 3 GeschGehG die Anwendbarkeit der Verfahrensvorschriften für
Geschäftsgeheimnisstreitsachen sogar ausdrücklich statuiert.

5. Anwendungsbeschränkungen hinsichtlich der Klageart?

Einer näheren Betrachtung bedarf die Frage, ob sich aus der Legaldefinition der Geschäfts- 24
geheimnisstreitsache Einschränkungen hinsichtlich der Klageart ergeben.

a) Leistungsklage des Geschäftsgeheimnisinhabers

Ausdrücklich umfasst vom Anwendungsbereich der Verfahrensregeln sind nach dem Geset- 25
zeswortlaut Klagen, durch die Ansprüche nach dem GeschGehG geltend gemacht werden.
Das ist zumindest einmal die **Leistungsklage**, mit der vom Inhaber eines Geschäftsgeheimnisses die in den §§ 6 ff GeschGehG geregelten Ansprüche geltend gemacht werden
können.

b) Leistungsklage des vermeintlichen Verletzers

Zu den Ansprüchen aus dem GeschGehG zählt weiter der **Anspruch** des Anspruchsgegners 26
auf Ersatz der für seine **Rechtsverteidigung** erforderlichen **Aufwendungen** für den Fall,
dass die Geltendmachung von Ansprüchen missbräuchlich ist (§ 14 Satz 2 GeschGehG).
Auch die Geltendmachung dieses Anspruchs ist dem Wortlaut des GeschGehG folgend
eine Geschäftsgeheimnisstreitsache, da ein Anspruch nach dem GeschGehG geltend
gemacht wird. Damit kommen auch die Verfahrensregeln des GeschGehG zur
Anwendung.

Nicht im GeschGehG geregelt sind hingegen über diesen Aufwendungsersatzanspruch hin- 27
ausgehende **Unterlassungs-, Auskunfts- oder Schadensersatzansprüche des Anspruchsgegners**. Solche sind gleichwohl denkbar, etwa wenn die Behauptung von Ansprüchen
nach dem GeschGehG zu Unrecht erfolgt und der Anspruchsgegner deshalb in der Folge
etwa – bis zur gerichtlichen Klärung des Bestehens solcher Ansprüche – seine Produkte
vom Markt genommen hat. Dass das GeschGehG sich mit der Regelung solcher Gegenansprüche – mit Ausnahme des in § 14 Satz 2 GeschGehG geregelten Aufwendungsersatzanspruchs – nicht befasst, liegt zunächst einmal offensichtlich am zentralen Schutzziel des
Gesetzes, dem Schutz des Inhabers eines Geschäftsgeheimnisses. Es stellt sich daher die
Frage, ob die Verfahrensregeln des GeschGehG auch – über den in § 14 Satz 2 GeschGehG
geregelten Aufwendungsersatzanspruch hinaus – für Ansprüche des Anspruchsgegners gelten. Unmittelbar nach dem Gesetzeswortlaut ist das nicht der Fall, denn solche Ansprüche
werden im GeschGehG nicht geregelt und können daher auch nicht Gegenstand von
Klagen sein, durch die Ansprüche nach dem GeschGehG geltend gemacht werden. Es
besteht in diesen Fällen aber auch kein Bedürfnis für die Anwendung der verfahrensrechtlichen Regelungen zum Geheimnisschutz, sofern der Anspruchsgegner nicht seinerseits geltend macht, Inhaber eines Geschäftsgeheimnisses zu sein.

Beruft sich der vermeintliche Verletzer in einer gegen ihn angestrengten Geschäftsgeheim- 28
nisstreitsache zur Verteidigung seinerseits auf ein Geschäftsgeheimnis, kommt ein Gegen-

angriff in Gestalt einer **Widerklage** in Betracht.[28] Gem. § 16 Abs 1 GeschGehG handelt es sich auch bei einem widerklagend geltend gemachten Geschäftsgeheimnis um eine Geschäftsgeheimnisstreitsache, wenn Ansprüche wegen der Verletzung dieses Geschäftsgeheimnisses geltend gemacht werden. Regelmäßig wird es in diesen Konstellationen aber nicht darum gehen, dass der Kläger seinerseits das Geschäftsgeheimnis des Beklagten unerlaubt erlangt, genutzt oder offengelegt hat und insofern Ansprüche wegen Rechtsverletzungen des Klägers im Raum stehen, die widerklagend geltend gemacht werden sollen; vielmehr geht es lediglich um das Verteidigungsvorbringen des Beklagten dahin, die klägerseits behauptete Rechtsverletzung unter Hinweis auf die Nutzung eines eigenen Geschäftsgeheimnisses in Abrede zu stellen. Dies ist kein Fall einer Widerklage, sodass das zur Verteidigung ins Feld geführte Geschäftsgeheimnis mangels klageweiser Geltendmachung auch nicht als geheimhaltungsbedürftig eingestuft werden kann.[29]

c) Feststellungsklagen des Geschäftsgeheimnisinhabers

29 Für eine **Feststellungsklage** (einschließlich der Feststellungswiderklage oder der Zwischenfeststellungsklage) des Inhabers eines Geschäftsgeheimnisses wird es mit Blick auf die Anwendung der Verfahrensregeln des GeschGehG nach dem Gesetzeswortlaut darauf ankommen, ob mit dieser Ansprüche nach dem GeschGehG geltend gemacht werden.[30] Bejahen können wird man dies – unabhängig von der Frage der Zulässigkeit einer solchen Feststellungsklage – immer dann, wenn das **Bestehen von im GeschGehG geregelten Ansprüchen** festgestellt werden soll. Maßgeblich ist dabei, dass mit der Geltendmachung eine solche im prozessualen Sinne gemeint ist. Zwar kann in diesen Fällen streng genommen nicht davon gesprochen werden, dass solche Ansprüche – im Sinne einer Leistungsklage – geltend gemacht werden. Schon die in das Kleid einer Feststellungsklage gewandete Behauptung, es bestünden Ansprüche nach dem GeschGehG, wird man allerdings als deren prozessuale Geltendmachung ansehen können: Mit der Feststellungsklage wird geltend gemacht, dass solche Ansprüche bestehen.

30 Denkbar ist allerdings auch eine Situation, in der vom Inhaber eines Geschäftsgeheimnisses keine Ansprüche nach § 6 GeschGehG geltend macht werden, sondern dieser eigentlich nur festgestellt wissen möchte, Inhaber eines bestimmten Geschäftsgeheimnisses zu sein (etwa, weil die Inhaberschaft seitens des Beklagten bestritten wird, der diese vielleicht sogar für sich selbst in Anspruch nimmt). Auch in diesem Fall einer **Streitigkeit über die Inhaberschaft eines Geschäftsgeheimnisses** besteht ein Bedürfnis zum Schutz des streitgegenständlichen Geschäftsgeheimnisses. Sollen auch in solchen Konstellationen die geheimnisschützenden Regelungen der §§ 15 ff GeschGehG zur Anwendung kommen, ist zweierlei denkbar: Einerseits könnte an eine klageweise Geltendmachung eines mit

---

28 Wie hier Alexander, in Köhler/Bornkamm/Feddersen, UWG, § 16 GeschGehG Rn 10; McGuire, in Büscher, UWG, § 16 RegE GeschGehG Rn 14.
29 Deshalb wird in der Stellungnahme der GRUR zum Diskussionsentwurf für ein Zweites Gesetz zur Vereinfachung und Modernisierung des Patentrechts gefordert, den Begriff der »streitgegenständlichen Information« dahin zu konkretisieren, dass auch Informationen zur Klageverteidigung Geschäftsgeheimnisse sein können, die dem Geheimnisschutz der §§ 16 bis 19 GeschGehG unterfallen.
30 Weiter scheinbar Alexander, in Köhler/Bornkamm/Feddersen, UWG, § 15 GeschGehG Rn 18, wonach § 15 Abs 1 GeschGehG ohne Einschränkung anwendbar sein soll, wenn eine Feststellung begehrt wird.

Erstbegehungsgefahr begründeten Unterlassungsanspruches gedacht werden, wie § 6 Satz 2 GeschGehG dies vorsieht; eine solche ohne weiteres in den Anwendungsbereich der §§ 15 ff GeschGehG fallende Leistungsklage ist dann erfolgversprechend, wenn dargelegt werden kann, dass der Gegner nicht nur die Inhaberschaft des Klägers bestreitet, sondern aufgrund dessen auch eine erstmalige Rechtsverletzung zu besorgen ist (**vorbeugender Unterlassungsanspruch**). Alternativ ist, wenn die Inhaberschaft bestritten wird, ohne dass eine drohende Rechtsverletzung dargetan werden kann, daran zu denken, einen Feststellungsantrag zu formulieren, dessen Kern die Frage der Inhaberschaft ist, der aber gleichzeitig die sich aus der Inhaberschaft (von Gesetzes wegen und damit unabhängig von etwa im Raum stehenden Verletzungshandlungen) ergebenden gesetzlichen Ansprüche benennt; auch damit dürfte das Erfordernis einer Klage, durch die Ansprüche nach dem GeschGehG geltend gemacht werden, erfüllt sein. Denn letztlich wird mit dem Bestreiten der Inhaberschaft immer auch (zumindest konkludent) in Abrede gestellt, dass der sich der Inhaberschaft Berühmende die gesetzlichen Ansprüche geltend machen kann. Die Frage, ob es sich bei entsprechend formulierten Feststellungsklagen um die (prozessuale) Geltendmachung von Ansprüchen nach dem GeschGehG handelt, wird man daher kaum verneinen können.

▶ Feststellungsanträge des Inhabers eines Geschäftsgeheimnisses können – wenn die Verfahrensregeln der § 15 ff GeschGehG zur Anwendung kommen sollen – dahin gefasst werden, dass 31

»mit [*Angabe des betreffenden Geschäftsgeheimnisses*] ein Geschäftsgeheimnis besteht, als dessen Inhaber der Kläger berechtigt ist, Ansprüche wegen unerlaubter Erlangung, Nutzung oder Offenlegung nach dem GeschGehG geltend zu machen.«

d) Feststellungsklagen des vermeintlichen Verletzers

Wer sich gegen die Behauptung eines Dritten verteidigen muss, dessen Geschäftsgeheimnis verletzt zu haben, kann sowohl die Inhaberschaft des Dritten als auch die Rechtsverletzung – also das Bestehen entsprechender Ansprüche – bestreiten. Beruft er sich im Rahmen seiner Verteidigung nicht auf ein eigenes Geschäftsgeheimnis, besteht seinerseits kein Bedürfnis, die geheimnisschützenden Regelungen der §§ 16 ff GeschGehG für sich selbst fruchtbar zu machen. 32

Anders liegt es, wenn sich der vermeintliche Verletzer unter Berufung auf die Nutzung eines **eigenen Geschäftsgeheimnisses** gegen den Verletzungsvorwurf verteidigt; diese Konstellation kann nicht nur in Geschäftsgeheimnisstreitsachen, sondern etwa auch in Patentverletzungsprozessen[31] auftreten. In diesen Fällen besteht auf Seiten des vermeintlichen Verletzers ein Bedürfnis, die Verfahrensregeln zum Geheimnisschutz aus dem GeschGehG zur Anwendung bringen zu können, da er ja zu seiner Rechtsverteidigung die Benutzung eines eigenen Geschäftsgeheimnisses geltend macht. Mit dieser Verteidigung kann er letztlich nur durchdringen, wenn er dieses eigene Geschäftsgeheimnis auch offenlegt, da sein Verteidigungsvorbringen andernfalls nicht nachprüfbar ist und als unsubstantiiert zurückgewiesen werden wird. Voraussetzung für die Erlangung eines entsprechenden Verfahrensschutzes ist nach § 16 Abs 1 GeschGehG eine Klage, durch die Ansprüche nach 33

---

31 Daher wird im Diskussionsentwurf des Bundesministeriums der Justiz und für Verbraucherschutz vom 14.01.2020 für ein Zweites Gesetz zur Vereinfachung und Modernisierung des Patentrechts ein neuer § 145a PatG vorgeschlagen, nach dem auch in Patentstreitsachen die §§ 16 bis 20 GeschGehG entsprechend anzuwenden sein sollen.

dem GeschGehG geltend gemacht werden. Grds kommt aus Sicht des vermeintlichen Verletzers insoweit eine **Zwischenfeststellungswiderklage** nach § 256 Abs 2 ZPO in Betracht; der »Klagebegriff« des § 16 Abs 1 GeschGehG ist insofern neutral, unterscheidet also nicht nach der Klageart. Entscheidend ist allein, dass mit der Klage Ansprüche nach dem GeschGehG geltend gemacht werden. Ein Ansatzpunkt dafür könnte sein, dass der vermeintliche Verletzer durch die Verletzungsklage in der Nutzung seines Geschäftsgeheimnisses beeinträchtigt wird. Eine solche Beeinträchtigung begründet nach § 6 Satz 1 GeschGehG einen gesetzlichen Anspruch aber nur im Falle einer Rechtsverletzung, also einer unerlaubten Erlangung, Nutzung oder Offenlegung. Hieran dürfte es in dieser Konstellation aber regelmäßig fehlen, denn Gegenstand der Rechtsverteidigung ist – wie gezeigt – regelmäßig nicht die Nutzung des Geschäftsgeheimnisses des Beklagten durch den Kläger.

34 Abhilfe schaffen kann hier mit Blick auf die Tatbestandsvoraussetzungen des § 16 Abs 1 GeschGehG, wenn die **Nutzung eines eigenen Geschäftsgeheimnisses** durch den Beklagten **klägerseits bestritten** wird, ein Feststellungsantrag des Inhalts, dass der Beklagte Inhaber des zur Rechtsverteidigung vorgebrachten Geschäftsgeheimnisses ist und als solcher berechtigt ist, Ansprüche wegen unerlaubter Erlangung, Nutzung oder Offenlegung nach dem GeschGehG geltend zu machen. Die Frage, ob es sich bei entsprechend formulierten Anträgen um die (prozessuale) Geltendmachung von Ansprüchen nach dem GeschGehG handelt, wird man dann kaum verneinen können. Die **Inhaberschaft eines Geschäftsgeheimnisses** kann auch Gegenstand einer (Zwischen-) Feststellungsklage sein, da damit die aus einem konkreten Lebenssachverhalt entstandene Rechtsbeziehung einer Person zu einer Sache betroffen ist[32]; es handelt sich also um ein nach § 256 Abs 2 ZPO **feststellungsfähiges Rechtsverhältnis**.

35 Die Zwischenfeststellungswiderklage ist auch gegenüber einer **Feststellungswiderklage** vorzugswürdig, da wegen der für die Feststellungswiderklage geltenden ausschließlichen Zuständigkeit (§ 15 Abs 2 GeschGehG) nicht in jedem Fall gewährleistet ist, dass Klage und Widerklage in einem einheitlichen Rechtsstreit behandelt werden. Dem Anliegen des Beklagten, für sein Verteidigungsvorbringen Verfahrensschutz nach §§ 16 ff GeschGehG zu erlangen, kann daher mit einer Feststellungswiderklage im Falle einer abweichenden Gerichtszuständigkeit nicht entsprochen werden. Zwar wird in der Literatur teilweise angenommen, die sachliche und örtliche Zuständigkeit des Prozessgerichts gelte für die Zwischenfeststellungsklage nicht, wenn für deren Streitgegenstand ein ausschließlicher Gerichtsstand besteht.[33] Diese Auffassung ist jedoch schon dem Grundsatz nach abzulehnen. Entscheidendes Kriterium für die Zulässigkeit der Zwischenfeststellungsklage kann nicht sein, ob die Zuständigkeit des Gerichts für eine isolierte Feststellungsklage gegeben wäre, denn eine solche isolierte Klage wird gerade nicht erhoben. Vielmehr genügt nach der Konzeption des § 256 Abs 2 ZPO schon die Vorgreiflichkeit für die Zulässigkeit der Zwischenfeststellungsklage. Im Übrigen regelt § 15 Abs 2 Satz 1 GeschGehG auch nicht etwa eine ausschließliche gerichtliche Zuständigkeit für einen bestimmten Streitgegenstand, sondern für einen bestimmten Beklagten, weshalb die in der Literatur diskutierte Beschränkung der Zwischenfeststellungsklage schon gar nicht einschlägig ist.

---

32 Zu den allgemeinen Voraussetzungen eines feststellungsfähigen Rechtsverhältnisses sh etwa BGH 19.11.2014, VIII ZR 79/14, Rn 23 (juris) = NJW 2015, 873; instruktiv ferner Becker-Eberhard, in MüKo-ZPO, § 256 Rn 11 ff.

33 Vgl Becker-Eberhard, in MüKo-ZPO, § 256 Rn 91; ohne eine solche Einschränkung Foerste, in Musielak, ZPO, § 256 Rn 43.

▶ Eine Zwischenfeststellungswiderklage des Beklagten, der sich zur Verteidigung gegen den Vorwurf 36
der Verletzung eines Geschäftsgeheimnisses oder eines Patentes auf ein eigenes Geschäftsgeheimnis
beruft, kann – wenn die Verfahrensregeln der § 15 ff GeschGehG zur Anwendung kommen sollen –
dahin gefasst werden, dass

»der Beklagte gegenüber dem Kläger berechtigt ist, Produkte nach dem zu seinen Gunsten bestehenden Geschäftsgeheimnis [*Angabe des betreffenden Geschäftsgeheimnisses*], als dessen Inhaber er Ansprüche wegen unerlaubter Erlangung, Nutzung oder Offenlegung nach dem GeschGehG geltend machen kann, herzustellen und zu vertreiben.«[34]

6. Gemischte Streitsachen

In der Praxis wird es nicht selten vorkommen, dass ein Rechtsstreit mit Blick auf die 37
Klageansprüche keine »sortenreine« Geschäftsgeheimnisstreitsache darstellt. Neben
Ansprüchen aus dem GeschGehG können nach den Regeln der ZPO nämlich ohne weiteres auch Ansprüche aus anderen Gesetzen bzw vertragliche Ansprüche in einer Klage geltend gemacht werden. Man denke nur daran, dass der Gegner nicht nur ein Geschäftsgeheimnis des Klägers nutzt, sondern dabei gleichzeitig eine Markenverletzung begeht. Oder:
Der Kläger macht im Rahmen einer Klage mit dem Hauptantrag einen Unterlassungsanspruch wegen der Verletzung eines Geschäftsgeheimnisses nach dem GeschGehG geltend;
hilfsweise stützt er die Klage auf den Verstoß gegen eine vertragliche Geheimhaltungsverpflichtung aus einem Forschungs- und Entwicklungsvertrag.

Das **GeschGehG** enthält **keine gesonderten Regelungen** dazu, wie in einem Fall des 38
Zusammentreffens verschiedener Streitgegenstände hinsichtlich der Anwendung der
Zuständigkeits- bzw Verfahrensregeln des GeschGehG zu verfahren ist. Nach dem erklärten Willen des Gesetzgebers wird man allerdings Folgendes sagen können: Die Regelungen
des GeschGehG finden nur Anwendung auf Geschäftsgeheimnisstreitsachen. Soweit sich
also in einer Klage Streitgegenstände finden, die keine Geschäftsgeheimnisstreitsachen iSd
GeschGehG darstellen, gelten die Zuständigkeits- und Verfahrensregelungen des GeschGehG nicht. Grds ist also denkbar, dass mit Blick auf die in einer Klage geltend gemachten
Ansprüche unterschiedliche Zuständigkeits- bzw Verfahrensregeln zur Anwendung
kommen.

Im Hinblick auf die Verfahrensregelungen zum Geheimnisschutz gestalten sich die Dinge 39
insofern etwas schwieriger; so einfach die Trennung zwischen Geschäftsgeheimnisstreitsache und Nicht-Geschäftsgeheimnisstreitsache abstrakt sein mag, so schwierig ist die praktische Umsetzung des verfahrensrechtlichen Geschäftsgeheimnisschutzes in diesen Fällen:
Bestimmt werden muss dann nämlich etwa, welche konkreten Teile eines Schriftsatzes der
Geschäftsgeheimnisstreitsache zuzuordnen sind und welche anderen Streitgegenständen.
Nicht immer wird man hier – wie das vorgenannte Beispiel[35] zeigt – trennscharf abgrenzen
können, nicht selten wird es Überschneidungen geben.

▶ Nach Möglichkeit sollte ein Geheimnisinhaber im Rahmen einer Klage Ansprüche nach dem 40
GeschGehG geltend machen, um so den verfahrensrechtlichen Geheimnisschutz des GeschGehG
zu erwirken.

---

34 Für ein weiteres Beispiel eines Antrags einer Zwischenfeststellungswiderklage sh Muster »Klageerwiderung« in Kap 5 Rdn 93.
35 Der Hauptantrag basiert auf dem GeschGehG, hilfsweise wird der Anspruch mit einem F+E-Vertrag begründet.

II. Zeitlicher Anwendungsbereich

1. Ab Inkrafttreten des Gesetzes anhängig gemachte Rechtsstreitigkeiten

41 In zeitlicher Hinsicht finden die Zuständigkeits- und Verfahrensregeln des **GeschGehG ab dem Inkrafttreten des Gesetzes am 26.04.2019 Anwendung**. Anwendbar sind die Verfahrensregeln also in jedem Falle auf Rechtsstreitigkeiten, die ab dem Inkrafttreten anhängig gemacht (zeitliche Komponente) und in denen Ansprüche aus dem GeschGehG geltend gemacht (sachliche Komponente) werden.

2. Alt- bzw Übergangsfälle

42 Ansprüche, wie sie nunmehr im GeschGehG geregelt sind, hat es der Sache nach allerdings auch schon vor dem Inkrafttreten des GeschGehG gegeben. Es stellt sich damit die Frage, ob die Vorschriften des dritten Abschnitts des GeschGehG auch auf bei Inkrafttreten des GeschGehG anhängige Rechtsstreitigkeiten anwendbar sind, soweit mit diesen entsprechende Ansprüche nach altem Recht geltend gemacht werden. Nach dem Wortlaut des GeschGehG ist diese Frage zu verneinen, wenn es sich bei diesen Verfahren nicht um Klagen handeln kann, durch die Ansprüche nach dem GeschGehG geltend gemacht werden – sondern beispielsweise um Klagen, durch die Ansprüche nach dem UWG verfolgt werden.

43 Anderes gilt in **Übergangsfällen** für Ansprüche, die (auch) für den Zeitraum ab Inkrafttreten des GeschGehG geltend gemacht werden; betroffen ist insoweit insbesondere der in die Zukunft gerichtete Unterlassungsanspruch: Steht in einem solchen Rechtsstreit eine fortwährende Geschäftsgeheimnisverletzung in Rede, ergibt sich die Anspruchsgrundlage aus dem GeschGehG, sodass die Verfahrensregeln des GeschGehG zur Anwendung kommen.[36] Bei Auskunfts- und Schadensersatzansprüchen wird insofern hinsichtlich der betroffenen Zeiträume zu unterscheiden sein.

44 ▶ Bei Übergangsrechtsstreitigkeiten ist ggf durch entsprechende Antragstellung auf die Anwendbarkeit der Verfahrensregelungen des GeschGehG hinweisen.

C. Rechtsweg und Zuständigkeit

45 Aufgrund der Verletzung von Geschäftsgeheimnissen stehen dem Verletzten zivilrechtliche Ansprüche zu. Zivilrechtliche Ansprüche sind Gegenstand **bürgerlicher Rechtsstreitigkeiten**.[37] Mit bürgerlichen Rechtsstreitigkeiten ist grds sowohl die Arbeitsgerichtsbarkeit als auch die ordentliche Gerichtsbarkeit befasst.[38] Die Verletzung von Geschäftsgeheimnissen kann sowohl zwischen Arbeitnehmer und Arbeitgeber als auch unabhängig von einem Arbeitsverhältnis – etwa zwischen Wettbewerbern – streitgegenständlich sein. Die Bestimmung des zutreffenden Rechtswegs ist im Einzelfall durchaus schwierig.

---

36 Zur Behandlung von Unterlassungsansprüchen für Altfälle nach dem GeschGehG sh Hoppe/Oldekop, GRUR-Prax 2019, 324 ff.

37 Außer Betracht bleiben soll hier mit Blick auf die geringe Relevanz in der Rechtspraxis, dass die Geltendmachung der Verletzung eines Geschäftsgeheimnisses grds auch in einem verwaltungsgerichtlichen Verfahren oder einem Strafprozess (Stichwort »Adhäsionsverfahren«, sh Kap 4 Rdn 84 ff) denkbar ist.

38 Für die Arbeitsgerichtsbarkeit sh § 2 ArbGG, für die ordentliche Gerichtsbarkeit sh § 13 GVG.

Neben der Rechtswegfrage stellen sich nach dem GeschGehG komplizierte Fragen der 46 sachlichen und vor allem örtlichen Zuständigkeit. Die vom Gesetzgeber geschaffene **Zuständigkeitsregelung** erscheint **problematisch**.[39] Es ist abzusehen, dass die Verfahrensparteien versuchen werden, die praktischen Nachteile der gesetzlichen Regelung durch kreative Verfahrensführung zu überwinden.

I. Internationale Zuständigkeit deutscher Gerichte

Die Rechtswegfrage stellt sich allerdings nur, wenn deutsche Gerichte überhaupt international zuständig sind. Die Feststellung der internationalen Zuständigkeit ist der Frage, welcher Rechtsweg im deutschen Gerichtsverfassungssystem einzuschlagen ist, denklogisch vorgelagert. 47

Wird eine ein Geschäftsgeheimnis betreffende **Streitsache mit Auslandsberührung** vor einem deutschen Gericht anhängig gemacht, ist also zunächst einmal die internationale Zuständigkeit zu klären; dies gilt unabhängig davon, ob die Streitsache bei einem Arbeitsgericht oder einem ordentlichen Gericht anhängig gemacht wurde. 48

Die internationale Zuständigkeit behandelt die Frage, ob ein deutsches oder ein ausländisches Gericht für die Entscheidung des Rechtsstreits zuständig ist. Sie ist von der örtlichen Zuständigkeit zu unterscheiden. Da es um die Ausübung staatlicher Hoheitsrechte geht, muss die internationale Zuständigkeit von Amts wegen beachtet werden.[40] 49

1. Allgemeines

Das GeschGehG regelt in **§ 15 GeschGehG** zwar die örtliche, **nicht** aber die **internationale Zuständigkeit**. Auch mit der dem GeschGehG zugrundeliegenden Richtlinie ist ausdrücklich keine Regelung der (internationalen) Zuständigkeit erfolgt. Nach Erwägungsgrund 37 GeschGehRL zielt die Richtlinie nicht darauf ab, die Vorschriften im Bereich der gerichtlichen Zuständigkeit zu harmonisieren. 50

Die **örtliche Zuständigkeit** ist allerdings für die internationale Zuständigkeit insoweit von Bedeutung, als die internationale Zuständigkeit deutscher Gerichte zu bejahen ist, wenn ein inländischer Gerichtsstand gegeben ist. Ein inländischer Gerichtsstand ist gegeben, wenn eine örtliche Zuständigkeit besteht. Insoweit gilt insbesondere § 15 GeschGehG. Vorrangig anwendbar sind allerdings die EuGVVO und die entsprechenden Regelungen des LugÜ.[41] 51

2. Internationale Zuständigkeit nach der EuGVVO

In einer Geschäftsgeheimnisstreitsache ist ein deutsches Gericht nach Art 4 EuGVVO international zuständig, wenn der **Beklagte** seinen **Wohnsitz** (bzw Unternehmenssitz, Art 63 EuGVVO) **in Deutschland** hat. 52

Hat der Beklagte seinen (Wohn-) Sitz in einem anderen Mitgliedstaat, besteht eine internationale Zuständigkeit eines deutschen Gerichts nur, wenn nach der EuGVVO ein **beson-** 53

---

39 Vgl Ohly, GRUR 2019, 441, 450; Ziegelmayer, CR 2018, 693 ff; vermittelnd Schlingloff, WRP 2018, 666, 669.
40 BAG 26.02.1985, 3 AZR 1/83, Rn 27 (juris) = NJW 1985, 2910.
41 Zöllner, in Cepl/Voß, Prozesskommentar zum Gewerblichen Rechtsschutz, Vor § 12 ZPO Rn 15.

derer oder **sonstiger Gerichtsstand** gegeben ist (Art 7 bis 23 EuGVVO), eine **wirksame Gerichtsstandsvereinbarung** existiert (Art 25 EuGVVO) oder eine **rügelose Einlassung** vorliegt (Art 26 EuGVVO).

54 Für Geschäftsgeheimnisstreitsachen ist mit Blick auf Art 7 bis 23 EuGVVO vor allem der Gerichtsstand des Ortes, an dem das schädigende Ereignis eingetreten ist oder einzutreten droht (Art 7 Nr 2 EuGVVO), von Bedeutung.[42] Mit der Wendung »Ort, an dem das schädigende Ereignis eingetreten ist« ist, wie der EuGH bereits entschieden hat[43], sowohl der Ort der Verwirklichung des Schadenserfolgs als auch der Ort des für den Schaden ursächlichen Geschehens gemeint, sodass nach Wahl des Klägers vor dem Gericht eines dieser beiden Orte geklagt werden kann.

3. Behandlung der internationalen Zuständigkeit im Prozess

55 Die internationale Zuständigkeit ist **von Amts wegen zu prüfen**.[44] Sie ist auch in der Rechtsmittelinstanz vom Gericht eigenständig zu prüfen, sodass die Berufung oder Revision darauf gestützt werden kann, dass das Gericht des früheren Rechtszuges seine internationale Zuständigkeit zu Unrecht angenommen hat.[45]

II. Rechtswegzuständigkeit der Arbeitsgerichte

1. Allgemeines

56 Das GeschGehG regelt in § 15 die sachliche und örtliche Zuständigkeit für Geschäftsgeheimnisstreitsachen. Diese Zuständigkeitsregelung betrifft allerdings – wie § 15 Abs 1 GeschGehG klarstellt – nur Klagen vor den ordentlichen Gerichten. Die der sachlichen und örtlichen Gerichtszuständigkeit vorgelagerte und von dieser strikt zu trennende Frage des Rechtsweges in Geschäftsgeheimnisstreitsachen hat durch das GeschGehG keine Regelung erfahren, sodass weiterhin § 13 GVG und § 2 ArbGG maßgebend sind. Der bestehende **Rechtsweg zu den Arbeitsgerichten** bleibt daher – wie der Regierungsentwurf ausdrücklich betont[46] – unberührt.

57 Klagen betreffend Ansprüche aus dem GeschGehG sind demnach – auch wenn ein flüchtiger Blick in § 15 Abs 1 GeschGehG diesen Eindruck erwecken mag – keineswegs generell den ordentlichen Gerichten zugewiesen. Werden Ansprüche nach dem GeschGehG geltend gemacht, ist – wie schon vor Inkrafttreten des GeschGehG – die **ausschließliche** und damit vorrangige **Zuständigkeit der Arbeitsgerichte** insbesondere nach § 2 Abs 1 Nr 3 ArbGG zu beachten.

58 Anders als § 13 Abs 1 UWG, der Klagen wegen Ansprüchen nach dem UWG ausschließlich den Landgerichten zuweist, weist § 15 Abs 1 GeschGehG Klagen, mit denen Ansprüche aus dem GeschGehG geltend gemacht werden, gerade nicht den ordentlichen Gerichten zu; vielmehr bestimmt § 15 Abs 1 GeschGehG die sachliche Zuständigkeit der

---

[42] Vgl Zöllner, in Cepl/Voß, Prozesskommentar zum Gewerblichen Rechtsschutz, Vor § 12 ZPO, Rn 30 ff.
[43] EuGH 16.06.2016, C-12/15, Rn 28 (juris) = EuZW 2016, 583 – Universal Music International Holding/Schilling ua.
[44] Hüßtege, in Thomas/Putzo, ZPO, Vor § 1 Rn 7.
[45] BGH 16.12.2003, XI ZR 474/02, Rn 23 (juris) =NJW 2004, 1456.
[46] Begr zum RegE, BT-Drucks. 19/4724 S 35.

Landgerichte nur für den Fall, dass eine Rechtswegzuständigkeit der ordentlichen Gerichtsbarkeit gegeben ist.

Unklar ist, ob auch eine **Zuständigkeit kraft Sachzusammenhangs** nach § 2 Abs 3 ArbGG angenommen werden kann. Das BAG hat im Hinblick auf die ausschließliche Zuständigkeit des § 13 UWG entschieden, die Formulierung des § 2 Abs 3 ArbGG[47] ziele auf die in anderen Gesetzen geregelten ausschließlichen Zuständigkeiten bestimmter Gerichte ab. Eine Wettbewerbssache könne deshalb nicht wegen Sachzusammenhangs zum Arbeitsgericht gebracht werden.[48] Das könnte im Hinblick auf § 15 Abs 2 GeschGehG ähnlich zu sehen sein.

2. Rechtsweg zu den Arbeitsgerichten

Mit der Arbeitsgerichtsbarkeit steht ein gegenüber der ordentlichen Gerichtsbarkeit eigenständiger Rechtsweg zur Verfügung. Zwar postuliert § 13 GVG, dass »Zivilsachen« und damit bürgerliche Rechtsstreitigkeiten »vor die ordentlichen Gerichte gehören«. Dies gilt aber, wie der gegenüber § 13 GVG **speziellere § 2 ArbGG** zeigt, nicht für bürgerliche Rechtsstreitigkeiten zwischen Arbeitnehmern und Arbeitgebern aus dem Arbeitsverhältnis (§ 2 Abs 1 Nr 3 lit a) ArbGG) und aus unerlaubten Handlungen, soweit diese mit dem Arbeitsverhältnis im Zusammenhang stehen (§ 2 Abs 1 Nr 3 lit d) ArbGG). § 13 GVG erfährt durch § 2 ArbGG also eine Einschränkung, sofern es um spezielle, im Arbeitsverhältnis begründete Zivilsachen geht.

a) Rechtsstreitigkeiten aus dem Arbeitsverhältnis

Die Arbeitsgerichte sind nach § 2 Abs 1 Nr 3 lit a) ArbGG für **Streitigkeiten aus dem Arbeitsverhältnis** zuständig. Dabei ist allein maßgeblich, ob die Streitigkeit aus dem Arbeitsverhältnis herrührt, nicht aber, ob dieses Arbeitsverhältnis noch fortbesteht.[49] Ferner muss das Arbeitsverhältnis **zwischen den Parteien des Rechtsstreits** bestehen oder bestanden haben;[50] richtet sich die Klage wegen Verletzung eines Geschäftsgeheimnisses nicht gegen den Arbeitnehmer, der sich das Geschäftsgeheimnis unbefugt angeeignet haben soll, sondern etwa gegen dessen (neuen) Arbeitgeber, der das Geschäftsgeheimnis nutzt, handelt es sich nicht um eine Rechtsstreitigkeit aus dem Arbeitsverhältnis.

Nimmt der Arbeitgeber den Arbeitnehmer wegen unbefugter Erlangung oder Nutzung eines Geschäftsgeheimnisses in Anspruch, liegt eine Rechtsstreitigkeit aus dem Arbeitsverhältnis vor. Aus dem Arbeitsverhältnis kann sich nämlich die **Nebenpflicht** ergeben, **Betriebs- oder Geschäftsgeheimnisse zu wahren** (Verschwiegenheitspflicht). Ergeben sich entsprechende Geheimhaltungspflichten nicht schon unmittelbar aus dem Gesetz[51] oder entsprechenden ausdrücklichen Vereinbarungen im Arbeitsvertrag, ist Grundlage für derar-

---

47 »[…] und für die Geltendmachung des Anspruchs nicht die ausschließliche Zuständigkeit eines anderen Gerichts gegeben ist«.
48 BAG 10.06.2010, 5 AZB 3/10, Rn 15 (juris) = NZA 2010, 1086, 1087.
49 Koch, in ErfK ArbR, § 2 ArbGG Rn 12.
50 Koch, in ErfK ArbR, § 2 ArbGG Rn 12.
51 Etwa § 13 Nr 6 BBiG, § 24 Abs 2 ArbnErfG oder § 79 Abs 1 BetrVG.

tige Verpflichtungen § 242 BGB.[52] Der Arbeitnehmer ist grds auch nach Beendigung des Arbeitsverhältnisses zur Wahrung von Geschäftsgeheimnissen verpflichtet.[53]

b) Rechtsstreitigkeiten aus unerlaubten Handlungen im Zusammenhang mit dem Arbeitsverhältnis

63 Die Zuständigkeit nach § 2 Abs 1 Nr 3 lit d) ArbGG umfasst auch Rechtsstreitigkeiten zwischen Arbeitnehmern und Arbeitgebern aus unerlaubten Handlungen, soweit diese mit dem Arbeitsverhältnis im Zusammenhang stehen. Bei der Verletzung von Geschäftsgeheimnissen wird die **unerlaubte Handlung** regelmäßig vom Arbeitnehmer gegenüber dem Arbeitgeber begangen worden sein; Handlungen Dritter sind hingegen nicht der Arbeitsgerichtsbarkeit zugewiesen.[54]

64 Die unerlaubte Handlung muss mit dem Arbeitsverhältnis **im Zusammenhang** stehen. Das ist nach der Rechtsprechung dann der Fall, wenn die unerlaubte Handlung in einer inneren Beziehung zum Arbeitsverhältnis der Parteien steht, sie in der Eigenart des Arbeitsverhältnisses und den ihm eigentümlichen Berührungspunkten und Reibungen seine Ursache findet.[55] Bei einem Geschäftsgeheimnis kann sich die **innere Beziehung zum Arbeitsverhältnis** jedenfalls während der Laufzeit des Arbeitsverhältnisses[56] daraus ergeben, dass das Geheimnis den Wirkungskreis des Arbeitgebers betrifft, mit dem der Arbeitnehmer gerade aufgrund seiner Tätigkeit im Rahmen des Arbeitsverhältnisses in Berührung kommt. Allerdings muss man hier nach **Taten während des Laufs des Arbeitsverhältnisses und spätere Taten** unterscheiden. Letztere stehen nicht zwingend in einem Zusammenhang mit dem Arbeitsverhältnis.[57]

65 Wegen des inneren Zusammenhangs zum Arbeitsverhältnis wird es sich bei Ansprüchen aus unerlaubten Handlungen in der Regel gleichzeitig um Ansprüche wegen der Verletzung der Treue- oder Fürsorgepflicht aus dem Arbeitsverhältnis handeln, sodass die Zuständigkeit der Arbeitsgerichte schon nach § 2 Abs 1 Nr 3 lit a) ArbGG gegeben ist.

66 ▶ Als Faustregel kann gelten: Macht ein Arbeitgeber einen Anspruch wegen Verletzung eines Geschäftsgeheimnisses gegen seinen Arbeitnehmer geltend, sind die Arbeitsgerichte zuständig.

III. Zuständigkeit der ordentlichen Gerichte

67 Soweit im Hinblick auf die Verletzung von Geschäftsgeheimnissen eine Zuständigkeit der Arbeitsgerichte nicht besteht, ist in zivilrechtlichen Streitigkeiten regelmäßig der Rechtsweg zu den Zivilgerichten eröffnet. Geregelt sind die sachliche und örtliche Zuständigkeit der Zivilgerichte in § 15 GeschGehG.

---

52 Klappstein, in Dauner-Lieb/Langen, BGB – Schuldrecht, § 611 Rn 96.
53 Klappstein, in Dauner-Lieb/Langen, BGB – Schuldrecht, § 611 Rn 98.
54 Schlewing, in Germelmann/Matthes/Prütting, ArbGG, § 2 ArbGG Rn 75.
55 BGH 07.02.1958, VI ZR 49/57, Ls 1 (juris) = BB 1958, 306; BAG 11.07.1995, 5 AS 13/95, Ls 1 (juris) = NZA 1996, 951.
56 Für unerlaubte Handlungen nach Beendigung des Arbeitsverhältnisses sh etwa OLG Nürnberg 24.07.2008, 3 W 1462/08, Rn 16 ff (juris) = WRP 2008, 1475 – industrielle Reinigungsmaschinen.
57 OLG Nürnberg 24.07.2008, 3 W 1462/08, Rn 7, 18 (juris) = WRP 2008, 1475 – industrielle Reinigungsmaschinen; OLG Frankfurt 15.08.1991, 6 U 233/90, Rn 30 ff (juris) = GRUR 1992, 209 – Know-how-Verletzung.

IV. Zuständigkeit der Landgerichte

§ 15 GeschGehG regelt die sachliche und örtliche Zuständigkeit der Landgerichte. 68

1. Sachliche Zuständigkeit

a) Allgemeines

Die sachliche Zuständigkeit ist von Amts wegen zu beachten. Eine Vereinbarung diesbezüglich ist nach § 40 Abs 2 ZPO unzulässig, da die **sachliche Zuständigkeit der Landgerichte** eine **ausschließliche** ist. Dies gilt auch im Falle einer rügelosen Einlassung. Die Parteien können also die Zuständigkeit eines unzuständigen Gerichts nicht einmal dann herbeiführen, wenn sie sich insoweit einig sind. Ist das angerufene Gericht sachlich unzuständig, ist der Rechtsstreit auf Antrag des Klägers an das zuständige Gericht zu verweisen (§ 281 ZPO); wird ein Verweisungsantrag nicht gestellt, ist die Klage als unzulässig abzuweisen. 69

Der **Verweisungsbeschluss** nach § 281 ZPO ist grds bindend, gilt also auch bei einer rechtsfehlerhaften Verweisung. Dies gilt etwa auch dann, wenn eine Geschäftsgeheimnisstreitsache vom zuständigen an ein unzuständiges Landgericht verwiesen wird; die Bindungswirkung besteht nur dann nicht, wenn die Verweisung objektiv willkürlich ist oder auf grobem Rechtsirrtum beruht.[58] 70

Die Berufung gegen ein Urteil erster Instanz kann nicht darauf gestützt werden, dass das Gericht seine sachliche Zuständigkeit zu Unrecht bejaht hat (§ 513 Abs 2 ZPO). Auch in der Revision wird nicht geprüft, ob das erstinstanzliche Gericht sachlich zuständig war (§ 545 Abs 2 ZPO). 71

b) Ausschließliche Zuständigkeit

§ 15 Abs 1 GeschGehG statuiert eine streitwertunabhängige ausschließliche Zuständigkeit der Landgerichte mit der Folge, dass die sachliche Zuständigkeit des Amtsgerichts weder durch Vereinbarung (Prorogation) noch durch rügeloses Verhandeln zur Hauptsache begründet werden kann (§ 40 Abs 2 ZPO). 72

2. Örtliche Zuständigkeit

§ 15 Abs 2 GeschGehG regelt die örtliche Zuständigkeit der Landgerichte. Diese Regelung wird in der Praxis insofern kritisch gesehen, als sie dem Interesse des Geheimnisinhabers – wie bisher und wie auch sonst im gewerblichen Rechtsschutz –, am Gerichtsstand des § 32 ZPO klagen zu dürfen, nicht mehr genügt. 73

a) Allgemeines

Das GeschGehG bestimmt in § 15 Abs 2 für die ordentliche Gerichtsbarkeit, dass örtlich **ausschließlich** das Gericht zuständig sein soll, in dessen Bezirk der Beklagte seinen allgemeinen Gerichtsstand hat. Es gilt also nicht der Gerichtsstand der unerlaubten Handlung, sondern – abweichend von § 32 ZPO – nur der **allgemeine Gerichtsstand**. Damit ist der **fliegende Gerichtsstand**, welcher nach alter Rechtslage für entsprechende Ansprüche 74

---

58 BGH 09.06.2015, X ARZ 115/15, Rn 9 (juris) = NJW-RR 2015, 1016.

gegolten hatte, für Klagen aus dem GeschGehG weitgehend **abgeschafft**.[59] Für den Kläger ist diese gesetzgeberische Entscheidung insofern nachteilig, als die Option wegfällt, ein bestimmtes, nach seiner Einschätzung besonders sachkundiges Landgericht bzw eine ihm günstige Rechtsprechungspraxis frei wählen zu können. Diese Beschränkung ist auch deshalb problematisch, weil es sich beim Geheimnisschutz um eine komplexe Spezialmaterie handelt und gerade Klagen wegen der Verletzung technischen Know-hows ähnlich schwierige Tatsachenfragen aufwerfen können wie Patentverletzungsstreitigkeiten.[60] Außerdem kann die Verletzung von Geschäftsgeheimnissen mit einer Verletzung von Rechten des geistigen Eigentums zusammenfallen, was für einen Gleichlauf der Zuständigkeiten gesprochen hätte.[61] Angesichts der Regelungen in vergleichbaren Gesetzesmaterien (UWG, PatG, MarkenG), in denen der fliegende Gerichtsstand nach wie vor besteht und sich als praktikabel erwiesen hat, ist dies ein Novum.[62] Abhilfe schaffen kann hier gerade in Fällen, in denen es um technisches Know-how geht und die deshalb ähnliche Anforderungen an die Sachkunde des Gerichts stellen wie Patentverletzungsklagen, die Konzentrationsermächtigung des § 15 Abs 3 GeschGehG. Verfügt der Beklagte über keinen allgemeinen inländischen Gerichtsstand, so bleibt es gem. § 15 Abs 2 Satz 2 GeschGehG beim Gerichtsstand des Tatorts.

b) Ausschließliche Zuständigkeit

75 § 15 Abs 2 GeschGehG statuiert eine ausschließliche örtliche Zuständigkeit am Sitz des Beklagten mit der Folge, dass eine abweichende örtliche Zuständigkeit weder durch Vereinbarung (Prorogation) noch durch rügeloses Verhandeln zur Hauptsache begründet werden kann (§ 40 Abs 2 ZPO).

c) Allgemeiner Gerichtsstand

76 Für den allgemeinen Gerichtsstand des Beklagten gelten die §§ 12 ff ZPO. Für natürliche Personen folgt der allgemeine Gerichtsstand den Regelungen in §§ 13 bis 16 ZPO, für juristische Personen ergibt sich der allgemeine Gerichtsstand aus § 17 ZPO.

d) Tatortgerichtsstand

77 Hat der **Beklagte im Inland keinen allgemeinen Gerichtsstand**, ist ausschließlich das Gericht zuständig, in dessen Bezirk die Handlung begangen worden ist (§ 15 Abs 2 Satz 2 GeschGehG). Wird die Rechtsverletzung also im Inland ortsunabhängig (»bundesweit«) begangen, ohne dass der Verletzer im Inland seinen Gerichtsstand hat, gilt weiterhin der »fliegende Gerichtsstand«. Der Wortlaut von § 15 Abs 2 S 2 GeschGehG entspricht § 32 ZPO, sodass es genügt, dass am betreffenden Ort eines von mehreren Tatbestandsmerkmalen verwirklicht ist; es können also mehrere Begehungsorte in Betracht kommen, zwischen

---

59 Dazu Ohly, GRUR 2019, 441, 450; McGuire, in Büscher, UWG, § 15 RegE GeschGehG Rn 15; Alexander, in Köhler/Bornkamm/Feddersen, UWG, § 15 GeschGehG Rn 23.
60 Ohly, GRUR 2019, 441, 450.
61 Ohly, GRUR 2019, 441, 450.
62 Kritik an dieser gesetzgeberischen Entscheidung übt ua Alexander, in Köhler/Bornkamm/Feddersen, UWG, § 15 GeschGehG Rn 23.

denen der Kläger wählen kann.⁶³ Für Unterlassungsklagen ist der Ort maßgebend, an dem die Verletzungshandlung begangen worden oder ihr Erfolg eingetreten ist.

Bei der **vorbeugenden Unterlassungsklage** nach § 6 Satz 2 GeschGehG ist folglich der Ort maßgebend, an dem die Verwirklichung der Rechtsverletzung droht. 78

§ 15 Abs 2 Satz 2 GeschGehG ist allerdings nicht anzuwenden, soweit die **örtliche Zuständigkeit nach Unionsrecht** geregelt ist.⁶⁴ Mit Blick auf den Regelungsgegenstand des § 15 Abs 2 Satz 2 GeschGehG ist Art 7 Nr 2 EuGVVO bzw Art 5 Nr 3 des LugÜ zu beachten. Beide Vorschriften regeln neben der internationalen Zuständigkeit auch die örtliche Zuständigkeit. 79

Durch die mit der Richtlinie erfolgte Harmonisierung des Rechts der Geschäftsgeheimnisse muss auch eine in einem anderen Mitgliedstaat erfolgte Verletzung eines Geschäftsgeheimnisses durch einen Ausländer die Zuständigkeit deutscher Gerichte für eine vorbeugende Unterlassungsklage betreffend einen möglichen Rechtsbruch in Deutschland begründen. 80

3. Gerichtsintern zuständiger Spruchkörper

Die Zuständigkeit innerhalb des für die Geschäftsgeheimnisstreitsache zuständigen Landgerichts ergibt sich aus dem vom Gerichtspräsidium aufzustellenden Geschäftsverteilungsplan (§ 21e GVG). 81

Die Zuweisung einer Geschäftsgeheimnisstreitsache an eine **Kammer für Handelssachen** scheidet insofern allerdings aus, da das GeschGehG in § 95 GVG **nicht** genannt wird.⁶⁵ 82

Die dem Geschäftsverteilungsplan widersprechende Zuweisung einer Geschäftsgeheimnisstreitsache an eine unzuständige Kammer stellt einen Verstoß gegen den Grundsatz des gesetzlichen Richters dar, wenn die Rechtsanwendung als willkürlich zu qualifizieren ist.⁶⁶ 83

4. Zuständigkeitskonzentration, § 15 Abs 3 GeschGehG

§ 15 Abs 3 GeschGehG enthält nach dem Vorbild anderer Spezialgesetze⁶⁷ eine **Konzentrationsermächtigung** für die Landesregierungen, wonach diese durch Rechtsverordnung Geschäftsgeheimnisstreitsachen einem oder mehreren bestimmten Landgerichten zuweisen können. Die Bundesländer haben von dieser Konzentrationsermächtigung bislang keinen Gebrauch gemacht.⁶⁸ 84

---

63 Sh schon BGH 20.12.1963, Ib ZR 104/62 = GRUR 1964, 316, 318 – Stahlexport; BGH 03.05.1977, VI ZR 24/75, Rn 14 ff (juris) = GRUR 1978, 194, 195 – profil.
64 Hüßtege, in Thomas/Putzo, ZPO, EuGVVO Vorb Rn 13, mwN.
65 Anders die frühere Rechtslage, nach der Geschäftsgeheimnisse dem UWG und damit § 95 Abs 1 Nr 5 GVG unterfielen; nach Alexander, in Köhler/Bornkamm/Feddersen, UWG, § 15 GeschGehG Rn 20 wird die neue Rechtslage als unklar bewertet und eine Einordnung als Handelssache befürwortet.
66 Zimmermann, in MüKo-ZPO, 21e GVG Rn 66; Lückemann, in Zöller, ZPO, § 21e ZPO GVG Rn 53.
67 Sh nur § 143 Abs 2 PatG oder § 140 Abs 2 MarkenG.
68 Für Hessen ist eine Konzentration in Frankfurt aM geplant.

5. Zuständigkeit im Arrest- und Verfügungsverfahren

85 Für den Erlass einstweiliger Verfügungen in Geschäftsgeheimnisstreitsachen ist gem. §§ 937 Abs 1, 943 Abs 1 ZPO sachlich und örtlich das **Hauptsachegericht** ausschließlich (§ 802 ZPO) zuständig, wenn die Hauptsacheklage bereits anhängig ist, andernfalls jedes für die Verletzungsklage nach den obigen Regeln zuständige Gericht.

V. Rechtswegstreitigkeiten

86 Die zutreffende Rechtswegzuordnung eines Rechtsstreits betreffend die Verletzung von Geschäftsgeheimnissen gestaltet sich im Einzelfall schwierig. Rechtswegstreitigkeiten können daher die Folge sein. Hinzu kommt, dass aus der Verletzung eines Geschäftsgeheimnisses Ansprüche gegen verschiedene Personen entstehen und damit unterschiedliche Rechtswege gegeben sein können: Wechselt etwa ein Arbeitnehmer den Arbeitgeber unter unbefugter Mitnahme geheimen technischen Know-hows und überlässt er dies dem neuen Arbeitgeber zur Nutzung, können hieraus vor dem Arbeitsgericht geltend zu machende Ansprüche gegen den Arbeitnehmer und vor dem Landgericht geltend zu machende Ansprüche gegen den neuen Arbeitgeber resultieren.

87 Für die Lösung von **Rechtswegkonflikten** gilt Folgendes:

1. Unzulässiger Rechtsweg

88 Ist der beschrittene Rechtsweg unzulässig, spricht das Gericht dies nach Anhörung der Parteien von Amts wegen aus und verweist den Rechtsstreit an das zuständige Gericht des zulässigen Rechtswegs (§ 17a Abs 2 Satz 1 GVG). Der Beschluss ist für das Gericht, an das der Rechtsstreit verwiesen worden ist, hinsichtlich des Rechtsweges bindend (§ 17a Abs 2 Satz 3 GVG). Gegen den **Verweisungsbeschluss** ist die sofortige Beschwerde nach den Vorschriften der jeweils anzuwendenden Verfahrensordnung gegeben (§ 17a Abs 4 Satz 3 GVG).

89 Wird der Rechtsstreit an ein sachlich, örtlich oder funktional unzuständiges Gericht des zutreffenden Rechtsweges verwiesen, ist der Beschluss insoweit nicht bindend, also eine Weiterverweisung innerhalb des verwiesenen Rechtswegs möglich.[69]

90 Hat das Landgericht bzw das Arbeitsgericht in der Hauptsache entschieden, so ist es dem Rechtsmittelgericht auch dann, wenn die Rechtswegzuständigkeit erstinstanzlich zu Unrecht angenommen wurde, verwehrt, die Frage des Rechtswegs zu prüfen (§ 17a Abs 5 GVG). Eine Verweisung kommt in diesem Verfahrensstadium nicht mehr in Betracht.

2. Kompetenzstreit

91 Stellt das aufnehmende Gericht die gesetzliche Bindungswirkung (§ 17a Abs 2 Satz 3 GVG) der Verweisung in Frage, sodass ein negativer Kompetenzkonflikt zwischen Gerichten verschiedener Gerichtszweige entsteht, ist § 36 Abs 1 Nr 6 ZPO entsprechend anwendbar.[70] Zuständig für die Zuständigkeitsbestimmung ist derjenige **oberste Gerichtshof des Bundes**, der zuerst darum angegangen wird.[71]

---

69 Lückemann, in Zöller, ZPO, § 17a GVG Rn 12, mwN.
70 BGH 08.12.2016, 2 Ars 196/16, Rn 10 ff (juris) = NJW 2017, 1689.
71 BAG 16.08.2016, 9 AS 4/16, Rn 6 (juris) = NJW 2016, 3469.

VI. Übergangsfälle

Für eine bereits vor Inkrafttreten des GeschGehG bestehende Gerichtszuständigkeit oder die danach gegebene Zulässigkeit des Rechtsweges ist die durch das GeschGehG erfolgte Zuständigkeitsregelung ohne Einfluss. Nach § 261 Abs 3 Nr 2 ZPO (bzw § 17 Abs 1 Satz 1 GVG) bleiben daher die Gerichte zuständig, bei denen die Sache vor Inkrafttreten des Gesetzes rechtshängig war. Davon abweichende gesetzliche Sonderregelungen enthält das GeschGehG nicht.

D. Spezifische Probleme in Geschäftsgeheimnisstreitsachen

Das elementare Problem einer Geschäftsgeheimnisstreitsache besteht darin, dass ihr Gegenstand etwas – zumindest potentiell – Geheimhaltungsbedürftiges ist, während ein darüber geführter Rechtsstreit nach rechtstaatlichen Grundsätzen eigentlich gerade nicht im Geheimen stattfinden darf. Der Prozess als das nach der Rechtsordnung vorgesehene Mittel zur Durchsetzung des Geschäftsgeheimnisses birgt daher die Gefahr, letztlich selbst zum Totengräber des Geheimnisses zu werden, indem er es der Öffentlichkeit preisgibt. Ohne Regelungen zur Geheimhaltung könnte das Geschäftsgeheimnis seinen Geheimnischarakter dadurch verlieren, dass es Gegenstand eines gerichtlichen Verfahrens wird, mit dem es doch gerade gegen seine Verletzung geschützt werden soll. Der effektive Schutz von Geschäftsgeheimnissen würde also ohne einen verfahrensrechtlichen Geheimnisschutz behindert, wenn nicht gar unmöglich.

Das **Erfordernis des verfahrensrechtlichen Geheimnisschutzes** wird im Laufe des Zivil- bzw Arbeitsgerichtsprozesses in verschiedenen Situationen virulent: Der Zustellung von das Geheimnis enthaltenden Schriftsätzen an die Gegenseite, die Fassung des das Geheimnis enthaltenden Klageantrages, die mündliche Verhandlung über das Geheimnis, die Beteiligung Dritter im Rahmen des Rechtsstreits (Zeugen, Sachverständige, Streitverkündete), bestehende Akteneinsichtsrechte Dritter und nicht zuletzt das öffentlich durch Vorlesung der Urteilsformel zu verkündende Urteil selbst.

Neben diesem Kernproblem ergeben sich bei Rechtsstreitigkeiten über Geschäftsgeheimnisse weitere spezifische Probleme aus dem **Geheimnischarakter des Streitgegenstandes**: Sowohl die Erlangung als auch die Nutzung eines fremden Geheimnisses geschieht gemeinhin im Verborgenen; denn einerseits will man bei der strafbaren Verschaffung des Geheimnisses nicht entdeckt werden, andererseits kann ein Bedürfnis des Verletzers im Wettbewerb mit Dritten bestehen, seinerseits das Geheimnis zu hüten und deshalb nicht vor den Augen der Öffentlichkeit zu nutzen. All dies erschwert dem Kläger naturgemäß den erforderlichen Nachweis der Rechtsverletzung. Hinzu kommt der im gewerblichen Rechtsschutz und Urheberrecht nicht unbekannte Einwand des Gegners, den Schutzgegenstand – hier das Geschäftsgeheimnis – eigenständig geschaffen zu haben. Zuletzt ist die Ermittlung des Schadens nicht frei von tatsächlichen und rechtlichen Schwierigkeiten.

I. Antragstellung[72]

1. Allgemeines

Nach § 253 Abs 2 Nr 2 ZPO muss die Klageschrift einen bestimmten Klageantrag enthalten sowie Gegenstand und Grund des erhobenen Anspruchs bestimmt angeben. Ist die

---

[72] Zu Formulierungsbeispielen für Klageanträge sh Muster »Klageschrift«.

prozessordnungsgemäße Formulierung eines Unterlassungsantrages in den Sachgebieten des gewerblichen Rechtsschutzes ohnehin schon eine Herausforderung, erschwert der **Geheimnischarakter des Antragsgegenstandes** in Geschäftsgeheimnisstreitsachen die Antragsfassung zusätzlich: Der Kläger soll zwar einerseits – dem Bestimmtheitsgrundsatz entsprechend – die konkrete Verletzungsform hinreichend bestimmt bezeichnen, andererseits nicht gezwungen sein, im Klageantrag Geschäfts- oder Betriebsgeheimnisse zu offenbaren.[73] Der **prozessuale Bestimmtheitsgrundsatz** gilt auch für das antragsgegenständliche Geschäftsgeheimnis; daran hat sich durch das GeschGehG nichts geändert.

2. Die Bestimmung des Streitgegenstandes

97 Der Streitgegenstand wird allgemein und so auch in Geschäftsgeheimnisstreitsachen gleichermaßen durch den **Klageantrag** und den **Klagevortrag**, also den zur Begründung des Antrags vorgetragenen Lebenssachverhalt gebildet.[74]

98 Im Unterschied zu den Rechten des geistigen Eigentums, bei denen die Schutzgegenstände bekannt und im Falle von Patenten, Gebrauchsmustern, Marken oder Designs sogar in einem öffentlich zugänglichen Register offengelegt sind, ist ein Geschäftsgeheimnis gerade nicht offenkundig – und soll dies auch durch einen Rechtsstreit nicht werden. Gleichwohl erfordert auch eine Geschäftsgeheimnisstreitsache die Bestimmung des prozessualen Streitgegenstandes, da andernfalls schwerlich ein Urteil gesprochen und dieses vollstreckt werden kann.

99 Durch die Formulierung der Anträge und damit die Bestimmung des Streitgegenstands hat es der Kläger in der Hand, Umfang und Grenzen der gerichtlichen Entscheidung zu bestimmen. Dabei muss das streitgegenständliche Geschäftsgeheimnis allerdings nicht notwendigerweise im Antrag offenbart werden: Nach der auch unter dem GeschGehG fortgeltenden Rechtsprechung des Bundesgerichtshofs[75] muss der Gegenstand der Entscheidungsbefugnis des Gerichts erkennbar abgegrenzt sein. Das ist dann der Fall, wenn eine Bezugnahme auf die **konkrete Verletzungshandlung** oder die konkret **angegriffene Verletzungsform** antragsgegenständlich ist. Dazu muss der Klage*antrag* selbst das Geschäftsgeheimnis aber nicht zwingend benennen; es ist ausreichend – aber auch erforderlich –, dass sich entsprechende Darlegungen unter Heranziehung des Klage*vortrags* ergeben.[76]

100 Um es anhand der Entscheidung des Bundesgerichtshofes in der Sache »Hohlfasermembranspinnanlage II« plastisch zu machen: Der Klageantrag kann sich darauf beschränken, die als rechtsverletzend angegriffene Maschine des Beklagten (**konkret angegriffene**

---

[73] So ausdrücklich BGH 22.03.2018, I ZR 118/16, Rn 19 (juris) = GRUR 2018, 1161 – Hohlfasermembranspinnanlage II, mwN; zum Verhältnis von Bestimmtheitsgrundsatz und Geheimnisschutz sh Köhler, in Köhler/Bornkamm/Feddersen, UWG, 37. Aufl 2019, § 17 Rn 64.
[74] Sh zum zweigliedrigen Streitgegenstandsbegriff allgemein Becker-Eberhard, in MüKo-ZPO, § 253 Rn 32 ff.
[75] BGH 22.03.2018, I ZR 118/16, Rn 16 ff (juris) = GRUR 2018, 1161 – Hohlfasermembranspinnanlage II, mwN.
[76] Der X. Zivilsenat des BGH fordert für das Patentrecht in der Entscheidung vom 10.05.2016, X ZR 114/13, (juris) = GRUR 2016, 1031 Rn 54 – Wärmetauscher allerdings, dass »im Klageantrag und in einem diesem entsprechenden Urteilsausspruch zum Ausdruck zu bringen [ist], *durch welche Ausgestaltung des angegriffenen Erzeugnisses* die erfindungsgemäße Lehre verwirklicht wird und damit nicht den Gegenstand des Klagepatents, sondern den Streitgegenstand zu bezeichnen«.

Ausführungsform) zu benennen: »Faserspinnanlagen des Typs 1024 bestehend aus den sich aus der Anlage A ergebenden Komponenten«; damit ist der Klageantrag hinreichend bestimmt. Aus dem Klageantrag muss sich aber nicht ergeben, in welchen Gestaltungselementen dieser Maschine bzw in welchen Maschinenkomponenten die Rechtsverletzung liegen soll (also das streitgegenständliche **Geschäftsgeheimnis**; im Fall bestand das Geschäftsgeheimnis jedenfalls in den konkreten Maßen und Anordnungen der Düsenkörper innerhalb der 30 m langen Anlage).

Ein solchermaßen bestimmter Klageantrag lässt aber nicht die Bestimmung des Streitgegenstandes zu, denn klar ist nach dem Klageantrag nur die begehrte **Rechtsfolge** (Verbot des Angebots einer bestimmten Maschine), nicht aber der **Anspruchs- oder Klagegrund** (Verletzung eines bestimmten Geschäftsgeheimnisses, Verstoß gegen eine vertragliche Geheimhaltungsverpflichtung etc). Erst durch die bestimmte Darlegung des Lebenssachverhalts (Anspruchsgrund), aus dem der Kläger die begehrte Rechtsfolge herleitet, kann der Streitgegenstand bestimmt werden. Wird die Verletzung eines Geschäftsgeheimnisses geltend gemacht, muss das Geheimnis im Klagevortrag dargelegt werden. 101

Treffen Ansprüche nach dem GeschGehG mit anderen Ansprüchen zusammen, liegen **unterschiedliche Streitgegenstände** vor[77], sodass spätestens in der Revisionsinstanz die Reihenfolge klarzustellen ist, in der die Ansprüche geltend gemacht werden.[78] 102

▶ Vorrangig sollten die Ansprüche geltend gemacht werden, welche die geringsten Anforderungen an die Darlegung ihrer tatbestandlichen Voraussetzungen stellen; dies kann beispielsweise bei Vorliegen vertraglicher Geheimhaltungsvereinbarungen gegenüber gesetzlichen Ansprüchen – etwa aus dem GeschGehG – der Fall sein. 103

3. Unterlassung

Nach dem zivilprozessualen Bestimmtheitserfordernis darf ein Verbotsantrag nicht derart undeutlich gefasst sein, dass Gegenstand und Umfang der Entscheidungsbefugnis des Gerichts[79] nicht erkennbar sind; denn andernfalls kann sich der Beklagte nicht umfassend verteidigen und die Entscheidung darüber, was konkret verboten sein soll, bliebe dem Vollstreckungsgericht überlassen.[80] 104

Allerdings braucht der Kläger **in** seinem **Klageantrag** das zu schützende **Betriebs- oder Geschäftsgeheimnis** grds **nicht zu offenbaren**.[81] Diese Rechtsprechung wird auch unter dem GeschGehG fortgelten, da ihr Gegenstand der unverändert gebliebene § 253 Abs 2 105

---

77 Die begehrte Rechtsfolge kann sich aus unterschiedlichen Lebenssachverhalten ergeben; so kann das Angebot einer Maschine sowohl gegen eine vertragliche Geheimhaltungsverpflichtung als auch gegen das GeschGehG verstoßen, wobei es sich um unterschiedliche Streitgegenstände handelt; sh dazu BGH 22.03.2018, I ZR 118/16, Rn 23 (juris) = GRUR 2018, 1161 – Hohlfasermembranspinnanlage II, mwN.
78 BGH 22.03.2018, I ZR 118/16, Rn 23 (juris) = GRUR 2018, 1161 – Hohlfasermembranspinnanlage II, mwN.
79 Geregelt in § 308 Abs 1 ZPO.
80 BGH 22.03.2018, I ZR 118/16, Rn 16 (juris) = GRUR 2018, 1161 – Hohlfasermembranspinnanlage II, mwN.
81 So grundlegend BAG 25.04.1989, 3 AZR 35/88, Rn 19 (juris) = NZA 1989, 860; BGH 22.03.2018, I ZR 118/16, Rn 19 (juris) = GRUR 2018, 1161 – Hohlfasermembranspinnanlage II.

Nr 2 ZPO ist. Bei der konkreten Bewertung der Bestimmtheit eines Antrages gem. § 253 Abs 2 Nr 2 ZPO wird aber künftig der durch das GeschGehG statuierte verfahrensrechtliche Schutz, welcher auch den Klageantrag miteinschließt, berücksichtigt werden müssen. Eines Geheimnisschutzes durch Herabsetzung der für den Klageantrag geltenden Bestimmtheitsanforderungen bedarf es jedenfalls unter dem GeschGehG nicht. Die Frage der Offenbarung eines Geschäftsgeheimnisses im Klageantrag dürfte durch die prozessualen Geheimnisschutzmaßnahmen des GeschGehG, die für Klageantrag und -vortrag gleichermaßen gelten, an Bedeutung verloren haben.

106 Nicht bedeutungslos ist hingegen, wie präzise das Geschäftsgeheimnis im Klageantrag oder -vortrag dargelegt wird, denn dies beeinflusst die **Reichweite des Verbots**.[82] In jedem Fall ist ein Geschäftsgeheimnis spätestens im Klagevortrag so konkret zu beschreiben, wie dies für die Zwangsvollstreckung notwendig ist.[83] Eine hinreichende Bestimmtheit des Klageantrags ist für gewöhnlich gegeben, wenn eine Bezugnahme auf die konkrete Verletzungshandlung oder die konkret angegriffene Verletzungsform antragsgegenständlich ist.[84] Je präziser das Geschäftsgeheimnis beschrieben wird, desto eher können in der Vollstreckung auch im Kern gleichartige Verletzungshandlungen von dem Verbot erfasst werden.

107 Um es plastisch zu machen[85]: Ist den Urteilsgründen – dem Klagevorbringen folgend – nur zu entnehmen, dass ein bestimmter Schaltplan als solcher ein Geschäftsgeheimnis enthält, führt eine Änderung des Schaltplans aus dem Verbot, da unklar ist, in welchem Teil des Schaltplans das Geschäftsgeheimnis verkörpert ist; wird im Klagevorbringen hingegen ganz präzise beschrieben, welches Element des Schaltplans das Betriebsgeheimnis darstellt, können auch Änderungen, die sich als im Kern gleichartige Verletzungshandlungen darstellen, Vollstreckungsmaßnahmen wegen eines Verstoßes gegen das tenorierte Verbot zur Folge haben.

108 ▶ Die möglichst präzise Darstellung des Geschäftsgeheimnisses – gemeinhin als nachteilig betrachtet – zeigt sich in der Vollstreckung als Vorteil (Stichwort: **Verletzung des Kernbereichs des Verbots**); bereits mit der Klage ist daher strategisch abzuwägen, ob das Geschäftsgeheimnis eher vage beschrieben werden soll, um dem Gegner nicht mehr offenzulegen, als er (vermeintlich) weiß, oder ob es sinnvoller ist, durch eine möglichst präzise Darlegung des Geschäftsgeheimnisses ein sehr weitreichendes Verbot zu erwirken.

a) Verbale Beschreibung, bildliche Darstellung oder Bezugnahme auf Dokumente

109 Für einen hinreichend bestimmten Unterlassungsantrag bedarf es nach dem prozessualen Bestimmtheitsgrundsatz zwar der genauen **Beschreibung der Handlungen**, die unterlassen werden sollen. Vorgaben dazu, wie dies zu geschehen hat, enthält § 253 Abs 2 ZPO allerdings nicht. Üblicherweise wird der Inhalt des beantragten Verbotes in Worte gefasst. Zwingend erforderlich ist eine verbale Beschreibung der Umstände oder Gegenstände, aus

---

[82] BGH 22.03.2018, I ZR 118/16, Rn 33 (juris) = GRUR 2018, 1161 – Hohlfasermembranspinnanlage II, mwN; BGH 13.12.2007, I ZR 71/05, Rn 17 (juris) = GRUR 2008, 727 – Schweißmodulgenerator.
[83] Beispiele bei Köhler, in Köhler/Bornkamm/Feddersen, UWG, 37. Aufl 2019, § 17 UWG Rn 64.
[84] BGH 22.03.2018, I ZR 118/16, Rn 16 (juris) = GRUR 2018, 1161 – Hohlfasermembranspinnanlage II, mwN.
[85] Beispiel nach BGH 13.12.2007, I ZR 71/05, Rn 17 (juris) = GRUR 2008, 727 – Schweißmodulgenerator.

denen eine Rechtsverletzung hergeleitet wird, aber nicht, zumal eine solche mit Blick auf die Komplexität der zu beschreibenden Umstände unbestimmt geraten kann. Insbesondere dann, wenn sich das begehrte Verbot gegen eine konkrete Verletzungsform richtet, kann sich der Inhalt des Verbotes auch aus den dem Klageantrag beigefügten Fotografien oder sonstigen Dokumenten ergeben. Gleich, ob verbale Beschreibung oder bildliche Darstellung – es muss in jedem Fall hinreichend deutlich werden, was verboten sein soll.

b) Verwendung auslegungsbedürftiger Begriffe

110 Die Verwendung auslegungsbedürftiger Begriffe ist nicht schlechthin unzulässig, zumal sich in die Zukunft gerichtete Verbote häufig nur generalisierend formulieren lassen.[86] Unzulässig ist eine **auslegungsbedürftige Antragsfassung**, wenn der Kläger seinen Antrag ohne weiteres konkreter fassen kann.[87]

111 Problematisch ist die Verwendung auslegungsbedürftiger Begriffe, wenn gerade streitig ist, ob das beanstandete Verhalten unter einen solchen Begriff fällt.[88] In diesen Fällen muss der Kläger die angegriffenen Handlungen im Antrag näher konkretisieren.[89] Unbedenklich ist die Verwendung auslegungsbedürftiger Begriffe dann, wenn über ihren Sinngehalt zwischen den Parteien kein Streit besteht[90] oder wenn zum Verständnis des Begriffs auf die konkrete Verletzungshandlung und die gegebene Klagebegründung zurückgegriffen werden kann.[91]

112 Zur Auslegung können erläuternde Ausführungen in der Klagebegründung herangezogen werden.[92] Lässt sich auch daraus nicht entnehmen, wie der auslegungsbedürftige Begriff im konkreten Fall zu verstehen sein soll, ist der Antrag unzulässig.[93] In Geschäftsgeheimnisstreitsachen hat auch die bloße **Wiederholung des Gesetzeswortlauts** die Unzulässigkeit des Antrags zur Folge, da damit die konkrete Verletzungshandlung nicht hinreichend deutlich zum Ausdruck kommen kann.

113 Hinzunehmen ist eine auslegungsbedürftige Antragsformulierung, wenn dies zur Gewährleistung effektiven Rechtsschutzes erforderlich ist.[94] Dies gilt etwa bei Verstößen, die ihrer Art nach kaum jemals in gleicher Weise wiederholt werden; hier ist dem Kläger dann

---

86 BAG 18.11.2014, 1 AZR 257/13, Rn 43 (juris) = NJW 2015, 1548; BAG 20.11.2018, 1 AZR 189/17, Rn 12 (juris) = NJW 2019, 109.
87 BGH 11.06.2015, I ZR 226/13, Rn 16 (juris) = GRUR 2016, 88 – Deltamethrin I; BGH 26.01.2017, I ZR 207/14, Rn 22 (juris) = GRUR 2017, 422 – ARD-Buffet.
88 Hasselblatt/Musiol, MAH Gewerblicher Rechtsschutz, Teil D § 25 Rn 63.
89 BGH 30.04.2015, I ZR 13/14, Rn 26 (juris) = GRUR 2015, 1228 – Tagesschau-App; BGH 01.12.1999, I ZR 49/97, Rn 39 f = NJW 2000, 2195 – Marlene Dietrich; BAG 18.11.2014, 1 AZR 257/13, Rn 44 (juris) = NJW 2015, 1548.
90 BGH 22.11.2007, I ZR 12/05, Rn 22 (juris) = GRUR 2008, 357 – Planfreigabesystem, zur Bezeichnung von Software.
91 BGH 04.11.2010, I ZR 118/09, Rn 13 (juris) = GRUR 2011, 539 – Rechtsberatung durch Lebensmittelchemiker; BAG 20.03.2018, 1 ABR 70/16, Rn 27 (juris) = NZA 2018, 1081.
92 BGH 21.05.2015, I ZR 183/13, Rn 13 (juris) = GRUR 2015, 1237 – Erfolgsprämie für die Kundengewinnung; BGH 22.07.2010, I ZR 139/08 = GRUR 2011, 152 Rn 25 – Kinderhochstühle im Internet I; BAG 12.03.2019, 1 ABR 42/17, Rn 35 ff (juris) = NZA 2019, 843.
93 BAG 18.05.2016, 7 ABR 41/14, Rn 22 (juris) = NZA 2017, 342.
94 BGH 21.05.2015, I ZR 183/13, Rn 13 (juris) = GRUR 2015, 1237 – Erfolgsprämie für die Kundengewinnung.

ein gewisses Maß an Verallgemeinerung gestattet, auch wenn dies dazu führt, dass das Vollstreckungsgericht bei der Beurteilung behaupteter Verstöße Wertungen vornehmen muss.[95] Gleiches gilt, wenn dies zur Gewährleistung des Rechtsschutzes im Hinblick auf eine bestimmte Geschäftsmethode erforderlich erscheint.[96]

c) Konkretisierung durch »Insbesondere«-Zusatz

114 Ein abstrakt formulierter Antrag, der für sich gesehen nicht hinreichend bestimmt ist, kann durch einen mit »insbesondere« eingeleiteten Zusatz ergänzt werden, der auf eine konkrete Verletzungshandlung Bezug nimmt oder diese wiedergibt und dadurch den Inhalt des angestrebten Verbots beispielhaft verdeutlicht.[97] Um dem **Bestimmtheitserfordernis** zu genügen, muss der Insbesondere-Zusatz einen hinreichenden **Bezug zu den abstrakten Formulierungen** erkennen lassen, deren Verdeutlichung er dienen soll, und hinreichende Anhaltspunkte dafür bieten, in welcher Weise die Konkretisierung erfolgen soll.

115 Ein Unterlassungsantrag, der den Wortlaut einer abstrakten Verbotsnorm wiederholt, bleibt trotz eines Insbesondere-Zusatzes unbestimmt, wenn nicht hinreichend erkennbar ist, wodurch die Merkmale des begehrten Verbots im Einzelnen verwirklicht sind.[98]

116 Ist der abstrakt formulierte Antrag trotz des Insbesondere-Zusatzes nicht hinreichend bestimmt, so ist das Klagebegehren in der Regel dahin zu verstehen, dass der Kläger **hilfsweise** die **Unterlassung der konkreten Verletzungshandlung** anstrebt.[99] Ist das Begehren in zulässiger Weise auf die konkrete Verletzungsform beschränkt, so ist eine im Antrag zusätzlich enthaltene Bezugnahme auf eine Rechtsvorschrift grds als unschädliche Überbestimmung anzusehen.[100] In sich widersprüchlich und deshalb insgesamt unzulässig ist ein Antrag, wenn die mit dem Insbesondere-Zusatz umschriebene Handlung nicht unter den allgemeiner gefassten Antrag subsumiert werden kann.

117 Nachfolgend finden sich konkrete Formulierungsvorschläge für bestimmt gefasste Unterlassungsanträge am Beispiel einer Maschine (Spinnanlage), in der ein Geschäftsgeheimnis entweder selbst verkörpert ist (angegriffenes Erzeugnis) oder die auf Basis eines geheimhaltungsbedürftigen Verfahrens hergestellt wurde; angesichts der Vielgestaltigkeit der Gegenstände von Geschäftsgeheimnissen und der Bandbreite möglicher Antragsfassungen kann hier nur eine beispielhafte Auswahl dargestellt werden. Auch werden in diesen Beispielen nicht alle im jeweiligen Einzelfall in Betracht kommenden Benutzungshandlungen aufgezählt.

---

95 BGH 04.03.2004, I ZR 221/01, Rn 20 = NJW 2004, 2080 – Direktansprache am Arbeitsplatz.
96 BGH 06.10.2011, I ZR 117/10, Rn 15, 27 (juris) = GRUR 2012, 407 – Delan; vgl BGH 05.10.2010, I ZR 46/09, Rn 10 (juris) = GRUR 2011, 433 – Verbotsantrag bei Telefonwerbung.
97 BGH 05.11.2015, I ZR 50/14, Rn 13 (juris) = GRUR 2016, 705 – ConText; BGH 31.10.2018, I ZR 73/17, Rn 21 (juris) = NJW-RR 2019, 610 – Jogginghosen.
98 BGH 31.10.2018, I ZR 73/17, Rn 22 (juris) = NJW-RR 2019, 610 – Jogginghosen.
99 BGH 19.07.2018, I ZR 268/14, Rn 16 (juris) = GRUR 2019, 185 – Champagner Sorbet II; vgl auch Bacher, in BeckOK-ZPO, § 260 Rn 7.1.
100 BGH 15.12.2016, I ZR 213/15, Rn 11 (juris) = GRUR 2017, 292 – Energieverbrauchskennzeichnung; BGH 10.11.2016, I ZR 29/15, Rn 13 (juris) = GRUR 2017, 288 – Hörgeräteausstellung.

Verkörperung eines Geschäftsgeheimnisses in einer Maschine

▶ Antragsalternative 1

Es wird beantragt, den Beklagten zu verurteilen, es […] zu unterlassen, Spinnanlagen des Typs »Spinning System HFM 01« herzustellen, anzubieten oder in Verkehr zu bringen.

Antragsgegenstand ist die **konkret angegriffene Ausführungsform** ohne Beschreibung ihrer Gestaltung und des darin verkörperten Geschäftsgeheimnisses; geeignet ist diese Formulierung, wenn die Gestaltung der einzig rechtsverletzenden Ausführungsform unstreitig sein dürfte; problematisch ist sie bei unterschiedlicher Gestaltung von Maschinen dieses Typs; zu eng erscheint sie, wenn weitere Maschinen als rechtsverletzend in Betracht kommen; problematisch wird sie auch in der Vollstreckung, sofern die Typenbezeichnung geändert wird und die Identität der Maschine mit derjenigen, die Gegenstand des Erkenntnisverfahrens war, nicht mehr ohne Weiteres festzustellen ist.

▶ Antragsalternative 2

Es wird beantragt, den Beklagten zu verurteilen, es […] zu unterlassen, Spinnanlagen bestehend aus den Komponenten, die sich aus der Anlage K 1 ergeben, herzustellen, anzubieten oder in Verkehr zu bringen,

insbesondere Spinnanlagen des Typs »Spinning System HFM 01«.

Antragsgegenstand ist im Insbesondere-Zusatz die **konkret angegriffene Ausführungsform**, wobei im Antrag das Geschäftsgeheimnis nicht benannt wird, aber die verbotsgegenständliche Gestaltung der Maschine unter Bezugnahme auf bestimmte Dokumente präzise beschrieben wird; empfehlenswert ist diese Form der Antragstellung zB dann, wenn weitere Maschinen rechtsverletzend sein könnten.

▶ Antragsalternative 3

Es wird beantragt, den Beklagten zu verurteilen, es […] zu unterlassen, Spinnanlagen herzustellen, anzubieten oder in Verkehr zu bringen, wenn diese über Spinndüsen nach Maßgabe einer der Konstruktionszeichnungen gemäß Anlage K 2 verfügen.

Dieser Antrag beschreibt die verbotsgegenständlichen Merkmale der Maschine durch Bezugnahme auf bestimmte Dokumente; die Beschreibung der Gestaltungsmerkmale der Maschine ist im Vergleich zur Antragsalternative 2 weiter präzisiert, ohne dabei allerdings im Antrag offenzulegen, worin genau das Geschäftsgeheimnis besteht; in der Vollstreckung bietet diese Antragsfassung gegenüber der Antragsalternative 2 insofern Vorteile, als nicht irgendeine Komponente der Anlage, sondern konkret die Spinndüse geändert werden muss, um aus dem Verbot herauszukommen.

▶ Antragsalternative 4

Es wird beantragt, den Beklagten zu verurteilen, es […] zu unterlassen, Spinnanlagen herzustellen, anzubieten oder in Verkehr zu bringen, deren Spinndüsen einen Lochdurchmesser von höchstens 120 μm und einen Düsenkanal mit einer Länge von höchstens 200 μm aufweisen.

Dieser Antrag beschreibt konkret das verbotsgegenständliche Geschäftsgeheimisgeheimnis; weiter lässt sich das Verbot kaum spezifizieren.

Herstellung einer Maschine durch ein geheimhaltungsbedürftiges Verfahren

▶ Antragsalternative 1

126 Es wird beantragt, den Beklagten zu verurteilen, es [...] zu unterlassen, Spinndüsen nach den Fertigungsprotokollen in Anlage K 1 herzustellen.

127 Antragsgegenstand ist das verbotsgegenständliche Verfahren unter Bezugnahme auf bestimmte Dokumente; worin konkret das Geschäftsgeheimnis besteht, bleibt – zulässigerweise – offen.

▶ Antragsalternative 2

128 Es wird beantragt, den Beklagten zu verurteilen, es [...] zu unterlassen, Spinndüsen herzustellen, indem das Werkstück zunächst auf 250 bis 280 °C erhitzt und sodann in einer Salzlösung mit einem Salzgehalt von mindestens 30 % abgelöscht wird, ehe mit einem Laserstrahl Mikrolöcher einer Größe von höchstens 30 μm gebohrt werden.

129 Dieser Antrag beschreibt konkret das verbotsgegenständliche Herstellungsverfahren; weiter lässt sich das Verbot kaum spezifizieren.

d) Folge eines unbestimmten Klageantrags

130 Eine zu allgemeine – und damit unbestimmte – Umschreibung des Geschäftsgeheimnisses bzw der angegriffenen Ausführungsform im Unterlassungsantrag führt nicht zu einer teilweisen Klageabweisung als unbegründet wegen eines zu weit gefassten Antrages, sondern zu einer Klageabweisung als **unzulässig** mangels Bestimmtheit des Antrages.[101]

131 ▶ Die Formulierung des Klageantrags in Geschäftsgeheimnisstreitsachen ist eine große Herausforderung. Die Parteien sind deshalb in ganz besonderem Maße auf die Mitwirkung des Gerichts angewiesen. Sie sollten dringend auf einen gerichtlichen Hinweis nach § 139 ZPO hinwirken, den das Gericht angesichts der Erheblichkeit und der rechtlichen Unwägbarkeit im Zusammenhang mit der Antragstellung kaum verweigern darf. Auch Hilfsanträge können insofern ein Mittel sein, um eine Klageabweisung als unzulässig zu vermeiden.

132 Das mit Einreichung einer Unterlassungsklage fortbestehende Geheimhaltungsbedürfnis des Klägers stellt allerdings keinen Grund für eine Herabsetzung der Anforderungen an die Bestimmtheit des Klageantrages dar, zumal das Geschäftsgeheimnis – wie oben gezeigt – im Klageantrag nicht offenbart werden muss.

e) Einzelfälle

133 Die spezifischen Probleme der Antragsformulierung ergeben sich unter anderem aus dem Gegenstand des Geschäftsgeheimnisses bzw dessen Verkörperung und dem Klageziel (Verbot bestimmter Produkte oder nur der Verwendung bestimmter Dokumente). Welche Anforderungen dabei an die Konkretisierung des Streitgegenstandes im Unterlassungsantrag zu stellen sind, ist auch abhängig von den Besonderheiten des anzuwendenden materiellen Rechts und den Umständen des Einzelfalls.[102]

---

101 Sh insoweit BAG 25.04.1989, 3 AZR 35/88, Rn 17 ff (juris) = NZA 1989, 860; BGH 06.10.2011, I ZR 117/10, Rn 16 (juris) = GRUR 2012, 407 – Delan.
102 BGH 04.07.2002, I ZR 38/00, Rn 28 ff (juris) = GRUR 2002, 1088 – Zugabenbündel; 19.07.2019, 9 TaBV 125/18, Rn 34 ff (juris) = LAG Köln ArbRAktuell 2012, 256.

Unterschieden werden soll an dieser Stelle zwischen in Dokumenten oder elektronischen Dateien verkörperten Geschäftsgeheimnissen (zB Ausschreibungsunterlagen, Entwicklungsunterlagen, Gehaltslisten, Kunden- und Lieferantenlisten, Kundendaten, Kalkulationsunterlagen, Konstruktionspläne, Schaltpläne etc), Computerprogrammen, Gegenständen/Materialien/Stoffen sowie Herstellungsverfahren/Ablaufbeschreibungen und Rezepturen/Formeln.[103]

134

aa) Verwendung bestimmter Dokumente

Liegt die Verletzung eines Geschäftsgeheimnisses durch unbefugte Aneignung von Dokumenten vor, kann der Verbotsantrag dahin formuliert werden, dass untersagt wird, die fraglichen Dokumente zu verwenden. Hinreichend bestimmt ist ein solcher Antrag jedenfalls dann, wenn die **Dokumente** dem **Antrag inkorporiert** werden; bestimmbar ist ein solcher Antrag, wenn auf eine beigefügte **Anlage** Bezug genommen wird.[104] Handelt es sich bei dem Geschäftsgeheimnis etwa um eine Kundenliste, so muss diese in der beschriebenen Weise zum Gegenstand des Antrags gemacht werden, damit das Vollstreckungsgericht ohne umfängliche Aufklärung Verstöße feststellen kann.[105]

135

bb) Produkte, Gegenstände, Materialien, Stoffe

Ferner kann ein Unterlassungsantrag darauf gerichtet sein, bestimmte Produkte (Gegenstände), also eine bestimmte **angegriffene Ausführungsform**, herzustellen oder anzubieten bzw bestimmte Materialien oder Stoffe zur Herstellung zu verwenden. Es handelt sich dabei im Vergleich zum Verbot der Verwendung von Dokumenten (zur Herstellung solcher Produkte) um einen anderen Streitgegenstand.[106] Aus dem Antrag muss sich allerdings nicht ergeben, in welchen Elementen die angegriffene Ausführungsform rechtsverletzend ist.[107] Der Klageantrag muss aber zumindest unter Heranziehung des Klagevortrags unzweideutig erkennen lassen, in welchen Merkmalen des angegriffenen Erzeugnisses die Grundlage und der Anknüpfungspunkt des Unterlassungsgebots liegen soll.[108]

136

▶ Ist Gegenstand des beantragten Verbots nicht das unbefugt erlangte Dokument, sondern das damit hergestellte Produkt, wird die Preisgabe des eigenen Geschäftsgeheimnisses im Antrag vermieden. Es kann sich auch empfehlen, auf Verwendung bestimmter Dokumente zielende Anträge mit Anträgen betreffend die rechtsverletzenden Produkte zu kombinieren, um gleichzeitig einen möglichst umfassend wirkenden Unterlassungstenor und ein konkretes und damit zweifelsohne hinreichend bestimmtes Verbot zu erreichen, das ohne im Vollstreckungsverfahren zu bewältigende Unklarheiten die identifizierten Verletzungsformen erfasst.

137

---

103 Hierzu Bott/Hiéramente, CCZ 2017, 115; Übersicht bei Janssen/Maluga, in MüKo-StGB, § 17 UWG Rn 41.
104 BGH 13.12.2007, I ZR 71/05, Rn 17 (juris) = GRUR 2008, 727 – Schweißmodulgenerator; BGH 22.11.2007, I ZR 12/05, Rn 25 (juris) = GRUR 2008, 357 – Planfreigabesystem.
105 Vgl LAG Köln 19.07.2019, 9 TaBV 125/18, Rn 37 (juris) = ArbRAktuell 2012, 256.
106 Vgl Deichfuß, GRUR-Prax 2012, 449.
107 BGH 13.12.2007, I ZR 71/05, Rn 17 (juris) = GRUR 2008, 727 – Schweißmodulgenerator.
108 BGH 22.03.2018, I ZR 118/16, Rn 16 (juris) = GRUR 2018, 1161 – Hohlfasermembranspinnanlage II.

cc) Herstellungsverfahren/Ablaufbeschreibungen/Rezepturen/Formeln

138 Besteht das Betriebsgeheimnis in einer Verfahrenstechnik, einer Fertigungsmethode, einer Ablaufbeschreibung, Rezeptur oder der Verwendung einer Formel, muss diese eindeutig und unverwechselbar beschrieben werden.

139 Die **Beschreibung der Verfahrenstechnik durch** die Beschreibung des bei ihrer Anwendung **entstehenden Produkts** reicht nicht aus, wenn Produkte mit den beschriebenen Eigenschaften auch bei Anwendung anderer Verfahrensweisen entstehen können, das Produkt also keine Rückschlüsse auf ein Betriebsgeheimnis zulässt.[109] Umgekehrt gilt also: Eine hinreichend bestimmte Antragstellung kann auch ohne Offenbarung des Geschäftsgeheimnisses erfolgen, wenn das Produkt oder Erzeugnis, welches unter Verwendung des Geschäftsgeheimnisses (zB einer Verfahrenstechnik) hergestellt oder angeboten wird, zum Gegenstand des Antrages gemacht werden kann; eine Beschreibung des Herstellungsverfahrens im Antrag ist dann grds entbehrlich. Der Klageantrag muss zumindest unter Heranziehung des Klagevortrags unzweideutig erkennen lassen, in welchen Merkmalen des angegriffenen Erzeugnisses die Grundlage und der Anknüpfungspunkt des Unterlassungsgebots liegen soll.[110]

dd) Computerprogramme

140 Ist Software Gegenstand eines Unterlassungsantrages, kann die nach dem Bestimmtheitsgebot erforderliche Individualisierung grds durch **Bezeichnung des Programms** erfolgen.[111] Steht nicht eindeutig fest, welches Computerprogramm mit einer bestimmten Bezeichnung gemeint ist, sind die sich auf ein solches Computerprogramm beziehenden Klageanträge grds nur dann hinreichend bestimmt, wenn sie den Inhalt dieses Computerprogramms auf andere Weise so beschreiben, dass Verwechslungen mit anderen Computerprogrammen soweit wie möglich ausgeschlossen sind. Dabei kann die gebotene Individualisierung des Computerprogramms durch Bezugnahme auf Programmausdrucke oder Programmträger erfolgen.[112]

ee) Technisches Know-how

141 Besteht das Geschäftsgeheimnis in technischem Know-how, gilt letztlich – wie bei der antragsgegenständlichen Wiedergabe einer als patentverletzend angegriffenen Vorrichtung oder eines als patentverletzend angegriffenen Verfahrens – die Anforderung, im Klageantrag und in einem diesem entsprechenden Urteilsausspruch zum Ausdruck zu bringen, welches **konkrete Erzeugnis oder Verfahren** angegriffen wird. Einer verbalen Beschreibung der Umstände, aus denen eine Rechtsverletzung hergeleitet wird, bedarf es insofern nicht zwingend[113], wenngleich entsprechend verbalisierte Anträge im Patentrecht üblich sind. Es muss klar sein, welche konkrete Ausführungsform den Gegenstand des begehrten Verbots

---

109 BAG 25.04.1989, 3 AZR 35/88, Rn 20 (juris) = NZA 1989, 860.
110 BGH 22.03.2018, I ZR 118/16, Rn 16 (juris) = GRUR 2018, 1161 – Hohlfasermembranspinnanlage II.
111 S. nur BGH 28.03.2019, I ZR 132/17 = GRUR 2019, 950 – Testversion, (Computerprogramm »Microsoft Office Professional Plus 2013«).
112 BGH 22.11.2007, I ZR 12/05, Rn 24 (juris) = GRUR 2008, 357 – Planfreigabesystem.
113 BGH 22.03.2018, I ZR 118/16, Rn 19 (juris) = GRUR 2018, 1161 – Hohlfasermembranspinnanlage II, mwN.

bildet; insoweit kann es zur Bestimmung erforderlich sein, etwa die Konfiguration einer Anlage oder deren technische Spezifikationen anzugeben. Spätestens im Rahmen der Darlegung des Geschäftsgeheimnisses in der Klagebegründung muss konkret vorgetragen werden, worin dieses besteht (Beispiel: die konkreten Maße und Anordnungen bestimmter Bauteile einer Maschine[114]), sodass das Gericht in die Lage versetzt wird, das Vorliegen eines Geschäftsgeheimnisses festzustellen.

4. Auskunft

Nach **§ 8 Abs 1 GeschGehG** ist der Rechtsverletzer zur Auskunft verpflichtet über 142
- Name und Anschrift der Hersteller, Lieferanten und anderer Vorbesitzer der rechtsverletzenden Produkte sowie der gewerblichen Abnehmer und Verkaufsstellen, für die sie bestimmt waren;
- die Menge der hergestellten, bestellten, ausgelieferten oder erhaltenen rechtsverletzenden Produkte sowie über die Kaufpreise;
- diejenigen im Besitz oder Eigentum des Rechtsverletzers stehenden Dokumente, Gegenstände, Materialien, Stoffe oder elektronischen Dateien, die das Geschäftsgeheimnis enthalten oder verkörpern und
- die Person, von der sie das Geschäftsgeheimnis erlangt haben und der gegenüber sie es offenbart haben.

Dieser Katalog ist bereits die »**Blaupause**« für einen entsprechenden **Klageantrag**; ausfüllungsbedürftig ist dieser Katalog allein insoweit, als die rechtsverletzenden Produkte bzw das betroffene Geschäftsgeheimnis konkret zu bezeichnen sind. Im Falle eines begleitenden Unterlassungsantrages kann insoweit auf diesen verwiesen werden. 143

5. Schadensersatz

Wenig Schwierigkeiten wirft die Antragstellung im Falle von Schadensersatzansprüchen auf; hier kommen grds sowohl **unbezifferte Feststellungsanträge** als auch **bezifferte Zahlungsanträge** in Betracht. Schwierigkeiten dürfte allein die Bezifferung, also die Schadensberechnung darstellen. Bei der Bemessung des Schadensersatzes sind nach § 10 Abs 2 GeschGehG die Grundsätze der dreifachen Schadensberechnung anwendbar (sh Kap 1 Rdn 830 ff). Ferner kann der Inhaber des Geschäftsgeheimnisses auch wegen des Schadens, der nicht Vermögensschaden ist, von dem Rechtsverletzer eine Entschädigung in Geld verlangen, soweit dies der Billigkeit entspricht (§ 10 Abs 3 GeschGehG). 144

6. Vernichtung/Herausgabe/Rückruf/Entfernung aus den Vertriebswegen/ Rücknahme vom Markt

Auch bei einem auf Vernichtung oder Herausgabe nach § 7 Nr 1 GeschGehG abzielenden Antrag stellt sich die Frage, wie konkret die betroffenen Dokumente, Gegenstände, Materialien, Stoffe oder elektronischen Dateien, die das Geschäftsgeheimnis enthalten oder verkörpern, im Antrag bezeichnet sein müssen. Es gilt wiederum zu beachten, dass Vernichtung und Herausgabe durch den Gerichtsvollzieher im Wege der Herausgabevollstreckung durchgesetzt werden müssen und der Gerichtsvollzieher noch weniger als das Vollstre- 145

---

[114] BGH 22.03.2018, I ZR 118/16, Rn 32 (juris) = GRUR 2018, 1161 – Hohlfasermembranspinnanlage II, mwN.

ckungsgericht die Möglichkeit hat, Ermittlungen anzustellen, um den Vollstreckungsgegenstand zu identifizieren. Rein gesetzeswiederholende Anträge sind in diesem Zusammenhang deshalb nicht zielführend; vielmehr bedarf es einer **konkreten Bezeichnung** der zu vernichtenden oder herauszugebenden Dokumente, Gegenstände, Materialien, Stoffe oder elektronischen Dateien. Gleiches gilt für einen Antrag auf Rückruf des rechtsverletzenden Produkts sowie auf Entfernung aus den Vertriebswegen.

146 Fraglich ist, ob im **Antrag auf Rückruf** des rechtsverletzenden Produkts spezifiziert werden muss, wie der Rückruf konkret erfolgen soll. Für spezialgesetzliche Rückrufansprüche ist anerkannt, dass sie sich in ihrem konkreten Inhalt nach dem tatsächlich geschehenen Vertrieb sowie nach der Zielsetzung effektiver Maßnahmen zur Entfernung rechtsverletzender Erzeugnisse aus dem Vertriebsweg richten.[115] Der Unterlassungsschuldner ist verpflichtet, gegenüber seinen Abnehmern mit Nachdruck und Ernsthaftigkeit sowie unter Hinweis auf den rechtsverletzenden Charakter der Erzeugnisse deren Rückerlangung zu versuchen, wobei ihm überlassen bleiben soll, diejenige mögliche, erforderliche und zumutbare Vorgehensweise zu wählen, die im konkreten Einzelfall geeignet ist. Im Patentrecht ist die Frage, ob der Gläubiger dem Schuldner konkrete Anweisungen zur Durchführung des Rückrufs machen kann, umstritten.[116]

147 ▶ Wegen des geringen Kostenrisikos (Teilabweisung eines kostenmäßig untergeordneten Klageantrags) können Konkretisierungen betreffend die Rückrufmodalitäten relativ gefahrlos aufgenommen werden.

7. Urteilsbekanntmachung

148 Nach § 21 Abs 1 GeschGehG kann der obsiegenden Partei einer Geschäftsgeheimnisstreitsache auf Antrag in der Urteilsformel die Befugnis zugesprochen werden, das **Urteil oder Informationen über das Urteil** auf Kosten der unterliegenden Partei öffentlich bekannt zu machen; Voraussetzung hierfür ist das Bestehen eines **berechtigten Interesses**. Vergleichbare Regelungen finden sich in § 12 Abs 3 UWG, § 103 UrhG, § 19c MarkenG, § 140e PatG und § 24e GebrMG. Dem Gegenstand eines solchen Urteils (»Geschäftsgeheimnis«) geschuldet sein dürfte die Tatsache, dass – anders als in den genannten Normen der Sonderschutzrechte – neben einer Urteilsveröffentlichung auch »Informationen über das Urteil« (etwa in Gestalt einer Pressemitteilung) öffentlich bekannt gemacht werden können; damit wird dem Umstand Rechnung getragen, dass es nicht iSd Geheimnisinhabers liegt, sein Geheimnis durch die Urteilsveröffentlichung offenbar werden zu lassen; gleichwohl soll ihm – wie in den genannten anderen Rechtsmaterien auch – die Möglichkeit gegeben werden, über die Gerichtsentscheidung zu informieren.

149 ▶ Ratsam ist es, den Antrag auf Bekanntmachung von Informationen über das Urteil nicht gesetzeswiederholend und damit pauschal zu fassen, sondern eine konkrete Formulierung der zu veröffentlichenden Information vorzuschlagen (Pressemitteilung folgenden Inhalts: [...]); damit wird nicht nur dem Bestimmtheitsgebot (§ 253 Abs 2 Nr 2 ZPO) Rechnung getragen, sondern es werden auch sich anschließende Streitigkeiten über möglicherweise zu weitgehende »Informationen« vermieden.

---

115 BGH 11.10.2017, I ZB 96/16, Rn 32 (juris) = GRUR 2018, 292 – Produkte zur Wundversorgung, mwN.
116 Zum Streitstand Grabinski/Zülch, in Benkard, PatG, § 140a Rn 17 ff; Formulierungsvorschläge bei Mes, PatG, § 140a Rn 22.

Anders als in § 12 Abs 3 UWG, § 103 UrhG, § 19c MarkenG, § 140e PatG und § 24e **150** GebrMG nennt der Gesetzgeber im Falle des GeschGehG (§ 21 Abs 2) einen **nicht abschließenden Katalog** (»insbesondere«) **von Kriterien**, die bei der gerichtlichen Entscheidung über die Urteilsbekanntmachung zu berücksichtigen sind (Wert des Geschäftsgeheimnisses, das Verhalten des Rechtsverletzers bei Erlangung, Nutzung oder Offenlegung des Geschäftsgeheimnisses, Folgen der rechtswidrigen Nutzung oder Offenlegung des Geschäftsgeheimnisses und Wahrscheinlichkeit einer weiteren rechtswidrigen Nutzung oder Offenlegung des Geschäftsgeheimnisses durch den Rechtsverletzer). Grund hierfür ist die Umsetzung der Vorgaben der GeschGehRL, die in Art 15 Abs 3 einen entsprechenden – allerdings abschließend formulierten – Katalog auflistet; der Richtlinienkatalog enthält in Art 15 Abs 3 Unterabsatz 2 jedoch ein weiteres Kriterium,[117] welches sich in § 21 Abs 2 GeschGehG nicht findet; dies ist deshalb besonders erstaunlich, da es sich bei diesem Kriterium um den besonders heiklen Fall einer möglicherweise **identifizierenden Urteilsbekanntmachung** handelt. Das Gericht muss im Rahmen seiner Ermessensentscheidung (»kann auf Antrag in der Urteilsformel die Befugnis zugesprochen werden«) über den Antrag auf Urteilsbekanntmachung eine Interessenabwägung entsprechend dem gesetzlich bestimmten Kriterienkatalog – einschließlich des Kriteriums aus Art 15 Abs 3 Unterabsatz 2 der GeschGehRL – vornehmen.

Ein weiterer Unterschied zum früher für die Verletzung von Geschäftsgeheimnissen geltenden Recht (§ 12 Abs 3 UWG) besteht darin, dass die Urteilsveröffentlichung **nicht auf Unterlassungsklagen beschränkt** ist, sondern auch bei anderen Klagen (Schadensersatz etc) möglich ist. **151**

Das Urteil darf erst **nach Rechtskraft** bekannt gemacht werden, es sei denn, das Gericht **152** bestimmt etwas anderes (§ 21 Abs 3 GeschGehG). Für eine Urteilsbekanntmachung vor Rechtskraft ist allerdings ein dringendes Bedürfnis erforderlich.[118] Dies kann bspw in Betracht kommen, wenn eine besondere Gefährdungslage besteht, die eine rasche Information der Öffentlichkeit erfordert.

II. Geheimhaltung

Mit dem GeschGehG sind die nach der ZPO und dem GVG bestehenden Möglichkeiten **153** zur Geheimhaltung von Prozessstoff um spezifische Regelungen **für Geschäftsgeheimnisstreitsachen** erweitert worden. Diese finden sich zusammengefasst in einem eigenen dritten Abschnitt des GeschGehG. Soweit keine besonderen Regelungen getroffen wurden, kommen die allgemein geltenden Verfahrensbestimmungen zur Anwendung.[119]

Nach dem GeschGehG lassen sich im Wesentlichen zwei Maßnahmen zum Zwecke der **154** Geheimhaltung ausmachen:

---

117 »Die zuständigen Gerichte berücksichtigen auch, ob die Informationen über den Rechtsverletzer die Identifizierung einer natürlichen Person ermöglichen würden und, falls ja, ob die Veröffentlichung dieser Informationen gerechtfertigt wäre, insb im Lichte des etwaigen Schadens, den eine solche Maßnahme der Privatsphäre und dem Ruf des Rechtsverletzers zufügen kann.«.
118 Begr zum RegE, BT-Drucks. 19/4724 S. 39.
119 Begr zum RegE, BT-Drucks. 19/4724 S. 34.

- Die Einstufung von Informationen als geheimhaltungsbedürftig mit der Folge, dass diese von allen Beteiligten vertraulich behandelt werden müssen (§ 16 GeschGehG);
- die Beschränkung des Personenkreises, der im Rahmen des Prozesses mit geheimhaltungsbedürftigen Informationen in Berührung kommen darf (§ 19 GeschGehG).

1. Einstufung von Informationen als geheimhaltungsbedürftig

155 Nach § 16 Abs 1 GeschGehG können streitgegenständliche Informationen ganz oder teilweise als geheimhaltungsbedürftig eingestuft werden, wenn diese ein Geschäftsgeheimnis darstellen können. Von Bedeutung ist mit Blick auf den Gesetzeswortlaut zunächst, dass – anders als nach § 172 Nr 2 GVG – die bloße Möglichkeit des Vorliegens eines Geschäftsgeheimnisses ausreicht. In der Gerichtspraxis wird infolgedessen im Zweifel ein Geschäftsgeheimnis anzunehmen sein.

156 Gegenstand der Einstufungsentscheidung sind streitgegenständliche **Informationen**. Um eine Information in diesem Sinne handelt es sich, der Legaldefinition in § 2 Nr 1 GeschGehG folgend, wenn der Antragsgegenstand seinem Charakter nach ein Geschäftsgeheimnis darstellen kann. Ob es sich im konkreten Einzelfall tatsächlich um ein Geschäftsgeheimnis handelt, ist für die verfahrensrechtliche Entscheidung über die Geheimhaltungsbedürftigkeit ohne Belang. Dem Gericht werden damit zum Zwecke eines effektiven Geheimnisschutzes schwierige und umfangreiche Untersuchungen und Begründungen erspart; es darf sich im Rahmen der von ihm zu treffenden Ermessensentscheidung mit einer summarischen Prüfung und typisierenden Betrachtung bescheiden.

157 Nach dem Gesetzeswortlaut müssen die Informationen **streitgegenständlich** sein. Diese Voraussetzung ist ohne weiteres erfüllt, wenn Antragsgegenstand das klageweise geltend gemachte Geschäftsgeheimnis selbst ist. Denkbar ist aber auch, dass der Antragsgegner eine aus seiner Sicht geheimhaltungsbedürftige Information als Verteidigungsmittel in das Verfahren einführt und diesbezüglich einen Antrag nach § 16 Abs 1 GeschGehG stellt. Schon aus Gründen der prozessualen Waffengleichheit, insbesondere aber mit Blick auf die gesetzlich bestimmte Antragsbefugnis beider Parteien (»[...] auf Antrag einer Partei [...]«) wird man den Begriff »streitgegenständlich« in diesem Zusammenhang nicht iSd prozessualen Streitgegenstandsbegriffs auf das klageweise geltend gemachte Geschäftsgeheimnis verengen dürfen.[120] Dieses Verständnis ist auch mit der Begriffsdefinition in § 2 Nr 1 GeschGehG vereinbar.

158 ▶ Streitgegenständlich i.S.d. § 16 Abs 1 GeschGehG können auch Informationen sein, die der Beklagte bzw Antragsgegner in den Prozess einführen will; auch insofern besteht ein Antragsrecht nach § 16 Abs 1 GeschGehG.

a) Entscheidungsvoraussetzungen

159 Für die Einstufung der streitgegenständlichen Informationen als geheimhaltungsbedürftig ist der **Antrag** einer Partei erforderlich. Zwar sind grds beide Parteien antragsbefugt; Antragsteller wird aber regelmäßig die Partei sein, die Inhaberin des streitgegenständlichen Geschäftsgeheimnisses ist. Eine Einstufung von Amts wegen ist – der zivilprozessualen

---

120 So im Ergebnis auch Alexander, in Köhler/Bornkamm/Feddersen, UWG, § 16 GeschGehG Rn 25; Kalbfus WRP 2019, 692 ff.

Dispositionsmaxime folgend – nicht möglich.[121] Der Antrag auf Einstufung einer Information als geheimhaltungsbedürftig kann während des gesamten Verfahrens gestellt werden.

▶ Sinnvoll ist es, den Antrag nach § 16 Abs 1 GeschGehG gleichzeitig mit Einreichung der Klage- bzw Antragsschrift zu stellen, um den Geheimnisschutz von Beginn an sicherzustellen.[122]

Nach § 20 Abs 3 GeschGehG ist die **Glaubhaftmachung** (§ 294 Abs 1 ZPO) eines Geschäftsgeheimnisses durch den Antragsteller erforderlich, aber auch ausreichend; eines Strengbeweises bedarf es also nicht. Glaubhaft gemacht ist ein Geschäftsgeheimnis, wenn überwiegend wahrscheinlich ist, dass es besteht.[123] Entgegen dem Gesetzeswortlaut von § 20 Abs 3 GeschGehG (»[...] glaubhaft machen, dass es sich bei der streitgegenständlichen Information um ein Geschäftsgeheimnis handelt.«) wird man ausgehend von § 16 Abs 1 GeschGehG auch keine Glaubhaftmachung dafür verlangen dürfen, dass tatsächlich ein Geschäftsgeheimnis gegeben ist; die **Möglichkeit des Bestehens eines Geschäftsgeheimnisses** wird hier entsprechend der Regelung in § 16 Abs 1 GeschGehG als ausreichend angesehen werden müssen. Das Mittel der Wahl zur Glaubhaftmachung wird regelmäßig eine eidesstattliche Versicherung sein. Vortrag zur besonderen Schutzbedürftigkeit des möglichen Geschäftsgeheimnisses ist im Rahmen eines Antrags nach § 16 Abs 1 GeschGehG ebenso wenig erforderlich wie die Darlegung von Nachteilen, die mangels eines verfahrensrechtlichen Geheimnisschutzes entstehen könnten.[124]

b) Verfahren

Das Verfahren betreffend die Entscheidung über Anträge nach § 16 GeschGehG ist in § 20 GeschGehG geregelt. Nach § 20 Abs 1, 5 GeschGehG entscheidet das **Gericht der Hauptsache**, also das mit der Sache gegenwärtig befasste Instanzgericht (§ 20 Abs 6 GeschGehG), über den Antrag auf Einstufung einer Information als geheimhaltungsbedürftig **durch Beschluss**.

aa) Zurückweisung des Antrags; sofortige Beschwerde des Antragstellers

Beabsichtigt das Gericht die Zurückweisung des Antrags, hat es die den Antrag stellende Partei darauf und auf die Gründe hierfür hinzuweisen und ihr binnen einer zu bestimmenden Frist **Gelegenheit zur Stellungnahme** zu geben (§ 20 Abs 5 Satz 3 GeschGehG). Die Länge der zu bestimmenden Frist muss nach zivilprozessualen Grundsätzen so bemessen sein, dass eine fundierte Äußerung erbracht werden kann.[125] Für die Frage der Angemessenheit wird der Umfang des Hinweises, die Verfahrensart (Hauptsache- oder Verfügungsverfahren) und der nach dem Hinweis von der Antragspartei zu erbringende Nachtrag maßgebend sein. In Verfügungsverfahren dürften mit Blick auf die Dringlichkeit wenige Tage ausreichen, in Hauptsacheverfahren wird mit Blick auf das prozessuale Beschleunigungsgebot normalerweise eine Frist von zwei Wochen als angemessen betrachtet werden können.

---

121 Alexander, in Köhler/Bornkamm/Feddersen, UWG, § 16 GeschGehG Rn 21.
122 Sh Muster »Antrag auf prozessuale Geheimhaltungsmaßnahmen«, Kap 5 Rdn 43.
123 Allgemein zur Glaubhaftmachung Reichold, in Thomas/Putzo, ZPO, § 294 Rn 2, mwN.
124 Begr zum RegE, BT-Drucks. 19/4724 S. 35 zu § 16 Abs 1.
125 Sh insoweit BGH 15.05.2018, VI ZR 287/17, Rn 8 (juris) = VersR 2018, 935.

164 Weist das Gericht den Antrag dennoch zurück, ist hiergegen die **sofortige Beschwerde** des Antragstellers möglich (§ 20 Abs 5 Satz 5 GeschGehG). Weist das Gericht den Antrag nur teilweise zurück, ist hiergegen die sofortige Beschwerde des Antragstellers insoweit eröffnet, als der Antrag zurückgewiesen wurde.

bb) Erfolgreicher Antrag; Rechtsmittel des Antragsgegners

165 Gibt das Gericht dem Antrag statt, ist die andere Partei spätestens nach Anordnung der Maßnahme vom Gericht zu hören (§ 20 Abs 2 GeschGehG). Im Umkehrschluss ergibt sich daraus, dass die **Gewährung rechtlichen Gehörs vor der Entscheidung nicht zwingend** ist. Dies ist etwa mit Blick darauf, dass Beschränkungen nach § 16 GeschGehG ab Anhängigkeit des Verfahrens angeordnet werden können (§ 20 Abs 1 GeschGehG) – also bereits zu einem Zeitpunkt vor Klagezustellung –, sinnvoll und konsequent. Auch wenn ein Antrag nach § 16 GeschGehG erst zu einem späteren Zeitpunkt gestellt wird, ist eine Anhörung des Gegners vor der Entscheidung nicht zwingend. Zu berücksichtigen ist in diesem Zusammenhang insbesondere, dass auch die Ausgestaltung des »Einstufungsverfahrens« nach § 20 GeschGehG dem Schutz potentieller Geschäftsgeheimnisse verpflichtet ist; dies zeigt sich gerade an den zeitlichen Vorgaben (Beschränkung ab Anhängigkeit des Rechtsstreits, Anhörung des Gegners nicht zwingend vor Anordnung).

166 Wird eine Information nach § 16 Abs 1 GeschGehG als geheimhaltungsbedürftig eingestuft und eine entsprechende Beschränkungsanordnung getroffen, kann diese Anordnung vom Antragsgegner nur gemeinsam mit dem **Rechtsmittel in der Hauptsache** angefochten werden.

c) Änderungs- oder Aufhebungsbeschluss; sofortige Beschwerde des Antragstellers

167 Für die mit der Anordnung belastete Partei (Antragsgegner) besteht während des erstinstanzlichen Verfahrens nur eine sehr eingeschränkte, nämlich rein tatsächliche Rechtsschutzmöglichkeit gegen Anordnungen nach § 16 Abs 1 GeschGehG: Das Gericht kann die Maßnahmen **nach Anhörung** der Parteien **aufheben oder abändern** (§ 20 Abs 2 Satz 2 GeschGehG). Mangels konkreter gesetzlicher Vorgaben zur Durchführung der Anhörung steht die Anordnung einer mündlichen Verhandlung zum Zwecke der Anhörung der Parteien im Ermessen des Gerichts; die Anhörung kann also entweder schriftlich oder in einer mündlichen Verhandlung erfolgen.

168 Eine die Anordnung ändernde oder aufhebende **Entscheidung** hat – ohne dass dies ausdrücklich bestimmt wäre – wiederum **im Beschlusswege** zu ergehen. Dies ergibt sich letztlich daraus, dass gegen eine abändernde Entscheidung seitens des Antragstellers wiederum die Möglichkeit der **sofortigen Beschwerde** besteht (§ 20 Abs 5 Satz 5 GeschGehG), denn auch die Aufhebung einer Anordnung nach § 16 Abs 1 GeschGehG stellt letztlich eine Zurückweisung des Antrags auf Anordnung einer Beschränkung nach § 16 Abs 1 GeschGehG dar.

169 **Ändert das Gericht die Anordnung** aufgrund der Anhörung hingegen **nicht**, kann der Antragsgegner die Einstufung als geheimhaltungsbedürftig nur gemeinsam mit dem **Rechtsmittel in der Hauptsache** anfechten (§ 20 Abs 5 Satz 4 GeschGehG). Eines Beschlusses, mit dem nach Anhörung der Parteien die Maßnahmen aufrechterhalten werden, bedarf es nicht.

c) Hinweispflichten des Gerichts

Gem. § 20 Abs 5 Satz 2 GeschGehG hat das Gericht die Beteiligten im Falle der Anordnung von Beschränkungen nach § 16 GeschGehG **auf** deren **Wirkungen** nach §§ 16 Abs 2, 18 GeschGehG und die **Folgen der Zuwiderhandlung** nach § 17 GeschGehG **hinzuweisen**. Nicht geregelt ist, in welcher Form dieser Hinweis zu erfolgen hat, sodass grds auch ein mündlicher Hinweis – etwa gegenüber einem Zeugen in der mündlichen Verhandlung – ausreichend ist. In jedem Fall sollte das Gericht aktenkundig machen, dass der Hinweis erfolgt ist; dies kann etwa auch im Rahmen des Verhandlungsprotokolls oder durch eine Aktennotiz erfolgen.

170

d) Rechtsfolge der Einstufung einer Information als geheimhaltungsbedürftig

Aus der Einstufung einer Information als geheimhaltungsbedürftig ergeben sich nach dem GeschGehG *ipso iure* – also ohne gesonderte gerichtliche Anordnung[126] – verschiedene Verpflichtungen.

171

aa) Kennzeichnungspflicht des Antragstellers

Zunächst ergibt sich für den Antragsteller gem. § 20 Abs 4 Satz 1 GeschGehG die Pflicht, in den mit dem entsprechenden Einstufungsantrag bzw nach der Einstufung eingereichten Schriftstücken und Unterlagen diejenigen Ausführungen zu kennzeichnen, die nach dem Vorbringen des Antragstellers **Geschäftsgeheimnisse** enthalten (Kennzeichnungspflicht). Dies gilt zunächst einmal für die vom Antragsteller selbst vorgelegten Schriftstücke (Schriftsätze, Anlagen). Die Kennzeichnungspflicht des Antragstellers gilt nach dem Gesetzeswortlaut (»werden nach einer Anordnung Schriftstücke eingereicht«) aber **auch** für **Schriftstücke des Gegners oder Dritter** (etwa Sachverständiger); denn auch in diesen können und werden die geheimhaltungsbedürftigen Sachverhalte angesprochen werden. Die Pflicht, auch in diesen Schriftstücken die geheimhaltungsbedürftigen Passagen zu kennzeichnen, folgt aus dem Interesse des Antragstellers nach einem umfassenden Schutz der geheimhaltungsbedürftigen Informationen, der unabhängig davon besteht, in welchen Schriftstücken sich diese finden.

172

▶ Der Antragsteller hat die Kennzeichnungspflicht nicht nur selbstständig und unaufgefordert zu beachten, er sollte ihr aus eigenem Interesse hinsichtlich aller verfahrensgegenständlichen Schriftstücke und Dokumente nachkommen.

173

Keine explizite Regelung findet sich in § 20 Abs 4 GeschGehG zu der Frage, wie **vom Gericht** herrührende **Dokumente** (zB Hinweisbeschluss, Beweisbeschluss, Sitzungsprotokoll) im Hinblick auf die Kennzeichnungspflicht des Antragstellers zu behandeln sind. Nach dem Gesetzeswortlaut wird man solche Dokumente unter die Formulierung »werden [...] nach einer Anordnung [...] Schriftstücke [...] vorgelegt« fassen können, zumal sich aus dem Gesetz keinerlei Anhaltspunkte dafür ergeben, dass dem Gericht selbst eine Pflicht obliegen sollte, (eigene) Dokumente auf geheimhaltungsbedürftige Passagen hin zu überprüfen und entsprechend zu kennzeichnen. Eine solche Pflicht wäre auch im Hinblick auf den bei Gericht hierfür anfallenden Aufwand, die bestehende Interessenlage und die Rechtsfolgen aus etwaigen Pflichtverletzungen problematisch.

174

---

126 Anders die Regelungstechnik im Fall des § 174 Abs 3 GVG.

175 ▶ Der Antragsteller sollte auch Gerichtsdokumente immer daraufhin durchsehen, ob sich in ihnen nach der Anordnung geheimhaltungsbedürftige Informationen finden und diese entsprechend § 20 Abs 4 Satz 1 GeschGehG kennzeichnen.

176 Die Kennzeichnungspflicht besteht *ipso iure*, es bedarf also **keiner gesonderten Aufforderung durch** das **Gericht**, der Pflicht nachzukommen. Eine Pflicht des Gerichts, auf die in § 20 Abs 4 Satz 1 GeschGehG bestimmte Wirkung der Anordnung hinzuweisen – wie sie hinsichtlich der Wirkungen in §§ 16 Abs 2, 18 GeschGehG und den Folgen der Zuwiderhandlung gegen § 17 GeschGehG in § 20 Abs 5 Satz 2 GeschGehG statuiert ist – ergibt sich aus dem Gesetz nicht. Kommt der Antragsteller seiner Kennzeichnungspflicht nicht selbstständig nach, riskiert er folglich die Offenlegung des Geheimnisses.

bb) Vertraulichkeitspflicht der Prozessbeteiligten

177 Für die Parteien, ihre Prozessvertreter, Zeugen, Sachverständige, sonstige Vertreter und alle sonstigen Personen, die an Geschäftsgeheimnisstreitsachen beteiligt sind oder die Zugang zu Dokumenten eines solchen Verfahrens haben, ergibt sich aus der Einstufung einer Information als geheimhaltungsbedürftig nach § 16 Abs 2 GeschGehG die Pflicht, diese Informationen vertraulich zu behandeln. Das bedeutet, dass diese Informationen **außerhalb eines gerichtlichen Verfahrens** nicht genutzt oder offengelegt werden dürfen. Eine Nutzung und Offenlegung innerhalb eines gerichtlichen Verfahrens stellt also keinen Verstoß gegen die Vertraulichkeitspflicht dar.

178 Nach dem Wortlaut der Vorschrift (»[…] außerhalb eines gerichtlichen Verfahrens […]«) könnte die Nutzungsbefugnis dahin verstanden werden, dass sie sich nicht nur auf dasjenige Verfahren beschränkt, in dem die Einstufung einer Information als geheimhaltungsbedürftig erfolgt ist, sondern sich weitergehend auch auf **andere Gerichtsverfahren** erstreckt. Das wäre insofern problematisch, als das Geheimnis damit auch in einem anderen gerichtlichen Verfahren verwendet werden kann, in dem Schutzmaßnahmen nach dem GeschGehG nicht bestehen.[127] Die Lösung für diese – durch die Verwendung des unbestimmten Artikels entstandene, aber offenbar unbeabsichtigte – Rechtsfolge kann nur sein, dass die Information über das anhängige Verfahren hinaus ihre Einstufung als geheimhaltungsbedürftig behält oder § 16 Abs 2 GeschGehG teleologisch dahin zu reduzieren ist, dass sich die Nutzungsberechtigung auf das anhängige Verfahren beschränkt.

179 Eine Nutzung oder Offenlegung innerhalb des gerichtlichen Verfahrens wird auch die **Weitergabe** der Information des Prozessvertreters **an die** von ihm **vertretene Partei** darstellen, etwa wenn diese in der Verhandlung nicht zugegen war.[128] Unterrichtet der Anwalt seinen Mandanten, erstreckt sich die Geheimhaltungspflicht allerdings grds auch auf diesen.

180 **Voraussetzung** für das Bestehen der Vertraulichkeitspflicht ist neben der Anordnung (§ 16 Abs 1 GeschGehG) der gem. § 20 Abs 5 Satz 2 GeschGehG vom Gericht zu erteilende **Hinweis**, mit dem die Beteiligten auf die Wirkung der Anordnung nach § 16 Abs 2 GeschGehG und die Folgen der Zuwiderhandlung nach § 17 GeschGehG hinzuweisen sind.

---

127 Dementsprechend wird die Regelung von Gregor, in BeckOK GeschGehG, § 16 Rn 41 dahin kommentiert, dass die Parteien die betreffenden Informationen ausschließlich im anhängigen Rechtsstreit verwenden dürfen.
128 Vgl insoweit zu § 174 GVG Zimmermann, in MüKo-ZPO, § 174 GVG Rn 14, 15.

Die verfahrensrechtliche Vertraulichkeitspflicht nach §§ 16 ff GeschGehG besteht nicht, wenn der Betroffene von der fraglichen Information **außerhalb des Verfahrens Kenntnis erlangt** hat (§ 16 Abs 2 GeschGehG). Ungeachtet dessen können sich insoweit Vertraulichkeitspflichten aus anderen, nicht verfahrensrechtlichen Rechtsgründen ergeben – sei es aus Vertrag oder anderweitigen gesetzlichen Regelungen wie etwa §§ 3 ff GeschGehG. 181

Die Verpflichtung zur Geheimhaltung sowie der umfassende von der Geheimhaltungspflicht betroffene Personenkreis erweitern den Schutz der Inhaber von Geschäftsgeheimnissen vor einer Offenlegung des Geschäftsgeheimnisses während eines öffentlichen Verfahrens. Nach bisheriger Rechtslage ist die Anordnung einer Geheimhaltung von Geschäftsgeheimnissen lediglich über § 174 Abs 3 GVG möglich. Diese Regelung greift jedoch erst ab der mündlichen Verhandlung, nicht bereits ab Klageeinreichung, und untersagt lediglich die spätere Offenlegung des Geschäftsgeheimnisses, nicht jedoch eine Nutzung. 182

Da sich die Vertraulichkeitspflicht als Rechtsfolge unmittelbar aus der Einstufung der Geheimhaltungsbedürftigkeit aus dem Gesetz ergibt, sind Rechtsmittel hiergegen im Gesetz nicht vorgesehen. Für die Parteien sind mögliche **Rechtsmittel gegen** die der Vertraulichkeitspflicht zugrundeliegende **Anordnung** in § 20 Abs 5 GeschGehG geregelt. Eine Beschwer stellen die Einstufung nach § 16 Abs 1 GeschGehG und die daraus folgende Vertraulichkeitsverpflichtung allerdings auch für die übrigen Beteiligten dar, sodass sich auch insofern die Frage nach einem möglichen Rechtsmittel stellt. In Betracht kommt insofern lediglich § 23 Abs 1 EGGVG, dessen Anwendung aber letztlich zu verneinen ist, da es sich bei der Anordnung nach § 16 Abs 1 GeschGehG um einen Rechtsprechungsakt handelt. Die §§ 23 bis 30 EGGVG gewähren indessen keinen Rechtsschutz gegen die Judikative.[129] 183

cc) Eingeschränktes Akteneinsichtsrecht Dritter

Folge einer Anordnung nach § 16 Abs 1 GeschGehG ist ferner, dass Dritten, die nach § 299 Abs 2 ZPO ein Recht auf Akteneinsicht haben, nur ein Akteninhalt zur Verfügung gestellt werden darf, in dem die Geschäftsgeheimnisse enthaltenden Ausführungen unkenntlich gemacht wurden (§ 16 Abs 3 GeschGehG). Die richterliche Anordnung der Geheimhaltungsbedürftigkeit schlägt insofern also auch auf die Justizverwaltung durch. Wird keine solche **um die Geschäftsgeheimnisse reduzierte Fassung** vorgelegt, kann das Gericht von der Zustimmung zur Einsichtnahme ausgehen, es sei denn, ihm sind besondere Umstände bekannt, die eine solche Vermutung nicht rechtfertigen (§ 16 Abs 4 Satz 3 GeschGehG). 184

e) Zeitliche Geltung der Vertraulichkeitspflicht

In zeitlicher Hinsicht ist durch Anordnungen nach § 16 Abs 1 GeschGehG ein umfassender verfahrensrechtlicher Schutz von Geschäftsgeheimnissen möglich. 185

Während unter § 174 Abs 3 GVG die Anordnung der Geheimhaltung von Geschäftsgeheimnissen erst ab der mündlichen Verhandlung möglich ist, ermöglicht das GeschGehG eine Anordnung der Geheimhaltungsbedürftigkeit bereits **ab Anhängigkeit** des Rechtsstreits (§ 20 Abs 1 GeschGehG). 186

---

129 Vgl insoweit Pabst, in MüKo-ZPO, § 23 EGGVG Rn 5.

aa) Fortgeltung der Geheimhaltungspflicht nach Verfahrensbeendigung

187 Nach § 18 S 1 GeschGehG gelten die Anordnungen zur vertraulichen Behandlung verfahrensgegenständlicher Geschäftsgeheimnisse grds **über** den **Abschluss des Verfahrens hinaus** fort.

bb) Entfallen der Geheimhaltungspflicht nach Verfahrensbeendigung

188 § 18 Satz 2 GeschGehG regelt ausdrücklich zwei Ausnahmen von diesem Grundsatz des Fortbestehens der Geheimhaltungsverpflichtung nach Abschluss des Gerichtsverfahrens. Die Verpflichtung zur Geheimhaltung und das Verbot der Nutzung und Offenlegung entfallen nach § 18 Satz 2 Hs 1 GeschGehG, wenn das Gericht das Vorliegen eines Geschäftsgeheimnisses **durch rechtskräftiges Urteil verneint** hat. Mit Rechtskraft eines entsprechenden Urteils entfaltet dann nach dem GeschGehG *ipso iure* auch der Beschluss zur Anordnung des verfahrensrechtlichen Geheimnisschutzes keine Wirkung mehr für die Zukunft. In der Praxis wird sich im Hinblick auf die genannte Regelung vor allem die Frage stellen, ob in einem rechtskräftigen Urteil das Vorliegen eines Geschäftsgeheimnisses überhaupt verneint wurde. Nicht jede Klageabweisung ist gleichbedeutend mit der rechtskräftigen Verneinung eines Geschäftsgeheimnisses: Die Klage kann etwa auch – um nur einige Beispiele zu nennen – wegen fehlender Aktivlegitimation oder wegen eines fehlenden Verletzungstatbestandes abgewiesen werden, sodass die Frage des Vorliegens eines Geschäftsgeheimnisses in diesem Fall im Urteil gar nicht beantwortet werden muss. Die Verneinung des Vorliegens eines Geschäftsgeheimnisses wird sich bei klagabweisenden Urteilen regelmäßig erst **aus den Entscheidungsgründen** ergeben.

189 ▶ Auch im Falle eines rechtskräftigen Urteils gem. § 18 Satz 2 Hs 1 GeschGehG sollte auf einen (deklaratorischen) Beschluss zur Aufhebung der Geheimhaltungsanordnung hingewirkt werden.[130]

190 Die Verpflichtung zur Geheimhaltung und das Verbot der Nutzung und Offenlegung entfallen nach § 18 Satz 2 Hs 2 GeschGehG ferner dann, wenn die in Frage stehenden **Informationen** für Personen in den Kreisen, die üblicherweise mit der betreffenden Art von Informationen umgehen, **bekannt oder** ohne weiteres **zugänglich werden**. Angesprochen ist hier der Verlust des Geheimnischarakters eines Geschäftsgeheimnisses durch ein nicht auf einer Rechtsverletzung[131] beruhendes Offenbarwerden des Geschäftsgeheimnisses. Die recht vage formulierte Regelung enthält mehrere unbestimmte Rechtsbegriffe (»Kreise, die üblicherweise mit der betreffenden Art von Informationen umgehen«; »ohne weiteres zugänglich«). Der Gesetzesbegründung lässt sich nicht entnehmen, welche Fallkonstellationen der Gesetzgeber hierbei konkret im Auge hatte: Die Ausfüllung des Tatbestandes bleibt deshalb der Rechtsprechung überlassen.[132]

cc) Weitere, gesetzlich nicht geregelte Ausnahmefälle?

191 Weitere Ausnahmefälle sind in § 18 Satz 2 GeschGehG nicht geregelt. In der Gesetzesbegründung wird gleichwohl ein weiterer Ausnahmefall angesprochen, der allerdings im Gesetzeswortlaut selbst keinen Niederschlag gefunden hat: Die Geheimhaltungsverpflichtung soll auch dann nicht fortgelten, wenn die Parteien im Rahmen eines **Vergleiches**

---

130 Sh Muster »Klageerwiderung«, Kap 5 Rdn 93.
131 Vgl hierzu auch Alexander, in Köhler/Bornkamm/Feddersen, UWG, § 18 GeschGehG Rn 13.
132 Sh zur Auslegung dieser Begriffe die Ausführungen zu § 2 Nr 1 GeschGehG, Kap 1 Rdn 68 f.

eine abweichende Regelung treffen.[133] In der Praxis ist insoweit angesichts der fehlenden gesetzlichen Regelung dieses Sachverhalts Vorsicht geboten, denn prozessrechtlich ist es nicht ohne weiteres möglich, durch – möglicherweise sogar außergerichtliche – Parteivereinbarung eine gerichtliche Anordnung außer Kraft zu setzen, zumal dann, wenn diese über das Parteiverhältnis hinaus für weitere Beteiligte (Zeugen, Justizpersonal etc) Wirkung entfaltet. Die Anwendung von § 18 Satz 2 Hs 1 GeschGehG auch im Falle eines Vergleiches wird nur dann dem Schutzgedanken des § 18 GeschGehG entsprechen, wenn die Parteien im Rahmen des Vergleichs zu der Erkenntnis kommen, dass das streitgegenständliche Geschäftsgeheimnis nicht besteht. Einigen sie sich aber etwa darauf, das Geschäftsgeheimnis fortan gemeinsam zu nutzen, besteht kein Anlass, auch die übrigen Prozessbeteiligten aus der Geheimhaltungsverpflichtung zu entlassen, betrachten die Parteien das Geschäftsgeheimnis doch gerade als fortbestehend. Überlegungen, die in § 18 Satz 2 Hs 1 GeschGehG enthaltene Ausnahme im Wege der Analogie über den ausdrücklichen Gesetzeswortlaut hinaus anzuwenden, werden letztlich immer daran anknüpfen müssen, dass das streitgegenständliche Geschäftsgeheimnis sicher (wie im Falle eines rechtskräftigen Urteils gem. § 18 Satz 2 Hs 1 GeschGehG) als nicht bestehend zu betrachten ist und deshalb – über das Parteiverhältnis hinaus – keines Schutzes mehr bedarf. Gleiches gilt für den Fall der **Erledigung** oder des **Verzichts**.

▶ Aus Sicht des **Beklagten** ist in den genannten Fällen einer Verfahrensbeendigung ohne rechtskräftiges Urteil daran zu denken, auf die Aufhebung der Geheimhaltungsanordnung hinzuwirken. 192

Droht eine Klage zu scheitern, weil das Gericht ein Geschäftsgeheimnis verneint, sollte der **Kläger** darüber nachdenken, den Rechtsstreit vor Erlass eines entsprechenden Urteils zu beenden, damit ihm der auch nach Verfahrensabschluss fortwirkende Geheimnisschutz der §§ 16 bis 19 GeschGehG erhalten bleibt.

Im Falle eines Vergleichs sind die Parteien gut beraten, die Frage des fortbestehenden Geheimnisschutzes verbindlich zu regeln.

Unproblematisch ist mit Blick auf die Fortgeltung der Geheimhaltungsverpflichtung zuletzt der Fall einer **Klagerücknahme** in einer Geschäftsgeheimnisstreitsache, da insofern § 269 Abs 3 ZPO zur Anwendung kommt und der Rechtsstreit als nicht anhängig geworden anzusehen ist; bis zur Klagerücknahme bereits ergangene Anordnungen zur Geheimhaltungsverpflichtung dürften in entsprechender Anwendung des § 269 Abs 3 Hs 2 ZPO wirkungslos werden, ohne dass es einer ausdrücklichen Aufhebung bedarf. 193

▶ Will der Kläger an seiner Klage nicht festhalten, aber dennoch den fortbestehenden Geheimnisschutz nach § 18 Satz 1 GeschGehG wahren, sollte mit dem Gegner die Möglichkeit eines Vergleichs mit einer vertraglichen Geheimhaltungspflicht erörtert werden, um die beschriebenen Folgen der Klagerücknahme zu vermeiden. 194

f) Zuwiderhandlungen gegen die Vertraulichkeitspflicht

Nach § 17 Satz 1 GeschGehG, der § 178 GVG nachgebildet ist, kann das Gericht **auf Antrag einer Partei** bei Zuwiderhandlungen gegen die Verpflichtungen nach § 16 Abs 2 GeschGehG ein Ordnungsgeld bis zu EUR 100.000 oder Ordnungshaft bis zu sechs Monaten festsetzen und sofort vollstrecken. 195

---

133 Begr zum RegE, BT-Drucks. 19/4724, S. 36 zu § 18; der Gesetzesbegründung folgend Alexander, in Köhler/Bornkamm/Feddersen, UWG, § 18 GeschGehG Rn 9.

196 Neben der objektiv vorliegenden **Verletzung der Vertraulichkeitspflicht** erfordert die Verhängung von Ordnungsmitteln nach § 17 GeschGehG auf der subjektiven Tatbestandsseite **Verschulden**. Zwar folgt das Verschuldenserfordernis nicht unmittelbar aus dem Gesetz. Wie im Falle von § 890 ZPO ergibt sich das Verschuldenserfordernis allerdings aus dem repressiven Charakter der Maßnahme: Wie die Vorschrift des § 890 ZPO enthält § 17 GeschGehG strafrechtliche Elemente, da die verhängte Strafe nicht nur Zwangsmittel, sondern auch Sühne für eine begangene Zuwiderhandlung ist.[134] Fahrlässigkeit genügt.[135] Bei juristischen Personen ist dabei das Verschulden der für sie verantwortlich handelnden Personen iSd § 31 BGB maßgebend; das Verschulden Dritter muss sich die juristische Person, die die Unterlassungspflicht trifft, grds nicht zurechnen lassen.[136]

197 Bei der Festsetzung von Ordnungsgeld ist zugleich für den Fall, dass dieses nicht beigetrieben werden kann, zu bestimmen, in welchem Maße Ordnungshaft an seine Stelle tritt (§ 17 Satz 2 GeschGehG). Das Ordnungsmittel kann sofort vollstreckt werden (§ 17 Satz 1 GeschGehG); die **Beschwerde** gegen ein nach Satz 1 verhängtes Ordnungsmittel entfaltet – entsprechend der Regelung in § 570 Abs 1 ZPO – aufschiebende Wirkung (§ 17 Satz 3 GeschGehG).

198 Erforderlich ist die Anhörung des Adressaten vor Verhängung der Maßnahmen zwecks Gewährung rechtlichen Gehörs.

199 Eine vorherige Androhung der Zwangsmaßnahmen ist nach dem Gesetzeswortlaut nicht zwingend erforderlich.

200 Die Festsetzung eines Ordnungsmittels nach § 17 GeschGehG erfolgt gegenüber den in § 16 Abs 2 GeschGehG genannten Beteiligten durch Beschluss des Gerichts. Dieser kann nach § 17 Satz 2 GeschGehG vom jeweils Betroffenen mit dem Rechtsmittel der Beschwerde angegriffen werden. Bei Ablehnung einer Ordnungsmaßnahme ist eine Beschwerde nicht vorgesehen.

2. Weitere gerichtliche Beschränkungen, § 19 GeschGehG

201 Nach § 19 Abs 1 GeschGehG kann das Gericht zur Wahrung (potentieller) Geschäftsgeheimnisse über § 16 Abs 1 GeschGehG hinaus **auf Antrag** einer Partei den **Zugang**
– zu von den Parteien oder Dritten eingereichten oder vorgelegten Dokumenten, die Geschäftsgeheimnisse enthalten können, oder
– zur mündlichen Verhandlung, bei der Geschäftsgeheimnisse offengelegt werden könnten, und zu der Aufzeichnung oder dem Protokoll der mündlichen Verhandlung

202 auf eine bestimmte Anzahl von zuverlässigen Personen **beschränken**.[137]

a) Beschränkung des Personenkreises

203 Die Beschränkung des Personenkreises erfolgt zur Wahrung des potentiellen Geschäftsgeheimnisses unter Festlegung einer **bestimmten Anzahl** von Personen, wobei nach § 19

---

134 BVerfG 04.12.2006, 1 BvR 1200/04, Rn 11 (juris) = GRUR 2007, 618, zu § 890 ZPO.
135 Vgl zur entsprechenden Regelung in § 178 GVG Zimmermann, in MüKo-ZPO, § 178 GVG Rn 6.
136 BVerfG 04.12.2006, 1 BvR 1200/04, Rn 11 (juris) = GRUR 2007, 618.
137 Damit hat sich der Gesetzgeber gegen das von Teilen der Literatur geforderte »*in-camera*-Verfahren« entschieden; zur Genese sh McGuire, in Büscher, UWG, § 19 RegE GeschGehG Rn 5 ff.

Abs 1 Satz 3 GeschGehG mindestens einer natürlichen Person jeder Partei und ihren Prozessvertretern oder sonstigen Vertretern Zugang zu gewähren ist. Mit der genannten Mindestvorgabe (»mindestens eine natürliche Person jeder Partei und ihren Prozessvertretern oder sonstigen Vertretern«) wird klargestellt, dass ein vollständiger Ausschluss der gegnerischen Partei durch die gerichtliche Beschränkung des Personenkreises nicht möglich ist.

Zugang erhalten sollen ferner nur **zuverlässige Personen**. Das deutsche Recht kennt die Zugangsvoraussetzung der Zuverlässigkeit aus verschiedenen anderen Bereichen der Gesetzgebung.[138] Grund für die die Personenauswahl einschränkende Voraussetzung ist im vorliegenden Zusammenhang ersichtlich der gesetzgeberische Zweck der Wahrung von Geschäftsgeheimnissen; dieser Gesetzeszweck würde konterkariert, würde man unzuverlässigen Personen Zugang zu den in Rede stehenden sensiblen Informationen gewähren. In der Gerichtspraxis werden schon wegen der auch insoweit geltenden Dispositionsmaxime – anders als in nach den Grundsätzen der Amtsermittlung zu führenden behördlichen Prüfungsverfahren wie etwa nach § 5 Abs 5 WaffenG – personenbezogene Daten zur Durchführung einer Zuverlässigkeitsprüfung nicht erhoben werden. Der Umfang der Zuverlässigkeitsprüfung wird daher vom Parteivortrag abhängen, wobei sich regelmäßig das Problem stellen dürfte, dass der Antragsteller nur bescheidene Erkenntnisse über die auf der Gegenseite handelnden Personen hat. Kriterien zur Bewertung der Zuverlässigkeit können strafrechtliche Verurteilungen bzw laufende Ermittlungsverfahren oder konkrete Tatsachen sein, die die Annahme rechtfertigen, dass die betreffende Person ihre Geheimhaltungspflicht nicht erfüllen wird. Nicht ausreichend dürfte insoweit allein die Tätigkeit der Person, etwa in der Forschungsabteilung des beklagten Unternehmens, sein.[139]

204

Nach dem Gesetzeswortlaut ist nicht ganz klar, für wen die Beschränkung nach § 19 Abs 1 GeschGehG gelten soll. In diesem Zusammenhang stellt sich die Frage, ob neben der Zahl der Personen, die auf Seiten des Gegners mitwirken, auch die Zahl der Personen zu beschränken ist, die auf Seiten des Inhabers des Geschäftsgeheimnisses mitwirken. Gegen eine Beschränkung auf Inhaberseite spricht eigentlich der Gesetzeszweck, denn auf Seiten des Inhabers des Geschäftsgeheimnisses ist dieses unabhängig von der Zahl der Mitwirkenden nicht in Gefahr.[140] Andererseits spricht § 19 Abs 1 Satz 3 GeschGehG von »[…] mindestens einer natürlichen Person *jeder Partei* […]«, was darauf hindeutet, dass die Personenbeschränkung beide Parteien betrifft. Für eine beidseitige Beschränkung spricht im Übrigen auch das nach § 19 Abs 1 Satz 2 GeschGehG bei der Entscheidung über die Personenbeschränkung zu achtende Recht der Beteiligten auf effektiven Rechtsschutz und ein faires Verfahren sowie das für beide Parteien bestehende Antragsrecht; eine einseitige Zugangsbeschränkung könnte eine personelle Asymmetrie herbeiführen und damit erheblich in die Verteidigungsmöglichkeiten des Gegners eingreifen – mit einem fairen Verfahren wäre das möglicherweise schwer zu vereinbaren.

205

▶ Ein vom Geheimnisinhaber gestellter Antrag auf Beschränkung des Personenkreises kann nach § 19 Abs 1 GeschGehG gesetzeskonform darauf lauten, die Zahl der auf der Gegenseite zugangsberech-

206

---

138 Etwa § 5 WaffenG, § 7 LuftSiG, § 103 WpHG, § 34 KWG.
139 AA, Schlingloff WRP 2018, 666 ff; Alexander, in Köhler/Bornkamm/Feddersen, UWG, § 19 GeschGehG Rn 13.
140 Nach der Gesetzesbegründung (Begr zum RegE, BT-Drucks. 19/4724 S. 36) darf die Beschränkung des Personenkreises nur insoweit erfolgen, als dies zum Schutz des Geschäftsgeheimnisses erforderlich ist.

tigten Personen zu beschränken. Es ist dann Sache der Gegenseite, die eigene Antragsbefugnis nach § 19 Abs 1 GeschGehG zu nutzen bzw des Gerichts, im Rahmen der Ermessensausübung (§ 19 Abs 1 Satz 2 bis 4 GeschGehG), um auch auf Seiten des Geheimnisinhabers eine Personenbeschränkung herbeizuführen. Das Gericht wird in diesem Zusammenhang auch § 139 Abs 1 ZPO zu beachten und auf sachdienliche Anträge hinzuwirken haben.

Aus Sicht des Geheimnisinhabers zugangsberechtigte Personen der Gegenseite sollten namentlich benannt werden. Empfehlenswert ist ferner konkreter Vortrag, warum diese Personen in Frage kommen. Andernfalls riskiert der Antragsteller eine vorgeschaltete Anhörung, da das Gericht keine eigenen Kenntnisse hat, wie der Zugang konkret personell beschränkt werden kann.

207 Jenseits der formell bestimmbaren Parteien einer Geschäftsgeheimnisstreitsache kann es weitere Streitbeteiligte geben. Die Gesetzesbegründung[141] spricht konkret **Streitgenossen** und **Nebenintervenienten** an. Nach der Gesetzesbegründung soll § 19 Abs 1 GeschGehG auf Streitgenossen entsprechend anzuwenden sein, nicht jedoch auf Nebenintervenienten, da dies mit dem Ansatz des Geheimnisschutzes kollidieren würde. Im Hinblick auf Streitgenossen bedarf es einer entsprechenden Anwendung schon deshalb nicht, weil der Streitgenosse selbst Partei ist;[142] § 19 Abs 1 GeschGehG ist daher auf den Streitgenossen unmittelbar anwendbar. Der Nebenintervenient wird nicht Partei der Geschäftsgeheimnisstreitsache und nicht Vertreter einer Partei; gleichwohl ist der Nebenintervenient grds berechtigt, alle Prozesshandlungen wirksam vorzunehmen, die die Hauptpartei wirksam vornehmen könnte.[143] Der Nebenintervenient kann daher die in § 19 GeschGehG bestimmten Antragsrechte ausüben; als Streitbeteiligtem ist ihm ferner nach § 19 Abs 1 Satz 2 GeschGehG rechtliches Gehör zu gewähren. Ferner kann die Personenbeschränkung nach § 19 Abs 1 GeschGehG auch den Nebenintervenienten treffen, da die Zugangsbeschränkung nach dem Gesetzeswortlaut nicht auf die Parteien und die in ihrer Sphäre Mitwirkenden beschränkt ist. Fraglich ist allein, ob dem **Nebenintervenienten** und seinen Prozessvertretern nach § 19 GeschGehG gänzlich der **Zugang zu Dokumenten bzw zur mündlichen Verhandlung verwehrt** werden kann. Darauf könnte die in § 19 Abs 1 Satz 3 GeschGehG bestimmte Mindestzugangsberechtigung hindeuten, die sich ihrem Wortlaut nach auf die Parteien bezieht. Im Umkehrschluss könnte gefolgert werden, dass die Mindestzugangsberechtigung (»[...] mindestens eine natürliche Person jeder Partei [...]«) für Nebenintervenienten nicht gilt; auf dieses Verständnis deutet auch die Gesetzesbegründung hin. Welche Folgen das für die prozessualen Wirkungen der Nebenintervention hat, ist ungeklärt.

208 ▶ Bis zur verbindlichen Klärung der Frage, ob einem Nebenintervenienten nach § 19 GeschGehG im Unterschied zu einer Partei der Zugang gänzlich verwehrt werden kann, sollte ein Antrag des Inhabers des Geschäftsgeheimnisses unter Berufung auf § 19 Abs 1 Satz 3 GeschGehG darauf lauten, auch dem Nebenintervenienten einschließlich seiner Vertreter und Prozessvertreter den Zugang zu verwehren.

b) Beschränkung des Zugangs zu Dokumenten

209 Über die in § 16 Abs 2 GeschGehG geregelte Geheimhaltungspflicht hinaus sieht § 19 Abs 1 Nr 1 GeschGehG die weitergehende Möglichkeit vor, eine Vielzahl von Personen ganz vom Zugang zu von den Parteien oder Dritten (etwa einem Sachverständigen oder

---

141 Begr zum RegE, BT-Drucks. 19/4724 S. 36.
142 Sh nur Hüßtege, in Thomas/Putzo, ZPO, 40. Aufl 2019, Vorb. § 59 Rn 1.
143 Weth, in Musielak/Voit, ZPO, § 67 ZPO Rn 4.

Zeugen) eingereichten oder vorgelegten Dokumenten, die Geschäftsgeheimnisse enthalten können, auszuschließen. Dabei ist der **Begriff »Dokumente«** denkbar weit zu verstehen und nur dadurch beschränkt, dass das fragliche Dokument das in Rede stehende Geschäftsgeheimnis enthalten kann. Vom Gericht hergestellte Dokumente (Protokolle, Verfügungen, Aktennotizen, Beschlüsse, Urteile) sind von § 19 Abs 1 Nr 1 GeschGehG nicht erfasst; diese fallen allerdings unter § 19 Abs 1 Satz 1 Nr 2 GeschGehG (Protokolle) bzw unter § 19 Abs 1 Satz 4 GeschGehG, wonach das Gericht im Übrigen nach freiem Ermessen bestimmt, welche Anordnungen zur Erreichung des Zwecks erforderlich sind. Aufgrund des Antragserfordernisses und der geltenden Dispositionsmaxime darf das Gericht sein »freies Ermessen« allerdings nicht dahin ausüben, dass es Maßnahmen anordnet, die nicht beantragt wurden.[144]

Im Falle einer nach § 19 Abs 1 Satz 1 GeschGehG angeordneten Personenbeschränkung darf nicht zugelassenen Personen, die ein Recht auf **Akteneinsicht** haben, nur ein Akteninhalt zur Verfügung gestellt werden, in dem die Geschäftsgeheimnisse enthaltenden Ausführungen unkenntlich gemacht wurden (§ 19 Abs 2 Nr 2 GeschGehG); diese Rechtsfolge tritt *ipso iure* mit der Personenbeschränkung nach § 19 Abs 1 GeschGehG ein, eines Antrages bedarf es hierzu also nicht. 210

c) Beschränkung des Zugangs zur mündlichen Verhandlung

§ 19 Abs 1 Nr 2 GeschGehG sieht die Möglichkeit vor, eine Vielzahl von Personen von der mündlichen Verhandlung auszuschließen. Dabei geht die Regelung über § 172 Nr 2 GVG insofern hinaus, als schon die **Möglichkeit** ausreicht, **dass** im Rahmen der mündlichen Verhandlung ein Geschäftsgeheimnis ungeachtet seiner Bedeutung **offengelegt werden könnte**; nach dem Wortlaut von § 172 Nr 2 GVG kann die Öffentlichkeit nur ausgeschlossen werden, wenn ein wichtiges Geschäftsgeheimnis zur Sprache kommt, durch dessen öffentliche Erörterung überwiegende schutzwürdige Interessen verletzt würden. Unter diesem Aspekt bietet § 19 Abs 1 Nr 2 GeschGehG einen großzügiger bemessenen Geheimnisschutz als § 172 GVG. 211

Andererseits zeigt sich § 19 Abs 1 Nr 2 GeschGehG gegenüber dem weiterhin anwendbaren § 172 GVG in der Justierung insofern feiner, als nicht die Öffentlichkeit insgesamt ausgeschlossen werden soll, sondern eine Einschränkung auf einen bestimmten Personenkreis erfolgen kann, sodass eine **Teilöffentlichkeit** erhalten bleibt. Damit ist – zumindest in der Theorie – dem Öffentlichkeitsgrundsatz in geeigneterer Weise Rechnung getragen als mit § 172 GVG. 212

Auf **gesonderten Antrag** kann nach § 19 Abs 2 Nr 1 GeschGehG auch die **gesamte Öffentlichkeit** von der mündlichen Verhandlung ausgeschlossen werden. 213

Wenngleich die Antragsmöglichkeit nach § 19 Abs 2 Nr 1 GeschGehG (»[…] die Öffentlichkeit […]«) über § 19 Abs 1 Nr 2 GeschGehG (»[…] bestimmte Anzahl von zuverlässigen Personen […]«) hinauszugehen scheint, ist ihre praktische Bedeutung nicht erkennbar: Dass nach § 19 Abs 1 Nr 2 GeschGehG der Zugang von Personen zur mündlichen Verhandlung auf eine bestimmte Anzahl von Personen beschränkt werden kann, kann man nicht anders verstehen, als dass damit **automatisch alle anderen Personen** und damit der Rest der Öffentlichkeit von der mündlichen Verhandlung **ausgeschlossen** sind. § 19 Abs 1 214

---

144 Wie hier Alexander, in Köhler/Bornkamm/Feddersen, UWG, § 19 GeschGehG Rn 30.

GeschGehG ist nichts dafür zu entnehmen, dass die dort genannte bestimmte Anzahl von Personen allein die Sphäre der Parteien bzw des Gegners betrifft, während die Restöffentlichkeit von der Beschränkung nach § 19 Abs 1 GeschGehG nicht betroffen ist. § 19 Abs 2 Nr 1 GeschGehG gibt keine Grundlage für eine über § 19 Abs 1 GeschGehG hinausgehende Beschränkung.

215 ▶ § 19 GeschGehG sieht **zwei Antragsmöglichkeiten** vor. Auch wenn der Antrag nach § 19 Abs 2 Nr 1 GeschGehG ohne praktische Relevanz sein dürfte und gegenüber dem Antrag nach § 19 Abs 1 Nr 2 GeschGehG zu keiner weiteren Beschränkung der Öffentlichkeit führt, sollte – schon aus anwaltlicher Vorsicht – immer von beiden Antragsrechten Gebrauch gemacht werden; es empfiehlt sich, beide Anträge gleichzeitig zu stellen: Zwar hängt der Antrag nach § 19 Abs 2 Nr 1 GeschGehG davon ab, dass das Gericht eine Beschränkung nach § 19 Abs 1 Satz 1 GeschGehG getroffen hat – dies kann aber ohne weiteres in einem (zweistufigen) Beschluss geschehen.

d) Vollständige oder partielle Zugangsbeschränkung

216 Die in den § 19 Abs 1 Nr 1 und 2 GeschGehG genannten Zugangsbeschränkungen können – entsprechend dem konkreten Schutzbedürfnis – »ganz oder teilweise« erfolgen. In diesem Zusammenhang sind sowohl zeitlich, personenbezogen oder inhaltlich differenzierende Beschränkungen denkbar.

e) Entscheidungsvoraussetzungen

217 Für die Beschränkung des Personenkreises nach § 19 Abs 1 GeschGehG ist der **Antrag** einer Partei erforderlich. Es handelt sich um einen von dem Antrag nach § 16 Abs 1 GeschGehG gesonderten Antrag.

218 ▶ Die Anträge nach § 19 Abs 1 GeschGehG sollten zeitgleich mit dem Antrag nach § 16 Abs 1 GeschGehG vor Klagezustellung gestellt werden, um die Zahl der Personen, die auf Beklagtenseite Zugang zu den Klagedokumenten erhalten, von vornherein zu begrenzen.[145] Nachteile eines solchen Vorgehens sind nicht zu erkennen, da das Gericht allenfalls die Klagezustellung zur Gewährung rechtlichen Gehörs zurückstellen oder den Antrag nach § 19 Abs 1 GeschGehG zurückweisen kann.

219 Zwar sind grds beide Parteien antragsberechtigt; Antragsteller wird aber regelmäßig die Partei sein, die Inhaberin des antragsgegenständlichen Geschäftsgeheimnisses ist und insofern ein Interesse an der Beschränkung des Personenkreises hat.

220 Voraussetzung für eine Anordnung nach § 19 Abs 1 GeschGehG ist ferner, dass eine **Einstufung nach § 16 Abs 1 GeschGehG erfolgt** ist.[146]

221 Einer auf die Notwendigkeit der Personenbeschränkung bezogenen Glaubhaftmachung bedarf es nach § 20 GeschGehG nicht; folglich ist auch eine entsprechende **Antragsbegründung nicht erforderlich**, aber sinnvoll.

222 Wie bei § 16 Abs 1 GeschGehG ist auch hier die bloße Möglichkeit des Vorliegens eines Geschäftsgeheimnisses ausreichend. Ob es sich im konkreten Einzelfall tatsächlich um ein Geschäftsgeheimnis handelt, ist für die verfahrensrechtliche Entscheidung über die Beschränkung des Personenkreises ohne Belang. Dem Gericht werden damit zum Zwecke

---

145 Für ein Beispiel eines Antrags nach § 19 Abs 1 GeschGehG sh Muster »Antrag auf Geheimhaltungsmaßnahmen«.
146 Wie hier Alexander, in Köhler/Bornkamm/Feddersen, UWG, § 19 GeschGehG Rn 23.

eines effektiven Geheimnisschutzes erneut schwierige und umfangreiche Untersuchungen erspart; es darf sich im Rahmen der von ihm zu treffenden Ermessensentscheidung mit einer summarischen Prüfung und generalisierenden Betrachtung bescheiden.

Für die im Hinblick auf die beantragte Personenbeschränkung zu treffende **Ermessensentscheidung** gibt § 19 Abs 1 Satz 2 GeschGehG konkrete Leitlinien vor: Eine Personenbeschränkung darf nur erfolgen, soweit nach Abwägung aller Umstände das Geheimhaltungsinteresse des Antragstellers das Recht der Beteiligten auf rechtliches Gehör auch unter Beachtung ihres Rechts auf effektiven Rechtsschutz und ein faires Verfahren übersteigt. Damit werden dem Gericht an bedeutenden Verfahrensrechten orientierte, ermessensleitende Kriterien für die zu treffende Entscheidung an die Hand gegeben.

f) Verfahren

Das Verfahren betreffend die **Entscheidung** über Anträge nach § 19 GeschGehG ist in § 20 GeschGehG geregelt. Nach § 20 Abs 5 GeschGehG entscheidet das Gericht über den Antrag auf Beschränkung des Personenkreises **durch Beschluss**.

aa) Zurückweisung des Antrags; sofortige Beschwerde des Antragstellers

Beabsichtigt das Gericht die Zurückweisung des Antrags, hat es die den Antrag stellende Partei darauf und auf die Gründe hierfür hinzuweisen und ihr binnen einer zu bestimmenden Frist **Gelegenheit zur Stellungnahme** zu geben (§ 20 Abs 5 Satz 3 GeschGehG). Die Länge der zu bestimmenden Frist muss nach zivilprozessualen Grundsätzen so bemessen sein, dass eine fundierte Äußerung erbracht werden kann. Für die Frage der Angemessenheit wird der Umfang des Hinweises, die Verfahrensart (Hauptsache- oder Verfügungsverfahren) und der nach dem Hinweis von der Antragspartei zu erbringende Nachtrag maßgebend sein. In Verfügungsverfahren dürften mit Blick auf die Dringlichkeit wenige Tage ausreichen, in Hauptsacheverfahren wird mit Blick auf das prozessuale Beschleunigungsgebot normalerweise eine Frist von zwei Wochen als angemessen betrachtet werden können.

Weist das Gericht den Antrag dennoch zurück, ist hiergegen die **sofortige Beschwerde** des Antragstellers möglich (§ 20 Abs 5 Satz 5 GeschGehG). Weist das Gericht den Antrag nur teilweise zurück, ist hiergegen die sofortige Beschwerde des Antragstellers insoweit eröffnet, als der Antrag zurückgewiesen wurde.

bb) Erfolgreicher Antrag; Rechtsmittel des Antragsgegners

Gibt das Gericht dem Antrag statt, ist die andere Partei spätestens nach Anordnung der Maßnahme vom Gericht zu hören (§ 20 Abs 2 GeschGehG). Im Umkehrschluss ergibt sich daraus, dass die **Gewährung rechtlichen Gehörs vor der Entscheidung** auch im Falle des § 19 GeschGehG **nicht zwingend** ist. Dies ist etwa mit Blick darauf, dass auch eine Beschränkung nach § 19 GeschGehG ab Anhängigkeit des Verfahrens angeordnet werden kann (§ 20 Abs 1 GeschGehG) – also bereits zu einem Zeitpunkt vor Klagezustellung –, sinnvoll und konsequent. Auch wenn ein Antrag nach § 19 GeschGehG erst zu einem späteren Zeitpunkt gestellt wird, ist eine Anhörung des Gegners vor der Entscheidung nicht zwingend. Zu berücksichtigen ist in diesem Zusammenhang insbesondere, dass auch die Ausgestaltung des Verfahrens zur Personenbeschränkung nach § 20 GeschGehG dem Schutz potentieller Geschäftsgeheimnisse verpflichtet ist; dies zeigt sich gerade an den zeitlichen Vorgaben (Beschränkung ab Anhängigkeit des Rechtsstreits, Anhörung des Gegners nicht zwingend vor Anordnung).

228 Wird eine Beschränkungsanordnung nach § 19 Abs 1 GeschGehG getroffen, kann diese Anordnung vom Antragsgegner nur gemeinsam mit dem **Rechtsmittel in der Hauptsache** angefochten werden.

cc) Änderungs- oder Aufhebungsbeschluss; sofortige Beschwerde des Antragstellers

229 Für die mit der Anordnung belastete Partei (Antragsgegner) besteht während des erstinstanzlichen Verfahrens nur eine sehr eingeschränkte, nämlich rein tatsächliche Rechtsschutzmöglichkeit gegen Anordnungen nach § 19 Abs 1 GeschGehG: Das Gericht kann die Maßnahmen **nach Anhörung** der Parteien **aufheben oder abändern** (§ 20 Abs 2 Satz 2 GeschGehG). Mangels konkreter gesetzlicher Vorgaben zur Durchführung der Anhörung steht die Anordnung einer mündlichen Verhandlung zum Zwecke der Anhörung der Parteien im Ermessen des Gerichts; die Anhörung kann also entweder schriftlich oder in einer mündlichen Verhandlung erfolgen.

230 Eine die Anordnung der Personenbeschränkung **ändernde oder aufhebende Entscheidung** hat – ohne dass dies ausdrücklich bestimmt wäre – wiederum im Beschlusswege zu ergehen. Dies ergibt sich letztlich daraus, dass gegen eine abändernde Entscheidung seitens des Antragstellers die Möglichkeit der **sofortigen Beschwerde** besteht (§ 20 Abs 5 Satz 5 GeschGehG), denn auch die Aufhebung einer Anordnung nach § 19 Abs 1 GeschGehG stellt letztlich eine Zurückweisung des Antrags auf Anordnung einer Beschränkung nach § 19 Abs 1 GeschGehG dar.

231 **Ändert das Gericht** die Anordnung aufgrund der Anhörung hingegen **nicht**, kann der Antragsgegner die Personenbeschränkung nur gemeinsam mit dem **Rechtsmittel in der Hauptsache** anfechten (§ 20 Abs 5 Satz 4 GeschGehG). Eines Beschlusses, mit dem nach Anhörung der Parteien von einer Änderung oder Aufhebung der getroffenen Anhörung abgesehen wird, bedarf es nicht.

g) Rechtsfolge der Personenbeschränkung

232 Aus der gerichtlich angeordneten Personenbeschränkung ergeben sich **weitergehende Kennzeichnungspflichten**.

233 Zunächst besteht für den Antragsteller – wie im Falle der Einstufungsanordnung nach § 16 Abs 1 GeschGehG – gem. § 20 Abs 4 Satz 1 GeschGehG die Pflicht, in den mit dem entsprechenden Einstufungsantrag bzw nach der Einstufung eingereichten Schriftstücken und Unterlagen diejenigen Ausführungen zu kennzeichnen, die nach dem Vorbringen des Antragstellers Geschäftsgeheimnisse enthalten (Kennzeichnungspflicht). Insofern kann auf die Ausführungen zur Einstufung von Informationen als geheimhaltungsbedürftig verwiesen werden, da eine Anordnung nach § 16 Abs 1 GeschGehG Grundlage der Personenbeschränkung nach § 19 Abs 1 GeschGehG ist.

234 Ferner hat der Antragsteller nach § 20 Abs 4 Satz 2 GeschGehG im Falle der Personenbeschränkung betreffend den Dokumentenzugang (§ 19 Abs 1 Satz 1 Nr 1 GeschGehG) die geheimhaltungsbedürftigen Passagen dieser Dokumente nicht nur zu kennzeichnen. Weitergehend hat er auch eine **Fassung** dieser Dokumente **ohne Preisgabe von Geschäftsgeheimnissen** vorzulegen, die eingesehen werden kann. Dabei ist es dem Antragsteller überlassen, wie er die Geschäftsgeheimnisse »herausnimmt« (Schwärzung oder Löschung). Hintergrund dieser Vorschrift ist, dass diese Dokumente auch Nicht-Zugangsberechtigten – etwa im Rahmen der Akteneinsicht – zur Einsicht vorgelegt werden können müssen.

Eine entsprechende Anonymisierung ist nach dem Gesetz Sache des Antragstellers und nicht etwa des Gerichts.

Wird keine solche um die Geschäftsgeheimnisse reduzierte Fassung vorgelegt, kann das Gericht von der **Zustimmung zur Einsichtnahme** ausgehen, es sei denn, ihm sind besondere Umstände bekannt, die eine solche Vermutung nicht rechtfertigen (§ 20 Abs 4 Satz 3 GeschGehG). Diese Regelung dient dazu, den Antragsteller dazu anzuhalten, tatsächlich die gesetzlich geforderte anonymisierte Fassung vorzulegen. Andernfalls droht eine Offenlegung der potentiellen Geschäftsgeheimnisse. 235

▶ Bei Anträgen nach § 19 Abs 1 GeschGehG die anonymisierte Fassung der betroffenen Unterlagen nicht vergessen! Dies gilt auch für im weiteren Verfahrenslauf vorgelegte Dokumente, und zwar auch die der Gegenseite und Dritter! 236

Keine explizite Regelung findet sich in § 20 Abs 4 GeschGehG zu der Frage, wie **vom Gericht herrührende Dokumente** (zB Hinweisbeschluss, Beweisbeschluss, Sitzungsprotokoll) im Hinblick auf die Kennzeichnungspflicht des Antragstellers zu behandeln sind. Nach dem Gesetzeswortlaut wird man solche Dokumente unter die Formulierung »werden [...] nach einer Anordnung [...] Schriftstücke [...] vorgelegt« fassen können, zumal sich aus dem Gesetz keinerlei Anhaltspunkte dafür ergeben, dass dem Gericht selbst eine Pflicht obliegen sollte, (eigene) Dokumente auf geheimhaltungsbedürftige Passagen hin zu überprüfen und entsprechend zu kennzeichnen. Eine solche Pflicht wäre auch im Hinblick auf den bei Gericht hierfür anfallenden Aufwand, die bestehende Interessenlage und die Rechtsfolgen aus etwaigen Pflichtverletzungen problematisch. 237

▶ Der Antragsteller sollte auch Gerichtsdokumente immer daraufhin durchsehen, ob sich in ihnen nach der Anordnung geheimhaltungsbedürftige Informationen finden und diese entsprechend § 20 Abs 4 Satz 1 GeschGehG kennzeichnen bzw anonymisierte Fassungen erstellen und vorlegen. 238

Die Kennzeichnungs- und Vorlagepflicht nach § 20 Abs 4 GeschGehG besteht *ipso iure*, es bedarf also **keiner gesonderten Aufforderung durch das Gericht**, der Pflicht nachzukommen. Eine Pflicht des Gerichts, auf die in § 20 Abs 4 Satz 1 und 2 GeschGehG bestimmte Wirkung der Anordnung hinzuweisen – wie sie hinsichtlich der Wirkungen in §§ 16 Abs 2, 18 GeschGeh und den Folgen der Zuwiderhandlung gegen § 17 GeschGehG in § 20 Abs 5 Satz 2 GeschGehG statuiert ist – ergibt sich aus dem Gesetz nicht. Kommt der Antragsteller seiner Kennzeichnungs- und Vorlagepflicht nicht selbstständig nach, riskiert er folglich die Offenlegung des Geheimnisses. 239

h) Zeitliche Geltung der Personenbeschränkung

In zeitlicher Hinsicht kann eine Personenbeschränkung nach § 19 Abs 1 GeschGehG **ab Anhängigkeit** des Rechtsstreits angeordnet werden (§ 20 Abs 1 GeschGehG). 240

▶ Der Antrag nach § 19 Abs 1 GeschGehG sollte daher möglichst schon mit der Klage gestellt werden. 241

§ 18 Satz 1 GeschGehG, demzufolge Verpflichtungen gem. § 16 Abs 2 GeschGehG grds **über** den **Abschluss des Verfahrens hinaus** fortgelten, ist dem Gesetzeswortlaut folgend nicht auf Personenbeschränkungen nach § 19 Abs 1 GeschGehG anwendbar. Dies ergibt sich daraus, dass die Personenbeschränkungen nach § 19 Abs 1 GeschGehG nach dem Erkenntnisverfahren obsolet sind: Eine mündliche Verhandlung findet dann nicht mehr statt, ein Zugang zu Gerichtsdokumenten ist nur noch über das Akteneinsichtsrecht möglich. 242

243 Nach § 19 Abs 3 GeschGehG wird der nach § 16 und § 19 Abs 1 und 2 GeschGehG bestehende Schutz allerdings auf ein sich anschließendes **Zwangsvollstreckungsverfahren** erstreckt. Dadurch wird sichergestellt, dass auch solche Parteien, Prozessvertreter, Zeugen, Sachverständige, sonstige Vertreter und alle sonstigen Personen, die erstmals in der Zwangsvollstreckung mit dem Geschäftsgeheimnis, dessen Schutz in dem Erkenntnisverfahren nach § 16 Abs 1 oder § 19 Abs 1 GeschGehG angeordnet wurde, in Berührung kommen, die entsprechenden Pflichten zur Wahrung des Geschäftsgeheimnisses erfüllen.[147]

III. Nachweis der Nutzung eines Geschäftsgeheimnisses

244 Ein weiteres spezifisches Problem in Geschäftsgeheimnisstreitsachen ist der Nachweis der Nutzung des Geschäftsgeheimnisses durch den Gegner; im Hinblick etwa auf geheime Rezepturen oder Herstellungsverfahren, aber auch auf Kundenlisten ist für den berechtigten Geheimnisinhaber von außen oft schwer feststellbar, ob diese tatsächlich genutzt werden. Die Offenlegung des Geschäftsgeheimnisses durch den Gegner begegnet demgegenüber insoweit keinen vergleichbaren Nachweisschwierigkeiten, als die Offenlegung in der Weise erfolgt, dass sie auch für außenstehende Dritte wie den berechtigten Geheimnisinhaber wahrnehmbar ist.

245 Grds hat der **Inhaber des Geschäftsgeheimnisses** als Anspruchsteller – wie dies nach den allgemein geltenden Regeln für sämtliche anspruchsbegründenden Tatsachen gilt – darzulegen und gegebenenfalls zu beweisen, dass das Geschäftsgeheimnis entgegen § 4 GeschGehG offengelegt oder genutzt wird.[148] Das GeschGehG ändert mangels abweichender Regelungen insoweit nichts an den allgemein bestehenden Regeln zur **Darlegungs- und Beweislast**. Zwar war eine Umkehr der Beweislast zu Lasten des Rechtsverletzers bei einer Verletzung eines Geschäftsgeheimnisses gefordert worden; in der Richtlinie hat eine solche Beweislastumkehr aber keine Regelung erfahren.[149] Angesichts dessen kommt – mangels einer planwidrigen Regelungslücke – auch eine analoge Anwendung von § 139 Abs 3 PatG nicht in Betracht; gerade bei der schwer nachzuweisenden Nutzung geheimer Rezepturen oder Verfahren gibt es also **keine Beweislastumkehr** dahin, dass bis zum Beweis des Gegenteils das gleiche Erzeugnis, das von einem anderen hergestellt worden ist, als nach dem geheimen Verfahren hergestellt gilt. Helfen kann dem Geheimnisinhaber hier letztlich nur die Durchführung eines Besichtigungsverfahrens.

1. Schlüssiger und substantiierter Vortrag

246 Der Inhaber eines Geschäftsgeheimnisses, der Ansprüche aus diesem geltend macht, genügt seiner Darlegungslast nach allgemeinen Grundsätzen, wenn er Tatsachen vorträgt, die geeignet sind, das geltend gemachte Geschäftsgeheimnis als bestehend und verletzt erscheinen zu lassen.

---

147 Begr zum RegE, BT-Drucks. 19/4724 S. 37.
148 So auch Richter, ArbRAktuell 2019, 375; Alexander, in Köhler/Bornkamm/Feddersen, UWG, § 6 GeschGehG Rn 43.
149 Vgl dazu Koós, MMR 2016, 224.

2. Sekundäre Darlegungs- und Beweislast

Trägt die beweisbelastete Partei nach den oben dargelegten Grundsätzen hinreichend vor, so kommt eine Beweiserhebung nur in Betracht, wenn der Gegner die vorgetragenen Tatsachen substantiiert bestreitet, insbesondere auch einer etwaigen sekundären Darlegungslast genügt. 247

Nach den **Grundsätzen der sekundären Darlegungslast** müssen nach Treu und Glauben vom Gegner solche Tatsachen spezifiziert mitgeteilt werden, die der mit der Darlegung und Beweisführung belasteten Partei nicht oder nur unter unverhältnismäßigen Erschwerungen zugänglich sind, während ihre Offenlegung für den Gegner sowohl ohne weiteres möglich als auch zumutbar erscheint.[150] Gerade in Geschäftsgeheimnisstreitsachen ist hier allerdings Zurückhaltung geboten: Zwar ist dem berechtigten Geheimnisinhaber oftmals die Darlegung und Beweisführung – etwa der Nutzung einer geheimen Rezeptur oder einer Kundenliste – nicht oder nur schwer möglich; andererseits wird man in diesen Fällen auch dem Gegner mit Blick auf dessen Geheimnisschutz nicht ohne weiteres zumuten können, etwa sein Herstellungsverfahren oder seinen Kundenstamm offenzulegen. Entscheidend für die Annahme des Bestehens einer sekundären Darlegungslast auf Seiten des Anspruchsgegners ist, ob sich der Anspruchsteller über seine Darlegungen hinausgehende Erkenntnisse zur Rechtsverletzung tatsächlich nur unter unverhältnismäßigen Erschwerungen verschaffen kann. Bejahen können wird man dies nur, wenn alle dem Anspruchsinhaber zu Gebote stehenden zulässigen tatsächlichen und rechtlichen Möglichkeiten, solche Erkenntnisse zu erlangen, ausgeschöpft sind. Zu den rechtlichen Möglichkeiten wird man dabei insbesondere die Möglichkeit der **Durchführung eines Besichtigungsverfahrens** zählen müssen.[151] Das Einleiten strafrechtlicher Ermittlungsmaßnahmen, die etwa Durchsuchungen und Beschlagnahmen zur Folge haben können, verspricht zwar auch Erkenntnisgewinne im Hinblick auf eine mögliche Rechtsverletzung. Da der berechtigte Geheimnisinhaber auf den Gang strafrechtlicher Ermittlungen aber nur sehr beschränkt Einfluss hat, wird man von ihm im Hinblick auf die Verfolgung der Rechtsverletzung im Zivilrechtsweg nicht verlangen können, Erkenntnisse aus einem etwaigen strafrechtlichen Ermittlungsverfahren anzustoßen und abzuwarten. Hinzu kommt, dass es sich bei einem strafrechtlichen Ermittlungsverfahren um keine Maßnahme handelt, die dem Anspruchsinhaber im Rahmen des Zivilrechts offensteht. 248

▶ Steht die Darlegung der Rechtsverletzung auf wackeligen Beinen, sind vor Einreichung eines Antrages auf Erlass einer einstweiligen Verfügung bzw einer Klage immer die rechtlichen Möglichkeiten zur Erlangung der erforderlichen Erkenntnisse zu nutzen. 249

Ein Verstoß gegen die sekundäre Darlegungslast oder gegen die Obliegenheit zu substantiiertem Bestreiten führt dazu, dass der entsprechende Vortrag der Gegenseite als nicht bestritten und damit als zugestanden gilt.[152] 250

3. Anscheinsbeweis

Eine Erleichterung der Beweisführung kann dem beweisbelasteten Inhaber eines Geschäftsgeheimnisses auch die Berufung auf den sog. Beweis des ersten Anscheins bringen. 251

---

150 BGH 30.09.2003, X ZR 114/00, Rn 35 (juris) = GRUR 2004, 268 – Blasenfreie Gummibahn II; BGH 17.09.2009, Xa ZR 2/08, Rn 15 (juris) = NJW-RR 2010, 110 – MP3-Player-Import.
151 BGH 17.09.2009, Xa ZR 2/08, Rn 18 (juris) = NJW-RR 2010 – MP3-Player-Import.
152 Für das Patentrecht Grabinski/Zülch, in Benkard, PatG, § 139 Rn 116.

252 Nach ständiger Rechtsprechung kommt der Anscheinsbeweis in Betracht, wenn sich unter Berücksichtigung aller unstreitigen und festgestellten Einzelumstände und besonderen Merkmale des Sachverhalts ein für die zu beweisende Tatsache nach der Lebenserfahrung **typischer Geschehensablauf** ergibt.[153] Dabei sind die Anforderungen der Rechtsprechung bisweilen recht hoch:[154] Die Tatsache, dass sich ein Mitarbeiter unbefugt Betriebsgeheimnisse beschafft hat, besagt weder regelhaft etwas über eine Verwendung der Unterlagen durch ihn noch über deren Weitergabe an einen Dritten; Rückschlüsse auf eine Beteiligung oder Kenntnis des Mitarbeiters lassen sich ohne näheren Vortrag über die Begleitumstände des Handelns nicht ziehen. Eine allgemeine Lebenserfahrung ist nach dieser Rechtsprechung mit dem für einen Anscheinsbeweis erforderlichen Erfahrungssatz nicht gleichzusetzen.

IV. Einwand des Erfahrungswissens

253 Dem Vorwurf unerlaubter Offenlegung oder Nutzung eines Geschäftsgeheimnisses kann entgegengehalten werden, es handele sich um redlich erworbenes Erfahrungswissen. Ein ausgeschiedener Mitarbeiter darf die während der Beschäftigungszeit erworbenen Kenntnisse auch später unbeschränkt verwenden, wenn er keinem Wettbewerbsverbot unterliegt; dies bezieht sich allerdings nur auf Informationen, die der frühere Mitarbeiter **in seinem Gedächtnis** bewahrt.[155] Diese Berechtigung bezieht sich dagegen nicht auf Informationen, die dem ausgeschiedenen Mitarbeiter nur deswegen noch bekannt sind, weil er auf **schriftliche Unterlagen** zurückgreifen kann, die er während der Beschäftigungszeit angefertigt hat. Allgemeines Erfahrungswissen eines Arbeitnehmers, das dieser während seiner Anstellungszeit in der vorbeschriebenen Weise erlangt, fällt folglich nicht unter den Begriff des Geschäftsgeheimnisses.[156] Dementsprechend heißt es in Erwägungsgrund 14 GeschGehRL:

254 »Die Definition eines Geschäftsgeheimnisses schließt [...] die Erfahrungen und Qualifikationen, die Beschäftigte im Zuge der Ausübung ihrer üblichen Tätigkeiten erwerben, sowie Informationen aus, die den Personenkreisen, die üblicherweise mit derartigen Informationen umgehen, generell bekannt sind bzw für sie leicht zugänglich sind.«

255 Anders verhält es sich mit konkreten Detailkenntnissen, auch wenn der Arbeitnehmer diese im Zusammenhang mit seiner Tätigkeit erworben hat. Solch konkretes Erfahrungswissen ist nicht von Haus aus vom Geschäftsgeheimnisschutz ausgeschlossen. Dies ergibt sich schon daraus, dass Arbeitgeber und Arbeitnehmer sich wirksam auf eine Nichtverwertung dieses konkreten Wissens einigen, also ein Nutzungsverbot vereinbaren können. Das ist nur dann denkbar, wenn dem konkreten Erfahrungswissen nicht von vornherein die Eignung als Geschäftsgeheimnis abgesprochen wird. Kommt es nicht zu einer solchen Vereinbarung, ist der Arbeitnehmer aber idR in der Nutzung des in sein Erfahrungswissen aufgenommenen Geschäftsgeheimnisses nicht beschränkt.

---

153 BGH 14.12.1999, X ZR 61/98, Rn 29 (juris) = GRUR 2000, 299 – Karate; BAG 19.05.1998, 9 AZR 394/97, Rn 61 ff (juris) = NZA 1999, 200.
154 S. nur BAG 19.05.1998, 9 AZR 394/97, Rn 61 ff (juris) = NZA 1999, 200.
155 BGH 22.03.2018, I ZR 118/16, Rn 46 (juris) = GRUR 2018, 1161 – Hohlfasermembranspinnanlage II, mwN.
156 Trebeck/Schulte-Wissermann, NZA 2018, 1175.

Eine ausdrückliche Regelung zum Erfahrungswissen fehlt im Geschäftsgeheimnisgesetz. In der Praxis erfolgt die Berufung auf Erfahrungswissen, für das der sich darauf Berufende darlegungs- und beweispflichtig ist, nicht selten. Schwierig ist dabei oftmals auch die Antwort auf die Frage, ob die verwerteten Erkenntnisse tatsächlich auf Erfahrungswissen beruhen. Eine Kundenliste etwa wird ab einem bestimmten Umfang kein Erfahrungswissen mehr darstellen, die der Mitarbeiter beim Ausscheiden im Gedächtnis behalten und solchermaßen mitgenommen hat, sondern auf der Mitnahme entsprechender Dokumente beruhen. Die nachschaffende Übernahme technischen Know-hows wird in Abhängigkeit von dessen Komplexität ohne Nutzung entsprechender Konstruktionszeichnungen, Spezifikationen, Fotos oder Detailskizzen nicht möglich sein.[157]

V. Mitwirkungsbefugnis von Patentanwälten in Geschäftsgeheimnisstreitsachen

Zur Mitwirkungsbefugnis von Patentanwälten in Geschäftsgeheimnisstreitsachen vor den ordentlichen Gerichten findet sich im GeschGehG keine Regelung. Mitwirkungsbefugnisse der Patentanwälte sind in der PatAnwO geregelt. Nach § 3 Abs 3 Nr 1 PatAnwO ist der Patentanwalt befugt, in Angelegenheiten, für die eine Frage von Bedeutung ist, die ein gewerbliches Schutzrecht, ein Datenverarbeitungsprogramm, eine **nicht geschützte Erfindung oder eine sonstige die Technik bereichernde Leistung**, ein Sortenschutzrecht oder eine nicht geschützte, den Pflanzenbau bereichernde Leistung auf dem Gebiet der Pflanzenzüchtung betrifft oder für die eine mit einer solchen Frage zusammenhängende Rechtsfrage von Bedeutung ist, andere zu **beraten und** Dritten gegenüber zu **vertreten**.

In Rechtsstreitigkeiten, in denen für die Entscheidung eine Frage von Bedeutung ist, die ein Datenverarbeitungsprogramm, eine nicht geschützte Erfindung oder eine sonstige die Technik bereichernde Leistung, ein Sortenschutzrecht oder eine nicht geschützte, den Pflanzenbau bereichernde Leistung auf dem Gebiet der Pflanzenzüchtung betrifft, oder soweit für die Entscheidung eine mit einer solchen Frage unmittelbar zusammenhängende Rechtsfrage von Bedeutung ist, ist auf Antrag einer Partei ihrem Patentanwalt **das Wort zu gestatten** (§ 4 Abs 2 PatAnwO).

Eine Regelung zur Kostenerstattung für den beigeordneten Patentanwalt, wie sie in § 140 Abs 3 MarkenG, § 143 Abs 3 PatG oder § 38 SortenSchG enthalten ist, fehlt im GeschGehG. Mit Blick auf §§ 3, 4 PatAnwO und den Grundsatz der Einheit der Rechtsordnung dürfte es sich allerdings um ein für die Gebührenberechtigung der Patentanwälte unbeachtliches redaktionelles Versehen handeln.

---

[157] BGH 22.03.2018, I ZR 118/16, Rn 47 (juris) = GRUR 2018, 1161 – Hohlfasermembranspinnanlage II.

Kapitel 4 Das Strafverfahren

Übersicht	Rdn.			Rdn.
A. Strafprozessuale Maßnahmen	1		5. Einziehung bei Erlangung von verkörperten Geschäftsgeheimnissen	42
I. Allgemeines	1		6. Einziehung bei wirtschaftlicher Nutzung von Geschäftsgeheimnissen	43
II. Durchsuchungsmaßnahmen und Beschlagnahme	3		7. Die Ermittlung des (Wertes des) Einzuziehenden	47
1. Durchsuchungen in Unternehmen	9		8. Die Bedeutung der Einziehung im Ermittlungsverfahren	60
2. Durchsuchungen beim Beschuldigten zu Hause	12		9. Verfahren zur Entschädigung der Geschädigten	63
III. Die Beschlagnahme	14	**B.**	**Zwischenverfahren**	68
IV. Mitnahme zur Durchsicht, § 110 StPO	20	**C.**	**Spezifische Aspekte des Hauptverfahrens**	76
V. Besonderheiten beim Zugriff auf Daten	21	I.	Ausschluss der Öffentlichkeit	77
VI. Sachverständige Untersuchungen	25	II.	Der Schutz des Geschäftsgeheimnisses in der Hauptverhandlung	78
VII. Einziehung	26	III.	Adhäsionsverfahren	84
1. Rechtliche Grundlagen der Einziehung	28		1. Antrag	85
2. Die Einziehung im Rahmen des § 23 GeschGehG	37		2. Entscheidung über den Antrag	90
3. Praktische Bedeutung der Einziehung bei § 23 GeschGehG	38		3. Eignung des Adhäsionsverfahrens	92
4. Einziehung bei bloßer Kenntnisnahme von Geschäftsgeheimnissen	39			

A. Strafprozessuale Maßnahmen

Literatur: *Heine,* Bitcoins und Botnetze – Strafbarkeit und Vermögensabschöpfung bei illegalem Bitcoin-Mining, NStZ 2016, 441; *Köhler,* Die Reform der strafrechtlichen Vermögensabschöpfung – Teil 1/2, NStZ 2017, 497; *Obenhaus,* Cloud Computing als neue Herausforderung für Strafverfolgungsbehörden und Rechtsanwaltschaft, NJW 2010, 651; *Peters,* Anwesenheitsrechte bei der Durchsicht gem. § 110 StPO: Bekämpfung der Risiken und Nebenwirkungen einer übermächtigen Ermittlungsmaßnahme, NZWiSt 2017, 465; *Reh/Cosfeld,* Die strafrechtliche Einordnung und Vermögensabschöpfung bei illegal erlangten Datensätzen unter Beachtung der neuen Datenschutzgrundverordnung, NStZ 2019, 706; *Soiné,* Die strafprozessuale Online-Durchsuchung, NStZ, 2018, 497.

I. Allgemeines

1 Im Zusammenhang mit einer Verletzung von Geschäftsgeheimnissen besteht nicht selten ein Interesse des Geschädigten an der Erstattung einer **Strafanzeige** und der Stellung eines **Strafantrages**. Das Strafverfahren bietet **Möglichkeiten der Beweisgewinnung**, die dem geschädigten Unternehmen selbst nicht zur Verfügung stehen. Geschädigte verfolgen daher mit Strafanzeigen meist das Ziel, durch strafprozessuale Maßnahmen weitergehende Erkenntnisse und Beweise zu erlangen und dadurch den eigenen Ansprüchen zur Durchsetzung zu verhelfen. In der Praxis sind daher Strafanzeigen wegen der Verletzung von Geschäftsgeheimnissen eine gängige Begleiterscheinung zu zivilrechtlichen Auseinandersetzungen. Die durch diese Strafanzeigen ausgelösten Ermittlungsverfahren können unter Umständen strafprozessuale Maßnahmen mit weitreichenden Folgen für den Beschuldigten nach sich ziehen. Die mit Abstand relevantesten Ermittlungsmaßnahmen in solchen Verfahren sind **Durchsuchungen** und im Rahmen der Durchsuchung erfolgende **Beschlag-**

nahmen, die unten dargestellt werden (sh Rdn 14 ff). Auf die gewonnenen Beweismittel kann der Geschädigte dann im Wege der Akteneinsicht (sh Kap 2 Rdn 16) zugreifen.

Seit der Neugestaltung der Regelungen über die **Vermögensabschöpfung** zum Juli 2017 ist in der Praxis ein sprunghafter Anstieg der strafprozessualen Einziehungsmaßnahmen zu verzeichnen. Die erhebliche Ausweitung der strafprozessualen Abschöpfungsmöglichkeiten wird daher auch in Ermittlungsverfahren aufgrund von Geschäftsgeheimnisverletzungen eine zunehmend große Rolle spielen (sh dazu Rdn 26 ff). 2

II. Durchsuchungsmaßnahmen und Beschlagnahme

Die in den §§ 102 ff StPO geregelte Maßnahme der **Hausdurchsuchung** war bereits nach der alten Rechtslage regelmäßig das Kernstück der Ermittlungstätigkeit in Verfahren nach § 17 ff UWG aF. Daran wird sich auch durch die Neuregelung des Geschäftsgeheimnisschutzes nichts ändern. 3

Diese für den Betroffenen meist überraschende Maßnahme führt idR zu **Beweismittelsicherungen**, die dem Geschädigten in einem Zivilverfahren sowie bei der Geltendmachung der Verletztenrechte nach der StPO helfen. 4

Eine Durchsuchungsmaßnahme ist grundsätzlich sowohl bei dem Beschuldigten (§ 102 StPO) als auch bei Dritten (§ 103 StPO) möglich. In beiden Fällen ist bereits ein sog. **Anfangsverdacht** für die Anordnung der Durchsuchung ausreichend. Im Rahmen der Durchsuchung bei dem Beschuldigten selbst bedeutet dies, dass eine Durchsuchung der Wohnung, anderer Räume, der Person oder der ihr gehörenden Sachen dann möglich ist, wenn tatsächliche Anhaltspunkte für das Vorliegen einer durch diese Person begangene Straftat vorliegen (Anfangsverdacht) und zu vermuten ist, dass die Maßnahme zur Auffindung von Beweismitteln führen wird.[1] Für die Durchsuchung bei einem Dritten stellt § 103 StPO insoweit höhere Anforderungen. Ein Eingriff in die Rechte von Nichtverdächtigen ist nur möglich, wenn **konkrete Tatsachen** vorliegen, aus denen sich schließen lässt, dass bestimmte als Beweismittel dienende Gegenstände sich in den zu durchsuchenden Räumen befinden.[2] Insofern setzt die Durchsuchung beim Nichtbetroffenen eine erhöhte und konkretisierte Auffindungswahrscheinlichkeit voraus. 5

▶ Soweit das Ziel einer Strafanzeige die Durchführung von Durchsuchungsmaßnahmen ist, sollte neben dem in der Strafanzeige ohnehin darzustellenden Anfangsverdacht auch konkret begründet werden, welche Anhaltspunkte für das Vorhandensein von Beweismitteln in den möglichen Durchsuchungsorten bestehen. Dies gilt erst recht, wenn eine Durchsuchung bei Dritten, etwa dem neuen Anstellungsunternehmen eines ehemaligen Mitarbeiters, angestrebt wird. 6

Neben diesen Voraussetzungen muss die Durchsuchungsmaßnahme als **Eingriff in die Grundrechte** des Beschuldigten bzw des Betroffenen verhältnismäßig sein. Dem Verhältnismäßigkeitsgrundsatz kommt allerdings in der Praxis bei Durchsuchungen der Wohnung bzw des Arbeitsplatzes des Beschuldigten idR keine wesentliche Bedeutung zu. Zumeist verweisen die Durchsuchungsbeschlüsse in austauschbaren Textbausteinen pauschal darauf, dass keine anderen gleich wirksamen Maßnahmen ersichtlich sind und das Strafverfolgungsinteresse überwiegt, da ein Beschuldigter Beweismittel kaum freiwillig herausgeben wird. Anders ist dies bei unbeteiligten Dritten, also Durchsuchungen nach § 103 StPO. 7

---

1 Köhler, in Meyer-Goßner/Schmitt, StPO, § 102 Rn 2; Bruns, in KK-StPO, § 102 Rn 1.
2 Bruns, in KK-StPO, § 103 Rn 5.

Solche Durchsuchungsbeschlüsse enthalten teilweise eine sog. **Abwendungsbefugnis als mildere Maßnahme** gegenüber der mit Zwang durchgesetzten Durchsuchung. Damit wird dem von der Durchsuchung Betroffenen ermöglicht, durch Übergabe des im Beschluss bezeichneten Gegenstandes eine Durchsuchung der Räumlichkeiten abzuwenden.

8 Die vergleichsweise geringen Anforderungen an den Verdachtsgrad stehen in einem gewissen Widerspruch zu dem **oft sehr prägenden Eindruck**, den eine Durchsuchungsmaßnahme bei den Betroffenen hinterlässt. Dies gilt in dem Bereich des Wirtschaftsstrafrechts in besonderem Maße, da die handelnden Personen eine solche staatliche Zwangsmaßnahme regelmäßig nicht erwarten.

1. Durchsuchungen in Unternehmen

9 Aufgrund der hohen praktischen Relevanz der Durchsuchungsmaßnahme als Ermittlungsinstrument in Wirtschaftsstrafverfahren sind Unternehmen gut beraten, sich auf **Durchsuchungsmaßnahmen vorzubereiten** und für diesen Fall **Leitfäden und geschulte Ansprechpartner** vorzuhalten. Dies gilt schon deshalb, weil das Risiko einer Durchsuchung nicht nur bei einem Fehlverhalten der eigenen Mitarbeiter, sondern auch bereits bei einem bestehenden Straftatverdacht gegen Kunden oder Lieferanten besteht. Die zunehmende Erfahrung von Unternehmen mit solchen Maßnahmen hat dazu geführt, dass diese sich vermehrt gezielt auf Durchsuchungen vorbereiten, um einhergehende Risiken effektiv zu minimieren. Ziel dieser Bemühungen ist, durch **Schaffung klarer Zuständigkeiten** und durch **Schulung** der mit den Beamten in Kontakt kommenden Personen zu verhindern, dass am Durchsuchungstag nachteilige Aussagen getätigt oder Zufallsfunde (sh dazu Rdn 19) gemacht werden. Zudem geht es darum, **Reputationsschäden** aufgrund von Presseberichterstattungen über die Maßnahme zu verhindern – regelmäßig fällt in entsprechenden Presseberichten das Wort Razzia unabhängig von der Rolle des durchsuchten Unternehmens.

10 ▶ Immer häufiger geraten Unternehmen in den Fokus der Strafverfolgungsbehörden und sind daher strafprozessualen Maßnahmen ausgesetzt. Unternehmen sollten sich daher unbedingt auch auf mögliche Durchsuchungsmaßnahmen vorbereiten. Entsprechende Handlungsanweisungen für die potentiell betroffenen Mitarbeiter (Empfang, Rechtsabteilung etc.) gehören heute ebenso zum unternehmerischen Standard wie Schulungen, welche die Mitarbeiter über ihre Rechte und Pflichten in solchen Situationen aufklären und für den Durchsuchungstag vorbereiten. Die vorausschauende Behandlung dieses Themas schafft im Ernstfall Ruhe bei allen Beteiligten, ermöglicht einen reibungslosen Ablauf und minimiert dadurch die Risiken für das Unternehmen sowie für die Mitarbeiter.

11 Nicht selten werden Durchsuchungssituationen in Unternehmen durch die ermittelnden Beamten auch dazu genutzt, Mitarbeiter zu den Abläufen im Unternehmen sowie zum Sachverhalt zu befragen. Solche **Befragungen anlässlich der Durchsuchung** sind zwar nicht rechtswidrig, es besteht jedoch kein Anspruch der Beamten auf die Vernehmung in den Räumlichkeiten des zu durchsuchenden Unternehmens. Vereinfacht gesagt: Der Durchsuchungsbeschluss ermächtigt zur zwangsweise durchsetzbaren Suche nach Beweismitteln, nicht jedoch zur zwangsweisen Vernehmung von Zeugen. Insoweit bleibt es bei den allgemeinen Regeln, die zwar grundsätzlich bei **polizeilichen Vernehmungen aufgrund staatsanwaltlicher Anordnung** (§ 163 Abs 3 StPO) bzw durch **staatsanwaltschaftliche Ladungen** (§ 161a Abs 1 StPO) eine Pflicht zum Erscheinen und zur Aussage vorsehen. Diese allgemeinen Regeln umfassen auch das Recht des Zeugen, sich eines eigenen Rechtsbeistandes (sog. **Zeugenbeistand**) zu bedienen (§ 68b StPO). Auf dieses Recht können sich die Mitarbeiter eines Unternehmens am Durchsuchungstag berufen, was regelmä-

2. Durchsuchungen beim Beschuldigten zu Hause

In Wirtschaftsstrafverfahren und insbesondere bei dem Vorwurf der Verletzung von Geschäftsgeheimnissen wird regelmäßig (auch) der private Wohnsitz des bzw der Beschuldigten durchsucht. Dies liegt hauptsächlich darin begründet, dass für gewöhnlich nicht feststeht, wo der Beschuldigte sich an dem, durch die Behörden meist Tage oder Wochen vorher geplanten, Durchsuchungstag aufhält und die Geschäftsgeheimnisse sich auch in seinem Besitz (immer häufiger bspw auf dem Laptop oder dem Handy) befinden können. Zugleich haben die Beamten die Erfahrung gemacht, dass eine **Durchsuchung zu Hause**, die nicht nur durch die in Art 13 GG geschützte Unverletzbarkeit der Wohnung, sondern auch in die Privat- und Intimsphäre des Betroffenen eindringt, bei diesem eine **höhere Bereitschaft** dazu nach sich zieht, **sich zur Sache zu äußern**. Eine solche Äußerung erfolgt nicht selten in der Hoffnung, dadurch die Maßnahme abzukürzen. Die in dieser Drucksituation entstandenen und oft nicht umfassend bedachten Einlassungen werden Bestandteil der Ermittlungsakte und beeinflussen nicht selten den weiteren Verfahrensablauf zulasten des Betroffenen. 12

▶ In einer Durchsuchungssituation gilt es für den Betroffenen in jedem Fall Ruhe zu bewahren. Die Maßnahmen sind für den Betroffenen idR unangenehm und können so zu einem gewissen »Überrumpelungseffekt« führen, der zu Äußerungen verleitet, die den Verfahrensablauf nachteilig beeinflussen können. Daher gilt es, sich während der Durchsuchung freundlich und kooperativ gegenüber den Beamten zu zeigen, aber lediglich Angaben zur eigenen Person zu machen. Angaben zur Sache sind am Durchsuchungstag zu vermeiden, zudem sollte jeder Sicherstellung durch die Beamten widersprochen werden (dazu ausführlich unter Rdn 16). Weiterhin sollte der Betroffene die Beamten bitten, mit dem Beginn der Durchsuchung auf das Eintreffen des eigenen Rechtsbeistandes zu warten. Darauf besteht zwar kein Rechtsanspruch, dennoch wird dieser Bitte in Wirtschaftsstrafverfahren oft nachgekommen. 13

III. Die Beschlagnahme

Nach § 94 Abs 1 StPO können die Gegenstände, denen Bedeutung für die Untersuchung als Beweismittel zukommt, **in Verwahrung genommen** oder **auf andere Weise sichergestellt** werden. Zu einer **Beschlagnahme** kommt es im vorliegenden Zusammenhang insbesondere im Rahmen der bereits angesprochenen Durchsuchungen, deren Ziel ja gerade ist, diese möglichen Beweismittel aufzufinden. Hier sind zunehmend Laptops, Festplatten- bzw Serverdaten und Mobiltelefone von besonderer Relevanz, da sich der Verdacht, die betroffenen Geschäftsgeheimnisse aufzufinden, meist auf diese Geräte erstreckt. 14

Nach der StPO wird jedoch nicht nur eine Beschlagnahme der Gegenstände ermöglicht, die für das konkret vorliegende Verfahren von Bedeutung sind. Relevanz erlangt im Kontext der Durchsuchungen insbesondere auch der sog. **Zufallsfund**. Nach § 108 StPO sind Gegenstände, die bei der Gelegenheit einer Durchsuchung gefunden werden und dabei zwar in keiner Beziehung zu dem eigentlichen Untersuchungsgegenstand stehen, jedoch auf die Verübung einer anderen Straftat hindeuten, ebenfalls in Beschlag zu nehmen. Konkret bedeutet dies, dass Zufallsfunde rechtmäßig beschlagnahmt werden können und in der Folge zur Ausweitung der Vorwürfe bzw zur **Einleitung weiterer Ermittlungsverfahren** (ggf mit anderen Beschuldigten oder Vorwürfen) führen. Hier offenbart sich ein praktisches Risiko der Hausdurchsuchung insbesondere für Unternehmen, welches es durch Vorbereitung auf den Ernstfall zu minimieren gilt. 15

16 Ein **Widerspruch gegen die Sicherstellung** ist gerade bei Zufallsfunden dringend anzuraten, da eine Sicherstellung gegen den Willen des Gewahrsamsinhabers, also eine Beschlagnahme, grundsätzlich nur durch das Gericht, allerdings bei **Gefahr im Verzug** auch durch die Staatsanwaltschaft und ihre Ermittlungspersonen angeordnet werden kann (§ 98 Abs 1 Satz 1 StPO). Zwar wird die zur Anordnung durch die anwesenden Beamten notwendige Gefahr im Verzug beim Auffinden von Beweismitteln im Rahmen von Durchsuchungssituationen idR vorliegen, jedoch ist nach erfolgtem Widerspruch in diesen Fällen nach § 98 Abs 1 Satz 1 StPO stets binnen drei Tagen eine gerichtliche Entscheidung zu beantragen.

17 Der Widerspruch gegen eine Sicherstellung führt nicht dazu, dass die Unterlagen oder Daten nicht mitgenommen werden, er führt aber zu einer gerichtlichen Überprüfung der Maßnahme und stellt somit die **Wahrung der strafprozessualen und verfassungsmäßigen Rechte** des Betroffenen sicher.

18 ▶ Es in jedem Fall anzuraten, die Entscheidung über das konkrete Vorgehen im Falle der Beschlagnahme in Abstimmung mit dem eigenen Rechtsbeistand – am besten bereits präventiv im Vorfeld – zu besprechen. Kommt es in der Praxis jedoch zu einer Situation, in der eine rechtliche Beratung nicht rechtzeitig erfolgen kann und eine Entscheidung getroffen werden muss, so ist es im Zweifel ratsam, der Sicherstellung vollumfänglich zu widersprechen und den Gegenstand beschlagnahmen zu lassen.

19 Unabhängig davon, dass der Sicherstellung regelmäßig widersprochen werden sollte, besteht gerade bei Durchsuchungen in Unternehmen in vielen Fällen ein praktisches Interesse, die **Beamten auf den Belegenheitsort der gesuchten Gegenstände hinzuweisen**, um eine uferlose und stets mit der Gefahr des Zufallsfundes verbundene Durchsuchung aller Büros und Räumlichkeiten zu vermeiden. Insofern stellt jedoch der Hinweis darauf, wo sich die gesuchten Gegenstände befinden (etwa durch Aufzeigen der für den Sachverhalt zuständigen Abteilungen und deren Ordnerstruktur), **keine freiwillige Herausgabe** von Gegenständen dar. Der kooperative Hinweis auf den Belegenheitsort der gesuchten Gegenstände kann sehr wohl mit einem gegen die Mitnahme dieser Gegenstände erhobenen Widerspruch im Einklang stehen.

IV. Mitnahme zur Durchsicht, § 110 StPO

20 Neben der Beschlagnahme ermöglicht das Gesetz den Beamten auch die **Mitnahme von Unterlagen zur Durchsicht**. Zweck dieser Maßnahme nach § 110 StPO ist, den Ermittlungsbehörden gerade bei großen Mengen an Unterlagen oder Daten die Fortsetzung der Durchsuchung auf der Amtsstelle zu ermöglichen. Zwar ist diese Regelung durch den Gesetzgeber eigentlich als Ausnahmevorschrift konzipiert, rein faktisch ist diese Maßnahme jedoch inzwischen in Wirtschaftsstrafverfahren und insbesondere **bei Datensicherungen an der Tagesordnung**. Die Trennung von potentiell beweiserheblichen und für das Verfahren irrelevanten Daten ist am Durchsuchungstag häufig nicht möglich. Daher werden ganze Festplatten, E-Mail-Accounts oder sogar Server gespiegelt und nach § 110 StPO zur Durchsicht mitgenommen.[3] Im Anschluss wird die Durchsuchung insoweit in den Räumlichkeiten der Behörde fortgesetzt. Im Falle von Daten erfolgt die Auswertung dabei regelmäßig mittels forensischer Software. Erst nach ausführlicher Auswertung der zur Durchsicht mitgenommenen Gegenstände werden die für das Verfahren irrelevanten Daten zurückgegeben bzw gelöscht. Dabei gibt es zwar keine festen Zeitgrenzen zur Durchsicht,

---

3 Vgl BVerfG 15.08.2014, 2 BvR 969/14 = NJW 2014, 3085, 3088 – Edathy.

V. Besonderheiten beim Zugriff auf Daten

Ermittlungsrelevante Daten befinden sich nicht immer auf lokalen Datenträgern, sondern werden zunehmend auch auf **räumlich getrennten Speichermedien**, wie etwa externen Firmenservern oder auf den Servern sog. Cloud-Dienstleister, gespeichert. Wenn es um die Beschlagnahme von Daten geht, können diese Konstellationen Besonderheiten mit sich bringen.

Relevant ist insoweit zunächst die Regelung des § 110 Abs 3 Satz 1 StPO, wonach die Durchsicht eines elektronischen Speichermediums auch auf davon räumlich getrennte Speichermedien erstreckt werden darf, sofern darauf **von dem durchsuchten Speichermedium aus zugegriffen** werden kann und **andernfalls der Verlust der gesuchten Daten zu besorgen** ist. Diese Regelung ermöglicht daher den Zugriff auf Serverdaten auch dann, wenn der Server selbst nicht in den Räumlichkeiten steht, die vom Durchsuchungsbeschluss erfasst sind. Sollten bei der Durchsicht beweisrelevante Daten gefunden werden, dürfen diese unter entsprechender Anwendung des § 98 Abs 2 StPO gesichert werden. Ein Zugriff ist auch mittels aufgefundener Passwörter und Zugangscodes möglich.[5] Werden Passwörter nicht aufgefunden und auch nicht freiwillig herausgegeben, ist auch eine **Entschlüsselung** durch § 110 Abs 3 StPO gedeckt.[6] Ebenfalls zulässig ist ein Zugriff auf die beim Provider gespeicherten E-Mails.[7]

Problematisch ist die Lage, wenn sich die ausgelagerten Datenträger (Server) im Ausland befinden. Einschlägig ist insoweit die **Cyber-Crime-Konvention**, namentlich die Art 29 und 32. Der Zugriff auf Dateien auf ausgelagerten Speichermedien im Ausland ist dann zulässig, wenn es sich um **öffentlich zugängliche Computerdaten** handelt (Art 32 lit a) Cyber-Crime-Konvention) oder wenn eine **rechtmäßige und freiwillige Zustimmung** der zur Weitergabe der Dateien befugten Person vorliegt (Art 32 lit b) Cyber-Crime-Konvention). Ansonsten bedarf es grundsätzlich eines förmlichen Rechtshilfeersuchens. Nach Art 29 der Cyber-Crime-Konvention kann allerdings zunächst eine **vorläufige Sicherung** von entsprechenden Daten beantragt werden, um einen Verlust der Daten zu verhindern.[8] Die Ermittlungsbehörden stehen jedoch regelmäßig vor der Problematik, dass nicht zu ermitteln ist, in welchem Hoheitsgebiet sich die ausgelagerten Speicherorte und die dort gespeicherten Dateien befinden. Moderne Anbieter von sog. Cloud-Diensten betreiben meist in verschiedenen Ländern Serveranlagen, sodass im Einzelfall nicht ersichtlich ist, auf welchem dieser Server sich eine Datei befindet.[9] Daher gehen die Ermittlungsbehörden in der Praxis meist »pragmatisch« vor und gehen davon aus, dass der Zugriff über den Computer und den Account des betroffenen Cloud-Nutzers von § 110 Abs 3 StPO

---

4 Köhler, in Meyer-Goßner/Schmitt, StPO, § 110 Rn 2a.
5 Köhler, in Meyer-Goßner/Schmitt, StPO, § 110 Rn 6.
6 Bruns, in KK-StPO, § 103 Rn 8; Köhler, in Meyer-Goßner/Schmitt, StPO, § 110 Rn 6; Obenhaus, NJW 2010, 651, 653; Peters, NZWiSt 2017, 465, 467.
7 Köhler, in Meyer-Goßner/Schmitt, StPO, § 110 Rn 6.
8 Sh dazu auch Art 25 Abs 3 Cyber-Crime-Konvention, welcher in dringenden Fällen eine Kommunikation über »schnelle Kommunikationsmittel« zulässt.
9 Bruns, in KK-StPO, § 110 Rn 8a; Soiné, NStZ, 2018, 497, 500.

umfasst ist. Die bloße Möglichkeit, dass die Daten sich auf einem ausländischen Server befinden, löst noch keine Verpflichtung aus, sich des Rechtshilfewegs zu bedienen.[10]

24 ▶ Sollte der Betroffene wissen oder herausfinden können, dass seine Daten auf einem ausländischen Server gespeichert sind, etwa weil der konkrete Cloud-Anbieter nur Server im Ausland betreibt, so bietet dies einen Grund für einen Antrag auf gerichtliche Entscheidung nach §§ 110 Abs 3 Satz 2 Halbs. 2, 98 Abs 2 Satz 2 StPO. Insoweit ergibt sich ein interessanter Verteidigungsansatz. Wichtig ist, dass die Beamten am Durchsuchungstag – dokumentiert – auf den ausländischen Belegenheitsort der Daten hingewiesen werden, da die Rspr in Fällen des rechtswidrigen Zugriffs auf Auslandsdaten regelmäßig nur bei bewussten Verstößen ein Verwertungsverbot annimmt.

VI. Sachverständige Untersuchungen

25 Kommt es während eines strafprozessualen Ermittlungsverfahrens zu Durchsuchungen und/oder Beschlagnahmen, so stehen die Ermittlungsbehörden regelmäßig vor der Aufgabe zu bestimmen, ob es sich bei einem konkreten Gegenstand oder einer Datei tatsächlich um ein bzw das gegenständliche Geschäftsgeheimnis handelt. In der Praxis handelt es sich nicht selten um sehr spezifische technische Informationen und Sachverhalte, sodass es in diesem Erkenntnisprozess zur Unterstützung der Ermittlungsbehörden bzw Gerichte idR eines **Sachverständigen** bedarf, der in der Lage ist, eine fachliche Beurteilung zu treffen.

VII. Einziehung

26 Neben einer Geld- oder Freiheitsstrafe umfasst die Ahndung einer Straftat idR auch die **Einziehung der Taterträge, der Tatprodukte oder der Tatmittel** beim Täter nach den §§ 73 ff StGB, 29a OWiG sowie die **Einziehung bei einem Verband** nach § 29a Abs 2 OWiG.

27 Seit der Neuregelung der Vermögensabschöpfung ist eine **steigende Relevanz dieser Maßnahmen** in wirtschaftsstrafrechtlichen Verfahren zu beobachten. Die Möglichkeit einer umfassenden Einziehung der Taterträge, Tatprodukte oder Tatmittel sowie Maßnahmen zur vorläufigen Sicherung sollte stets berücksichtigt und antizipiert werden.

1. Rechtliche Grundlagen der Einziehung

28 Nach einer Vielzahl von Reformen wurden die Regelungen zur Vermögensabschöpfung zuletzt, in Umsetzung der RL 2014/42/EU des Europäischen Parlaments und des Rates vom 03.04.2014 über die Sicherstellung und Einziehung von Tatwerkzeugen und Erträgen aus Straftaten in der EU, durch das Gesetz zur Reform der strafrechtlichen Vermögensabschöpfung vom 13.04.2017 in materieller und prozessualer Hinsicht einer **grundlegenden Neugestaltung** unterzogen.[11] Die Vorschriften zur Einziehung (aF: »Verfall«) der Taterträge bzw des Wertes von Taterträgen finden sich in den §§ 73 bis 73e StGB. Die Vorschriften über die Einziehung von Tatprodukten, Tatmitteln und Tatobjekten schließen sich in den §§ 74 bis 74e StGB an.

29 Dem Telos der Einziehungsvorschriften – Verbrechen darf sich nicht lohnen – folgend, normiert § 73 Abs 1 Satz 1 StGB zunächst die Einziehung des durch oder für eine rechtswidrige Tat Erlangten (Taterträge). Grundlage der Einziehung nach § 73 StGB ist eine

---

10 Köhler, in Meyer-Goßner/Schmitt, StPO, § 110 Rn 7b.
11 BGBl 2017 I S. 872.

rechtswidrige Tat iSd § 11 Abs 1 Nr 5 StGB. Für die Einziehung im Bereich des Ordnungswidrigkeitenrechts bedarf es nach § 29a OWiG einer mit einer Geldbuße bedrohten Handlung, mithin einer rechtswidrigen Handlung iSd § 1 Abs 2 OWiG.

Durch die Tat wird etwas erlangt, wenn es dem Täter **unmittelbar aus der Verwirklichung** des Tatbestandes im Rahmen des Tatablaufs zufließt.[12] Dabei gibt der Gesetzgeber durch die Abänderung der Formulierung der Vorgängervorschrift (dort »aus der Tat«) zu erkennen, dass sich die erforderliche Kausalbeziehung zwischen Tat und Erlangtem fortan nach den **Grundsätzen des Bereicherungsrechts** richten soll.[13] Etwas wird **für eine Tat** erlangt, wenn es sich als eine **Gegenleistung für die Tatausführung** des Beteiligten darstellt und nicht auf der Tatausführung an sich beruht.[14]

Als Einziehungsgegenstand, also als das erlangte Etwas, kommt alles in Betracht, was aus der Tat tatsächlich materiell erlangt wurde.[15] Davon umfasst sind bewegliche und unbewegliche Sachen sowie dingliche und obligatorische Rechte, ersparte Aufwendungen, digitales Geld (Bitcoins[16]) ua.[17] Nicht umfasst sind immaterielle Vorteile, es sei denn, dass diese zugleich mit einem unmittelbaren wirtschaftlichen Nutzen verbunden sind.[18]

Neben den Erträgen aus der Tat normiert das Gesetz auch die **Einziehung der Tatprodukte**, **Tatmittel** und **Tatobjekte**. Nach den Legaldefinitionen des § 74 StGB sind Tatprodukte die Gegenstände, die durch eine vorsätzliche Tat hervorgebracht wurden, Tatmittel die Gegenstände, die zur Begehung oder Vorbereitung der Tat gebraucht wurden oder bestimmt gewesen sind und Tatobjekte die Gegenstände, auf die sich eine Straftat bezieht.

Das Vorgehen bei der Entscheidung über die Einziehung erfolgt insoweit in **zwei Schritten**:

In einem ersten Schritt bedarf es einer Bestimmung des tatsächlich durch oder für die Tat **Erlangten**. Hier ist eine rein gegenständliche Betrachtungsweise anzulegen.[19]

In einem zweiten Schritt wird der maßgebliche **Wert des Erlangten** eruiert, wobei das sog. **(eingeschränkte) Bruttoprinzip** gilt (konkretisiert in § 73d Abs 1 Satz 2 StGB).[20] Nach dem (reinen) Bruttoprinzip wird grundsätzlich der gesamte Erlös abgeschöpft. Dieses strikte Bruttoprinzip wird jedoch nach der nunmehr eindeutigen Gesetzesregelung dadurch eingeschränkt, dass bei der Wertbestimmung nach § 73d Abs 1 Satz 1 StGB die Aufwendungen des Täters abzuziehen sind, was faktisch zu einer **Gewinnabschöpfung**, also einer Einziehung des Nettoerlöses, und nicht zu einer Abschöpfung des Umsatzes führt. Von diesem Aufwendungsabzug macht die Vorschrift des § 73d Abs 1 Satz 2 StGB jedoch eine wichtige Ausnahme. Danach sind Aufwendungen dann nicht abzugsfähig, wenn der Täter

---

12 BT-Drucks. 18/9525, S. 61; Wittig, in Wirtschaftsstrafrecht, § 9 Rn 23; aA Heger, in Lackner/Kühl, StGB, § 73 Rn 5.
13 BT-Drucks. 18/9525, S. 62.
14 Heger, in Lackner/Kühl, StGB, § 73 Rn 5; Joecks, in MüKo-StGB, § 73 Rn 47 zur aF des § 73.
15 BGH 19.01.2012, 3 StR 343/11 = NStZ 2012, 265.
16 Sh dazu BGH 21.07.2015, 1 StR 16/15 = NJW 2015, 3463, sowie vertiefend Heine, NStZ 2016, 441.
17 Wittig, in Wirtschaftsstrafrecht, § 9 Rn 20, mwN.
18 Eser/Schuster, in Schönke/Schröder, StGB, § 73 Rn 8.
19 Eser/Schuster, in Schönke/Schröder, StGB, § 73 Rn 5.
20 Ausführlich dazu auch Wittig, in Wirtschaftsstrafrecht, § 9 Rn 34 ff.

sie bewusst und willentlich für die Begehung oder Vorbereitung der betroffenen Straftat eingesetzt hat. Das, was in ein verbotenes Geschäft investiert wird, soll unwiederbringlich verloren sein; insoweit bleibt es bei der Umsatzabschöpfung nach dem Bruttoprinzip. Diese Regelung entspricht im Grundsatz dem Rechtsgedanken des § 817 Satz 2 BGB.[21]

▶ Beispiele:[22]

36 Nach hM nicht abzugsfähig sind etwa die Kosten für Aktien, die zweckgerichtet für ein verbotenes Insidergeschäft gekauft wurden, da hier bewusst Vermögen in verbotene Geschäfte investiert wurde. Abzuziehen ist hingegen die Gegenleistung des Täters bei Betrugstaten, da meist nicht in ein verbotenes Geschäft, sondern ein (anfechtbares) wirksames Geschäft investiert wird. Abzugsfähig sind auch Aufwendungen, die nicht für die Vorbereitung oder Durchführung der Straftat an sich vorgenommen wurden, etwa die Kosten für den Erwerb von Ackerland, wenn dieses zunächst für eine Weiterveräußerung erworben, später jedoch durch Bestechung eines Amtsträgers in Bauland umgewandelt wurde, um einen höheren Verkaufspreis zu erzielen.

2. Die Einziehung im Rahmen des § 23 GeschGehG

37 Die Anordnung des Verfalls bzw der Einziehung (nach den §§ 73 ff StGB aF bzw 74 ff StGB aF) war bereits eine mögliche Nebenfolge einer Tat nach § 17 ff UWG aF.[23] Dabei waren jedoch stets Ansprüche des Verletzten gegen den Täter im Rahmen des § 73 Abs 1 Satz 2 StGB aF, deren Erfüllung dem Täter den Wert des aus der Tat Erlangten entziehen würde, zu berücksichtigen, um eine **doppelte Inanspruchnahme** des Täters zu verhindern.[24] Der Verfall war daher nach dem alten Regelungskonzept meist ausgeschlossen, sodass die Vermögensabschöpfung in der Vergangenheit bei Verstößen gegen § 17 UWG aF keine wesentliche Rolle spielte. Dies hat sich durch die Neuregelung des Vermögensabschöpfungsrechts verändert. Mit der Streichung des § 73 Abs 1 Satz 2 StGB aF – dem sog. »Totengräber des Verfalls«[25] – schließen mögliche Ansprüche des Geschädigten eine Einziehung nun nicht mehr aus. Es ist daher damit zu rechnen, dass Fragen der **Vermögensabschöpfung auch im Zusammenhang mit dem GeschGehG erheblich an Bedeutung gewinnen** werden. Gleichzeitig fehlt es bisher aufgrund der Neuregelungen dieser beiden Rechtsgebiete an orientierungsstiftender Rechtsprechung in diesem Bereich.

3. Praktische Bedeutung der Einziehung bei § 23 GeschGehG

38 Tatobjekt des § 23 GeschGehG ist ein Geschäftsgeheimnis (sh Kap 1 Rdn 45 ff) und damit eine Information, die iSd § 4 Abs 1 Nr 1 GeschGehG entweder durch bloße (optische, akustische oä) Wahrnehmung oder aber durch Aneignung bzw Kopieren der diese Informationen enthaltenden Dokumente, Gegenstände, Materialien, Stoffe oder elektronischen Daten erlangt sowie offengelegt oder genutzt werden kann. Ob als Rechtsfolge einer Tat nach § 23 GeschGehG eine Einziehung nach den §§ 73 ff StGB bzw §§ 74 ff StGB in Frage kommt und wie diese im Einzelfall aussieht, hängt von der konkreten Art der Tatausführung ab.

---

21 Fischer, StGB, § 73d Rn 5; Wittig, in Wirtschaftsstrafrecht, § 9 Rn 36.
22 Vgl BT-Drucks. 18/9525, S. 68 mit weiteren Beispielen.
23 Vgl RG 19.01.1926, I 662/25 = RGSt 60, 53, 55; Krell, in Graf/Jäger/Wittig, Wirtschafts- und Steuerstrafrecht, § 17 UWG Rn 79.
24 Vgl dazu für das alte Recht ausführlich Fischer, StGB, 64. Aufl 2017, § 73 Rn 17 ff, mwN.
25 Vgl BGH 19.10.1999, 5 StR 336/99 = NJW 2000, 297, 300.

4. Einziehung bei bloßer Kenntnisnahme von Geschäftsgeheimnissen

Erlangt der Täter nach § 23 Abs 1 Nr 1 GeschGehG durch unbefugten Zugang zu Dokumenten, Gegenständen, Materialien, Stoffen oder elektronischen Datein iSd § 4 Abs 1 Nr 1 GeschGehG ein Geschäftsgeheimnis, stellt sich die Frage, ob das **Geheimnis an sich einen tauglichen Einziehungsgegenstand** darstellt. Dass eine Einziehung eines nicht verkörperten Geschäftsgeheimnisses nach § 73 Abs 1 StGB aus rein tatsächlichen Gründen ausscheidet, liegt auf der Hand. Es ist jedoch von weitergehender Relevanz, ob etwas erlangt wurde, was aus tatsächlichen Gründen schlicht nicht eingezogen werden kann oder ob bereits kein tauglicher Einziehungsgegenstand vorliegt. Denn Voraussetzung einer **Wertersatzeinziehung** nach § 73c S 1 StGB ist, dass der Täter überhaupt etwas erlangt hat.[26] Wie bereits dargestellt, sind taugliche Einziehungsgegenstände ausschließlich materielle Vorteile. Immaterielle Vorteile sind nur dann umfasst, sofern sie mit einem unmittelbaren wirtschaftlichen Nutzen behaftet sind.

39

Die Einordnung als Geschäftsgeheimnis iSd § 2 Nr 1 GeschGehG setzt ihrerseits bereits eine Werthaltigkeit voraus, die in der fehlenden Offenkundigkeit der Information begründet ist (sh dazu Rdn 49 f). Steht fest, dass es sich bei der erlangten Information um ein Geschäftsgeheimnis handelt, ist dieses also notwendigerweise werthaltig und **stellt somit einen grundsätzlich tauglichen Einziehungsgegenstand** dar.

40

Da das nicht verkörperte Geschäftsgeheimnis selbst freilich nicht eingezogen werden kann, scheidet § 73 Abs 1 StGB aus, sodass es in entsprechenden Fällen stets um Wertersatz gem § 73c StGB gehen wird.

41

5. Einziehung bei Erlangung von verkörperten Geschäftsgeheimnissen

Der Täter kann ein Geschäftsgeheimnis bspw erlangen, indem eine Kopie von elektronischen Daten oder Dokumenten angefertigt wird oder er sich etwa Dokumente, Stoffe, Materialien etc aneignet. Praktisch denkbare Fälle sind das Kopieren von Geschäftsgeheimnisse enthaltenden Dateien, die Erlangung entsprechender Kopien mittels eines unbefugten Zugriffs auf EDV-Systeme oder das Erstellen von Kopien gestohlener Geschäftsgeheimnisse in Form von physischen Dokumenten oä. Sofern der Täter die Geschäftsgeheimnisse nicht verwertet, sie also zB nicht veräußert, können die konkreten Gegenstände gem. § 73 Abs 1 Satz 1 StGB bei ihm eingezogen werden. Handelt es sich um Geschäftsgeheimnisse in Form von **kopierten Daten**, so werden diese **in der Praxis durch Löschung der Dateien** eingezogen.[27] Der **Datenträger selbst kann dabei als Tatmittel** nach § 74 StGB eingezogen werden.

42

6. Einziehung bei wirtschaftlicher Nutzung von Geschäftsgeheimnissen

Davon zu unterscheiden ist die in der Praxis wichtige Frage, unter welchen Voraussetzungen auch die durch den Täter **unter Einsatz des Geschäftsgeheimnisses erwirtschafteten wirtschaftlichen Vorteile** nach den §§ 73 ff StGB eingezogen werden können. Gerade diese wirtschaftliche Nutzung des Geschäftsgeheimnisses verletzt das in § 23 GeschGehG geschützte Rechtsgut im Kern und führt für den Verletzten zu einem messbaren wirtschaftlichen Schaden.

43

---

26 Vgl BGH 10.09.2002, 1 StR 281/02 = NStZ 2003, 198; Fischer, StGB, § 73c Rn 2.
27 Reh/Cosfeld, NStZ 2019, 706, 709.

44 Als wirtschaftliche Nutzung kommt zunächst eine **Veräußerung des Geschäftsgeheimnisses** an Dritte in Betracht: Bei der Veräußerung eines Geschäftsgeheimnisses erlangt der Täter durch die Tat einen **Verkaufserlös**. Dieser Verkaufserlös kann unstreitig nach § 73 Abs 1 StGB eingezogen werden.[28]

45 Neben dem Verkauf des Geheimnisses kommt insbesondere der Nutzung im Rahmen der eigenen wirtschaftlichen Tätigkeit besondere praktische Brisanz zu. Gerade die Nutzung von Geschäftsgeheimnissen durch ausgeschiedene Mitarbeiter ist ein Hauptanwendungsfall des § 23 GeschGehG in der strafrechtlichen Praxis. Dass in diesen Fällen beim Täter nicht nur das weiterhin in seinem Besitz befindliche Geschäftsgeheimnis selbst, sondern **darüber hinaus** auch **der damit erwirtschaftete Vorteil eingezogen** werden kann, dürfte im Grundsatz unstreitig sein. Dies ergibt sich bereits daraus, dass die Nutzung des rechtswidrig erlangten Geschäftsgeheimnisses sowohl bei eigener Vortat (§ 23 Abs 1 Nr 2 GeschGehG, sh Kap 1 Rdn 880 ff) als auch bei fremder Vortat (§ 23 Abs 2 Alt 1 GeschGehG, sh Kap 1 Rdn 904 ff) eine eigenständige Straftat darstellt, aus welcher der Täter nunmehr die Vorteile der Nutzung des Geschäftsgeheimnisses erlangt.[29]

46 Diese Möglichkeit der Einziehung besteht auch dann, wenn nicht der Täter selbst, sondern ein Dritter (beispielsweise der neue Arbeitgeber des ausgeschiedenen Mitarbeiters) etwas aus der Tat erlangt. Auch in diesen Konstellationen sieht das Gesetz eine (sog. Dritt-) Einziehung des Erlangten bzw des entsprechenden Wertes vor, vgl § 73b StGB.

7. Die Ermittlung des (Wertes des) Einzuziehenden

47 Während die grundsätzliche Möglichkeit der Einziehung in solchen Fällen der wirtschaftlichen Nutzung von Geschäftsgeheimnissen durch den Gesetzgeber hinreichend deutlich normiert ist, stellen sich vor dem Hintergrund der Neuregelung des Einziehungsrechts in der Praxis komplexe Fragen bei der Ermittlung des Einziehungsgegenstandes bzw des Wertes des Erlangten.

48 Die Ermittlung dessen, was der strafrechtlichen Einziehung unterliegt, erfolgt in dem bereits beschriebenen zweistufigen Verfahren (sh Rdn 33 ff), wobei es zur konkreten Anwendung dieser Ermittlungsmethode in der Praxis, gerade auch für den Bereich des GeschGehG, bisher an orientierungsstiftender Rechtsprechung fehlt. In welchem Ausmaß die Gerichte zukünftig in Fällen der strafbaren wirtschaftlichen Nutzung von Geschäftsgeheimnissen die Einziehung anordnen werden, bleibt daher abzuwarten. Im Folgenden sollen jedoch anhand von zwei praxistypischen Beispielsfällen erste Ansätze dargestellt werden, in welchen Konstellationen und in welchem Ausmaß eine Einziehung wirtschaftlicher Erträge aus der strafbaren Nutzung fremder Geschäftsgeheimnisse in Betracht kommt:

49 ▶ **Beispielsfall 1:** Missbrauch illegal erlangter Konstruktionszeichnungen

Mitarbeiter B der X-GmbH scheidet aus dem Unternehmen aus und macht sich selbstständig. Um einen guten Start in die Selbstständigkeit zu haben, nimmt er verbotenerweise von seinem alten

---

28 Je nach Anknüpfungstat richtet sich diese Einziehung nach § 73 Abs 1 StGB oder nach der Regelung des § 73 Abs 3 Nr 1 StGB; vgl dazu in vergleichbaren Konstellationen ausführlich Reh/Cosfeld, NStZ 2019, 706, 709 f.

29 Alternativ kommt eine Einziehung der aus der ursprünglichen Straftat (Erlangung des Geschäftsgeheimnisses, § 23 Abs 1 Nr 1 GeschGehG) gezogenen Nutzungen nach § 73 Abs 2 StGB in Betracht.

Arbeitgeber eine geheime, von der X-GmbH entwickelte Konstruktionszeichnung für ein neuartiges Produkt mit, mit deren Hilfe er in seinem neuen Betrieb identische Produkte herstellt. Diese Produkte verkauft er im Anschluss für EUR 100.000, wobei er Materialkosten in Höhe von EUR 60.000 zur Produktion einsetzt.

Beispielsfall 2: Mitnahme von Kundendaten

Mitarbeiter C der auf den Bau von Spezialmaschinen spezialisierten X-GmbH scheidet aus dem Unternehmen aus. Zuvor sichert er sich jedoch die hochgeheime Kundendatei, in der die X-GmbH alle Kunden der letzten Jahre inklusive deren Bedarf und der relevanten Ansprechpartner notiert hat. Auch aufgrund des Besitzes dieser Kundendaten wird C bei seinem neuen Arbeitgeber, der Y-AG, einem unmittelbaren Konkurrenzunternehmen der X-GmbH, mit offenen Armen empfangen. Die Y-AG vertreibt in der Folge ihre Konkurrenzprodukte unter Nutzung der Kundendatei der X-GmbH an zahlreiche dieser Kunden. Mit diesen nachweislich aus der Kundendatei der X-GmbH stammenden Kunden macht die Y-AG einen Gesamtumsatz von EUR 1 Mio., unter Abzug aller Kosten für die Produktion der Maschinen entsteht dadurch ein Gewinn in Höhe von EUR 200.000.

In einem **ersten Schritt** wird durch das Gericht zu ermitteln sein, **ob** der Täter bzw ein Dritter durch die strafbare Nutzung des Geschäftsgeheimnisses **etwas erlangt** hat. Dabei kommt es entscheidend darauf an, dass der Vermögenszufluss gerade (in wertender Betrachtung) unmittelbare Folge der Nutzung des Geschäftsgeheimnisses ist.[30] Ein nur mittelbarer Gewinn aus der Nutzung unterliegt hingegen nicht der Einziehung.[31] Gerade auf die kasuistische Ausgestaltung dieser Differenzierung wird es in den kommenden Jahren ankommen. Dabei ist eine Tendenz der Rechtsprechung für den Bereich des Geschäftsgeheimnisschutzes nicht mit Sicherheit vorhersagbar, da hier zwei neue Regelungskonzepte aufeinanderstoßen, die jeweils und in ihrem Zusammenspiel der richterlichen Ausgestaltung bedürfen.

Nach der zum alten Recht der Vermögensabschöpfung ergangenen Rechtsprechung des BGH[32] schied eine Einziehung von Gewinnen aus der Nutzung von Kundenlisten beispielsweise aus, wenn mittels Nutzung einer durch eine Anstiftung zum Verrat von Dienstgeheimnissen (§ 353b StGB) erlangten Kundenliste später Gewinne erwirtschaftet werden. In diesem Falle sollte allein der Wert der erlangten Liste, nicht jedoch der spätere Gewinn abgeschöpft werden können.

Es bleibt indes abzuwarten, ob diese Rechtsprechung auf den Fall der strafbaren Nutzungen von Geschäftsgeheimnissen nach § 23 GeschGehG übertragen wird. Da auch das alte Verfallsrecht in § 73 Abs 2 StGB aF bereits eine Abschöpfung von gezogenen Nutzungen vorsah, ist eine solche Übertragung nicht grundsätzlich ausgeschlossen.[33] Zu beachten ist jedoch, dass – anders als im Bereich der Verletzung von Dienstgeheimnissen nach § 353b StGB – die **Nutzung eines illegal erlangen Geschäftsgeheimnisses** selbstständig strafbar

---

30 So ausdrücklich, allerdings noch zur alten Rechtslage, LG Freiburg 09.05.2012, 3 Qs 132/11 = wistra 2012, 361.
31 Fischer, StGB, § 73 Rn 33; OLG Hamm 18.12.2018, 4 Ws 190/18, 4 Ws 191/18, 4 Ws 192/18, 4 Ws 225/18 = BeckRS 2018, 36226; dazu ausführlich auch Altenhain/Fleckenstein, in Matt/Renzikowski, StGB, § 73 Rn 6.
32 BGH 03.11.2005, 3 StR 183/05 = NStZ 2006, 334, 335.
33 Vgl bspw OLG Hamm 18.12.2018, 4 Ws 190/18, 4 Ws 191/18, 4 Ws 192/18, 4 Ws 225/18 = BeckRS 2018, 36226, das unter Anwendung des neuen Einziehungsrechts die Einziehung von Gewinnen ablehnte, die mittels betrügerisch erhaltener Kundenboni erwirtschaftet wurden. Insoweit zeichnet sich eine grundsätzliche Zurückhaltung der Gerichte bei der Einziehung von wirtschaftlichen Gewinnen in Folge von strafbaren Verhaltensweisen ab.

ist (sh Kap 1 Rdn 880 sowie Kap 1 Rdn 904), sodass ein engerer Zusammenhang zu dem im Straftatbestand beschriebenen Verhalten besteht. Es erscheint daher keinesfalls ausgeschlossen, dass die Rechtsprechung in solchen Fällen eine Einziehung der Erträge aus der – strafbaren – Nutzung von illegal erlangten Kundenlisten (wie in Beispielsfall 1) in Betracht zieht.[34]

53 Sowohl in Beispielsfall 1 als auch in Beispielsfall 2 besteht daher die grundsätzliche rechtliche Möglichkeit der Einziehung des durch die wirtschaftliche Nutzung des Geschäftsgeheimnisses Erlangten.

54 In einem **zweiten Schritt** ist sodann zu ermitteln, **welchen Wert** das aus der wirtschaftlichen Nutzung **Erlangte aufweist**, da die Höhe der Wertersatzeinziehung von diesem Wert abhängt (sh Rdn 35). Nach dem eingeschränkten Bruttoprinzip sind dabei Aufwendungen des Täters bzw des Dritten, der die Nutzung vorgenommen hat, grundsätzlich in Abzug zu bringen (§ 73d Abs 1 S 1 StGB). Dies führt zu einer sog. **Nettoabschöpfung**, also einer Einziehung allein des Gewinns (sh Rdn 35).

55 Dieses Abzugsgebot gilt jedoch nicht für Aufwendungen, die für die Begehung der Tat oder für ihre Vorbereitung aufgewendet bzw eingesetzt wurden (§ 73d Abs 1 S 2 StGB). Solche **Investitionen in Verbotenes sollen unwiederbringlich verloren sein**. Für die wirtschaftliche Nutzung des Geschäftsgeheimnisses heißt dies, dass alle Aufwendungen, die bewusst in die Nutzung des Geschäftsgeheimnisses investiert werden, bei der Ermittlung des Werts des Erlangten nicht wertmindernd zu berücksichtigen sind. Dadurch kommt es in solchen Fällen zu einer Bruttoabschöpfung.

56 Diese Differenzierung kann anhand der beiden Beispielsfälle verdeutlicht werden:

57 ▶ **Lösung des Beispielsfalls 1:**

B hat verbotenerweise mit Hilfe der mitgenommenen Konstruktionszeichnungen Waren hergestellt und dafür Aufwendungen in Höhe von EUR 60.000 gehabt. Die Aufwände des B zur Herstellung der Waren, die er mit Hilfe des Geschäftsgeheimnisses herstellt (also zB die Materialkosten),[35] investiert dieser bewusst in die rechtlich verbotene Herstellung des Produktes. Es bleibt daher bei einer Abschöpfung des Bruttowertes der Produkte, mithin in Höhe von EUR 100.000.

Lösung des Beispielsfalls 2:

Anders stellt sich dies bei der wirtschaftlichen Nutzung von Kundenlisten dar. Die Herstellung der später an diese Kunden verkauften Waren ist an sich nicht rechtswidrig, sodass die Aufwendungen für die Herstellung nach § 73d Abs 1 Satz 1 StGB abzugsfähig sind. Rechtswidrig ist allein die Nutzung der Kundendaten und die daraus gewonnene Geschäftschance. Aus dieser erlangt die Y-AG jedoch einzig den mit diesen Kunden erzielten Gewinn. Eine Abschöpfung kommt daher in diesem Beispielsfall – wenn überhaupt – nur netto, also in Höhe von EUR 200.000, in Betracht. Da dieser Gewinn der Y-AG zufließt, erfolgt die Einziehung bei dieser in Form der Dritteinziehung nach § 73b StGB.

---

34 Dafür spricht zB auch die Gesetzesbegründung, die darauf hinweist, dass nach den Vorgaben von Art 2 Nr 1 und Art 4 Abs 1 der RL 2014/42/EU nicht nur »direkt«, sondern auch »indirekt« durch eine Straftat erlangte wirtschaftliche Vorteile einzuziehen sind. Darauf hat auch der BGH jüngst ausdrücklich hingewiesen, BGH 28.11.2019, 3 StR 294/19 = NJW 2020, 1309.

35 Umstritten ist, inwieweit sog. Sowieso-Kosten, die dem Täter ohnehin entstehen, aber im unmittelbaren zeitlichen Zusammenhang zur tatbestandsmäßigen Handlung stehen, abzugsfähig sind. Dies können zB die Lohnnebenkosten sein, die dem Täter ohnehin entstanden wären, vgl dazu Köhler, NStZ 2017, 497, 510.

Die **Dritteinziehung bei juristischen Personen** kommt nur dann in Betracht, wenn gegen 58
diese kein Bußgeld nach § 30 OWiG verhängt wird (sog. **Unternehmensgeldbuße**). Im
Rahmen einer solchen Unternehmensgeldbuße erfolgt die Abschöpfung des Gewinns über
die Regelungen des § 30 OWiG iVm § 17 Abs 4 OWiG, wobei diese Abschöpfung der
Einziehung nach § 73 ff StGB vorgeht (§ 30 Abs 5 OWiG). Dadurch können in der Praxis
gewisse Wertungswidersprüche entstehen, da im Rahmen des § 17 Abs 4 OWiG ausweislich des dortigen eindeutigen Wortlauts stets nur eine Gewinnabschöpfung (»wirtschaftlicher Vorteil«) vorgenommen wird. Eine Abschöpfung nach dem Bruttoprinzip – entsprechend des Regelungskonzepts des § 73d StGB nF – ist dort nicht vorgesehen.[36] Es bleibt
abzuwarten, ob der Gesetzgeber diese Gefahr der Wertungswidersprüche im Rahmen der
zu erwartenden Einführung des Verbandssanktionengesetzes[37] beseitigt.

▶ Soweit bei einem Unternehmen die Abschöpfung nach dem Bruttoprinzip droht, kann es für das 59
Unternehmen ratsam sein, frühzeitig und aktiv Verhandlungen über eine einvernehmliche Verfahrensbeendigung unter Verhängung einer Unternehmensgeldbuße nach § 30 OWiG aufzunehmen,
um auf diesem Wege die Abschöpfung auf den Nettobetrag zu begrenzen.

8. Die Bedeutung der Einziehung im Ermittlungsverfahren

Die Relevanz der Einziehungsregelungen entfaltet sich aber in vielen Fällen in der Praxis 60
nicht erst nach gerichtlicher Verurteilung. Bereits im Ermittlungsverfahren können zur
Sicherung der späteren Einziehung vorläufige Sicherungsmaßnahmen nach den
§§ 111b ff StPO erfolgen. Sofern bereits im Ermittlungsverfahren die Annahme begründet
ist, dass die Voraussetzungen der Einziehung eines Gegenstandes vorliegen, kann dieser
zur Sicherung der späteren Vollstreckung der Einziehung beschlagnahmt werden (§§ 111b
bis 111d StPO). Zeichnet sich hingegen bereits eine spätere Einziehung von Wertersatz
ab, kann zur Sicherung der späteren Vollstreckung der **Vermögensarrest** in das bewegliche
und unbewegliche Vermögen des Betroffenen angeordnet werden (§§ 111e bis 111 g
StPO).

Für den Verletzten einer Tat nach § 23 GeschGehG ist die Beschlagnahme zur Sicherung 61
der Einziehung idR ein wichtiges Mittel zur Verhinderung der Möglichkeit einer weiteren
Verbreitung der Geschäftsgeheimnisse. Der Arrest in das Vermögen des Täters kann hingegen die spätere Durchsetzung von Schadensersatzansprüchen insbesondere in Fällen der
geschäftlichen Nutzung des Geheimnisses durch den Täter sichern.

▶ Als Geschädigter einer Straftat gibt es im Ermittlungsverfahren keine Möglichkeit, eine vorläufige 62
Beschlagnahme bzw einen Vermögensarrest zur Sicherung einer späteren Einziehung durchzusetzen.
Diese Befugnis liegt allein bei den Staatsanwaltschaften und Gerichten. Der Geschädigte kann
jedoch in dieser Situation die Staatsanwaltschaft bestmöglich mit Informationen versorgen, die
benötigt werden, um eine Annahme i.S.d. § 111b StPO zu begründen. Insoweit kann es sich
anbieten, in einer Strafanzeige die wirtschaftliche Nutzung des Geschäftsgeheimnisses durch die
Täter sowie die von diesen damit erwirtschafteten Einnahmen ebenso detailliert darzulegen wie die
Vermögensverhältnisse des Täters.

---

36 Vgl dazu Meißner/Schütrumpf, Vermögensabschöpfung, Rn 260.
37 Ein entsprechender Referentenentwurf des Bundesministeriums der Justiz und für Verbraucherschutz steht kurz vor der Verabschiedung.

9. Verfahren zur Entschädigung der Geschädigten

63 Anders als nach dem alten Recht betreibt der Staat heute keine Rückgewinnungshilfe für die Geschädigten, sondern setzt einen eigenen Anspruch des Staates auf Einziehung des aus der Tat Erlangten durch. Erst im Anschluss daran erfolgt eine Befriedigung etwaiger Schadenersatzansprüche der Geschädigten. Das anwendbare Entschädigungsverfahren hängt dabei davon ab, ob ein sog. Deckungsfall oder ein Mangelfall vorliegt.

64 In dem **Deckungsfall**, also soweit ausreichende finanzielle Vermögenswerte zur Befriedigung aller Geschädigten gesichert werden konnten, erfolgt eine **Auskehrung des Verwertungserlöses an den oder die Verletzten im Strafvollstreckungsverfahren**. Ein Entschädigungsanspruch der Geschädigten besteht insoweit, wie der Täter oder Teilnehmer auf Kosten des Geschädigten etwas aus der Straftat erlangt hat (Anspruch auf Rückgewähr des Erlangten). Er zielt damit ausschließlich auf die Kehrseite des Erlangten und ist nicht zwingend deckungsgleich mit etwaigen zivilrechtlichen Schadensersatzansprüchen.[38]

65 Das Entschädigungsverfahren für diese Verteilung im Strafvollstreckungsverfahren ist in § 459k ff StPO geregelt: Die Verletzten der Straftat erhalten Gelegenheit zur Stellungnahme und müssen innerhalb einer **Frist von sechs Monaten** ab Mitteilung über die Rechtskraft der Einziehungsentscheidung ihren **Anspruch benennen und beziffern (§ 459j StPO)**. Soweit sich der Anspruch nicht ohne weiteres aus der Einziehungsentscheidung ableiten lässt, bedarf es einer gerichtlichen Entscheidung, für welche der Verletzte den Anspruch glaubhaft machen muss.

66 In der vom Gesetzgeber als Ausnahmefall normierten **Konstellation der Schadensunterdeckung**, also für den Fall, dass die zur Vollziehung des Vermögensarrestes gesicherten Gegenstände nicht ausreichen, um die Entschädigungsansprüche der Geschädigten zu erfüllen **(sog. Mangelfall)**, erfolgt die **Entschädigung im Insolvenzverfahren nach den Regelungen der Insolvenzordnung**. Der Staatsanwaltschaft steht in diesem Fall ein eigenes Insolvenzantragsrecht zu (§ 111i Abs 2 StPO). Etwaige vom Staat in Beschlag genommene Gegenstände werden an den Insolvenzverwalter übergeben, die Geschädigten müssen ihre **Ansprüche zur Insolvenztabelle** anmelden.

---

38 Meißner/Schütrumpf, Vermögensabschöpfung, Rn 250.

A. Strafprozessuale Maßnahmen Kapitel 4

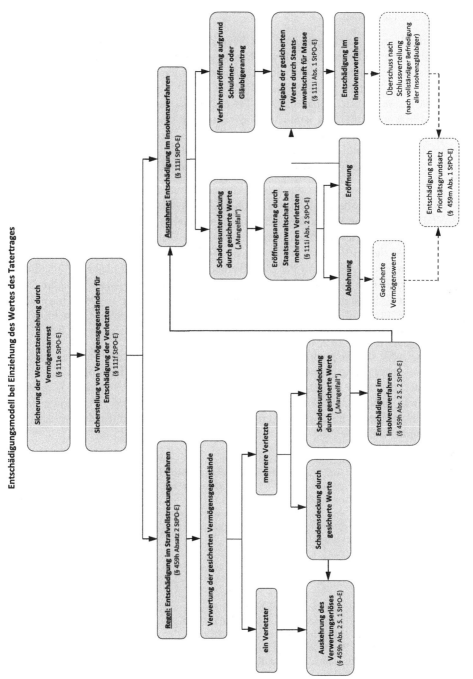

Übersicht über das Entschädigungsmodell, Quelle: RegE, BT-Drucks. 18/9525 S. 53

B. Zwischenverfahren

68 Nach Erhebung der Anklage beginnt mit deren Zustellung an den Angeschuldigten[39] und Fristsetzung zur Erklärung über Einwendungen gegen die Eröffnung des Hauptverfahrens das Zwischenverfahren, §§ 199 ff StPO. Die StA verliert ihre Verfahrensherrschaft, der Angeschuldigte[40] erhält umfassendes rechtliches Gehör vor Gericht und kann Einwände gegen die im Anklagesatz konkretisierten Tatvorwürfe in tatsächlicher und rechtlicher Hinsicht vorbringen. Außerdem kann der Angeschuldigte bereits jetzt einzelne **Beweiserhebungen beantragen**. Das Verfahren soll als **Filter zum Schutz des Angeschuldigten** vor ungerechtfertigten Anklagen dienen[41] und kann durch Ausscheiden überflüssigen Prozessstoffes im Eröffnungsbeschluss durch das Gericht zur Straffung der Hauptverhandlung beitragen.

69 Grundlage für die Eröffnung ist der hinreichende Tatverdacht, § 203 StPO, dh bei vorläufiger Tatbewertung die **Wahrscheinlichkeit einer späteren Verurteilung**.[42] Es muss mehr für eine Verurteilung als für einen Freispruch sprechen;[43] ein dringender Tatverdacht muss dabei nicht vorliegen.[44] Die Aufklärung von Widersprüchen einzelner Beweisergebnisse des Ermittlungsverfahrens kann der Hauptverhandlung überlassen bleiben,[45] allerdings ist eine umfassende rechtliche Würdigung des angeklagten Sachverhalts auf seine Strafbarkeit hin vor einer Eröffnung notwendig.[46] Dabei ist das Gericht nicht an die Anträge der StA gebunden, § 206 StPO, soweit nicht die Entscheidungsbefugnis der StA zusteht, wie dies zB bei der Annahme eines öffentlichen Interesses an der Strafverfolgung der Fall ist.

70 Tatsächlich wird die Möglichkeit, im Zwischenverfahren rechtliche Fragen zu klären oft nicht ausreichend genutzt. Auch spielen **Beweisanträge der Verteidigung** zu diesem Zeitpunkt kaum eine Rolle in der Praxis. Da es im Strafprozess keine zeitlichen Vorgaben für Beweisanträge gibt, § 246 Abs 1 StPO,[47] ist es ausschließlich der Verteidigungsstrategie überlassen, ob bereits im Zwischenverfahren tatsächliche Annahmen der Anklage angegriffen werden sollen.

71 ▶ Der erfolgreiche Angriff gegen eine Anklage kann zur Beschwerde der StA führen, § 210 StPO. Über diese entscheidet bei einer Anklage zur Wirtschaftsstrafkammer des LG ein Strafsenat des OLG, der idR wenig Erfahrung mit Wirtschaftsstrafsachen hat und nicht für eine spätere Revision zuständig ist.[48] Die Rechtsauffassung des OLG ist daher für den weiteren Verfahrensverlauf von geringerer Bedeutung, aber faktisch nicht völlig bedeutungslos. Die Verteidigungsstrategie sollte das Risiko der Aufhebung eines Nichteröffnungsbeschlusses beim OLG mit mglw negativen Ausführungen zur Sach- und Rechtslage berücksichtigen.

---

39 Sowie an den Nebenkläger bzw den Nebenklagebefugten, sofern dies beantragt wurde.
40 Zu den Begriffen vgl § 157 StPO: der Angeschuldigte, gegen den Anklage erhoben wurde, wird durch Eröffnung des Hauptverfahrens zum Angeklagten.
41 Wenske, in MüKo-StPO, § 199 StPO Rn 4.
42 Hierzu und zur Diskussion zum Tatverdacht zB Wenske, in MüKo-StPO, § 203 Rn 9 ff, mwN.
43 OLG Rostock 17.01.2012, I Ws 404/11 Rn 19 (juris) = BeckRS 2012, 3289.
44 HM; vgl Meyer-Goßner/Schmitt, StPO, § 203 Rn 2.
45 Ritscher, in BeckOK StPO, § 203 Rn 5.
46 Ritscher, in BeckOK StPO, § 203 Rn 7.
47 Auch sehr späte Anträge können nur unter den engen Vorgaben des § 244 Abs 3 StPO, nämlich bei Verzögerungsabsicht, abgelehnt werden.
48 Die Revision geht an den aus dem GVP des BGH ersichtlichen für das entscheidende LG örtlich zuständigen Strafsenat des BGH, § 135 Abs 1 GVG.

Sind aus Sicht des Gerichts **Nachermittlungen** erforderlich, kann es diese anordnen, § 202 StPO, und selbst oder über die StA und Polizei durchführen lassen. Bei **Anklagen, die vor Inkrafttreten des GeschGehG erhoben**, aber noch nicht eröffnet worden sind, wird dies im Regelfall notwendig sein. Da nach der alten Rechtslage des § 17 UWG aF das Vorliegen eines Geschäftsgeheimnisses nicht von angemessenen Geheimhaltungsmaßnahmen iSd § 2 Nr 1 lit b) GeschGehG abhing, dürften hierzu in bereits erhobenen Anklagen keine Feststellungen getroffen worden sein. Mangels Übergangsregelungen ist diese Feststellung jedoch notwendig (sh Kap 1 Rdn 27 ff), sodass die erforderlichen Nachermittlungen durch das Gericht im Rahmen seiner Kompetenz nach § 202 StPO durchzuführen sind.[49]

Liegen die Voraussetzungen für eine Eröffnung des Hauptverfahrens vor, kann das Gericht den **Verfahrensstand mit den Beteiligten erörtern**, § 202a StPO. Eine solche Erörterung kann zunächst der Strukturierung der Hauptverhandlung dienen, zielt jedoch zumeist auf eine Verständigung im Hauptverfahren.[50] Die Erörterung findet ohne Schöffen statt, mögliche Ergebnisse entfalten keine Bindungswirkung,[51] **müssen aber protokolliert** werden. Es besteht weder ein Anspruch der Verfahrensbeteiligten[52] auf ein solches Gespräch noch eine Verpflichtung, an einem solchen Gespräch teilzunehmen.[53]

Durch Zulassung der Anklage, unter Umständen mit Änderungen gem § 207 Abs 2 StPO, welche insbesondere eine rechtlich abweichende Würdigung des Tatgeschehens aufgreifen können, wird das Hauptverfahren eröffnet und das Zwischenverfahren beendet. Dabei kann das Gericht, bei dem Anklage erhoben wurde, auch vor einem **Gericht niedrigerer Ordnung** eröffnen, § 209 Abs 1 StPO. Dies kommt in der Praxis häufig vor und betrifft vor einer Wirtschaftsstrafkammer des LG angeklagte Verfahren, die vor dem Schöffengericht beim AG eröffnet werden. Diese **Entscheidung ist bindend** und führt dazu, dass weder die besondere Sachkompetenz der Wirtschaftsstrafkammer für das Verfahren zur Verfügung steht noch eine Revision zum BGH möglich ist.[54] Ein Rechtsmittel des Angeschuldigten gegen die Eröffnungsentscheidung ist nicht vorgesehen.

Lehnt das Gericht die Eröffnung ab, eröffnet es nur teilweise oder vor einem Gericht niedrigerer Ordnung, steht der StA, § 210 Abs 2 StPO, oder dem Privatkläger, § 390 Abs 1 StPO, die **sofortige Beschwerde** zu. Der Nebenkläger kann gegen die Nichteröffnung bzw gegen die Teilablehnung nur dann vorgehen, wenn das Nebenklagedelikt betroffen ist, § 400 Abs 2 StPO.[55] Die Beschwerde ist binnen einer Woche einzulegen, § 311 Abs 2 StPO, und unterliegt dem Abhilfeverbot, § 311 Abs 3 StPO, dh das Erstgericht kann nur bei Verletzung rechtlichen Gehörs selbst abhelfen und muss ansonsten dem Beschwerdege-

---

49 Eine Einstellung nach § 206b StPO wegen Gesetzesänderung kommt erst in Betracht, wenn festgestellt wurde, dass keine Geheimhaltungsmaßnahmen getroffen wurden.
50 Ritscher, in BeckOK-StPO, § 202a Rn 4.
51 BGH 21.11.2012, 1 StR 391/12 = NStZ 2013, 411.
52 Dazu gehören selbstverständlich auch die StA und, sofern er seinen Anschluss erklärt hat, der Nebenkläger.
53 BGH 21.11.2012, 1 StR 391/12 = NStZ 2013, 411; zur Frage der Selbstbindung des Gerichts insb bei mehreren Mitangeschuldigten Kudlich, in MüKo-StPO, § 202a Rn 10, 12.
54 Die Vorlage der Sache durch ein Gericht niedrigerer Ordnung bei einem Gericht höherer Ordnung ist möglich, § 209 Abs 2 StPO, allerdings nur zur Entscheidung durch das Gericht höherer Ordnung.
55 Schneider, in KK-StPO, § 210 Rn 7.

richt vorlegen. Dieses entscheidet ohne mündliche Verhandlung, § 309 StPO. Gibt es der sofortigen Beschwerde statt, kann es die Hauptverhandlung vor einer anderen Kammer oder einem anderen Gericht durchführen lassen als der vorlegenden Kammer bzw dem vorlegenden Gericht, § 210 Abs 3 StPO.

C. Spezifische Aspekte des Hauptverfahrens

Literatur: *Grau/Blechschmidt/Frick*, Stärken und Schwächen des reformierten Adhäsionsverfahrens, NStZ 2010, 662; *Markert/Trautmann*, Aus der Praxis: Der Adhäsionsantrag im Strafverfahren, JuS 2017, 319; *Schregle*, Neue Maßnahmen zum Geheimnisschutz in Geschäftsgeheimnisstreitsachen. Wegbereiter für den effektiven Rechtsschutz?, GRUR 2019, 912.

76 Das Hauptverfahren in Verfahren wegen Geschäftsgeheimnisverletzungen wirft **einige Besonderheiten** auf, die überblicksartig besprochen werden sollen.

I. Ausschluss der Öffentlichkeit

77 Wesentlich ist die **Sicherung des Geschäftsgeheimnisses auch in der Hauptverhandlung** eines Strafverfahrens. Keine unmittelbare Anwendung finden die § 16 ff GeschGehG im Strafverfahren (sh Kap 2 Rdn 177).[56] Dies ergibt sich aus dem Wortlaut des § 16 GeschGehG, welcher die Geheimhaltungsmaßnahmen nur für Klagen eröffnet, mit denen Ansprüche aus dem GeschGehG geltend gemacht werden. Dies bedeutet zudem, dass die Regelungen der § 16 ff GeschGehG auch nicht über einen **Adhäsionsantrag** (sh Rdn 84 ff) in ein Strafverfahren übernommen werden können, da der Antrag gem. § 404 StPO nicht als Klage, sondern als Verfahrensvoraussetzung für eine Entscheidung über die Entschädigung anzusehen ist.[57] Der Schutz von Geschäftsgeheimnissen in der Hauptverhandlung bleibt daher den Regelungen der **§§ 172 ff GVG** vorbehalten. Dieser Schutz ist weniger stark, da er **nur die spätere Offenlegung**, nicht jedoch die Nutzung von Geschäftsgeheimnissen umfasst.[58]

II. Der Schutz des Geschäftsgeheimnisses in der Hauptverhandlung

78 Grundsätzlich sind **Strafverfahren öffentlich**, § 169 GVG. Das Gericht kann jedoch die **Öffentlichkeit ausschließen**, wenn ein **wichtiges Geschäfts- oder Betriebsgeheimnis** zur Sprache kommt und durch dessen öffentliche Erörterung überwiegende schutzwürdige Interessen verletzt würden, § 172 Nr 2 GVG. Die Vorschrift bleibt zwar hinter § 16 GeschGehG insofern zurück, als § 16 GeschGehG die Geheimhaltung unabhängig von der Wichtigkeit der Geschäftsgeheimnisse ermöglicht. In der Praxis dürfte diese Diskrepanz aber keine Rolle spielen. § 172 GVG ist in allen Verfahren der ordentlichen Gerichtsbarkeit anwendbar, also auch in Verfahren, in denen Geschäftsgeheimnisse nicht im Zentrum stehen, sondern nur beiläufig im Prozess erwähnt werden. Es würde das Prinzip der Öffentlichkeit allerdings zu stark aushöhlen, wenn bereits die Erwähnung eines Geschäftsgeheimnisses, sei es auch noch so unbedeutend, zum Ausschluss der Öffentlichkeit führen könnte. Als wichtig iSd § 172 Nr 2 GVG ist ein Geschäftsgeheimnis daher nur dann

---

56 Alexander, in Köhler/Bornkamm/Feddersen, UWG, § 16 GeschGehG Rn 14; Begr zum RegE, BT-Drucks. 19/4724 S. 34.
57 BGH 16.12.2008, 4 StR 542/08, Rn 3 (juris) = NStZ 2009, 586.
58 Vgl § 174 Abs 3 GVG; der Gesetzgeber hat diese Lücke in Kauf genommen, vgl Begr zum RegE, BT-Drucks. 19/4724, S. 35.

anzusehen, wenn ein schutzwürdiges Interesse des Geheimnisinhabers betroffen ist.[59] Ein solches schutzwürdiges Interesse dürfte in Strafverfahren, in denen es um die strafwürdige Verletzung eines Geschäftsgeheimnisses geht, immer vorliegen.

Die Vorschrift des § 172 Nr 2 GVG schützt nicht nur die Interessen des Verletzten, sondern **auch diejenigen des Angeklagten oder eines Dritten**, bspw eines Zeugen.[60] 79

Der Ausschluss kann für bestimmte **Teile der Hauptverhandlung** oder ihre **gesamte Dauer** erfolgen. Er ist daher bereits für die Verlesung der Anklageschrift möglich.[61] Soll er sich auf die Urteilsverkündung erstrecken, bedarf es eines gesonderten Beschlusses, § 173 Abs 2 GVG.[62] 80

Das Gericht trifft die Entscheidung **von Amts wegen nach pflichtgemäßem Ermessen**.[63] An Anträge der Verfahrensbeteiligten ist das Gericht nicht gebunden. Unabhängig vom Gericht hat auch der Staatsanwalt zu prüfen, ob es geboten ist, die Öffentlichkeit für die ganze Hauptverhandlung oder für einen Teil auszuschließen. Stellt er einen solchen Antrag, so hat er ihn zu begründen.[64] Dabei hat das Gericht die Bedeutung des Prinzips der Öffentlichkeit gegen den Schutz der Geschäftsgeheimnisse abzuwägen, wobei der **Schutz der Geheimnisse im Regelfall höher zu bewerten** sein dürfte als das abstrakte Prinzip der öffentlichen Hauptverhandlung.[65] 81

Der Ausschluss der Öffentlichkeit **schützt Geschäftsgeheimnisse nur vor Dritten**, nicht jedoch vor anderen Verfahrensbeteiligten. Ein Ausschluss des Nebenklägers oder seines Prozessvertreters aus der Hauptverhandlung zum Schutz der Geschäftsgeheimnisse des Angeklagten ist nicht vorgesehen und verstößt gegen das Anwesenheitsrecht auch in der nicht-öffentlichen Hauptverhandlung und das Recht auf rechtliches Gehör, § 397 Abs 1, 2 StPO.[66] Auch der Angeklagte kann nicht von der Hauptverhandlung ausgeschlossen werden,[67] um das Geschäftsgeheimnis des Geschädigten zu sichern. Eine Geheimhaltung kann nur durch eine **Anordnung des Gerichts nach § 174 Abs 3 Satz 1 GVG** erreicht werden, mit der das Gericht den anwesenden Verfahrensbeteiligten, dh dem Angeklagten und dem Nebenkläger sowie den Rechtsanwälten, die Geheimhaltung der Geschäftsgeheimnisse zur Pflicht macht. Hierzu bedarf es eines Gerichtsbeschlusses in der Hauptverhandlung, welcher die geheim zu haltenden Tatsachen und Schriftstücke genau bezeich- 82

---

59 So im Ergebnis Mayer, in Kissel/Mayer, GVG, § 172 Rn 39.
60 Mayer, in Kissel/Mayer, GVG, § 172 Rn 38.
61 Schmitt, in Meyer-Goßner/Schmitt, StPO, § 172 GVG Rn 15.
62 Diemer, in KK-StPO, § 172 GVG Rn 2.
63 Mayer, in Kissel/Mayer, GVG, § 172 Rn 2.
64 Nr 131 Abs 1 RiStBV.
65 Diemer, in KK-StPO, § 172 GVG Rn 8; auch wenn man Art 9 (2) GeschGehRL nur auf Zivilverfahren bezieht und insofern in den §§ 16 ff GeschGehG eine richtlinienkonforme Umsetzung sieht, ergibt sich aus der GeschGehRL der Auftrag an die Mitgliedstaaten, Geschäftsgeheimnisse zu schützen, was ermessenslenkende Wirkung auch für das Strafgericht haben muss.
66 Valerius, in MüKo-StPO, § 397 Rn 4; zum rechtlichen Gehör des Nebenklägers auch Walther, in KK-StPO, § 397 StPO Rn 4.
67 Zum Anwesenheitsrecht BGH 27.04.2010, 5 StR 460/08, Rn 5 (juris) = BeckRS 2010, 11841 Rn 5; die Ausnahmen des § 247 StPO sehen den Schutz von Geschäftsgeheimnissen nicht vor; der Angeklagte dürfte auch ohnehin über die Einsicht in die Ermittlungsakten Kenntnis von den Geschäftsgeheimnissen des Geschädigten besitzen.

net.[68] Der Beschluss wird gegenstandlos, wenn die geheim zu haltenden Tatsachen später in der Hauptverhandlung öffentlich zur Sprache kommen.[69].

83 Ein **Verstoß gegen das Geheimhaltungsgebot ist strafbewehrt** durch § 353d Nr 2 StGB. Tathandlung ist das Offenbaren der vom Gericht bezeichneten Tatsache. Dies liegt vor, wenn das Geheimnis an einen anderen gelangt.[70] Nicht erfasst ist jedoch die Verwertung durch eine eigene Handlung. Der Schutz des § 174 Abs 3 Satz 1 GVG bleibt insoweit hinter dem des GeschGehG zurück; er geht darüber insoweit hinaus, als ein Verstoß gegen § 16 GeschGehG nur Ordnungsmittel nach sich zieht, § 17 GeschGehG, also nicht strafbewehrt ist, soweit nicht in dem Verstoß gleichzeitig eine Handlung nach § 23 GeschGehG liegt.[71]

III. Adhäsionsverfahren

84 Im Adhäsionsverfahren kann der Verletzte seine **aus der Straftat erwachsenen vermögensrechtlichen Ansprüche** im Strafverfahren geltend machen, § 403 StPO.[72] Dazu zählen Schadensersatzansprüche, Herausgabe- und Bereicherungsansprüche, aber auch solche auf Unterlassung. Auch Ansprüche aus (strafbarer) Vertragsverletzung sind erfasst.[73] Zwar findet die Verzahnung zwischen Straf- und Zivilrecht idR über § 823 Abs 2 BGB statt.[74] Im Bereich des Geschäftsgeheimnisschutzes stehen aber mit den §§ 6 ff GeschGehG unmittelbarere Ansprüche zur Verfügung. Das Verfahren steht damit auch Verletzten offen, deren Geschäftsgeheimnis verletzt wurde, auch wenn es in der Praxis zurzeit wohl in den meisten Fällen eingesetzt wird, um nach einer Körperverletzung Schmerzensgeld titulieren zu lassen.[75]

1. Antrag

85 Das Adhäsionsverfahren bedarf eines Antrags,[76] der in **Form und Inhalt den Erfordernissen einer Zivilklage** entsprechen muss[77] und in der Hauptverhandlung **auch mündlich** bis zum Beginn der Schlussvorträge gestellt werden kann, § 404 StPO. Dabei müssen Gegenstand und Grund des geltend gemachten Anspruchs bestimmt bezeichnet werden, wenn auch in einfach gelagerten Fällen auf die in der Anklageschrift erhobenen Tatvorwürfe Bezug genommen werden kann.[78] Das Gericht darf die Höhe des im Antrag begehrten Betrags bei seiner Entscheidung nicht überschreiten, da auch hier § 308 Abs 1 ZPO gilt.[79]

---

68 Mayer, in Kissel/Mayer, GVG, § 174 Rn 23, 25, 28.
69 Kulhanek, in MüKo-StPO, § 174 GVG Rn 15; so auch Perron/Hecker, in Schönke/Schröder, StGB, § 353d Rn 28.
70 Eisele, in Schönke/Schröder, StGB, § 203 Rn 20.
71 Schregle, GRUR 2019, 912, 914.
72 Zur Übersicht: Markert/Trautmann, Jus 2017, 319.
73 Vgl Zabeck, in KK-StPO, § 403 Rn 1 f.
74 Vgl Zabeck, in KK-StPO, § 403 Rn 1 f.
75 So zumindest die veröffentlichten aktuelleren Entscheidungen zum Adhäsionsverfahren; dies dürfte dem Umstand zu verdanken sein, dass Anträge auf Schmerzensgeld nicht wegen Ungeeignetheit abgelehnt werden können, § 406 Abs 1 Satz 6 StPO.
76 BGH 16.12.2008, 4 StR 542/08, Rn 3 (juris) = NStZ 2009, 586.
77 Grau, in MüKo-StPO, § 404 Rn 1.
78 BGH 15.03.2017, 4 StR 22/17, Rn 7 (juris) =NStZ-RR 2017, 142.
79 BGH 12.03.2019, 4 StR 369/18, Rn 13 (juris) = BeckRS 2019, 12622.

Zulässig ist auch ein **Feststellungsantrag**, sofern hierfür ein rechtliches Interesse besteht, § 256 Abs 1 ZPO.[80] Dies dürfte dann vorliegen, wenn die Schadensentwicklung noch nicht abgeschlossen ist und daher ein bezifferter Anspruch noch nicht erhoben werden kann.[81] Hierzu muss der Adhäsionsantragsteller geltend machen, welche Schäden bereits entstanden sind und warum er nicht in der Lage ist, diese Schäden schon jetzt zu beziffern.[82]   86

Anspruchsberechtigt ist der **unmittelbar Verletzte**,[83] dh der Inhaber des Geschäftsgeheimnisses selbst, Anspruchsgegner der Angeklagte. Diese Einschränkung auf die Beteiligten des Strafverfahrens führt dazu, dass Dritte, so zB die vom Angeklagten geführte juristische Person, nicht am Adhäsionsverfahren beteiligt werden können und insbesondere auch nicht berechtigt sind, sich an einem möglichen und vom Gesetz ausdrücklich angesprochenen Vergleich, § 405 StPO, zu beteiligen.[84] Neben dem Inhaber des Geschäftsgeheimnisses dürfte auch der **Lizenznehmer als Antragsteller** agieren können, wenn er durch die Tat betroffen ist, denn die Position des Lizenznehmers ist vergleichbar mit der Position eines Pächters. Für derart Berechtigte ist die Antragsberechtigung weithin anerkannt.[85]   87

▶ Die Frage der Antragsberechtigung kann derzeit nicht als geklärt angesehen werden. Wird eine Durchsetzung von Ansprüchen im Wege des Adhäsionsverfahrens beabsichtigt, empfiehlt sich deshalb, den Inhaber des Geschäftsgeheimnisses als Antragsberechtigten einzubeziehen. Im Hinblick auf die materielle Berechtigung des geltend gemachten Anspruchs muss dafür Sorge getragen werden, dass der Inhaber durch seinen Lizenznehmer ermächtigt ist, bei diesem entstehende Schadenspositionen mit geltend zu machen.   88

Wird der **Antrag vor Beginn der Hauptverhandlung** gestellt, kann der Antragsteller an der Hauptverhandlung teilnehmen, § 404 Abs 3 StPO, ohne jedoch die Rechte des Nebenklägers ausüben zu können. Die Gewährung von **Prozesskostenhilfe** ist sowohl für den Antragsteller als auch für den Angeklagten möglich, § 404 Abs 4 StPO.   89

2. Entscheidung über den Antrag

Die Entscheidung über den Antrag erfolgt mit dem (Straf-) Urteil, § 406 Abs 1 StPO. Für die Ermittlung des Sachverhalts und der Schuld des Angeklagten gelten dabei die strafprozessualen Regeln, für die Feststellung von Grund und Höhe der vermögensrechtlichen Ansprüche diejenigen des Zivilrechts.[86] Dabei unterliegt das Strafgericht hinsichtlich der Höhe einem **Begründungszwang**. Kommt es dem nicht nach, kann dies zum Absehen von einer Entscheidung über die zivilrechtlichen Ansprüche im Rechtsmittel führen.[87]   90

---

80 BGH 07.11.2018, 5 StR 396/18 = BeckRS 2018, 39505; Grau, in MüKo-StPO, § 406 Rn 5.
81 BGH 07.11.2018, 5 StR 396/18 = BeckRS 2018, 39505.
82 BGH 13.04.2017, 4 StR 414/16, Rn 7 (juris) = BeckRS 2017, 109043; BGH 15.09.2016, 4 StR 330/16, Rn 6 (juris) = NStZ-RR 2017, 23, 24; BGH 15.12.2016, 2 StR 380/16, Rn 3 (juris) = BeckRS 2016, 113213.
83 Zu mittelbar Verletzten mit Antragsberechtigung sh Grau, in MüKo-StPO, § 403 Rn 11 f.
84 So wohl Grau, in MüKo-StPO, § 405 Rn 3; der damit verbundene Ausschluss von Versicherern im Verfahren dürfte bei Verfahren wegen Verletzung des GeschGehG von geringerer Bedeutung sein.
85 Grau, in MüKo-StPO, § 403 StPO Rn 11 f, mwN.
86 Meyer-Goßner, in Meyer-Goßner/Schmitt, StPO, § 406 Rn 1.
87 BGH 20.03.2014, 3 StR 20/14, Rn 3 (juris) = BeckRS 2014, 9505.

91 Die Adhäsionsentscheidung erwächst nur in dem Umfang in **Rechtskraft**, in welchem dem Antrag stattgegeben wurde.[88] Der Verletzte kann deshalb einen Betrag zivilrechtlich einklagen, der über den ihm im Adhäsionsverfahren zugesprochenen hinausgeht, es sei denn, über den Anspruch ist vollständig entschieden (wie bspw beim unbezifferten Schmerzensgeldantrag).[89]

3. Eignung des Adhäsionsverfahrens

92 Das Gericht entscheidet nur dann über den Adhäsionsantrag, wenn sich dieser unter Berücksichtigung der berechtigten Belange des Antragstellers zur Entscheidung im Strafverfahren eignet, anderenfalls sieht es von einer Entscheidung ab, § 406 Abs 1 Satz 4 und 5 StPO. Das Gericht trifft diese Entscheidung nach **pflichtgemäßem Ermessen**.[90] Dabei hat es einerseits das Interesse des Gesetzgebers an einer Stärkung des Adhäsionsverfahrens gegen das Interesse an einer zügigen Durchsetzung des staatlichen Strafanspruchs und das Interesse des Angeklagten auf einen fairen und schnellen Verfahrensfortgang abzuwägen. Der **drohenden Verfahrensverzögerung** kommt dabei eine sehr hohe Bedeutung zu, aber auch andere Belange des Strafverfahrens, wie die effektive Verteidigung, sind zu berücksichtigen.[91] Letzteres spielt insbesondere dann eine erhebliche Rolle in der Abwägung, wenn Höhe und Umfang der Klageforderung ein Verteidigungsverhalten herausfordern, das sich **hauptsächlich auf die Abwehr der zivilrechtlichen Forderung** ausrichtet.[92] Auch bei komplizierter zivilrechtlicher Lage wird sich der Adhäsionsantrag idR nicht zur Entscheidung eignen.[93]

93 Die Tendenz der Strafgerichte, Adhäsionsanträge als zur Erledigung im Strafverfahren ungeeignet anzusehen, da eine Verfahrensverzögerung droht, ist unverkennbar. Damit verbunden ist die Gefahr für den Antragsteller, die eigenen Kosten des Antrags selbst tragen zu müssen. Nach § 472a Abs 2 StPO muss das Gericht bei Absehen von einer Entscheidung über die Kosten nach pflichtgemäßem Ermessen entscheiden. Dabei kann es die gerichtlichen Auslagen der Staatskasse auferlegen, die Kosten der Parteien müssen zwischen diesen verteilt werden.[94]

94 ▶ Adhäsionsanträge sind daher sorgfältig zu prüfen und sollten möglichst unkompliziert ausgestaltet werden, um das Kostenrisiko zu mindern. Erhebt eine größere Anzahl von Geschädigten Ansprüche, bestehen Bezüge zu ausländischen Rechtsordnungen, bedarf die Entscheidung über den Antrag einer umfangreichen Beweisaufnahme oder kann sie gar zu einer Aussetzung des Verfahrens füh-

---

88 BGH 30.07.2019, 4 StR 245/19, Rn 10 (juris) = NStZ-RR 2019, 320, 321.
89 BGH 30.07.2019, 4 StR 245/19, Rn 12 (juris) = NStZ-RR 2019, 320, 321; BGH 20.01.2015, VI ZR 27/14, Rn 7 ff (juris) = NJW 2015, 1252.
90 OLG Hamburg 29.07.2005, 1 Ws 92/05, Rn 9 (juris) = NStZ-RR 2006, 347, 348.
91 OLG Hamburg 29.07.2005, 1 Ws 92/05, Rn 13 (juris) = NStZ-RR 2006, 347, 348; so auch OLG München 05.12.2018, 2 Ws 1160/18, Rn 8 (juris) = BeckRS 2018, 33611.
92 OLG Hamburg 29.07.2005, 1 Ws 92/05, Rn 13 (juris) = NStZ-RR 2006, 347, 348, bei einer Forderung von EUR 763 Mio., welche die wirtschaftliche Existenz der Angeklagten vernichtet hätte, wobei auch das Haftungsrisiko der Pflichtverteidiger Bedeutung erlangte.
93 Vgl bspw zum Absehen von einer Entscheidung nach Teilaufhebung der Verurteilung bei verfahrensübergreifend angeordneter Gesamtschuldnerschaft und einseitiger Teilerledigungserklärung: BGH 29.06.2006, 5 StR 77/06, Rn 17 (juris) = BeckRS 2006, 8967; dazu auch Grau/Blechschmidt/Frick, NStZ 2010, 662, 666.
94 Gieg, in KK-StPO, § 472a Rn 1.

ren,[95] muss damit gerechnet werden, dass das Strafgericht von einer Entscheidung absieht. Ist aufgrund von Beweisanträgen im strafrechtlichen Teil der Hauptverhandlung eine auch für die Begründetheit des geltend gemachten zivilrechtlichen Anspruchs relevante Tatsache aufzuklären, dürfte die so bewirkte Verzögerung der Geeignetheit des Antrags zur Entscheidung im Adhäsionsverfahren nicht entgegenzuhalten sein. Dies kann ein findiger Verletztenvertreter bspw zur Antragstellung zur Frage der Schadenshöhe nutzen, da diese Bezug zur Frage der Strafzumessung hat.[96] Für komplexe Verfahren wird sich das Adhäsionsverfahren nach wie vor kaum empfehlen.

---

95 Grau, in MüKo-StPO, § 406 Rn 13 mit Beispielen.
96 Zur Bedeutung bei der Strafzumessung zB Kinzig in Schönke/Schröder, StGB, § 46 Rn 19.

Kapitel 5 Muster

Übersicht

		Rdn.
A.	**Zivilrechtliche Muster**	1
1.	Klage	1
2.	Antrag auf prozessuale Geheimhaltungsmaßnahmen.	43
3.	Ablaufplan für das Verfahren	53
4.	Besichtigungsantrag	65
5.	Klageerwiderung	93
6.	Information an Dritte	102
7.	Vertraulichkeitsvereinbarung	115
B.	**Strafrechtliche Muster**	127
1.	Strafanzeige und Strafantrag	127
2.	Beschwerde gegen Durchsuchung und Beschlagnahme	142
3.	Antrag auf Akteneinsicht	173
4.	Widerspruch gegen Akteneinsicht	188
5.	Antrag auf gerichtliche Entscheidung	198
6.	Privatklage	207
C.	**Muster Vertragsklauseln**	228
1.	Geheimhaltungsklausel Arbeitsvertrag	228
2.	Nachvertragliches Wettbewerbsverbot	229

A. Zivilrechtliche Muster

1. Klage

▶ Landgericht [...]¹
  – Zivilkammer –²
  [Adresse]

1

Klage

Az.: neu

In Sachen

Denki Mota GmbH & Co. KG, gesetzlich vertreten durch die persönlich haftende Denki Mota Group GmbH, diese vertreten durch die Geschäftsführerin Dr. Petra S., [Adresse]

– Klägerin –

Prozessbevollmächtigte: [...]

Mitwirkende Patentanwälte:³   [...]

gegen

1. **P&S Antriebstechnik GmbH,** gesetzlich vertreten durch die Geschäftsführung, [Adresse]

– Beklagte zu 1) –

2. **Herrn Michael W.,** [Adresse]

– Beklagter zu 2) –

wegen: Verletzung von Geschäftsgeheimnissen (GeschGehG u.a.)

Streitwert (vorläufig geschätzt):⁴ [...] EUR

zeigen wir an, dass wir die Klägerin vertreten. Auf Seiten der Klägerin wirken bis zur rechtskräftigen Beendigung des Rechtsstreits mit die Kollegen Patentanwälte

[...]

Kapitel 5 — Klage

Namens und in Vollmacht der Klägerin erheben wir Klage zum örtlich und sachlich zuständigen Landgericht *[Ort]* – Kammer für Geheimnisschutzsachen[5] – und werden im Termin zur mündlichen Verhandlung **beantragen**,

I. die Beklagten zu verurteilen,

1. es bei Meidung eines für jeden Fall der Zuwiderhandlung vom Gericht festzusetzenden Ordnungsgeldes bis zu EUR 250.000 – ersatzweise Ordnungshaft bis zu sechs Monaten – oder Ordnungshaft bis zu sechs Monaten, im Falle wiederholter Zuwiderhandlungen bis zu insgesamt zwei Jahren, wobei die Ordnungshaft im Falle der Beklagten zu 1) an ihrem Geschäftsführer zu vollziehen ist,

    zu unterlassen,[6]

    a) die in der Anlage K 1 enthaltenen Informationen zu erlangen, zu nutzen oder offenzulegen;[7]

    b) Elektromotoren nach den Fertigungsprotokollen in Anlage K 1 herzustellen, anzubieten, in Verkehr zu bringen oder für mindestens einen dieser Zwecke einzuführen, auszuführen oder zu lagern,

    insbesondere,[8]

    Elektromotoren der Typen RC02, 04, 06 und 08 herzustellen, anzubieten, in Verkehr zu bringen oder für mindestens einen dieser Zwecke einzuführen, auszuführen oder zu lagern;

2. der Klägerin durch ein vollständiges und geordnetes Verzeichnis Auskunft zu erteilen über:[9]

    a) Namen und Anschriften der Hersteller, Lieferanten und anderen Vorbesitzer der rechtsverletzenden Produkte sowie der gewerblichen Abnehmer und Verkaufsstellen, für die sie bestimmt waren,

    b) die Menge der hergestellten, bestellten, ausgelieferten oder erhaltenen rechtsverletzenden Produkte sowie über die Kaufpreise,

    c) diejenigen im Besitz oder Eigentum der Beklagten stehenden Dokumente, Gegenstände, Materialien, Stoffe oder elektronischen Dateien, die Geschäftsgeheimnisse der Klägerin gem. Ziff. I. 1. lit. a) enthalten oder verkörpern, und

    d) die Namen und Anschriften der Personen, von denen die Beklagten Geschäftsgeheimnisse der Klägerin erlangt haben und denen gegenüber sie solche Geschäftsgeheimnisse offenbart haben;

    – wobei zum Nachweis der Angaben zu lit. a) und b) die entsprechenden Kaufbelege (nämlich Rechnungen, hilfsweise Lieferscheine) in Kopie vorzulegen sind, wobei geheimhaltungsbedürftige Details außerhalb der auskunftspflichtigen Daten geschwärzt werden dürfen;[10]

3. der Klägerin darüber Rechnung zu legen, in welchem Umfang sie (die Beklagten) die in Ziff. I. 1. lit. a) bezeichneten Geschäftsgeheimnisse der Klägerin für rechtsverletzende Produkte benutzt haben,[11] und zwar unter Angabe:[12]

    a) der Herstellungsmengen und -zeiten,

    b) der einzelnen Lieferungen, aufgeschlüsselt nach Liefermengen, -zeiten, -preisen und Typenbezeichnungen sowie den Namen und Anschriften der Abnehmer,

    c) der einzelnen Angebote, aufgeschlüsselt nach Mengen, -zeiten, -preisen und Typenbezeichnungen sowie den Namen und Anschriften der Angebotsempfänger,

    d) der betriebenen Werbung, aufgeschlüsselt nach Werbeträgern, deren Auflagenhöhe, Verbreitungszeitraum und Verbreitungsgebiet,

    e) der nach den einzelnen Kostenfaktoren aufgeschlüsselten Gestehungskosten und des erzielten Gewinns;[13]

A. Zivilrechtliche Muster   **Kapitel 5**

    4. in ihrem Besitz oder Eigentum stehende Dokumente, Gegenstände, Materialien, Stoffe oder elektronische Dateien, die ein Geschäftsgeheimnis der Klägerin gemäß Ziff. I. 1. lit. a) enthalten oder verkörpern, insbesondere den Laptop der Marke [...], Typ [...], MAC-Adresse [...], an die Klägerin herauszugeben;[14]

    5. nur die Beklagte zu 1): die in ihrem unmittelbaren oder mittelbaren Besitz oder in ihrem Eigentum befindlichen, unter Ziff. I. 1. lit. b) bezeichneten rechtsverletzenden Produkte an einen von der Klägerin zu benennenden Gerichtsvollzieher zum Zwecke der Vernichtung auf ihre – der Beklagten zu 1) – Kosten herauszugeben;[15]

    6. nur die Beklagte zu 1): die unter Ziff. I. 1. lit. b) bezeichneten, in den Besitz Dritter gelangten und dort befindlichen rechtsverletzenden Produkte zurückzurufen, indem diejenigen Dritten, denen durch die Beklagte zu 1) oder mit deren Zustimmung Besitz an den Erzeugnissen eingeräumt wurde, unter Hinweis darauf, dass die Kammer auf eine Verletzung der Geschäftsgeheimnisse der Klägerin erkannt hat, ernsthaft aufgefordert werden, die Produkte an die Beklagte zu 1) zurückzugeben und den Dritten für den Fall der Rückgabe der Produkte eine Rückzahlung des ggf bereits bezahlten Kaufpreises sowie die Übernahme der Rückgabekosten zugesagt wird;[16]

    7. der Klägerin zu gestatten, soweit auf eine Verletzung von Geschäftsgeheimnissen erkannt wird, dieses Urteil auf Kosten der Beklagten öffentlich bekannt zu machen, indem die Bezeichnung der Beklagten zu 1) und der verfügende Teil der Urteilsformel binnen drei Monaten nach Rechtskraft in (zB drei aufeinander folgenden Ausgaben) der Zeitschrift [...] in einer halbseitigen Anzeige mit einer Schriftgröße von (zB 10 Pt.) veröffentlicht werden,[17] wobei der Klägerin vorbehalten bleibt, ihre ggf im Tenor wiedergegebenen Geschäftsgeheimnisse zu schwärzen oder anderweitig unkenntlich zu machen;[18]

II. festzustellen, dass die Beklagten verpflichtet sind, der Klägerin gesamtschuldnerisch alle materiellen und immateriellen Schäden zu ersetzen, die ihr durch die zu Ziff. I. 1. bezeichneten Handlungen entstanden sind und noch entstehen werden;[19]

III. für jeden zuerkannten vorläufigen vollstreckbaren Anspruch und die Kostengrundentscheidung Teilsicherheiten festzusetzen, wobei folgende Einzelbeträge[20] vorgeschlagen werden:

– Klageantrag I. 1. (Unterlassung): [60 % des Streitwerts]
– Klageanträge I. 2. und 3. (Auskunft und Rechnungslegung): [10 % des Streitwerts]
– Klageantrag I. 4. (Vernichtung): [15 % des Streitwerts]
– Klageantrag I. 5. (Rückruf): [15 % des Streitwerts]
– Im Kostenpunkt gegen 120 % des jeweils zu vollstreckenden Betrages

Wir verweisen auf den parallel anhängig gemachten

<u>**Antrag auf Anordnung gerichtlicher Geheimhaltungsmaßnahmen
nach §§ 16 bis 19 GeschGehG**</u>

und **<u>beantragen,</u>**

    die mit »vertraulich« gekennzeichnete <u>Anlage K1</u> nur der/dem/den Prozessbevollmächtigten der Beklagten zuzustellen und zwar erst dann, wenn dem Antrag nach § 16 Abs 1 und § 19 Abs 1 GeschGehG stattgegeben wurde.[21, 22]

Darüber hinaus **beantragen** wir bereits jetzt,

    Die Akte der Staatsanwaltschaft Stuttgart aus dem Ermittlungsverfahren mit dem Aktenzeichen [...] in dem hiesigen Verfahren beizuziehen.

Mangels Erfolgsaussichten wird gebeten, von einer Güteverhandlung abzusehen.

Kapitel 5 — Klage

Begründung:

Die Klägerin macht gegen die Beklagten Ansprüche aus dem Geschäftsgeheimnisschutzgesetz (GeschGehG) geltend. Die Beklagten haben Geschäftsgeheimnisse der Klägerin unbefugt erlangt und genutzt. Insbesondere stellen die Beklagten Produkte her, die in erheblichem Umfang auf den Geschäftsgeheimnissen der Klägerin beruhen (nachfolgend auch: rechtsverletzende Produkte).

A) Sachverhalt

I. Zu den Parteien

1. Die Klägerin

Die Klägerin entwickelt, produziert und vertreibt hocheffiziente Elektromotoren mit hohem Wirkungsgrad. Sie hat sich auf Elektromotoren für Roboterantriebe und Antriebe für Werkzeugmaschinen spezialisiert und zählt in dem Anwendungsbereich der Roboterantriebe zu den Innovations- und Marktführern.

2. Die Beklagten

Anfang [Jahr] entschied sich die Klägerin, ihre Werkzeugmaschinensparte zu verkaufen, um sich auf Elektromotoren für Roboterantriebe zu konzentrieren. Sie veräußerte einen Teil ihres Betriebes einschließlich einer Produktionsstätte in [Ort] im Rahmen eines Management Buy Out (MBO) an zwei ihrer ehemaligen leitenden Mitarbeiter, nämlich den Leiter der Werkzeugmaschinensparte, Herrn Peter S., und den ehemaligen Entwicklungsleiter, Herrn Walter P. Diese ehemaligen Mitarbeiter gründeten im [Jahr] die Beklagte zu 1) und begannen ab September [Jahr] mit der Fertigung und dem Vertrieb von Elektromotoren für Werkzeugmaschinen.[23] Der Beklagte zu 2) ist der alleinige Geschäftsführer der Beklagten zu 1).

II. Die geschützten Geschäftsgeheimnisse der Klägerin

1. Technologischer Hintergrund

Die wesentlichen Komponenten der Elektromotoren der Klägerin sind der Stator, der Rotor, die Welle und das Gehäuse. Mit Ausnahme der Gehäuse fertigt die Klägerin diese Komponenten selber, wobei sie die Elektrobänder (das Elektroblech) für die leistungserzeugenden Komponenten Rotor und Stator von Lieferanten zukauft. Alle Bestandteile der Elektromotoren werden von der Klägerin endmontiert und unter der eigenen Marke verkauft. Je nach Anwendung der Elektromotoren sind spezifische Auslegungen der leistungserzeugenden Komponenten erforderlich. So hat die Klägerin über Jahrzehnte Erfahrungen bei der Auswahl der Materialien und der Fertigungstechnik gesammelt. Je nach Anforderung an Größe, Leistung, Effizienz und Kosten eines Elektromotors setzt die Klägerin zB verschiedene Wickeltechniken für die elektromagnetischen Spulen ein, die individuell errechnete Wicklungen durchführen. Auch bei der Fertigung der Blechpakete für die leistungserzeugenden Komponenten sowie die Reihenfolge der Fertigungsschritte bei der Endmontage kann die Klägerin auf Erfahrungswissen zurückgreifen.

Entscheidend für ein erfolgreiches, in jeder Hinsicht anforderungsgerechtes Produkt ist das Zusammenspiel von Material, Art und Einstellungen der Fertigungsmaschinen sowie das Wissen über die Fertigungsmethode. Der technische Vorsprung der Klägerin liegt insbesondere in ihrem Wissen über diese Fertigungsparameter. So bestimmen zB die für die Spulen eingesetzte Wickeltechnik sowie die Qualität des Drahts die Eigenschaften der elektromechanischen Baugruppen. Zu diesen Eigenschaften der Spulen gehören ua die Durchschlagsfestigkeit, der Gütefaktor, die für eine bestimmte Leistung der Magnetkraft erforderliche Größe der Spulen, als auch das magnetische Streufeld. Für jeden Elektromotor gibt es Spezifikationen im Hinblick zB auf

- den mechanischen Füllfaktor,
- die Wickelhöhe und -breite (= Fensterquerschnitt des Spulenkörpers),
- den Spulendurchmesser,

A. Zivilrechtliche Muster   Kapitel 5

- die Geometrie, den Durchmesser und das Material des Drahtes,
- ggf die Isolation des Drahtes,
- die Spannung des Drahtes bei der Wickelung,
- die Wickelungsgeometrie,
- die Drahtdehnung beim Wickeln,
- die Qualität des gelieferten Drahtes (zB im Hinblick auf Krümmungen, Toleranzen im Durchmesser oder der Oberflächenbeschaffenheit).

2. Gegenstand der Geschäftsgeheimnisse

Zur Herstellung der leistungstragenden Komponenten eines Elektromotors ist es erforderlich, die richtigen Fertigungsparameter zu kennen und zu nutzen. Die einzelnen Fertigungsschritte müssen so eingestellt sein, dass auf jeder Herstellungsstufe mit den richtigen Materialien die Eigenschaften bestimmt werden, die das fertige Produkt später haben soll. Insbesondere die Kenntnis um die Vermeidung von Dehnungen und Krümmungen des Drahtes bei der Wicklung bzw die Reaktion auf schwankende Drahteigenschaften bei hohen Wicklungsgeschwindigkeiten macht das Know-how der Klägerin aus. Dieses Know-how lässt sich nicht anhand eines erworbenen Elektromotors durch Rückbau oder Untersuchungen (*reverse engineering*) ermitteln.

Bei der Klägerin werden die Fertigungsparameter spezifisch für jedes Produkt in sogenannten Fertigungsprotokollen dokumentiert. Diese Fertigungsprotokolle enthalten nicht nur anwendungs- und produktspezifische Kenn- und Leistungsdaten des jeweiligen Elektromotors, sondern auch detaillierte Vorgaben betreffend Materialwahl, Wahl der Fertigungsmaschinen, Einstellungswerte für die Fertigungsmaschinen und vieles mehr.

Beweis: für den Tatsachenvortrag unter Ziffer II.1. und 2., Herr Sebastian T., Entwicklungsleiter der Klägerin, zu laden über die Klägerin, als

– Zeuge –

Nach derzeitigem Kenntnisstand der Klägerin haben die Beklagten Geschäftsgeheimnisse verletzt, die in den als

– Anlage K 1 –

(streng vertraulich;
nur für das Gericht)

vorgelegten Fertigungsprotokollen der Klägerin enthalten sind.

> Die geheimhaltungsbedürftige Anlage K 1 ist zunächst nur für das Gericht bestimmt. Sie darf erst nach einer Entscheidung des Gerichts über Maßnahmen nach §§ 16 bis 19 GeschGehG und nur den vom Gericht zu bestimmenden Personen auf Seiten der Beklagten zur Kenntnis gebracht werden.

Zu Zwecken der Zustellung der vorliegenden Klage überreichen wir derweil als

– Anlage K 1a –

nicht vertrauliche Fassungen der Fertigungsprotokolle gemäß § 20 Abs 4 GeschGehG, in denen die relevanten Geschäftsgeheimnisse der Klägerin geschwärzt sind.

3. Geheimnisschutzmaßnahmen der Klägerin

Bei der Klägerin werden die Fertigungsprotokolle streng geheim gehalten. Sie werden zu keinem Zeitpunkt Dritten, auch nicht Kunden, zur Kenntnis gebracht. Die mit einem Vertraulichkeitsvermerk versehenen Fertigungsprotokolle (sh Anlage K 1) sind auch intern nur wenigen ausgewählten Mitarbeitern der Klägerin zugänglich. Sie sind elektronisch im Intranet der Klägerin in einem kennwortgeschützten Bereich abrufbar. Zugang zu sämtlichen Fertigungsprotokollen haben außer der Geschäftsleitung nur der Entwicklungsleiter und die jeweiligen Produktionsleiter. Soweit die Fertigungsprotokolle in der

Produktion benötigt werden, werden den dabei eingesetzten Mitarbeitern die relevanten Parameter für die Produktionsmittel auszugsweise zur Kenntnis gebracht.

Das Intranet der Klägerin ist nur mit firmeneigenen Computern in der unternehmenseigenen Netzwerkdomäne zugänglich. Ein Zugang von außen ist nicht möglich.

Beweis: für sämtliche oben genannte Geheimhaltungsmaßnahmen, Herr Bernd M., Beauftragter für Betriebssicherheit und Compliance der Klägerin, zu laden über die Klägerin, als

– Zeuge –

Die Klägerin veröffentlicht ihr Fertigungs-Know-how nie. Um dieses geheim zu halten, meldet sie auch keine Patente oder Gebrauchsmuster hierfür an.

Die Arbeitsverträge der Klägerin mit ihren leitenden Mitarbeitern sehen allesamt Vertraulichkeitsklauseln vor, die auch über die Beendigung des Arbeitsverhältnisses hinaus gelten. Dies gilt auch für die Arbeitsverträge mit den Herren Peter S. und Walter P.

Beweis: Kopien der Arbeitsverträge mit den Herren Peter S. und Walter P, als

– Anlage K 2 –

Darüber hinaus schloss die Klägerin mit den Herren Peter S. und Walter P. Aufhebungsvereinbarungen, in denen sich diese für einen Zeitraum von zwei Jahren ab Beendigung ihrer Arbeitsverhältnisse verpflichteten, der Klägerin weltweit keinen Wettbewerb auf dem Gebiet der Roboterantriebe zu machen. Im Gegenzug für dieses nachvertragliche Wettbewerbsverbot reduzierte die Klägerin den Preis für die verkauften Produktionsmittel.

Beweis: Aufhebungsverträge mit den Herren Peter S. und Walter P. im Konvolut als

– Anlage K 3 –

III. Verletzung der Geschäftsgeheimnisse

1. Verdacht einer Geschäftsgeheimnisverletzung

Auf der vor wenigen Wochen beendeten Messe AUTOMATICA in München musste die Klägerin feststellen, dass die Beklagte zu 1) dort ebenfalls Elektromotoren für Industrieroboter ausstellte und anbot. Testkäufe und Analysen von vier Elektromotoren der Beklagten zu 1) der Typen RC02, 04, 06 und 08 ergaben, dass diese

- im Aufbau,
- den Dimensionen,
- der Konstruktion der leistungserzeugenden Komponenten (Stator, Rotor, Welle),
- der Fensteröffnung des Spulenkörpers,
- der Art der Spulenwicklung,
- der Art des verwendeten Drahtes und
- der Materialstärke des Drahtes

identisch mit vier entsprechenden Produkten der Klägerin für Roboteranwendungen sind. Auch die Gehäuse stammen von demselben Zulieferer, den auch die Klägerin einsetzt. Darüber hinaus hat die Klägerin festgestellt, dass die Kenndaten und Leistungswerte dieser Beklagtenprodukte ihren eigenen Elektromotoren entsprechen.

Beweis: 1. Ergebnisse der Analysen der Elektromotoren der Beklagten zu 1), Typen RC02, 04, 06 und 08, als

– Anlage K 4 –

2. Herr Sebastian T., derzeitiger Entwicklungsleiter der Klägerin, b.b., als

– sachverständiger Zeuge –

A. Zivilrechtliche Muster   Kapitel 5

2. Interne Ermittlungsmaßnahmen

Angesichts dieser Erkenntnisse leitete die Klägerin im eigenen Unternehmen Untersuchungen ein. Diese ergaben, dass der von Herrn Walter P. während seiner Zugehörigkeit zum Unternehmen der Klägerin benutzte Firmenlaptop ca sechs Wochen vor seinem Ausscheiden als gestohlen gemeldet wurde. Überprüfungen der Logdateien des Intranets der Klägerin zeigten, dass auf diesem als gestohlen gemeldeten Firmenlaptop zahlreiche Dateien aus dem Intranet heruntergeladen worden waren, darunter auch die Dateien für die Fertigungsprotokolle gemäß Anlage K 1.

Beweis: Analyse der Logdateien des Intranets der Klägerin im Zeitraum von [Datum] bis [Datum], als

– Anlage K 5 –

3. Ermittlungsverfahren der Staatsanwaltschaft

Die Klägerin hat hierauf am [Datum] Strafanzeige zur Staatsanwaltschaft [...] ua wegen des Verdachts der Verletzung von Geschäftsgeheimnissen nach § 23 GeschGehG gestellt.

Im Zuge ihrer Ermittlungen hat die Staatsanwaltschaft die Geschäftsräume der Beklagten zu 1) sowie die Privatwohnungen der Herren Peter S. und Walter P. von der Kriminalpolizei durchsuchen lassen und unter anderem Computer der Beklagten beschlagnahmt. Die Auswertung der auf diesen Computern vorhandenen Daten hat ergeben, dass auf mindestens einem Firmenrechner der Beklagten zu 1) und dem privaten Laptop des Herrn Peter S. sämtliche Protokolle gemäß Anlage K 1 abgespeichert waren. Bei der Auswertung dieser Asservate konnten sich die Ermittlungsbehörden auf einen sog. »Hashwert-Vergleich« stützen. Dem lag auf der einen Seite ein von der Klägerin zur Verfügung gestellter Datenbestand an Fertigungsprotokollen, auf der anderen Seite die auf den EDV-Asservaten aufgefundenen Dateien zugrunde. Die Überprüfung der Hashwerte dieser Dateien durch die Beamten der Kriminalpolizei hat ergeben, dass die Daten auf den konfiszierten Computern der Beklagten mit denen der Fertigungsprotokolle übereinstimmen.

Beweis: Auswertungsbericht des Polizeipräsidiums [...] vom [Datum], in dem Informationen, die Geschäftsgeheimnisse der Klägerin betreffen, geschwärzt wurden, als

– Anlage K 6 –

In Anlage K 6 hat die Klägerin alle aus den streitgegenständlichen Fertigungsprotokollen stammenden Geschäftsgeheimnisse geschwärzt. Sollte das Gericht eine ungeschwärzte Fassung für erforderlich erachten, bitten wir um einen Hinweis.

4. Fazit

Da die Elektromotoren der Beklagten nicht nur in den durch eine wissenschaftlich-technische Analyse erkennbaren Eigenschaften, sondern auch in den individuellen Kenn- und Leistungswerten mit den Originalprodukten der Klägerin übereinstimmen, diese Werte nur bei Anwendung der geheimen Fertigungsparameter der Klägerin erzielt werden können und die Beklagten sich eben diese Fertigungsparameter durch Aneignung der Fertigungsprotokolle verschafft haben, ist davon auszugehen, dass es sich bei den Beklagtenprodukten um rechtsverletzende Produkte handelt, die in ihrer Konzeption, Funktionsweise, technischen Merkmalen und Herstellungsweise auf den Geschäftsgeheimnissen der Klägerin in Anlage K 1 beruhen.[24]

B) Anmerkungen zur Rechtslage

I. Unterlassungsanspruch

1. Anspruch nach § 6 GeschGehG

Die Klägerin kann nach § 6 GeschGehG Unterlassung der Nutzung ihrer Geschäftsgeheimnisse durch die Beklagten verlangen. Die streitgegenständlichen Fertigungsprotokolle stellen Geschäftsgeheimnisse im Sinne des § 2 Nr 1 GeschGehG dar. Es handelt sich um Informationen, die nur innerhalb des Unternehmens der Klägerin bekannt und für Externe unzugänglich sind. Diese Informationen sind für die Produktion der Klägerin von größter Bedeutung. Da sie nicht allgemein bekannt sind, insbesondere nicht den Mitbewerbern der Klägerin, sind sie für die Klägerin von substantiellem Wert. Diese Informationen werden mit geeigneten und ihrem Wert angemessenen organisatorischen und technischen Maßnahmen davor geschützt, dass sie unberechtigten Personen zur Kenntnis gelangen. Auch der Umstand, dass die Klägerin einzelne Fertigungsprotokolle in Ausschnitten zur Herstellung der Gehäuse an Zulieferer übergibt, vermag eine Offenkundigkeit nicht zu begründen. Denn eine Offenkundigkeit ist insbesondere dann nicht gegeben, wenn zwar ein eng begrenzter Personenkreis Kenntnis von dem Geheimnis besitzt, dieser Personenkreis aber vertraglich oder gesetzlich zur Verschwiegenheit verpflichtet ist (vgl BGH 23.2.2012, I ZR 136/10, Rn 31 [juris] = GRUR 2012, 1048 – MOVICOL-Zulassungsantrag, zum UWG). Dies ist vorliegend der Fall. Auf den streitgegenständlichen Fertigungsprotokollen ist ein Vertraulichkeitsvermerk angebracht. Außerdem schließt die Klägerin mit ihren Zulieferern Vertraulichkeitsvereinbarungen. Aufgrund des hohen Wertes dieser Informationen besteht ein erhebliches Geheimhaltungsinteresse der Klägerin.

Diese Geschäftsgeheimnisse der Klägerin haben die Beklagten rechtswidrig erlangt. Der Beschuldigte Walter P. hat sich die elektronischen Dateien, die die Fertigungsprotokolle enthalten, unbefugt angeeignet. Aneignung ist das Verschaffen einer tatsächlichen Herrschaftsposition über den Geheimnisträger mit dem Ziel, Kenntnis von dem in ihm verkörperten Geheimnis zu erhalten oder den Geheimnisträger selbst zumindest vorübergehend dem eigenen Vermögen einzuverleiben (vgl Joecks/Miebach, in MüKo-StGB, § 23 GeschGehG Rn 49; Alexander, in Köhler/Bornkamm/Feddersen, UWG, § 4 GeschGehG Rn 17; Hoeren/Münker WRP 2018, 150, 152; Hiéramente, in BeckOK GeschGehG, § 4 Rn 16). Indem der Beschuldigte Walter P. den als gestohlen gemeldeten Firmenlaptop nach seinem Ausscheiden aus dem Unternehmen der Klägerin nicht an diese zurückgegeben, sondern behalten hat, hat er sich Gewahrsam an dem Laptop und dadurch Zugriff auf die hierauf gespeicherten Geschäftsgeheimnisse verschafft.[25] Über diesen Firmenlaptop hatte die Klägerin zum Zeitpunkt der Aneignung durch den Beschuldigte Walter P. die rechtmäßige Kontrolle, da sie den Firmenlaptop jederzeit von ihrem (damaligen) Angestellten hätte herausverlangen können. An der unbefugten Erlangung ändert nichts, dass der Beschuldigte Walter P. während seines Angestelltenverhältnisses bei der Klägerin noch berechtigten Zugang zu den Fertigungsprotokollen hatte, da die spätere Aneignung eine selbstständige Erlangungshandlung nach § 4 Abs 1 Nr 1 GeschGehG darstellt.[26]

Die Beklagte zu 1) hat eine Kopie dieser Daten auf einem ihrer Firmenrechner erstellen lassen und damit ebenfalls eine verbotene Erlangungshandlung nach § 4 Abs 1 Nr 1 GeschGehG begangen. Außerdem haftet sie nach § 12 GeschGehG als Unternehmensinhaberin für die Verletzungshandlungen ihres Angestellten, des Beschuldigten Walter P.

Die ohne Rechtfertigungsgrund und daher unbefugt erlangten Geschäftsgeheimnisse dürfen die Beklagten nach § 4 Abs 2 Nr 1 GeschGehG weder nutzen noch offenlegen. Das Verbot zur Nutzung und Offenlegung gemäß § 4 Abs 2 Nr 2 lit. a) und lit. b) GeschGehG folgt überdies aus dem zwischen der Klägerin und dem Beklagten zu 2) vereinbarten Aufhebungsvertrag, der ein nachvertragliches Wettbewerbsverbot auf dem technischen Gebiet der Roboterantriebe und eine Vertraulichkeitsklausel beinhaltet.

Die Klägerin kann nach §§ 4 Abs 3 Satz 2, 2 Nr 4 GeschGehG Unterlassung der Herstellung, des Anbietens, des Inverkehrbringens sowie der Einfuhr, der Ausfuhr und der Lagerung der klägerischen Roboterantriebe der Typen RC02, 04, 06 und 08 zu diesen Zwecken verlangen, da deren Konzeption, Merkmale, Funktionsweisen und ihr Herstellungsprozess in erheblichem Umfang auf den rechtswidrig erlangten Geschäftsgeheimnissen der Klägerin beruhen. Dies folgt aus der Tatsache, dass die Beklagte im unberechtigten Besitz der Fertigungsprotokolle in Anlage K 1 war und ihre Roboterantriebe in Ausgestaltung, Dimensionen, Eigenschaften, Leistungs- und Kennwerten mit den Originalantrieben der Klägerin übereinstimmen.[27] Jedenfalls begründet das unbefugte Erlangen der Fertigungsprotokolle zusammen mit dem – aus Sicht der Klägerin – überraschenden Markteintritt der Beklagten zu 1) auf dem Gebiet der Roboterantriebe und das Erscheinen der unmittelbaren Konkurrenzprodukte der Beklagten die ernsthafte Besorgnis künftiger Verletzungshandlungen und damit zumindest aufgrund einer Erstbegehungsgefahr einen vorbeugenden Unterlassungsanspruch nach § 6 Satz 2 GeschGehG.

Die Beklagte zu 1) haftet nach § 12 GeschGehG für die Handlungen ihrer Beschäftigten. Der Beklagte zu 2) haftet als Täter, jedenfalls aber nach den Grundsätzen der Störerhaftung,[28] da er im Unternehmen für die Entwicklung und Fertigung der rechtsverletzenden Produkte verantwortlich ist und die Entscheidungen über die Art und Weise der Fertigung sowie die technischen Eigenschaften der Elektromotoren von ihm getroffen werden. Aufgrund seiner Funktion und Aufgabenstellung beruht die Rechtsverletzung daher auf einem Verhalten, das dem Geschäftsführer anzulasten ist (vgl BGH 8.1.2014, I ZR 169/12, Rn 22 (juris) = GRUR 2014, 657– Bear-Share; BGH 18.6.2014, I ZR 242/12, Rn 11 (juris) = GRUR 2014, 883 – Geschäftsführerhaftung, jeweils mwN).

2. Anspruch nach §§ 3 Abs 1, 4 Nr 3 c), 8 Abs 1 UWG

Darüber hinaus besteht ein Unterlassungsanspruch auch aus §§ 3 Abs 1, 4 Nr 3 c), 8 Abs 1 UWG.[29]

Die Beklagten bieten Roboterantriebe an, die nahezu identische Nachahmungen der Originalprodukte der Klägerin darstellen. Diesen Originalantrieben der Klägerin kommt wettbewerbliche Eigenart zu. Sie sind zwar im Wesentlichen durch technische Merkmale geprägt, diese sind jedoch nicht technisch zwingend, sondern ohne Qualitätseinbußen frei wähl- und austauschbar, wie ein Vergleich mit anderen marktgängigen Konkurrenzprodukten zeigt. [Wird näher ausgeführt]. Außerdem haben die Beklagten mit einer Übernahme des Gehäuses der Elektromotoren auch ästhetische Merkmale kopiert.

Mit der Aneignung des Firmenlaptops mit den darauf gespeicherten Fertigungsprotokollen haben die Beklagten Kenntnisse und Unterlagen der Klägerin erlangt, die für die Herstellung der nachgeahmten Antriebe erforderlich waren. Dabei hat der Beschuldigte Walter P. das aus seinem Arbeitsverhältnis mit der Klägerin begründete Vertrauen, das ihm den Zugang zu den Fertigungsprotokollen eröffnete, ausgenutzt und gegen eine Pflicht zur Rückgabe des Firmenlaptops verstoßen. Darin liegt ein Vertrauensbruch der die Erlangung der Informationen unredlich und die Nachahmung wettbewerbswidrig macht.[30] Das gilt auch für die Beklagte zu 1), die die Fertigungsprotokolle in Kenntnis der Weitergabe unter Bruch des Vertrauens erlangt und nutzt.[31]

Der Wettbewerbsverstoß beruht auch auf einem Verhalten des Beklagten zu 2), welches ihm als einzigem Geschäftsführer persönlich anzulasten ist, da über die technische Gestaltung der rechtsverletzenden Produkte, die einen wesentlichen Bestandteil des Geschäfts der Beklagten zu 1) ausmachen, typischerweise auf Geschäftsführungsebene entschieden wird (vgl OLG Köln, 10.7.2015, 6 U 4/15 [unveröff.] – OP-Instrumentengriffe). Die Beklagte zu 1) haftet aufgrund § 8 Abs 2 UWG.

3. Anspruch nach §§ 823 Abs 2, 1004 BGB analog iVm § 202d StGB

§ 202d StGB schützt das formelle Datengeheimnis desjenigen, der aufgrund seines Rechts an dem gedanklichen Inhalt der Daten über deren Weitergabe und Übermittlung entscheidet. Damit ist das Interesse an der Aufrechterhaltung des Herrschaftsverhältnisses über die Information geschützt, ohne dass eine Verletzung des persönlichen Lebens- oder Geheimbereichs vorausgesetzt wird. Dieses formelle Datengeheimnis wird vor einer Fortsetzung und Vertiefung der durch die vorausgegangene rechtswidrige Erlangung erfolgten Verletzung geschützt. Es handelt sich um ein Schutzgesetz im Sinne des § 823 Abs 2 BGB.

Nach § 202d StGB wird bestraft, wer Daten im Sinne von § 202a Abs 2 StGB, die nicht allgemein zugänglich sind und die ein anderer durch eine rechtswidrige Tat erlangt hat, sich oder einem anderen verschafft, einem anderen überlässt, verbreitet oder sonst zugänglich macht, um sich oder einen Dritten zu bereichern oder einen anderen zu schädigen.

Bei den streitgegenständlichen Fertigungsprotokollen handelt es sich um Daten im Sinne der Strafnorm. Nach der Legaldefinition des § 202a Abs 2 StGB sind von diesem Begriff Daten umfasst, die elektronisch, magnetisch oder sonst nicht unmittelbar wahrnehmbar gespeichert sind oder übermittelt werden. Entscheidend ist damit, dass die Daten der sinnlichen Wahrnehmung entzogen sind. Unerheblich ist, mit welchem technischen Verfahren und auf welchem Träger die Speicherung oder Übermittlung geschieht. Die als Daten gespeicherten Fertigungsprotokolle auf der Festplatte des Firmenlaptops fallen unter diesen Datenbegriff.

Für die Anwendung der Strafnorm kommt es nicht darauf an, ob es sich bei den streitgegenständlichen Daten um ein Geschäftsgeheimnis handelt. Dessen ungeachtet handelt es sich bei den Fertigungsprotokollen um geheime Daten (sh oben). Diese waren nicht allgemein zugänglich.

Diese geheimen, nicht allgemein zugänglichen Daten hat der Beschuldigte Walter P. durch eine rechtswidrige Straftat erlangt. Als Vortat der Datenhehlerei kommen alle Taten in Betracht, die ein Strafgesetz verwirklichen, unabhängig von der Schuld des Täters oder dem Vorliegen eines Strafantrags. Hier hat sich der Beschuldigte Walter P. eine fremde bewegliche Sache die ihm anvertraut war, nämlich den Firmenlaptop, wissentlich und willentlich zugeeignet. Dies erfüllt den Tatbestand der Unterschlagung nach § 246 Abs 1, 2 StGB. Außerdem ist eine Betriebsspionage nach §§ 23 Abs 1 Nr 1, 4 Abs 1 Nr 1 GeschGehG verwirklicht.

Haupttäter der Datenhehlerei ist der Mitarbeiter, der die Daten von dem Laptop auf den Firmenrechner kopiert hat. Dieser hat bewusst und gewollt die tatsächliche Verfügungsgewalt über die auf dem Laptop gespeicherten Daten übernommen und diese sich und der Beklagten zu 1) im Sinne des § 202d StGB verschafft.[32] All dies geschah in Kenntnis der objektiven Tatumstände, im einverständlichen Zusammenwirken mit dem Beschuldigte Walter P. als Vortäter sowie mit der Absicht, sich einen wirtschaftlichen Vorteil durch Kenntnis von und Gewahrsam an den Fertigungsprotokollen zu verschaffen, dh mit Bereicherungsabsicht.

Für die Handlungen des Haupttäters haftet die Beklagte zu 1) nach § 831 Abs 1 BGB bzw, sollte die Handlung von ihrem Organ, dem Beklagten zu 2), vorgenommen worden sein, nach §§ 31, 89 BGB analog. Im Übrigen ist die Beklagte zu 1) als Störerin nach § 1004 Abs 1 BGB analog zur Unterlassung verpflichtet.

II. Auskunfts- und Rechnungslegungsanspruch

Nach § 8 Abs 1 Nr 1 bis 4 GeschGehG hat die Klägerin einen Anspruch auf Auskunft über die Herkunft und die Empfänger rechtswidrig erlangter oder offenbarter Geschäftsgeheimnisse, über die im Besitz oder Eigentum der Beklagten stehenden Dokumente, Gegenstände, Materialien, Stoffe oder elektronischen Dateien, die die Geschäftsgeheimnisse enthalten sowie über die Herkunft und den Vertriebsweg der rechtsverletzenden Produkte einschließlich ihrer Kaufpreise. Die Auskünfte über Herkunft und Vertriebswege haben die Beklagten zu belegen, wobei die Klägerin primär die Vorlage von Rechnungen, hilfsweise von Lieferscheinen, begehrt. Weitere Anspruchsgrundlage für die Drittauskunft ist § 9 UWG iVm § 242 BGB.

Des Weiteren kann die Klägerin nach §§ 242, 259, 260 Abs 1 BGB verlangen, von den Beklagten in einem geordneten Verzeichnis alle Angaben zu erhalten, die sie benötigt, um ihren Schadensersatzanspruch zu berechnen. Dieser Rechnungslegungsanspruch ist gewohnheitsrechtlich in den Fällen der objektiven Schadensberechnung (Herausgabe des Verletzergewinns, Lizenzanalogie) anerkannt[33] und besteht, da die Klägerin die zur Vorbereitung und Durchsetzung ihres Anspruchs notwendigen Auskünfte weder besitzt noch sich auf zumutbare Weise selbst beschaffen kann, während die Beklagte sie unschwer, dh ohne unbillige Belastung, zu geben vermag. Inhaltlich sind die Informationen geschuldet, die die Klägerin benötigt, um wählen zu können, nach welcher Methode sie ihren Schadensersatz berechnen möchte.

III. Beseitigungsansprüche

Nach § 7 Nr 1 GeschGehG kann die Klägerin von den Beklagten wahlweise die Vernichtung oder Herausgabe sämtlicher Gegenstände verlangen, die ihr Geschäftsgeheimnis enthalten oder verkörpern. Dieser Anspruch richtet sich gegen den Rechtsverletzer, der jeweils Eigentümer oder Besitzer dieser Gegenstände ist. Im Falle der Beklagten zu 1) ist dies die juristische Person, nicht ihr gesetzlicher Vertreter. Der Beklagte zu 2) schuldet Vernichtung oder Herausgabe solcher betroffenen Gegenstände, die er privat besitzt.

Die Beklagte zu 1) schuldet gemäß § 7 Nr 2 GeschGehG den Rückruf rechtsverletzender Produkte, die bereits an Abnehmer geliefert worden sind. Dies schließt Produkte ein, die rechtswidrig im Inland hergestellt, angeboten, in Verkehr gebracht oder von dort ausgeführt wurden, sich aber nun im Ausland befinden. Die Beklagte zu 1) muss sich mit einer ernsthaften Aufforderung unter Angabe des Grundes für die Rückrufaktion sowie der rechtlichen Folgen ihrer Nichtbeachtung (zB nach § 4 Abs 3 GeschGehG) an die Abnehmer wenden, die geeignet ist, diese zur freiwilligen Rückgabe der Produkte zu bewegen.

Der Anspruch auf Vernichtung rechtsverletzender Produkte, die sich im Besitz oder Eigentum der Beklagten befinden, folgt aus § 7 Nr 4 GeschGehG. Es ist kein milderes Mittel als die Vernichtung ersichtlich, um zu verhindern, dass die rechtsverletzenden Elektromotoren erstmalig oder erneut (zB nach erfolgtem Rückruf) in den Verkehr gelangen. Insbesondere ist es nicht möglich, die unter Nutzung der Geschäftsgeheimnisse der Klägerin hergestellten Bestandteile der Elektromotoren zu entfernen oder auszutauschen.

IV. Bekanntmachung des Urteils

Die Klägerin kann nach § 21 GeschGehG verlangen, dass das obsiegende Urteil auf Kosten der Beklagten öffentlich bekannt gemacht wird, da ihre betroffenen Geschäftsgeheimnisse für sie von substantiellem wirtschaftlichen Wert sind und potentielle Abnehmer der Elektromotoren der Beklagten darüber informiert werden müssen, dass rechtsverletzende Produkte im Umlauf sind. Durch eine Beschränkung auf die Urteilsformel und Bezeichnung allein der Beklagten zu 1) werden die negativen Folgen der Bekanntmachung für die Beklagte auf das erforderliche Maß beschränkt und gewährleistet, dass keine natürliche Person identifiziert werden kann.

V. Feststellung der Schadensersatzpflicht

Die Beklagten sind nach § 10 Abs 1 Satz 1 GeschGehG, § 9 Satz 1 UWG sowie § 823 Abs 1 BGB iVm § 840 Abs 1 BGB der Klägerin dem Grunde nach gesamtschuldnerisch zum Ersatz des durch die Rechtsverletzungen entstandenen Schadens verpflichtet. Der Beklagte zu 2) hatte Kenntnis davon, dass der Beschuldigte Walter P. im Besitz der Fertigungsprotokolle der Klägerin war, als er von deren Unternehmen zur Beklagten zu 1) wechselte. Die Nutzung dieser Fertigungsprotokolle für die Herstellung der eigenen Elektromotoren ohne Überprüfung, ob der Beschuldigte Walter P. befugt war, die Informationen von der Klägerin zu erlangen und zu nutzen, begründet zumindest den Vorwurf der Fahrlässigkeit. Die Beklagte zu 1) muss sich das deliktische Verhalten ihres Geschäftsführers analog §§ 31, 89 BGB zurechnen lassen.

Die genaue Schadenshöhe steht noch nicht fest. Es ist aber davon auszugehen, dass die Beklagten die durch die Geschäftsgeheimnisse vermittelten Marktchancen unberechtigt genutzt und dadurch zugleich der Klägerin entzogen haben, wodurch dieser ein Schaden entstanden ist.[34] Da die Klägerin ohne eigenes Verschulden in Unkenntnis des Umfangs der Verletzungshandlungen ist, besteht ein rechtliches Interesse nach § 256 ZPO an der Feststellung der Schadensersatzpflicht der Beklagten dem Grunde nach.

[Unterschrift]

Rechtsanwalt

Erläuterungen

2 **1.** Nach § 15 Abs 1 GeschGehG sind die Landgerichte ohne Rücksicht auf den Streitwert ausschließlich sachlich zuständig. Örtlich besteht nach § 15 Abs 2 GeschGehG ein ausschließlicher Gerichtsstand am Inlandssitz des Beklagten. Hat der Beklagte keinen allgemeinen Gerichtsstand im Inland, soll »nur« das Gericht am Verletzungsort zuständig sein. Dies wird aber die Zuständigkeit nach Art 4 Abs 1 Verordnung (EU) Nr 1215/2012 (Brüssel-Ia-VO) in dessen Anwendungsbereich nicht ausschließen können (sh Kap 3 Rdn 53).

3 **2.** § 15 Abs 3 GeschGehG ermächtigt zur Konzentration der Zuständigkeit auf ein Landgericht eines Gerichtsbezirks im Wege der Rechtsverordnung. Bislang hat noch keine Landesregierung von dieser Ermächtigung Gebrauch gemacht. Lediglich Hessen hat angekündigt, die Zuständigkeit dem Landgericht Frankfurt aM zuzuweisen. Der Gesetzgeber hat bei Erlass des GeschGehG in § 74c Abs 1 Satz 1 Nr 1 GVG neben Straftaten nach dem UWG auch eine strafprozessuale Zuständigkeit der Wirtschaftsstrafkammern für Vergehen nach § 23 GeschGehG begründet. Eine Verweisung an die Kammern für Handelssachen ist nicht möglich, da Geheimnisstreitsachen keine Handelssachen sind. § 95 Abs 1 Nr 5 GVG wurde nicht um Geheimnisstreitsachen erweitert (sh Kap 3 Rdn 82).

4 **3.** Das GeschGehG enthält keine Vorschrift die § 143 Abs 3 PatG, § 140 Abs 4 MarkenG oder § 53 Abs 3 DesignG entspricht. Die Notwendigkeit der Mitwirkung eines Patentanwalts zur zweckentsprechenden Rechtsverfolgung und somit zur Erstattungsfähigkeit seiner Kosten richtet sich daher nach § 91 Abs 1 Satz 1 ZPO und muss im Einzelfall im Kostenfestsetzungsverfahren dargelegt und glaubhaft gemacht werden (§ 104 Abs 2 ZPO). Seine Hinzuziehung wird geboten sein, wenn es sich um einen komplexen technischen Sachverhalt handelt (vgl OLG Koblenz 22.01.1987, 14 W 53/87, Ls 1 [juris] = GRUR 1987, 941 – Kosten für Patentanwalt; sh Kap 3 Rdn 257 ff).

5 **4.** Der Streitwert wird gem. § 3 Abs 1 ZPO nach freiem Ermessen festgesetzt. Vorrangig zu beachten ist jedoch § 51 Abs 2–5 GKG und § 22 GeschGehG. Ebenso wie in anderen Fällen der Verletzung geistigen Eigentums und des Wettbewerbsrechts wird es für Unterlassungs- und Beseitigungsklagen auf das wirtschaftliche Interesse des Klägers an einer Unterbindung weiterer Geheimnisschutzverletzungen ankommen (ausführlich: Köhler/Feddersen, in Köhler/Bornkamm/Feddersen, UWG, § 12 Rn 5.3b ff). Ausgangspunkt ist § 51 Abs 2 GKG, wonach sich das Ermessen für die Bestimmung des Gerichtskostenstreitwerts grds nach der sich aus dem Antrag des Klägers für ihn ergebenden Bedeutung der Sache richtet. Nur wenn die Bedeutung der Sache für den Beklagten erheblich geringer zu bewerten ist, erfolgt eine angemessene Streitwertminderung (§ 51 Abs 3 GKG).

6 Wird – wie im vorliegenden Beispiel – neben der juristischen Person auch ihr gesetzlicher Vertreter aufgrund derselben Verletzungshandlung inhaltsgleich auf Unterlassung in Anspruch genommen, so handelt es sich rechtlich um mehrere selbstständige Ansprüche (BGH 15.04.2008, X ZB 12/06, Rn 7 f [juris] = GRUR-RR 2008, 460, 461 – inhaltsgleiche Unterlassungsbegehren gegen mehrere Beklagte). Daher sind die Streitwerte für jeden Antragsgegner gesondert zu bemessen und zu addieren. Allerdings wird für die gegen das Organ verfolgten Ansprüche regelmäßig ein geringerer Wert festgesetzt, weil mit dem Unterlassungsbegehren in erster Linie das Interesse verfolgt wird, das unzulässige Handeln der juristischen Person, sei es durch den gesetzlichen Vertreter, sei es durch andere Mitarbeiter zu unterbinden (OLG Hamburg 03.04.2013, 3 W 18/13, Rn 8 [juris] = WRP 2013, 1674, mwN).

5. Viele Landgerichte sehen in ihrer Geschäftsverteilung eine Zuordnung des Sachgebiets »Verletzung von Geschäftsgeheimnissen« oÄ zu bestimmten Kammern vor.

6. Ausführlich zur Antragstellung Kap 3 Rdn 96 ff. Instruktiv zur Fassung des Unterlassungsantrags in Geheimnisschutzsachen nach §§ 17, 18 UWG aF: Deichfuß, GRUR-Prax 2012, 449.

7. Die Klägerin muss ihr Geschäftsgeheimnis im Klageantrag grundsätzlich nicht offenbaren (BGH 22.03.2018, I ZR 118/16, Rn 19 [juris] = GRUR 2018, 1161 – Hohlfasermembranspinnanlage II). Für eine Bestimmtheit des Unterlassungsantrags genügt eine Bezugnahme auf ein beigefügtes Dokument (sh Kap 3 Rdn 135).

8. Ebenso wie im Wettbewerbsrecht und im Patentrecht dienen die »insbesondere«-Anträge ausschließlich der näheren Umschreibung und damit der Konkretisierung des Verletzungsgegenstandes, hier der zu unterlassenden Nutzungshandlungen (sh Kap 3Rdn 98 ff). Sie werden nicht Streitgegenstand. So ist es anerkannt, dass auf eine angeblich fehlerhafte Beurteilung von »insbesondere«-Anträgen keine der Parteien eine Berufung stützen kann; eine Verneinung der Verletzung von »insbesondere« geltend gemachten Unteransprüchen rechtfertigt für sich genommen auch keine Teilklageabweisung (vgl Meier-Beck, GRUR 1998, 276, 277; LG Mannheim 25.07.2003, 7 O 319/00 = BeckRS 2003, 9769 Rn 13).

9. Der Inhalt des Auskunftsanspruchs nach § 8 Abs 1 Nr 1–4 GeschGehG ist im Gesetz abschließend genannt.

10. Der Schuldner des selbstständigen Auskunftsanspruchs nach § 8 Abs 1 GeschGehG, der die Namen seiner Lieferanten, anderer Vorbesitzer, gewerblicher Abnehmer und Verkaufsstellen zu offenbaren hat, ist auch zur Vorlage entsprechender Einkaufs- oder Verkaufsbelege (Rechnungen, Lieferscheine) verpflichtet. Soweit die Belege Daten enthalten, auf die sich die geschuldete Auskunft nicht bezieht und hinsichtlich derer ein berechtigtes Geheimhaltungsinteresse des Schuldners besteht, ist dem dadurch Rechnung zu tragen, dass Kopien vorgelegt werden, bei denen die entsprechenden Daten abgedeckt oder geschwärzt sind (vgl BGH 21.02.2002, I ZR 140/99, Ls 2 [juris] = GRUR 2002, 709 – Entfernung der Herstellungsnummer III; sh hierzu Stjerna, GRUR 2011, 789, 792 ff). Es ist im Regelfall unverhältnismäßig, für dieselbe Auskunft mehrere Belege (Angebote, Bestellungen, Rechnungen und Lieferschein) zu verlangen (vgl Kühnen, HdB PatV, Kap D Rn 557, mit Beispielen für Ausnahmen).

11. Der Rechnungslegungsanspruch stützt sich auf §§ 242, 259, 260 Abs 1 BGB und dient als Hilfsanspruch zur Vorbereitung des Schadensersatzanspruchs (sh Kap 1 Rdn 788 ff). Sein Inhalt hängt von dem sachlichen Umfang des Anspruchs ab, den der akzessorische Rechnungslegungsanspruch vorbereiten soll.

12. Der Schuldner hat alle Angaben zu machen, die der Gläubiger zur Ermittlung seines materiellen Schadens nach den drei Berechnungsmethoden (entgangener Gewinn, angemessene Vergütung und Verletzergewinn) sowie seines immateriellen Schadens benötigt, um sich für eine der Schadensausgleichsmethoden zu entscheiden, die Höhe der Ausgleichszahlung nach dieser Methode zu ermitteln und darüber hinaus die Richtigkeit der Rechnungslegung nachzuprüfen (vgl BGH 20.05.2008, X ZR 180/05, Rn 31 [juris] = GRUR 2008, 896 – Tintenpatrone I, mwN).

13. Eine Rechnungslegung über die Kosten und Gestehungskosten des Schuldners kann verlangt werden, wenn eine Schadensersatzberechnung nach dem Verletzergewinn in Betracht kommt. Dies gilt auch für den Restschadensersatzanspruch nach § 13 Gesch-

GehG (vgl zum Patentrecht BGH 26.03.2019, X ZR 109/16, Rn 26 [juris] = GRUR 2019, 496 – Spannungsversorgungseinrichtung; Hülsewig, GRUR 2011, 673).

16 14. Nach § 7 Nr 1 GeschGehG kann die Klägerin Vernichtung oder Herausgabe von Gegenständen verlangen, die das Geschäftsgeheimnis enthalten oder verkörpern. Das hieraus folgende, der Klägerin zustehende Wahlrecht hat sie spätestens mit Antragstellung auszuüben (vgl Krüger, MüKo-BGB, § 263 Rn 9). Eine Wahl bis zum Beginn der Zwangsvollstreckung sieht § 264 BGB nur für einen wahlberechtigten Schuldner vor. Die Klägerin hat grds auch im Rahmen des § 7 Nr 1 GeschGehG die herauszugebenden bzw zu vernichtenden Informationsträger gem. § 253 Abs 2 Nr 2 ZPO so konkret wie möglich zu bezeichnen. Bereits bekannte Informationsträger sind anzugeben. Die Anforderungen an die Bestimmtheit von Klageanträgen sind indessen in Abwägung des zu schützenden Interesses der Beklagten an Rechtssicherheit und Rechtsklarheit hinsichtlich der Entscheidungswirkungen mit dem ebenfalls schutzwürdigen Interesse der Klägerin an einem wirksamen Rechtsschutz festzulegen (BGH 04.07.2002, I ZR 38/00, Rn 28 [juris] = GRUR 2002, 1088, 1089 – Zugabenbündel; BGH 23.02.2006, I ZR 27/03, Rn 28 [juris] = GRUR 2006, 504 – Parfümtestkäufe). Da der Klägerin im Regelfall nicht bekannt sein kann, welche Dokumente, Gegenstände, Materialien, Stoffe oder elektronische Dateien bei der Beklagten vorhanden sind, die das Geschäftsgeheimnis enthalten oder verkörpern, ihr aber ein umfassender Herausgabe- bzw Vernichtungsanspruch zusteht, wird von ihr nicht verlangt werden können, den Antrag nach § 7 Nr 1 GeschGehG konkreter zu fassen.

17 Nach § 7 Nr 1 GeschGehG muss der Informationsträger im Besitz oder Eigentum des Schuldners stehen. Mittelbarer Besitz genügt, wenn ein Herausgabeanspruch besteht (Alexander, in Köhler/Bornkamm/Feddersen, UWG, § 7 GeschGehG Rn 14 lässt es im Wege einer richtlinienkonformen Auslegung genügen, wenn sich der Informationsträger im Einflussbereich des Rechtsverletzers befindet. Dies ist aber letztlich nur eine Umschreibung von Besitz oder Eigentum).

18 15. Ein Anspruch auf Herausgabe rechtsverletzender Produkte zur Vernichtung ist in § 7 Nr 4 GeschGehG nicht ausdrücklich geregelt. Dies steht der Annahme einer Herausgabe an den Verletzten zum Zwecke der Vernichtung aber dann nicht entgegen, wenn es unter Würdigung aller Umstände der Klägerin nicht zumutbar ist, die rechtsverletzenden Produkte im Besitz der Beklagten zu belassen und damit das Risiko einzugehen, dass die Produkte erneut in den Marktkreislauf geraten (vgl BGH 07.01.1958, I ZR 73/57 = GRUR 1958, 297, 298 – Petromax I; BGH 27.04.2006, I ZR 126/03, Rn 7 [juris] = GRUR 2006, 1044 – Kundendatenprogramm zu § 17 UWG aF; BGH 10.04.1997, I ZR 242/94, Ls 2 [juris] = GRUR 1997, 899 – Vernichtungsanspruch zu § 18 Abs 1 MarkenG; BGH 28.11.2002, I ZR 168/00, Ls 2 [juris] = GRUR 2003, 228, 229 – P-Vermerk zu § 98 Abs 1 UrhG; aA Spieker, in BeckOK GeschGehG, § 7 Rn 14). Schuldner des Vernichtungsanspruchs ist der Besitzer der rechtsverletzenden Produkte. Übt der Geschäftsführer als Organ der Gesellschaft die Sachgewalt aus, gilt diese als Besitzerin (BGH 16.11.2003, IX ZR 55/02, Rn 26 [juris] = NJW 2004, 217).

19 Zur evtl Strafbarkeit der »Vermeidung« des Vernichtungsanspruchs seitens des Beklagte sh Hoppe-Jänisch, GRUR 2014, 1163 ff, wobei ein Verbringen rechtsverletzender Produkte ins Ausland aufgrund des dort bestehenden Geschäftsgeheimnisschutzes in den meisten Fällen wohl nicht in Betracht kommen wird.

20 16. § 7 Nr 2 GeschGehG sieht den Rückruf rechtsverletzender Produkte vor. Der Rechtsverletzer hat seine gewerblichen Abnehmer (evtl sogar Endkunden, sh Kap 1 Rdn 749 ff)

unmissverständlich aufzufordern, die Produkte zurückzugeben, darauf hinzuweisen, dass die Rückgabe gegen Erstattung des Kaufpreises erfolgt und die Rückgabe zu organisieren (Jestaedt, GRUR 2009, 102, 103; Alexander, in Köhler/Bornkamm/Feddersen, UWG, § 7 GeschGehG, Rn 29). Die Art und Weise des Rückrufs bestimmt der Schuldner. Es ist nicht möglich, im Klageantrag eine konkrete und eindeutig festgelegte Maßnahme (Vorformulierung eines Rückrufschreibens; Abdruck einer vorformulierten Rückrufaufforderung in festgelegten Medien) zu verlangen, sofern Alternativen in Betracht kommen (Jestaedt, GRUR 2009, 102, 103). Der Geschäftsführer soll nicht Schuldner des Rückrufanspruchs sein, da er keinen Besitz an den zurückerhaltenen Produkten erhält und auch nicht der sich anschließenden Pflicht zur Vernichtung unterliegt. Überdies steht er (anders als das von ihm vertretene Unternehmen) nicht in einem Vertragsverhältnis zu dem Rückrufadressaten, das ihn zur Rückabwicklung des Liefergeschäftes berechtigen könnte, sodass er nicht in der Lage wäre, den verletzenden Weitervertrieb umzukehren (vgl Kühnen, HdB PatV, Kap D, Rn 705, mit weiteren Argumenten).

§ 7 Nr 3 GeschGehG gewährt einen Anspruch auf dauerhafte Entfernung der rechtsverletzenden Produkte aus den Vertriebswegen. Dieser Anspruch kann auch neben einem Rückrufanspruch geltend gemacht werden (vgl BGH, 16.05.2017, X ZR 120/15, Rn 11 ff [juris] = GRUR 2017, 785 – Abdichtsystem zu § 140a Abs 3 Satz 1 PatG) und soll verhindern, dass rechtsverletzende Produkte, die sich noch in der Vertriebskette befinden, weiter vertrieben werden. Im Unterschied zum Rückruf ist ein Erfolg geschuldet (Jestaedt GRUR 2009, 102, 105). Um diesen herbeizuführen, muss der Rechtsverletzer alle tatsächlichen Handlungen vornehmen, die geeignet und notwendig sind, um die Produkte zurückzuführen und gegebenenfalls der Vernichtung zuzuführen (Alexander, Wettbewerbsrecht, Kap III, Rn 2048). Ein Antrag auf Entfernung aus den Vertriebswegen kann wie folgt formuliert werden:

»Die Beklagte zu 1) wird verurteilt, die im Besitz Dritter befindlichen Produkte gemäß Ziff. I. 1. lit b) aus den Vertriebswegen zu entfernen, in dem die Beklagte zu 1) diese Produkte wieder an sich nimmt oder die Vernichtung derselben beim jeweiligen Besitzer veranlasst.«

17. Der Anspruch auf Urteilsbekanntmachung stützt sich auf § 21 GeschGehG bzw, sofern Ansprüche nach dem UWG durchgesetzt werden, auf § 12 Abs 3 UWG. Form und Umfang der Bekanntmachung sind in der Urteilsformel zu bestimmen, weshalb entsprechende Angaben bereits im Antrag gemacht werden sollten. Zumindest nach § 12 Abs 3 Satz 3 UWG ist von der Befugnis innerhalb von drei Monaten nach Eintritt der Rechtskraft Gebrauch zu machen. Zur Antragsformulierung sh Kap 3 Rdn 148 ff und BGH 12.03.1992, I ZR 58/90, Rn 22 [juris] = GRUR 1992, 527, 528 – Plagiatsvorwurf II.

18. Art 15 Abs 2 GeschGeh-RL verlangt, dass auch bei der Urteilsbekanntmachung gewährleistet sein muss, dass die Vertraulichkeit der Geschäftsgeheimnisse gewahrt bleibt; und zwar auch dann, wenn eine Urteilsbekanntmachung auf Antrag des Beklagten erfolgt. Diese Norm der Richtlinie ist im deutschen Gesetz zwar nicht umgesetzt worden, da es sich aber um eine vollharmonisierte Vorgabe handelt, gilt sie auch im Anwendungsbereich des deutschen GeschGehG (vgl Alexander, in Köhler/Bornkamm/Feddersen, UWG, § 21 GeschGehG, Rn 11 f).

19. Es entspricht im gewerblichen Rechtsschutz und Urheberrecht der einhelligen Meinung, dass das für eine Klage auf Feststellung der Schadensersatzpflicht nach § 256 Abs 1 ZPO erforderliche Interesse grundsätzlich auch dann besteht, wenn der Kläger im Wege der Stufenklage (§ 254 ZPO) auf Leistung klagen könnte (vgl BGH 17.05.2001, I ZR

189/99, Rn 28 [juris] = GRUR 2001, 1177, 1178 – Feststellungsinteresse II, mwN; BGH 15.05.2003, I ZR 277/00, Rn 17 [juris] = GRUR 2003, 900 – Feststellungsinteresse III). Die Begründung des Schadensersatzanspruchs bereitet nämlich häufig auch nach erteilter Auskunft Schwierigkeiten und erfordert eine eingehende sachliche Prüfung zur Berechnungsmethode des Schadens, oder es besteht Streit über die Vollständigkeit der Auskunft. Das Feststellungsurteil schützt den Verletzten zudem vor einer Verjährung im Umfang des gesamten Schadens. Aus denselben Gründen wird dies auch im Rahmen des GeschGehG zu gelten haben.

26 20. Die Höhe der Teilsicherheiten orientiert sich an dem prozentualen Anteil des jeweils zugesprochenen Leistungsantrags zzgl eines Aufschlags. Der Wert des Schadensersatzfeststellungsantrags fließt zwar in die Streitwertberechnung nach § 3 ZPO ein, wird aber bei der Schätzung der Teilsicherheiten nicht berücksichtigt, da er nicht vollstreckbar ist. Auch der Antrag auf Bekanntmachung des Urteils wird nicht berücksichtigt, da er sich als bloße Nebenentscheidung nicht auf die Höhe des Streitwerts auswirkt (vgl zu der vergleichbaren Veröffentlichungsbefugnis in § 12 Abs 3 UWG: Büscher, UWG, § 12 Rn 571) und nach § 21 Abs 3 GeschGehG im Regelfall nicht vorläufig vollstreckbar ist.

27 21. Die Klageschrift ist nach § 271 Abs 1 ZPO von Amts wegen unverzüglich zuzustellen. Beinhaltet die Klageschrift oder (wie im vorliegenden Muster) eine Anlage, auf die in den Klageanträgen Bezug genommen wird oder die anderweitig für die Bestimmung des Gegenstands der Klage erheblich ist, das schutzbedürftige Geschäftsgeheimnis, ist dafür Sorge zu tragen, dass zuerst die gerichtlichen Geheimnisschutzmaßnahmen nach §§ 16 ff GeschGehG angeordnet werden, bevor die Klage dem Beklagten zugestellt wird (sh Muster »Antrag auf Geheimnisschutzmaßnahmen«, Rdn 43 und Diagramm »Ablaufplan«, Rdn 53). Besteht Anlass zur Befürchtung, dass das Gericht die Klage zustellt, bevor über den Antrag nach §§ 16 ff GeschGehG entschieden wurde, kann der Kläger die Zustellung verzögern, indem er den Gerichtskostenvorschuss noch nicht einzahlt oder die nach § 253 Abs 5 ZPO erforderlichen Abschriften erst später einreicht.

28 22. Fraglich ist, ob die Erhebung einer Klage nach § 204 Abs 1 Nr 1 BGB iVm § 167 ZPO die Verjährung hemmen kann, wenn deren Zustellung ein Beschluss nach § 20 Abs 5 Satz 1 GeschGehG vorangehen soll. An einer »demnächst« erfolgenden Zustellung können jedenfalls dann Zweifel bestehen, wenn vor Erlass dieses Beschlusses zunächst der Antragsgegner/Beklagte angehört werden muss, zB weil dem Gericht keine zuverlässigen Personen gem § 19 Abs 1 GeschGehG vorgeschlagen wurden.

29 Kommt es auf die Verjährungshemmung und die vorangehenden Geheimhaltungsmaßnahmen an, kann der Kläger versuchen, das Geschäftsgeheimnis insoweit zu umschreiben, dass es selbst nicht in den Klageanträgen aufgenommen wird, aber für eine Zwangsvollstreckung hinreichend bestimmt ist. Dies soll für das Bestimmtheitserfordernis nach § 253 Abs 2 Nr 2 ZPO genügen (sh BGH 22.03.2018, I ZR 118/16, Rn 19 [juris] = GRUR 2018, 1161 – Hohlfasermembranspinnanlage II; BGH 13.12.2007, I ZR 71/05, Rn 17 [juris] = GRUR 2008, 727 – Schweißmodulgenerator; Gregor, in BeckOK GeschGehG, § 20 Rn 15 und Kap 3 Rdn 104 ff).

30 Hier ist jedoch Vorsicht geboten: Um die Verjährung zu hemmen, muss die eingereichte Klage wirksam sein. Hierfür muss sie bei Klageerhebung zwar weder zulässig noch begründet (BGH 26.06.1996, XII ZR 38/95, Rn 19 [juris] = NJW-RR 1996, 1409, 1410), aber dennoch hinreichend bestimmt sein (vgl BGH 05.05.1988, VII ZR 119/87, Rn 11 [juris] = NJW 1988, 1964). Ist die Klage wegen Mängeln im notwendigen Inhalt nach

§ 253 Abs 2 ZPO unwirksam, können diese in der Tatsacheninstanz behoben werden. Allerdings ist umstritten, ob die Behebung eines Bestimmtheitsmangels *ex tunc* zurückwirkt (zustimmend BGH 06.05.2014, II ZR 217/13, Rn 16 [juris] = NJW 2014, 3298, mwN) oder die Klage erst mit Behebung als ordnungsgemäß erhoben gilt, mit der Folge, dass die Verjährungshemmung erst jetzt eingreift (so Ellenberger, in Palandt, § 204 BGB Rn 16; Grothe, in MüKo-BGB, 6. Aufl, § 204 Rn 23; Lakkis, in jurisPK-BGB, 6. Aufl, § 204 Rn 22).

23. Soweit gegen frühere Mitarbeiter geklagt werden soll, ist § 2 Nr 3 lit d) ArbGG zu beachten, der die ausschließliche Rechtswegzuständigkeit der Arbeitsgerichte für bürgerliche Rechtsstreitigkeiten aus unerlaubten Handlungen zwischen Arbeitgeber und (auch ehemaligen) Arbeitnehmern anordnet, wenn diese mit dem Arbeitsverhältnis in Zusammenhang stehen (sh Kap 3 Rdn 60 ff). Geschäftsgeheimnisverletzungen sind unerlaubte Handlungen. § 15 Abs 1 GeschGehG lässt den Rechtsweg zu den Arbeitsgerichten unberührt (sh BT-Drucks. 19/4724 S. 34 zu § 15).

24. Sprechen die Übereinstimmungen zwischen den Originalprodukten und den rechtsverletzenden Produkten deutlich dafür, dass für die Herstellung letzterer auf die Geschäftsgeheimnisse der Klägerin zurückgegriffen wurde, obliegt es der Beklagten im Rahmen einer sekundären Darlegungslast vorzutragen und zu belegen, »in welcher Zeit und mit Hilfe welcher Mitarbeiter welche Produkte ohne die Daten der Klägerin geschaffen worden sind« (OLG Frankfurt aM 08.03.2005, 11 U 57/03, Rn 57 f [juris] = InstGE 7, 152 – PET Spritzwerkzeug I; sh hierzu Deichfuß, GRUR-Prax 2012, 449, 453 und Kap 2 Rdn 244).

25. Hiéramente weist zutreffend darauf hin, dass bei der Bewertung eines möglichen Verstoßes gegen § 4 Abs 1 Nr 1 GeschGehG der Zeitpunkt der Handlung von zentraler Bedeutung ist (BeckOK GeschGehG, § 4 Rn 26). Die Befugnis muss zum Zeitpunkt des Zugangs, der Aneignung bzw Kopieerstellung noch bestehen. So kann ein zuerst befugter Zugriff auf ein Geschäftsgeheimnis aufgrund eines zwischenzeitlichen Ereignisses zu einem späteren Zeitpunkt unbefugt werden. Dabei sind insbesondere bei einem Beschäftigungsverhältnis sowohl die vertraglichen Regelungen als auch etwaige (zwischenzeitlich ergangene) arbeitsrechtliche Weisungen und Maßnahmen (zB Freistellung, Hausverbote, Herausgabeverlangen, Entzug von Zugriffsrechten etc) zu berücksichtigen (Hiéramente, in BeckOK GeschGehG, § 4 Rn 26). Deshalb ist eine erneute unbefugte Erlangung eines dem Täter bereits zuvor befugt zugänglich gemachten Geschäftsgeheimnisses möglich (aA Joecks/Miebach, in MüKo-StGB, § 23 GeschGehG Rn 43).

26. Vgl zur alten Rechtslage nach § 17 UWG aF: BGH 23.02.2012, I ZR 136/10, Rn 17 (juris) = GRUR 2012, 1048 – MOVICOL-Zulassungsantrag, wonach ein ausgeschiedener Mitarbeiter sich ein Betriebsgeheimnis »sonst unbefugt« iSv § 17 Abs 2 Nr 2 UWG »verschafft«, wenn ihm schriftliche Unterlagen vorliegen, die er während der Beschäftigungszeit befugt angefertigt hat, und er diesen das Betriebsgeheimnis seines früheren Dienstherrn entnimmt.

27. Wenn die Nutzung der Geschäftsgeheimnisse für die Klägerin nicht oder nur unverhältnismäßig aufwändig durch Untersuchung der rechtsverletzenden Produkte feststellbar ist, es den Beklagten indessen ohne weiteres möglich und zumutbar ist anzugeben, auf welchen Verfahrensschritten und Fertigungsparametern die betroffenen Produkte beruhen, kommt – in Fällen wie dem vorliegenden – aus Treu und Glauben eine Informations- und Aufklärungspflicht der Beklagten im Rahmen einer sekundären Darlegungslast in Betracht (vgl zum Patentrecht: BGH 30.09.2003, X ZR 114/00, Rn 35 [juris] = GRUR 2004,

268 – Blasenfreie Gummibahn II; LG Düsseldorf 14.08.2007, 4a O 263/06 – Wasserbehandlung). Dabei müssen jedoch auch etwaige Geheimhaltungsinteressen des Beklagten beachtet und ggf geschützt werden (vgl Kap 2 Rdn 323 ff).

36 28. Die Frage, ob sich jemand als Täter oder Teilnehmer in einer die zivilrechtliche Haftung begründenden Weise an der deliktischen Handlung eines Dritten beteiligt hat, beurteilt sich nach den im Strafrecht entwickelten Rechtsgrundsätzen (BGH 18.06.2014, I ZR 242/12, Rn 13 [juris] = GRUR 2014, 883 – Geschäftsführerhaftung, mwN). Eine persönliche Haftung des Geschäftsführers für deliktische Handlungen der von ihm vertretenen Gesellschaft besteht danach nur, wenn er daran entweder durch positives Tun beteiligt war oder wenn er sie aufgrund einer nach allgemeinen Grundsätzen des Deliktsrechts begründeten Garantenstellung hätte verhindern müssen (BGH 18.06.2014, I ZR 242/12, Rn 17 [juris] = GRUR 2014, 883 – Geschäftsführerhaftung, mwN). Eine zivilrechtliche Haftung des Geschäftsführers für die deliktische Handlung eines Dritten nach den Grundsätzen der Störerhaftung kommt nach der Rechtsprechung des I. Zivilsenats des BGH (27.11.2014, I ZR 124/11, Rn 80 f [juris] = GRUR 2015, 672 – Videospiel-Konsolen II) nur bei einer Verletzung absoluter Rechte und nicht bei einer Verletzung bloßer Verhaltenspflichten in Betracht. Geht man indessen zutreffend davon aus, dass das GeschGehG nicht nur einen verhaltensbezogenen Behinderungsschutz im Wettbewerb, sondern subjektive Rechte in Form absolut geschützter Rechte normiert (so zutreffend Alexander, WRP 2017, 1036 f; McGuire, in Büscher, UWG, § 1 GeschGehG Rn 13), haftet der Geschäftsführer als Störer, wenn er – ohne Täter oder Teilnehmer zu sein – in irgendeiner Weise willentlich und adäquat kausal zur Verletzung des geschützten Rechts beiträgt und zumutbare Verhaltenspflichten verletzt. Als Beitrag zur Verletzung des geschützten Rechts kann die Unterstützung oder Ausnutzung der Handlung eines eigenverantwortlich handelnden Dritten genügen, sofern der Geschäftsführer die rechtliche und tatsächliche Möglichkeit zur Verhinderung dieser Handlung hatte. Ob und inwieweit dem Geschäftsführer eine Verhinderung der Verletzungshandlung des Dritten zuzumuten ist, richtet sich nach den jeweiligen Umständen des Einzelfalls unter Berücksichtigung seiner Funktion und Aufgabenstellung sowie mit Blick auf die Eigenverantwortung desjenigen, der die rechtswidrige Beeinträchtigung selbst unmittelbar vorgenommen hat (vgl BGH 08.01.2014, I ZR 169/12, Rn 22 [juris] = GRUR 2014, 657 Rn 22 – Bear-Share, mwN).

37 29. § 4 Nr 3 lit c) UWG ist selbstständig neben dem GeschGehG anwendbar und hat eigenständige Bedeutung, da die betroffene Information nicht geheim, sondern lediglich nicht offenkundig sein muss (BGH 10.07.1963, Ib ZR 21/62 = GRUR 1964, 31, 32 – Petromax II) und der Unterlassungsanspruch bei Vorliegen der Tatbestandsvoraussetzungen ohne weitere Verhältnismäßigkeitsprüfung (wie in § 9 GeschGehG) gewährt wird (Büscher, UWG, § 4 Nr 3 UWG, Rn 10 und vor §§ 17 bis 19, Rn 126 f; vgl BGH 13.12.2007, I ZR 71/05, Rn 20 [juris] = GRUR 2008, 727 Rn 20 – Schweißmodulgenerator; Ohly, in Ohly/Sosnitza § 4.3 Rn 3/24; Harte-Bavendamm/Henning-Bodewig, UWG, § 17 Rn 43).

38 30. BGH 10.07.1963, Ib ZR 21/62 = GRUR 1964, 31, 32 – Petromax II.

39 31. Vgl BGH 18.03.2010, I ZR 158/07 = GRUR 2010, 536, Rn 56 – Modulgerüst II.

40 32. Eisele, in Schönke/Schröder, StGB, 30. Aufl 2019, § 202d Rn 12.

41 33. Vgl im gewerblichen Rechtsschutz: BGH 13.03.1962, I ZR 108/60 = GRUR 1962, 398 – Kreuzbodenventilsäcke II; BGH 03.07.1984, X ZR 34/83, Rn 12 (juris) = GRUR 1984, 728 – Dampffrisierstab II; BGH 17.05.1994, X ZR 82/92, Rn 26 (juris) = GRUR 1994, 898 – Copolyester I; im Urheberrecht: BGH 07.12.1979, I ZR 157/77, Rn 107 (juris) = GRUR 1980, 227, 232 – Monumenta Germaniae Historica. Zur Rechnungslegungspflicht bei Schadensersatzansprüchen aus der Verletzung von Betriebsgeheimnissen nach §§ 17, 18 UWG aF: Köhler, in Köhler/Bornkamm/Feddersen, UWG, § 9 Rn 4. 7b.

34. Für die Begründung des Schadensersatzfeststellungsantrags genügt die Wahrscheinlichkeit eines Schadens (BGH 23.04.1991, X ZR 77/89, Ls 1 [juris] = GRUR 1992, 559, 560 – Mikrofilmanlage; BGH, 06.03.2001, KZR 32/98, Ls 1 [juris] = GRUR 2001, 849, 850 – Remailing-Angebot). Der zu kompensierende Schaden liegt bereits in der Beeinträchtigung der allein dem berechtigten Inhaber des Geschäftsgeheimnisses zugewiesenen Nutzungsmöglichkeiten (vgl Alexander, in Köhler/Bornkamm/Feddersen, UWG, § 10 GeschGehG Rn 30 f, mit Verweis auf BGH 24.07.2012, X ZR 51/11, Rn 15 [juris] = GRUR 2012, 1226 – Flaschenträger [zum Patentrecht]). 42

2. Antrag auf prozessuale Geheimhaltungsmaßnahmen

43 ▶ Landgericht [...][1]
– Zivilkammer –
[Adresse]

Antrag auf prozessuale Geheimhaltungsmaßnahmen

Az.: [...]

In Sachen

Denki Mota GmbH & Co. KG, gesetzlich vertreten durch die persönlich haftende Gesellschafterin, diese vertreten durch die Geschäftsführung, [Adresse]

– Antragstellerin –

Prozessbevollmächtigte: [...]

gegen

1. **P&S Antriebstechnik GmbH,** gesetzlich vertreten durch den Geschäftsführer Michael W., [Adresse]

– Antragsgegnerin zu 1) –

2. **Herrn Michael W.,** [Adresse]

– Antragsgegner zu 2) –

wegen Verletzung von Geschäftsgeheimnissen (GeschGehG)

zeigen wir die Vertretung der Antragstellerin an und nehmen auf die am [Datum] eingereichte Klage der hiesigen Antragstellerin/Klägerin gegen die Antragsgegner/Beklagten wegen der Verletzung von Geschäftsgeheimnissen Bezug.

Wir **beantragen**, wegen eines besonderen Schutzbedürfnisses der Antragstellerin im Beschlusswege ohne vorherige Anhörung der Antragsgegner, folgende Anordnungen zu treffen:

I. Zur Wahrung möglicher Geschäftsgeheimnisse der Antragstellerin

1. werden die im Klageverfahren [Aktenzeichen] als Anlage K 1 gekennzeichneten Informationen [vollständig/markierte Teile] als geheimhaltungsbedürftig eingestuft;

2. wird der Zugang von Personen auf Seiten der Antragsgegner[2] zu den als Anlage K 1 vorgelegten Dokumenten sowie zur mündlichen Verhandlung und zu der Aufzeich-

nung oder dem Protokoll der mündlichen Verhandlung auf den Antragsgegner zu 2), Herrn Michael W., sowie den/die jeweiligen Prozessvertreter oder sonstigen Vertreter der Antragsgegner beschränkt.[3]

3. Die zugangsberechtigten Personen werden darauf hingewiesen, dass sie als geheimhaltungsbedürftig eingestufte Informationen vertraulich behandeln müssen und diese außerhalb eines gerichtlichen Verfahrens nicht nutzen oder offenlegen dürfen, es sei denn, dass sie von diesen außerhalb des Verfahrens Kenntnis erlangt haben. Im Falle einer Zuwiderhandlung kann die Kammer auf Antrag ein Ordnungsgeld bis zu EUR 100.000,- oder ersatzweise Ordnungshaft von bis zu sechs Monaten festsetzen und sofort vollstrecken.[4]

Des **Weiteren beantragen** wir bereits jetzt:

II. Die Öffentlichkeit wird von der gesamten mündlichen Verhandlung ausgeschlossen.[5]

III. Über die Ausschließung der Öffentlichkeit wird in nichtöffentlicher Sitzung verhandelt.[6]

Begründung

I. **Geheimniseigenschaft der Anlage K 1**

Die Antragstellerin nimmt die hiesigen Antragsgegner mit der am [*Datum*] erhobenen Klage wegen der unbefugten Erlangung, Nutzung und Offenlegung ihrer geheimhaltungsbedürftigen Fertigungsprotokolle in Anspruch. Zusammen mit der parallel eingereichten Klageschrift haben wir als Anlage K 1 eine nicht geschwärzte, geheimhaltungsbedürftige Fassung dieser Fertigungsprotokolle vorgelegt.

Wie in der Klageschrift im Einzelnen erläutert, handelt es sich bei diesen Fertigungsprotokollen um wichtige technische Informationen der Antragstellerin, die diese entwickelt und aufgrund ihrer langjährigen Tätigkeit in Erfahrung gebracht hat und die für die Fertigung, Funktionalität und Qualität ihrer Produkte von großer Bedeutung und hohem wirtschaftlichen Wert sind. Diese Fertigungsprotokolle und die in diesen enthaltenen Daten sind weder allgemein bekannt noch ohne Weiteres zugänglich. Die Antragstellerin wendet strenge organisatorische, technische und vertragliche Maßnahmen an, um die Fertigungsprotokolle geheim zu halten.

Glaubhaftmachung: Eidesstattliche Versicherung des Herrn Bernd M., Beauftragter der Antragstellerin für Betriebssicherheit und Compliance, als

– Anlage AST 1 –

Gegenstand des parallelen Klageverfahrens ist die unbefugte Erlangung und Nutzung dieser Fertigungsprotokolle durch die Antragsgegner/Beklagten.

II. **Erforderlichkeit gerichtlicher Geheimhaltungsmaßnahmen**

Bei den Fertigungsprotokollen in Anlage K 1 handelt es sich um Geschäftsgeheimnisse der Antragstellerin. Damit sie geheim bleiben, ist es erforderlich, sämtliche Personen, die im Rahmen des Erkenntnis- oder Vollstreckungsverfahrens Kenntnis von diesen Geschäftsgeheimnissen erlangen, dazu zu verpflichten, diese vertraulich zu behandeln und nicht außerhalb des Verfahrens zu nutzen oder offenzulegen.

Da es sich bei diesen technischen Informationen um wertvolle Geschäftsgeheimnisse handelt, die die Antragstellerin erst nach langjährigen Entwicklungen unter substantiellen Kosten erworben hat und deren Kenntnis jeden Mitbewerber hinsichtlich der betroffenen Produkte sofort auf denselben Entwicklungsstand hieven würde, überwiegt das Interesse der Antragstellerin, dass die Zahl der Personen auf Seiten der Antragsgegner, die Zugang zu der Anlage K 1 – sei es in vorgelegten Dokumenten oder während der mündlichen Verhandlung – erhalten, auf ein Minimum beschränkt wird.[7] Da mit dem Antragsgegner zu 2) ohnehin der Geschäftsführer der Antragsgegnerin zu 1) als Partei Zugang zu diesen Informationen erhalten wird, ist eine weitere Ausdehnung des Personenkreises nicht erforderlich.[8] Ohne entsprechende Regelungen zur Geheimhaltung, wie beantragt, würde die Antragstellerin das Risiko eingehen, dass ihre Geschäftsgeheimnisse ihren Schutz verlieren, was für die Antragstellerin einen existenziellen Schaden bedeuten würde.

Glaubhaftmachung: Eidesstattliche Versicherung des Herrn Bernd M., bereits vorgelegt als Anlage AST 1

III. Prozessuales Vorgehen

Wir **beantragen**, Anlage K 1 erst nach Anordnung der hiermit beantragten gerichtlichen Schutzmaßnahmen den vom Gericht zu bestimmenden Personen auf Seiten der Antragsgegner zuzustellen. In Anlage K 1 sind die konkreten geheimhaltungsbedürftigen Informationen gekennzeichnet.

Des Weiteren haben wir mit der Klageschrift als Anlage K 1a eine Fassung der Fertigungsprotokolle ohne Preisgabe von Geschäftsgeheimnissen übermittelt.[9] In dieser nicht geheimhaltungsbedürftigen Fassung sind die Geschäftsgeheimnisse geschwärzt bzw ausgelassen.

Sollte das Gericht die beantragten Geheimnisschutzmaßnahmen nicht anordnen, bitten wir um einen Hinweis vor Zustellung der Klage und dieses Antrags an die Antragsgegner/Beklagten.

[Unterschrift]

Rechtsanwalt

Erläuterungen

44 **1.** Gem. § 20 Abs 1 GeschGehG ist das Gericht der Hauptsache nach § 15 GeschGehG zuständig.

45 **2.** Aus dem Gesetzeswortlaut des § 19 Abs 1 GeschGehG geht nicht klar hervor, ob die Zugangsbeschränkungen auch für die Personen auf Seiten der Antragstellerin gelten würden (§ 19 Abs 1 Satz 3 GeschGehG spricht von »...mindestens einer natürlichen Person *jeder* Partei...«). Ein von der Geheimnisinhaberin gestellter Antrag auf Beschränkung des Personenkreises kann darauf gerichtet sein, nur die Zahl der auf der Gegenseite zugangsberechtigten Personen zu beschränken. Dann obliegt es der Gegenseite ihrerseits einen Antrag nach § 16 Abs 1 GeschGehG zu stellen, wenn sie der Auffassung ist, dass ihre eigenen Geschäftsgeheimnisse Inhalt des Verfahrens werden können (sh Kap 3 Rdn 205 f). Sollten Streithelfer an dem Rechtsstreit beteiligt sein, sollte der Kläger extra beantragen, dass diese vom Zugang zu Dokumenten und zur mündlichen Verhandlung ausgeschlossen werden (sh Kap 3 Rdn 207 f).

46 **3.** Für die Auswahl der Zugangsberechtigten besteht ein Vorschlagsrecht der Parteien (Kalbfus, WRP 2019, 692, 697 Rn 29). Idealerweise kann die Antragstellerin bereits im Antrag natürliche Personen auf Seiten der Antragsgegner vorschlagen, die zuverlässig erscheinen und denen der Zugang zum gesamten Prozessstoff gewährt werden kann (sh Kap 3 Rdn 204). Andernfalls wird das Gericht vor einer Entscheidung über einen Antrag nach § 19 Abs 1 GeschGehG zwingend die Gegenseite anhören müssen, sodass dann ein Vorgehen nach § 20 Abs 1 GeschGehG nicht in Betracht kommt (sh hierzu Alexander, in Köhler/Bornkamm/Feddersen, UWG, § 19 GeschGehG Rn 13; Gregor, in BeckOK GeschGehG, § 19 Rn 32). Wird (auch) eine natürliche Person wegen Geschäftsgeheimnis-

verletzung verklagt – wie zB der Geschäftsführer persönlich – kann diese wegen § 19 Abs 1 Satz 3 GeschGehG nie vom Zugang ausgeschlossen werden (vgl McGuire, in Büscher, UWG, § 19 GeschGehG Rn 16). Dies gilt es bei der Entscheidung, wer verklagt werden soll, zu beachten.

4. § 20 Abs 5 GeschGehG verlangt, dass die Beteiligten auf die Folgen einer Zuwiderhandlung gegen die Anordnung nach § 16 Abs 2 und § 18 GeschGehG hingewiesen werden.

5. Anders als § 172 Nr 2 GVG verlangt § 19 Abs 2 Nr 1 GeschGehG kein überwiegendes schutzwürdiges Interesse an dem zur Sprache kommenden Geheimnis (sh BT-Drucks. 19/4724 S. 35 zu § 16 Abs 1, S 37 zu § 19 Abs 1 Nr 2 und Abs 2 Nr 1). Nach § 173 Abs 2 GVG kann das Gericht die Öffentlichkeit auch für die Verkündung der Entscheidungsgründe (oder eines Teils hiervon), nie aber des Tenors, ausschließen. Es ist aber unstatthaft, von vornherein die Öffentlichkeit sowohl für die Verhandlung als auch für die Bekanntgabe der Urteilsgründe auszuschließen (RG 04.04.1935, 3 D 59/35 = RGSt 69, 175; Lückemann, in Zöller, ZPO, § 173 GVG, Rn 1; Baumbach/Lauterbach/Albers/Hartmann, 77. Aufl 2019, § 173 GVG, Rn 3). Der besondere Beschluss nach § 173 Abs 2 GVG bedarf einer erneuten Verhandlung über den Ausschluss der Öffentlichkeit nach § 174 Abs 1 GVG (Baumbach/Lauterbach/Albers/Hartmann, aaO).

6. Die Verhandlung über den Ausschluss der Öffentlichkeit (sei es für die mündliche Verhandlung, § 19 Abs 2 Nr 1 GeschGehG, sei es für die Verkündung der Entscheidungsgründe, § 173 Abs 2 GVG) hat nach § 174 Abs 1 GVG nichtöffentlich zu erfolgen, wenn auch nur ein Beteiligter (nicht zwingend eine Partei) dies beantragt oder das Gericht es für angemessen erachtet.

7. Zugangsbeschränkungen nach § 19 Abs 1 GeschGehG stellen nicht unerhebliche Eingriffe in die Verfahrensgrundrechte der Antragsgegner/Beklagten dar. Sie setzen daher nach § 19 Abs 1 Satz 2 GeschGehG eine umfassende Interessenabwägung voraus, weshalb bereits im Antrag detailliert zu den Tatsachen vorgetragen werden sollte, die aus Sicht der Antragstellerin für ein überwiegendes Interesse an den Zugangsbeschränkungen sprechen.

8. Damit eine Anordnung weiterer gerichtlicher Beschränkungen nach § 19 Abs 1 GeschGehG auch schon vor Zustellung der Klage ergehen kann, sollten bereits in der Antragsschrift die Personen konkret benannt werden, auf die – nach Auffassung der Klägerin – der Zugang beschränkt werden soll. Sofern andere Personen als die Beklagten selber zugangsberechtigt sein können, ist konkret darzulegen, warum die jeweilige Person geeignet erscheint, die Beklagte angemessen zu verteidigen bzw warum andere Personen – zB wegen fehlender Zuverlässigkeit – ungeeignet sind.

9. Mit der Vorlage einer nicht-geheimen Fassung der als geheimhaltungsbedürftig einzustufenden Informationen wird § 20 Abs 4 Satz 2 GeschGehG entsprochen.

Kapitel 5 — Ablaufplan für das Verfahren

3. Ablaufplan für das Verfahren

53 ▶ Ablauf Klageeinreichung und gerichtliche Geheimhaltungsmaßnahmen[1]

(Klage sowie Anträge nach § 16 I und § 19 I GeschGehG können jeweils gemeinsam oder nacheinander eingereicht werden)

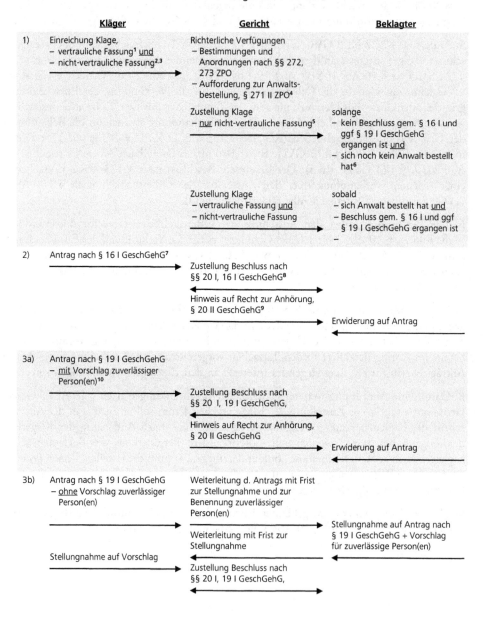

Erläuterungen

54 1. Das Diagramm schlägt ein mögliches Zusammenspiel zwischen Einleitung des Klageverfahrens und Anordnung gerichtlicher Maßnahmen nach §§ 16 bis 19 GeschGehG vor, um die Geheimhaltung des klägerischen Geschäftsgeheimnisses zu gewährleisten.

2. Nach § 20 Abs 4 Satz 1 GeschGehG muss die einen Antrag nach §§ 16 ff GeschGehG stellende Partei diejenigen Ausführungen kennzeichnen, die nach ihrem Vorbringen Geschäftsgeheimnisse enthalten. Es bietet sich daher an, eine »vertrauliche« Fassung der Klage zu erstellen, in der die Geschäftsgeheimnisse markiert sind. Dies kann in der Klageschrift selber oder in einer separaten Anlage erfolgen.

3. Im Fall eines Antrags nach § 19 Abs 1 Nr 1 GeschGehG bzw nach entsprechenden Anordnungen, muss der Kläger nach § 20 Abs 4 Satz 2 GeschGehG zusätzlich eine »nicht-vertrauliche« Fassung der Klage ohne Preisgabe von Geschäftsgeheimnissen vorlegen, die von jedermann eingesehen werden kann.

4. Wenn zusammen mit Klageeinreichung ein Antrag auf gerichtliche Geheimnisschutzmaßnahmen nach §§ 16 bis 19 GeschGehG gestellt wird, sollte in der Klageschrift beantragt werden, dass zumindest eine Zustellung der vertraulichen Fassung der Klage (ggf sogar der Klage insgesamt) erst dann erfolgen soll, wenn das Gericht über den Antrag auf Geheimnisschutzmaßnahmen positiv entschieden hat. Wenn die Befürchtung besteht, dass trotzdem eine unverzügliche Zustellung der Klage erfolgt, kann die Einzahlung des Gerichtskostenvorschusses (§ 12 Abs 1 GKG) bis zur Anordnung der Maßnahmen nach §§ 16 bis 19 GeschGehG verzögert werden. Dabei ist jedoch zu beachten, dass dann die Rückwirkung der Klageerhebung zwecks Verjährungshemmung nach § 204 Abs 1 Nr 1 BGB iVm § 167 ZPO gefährdet ist (sh oben Rdn 27 ff).

5. Nach § 15 Abs 1 GeschGehG iVm § 78 Abs 1 Satz 1 ZPO besteht für ein Klageverfahren in einer Geheimnisstreitsache Anwaltspflicht. Um eine zügige Zustellung der vertraulichen Fassung der Klageschrift mit den betroffenen Geschäftsgeheimnissen in Klartext zu ermöglichen, ist es zweckdienlich, den Beklagten zu einer umgehenden Bestellung eines Anwalts anzuhalten. Dem Anwalt kann nämlich auch bei noch ausstehender Entscheidung über einen Antrag auf Zugangsbeschränkung nach § 19 Abs 1 GeschGehG die vollständige Klage übermittelt werden, da er nach § 19 Abs 1 Satz 3 GeschGehG auf jeden Fall zugangsberechtigt ist.

6. Ob eine ordnungsgemäße Klageerhebung nach § 253 Abs 2 ZPO bereits mit Zustellung der nicht-vertraulichen Fassung der Klageschrift bewirkt werden kann, hängt davon ab, ob ohne eine Wiedergabe der geheimhaltungsbedürftigen Information im Klartext (a) der Gegenstand und Grund des Anspruchs konkret dargelegt und (b) ein hinreichend bestimmter Antrag nach § 253 Abs 2 Nr 2 ZPO enthalten ist. Daran fehlt es, wenn die Klageanträge die geheimhaltungsbedürftigen Informationen enthalten oder auf diese (zB in Form einer Anlage) Bezug nehmen (sh oben Rdn 28 f).

7. Eine Zustellung der vertraulichen Fassung der Klage an die Gegenpartei hat solange zu unterbleiben, bis ein positiver Einstufungsbeschluss nach § 16 GeschGehG ergangen ist. Sollten darüber hinaus weitere Maßnahmen nach § 19 Abs 1 GeschGehG erforderlich sein, muss mit der Zustellung überdies abgewartet werden, bis sich auf Beklagtenseite ein Prozessbevollmächtigter bestellt hat. Andernfalls droht eine Verbreitung der geheimhaltungsbedürftigen Information innerhalb der Organisation des Beklagten bevor eine Zugangsbeschränkung auf bestimmte Personen angeordnet werden konnte.

8. Der Antrag nach § 16 Abs 1 GeschGehG sollte unbedingt vor oder zusammen mit der Klage eingereicht werden.

9. Der Beschluss mit dem gerichtliche Geheimhaltungsmaßnahmen nach § 16 Abs 1 und ggf § 19 Abs 1 GeschGehG angeordnet werden, ist von Amts wegen (§§ 166 bis 190

ZPO) an die Parteien zuzustellen. Sonstigen Beteiligten (wie zB Zeugen, Sachverständigen usw) wird der Beschluss formlos mitgeteilt (zB zusammen mit einer Beweisanordnung, einem etwaigen Beweisbeschluss, der Ernennung zum Sachverständigen oÄ). Zugleich sind die Parteien und sonstigen Beteiligten auf die Wirkungen des Beschlusses nach §§ 16 Abs 2, 18 GeschGehG und die Folgen einer Zuwiderhandlung nach § 17 GeschGehG hinzuweisen.

63   10. § 20 Abs 2 Satz 1 GeschGehG sieht eine obligatorische Anhörung des Antragsgegners/Beklagten zu Beschlüssen nach § 16 Abs 1 und § 19 Abs 1 GeschGehG vor. Hierzu bedarf es der Aufforderung des Antragsgegners/Beklagten zur Erwiderung auf den Antrag und den jeweiligen Beschluss seitens des Gerichts. Eine gesonderte mündliche Verhandlung ist nicht erforderlich (Gregor, in BeckOK GeschGehG, § 20 Rn 9).

64   11. Damit gem. § 20 Abs 1 GeschGehG eine Anordnung nach § 19 Abs 1 GeschGehG bereits vor Rechtshängigkeit des Rechtsstreits ergehen kann, muss der Antragsteller/Kläger dem Gericht die zuverlässigen Personen vorschlagen, die exklusiv Zugang zu Dokumenten und der mündlichen Verhandlung etc erhalten sollen. Andernfalls ist zuerst eine diesbezügliche Anhörung des Antragsgegners/Beklagten erforderlich (vgl BT-Drucks. 19/4724 S. 38), auf die dann wiederum der Antragsteller/Kläger Stellung nehmen wird (sh Punkt 3b).

A. Zivilrechtliche Muster   Kapitel 5

4. Besichtigungsantrag

▶ Landgericht [...]¹   65
 – Zivilkammer –²
[Adresse]

Antrag auf Einleitung eines selbstständigen Beweisverfahrens und
auf Erlass einer einstweiligen Duldungsverfügung

In Sachen

Denki Mota GmbH & Co. KG,³ gesetzlich vertreten durch die persönlich haftende Gesellschafterin, diese vertreten durch die Geschäftsführung, [Adresse]

– Antragstellerin –

Verfahrensbevollmächtigte:⁴   [...]

Mitwirkende Patentanwälte: [...]

gegen

P&S Antriebstechnik GmbH,⁵ gesetzlich vertreten durch den Geschäftsführer Michael W., [Adresse]

– Antragsgegnerin –

wegen: Besichtigung einer Fertigungsanlage

Streitwert (vorläufig geschätzt):⁶ [...] EUR

zeigen wir an, dass wir die Antragstellerin anwaltlich vertreten.

Herr Kollege Patentanwalt [...] wirkt auf Seiten der Antragstellerin mit.

Im Namen und Auftrag der Antragstellerin **beantragen** wir ohne mündliche Verhandlung im Beschlusswege

> die Anordnung einer Besichtigung im selbstständigen Beweisverfahren, den Erlass einer einstweiligen Duldungsverfügung und die Anordnung gerichtlicher Geheimnisschutzmaßnahmen nach §§ 16 ff. GeschGehG.⁷

Als Tenor **regen wir an**:[8]

I. Auf Antrag der Antragstellerin wird die Durchführung des selbstständigen Beweisverfahrens gemäß §§ 485 ff ZPO angeordnet, da ein Rechtsstreit noch nicht anhängig ist und die Antragstellerin ein rechtliches Interesse daran hat, dass der Zustand einer Sache festgestellt wird.[9]

  1. Es soll durch Einholung eines schriftlichen Sachverständigengutachtens Beweis darüber erhoben werden, ob die bei der Antragsgegnerin in ihrem Werk in [Adresse] für die Produktion von Elektromotoren für Industrieroboter eingesetzten Maschinen und Anlagen bei der Wicklung elektromagnetischer Spulen die in Anlage AST 2 genannten Fertigungsparameter betreffend

     – die Spannung des Drahtes bei der Wicklung,
     – die Wicklungsgeometrie und
     – die Drahtdehnung beim Wickeln

     nutzen.[10]

  2. Zum Sachverständigen wird Herr Patentanwalt/Frau Patentanwältin [...] bestellt.[11]

  3. Dem Sachverständigen wird – im Interesse der Wahrung etwaiger Betriebsgeheimnisse der Antragsgegnerin, die bei der Begutachtung zutage treten können – aufgegeben, jeden unmittelbaren Kontakt mit der Antragstellerin zu vermeiden und notwendige Korrespondenz entweder über das Gericht oder mit den anwaltlichen Vertretern der Antragstellerin zu führen. Der Sachverständige hat darüber hinaus auch gegenüber Dritten Verschwiegenheit zu wahren.[12]

  4. Auf Verlangen der Antragsgegnerin hat der Sachverständige die Begutachtung für die Dauer von maximal zwei (2) Stunden zurückzustellen, um der Antragsgegnerin Gelegenheit zu geben, ihrerseits einen anwaltlichen Berater hinzuzuziehen.[13] Der Sachverständige hat die Antragsgegnerin vor Beginn der Begutachtung auf dieses Antragsrecht hinzuweisen.

  5. Die Begutachtung soll – wegen der besonderen Eilbedürftigkeit – ohne vorherige Ladung und Anhörung der Antragsgegnerin erfolgen.

II. Im Wege der einstweiligen Verfügung werden darüber hinaus folgende weitere Anordnungen getroffen:[14]

  1. Neben dem Sachverständigen hat die Antragsgegnerin folgenden anwaltlichen Vertretern der Antragstellerin [ggf: sowie ihrer/m öffentlich bestellten und vereidigten Privatsachverständigen] die Anwesenheit während der Begutachtung zu gestatten:

     – Rechtsanwalt [...],
     – Patentanwalt [...],[15]
     – [ggf: Herrn/Frau [...] als Privatsachverständige(r) der Antragstellerin].[16]

  2. Rechtsanwalt [...], Patentanwalt [...] und [ggf: der/die Privatsachverständige Herr/Frau [...]] werden verpflichtet, Tatsachen, die im Zuge des selbstständigen Beweisverfahrens zu ihrer Kenntnis gelangen und den Geschäftsbetrieb der Antragsgegnerin betreffen, geheim zu halten, und zwar auch gegenüber der Antragstellerin und deren Mitarbeitern.[17]

  3. Der Antragsgegnerin wird – mit sofortiger Wirkung und für die Dauer der Begutachtung – untersagt, eigenmächtig Veränderungen an den zu begutachtenden Maschinen und Anlage vorzunehmen, insbesondere die eingestellten Fertigungsparameter für die Spannung des Drahtes bei der Wicklung, die Wicklungsgeometrie und die Drahtdehnung beim Wickeln zu verändern, zu löschen oder zu unterdrücken.

  4. Für jeden Fall der Zuwiderhandlung gegen das unter Ziffer II. 3. bezeichnete Verbot werden der Antragsgegnerin ein Ordnungsgeld bis zu EUR 250.000,– – ersatzweise Ordnungshaft – oder eine Ordnungshaft bis zu sechs Monaten angedroht, wobei die Ordnungshaft an dem Geschäftsführer der Antragsgegnerin zu vollstrecken ist.[18]

5. Die Antragsgegnerin hat es zu dulden,[19] dass

   a) der Sachverständige auf dem Betriebsgelände der Antragsgegnerin vorhandene
      - Wickelmaschinen und/oder -automaten,
      - zur Umsetzung der in Anlage AST 2 genannten Fertigungsparameter eingesetzten Anlagen und Vorrichtungen,
      - Teile und/oder Prototypen solcher Maschinen, Automaten, Anlagen und/oder Vorrichtungen

      in Augenschein nimmt und, sofern der Sachverständige dies für geboten hält,
      - Verkleidungen, Verblendungen, Abdeckungen oä entfernt, um den inneren Aufbau der einzelnen Einheiten einsehen zu können,
      - einzelne Teile ausbaut, um deren inneren Aufbau und ihre Funktion feststellen zu können,
      - entfernte Teile ein-, an- oder ausbaut, um den Aufbau und die Funktion der vollständigen Vorrichtung feststellen zu können;

   b) der Sachverständige die Vorrichtungen zur Umsetzung der in Anlage AST 2 genannten Fertigungsparameter bestimmungsgemäß in Betrieb oder außer Betrieb setzt, wobei der Sachverständige hierzu Hilfspersonen hinzuziehen kann, insofern er dies für notwendig erachtet und die Antragsgegnerin nicht bereit ist, die Vorrichtung in bestimmungsgemäßem Betrieb vorzuführen oder außer Betrieb zu nehmen. Zu diesem Zweck ist sämtlichen vom Sachverständigen benannten Hilfspersonen Zugang zu den Geschäftsräumen der Antragsgegnerin und den Vorrichtungen und Anlagen zu gewähren. Die Verpflichtungen des Sachverständigen nach Ziffer I. 3. gelten für Hilfspersonen des Sachverständigen entsprechend. Der Sachverständige hat seine Hilfspersonen darüber angemessen zu unterrichten;

   c) der Sachverständige Fotokopien, Screenshots, Foto- und/oder Filmaufnahmen und/oder Kopien elektronischer Dateien anfertigt und ein Diktiergerät zum Aufzeichnen von Notizen verwendet;

   d) der Sachverständige auf den Fertigungsanlagen gemäß Ziffer I. 1. gefertigte Wickelspulen für Elektromotoren untersucht, Fotografien fertigt und/oder solche Wickelspulen zum Zwecke der weiteren Untersuchung in Gewahrsam nimmt. Die entsprechenden Wickelspulen für Elektromotoren sind dem Sachverständigen von der Antragsgegnerin zu diesem Zwecke zugänglich zu machen.

6. Der Antragsgegnerin wird aufgegeben, auf Verlangen des Sachverständigen alle für die Besichtigung der Fertigungsanlagen gemäß Ziffer I. 1. erforderlichen Zugangsdaten und Passwörter einzugeben.[20]

7. Der Antragsgegnerin wird aufgegeben, an den Sachverständigen sämtliche in den Fertigungsanlagen gemäß Ziffer I. 1. gespeicherten oder sonst elektronisch oder körperlich hinterlegten Einstellungswerte herauszugeben. Die Antragsgegnerin hat es zu dulden, dass der Sachverständige ein elektronisches Abbild der in den Fertigungsanlagen gemäß Ziffer I. 1. vorhandenen elektronischen Speicher fertigt oder von diesen Speichern vor Ort Kopien fertigt. Die Antragsgegnerin hat es zu dulden, dass der Sachverständige den Speicher dieser Vorrichtungen anzeigen lässt und von der Anzeige Kopien, Ablichtungen, insbesondere Fotografien oder sonstige Abbildungen fertigt.

8. Der Antragsgegnerin wird aufgegeben, dem Sachverständigen Fotokopien bzw Ausdrucke nachfolgender bei der Antragsgegnerin vorhandener Unterlagen auszuhändigen:

   a) Fertigungsvorschriften für Wickelspulen für Elektromotoren gem. Ziffer I. 1,

   b) Materialspezifikationen der gewickelten Drähte,

c) Bedienungsanleitungen für die Maschinen und Anlagen zur Wickelung von Spulen gem. Ziffer I. 1.

9. Sofern die Antragsgegnerin es nicht zulässt, dass der Sachverständige Kopien und/oder Ausdrucke auf den Fotokopierern und Druckern der Antragsgegnerin fertigt, hat sie (die Antragsgegnerin) es zu dulden, dass der Sachverständige die zu vervielfältigenden Dokumente und/oder elektronischen Dateien zur Anfertigung von Vervielfältigungsstücken in Besitz nimmt.

10. Im Rahmen seiner Begutachtung soll der Sachverständige die vorbezeichneten Einstellungswerte und Unterlagen gemäß Ziffern II. 7. und 8. berücksichtigen und zur Beantwortung der Beweisfragen auswerten.

III. Nach Vorlage des schriftlichen Gutachtens wird die Antragsgegnerin Gelegenheit erhalten, zu etwaigen Geheimhaltungsinteressen, die auf ihrer Seite bestehen, Stellung zu nehmen. Das Gericht wird erst danach darüber entscheiden, ob der Antragstellerin das Gutachten zur Kenntnis gebracht und die Verschwiegenheitsanordnung aufgehoben wird.

IV. Zur Wahrung möglicher Geschäftsgeheimnisse der Antragstellerin werden, wegen eines besonderen Schutzbedürfnisses der Antragstellerin im Beschlusswege ohne vorherige Anhörung der Antragsgegnerin, folgende Anordnungen getroffen:

1. Die als Anlage AST 2 vorgelegten Informationen werden vollständig als geheimhaltungsbedürftig eingestuft.

2. Der Zugang von Personen auf Seiten der Antragsgegnerin zu den als Anlage AST 2 vorgelegten Informationen sowie zu etwaigen mündlichen Verhandlungen und zu der Aufzeichnung oder dem Protokoll mündlicher Verhandlungen wird auf Herrn Dipl.-Ing. Frank S. sowie die Verfahrensbevollmächtigten oder sonstigen Vertreter der Antragsgegnerin beschränkt.

3. Die zugangsberechtigten Personen auf Seiten der Antragsgegnerin werden darauf hingewiesen, dass sie die als geheimhaltungsbedürftig eingestuften Informationen in Anlage AST 2 vertraulich zu behandeln haben und diese weder während noch nach Abschluss der gerichtlichen Verfahren außerhalb derselben nutzen oder offenlegen dürfen. Im Falle einer Zuwiderhandlung kann das Gericht auf Antrag ein Ordnungsgeld bis zu 100.000 Euro oder ersatzweise Ordnungshaft bis zu sechs Monaten festsetzen und sofort vollstrecken.[21]

V. Die Durchführung des selbstständigen Beweisverfahrens ist davon abhängig, dass die Antragstellerin vorab einen Auslagenvorschuss in Höhe von [...] Euro bei der Gerichtskasse in [...] einzahlt.[22]

VI. Der Wert des Streitgegenstands für das selbstständige Beweisverfahren wird auf [...] Euro festgesetzt, derjenige für das einstweilige Verfügungsverfahren auf [...] Euro.

VII. Die Kosten des einstweiligen Verfügungsverfahrens trägt die Antragsgegnerin.[23]

<u>Begründung</u>

Die Antragstellerin möchte mit dem beantragten selbstständigen Beweisverfahren im Wege einer Besichtigung und Begutachtung durch einen gerichtlichen Sachverständigen sowie durch die Vorlage von Urkunden Gewissheit darüber erlangen, ob die Antragsgegnerin Geschäftsgeheimnisse der Antragstellerin nutzt. Die flankierende Duldungs- und Sicherungsverfügung soll die ordnungsgemäße Durchführung der Besichtigung gewährleisten und verhindern, dass Beweismittel verändert oder beiseitegeschafft werden.

A. Zivilrechtliche Muster　　　　　　　　　　　　　　　　　　　　　　　　**Kapitel 5**

I. Zum Sachverhalt

1. Einleitung

Nach dem derzeitigen Erkenntnisstand der Antragsstellerin haben Mitbegründer und Gesellschafter der Antragsgegnerin, die zuvor als leitende Mitarbeiter bei der Antragstellerin beschäftigt waren, aus deren Geschäftsbetrieb Geschäftsgeheimnisse unbefugt gesichert und bei ihrem Ausscheiden mitgenommen. Es existieren konkrete Anhaltspunkte, aus denen sich ergibt, dass die Antragsgegnerin auf Basis geheimer Fertigungsvorschriften der Antragstellerin Elektromotoren für Industrieroboter fertigt und mit diesen in Konkurrenz zur Antragstellerin tritt. Anhand von Elektromotoren der Antragsgegnerin, die nach einem Testkauf von der Antragstellerin analysiert wurden, wurde objektiv festgestellt, dass die Produkte der Antragsgegnerin in Materialwahl, Aufbau, Zusammensetzung, Dimensionen, Funktionen und Leistungs- bzw Kenndaten mit entsprechenden Originalprodukten der Antragstellerin identisch sind.

Glaubhaftmachung: Analysebericht, als

– Anlage AST 1 –

Darüber hinaus musste die Antragstellerin feststellen, dass ihre früheren Mitarbeiter und jetzigen Gesellschafter der Antragsgegnerin im Besitz geheimer technischer Fertigungsprotokolle der Antragstellerin waren. Kopien dieser geheimhaltungsbedürftigen Fertigungsprotokolle überreichen wir als

– Anlage AST 2 –

Die in Anlage AST 2 enthaltenen Fertigungsparameter haben einen direkten Einfluss auf die Qualität und Leistungsfähigkeit der anhand dieser Fertigungsprotokolle hergestellten elektromagnetischen Spulen der Elektromotoren. Es drängt sich der Verdacht auf, dass die Antragsgegnerin auf Basis dieser geheimen Fertigungsprotokolle ihre konkurrierenden Elektromotoren fertigt.[24] Ob dies der Fall ist, kann anhand der im Handel erhältlichen Elektromotoren nicht nachträglich festgestellt werden. Um sich Gewissheit zu verschaffen, ob die Antragsgegnerin das geschützte Know-how der Antragstellerin für die Herstellung von Elektromotoren benutzt, bedarf es daher einer Besichtigung der entsprechenden Fertigungsanlagen bei der Antragsgegnerin.

Im Einzelnen:

2. Die Parteien

[Ausführungen wie im Muster »Klageschrift«]

3. Die geschützten Geschäftsgeheimnisse der Antragstellerin

[Ausführungen wie im Muster »Klageschrift« mit der Maßgabe, dass Tatsachenvortrag glaubhaft zu machen ist.]

4. Verdacht einer Geschäftsgeheimnisverletzung

[Ausführungen wie im Muster »Klageschrift« mit der Maßgabe, dass Tatsachenvortrag glaubhaft zu machen ist.]

II. Anmerkungen zur Rechtslage

1. Selbstständiges Beweisverfahren

　　a) Zwischen den Parteien ist noch kein Rechtsstreit anhängig. Die Antragstellerin hat ein rechtliches Interesse daran, mittels Sachverständigenbeweises feststellen zu lassen, ob die Antragsgegnerin ihre geschützten Geschäftsgeheimnisse bei der Fertigung von Konkurrenzprodukten nutzt. Hierzu ist der Zustand von Sachen, nämlich die auf den Maschinen und Anlagen der Antragsgegnerin für die Wicklung elektromagnetischer Spulen eingestellten und angewandten Fertigungsparameter zu begutachten. Die Feststellungen des Sachverständigen können auch der Vermeidung eines Rechtsstreits dienen, wenn sich herausstellen sollte, dass keine Geschäftsgeheimnisse der Antragstellerin benutzt werden.

b) Für die Begutachtung der Fertigungsmaschinen und -anlagen bedarf es fundierter Kenntnisse auf den Fachgebieten des Maschinenbaus und der Fertigungstechnik. Der als Sachverständiger vorgeschlagene Herr Kollege Patentanwalt [...] ist Maschinenbauingenieur und seit Jahrzehnten in den relevanten Technikbereichen tätig. Er ist bislang weder für die Antragstellerin noch für die Antragsgegnerin beruflich tätig geworden. Herr Kollege Patentanwalt [...] steht als Sachverständiger für die Begutachtung zur Verfügung.

2. Duldungsverfügung

a) Die Verpflichtung der Antragsgegnerin zur Duldung der in Ziffern II. 1.–7. genannten Maßnahmen folgt aus § 809 BGB. Die Antragstellerin kann die Besichtigung der Maschinen und Anlagen zur Wickelung von Spulen für Elektromotoren verlangen, da eine hinreichende Wahrscheinlichkeit besteht, dass ihr ein Anspruch in Ansehung dieser sich im unmittelbaren Besitz der Antragsgegnerin befindlichen Sachen zusteht.

b) Nach dem derzeitigen Kenntnisstand ist es wahrscheinlich, dass die Geschäftsgeheimnisse der Antragstellerin durch ihre ehemaligen Mitarbeiter unberechtigt erlangt und von der Antragsgegnerin genutzt werden. Wird dies durch die Besichtigung bestätigt, stehen der Antragstellerin ua Ansprüche auf Unterlassung, Beseitigung und Schadensersatz zu. Zu unterlassen ist dann nicht nur die fortwährende Nutzung unbefugt erlangter Geschäftsgeheimnisse. Der Unterlassungsanspruch erstreckt sich nach §§ 4 Abs 3, 2 Abs 2 Nr 4 GeschGehG auch auf rechtsverletzende Produkte, die auf den unberechtigt erlangten und genutzten Geschäftsgeheimnissen beruhen. Ob die Elektromotoren der Antragstellerin unter Nutzung von Geschäftsgeheimnissen der Antragstellerin gefertigt werden, hängt ua von der Beschaffenheit der zu besichtigenden Maschinen und Anlagen für die Wicklung der Spulen, nämlich der eingestellten Fertigungsparameter ab.

c) Die Besichtigung ist auch erforderlich. Der Antragstellerin stehen keine einfacheren Möglichkeiten zur Aufklärung des Sachverhalts oder zur Beweissicherung zur Verfügung, da sie keine Möglichkeit hat, an die Maschinen und Anlagen bzw die darin eingestellten Fertigungsparameter zu gelangen. Ein »*reverse engineering*« der erworbenen Produkte der Antragsgegnerin kann die benötigten Informationen ebenso wenig ermitteln. [*Wird ausgeführt*].

d) Im Rahmen der Besichtigung des Sachverständigen hat die Antragsgegnerin sämtliche Maßnahmen zu dulden, die in Abhängigkeit der zu besichtigenden Sache erforderlich sind, um die Beweisfragen zu beantworten. Hierzu gehören neben der eigentlichen Inaugenscheinnahme auch vorbereitende Maßnahmen (wie die Entfernung von Verkleidungen usw), die Inbetriebnahme der Maschinen und Anlagen sowie die Untersuchung von Wickelspulen, die auf diesen Fertigungsanlagen hergestellt wurden.

e) Der Verfügungsanspruch für die Vorlegung der Urkunden nach Ziffer II. 8. findet seine Grundlage in § 810 BGB. Der Inhalt der Fertigungsvorschriften, Materialspezifikationen und Betriebsanleitungen steht in unmittelbarer Beziehung zu dem sich aus einer Geschäftsgeheimnisverletzung ergebenden gesetzlichen Schuldverhältnis zwischen den Parteien, da diese Urkunden Erkenntnisse über die von der Antragsgegnerin genutzten Fertigungsparameter liefern und daher geeignet sind, dieses Rechtsverhältnis aufzuklären. Das rechtliche Interesse der Antragstellerin an der Urkundenvorlegung folgt daraus, dass die beweissichernde Einsichtnahme geeignet ist, die Rechtsposition der Antragstellerin zu fördern. Die bloße Vorlegung der Urkunden am Besichtigungsort reicht für eine sorgfältige Auswertung und Beweissicherung durch den Sachverständigen nicht aus. Zugleich wird eine dauerhafte Wegnahme der Originalurkunden der Antragsgegnerin nicht zumutbar sein. Es stellt daher ein milderes Mittel dar, der Antragsgegnerin aufzugeben, dem Sachverständigen entweder

Kopien der Urkunden oder die Originalurkunden vorübergehend zur Anfertigung von Kopie auszuhändigen.

f) Gestattung der Besichtigung bedeutet, dass es dem Berechtigten ermöglicht wird, die Sache in Augenschein zu nehmen (sh Martinek, in jurisPK-BGB, 9. Aufl, § 809 [Stand: 01.02.2020], Rn 17). Hierzu gehört es auch, dass die Antragsgegnerin es unterlässt, nach Zustellung des Beschlusses – insbesondere während der zum Zwecke der Einholung eigener anwaltlicher Beratung gewährten Wartefrist nach Ziffer I. 4. – Veränderungen an dem Besichtigungsobjekt vorzunehmen. Um dies sicherzustellen, ist gestützt auf § 809 iVm § 242 BGB die in Ziffer II. 3. beantragte Unterlassungsverfügung erforderlich.

g) Die Klägerin hat die per Testkauf erworbenen Elektromotoren der Beklagten für Roboterantriebe untersucht. Das Ergebnis dieser Untersuchungen, welches den Verdacht begründet, dass die Antragsgegnerin ihre Produkte unter Nutzung der Geschäftsgeheimnisse der Antragstellerin fertigt, lag am [Datum] vor. Die Antragstellerin hat sodann unverzüglich mit der Ausarbeitung des vorliegenden Antrags begonnen und diesen schnellstmöglich eingereicht.

3. Geheimnisschutz

a) Die Besichtigung erfolgt durch einen unabhängigen Sachverständigen. Bevor das aufgrund der Besichtigung erstellte Sachverständigengutachten an die Antragstellerin herausgegeben wird, soll die Antragsgegnerin die Gelegenheit erhalten, vorzubringen, ob das Gutachten eigene Geschäftsgeheimnisse aufdecken könnte. Geschieht dies, hat das Gericht unter Abwägung der Parteiinteressen darüber zu entscheiden, ob das Gutachten vollständig, teilweise (ggf geschwärzt) oder gar nicht an die Antragstellerin herausgegeben wird. Auf diese Weise wird gewährleistet, dass etwaige Geheimhaltungsinteressen der Antragsgegnerin beachtet und die durch die Besichtigung gewonnenen Erkenntnisse nur zu den vorgesehenen Zwecken, nämlich sich Gewissheit über das Vorliegen einer Geschäftsgeheimnisverletzung zu verschaffen und zur Sicherung von Beweismittel, eingesetzt werden (vgl BGH GRUR 2002, 1046, 1049 – Faxkarte).

b) Zum Schutz der in Anlage AST 2 enthaltenen Geschäftsgeheimnisse der Antragstellerin sind die darin enthaltenen Informationen nach § 16 Abs 1 GeschGehG als geheimhaltungsbedürftig einzustufen. Dies hat zur Folge, dass alle Personen, die an dem Verfahren beteiligt sind oder die Zugang zu Dokumenten dieses Verfahrens haben, die als geheimhaltungsbedürftig eingestuften Informationen vertraulich behandeln müssen und sie während und nach Abschluss des gerichtlichen Verfahrens nicht außerhalb desselben nutzen oder offenlegen dürfen (§§ 16 Abs 2, 18 GeschGehG). Die Vorlegungs- und Besichtigungsansprüche nach §§ 809, 810 BGB sind vorbereitende Hilfsansprüche für die Geltendmachung von Ansprüchen wegen Geschäftsgeheimnisverletzung nach dem GeschGehG. Wegen dieser das Ziel der Rechtsverfolgung bildenden Hauptansprüche liegt eine »Geheimnisschutzsache« i.S.d. § 16 Abs 1 GeschGehG vor.

c) Unter Berücksichtigung aller Umstände überwiegt das Interesse der Antragstellerin an der Geheimhaltung der in Anlage AST 2 enthaltenen Fertigungsvorschriften sowie auf einen effektiven Rechtsschutz gegenüber dem Interesse der Antragsgegnerin auf einen für sie unbeschränkten Zugang zu diesen Informationen. Die Fertigungsvorschriften sind von hohem wirtschaftlichem Wert für die Antragstellerin. [*Vortrag zum Wert der Geschäftsgeheimnisse*].

d) Die aktuellen Gesellschafter der Antragsgegnerin und früheren Mitarbeiter der Antragstellerin haben bereits mit der unbefugten Mitnahme der Geschäftsgeheimnisse der Antragstellerin bewiesen, dass sie unzuverlässig sind. Für das rechtliche Gehör und eine faire Möglichkeit der Rechtsverteidigung genügt es, wenn der technisch versierte Produktionsleiter der Antragsgegnerin, Herr Dipl.-Ing. Frank S., Kenntnis von den Fertigungsvorschriften in Anlage AST 2 erhält, da es im Rahmen des

Besichtigungsverfahrens zunächst nur darum geht festzustellen, ob die in den Fertigungsvorschriften der Antragstellerin enthaltenen technischen Parameter von der Antragsgegnerin benutzt werden. Den dazu vorzunehmenden Abgleich der Parameter kann auf Seiten der Antragsgegnerin eine einzelne fachlich versierte Person überwachen. Sollte sich herausstellen, dass die Antragsgegnerin die technischen Parameter aus den Fertigungsvorschriften der Antragstellerin nicht benutzt, ist mit einer Beschränkung des Zugangs zu der Anlage AST 2 auf nur eine Person eher gewährleistet, dass die Geschäftsgeheimnisse der Antragstellerin nicht auf diesem Wege offengelegt werden.

4. Zuständigkeit

Sowohl für das selbstständige Beweisverfahren (§ 486 Abs 2 Satz 1 ZPO), für die parallele einstweilige Duldungsverfügung (§ 937 Abs 1 ZPO) als auch für die Anordnung der gerichtlichen Geheimhaltungsmaßnahmen (§ 20 Abs 6 GeschGehG) ist das Gericht der Hauptsache zuständig. Sollte die Beweisaufnahme eine Verletzung der Geschäftsgeheimnisse der Antragstellerin bestätigen, stehen ihr Ansprüche nach dem GeschGehG zu. Bei einem auf Geltendmachung dieser Ansprüche gerichteten Hauptsacheverfahren handelt es sich um eine Geschäftsgeheimnisstreitsache, für die nach § 15 Abs 1, Abs 2 Satz 1 GeschGehG das Landgericht unabhängig vom Streitwert zuständig ist. Die Antragstellerin hat ihren Sitz im Bezirk des angerufenen Gerichts.

5. Sonstiges

Die Antragstellerin befürchtet, dass die Antragsgegnerin die Einstellungen und/oder Ausrüstung der Fertigungsmaschinen und -anlagen verändert, wenn sie von den Anträgen erfährt. Deshalb ist eine Entscheidung ohne mündliche Verhandlung geboten, § 937 Abs 2 ZPO.

[Unterschrift]

Rechtsanwalt

Erläuterungen

66   1. Für den Antrag im selbstständigen Beweisverfahren zur Beweissicherung nach § 485 Abs 2 ZPO ist gem. § 486 Abs 2 ZPO das Gericht örtlich und sachlich zuständig, das im sich ggf anschließenden Hauptsacheverfahren berufen wäre. Auch für die begleitende Duldungsverfügung richtet sich die Zuständigkeit nach der Hauptsache (§ 937 Abs 1 ZPO), wobei es im Fall der §§ 809, 810 BGB auf den Anspruch ankommt, für den der Besichtigungs- oder Vorlageanspruch ein Hilfsanspruch ist (vgl Kühnen, Hdb PatV, Kap B Rn 100). Gerichtsstand des Besichtigungs- oder Vorlageanspruchs ist somit der der Geheimnisschutzverletzung, weshalb § 15 Abs 2 GeschGehG zu beachten ist.

67   2. Zur funktionellen Zuständigkeit sh Muster »Klage«, Rdn 7.

68   3. Die Antragsberechtigung im selbstständigen Beweisverfahren richtet sich nach dem Anspruch, dessen Voraussetzungen mit den festzustellenden Tatsachen bewiesen werden sollen (Hauptanspruch). Im Falle einer potentiellen Geschäftsgeheimnisverletzung nach § 4 GeschGehG ist der Inhaber des Geschäftsgeheimnisses berechtigt. Dieser wird auch der Berechtigte für den Verfügungsanspruch sein.

69   4. Sowohl der Antrag auf Einleitung des selbstständigen Beweisverfahrens (§ 486 Abs 4 ZPO) als auch auf Erlass der begleitenden Duldungsverfügung (§§ 920 Abs 3, 936 ZPO) kann zu Protokoll der Geschäftsstelle gestellt werden, weshalb hierfür kein Anwaltszwang besteht (§§ 78 Abs 3, 79 Abs 1 Satz 1 ZPO). Diese Befreiung gilt aber nicht für das weitere Verfahren.

5. Der nach § 487 Nr 1 ZPO zu bezeichnende Antragsgegner ist der potenzielle Schuldner des Hauptanspruchs. Die auf § 809 BGB gestützte Duldungsverfügung kann nur gegen den (zumindest mittelbaren) Besitzer der zu besichtigenden Sache geltend gemacht werden (sh Kap 2 Rdn 267 f).

6. Der Zuständigkeits- und Gebührenstreitwert des selbstständigen Beweisverfahrens richtet sich nach dem Interesse des Antragstellers an dessen Durchführung. Dies kann der Wert der Hauptsache oder auch nur ein Teil davon sein. Für die einstweilige Duldungsverfügung werden 10–20 % des Hauptsachestreitwerts angesetzt.

7. Das vorliegende Muster stellt Anträge nach der »Düsseldorfer Praxis«, entspricht also einer Beweiserhebung im Wege des selbstständigen Beweisverfahrens nach §§ 485 ZPO kombiniert mit einer flankierenden Duldungsverfügung nach §§ 935 ff ZPO (sh Kap 2 Rdn 312 ff). Zusätzlich werden gerichtliche Geheimhaltungsmaßnahmen nach §§ 16 bis 19 GeschGehG beantragt (sh Kap 3 Rdn 153 ff).

8. Für das selbstständige Beweisverfahren ist kein bestimmter Antrag erforderlich, der die Beweisfrage vorformuliert. Es empfiehlt sich aber, dem zu bestellenden Sachverständigen den Umfang der Beweisaufnahme durch die Antragsfassung möglichst konkret vorzugeben. Für den Inhalt der einstweiligen Duldungsverfügung gilt nach § 938 Abs 1 ZPO, dass das Gericht nach freiem Ermessen zu bestimmen hat, welche Maßnahmen anzuordnen sind; allerdings ohne über das von der Antragstellerin angegebenen Rechtsschutzziel hinauszugehen (im Einzelnen sh Kap 2 Rdn 282 ff).

9. Das vorliegende Muster betrifft den in der Praxis häufigeren Fall der vorprozessualen Tatsachenermittlung nach § 485 Abs 2 ZPO. Für dessen Zulässigkeit bedarf es keiner Besorgnis eines Beweismittelverlustes oder seiner erschwerten Benutzung gem. § 485 Abs 1 ZPO. Vielmehr genügt es, wenn die Feststellung einer der in § 485 Abs 2 Nr 1–3 ZPO abschließend aufgezählten Tatsachen der Vermeidung eines Rechtsstreits dienen kann; etwa, weil eine gütliche Einigung zwischen den Parteien zustande kommt oder die Antragstellerin (aufgrund des für sie negativen Ergebnisses der Beweisaufnahme) von einer Hauptsacheklage Abstand nimmt.

10. Der Antrag muss als Zulässigkeitsvoraussetzung die in § 487 ZPO genannten Soll-Angaben enthalten. Diese sind: die Benennung des Antragsgegners, die Bezeichnung der Beweisfrage, die Bezeichnung des Beweismittels (wobei im Falle des § 485 Abs 2 ZPO nur ein schriftliches Sachverständigengutachten in Betracht kommt und die Person des Gutachters vom Gericht bestimmt wird) sowie die Glaubhaftmachung (§ 294 ZPO) der Tatsachen für die Zulässigkeit des selbstständigen Beweisverfahrens und die Zuständigkeit des Gerichts. Außerdem sind Ort und Gegenstand der Besichtigung konkret zu benennen (sh Kap 2 Rdn 290).

11. Nach §§ 492 Abs 1, 404 ZPO erfolgt die Auswahl des Sachverständigen durch das Prozessgericht. Es besteht kein Benennungsrecht der Antragstellerin. Gleichwohl kann (sh § 404 Abs 3 ZPO) und sollte die Antragstellerin einen oder mehrere geeignete Sachverständige vorschlagen. Eine Anhörung der Gegenseite zur Person des Sachverständigen nach § 404 Abs 2 ZPO ist zwar möglich, aber in den Fällen der Beweisermittlung durch Besichtigung normalerweise nicht praktikabel, da die Antragsgegnerin vor Erlass des gerichtlichen Beschlusses nicht vorgewarnt werden soll.

12. Die Durchführung der Besichtigung durch einen unabhängigen Gerichtssachverständigen ist nicht nur durch § 485 Abs 2 ZPO vorgegeben, sondern auch zentrales Element zur

Sicherung etwaiger Geheimhaltungsinteressen des Antragsgegners durch die »Düsseldorfer Praxis«. Um die Unabhängigkeit des Sachverständigen zu gewährleisten, sollte möglichst kein Kontakt zu der Antragstellerin erfolgen. Zumindest die nicht offen gelegte Kontaktaufnahme eines Sachverständigen mit einer Partei begründet die Besorgnis der Befangenheit (OLG Saarbrücken 28.07.2004, 5 W 88/04-32, Rn 13 [juris] = MDR 2005, 233).

78 13. Aus Gründen der Verhältnismäßigkeit muss dem Antragsgegner regelmäßig dann eine Karenzfrist zur Einholung von Rechtsrat eingeräumt werden, wenn der Rechtsinhaber während der Durchführung der Besichtigung von dessen Anwälten vertreten wird. Um keine Zurückweisung des Antrags zu riskieren, empfiehlt es sich, eine solche Wartefrist sogleich in die Antragsschrift aufzunehmen.

79 14. Da die ZPO keine prozessuale Pflicht zur Mitwirkung an der Beweiserhebung kennt und folglich auch das selbstständige Beweisverfahren keine Besichtigung gegen den Willen der Gegenpartei vorsieht, bedarf es einer materiell-rechtlichen Duldungs- bzw Mitwirkungspflicht. Aus diesem Grund wird nach der »Düsseldorfer Praxis« zusammen mit der Anordnung des selbstständigen Beweisverfahrens eine einstweilige Duldungsverfügung beantragt, die ihre materiell-rechtliche Grundlage in § 809 BGB findet.

80 15. Die Rechts- und Patentanwälte sowie ein etwaiger Privatsachverständiger des Rechtsinhabers müssen ausdrücklich und namentlich zur Teilnahme an der Besichtigung zugelassen werden. Ohne entsprechende Gestattung durch das Gericht können sich die benannten teilnahmeberechtigten Anwälte nicht durch Kollegen vertreten lassen.

81 16. Bei technisch komplexen Sachverhalten, zB bei einem Betriebsversuch, kann es verhältnismäßig sein, dass ein Parteisachverständiger zusammen mit den Anwälten der Antragstellerin an der Besichtigung teilnimmt. Diesem wird es dann ebenfalls untersagt sein, offenbar werdende Geschäftsgeheimnisse des Besichtigungsschuldners an die Antragstellerin weiterzugeben (vgl BGH, 19.02.2014, I ZR 230/12, Rn 26 [juris] = GRUR 2014, 578 – Umweltengel für Tragetasche).

82 17. Die teilnahmeberechtigten Anwälte unterliegen der Verschwiegenheitspflicht. Dies ist auch im Rahmen der Bearbeitung des Mandats innerhalb der Kanzlei zu berücksichtigen und entsprechend zu organisieren (zB Korrespondenz an den Sachbearbeiter nur »persönlich/vertraulich«). Ein Verstoß gegen die Verschwiegenheitspflicht kann straf- und berufsrechtliche Konsequenzen haben (Strafbarkeit nach §§ 325d Nr 2, 203 Abs 1 StGB; Entziehung der Zulassung).

83 18. Die Duldungsverfügung wird nach § 890 ZPO vollstreckt (sh Kap 2 Rdn 344). Um eine gesonderte Zustellung der nach § 890 Abs 2 ZPO erforderlichen Androhung von Ordnungsmitteln zu vermeiden, sollte diese bereits im ursprünglichen Antrag mit aufgenommen werden.

84 19. Die Duldungspflichten müssen konkret und hinreichend detailliert bezeichnet werden. Eine nicht in der Duldungsverfügung bezeichnete Handlung muss der Antragsgegner nicht hinnehmen (sh Kap 2 Rdn 339 ff).

85 20. Die Grenzen der passiven Duldung sind dort erreicht, wo aktive Mitwirkungshandlungen verlangt werden, die über eine Eröffnung der Möglichkeit zur Besichtigung hinausgehen. Wo hier die Grenze zu ziehen ist, kann nur schwer prognostiziert werden.

86 Zum Teil wird die Eingabe von Passwörtern, die Inbetriebnahme einer Maschine usw noch als Pflicht im Rahmen der Duldung angesehen (Kühnen, Mitt. 2009, 211, 214). Die

Herausgabe von Handbüchern oä gehört aber wohl zu den aktiven Handlungen, die uU im Rahmen des § 810 BGB als Dokumentenvorlage verlangt werden kann.

Werden neben den genannten Duldungspflichten aktive Teilnahmehandlungen der Antragsgegnerin erforderlich, ist dies ausdrücklich und konkret zu beantragen. Ein solcher Antrag kann bspw lauten: 87

▶ *»Die Antragsgegnerin wird verpflichtet, auf Anforderung des Sachverständigen die zu begut-* 88
achtende Anlage so in Betrieb zu setzen, dass der Sachverständige die [...] erkennen kann«.

21. § 20 Abs 5 GeschGehG verlangt, dass die Beteiligten auf die Folgen einer Zuwiderhandlung gegen die Anordnung nach § 16 Abs 2 und § 18 GeschGehG gem. § 17 GeschGehG hingewiesen werden. 89

22. Die Kosten der Begutachtung hat zunächst der Rechtsinhaber vorzustrecken. Eine endgültige Kostenentscheidung ergeht erst zusammen mit einer Entscheidung im anschließenden Hauptsacheverfahren, es sei denn es liegt ein Fall des § 494a Abs 2 ZPO vor (sh Kap 2 Rdn 386). 90

23. Zu der Kostentragung für die flankierende Duldungsverfügung sh Kap 2 Rdn 389. 91

24. Damit das selbstständige Beweisverfahren nicht zur Ausforschung des Antragsgegners führt, müssen konkrete Anhaltspunkte dafür genannt werden, aus denen sich die Wahrscheinlichkeit der Geschäftsgeheimnisverletzung ergibt (sh Kap 2 Rdn 271, 279). Diese sind glaubhaft zu machen. 92

5. Klageerwiderung

93 ▶ Landgericht [Ort]
– 21. Zivilkammer –
[Adresse]

**Klageerwiderung, Zwischenfeststellungswiderklage und
Antrag auf gerichtliche Geheimhaltungsmaßnahmen**

<u>Az. 21 O 1xx4/19</u>

In Sachen

Denki Mota GmbH & Co. KG

gegen

1. **P&S Antriebstechnik GmbH**
2. **Herrn Michael W.**

nehmen wir auf die Anzeige der Verteidigungsbereitschaft der Beklagten Bezug. Im Termin zur mündlichen Verhandlung werden wir <u>beantragen</u>,

> die Klage abzuweisen.

Zugleich erheben wir Widerklage und <u>beantragen</u>,

> im Wege der Zwischenfeststellungsklage[1] festzustellen, dass die Beklagte als Geschäftsgeheimnisinhaberin die rechtmäßige Kontrolle über die in <u>Anlage B 2</u> bezeichneten Parameter für die Herstellung von Elektromotoren ausübt, die sie befugt, Ansprüche im Falle unerlaubter Erlangung, Nutzung oder Offenlegung dieser Geschäftsgeheimnisse nach dem GeschGehG geltend zu machen.

<u>Hilfsweise <u>beantragen</u></u> wir,

> den Beklagten zu gestatten, die Vollstreckung durch Sicherheitsleistung, die auch durch eine selbstschuldnerische, unbedingte und unbefristete Bankbürgschaft einer noch zu benennenden deutschen Großbank erbracht werden kann, ohne Rücksicht auf eine Sicherheit der Klägerin abzuwenden.[2]

Darüber hinaus <u>beantragen</u> wir,

1. die mit Beschluss des Landgerichts [...] vom [Datum], Az. 21 O 1xx4/19 angeordneten Maßnahmen nach §§ 16–19 GeschGehG betreffend die Informationen in <u>Anlage K 1</u> aufzuheben;
2. die als <u>Anlage B 2</u> bezeichneten Informationen unter Hinweis auf §§ 16 Abs 2, 17 und 18 GeschGehG als geheimhaltungsbedürftig einzustufen;
3. den Zugang zu der <u>Anlage B 2</u>, zur mündlichen Verhandlung und zu deren Protokoll auf die Prozessbevollmächtigten der Klägerin und Herrn Sebastian T. zu beschränken.

Begründung

Es existiert kein geschütztes Geschäftsgeheimnis der Klägerin, welches von den Beklagten verletzt wird. Tatsächlich nutzen die Beklagten eigene Geschäftsgeheimnisse, die sie anhand des freien Stands der Technik und ihres eigenen Erfahrungswissens entwickelt haben. Es liegt daher keine Rechtsverletzung vor, weshalb die Klage abzuweisen ist.

Mangels Existenz eines klägerischen Geschäftsgeheimnisses sind die vom Gericht am [Datum] angeordneten Geheimhaltungsmaßnahmen aufzuheben. Stattdessen bedürfen die eigenen Geschäftsgeheimnisse der Beklagten der prozessualen Geheimhaltungsmaßnahmen nach §§ 16–19 GeschGehG.

I. Kein Geschäftsgeheimnis der Klägerin

1. Fertigungsparameter gehören zum freien Stand der Technik

    a) Die Klägerin beansprucht zu Unrecht die in Anlage K 1 vorgelegten Fertigungsparameter als Geschäftsgeheimnisse für sich. Tatsächlich sind die in den Fertigungsprotokollen niedergelegten Informationen über Fertigungsmaschinen, Fertigungstechniken und Materialien den einschlägigen Personenkreisen, nämlich Herstellern von Elektromotoren, allgemein bekannt. Wir überreichen als

    – Anlagenkonvolut B 1 –

    Auszüge aus dem Fachbuch *Hagedorn/Sell Le-Blanc/Fleischer*, Handbuch der Wickeltechnik für hocheffiziente Spulen und Motoren, Berlin 2016; Kopien der Fachzeitschrift »Der Elektroingenieur«, 2017, Heft 8, S 34–41; sowie das Manuskript eines vom Verband Deutscher Ingenieure (VDI) am 23.11.2016 veranstalteten Fachvortrags in Bielefeld zum Thema »Motorwickeltechnik aus Sicht der Energieeffizienz«.

    b) Wie sich aus den im Anlagenkonvolut B 1 markierten Stellen ergibt, waren sämtliche Spulenwickeltechniken einschließlich der hierfür eingesetzten Fertigungsmaschinen sowie die Auswirkungen des Einsatzes dieser Fertigungstechnik auf die Eigenschaften der Elektromotoren hinlänglich bekannt. [Wird ausgeführt].

    Für einen Fachmann auf dem Gebiet der Spulenwickeltechnik ist es ohne weiteres möglich, basierend auf diesem freien Stand der Technik die konkreten Fertigungsparameter aufzufinden, die zur Erreichung der angestrebten Kenn- und Leistungswerte eines Elektromotors für einen spezifischen Anwendungsbereich benötigt werden. [*Wird ausgeführt*].[3]

2. Keine angemessenen Geheimhaltungsmaßnahmen

    a) Die Klägerin nennt in ihrer Klageschrift einen Katalog verschiedener Maßnahmen, die unternehmensintern der Geheimhaltung ihrer Fertigungsprotokolle dienen sollen. Die Betonung liegt jedoch auf »sollen«, da diese lediglich »auf dem Papier« skizzierten Geheimhaltungsmaßnahmen in der gelebten Unternehmenspraxis nicht eingehalten werden. Es ist zwar richtig, dass die jeweiligen Fertigungsprotokolle *pro forma* mit einem Vertraulichkeitsvermerk versehen und über das kennwortgeschützte Intranet der Klägerin zugänglich sind. Tatsächlich werden die Fertigungsprotokolle jedoch großzügig ausgedruckt und den Mitarbeitern in der Produktion vollständig zur Verfügung gestellt. Anders wäre eine zeitgerechte, flexibel auf Kundenanforderungen reagierende Fertigung auch nicht möglich, da die Mitarbeiter nicht jedes Mal auf den Produktionsleiter warten können, um die Produktion für den jeweiligen Auftrag umzustellen.

    Beweis: 1. Herr Walter P., zu laden über die Beklagte;
                    2. Herr Peter S., zu laden über die Beklagte, als

    – Zeugen –

    Darüber hinaus mag es sein, dass die Fertigungsprotokolle nicht den Kunden der Klägerin zur Kenntnis gebracht werden. Allerdings werden die Fertigungsprotokolle zumindest ausschnittsweise regelmäßig an die Lieferanten der Klägerin zwecks Bestellung spezifischer Materialien (insbesondere Drähte) oder für die Konstruktion neuer Maschinen übermittelt.

Beweis: 1. Herr Walter P., b.b;
2. Herr Peter S., b.b, als

– Zeugen –

b) Ein Beispiel für die in der Realität nicht eingehaltenen Geheimhaltungsmaßnahmen ist der von der Klägerin geschilderte Verkauf der Werkzeugmaschinensparte im Rahmen des Management Buy Out an die Zeugen Peter S. und Walter P. Im Zuge dieser Unternehmensveräußerung übereignete die Klägerin den Zeugen nicht nur die Produktionsstätte in [Ort], sondern überließ ihnen auch umfangreiche Unterlagen, einschließlich der nun als Geschäftsgeheimnisse beanspruchten Fertigungsprotokolle in Anlage K 1. Diese sind zwar für die Fertigung von Elektromotoren für Werkzeugmaschinen im damaligen Produktportfolio der Klägerin nicht erforderlich, dennoch waren sie in den damals übereigneten Unterlagen enthalten. Eine gesonderte Geheimhaltungsvereinbarung schloss die Klägerin mit den Erwerbern nicht ab.

Beweis: 1. Herr Walter P., b.b;
2. Herr Peter S., b.b, als

– Zeugen –

c) Eine solche Geheimhaltungspflicht folgt auch nicht aus den Arbeitsverträgen zwischen den Zeugen Peter S. und Walter P. mit der Klägerin. Die dort geregelte nachvertragliche Vertraulichkeitsverpflichtung kann nämlich die früheren Mitarbeiter insofern nicht binden, als ihr berufliches Fortkommen über Gebühr beschränkt werden würde. Dazu würde es kommen, wenn die ehemaligen Mitarbeiter ihre legitim während des Arbeitsverhältnisses erlangten Kenntnisse aufgrund einer nachvertraglichen Pflicht zur Vertraulichkeit überhaupt nicht mehr nutzen könnten.

d) Auf das Wettbewerbsverbot in den Aufhebungsverträgen mit den Zeugen Peter S. und Walter P. kann sich die Klägerin ebenfalls nicht berufen, da dieses unverbindlich ist. Vereinbart wurde nämlich, dass die Zeugen Peter S. und Walter P. jeweils für die Dauer des Verbotes eine Karenzentschädigung erhalten, die für jeden Monat des Verbotes mindestens die Hälfte der monatlich zuletzt bezogenen vertragsmäßigen Leistung erreicht. Diese Formulierung der Karenzentschädigungspflicht genügt § 74 Abs 2 HGB nicht, da sie nicht berücksichtigt, dass die beiden Zeugen während ihrer Tätigkeit bei der Klägerin ein zusätzliches Weihnachtsgeld erhielten. Dieses Weihnachtsgeld ist in der zuletzt bezogenen monatlichen Vergütung nicht enthalten.[4] Diese Abweichung der Karenzentschädigungszusage von den gesetzlichen Anforderungen zulasten der Zeugen Peter S. und Walter P. führt zur Unverbindlichkeit des nachvertraglichen Wettbewerbsverbots (vgl BAG 13.9.1969, 3 AZR 138/68, Rn 27 = NJW 1970, 626).

II. Eigene Geschäftsgeheimnisse der Beklagten

1. Proprietäre Fertigungsparameter

Die Beklagten nutzen die vermeintlichen Geschäftsgeheimnisse der Klägerin nicht. Für die Fertigung der streitgegenständlichen Elektromotoren der Typen RC02, 04, 06 und 08 verwenden die Beklagten Fertigungsparameter, die sie unabhängig von den Fertigungsprotokollen in Anlage K 1 auf Grundlage des oben genannten Stands der Technik und ihres eigenen Erfahrungswissens entwickelt haben.

Beweis: 1. Herr Walter P., b.b;
2. Herr Peter S., b.b, als

– Zeugen –

2. Geheimnisqualität der proprietären Fertigungsparameter

Wir überreichen als

– Anlage B 2 –

eine Dokumentation dieser geheimhaltungsbedürftigen Fertigungsparameter der Beklagten im Klartext und **beantragen**, diese erst nach Anordnung der beantragten Geheimnisschutzmaßnahmen allein den zugangsberechtigten Personen auf Seiten der Klägerin zuzustellen.

Eine nicht-vertrauliche Fassung dieser Dokumentation, die gem § 20 Abs 4 Satz 2 GeschGehG um die betroffenen Geschäftsgeheimnisse der Beklagten reduziert ist, fügen wir bei als

– Anlage B 2a –

Die von der Beklagten entwickelten Fertigungsparameter sind streng vertraulich und werden entsprechend im Unternehmen der Beklagten zu 1) vor einer Offenlegung geschützt. Sie sind nur dem Leiter der Produktion, Herrn Dipl.-Ing. Frank S., dem Beklagten zu 2) und den Zeugen Walter P. und Peter S. in ihrer Gesamtheit bekannt. Im Unternehmen werden sie auf wenigen Computern, die passwortgeschützt sind, gespeichert. Kunden der Beklagten zu 1) erhalten diese Informationen nicht zur Kenntnis.

Glaubhaftmachung:[5]   Eidesstattliche Versicherung des Herrn Walter P., als

– Anlage B 3 –

Soweit Lieferanten der Beklagten zu 1) Teile der Fertigungsparameter für die Auswahl der Lieferprodukte benötigen, unterliegen sie vertraglichen Geheimhaltungsverpflichtungen.

Glaubhaftmachung: Kopie der Geheimhaltungsvereinbarung mit Firma ABC GmbH (teilweise geschwärzt), als

– Anlage B 4 –

Für einen Kauf von Fertigungsmaschinen musste die Beklagte zu 1) die geheimen Informationen nicht an Dritte herausgeben, da sie ihre Fertigungsmaschinen selber konstruiert und gefertigt hat.

Glaubhaftmachung: Eidesstattliche Versicherung des Herrn Walter P., bereits vorgelegt als Anlage B 3.

III. Anmerkung zur Rechtslage

Die Klage ist unbegründet. Der Klägerin stehen die geltend gemachten Ansprüche aus keinem erdenklichen Rechtsgrund zu.

1. Kein Anspruch nach dem GeschGehG

Für eine Geschäftsgeheimnisverletzung fehlt es bereits an einem schutzwürdigen Geschäftsgeheimnis. Darüber hinaus hat keine Verletzungshandlung stattgefunden.

Der Vorwurf der unbefugten Erlangung der Fertigungsprotokolle durch den Zeugen Walter P. ist unbegründet. Der Zeuge Walter P. hatte während seiner Tätigkeit bei der Klägerin als damaliger Entwicklungsleiter berechtigten Zugang zu den Fertigungsprotokollen der Klägerin. Dann kann aus Rechtsgründen das Überspielen dieser Daten auf seinen Firmenlaptop keine unbefugte Erlangung darstellen.[6]

Der übrige Vortrag der Klägerin zu einem »Sichverschaffen« der Fertigungsprotokolle durch Vortäuschen eines Diebstahls kommt über eine unsubstantiierte, nicht einlassungsfähige Mutmaßung nicht hinaus. Wir weisen darauf hin, dass der frühere Firmenlaptop auch im Rahmen der staatsanwaltschaftlichen Ermittlungen nicht bei dem Zeugen Walter P. aufgefunden wurde.

Die auf dem privaten Laptop des Zeugen Peter S. abgespeicherten Fertigungsprotokolle hat dieser – wie oben ausgeführt – im Rahmen der Veräußerung der Werkzeugmaschinensparte befugt von der Klägerin erlangt. Die dann erfolgte erneute Abspeicherung auf dem Firmenrechner der Beklagten zu 1) stellt keine Verletzungshandlung dar.

Da die Beklagten ihre eigenen proprietären Fertigungsparameter einsetzen, liegt keine unbefugte Nutzung vermeintlicher Geschäftsgeheimnisse der Klägerin vor.

2. Kein Anspruch nach §§ 3 Abs 1, 4 Nr. 3 lit c), 8 Abs 1 UWG

Der Klägerin stehen auch keine Ansprüche aus ergänzendem wettbewerbsrechtlichen Leistungsschutz zu. Den Elektromotoren der Klägerin kommt bereits keine wettbewerbliche Eigenart zu. Diese könnte sich nur auf äußerlich wahrnehmbare Gestaltungen oder Merkmale der Produkte stützen (BGH, 7.2.2002, I ZR 289/99, Rn 50 [juris] = GRUR 2002, 820, 822 – Bremszangen). Die Klägerin legt jedoch nicht dar, welche äußeren Merkmale der Elektromotoren geeignet sein sollen, auf die Herkunft oder besondere Eigenschaften ihrer Elektromotoren hinzuweisen.

Jedenfalls liegen keine besonderen Umstände vor, die eine im Leistungswettbewerb grundsätzlich zulässige Nachahmung schutzrechtsfreier Gestaltungen unlauter machen würde. Wie oben dargelegt, benutzen die Beklagten die Fertigungsprotokolle der Klägerin nicht.

3. Kein Anspruch nach §§ 823 Abs 2, 1004 BGB analog iVm § 202d StGB

Eine Haftung wegen einer angeblichen Datenhehlerei scheitert bereits an einer rechtswidrigen Vortat. Eine solche Vortat im Sinne des § 202d StGB muss sich zumindest auch gegen die formelle Verfügungsbefugnis des Berechtigten richten (Graf, in MüKo-StGB, § 202d Rn 14). Hier ist der Zeuge Walter P. berechtigt in den Besitz der Fertigungsprotokolle der Klägerin während seiner dortigen Tätigkeit gelangt. Selbst wenn er diese unter Bruch etwaiger vertraglicher Verpflichtungen auch nach seinem Ausscheiden bei der Klägerin behalten haben sollte – was nicht geschehen ist – liegt darin keine Beeinträchtigung der Verfügungsbefugnis der Klägerin über die Daten.

Darauf kommt es jedoch vorliegend indessen gar nicht an, da es überdies an einer rechtswidrigen Haupttat fehlt. Wie dargelegt, nutzen die Beklagten die vermeintlichen Geschäftsgeheimnisse der Klägerin nicht.

4. Zur Zwischenfeststellungswiderklage

Die Beklagten begehren Feststellung, dass es sich bei den von ihnen genutzten proprietären Fertigungsparametern um eigene Geschäftsgeheimnisse handelt, die sie nicht nur positiv zur wirtschaftlichen Verwertung dieser Informationen berechtigen, sondern auch Abwehrrechte nach §§ 6–10 GeschGehG gewähren. Ihre Position als Inhaberin dieser Geschäftsgeheimnisse, die die rechtmäßige Kontrolle ausübt, stellt ein Rechtsverhältnis zu einer Sache dar. Dieses Rechtsverhältnis ist für den vorliegenden Fall auch vorgreiflich, da die Feststellung, dass die von den Beklagten verwendeten Fertigungsparameter deren eigene Geschäftsgeheimnisse sind, die ihrer rechtmäßigen Kontrolle unterliegen, eine Verletzung der vermeintlichen klägerischen Geschäftsgeheimnisse ausschließt.

5. Schuldnerschutzantrag

[Ausführungen zum Schutzbedürfnis nach § 712 ZPO, zB nicht in Geld zu ersetzender Schaden, drohende Existenzvernichtung oder Betriebseinstellung etc.]

6. Geheimnisschutzmaßnahmen

   a) Da es sich bei den von der Klägerin beanspruchten Fertigungsparametern in Anlage K 1 um allgemein zugängliche, nicht geheime Informationen handelt, bedarf es der vom Gericht mit Beschluss vom […] angeordneten Geheimhaltungsmaßnahmen nicht. Dies sind nach § 20 Abs 2 Satz 2 GeschGehG aufzuheben.

b) Die proprietären, geheimen Fertigungsparameter in Anlage B 2 stellen hingegen für die Beklagte zu 1) einen erheblichen Unternehmenswert dar. Sie dürfen der Klägerin als unmittelbarer Mitbewerberin sowie Dritten nicht offenbart werden. Zugleich belegen diese Fertigungsparameter, dass die Beklagten die streitgegenständlichen Fertigungsprotokolle der Klägerin nicht nutzen, weshalb sie für die Rechtsverteidigung der Beklagten von zentraler Bedeutung sind. Vor diesem Hintergrund sind die Beklagten auf die beantragten prozessualen Geheimhaltungsmaßnahmen angewiesen.

Für die Prüfung und Feststellung, dass die proprietären Fertigungsparameter der Beklagten unabhängig von den vermeintlichen Geschäftsgeheimnissen der Klägerin entwickelt worden sind, wird es genügen, wenn der derzeitige Entwicklungsleiter der Klägerin, der benannte Zeuge Sebastian T., als einzige natürliche Person aus dem Hause der Klägerin neben deren Prozessbevollmächtigten Zugang zu der Anlage B 2 erhält. Der Zeuge Sebastian T. ist ein erfahrener Fachmann auf dem Gebiet der Spulentechnik. Er hat sich in der bisherigen Auseinandersetzung zwischen den Parteien immer als vernünftiger und an einer objektiven Aufklärung der Umstände interessierter Sachwalter hervorgetan, weshalb er aus Sicht der Beklagten die erforderliche Zuverlässigkeit aufweist, mit den ihm zur Kenntnis gelangenden Geschäftsgeheimnissen der Beklagten vertrauensvoll umzugehen.

[*Unterschrift*]

Rechtsanwalt

Erläuterungen

1. Mit der positiven oder negativen Zwischenfeststellungswiderklage (ZwFestWiKl) nach § 256 Abs 2 ZPO wird es dem Beklagten ermöglicht, neben der angestrebten rechtskräftigen Klageabweisung auch eine Entscheidung über nach § 322 Abs 1 ZPO der Rechtskraft nicht fähige streitige Rechtsverhältnisse herbeizuführen, auf die es für die Entscheidung des Rechtsstreits ankommt (Vorgreiflichkeit). Die begehrte Feststellung muss sich dementsprechend auf einen Gegenstand beziehen, der über den der Rechtskraft fähigen Gegenstand des Rechtsstreits hinausgeht. Für eine ZwFestWiKl ist kein Raum, wenn mit dem Urteil über die Hauptklage die Rechtsbeziehungen der Parteien erschöpfend geregelt werden (vgl BGH VII ZR 247/05, Rn 12 f [juris] = NJW 2007, 83). Im Fall der Klage wegen vermeintlicher Geheimnisschutzverletzung ist dieses vorgreifliche Rechtsverhältnis die Inhaberschaft an dem tatsächlich von dem Beklagten benutzten Geschäftsgeheimnis. Ein Urteil über die Hauptklage würde lediglich eine Feststellung darüber treffen, ob der Beklagte ein Geschäftsgeheimnis der Klägerin verletzt hat oder nicht, nicht aber darüber, ob der Beklagte die rechtmäßige Kontrolle über ein eigenes Geschäftsgeheimnis ausübt, das ihm wiederum Abwehrrechte nach §§ 6 bis 10 GeschGehG eröffnet.

Die ZwFestWiKl hat in der vorliegenden Fallkonstellation überdies die wichtige Funktion, dem Beklagten die Befugnis zur Beantragung prozessualer Geheimhaltungsmaßnahmen nach §§ 16 bis 20 GeschGehG zu eröffnen. Mit der Erhebung der ZwFestWiKl werden die vom Beklagten zu seiner Rechtsverteidigung vorgelegten eigenen Geschäftsgeheimnisse ebenfalls zum Streitgegenstand der von der Klägerin anhängig gemachten Geschäftsgeheimnisstreitsache nach § 16 Abs 1 GeschGehG. Diese Norm ermöglicht es nämlich nicht nur der Klägerin, sondern jeder (»einer«) Partei Geheimnisschutzmaßnahmen zu beantragen.

Eine alternative Antragsformulierung könnte lauten:

▶ »[...] festzustellen, dass die Beklagte gegenüber der Klägerin berechtigt ist, Produkte nach dem zu Gunsten der Beklagten bestehenden Geschäftsgeheimnis in Anlage B 2, als dessen Inhaberin sie Ansprüche wegen unerlaubter Erlangung, Nutzung oder Offenlegung nach dem GeschGehG geltend machen kann, herzustellen und zu vertreiben.«

97　2. Der Schuldnerschutzantrag gem § 712 ZPO ist nach § 714 ZPO vor dem Schluss der mündlichen Verhandlung zu stellen und zu begründen.

98　3. Der Beklagte wird sich häufig mit dem Einwand verteidigen, dass die als Geschäftsgeheimnis geltend gemachte Information zum freien Stand der Technik zählt oder anderweitig gem § 2 Nr 1 lit a) GeschGehG für die relevanten Personenkreise ohne weiteres zugänglich war. Diese Verteidigung wird aber nur erfolgversprechend sein, wenn es gelingt zu zeigen, dass die konkrete Information in ihrem spezifischen technischen Zusammenhang (zB bestimmte Fertigungsparameter eines bestimmten Fertigungsverfahrens für bestimmte Produkte) und in ihrer Beziehung zum Geschäftsbetrieb der Klägerin bekannt oder zugänglich war (vgl BGH 07.11.2002, I ZR 64/00, Rn 39 [juris] = GRUR 2003, 356 – Präzisionsmessgeräte). Die Entgegenhaltung bekannter Verfahrenstechniken im Allgemeinen oder von Parameterbereichen (zB Drahtspannung zwischen 5–50 Newton usw) kann regelmäßig nicht belegen, dass die spezifische vom Geheimnisinhaber getroffene Auswahl offenkundig war.

99　4. Ob die Zusage der »Hälfte der monatlich zuletzt bezogenen Bezüge« den inhaltlichen Anforderungen an eine Karenzentschädigungszusage nach § 74 Abs 2 HGB genügt, wird unterschiedlich gesehen. Dies wurde verneint vom LAG Frankfurt aM 05.03.1990, 10/2 Sa 1114/89, Ls 1 (juris) = DB 1991, 709 und wohl auch vom LAG Hamm 10.01.2002, 16 Sa 1217/01, BeckRS 2004, 42092, Rn 29 (juris). Das LAG Rheinland-Pfalz 12.01.2012, 8 Sa 445/11, BeckRS 2012, 69951, Rn 41 (juris), bejaht nach Auslegung der Vereinbarung eine Konformität mit § 74 Abs 2 HGB.

100　5. Für den Antrag auf prozessuale Geheimhaltungsmaßnahmen nach §§ 16 bis 20 GeschGehG bedarf es gem § 20 Abs 3 GeschGehG der Glaubhaftmachung der Geheimniseigenschaft der betroffenen Information (sh Kap 3 Rdn 161].

101　6. Stellenweise wird vertreten, dass eine Person, die anfangs rechtmäßige Kenntnis von dem Geschäftsgeheimnis hatte, dieses durch eine spätere Handlung nicht mehr (unbefugt) erlangen könne (Joecks/Miebach, in MüKo-StGB, § 23 GeschGehG Rn 43). Hierfür spricht auch die Gesetzesbegründung (BT-Drucks. 19/4724 S. 27 Abs 1), wo es heißt, dass die Erlangung selbst nicht unzulässig sei, wenn der Handelnde befugten Zugang zum Geschäftsgeheimnis hatte oder dieses kopieren oder sich aneignen durfte, zum Beispiel weil er im Rahmen eines Beschäftigungsverhältnisses Zugriff auf das Geschäftsgeheimnis hat. Überzeugender ist es jedoch, bei der Bewertung eines möglichen Verstoßes gegen § 4 Abs 1 Nr 1 GeschGehG auch auf den Zeitpunkt der Handlung abzustellen (so Hieramente, in BeckOK GeschGehG, § 4 Rn 26). Die Befugnis muss zum Zeitpunkt des Zugangs, der Aneignung bzw Kopieerstellung noch bestehen. So kann ein zuerst befugter Zugriff auf ein Geschäftsgeheimnis aufgrund eines zwischenzeitlichen Ereignisses zu einem späteren Zeitpunkt unbefugt werden. Außerdem muss zwischen den verschiedenen Erlangungstatbeständen unterschieden werden. Ein befugter Zugang zu dem Geheimnis schließt nicht aus, dass dessen spätere Aneignung oder Kopieren rechtswidrig erfolgt. Auch das unerlaubte Sichern eines Geheimnisses, von dem der Täter rechtmäßig Kenntnis erlangt hatte, ist ein unbefugtes Erlangen iSd des § 4 Abs 1 Nr 1 GeschGehG (McGuire, in Büscher, UWG, § 4 GeschGehG Rn 16). Jedenfalls verschafft sich ein ausgeschiedener

Mitarbeiter ein Geschäftsgeheimnis seines früheren Arbeitgebers unbefugt, wenn er aus schriftlichen Unterlagen – beispielsweise in Form privater Aufzeichnungen oder in Form einer auf dem privaten Notebook abgespeicherten Datei – das Geheimnis entnimmt (vgl BGH 22.03.2018, I ZR 118/16, Rn 46 [juris] = GRUR 2018, 1161 – Hohlfasermembranspinnanlage II).

6. Information an Dritte

▶ Einschreiben/Rückschein

102 – Vertraulich –

Alphabeta GmbH
– Herrn Xaver S. –
[Adresse]

vorab per Telefax/Email [...]

Denki Mota GmbH & Co. KG./. Alphabeta GmbH wg. Geschäftsgeheimnisschutz

Sehr geehrter Herr S.,

die Firma Denki Mota GmbH & Co. KG, [Adresse] hat uns mit der Wahrnehmung ihrer Interessen, insbesondere mit dem Schutz ihrer Geschäftsgeheimnisse beauftragt. Eine auf uns lautende Vollmacht fügen wir bei.

Anlass für unser Schreiben ist folgender:[1]

Unsere Mandantin entwickelt, fertigt und vertreibt Elektromotoren, vorrangig für Roboterantriebe. Auf diesem Gebiet zählt sie zu den Markt- und Innovationsführern.

Frühere leitende Mitarbeiter unserer Mandantin gründeten im Jahr [...] die Firma P&S Antriebstechnik GmbH. Wie wir feststellen mussten, eigneten sich diese ehemaligen Mitarbeiter während ihrer Tätigkeit bei unserer Mandantin unautorisiert Geschäftsgeheimnisse an bzw nutzen dort erlangte Geschäftsgeheimnisse unserer Mandantin entgegen gesetzlicher und vertraglicher Verpflichtungen für die Fertigung von Elektromotoren.[2] Es handelt sich vor allem um geheime Fertigungsprotokolle für die Herstellung von Elektromotoren für Roboterantrieben. Soweit wir wissen, werden insbesondere die Elektromotoren der Firma P&S Antriebstechnik GmbH der Produktreihe RC, Typen 02, 04, 06 und 08 unter rechtswidriger Nutzung von Geschäftsgeheimnissen unserer Mandantin gefertigt.

Unsere Mandantin hat deshalb die Firma P&S Antriebstechnik GmbH und ihren Geschäftsführer vor dem Landgericht München I (Az. 21 O 1xx4/19) u.a. wegen Geschäftsgeheimnisverletzung auf Unterlassung, Auskunft, Beseitigung und Feststellung der Pflicht zum Schadensersatz in Anspruch genommen. Mit Urteil vom [Datum] hat das Landgericht der Klage im Wesentlichen stattgegeben und dabei festgestellt, dass es sich bei den betroffenen Fertigungsprotokollen unserer Mandantin um geschützte Geschäftsgeheimnisse handelt, die von der Firma P&S Antriebstechnik GmbH unbefugt für die Herstellung der og Elektromotoren genutzt wurden. Diese Feststellungen des Gerichts können sich auch auf Erkenntnisse der Staatsanwaltschaft [Ort] stützen, die diese im Rahmen eines gegen die früheren Mitarbeiter unserer Mandantin eingeleiteten strafrechtlichen Ermittlungsverfahrens gewinnen konnte. In der Zwischenzeit hat die Staatsanwaltschaft öffentliche Klage gegen die Beschuldigten erhoben. Eine Entscheidung des zuständigen Strafgerichts über die Eröffnung des Hauptverfahrens steht noch aus.

Die Firma P&S Antriebstechnik GmbH und ihr ebenfalls erstinstanzlich verurteilter Geschäftsführer bestreiten die Geheimnisqualität der Fertigungsprotokolle und jegliche Verletzungshandlung. Sie haben gegen das Urteil des Landgerichts München I Berufung eingelegt. Das OLG München hat noch keinen Termin zur mündlichen Verhandlung bestimmt. Einen mit der Berufungsbegründung gestellten Antrag der Beklagten auf einstweilige Einstellung der Zwangsvollstreckung hat das OLG zurückgewiesen.

Wir haben ebenfalls in Erfahrung bringen können, dass derartige rechtsverletzende Elektromotoren der Typen RC02, RC04, RC06 und RC08 von der Firma P&S Antriebstechnik GmbH an Ihr Unternehmen geliefert und von Ihnen in Industrieroboter eingebaut werden. Folglich beruhen auch die Merkmale und Funktionsweisen Ihrer Roboter zu einem erheblichen Umfang auf den rechtswidrig erlangten und genutzten Geschäftsgeheimnissen unserer Mandantin.

Selbstverständlich sollen Sie die Möglichkeit erhalten, diesen Sachverhalt zu überprüfen. Unsere Mandantin ist daher bereit, Ihnen Zugang zu folgenden Dokumenten und Daten zu gewähren:

- Darstellung des geheimen Fertigungs-Know-how unserer Mandantin;
- Nachweis der angewandten Geheimhaltungsmaßnahmen im Hause unserer Mandantin;
- Abschlussbericht über Ermittlungen im Hause unserer Mandantin;
- Technische Analyse der Elektromotoren der P&S Antriebstechnik GmbH, Typen RC02, RC04, RC06 und RC08;
- Urteil des LG München I, Az. 21 O 1xx4/19 nebst Anlagen.

Bitte beachten Sie, dass das Landgericht München I mit Beschluss vom [*Datum*] die in Anlage K 1 mit der Klage vorgelegten Fertigungsprotokolle unserer Mandantin nach § 16 des Gesetzes zum Schutz von Geschäftsgeheimnissen (GeschGehG) als geheimhaltungsbedürftig eingestuft hat. Da es sich um sensible Informationen und Geschäftsgeheimnisse unserer Mandantin handelt, werden Sie dafür Verständnis haben, dass wir Ihnen diese Unterlagen erst dann zur Verfügung stellen können, wenn Sie sich zuvor schriftlich zur Vertraulichkeit verpflichten. Eine entsprechende Vertraulichkeitsvereinbarung fügen wir diesem Schreiben bei. Sobald wir ein firmenverbindlich unterschriebenes Exemplar dieser Vereinbarung im Original zurückerhalten, werden wir Ihnen einen Zugang zu den og Dokumenten ermöglichen.[3]

Die Prüfung der Unterlagen wird Ihnen bestätigen, dass die P&S Antriebstechnik GmbH bei der Konzeption und Herstellung der auch an Ihr Unternehmen gelieferten Elektromotoren rechtswidrig erlangte Geschäftsgeheimnisse unserer Mandantin nutzt. Es handelt sich daher um rechtsverletzende Produkt nach § 2 Nr 4 GeschGehG. Aus § 4 Abs 3 Satz 2 GeschGehG folgt, dass bei Kenntnis einer Geschäftsgeheimnisverletzung eines Dritten die Herstellung, das Anbieten, Inverkehrbringen oder die Einfuhr, Ausfuhr oder Lagerung rechtsverletzender Produkte für diese Zwecke untersagt ist. Im Falle einer drohenden oder bereits erfolgten Rechtsverletzung kann unsere Mandantin nach § 6 GeschGehG ua Unterlassung und Beseitigung der Beeinträchtigung verlangen.[4]

Wir gehen davon aus, dass Sie die geschützten Geschäftsgeheimnisse unserer Mandantin respektieren werden, sobald Sie sich von der Berechtigung unseres Anliegens überzeugen konnten. Für eine weitergehende Erläuterung der Angelegenheit stehen wir nach Erhalt der unterzeichneten Vertraulichkeitserklärung gerne zur Verfügung.

Mit freundlichen Grüßen

[*Unterschrift*]

Rechtsanwalt

Erläuterungen
1. Mit der Information eines Abnehmers in der Liefer- oder Fertigungskette über die Rechtswidrigkeit einer vorangegangenen Nutzung des Geschäftsgeheimnisses seitens des Zulieferers möchte der Geheimnisinhaber (a) zukünftige Nutzungshandlungen des Abnehmers verhindern und (b) die subjektiven Voraussetzungen für ein etwaiges Vorgehen gegen diesen Abnehmer nach § 4 Abs 3 Satz 2 GeschGehG schaffen.

Für den Fall der mittelbaren Geheimnisverletzung nach § 4 Abs 3 Satz 2 GeschGehG muss sich die Kenntnis des Abnehmers nur darauf beziehen, dass das Geschäftsgeheimnis vom unmittelbaren Täter rechtswidrig benutzt wird. Im Unterschied zu § 4 Abs 1 GeschGehG ist es nicht erforderlich, dass der Abnehmer das Geschäftsgeheimnis selbst erlangt (Alexander, in Köhler/Bornkamm/Feddersen, UWG, § 4 GeschGehG Rn 74), denn der Eingriff liegt hier nicht in der Nutzung des Geheimnisses, sondern in der Herstellung und dem Vertrieb rechtsverletzender Produkte (McGuire, in Büscher, UWG, § 4 GeschGehG Rn 42; Hoeren/Muenker, CCZ 2018, 85, 86). Diese subjektive Kenntnis des Abnehmers kann auch nachträglich erlangt werden, etwa wenn der Abnehmer auf den vorausgegangenen Geheimnisbruch hingewiesen wird.

105 2. Bei einer Information der vorliegenden Art ist darauf zu achten, dass es zu keiner wettbewerbswidrigen Behinderung von Mitbewerbern nach §§ 3 Abs 1, 4 Nr 4 UWG (Boykott-Aufruf) bzw zu einem Eingriff in den eingerichteten und ausgeübten Gewerbebetrieb nach § 823 Abs 1 BGB kommt.

106 Dies ist wäre der Fall, wenn das Schreiben als eine unberechtigte Abnehmerverwarnung zu werten ist. Der BGH hat eine unlautere Absatzbehinderung angenommen, wenn Abnehmer keine Möglichkeit haben, eine mögliche Schutzrechtsverletzung zu beurteilen und damit eine Verantwortlichkeit ihrerseits einschätzen zu können (vgl BGH 15.01.2009, I ZR 123/06 = GRUR 2009, 878, 880 – Fräsautomat).

107 Da ein wegen Geheimnisschutzverletzung Verwarnter oftmals sein wirtschaftliches Verhalten (Produktion, Marketing, Vertrieb usw) einstellen oder ändern muss und weiterreichende Schadensersatzforderungen und nicht selten sogar strafrechtliche Konsequenzen zu befürchten hat, liegt es näher, bei der Beurteilung der Rechtmäßigkeit einer Verwarnung aus einem Geschäftsgeheimnis von den Maßstäben auszugehen, die an eine Schutzrechtsverwarnung gestellt werden und nicht von einer wettbewerbsrechtlichen Abmahnung (so auch LG Frankfurt aM 22.04.2016, 3–10 O 159/15 [unveröff.]; zu den Unterschieden zw Schutzrechtsverwarnung und Abmahnung: Büscher, § 4 Nr 4 UWG, Rn 113 und 119).

108 Eine Verwarnung, mit welcher der Geheimnisinhaber der Verletzung seines Geschäftsgeheimnisses entgegenwirkt, ist als solche grundsätzlich nicht zu beanstanden. Dem Inhaber eines Geschäftsgeheimnisses kann es nicht verwehrt sein, die notwendigen Maßnahmen zu ergreifen, die der Abwehr von (drohenden) Eingriffen in sein Recht dienen. Dazu gehört auch der Hinweis, seine Rechte ggf gerichtlich durchzusetzen. Es ist das gute Recht des Geheimnisinhabers, Dritte – auch in deren eigenem Interesse – vor den Folgen der Verletzung des Geschäftsgeheimnisses zu warnen. Das gilt auch hinsichtlich der Verwarnung von Abnehmern schutzrechtsverletzender Gegenstände, die sich durch deren gewerbliche Nutzung selbst einer Geheimnisschutzverletzung schuldig machen können (vgl BGH 23.02.1995, I ZR 15/93, Rn 27 [juris] = GRUR 1995, 424, 425 – Abnehmerverwarnung).

109 Als ein Verstoß gegen das Wettbewerbsrecht gem. §§ 3 Abs 1, 4 Nr 4 UWG kann eine Verwarnung aber zu beanstanden sein, wenn sie sich mangels eines bestehenden Rechts oder wegen Fehlens einer Rechtsverletzung als unbegründet erweist oder sie wegen ihres sonstigen Inhalts oder ihrer Form nach als unzulässig zu beurteilen ist (BGH 23.02.1995, I ZR 15/93, Rn 27 [juris] = GRUR 1995, 424, 425 – Abnehmerverwarnung, mwN).

110 Bei der gebotenen Abwägung der beiderseitigen Interessen (vgl BGH 15.07.2005, GSZ 1/04 = BGHZ 164, 1, 4 – Unberechtigte Schutzrechtsverwarnung I) ist, wenn der Geheimnisinhaber sein vermeintliches Recht nicht gegenüber dem unmittelbaren Verletzer, sondern gegenüber dessen Abnehmern geltend macht, die damit verbundene besondere Gefährdung der Kundenbeziehungen zu seinen Abnehmern zu berücksichtigen. Da die Abnehmer typischerweise ein geringeres Interesse an einer sachlichen Auseinandersetzung mit dem Geheimnisinhaber haben, kann bereits die Geltendmachung von Verbotsrechten

gegenüber den Abnehmern – unabhängig davon, ob sie berechtigt ist oder nicht – zu einem möglicherweise existenzgefährdenden Eingriff in die Kundenbeziehungen des mit dem Geheimnisinhaber konkurrierenden Herstellers oder Lieferanten führen (vgl BGH 15.07.2005, GSZ 1/04 = BGHZ 164, 1, 4 – Unberechtigte Schutzrechtsverwarnung I; BGH 15.01.2009, I ZR 123/06, Rn 17 [juris] = GRUR 2009, 878 – Fräsautomat).

Diese Abwägung kann zu Lasten des verwarnenden Geheimnisinhabers ausfallen, wenn im Fall bereits anhängiger Rechtsstreitigkeiten und/oder strafrechtlicher Verfolgung kein vollständiges und richtiges Bild über den Stand dieser Verfahren vermittelt wird. Der verwarnte Abnehmer muss alle verfügbaren Informationen erhalten, die er benötigt, um eine Entscheidung über die Berechtigung der geltend gemachten Ansprüche treffen zu können. 111

Unter Umständen kann auch eine Mitbewerberherabsetzung (§ 4 Nr 1 UWG) vorliegen. Sind die über den vermeintlich geheimnisverletzenden Lieferanten behaupteten Tatsachen unwahr, kommt überdies eine Anschwärzung nach § 4 Nr 2 UWG in Betracht (vgl BGH 19.01.2006, I ZR 217/03, Rn 16 [juris] = GRUR 2006, 433 – Unbegründete Abnehmerverwarnung; Köhler, in Köhler/Bornkamm/Feddersen, UWG, § 4 Rn 4.178). Es empfiehlt sich daher den Adressaten vertraulich zu informieren um die Sonderregelung des § 4 Nr 2 Hs 2 UWG zur Anwendung kommen zu lassen. 112

3. Werden im Rahmen der gebotenen Information über den Sachverhalt auch Geschäftsgeheimnisse überlassen, ist es sowohl zwecks Verhinderung einer unbefugten Nutzung oder Offenlegung als auch zur Aufrechterhaltung der Geheimnisqualität nach § 2 Nr 1 GeschGehG zwingend, geeignete Geheimhaltungsmaßnahmen vorzusehen. Dies kann zB eine vertragliche Vertraulichkeitsvereinbarung sein (sh das nachfolgende Muster, Rdn 115). 113

4. Abzugrenzen ist die Verwarnung von einem lediglich der Rechtswahrung dienenden Meinungsaustausch über eine etwaige Rechtsverletzung (= Berechtigungsanfrage; vgl BGH 12.07.2011, X ZR 56/09 = GRUR 2011, 995 Rn 29 – Besonderer Mechanismus) oder einer Darstellung der Rechtslage im Rahmen einer bloßen Meinungsäußerung (BGH 15.01.2009, I ZR 123/06 = GRUR 2009, 878, 880, Rn 22 – Fräsautomat), die beide keine zivilrechtliche Haftung auslösen. Eine Schutzrechtsverwarnung liegt vor, wenn ein Hersteller und/oder Abnehmer eines Produkts wegen einer Verletzung von Ausschließlichkeitsrechten (gewerblichen Schutzrechten, Urheberrechten) ernstlich und endgültig (idR durch Androhung gerichtlicher Schritte) zur Unterlassung aufgefordert wird. Dem steht es gleich, wenn die Äußerung, zB wegen ihres unbestimmten Inhalts, geeignet ist, Abnehmer zu verunsichern und damit vom Erwerb des Produkts abzuhalten (BGH 15.01.2009, I ZR 123/06 = GRUR 2009, 878, 880, Rn 22 – Fräsautomat; Köhler, in Köhler/Bornkamm/Feddersen, UWG § 4 Rn 4.169). 114

7. Vertraulichkeitsvereinbarung

▶ <u>Vertraulichkeitsvereinbarung</u>

115

zwischen

Denki Mota GmbH & Co. KG [*Adresse*]

– Im Folgenden »Geheimnisinhaberin« genannt –

und

[*Name, Adresse*]

– Im Folgenden »Empfangende Partei« genannt –

Präambel

Die Geheimnisinhaberin entwickelt, fertigt und vertreibt Elektromotoren, insbesondere im Bereich der Roboterantriebe. Sie ist Inhaberin verschiedener geheimer, wirtschaftlich wertvoller und geschützter Informationen über die Konzeption, Merkmale, Funktionsweise und den Fertigungsprozess von Elektromotoren für Roboterantriebe.

Die Geheimnisinhaberin geht davon aus, dass frühere Mitarbeiter ihres Unternehmens Teile dieser Geschäftsgeheimnisse unbefugt erlangt haben bzw unbefugt für die Herstellung von Elektromotoren nutzen und diese unter anderem an die Empfangende Partei vertreiben.

Mit Schreiben vom [*Datum*] hat die Geheimnisinhaberin die Empfangende Partei über diesen Sachverhalt in Kenntnis gesetzt. Um der Empfangenden Partei zu ermöglichen, diesen Sachvortrag zu überprüfen, ist die Geheimnisinhaberin bereit, die ihr zur Verfügung stehenden relevanten Nachweise und Beweismittel der Empfangenden Partei zur Kenntnis zu bringen. Da es sich bei diesen Informationen jedoch um wertvolle und geschützte Geschäftsgeheimnisse der Geheimnisinhaberin handelt, setzt die Weitergabe dieser vertraulichen Informationen voraus, dass zwischen den Parteien die folgende Vertraulichkeitsvereinbarung geschlossen wird.

§ 1 Vertrauliche Informationen

(1) »Vertrauliche Informationen« sind die für die Überprüfung des Sachvortrags der Geheimnisinhaberin im Schreiben von [*Datum*] existierenden Informationen, namentlich die in **Anlage 1** aufgelisteten Dokumente, Gegenstände, Materialien und elektronischen Daten.[1]

(2) Als »Vertrauliche Informationen« im Sinne dieser Vereinbarung gelten überdies alle Informationen, die der Empfangenden Partei oder ihren Repräsentanten von der Geheimnisinhaberin schriftlich, mündlich oder in jeder anderen Form zugänglich gemacht werden,[2] wenn sie:

(a) für das Unternehmen der Geheimnisinhaberin einen tatsächlichen oder potentiellen wirtschaftlichen Wert haben und

(b) Gegenstand angemessener Geheimhaltungsmaßnahmen sind, zB als Vertrauliche Informationen gekennzeichnet, als solche beschrieben oder in anderer Weise als solche erkennbar gemacht worden sind.

(3) Eine Zugänglichmachung im Sinne des Abs 2 liegt auch in der Überlassung von Gegenständen, die Informationen im Sinne des Abs 2 enthalten oder verkörpern, unabhängig davon, welcher Aufwand für die Gewinnung der Information aus dem Gegenstand erforderlich ist.[3]

§ 2 Geheimhaltung

(1) Die Empfangende Partei verpflichtet sich, die Vertraulichen Informationen geheim zu halten und diese Dritten nicht offenzulegen.

(2) Die Empfangende Partei ist nur in dem Umfang berechtigt, Vertrauliche Informationen ihren Arbeitnehmern, freien Mitarbeitern, Anwälten, Sachverständigen oder anderen externen Beratern (Repräsentanten) mitzuteilen, wie dies zur Überprüfung und rechtlichen Bewertung des von der Geheimnisinhaberin im Schreiben vom [Datum] mitgeteilten Sachverhalts erforderlich ist. Die Empfangende Partei gewährleistet, dass die Geheimhaltungspflichten, Verwertungsverbote und Schutzpflichten nach §§ 2 bis 4 dieser Vereinbarung auch von ihren Repräsentanten beachtet werden.

(3) Eine Mitteilung Vertraulicher Informationen an sonstige Dritte ist der Empfangenden Partei nur nach vorherigem schriftlichen Einverständnis der Geheimnisinhaberin gestattet. Im Falle der Mitteilung Vertraulicher Informationen an Dritte wird die Empfangende Partei die ihr nach §§ 2 bis 4 dieser Vereinbarung obliegenden Geheimhaltungspflichten, Verwertungsverbote und Schutzpflichten in Form eines schriftlichen Vertrages auch dem Dritten auferlegen. Dieser Vertrag ist in Bezug auf die Geheimhaltungsverpflichtungen, Verwertungsverbote und Schutzpflichten des Dritten als echter Vertrag zugunsten der Geheimnisinhaberin auszugestalten. Für die Einhaltung der Geheimhaltungspflichten, Verwertungsverbote und Schutzpflichten durch den Dritten haftet die Empfangende Partei neben diesem als Gesamtschuldnerin.

§ 3 Verwertungsverbote

(1) Die Empfangende Partei ist nicht berechtigt, über die Empfangende Information zu verfügen, Dritten Nutzungsrechte hieran einzuräumen, Geheimnisverletzungen zu verfolgen oder in sonstiger Weise über die Vertraulichen Informationen die Kontrolle auszuüben.

(2) Die Empfangende Partei verpflichtet sich, Vertrauliche Informationen lediglich zum Zweck der Überprüfung des Sachverhalts im Schreiben der Geheimnisinhaberin vom [Datum] zu verwenden.[4] Es ist der Empfangenden Partei untersagt, Vertrauliche Informationen oder Teile davon ohne vorherige schriftliche Zustimmung der Geheimnisinhaberin in irgendeiner Form unmittelbar oder mittelbar zu nutzen. Insbesondere ist es der Empfangenden Partei untersagt, Vertrauliche Informationen für die Herstellung oder Vermarktung von Produkten zu nutzen, deren Konzeption, Merkmale, Funktionsweise, Herstellungsprozess oder Marketing auf den Vertraulichen Informationen beruhen.

(3) Die Empfangende Partei verpflichtet sich, keine Vertraulichen Informationen der Geheimnisinhaberin durch Beobachten, Untersuchen, Rückbauen oder Testen von Produkten oder Gegenständen der Geheimnisinhaberin ohne Zustimmung der Geheimnisinhaberin zu erlangen oder derart durch eigenes oder fremdes Handeln erlangte Vertrauliche Informationen zu nutzen oder offenzulegen.[5] Dies betrifft sowohl Produkte/Gegenstände, die noch nicht öffentlich verfügbar gemacht worden sind, als auch solche, die bereits öffentlich verfügbar sind.[6]

§ 4 Schutzpflichten[7]

(1) Die Empfangende Partei verpflichtet sich, alle Dokumente, Gegenstände, Materialien, Stoffe oder elektronischen Daten, die Vertrauliche Informationen enthalten, sicher aufzubewahren, um sie gegen unbefugte Erlangung, Nutzung und Offenlegung zu schützen.

(2) Die Empfangende Partei wird nur mit schriftlicher Zustimmung der Geheimnisinhaberin Kopien der Vertraulichen Informationen anfertigen. Bei der Anfertigung von Kopien wird sie sicherstellen, dass etwaige Vertraulichkeitsvermerke auf den Originalunterlagen sicht- und lesbar sind.

(3) Die Empfangende Partei wird Vertrauliche Informationen nur auf einem Computer oder Computernetzwerk nutzen, verarbeiten oder speichern, der/das nicht mit Computern außerhalb der Geschäftsräume der Empfangenen Partei und/oder mit externen Datennetzwerken einschließlich des Internets verbunden sind.

(4) Die Empfangende Partei wird die Geheimnisinhaberin unverzüglich nach Kenntniserlangung von einer erfolgten oder drohenden unbefugten Erlangung, Nutzung oder Offenlegung Vertraulicher Informationen unterrichten und alle angemessenen Maßnahmen ergreifen, um eine solche Erlangung, Nutzung oder Offenlegung zu verhindern oder zu beenden.

(5) Die Empfangende Partei ist im Umgang mit Vertrauliche Informationen enthaltenden Trägermedien an die Weisungen der Geheimnisinhaberin gebunden.[8]

§ 5 Ausnahmen

(1) Die zuvor genannten Geheimhaltungspflichten, Verwertungsverbote und Schutzpflichten gelten nicht für Informationen, von denen die Empfangende Partei nachweist, dass

(a) sie im Zeitpunkt ihrer Mitteilung an die Empfangende Partei insgesamt und in der genauen Anordnung und Zusammensetzung den Personen in den Kreisen, die üblicherweise mit dieser Art von Informationen umgehen, allgemein bekannt oder ohne Weiteres zugänglich sind;[9]

(b) sie sich bereits rechtmäßig und ohne Vertraulichkeitspflicht- oder Rechtsverletzung in dem Besitz der Empfangenden Partei befunden hatten, bevor diese sie von der Geheimnisinhaberin erhielt; oder

(c) die Empfangende Partei diese von einem Dritten befugt erlangt hat.[10]

(2) Die Ausnahmen nach Absatz 1 bestehen nicht, sofern und soweit die Empfangende Partei, ihre Repräsentanten oder der Dritte die Informationen durch oder aufgrund einer Verletzung gesetzlicher oder vertraglicher Pflichten erlangt haben, die zumindest auch dem Schutz der Geheimnisinhaberin dienen.

§ 6 Offenlegungspflicht

(1) Falls die Empfangende Partei aufgrund einer gesetzlichen Verpflichtung oder einer rechtmäßigen behördlichen oder gerichtlichen Anordnung verpflichtet ist, vertrauliche Informationen offenzulegen, wird sie die Geheimnisinhaberin von dieser Verpflichtung unverzüglich in Textform unterrichten und die Geheimnisinhaberin darin unterstützen, die vertraulichen Informationen so weit wie möglich zu schützen oder gerichtlich schützen zu lassen.

(2) Ohne schriftliche Zustimmung der Geheimnisinhaberin wird die Empfangende Partei nur solche Vertraulichen Informationen offenlegen, die aufgrund der gesetzlichen Verpflichtung bzw Anordnung offengelegt werden müssen.

§ 7 Vorbehalt sämtlicher Rechte

(1) Die Geheimnisinhaberin behält sich an den vertraulichen Informationen alle Rechte gleich welcher Art, einschließlich aller Rechte nach dem Geschäftsgeheimnisschutzgesetz, dem Urheberrechtsgesetz und den gewerblichen Schutzrechtsgesetzen vor. Durch diese Vereinbarung bzw die Mitteilung der Vertraulichen Informationen an die Empfangende Partei werden keinerlei Eigentums-, Lizenz-, Nutzungs- oder sonstige Rechte zugunsten der Empfangenden Partei, ihrer Repräsentanten oder sonstiger Dritter eingeräumt.

(2) Zur Ausübung der rechtmäßigen Kontrolle über Geschäftsgeheimnisse ist ausschließlich die Geheimnisinhaberin berechtigt. Dies umfasst insbesondere die Erteilung von Nutzungsrechten und die Geltendmachung von Geheimnisschutzverletzungen.[11]

§ 8 Gewährleistungsausschluss

(1) Die Geheimnisinhaberin übernimmt keine Gewährleistung dafür, dass die von ihr zur Verfügung gestellten Vertraulichen Informationen vollständig oder richtig sind und von der Empfangenden Partei verwendet werden können.

(2) Die Geheimnisinhaberin haftet der Empfangenden Partei nicht für Schäden, die dieser durch die Nutzung oder durch ihr Vertrauen auf die Vollständigkeit und Richtigkeit der Vertraulichen Informationen entstehen.

§ 9 Rückgabe/Vernichtung der Vertraulichen Informationen

(1) Die Empfangende Partei ist verpflichtet, auf erstes Anfordern der Geheimnisinhaberin alle in ihrem Besitz oder Eigentum stehenden Dokumente, Gegenstände, Materialien, Stoffe oder elektronischen Daten, die die Vertrauliche Informationen enthalten oder verkörpern, nach Wahl der Empfangenden Partei unverzüglich an die Geheimnisinhaberin zurückzugeben oder nachweislich zu vernichten.

(2) Die Geltendmachung von Zurückbehaltungsrechten gegen die Verpflichtung zur Rückgabe oder Vernichtung ist ausgeschlossen.

§ 10 Vertragsstrafe

(1) Für den Fall, dass die Empfangende Partei oder einer ihrer Repräsentanten schuldhaft gegen eine Pflicht zur Geheimhaltung nach § 2 oder gegen das Verwertungsverbot nach § 3 dieser Vereinbarung verstößt, ist die Empfangende Partei verpflichtet, der Geheimnisinhaberin eine Vertragsstrafe in Höhe von [Zahl] Euro pro Verstoß zu zahlen, die auf den tatsächlichen Schaden angerechnet wird.

(2) Handelt es sich bei einem Verstoß nach Absatz 1 um einen andauernden Verstoß, ist die Empfangende Partei für jeden Monat, den dieser Verstoß andauert, zu einer weiteren Zahlung an die Geheimnisinhaberin in Höhe von [Zahl] Euro verpflichtet. Um einen andauernden Verstoß handelt es sich insbesondere, wenn die Empfangende Partei die Vertraulichen Informationen einem unbestimmten Adressatenkreis – zum Beispiel durch eine Veröffentlichung im Internet – zugänglich macht. Das Recht der Geheimnisinhaberin, einen darüberhinausgehenden Schaden geltend zu machen, bleibt unberührt.

§ 11 Laufzeit

(1) Die Geheimhaltungspflichten, Verwertungsverbote und Schutzpflichten nach §§ 2 bis 4 dieser Vereinbarung obliegen der Empfangenden Partei auf unbestimmte Zeit und auch nach Rückgabe/Vernichtung der in § 9 genannten Medien, die Vertrauliche Informationen enthalten oder verkörpern.

(2) Absatz 1 gilt nicht, wenn ein Gericht durch rechtskräftiges Urteil feststellt, dass es sich bei den Vertraulichen Informationen nicht um Geschäftsgeheimnisse im Sinne des § 2 Nr. 1 Geschäftsgeheimnisschutzgesetz handelt.

§ 12 Mitteilung

Alle Erklärungen und andere Mitteilungen im Rahmen dieser Vereinbarung erfolgen in Textform per E-Mail, Post oder Kurier an die folgenden Adressen:

- An die Geheimnisinhaberin: [Adresse, E-Mail-Adresse]
- An die Empfangende Partei: [Adresse, E-Mail-Adresse]

oder an solche Personen oder Adressen, die eine Partei der anderen in Zukunft in Textform anzeigt.

§ 13 Sonstiges

(1) Diese Vereinbarung und alle Streitigkeiten oder Ansprüche (einschließlich nichtvertraglicher Streitigkeiten oder Ansprüche), die daraus oder in Verbindung mit ihr oder ihrem Gegenstand oder Abschluss entstehen, unterliegen dem Recht der Bundesrepublik Deutschland unter Ausschluss des materiellen Kollisionsrechts und des UN-Kaufrechts.

(2) Änderungen und Ergänzungen dieser Vereinbarung bedürfen der Schriftform. Dies gilt auch für eine Änderung dieses Schriftformerfordernisses.

(3) Diese Vereinbarung enthält sämtliche Abreden zwischen den Parteien in Bezug auf den Gegenstand dieser Vereinbarung und ersetzt alle diesbezüglichen bisherigen Abreden zwischen den Parteien. Nebenabreden zu dieser Vereinbarung wurden nicht getroffen.

Kapitel 5   Vertraulichkeitsvereinbarung

(4) Sollte eine Bestimmung dieser Vereinbarung ungültig, unwirksam oder undurchsetzbar sein oder werden, so bleiben die übrigen Bestimmungen wirksam. Die Parteien vereinbaren, die ungültige, unwirksame oder undurchsetzbare Bestimmung durch eine gültige, wirksame und durchsetzbare Bestimmung zu ersetzen, die den wirtschaftlichen Interessen der Parteien am ehesten entspricht. Dasselbe gilt im Falle einer Vertragslücke.

(5) Ausschließlich zuständig für alle Streitigkeiten aus oder in Zusammenhang mit dieser Vereinbarung ist das Landgericht [*Ort*].

_____   _____
Ort, Datum   Ort, Datum

_____   _____
Name, Position   Name, Position

_____   _____
Unterschrift für Denki Mota GmbH &   Unterschrift für Empfangende Partei
Co. KG

Erläuterungen

116   1. Die Bestimmtheit oder zumindest Bestimmbarkeit der vertragsgegenständlichen Geschäftsgeheimnisse ist von erheblicher rechtlicher und praktischer Bedeutung. Zum einen muss für die Empfangende Partei klar sein, welche Informationen den Pflichten aus dem Vertrag unterfallen. Zum anderen verlangt § 2 Nr 1 lit b) GeschGehG – anders als im alten Recht –, dass die relevante Information Gegenstand angemessener Geheimhaltungsmaßnahmen ist, um Geheimnisqualität zu erlangen. Zu diesen Geheimhaltungsmaßnahmen kann und wird auch die vorliegende Vertraulichkeitsvereinbarung zählen, sodass diese nicht nur ein Geheimnis schützt, sondern es zugleich auch (mit-)begründen kann.

117   2. Die Vertraulichkeitsvereinbarung sollte insoweit »dynamisch« sein, als sie auch zu einem späteren Zeitpunkt zugänglich gemachte Informationen erfasst.

118   3. Auch Gegenstände, Materialien, Stoffe, elektronischen Dateien usw, die das Geschäftsgeheimnis enthalten oder verkörpern, unterfallen den Vertraulichkeitspflichten, da diesen Verkörperungen im Falle einer Verbreitung durch Reverse Engineering gem. § 3 Abs 1 Nr 2 GeschGehG das Geschäftsgeheimnis entnommen werden könnte.

119   4. Nach § 4 Abs 1 und 2 GeschGehG liegt jedenfalls dann eine Rechtsverletzung vor, wenn die Information entgegen einer vertraglichen Vereinbarung erlangt, genutzt oder offenbart wird. Folglich sollte die jeweils eingeräumte Nutzungsbefugnis klar abgegrenzt werden (McGuire, WRP 2019, 679, 684).

120   5. Diese Klausel dient dem vertraglichen Ausschluss des Reverse Engineering nach § 3 Abs 1 Nr 2 lit b) GeschGehG. Sollte die Vertraulichkeitsvereinbarung für eine Vielzahl von Verträgen vorformuliert werden (AGB), empfiehlt es sich, die untersagte Erlangung von der untersagten Nutzung und Offenlegung sprachlich derart zu trennen, dass bei Streichung des letzteren Teils eine dem Gesetzeswortlaut entsprechende Klausel verbleibt (»blue pencil test«).

121   6. Nach § 3 Abs 1 Nr 2 lit a) GeschGehG soll es zwar zulässig sein, ein Geschäftsgeheimnis durch Reverse Engineering eines öffentlich zugänglich gemachten Gegenstands oder Pro-

dukts zu erlangen. Richtlinienkonform ist § 3 Abs 1 Nr 2 GeschGehG jedoch dahingehend auszulegen, dass auch bei öffentlich verfügbar gemachten Produkten das Reverse Engineering vertraglich ausgeschlossen werden kann (sh Kap 1 Rdn 372 ff).

7. Um das Niveau angemessener Geheimhaltungsmaßnahmen iSd § 2 Nr 1 lit b) GeschGehG zu wahren oder zu erreichen, sollte der Empfangenden Partei konkrete Pflichten zum Schutz des Geschäftsgeheimnisses auferlegt werden, die im jeweiligen Einzelfall angemessen sind.

8. Die Regelung dient dem Erhalt der Kontrolle über Trägermedien iSd § 4 Abs 1 GeschGehG.

9. Im Fall eines Rechtsstreits trifft den Geschäftsinhaber grds die Darlegungs- und Beweislast für den Bestand des Geschäftsgeheimnisses (sh Kap 1 Rdn 256 f; BT-Drucks. 19/4724 S. 24; McGuire, in Büscher, UWG, § 2 GeschGehG Rn 25). Für negative Tatsachen, wie die fehlende Offenkundigkeit nach § 2 Nr 1 lit a) GeschGehG sollte zumindest individualvertraglich eine Nachweispflicht zu Lasten der Partei vereinbart werden, die sich auf das Fehlen eines Geheimnisschutzes beruft.

10. Hinsichtlich anspruchshindernder oder -vernichtender Einwendungen gibt die Klausel lediglich die allgemeine Darlegungs- und Beweislast wieder.

11. Da das Geschäftsgeheimnis als Rechtsgut der Person zugeordnet wird, die gem. § 2 Nr 2 GeschGehG die rechtmäßige Kontrolle über die geheime Information ausübt und eine Kontrolle faktisch auch durch Zugänglichmachung des Geheimnisses für die Empfangende Partei wechseln bzw zusätzlich entstehen kann, empfiehlt es sich klarzustellen, dass die Vermittlung der Information keine Kontrollbefugnis mit sich bringt (sh McGuire, WRP 2019, 679, 683).

B. Strafrechtliche Muster

1. Strafanzeige und Strafantrag

127 ▶ Staatsanwaltschaft [Ort][1]
[Adresse]

Strafanzeige und Strafantrag[2]

gegen Peter S., Walter P., Michael W.

wegen Verletzung von Geschäftsgeheimnissen, Unterschlagung und Datenhehlerei

Sehr geehrte Damen und Herren,

wir zeigen an, dass uns die **Denki Mota GmbH & Co. KG,** gesetzlich vertreten durch die persönlich haftende Denki Mota Group GmbH, diese vertreten durch die Geschäftsführerin Dr. Petra S., [Adresse],[3] mit der Wahrnehmung ihrer Interessen beauftragt hat. Eine anwaltlich beglaubigte Vollmachtskopie[4] liegt diesem Schreiben bei.

Wir erstatten **Strafanzeige** gegen

1. Herrn Walter Frank P.

    geb. [...]

    wohnhaft [...]

2. Herrn Peter S.

    geb. [...]

    wohnhaft [...]

3. Herrn Michael Björn W.

    geb. [...]

    wohnhaft [...]

Gleichzeitig stellen wir **Strafantrag** im Hinblick auf alle in Betracht kommenden Delikte.

Es besteht der Verdacht einer umfangreichen Verletzung von Geschäftsgeheimnissen der Anzeigeerstatterin sowie der Verdacht einer Datenhehlerei zum Nachteil der Anzeigeerstatterin.

I. Sachverhalt

1. Die Anzeigeerstatterin

    [Ausführungen wie im Muster »Klageschrift«.]

2. Die Beschuldigten

    [Ausführungen wie im Muster »Klageschrift« mit folgender Maßgabe:

    Zu den Umständen der Veräußerung des Teilbetriebs der Anzeigeerstatterin an die Beschuldigten Walter P. und Peter S. im Wege eines Management Buy Out müsste in der

B. Strafrechtliche Muster　　　　　　　　　　　　　　　　　　　　　　　　　　Kapitel 5

Strafanzeige umfassend vorgetragen werden. Insbesondere müsste dargelegt werden, warum die fraglichen Geschäftsgeheimnisse nicht im Rahmen dieses Verkaufs an die Beschuldigten gelangen konnten. Gelingt dies nicht, »droht« ein Verweis auf den Privatklageweg.]

3. Die betroffenen Geschäftsgeheimnisse der Anzeigeerstatterin

[Ausführungen wie im Muster »Klageschrift« mit folgender Maßgabe:

Es ist davon auszugehen, dass im Falle der Einleitung eines Ermittlungsverfahrens die Verteidigung der Beschuldigten Akteneinsicht nach § 147 StPO beantragen und den Inhalt der Ermittlungsakte ihren Mandanten zur Kenntnis bringen werden. Unter dieser Prämisse sollte die Anzeigeerstatterin ihre Geschäftsgeheimnisse in der Anzeige zunächst zurückhaltend vorlegen. Außerdem sollte klar gekennzeichnet werden, welche Informationen (Pläne, Protokolle etc) nicht zur Beschuldigteneinsicht gelangen dürfen.

Beweismittel sollten nicht wie im Zivilverfahren angeboten, sondern vorgelegt bzw konkret benannt werden.]

4. Rechtswidrige Handlungen der Anzeigegegner

Auf der Messe AUTOMATICA 2018 in München stellte der Außendienstmitarbeiter Herr Stefan K. (wohnhaft [*Adresse*]) der Anzeigeerstatterin fest, dass die von den Beschuldigten Walter P. und Peter S. gegründete Firma P&S Antriebstechnik GmbH dort Elektromotoren für Industrieroboter ausstellte und anbot. Testkäufe und Analysen von vier Elektromotoren der P&S Antriebstechnik GmbH der Typen RC02, 04, 06 und 08 ergaben, dass diese hinsichtlich der Wahl des Materials, der Materialstärke der Drähte sowie der Wickelungen der Spulen, ebenso wie bei der Konstruktion der Blechpakete der Rotoren und Statoren identisch mit vier entsprechenden Produkten der Anzeigeerstatterin für Roboteranwendungen sind. Auch die Gehäuse stammen von demselben Zulieferer, den auch die Klägerin einsetzt. Darüber hinaus erzielen die Konkurrenzprodukte der Firma P&S Antriebstechnik GmbH exakt die Kenn- und Leistungswerte der Elektromotoren der Anzeigeerstatterin (Ergebnisse der Analysen der Elektromotoren der Firma P&S Antriebstechnik GmbH, Typen RC02, 04, 06 und 08, als **Anlage 4**).

Insbesondere die Übereinstimmung der Kenn- und Leistungswerte ist auffällig, da diese nicht nur von der Konstruktion und Materialauswahl der Elektromotoren, sondern maßgeblich auch von der eingesetzten Fertigungstechnik abhängen. So bestimmt zB die verwendete Technik zur Wickelung der elektromagnetischen Spulen die elektrischen Eigenschaften, wie zB die Isolationsfestigkeit, den Gütefaktor, die für eine bestimmte Leistung oder Magnetkraft erforderliche Größe oder auch das magnetische Streufeld der Baugruppe. Dabei kommt es ua darauf an, Dehnungen und Krümmungen des Drahtes bei der Wickelung zu vermeiden bzw auf schwankende Drahteigenschaften bei hohen Wickelgeschwindigkeiten zu reagieren. Um diese Aufgaben zu lösen, ist es entscheidend zu wissen, welches Wickelverfahren mit welchen Fertigungsparametern für einen Elektromotor mit den gewünschten Eigenschaften eingesetzt werden muss. Mit anderen Worten: Um Kenn- und Leistungswerte zu erzielen, die bei derselben Konstruktion der Elektromotoren identisch mit denen der Elektromotoren der Anzeigeerstatterin sind, muss dasselbe Fertigungsverfahren mit denselben Fertigungsparametern eingesetzt werden.

Nach den bislang vorliegenden Erkenntnissen ist davon auszugehen, dass sich die Beschuldigten das geheime Fertigungs-Know-how der Anzeigeerstatterin verschafft bzw gesichert haben:

Etwa sechs Wochen vor der Kündigung seines Arbeitsvertrages bei der Anzeigeerstatterin meldete der Beschuldigte Walter P. seinen Firmenlaptop der Marke [...], MAC-Adresse [...] bei der Anzeigeerstatterin als gestohlen (Diebstahlsmeldung vom [*Datum*], beigefügt als **Anlage 5**) und erstattete bei der Polizei Anzeige gegen unbekannt (Kopie des Tagebuchblatts Nr. [...] der Polizeidienststelle [*Ort*] vom [*Datum*], als **Anlage 6**).

Logdateien aus dem firmeneigenen Intranet der Anzeigeerstatterin zeigen, dass auf diesen Firmenlaptop wenige Tage vor der Diebstahlsmeldung eine größere Menge Daten, insbesondere Fertigungsprotokolle für die Herstellung von Elektromotoren für Industrieroboter der Typen [XY] aufgespielt wurden (Auszüge der Intranet-Logdateien der Anzeigeerstatterin von [...] bis [...], als **Anlage 7**). In Spalte 3 der Anlage 7 ist die MAC-Adresse des Computers aufgelistet, auf den die Daten heruntergeladen wurden. Es handelt sich um die angeblich gestohlenen Firmenlaptops des Beschuldigten Walter P. Eine MAC-Adresse ist eine eindeutige physikalische Adresse eines elektronischen Gerätes an einer Netzwerkschnittstelle. Anhand dieser Adresse ist jedes Gerät identifizierbar, es existieren keine zwei technischen Geräte, die dieselbe MAC-Adresse besitzen.

Von besonderer Brisanz ist, dass einen Tag vor dem Ausscheiden des Beschuldigten Walter P. ein weiterer Versuch unternommen wurde, mit dem Computer mit der o.g. MAC-Adresse auf das Intranet der Anzeigeerstatterin zuzugreifen (sh. letzter Logdatei-Eintrag in Anlage 7). Dieser Versuch misslang allerdings, weil dieser Computer nach der Diebstahlsmeldung von der Liste der zugriffsberechtigten Geräte gestrichen worden war. Für das Öffnen eines Gateways von dem externen Laptop auf den Server der Anzeigeerstatterin bedarf es jedoch der Eingabe eines Passwortes, um überhaupt eine Zugriffsanfrage auf das Intranet starten zu können. Es drängt sich daher der Verdacht auf, dass eine Person den vermeintlich gestohlenen Firmenlaptop benutzte, die das Passwort für dieses Gateway kannte. Dies wird entweder der Beschuldigte Walter P. selbst oder eine Person gewesen sein, der er sein Passwort mitgeteilt hat. Jedenfalls besteht ein Anfangsverdacht für die Annahme, dass der Firmenlaptop überhaupt nicht gestohlen wurde, sondern sich weiterhin – zusammen mit den darauf abgespeicherten geheimen Fertigungsprotokollen der Anzeigeerstatterin – im Besitz des Beschuldigten Walter P. befindet.

Da die Übereinstimmung der Elektromotoren der Firma P&S Antriebstechnik GmbH mit denen der Anzeigeerstatterin es nahelegen, dass die Parameter aus den Fertigungsprotokollen der Anzeigeerstatterin genutzt werden, besteht überdies der dringende Verdacht, dass auch die für die Produktion im Unternehmen der P&S Antriebstechnik GmbH verantwortlichen Personen Kenntnis von den Fertigungsprotokollen erlangt und diese in der Produktion implementiert haben. Eine Erlangung der exakten Fertigungsparameter durch Reverse Engineering ist ausgeschlossen, da für die Leistungs- und Kennwerte der Elektromotoren verschiedene Fertigungsparameter wechselwirken, sodass nicht mit Sicherheit festgestellt werden kann, welche konkreten technischen Werte aus einem Wertebereich ausgewählt worden sind. [*Wird ausgeführt*].

Bei den für die Fertigung verantwortlichen Personen der Firma P&S Antriebstechnik handelt es sich zum einen um den Beschuldigten Peter S., der aus seiner früheren Tätigkeit bei der Anzeigeerstatterin sowohl die dort eingesetzten Fertigungsverfahren und -parameter kennt, als auch in seiner Position als Produktionsleiter bei der P&S Antriebstechnik GmbH für die Einrichtung und Anwendung entsprechender Fertigungstechnik verantwortlich ist. Zum anderen wird der Beschuldigte Michael W. als Geschäftsführer darüber informiert sein, dass die beiden Gründer der P&S Antriebstechnik GmbH aus dem Unternehmen der Anzeigeerstatterin stammen und dass die von ihm geführte Firma Elektromotoren herstellt und vertreibt, die technisch identisch mit denen der Anzeigeerstatterin sind. Es ist daher davon auszugehen, dass auch diese beiden Beschuldigten wissentlich fremde Geschäftsgeheimnisse für eigene Zwecke nutzen.

5. Schaden der Anzeigeerstatterin[5]

Die Beschuldigten bzw deren Unternehmen, die P&S Antriebstechnik GmbH, stellen unter fortlaufender Verletzung der Geschäftsgeheimnisse der Anzeigeerstatterin Produkte her, die den Elektromotoren der Anzeigeerstatterin nicht nur Konkurrenz machen, sondern diese aus dem Markt zu drängen drohen. Während die Anzeigeerstatterin über viele Jahre unter hohen Investitionskosten die für ihre Produkte idealen Fertigungsparameter entwickelte, ersparen sich die Beschuldigten diesen Aufwand und können daher identische Elektromotoren zu günstigeren Preisen denselben Kunden verkaufen. Tatsächlich hat die Anzeigeerstatterin bereits Aufträge früherer Kunden an die P&S Antriebstechnik für einschlägige Produkte verloren, weil letztere billiger anbieten kann. [*Wird ausgeführt*].

II. Rechtliche Würdigung

Sollte sich der zuvor dargelegte Sachverhalt erhärten – wovon die Anzeigeerstatterin ausgeht – stellt sich die Strafbarkeit der Beschuldigten wie folgt dar:

1. Strafbarkeit des Beschuldigten Walter P.

Der Beschuldigte Walter P. hat sich der Betriebsspionage in Tateinheit mit veruntreuender Unterschlagung in Tatmehrheit mit der unbefugten Offenlegung fremder Geschäftsgeheimnisse strafbar gemacht, §§ 23 Abs 1 Nr 1 und 2, 4 Abs 1 Nr 1, Abs 2 Nr 1 lit. a) GeschGehG, § 246 Abs 1 und 2 StGB, § 52 Abs 1, 53 Abs 1 StGB.[6]

a) Erlangung von Geschäftsgeheimnissen – §§ 23 Abs 1 Nr 1, 4 Abs 1 Nr 1 GeschGehG

§ 23 Abs 1 Nr 1 GeschGehG ist ein Allgemeindelikt, das von jedermann begangen werden kann. Ob der Beschuldigte zu diesem Zeitpunkt noch bei der Klägerin beschäftigt war oder nicht, ist daher irrelevant.

Bei den auf dem Firmenlaptop abgespeicherten Fertigungsprotokollen handelt es sich um Geschäftsgeheimnisse der Klägerin. Sie enthalten technische Informationen, die weder insgesamt noch in der genauen Anordnung und Zusammensetzung ihrer Bestandteile den Personen in den Kreisen, die üblicherweise mit dieser Art von Informationen umgehen, allgemein bekannt oder ohne Weiteres zugänglich und daher von wirtschaftlichem Wert sind. Diese Informationen schützt die Klägerin in angemessener Weise durch organisatorische, technische und vertragliche Geheimhaltungsmaßnahmen.

Diese Geschäftsgeheimnisse hat der Beschuldigte Walter P. durch unbefugte Aneignung erlangt. Zwar hatte er während seiner Berufstätigkeit bei der Anzeigeerstatterin noch befugt Zugriff auf die Fertigungsprotokolle. Mit der Vortäuschung des Diebstahls an dem Firmenlaptop hat sich der Beschuldigte jedoch seine Verfügungsmacht über die auf dem Computer gespeicherten Informationen gesichert, da er hierdurch ein Herausgabeverlangen der Eigentümerin des Laptops und Verfügungsberechtigten der darauf gespeicherten Daten verhindert hat. Auch ein unerlaubtes Sichern eines Geheimnisses, von dem der Täter ursprünglich rechtmäßig Kenntnis erlangt hatte, stellt ein unbefugtes Erlangen iSd §§ 23 Abs 1 Nr 1, 4 Abs 1 Nr 1 GeschGehG dar (vgl BT-Drs 19/4724, 40; McGuire, in Büscher, UWG, § 4 GeschGehG Rn 16; Alexander, in Köhler/Bornkamm/Feddersen, UWG, § 4 GeschGehG Rn 17). Jedenfalls liegt eine unbefugte Erlangung darin, dass der Beschuldigte aus den Daten, die er während seiner Beschäftigungszeit kopiert hatte, die Geschäftsgeheimnisse zu einem späteren Zeitpunkt entnommen und sich auf diese Weise verschafft hat (BGH 23. 2.2012, I ZR 136/10 = GRUR 2012, 1048, 1049 – MOVICOL).

Dabei handelte der Beschuldigte willentlich in Kenntnis der objektiven Umstände, insbesondere der Geheimniseigenschaft der Fertigungsprotokolle, um den Verkauf von Elektromotoren des von ihm mitgegründeten Unternehmens P&S Antriebstechnik GmbH zu fördern.

b) Veruntreuende Unterschlagung des Firmenlaptops – § 246 Abs 1 und 2 StGB

Der Beschuldigte Walter P. hat durch Vortäuschen des vermeintlichen Diebstahls des Firmenlaptops seinen tatsächlich noch bestehenden Besitz hieran verheimlicht. Damit hat er sich den im Eigentum der Anzeigeerstatterin stehenden Laptop willentlich und in Kenntnis der Umstände, insbesondere der Eigentumslage, zugeeignet (vgl OLG Celle NJW 1974, 2326). Den Firmenlaptop hatte die Anzeigeerstatterin dem Beschuldigten in dem Vertrauen überlassen, dass er ihn nur für die Zwecke seines Beschäftigungsverhältnisses benutzt und nach dessen Beendigung zurückgeben wird. Folglich liegt auch ein qualifizierter Fall der veruntreuenden Unterschlagung vor.

c) Offenlegung von Geschäftsgeheimnissen – §§ 23 Abs 1 Nr 2, 4 Abs 2 Nr 1 lit. a) GeschGehG

Damit die Fertigungsprotokolle der Anzeigeerstatterin in der Fertigung der P&S Antriebstechnik GmbH genutzt werden können wird der Beschuldigte Walter P. diese anderen Personen im Unternehmen, u.a. dem Beschuldigten Peter S. mitgeteilt haben. Dies stellt eine Offenlegung der Geschäftsgeheimnisse dar, für die jede Eröffnung gegenüber Dritten, nicht unbedingt der Öffentlichkeit, genügt (BT-Drs 19/4724, 27).

2. Strafbarkeit der Beschuldigten Peter S. und Michael W.

Die Beschuldigen Peter S. und Michael W. haben sich als Mittäter der gewerbsmäßigen Nutzung von Geschäftsgeheimnissen in Tateinheit mit Datenhehlerei strafbar gemacht, § 23 Abs 1 Nr 2, Abs 2, 4 Abs 2 Nr 1 lit. a) GeschGehG, § 202d Abs 1 StGB

a) <u>Gewerbsmäßige Nutzung von Geschäftsgeheimnissen – § 23 Abs 2, 4 Nr 1 GeschGehG</u>

Es ist davon auszugehen, dass der Beschuldigte Peter S. als Produktionsleiter sowie der Beschuldigte Michael W. als Geschäftsführer der Firma P&S Antriebstechnik GmbH die vom Beschuldigten Walter P. unbefugt erlangten und offengelegten Geschäftsgeheimnisse der Anzeigeerstatterin in Kenntnis dieser Vortat für die Fertigung von Konkurrenzprodukten nutzen. Dabei setzt der Beschuldigte Peter S. nach dem gemeinsamen Tatplan die Geschäftsgeheimnisse in der Produktion der Elektromotoren ein, die dann unter der Geschäftsleitung des Beschuldigten Michael W. angeboten und vertrieben werden.

Die Beschuldigten nutzen die Geschäftsgeheimnisse permanent für die Herstellung konkurrierender Produkte und somit wiederholt, um sich eine eigene, nicht nur vorübergehende Einnahmequelle zu schaffen. Dies erfüllt den Qualifikationstatbestand nach § 23 Abs 4 Nr 1 GeschGehG.[7]

b) <u>Datenhehlerei – § 202d StGB</u>

Bei den geheimen Fertigungsprotokollen der Anzeigeerstatterin handelt es sich um Daten im Sinne des § 202a Abs 2 StGB. Diese nicht allgemein zugänglichen Daten hat der Beschuldigte Walter P. durch Vortäuschen eines Diebstahls an dem Firmenlaptop rechtswidrig erlangt (§§ 23 Abs 1 Nr 1, 4 Abs 1 Nr 1 GeschGehG). Dies ist eine taugliche Vortat obwohl der Beschuldigte Walter P. während seiner Tätigkeit bei der Anzeigeerstatterin noch berechtigten Zugang zu den Fertigungsprotokollen hatte.[8] Vorliegend hat der Beschuldigte Walter P. nämlich zunächst die Daten auf den Firmenlaptop heruntergeladen und anschließend verhindert, dass die Anzeigeerstatterin die Verfügungsmöglichkeit über die Daten wiedererlangt. Dadurch wurde die formelle Verfügungsbefugnis der Berechtigten über die Daten beeinträchtigt.[9]

An diesen unbefugt erlangten Daten haben sich die Beschuldigten Peter S. und Michael W. in Zusammenwirkung mit dem Beschuldigten Walter P. eine Verfügungsmacht zugunsten der Firma P&S Antriebstechnik GmbH verschafft, in dem sie den Inhalt der Fertigungsprotokolle in der eigenen Produktion einsetzen. Dies geschah in Kenntnis der Vortat des Beschuldigten Walter P. und mit der Absicht, für das eigene Unternehmen einen Vermögensvorteil zu erlangen.

III. Ermittlungsmaßnahmen

Wir regen die Durchführung von Durchsuchungsmaßnahmen in den Geschäftsräumen der P&S Antriebstechnik GmbH und in den Wohnräumen der Beschuldigten an.

Dabei sollte insbesondere eine umfassende Datensicherung durchgeführt werden; Firmen- und private Computer sollten beschlagnahmt werden.

Verfahrensrelevante Beweise für die Nutzung der geheimen Fertigungsparameter können ggf auch durch Besichtigung der in der Fertigungsstätte der P&S Antriebstechnik GmbH in [Adresse] eingesetzten Wickelautomaten sichergestellt werden. Insbesondere kann anhand der in den programmierbaren Speichern dieser Maschinen aufgespielten Daten festgestellt werden, ob die Elektromotoren-Spulen anhand von Fertigungsparametern (Wickelgeometrie, Wickelspannung, Dehnungsausgleich etc.) gemäß <u>Anlage 1</u> hergestellt werden.

Für das Auslesen der Maschinenspeicher und den Abgleich der dortigen Einstellungswerte mit den betroffenen Fertigungsprotokollen der Anzeigeerstatterin wird es der Hinzuziehung eines Sachverständigen bedürfen.[10] Wir schlagen Herrn Prof. Dr.-Ing. Friedrich H. von der TUM München vor. Herr Prof. Dr. H. ist Leiter des Instituts für Produktionstechnik und ausgewiesener Experte auf dem relevanten technischen Gebiet der Spulenwickeltechnik, wie sich seiner Präsentation auf der Website der Universität entnehmen lässt. Herr Prof. Dr. H. ist unabhängig. Es besteht keine persönliche oder wirtschaftliche Verbindung zu der Anzeigeerstatterin, den Beschuldigten oder der Firma P&S Antriebstechnik GmbH.

IV. Akteneinsicht

1. Für den Fall einer Durchsuchung, Sicherstellung zur Durchsicht und/oder Beschlagnahme **beantragen** wir schon jetzt anschließende

Akteneinsicht

in die Ermittlungsakte einschließlich sämtlicher Beiakten, Beweismittelordner und beschlagnahmter Beweisstücke.[11] Wir bitten um Übersendung an unsere Kanzleiadresse.

Der Darlegung eines besonderen Interesses an der Akteneinsicht bedarf es für die Anzeigeerstatterin als Verletzte der Geheimnisverletzung nicht.[12] Nichtsdestotrotz besteht ein besonderes Interesse schon deshalb, weil die Anzeigeerstatterin unter anderem zur Geltendmachung zivilrechtlicher Ansprüche auf die Akteneinsicht angewiesen ist. [*Ggf Darstellung des aktuellen Stands der zivilrechtlichen Auseinandersetzung unter Angabe von Fristen, Verjährung, Termin zur mündlichen Verhandlung etc.*].

2. Wir bitten darum, die in Anlage 1 beigefügten Geschäftsgeheimnisse der Anzeigeerstatterin geheim zu halten und sie nicht in die Sachakte aufzunehmen.

Wir **beantragen,**

> der Anzeigeerstatterin vor Gewährung einer Akteneinsicht zugunsten der Verteidigung oder eines Dritten Möglichkeit zur Stellungnahme zu geben.

Ein etwaiges Akteneinsichtsgesuch eines nichtverfahrensbeteiligten Dritten bitten wir aufgrund des Geheimhaltungsinteresses der Anzeigeerstatterin zu versagen.[13]

Sollten zur Planung der Ermittlungsmaßnahmen weitere Informationen erforderlich sein, stehen wir jederzeit gerne zur Verfügung.

Mit freundlichen Grüßen

[*Unterschrift*]

Rechtsanwalt

Erläuterungen

1. Für die Verfolgung von Straftaten nach dem GeschGehG ist gem. §§ 7, 8 StPO iVm § 143 GVG die Staatsanwaltschaft (StA) am Gericht des Begehungsortes oder am Wohnsitz des Verletzers zuständig (sh im Einzelnen Kap 2 Rdn 72 ff). Kommt es nach den Ermittlungen der StA zu einem Strafverfahren, sind die Wirtschaftsstrafkammern der Landgerichte zuständig, soweit solche Verfahren in die Zuständigkeit einer großen Strafkammer fallen (§ 74c Abs 1 Nr 1 GVG). Im Übrigen richtet sich die sachliche Zuständigkeit nach den allgemeinen Regeln. Bei Sachverhalten mit Auslandsbezug empfiehlt es sich zu begründen, woraus sich die Zuständigkeit der angerufenen StA ergibt.

2. Straftaten nach § 23 GeschGehG werden grds nur auf Antrag verfolgt (§ 23 Abs 8 GeschGehG). Die Antragsfrist beträgt drei Monate ab Kenntnis von Tat und Täter, § 77b

StGB. Zum Fristbeginn sh Kap 2 Rdn 114 ff. Der Strafantrag kann bei der StA, der Polizei oder beim Amtsgericht gestellt werden und hat schriftlich zu erfolgen, § 158 Abs 1, 2 StPO. Das Fehlen eines wirksamen Strafantrags ist ein Verfahrenshindernis, das zur Einstellung führt (§§ 206a, 260 Abs 3 StPO).

130 Für das nach pflichtgemäßem Ermessen zu beurteilende besondere öffentliche Interesse an einer Strafverfolgung von Amts wegen nach § 23 Abs 8 GeschGehG werden weiterhin die Richtlinien für das Strafverfahren und das Bußgeldverfahren (RiStBV) in den Nr 250, 260 Abs 1 Satz 1, 260a Anwendung finden, auch wenn dort noch auf die §§ 17 bis 19 UWG aF Bezug genommen wird.

131 3. Antragsberechtigt ist der unmittelbar Verletzte (§ 77 Abs 1 StGB; sh Kap 2 Rdn 118). Dies ist der Träger des durch die Tat verletzten Rechtsguts (RG 21.03.1905, 6199/04 = RGSt 38, 6, 7, mwN; RG 14.10.1907, I 614/07 = RGSt 41, 103, 104), dh derjenige, in dessen Rechtskreis der Täter durch die verbotene Handlung eingegriffen hat (RG 15.03.1934, 2 D 284/34 = RGSt 68, 305; BGH 18.01.1983, 1 StR 490/82, Rn 9 [juris] = GRUR 1983, 330 – Antragsrecht). Dies ist in den Fällen des § 23 GeschGehG der Inhaber des Geschäftsgeheimnisses gem. § 2 Nr 2 GeschGehG (also typischerweise der Inhaber des Geschäftsbetriebs; vgl Ann/Loschelder/Grosch, Praxishdb, Kap 6, Rn 245). Im Falle einer juristischen Person oder Personengesellschaft handelt der gesetzliche bzw satzungsgemäße Vertreter.

132 4. Ist die Verletzte eine juristische Person, sollte im Hinblick auf die Wahrung der Antragsfrist darauf geachtet werden, dass die Vollmacht von einer zur Vollmachtserteilung berechtigten Person unterzeichnet ist, dh von einem Mitglied des Vorstands oder der Geschäftsführung, sh Kap 2 Rdn 120.

133 5. Die Annahme eines besonderen öffentlichen Interesses an der Strafverfolgung orientiert sich in der Praxis weitgehend an der möglichen Schadenssumme, da zu Beginn der Ermittlungen die übrigen Kriterien der Nr 260a Abs 1, 2 RiStBV oft noch nicht absehbar sind (sh Kap 2 Rdn 126 ff). In der Strafanzeige sollten daher bereits konkrete Angaben zu den wirtschaftlichen Schäden der Anzeigeerstatterin aufgrund der Geheimnisverletzung enthalten sein.

134 6. Je nach Fallgestaltung können neben § 23 GeschGehG noch weitere Straftatbestände in Betracht kommen, etwa §§ 202 ff StGB, §§ 203, 204 StGB, § 355 StGB, § 333 HGB, § 404 AktG, § 85 GmbHG, § 151 GenG, § 19 PublG, § 315 UmwG.

135 7. In einem besonders schweren Fall der Verletzung von Geschäftsgeheimnissen nach § 17 Abs 4 UWG aF ging Nr 260a Abs 2 RiStBV davon aus, dass das besondere öffentliche Interesse an der Verfolgung nur ausnahmsweise verneint werden kann. Dies wird entsprechend im Falle der Verwirklichung eines der Qualifikationstatbestände des § 23 Abs 4 GeschGehG gelten.

136 8. Zu der Frage der tauglichen Vortat, wenn der Täter ursprünglich rechtmäßigen Zugriff auf die Daten hatte sh Brodowski/Marnau, NStZ 2017, 377, 381 ff.

137 9. Als Vortat einer Datenhehlerei nach § 202d StGB kommen alle Taten in Betracht, die (auch) gegen die formelle Verfügungsbefugnis des Berechtigten gerichtet sind (BT-Drucks. 18/5088 S 46; Eisele, in Schönke/Schröder, StGB, § 202d Rn 9; Weidemann, in BeckOK StGB, § 202d Rn 6 f; Fischer, StGB, § 202d Rn 6). Allerdings wird auch vertreten, dass eine Verletzung der formellen Verfügungsbefugnis nicht vorliegt, wenn der Vortä-

ter in einem berechtigt genutzten System Daten lediglich unter Verletzung von vertraglichen Zugriffsbeschränkungen beschafft werden (Graf, in MüKo-StGB, § 202d Rn 17).

10. Zur grds Möglichkeit der Hinzuziehung sachkundiger Personen zu Ermittlungsverfahren sh Kap 2 Rdn 154 ff und Kap 4 Rdn 25 und OLG Bremen 23.10.1998, VAs 1/98 = wistra 1999, 74; OLG Hamm 16.01.1986, 1 Vas 94/85 = NStZ 1986, 326; LG Stuttgart 10.06.1997, 10 Qs 36/97 = wistra 1997, 279; LG Berlin 03.05.2012, 526 Qs 10–11/12 = wistra 2012, 410. Dabei ist das Gebot der Unparteilichkeit zu beachten (Hauschild, in MüKo-StPO, § 105 Rn 35).

11. Trotz eines bereits mit der Strafanzeige gestellten Akteneinsichtsantrags empfiehlt es sich, mit dem Akteneinsichtsgesuch zu einem späteren Zeitpunkt, etwa nach einer Durchsuchung, noch einmal auf die StA zuzugehen.

12. Der Verletzte muss gem. §§ 406e Abs 1 Satz 2, 395 Abs 1 Nr 6 StPO kein besonderes Interesse an der Akteneinsicht darlegen.

13. Ein unbeteiligter Dritter kann nach § 475 Abs 1 StPO Auskünfte aus Akten erhalten, die dem Gericht vorliegen oder diesem im Falle der Erhebung der öffentlichen Klage vorzulegen wären, soweit er hierfür ein berechtigtes Interesse darlegt. Solchen Auskünften wird aber das schutzwürdige Geheimhaltungsinteresse der Inhaberin des Geschäftsgeheimnisses entgegenstehen. Für den Fall einer geplanten Gewährung der Akteneinsicht eines Dritten sollte rechtliches Gehör beantragt werden (vgl hierzu Hiéramente, in BeckOK GeschGehG, § 23 Rn 84).

2. Beschwerde gegen Durchsuchung und Beschlagnahme

142 ▶ Amtsgericht [Ort][1]
– Strafgericht –
[Adresse]

Az.: 123 Gs 45 Js 678/19

In dem Ermittlungsverfahren gegen

Walter P., Peter S. und Michael W.

wegen des Verdachts der Geschäftsgeheimnisverletzung

zeige ich unter Verweis auf die beigefügte Strafprozessvollmacht an, dass ich die Interessen der P&S Antriebstechnik GmbH[2] vertrete.

Gegen den Durchsuchungsbeschluss des Amtsgerichts München vom [Datum] lege ich

<u>Beschwerde</u>[3]

ein und **beantrage**,

1. die Anordnung der Durchsuchung der Geschäftsräume[4] und Nebenräume der P&S Antriebstechnik GmbH vom [Datum] aufzuheben;[5][6]
2. die gerichtliche Entscheidung vom [Datum], mit der die Beschlagnahme des Computers der Marke [...], Typ [...], lfd. Ziff. 1 bestätigt wurde, aufzuheben[7] und den Computer an die Firma P&S Antriebstechnik GmbH herauszugeben.[8]

Darüber hinaus **beantrage** ich in entsprechender Anwendung des § 98 Abs 2 Satz 2 StPO im Wege der

<u>gerichtlichen Entscheidung</u>,[9]

1. die vorläufige Sicherstellung des Netzwerkservers der Firma P&S Antriebstechnik GmbH aufzuheben und diesen an die Firma P&S Antriebstechnik GmbH herauszugeben;[10]
2. festzustellen, dass die Hinzuziehung des Mitarbeiters der Anzeigeerstatterin, Herrn Dipl.-Ing. Wolfgang H., bei der Durchsuchung und Durchsicht der Speicherdaten der Fertigungsmaschinen der P&S Antriebstechnik GmbH rechtswidrig ist.[11]

<u>Begründung:</u>

I. **Sachverhalt**

Mit Beschluss vom [Datum] ordnete das Amtsgericht [Ort] die Durchsuchung der Geschäfts- und Nebenräume der Firma P&S Antriebstechnik GmbH nach den folgenden Gegenständen:

> Unterlagen, Daten, Speichermedien (CDs, DVDs, USB-Sticks, externe Festplatten usw), Computer nebst der dazugehörigen Hard- und Software sowie EDV-Server, aus denen sich Hinweise auf die Erlangung, Nutzung oder Offenlegung von Fertigungsprotokollen für Elektromotoren der Firma Denki Mota GmbH & Co. KG ergeben,

sowie deren Beschlagnahme für den Fall an, dass diese nicht freiwillig herausgegeben werden.[12]

Zum Zwecke der Identifikation der betroffenen Fertigungsprotokolle bzw diesbezüglicher Hinweise erlaubte das Amtsgericht die Hinzuziehung des sachkundigen Mitarbeiters der Anzeigeerstatterin, Herrn Dipl.-Ing. Wolfgang H., während der Durchsuchung.

Zur Begründung des Beschlusses gibt das Amtsgericht an, dass aufgrund der bisherigen Ermittlungen ua gegen den Geschäftsführer meiner Mandantin der Tatverdacht der unbefugten Nutzung fremder Geschäftsgeheimnisse bestünde und die oben genannten Gegenstände und Daten als Beweismittel von Bedeutung sein könnten. Die Maßnahme würde in angemessenem Verhältnis zur Schwere der Tat und zur Stärke des Tatverdachts stehen und für die Ermittlungen notwendig sein.

Im Zuge der Vollziehung dieses Beschlusses durchsuchte der sachbearbeitende Staatsanwalt zusammen mit fünf Polizeibeamten der Kripo [Ort] die Geschäftsräume meiner Mandantin in [Ort]. Dabei beschlagnahmten sie ua den Firmencomputer des Geschäftsführers – des Beschuldigten Michael W. –, nachdem meine Mandantin sich weigerte, den Computer freiwillig mitzugeben.

Ferner forderten die Ermittlungsbeamten Mitarbeiter meiner Mandantin auf, aus den elektronischen Speichern verschiedener Fertigungsmaschinen meiner Mandantin die dort gespeicherten Einstellungswerte (Daten) auszulesen und auf von den Polizeibeamten mitgebrachten Datenträgern zu speichern. Dabei zeigte der anwesende Mitarbeiter der Anzeigeerstatterin, Herr Dipl.-Ing. Wolfgang H., den Beamten die Fertigungsmaschinen, aus denen die Daten ausgelesen werden sollten.

Schließlich stellten die Ermittlungsbeamten den zentralen Netzwerkserver meiner Mandantin sicher und nahmen diesen zu Zwecken der Durchsicht nach relevanten Informationen mit auf die Polizeidienststelle. Auf Nachfrage teilte der sachbearbeitende Staatanwalt mit, dass der Server in den nächsten Wochen unter Hinzuziehung von Herrn Dipl.-Ing. Wolfgang H. auf die betroffenen Fertigungsprotokolle hin untersucht werden soll.

II. Zulässigkeit der Beschwerde

Die Beschwerde gegen die Anordnung der Durchsuchung nach Ziffer 1 ist nach § 304 StPO zulässig, da diese aufgrund der laufenden Durchsicht des Netzwerkservers noch andauert. Da es sich bei dem beschlagnahmten Firmencomputer um einen Gegenstand handelt, der sich in Gewahrsam meiner Mandantin befand, ist sie beschwerdeberechtigt.[13] Mit der nach §§ 98 Abs 2 Satz 1, 304 StPO statthaften Beschwerde in Ziffer 2 wendet sich meine Mandantin gegen den Beschluss des Amtsgerichts [Ort] vom [Datum], mit dem die von den Ermittlungsbeamten vor Ort vorgenommene Beschlagnahme bestätigt wurde.

Die Zulässigkeit des Antrags auf gerichtliche Entscheidung gegen die Art und Weise der Durchführung der Durchsuchung folgt aus § 98 Abs 2 Satz 2 StPO analog. Dies gilt auch für die Überprüfung der Sicherstellung des Netzwerkservers zur Durchsicht nach § 110 StPO.

III. Begründetheit[14]

Der erlassene Durchsuchungsbeschluss ist rechtswidrig. Die Begründung der Durchsuchungsanordnung (§§ 103, 105 StPO) entspricht nicht den gesetzlichen Anforderungen. Darin werden zwar die den Beschuldigten im Sinne eines Anfangsverdachts zur Last gelegten Vergehen sowie etwaig aufzufindende Beweismittel angegeben. Es fehlt jedoch an der Angabe tatsächlicher Umstände, aus denen sich der Tatverdacht gegen die Beschuldigten ergibt; vielmehr verweist der Beschluss lediglich pauschal auf das »bisherige Ermittlungsergebnis«. Eine derartige allgemeine, formelhafte Wendung genügt zur Begründung rechtsmittelfähiger gerichtlicher Entscheidungen grundsätzlich nicht (vgl BGH 18.12.2008, StB 26/08 = NStZ-RR 2009, 142, 143). Dem Beschluss lässt sich in seiner Gesamtheit nicht entnehmen, dass der Ermittlungsrichter die Voraussetzungen für seinen Erlass eigenständig geprüft hat.[15] [Wird näher ausgeführt].[16]

Sowohl die Beschlagnahme des Firmencomputers des Geschäftsführers meiner Mandantin als auch die Sicherstellung des Netzwerkservers zum Zwecke der Durchsicht gem. § 110 StPO waren bzw sind unverhältnismäßig. Beide EDV-Anlagen sind für die tägliche Berufsausübung der Mitarbeiter des Unternehmens meiner Mandantin unentbehrlich. [*Wird näher ausgeführt*].

Während der laufenden Durchsuchung bot meine Mandantin dem sachbearbeitenden Staatsanwalt an, sämtliche Daten, die auf der Festplatte des Firmencomputers und auf dem Netzwerkserver gespeichert sind, auf externe Speichermedien zu spiegeln und den Ermittlungsbeamten diese externen Speichermedien für eine Durchsicht zur Verfügung zu stellen. Dies lehnte der sachbearbeitende Staatsanwalt mit Verweis auf die Verzögerung ab, die durch eine Datenspiegelung eintreten würde. Angesichts der Möglichkeit, Kopien der Daten ohne Mitnahme dieser EDV-Anlagen anzufertigen, stellt die amtliche Verwahrungnahme nicht das mildeste Mittel dar und ist aufgrund der drastischen Beeinträchtigung der beruflichen Tätigkeit meiner Mandantin, deren Betrieb ohne den Netzwerkserver praktisch stillsteht, nicht angemessen.[17] Im Übrigen ist auf dem mitgenommenen Firmencomputer umfangreiche E-Mailkorrespondenz des Geschäftsführers meiner Mandantin gespeichert. Darunter auch E-Mails, die personenbezogene Daten enthalten (zB betreffend die Arbeitsverhältnisse der Mitarbeiter). Auch hier stellt die Herstellung von Kopien verfahrensrelevanter Daten bei Verbleib des Firmencomputers im Gewahrsam meiner Mandantin das weniger einschneidende Mittel dar.[18]

Schließlich ist bzw war auch die Hinzuziehung eines Angestellten der Anzeigeerstatterin bei der Durchsuchung und der sich anschließenden Durchsicht des Netzwerkservers rechtswidrig.[19]

Das Legalitätsprinzip und die hieraus folgende Pflicht der Staatsanwaltschaft zur Unparteilichkeit verlangen, dass sie ihr Handeln so einrichtet, dass bei dem Betroffenen einer Ermittlungsmaßnahme kein nachvollziehbarer Verdacht dahingehend entstehen kann, die Staatsanwaltschaft habe gegen dieses Gebot der Unparteilichkeit verstoßen. In dem die Ermittlungsbeamten es zuließen, dass der vermeintlich sachverständige Angestellte der Anzeigeerstatterin bei der Durchsuchung meiner Mandantin mitwirkte, musste bei letztgenannter der verständliche Verdacht entstehen, dass die Ermittlungsbehörden Stellung zu Gunsten der Anzeigeerstatterin beziehen.

Dies wiegt umso schwerer, als es sich bei meiner Mandantin um eine unmittelbare Mitbewerberin der Anzeigeerstatterin handelt und sich auf dem sichergestellten Netzwerkserver Informationen befinden, die den relevanten Fachkreisen weder allgemein bekannt noch ohne weiteres zugänglich sind und deren Geheimhaltung für meine Mandantin substantiellen wirtschaftlichen Wert hat. Betroffen sind Geschäftsgeheimnisse meiner Mandantin, die auf gar keinen Fall der Anzeigeerstatterin zur Kenntnis gelangen dürfen.

Sofern die Staatsanwaltschaft die Hinzuziehung des Herrn Dipl.-Ing. Wolfgang H. im Rahmen der Ermittlungsmaßnahmen mit der Notwendigkeit begründet, dass dessen Sachkunde für das Auffinden und Identifizieren verfahrensrelevanter Informationen notwendig gewesen sei, ändert dies an der Rechtswidrigkeit nichts. Die Ermittlungsbehörden hätten nämlich die Möglichkeit gehabt, einen unabhängigen Sachverständigen für die Teilnahme an der Durchsuchung bzw Durchsicht zu gewinnen. Ich verweise zB auf das bundesweite Sachverständigenverzeichnis der IHK (abrufbar unter http://svv.ihk.de).

Angesichts des faktischen Stillstands des Geschäftsbetriebs meiner Mandantin aufgrund der fehlenden EDV-Anlagen bitte ich um eilige Entscheidung.

[*Unterschrift*]

Rechtsanwalt

Erläuterungen

1. Gegen die Anordnung der Durchsuchung und der Beschlagnahme durch den Ermittlungsrichter ist die Beschwerde nach § 304 StPO statthaft. Sie ist gem. § 306 Abs 1 StPO bei dem Gericht/Ermittlungsrichter einzulegen, der die Entscheidung erlassen hat, damit dieser von seiner Abhilfebefugnis nach § 306 Abs 2 StPO Gebrauch machen kann.

Die Rechtmäßigkeit der Art und Weise der Durchführung der Ermittlungsmaßnahmen wird nach § 98 Abs 2 Satz 2 StPO analog im Wege einer gerichtlichen Entscheidung überprüft (BGH 07.12.1998, 5 AR [VS] 2/98, Rn 17 ff. [juris] = NJW 1999, 730). Zuständig ist nach § 98 Abs 2 Satz 3 iVm § 162 Abs 1 Satz 1 StPO der Ermittlungsrichter am Sitz der Staatsanwaltschaft (StA) bzw nach Anklageerhebung das erkennende Gericht.

Hilft der Ermittlungsrichter der Beschwerde nicht ab, hat er die Akte dem zuständigen Beschwerdegericht (hier der Strafkammer, § 73 Abs 1 GVG) vorzulegen. Werden – wie im vorliegenden Muster – Beschwerde und Antrag auf richterliche Entscheidung aufgrund des inneren Zusammenhangs der Angriffe gegen die Ermittlungsmaßnahmen in zulässiger Weise zusammen erhoben, muss der Ermittlungsrichter die Entscheidungen an dieser Stelle trennen (sh hierzu im Einzelnen: Park, HdB Durchsuchung u Beschlagnahme, 4. Aufl 2018, § 2 Rn 337).

2. Beschwerdeberechtigt bzw antragsberechtigt ist, wer durch die Maßnahme in seinen Rechten verletzt ist. Dies ist zB bei der Durchsuchung der Eigentümer oder Gewahrsamsinhaber der durchsuchten Räumlichkeiten (Art 13 Abs 1 GG), im Fall der Beschlagnahme zB der Eigentümer, Gewahrsamsinhaber oder Besitzer der beschlagnahmten Sache (Art 14 Abs 1 Satz 1 GG).

Die Durchsuchung zum Auffinden von Beweismitteln beim Beschuldigen (in Privaträumen oder seinen Geschäftsräumen) erfordert nach § 102 StPO einen Anfangsverdacht für eine möglicherweise begangene, verfolgbare Straftat. Soll bei anderen, nicht tat- oder teilnahmeverdächtigen Personen durchsucht werden, müssen erwiesene Tatsachen vorliegen, aus denen zu schließen ist, dass sich die tatrelevanten Beweismittel in den zu durchsuchenden Räumlichkeiten befinden, § 103 Abs 1 Satz 1 StPO. Die Voraussetzungen des § 103 StPO sind strenger, denn hier müssen konkrete Gründe dafür bestehen, dass ein Beweisgegenstand bei dem Unverdächtigen gefunden werden kann, während nach § 102 StPO ein abstrakter Auffindeverdacht aufgrund kriminalistischer Erfahrung ausreicht (vgl BVerfG 28.04.2003, 2 BvR 358/03, Rn 21 [juris] = NJW 2003, 2669). Dies muss sich auch im Durchsuchungsbeschluss wiederspiegeln. Bei Geschäftsräumen eines Unternehmens in einem Verfahren gegen dessen Geschäftsführer ist zu unterscheiden: Das Büro des Geschäftsführers kann nach § 102 StPO durchsucht werden (BGH 22.08.1996, 5 StR 159/96 [juris]; Hauschild, in MüKo-StPO, § 102 Rn 23, mwN). Für alle anderen Räumlichkeiten ist nach § 103 StPO vorzugehen (Kusnik, CCZ 2015, 22).

3. Gegen richterliche Durchsuchungs- und Beschlagnahmeanordnungen ist die Beschwerde nach § 304 StPO eröffnet. Durchsuchungs- und Beschlagnahmeanordnungen der StA und ihrer Ermittlungspersonen werden nach § 98 Abs 2 Satz 2 StPO angefochten (Hauschild, in MüKo-StPO, § 98 Rn 39a), sofern nicht das Gericht im Falle des § 98 Abs 1 Satz 1 StPO die Anordnung bereits nach § 98 Abs 2 Satz 1 StPO bestätigt hat (Hauschild, in MüKo-StPO, § 98 Rn 40a).

4. Das Bundesverfassungsgericht legt den Begriff der Wohnung weit aus, so dass neben den Wohnräumen vom Schutz des Art 13 Abs 1 GG auch Arbeits-, Betriebs- und Geschäftsräume erfasst sind. Aus diesem Grund kann auch im Rahmen der Beurteilung der Schwere eines bereits erfolgten, tatsächlich allerdings nicht mehr fortwirkenden Grundrechtseingriffs und des anschließenden Rechtsschutzes keine Differenzierung dahingehend vorgenommen werden, ob die Durchsuchungsanordnung sich auf eine Wohnung oder auf Geschäftsräume bezogen hat. Beide Bereiche werden gleichermaßen vom Schutzbereich des Art 13 Abs 1 GG erfasst (BVerfG 05.07.2013, 2 BvR 370/13 = BeckRS 2013, 54085).

150 5. Werden im Rahmen einer Durchsuchung Gegenstände nach § 110 StPO zur Durchsicht mitgenommen, so wirkt der Durchsuchungsbeschluss insoweit fort, entfaltet also noch Rechtswirkung. Auch wenn die eigentliche Durchsuchungsmaßnahme bereits beendet ist, ist in diesem Fall das richtige Rechtsmittel gegen den Durchsuchungsbeschluss bis zum Abschluss der Durchsicht die Beschwerde nach § 304 StPO mit dem Ziel, den Durchsuchungsbeschluss aufzuheben (BGH 13.08.1973, StB 34/73, Rn 3 [juris] = NJW 1973, 2035).

151 6. Ist die Durchsuchung bereits durchgeführt und beendet worden, kann der Rechtsschutz nicht mehr auf die Aufhebung der Anordnung, sondern nur noch auf die Feststellung ihrer Rechtswidrigkeit gerichtet sein (Park, HdB Durchsuchung u Beschlagnahme, 4. Aufl 2018, § 2 Rn 322). Das Erfordernis eines effektiven Rechtsschutzes (Art 19 IV GG) verlangt, dass in Fällen tiefgreifender, tatsächlich jedoch nicht mehr fortwirkender Grundrechtseingriffe auch dann die Berechtigung des Eingriffs gerichtlich geklärt werden kann, wenn die richterliche Anordnung bereits vollzogen wurde und die Maßnahme sich deshalb erledigt hat. Die Beschwerde gegen eine richterliche Durchsuchungsanordnung darf somit nicht allein deswegen, weil sie vollzogen ist und die Maßnahme sich deshalb erledigt hat, unter dem Gesichtspunkt prozessualer Überholung als unzulässig verworfen werden (BVerfG 30.04.1997, 2 BvR 817/90, Ls 2a [juris] = NJW 1997, 2163; BVerfG 14.12.2004, 2 BvR 1451/04, Rn 21 [juris] = NJW 2005, 1855). Ein solcher Feststellungsantrag könnte lauten:

152 ▶ *»festzustellen, dass die Anordnung der Durchsuchung der Geschäftsräume und Nebenräume der P&S Antriebstechnik GmbH rechtswidrig war«.*

153 7. In der Praxis wird teilweise bereits im Durchsuchungsbeschluss eine »Beschlagnahme« angeordnet. Diese Anordnung ist jedoch nur dann eine wirksame Beschlagnahme iSd § 94 Abs 2 StPO, wenn die genannten Beweismittel hinreichend konkret benannt wurden. Das ist in Wirtschaftsstrafverfahren regelmäßig nicht der Fall, da vor der Durchsuchung keine eindeutig bestimmbaren Gegenstände benannt, sondern diese nur gattungsgemäß beschrieben werden können (zB digitale Korrespondenz mit dem Kunden XY). In diesem Fall bewertet die Rechtsprechung die Beschlagnahmeanordnung in dem Durchsuchungsbeschluss als »Richtlinie für die Durchsuchung« und nicht als formelle Beschlagnahmeentscheidung. Werden im Zuge der Durchsuchung konkrete potentielle Beweismittel von den Ermittlungsbeamten mitgenommen, so liegt darin zunächst eine Sicherstellung (§ 94 Abs 1 StPO), die – bei Widerspruch des Gewahrsamsinhabers – einer Beschlagnahmeentscheidung der Beamten bedarf (§ 94 Abs 2 StPO). Die Beamten vor Ort sind dazu bei – regelmäßig vorliegender – Gefahr im Verzug nach § 98 Abs 1 StPO berechtigt. Im Anschluss soll sodann eine gerichtliche Bestätigung erfolgen (§ 98 Abs 2 Satz 1 StPO). Der Betroffene kann diese gerichtliche Entscheidung jederzeit auch selbst beantragen (§ 98 Abs 2 Satz 2 StPO). Bestätigt das Amtsgericht die Beschlagnahme, so steht dem Betroffenen gegen diese Entscheidung die Möglichkeit der Beschwerde nach § 304 StPO zur Verfügung.

154 8. Wendet sich der Betroffene gegen eine richterliche Beschlagnahmeanordnung und ist sein Begehren darauf gerichtet, die beschlagnahmten Gegenstände zurückzuerhalten, ist mit der Beschwerde auch die Aufhebung des Beschlagnahmebeschlusses zu beantragen, da dieser die Rechtsgrundlage für die Ingewahrsamnahme darstellt (vgl BGH 03.08.1995, StB 33/95, Rn 4 [juris] = StV 1995, 622, 623; Park, HdB Durchsuchung u Beschlagnahme, 4. Aufl 2018, Rn 675).

9. Solange die Durchsicht der gemäß StPO § 110 mitgenommenen Papiere und Daten noch anhält, ist die Durchsuchung noch nicht beendet, mit der Folge, dass der Betroffene den für das Ermittlungsverfahren zuständigen Richter nach § 98 Abs 2 StPO analog anrufen kann (vgl BGH 23.22.1987, 1 BGs 517/87 [juris] = StV 1988, 90 , mwN) 155

Auch wenn es um die Feststellung der Rechtswidrigkeit der Art und Weise der Durchführung einer bereits erledigten Ermittlungsmaßnahme geht, ist nach § 98 Abs 2 Satz 2 StPO analog der Antrag auf gerichtliche Entscheidung eröffnet (Greven, in KK-StPO, § 98 Rn 26). 156

10. Um die Dauer einer Durchsuchung und den Umfang einer Beschlagnahme zu begrenzen, aber dennoch aufgefundene Papiere und elektronische Speichermedien »in Ruhe« auf ihre Tatrelevanz zu prüfen, erlaubt § 110 StPO die Durchsicht sichergestellter Papiere. Dabei ist allgemein anerkannt, dass der Begriff »Papiere« auch elektronische Datenträger und Datenspeicher, mit denen Gedankenerklärungen und sonstige Aufzeichnungen festgehalten werden, bspw elektronische Speichermedien (vgl auch Abs 3), Festplatten, CDs, DVDs, Speicherkarten, USB-Sticks, Notebooks und sonstige EDV-Geräte, sowie Datenspeicher in einem Mobiltelefon umfasst (vgl BVerfG 12.04.2005, 2 BvR 1027/02 = NJW 2005, 1917; BGH 05.08.2003, StB 7/03, Rn 14 [juris] = NStZ 2003, 670, 671; Hauschild, in MüKo-StPO, § 110 Rn 6, mwN). 157

Von der Durchsuchung betroffen ist jeder Gewahrsamsinhaber. Auf die zivilrechtliche Eigentümerstellung kommt es nicht an (Hegmann, in BeckOK-StPO, § 110 Rn 6). Maßnahmen nach § 110 StPO unterfallen, auch wenn sie Resultat einer Wohnungsdurchsuchung sind, nicht mehr dem Schutzbereich des Art 13 Abs 1 GG, sondern Art 2 Abs 1 GG (Recht auf informationelle Selbstbestimmung), wenn und soweit nicht andere Spezialgrundrechte vorgehen (BVerfG 12.04.2005, 2 BvR 1027/02 = BVerfGE 113, 29). 158

Die Durchsicht ist Teil der Durchsuchung (BGH 05.08.2003, StB 7/03, Rn 8 [juris] = NStZ 2003, 670). Die Mitnahme der Papiere zur Durchsicht gem. § 110 StPO ist noch keine Beschlagnahme, sondern sie dient dazu, mögliche Beschlagnahmegegenstände aus dem bei der Durchsuchung vorgefundenen Material auszusondern. Deshalb ist § 98 Abs 2 Satz 2 StPO nicht unmittelbar anwendbar. Da die vorläufige Sicherstellung von Unterlagen zur Durchsicht eine der späteren Beschlagnahme vergleichbare Beschwer begründet, ist dagegen entsprechend § 98 Abs 2 Satz 2 StPO ein Antrag auf richterliche Entscheidung zulässig (BVerfG 29.01.2002, 2 BvR 494/01, Rn 7 [juris] = NStZ-RR 2002, 144; vgl BGH 14.12.1998, 2 BJs 82/98–3, Rn 11 [juris] = CR 1999, 292 f). 159

Wird eine Herausgabe sichergestellter Daten zwecks Fortsetzung der beruflichen Tätigkeit verlangt, kann es ein milderes Mittel sein zu verlangen, dass die StA gestattet, eine Kopie der Datenträger herzustellen (vgl BVerfG 18.02.2010, 2 BvQ 8/10, Rn 5 [juris] = BeckRS 2010, 47374). 160

11. Rechtsfehler der Ermittlungsmaßnahme können zu einem Beweisverwertungsverbot führen (ausführlich: Park, HdB Durchsuchung u Beschlagnahme, 4. Aufl 2018, § 3 Rn 382–432), woraus ein Interesse an der Feststellung der Rechtwidrigkeit der Maßnahme resultiert. Aber auch bei Verstößen, die kein Beweisverwertungsverbot zur Folge haben, 161 kann die Feststellung der Rechtswidrigkeit uU die Bereitschaft zur Verfahrenseinstellung nach §§ 153, 153a StPO bestärken (hierzu Schlothauer, in MAH Strafverteidigung, Teil B. § 3 Rn 121; Park, HdB Durchsuchung u Beschlagnahme, 4. Aufl 2018, § 3 Rn 375).

162 12. Eine richterliche Beschlagnahme kann vorweg zugleich mit einem Durchsuchungsbeschluss im Hinblick auf am Durchsuchungsort vermutete Beweismittel angeordnet werden. Dann müssen jedoch die Beweismittel so konkret bezeichnet werden, dass bei den Ermittlungspersonen vor Ort und bei dem von der Durchsuchung Betroffenen keine Zweifel daran aufkommen können, ob ein vorgefundener Gegenstand von der Beschlagnahmeanordnung erfasst ist oder nicht. Eine pauschale Anordnung des Inhalts, dass vorgefundene Beweismittel beschlagnahmt werden, ist nicht ausreichend bestimmt und stellt deshalb keine zulässige richterliche Beschlagnahmeanordnung dar (OLG Düsseldorf, 21.07.1982, 2 Ws 501/82 = StV 1982, 513; OLG Koblenz, 19.06.2006, 1 Ws 385/06, Rn 11 [juris] = NStZ 2007, 285; LG Oldenburg 06.05.1986, II Qs 25/86 = wistra 1987, 38; LG Oldenburg 27.01.1994, I Qs 59/93 = StV 1994, 178). Im letztgenannten Fall hat ein Beschwerdeführer zunächst eine Entscheidung gem. § 98 Abs 2 Satz 2 StPO über die Bestätigung der Beschlagnahme konkreter Beweismittel herbeizuführen (OLG Koblenz 19.06.2006, 1 Ws 385/06, Rn 15 [juris] = NStZ 2007, 285 – inhaltliche Anforderungen an richterliche Beschlagnahmeanordnung).

163 13. Antragsberechtigt sind der Eigentümer, der Besitzer oder der letzte Gewahrsamsinhaber der beschlagnahmten Sache (vgl BVerfG 20.02.2007, 2 BvR 646/06, Rn 2 [juris] = BeckRS 2007, 21806; Hauschild, in MüKo-StPO, § 98 Rn 26).

164 14. Das Rechtsmittel gegen die Durchsuchung und/oder Beschlagnahme kann sowohl aufgrund Fehler bei der Anordnung als auch Fehler in der Art und Weise der Durchführung der Maßnahme begründet sein (ausführlich: Schlothauer, in MAH Strafverteidigung, Teil B. § 3 Rn 121; Park, HdB Durchsuchung u Beschlagnahme, 4. Aufl 2018, § 2 Rn 89, 132, § 3 Rn 375):

165 **Fehler bei der Anordnung:**
- Sachliche, funktionelle oder örtliche Unzuständigkeit des erlassenden Richters.
- Kein wirksamer Antrag der StA und keine Gefahr im Verzug (§ 165 StPO).
- Keine Gefahr im Verzug bei nichtrichterlichen Anordnungen (§§ 98 Abs 1 Satz 1, 105 Abs 1 Satz 1 StPO).
- Keine oder ungenügende Angaben zur Person des Beschuldigten.
- Keine oder ungenügende Angaben zum Tatvorwurf.
- Kein Anfangsverdacht für eine verfolgbare Straftat.
- Ungenügende Angaben zu
  - Durchsuchungsobjekt (Gebäude, Räume etc),
  - Durchsuchungs- bzw Beweiszweck,
  - Auffindungsvermutung erwarteter Beweismittel aufgrund kriminalistischer Erfahrung (bei § 102 StPO) oder aufgrund konkreter Tatsachen (bei § 103 StPO).
- Bestehen eines Beschlagnahmeverbots.
- Verfristung: Unwirksamkeit der Anordnung nach 6 Monaten.
- Unverhältnismäßigkeit.

166 **Fehler in der Art und Weise der Durchführung:**
- Nichtaushändigung des richterlichen Durchsuchungs- oder Beschlagnahmebeschlusses trotz Aufforderung.
- Nichtbeachtung des Anwesenheitsrechts (§ 106 StPO).

- Keine Durchsuchungszeugen (§ 105 Abs 2 StPO) trotz Möglichkeit der Hinzuziehung und fehlendem Verzicht.
- Durchsuchung zur Nachtzeit gegen den Willen des Berechtigten und ohne Vorliegen möglicher Ausnahmegründe.
- Verhängung einer generellen Telefonsperre.
- Nichtzulassung des Verteidigers entgegen dem ausdrücklichen Wunsch des Berechtigten.
- Hinzuziehung verfahrensfremder Personen durch die Ermittlungsbeamten.
- Gezielte Suche nach Zufallsfunden (§ 108 StPO).
- Unzulässige Durchsicht von Papieren/Daten (§ 110 StPO):
  - Durchsicht durch Ermittlungspersonen ohne entsprechende Anordnung der StA.
  - Durchsicht durch andere Personen ohne Zustimmung des Inhabers.
  - Mitnahme konkreter Papiere/Daten, die Beweismittel sein können, ohne richterliche Beschlagnahmeanordnung.
  - Mitnahme zur Durchsicht durch Ermittlungspersonen ohne Versiegelung.
  - Mitnahme von Papieren/Daten, die offensichtlich nicht als Beweismittel in Betracht kommen.
  - Mitnahme von Papieren/Daten, die einem Beschlagnahmeverbot unterliegen.
  - Unangemessen lange Dauer der Durchsicht von Papieren/Daten etc.
- Nichtaushändigung eines Beschlagnahmeverzeichnisses bzw eines Negativattests (§ 107 StPO).
- Unverhältnismäßige Zwangsausübung beim Zutritt zum Durchsuchungsobjekt oder bei der Durchführung der Durchsuchung, einschließlich Vornahme nicht erforderlicher Sachbeschädigungen.
- Verletzung der Pflicht zur Kennzeichnung beschlagnahmter Gegenstände.
- Verletzung des Verhältnismäßigkeitsgrundsatzes mangels Vermeidung der Beschlagnahme mittels weniger einschneidender Maßnahmen.
- Unverhältnismäßige Dauer der Beschlagnahme und unsachgemäße Behandlung des Beschlagnahmegegenstandes.
- Verweigerung der Aushändigung von Kopien beschlagnahmter Papiere an den Beschuldigten.

15. Die Angabe von Indizien ist nicht zwingend erforderlich (BVerfG 05.03.2012, 2 BvR 1345/08, Rn 17 [juris] = NJW 2012, 2097). Dies gilt allerdings nur, wenn sie nicht zur Begrenzung der richterlichen Durchsuchungsgestattung notwendig sind (vgl BVerfG 07.09.2007, 2 BvR 620/02, Rn 24 [juris] = BeckRS 2007, 26571, so dass es auf den Einzelfall ankommt, welche Begründungstiefe und Konkretisierung der Beschluss zu den zu erhebenden Beweisgegenständen aufweisen muss. Rein formelhafte Beschlüsse, die keine tatsächlichen Angaben über den Inhalt des Tatvorwurfs enthalten und weder die Art noch den denkbaren Inhalt der Beweismittel, denen die Durchsuchung gilt, erkennen lassen, genügen nicht (BVerfG 09.11.2001, 2 BvR 436/01, Rn 9 [juris] = NStZ 2002, 212).

16. Alleine die Übernahme eines Antrags der StA schließt nicht aus, dass eine eigenständige Prüfung seitens des Gerichts erfolgt ist (Bruns, in KK-StPO, § 105, Rn 2). Es müssen konkrete Anhaltspunkte aufgezeigt werden, aus denen sich schließen lässt, dass eine Prüfung unterblieben ist.

17. Benötigt der Betroffene das sichergestellte Material dringend zur Fortführung seines Betriebes und entstehen bei der weiteren Durchsicht erhebliche Nachteile, so ist die Durchsuchung unverhältnismäßig, wenn auf der anderen Seite nur ein vager Verdacht vorliegt, das gesuchte Beweismittel befinde sich unter den mitgenommenen Gegenständen (BGH 23.11.1987, 1 BGs 517/87 = StV 1988, 90).

170 18. Die Durchsicht ist noch Teil der Durchsuchung. In diesem Stadium soll der StA Gelegenheit zur Klärung und Entscheidung gegeben werden, ob die vorläufig sichergestellten Unterlagen zurückzugeben sind oder die richterliche Beschlagnahme zu erwirken ist. In welchem Umfang die inhaltliche Durchsicht des Materials notwendig ist, wie sie im Einzelnen gestaltet wird und wann sie zu beenden ist, unterliegt der Entscheidung der StA, der hier ein Ermessensspielraum zusteht (vgl BGH 03.08.1995, StB 33/95, Rn 8 [juris] = StV 1995, 622).

171 19. Nur die StA ist zu einer umfangreichen Sichtung der zu durchsuchenden Papiere und Daten befugt. Allerdings darf sie ihre Ermittlungspersonen mit der Sichtung beauftragen. Dies sollte im Durchsuchungsbeschluss vermerkt sein. Ist das nicht der Fall, ist es Ermittlungsbeamten nicht gestattet, die Papiere durchzusehen, es sei denn, der Betroffene genehmigt dies.

172 Die StA kann sachkundige Personen (Sachverständige und sachverständige Zeugen) bei der Durchsuchung oder Durchsicht hinzuziehen, wenn ihr die eigene Sachkunde für die Identifikation und das Verständnis verfahrensrelevanter Beweismittel fehlt. Dann dürfte die Hinzuziehung von Sachverständigen schon zu der Durchsuchung gegenüber der Alternative einer blinden Sicherstellung aller auf den ersten Blick potentiell beweiserheblichen Gegenstände und einer sich erst anschließenden Durchsicht unter Zuhilfenahme von Sachverständigen sogar vorzugswürdig sein (LG Berlin 03.05.2012, 526 Qs 10 – 11/12, Rn 9 ff. [juris] = NJW Spezial 2012, 442). Handelt es sich bei dem Sachverständigen indessen nicht um eine unabhängige Person – wie zB einen Mitarbeiter der Anzeigeerstatterin – muss mit Blick auf das Gebot der Unparteilichkeit die Verhältnismäßigkeit ihrer Hinzuziehung besonders sorgfältig geprüft werden (LG Berlin 03.05.2012, 526 Qs 10-11/12, Rn 9 ff. [juris] = NJW Spezial 2012, 442 – Hinzuziehung nicht neutraler Sachverständiger zu Durchsuchungen; Hegmann, in BeckOK-StPO, § 105 Rn 21). Diese ist nicht gewahrt, wenn die Möglichkeit bestand, einen unabhängigen Sachverständigen einzuschalten (vgl OLG Hamm 16.01.1986, 1 Vas 94/85, Rn 19 ff. [juris] = NStZ 1986, 326; LG Kiel 14.08.2006, 37 Qs 54/06, Rn 7 [juris] = NStZ 2007, 169). Die Zuziehung von Zeugen als Sachverständige ist überdies abzulehnen, wenn diese Mitarbeiter einer Anzeigeerstatterin sind, die zugleich Mitbewerberin im selben Markt ist, und die bei der Durchsicht der Geschäftsunterlagen möglicherweise Geschäftsgeheimnisse wahrnehmen können (Hauschild, in MüKoStPO, § 105 Rn 35).

3. Antrag auf Akteneinsicht

▶ Staatsanwaltschaft [...]¹
Frau/Herr [Name der Sachbearbeiterin/des Sachbearbeiters]
[Adresse]

Az.: 45 Js 678/19

Ermittlungsverfahren gegen Peter S. u. a.

wg. Verdachts der Verletzung von Geschäftsgeheimnissen u. a.

Sehr geehrte/r Frau/Herr [Name der Sachbearbeiterin/des Sachbearbeiters],

wir beziehen uns auf unsere Strafanzeige nebst Strafantrag vom [Datum] im Namen der Denki Mota GmbH & Co. KG, verweisen auf unsere bereits vorgelegte Vollmacht und beantragen gemäß § 406e StPO²

Akteneinsicht

in die Hauptakte³ einschließlich sämtlicher Beiakten, Beweismittelordner und Beweisstücke.⁴

Als Inhaberin der betroffenen Geschäftsgeheimnisse ist die Anzeigeerstatterin Verletzte⁵ und damit gemäß §§ 406e Abs 1 Satz 2, 395 Abs 1 Nr 6 StPO von der Darlegung eines berechtigten Interesses befreit.⁶

Dessen ungeachtet ist die Anzeigeerstatterin auf Beweisgegenstände aus dem Ermittlungsverfahren angewiesen, um erfolgreich zivilrechtliche Ansprüche gegen die Beschuldigten durchzusetzen.⁷ Im Vordergrund steht dabei ein Unterlassungs- und Beseitigungsanspruch aus § 4 GeschGehG. Die Beschuldigten bzw deren Unternehmen, die P&S Antriebstechnik GmbH, stellen nämlich unter fortlaufender Verletzung der Geschäftsgeheimnisse der Anzeigeerstatterin Produkte her, die den Elektromotoren der Anzeigeerstatterin nicht nur Konkurrenz machen, sondern diese aus dem Markt zu drängen drohen. Während die Anzeigeerstatterin über viele Jahre unter hohen Investitionskosten die für ihre Produkte idealen Fertigungsparameter entwickelte, ersparen sich die Beschuldigten diesen Aufwand und können daher identische Elektromotoren zu günstigeren Preisen denselben Kunden anbieten.⁸ Um eine weitere Beeinträchtigung ihrer Absatzchancen zu unterbinden, ist die Anzeigeerstatterin gehalten, schnellstmöglich Zivilklage zu erheben, für deren Schlüssigkeit sie die Erkenntnisse aus den staatsanwaltlichen Ermittlungen benötigt.⁹

Sollten die Beschuldigten einwenden, dass der Akteneinsicht der Anzeigeerstatterin vermeintlich schutzwürdige Interessen entgegenstehen,¹⁰ bitten wir um die Möglichkeit zur Stellungnahme vor einer Entscheidung über den vorliegenden Antrag.

Für den unwahrscheinlichen Fall, dass die Staatsanwaltschaft ein überwiegendes schutzwürdiges Interesse der Beschuldigten bejaht, beantragen wir bereits jetzt hilfsweise Einsicht in die Aktenteile, hinsichtlich derer diese schutzwürdigen Interessen nicht entgegenstehen,¹¹ insbesondere Ermittlungsberichte der Polizei, wobei ggf vermeintliche Geschäftsgeheimnisse der Beschuldigten geschwärzt werden könnten,¹² und bitten um Mitteilung der Gründe, die gegen eine vollständige Akteneinsicht sprechen.¹³

Vorprozessual haben sich die Beschuldigten damit verteidigt, dass sie trotz der technischen Übereinstimmung ihrer Elektromotoren mit den Produkten meiner Mandantin nicht die inkriminierten Fertigungsprotokolle nutzen würden. Da diese Einlassung nicht mit einer Analyse dieser Konkurrenzprodukte überprüft werden kann, ist meine Mandantin auf die Erkenntnisse aus den polizeilichen Ermittlungen angewiesen.

Mit freundlichen Grüßen

[Unterschrift]

Rechtsanwalt

Erläuterungen

174 1. Über die Akteneinsicht entscheidet während des vorbereitenden Verfahrens und auch nach Einstellung des Ermittlungsverfahrens ausschließlich die Staatsanwaltschaft (StA), § 406e Abs 4 Satz 1 StPO. Nach Eingang der Anklage bei Gericht ist der Vorsitzende des befassten Gerichts zuständig, §§ 406e Abs 4 Satz 1, 162 Abs 1 StPO.

175 2. Für Einzelheiten zur Akteneinsicht der Verletzten im Strafverfahren nach § 406e StPO sh Kap 2 Rdn 216 ff. Hinsichtlich der Abgrenzung zu § 475 StPO sh Schmitt, in Meyer-Goßner/Schmitt, StPO, 57. Aufl 2014, § 475 Rn 1. Für Privatkläger richtet sich die Akteneinsicht nach § 385 Abs 3 StPO.

176 3. Zum Gegenstand der Akteneinsicht sh Kap 2 Rdn 185 ff.

177 4. Der Umfang der einzusehenden Akte entspricht § 147 StPO. Es sind grundsätzlich alle Bestandteile der im Zuge der Ermittlungen gesammelten Dokumente und Unterlagen inkl. Bild- und Tonaufzeichnungen umfasst (Grau, in MüKo-StPO, § 406e Rn 6). Ob auch Spurenakten dazugehören, ist umstritten (sh zum Streitstand Thomas/Kämpfer, in MüKo-StPO, § 147 Rn 20, mwN). Bei Spurenakten handelt es sich um Akteile, die tatbezogene Untersuchungen gegen Dritte sowie die Ergebnisse dieser Untersuchungen festhalten und dadurch die tatsächlichen Ermittlungstätigkeiten der Ermittlungsbehörden abbilden. Von der Rspr wird ein umfassendes Einsichtsrecht unter Hinweis darauf abgelehnt, dass sich der formelle Aktenbegriff durch die Tat und den konkreten Beschuldigten bestimme (BGH 18.06.2009, 3 StR 89/09, Rn 20 [juris] = StV 2010, 228, 229 f; BGH 26.05.1981, 1 StR 48/81, Rn 55 [juris] = StV 1981, 500).

178 5. Der Verletztenbegriff des § 406e StPO knüpft an § 172 StPO an. Danach ist Verletzter, wer durch die behauptete Tat unmittelbar in seinen Rechten oder rechtlich anerkannten Interessen beeinträchtigt ist (OLG Hamm 06.02.1986, 6 Ws 9/86, Rn 9 [juris] = NStZ 1986, 327; OLG Koblenz 05.04.1984, 1 Ws 224/84 = NJW 1985, 1409).

179 6. Wird der Angeklagte freigesprochen, die Eröffnung des Hauptverfahrens abgelehnt oder das Ermittlungsverfahren nach § 170 Abs 2 StPO eingestellt, muss die Verletzte ihr Interesse an der Akteneinsicht glaubhaft machen und es darf kein schutzwürdiges Interesse des früheren Beschuldigten an der Versagung der Akteneinsicht bestehen, §§ 475, 479 Abs 4 Nr 1 StPO (vormals § 477 Abs 3 StPO aF). Dies gilt nicht, wenn die Verletzte mit Einstellung des Ermittlungsverfahrens auf den Privatklageweg verwiesen wird. Das Recht zur Akteneinsicht folgt nämlich aus der Position als Privatkläger (vgl Daimagüler, in MüKo-StPO, § 385 Rn 10).

180 7. Die Verfolgung zivilrechtlicher Ansprüche begründet ein rechtliches Interesse an der Akteneinsicht (BVerfG 04.12.2008, 2 BvR 1043/08, Rn 24 [juris] = BeckRS 2009, 18693, mwN). Insoweit darf sie auch zum Zwecke der Ausforschung gewährt werden, um einer bisher unschlüssigen Zivilklage zur Schlüssigkeit zu verhelfen (OLG Koblenz 30.05.1988, 2 VAs 3/88, Ls 5 [juris] = StV 1988, 332; LG Mühlhausen 26.09.2005, 9 Qs 21/05, Ls 2 [juris] = wistra 2006, 76; aA Riedel/Wallau, NStZ 2003, 393, 395; Zabeck, in KK-StPO, § 406e Rn 4, jeweils mwN). Ein berechtigtes Interesse kann auch geltend machen, wer bürgerlich-rechtliche Ansprüche abwehren will (OLG Hamm 26.11.1984, 1 VAs 115/84 = NJW 1985, 2040).

181 8. Sollten Interessen des Beschuldigten einer Akteneinsicht der Verletzten entgegengehalten werden (§ 406e Abs 2 StPO), hat die StA sehr sorgfältig abzuwägen, ob und insbesondere in welchem Umfang Einsicht gewährt werden kann (sh Kap 2 Rdn 168 ff). Hierzu emp-

fiehlt es sich konkret vorzutragen, warum die Akteneinsicht der Verletzten im Einzelfall von besonderer Bedeutung ist. Bei Verfahren wegen Verletzung des Geschäftsgeheimnisses wird allein die pauschale Behauptung einer Rechtsverletzung und erheblicher wirtschaftlicher Folgen nicht genügen, um schutzwürdige Interessen des Beschuldigten (zB ein eigenes Geheimhaltungsinteresse oder sein Recht auf informationelle Selbstbestimmung) zurückzudrängen. Halten sich die Interessen die Waage, ist nach dem Gesetzeswortlaut (»überwiegendes Interesse«) zu Gunsten des Verletzten zu entscheiden und die Einsichtnahme zu gewähren (Grau, in MüKo-StPO, § 406e Rn 8). Hat die Verletzte bereits einen zivilgerichtlichen Titel auf Herausgabe von Unterlagen gegen den Beschuldigten, empfiehlt es sich, diesen Titel zur Stützung des Akteneinsichtsantrags mit vorzulegen (sh Kap 2 Rdn 221).

9. Die StA muss eine Abwägung der Interessen vornehmen. Daher ist es wichtig, sie über alle Umstände zu informieren, die für eine Akteneinsicht zum derzeitigen Stand des strafrechtlichen Verfahrens sprechen.

10. Damit der Beschuldigte etwaige überwiegende schutzwürdige Interessen gegen die Akteneinsicht einwenden kann, ist der Beschuldigte regelmäßig zu hören, wenn mit der Erteilung von Akteneinsicht zugunsten der Verletzten in einem gegen ihn geführten Ermittlungsverfahren ein Eingriff in seine Grundrechtspositionen verbunden ist (vgl BVerfG 15.04.2005, 2 BvR 465/05 = NStZ-RR 2005, 242; BVerfG 05.12.2006, 2 BvR 2388/06 = NJW 2007, 1052; KG Berlin 15.12.2015, 4 Ws 61/12, Rn 8 [juris] = StraFo 2016, 157 [red. Leitsatz], mwN).

11. Im Einzelfall kann bei entgegenstehenden Interessen eine teilweise Akteneinsicht gewährt werden (LG Hildesheim 26.03.2007, 25 Qs 17/06, Rn 45 [juris] = NJW 2008, 531, 534).

12. Stehen Interessen der Beschuldigten einer (vollständigen) Akteneinsicht entgegen, sollte konkret Einsicht in diejenigen Aktenteile verlangt werden, die benötigt werden. So sollte zB deutlich gemacht werden, dass Einsicht in einen Teilermittlungsbericht der Polizei (ggf mit Schwärzungen hinsichtlich Geschäftsgeheimnisse des Beschuldigten) oder in eine konkrete Zeugenvernehmung beantragt werden. Auch hier ist die Angabe von Gründen hilfreich, zB:

▶ »Im Zivilprozess wurde vom Beschuldigten vorgetragen, der Zeuge X habe ausgesagt [...]. Um dies überprüfen zu können, benötigt meine Mandantin diese Aussage« usw.

13. Die vollständige oder teilweise Versagung der Akteneinsicht ist zu begründen, sofern hierdurch nicht der Untersuchungszweck gefährdet würde (Nr 188 Abs 1 RiStBV; Grau, in MüKo-StPO, § 406e Rn 21). Gegen die Entscheidung der Staatsanwaltschaft ist Rechtsmittel an das Amtsgericht am Sitz der Staatsanwaltschaft eröffnet, §§ 406e Abs 4 Satz 2, 162 Abs 1, Abs 3 Satz 3 StPO. Dies gilt auch für die Beschuldigten als Betroffene bei Gewährung der Akteneinsicht (LG Hildesheim 26.03.2007, 25 Qs 17/06, Rn 20 [juris] = NJW 2008, 531). Im Falle einer bereits vollzogenen Akteneinsicht kann im Falle einer fehlenden Anhörung nachträglich gerichtliche Entscheidung zur Feststellung der Rechtswidrigkeit der Einsichtsgewährung beantragt werden (Grau, in MüKo-StPO, § 406e StPO Rn 22).

4. Widerspruch gegen Akteneinsicht

188 ▶ An die Staatsanwaltschaft [...]
z. H. Herrn/Frau Staatsanwalt/-anwältin [...]
[Adresse]

Az.: 45 Js 678/19

Ermittlungsverfahren gegen die Beschuldigten Walter P., Peter S. und Michael W.

hier: Widerspruch gegen Akteinsicht

Sehr geehrte(r) Herr/Frau Staatsanwalt/-anwältin,

vielen Dank für Ihre Nachricht vom [Datum] über den von dem Verteidiger des Beschuldigten Walter P. gestellten Antrag auf Einsicht in die vollständige Akte gemäß § 147 StPO.

Im Zentrum des Tatvorwurfs gegen den Beschuldigten steht die Verletzung von Geschäftsgeheimnissen der Verletzten, nämlich Protokolle für die Fertigung von Elektromotoren. Kopien dieser Fertigungsprotokolle haben wir zusammen mit unserem Strafantrag vom [Datum] den Strafverfolgungsbehörden als Anlage 1 zur Kenntnis gebracht. Wir gehen davon aus, dass die Fertigungsprotokolle Inhalt der Ermittlungsakte geworden sind. Es handelt sich um streng geheime Informationen unserer Mandantin, die maßgeblich für die technischen Eigenschaften und die Qualität der Produkte unserer Mandantin und daher von beträchtlichem wirtschaftlichem Wert sind. Wir möchten diesbezüglich nochmals eindringlich um Geheimhaltung bitten.[1]

Zugleich stellen die Fertigungsprotokolle Beweismittel dar, da sie dem Abgleich mit den bei den Beschuldigten aufgefundenen Informationen dienen.[2] Sollten die aufgefundenen Informationen mit den Fertigungsprotokollen (zumindest teilweise) identisch sein, würde dies den Tatvorwurf der unbefugten Erlangung oder Nutzung dieser Geschäftsgeheimnisse belegen.

Eine Überlassung der Fertigungsprotokolle an den Beklagten im Klartext hingegen würde die Geschäftsgeheimnisse unserer Mandantin weiter gefährden. Sollte der Beschuldigte im Wege der Akteneinsicht befugt Zugang zu den Fertigungsprotokollen erhalten,[3] besteht die Gefahr, dass er diese an Dritte weitergibt. Sollte er sie gar publik machen, würde die Geheimniseigenschaft der Fertigungsprotokolle aufgehoben und dadurch das Geschäftsgeheimnis meiner Mandantin unwiederbringlich vernichtet werden.

Jedenfalls genügt dem Beschuldigten für eine effektive Verteidigung die geschwärzte Fassung der Fertigungsprotokolle in Anlage 1a.[4] Dort sind konkrete technische Werte und Bereichsangaben unkenntlich gemacht worden. Trotzdem sind die im Zentrum des Tatvorwurfs stehenden Fertigungsprotokolle anhand des Aufbaus, der Anordnung, der Darstellung, der Kennzeichnung usw deutlich als solche aus dem Hause der Verletzten erkennbar.

Die Verletzte hat mittlerweile Zivilklage zum Landgericht München I wegen Verletzung ihrer Geschäftsgeheimnisse erhoben (Az. 21 O 1...4/20) und in diesem Zusammenhang einen Antrag auf prozessuale Geheimnisschutzmaßnahmen nach §§ 16 Abs 1, 19 Abs 1 GeschGehG gestellt. Sobald das Landgericht die Fertigungsprotokolle der Verletzten nach § 16 Abs 1 GeschGehG als geheimhaltungsbedürftig eingestuft hat, wird es dem hiesigen Beschuldigten untersagt sein, die geheimhaltungsbedürftigen Informationen außerhalb eines gerichtlichen Verfahrens zu nutzen oder offenzulegen.[5]

Sofern die Staatsanwaltschaft vor diesem Hintergrund dennoch die beantragte Aktensicht des Beschuldigten in Erwägung zieht, **beantragen** wir, der Verteidigung des Beschuldigten lediglich Ablichtungen der als Anlage 1a diesem Schreiben beigefügten geschwärzten Fassung der Fertigungsprotokolle zur Verfügung zu stellen.

Vor einer vollständigen Akteneinsicht vor Anklageerhebung bitten wir um Mitteilung, um noch einmal zur Gefährdung der Geschäftsgeheimnisse der Anzeigeerstatterin vortragen zu können.

Hilfsweise beantragen wir,

die geheimen Fertigungsprotokolle in Anlage 1 des Strafantrags vom [Datum] getrennt in einer Beiakte zu führen und der Verteidigung des Beschuldigten Einsicht in diese abgesonderte Beiakte nur in den Diensträumen der Staatsanwaltschaft zu gewähren, wobei es ihr (der Verteidigung) untersagt ist, Ablichtungen oder Abschriften dieser gesonderten Beiakte zu erstellen.[6]

Höchst hilfsweise beantragen wir,

der Verteidigung des Beschuldigten erst dann Einsicht in die vollständige Akte einschließlich der Fertigungsprotokolle in Anlage 1 zu gewähren, wenn das Landgericht […] im parallelen Zivilverfahren, Az.: […] einen Beschluss über die Einstufung der Fertigungsprotokolle als geheimhaltungsbedürftig nach § 16 Abs 1 GeschGehG sowie weitere Geheimhaltungsmaßnahmen nach § 19 Abs 1 GeschGehG erlassen hat.

In jedem Fall bitten wir darum, die Verteidigung und ihren Mandanten ausdrücklich auf die Zweckbindung der Akteneinsicht nach § 32f Abs 5 Satz 1 StPO hinzuweisen sowie darüber zu belehren, dass die Erkenntnisse aus der Ermittlungsakte jenseits dieses Strafverfahrens nicht genutzt oder offengelegt werden dürfen.

[Unterschrift]

Rechtsanwalt

Erläuterungen

1. Nr 260b RiStBV vom 01.01.1977 enthält Vorgaben an die Staatsanwaltschaft (StA) bzw die Gerichte für den Umgang mit Geschäftsgeheimnissen auf Bitten des Verletzten. Zu der fehlenden Praktikabilität dieser Vorgaben in Fällen der Geschäftsgeheimnisverletzung sh Kap 2 Rdn 181.

2. Im Unterschied zur Akte hat der Verteidiger bzgl der Beweisstücke nur ein Recht auf Einsichtnahme am Ort der Verwahrung bzw in den entsprechenden behördlichen Räumen, damit sie nicht verloren gehen oder verändert werden (BGH 24.04.1979, S StR 513/78, zitiert nach: Thomas/Kämpfer, in MüKoStPO, § 147 Rn 37). Allerdings sind dem Verteidiger – wenn möglich – Kopien oder Fotografien zur Verfügung zu stellen, weshalb eine Einsichtnahme in Dokumente in der Regel nicht auf die Diensträume der StA beschränkt werden kann.

3. Erhalten die Verteidigung und der Beschuldigte im Wege der Akteneinsicht tatsächlich erstmalig Kenntnis von dem Geschäftsgeheimnis, scheidet eine Strafbarkeit nach § 23 GeschGehG für den Fall, dass der Beschuldigte die geheime Information nutzt oder offenlegt, aus. Für § 23 Abs 1 Nr 1 oder Nr 2 oder Abs 2 GeschGehG fehlt es dann an einer rechtswidrigen Erlangung gem. § 4 Abs 1 Nr 1 GeschGehG. § 23 Abs 1 Nr 3 GeschGehG scheitert am fehlenden Beschäftigungsverhältnis bei der Tatbegehung. Schließlich könnte

man im Rahmen des § 23 Abs 3 GeschGehG mit Blick auf die Zweckbindung der Akteneinsicht wohl noch ein »Anvertrauen« der technischen Vorschriften (Fertigungsprotokolle) bejahen, dieses erfolgte aber nicht »im geschäftlichen Verkehr«, weshalb auch keine Vorlagenfreibeuterei einschlägig wäre.

192 Anders ist es jedoch, wenn sich der Tatvorwurf bestätigt und der Beschuldigte bereits vor der Akteneinsicht auf rechtswidrige Weise (durch eigene oder fremde Tat) Kenntnis von dem Geschäftsgeheimnis erlangt hat. Dann unterbricht die erneute Erlangung des Geschäftsgeheimnisses durch die Akteneinsicht die ursprünglich gesetzte Kausalkette nicht. Jede weitere Nutzung oder Offenlegung des unbefugt erlangten Geschäftsgeheimnisses stellt dann eine weitere Tat dar, die sowohl straf- als auch zivilrechtlich verfolgt werden kann.

193 4. Zu dem Erfordernis einer Interessenabwägung bzw einer Güterabwägung für den Fall, dass der effektive Rechtsschutz des Beschuldigten nur unter Beeinträchtigung des Geheimnisschutzinteresses des Verletzten gewährleistet werden kann, sowie der daraus folgenden, uU verfassungsrechtlich gebotenen Beschränkung der Akteneinsicht sh Kap 2 Rdn 191 ff und OLG Stuttgart 10.03.2006, 4 VAs 1/06, Rn 25 [juris] = NJW 2006, 2565, 2567).

194 5. Nach § 16 Abs 2 GeschGehG müssen als geheimhaltungsbedürftig eingestufte Informationen vertraulich behandelt werden und dürfen nicht außerhalb eines gerichtlichen Verfahrens genutzt oder offengelegt werden, es sei denn, dass die jeweilige Peron von diesen außerhalb des Verfahrens Kenntnis erlangt hat.

195 Laut Gesetzesbegründung sollen die Vorschriften der §§ 16 bis 19 GeschGehG nicht für Strafverfahren gelten (BT-Drucks. 19/4724 S. 34). Dh weder die StA noch das Strafgericht können solche Maßnahmen anordnen. Das bedeutet aber nicht, dass die von einem Beteiligten in einem parallelen strafrechtlichen Verfahren erlangten geheimhaltungsbedürftigen Informationen von der in einer Geschäftsgeheimnisstreitsache angeordneten Geheimhaltungspflicht nach § 16 GeschGehG ausgenommen wären. Denn nach § 16 Abs 2 GeschGehG dürfen die Geschäftsgeheimnisse nicht außerhalb eines gerichtlichen Verfahrens genutzt oder offengelegt werden. Der unbestimmte Artikel »eines« verdeutlicht, dass jegliches gerichtliche Verfahren und nicht nur die Geschäftsgeheimnisstreitsache nach § 16 Abs 1 GeschGehG gemeint ist. Werden einem Beteiligten im Zuge der Geschäftsgeheimnisstreitsache geheimhaltungsbedürftige Informationen zur Kenntnis gebracht, darf er sie auch innerhalb anderer gerichtlicher Verfahren, zB einem parallelen Strafverfahren, nutzen und (nur) dort offenlegen. Umgekehrt ist es ihm jedoch untersagt, sie außerhalb dieses anderen Verfahrens zu nutzen oder offenzulegen. Dabei wird man unter einem »gerichtlichen« Verfahren auch das strafprozessuale Vorverfahren fassen müssen. Es wäre nicht verständlich, warum ein während eines staatsanwaltlichen Ermittlungsverfahrens (zB durch Akteneinsicht) erlangtes fremdes Geschäftsgeheimnis außerhalb des Verfahrens genutzt oder offengelegt werden dürfte, ein nach Anklageerhebung oder während eines Privatklageverfahrens nach §§ 375 ff StPO mitgeteiltes Geheimnis aber nicht. Dann greift auch nicht die Ausnahmeregelung nach § 16 Abs 2 letzter Hs. GeschGehG, da das Geheimnis nicht außerhalb des jeweiligen Verfahrens erlangt wurde.

196 Jedenfalls würde die Nutzung oder Offenlegung eines Geschäftsgeheimnisses, das der Beschuldigte oder ein Dritter im Rahmen einer Akteneinsicht erlangt, eine Verletzung nach § 4 Abs 2 Nr 2 und 3 GeschGehG darstellen. Die entsprechenden Verpflichtungen folgen aus § 32f Abs 5 StPO. Danach dürfen zur Einsicht überlassene Unterlagen weder ganz noch teilweise öffentlich verbreitet oder Dritten zu verfahrensfremden Zwecken über-

mittelt oder zugänglich gemacht werden. Der Akteninhalt darf nur für die Zwecke verwendet werden, für die die Akteneinsicht gewährt wurde. Personen, denen Akteneinsicht gewährt wird, sind auf diese Zweckbindung hinzuweisen.

6. Wenn keine wichtigen Gründe bestehen, darf der Verteidiger auf Antrag die Akten mit Ausnahme der Beweisstücke mit in seine Geschäfts- oder Wohnräume nehmen oder es wird Möglichkeit zum Abruf elektronischer Akten gewährt, §§ 147 Abs 4, 32f Abs 2 StPO iVm Nr 187 Abs 2 RiStBV. Ein wichtiger Grund gegen die Ausfolgung der Akte kann nach Nr 260b Abs 2 Satz 3 RiStBV ein Akteninhalt sein, der Geschäftsgeheimnisse der Verletzten enthält. Kann nicht anderweitig die Geheimhaltung sichergestellt werden, wird es auch verhältnismäßig sein, dem Verteidiger zu untersagen, Kopien der entsprechenden Aktenteile zu fertigen (= organisatorische Maßnahme gem. § 32f Abs 4 Satz 1 StPO).

5. Antrag auf gerichtliche Entscheidung

198 ▶ Amtsgericht [...]¹
[Adresse]

Az.: [...]

In dem Ermittlungsverfahren gegen

Peter S., geb. am [Datum] in [Ort], wohnhaft [Ort]

wg. Verdachts der Verletzung von Geschäftsgeheimnissen u.a.

nehme ich auf meine Bestellungsanzeige vom [Datum] und die vorgelegte Vollmacht Bezug und **beantrage,**

<u>gerichtliche Entscheidung</u>²

über den Bescheid der Staatsanwaltschaft [...] vom [Datum], mit dem mein Antrag auf Akteneinsicht vom [Datum] (teilweise) abgelehnt wurde.³

Begründung:

Der Antrag stützt sich auf § 147 Abs 5 Satz 2 StPO analog.

Es liegt zwar keiner der in § 147 Abs 5 Satz 2 StPO genannten Fälle vor. Insbesondere ist der Abschluss der Ermittlungen noch nicht in der Akte vermerkt. Zur Gewährleistung effektiven und einheitlichen Rechtsschutzes reicht es jedoch bereits zum jetzigen Zeitpunkt⁴ nicht aus, meinen Mandanten auf eine Dienstaufsichtsbeschwerde zu verweisen, auf den Abschlussvermerk nach § 169a StPO zu warten oder gar den Antrag auf Akteneinsicht erst nach Anklageerhebung zu wiederholen. Dann wäre der Beschuldigte schlechter gestellt als die (vermeintlich) Verletzte, die gemäß § 406e Abs 4 Satz 2 eine gerichtliche Entscheidung herbeiführen kann. In einem solchen Fall ist die Versagung der Akteneinsicht der gerichtlichen Überprüfbarkeit entsprechend § 147 Abs 5 Satz 2 StPO unterworfen (vgl BGH 11.11.2004, 5 StR 299/03, Rn 37 [juris] = BGHSt 49, 317; OLG Stuttgart 10.3.2006, 4 VAs 1/06 = NJW 2006, 2565, 2567).⁵

Der Antrag ist auch begründet.⁶

Die Staatsanwaltschaft hat eine Einsicht in einen Teil der Akte unter Verweis auf Nr 260b Abs 1 RiStBV mit der Begründung verweigert, dass darin schutzwürdige Geschäftsgeheimnisse der Anzeigeerstatterin enthalten seien.

Diese Begründung trägt die Vorenthaltung der vollständigen Akte auch zum jetzigen Zeitpunkt nicht. Meinem Mandanten wird eine unbefugte Nutzung von Geschäftsgeheimnissen der Anzeigeerstatterin gemäß § 23 Abs 2 GeschGehG zur Last gelegt. Dieser Vorwurf bedingt, dass Informationen der Anzeigeerstatterin, die von dieser als Geschäftsgeheimnis bezeichnet werden, sich im Zugriff meiner Mandantin befunden haben sollen. Sollten die Ermittlungen dies bestätigen, könnte eine – bestrittene und tatsächlich nicht erfolgte – Verletzung von Geschäftsgeheimnissen durch meine Mandantin nicht vertieft werden, da sie die geschäftlichen Informationen dann schon kennen und nicht erst durch die Akteneinsicht erlangen würde. Dann kann die Akteneinsicht nicht mit dem Hinweis auf einen Geschäftsgeheimnisschutz der Anzeigeerstatterin umfassend beschränkt werden.

Außerdem setzt die Verwirklichung des objektiven Tatbestands des § 23 Abs 2 GeschGehG ua voraus, dass Informationen genutzt wurden, die den einschlägigen Personenkreisen weder allgemein bekannt noch ohne weiteres zugänglich, dh geheim sind. Um die Geheimnisqualität der vermeintlich von meinem Mandanten genutzten Information widerlegen zu können, muss er wissen, um welche Informationen es sich handelt. Der Anspruch auf Akteneinsicht bezieht sich auf die Akten, die dem Gericht vorzulegen sind (BGH 26.5.1981, 1 StR 48/81, Rn 53 [juris] = BGHSt 30, 131, 138).[7] Insoweit ist der Akteneinsichtsanspruch uneingeschränkt und auch nicht etwa im Wege eines »in camera«-Verfahrens beschränkbar (vgl BGH 11.11.2004, 5 StR 299/03, Rn 30 [juris] = BGHSt 49, 317; BGH 2.9.1997, 5 StR 433/97, Ls 2 [juris] = NStZ 1998, 97). Jedenfalls kann die Einsicht in diejenigen Aktenteile, aus welchen sich diese Geheimnisqualität ergibt, auch zum jetzigen Zeitpunkt nicht verwehrt werden. Unter Umständen sind einzelne Daten aus den Unterlagen der Anzeigeerstatterin zu schwärzen. Dies könnte mein Mandant vorerst hinnehmen.

Die beantragte Akteneinsicht gefährdet auch nicht den Untersuchungszweck. Im Rahmen des Ermittlungsverfahrens hat die Kripo [...] bereits am [Datum] die Geschäftsräume der P& S Antriebstechnik GmbH und die Privaträume meines Mandanten durchsucht und dabei in großem Umfang Computer, Datenträger und Akten beschlagnahmt. Es ist also auszuschließen, dass mein Mandant, selbst bei Kenntnis der angeblichen Geschäftsgeheimnisse, etwaige Dokumente, Gegenstände oder elektronische Dateien, die das Geschäftsgeheimnis enthalten oder verkörpern könnten, beseitigt oder unterdrückt.

Das berechtigte Interesse des Beschuldigten an einem effektiven Rechtsschutz überwiegt die vermeintlichen Geheimhaltungsinteressen der Anzeigeerstatterin jedenfalls insoweit, als der Verteidiger und grundsätzlich auch der Beschuldigte Kenntnis vom Akteninhalt erhalten müssen. Dies bringt auch § 19 Abs 1 GeschGehG zum Ausdruck. Danach kann zwar in einer zivilrechtlichen Geschäftsgeheimnisstreitsache ua der Zugang zu Dokumenten, die Geschäftsgeheimnisse enthalten, auf eine bestimmte Personenzahl beschränkt werden. Nach § 19 Abs 1 Satz 3 GeschGehG muss aber zumindest der Prozessvertreter und mindestens eine natürliche Person der beklagten Partei uneingeschränkten Zugang auch zu den als geheim eingestuften Informationen erhalten. Dieses für den Zivilprozess normierte Abwägungsergebnis muss erst recht für das strafrechtliche Ermittlungsverfahren gelten.

Daher kann die Akteneinsicht, dem aktuellen Verfahrensstand angepasst, wenn überhaupt, nur für diejenigen Aktenteile verwehrt werden, die Geschäftsgeheimnisse der Anzeigeerstatterin enthalten, welche nicht oder – weil eine Auswertung noch nicht stattgefunden hat – noch nicht vom Tatvorwurf erfasst sind. Dies muss in der Entscheidung der Staatsanwaltschaft deutlich zum Ausdruck gebracht werden. Daran fehlt es in der angegriffenen Entscheidung.

Mit freundlichen Grüßen

[Unterschrift]

Rechtsanwalt

Erklärungen

1. Zuständig ist gem. § 147 Abs 5 Satz 2 iVm § 162 Abs 1 Satz 1 StPO das Amtsgericht, in dessen Bezirk die Staatsanwaltschaft ihren Sitz hat.

2. Sowohl der Verletzte (§ 406e Abs 4 Satz 2 StPO) und der Beschuldigte (§ 147 Abs 5 Satz 2 StPO) als auch Dritte (§§ 475, 480 Abs 3 StPO) können gegen die vollständige oder teilweise Versagung von Akteneinsicht gerichtliche Entscheidung beantragen (sh Kap 2 Rdn 214 u 225).

201 3. Nr 188 Abs 1 RiStBV sieht vor, dass ein kurzer Bescheid zu erteilen ist, wenn die Erteilung der Auskunft oder die Gewährung von Akteneinsicht versagt wird. Ist in dem Ersuchen ein berechtigtes oder ein rechtliches Interesse an der Akteneinsicht dargelegt, so muss der Bescheid erkennen lassen, dass dieses Interesse gegen entgegenstehende Interessen abgewogen worden ist. Eine Begründung des Bescheides unterbleibt, soweit hierdurch der Untersuchungszweck gefährdet werden könnte.

202 4. Bei der Akteneinsicht des Verteidigers muss grds zwischen der Einsicht im laufenden Verfahren und nach Abschluss der Ermittlungen unmittelbar vor Anklageerhebung unterschieden werden. Laufen die Ermittlungen noch, ist das schutzwürdige Interesse der Anzeigeerstatterin/Verletzten mit zu berücksichtigen, dass ihre Geschäftsgeheimnisse nicht verletzt werden (sh Kap 2 Rdn 203 ff).

203 5. Bei Versagung der Akteneinsicht des Verteidigers kann nach hM nur in den in § 147 Abs 5 Satz 2 StPO genannten Fällen eine gerichtliche Entscheidung beantragt werden (BGH 26.01.2011, 4 BGs 1/11, Rn 17 [juris] = NStZ-RR 2012, 16). Ansonsten soll nur die Möglichkeit der Dienstaufsichtsbeschwerde (vgl Schmitt, in Meyer-Goßner/Schmitt, StPO, 57. Aufl 2014, § 147 Rn 40) oder der Gegenvorstellung (LG Neubrandenburg 16.08.2007, 9 Qs 107/07, Rn 13 [juris] = NStZ 2008, 655) eröffnet sein. Die Gegenauffassung befürwortet zur Gewährleistung effektiven und einheitlichen Rechtsschutzes (insb. im Vergleich zu § 406e Abs 4 StPO) eine analoge Anwendung des § 147 Abs 5 Satz 2 StPO auch in anderen Fällen der Versagung der Akteneinsicht (Wessing, in BeckOK-StPO, 36. Ed. 01.01.2020, § 147 Rn 33–36, mwN zum Streitstand; zustimmend LG Regensburg 24.07.2017, 6 Qs 29/17, Rn 23 [juris] = StraFo 2017, 451, 452; sh auch OLG Rostock 07.07.2015, 20 VAs 2/15, Rn 12 [juris] = NStZ 2016, 371). Dementsprechend hat das OLG Stuttgart dem Beschuldigten das Recht auf gerichtliche Entscheidung auch während eines laufenden Ermittlungsverfahrens zugestanden, wenn ihm wegen drohender Verletzung eines in den Akten niedergelegten Geschäftsgeheimnisses des Verletzten Akteneinsicht (teilweise) verweigert wurde (OLG Stuttgart 10.03.2006, 4 VAs 1/06 Rn 19 = NJW 2006, 2565, 2567).

204 6. Das Rechtsmittel des Beschuldigten kann zum einen gegen die (teilweise) Versagung der Akteneinsicht des Verteidigers gerichtet sein. Dann sind Argumente vorzutragen, warum im laufenden Ermittlungsverfahren der Untersuchungszweck nicht durch die Akteneinsicht gefährdet wird (§ 147 Abs 2 StPO), dass es sich bei zurückgehaltenen Aktenteilen um Dokumente gem. § 147 Abs 3 StPO handelt, dass der Abschluss der Ermittlungen in der Akte vermerkt ist und daher ein volles Einsichtsrecht besteht (§ 147 Abs 5 Satz 2 Alt 1, Abs 6 StPO) oder sich der Beschuldigte aufgrund der in dem Ermittlungsverfahren untersuchten Tatvorwürfe nicht auf freiem Fuß befindet und er daher ein besonderes Interesse am Zugang zu den für die Beurteilung der Rechtmäßigkeit der Haft erforderlichen Informationen hat (§ 147 Abs 5 Satz 2 Alt 3 StPO). Darüber hinaus soll sich der Beschuldigte auch gegen eine Beschränkung oder Verweigerung zur Wehr setzen können, die mit entgegenstehenden Geheimhaltungsinteressen des Verletzten begründet wird (OLG Stuttgart 10.03.2006, 4 VAs 1/06, Rn 25 [juris] = NJW 2006, 2565, 2567).

205 Umgekehrt kommt nach dem OLG Stuttgart 10.03.2006, 4 VAs 1/06, Rn 25 [juris] = NJW 2006, 2565, 2567 auch ein Antrag des Verletzten auf gerichtliche Entscheidung nach § 147 Abs 5 StPO analog in Betracht, wenn eine Beschränkung der Akteneinsicht des Beschuldigten aufgrund von Geheimhaltungsinteressen des Verletzten von der Staatsanwaltschaft abgelehnt wird.

7. Sh auch BGH 07.03.1996, 1 StR 688/95, Rn 8 (juris) = BGHSt 42, 71–73; BGH 02.02.1999, 1 StR 636/98 = NStZ 1999, 371.

Kapitel 5

6. Privatklage

207 ▶ An das Amtsgericht [Ort]
   – Strafrichter – [1]
   [Adresse]

Az.: neu

Privatklage[2]

In Sachen

Denki Mota GmbH & Co. KG[3], gesetzl. vertreten d. d. persönlich haftende Gesellschafterin, diese vertreten durch ihren Geschäftsführer,[4] Herrn Franz D., wohnhaft [...],

– Privatklägerin –

Prozessbevollmächtigter:[5] [...]

gegen

1. **P., Walter Frank**
   Beruf: Ingenieur,
   wohnhaft: [...]
   Familienstand: [...],
   geb. am [...], in [...],[6]
   Staatsangehörigkeit: [...]

– Privatbeklagter Walter P. –

Wahlverteidiger:[7] RA [...], [Adresse]

2. **S., Peter**
   Beruf: Ingenieur,
   wohnhaft: [...]
   Familienstand: [...],
   geb. am [...], in [...],
   Staatsangehörigkeit: [...]

– Privatbeklagter Peter S. –

3. **W., Michael Björn**
   Beruf: Geschäftsführer,
   wohnhaft: [...]

Familienstand: [...],
geb. am [...], in [...],
Staatsangehörigkeit: [...]

– Privatbeklagter Michael W. –

<u>Wahlverteidigerin:</u> RAin [...], [Adresse]

wegen Verletzung von Geschäftsgeheimnissen

zeigen wir die Vertretung der Privatklägerin an und erheben

Privatklage.[8]

Wir legen den Privatbeklagten folgendes zur Last:

Der Privatbeklagte Walter P. war bis zu seinem Ausscheiden am [Datum] Entwicklungsleiter der Privatklägerin, welche Elektromotoren herstellt und vertreibt. Wesentlich für den Geschäftserfolg der Privatklägerin ist die hohe Qualität der Motoren, für deren Produktion Wissen über das Zusammenspiel von Material, Art und Einstellungen der Fertigungsmaschinen sowie der Fertigungsmethode entscheidend ist, welches sich in konkreten Fertigungsparametern, die in Protokollen festgehalten werden, widerspiegelt. Diese Fertigungsprotokolle werden, wie alle Privatbeklagten wussten, zu keinem Zeitpunkt Dritten zur Kenntnis gebracht. Sie sind mit einem Vertraulichkeitsvermerk versehen, intern nur wenigen ausgewählten Mitarbeitern zugänglich und elektronisch im Intranet der Privatklägerin ausschließlich in einem kennwortgeschützten Bereich abrufbar. Zugang zu sämtlichen Fertigungsprotokollen hatten und haben außer der Geschäftsleitung der GmbH nur der Entwicklungsleiter und die jeweiligen Produktionsleiter.

1. In Kenntnis der Geheimnisqualität dieser Fertigungsparameter und entgegen seinen vertraglichen Verpflichtungen zur Geheimhaltung aus § 5 seines Arbeitsvertrages vom [Datum] lud der Privatbeklagte Walter P. drei Tage vor seinem Ausscheiden aus der GmbH am [Datum] Fertigungsprotokolle mit den unter Ziffer 2 angegebenen Daten und Informationen für die Motorentypen [...] aus der Zeit vom [Datum] bis [Datum] auf seinem Firmenlaptop herunter. Diesen Firmenlaptop meldete er am [Datum] in [Ort] gegenüber der Denki Mota GmbH & Co. KG wahrheitswidrig als gestohlen, um über die so gesicherten Daten, wie beabsichtigt, eigenständig verfügen zu können.

2. Zu einem unbekannten späteren Zeitpunkt, jedoch vor dem [Datum der Messe + Produktionszeit] überließ der Privatbeklagte Walter P. die Dateien mit den Fertigungsprotokollen über

    – den mechanischen Füllfaktor,
    – die Wickelhöhe und -breite (= Fensterquerschnitt des Spulenkörpers),
    – den Spulendurchmesser,
    – die Geometrie, den Durchmesser und das Material des Drahtes,
    – die Isolation des Drahtes,
    – die Spannung des Drahtes bei der Wickelung,
    – die Wicklungsgeometrie,
    – die Drahtdehnung beim Wickeln,
    – die Qualität des gelieferten Drahtes (zB im Hinblick auf Krümmungen, Toleranzen im Durchmesser oder die Oberflächenbeschaffenheit);

den Privatbeklagten Peter S. und Michael W., damit diese – wie alle Beteiligten wussten und wollten – diese Daten für die Fertigung eigener Produkte nutzen konnten.[9]

3. Hierzu kopierte wenigstens einer der Privatbeklagten die Daten auf einen Computer im Privatbesitz des Privatbeklagten Peter S. sowie einen Firmencomputer der P&S Antriebstechnik GmbH. Anschließend richteten die Privatbeklagten die Fertigung der Elektromotoren im Betrieb der P&S Antriebstechnik GmbH unter Verwendung der erlangten Fertigungsparameter derart ein, dass die hergestellten Produkte, insbesondere die Motoren der Typen RC02, 04, 06 und 08 in Qualität und Leistung den Originalelektromotoren der Privatklägerin entsprachen. Der mit diesen Produkten erzielte Umsatz der P&S Antriebstechnik GmbH belief sich auf zumindest € [Betrag].

Die Privatklägerin hat am [Datum] Strafantrag wegen aller in Betracht kommender Delikte gestellt.[10]

Wir beschuldigen die Privatbeklagten

in [Ort] und andernorts in der Zeit vom [Datum] bis zum [Datum]

I. (Fälle Ziffern 1–2) der Privatbeklagte Walter P. durch zwei selbstständige Handlungen

zur Förderung des eigenen Wettbewerbs und aus Eigennutz

1. ein Geschäftsgeheimnis durch unbefugte Aneignung elektronischer Dateien, die der rechtmäßigen Kontrolle des Inhabers des Geschäftsgeheimnisses unterlagen und die das Geschäftsgeheimnis enthalten, erlangt zu haben (Fall Ziffer 1),

2. ein durch unbefugte Aneignung erlangtes Geschäftsgeheimnis offengelegt zu haben (Fall Ziffer 2);

II. (Fall Ziffer 3) die Privatbeklagten Peter S. und Michael W. gemeinschaftlich

zur Förderung des eigenen Wettbewerbs ein Geschäftsgeheimnis gewerbsmäßig genutzt zu haben, welches sie durch eine fremde unbefugte Aneignung elektronischer Dateien, die der rechtmäßigen Kontrolle des Inhabers des Geschäftsgeheimnisses unterlagen und das Geschäftsgeheimnis enthalten, erlangt haben;

strafbar

beim Privatbeklagten Walther P.

> Fall Ziffer 1: als Verletzung von Geschäftsgeheimnissen gem. §§ 23 Abs 1 Nr 1 iVm § 4 Abs 1 Nr 1 GeschGehG;
> Fall Ziffer 2: als Verletzung von Geschäftsgeheimnissen gem. §§ 23 Abs 1 iVm § 4 Abs 2 Nr 1 lit a) GeschGehG;
> beide iVm § 53 StGB;

bei den Privatbeklagten Peter S. und Michael W.

> Fall Ziffer 3: jeweils als Verletzung eines Geschäftsgeheimnisses gem. § 23 Abs 2 GeschGehG.

Die Staatsanwaltschaft [...] hat durch die Kripo [...] am [Datum] die Geschäftsräume der P& S Antriebstechnik GmbH sowie die privaten Wohnräume der Privatbeklagten durchsuchen lassen und ua Computer, Datenträger und einen Netzwerkserver beschlagnahmt.

Mit Bescheid [Datum] hat die Staatsanwaltschaft das öffentliche Interesse an der Erhebung einer Klage verneint, die Privatklägerin auf den Privatklageweg verwiesen und das Verfahren nach § 170 Abs 2 StPO eingestellt.[11]

Die bisherigen Ermittlungen haben folgendes ergeben:

I. Persönliche Verhältnisse der Privatbeklagten

  [ergänzender Vortrag soweit möglich]

II. Vorstrafen

  [ergänzender Vortrag soweit möglich]

III. Zum Hintergrund der Taten

Die Privatklägerin produziert und vertreibt hocheffiziente Elektromotoren ua für Roboterantriebe unter Nutzung von ihr entwickelter geheimer Fertigungsparameter. Die Privatbeklagten Walter P. und Peter S. waren von [Datum] bis Anfang 2017 im Unternehmen der Privatklägerin als Entwicklungsleiter und Leiter der Werkzeugmaschinensparte beschäftigt. Im Jahr 2017 veräußerte die Privatklägerin die Werkzeugmaschinensparte ihres Betriebes an die Privatbeklagten Walter P. und Peter S., die hierauf ihr eigenes Unternehmen, die P&S Antriebstechnik GmbH, gründeten und ab September 2017 mit der Fertigung und dem Vertrieb von Elektromotoren für Werkzeugmaschinen begannen. Der Privatbeklagte Michael W. ist der alleinige Geschäftsführer der P&S Antriebstechnik GmbH. Die Arbeitsverträge der Privatbeklagten Walter P. und Peter S. mit der Privatklägerin enthalten eine Vertraulichkeitsklausel, die die Privatbeklagten Walter P. und Peter S. auch nach Beendigung des Arbeitsverhältnisses dazu verpflichtet, ihnen zur Kenntnis gelangte Geschäftsgeheimnisse vertraulich zu behandeln. Darüber hinaus verpflichteten sich die Privatbeklagten Walter P. und Peter S. bei ihrem Ausscheiden aus dem Unternehmen der Privatklägerin vertraglich zu einem zweijährigen Wettbewerbsverbot auf dem Gebiet der Elektromotoren für Roboterantriebe.

IV. Beweisführung

1. Der Privatbeklagte Walter P. bestreitet, nach der am [Datum] erfolgten Diebstahlsmeldung seinen Firmenlaptop mit den darauf enthaltenen Fertigungsprotokollen der Privatklägerin weiter in Besitz gehabt zu haben. Des Weiteren bestreit er, die Dateien mit den Fertigungsprotokollen nach seinem Ausscheiden aus dem Unternehmen der Privatklägerin einer dritten Person offenbart und/oder selber genutzt zu haben.

   Der Privatbeklagte Walter P. wird jedoch in der Hauptverhandlung durch die angegebenen Beweismittel widerlegt werden. Eine Auswertung der Logdateien des Intranets der Privatklägerin zeigt, dass der Privatbeklagte Walter P. auch nach der Meldung des vermeintlichen Diebstahls seines Firmenlaptops am [Datum] mit diesem Computer am [Datum] versuchte, sich erneut in das Intranet der Privatklägerin einzuwählen. Dieser Einwahlversuch erfolgte von einem Computer mit der identischen MAC-Adresse wie der des vermeintlich gestohlenen Firmenlaptops und scheiterte nur deshalb, weil dieser Computer mittlerweile von der Privatklägerin von der Liste der zugangsberechtigten Geräte gestrichen worden war. Um überhaupt den Versuch unternehmen zu können, sich von außen in das Intranet der Privatklägerin einzuwählen, bedarf es der Eingabe eines Passwortes. Dieses war allein dem Privatbeklagten Walter P. für den vermeintlich gestohlenen Laptop bekannt.

   Die von der Kripo vorgenommenen Ermittlungsmaßnahmen zeigen, dass auf mindestens einem Computer der Firma P&S Antriebstechnik GmbH die inkriminierten Fertigungsprotokolle der Privatklägerin gefunden wurden. Außerdem belegen die Analysen der Elektromotoren der P&S Antriebstechnik GmbH der Typen RC02, 04, 06 und 08, dass diese auch hinsichtlich der auf die konkrete Fertigung zurückzuführenden Kenn- und Leistungsdaten mit entsprechenden Produkten der Privatklägerin übereinstimmen. Dies belegt, dass die geheimen Fertigungsprotokolle der Privatklägerin genutzt wurden.

2. Die Privatbeklagten Peter S. und Michael W. bestreiten, dass sie die Fertigungsprotokolle der Privatklägerin für die Fertigung der Elektromotoren der Firma P&S Antriebstechnik GmbH nutzen würden. Im Übrigen wenden sie ein, dass die als Geschäftsgeheimnis geschützten Informationen der Fertigungsprotokolle nach § 3 Abs 1 Nr 2 GeschGehG durch Beobachten, Untersuchen, Rückbauen oder Testen (sog. Reverse Engineering) der von der Privatklägerin öffentlich verfügbar gemachten Elektromotoren erlaubterweise erlangt werden können. Deshalb sei eine Nutzung dieser Informationen rechtmäßig. Im Übrigen lassen sich die Privatbeklagten Peter S. und Michael W. dahingehend ein, dass es sich bei den Fertigungsprotokollen um Informationen handeln würde, die in den relevanten Kreisen der Hersteller entsprechender Elektromotoren allgemein bekannt seien. Die Fertigungsprotokolle würden daher kein taugliches Geschäftsgeheimnis nach § 2 Nr 1 lit a) GeschGehG darstellen.

Die Ergebnisse der Ermittlung zeigen, dass die Firma P&S Antriebstechnik die betroffenen Fertigungsprotokolle der Privatklägerin für die Herstellung eigener Elektromotoren nutzt. Der Verweis der Privatbeklagten Peter S. und Michael W. auf eine potentiell mögliche Erlangung der Geschäftsgeheimnisse durch Reverse Engineering anhand auf dem Markt erhältlicher Elektromotoren der Privatklägerin führt nicht zu deren Entlastung. Zum einen haben die Privatbeklagten Peter S. und Michael W. nicht dargelegt, dass sie ein solches Reverse Engineering vorgenommen haben. Zum anderen wird der Zeuge Sebastian T. bestätigen, dass und warum die in den Fertigungsprotokollen enthaltenen Fertigungsparameter nicht anhand eines erworbenen Elektromotors durch Rückbau oder Untersuchungen ermittelt werden können.

Im Übrigen haben sich die Privatbeklagten Walter P. und Peter S. mit Aufhebungsverträgen vom [Datum] vertraglich wirksam dazu verpflichtet, die ihnen aus ihrer Tätigkeit bei der Privatklägerin bekannt gewordenen Geschäftsgeheimnisse auch nach ihrem Ausscheiden aus dem Unternehmen vertraulich zu behandeln und der Privatklägerin auf dem Gebiet der Elektromotoren für einen beschränkten Zeitraum von zwei Jahren keinen Wettbewerb zu machen. Dies schließt die Nutzung der ihnen anvertrauten Fertigungsprotokolle, bei denen es sich um Vorschriften technischer Art handelt, ein.

Zur Aburteilung ist nach § 7 Abs 1, 13 Abs 1 StPO, §§ 24, 25 GVG das Amtsgericht – Strafrichter – zuständig.

Wir **beantragen**, das Hauptverfahren zu eröffnen und die Anklage zur Hauptverhandlung zuzulassen.

Als Beweismittel bezeichnen wir:

I. Einlassungen der Privatbeklagten

II. Zeugen

   1. Herr Sebastian T., Entwicklungsleiter der Privatklägerin, wohnhaft [...];
   2. Herr Bernd M., Beauftragter für Betriebssicherheit und Compliance der Privatklägerin, wohnhaft [...].

II. Urkunden

   1. Fertigungsprotokolle der Privatklägerin;
   2. Arbeitsverträge der Privatklägerin mit den Privatbeklagten Walter P. und Peter S. vom [Datum] und vom [Datum];
   3. Aufhebungsverträge der Privatklägerin mit den Privatbeklagten Walter P. und Peter S. vom [Datum];
   4. Analysen der Elektromotoren der Firma P&S Antriebstechnik GmbH der Typen RC02, 04, 06 und 08;
   5. Analyse der Logdateien des Intranets der Privatklägerin im Zeitraum von [Datum] bis [Datum];
   6. Bericht des Polizeipräsidiums [...] vom [Datum] über die Auswertung der bei den Privatbeklagten beschlagnahmten Computer.

Für die Einzahlung des Gebührenvorschusses[12] bitten wir um Mitteilung des gerichtlichen Aktenzeichens.

Zwei Abschriften dieser Anklageschrift sind beigefügt.[13]

[Unterschrift]

Rechtsanwalt

B. Strafrechtliche Muster Kapitel 5

Erläuterungen

1. Über Privatklagen entscheidet der Strafrichter am Amtsgericht, § 25 Nr 1 GVG iVm § 374 StPO. 208

Die Privatklage ist beim Amtsgericht schriftlich oder zu Protokoll der Geschäftsstelle zu erheben. Die örtliche Zuständigkeit ergibt sich aus den §§ 7 ff StPO. Eine Verweisung bei Unzuständigkeit ist ausgeschlossen (Daimagüler, in MüKo-StPO, § 374 Rn 5). 209

2. Mit der Privatklage (§§ 374 ff StPO) können Privatpersonen bestimmte weniger gravierende Vergehen verfolgen, ohne vorher die Staatsanwaltschaft (StA) einzuschalten oder wenn die StA das öffentliche Interesse an einer Strafverfolgung (§ 376 StPO) verneint. 210

Angesichts der »Zurückhaltung«, mit der Strafrichter in Privatklageverfahren das Hauptverfahren eröffnen bzw ein solches betreiben und der größeren Effektivität eines staatsanwaltlichen Ermittlungsverfahrens, sollte der Verletzte in Geschäftsgeheimnisverletzungssachen zunächst Anzeige erstatten und abwarten, ob die StA ein öffentliches Interesse an der Strafverfolgung bejaht und die öffentliche Klage erhebt. Damit würden auch die prozessualen Nachteile des Privatklageverfahrens (Sicherheitsleistungen für die dem Beschuldigten voraussichtlich zu erwachsenden Kosten, § 379 StPO iVm §§ 108 ff ZPO; Leistung eines Prozesskostenvorschusses, § 379a StPO; Kostenlast im Falle der Klagezurückweisung, des Freispruchs oder der Verfahrenseinstellung [auch im Falle des § 389 StPO]; Möglichkeit einer Widerklage des Beschuldigten, § 388 StPO) vermieden werden. Da nach § 23 Abs 8 GeschGehG ohnehin fristgerecht Strafantrag gestellt werden muss, kann die Entscheidung der StA vor Erhebung der Privatklage abgewartet werden. 211

Ist bereits Privatklage erhoben, kann die StA das Verfahren bis zum Eintritt der Rechtskraft des Urteils durch ausdrückliche Erklärung oder Rechtsmitteleinlegung übernehmen (§ 377 Abs 2 StPO), wenn sie doch ein öffentliches Interesse bejaht oder der Meinung ist, dass zumindest auch ein Offizialdelikt vorliegt. Dann endet das Privatklageverfahren. Findet (erst) der Strafrichter, dass es sich um ein Offizialdelikt handelt, stellt er das Privatklageverfahren per Sachurteil ein (§ 389 Abs 1 StPO). 212

Erachtet der Strafrichter die Schuld des Täters als gering, kann er das Privatklageverfahren nach § 383 Abs 2 Satz 1 StPO ohne Zustimmung des Privatklägers oder des Beschuldigten einstellen. Gegen diesen Beschluss kann der Privatkläger (nicht aber der Beschuldigte, str., sh Meyer-Goßner, in Meyer-Goßner/Schmitt, StPO, 57. Aufl 2014, § 383 Rn 22, mwN) sofortige Beschwerde nach § 311 StPO erheben. 213

Die Privatklage kann jederzeit zurückgenommen werden (§ 391 Abs 1 StPO). Nach Beginn der Vernehmung des Angeklagten zur Sache in der Hauptverhandlung ist seine Zustimmung erforderlich. Ein gerichtlicher Vergleich führt zur Beendigung des Verfahrens, wenn er eine Rücknahme der Privatklage oder des Strafantrags enthält. Dann besteht ein Prozesshindernis, das vor Eröffnung des Hauptverfahrens zur Zurückweisung, ab Eröffnung des Hauptverfahrens zur Einstellung führt (sh Meyer-Goßner, in Meyer-Goßner/Schmitt, StPO, 57. Aufl 2014, vor § 374 Rn 8 ff). 214

3. Privatklageberechtigt ist der Verletzte einer der in § 374 Abs 1 StPO enumerativ genannten Katalogvergehen sowie die in § 374 Abs 2 StPO Genannten. Verletzte können auch juristische Personen und Personengesellschaften sein, wenn sie durch die Tat in ihren Rechten beeinträchtigt sind. Im Fall einer Geschäftsgeheimnisverletzung nach § 23 GeschGehG steht der Inhaberin des Geschäftsgeheimnisses (§ 2 Nr 2 GeschGehG) das Privatklagerecht zu. 215

216 4. Der gesetzliche Vertreter oder das satzungsgemäße Vertretungsorgan handeln im Privatklageverfahren für die Gesellschaft nach den zivilrechtlichen Vorschriften (§ 374 Abs 3 StPO). Im Falle der GmbH & Co. KG ist die Komplementär-GmbH die alleinige organschaftliche Vertreterin der Kommanditgesellschaft. Der Geschäftsführer der persönlich haftenden Gesellschaft vertritt auch die GmbH & Co. KG (§ 164 HGB).

217 5. Im Privatklageverfahren besteht kein Anwaltszwang. Der Privatkläger kann selber oder durch einen beliebigen Bevollmächtigten Klage erheben. Ein Vertreter oder Beistand in der Hauptverhandlung kann jedoch nur ein Rechtsanwalt sein (§ 387 Abs 1 StPO). Der Privatkläger übernimmt die Rolle des Staatsanwalts, weshalb er wie ein Staatsanwalt in einem Offizialverfahren hinzugezogen und angehört wird. Ihm steht ein Antrags- und Fragerecht zu (§§ 240 Abs 2 Satz 1, § 244 StPO). Als Beteiligter hat er ein Recht auf Anwesenheit (§ 378 StPO) und auf einen Schlussvortrag (§ 258 StPO). Der Privatkläger ist berechtigt, die Sachleitung zu beanstanden (§ 238 StPO). Die Beschränkung der Strafverfolgung bedarf seiner Zustimmung (§§ 154 Abs 2, 430 Abs 1 StPO; sh Schmitt, in Meyer-Goßner/Schmitt, StPO, 57. Aufl 2014, § 385 StPO Rn 10). Auch für eine Akteneinsicht nach 385 Abs 3 StPO nF bedarf es keines Rechtsanwalts (mehr). Lediglich für Revisionsanträge und Anträge auf Wiederaufnahme des durch ein rechtskräftiges Urteil abgeschlossenen Verfahrens benötigt der Privatkläger nach § 390 Abs 2 StPO einen Rechtsanwalt.

218 6. Gem. § 381 StPO hat die Privatklage die in § 200 Abs 1 StPO bezeichneten Angaben eines Anklagesatzes zu enthalten und weitgehend den Anforderungen einer staatsanwaltlichen Anklageschrift zu genügen. Gleichwohl sind dabei die Unterschiede zu beachten, die sich aus der unterschiedlichen Rechtsstellung von StA einerseits und Privatperson andererseits ergeben (eindrücklich hierzu: Bohlander, NStZ 1994, 420). Entsprechend dürfte es die Anforderungen, die an die Privatklageschrift zu stellen sind, überspannen, wenn neben vollständigem Namen und Anschrift des Privatbeklagten auch dessen Geburtsdatum gefordert wird. Ermittlungen hierzu dürften der Privatperson, anders als der StA, uU Schwierigkeiten bereiten (LG Krefeld 19.07.2005, 21 Qs 159/05, Rn 2 [juris] = NJW 2005, 3438, 3439).

219 7. Nach §§ 381 S 2, 200 Abs 1 Satz 2 StPO iVm Nr 110 Abs 2 lit b) RiStBV sind auch die Verteidiger der Privatbeklagten anzugeben, sofern diese bereits bestellt sind. Der Privatbeklagte kann sich von einem Rechtsanwalt begleiten oder vertreten lassen (§ 387 Abs 1 StPO). Eine Pflichtverteidigung kann nach § 140 Abs 2 StPO auf Antrag angeordnet werden. Diese ist aber nicht schon deshalb erforderlich, weil der Privatkläger anwaltlich vertreten ist (BVerfG 12.04.1983, 2 BvR 1304/80, Ls [juris] = NJW 1983, 1599).

220 8. Aufgrund der inhaltlichen Anforderungen an eine Privatklageschrift nach §§ 381 Satz 2, 200 Abs 1 Satz 1 StPO und des Umstands, dass der Strafrichter im Falle einer Eröffnung des Hauptverfahrens nach § 383 Abs 1 Satz 2 StPO den Anklagesatz so zu formulieren hat, wie dies der Staatsanwalt tun müsste (sh Schmitt, in Meyer-Goßner/Schmitt, StPO, 57. Aufl 2014, § 383 Rn 6), sollte eine Anklageschrift nachgebildet werden. Das vorliegende Muster orientiert sich an Nr 110–111 RiStVB (Form und Inhalt der Anklageschrift, Auswahl der Beweismittel). Von der Darstellung des wesentlichen Ergebnisses der Ermittlungen (Nr 112 RiStBV) kann bei der Anklage zum Strafrichter indessen abgesehen werden, § 200 Abs 2 StPO.

221 9. Im vorliegenden Muster wird davon ausgegangen, dass eine Betriebsspionage durch Sichern als eigenständige Handlung verwirklicht ist. Sollte ein Sichern erst in der Weiter-

gabe der Geschäftsgeheimnisse an die Mittäter gesehen werden, würde nur der Tatbestand der Geheimnishehlerei erfüllt sein.

10. Bei Antragsdelikten muss Strafantrag binnen der dreimonatigen Frist des § 77b StGB ab Kenntnis der Tat gestellt worden sein (sh Kap 2 Rdn 114). In der Erhebung der Privatklage ist ein Strafantrag zu sehen (vgl BGH 09.01.1985, 3 StR 502/84, Rn 9 [juris] = NJW 1985, 1175). Ein Sühneversuch nach § 380 StPO ist im Falle einer Geschäftsgeheimnisverletzung nicht erforderlich.

11. Lehnt die StA bei Offizialdelikten die Erhebung der öffentlichen Klage ab, so kann der Geschädigte ein Klageerzwingungsverfahren nach § 172 ff StPO anstrengen. Dies gilt nicht für Privatklagedelikte, § 172 Abs 2 Satz 3 StPO. Hier wird der Verletzte auf den Privatklageweg verwiesen.

Besteht hinreichender Tatverdacht, dass dieselbe prozessuale Tat iSd § 264 Abs 1 StPO sowohl Privatklage- als auch Offizialdelikte verwirklicht, geht das Offizialdelikt vor. Eine Privatklage ist dann unzulässig (Walther, in KK-StPO, § 374 Rn 7–9). Das gilt auch im Falle einer Einstellung aus Opportunitätsgründen nach §§ 153 ff StPO.

Lehnt hingegen die StA nach § 170 Abs 2 StPO die Erhebung der öffentlichen Klage mangels hinreichenden Tatverdachts insgesamt ab, wird die Privatklage nicht unzulässig (Schmitt, in Meyer-Goßner/Schmitt, StPO, § 171 StPO Rn 4; Moldenhauer, in KK-StPO, § 170 Rn 16). Der Verletzte hat die Wahl zwischen einem Klageerzwingungsantrag (der auch das Privatklagedelikt umfasst) oder einer Privatklage (nur für das Privatklagedelikt). Im letztgenannten Fall besteht allerdings die Gefahr, dass nach Meinung des zuständigen Strafrichters sehr wohl ein Offizialdelikt gegeben ist. Dann hat eine Vorlage der Akten an die StA nach § 377 Abs 1 Satz 2 StPO zu erfolgen. Übernimmt die StA das Verfahren, führt sie es als Offizialverfahren. Andernfalls gibt sie die Akten zurück an das Gericht. Der Richter kann die Klage ggf zurückzuweisen (§ 383 Abs 1 StPO). Bei Eintritt der Rechtskraft dieses Beschlusses müssen die Akten (wie auch bei § 389 Abs 2 StPO) erneut der StA zugeleitet werden (RG 15.11.1883, 2174/83 = RGSt 9, 324). Übernimmt die StA auch jetzt nicht, verbleibt nur noch das Klageerzwingungsverfahren. Umgekehrt ist das Gericht nicht an die Beurteilung durch die StA gebunden. Dem Richter bleibt es unbenommen, im Fall der Erhebung der öffentlichen Klage die Eröffnung abzulehnen. Auch ist im Offizialverfahren lediglich die Verurteilung wegen eines Privatklagedeliktes möglich (Walther, in KK-StPO, § 374 Rn 11).

12. Bevor eine gerichtliche Handlung vorgenommen wird, hat der Privatkläger einen Gebührenvorschuss nach § 16 Abs 1 GKG binnen einer vom Gericht zu bestimmenden Frist bei der Gerichtskasse einzuzahlen, sofern er keine Prozesskostenhilfe erhält oder ihm Gebührenfreiheit zusteht, § 379a StPO. Andernfalls wird die Privatklage zurückgewiesen. Wiedereinsetzung ist nach §§ 44, 45 StPO möglich.

13. Nach § 381 Satz 3 StPO gehört zur Zulässigkeit der Privatklage die Einreichung von zwei Abschriften der Anklageschrift bei Klageerhebung.

C. Muster Vertragsklauseln

1. Geheimhaltungsklausel Arbeitsvertrag

228 ▶ § Geheimhaltung, Vertraulichkeit

(1) Der Mitarbeiter ist verpflichtet, über alle Geschäftsgeheimnisse, die ihm im Rahmen oder aus Anlass seiner Tätigkeit für die Gesellschaft zur Kenntnis gelangen, während der Dauer dieses Arbeitsverhältnisses Stillschweigen zu bewahren. Als Geschäftsgeheimnisse gelten insbesondere Inhalte von Listen und Daten tatsächlicher oder potentieller Geschäftspartner, Inhalte von Kundenverträgen, Preisinformationen, technische und verfahrensbezogene Daten und Informationen, Geschäftsplanungen und -ergebnisse, Organisation und Arbeitsweise der Gesellschaft sowie strategische Planungen und Überlegungen. *[Anmerkung: Die vorstehende Definition ist auf das jeweilige Unternehmen bzw den jeweiligen Geschäftsgegenstand anzupassen.]* Diese Pflicht gilt auch für Geschäftsgeheimnisse der mit der Gesellschaft gemäß § 15 ff AktG verbundenen Unternehmen, auch wenn diese nicht gesondert als vertraulich bezeichnet werden. Die Gesellschaft handelt insofern in Vertretung des jeweiligen verbundenen Unternehmens.

(2) Der Mitarbeiter ist verpflichtet, auch über alle sonstigen vertraulichen Unterlagen und Informationen über die Gesellschaft, ihren Geschäftsbetrieb, ihre Kunden und ihre Mitarbeiter, die dem Mitarbeiter im Rahmen oder durch seine Tätigkeit für die Gesellschaft veranlasst zur Kenntnis gelangen, Stillschweigen zu bewahren. Dies gilt jeweils auch entsprechend zugunsten verbundener Unternehmen.

(3) Die Verpflichtungen nach Abs (1) gelten auch nach Beendigung des Arbeitsverhältnisses. Soweit der Mitarbeiter dadurch in seinem beruflichen Fortkommen unangemessen behindert werden sollte, kann er von der Gesellschaft die Einschränkung der Geheimhaltungspflicht verlangen. Die vorstehenden Sätze 1 und 2 gelten entsprechend auch für die Verpflichtungen nach Abs (2).

(4) Zur Klarstellung wird festgehalten, dass eine Ausnahme von den vorstehenden Verschwiegenheitsverpflichtungen nach Abs (1) bis (3) bei Vorliegen eines berechtigten Interesses im Sinne von § 5 GeschGehG gegeben sein kann.

(5) Der Mitarbeiter darf keinerlei Vorteile, die er aus der Auswertung der ihm bekannt werdenden Geschäftsgeheimnisse oder sonstiger vertraulicher Informationen der Gesellschaft oder der mit ihr verbundenen Unternehmen ziehen könnte, direkt oder indirekt nutzen.

(6) Über die Vergütung und sonstigen Leistungen hat der Mitarbeiter Stillschweigen zu bewahren. Dies gilt nicht, soweit der Mitarbeiter gesetzlich zur Auskunft verpflichtet ist oder die Auskunft zur Wahrung von Rechten vor Gericht oder Behörden erforderlich ist.

(7) Für jeden Fall des Verstoßes gegen die Verpflichtungen gemäß Abs (1) und Abs (3) Satz 1 verwirkt der Mitarbeiter eine Vertragsstrafe, deren Höhe von der Gesellschaft nach billigem Ermessen festgesetzt wird und die in der Regel ein monatliches Bruttofestgehalt beträgt. Haben mehrere Verstöße das identische Geschäftsgeheimnis zum Gegenstand (zB Verrat derselben Information einerseits durch E-Mail an eine dritte Person und zudem durch Veröffentlichung im Internet), so wird die Vertragsstrafe für jeden einzelnen Verstoß verwirkt. Beim Vorliegen eines Dauertatbestandes (zB dauerhafte Veröffentlichung im Internet) wird die Vertragsstrafe jedoch nur einmal verwirkt. Die maximale Vertragsstrafe, die insgesamt innerhalb eines Zeitraums von 12 Monaten verwirkt werden kann, beträgt 100 % des jährlichen Bruttofestgehalts. Daneben behält sich die Gesellschaft die Geltendmachung von über die Vertragsstrafe hinausgehenden Schäden, die aus der Verletzung der vorgenannten Pflichten resultieren, sowie die Geltendmachung von Unterlassungsansprüchen vor.

2. Nachvertragliches Wettbewerbsverbot

▶ § Nachvertragliches Wettbewerbsverbot, Vertragsstrafe[1]

(1) Der Arbeitnehmer verpflichtet sich, für die Dauer von [*gewünschte Dauer des Verbots angeben; diese darf maximal zwei Jahre betragen.*] Jahren nach Beendigung seines Arbeitsverhältnisses weder in selbstständiger noch in unselbständiger Stellung oder in sonstiger Weise für ein Konkurrenzunternehmen entgeltlich oder unentgeltlich tätig zu werden, ein Konkurrenzunternehmen zu beraten oder in sonstiger Weise zu unterstützen, insbesondere auch nicht ihren Aufsichts- und Beratungsgremien anzugehören. In gleicher Weise ist es dem Arbeitnehmer untersagt, während der Dauer dieses nachvertraglichen Wettbewerbsverbots ein Konkurrenzunternehmen zu errichten, zu erwerben oder sich hieran unmittelbar oder mittelbar zu beteiligen, soweit die Beteiligung nicht im Rahmen der reinen Vermögensanlage erfolgt und jeglicher Einfluss auf die Geschäftsführung ausgeschlossen ist. Das Wettbewerbsverbot gilt auch zu Gunsten der mit dem Arbeitgeber verbundenen Unternehmen. [*Optional: Im Falle einer unwiderruflichen Freistellung des Arbeitnehmers bis zur Beendigung des Anstellungsverhältnisses verkürzt sich die Dauer des nachvertraglichen Wettbewerbsverbots um die Dauer der Freistellung.*]

(2) Konkurrenzunternehmen im Sinne dieser Bestimmung sind Unternehmen, die [*kurze stichpunktartige Beschreibung des Unternehmensgegenstands einfügen.*] im räumlichen Bereich [*exakte Definition ergänzen, etwa »der Bundesrepublik Deutschland«. Zu vermeiden sind auslegungsbedürftige Begriffe wie zB »Europa«.*] tätig sind. Bei Beendigung des Arbeitsvertrages wird der Arbeitgeber dem Arbeitnehmer auf seinen Wunsch eine beispielhafte, nicht abschließende Liste der wichtigsten potentiellen Konkurrenzunternehmen übergeben; maßgeblich bleibt jedoch die abstrakte Beschreibung des Anwendungsbereichs dieses Wettbewerbsverbots.

(3) [*Optional: Das nachvertragliche Wettbewerbsverbot tritt erst nach [einjährigem] Bestand des Anstellungsverhältnisses in Kraft.*]

(4) [*Optional: Das nachvertragliche Wettbewerbsverbot tritt ohne gesonderte Erklärung mit Erreichen der für den Arbeitnehmer maßgeblichen Regelaltersgrenze in der gesetzlichen Rentenversicherung außer Kraft.*]

(5) Während der Dauer des Wettbewerbsverbots erhält der Arbeitnehmer eine Entschädigung, die für jedes Jahr des Wettbewerbsverbots die Hälfte der von dem Arbeitnehmer zuletzt bezogenen vertragsmäßigen Leistungen beträgt (§§ 74 Abs 2, 74b HGB). Die Karenzentschädigung wird in gleichen monatlichen Raten am Schluss eines jeden Monats gezahlt.

(6) Der Arbeitnehmer muss sich anderweitigen Erwerb nach Maßgabe von § 74c HGB auf die Entschädigung anrechnen lassen. Der Arbeitnehmer hat jeweils zum Monatsende unaufgefordert schriftlich mitzuteilen, ob und in welcher Höhe er anderweitige Einkünfte bezieht bzw den Bezug böswillig unterlässt. Auf Verlangen des Arbeitgebers sind die Angaben zu belegen.

(7) Für jeden Fall des Verstoßes gegen dieses nachvertragliche Wettbewerbsverbot verwirkt der Arbeitnehmer eine Vertragsstrafe in Höhe einer monatlichen Rate des letzten monatlichen Bruttofestgehalts. Im Falle von mehreren Verstößen gegen das Wettbewerbsverbot wird die Vertragsstrafe auch dann jedes Mal neu verwirkt, wenn die Verstöße innerhalb desselben Monats begangen wurden. Im Falle eines Verstoßes, der ohne Unterbrechung länger als einen Monat andauert oder wenn der Verstoß in der Eingehung eines dem nachvertraglichen Wettbewerbsverbot entgegenstehenden Dauerschuldverhältnisses besteht (zB ein Anstellungsvertrag oder ein Beratervertrag), wird die Vertragsstrafe für jeden Monat, in dem der Verstoß andauert, neu verwirkt. Die maximale Vertragsstrafe, die insgesamt innerhalb eines Zeitraums von 12 Monaten verwirkt werden kann, beträgt 100 % des jährlichen Bruttofestgehalts. Während der Dauer des Verstoßes gegen das Wettbewerbsverbot ist der Arbeitgeber von der Verpflichtung zur Zahlung der Entschädigung frei. Darüber hinaus behält sich der Arbeitgeber die Geltendmachung sonstiger Ansprüche, insbesondere von Ansprüchen auf Ersatz von über die Vertragsstrafe hinausgehenden Schäden und von Unterlassungsansprüchen, ausdrücklich vor.

(8) Das Wettbewerbsverbot gilt auch mit einem Rechtsnachfolger des Betriebs, insbesondere geht es bei einer Veräußerung auf den Erwerber über. Der Arbeitnehmer ist mit dem Übergang der Rechte auf den Rechtsnachfolger einverstanden.

(9) Der Arbeitgeber ist vor Beendigung des Arbeitsverhältnisses gemäß § 75a HGB berechtigt, auf das Wettbewerbsverbot zu verzichten mit der Wirkung, dass er mit Ablauf von 12 Monaten seit der Erklärung von der Verpflichtung zur Zahlung der Entschädigung frei wird.

(10) Im Falle der berechtigten außerordentlichen Kündigung des Arbeitnehmers durch den Arbeitgeber wegen vertragswidrigen Verhaltens ist der Arbeitgeber berechtigt, sich durch Erklärung binnen eines Monats mit sofortiger Wirkung ohne Verpflichtung zur Zahlung einer Karenzentschädigung von dem Wettbewerbsverbot zu lösen.

(11) Im Übrigen gelten die Vorschriften der §§ 74 ff HGB.

[Ort], [Datum]

_____   _____
Arbeitgeber   Arbeitnehmer

Der Arbeitnehmer bestätigt, eine von dem Arbeitgeber unterschiebene vollständige Abschrift dieser Vereinbarung erhalten zu haben.[2]

_____
Arbeitnehmer

Erläuterungen

230 **1.** Dieses Muster gilt nur für Arbeitnehmer. Für Geschäftsführer müsste ein abweichendes Muster vereinbart werden, da dort einerseits mehr Spielraum besteht, in anderer Hinsicht aber auch ergänzende Klauseln notwendig sind.

231 **2.** Gem. § 74 Abs 1 HGB ist nicht nur die Schriftform, sondern auch die Aushändigung einer Originalurkunde an den Arbeitnehmer vorgeschrieben. Dies ist zwingend einzuhalten; eine Nachholung ist nicht möglich.

Entscheidungsregister

Das Entscheidungsregister gibt die im Werk zitierten Entscheidungen wieder. Als Fundstellen sind vorrangig die im Bereich des gewerblichen Rechtsschutzes verfügbaren Veröffentlichungen angeführt. Als Entscheidungsschlagworte werden vorrangig die von den Gerichten vorgegebenen und nachrangig sonst etablierte genutzt.

Soweit solche Entscheidungsschlagworte nicht vorgegeben oder etabliert sind, haben die Autoren zur besseren Einordnung des Entscheidungskontextes eigene Schlagworte gebildet. Diese sind mit einem *-Zusatz gekennzeichnet.

Entscheidungsstichwort	Gericht/Datum/Aktenzeichen	Fundstelle	zitiert in
1860 München	OLG München, 08.08.1996 – 6 U 1938/96	NJW-RR 1997, 1266	**Kap 1**, 642
Abberufung und Kündigung eines Vorstandsvorsitzenden und -mitglieds*	OLG Düsseldorf, 29.01.2015 – I-10 U 5/14	BeckRS 2015, 03264	**Kap 2**, 65
Abdichtsystem	BGH, 16.05.2017 – X ZR 120/15	GRUR 2017, 785	**Kap 1**, 626, 720; **Kap 5**, 21
Abkantpresse	LG Braunschweig, 20.08.1968 – 9 c Q 6/67	GRUR 1971, 28	**Kap 2**, 313, 375
Ablehnung eines Sachverständigen im Beweissicherungsverfahren*	OLG Oldenburg, 21.09.1976 – 2 W 164/76	MDR 1977, 499	**Kap 2**, 378
Abmahnung auch bei falscher Dokumentation der Arbeitszeit*	LAG Berlin-Brandenburg, 30.03.2012 – 10 Sa 2272/11	NZA-RR 2012, 353	**Kap 2**, 33
Abmahnung bei Besichtigungsanspruch	LG Düsseldorf, 04.12.2008 – 4b O 348/08	InstGE 11, 35	**Kap 2**, 375
Abmahnung wegen Verweigerung der Teilnahme an einem Einzel-Personalgespräch*	BAG, 23.06.2009 – 2 AZR 606/08	NZA 2009, 1011	**Kap 2**, 36
Abnehmerverwarnung	BGH, 23.02.1995 – I ZR 15/93	GRUR 1995, 424	**Kap 5**, 108, 109
Adhäsionsantrag eines Minderjährigen*	BGH, 16.12.2008 – 4 StR 542/08	NStZ 2009, 586	**Kap 4**, 77, 85
Akteneinsicht des Insolvenzverwalters*	LG Hildesheim, 06.02.2009 – 25 Qs 1/09	NJW 2009, 3799	**Kap 2**, 231
Akteneinsicht des Verletzten*	OLG Hamm, 26.11.1984 – 1 VAs 115/84	NJW 1985, 2040	**Kap 5**, 180
Akteneinsicht des Verletzten*	OLG Koblenz, 30.05.1988 – 2 VAs 3/88	StV 1988, 332	**Kap 5**, 180
Akteneinsicht durch geschädigte Gesellschaft*	LG Mühlhausen, 26.09.2005 – 9 Qs 21/05	wistra 2006, 76	**Kap 5**, 180
Akteneinsicht durch Privatpersonen und Insolvenzverwalter*	LG Frankfurt/Main, 15.04.2003 – 5-02 AR 2/03	StV 2003, 495	**Kap 2**, 231
Akteneinsicht durch Zivilgericht bei Kartellverstößen*	OLG Hamm, 26.11.2013 – 1 VAs 116/13	BeckRS 2014, 949	**Kap 2**, 236
Akteneinsicht im verwaltungsgerichtlichen Verfahren*	BVerfG, 27.10.1999 – 1 BvR 385/90	NJW 2000, 1175	**Kap 2**, 200, 210
Akteneinsichtsrecht bei zivilrechtlichem Schadensersatzanspruch*	BVerfG, 04.12.2008 – 2 BvR 1043/08	BeckRS 2009, 18693	**Kap 5**, 180

Entscheidungsregister

Entscheidungsstichwort	Gericht/Datum/Aktenzeichen	Fundstelle	zitiert in
Akteneinsichtsrecht des Beschuldigten*	BGH, 26.01.2011 – 4 BGs 1/11	NStZ-RR 2012, 16	**Kap 5**, 203
Akteneinsichtsrecht des Insolvenzverwalters*	LG Hildesheim, 26.03.2007 – 25 Qs 17/06	NJW 2008, 531	**Kap 5**, 184, 187
Alleinentscheidung des Vorsitzenden über Vorlage an BAG zur Bestimmung des zuständigen Gerichts*	BAG, 16.08.2016 – 9 AS 4/16	NJW 2016, 3469	**Kap 3**, 91
Änderung der Voreinstellung III	BGH, 28.10.2010 – I ZR 174/08	GRUR 2011, 543	**Kap 1**, 849
Anfechtung eines Aufhebungsvertrags wegen Drohung mit außerordentlicher Kündigung*	LAG Rheinland-Pfalz, 28.01.2016 – 5 Sa 398/15	BeckRS 2016, 67784	**Kap 2**, 62
Anfechtung eines Aufhebungsvertrags*	BAG, 06.12.2001 – 2 AZR 396/00	NJW 2002, 2196	**Kap 2**, 62
Anforderungen an Beweiserhebung bei Verdachtskündigungen*	LAG Schleswig-Holstein, 30.04.2019 – 1 Sa 385 öD/18	BeckRS 2019, 18301	**Kap 2**, 56
Angabe von Strafzumessungsgründen im Urteil*	BGH, 13.04.2017 – 4 StR 414/16	BeckRS 2017, 109043	**Kap 4**, 86
Angebotsunterlagen	BGH, 10.05.1995 – 1 StR 764/94	NJW 1995, 2301	**Kap 1**, 109
Anhörung bei Verdachtskündigung wegen Sachbeschädigung*	BAG, 13.03.2008 – 2 AZR 961/06	NZA 2008, 809	**Kap 2**, 23, 40
Anhörung des Arbeitnehmers bei Verdachtskündigung*	BAG, 13.09.1995 – 2 AZR 587/94	NJW 1996, 540	**Kap 2**, 40
Anhörung des Arbeitnehmers vor Verdachtskündigung*	BAG, 26.09.2002 – 2 AZR 424/01	NJOZ 2003, 2259	**Kap 2**, 23
Anhörung des Arbeitnehmers vor Verdachtskündigung*	LAG Köln, 25.01.2001 – 6 Sa 1310/00	NJOZ 2001, 1271	**Kap 2**, 49, 50
Anhörung des Beschuldigten vor Akteneinsicht durch den Verletzten*	BVerfG, 15.04.2005 – 2 BvR 465/05	NStZ-RR 2005, 242	**Kap 2**, 219, 222; **Kap 5**, 183
Anhörung des Kündigungsgegners*	LAG Niedersachsen, 06.03.2001 – 12 Sa 1766/00	BeckRS 2001, 30790038	**Kap 2**, 52
Anhörung vor Verdachtskündigung*	BAG, 20.03.2014 – 2 AZR 1037/12	NJW 2014, 3389	**Kap 2**, 29, 45, 49, 50, 54, 57
Anhörung vor Verdachtskündigung*	LAG Berlin-Brandenburg, 06.11.2009 – 6 Sa 1121/09	BeckRS 2009, 74071	**Kap 2**, 40
Anhörung vor Verdachtskündigung*	LAG Düsseldorf, 25.06.2009 – 5 TaBV 87/09	NZA-RR 2010, 184	**Kap 2**, 33
Anhörung vor Verdachtskündigung*	LAG Köln, 08.11.2012 – 6 Sa 578/12	NZA-RR 2013, 239	**Kap 2**, 56
Anhörung vor Verdachtskündigung*	LAG München, 19.03.2009 – 3 Sa 25/09	BeckRS 2009, 67431	**Kap 2**, 48
Anhörung vor Verdachtskündigung*	LAG Schleswig-Holstein, 21.03.2018 – 3 Sa 398/17	BeckRS 2018, 5369	**Kap 2**, 46
Anhörungsrüge	LG Düsseldorf, 03.05.2005 – 4a O 162/05	InstGE 5, 236	**Kap 2**, 370
Anonymisierte Mitgliederliste*	BGH, 18.10.1995 – I ZR 126/93	GRUR 1996, 217	**Kap 2**, 199

Entscheidungsregister

Entscheidungsstichwort	Gericht/Datum/Aktenzeichen	Fundstelle	zitiert in
Anordnung des Verfalls gegen Drittbegünstigte*	BGH, 19.10.1999 – 5 StR 336/99	NJW 2000, 297	**Kap 4**, 37
Anordnung zur Vorlage von Urkunden und Unterlagen im selbstständigen Beweisverfahren*	KG, 10.04.2013 – 9 W 94/12	NJW 2014, 85	**Kap 2**, 250, 258
Anreißgeräte	BGH, 16.11.1954 – I ZR 180/53	GRUR 1955, 402	**Kap 1**, 903
Ansetzen eines Privatdetektivs auf Arbeitnehmer*	ArbG Dortmund, 30.10.2008 – 2 Ca 2822/08	BeckRS 2008, 57991	**Kap 2**, 5
Anspruch auf Besichtigung von Computerprogrammen durch Sachverständigen*	LG München I, 13.09.1985 – 21 O 12260/85	CR 1987, 761	**Kap 2**, 327
Anspruch auf Buchauszug*	OLG München, 31.07.2019 – 7 U 4012/17	BeckRS 2019, 18611	**Kap 1**, 425
Anspruch auf Drittauskunft	OLG Frankfurt/Main, 22.08.2017 – 11 U 71/16	GRUR 2017, 1116	**Kap 1**, 775
Anspruch auf Hinzuziehung eines Betriebsratsmitglieds*	BAG, 20.04.2010 – 1 ABR 85/08	NZA 2010, 1307	**Kap 2**, 38
Antrag auf Durchführung eines selbstständigen Beweisverfahrens*	BGH, 04.11.1999 – VII ZB 19/99	NJW 2000, 960	**Kap 2**, 258
Antragsrecht	BGH, 18.01.1983 – 1 StR 490/82	GRUR 1983, 330	**Kap 5**, 131
Antragsrecht bei Abdruck von Zeitungsartikeln ohne Quellenangabe*	RG, 21.03.1905 – 6199/04	RGSt 38, 6	**Kap 5**, 131
Antragsrecht der Handwerkskammern*	RG, 22.06.1909 – I 711/09	RGSt 43, 44	**Kap 2**, 117
Antragsrecht des Insolvenzverwalters bei Vermögensarrest und im Adhäsionsverfahren*	OLG Celle, 08.10.2007 – 2 Ws 296/07	NJW 2007, 3795	**Kap 2**, 118
Antragsrecht des Konkursverwalters*	RG, 04.03.1902 – 314/02	RGSt 35, 149	**Kap 2**, 118
Antragsrecht des Sparkassenvorstands*	RG, 15.03.1934 – 2 D 284/34	RGSt 68, 305	**Kap 5**, 131
Antragsrecht eines Gesellschafters ohne Geschäftsführungsbefugnis*	RG, 14.10.1907 – I 614/07	RGSt 41, 103	**Kap 5**, 131
Anwaltsbeistand bei Personalgesprächen*	LAG Hamm, 23.05.2001 – 14 Sa 497/01	BeckRS 2001, 41047	**Kap 2**, 37
Anwendung deutschen Strafrechts bei Untreue zum Nachteil einer ausländischen Bank*	BGH, 27.06.2006 – 3 StR 403/05	NStZ-RR 2007, 48	**Kap 2**, 81
Anwesenheit des Betriebsprüfers bei Durchsuchung*	OLG Bremen, 23.10.1998 – VAs 1/98	wistra 1999, 74	**Kap 5**, 138
Arbeitnehmerische Mitteilungspflichten über Fehlverhalten von Kollegen*	LAG Mecklenburg-Vorpommern, 08.07.2016 – 2 Sa 190/15	BeckRS 2016, 73741	**Kap 2**, 16
Arbeitsvertragliche Nebenpflichten von Tendenzträgern*	BAG, 23.10.2008 – 2 AZR 483/07	NJW 2009, 1897	**Kap 2**, 23
Arbeitsvertragliche Verfallklausel*	BAG, 18.09.2018 – 9 AZR 162/18	NJW 2019, 456	**Kap 1**, 245, 247

Entscheidungsregister

Entscheidungsstichwort	Gericht/Datum/Aktenzeichen	Fundstelle	zitiert in
ARD-Buffet	BGH, 26.01.2017 – I ZR 207/14	GRUR 2017, 422	**Kap 3**, 110
Arzneimittelherstellung	LG München I, 20.10.2010 – 21 O 7563/10	InstGE 13, 181	**Kap 2**, 302, 303
Arzneimittelherstellung	LG München I, 20.11.2010 – 21 O 7563/10	InstGE 13, 181	**Kap 2**, 248
Aufhebungsvertrag*	BAG, 13.11.1996 – 10 AZR 340/96	NJW 1997, 3043	**Kap 1**, 426
Aufklärungspflicht des Arbeitgebers bei Eigenkündigung*	LAG Düsseldorf, 10.07.2001 – 8 Sa 515/012148	NJOZ 2001, 2147	**Kap 1**, 427
Aufklärungspflicht gegenüber Bewerbern*	BAG, 24.09.1974 – 3 AZR 589/73	NJW 1975, 708	**Kap 1**, 426
Ausgelagerter Server	OLG München, 11.03.2011 – 6 W 610/10	InstGE 13, 298	**Kap 2**, 287, 353, 354, 356, 359, 364
Auskunft über personenbezogene Daten*	AG München, 04.09.2019 – 155 C 1510/18	BeckRS 2019, 23247	**Kap 1**, 425
Auskunft über verdachtsbegründende Tatsachen*	BVerfG, 08.11.1983 – 2 BvR 1138/83	NJW 1984, 1451	**Kap 2**, 91
Auskunft über Zahlungen und Vorlage entsprechender Geschäftsunterlagen*	OLG Brandenburg, 11.08.2006 – 7 W 50/06	BeckRS 2006, 19294	**Kap 2**, 286
Auskunftspflicht des Arbeitnehmers bei bestehendem Wettbewerbsverbot*	ArbG Saarlouis, 19.10.1983 – 1 Ca 493/83	BeckRS 2011, 69046	**Kap 2**, 21
Auskunftspflicht der Einigungsstelle*	LAG Niedersachsen, 03.11.2009 – 1 TaBV 63/09	NZA-RR 2010, 142	**Kap 1**, 445
Aussagebeschränkungen beschuldigter Beamter und Verteidigungsrecht*	BGH, 05.06.2007 – 5 StR 383/06	NJW 2007, 3010	**Kap 2**, 198
Aussagepflicht des Gemeinschuldners*	BVerfG, 13.01.1981 – 1 BvR 116/77	NJW 1981, 1431	**Kap 2**, 21, 22
Ausschließliche Zuständigkeit bei Vertragsstrafeansprüchen*	BGH, 19.10.2016 – I ZR 93/15	MMR 2017, 169	**Kap 3**, 10
Ausschluss der Öffentlichkeit*	BGH, 02.02.1999 – 1 StR 636/98	NStZ 1999, 371	**Kap 5**, 206
Ausschluss eines Betriebsratsmitglieds*	LAG Hessen, 20.03.2017 – 16 TaBV 12/17	BeckRS 2017, 109499	**Kap 1**, 459
Ausschreibungsunterlagen	BGH, 04.07.1975 – I ZR 115/73	GRUR 1976, 367	**Kap 1**, 834
Automobil-Onlinebörse	BGH, 22.06.2011 – I ZR 159/10	GRUR 2011, 1018	**Kap 1**, 310
Außerordentliche Verdachtskündigung eines Arbeitnehmers in U-Haft*	LAG Düsseldorf, 13.08.1998 – 13 Sa 345/98	NZA-RR 1999, 640	**Kap 2**, 48
Aztekenofen	OLG Köln, 21.03.2014 – 6 U 181/13	WRP 2014, 973	**Kap 1**, 733
Ballermann	BGH, 24.02.2000 – I ZR 168/97	GRUR 2000, 1028	**Kap 1**, 633
Bear-Share	BGH, 08.01.2014 – I ZR 169/12	BGHZ 200, 76	**Kap 5**, 36
BearShare	BGH, 08.01.2014 – I ZR 169/12	GRUR 2014, 657	**Kap 2**, 244
Beatles-Doppel-CD	BGH, 18.12.1997 – I ZR 79/95	GRUR 1998, 568	**Kap 1**, 827
Beendete Geheimnisverletzung*	BGH, 07.07.1993 – 5 StR 303/93	NStZ 1993, 538	**Kap 2**, 81
Begriff der »Durchsuchung«	BVerwG, 12.12.1967 – I C 112/64	NJW 1968, 563	**Kap 2**, 346

Entscheidungsregister

Entscheidungsstichwort	Gericht/Datum/Aktenzeichen	Fundstelle	zitiert in
Begriff des Verletzten beim Klageerzwingungsverfahren*	OLG Koblenz, 05.04.1984 – 1 Ws 224/84	NJW 1985, 1409	**Kap 5**, 178
Begründungsumfang bei Verurteilung zu Schmerzensgeld im Strafurteil*	BGH, 20.03.2014 – 3 StR 20/14	BeckRS 2014, 9505	**Kap 4**, 90
Behördliche Einschränkung der erteilten Aussagegenehmigung*	BGH, 09.12.1988 – 2 StR 279/88	NJW 1989, 1228	**Kap 2**, 198
Beiziehung staatsanwaltschaftlicher Ermittlungsakten im Zivilprozess*	BVerfG, 06.03.2014 – 1 BvR 3541/13	NJW 2014, 1581	**Kap 2**, 191, 236
Beiziehung von Spurenakten*	BGH, 26.05.1981 – 1 StR 48/81	StV 1981, 500	**Kap 5**, 177
Beiziehung von Spurenakten*	BVerfG, 12.01.1983 – 2 BvR 864/81	NStZ 1983, 273	**Kap 2**, 186
Berechtigtes Interesse an Offenlegung von Geschäftsgeheimnissen*	OLG Oldenburg, 21.05.2019 – 1 Ss 72/19	BeckRS 2019, 29965	**Kap 1**, 868
Berodural	OLG Hamburg, 11.02.1999 – 3 U 184/98	NJWE-WettbR 2000, 19	**Kap 2**, 346
Berücksichtigung von Betriebs- und Geschäftsgeheimnissen im Verwaltungsstreitverfahren*	BVerfG, 14.03.2006 – 1 BvR 2087/03	NVwZ 2006, 1041	**Kap 1**, 53, 92; **Kap 2**, 192, 200
Beschlagnahme des elektronischen Datenbestands einer Rechtsanwaltskanzlei*	BVerfG, 12.04.2005 – 2 BvR 1027/02	NJW 2005, 1917; BVerfGE 113, 29	**Kap 5**, 157, 158
Beschlagnahme von Geschäftsunterlagen*	BVerfG, 20.02.2007 – 2 BvR 646/06	BeckRS 2007, 21806	**Kap 5**, 163
Beschlagnahme*	LG Oldenburg, 27.01.1994 – I Qs 59/93	StV 1994, 178	**Kap 5**, 162
Beschlagnahmeanordnung*	OLG Düsseldorf, 21.07.1982 – 2 Ws 501/82	StV 1982, 513	**Kap 5**, 162
Beschränkte Vorlage im selbstständigen Beweisverfahren	OLG Karlsruhe, 12.08.2013 – 6 W 56/13	BeckRS 2014, 5839; GRUR-Prax 2014, 184	**Kap 2**, 258
Beschwerde gegen Akteneinsicht durch Dritte*	KG, 15.12.2015 – 4 Ws 61/12	StraFo 2016, 157	**Kap 5**, 183
Beschwerde gegen Durchsuchungsanordnung*	BGH, 03.08.1995 – StB 33/95	StV 1995, 622	**Kap 5**, 154, 170
Beschwerde gegen erledigte Durchsuchung von Geschäftsräumen*	BVerfG, 05.07.2013 – 2 BvR 370/13	BeckRS 2013, 54085	**Kap 5**, 149
Besichtigung bei möglicher Urheberrechtsverletzung*	OLG Frankfurt/Main, 10.06.2010 – 15 U 192/09	BeckRS 2011, 18385	**Kap 2**, 271
Besichtigungsanspruch	OLG Nürnberg, 17.08.2015 – 3 W 1412/15	GRUR-RR 2016, 108	**Kap 2**, 302
Besichtigungsanspruch bei Abgrabungen auf Nachbargrundstück*	OLG Karlsruhe, 27.04.2001 – 14 U 187/00	NJW-RR 2002, 951	**Kap 2**, 295, 299
Besichtigungsanspruch bei vermuteter Urheberrechtsverletzung*	LG Nürnberg/Fürth, 26.05.2004 – 3 O 2524/04	MMR 2004, 627	**Kap 2**, 283

Entscheidungsregister

Entscheidungsstichwort	Gericht/Datum/Aktenzeichen	Fundstelle	zitiert in
Besichtigungsanspruch im Eilverfahren*	OLG Köln, 09.01.2009 – 6 W 3/09	CR 2009, 289	**Kap 2**, 302
Besichtigungsanspruch*	KG, 11.08.2000 – 5 U 3069/00	GRUR-RR 2001, 118	**Kap 2**, 295, 375
Besichtigungsgutachten mit Auskunftsteil	LG München I, 20.10.2010 – 21 O 7563/10	InstGE 13, 187	**Kap 2**, 303
Besichtigungsgutachten mit Auskunftsteil	LG München I, 01.12.2010 – 21 OH 7432/10	InstGE 13, 187	**Kap 2**, 356, 358
Besonderer Mechanismus	BGH, 12.07.2011 – X ZR 56/09	GRUR 2011, 995	**Kap 5**, 114
Bestätigung der vorläufigen Sicherstellung*	BGH, 05.08.2003 – StB 7/03	NStZ 2003, 670	**Kap 5**, 157
Bestimmtheit des Feststellungsantrags im Beschlussverfahren*	BAG, 18.05.2016 – 7 ABR 41/14	NZA 2017, 342	**Kap 3**, 112
Bestimmtheit des Klageantrags bei Betriebsgeheimnisverletzung*	BAG, 25.04.1989 – 3 AZR 35/88	NZA 1989, 860	**Kap 3**, 105, 130, 139
Bestimmtheit eines Beschlagnahmebeschlusses*	LG Oldenburg, 06.05.1986 – II Qs 25/86	wistra 1987, 38	**Kap 5**, 162
Bestimmung des erlangten Etwas beim Verfall*	BGH, 19.01.2012 – 3 StR 343/11	NStZ 2012, 265	**Kap 4**, 31
Beteiligungsrechte des Betriebsrats bei Betriebsänderung*	LAG Baden-Württemberg, 27.09.2004 – 4 TaBV 3/04	NZA-RR 2005, 195	**Kap 1**, 436
Betriebs-/Geschäftsgeheimnischarakter von FIN-Nummern*	LG Freiburg, 09.05.2012 – 3 Qs 132/11	wistra 2012, 361	**Kap 4**, 50
Betriebsänderung durch Personalabbau*	BAG, 28.03.2006 – 1 ABR 5/05	NZA 2006, 932	**Kap 1**, 436
Betriebsspionage*	LG Nürnberg/Fürth, 23.02.2005 – 3 O 4156/04	BeckRS 2011, 12419; InstGE 5, 153	**Kap 2**, 263, 267, 268, 272
Beweisvereitelung*	LG Frankfurt/Main, 14.08.1990 – 2-11 S 112/90	NJW-RR 1991, 13	**Kap 2**, 267
Beweisverwertungsverbot bei heimlicher Schrankkontrolle*	BAG, 20.06.2013 – 2 AZR 546/12	NZA 2014, 143	**Kap 1**, 181; **Kap 2**, 59
Beweisverwertungsverbot bei heimlicher Tonbandaufnahme*	BVerfG, 31.07.2001 – 1 BvR 304/01	NZA 2002, 285	**Kap 2**, 60
Beweisverwertungsverbote*	BVerfG, 30.06.2005 – 2 BvR 1502/04	NJW 2005, 3205	**Kap 2**, 362
Bindende Verweisung trotz Zuständigkeit*	BGH, 09.06.2015 – X ARZ 115/15	NJW-RR 2015, 1016	**Kap 3**, 70
Bindung an Klageantrag im Adhäsionsverfahren*	BGH, 12.03.2019 – 4 StR 369/18	BeckRS 2019, 12622	**Kap 4**, 85
Bindung an tatrichterliche Feststellung zum Tatzeitpunkt*	BGH, 21.02.1968 – 2 StR 719/67	NJW 1968, 1148	**Kap 2**, 114
Blasenfreie Gummibahn II	BGH, 30.09.2003 – X ZR 114/00	GRUR 2004, 268	**Kap 2**, 243; **Kap 3**, 248; **Kap 5**, 35
Bounty	BGH, 21.10.2015 – I ZR 23/14	GRUR 2016, 197	**Kap 1**, 668, 679

Entscheidungsregister

Entscheidungsstichwort	Gericht/Datum/Aktenzeichen	Fundstelle	zitiert in
Bremszangen	BGH, 7.2.2002 – I ZR 289/99	GRUR 2002, 820	**Kap 5**, 93
Brötchen für Tankstellenpächter	OLG Frankfurt/Main, 21.01.2016 – 6 U 21/15	MMR 2016, 758	**Kap 1**, 88
Buchgemeinschaft II	BGH, 06.06.1958 – I ZR 33/57	GRUR 1959, 38	**Kap 1**, 850
Carla	BGH, 21.10.1964 – Ib ZR 22/63	GRUR Ausl 1965, 504	**Kap 1**, 283
Cartier-Armreif	BGH, 24.03.1994 – I ZR 42/93	GRUR 1994, 630	**Kap 1**, 786
Cartier-Ring	BGH, 23.01.2003 – I ZR 18/01	GRUR 2003, 433	**Kap 1**, 786
Cartier-Uhr*	OLG München, 22.02.2001 – 29 U 4303/00	InstGE 1, 201	**Kap 1**, 731
Champagner Sorbet II	BGH, 19.07.2018 – I ZR 268/14	GRUR 2019, 185	**Kap 3**, 116
Computer- und Kernspintomogramm*	OLG München, 19.04.2001 – 1 U 6107/00	NJW 2001, 2806	**Kap 2**, 283
Constantin/YouTube und Google	EuGH, 9.7.2020 – C-264/19	GRUR 2020, 840	**Kap 1**, 775
Constanze	BGH, 26.10.1951 – I ZR 8/51	GRUR 1952, 410	**Kap 1**, 938
ConText	BGH, 05.11.2015 – I ZR 50/14	GRUR 2016, 705	**Kap 3**, 114
Copolyester I	BGH, 17.05.1994 – X ZR 82/92	GRUR 1994, 898	**Kap 5**, 41
Corporate Identity	KG, 09.06.1987 – 5 U 6153/85	GRUR 1988, 702	**Kap 1**, 911, 917
Covenant not to sue	LG Mannheim, 23.04.2010 – 7 O 145/09	GRUR-RR 2011, 49	**Kap 1**, 748, 749
CT-Paradies	BGH, 18.09.2014 – I ZR 76/13	GRUR 2015, 258	**Kap 1**, 698
Dampffrisierstab II	BGH, 03.07.1984 – X ZR 34/83	GRUR 1984, 728	**Kap 5**, 41
Datenauskunft*	LG Köln, –	ZD 2019, 313	**Kap 1**, 425
Datenauskunftsanspruch gegen Versicherungsgesellschaft*	OLG Köln, –	ZD 2019, 462	**Kap 1**, 425
Datenpaketverarbeitung	OLG Karlsruhe, 30.10.2019 – 6 U 183/16	GRUR 2020, 166	**Kap 1**, 788, 793
Delan	BGH, 06.10.2011 – I ZR 117/10	GRUR 2012, 407	**Kap 3**, 113, 130
Delta-Sigma Analog-/Digital-Wandler*	OLG Düsseldorf, 13.08.2015 – I-15 U 3/14	BeckRS 2015, 03264	**Kap 2**, 250
Deltamethrin I	BGH, 11.06.2015 – I ZR 226/13	GRUR 2016, 88	**Kap 3**, 110
Dior	EuGH, 14.12.2000 – C-300/98	GRUR 2001, 235	**Kap 2**, 264
Direktansprache am Arbeitsplatz	BGH, 04.03.2004 – I ZR 221/01	NJW 2004, 2080	**Kap 3**, 113
DiSC	BGH, 21.01.2010 – I ZR 206/07	GRUR 2010, 828	**Kap 1**, 282
Dringlichkeit bei Besichtigung	OLG Düsseldorf, 17.03.2011 – I-2 W 5/11	InstGE 13, 126	**Kap 2**, 302
Drittwiderspruchsklage der Ein-Mann-GmbH gegen Gläubiger ihres Alleingesellschafters*	BGH, 16.11.2003 – IX ZR 55/02	NJW 2004, 217	**Kap 5**, 18
Drohung mit außerordentlicher Kündigung*	BAG, 05.12.2002 – 2 AZR 478/01	NJOZ 2003, 2491	**Kap 2**, 52, 62, 65
Druckbalken	BGH, 08.01.1985 – X ZR 18/84	GRUR 1985, 512	**Kap 2**, 271, 282, 305
Durchsicht von Datenträgern*	BGH, 23.11.1987 – 1 BGs 517/87	StV 1988, 90	**Kap 5**, 169
Durchsicht vorläufig sichergestellter Datenträger*	BGH, 14.12.1998 – 2 BJs 82/98-3	CR 1999, 292	**Kap 5**, 159

Entscheidungsregister

Entscheidungsstichwort	Gericht/Datum/Aktenzeichen	Fundstelle	zitiert in
Durchsuchung und Sicherstellung von Datenträgern bei Steuerberatungsgesellschaft*	BVerfG, 28.04.2003 – 2 BvR 358/03	NJW 2003, 2669	**Kap 5**, 147
Durchsuchung von Geschäftsräumen*	BVerfG, 05.03.2012 – 2 BvR 1345/08	NJW 2012, 2097	**Kap 5**, 167
Dutralene	OLG Karlsruhe, 27.04.1988 – 6 U 13/88	GRUR 1988, 900	**Kap 2**, 302
Edathy	BVerfG, 15.08.2014 – 2 BvR 969/14	NJW 2014, 3085	**Kap 4**, 20
Eignung eines Adhäsionsantrags zur Erledigung im Strafverfahren*	OLG München, 05.12.2018 – 2 Ws 1160/18	BeckRS 2018, 33611	**Kap 4**, 92
Einheitliche Behandlung der Kosten des selbstständigen Beweisverfahrens und des Hauptsacheverfahrens*	BGH, 22.07.2004 – VII ZB 9/03	NJW-RR 2004, 1651	**Kap 2**, 386
Einsicht des Betriebsrats in nicht anonymisierte Bruttoentgeltlisten*	LAG Niedersachsen, 22.10.2018 – 12 TaBV 23/18	NZA-RR 2019, 92	**Kap 1**, 443
Einsicht des Betriebsrats in Personalstatistik*	LAG Niedersachsen, 04.06.2007 – 12 TaBV 56/06	BeckRS 2009, 59309	**Kap 1**, 433
Einsicht des Betriebsrats in Unterlagen betreffend Personalplanung*	LAG Sachsen, 09.12.2011 – 3 TaBV 25/10	ZBVR online 2012, Nr 7/8, 8-11	**Kap 1**, 433
Einsicht des Konkursverwalters in Handakten eines Rechtsanwalts*	BGH, 30.11.1989 – III ZR 112/88	NJW 1990, 510	**Kap 2**, 280
Einsicht in Betriebsprüfungsakten*	OLG Rostock, 07.07.2015 – 20 VAs 2/15	NStZ 2016, 371	**Kap 5**, 203
Einsicht in Krankenunterlagen*	OLG Hamburg, 20.11.1984 – 1 W 39/84	MDR 1985, 232	**Kap 2**, 281
Einsicht in Künstlergagenliste*	BAG, 13.02.2007 – 1 ABR 14/06	NZA 2007, 1321	**Kap 1**, 456
Einsicht in Personalakte*	BAG, 12.07.2016 – 9 AZR 791/14	NZA 2016, 1344	**Kap 1**, 425
Einsicht in strafrechtliche Ermittlungsakten wegen Verfolgung eines Schadensersatzanspruchs*	BVerfG, 05.12.2006 – 2 BvR 2388/06	NJW 2007, 1052	**Kap 5**, 183
Einsicht in tierärztliche Röntgenaufnahmen*	OLG Köln, 11.11.2009 – 5 U 77/09		**Kap 2**, 283
Einsichtnahme des Betriebsrats in Bruttolohn- und Gehaltslisten*	BAG, 16.08.1995 – 7 ABR 63/94	NZA 1996, 330	**Kap 1**, 443
Einsichtsrecht des Betriebsrats in Bruttoentgeltlisten*	BAG, 14.01.2014 – 1 ABR 54/12	NZA 2014, 738	**Kap 1**, 443
Einsichtsrecht des Strafverteidigers in bei Telekommunikationsüberwachung aufgezeichnete Audiodateien*	LG Regensburg, 24.07.2017 – 6 Qs 29/17	StraFo 2017, 451	**Kap 5**, 203
Einstweilige Anordnung*	BVerfG, 18.02.2010 – 2 BvQ 8/10	BeckRS 2010, 47374	**Kap 5**, 160
Einstweilige Verfügung in Patentsachen	OLG Düsseldorf, 21.10.1982 – 2 U 67/82	GRUR 1983, 79	**Kap 2**, 302

Entscheidungsregister

Entscheidungsstichwort	Gericht/Datum/Aktenzeichen	Fundstelle	zitiert in
Einwand unzulässiger Rechtsausübung gegen Unterlassungsanspruch des Betriebsrats*	BAG, 12.03.2019 – 1 ABR 42/17	NZA 2019, 843	**Kap 3**, 112
Energieverbrauchskennzeichnung	BGH, 15.12.2016 – I ZR 213/15	GRUR 2017, 292	**Kap 3**, 116
Entfernung der Herstellungsnummer III	BGH, 21.02.2002 – I ZR 140/99	GRUR 2002, 709	**Kap 1**, 787; **Kap 5**, 12
Entlassung eines Zeugen*	BGH, 27.04.2010 – 5 StR 460/08	BeckRS 2010, 11841	**Kap 4**, 82
Entscheidung über Art und Weise der Durchsuchung bei prozessualer Überholung*	BGH, 07.12.1998 – 5 AR [VS] 2/98	NJW 1999, 730	**Kap 5**, 144
Entscheidung über Nichteignung eines Adhäsionsantrags*	OLG Hamburg, 29.07.2005 – 1 Ws 92/05	NStZ-RR 2006, 347	**Kap 4**, 92
Entwendete Datensätze	BGH, 19.03.2008 – I ZR 225/06	WRP 2008, 938	**Kap 1**, 324, 837
Entwendung in Haus und Familie*	BGH, 26.07.1957 – 4 StR 257/57	NJW 1957, 1933	**Kap 2**, 118
Entwendung platinhaltigen Materials durch den Arbeitnehmer*	LAG Schleswig-Holstein, 16.11.2011 – 3 Sa 284/11	BeckRS 2012, 65854	**Kap 2**, 60
Erfolglose Besichtigung	OLG München, 12.01.2011 – 6 W 2399/10	InstGE 13, 293	**Kap 2**, 389
Erfolgsort einer falschen Verdächtigung*	OLG Koblenz, 30.04.2010 – 2 Ws 166/10	NStZ 2011, 95	**Kap 2**, 81
Erfolgsprämie für die Kundengewinnung	BGH, 21.05.2015 – I ZR 183/13	GRUR 2015, 1237	**Kap 3**, 112, 113
Erinnerungswerbung im Internet	BGH, 29.04.2010 – I ZR 202/07	GRUR 2010, 749	**Kap 1**, 656, 670, 685
Ermittlungsmaßnahmen durch Sachverständigen*	LG Kiel, 14.08.2006 – 37 Qs 54/06	NStZ 2007, 169	**Kap 5**, 172
Erörterung des Verfahrensstandes*	BGH, 21.11.2012 – 1 StR 391/12	NStZ 2013, 411	**Kap 4**, 73
Etikettiermaschine	LG Düsseldorf, 08.03.2007 – 4b O 230/04	InstGE 8, 103	**Kap 2**, 267, 292, 293, 329
Faccini Dori/Recreb	EuGH, 14.07.1994 – C-91/92	NJW 1994, 2473	**Kap 1**, 32
Faxkarte	BGH, 02.05.2002 – I ZR 45/01	GRUR 2002, 1046	**Kap 2**, 262, 263, 271, 280, 282, 283, 284, 327
Faxkarte II*	OLG Hamburg, 29.04.2004 – 3 U 120/00	CR 2005, 558; ZUM 2005, 394	**Kap 2**, 271
Feststellung des Schmerzensgeldanspruchs des Adhäsionsklägers*	BGH, 07.11.2018 – 5 StR 396/18	BeckRS 2018, 39505	**Kap 4**, 86
Feststellungsinteresse des Adhäsionsklägers*	BGH, 15.12.2016 – 2 StR 380/16	BeckRS 2016, 113213	**Kap 4**, 86
Feststellungsinteresse II	BGH, 17.05.2001 – I ZR 189/99	GRUR 2001, 1177	**Kap 5**, 25
Feststellungsinteresse III	BGH, 15.05.2003 – I ZR 277/00	GRUR 2003, 900	**Kap 5**, 25
Flaschenträger	BGH, 24.07.2012 – X ZR 51/11	GRUR 2012, 1226	**Kap 5**, 42
Formale Anforderungen an Privatklageschrift*	LG Krefeld, 19.07.2005 – 21 Qs 159/05	NJW 2005, 3438	**Kap 5**, 218
Forschungskosten	BGH, 09.03.1989 – I ZR 189/86	GRUR 1990, 221	**Kap 1**, 517

Entscheidungsregister

Entscheidungsstichwort	Gericht/Datum/Aktenzeichen	Fundstelle	zitiert in
Frage nach Gewerkschaftszugehörigkeit*	BAG, 18.11.2014 – 1 AZR 257/13	NJW 2015, 1548	**Kap 3**, 110, 111
Fräsautomat	BGH, 15.01.2009 – I ZR 123/06	GRUR 2009, 878	**Kap 5**, 106, 110, 114
Frist und Form des Strafantrags*	BayObLG, 21.07.1993 – 2 St RR 91/93	NStZ 1994, 86	**Kap 2**, 116
Frommia	BGH, 02.05.2002 – I ZR 300/99	GRUR 2002, 972	**Kap 1**, 282
Früchteschneidemaschine	OLG Hamburg, 29.09.1983 – 3 U 134/83	GRUR 1984, 105	**Kap 2**, 302
Füllanlage	BGH, 19.12.1984 – I ZR 133/82	GRUR 1985, 294	**Kap 1**, 322, 324
Funkmietwagen	BGH, 02.04.1965 – Ib ZR 71/63	GRUR 1965, 607	**Kap 2**, 4
Furcht/Deutschland	EGMR, 23.10.2014 – 54648/09	NJW 2015, 3631	**Kap 2**, 2
Geburt im Sinne des Reichsgesetzes über die Beurkundung des Personenstandes*	RG, 29.10.1900 – 3643/00	RGSt 33, 437	**Kap 2**, 118
Geheimhaltungsbedürftigkeit von Bilanzberichten*	BGH, 06.06.1963 – VII ZR 230/61	WM 1963, 990	**Kap 2**, 281
Geheimhaltungsinteresse bei FRAND-Erklärung*	OLG Düsseldorf, 25.04.2018 – I-2 W 8/18	GRUR-RS 2018, 7036	**Kap 1**, 525
Geheimhaltungsinteresse und Besichtigungsanspruch II	OLG Düsseldorf, 08.04.1982 – 2 U 176/81	GRUR 1983, 745	**Kap 2**, 297, 327
Geheimhaltungsinteressen des Besichtigungsschuldners*	OLG Düsseldorf, 02.07.2015 – I-2 W 13/15	BeckRS 2016, 1681	**Kap 2**, 359
Gehilfenhaftung eines ausländischen Brokers bei chancenlosen Optionsgeschäften*	BGH, 13.07.2010 – XI ZR 28/09	NJW-RR 2011, 197	**Kap 1**, 311
Gehörsverletzung durch Setzen einer unzureichenden Äußerungsfrist*	BGH, 15.05.2018 – VI ZR 287/17	VersR 2018, 935	**Kap 3**, 163
Gehörsverletzung durch Versagung von Akteneinsicht im Beschwerdeverfahren*	BVerfG, 25.01.2018 – 2 BvR 1362/16	NJW 2018, 1077	**Kap 2**, 225, 227
Geldspielautomat	BayObLG, 28.08.1990 – RReg 4 St 250/89	GRUR 1991, 694	**Kap 1**, 66, 88, 89, 91, 354
Geltendmachung von Unteransprüchen eines Patents*	LG Mannheim, 25.07.2003 – 7 O 319/00	BeckRS 2003, 9769	**Kap 5**, 10
Gemeinkostenanteil	BGH, 02.11.2000 – I ZR 246/98	GRUR 2001, 329	**Kap 1**, 837
Gemeinschaftliche Begehung schweren sexuellen Kindesmissbrauchs*	BGH, 15.03.2017 – 4 StR 22/17	NStZ 2017, 142	**Kap 4**, 85
Gerichtliche Überprüfung erledigter Telefonüberwachungen*	BVerfG, 14.12.2004 – 2 BvR 1451/04	NJW 2005, 1855	**Kap 5**, 151
Geringwertige Beute*	BGH, 09.07.2004 – 2 StR 176/04	BeckRS 2004, 7428	**Kap 1**, 562
Geschäftsführerhaftung	BGH, 18.06.2014 – I ZR 242/12	BGHZ 201, 344	**Kap 5**, 36
Gesetzeswiederholende Unterlassungsanträge	BGH, 24.11.1999 – I ZR 189/97	GRUR 2000, 438	**Kap 1**, 670
Gießpfanne	OLG Karlsruhe, 31.01.2019 – 6 U 135/14	BeckRS 2019, 2116	**Kap 1**, 793
Glasfaser II	BGH, 15.12.2015 – X ZR 30/14	GRUR 2016, 257	**Kap 2**, 244
Handstrickverfahren	BGH, 17.05.1960 – I ZR 34/59	GRUR 1960, 554	**Kap 1**, 816, 911

Entscheidungsregister

Entscheidungsstichwort	Gericht/Datum/Aktenzeichen	Fundstelle	zitiert in
Heinisch	EGMR, 21.07.2011 – 28274/08	NJW 2011, 3501	**Kap 1**, 586, 590, 591, 592
Hemmung einer Ausschlussfrist wegen Vergleichsverhandlungen*	BAG, 25.04.2018 – 2 AZR 611/17	NZA 2018, 1405	**Kap 2**, 24, 42
Herausgabe von vorläufig sichergestellten Geschäftsunterlagen*	BVerfG, 29.01.2002 – 2 BvR 494/01	NStZ-RR 2002, 144	**Kap 5**, 159
Herausgabevollstreckung*	OLG Düsseldorf, 17.01.2014 – I-2 W 43/13		**Kap 2**, 344
Hermès	EuGH, 16.06.1998 – C-53/96	GRUR Int 1998, 697	**Kap 2**, 264
Hinweispflicht des Arbeitgebers*	BAG, 22.01.2009 – 8 AZR 161/08	NJW 2009, 2616	**Kap 1**, 424
Hinweispflichten des Arbeitsgerichts*	BAG, 18.01.2012 – 6 AZR 407/10	NZA 2012, 817	**Kap 1**, 438
Hinweispflichten*	BAG, 11.12.2001 – 3 AZR 339/00	NZA 2002, 1150	**Kap 1**, 427
Hinzuziehung eines Betriebsratsmitglieds zu Personalgesprächen*	BAG, 16.11.2004 – 1 ABR 53/03	NZA 2005, 416	**Kap 2**, 38
Hinzuziehung nicht neutraler Sachverständiger zu Durchsuchungen	LG Berlin, 03.05.2012 – 526 Qs 10-11/12	NJW Spezial 2012, 442	**Kap 5**, 172
Hinzuziehung nicht neutraler Sachverständiger zu Durchsuchungen*	LG Berlin, 03.05.2012 – 526 Qs 10-11/12	wistra 2012, 410; NJW Spezial 2012, 442	**Kap 5**, 138, 172
Hinzuziehung von Steuerfahndern bei Durchsuchung*	LG Stuttgart, 10.06.1997 – 10 Qs 36/97	wistra 1997, 279	**Kap 5**, 138
HOBAS-Rohre - Rohrprodukte	OGH, 20.09.2011 – 4 Ob 12/11k	GRUR Int 2012, 468	**Kap 1**, 20
Hohlfasermembranspinnanlage I	BGH, 18.12.2008 – I ZB 118/07	GRUR 2009, 519	**Kap 2**, 254
Hohlfasermembranspinnanlage II	BGH, 22.03.2018 – I ZR 118/16	GRUR 2018, 1161	**Kap 1**, 52, 59, 85, 109, 324; **Kap 3**, 96, 99, 102, 104, 105, 106, 136, 139, 141, 253, 256; **Kap 5**, 9, 29, 101
Hörgeräteausstellung	BGH, 10.11.2016 – I ZR 29/15	GRUR 2017, 288	**Kap 3**, 116
Industrielle Reinigungsmaschinen	OLG Nürnberg, 24.07.2008 – 3 W 1462/08	WRP 2008, 1475	**Kap 3**, 64
Informationen über einen geplanten betriebsändernden Personalabbau als Geschäftsgeheimnis*	LAG Schleswig-Holstein, 20.05.2015 – 3 TaBV 35/14	NZA-RR 2016, 77	**Kap 1**, 456, 459
Informationsrecht des Kommanditisten*	BGH, 11.07.1988 – II ZR 346/87	NJW 1989, 225	**Kap 2**, 278
Informationsrecht des stillen Gesellschafters*	OLG Hamburg, 04.03.2004 – 11 U 200/03	ZIP 2004, 1099	**Kap 2**, 286
Inhaltliche Anforderungen an richterliche Beschlagnahmeanordnung	OLG Koblenz, 19.06.2006 – 1 Ws 385/06	NStZ 2007, 285	**Kap 5**, 162

Entscheidungsregister

Entscheidungsstichwort	Gericht/Datum/Aktenzeichen	Fundstelle	zitiert in
Inhaltliche Anforderungen an richterliche Beschlagnahmeanordnung*	OLG Koblenz, 19.06.2006 – 1 Ws 385/06	NStZ 2007, 285	**Kap 5**, 162
Inhaltsgleiche Unterlassungsbegehren gegen mehrere Beklagte	BGH, 15.04.2008 – X ZB 12/06	GRUR-RR 2008, 460	**Kap 5**, 6
Insolvenzverwalter als Verletzter im Sinne der §§ 111g, 111h StPO*	LG Hildesheim, 22.08.2007 – 25 KLs 5413 Js 18030/06 FE	NStZ-RR 2008, 43	**Kap 2**, 118
Instransparente Vertragsstrafenregelung*	BAG, 24.08.2017 – 8 AZR 378/16	NJW 2018, 418	**Kap 1**, 219
Interframe dropping	OLG Düsseldorf, 28.01.2010 – I-2 U 131/08	NJOZ 2010, 1781	**Kap 2**, 4
Internationale Zuständigkeit deutscher Arbeitsgerichte*	BAG, 26.02.1985 – 3 AZR 1/83	NJW 1985, 2910	**Kap 3**, 49
Internationale Zuständigkeit im Scheckprozess*	BGH, 16.12.2003 – XI ZR 474/02	NJW 2004, 1456	**Kap 3**, 55
Interne Vermerke als personenbezogene Daten*	OLG Köln, 26.07.2019 – 20 U 75/18	ZD 2019, 462	**Kap 1**, 425
Internet-Versteigerung III	BGH, 30.04.2008 – I ZR 73/05	GRUR 2008, 702	**Kap 1**, 656, 670, 685
Jogginghosen	BGH, 31.10.2018 – I ZR 73/17	NJW-RR 2019, 610	**Kap 3**, 114, 115
Kaffeemaschine	OLG Düsseldorf, 17.12.2009 – I-2 W 68/09	InstGE 11, 296	**Kap 2**, 325, 356
Karate	BGH, 14.12.1999 – X ZR 61/98	GRUR 2000, 299	**Kap 3**, 252
Keine Aufsplittung der Kosten des selbstständigen Beweisverfahrens bei einheitlicher Kostengrundentscheidung*	BGH, 09.02.2006 – VII ZB 59/05	NJW 2006, 2557	**Kap 2**, 386, 388
Keine Ausübung des Personalakteneinsichtsrechts des ehemaligen Arbeitgebers durch beauftragten Rechtsanwalt gegen den Willen des Arbeitgebers*	LAG Schleswig-Holstein, 17.04.2014 – 5 Sa 385/13	NZA-RR 2014, 465	**Kap 1**, 425
Keine Einziehung mittelbarer Glücksspielgewinne*	OLG Hamm, 18.12.2018 – 4 Ws 190/18	BeckRS 2018, 36226	**Kap 4**, 50, 52
Keine Pflicht zur Vorlage von Betriebs- und Geschäftsgeheimnissen*	OVG Lüneburg, 24.01.2003 – 14 PS 1/02	NVwZ 2003, 629	**Kap 1**, 39
Keine Verteidigerbestellung im Wege der Prozesskostenhilfe für Beschuldigten im Privatklageverfahren*	BVerfG, 12.04.1983 – 2 BvR 1304/80	NJW 1983, 1599	**Kap 5**, 219
Keine vollständige Akteneinsicht bei Verrat von Betriebs-/Geschäftsgeheimnissen*	LAG Baden-Württemberg, 08.04.2013 – 9 Sa 92/12	GRUR Prax 2013, 368	**Kap 2**, 268
Kenntnis des Kündigungsberechtigten bei internen Ermittlungen durch Compliance Abteilung*	LAG Hamm, 15.07.2014 – 7 Sa 94/14	BeckRS 2014, 71879	**Kap 2**, 65
Kinderhochstühle im Internet I	BGH, 22.07.2010 – I ZR 139/08	GRUR 2011, 152	**Kap 1**, 312; **Kap 3**, 112

Entscheidungsregister

Entscheidungsstichwort	Gericht/Datum/Aktenzeichen	Fundstelle	zitiert in
Kinderhochstühle im Internet III	BGH, 05.02.2015 – I ZR 240/12	GRUR 2015, 485	**Kap 1**, 310
Kinderwagen	BGH, 28.09.2011 – I ZR 23/10	GRUR 2012, 512	**Kap 1**, 679
Kirch/Deutsche Bank AG und Breuer*	BGH, 24.01.2006 – XI ZR 384/03	NJW 2006, 830	**Kap 1**, 887
Klinkerriemchen II	OLG Düsseldorf, 19.09.2007 – I-2 W 21/07	InstGE 8, 186	**Kap 2**, 372, 377
Knochenzement I	BGH, 16.11.2017 – I ZR 161/16	GRUR 2018, 535	**Kap 1**, 322, 324, 325, 844
Knochenzement II	BGH, 16.11.2017 – I ZR 160/16	GRUR 2018, 541	**Kap 1**, 322, 324, 325
Know-how-Verletzung	OLG Frankfurt/Main, 15.08.1991 – 6 U 233/90	GRUR 1992, 209	**Kap 3**, 64
Kollisionsrecht und Informationsinhaberschaft bei Verletzungen des GeschGehG*	OLG Düsseldorf, 21.11.2019 – I-2 U 34/19	GRUR-RS 2019, 33225	**Kap 1**, 20
Kommunalversicherer	BGH, 03.07.2008 – I ZR 145/05	GRUR 2008, 810	**Kap 1**, 310, 826
Kommunikationssystem	LG München, 21.04.2016 – 7 O 16945/15	BeckRS 2016, 7657	**Kap 1**, 668
Kontinuität des Unrechtstyps bei Neufassung eines Strafgesetzes (§ 250 StGB)*	BGH, 10.07.1975 – GSSt 1/75	NJW 1975, 2214	**Kap 1**, 28
Kontrollbesuch	BGH, 13.11.2003 – I ZR 187/01	GRUR 2004, 420	**Kap 1**, 743; **Kap 2**, 267, 270, 287
Kontrollpflicht des Geschäftsführers*	OLG Jena, 12.08.2009 – 7 U 244/07	NZG 2010, 226	**Kap 2**, 65
Kosten des selbstständigen Beweisverfahrens nach Klagerücknahme*	BGH, 13.12.2006 – XII ZB 176/03	NJW 2007, 1279	**Kap 2**, 386
Kosten für Auswertung beschlagnahmter Datenträger durch externe Dienstleister*	OLG Schleswig-Holstein, 10.01.2017 – 2 Ws 441/16	NStZ-RR 2017, 127	**Kap 2**, 154, 156
Kosten für im Ermittlungsverfahren herangezogene Sachverständige*	OLG Saarbrücken, 20.09.2018 – 1 Ws 104/18	BeckRS 2018, 23869	**Kap 2**, 154, 156
Kosten für Patentanwalt	OLG Koblenz, 22.01.1987 – 14 W 53/87	GRUR 1987, 941	**Kap 5**, 4
Kostenentscheidung im Teilurteil*	OLG Düsseldorf, 18.11.1969 – 20 U 90/69	NJW 1970, 568	**Kap 2**, 385
Kreuzbodenventilsäcke II	BGH, 13.03.1962 – I ZR 108/60	GRUR 1962, 398	**Kap 5**, 41
Kundendatenprogramm	BGH, 27.04.2006 – I ZR 126/03	GRUR 2006, 1044	**Kap 1**, 88, 880; **Kap 5**, 18
Kundenschutzabrede*	BAG, 15.12.1987 – 3 AZR 474/86	NJW 1988, 1686	**Kap 1**, 224, 228
Kündigung bei Verdacht einer strafbaren Handlung*	BAG, 28.11.2007 – 5 AZR 952/06	NZA-RR 2008, 344	**Kap 2**, 54
Kündigung einer Bankangestellten wegen Teilnahme an Geldwäschegeschäften*	LAG Berlin-Brandenburg, 23.10.2014 – 21 Sa 800/14	NZA-RR 2015, 241	**Kap 2**, 65
Kündigung eines Betriebsratsmitglieds*	LAG Hamm, 22.07.2011 – 10 Sa 381/11	BeckRS 2011, 77605	**Kap 1**, 456

Entscheidungsregister

Entscheidungsstichwort	Gericht/Datum/Aktenzeichen	Fundstelle	zitiert in
Kündigung eines schwerbehinderten Arbeitnehmers*	LAG Köln, 20.02.2014 – 7 Sa 1155/09	BeckRS 2015, 66403	**Kap 1**, 591
Kündigung wegen Stellung eines Strafantrags*	BAG, 15.12.2016 – 2 AZR 42/16	NJW 2017, 1833	**Kap 1**, 587, 591
Kündigung wegen Strafanzeige gegen Arbeitgeber*	BAG, 03.07.2003 – 2 AZR 235/02	NJW 2004, 1547	**Kap 1**, 588, 590, 591; **Kap 2**, 16
Kündigung wegen Vermögensdelikt*	LAG Berlin-Brandenburg, 16.09.2010 – 25 Sa 1080/10	BeckRS 2011, 65750	**Kap 2**, 16
Kündigung wegen Verstoßes gegen Compliance Regeln*	LAG Rheinland-Pfalz, 26.02.2016 – 1 Sa 358/15	CCZ 2018, 183	**Kap 2**, 5
Kündigung wegen widerrechtlicher Drohung*	LAG Rheinland-Pfalz, 15.05.2014 – 5 Sa 60/14	BeckRS 2014, 70644	**Kap 1**, 586
Lagerkosten nach Grenzbeschlagnahme	OLG Köln, 18.08.2005 – 6 U 48/05	GRUR-RR 2005, 342	**Kap 1**, 731
Laser-Hybrid-Schweißverfahren	OLG München, 11.08.2008 – 6 W 1380/08	GRUR-RR 2009, 191	**Kap 2**, 330
Leistungspflicht des Pflichtversicherers*	BGH, 20.01.1971 – VIII ZR 251/69	BGHZ 55, 201	**Kap 2**, 277
Lesevorrichtung für Reliefmarkierungen I	OLG München, 15.04.2010 – 6 W 1566/09	InstGE 12, 192	**Kap 2**, 377
Lesevorrichtung für Reliefmarkierungen II	OLG München, 03.01.2011 – 6 W 2007/10	InstGE 13, 286	**Kap 2**, 366
Lichtbogenschnürung	BGH, 16.11.2009 – X ZB 37/08	GRUR 2010, 318; GRUR-Prax 2010, 118	**Kap 2**, 323, 353, 353, 354
Lockvogelangebot einer Partnervermittlung*	BGH, 17.01.2008 – III ZR 239/06	NJW 2008, 982	**Kap 2**, 254
Luftentfeuchter	BGH, 04.05.2017 – I ZR 208/15	GRUR 2017, 823	**Kap 1**, 698
Mangelnde Sachverständigenqualifikation*	OLG München, 26.11.1976 – 25 W 2464/76	VersR 1977, 939	**Kap 2**, 378
Markenparfümverkäufe	BGH, 23.02.2006 – I ZR 272/02	GRUR 2006, 421	**Kap 1**, 668, 679, 685
Markenrechtliche Rechtsgemeinschaft*	OLG Hamburg, 28.01.2019 – 8 W 2/19	BeckRS 2019, 901	**Kap 1**, 634
Marlene Dietrich	BGH, 01.12.1999 – I ZR 49/97	NJW 2000, 2195	**Kap 3**, 111
Materiell-rechtlicher Kostenerstattungsanspruch nach selbstständigem Beweisverfahren*	BGH, 10.10.2017 – VI ZR 520/16	NJW 2018, 402	**Kap 2**, 386, 388
Medizinisches Fachpersonal	OLG München, 08.08.2019 – 29 W 940/19	GRUR-RR 2019, 443	**Kap 2**, 301
Mehrstufiges Auftragsverhältnis und § 8 Abs 2 UWG*	BGH, 04.04.2012 – I ZR 103/11	NJOZ 2013, 863	**Kap 1**, 848, 850
Metrobus	BGH, 05.02.2009 – I ZR 167/06	GRUR 2009, 484	**Kap 1**, 675
Mikrofilmanlage	BGH, 23.04.1991 – X ZR 77/89	GRUR 1992, 559	**Kap 5**, 42
Mineralölsteuergesetz als Zeitgesetz*	BGH, 08.01.1965 – 2 StR 49/64	NJW 1965, 981	**Kap 1**, 29
Mitbestimmung im Arbeitskampf*	BAG, 20.03.2018 – 1 ABR 70/16	NZA 2018, 1081	**Kap 3**, 111
Mitbestimmungsrecht des Betriebsrats bei Überprüfung von E-Mail-Korrespondenz von Arbeitnehmern*	LAG Köln, 19.07.2019 – 9 TaBV 125/18	LAG Köln ArbRAktuell 2012, 256	**Kap 3**, 133, 135

Entscheidungsregister

Entscheidungsstichwort	Gericht/Datum/Aktenzeichen	Fundstelle	zitiert in
Mittäterschaft durch Herstellung gefälschter Schecks*	BGH, 07.11.2001 – 1 StR 455/01	NStZ 2002, 145	**Kap 1**, 310
Möbelpaste	BGH, 15.03.1955 – I ZR 111/53	GRUR 1955, 424	**Kap 1**, 52, 85
Modellkostüme	OLG Hamm, 27.03.1990 – 4 U 232/89	NJW-RR 1990, 1380	**Kap 1**, 911
Modulgerüst II	BGH, 18.03.2010 – I ZR 158/07	GRUR 2010, 536	**Kap 5**, 39
Monumenta Germaniae Historica	BGH, 07.12.1979 – I ZR 157/77	GRUR 1980, 227	**Kap 5**, 41
MOVICOL-Zulassungsantrag	BGH, 23.02.2012 – I ZR 136/10	GRUR 2012, 1048	**Kap 1**, 81, 88, 472, 872; **Kap 5**, 34
MP3-Player-Import	BGH, 17.09.2009 – Xa ZR 2/08	GRUR 2009, 1142; NJW-RR 2010, 110	**Kap 1**, 309; **Kap 3**, 248
MPEG-2-Videosignalcodierung	BGH, 21.08.2012 – X ZR 33/10	GRUR 2012, 1230	**Kap 1**, 26
Musiktauschbörse	LG Darmstadt, 09.10.2008 – 9 Qs 490/08	GRUR-RR 2009, 13	**Kap 2**, 219
Nachbau einer Faxkarte	OLG Hamburg, 11.01.2001 – 3 U 120/00 PK 1115	GRUR-RR 2001, 289	**Kap 2**, 271
Nachrichtenmäßige Kurzberichterstattung im Fernsehen*	BVerfG, 17.02.1998 – 1 BvF 1/91	NJW 1998, 1627	**Kap 2**, 346
Nachträgliche Bejahung des besonderen öffentlichen Interesses*	OLG Hamburg, 30.10.1985 – 1 Ss 123/85	NStZ 1986, 81	**Kap 2**, 132
Nachvertragliche Verschwiegenheitspflicht und Wettbewerbsverbot*	BAG, 19.05.1998 – 9 AZR 394/97	NZA 1999, 200	**Kap 1**, 224; **Kap 3**, 252
Nachvertragliches Wettbewerbsverbot und Vertragsstrafe*	LAG Rheinland-Pfalz, 12.01.2012 – 8 Sa 445/11	BeckRS 2012, 69951	**Kap 5**, 99
Nachvertragliches Wettbewerbsverbot*	LAG Hamm, 10.01.2002 – 16 Sa 1217/01	BeckRS 2004, 42092	**Kap 5**, 99
Nachweis der Bevollmächtigung zur Stellung eines Strafantrags*	RG, 17.06.1926 – II 394/26	RGSt 60, 282	**Kap 2**, 120
Naher Angehöriger als Verletzter*	OLG Hamm, 06.02.1986 – 6 Ws 9/86	NStZ 1986, 327	**Kap 5**, 178
Negativer Kompetenzkonflikt zwischen Verwaltungsgericht und Strafvollstreckungskammer*	BGH, 08.12.2016 – 2 Ars 196/16	NJW 2017, 1689	**Kap 3**, 91
Nichtbefreiung von Verschwiegenheitspflicht und Beweisvereitelung*	BGH, 26.09.1996 – III ZR 56/96	NJW-RR 1996, 1534	**Kap 2**, 254
Nicola	BGH, 25.02.1992 – X ZR 41/90	GRUR 1992, 612	**Kap 1**, 685, 792; **Kap 2**, 4
Nicoline	BGH, 13.10.1994 – I ZR 99/92	GRUR 1995, 54	**Kap 1**, 642
Noblesse	BGH, 06.10.2005 – I ZR 322/02	GRUR 2006, 419	**Kap 1**, 791
Nutzung eines Botnetzwerkes zum Generieren von Bitcoins*	BGH, 21.07.2015 – 1 StR 16/15	NJW 2015, 3463	**Kap 4**, 31

Entscheidungsregister

Entscheidungsstichwort	Gericht/Datum/Aktenzeichen	Fundstelle	zitiert in
Offenbarungspflichten gegenüber dem Arbeitgeber*	LAG Hessen, 21.11.2007 – 18 Sa 367/07	BeckRS 2011, 71688	**Kap 2**, 16
Offene Videoüberwachung*	BAG, 23.08.2018 – 2 AZR 133/18	NZA 2018, 1329	**Kap 2**, 58
Ort der Herausgabe beschlagnahmter Gegenstände*	BGH, 16.05.2019 – III ZR 6/18	NJW 2019, 2618	**Kap 2**, 268
Ort der Rückgabe beschlagnahmter Rechtsanwaltsakten*	BGH, 03.02.2005 – III ZR 271/04	NJW 2005, 988	**Kap 2**, 268
Örtlich zuständiges Gericht bei Tabaksteuerhinterziehung*	OLG Frankfurt/Main, 23.01.2014 – 3 Ws 2-3/14	NZWiSt 2014, 109	**Kap 2**, 74
P-Vermerk	BGH, 28.11.2002 – I ZR 168/00	GRUR 2003, 228	**Kap 5**, 18
Pankreaplex II	BGH, 12.02.1980 – KZR 7/79	GRUR 1980, 750	**Kap 1**, 89
Parfümtestkäufe	BGH, 23.02.2006 – I ZR 27/03	GRUR 2006, 504	**Kap 5**, 16
Peek & Cloppenburg	BGH, 31.03.2010 – I ZR 174/07	GRUR 2010, 738	**Kap 1**, 788
PET Spritzwerkzeug I	OLG Frankfurt/Main, 08.03.2005 – 11 U 57/03	InstGE 7, 152	**Kap 5**, 32
Petromax I	BGH, 07.01.1958 – I ZR 73/57	GRUR 1958, 297	**Kap 1**, 324; **Kap 5**, 18
Petromax II	BGH, 10.07.1963 – Ib ZR 21/62	GRUR 1964, 31	**Kap 1**, 109; **Kap 5**, 37, 38
Plagiatsvorwurf II	BGH, 12.03.1992 – I ZR 58/90	GRUR 1992, 527	**Kap 5**, 23
Planfreigabesystem	BGH, 22.11.2007 – I ZR 12/05	GRUR 2008, 357	**Kap 3**, 111, 135, 140
Plus Warenhandelsgesellschaft	EuGH, 14.01.2010 – C-304/08	NJW 2010, 1867	**Kap 1**, 32
PM-Regler	OLG Hamburg, 19.10.2000 – 3 U 191/98	GRUR-RR 2001, 137	**Kap 1**, 89, 354
Pralinenform II	BGH, 22.04.2010 – I ZR 17/05	GRUR 2010, 1103	**Kap 1**, 679
Preisknaller	BGH, 15.12.1999 – I ZR 159/97	GRUR 2000, 337	**Kap 1**, 656, 670
Presseur	OLG München, 19.03.2010 – 6 W 832/10	InstGE 12, 186	**Kap 2**, 390
Private Nutzung des Dienstfahrzeugs*	BAG, 19.04.2005 – 9 AZR 188/04	NZA 2005, 983	**Kap 1**, 427
Product-by-process-Merkmale im Besichtigungsverfahren*	OLG Karlsruhe, 16.10.2012 – 6 W 72/12	BeckRS 2013, 19312	**Kap 2**, 301
Produkte zur Wundversorgung	BGH, 11.10.2017 – I ZB 96/16	GRUR 2018, 292	**Kap 1**, 699, 700; **Kap 3**, 146
Profil	BGH, 03.05.1977 – VI ZR 24/75	GRUR 1978, 194	**Kap 3**, 77
Progressive Kundenwerbung	BGH, 22.10.1997 – 5 StR 223/97	NJW 1998, 390	**Kap 1**, 915
Provision*	BGH, 16.04.1962 – VII ZR 252/60	BeckRS 1962, 31189882	**Kap 2**, 277
Prozessrechner	BGH, 18.02.1977 – I ZR 112/75	GRUR 1977, 539	**Kap 1**, 61, 816
Quellcode-Besichtigung	OLG Frankfurt/Main, 17.01.2006 – 11 W 21/05	GRUR-RR 2006, 295	**Kap 2**, 295, 349
Rasierklingeneinheiten	OLG Düsseldorf, 30.04.2018 – I-15 W 9/18	GRUR 2018, 855	**Kap 1**, 701
Raumkühlgerät	OLG Düsseldorf, 30.01.2003 – 2 U 71/99	GRUR-RR 2003, 327	**Kap 2**, 290
Räumzange	BGH, 26.11.1968 – X ZR 15/67	GRUR 1969, 341	**Kap 1**, 109

Entscheidungsregister

Entscheidungsstichwort	Gericht/Datum/Aktenzeichen	Fundstelle	zitiert in
Recht auf Einsichtnahme in Steuererklärungen, Steuerbescheide und Prüferberichte*	BGH, 15.12.1965 – VIII ZR 306/63	BB 1966, 99	**Kap 2**, 278
Recht auf Kopie gespeicherter personenbezogener Daten*	LAG Baden-Württemberg, 20.12.2018 – 17 Sa 11/18	NZA-RR 2019, 242	**Kap 1**, 425
Rechte des Patentinhabers bei Existenz ausschließlicher Lizenznehmer*	OLG Düsseldorf, 25.10.2018 – I-2 U 30/16	BeckRS 2018, 34555	**Kap 1**, 668, 669
Rechtfertigungsgründe im Besichtigungsverfahren*	OLG Düsseldorf, 29.01.2016 – I-2 W 26/15	GRUR-RR 2016, 224	**Kap 2**, 272
Rechtliches Gehör vor Sachverständigenernennung*	OLG Koblenz, 16.08.2012 – 5 W 445/12	MDR 2013, 171	**Kap 2**, 361
Rechtliches Interesse an Feststellung im selbstständigen Beweisverfahren*	BGH, 16.09.2004 – III ZB 33/04	NJW 2004, 3488	**Kap 2**, 258
Rechtmäßigkeit des »Düseldorfer Verfahrens«*	OLG Düsseldorf, 11.02.2016 – I-20 W 14/16	GRUR-RR 2016, 224	**Kap 2**, 360, 375
Rechtsberatung durch Lebensmittelchemiker	BGH, 04.11.2010 – I ZR 118/09	GRUR 2011, 539	**Kap 3**, 111
Rechtskraft der Adhäsionsentscheidung*	BGH, 30.07.2019 – 4 StR 245/19	NStZ-RR 2019, 320	**Kap 4**, 91
Rechtskraftwirkung eines Adhäsionsurteils über unbezifferten Schmerzensgeldantrag*	BGH, 20.01.2015 – VI ZR 27/14	NJW 2015, 1252	**Kap 4**, 91
Rechtsmissbräuchliches Berufen auf tarifliche Ausschlussfrist*	BAG, 15.12.2016 – 6 AZR 578/15	NZA 2017, 528	**Kap 1**, 424
Rechtsmittel gegen die Ablehnung einer im selbstständigen Beweisverfahren begehrten Urkundenvorlegung*	BGH, 29.11.2016 – VI ZB 23/16	VersR 2017, 908	**Kap 2**, 250
Rechtsschutz gegen Gewährung von Akteneinsicht an den Beschuldigten*	OLG Stuttgart, 10.03.2006 – 4 VAs 1/06	NJW 2006, 2565	**Kap 2**, 202, 215, 225, 228; **Kap 5**, 193, 203, 204, 205
Rechtsschutz gegen richterliche Durchsuchungsanordnung*	BVerfG, 30.04.1997 – 2 BvR 817/90	NJW 1997, 2163	**Kap 5**, 151
Rechtsstaatswidrige Tatprovokation*	BGH, 10.06.2015 – 2 StR 97/14	NJW 2016, 91	**Kap 2**, 3
Rechtsstaatswidrige Tatprovokation*	BVerfG, 18.12.2014 – 2 BvR 209/14	NJW 2015, 1083	**Kap 2**, 2
Rechtsweg für Wettbewerbsstreitigkeiten*	BAG, 10.06.2010 – 5 AZB 3/10	NZA 2010, 1086	**Kap 3**, 59
Reichweite des Datenauskunftsanspruchs*	LG Köln, 19.06.2019 – 26 S 13/18	BeckRS 2019, 12820	**Kap 1**, 425
Remailing-Angebot	BGH, 06.03.2001 – KZR 32/98	GRUR 2001, 849	**Kap 1**, 789; **Kap 5**, 42
Resistograph	BGH, 09.11.2017 – I ZR 134/16	GRUR 2018, 417	**Kap 1**, 668
Restschadstoffentfernung	BGH, 01.08.2006 – X ZR 114/03	GRUR 2006, 962	**Kap 2**, 249, 280, 305
Restwertbörse I	BGH, 29.04.2010 – I ZR 68/08	GRUR 2010, 623	**Kap 1**, 790

Entscheidungsregister

Entscheidungsstichwort	Gericht/Datum/Aktenzeichen	Fundstelle	zitiert in
Restwertbörse II	BGH, 20.06.2013 – I ZR 55/12	GRUR 2013, 1235	**Kap 1**, 687
Rezept für die Herstellung eines Reagenzes*	BAG, 16.03.1982 – 3 AZR 83/79	NJW 1983, 134	**Kap 1**, 91, 152, 185, 354
Rohrmuffe	BGH, 18.12.2012 – X ZR 7/12	GRUR 2013, 316	**Kap 2**, 250
Rollenwechsler	OLG Düsseldorf, 30.07.1998 – 2 U 162/97	OLGR 1999, 55	**Kap 1**, 355
Rückruf von RESCUE-Produkten	BGH, 29.09.2016 – I ZB 34/15	GRUR 2017, 208	**Kap 1**, 698
Rüge unzulänglicher Akteneinsicht*	BGH, 11.02.2014 – 1 StR 355/13	NStZ-RR 2014, 347	**Kap 2**, 186
Schadensersatz wegen Arbeitgeberpflichtverletzung bei Aufhebungsvertrag*	LAG Hamm, 07.06.2005 – 19 (2) Sa 30/05	NZA-RR 2005, 606	**Kap 1**, 427
Schadensersatz wegen Mobbing*	LAG Rheinland-Pfalz, 06.06.2016 – 1 Sa 189/15	BeckRS 2016, 69964	**Kap 2**, 38
Schaumstoffherstellung	OLG Düsseldorf, 07.02.2008 – I-20 W 152/07	InstGE 9, 41	**Kap 2**, 364, 377
Schaumstoffherstellungsanlage*	LG Düsseldorf, 14.09.2007 – 4a O 31/07		**Kap 2**, 263
Schleifendiuretika*	LG Mannheim, 04.07.2006 – 2 O 130/05		**Kap 2**, 249
Schleifwerkzeug	OLG Frankfurt/Main, 13.08.1981 – 6 U 83/81	GRUR 1981, 905	**Kap 2**, 302
Schriftform des Strafantrags*	KG, 16.11.1989 – (4) 1 Ss 33/89 (15/89)	NStZ 1990, 144	**Kap 2**, 120
Schriftform für Beendigungsvereinbarung*	BAG, 23.11.2006 – 6 AZR 394/06	NJW 2007, 1831	**Kap 2**, 62
Schriftlicher Durchsuchungsbefehl*	BVerfG, 26.05.1976 – 2 BvR 294/76	NJW 1976, 1735	**Kap 2**, 346
Schuhpark	BGH, 03.04.2008 – I ZR 49/05	GRUR 2008, 1002	**Kap 1**, 650
Schutz des Betriebs- und Geschäftsgeheimnisses im Informationsrecht*	BVerwG, 28.05.2009 – 7 C 18/08	NVwZ 2009, 1113	**Kap 1**, 92
Schutzwürdiges Interesse an der Urkundeneinsicht*	BGH, 27.05.2014 – XI ZR 264/13	NJW 2014, 3312	**Kap 2**, 275, 277, 279, 280
Schweißmodulgenerator	BGH, 13.12.2007 – I ZR 71/05	GRUR 2008, 727	**Kap 3**, 106, 107, 135, 136; **Kap 5**, 29, 37
Schwermetall-Kokillenguß	BGH, 18.03.1955 – I ZR 144/53	GRUR 1955, 468	**Kap 1**, 919
Sektionaltor II	BGH, 16.05.2017 – X ZR 85/14	GRUR 2017, 89	**Kap 1**, 793
Sekundäre Darlegungslast des Vertragspartners bei behaupteter Schmiergeldabrede*	BGH, 18.01.2018 – I ZR 150/15	NJW 2018, 2412	**Kap 2**, 245
Selbstbelastungspflicht des Arbeitnehmers*	LAG Hamm, 03.03.2009 – 14 Sa 1689/08	CCZ 2010, 237	**Kap 2**, 21
Sommer unseres Lebens	BGH, 12.05.2010 – I ZR 121/08	GRUR 2010, 633	**Kap 2**, 244
Sozialauswahl nach Altersgruppen*	BAG, 19.07.2012 – 2 AZR 352/11	NZA 2013, 86	**Kap 1**, 440
Spannungsversorgungseinrichtung	BGH, 26.03.2019 – X ZR 109/16	GRUR 2019, 496	**Kap 5**, 15
Sperrerklärung*	BVerwG, 05.03.2020 – 20 F 3/19	BeckRS 2020, 4160	**Kap 1**, 39, 50, 69

Entscheidungsregister

Entscheidungsstichwort	Gericht/Datum/Aktenzeichen	Fundstelle	zitiert in
Spritzgießwerkzeuge	BGH, 03.05.2001 – I ZR 153/99	GRUR 2002, 91	**Kap 1**, 82, 322, 499
Stahlexport	BGH, 20.12.1963 – Ib ZR 104/62	GRUR 1964, 316	**Kap 3**, 77
Stapelautomat	BGH, 19.11.1982 – I ZR 99/80	GRUR 1983, 179	**Kap 1**, 872
»Steuer-CD« aus Liechtenstein*	BVerfG, 09.11.2010 – 2 BvR 2101/09	NJW 2011, 2417	**Kap 2**, 59
Steuervorrichtung	BGH, 18.05.2010 – X ZR 79/07	GRUR 2010, 817	**Kap 1**, 515, 516
Stiefeleisenpresse	RG, 22.11.1935 – II 128/35	RGZ 149, 329	**Kap 1**, 52, 89
Stiefeleisenpresse*	RG, 22.11.1935 – II 128/35	RGZ 149, 329	**Kap 1**, 354
Stock options*	LAG Nürnberg, 22.01.2002 – 6 TaBV 19/01	NZA-RR 2002, 247	**Kap 1**, 445
Strafantrag durch Dritten*	RG, 25.11.1926 – II 810/26	RGSt 61, 45	**Kap 2**, 120
Strafantrag durch Vertreter bei Ehrverletzung*	OLG Bremen, 03.05.1961 – Ss 37/61	NJW 1961, 1489	**Kap 2**, 120
Strafantrag eines eingtragenen Vereins*	RG, 07.06.1934 – 2 D 405/34	RGSt 68, 263	**Kap 2**, 117, 120
Strafanzeige gegen Arbeitgeber*	BAG, 07.12.2006 – 2 AZR 400/05	NJW 2007, 2204	**Kap 1**, 592
Strafbarkeit eines Oberamtsanwalts*	BGH, 29.06.2006 – 5 StR 77/06	BeckRS 2006, 8967	**Kap 4**, 92
Strategiekonzept zur Entfernung unliebsamer Betriebsratsmitglieder mittels Fingieren von Kündigungsgründen und Bespitzelung*	ArbG Gießen, 10.05.2019 – 3 Ca 433/17	RDG 2019, 240	**Kap 2**, 5
Straßendecke II	BGH, 17.12.1981 – X ZR 71/80	GRUR 1982, 225	**Kap 1**, 89, 184, 919
Streikmobilisierung auf Firmenparkplatz*	BAG, 20.11.2018 – 1 AZR 189/17	NJW 2019, 1097	**Kap 3**, 110
Streitwert bei Inanspruchnahme einer juristischen Person und ihres gesetzlichen Vertreters*	OLG Hamburg, 03.04.2013 – 3 W 18/13	WRP 2013, 1674	**Kap 5**, 6
Tagesschau-App	BGH, 30.04.2015 – I ZR 13/14	GRUR 2015, 1228	**Kap 3**, 111
Tätliche Auseinandersetzung zwischen Abeitnehmern*	LAG Hamm, 29.07.1994 – 18 (2) Sa 2016/93	BeckRS 1994, 30461299	**Kap 2**, 16
Tatort bei Absichtsdelikten*	BayObLG, 22.01.1992 – RReg 3 St 179/91	NJW 1992, 1248	**Kap 2**, 81
Tatort bei Mittäterschaft*	BGH, 04.12.1992 – 2 StR 442/92	NJW 1993, 1405	**Kap 2**, 85
Tatort der Einführ*	BGH, 05.02.1997 – 2 StR 551/96	NStZ 286, 286	**Kap 2**, 85
Tatprovozierendes Verhalten polizeilicher Lockspitzel*	BGH, 23.05.1984 – 1 StR 148/84	NJW 1984, 2300	**Kap 2**, 2
Tchibo/Rolex II	BGH, 17.06.1992 – I ZR 107/90	GRUR 1993, 55	**Kap 1**, 831
Teilkostenentscheidung bei Teilurteil gegen Streitgenossen*	BGH, 25.11.1959 – V ZR 82/58	NJW 1960, 484	**Kap 2**, 385
Telefonaktion	BGH, 28.06.2007 – I ZR 153/04	GRUR 2008, 186	**Kap 1**, 853
Testpreis-Angebot	BGH, 05.02.1998 – I ZR 211/95	GRUR 1998, 824	**Kap 1**, 31, 357
Testversion	BGH, 28.03.2019 – I ZR 132/17	GRUR 2019, 950	**Kap 3**, 140
Tintenpatrone	OLG Düsseldorf, 08.10.2008 – VI U (Kart) 42/06	InstGE 10, 129	**Kap 1**, 733

Entscheidungsregister

Entscheidungsstichwort	Gericht/Datum/Aktenzeichen	Fundstelle	zitiert in
Tintenpatrone I	BGH, 20.05.2008 – X ZR 180/05	GRUR 2008, 896	**Kap 5**, 14
Torkontrollen*	BAG, 09.07.2013 – 1 ABR 2/13 (A)	NZA 2013, 1433	**Kap 1**, 181
Treuepflichten eines Arbeitnehmers*	BAG, 18.06.1970 – 1 AZR 520/69	NJW 1970, 1861	**Kap 2**, 16
Trocknungsanlage	OLG Düsseldorf, 06.04.2017 – I-2 U 51/16	BeckRS 2017, 109833	**Kap 1**, 668
TV-Wartezimmer	BGH, 12.03.2015 – I ZR 84/14	GRUR 2015, 1025	**Kap 1**, 312
Übergang der Nebenklagebefugnis auf nahe Angehörige*	BGH, 09.01.1985 – 3 StR 502/84	NJW 1985, 1175	**Kap 5**, 222
Überkleben eines Wahlplakats*	BGH, 19.08.1982 – 4 StR 387/82	NStZ 1982, 508	**Kap 2**, 120
Übertragung von Versorgungsanwartschaften*	BAG, 24.02.2011 – 6 AZR 626/09	NZA-RR 2012, 148	**Kap 1**, 427
Überwachungs- und Kontrollpflicht von leitenden Angestellten*	BAG, 12.05.1958 – 2 AZR 539/56	NJW 1958, 1747	**Kap 2**, 16
Umfang des Wertersatzverfalls*	BGH, 03.11.2005 – 3 StR 183/05	NStZ 2006, 334	**Kap 4**, 51
Umfassende Verjährungshemmung bei Teilklage*	BGH, 06.05.2014 – II ZR 217/13	NJW 2014, 3298	**Kap 5**, 30
Umweltengel auf Tragetasche	BGH, 19.02.2014 – I ZR 230/12	GRUR 2014, 578	**Kap 2**, 316
Unanfechtbarkeit der Anordnung eines selbstständigen Beweisverfahrens*	OLG München, 16.09.1991 – 28 W 2316/91	MDR 1992, 520	**Kap 2**, 370
Unangekündigte Testkäufe bei Arbeitnehmerin*	ArbG Gelsenkirchen, 09.04.2009 – 5 Ca 2327/08	BeckRS 2010, 74340	**Kap 2**, 5
Unbeachtlichkeit der Vertraulichkeitsbitte der aktenführenden Stelle*	BGH, 07.03.1996 – 1 StR 688/95	BGHSt 42, 71	**Kap 5**, 206
Unbegründete Abnehmerverwarnung	BGH, 19.01.2006 – I ZR 217/03	GRUR 2006, 433	**Kap 5**, 112
Unberechtigte Schutzrechtsverwarnung I	BGH, 15.07.2005 – GSZ 1/04	BGHZ 164, 1	**Kap 5**, 110
UniBasic IDOS	BGH, 20.09.2012 – I ZR 90/09	GRUR 2013, 509	**Kap 2**, 271
Universal Music International Holding/Schilling ua.	EuGH, 16.06.2016 – C-12/15	EuZW 2016, 583	**Kap 3**, 54
Unkenntnis des Gehilfen über die Art des Betäubungsmittels*	BayObLG, 22.05.2001 – 4 St RR 63/2001	BeckRS 2001, 100024	**Kap 1**, 310
Unlock-Code zur Aufhebung der SIM-Lock als Betriebsgeheimnis*	OLG Karlsruhe, 29.01.2016 – 2 (6) Ss 318/15	NStZ-RR 2016, 258	**Kap 1**, 88, 91, 354
Unterbrechung der Verjährung durch unschlüssige Klage*	BGH, 26.06.1996 – XII ZR 38/95	NJW-RR 1996, 1409	**Kap 5**, 30
Unterlageneinsicht des Betriebsrats bei Personalplanung*	BAG, 19.06.1984 – 1 ABR 6/83	NZA 1984, 329	**Kap 1**, 433
Unterlageneinsicht des Betriebsrats bei Personalplanung*	LAG München, 06.08.1986 – 8 TaBV 34/86	BeckRS 1986, 30464336	**Kap 1**, 433
Unternehmensinterne Ermittlungen*	LG Hamburg, 15.10.2010 – 608 Qs 18/10	NJW 2011, 942	**Kap 2**, 21

Entscheidungsregister

Entscheidungsstichwort	Gericht/Datum/Aktenzeichen	Fundstelle	zitiert in
Unterrichtungsanspruch des Betriebsrats über Arbeitsunfälle von Fremdpersonal*	BAG, 12.03.2019 – 1 ABR 48/17	NZA 2019, 850	**Kap 1**, 441
Unterstützungspflichten des Arbeitgebers bei Auskunftsantrag an VBL*	BAG, 14.01.2009 – 3 AZR 71/07	AP Nr 7 zu § 1 BetrAVG Auskunft	**Kap 1**, 426
Unverhältnismäßigkeit einer Datenerhebung mittels offener Videoüberwachung*	BAG, 28.03.2019 – 8 AZR 421/17	NZA 2019, 1212	**Kap 2**, 58, 60
Unzulässige Versagung der Akteneinsicht*	BVerfG, 04.12.2006 – 2 BvR 1290/05	NStZ 2007, 274	**Kap 2**, 196, 197
Unzulässige Zwischenfeststellungsklage über Nichtbestehen einer Aufrechnungsforderung*	BGH, – VII ZR 247/05	NJW 2007, 83	**Kap 5**, 94
Unzureichende Besetzung der Strafkammer in umfangreichem Verfahren und Verletzung des Akteneinsichtsrechts*	BGH, 18.06.2009 – 3 StR 89/09	StV 2010, 228	**Kap 5**, 177
Uploaded	OLG München, 02.03.2017 – 29 U 1819/16	GRUR 2017, 619	**Kap 1**, 310, 315, 316
Vaterschaftsanfechtungsklage bei heimlich eingeholtem DANN-Vaterschaftsgutachten*	BGH, 01.03.2006 – XII ZR 210/04	NJW 2006, 1657	**Kap 2**, 7, 362
Vaterschaftsfeststellung*	BGH, 10.02.1993 – XII ZR 241/91	BGHZ 121, 266	**Kap 2**, 254
Verbandspreise	OLG Stuttgart, 15.11.2018 – 2 U 30/18	GRUR 2019, 422	**Kap 1**, 940
Verbotsantrag bei Telefonwerbung	BGH, 05.10.2010 – I ZR 46/09	GRUR 2011, 433	**Kap 3**, 113
Verdachtskündigung eines Berufsausbildungsverhältnisses*	BAG, 12.02.2015 – 6 AZR 845/13	NZA 2015, 741	**Kap 2**, 33, 40
Verdachtskündigung wegen sexueller Belästigung*	LAG Berlin-Brandenburg, 16.12.2010 – 2 Sa 2022/10	BeckRS 2011, 68001	**Kap 2**, 33
Verdachtskündigung*	BAG, 20.08.1997 – 2 AZR 620/96	NJW 1998, 1171	**Kap 1**, 597
Verdeckte Videoüberwachung von Arbeitnehmern in Bereichen mit Zutrittsverbot*	BAG, 20.10.2016 – 2 AZR 395/15	NZA 2017, 443	**Kap 2**, 58
Verdeckte Videoüberwachung von Arbeitnehmern*	BAG, 22.09.2016 – 2 AZR 848/15	NJW 2017, 843	**Kap 2**, 58, 59, 60
Verfassungsrechtliche Anforderungen an den strafrechtlichen Untreuetatbestand*	BVerfG, 23.06.2010 – 2 BvR 2559/08	NJW 2010, 3209	**Kap 1**, 562
Verfassungsrechtliche Anforderungen an Durchsuchungsanordnung*	BVerfG, 09.11.2001 – 2 BvR 436/01	NJW 2001, 3474; NZA 2002, 285	**Kap 5**, 167
Verfassungsrechtliche Grenzen der wettbewerbsrechtlichen Kerntheorie*	BVerfG, 04.12.2006 – 1 BvR 1200/04	GRUR 2007, 618	**Kap 3**, 196

Entscheidungsregister

Entscheidungsstichwort	Gericht/Datum/Aktenzeichen	Fundstelle	zitiert in
Verhaltensbedingte Kündigung*	BAG, 23.01.2014 – 2 AZR 638/13	NZA 2014, 965	**Kap 2**, 26
Verjährungsbeginn beim Subventionsbetrug*	OLG Rostock, 17.01.2012 – I Ws 404/11	NJW-Spezial 2012, 153	**Kap 4**, 69
Verlagsverschulden	BGH, 30.03.1988 – I ZR 40/86	GRUR 1988, 561	**Kap 1**, 850
Verlesung einer gemeinsamen Erklärung*	BGH, 22.08.1996 – 5 StR 159/96	BGHSt 42, 71; NJW-RR 1996, 1534	**Kap 5**, 147
Vernehmung der Verhörsperson*	BGH, 15.09.2016 – 4 StR 330/16	NStZ-RR 2017, 23	**Kap 4**, 86
Verneinung des besonderen öffentlichen Interesses durch staatsanwaltliche Weigerung, sich zu erklären*	BGH, 03.07.1964 – 2 StR 208/64	NJW 1964, 1969	**Kap 2**, 131
Vernichtungsanspruch	BGH, 10.04.1997 – I ZR 242/94	GRUR 1997, 899	**Kap 5**, 18
Veröffentlichung von Daten II*	BGH, 08.10.2019 – EnVR 12/18	BeckRS 2019, 36854	**Kap 1**, 260, 261
Verrat von Geschäftsgeheimnissen durch Betriebsratsmitglied*	LAG Hessen, 12.03.2015 – 9 TaBV 188/14	BeckRS 2016, 66338	**Kap 1**, 459
Versagung der Akteneinsicht im vorbereitenden Verfahren*	LG Neubrandenburg, 16.08.2007 – 9 Qs 107/07	NStZ 2008, 655	**Kap 5**, 203
Verschwiegenheitspflicht des Betriebsrats*	BAG, 26.02.1987 – 6 ABR 46/84	NZA 1988, 63	**Kap 1**, 425, 456
Versicherungsuntervertreter	BGH, 26.02.2009 – I ZR 28/06	GRUR 2009, 603	**Kap 1**, 88, 89, 258
Versuchsbeginn bei Einfuhrdelikten*	BGH, 19.06.2003 – 5 StR 160/03	NJW 2003, 3068	**Kap 1**, 29
Vertragliches Wettbewerbsverbot, Karenzentschädigung, Vertragsstrafe*	LAG Frankfurt/Main, 05.03.1990 – 10/2 Sa 1114/89	DB 1991, 709	**Kap 5**, 99
Verwertung selbstbelastender Angaben des Angeklagten*	KG, 07.07.1994 – (3) 1 Ss 175/93 (60/93)	NStZ 1995, 146	**Kap 2**, 21
Video-Ausspähung eines Arbeitnehmers*	LAG Baden-Württemberg, 06.05.1998 – 12 Sa 115/97	BeckRS 1998, 41352	**Kap 2**, 60
Videospiel-Konsolen II	BGH, 27.11.2014 – I ZR 124/11	GRUR 2015, 672	**Kap 5**, 36
Vietnamkrieg/Massaker von My Lai	BGH, 20.07.2018 – V ZR 130/17	GRUR 2018, 1280	**Kap 2**, 271
Vollstreckung bei Verurteilung zur Vorlegung von Sachen und Urkunden*	OLG Bamberg, 10.01.1972 – 2 W 62/71	DGVZ 1972, 112	**Kap 2**, 344
Vollstreckung der Verpflichtung zur Einsichtgewährung in Geschäftsunterlagen*	OLG Hamm, 04.10.1973 – 14 W 73/73	OLGZ 1974, 251	**Kap 2**, 344
Vollstreckung der Verpflichtung zur Einsichtgewährung in Geschäftsunterlagen*	OLG Hamm, –	OLGZ 1974, 251	**Kap 2**, 344
Vollstreckung eines Auskunftstitels*	OLG Köln, 07.12.1987 – 2 W 175/87	NJW-RR 1988, 1210	**Kap 2**, 344
Voraussetzungen des Gehilfenvorsatzes bzgl. der Haupttat*	BGH, 29.11.2006 – 2 StR 301/06	wistra 2007, 143	**Kap 1**, 310

Entscheidungsregister

Entscheidungsstichwort	Gericht/Datum/Aktenzeichen	Fundstelle	zitiert in
Vorbereitender Besichtigungsanspruch*	OLG Hamm, 31.01.2013 – I-4 U 200/12	GRUR-RR 2013, 306	**Kap 2**, 263
Vorlage geheimhaltungsbedürftiger Aktenbestandteile im verwaltungsgerichtlichen Verfahren*	OVG Münster, 25.11.1999 – 13 B 1812/99	NVwZ 2000, 499	**Kap 1**, 39
Vorlage und Besichtigung im Wege der einstweiligen Verfügung*	OLG Hamm, 20.08.2009 – I-4 W 107/09	ZUM-RD 2010, 27	**Kap 2**, 302
Vorlage von Belegen*	OLG Köln, 21.09.1995 – 18 W 33/95	NJW-RR 1996, 382	**Kap 2**, 344
Vorlage von Einwertungsunterlagen*	BGH, 26.06.2007 – XI ZR 277/05	NJW 2007, 2989	**Kap 2**, 246, 249
VW-Diesel-Skandal*	BVerfG, 27.06.2018 – 2 BvR 1287/17	NJW 2018, 2392	**Kap 2**, 11
VW-Diesel-Skandal*	BVerfG, 27.06.2018 – 2 BvR 1780/17	NJW 2018, 2385	**Kap 2**, 11
Walzen-Formgebungsverfahren II	LG Düsseldorf, 25.07.2006 – 4b O 550/05	InstGE 6, 294	**Kap 2**, 302
Wärmetauscher	BGH, 10.05.2016 – X ZR 114/13	GRUR 2016, 1031	**Kap 3**, 99
Wasserbehandlung	LG Düsseldorf, 14.08.2007 – 4a O 263/06		**Kap 5**, 35
Weiterbeschäftigungsanspruch trotz erheblicher Pflichtverletzung*	BAG, 21.04.2005 – 8 AZR 425/04	NZA 2005, 1053	**Kap 1**, 219
Weiterbeschäftigungsanspruch trotz erheblicher Pflichtverletzung*	BAG, 08.05.2014 – 2 AZR 249/13	NZA 2014, 1258; NJW 2015, 109	**Kap 1**, 201; **Kap 2**, 30
Weitergabe von Geschäftsdaten und Zeichnungen eines Zulieferers*	OLG Jena, 08.12.2015 – 5 U 1042/12	NJOZ 2016, 175	**Kap 1**, 53
Wettbewerbsverbot bei vorzeitiger Pensionierung*	BAG, 15.06.1993 – 9 AZR 558/91	NZA 1994, 502	**Kap 1**, 185, 224
Wirksamkeit eines Einigungsstellenspruchs*	BAG, 11.07.2000 – 1 ABR 43/99	NZA 2001, 402	**Kap 1**, 448
Wohnungsdurchsuchung bei Verdacht der Beauftragung mit Schwarzarbeit*	BVerfG, 07.09.2007 – 2 BvR 620/02		**Kap 5**, 167
Wurftaubenpresse	BGH, 01.07.1960 – I ZR 72/59	GRUR 1961, 40	**Kap 1**, 85
YouTube-Drittauskunft	BGH, 21.02.2019 – I ZR 153/17	GRUR 2019, 504	**Kap 1**, 775
Zahlungsaufforderung	BGH, 22.03.2018 – I ZR 25/17	GRUR 2018, 1063	**Kap 1**, 20
Zeitversetztes Fernsehen	OLG Düsseldorf, 14.01.2009 – I-2 W 56/08	InstGE 10, 198	**Kap 2**, 328
Zerkleinerungsvorrichtung	BGH, 25.09.2007 – X ZR 60/06	GRUR 2008, 93	**Kap 1**, 831
Zeugenaussage gegen Arbeitgeber kein Kündigungsgrund*	BVerfG, 02.07.2001 – 1 BvR 2049/00	NJW 2001, 3474	**Kap 1**, 587
Zimcofot	BGH, 20.05.1966 – KZR 10/64	GRUR 1966, 576	**Kap 1**, 85
Zoladex	BGH, 09.07.2009 – I ZR 87/07	GRUR 2010, 237	**Kap 1**, 831
Zugabenbündel	BGH, 04.07.2002 – I ZR 38/00	GRUR 2002, 1088	**Kap 3**, 133; **Kap 5**, 16

Entscheidungsregister

Entscheidungsstichwort	Gericht/Datum/Aktenzeichen	Fundstelle	zitiert in
Zugänglichmachung von Betriebs-/geschäftsgeheimnisse enthaltenden Umweltinformationen*	BVerwG, 24.09.2009 – 7 C 2/09	NVwZ 2010, 189	**Kap 1**, 50, 52
Zulässiges Verteidigerhandeln*	BGH, 03.10.1979 – 3 StR 264/79 (S)	NJW 1980, 64	**Kap 2**, 184
Zusammenhang zwischen unerlaubter Handlung und Arbeitsverhältnis*	BGH, 07.02.1958 – VI ZR 49/57	BB 1958, 306	**Kap 3**, 64
Zuständigkeit der Arbeitsgerichte bei unerlaubten Handlungen*	BAG, 11.07.1995 – 5 AS 13/95	NZA 1996, 951	**Kap 3**, 64
Zustellung des auf DM lautenden Mahnbescheids bei Forderung in ausländischer Währung*	BGH, 05.05.1988 – VII ZR 119/87	NJW 1988, 1964	**Kap 5**, 30
Zustimmung des Personalrats zu einer Verdachtskündigung*	BAG, 27.11.2008 – 2 AZR 98/07	NZA 2009, 604	**Kap 2**, 53, 55
Zustimmungsantrag nach § 103 BetrVG*	BAG, 23.10.2008 – 2 ABR 59/07	NZA 2009, 855	**Kap 1**, 451
Zuwarten mit Besichtigungsantrag	OLG Düsseldorf, 30.03.2010 – I-20 W 32/10	InstGE 12, 105	**Kap 2**, 302
Zuziehung sachkundiger Personen bei Durchsuchung*	OLG Hamm, 16.01.1986 – 1 Vas 94/85	NStZ 1986, 326	**Kap 5**, 138, 172

Stichwortverzeichnis

Die **halbfett** gedruckten Ziffern beziehen sich auf die Kapitel, die mager gedruckten Ziffern auf die Randnummern.

Abgabe des Verfahrens 2 74
Abmahnung 1 859 ff
– zweistufiges Vorgehen **1** 862
Abnehmerdaten 2 358
Abnehmerverwarnung 5 106
Abwendungsbefugnis 4 7
Adhäsionsantrag 4 77
Adhäsionsverfahren 4 84
– Anspruchsberechtigung **4** 87
– Antragserfordernis **4** 85
– Begründungserfordernis **4** 90
– Eignung **4** 92
– Feststellungsantrag **4** 86
– Prozesskostenhilfe **4** 89
– Rechtskraft **4** 91
– Teilnahmeberechtigung **4** 89
Aktenbeiziehung 2 236
Aktenbestandteile 2 186
Akteneinsicht 5 173
– § 16 GeschGehG **2** 207
– § 353 d StGB **2** 175
– Abschluss des Ermittlungsverfahrens **2** 229
– Anhörungsfrist **2** 222
– Anzeigeerstatter **2** 216
– Beschränkung wg Geheimhaltungsinteressen **5** 205
– Beschuldigter **2** 196
– Beweisstücke **2** 190
– Daten **2** 187
– Dienstaufsichtsbeschwerde **2** 241
– Dritte **3** 184
– Entscheidung **2** 217
– Ermittlungshilfe **2** 232
– Gegenstand **2** 185
– Geheimhaltungsinteresse des Beschuldigten **5** 181, 183
– Geheimnisschutzmaßnahmen **5** 195
– gerichtliche Entscheidung **2** 226
– Geschäftsgeheimnis **5** 194
– GeschGehG **2** 177
– Güterabwägung **2** 200
– Herausgabeanspruch **2** 213, 221
– Interessen der StA **2** 174
– Interessen des Anzeigeerstatters **2** 169

– Interessen des Beschuldigten **2** 171
– Interessenlage **2** 161
– Mitnahme oder Wohnräume **5** 197
– Nutzungs- und Offenlegungsbefugnis **2** 211
– privatrechtliche Vereinbarung **2** 209
– rechtliches Interesse **5** 180
– Rechtsmittel **2** 214, 225
– Reichweite **2** 197
– RiStBV **2** 181
– Spurenakte **2** 189
– StPO **2** 180
– Strafanzeige **5** 139
– teilweise **5** 184
– Umfang **5** 177
– Vernichtungsanspruch **2** 213
– Versagung **2** 203, 218; **5** 179, 187, 203
– Vewendungsbeschränkung **2** 239
– Vewendungsverbot **2** 240
– zivilrechtlicher Titel **2** 221
– Zugangsbeschränkung **3** 210
– Zweckbindung **2** 239; **5** 191
Aktivlegitimation 1 628 ff
– Lizenznehmer **1** 630 f
– Mehrheit von Inhabern **1** 632 ff
– Parallelinhaberschaft **1** 635 ff
– Prozessstandschaft **1** 642
Alleinbesitz 2 267
Alleintäter 2 273
allgemeine Bekanntheit 1 68 ff
– Einzelpersonen **1** 79
– Mitwisserkreis **1** 77
– Offenkundigkeitsbegriff **1** 68
– Personenkreis **1** 70 ff
– rechtswidrige Offenbarung **1** 83
– sekundäre Darlegungslast **1** 77
– Stand der Technik **1** 85
– Teilaspekte des Geheimnisses **1** 85
– Verbreitungsgrad **1** 79 ff
– Vertraulichkeitsvereinbarung **1** 84
Analoge Anwendung
– Verfahrensregeln **3** 17
Änderungsbeschluss
– sofortige Beschwerde **3** 168, 230

Stichwortverzeichnis

Anfangsverdacht 2 90; **5** 147
– Geheimhaltungsmaßnahmen **2** 94
– Geheimnisqualität **2** 92
– Geschäftsführung, Vorstand **2** 108
– subjektiver Tatbetand **2** 105
– Unkenntnis von Geheimhaltungsmaßnahmen **2** 105
Anhörung 2 28 ff, 39 ff, 44 ff, 50, 53 ff; **5** 64
Anklageerhebung 4 68
Anknüpfungstatsachen 2 254
Anordnung
– Besichtigung oder Vorlage **2** 247
Anscheinsbeweis 3 251
Anstiftung 1 310, 501, 947, 949
Antrag auf gerichtliche Entscheidung
– Zuständigkeit **5** 199
Antragsberechtigung
– Beschwerde **5** 146
– Eigentümer, Besitzer, Gewahrsamsinhaber **5** 163
– selbstständiges Beweisverfahren **5** 68
– Strafantrag **5** 131
Antragsbindung 4 69
Antragsfassung 5 8
– Angegriffene Ausführungsform **3** 136
– Beschreibung des Geschäftsgeheimnisses **3** 125
– Bezug auf Anlage **3** 121, 123, 127, 135
– Computerprogramm **3** 140
– Herstellungsverfahren **3** 127, 129
– Insbesondere-Antrag **3** 121
– Know-how **3** 141
– konkrete Ausführungsform **3** 119
– konkrete Verletzungshandlung oder -form **3** 99
– Verfahrenserzeugnis **3** 139
Antragsfrist
– Strafantrag **5** 132
Anwaltszwang 5 69
Anwendbarkeit
– Düsseldorfer Praxis **2** 316
Anwesenheit
– Besichtigung **2** 322
Anwesenheitsrecht
– Angeklagter **4** 82
Arbeitsgerichte
– ausschließliche Zuständigkeit **3** 57
Arbeitsgerichtsbarkeit 3 60

Arbeitsverhältnis
– Rechtsstreitigkeit aus **3** 61
– Zusammenhang zum **3** 64
Aufbrauchfrist 1 811
Auffindeverdacht 5 147
Aufhebungsbeschluss
– sofortige Beschwerde **3** 168, 230
Aufschiebende Wirkung 2 373
Augenscheinobjekt 2 275
Ausforschungsbeweis 2 247
Aushändigung des Gutachtens *Gutachtensaushändigung*
Auskunftsanspruch 1 767 ff; **5** 11
– Belegvorlage **1** 787, 793
– Drittauskunft **5** 12
– Herkunft und Empfänger des Geheimnisses **1** 783 ff
– Inhalt **1** 772 ff
– Mengen und Kaufpreise **1** 776 ff
– Nachforschungspflicht **1** 786
– Preisbestandteile **1** 778
– selbstständiger Auskunftsanspruch **1** 770
– Trägermedien **1** 779 ff
– unselbstständiger Rechnungslegungsanspruch **1** 770, 788 ff
– Verhältnismäßigkeit **1** 771
– Verjährung des Hauptanspruchs **1** 792
– Verschulden **1** 771
– Verwirkung des Hauptanspruchs **1** 792
– Vorbesitzer und gewerbliche Abnehmer **1** 772 ff
Auskunftsantrag 3 142
Auslandsberührung 3 48
Auslandsnutzung 1 924
Auslandstaten 1 870, 924 f; **2** 82
Ausnahmen 1 536 ff
– Erforderlichkeit **1** 539
– Offenlegung gegenüber Arbeitnehmervertretung **1** 537
– Recht der freien Meinungsäußerung und Informationsfreiheit **1** 537, 544 f
– richtlinienkonforme Auslegung **1** 540 f
– Whistleblowing **1** 537, 546 ff
Ausschließliche Zuständigkeit
– örtliche **3** 74, 75
– sachliche **3** 69
Ausschluss der Öffentlichkeit 3 213; **4** 77, 78; **5** 48, 49
Bankunterlagen 2 278

Stichwortverzeichnis

Bedingter Vorsatz 1 936
Befangenheit 2 378
Befragungen
– während Durchsuchung **4** 11
Beihilfe 1 310, 501, 945 ff
Beiziehung
– Rechtsanwalt **2** 336
Beklagtensitz
– örtliche Zuständigkeit **3** 75
Berechtigtes Geheimhaltungsinteresse 1 258 ff
– ethische Verfehlung **1** 263
– Information über Rechtsverstöße **1** 259 f
– Offenlegungspflicht **1** 262
– Vereinbarkeit mit Geschäftsgeheimnisrichtlinie **1** 258, 264
Berechtigtes Interesse 1 929
Berechtigungsanfrage 5 114
Bereicherungsausgleich 1 846
– Verschulden **1** 846
Beschädigung 2 291
Beschäftigte 1 895
Beschäftigungsverhältnis 1 893
Beschlagnahme 2 268; **4** 14
– Beschwerde **5** 143, 148
– Zufallsfund **4** 15
Beschlagnahmeanordnung 5 153
– Bestimmtheit **5** 162
Beschlagnahmebeschluss
– Aufhebung **5** 154
Beschränkung der Verfolgung 2 144
Beschwerde
– Beschlagnahme **5** 143, 148
– Durchsuchung **5** 143, 148
Beschwerdegericht
– Ermittlungsrichter **5** 145
Beseitigungsanspruch 1 649 ff, 707 ff
– Beseitigungserfolg **1** 709
– Störungsbeseitigung **1** 708
Beseitigungsantrag 3 145
Besichtigung 3 248
– durch Sachverständigen **2** 328
– Geschäftsgeheimnisstreitsache **3** 23
– Gestattung der **2** 282
Besichtigungsanordnung
– Kostentragung **2** 388
Besichtigungsinteresse 2 274
Besitz der StA 2 289
Besitzdiener 2 267

Besondere Schutzbedürftigkeit 3 161
Besonderes öffentliches Interesse 5 130
– Bejahung **2** 136
– Verneinung **2** 134
Bestimmtheitsgrundsatz 1 865
Bestimmtheit 5 59
– Antrag auf Dokumentenvorlage **2** 341
– auslegungsbedürftige Begriffe **3** 110
– Beschlagnahmeanordnung **5** 162
– Beschreibung der Verletzungshandlung **3** 109
– Insbesondere-Antrag **3** 114
– Klageantrag **3** 106
– Verallgemeinerung **3** 113
– Wiederholung des Gesetzeswortlauts **3** 112
Bestimmtheitsgrundsatz 1 929
Betriebsspionage 1 872
– Täter **1** 874
– Tathandlung **1** 876 ff
– Tatobjekt **1** 875
– Vorverlagerung Rechtsgüterschutz **1** 873
Betriebsspionage 1 872 ff
Beweisanordnung 2 254
Beweisantrag 4 68, 70
Beweisaufnahme EU-Ausland 2 260
Beweisbeschluss
– Anfechtbarkeit **2** 361
Beweisedition 2 248
Beweiserhebungsverbot 2 362
Beweislast 2 12; **3** 245
Beweislastumkehr 3 245
Beweismittelidentifikation 2 151
Beweismittelvorlage
– Pflicht zur **2** 125
Beweisqualität
– fehlende **2** 366
Beweissicherungsverfahren
– Geschäftsgeheimnisstreitsache **3** 23
Beweisvereitelung 2 252, 254, 343
Beweisverschaffung
– zwangsweise Durchsetzung **2** 306
Beweisverwertungsverbot 2 5, 7 f, 22, 58 ff, 362, 364 f, 374; **5** 161
Boykott
– Aufruf **5** 105
Bruttoprinzip 4 35
Bürgerliche Rechtsstreitigkeit 3 45
Cloud 4 21

527

Stichwortverzeichnis

Cyber-Crime-Convention 4 23
Darlegungslast 2 243; **3** 245
Datenauswertung 2 152
Defensivgeheimnis 2 333
Detailkenntnisse 3 255
Dienstaufsichtsbeschwerde 2 134, 145
Dokumente
– elektronische **2** 275
– öffentliche elektronische **2** 275
Doppelschöpfung 1 348 ff
Dringlichkeit 2 301
Dringlichkeitsvermutung *Dringlichkeit*
– Widerlegung der **2** 302
Drittbegünstigung 1 934
Dritteinziehung 4 58
Dritter 1 468
– mittelbare Verletzung **1** 526 ff
– Vernichtung und Herausgabe hinderndes Recht **1** 734
– Vortäter **1** 528
Duldungspflicht
– Besichtigung oder Urkundenvorlage **2** 246
– selbstständiges Beweisverfahren **5** 84
Duldungsverfügung
– einstweilige **2** 259
– Kostentragung **2** 389
– Rechtmäßigkeit **2** 349
– Zuständigkeit **5** 66
Durchsetzungsrichtlinie 2 261, 265
Durchsicht 4 20
– Papier, Daten **5** 157
Durchsuchung 2 148; **4** 5
– Beschuldigter **4** 12
– Beschwerde **5** 143, 148
– Daten **2** 149
– Sachverständiger **5** 172
– Unternehmen **4** 9
Durchsuchungsanordnung 2 346, 348
– Entbehrlichkeit **2** 347
Düsseldorfer Praxis 2 312
Eidestattliche Versicherung 3 161
Eigennutz 1 904, 934
Eilbedürftigkeit
– besondere **2** 301
Eilmaßnahmen
– Zuständigkeit für **2** 76
Einsichtnahme
– Recht auf **5** 190

Einstellung
– Absehen von der Verfolgung **2** 138
– kein Anlass zur Anklageerhebung **2** 139
Einstellung der Ermittlungen 2 133
Einstufungsantrag 3 159
Einstufungsbeschluss
– Änderung **3** 167
– Anfechtung **3** 166
– Aufhebung **3** 167
Einstufungsverfahren
– Änderungsbeschluss **3** 168
– Antrag **3** 159
– Aufhebungsbeschluss **3** 168
– Beschluss **3** 162
– Geheimhaltungsbedürftigkeit **3** 155
– Glaubhaftmachung **3** 161
– Hinweis des Gerichts **3** 170
– rechtliches Gehör **3** 165
– sofortige Beschwerde **3** 164
– summarische Prüfung **3** 156
– von Amts wegen **3** 159
– Zurückweisung **3** 163
Einziehung 4 26
– Datenträger **4** 42
– Wertermittlung **4** 47 ff
– wirtschaftliche Vorteile **4** 43
Einziehungsgegenstand 4 39
Endurteil 2 369
Entfernung aus den Vertriebswegen 1 711 ff, 756 ff; **5** 21
Entschädigung 4 63 ff
Entschädigungsmodell 4 66
Erfahrungswissen
– Einwand **3** 253
Erfolgsort
– Erlangung des Geheimnisses **2** 83
– Geheimnisempfänger **2** 83
– Hauptverwaltungssitz **2** 80
Erfüllungsort 2 287
Erlangtes Etwas 4 35
Erlangung
– befugter Zugang **5** 101
– Begriff **1** 344
– Doppelschöpfung **1** 348 ff
– Dritter **1** 468
– Gegenstand der Erlangung **1** 478
– gesetzliche Gestattung **1** 461 ff, 485 ff
– Gestattung aufgrund Gesetzes **1** 463
– Mehrzahl von Geheimnisinhabern **1** 464

– rechtsgeschäftliche Gestattung **1** 464
– Reverse Engineering **1** 366 ff
– unbefugt **1** 465 ff, 480 ff
– Verstoß gegen Marktgepflogenheiten **1** 476 f
– Zusammenhang der Nutzungshandlungen **1** 333 ff
Erledigung 2 375
Ermittlungseinstellung 2 133
Ermittlungsmaßnahme 2 270
– Fehler bei der Anordnung **5** 165
– Fehler in Art und Weise der Durchführung **5** 166
Ermittlungsverfahren 2 268, 289
– Einleitung **2** 70
– Fortführung **2** 124
Eröffnungsbeschluss
– sofortige Beschwerde **4** 75
Eröffnungszuständigkeit 4 74
Erzwingung
– Beweismitelvorlage **2** 248
ethische Verfehlung
– Informationswert **1** 100 f
Externe Ermittlungen 2 154
– Gutachter **2** 158
– Kostentragung **2** 157
Festsstellung der Rechtswidrigkeit
– Durchsuchung **5** 151
Feststellungsklage
– Geschäftsgeheimnisstreitsache **3** 29
Feststellungsantrag
– Adhäsionsverfahren **4** 86
Feststellungswiderklage
– Geschäftsgeheimnisstreitsache **3** 35
Finanzunterlagen *Bankunterlagen*
Fliegender Gerichtsstand 3 74
Fremdbesitz 2 288
Funktionale Zuständigkeit 3 81
Gebührenstreitwert
– selbstständiges Beweisverfahren **5** 71
Gefahr in Verzug 2 347
Gegenvorstellung 2 370
Geheimhaltungsgebot
– Verstoß gegen **4** 83
Geheimhaltungsinteresse 2 249, 281, 318
– des Besichtigungsschuldners **2** 323

Geheimhaltungsmaßnahmen 1 103 ff; **2** 327, 355, 367; **3** 154
– Anfangsverdacht **2** 94
– Angemessenheit **1** 113, 116 ff
– arbeitsrechtliche Verschwiegenheitspflicht **2** 98
– arbeitsvertragliche Geheimhaltungspflicht **1** 201
– Art der Information **1** 141 ff
– Beweislast **1** 256
– Bring your own device **1** 240
– Datenumgang **1** 239 ff
– Dokumentation **1** 167
– Drei-Stufen-Modell **1** 128, 157
– Eignung zur Geheimhaltung **1** 119 f
– Erforderlichkeit **1** 121 ff
– Festlegung von Schutzmaßnahmen **1** 159, 189 ff
– Funktionen **1** 105, 109 ff
– Geheimhaltungskonzept **1** 107, 154 ff
– Geheimnisinhaber **1** 254 f
– Geheimnisschutzverantwortlicher **1** 164
– Informationsbereiche **1** 125 f, 157, 162 f
– Informationskategorien **1** 127 ff, 157, 162 f
– Informationswert **1** 144 f
– innerbetriebliche Geheimhaltungsvereinbarung **1** 196 ff
– interne Kommunikation **2** 107
– Kategorisierung **1** 130 ff
– Kennzeichnung von Informationen **1** 150, 177
– Konkretisierung von Geheimnissen **1** 205 ff
– kriminalistische Erfahrungswerte **2** 99
– Kriterien **1** 121 ff, 139 ff
– Mindestschutz **1** 106, 118, 120
– Mitarbeiter **1** 178 ff
– Mitbestimmung **1** 253
– nachvertragliche Verschwiegenheitsklausel **1** 223 ff
– nachvertragliches Wettbewerbsverbot **1** 221 ff
– Nutzung der Informationen **1** 146 f
– Nutzungsbeschränkungen **1** 172 ff
– offene Tatsachen **1** 142, 191 f
– organisatorische Maßnahmen **1** 107, 169 ff

Stichwortverzeichnis

– rechtliche Maßnahmen **1** 107, 184 ff
– Strafprozess **4** 77
– technische Maßnahmen **1** 107, 182 f
– Üblichkeit **1** 149
– Unternehmensgröße **1** 148
– verdeckte Tatsachen **1** 142, 193 ff
– Vertragliche Regelungen **1** 151
– Vertragsstrafenregelung **1** 218 ff
– Vertraulichkeitsvereinbarung **1** 184 ff
– Wahrnehmung im Konzern **1** 250
– Zugangsbeschränkungen **1** 172 ff
– zugunsten des Besichtigungsschuldners **2** 331

Geheimniseigenschaft
– Glaubhaftmachung **5** 100

Geheimhaltungsmaßnahmen 2 255, 318

Geheimnishehlerei 1 880 ff, 904
– Täter **1** 882
– Tathandlung **1** 884 ff
– Tatobjekt **1** 883

Geheimnisinteresse
– entgegenstehendes **2** 353

Geheimnisqualität 2 324
– wirtschaftlicher Wert **2** 92

Geheimnisschutzklage
– Gerichtsstand der **2** 314

Geheimnisstreitsache 2 316, 319, 355

Geheimnisverrat 1 890 ff
– Täter **1** 892, 907
– Tathandlung **1** 902 ff, 909 ff
– Tatobjekt **1** 896 ff, 908

Gehörsrüge 2 370

Gerichtliche Entscheidung
– Antrag auf **5** 156

Gerichtsvollzieher 2 345

Geschäftsführerhaftung 5 36

Geschäftsgeheimnis 1 45 ff
– allgemeine Bekanntheit **1** 68 ff
– anwendbares Recht **1** 281 ff
– berechtigtes Geheimhaltungsinteresse **1** 258 ff
– Betriebsgeheimnis **1** 48
– Definition **1** 47
– des Antragsgegners **2** 297
– Erlangung **1** 346 ff
– fremdes **1** 900
– Geheimhaltungsmaßnahme **1** 103 ff
– Information **1** 52 ff
– Inhaber **1** 265 ff

– rechtmäßige Kontrolle **1** 269 ff
– Schutzgegenstand **1** 49
– Übertragbarkeit **1** 280
– wirtschaftlicher Wert **1** 92 ff

Geschäftsgeheimnisgesetz 1 11 ff
– Regelungsgehalt **1** 14
– Sachlicher Anwendungsbereich **1** 15 ff

Geschäftsgeheimnisrichtlinie 1 4 ff
– Harmonisierungsgrad **1** 5 ff
– Regelungsgehalt **1** 8 ff
– richtlinienkonforme Auslegung **1** 31 ff, 360 f, 540 f, 726
– unmittelbare Anwendung **1** 34 ff
– Verhältnis zur Enforcement-Richtlinie **1** 40 ff

Geschäftsgeheimnisstreitsache 3 6, 8
– Ansprüche des Beklagten **3** 27
– Besichtigungsverfahren **3** 23
– Beweissicherungsverfahren **3** 23
– Feststellungsklage **3** 29
– Feststellungswiderklage **3** 35
– Kostenerstattung **3** 26
– Legaldefinition **3** 10
– Leistungsklage **3** 25
– Mehrheit an Streitgegenständen **3** 37
– Prozesskostenhilfeverfahren **3** 23
– Streitgegenstand **3** 14
– Verfügungsverfahren **3** 22
– Vollstreckungsverfahren **3** 23
– vorbeugende Unterlassungsklage **3** 30
– weite Auslegung **3** 12
– Widerklage **3** 28
– Zwischenfeststellungswiderklage **3** 33; **5** 95

Geschäftsräume 2 346

Gesetzliches Schuldverhältnis 2 278

Gestattung 1 481 ff
– Realakt **1** 484

Gewahrsam
– Verschaffung von **2** 282

Gewahrsamsinhaber 5 158

Gewerbsmäßig 1 923

Gewerbsmäßigkeit 1 923

Glaubhaftmachung
– Geschäftsgeheimnis **3** 161

Grundurteil 2 293, 369

Gutachtensaushändigung 2 349, 356
– an Antragstellerin **2** 352
– an Anwalt **2** 351

Stichwortverzeichnis

– an Besichtigungsschuldner **2** 350
Gutachtensherausgabe
– sofortige Beschwerde **2** 377
Guter Glaube
– mittelbare Verletzung **1** 530 ff
– Verhältnismäßigkeit **1** 808
– Whistleblowing **1** 517 ff, 591
Haftung des Unternehmensinhabers
1 847 ff
– Beauftragte **1** 848 ff
– Beschäftigte **1** 848 ff
– Mitarbeiterwechsel **1** 855 ff
– Subunternehmer **1** 850
– Tätigkeit für mehrere Unternehmen
1 854
– vorbeugender Unterlassungsanspruch
1 855
– Zusammenhang zum Unternehmen
1 851 ff
Handeln zugunsten eines Dritten 1 941
Handelsunterlagen *Bankunterlagen*
Handlungsort
– Zuständigkeit **2** 84
Hauptanspruch 2 273
Hauptsacheverfahren
– § 809 BGB **2** 299
Herausgabe 5 18
– Informationsträger **5** 16
Herausgabeanspruch 1 711 ff, 716 ff
– bei rechtmäßiger Erlangung **1** 716 ff
– bei Übertragung auf Dritte **1** 728 f
– Besitz des Rechtsverletzers **1** 725 ff
– dingliche Rechte Dritter **1** 734
– Eigentum des Rechtsverletzers **1** 725 ff
– Erfüllung **1** 736 ff
– Gegenstand der Herausgabe **1** 724
– richtlinienkonforme Auslegung **1** 726
– Unmöglichkeit **1** 738
– Wahlrecht **1** 720 ff
Herausgabeentscheidung 2 322
Herausgabevollstreckung 2 344
Hilfsanspruch 2 292, 319
Hinweis
– Zuwiderhandlung **5** 47
Hinweis des Gerichts 3 131
Hinweispflicht 3 170
– Zuwiderhandlung gegen Geheimhaltungsmaßnahmen **5** 89

Identifizierende Urteilsbekanntmachung
3 150
Identität des Streitgegenstands *Streitgegenstandsidentität*
Inaugenscheinnahme 2 251
in-camera-Verfahren 2 330
Information 1 52 ff
– Algorithmen **1** 56
– Beispiele **1** 53 f
– belanglose **1** 57
– Erfahrungswissen **1** 59 f
– Kenntnis des Geheimnisinhabers **1** 61 f
– mit Informationsinhalt **1** 54
– mittelbare **1** 51
– negative **1** 97
– objektive Tatsachen **1** 51
– private **1** 63 f, 95
– qualitative Anforderungen **1** 57 f
– Rechtsverstoß **1** 100 f, 259 f, 550
– Rohdaten **1** 55
– subjektive Tatsachen **1** 51
– Unternehmensbezug **1** 63 f
– Verkörperung **1** 67
– Wettbewerbsrelevanz **1** 51
Informationsrechte der Arbeitnehmer
1 423 ff
– arbeitsrechtliche Unterweisungen **1** 425
– Aufgaben und Verantwortlichkeiten
1 425
– datenschutzrechtliche Auskunft **1** 425
– Einsicht in Personalakte **1** 425
– Entgelttransparenz **1** 425
– Hinweis- und Aufklärungspflicht **1** 426
– Leiharbeit **1** 425
– Leistungen und berufliche Entwicklung
1 425
– Provisionsansprüche **1** 425
– vertragliche Nebenpflicht **1** 426
– wirtschaftliche Lage **1** 425
Informationsträger
– Besitz oder Eigentum **5** 17
Inhaber 1 265 ff
– anwendbares Recht **1** 281 ff
– Erwerb der Kontrolle **1** 273 ff, 508
– Kontrolle **1** 269 ff
– Mehrheit von Inhabern **1** 295 ff
– Rechtmäßigkeit der Kontrolle **1** 289 ff
– Rechtssubjekt **1** 266 ff
– Übertragbarkeit **1** 280

Stichwortverzeichnis

– Verlust der Kontrolle **1** 288
– Zuordnung außerhalb des Arbeitsverhältnisses **1** 279
– Zuordnung im Arbeitsverhältnis **1** 275 ff
Insbesondere-Antrag
– Auslegung **3** 116
Insbesondere-Anträge 5 10
Interessenabwägung 5 50
Internationale Zuständigkeit
– Beklagtenwohnsitz **3** 52
– Handlungs- und Erfolgsort **3** 54
Interne Untersuchung 2 64 ff, 65, 67 f
Kammer für Handelssachen 3 82
Karenzentschädigung 5 99
Karenzfrist
– selbstständiges Beweisverfahren **5** 78
Kennzeichnungspflicht 3 172, **3** 239
– Dokumente Dritter **3** 172, 174
– gerichtliche Aufforderung **3** 176
Kerntheorie 3 106
Klageantrag
– Bestimmtheit **3** 96, 106
Klagegrund 3 101
Kompetenzstreit 3 91
Kontrolle
– rechtmäßige **5** 126
Kontrollmaßnahmen 2 270
Konzentrationsermächtigung 3 84
Kosten der Rechtsverteidigung 2 382
Kostenerstattung
– Geschäftsgeheimnisstreitsache **3** 26
Kostentragung
– Besichtigungsanordnung **2** 388
– Duldungsverfügung **2** 389
– Düsseldorfer Praxis **2** 388
– selbstständiges Beweisverfahren **2** 386
– Stufenklage **2** 385
– Widespruchverfahren **2** 384
Kundenliste 4 49
Kündigung 2 30 ff, 31, 65
Legaldefinition
– Geschäftsgeheimnisstreitsache **3** 10
Leistungsklage
– Geschäftsgeheimnisstreitsache **3** 25
Lex mitior 1 868
Lieferantendaten 2 358
Lockspitzel 2 2 ff, 3, 4, 5, 7 f

Marktrücknahmeanspruch 1 711 ff, 764 ff
Mehrstufiger Verfahrensablauf 2 327
Milderes Mittel 2 274
Missbräuchliche Geltendmachung 2 382
Mitbesitz 2 267
Mitnahme zur Durchsicht 4 20
Mittäter 2 273
– Zuständigkeit **2** 85
Mitteilung
– Beschluss selbstständiges Beweisverfahren **2** 334
– formlos **5** 62
Mittelbare Geheimnisverletzung
– subjektive Kenntnis **5** 104
mittelbare Verletzung 1 526 ff
– Inkenntnissetzung **1** 533
– Kenntnis und Kennenmüssen **1** 527, 530 ff
– Rechtsfolge **1** 534 f
– Vortat **1** 528
Mittelbarer Besitz 2 267
Mittelbarer Besitzer 2 288
Mittelbarer Täter 2 273
Mitwirkungshandlung 2 340
– selbstständiges Beweisverfahren **5** 85
Mitwirkungspflicht 2 339
– selbstständiges Beweisverfahren **5** 79
Nachermittlungen
– Übergangsfälle **4** 72
Nebenintervenient
– Zugangsbeschränkung **3** 207
Nebenpflicht
– Geheimniswahrung **3** 62
Nebentäter 2 273
Nettoabschöpfung 4 35, 54
Nicht-vertrauliche Fassung 3 234; **5** 56
Nutzung
– Beschränkung des Nutzungsrechts **1** 502 ff
– Definition **1** 497, 886
– durch Auskunft erlangter Informationen **1** 520 ff
– Eingriff in den Zuweisungsgehalt **1** 513 ff
– ideelle Verwendung **1** 887
– im Verfahren erlangter Informationen **1** 506 ff
– in abgewandelter Form **1** 498

– nach rechtswidriger Erlangung **1** 495, 500
– Verhältnis zur Offenlegung **1** 497
Offenlegung
– Beschränkung des Offenlegungsrechts **1** 502 ff
– Definition **1** 498, 886
– durch Auskunft erlangter Informationen **1** 520 ff
– Eingriff in den Zuweisungsgehalt **1** 513 ff
– im Verfahren erlangter Informationen **1** 506 ff
– in abgewandelter Form **1** 498
öffentliches Interesse
– Strafverfolgung **2** 113; **4** 69
Öffentlichkeit
– Ausschluss **5** 48, 49
– Hauptverhandlung **4** 78
Offizialdelikt
– Privatklage **5** 212
Ordentliche Gerichtsbarkeit 3 67
Ordnungsgeldfestsetzung
– Beschluss **3** 200
– Beschwerde **3** 197
Ordnungsmittelverfahren 2 344
Örtliche Zuständigkeit
– Unionsrecht **3** 79
Parteisachverständiger
– selbstständiges Beweisverfahren **5** 81
Parteizustellung
– Duldungsverfügung **2** 334
Passivlegitimation 1 643 ff; **2** 273
– Duldungsverfügung **5** 70
– selbstständiges Beweisverfahren **5** 70
– Unternehmensinhaber **1** 648
Patentanwalt
– Kostenerstattung **3** 259
– Mitwirkung **3** 257; **5** 4
– Wortbeiträge **3** 258
Personalgespräch 2 28, 33 ff, 36 ff, 37, 38
Planwidrige Regelungslücke 3 6
Pressefreiheit 1 946
Presseprivileg 1 945
Private Vernehmung 2 17 ff, 18 ff, 26, 28, 33 ff, 35, 36 ff
Privatklage
– Abschriften **5** 227

– Anwaltszwang **5** 217
– Berechtigung **5** 215
– Einstellung **5** 213
– Erhebung der öffentlichen Klage **5** 223
– formelle Anforderungen **5** 218
– Gebührenvorschuss **5** 226
– inhaltliche Anforderungen **5** 220
– Nachteile **5** 211
– Offizialdelikt **5** 212
– Rücknahme **5** 214
– Strafantrag **5** 222
– Vertretung **5** 216
– Zuständigkeit **5** 208
Privatklageweg 2 135
Produktionsstopp 2 381
Prozesskosten 2 381
Prozesskostenhilfeverfahren
– Geschäftsgeheimnisstreitsache **3** 23
Prozessstandschaft 1 642
Rechnungslegungsanspruch 5 13
Rechnungslegungspflicht 5 41
Rechte der Arbeitnehmervertretungen
– allgemeiner Auskunftsanspruch **1** 441 ff
– Betriebsänderungen **1** 435 ff
– Gestaltung von Arbeitsplatz, Arbeitsablauf und Arbeitsumgebung **1** 432
– Informationsrecht des Wirtschaftsausschusses **1** 446 ff
– Jugendauszubildendenvertretung **1** 449
– Konzern **1** 445
– Massenentlassungsanzeige **1** 438
– personelle Einzelmaßnahmen **1** 439 f
– Schwerbehindertenvertretung **1** 450
– Unterrichtung über Personalplanung **1** 433 f
Rechtfertigungsgrund 1 927
Rechtliches Interesse *Besichtigungsinteresse;* **2**, 279
– Schutzwürdigkeit **2** 280
– selbstständiges Beweisverfahren **2** 307
Rechtsanwalt
– Beiziehung des eigenen *Beiziehung*
Rechtsverletzendes Produkt 1 318 ff
– Anhaften der Verletzung am Produkt **1** 320 f
– Beruhen auf Geschäftsgeheimnis **1** 322
– Beruhen im erheblichen Umfang **1** 323 ff
– Fernwirkungen **1** 325

Stichwortverzeichnis

- Komponenten 1 328
- Vertriebsinformationen 1 328
- Vorhaltung von Unterlagen 1 328
- Vorlage für Verbesserungen 1 328
- Zubehör und Ersatzteile 1 326

Rechtsverletzer 1 299 ff
- Intermediäre 1 313 ff
- mittelbarer Verletzer 1 534 f
- Rechtssubjekt 1 301 ff
- Störer 1 307, 314
- Täter 1 308
- Teilnehmer 1 309 ff, 314
- Verschulden 1 305 ff
- Willensrichtung 1 307
- Zurechnung 1 301 ff

Rechtsverstoß
- Informationswert 1 100 f

Rechtsweg 3 45

Rechtswegzuständigkeit 3 56
- Arbeitsgerichte 5 31
- Rechtsmittelgericht 3 90

Reverse Engineering 1 351 ff; 2 325
- altes Recht 1 353 ff
- Arbeitsvertrag 1 248
- Ausschluss in AGB 1 403 ff, 415 ff
- Ausschluss in der Vertriebskette 1 414
- Ausschluss in Individualvereinbarungen 1 403 ff
- Begriff 1 364
- Beobachten 1 369 f
- Beweislast 1 419 ff
- Einschränkungen 1 371 ff
- Erlangung 1 366 ff
- Forschungs- und Entwicklungsverträge 1 410 f
- Marktgepflogenheiten 1 340
- Massenprodukte 1 374
- öffentlich verfügbares Produkt 1 372 ff
- rechtmäßiger Besitz 1 380 ff
- Rechtsfolge 1 385
- Rechtsinhaberschaft 1 346
- Rückbauen 1 369 f
- Schutzmaßnahmen 1 386 ff
- Spezialprodukte 1 374
- technische Schutzmaßnahmen 1 394 ff
- Testen 1 369 f
- Übergangsrecht 1 21, 356 ff
- Untersuchen 1 369 f
- Unzulässigkeit 1 334

- Verhältnis zur Geschäftsgeheimnisrichtlinie 1 360 f
- Verletzungskette 1 377 ff
- vertragliche Schutzmaßnahmen 1 399 ff, 418
- vertraglicher Ausschluss 5 120
- Zugänglichkeit 1 89

RiStBV 2 127; 5 189, 201
- Privatklage 5 219

Rückgabe Beweismittel 2 230

Rücknahme
- besonderes öffentliches Interesse 2 132

Rückruf 5 20
- Antrag 3 146
- Geschäftsführer 5 20

Rückrufanspruch 1 711 ff, 745 ff
- Anspruchinhalt 1 747 ff
- Endabnehmer 1 749 ff
- Verhältnismäßigkeit 1 754

Rückschluss auf Geheimnisverletzung 2 272

Sachgefahr 2 291

Sachgesamtheit 2 267

Sachverständigenbenennung 5 76

Sachverständiger
- Ablehnung 2 378
- Benennung des 2 310
- Durchsuchung 5 172
- Inaugenscheinnahme 2 298

Sachzusammenhang 3 59

Schaden 1 830 ff; 2 381
- First-mover-advantage 1 841
- immaterieller Schaden 1 840 f
- konkreter Schaden 1 831 ff
- Lizenzanalogie 1 834 ff
- Verletzergewinn 1 837 ff

Schadensersatzanspruch 1 814 ff
- § 945 ZPO 2 379
- Beteiligung mehrerer Verletzer 1 820 f
- Laufzeit für die Berechnung 1 823
- Lizenzanalogie 1 816, 834 ff
- materielle Schäden 1 830 ff
- Naturalrestitution 1 705
- Nichtvermögensschaden 1 815, 840 f
- Schadensberechnung bei Abwandlung des Geheimnisses 1 822
- Unterlassung 1 843
- Verletzergewinn 1 815, 816, 837 ff
- Verlust des Geheimnisses 1 818 f

– Verschulden **1** 826, 827 f
– Wahl der Berechnungsmethode **1** 831
Schadensersatzantrag 3 144
Schadensersatzfeststellungsantrag 3 144; **5** 25
Schadensersatzpflicht
– Feststellung der **5** 25
Schadenssumme
– besonderes öffentliches Interesse an der Strafverfolgung **5** 133
Schädigungsabsicht 1 934, 942
Schlussurteil 2 293
Schutzrechtsverwarnung 5 107
– unberechtigte **5** 109, 110
Schutzstandard
– verfahrensrechtlicher **3** 3
Schwärzung 3 234
– Gerichtsdokumente **3** 237
Sekundäre Darlegungslast 2 244; **3** 247; **5** 32, 35
Selbstständiges Beweisverfahren 2 250, 256 ff, 305
– Kostentragung **2** 386
– Zuständigkeit **2** 314; **5** 66
Sequester 2 298
Sicherheitsleistung 2 291
Sicherstellung 2 268; **5** 153
Sicherungsmaßnahmen 4 60
Sofortige Beschwerde 2 371
– Gutachtensherausgabe **2** 377
Staatsanwaltschaft
– Zuständigkeit **5** 128
Standort der Sache
– Benennung des **2** 290
Strafantrag
– besonderes öffentliches Interesse **2** 124
Strafantrag 1 951; **2** 111
– Antragsrecht **2** 118
– Bevollmächtigung **2** 121
– Erfordernis **2** 112; **5** 129
– Form **2** 122
– Fristbeginn **2** 114
– Identifizierbarkeit von Tat und Täter **2** 115
– Kenntnis des Organs **2** 117
– Organ **2** 120
– Rücknahme **2** 123
Strafanzeige
– Anforderungen **2** 102

– Anknüpfungstatsachen **2** 104
– Ermittlungsansatz **2** 104
– falsche Verdächtigung **2** 103
– Polizeidienststelle **2** 70
– Verdachtsschwelle **2** 102
– Verletzungshandlung **2** 101
– Vortrag zur Schadenshöhe **2** 128
Strafverfolgung
– besonderes öffentliches Interesse **2** 126
– Kriterien besonderes öffentliches Interesse **2** 127
Streitgegenstand 3 97
– Geschäftsgeheimnis **3** 157
– Reihenfolge **3** 102
Streitgegenständliche Information 2 332
Streitgegenstandsidentität 2 386
Streitgenosse
– Zugangsbeschränkung **3** 207
Streitwert 5 5
Stufenklage 2 369
– Kostentragung **2** 385
Subjektiver Tatbestand 1 934
Substanzeingriff 2 282
Tatbestandsirrtum 2 105
Täter 5 36
Täterschaft 1 950
Tatort
– Geheimnisverletzung **2** 79
Tatortgerichtsstand 3 77
Tatsachenermittlung 2 256
Tatverdacht
– hinreichender **4** 68
Teileinstellung 2 144
Teilnahme 1 309 ff, 501, 932, 950; **5** 36
Teilnahmeberechtigung
– selbstständiges Beweisverfahren **5** 80
Teilöffentlichkeit 3 212
Teilsicherheit 5 26
Teilurteil 2 293, 369
Territoriale Reichweite 1 624 ff
– Anspruch auf Entfernung aus den Vertriebswegen **1** 627
– Auskunftsanspruch **1** 624
– Herausgabeanspruch **1** 625
– Rückrufanspruch **1** 626
– Schadensersatzanspruch **1** 624
– Strafvorschriften **1** 870
– Unterlassungsanspruch **1** 624
– Vernichtungsanspruch **1** 625

Stichwortverzeichnis

Testkauf 2 4
TRIPS 2 264, 280
Übergangsrecht 1 18 ff
– Auskunftsanspruch **1** 622
– Beseitigungsanspruch **1** 619
– Rückrufanspruch **1** 621
– Schadensersatzanspruch **1** 623
– Strafrecht **1** 27 ff, 868
– Unterlassungsanspruch **1** 618
– Verfahrensrecht **3** 41
– Vernichtungsanspruch **1** 620
– Zivilrecht **1** 20 ff, 618 ff
– Zuständigkeit **3** 92
Überraschungsmoment 2 294
Unbefugtheit
– Aneignung **1** 472
– durchsetzbarer Anspruch **1** 490
– Erlangung **1** 470 ff, 485 ff, 876 ff
– Kopieren **1** 473 f
– Nutzung **1** 493 ff
– Offenlegung **1** 493 ff
– Rechtfertigungsgründe **1** 487, 491
– Vorsatz **1** 483
– Weiterleiten von E-Mails **1** 475
– Zugang **1** 471
Unerlaubte Handlung
– Arbeitsverhältnis **3** 63
Untergang des Beweisgegenstands *Sachgefahr*
Unterlassungsanspruch 1 649 ff
– Erlöschen **1** 703 ff
– Erstbegehungsgefahr **1** 652
– Rückruf **1** 698
– Tenorierung **1** 677, 689
– Verletzungsunterlassungsanspruch **1** 654 ff
– vorbeugender **1** 693 ff
– Wiederholungsgefahr **1** 652, 654 ff
– Wirkungen **1** 698 ff
Unterlassungsantrag
– Bestimmtheit **3** 104
Unternehmensgeldbuße 4 58
Unzulässigkeit
– Unbestimmtheit **3** 130
Urkunde
– Zweck und Inhalt **2** 276
Urkundenvorlage 2 282
– Erfüllungsort der **2** 287
Urkundsbegriff 2 275

Urteilsbekanntmachung 3 148; **5** 23
– Anwendungsbereich **3** 151
– Geheimnisschutz **5** 24
– Rechtskraft **3** 152
Veränderungsverbot 2 373
Verbandssanktionengesetz 2 67 f
Vereitelungsgefahr 2 302
Verfahrensabgabe 2 74
Verfahrenshindernis
– unbehebbares **2** 143
Verfahrensöffentlichkeit 4 78
Verfahrensrecht
– Altfälle **3** 42
– Übergangsfälle **3** 43
Verfahrensregeln
– Analoge Anwendung **3** 17
Verfügungsverfahren
– Geschäftsgeheimnisstreitsache **3** 22
– Zuständigkeit **3** 85
Vergleich 3 191
Verhältnismäßigkeit
– Anspruchsausschluss **1** 810 ff
– Aufbrauchfrist **1** 811
– Auskunft **1** 771
– Auskunftsanspruch **1** 796
– Geheimhaltungmaßnahmen **1** 108, 119, 807
– geheimnisbezogene Kriterien **1** 804 ff
– guter Glaube **1** 808
– Interessen **1** 801 ff
– Rückruf **1** 754
– Schadensersatzanspruch **1** 796
– tatbezogene Kriterien **1** 804 ff
– Verschulden **1** 807
– vertragliche Ansprüche **1** 797
– Wert des Geheimnisses **1** 805 f
– Whistleblowing **1** 583 f
Verjährungshemmung 5 29, 57
Verletztenbegriff 5 178
Vernichtung 5 18
– Informationsträger **5** 16
Vernichtungsanspruch 1 711 ff, 716 ff
– bei rechtmäßiger Erlangung **1** 716 ff
– bei Übertragung auf Dritte **1** 728 f
– Besitz des Rechtsverletzers **1** 725 ff
– dingliche Rechte Dritter **1** 734
– Eigentum des Rechtsverletzers **1** 725 ff
– Erfüllung **1** 740 f
– Gegenstand der Vernichtung **1** 724

Stichwortverzeichnis

- rechtsverletzende Produkte **1** 760 ff
- richtlinienkonforme Auslegung **1** 726
- Wahlrecht **1** 720 ff

Verschulden 1 304, 305 ff
- Auskunftsanspruch **1** 771
- bei parallelen Geschäftsgeheimnissen **1** 641
- Schadensersatzanspruch **1** 826, 827 f
- unselbstständiger Rechnungslegungsanspruch **1** 789
- Verhältnismäßigkeit **1** 807

Verschwiegenheitspflicht 2 313
- Arbeitnehmervertretung **1** 451 ff
- Kennzeichnung als geheimhaltungsbedürftig **1** 458 f
- selbstständiges Beweisverfahren 96

Versuch 1 948 f

Verteidigungsmittel
- Geschäftsgeheimnis **3** 157

Vertrauliche Fassung 5 55

Vertraulichkeitspflicht 3 177
- Dauer **3** 187
- Entfallen **3** 181, 188
- Erledigung **3** 191
- Hinweis **3** 180
- Klagerücknahme **3** 193
- Personenkreis **3** 179
- Rechtsmittel **3** 183
- Verschulden **3** 196
- Verzicht **3** 191
- Zuwiderhandlung **3** 195

Vertraulichkeitsvereinbarung 5 115, 228

Verwahrungsverhältnis
- öffentlich-rechtliches **2** 268

Verweisung 3 70
- Rechtsweg **3** 88

Verwirkungseinwand 2 303

Vollstreckungsverfahren
- Geschäftsgeheimnisstreitsache **3** 23

Vorbeugende Unterlassungsklage
- Geschäftsgeheimnisstreitsache **3** 30
- Zuständigkeit **3** 78

Vorermittlungen
- Ermessen der StA **2** 94

Vorlage 1 917

Vorlage- und Besichtigungsanspruch
- Fehlen einer Regelung **1** 13, 41, 616

Vorlage von Kopien 2 342

Vorlageanspruch
- materiell-rechtlicher **2** 306

Vorlagenfreibeuterei 1 911, 911 ff
- Täter **1** 914
- Tathandlung **1** 921
- Tatobjekt **1** 916 ff

Vorlagepflicht 2 252
- materiell-rechtliche **2** 257

Vorläufige Sicherstellung 4 20

Vorsatz 1 306, 310 ff, 483, 531, 814, 827, 846, 888, 930, 936

Vorschrift technischer Art 1 918

Vortat 1 500 f
- täterschaftlich **1** 501
- Teilnahmehandlung **1** 501

Vorwegnahme der Hauptsache 2 297

Wahrscheinlichkeit
- Anspruch in Ansehung der Sache **2** 271
- Geheimnisverletzung **2** 321

Wartefrist 2 336

Wettbewerbsförderung 1 938

Wettbewerbsförderungsabsicht 1 934, 937

Wettbewerbsverbot
- nachvertraglich **5** 229

Whistleblowing 1 546 ff; **2** 9 ff, 10 ff, 12, 14 f
- arbeitsrechtliche Besonderheiten **1** 585 ff
- arbeitsrechtliche Zulässigkeit **1** 243, 597
- Aufdeckungszweck **1** 568 ff
- Bagatellgrenze **1** 566 f
- berufliches Fehlverhalten **1** 551 ff
- berufsständische Normen **1** 551
- Datenschutzverstöße **1** 600 ff
- Drei-Stufen-Modell **1** 586 ff, 598 f
- Eignung zum Schutz des öffentlichen Interesses **1** 576 ff
- Fallgruppen **1** 561 ff
- guter Glaube **1** 571 ff, 591
- innerbetrieblicher Abhilfeversuch **1** 586 ff
- privatautonome Regelwerke **1** 552
- Rechtsverstoß **1** 549
- Rücksichtnahmepflicht **1** 586 ff
- sonstige Fehlverhalten **1** 554 ff
- unethisches Verhalten **1** 556
- Verfassungsgemäßheit **1** 561
- Verhältnismäßigkeit **1** 583 f
- Whistleblowing-Richtlinie **1** 603 ff

Stichwortverzeichnis

Widerspruch 2 368
– Duldungsverfügung **2** 372
Widerspruchsverfahren
– Kostentragung **2** 384
Widerstand
– Überwindung von **2** 344
Wiederholungsgefahr 1 654 ff
– Begründung **1** 656
– Erlangung **1** 663 ff
– Erstreckung auf weitere Geschäftsgeheimnisse **1** 683 ff
– Erstreckung auf weitere Verletzungsobjekte **1** 659
– Gleichwertigkeit der Verletzungshandlungen **1** 658
– identische Verletzung **1** 661 ff
– Kernbereich **1** 661 ff
– Nutzung **1** 666 ff
– Streitgegenstand **1** 691
– Umfang **1** 655 ff
– Wechsel der Ausführungsform **1** 666, 674 ff
– Wechsel der Nutzungshandlung **1** 667 ff, 678 ff
wirtschaftlicher Wert 1 92 ff
– Handelswert **1** 96 f
– Informationen über Rechtsverstöße **1** 100 f, 259 f
– Kausalität **1** 102
– Nachweis **1** 98
– negative Informationen **1** 97
– potenzieller Wert **1** 96
– private Informationen **1** 95
– Wertschwelle **1** 94
Wohnraum 2 346
Wohnung
– Begriff der **5** 149
Zeugnisverweigerungsrecht 2 248, 249
Zufallsfund 4 15, 19
Zugänglichkeit 1 87 ff
– Personenkreis **1** 70 ff
– Reverse Engineering **1** 89
Zugangsberechtigung 5 46
Zugangsbeschränkung 3 201; **5** 45, 50
– Akteneinsicht **3** 210
– Änderung **3** 229
– Antragsbegründung **3** 221
– Aufhebung **3** 228, 229
– Dauer **3** 242

– Dokumente **3** 209
– Ermessen **3** 223
– mündliche Verhandlung **3** 211
– Nebenintervenient **3** 207
– partielle **3** 216
– Personenzahl **3** 203
– rechtliches Gehör **3** 227
– Rechtsfolgen **3** 233
– Rechtsmittel **3** 228
– sofortige Beschwerde **3** 226
– Stellungnahme **3** 225
– Streitgenosse **3** 207
– Verfahren **3** 224
– Voraussetzungen **3** 217
– Zeitpunkt **3** 240
– zu Dokumenten **2** 322
– zuverlässige Personen **3** 204
– Zwangsvollstreckungsverfahren **3** 243
Zulässigkeitsvoraussetzungen
– selbstständiges Beweisverfahren **5** 75
Zuständigkeit
– Ablehnung der **2** 76
– Beendigungshandlung **2** 84
– Duldungsverfügung **5** 66
– Ermittlungsrichter **5** 144
– funktionelle **5** 7
– Geheimhaltungsmaßnahmen **5** 44
– Handlungsort **2** 84
– Mittäter **2** 85
– örtliche **5** 2
– Privatklage **5** 208
– selbstständiges Beweisverfahren **5** 66
– Staatsanwaltschaft **2** 72; **5** 128
– Verfügungsverfahren **2** 296
– Vorbereitungshandlung **2** 84
– Wirtschaftsstrafsache **2** 89
– zusammenhängende Straftaten **2** 88
Zuständigkeitsbeschränkungen 2 316
Zuständigkeitsbestimmung
– BGH **2** 82
Zuständigkeitskonzentration *Konzentrationsermächtigung;* **5** 3
Zuständigkeitswert
– selbstständiges Beweisverfahren **5** 71
Zustellung 5 27, 58, 60
– Verjährungshemmung **5** 28
Zustimmung zur Einsichtnahme 3 235
Zuverlässige Personen 5 46
Zuverlässigkeitsprüfung 3 204

Zuwarten 2 302
– Dringlichkeitsschädlichkeit **2** 303
Zwangsvollstreckung
– Einstweilige Einstellung **2** 373
– untretbare Handlung **2** 344
– vertretbare Handlung **2** 344

Zweistufiges Verfahren 2 297
Zwischenfeststellungswiderklage 5 94
– Geschäftsgeheimnisstreitsache **3** 33
– Inhaberschaft eines Geschäftsgeheimnisses **3** 34

Praxiserprobte Inhalte auch zu Spezialthemen

Mit dem Modul Heymanns Patentanwälte auf dem neuesten Stand:

- 70 und mehr hochrelevante Titel zu Patent-, Marken-, Design- und Wettbewerbsrecht
- Mit den führenden Standardkommentaren *Schulte*, PatentG, und *Singer/Stauder/Luginbühl*, EPÜ
- Für Ausbildung, Anmeldeverfahren oder gerichtliche Auseinandersetzungen
- Zeitschrift MarkenR inkl. Archiv

Jetzt abonnieren ab 111 € mtl. zzgl. MwSt.

Profitieren Sie von den Vorteilen eines Abonnements: stets aktuelle Inhalte und komfortable Tools, die Ihre Recherche erleichtern.
Mit Wolters Kluwer Recherche haben Sie außerdem Zugriff auf unsere kostenlose Rechtsprechungs- und Gesetzesdatenbank.

wolterskluwer-online.de

ALLES, WAS EXPERTEN BEWEGT.

Für einschneidende Situationen

Mit dem Modul Strafrecht auf dem neuesten Stand:

- Die Vollausstattung zur Bearbeitung Ihres strafrechtlichen Mandates
- Fundierte Kommentare und hochwertige Handbücher
- Zeitschriften StV und VRR inkl. Archiv

Jetzt abonnieren ab **69 €** mtl. zzgl. MwSt.

Profitieren Sie von den Vorteilen eines Abonnements: stets aktuelle Inhalte und komfortable Tools, die Ihre Recherche erleichtern.
Mit Wolters Kluwer Recherche haben Sie außerdem Zugriff auf unsere kostenlose Rechtsprechungs- und Gesetzesdatenbank.

wolterskluwer-online.de

ALLES, WAS EXPERTEN BEWEGT.